大足学研究文库甲种第二号

中国文化遗产研究院·文物保护工程与规划系列·2015年

大足石刻千手观音造像抢救性保护工程前期研究

（上册）

大足石刻研究院
中国文化遗产研究院　编

文物出版社

责任编辑：张晓曦
封面设计：程星涛
责任印制：张道奇

图书在版编目（CIP）数据

大足石刻千手观音造像抢救性保护工程前期研究：全2册／大足石刻研究院，中国文化遗产研究院编. —北京：文物出版社，2015.6

ISBN 978-7-5010-4291-3

Ⅰ.①大… Ⅱ.①大… ②中… Ⅲ.①大足石窟-石刻-文物保护-研究 Ⅳ.①K879.274

中国版本图书馆CIP数据核字（2015）第109116号

大足石刻千手观音造像抢救性保护工程前期研究

（上下册）

大足石刻研究院
中国文化遗产研究院 编

*

文物出版社出版发行
（北京市东直门内北小街2号楼）
http：//www.wenwu.com
E-mail：web@wenwu.com
北京宝蕾元公司制版
北京京都六环印刷厂印刷
新华书店经销
889×1194 1/16 印张：49.5 插页：60
2015年6月第1版 2015年6月第1次印刷
ISBN 978-7-5010-4291-3 定价：800.00元（全二册）

目　录

前　言 ……………………………………………………………………………………（1）

第1章　历史资料的整理 ……………………………………………………………（5）
1.1　千手观音造像雕造历史 …………………………………………………………（5）
1.2　千手观音造像历史上的修缮记录 ………………………………………………（6）
1.3　大足石刻石质本体保护研究综述 ………………………………………………（11）

第2章　文物现状调查 ………………………………………………………………（18）
2.1　千手观音造像现状调查的内容与工作方法 ……………………………………（18）
2.2　近景摄影和三维信息留存 ………………………………………………………（22）
2.3　病害调查及相关数据的统计分析 ………………………………………………（32）
2.4　雕刻岩体稳定性测试与评估研究进展报告 ……………………………………（43）

第3章　岩土体工程地质勘察 ………………………………………………………（57）
3.1　引言 ………………………………………………………………………………（57）
3.2　自然地质环境及千手观音造像所处地质条件 …………………………………（64）
3.3　千手观音造像石刻区的水文环境和渗水机制分析 ……………………………（75）
3.4　千手观音造像岩土体工程问题分析与评估 ……………………………………（97）
3.5　小结 ………………………………………………………………………………（111）

第4章　环境跟踪监测与评估 ………………………………………………………（113）
4.1　气候环境 …………………………………………………………………………（113）
4.2　大悲阁微环境监测与评估 ………………………………………………………（113）
4.3　凝结水专项研究 …………………………………………………………………（133）
4.4　小结 ………………………………………………………………………………（169）

第5章　工艺研究 ……………………………………………………………………（172）
5.1　千手观音造像工艺类型分析 ……………………………………………………（172）
5.2　川渝地区工艺考察 ………………………………………………………………（192）

5.3 千手观音造像髹漆贴金工艺研究 …… (209)
5.4 髹漆贴金工艺实践——潼南大佛的修复 …… (275)

第6章 岩石、金箔、彩绘构成材料及病害机理分析 …… (294)
6.1 千手观音造像国内外相关研究概况 …… (294)
6.2 千手观音造像材质分析及风化病害机理讨论 …… (298)

第7章 千手观音造像前期修复试验 …… (315)
7.1 修复材料的选择试验 …… (315)
7.2 彩绘、金箔修复试验 …… (411)

第8章 修复原则和技术路线 …… (424)
8.1 千手观音造像价值分析 …… (424)
8.2 修复原则的讨论 …… (426)
8.3 技术路线的制定 …… (427)

第9章 结语 …… (428)

附 录 …… (429)
附录1 千手观音造像石质、金箔和彩绘病害术语与图示表 …… (429)
附录2 病害记录标准表格 …… (435)
附录3 天然漆漆膜耐霉菌测定 …… (439)
附录4 X光电子能谱（XPS）研究金箔的组成（金含量）及表面污染物 …… (451)
附录5 X光电子能谱（XPS）研究金箔及表面污染物的元素组成及其随深度变化 …… (458)
附录6 红外光谱分析研究金胶的主要组成成分及污染物组成 …… (460)
附录7 彩绘颜料分析 …… (464)
附录8 金胶漆在湿润情况下的吸水膨胀率 …… (472)
附录9 东西侧样的低、高倍扫描照片 …… (473)
附录10 风化砂岩分析 …… (474)
附录11 大足样可溶盐的离子色谱与能谱检测前处理 …… (478)
附录12 X射线无损检测 …… (479)
附录13 形貌无损检测 …… (485)

大事记 …… (489)

后 记 …… (495)

主要参加单位及人员 …… (497)

前　言

2008 年 5 月 12 日，四川地区发生了举国震惊的强烈地震，造成当地人民财产的巨大损失。5 月 21 日单霁翔局长率国家文物局抗震救灾工作组对大足石刻防灾情况、千手观音造像抢险保护工程及文物保护情况进行调研时，指出："千手观音的保护工作势在必行，要把千手观音的抢救保护作为全国石质文物保护一号工程。"同时指出，千手观音病害复杂，保护难度很大，国内外尚无类似成功的先例，因此，尽快组织国际国内一流保护专家，运用当今最先进的各种科学技术，做好传统保护维修工艺与现代科技的对接，攻克千手观音造像保护这道世界级难题，使千手观音以良好面貌呈现在人们面前。单霁翔局长要求，要先期开展好千手观音前期勘察工作，以便为保护方案的编制和保护工程的实施打下坚实基础。

实际上，大足石刻的保护工作在中国文化遗产研究院和大足石刻研究院的合作下在 2001 年之后即开展过一些相关研究工作，并出版过《大足石刻保护》，这些工作对于千手观音造像保护修复工程的最终立项发挥了重要作用。2008 年 4 月 14 日，国家文物局遗产处、科技处在北京组织专家对中国文化遗产研究院编制的《大足石刻千手观音造像抢救性保护工程前期勘察及方案设计立项报告》进行了评审；4 月 24 日，重庆大足石刻艺术博物馆与中国文化遗产研究院正式签订了《大足石刻千手观音造像抢救性保护工程前期勘察及方案设计协议书》。这也保证了千手观音造像在受到可能严重自然灾害威胁的情况下能够快速、及时组织保护修复队伍、制定前期研究、调研方案。

2008 年 6 月 23 日国家文物局以（文物保函【2008】611 号）批准开展大足石刻千手观音造像抢救性保护工程。6 月 26 日中国文化遗产研究院编制完成《大足石刻千手观音保存现状调查评估工作方案》。根据整体工作计划，该工程分为前期勘察、方案设计、实施修复三个阶段。2008 年 7 月千手观音造像抢救性保护工程前期勘察研究工作正式启动。中国文化遗产研究院作为项目组织单位联合敦煌研究院、大足石刻研究院、中国地质大学（武汉）、北京大学文博学院、北京建筑大学、河海大学等多家专业机构共同参与千手观音造像的研究、保护和修复工作。

大足宝顶山石刻千手观音造像开凿于南宋淳熙至淳祐（1174～1252）年间，是我国最大的集雕刻、贴金、彩绘于一体的摩崖石刻千手观音造像，是世界文化遗产大足石刻的精华龛窟和重要组成部分。前期调查工作阶段所见千手观音造像保存基本完整，远观造像依然保持着恢宏博大的气势和金碧辉煌的壮丽景观。但仔细检查则发现，千手观音造像表面敷贴的金箔风化破坏严重，金箔起翘、剥落面积较大；石刻岩体疏松剥落、雕刻品断裂跨落破坏；彩绘色泽灰暗、几不可辨。其中金箔脱落及雕刻风化，不仅严重损害了千手观音造像的历史及艺术价值，也严重危害着石刻造像的安全。

千手观音造像的保护工作是我国重要的文物保护实践，但确实绝非易事。首先，作为保存至今的宋代石刻造像，千手观音造像具有极高的历史、艺术、科学研究价值，是十分珍贵的古迹文物。其次，宝顶山地处中国南部且为山地，年平均气温、湿度均高于石刻、石窟保存较多的北方地区。自然环境的复杂性以及保护措施、成功经验的缺失也大大增加了工作的内容和难度。除此之外，千手观音造像自身集石刻、彩绘、髹漆贴金于一体的多工艺特点，也是此次工作中的研究重点。

基于以上所述诸因素，千手观音造像保护修复工程的前期调查研究成为保护修复人员深入了解造像的关键途径。前期调查研究的充分开展也将有利于之后更具针对性的试验、保护、修复工作的开展。

为做好千手观音抢救性修复保护工作，中国文化遗产研究院联合敦煌研究院、中国地质大学等科研院所，在2008～2011年初的三年时间里开展了千手观音保存状况调查、病害调查与评估、基本图件测绘、详细地质条件勘察、现场无损检测与科学分析、微环境监测、传统工艺调查，风化岩石加固材料试验，川渝地区摩崖造像金箔、彩绘病害及工艺调查等一系列前期勘察研究。这些工作在各单位、机构的配合、协作下，经过工作人员的努力和坚持，取得了比较显著的成果。参与工程的项目组、研究人员、修复师对千手观音造像的历史、环境、工艺、病害等方面有了更深入的了解，为造像下一步的试验开展和保护修复工作提供了重要的支持。但同时前期研究也有着失败的经历，例如金箔回贴使用的方案在经过多次、多种试验后仍宣告失败，无法在千手观音造像上实现理想的修复效果和安全状态，以及千手观音造像表面凝结水对修复效果、表面微生物的严重影响等等。这些失败和教训不仅使我们认识到前期研究工作的艰难，理想与实际操作间的差距，更让项目组深刻地意识到研究的重要性，试验工作对于方案的检验作用和对修复开展的参考作用。这些成功和失败都是此次工程的宝贵经验，正是在此基础之上，我们对千手观音造像下一步的保护修复工作更加充满了信心。

经过详细的前期调研工作之后，中国文化遗产研究院、敦煌研究院、重庆大足石刻艺术博物馆合作开展了大足石刻千手观音造像抢救性保护工程前期工艺修复试验，2008年10～11月、2009年2～4月，选取了千手观音造像上左右不同区域的12只病害特征典型的手和1尊胁侍像实施前期工艺修复试验。2009年4月7日，重庆市文物局组织专家对千手观音造像前期工艺修复试验进行评审，专家们一致肯定，目前正在开展的工艺修复试验技术路线合理，修复工艺严谨，符合文物保护要求，试验效果良好。

为进一步评估前期修复材料和工艺试验结果，解决千手观音造像保护修复的关键技术问题，根据国家文物局（文物保函【2010】984号）文件精神，在充分总结前期修复试验的基础上，中国文化遗产研究院、敦煌研究院、重庆大足石刻艺术博物馆再次合作开展了大足石刻千手观音造像抢救性保护工程中期修复试验，2010年9月～2011年1月，根据千手观音存在的各种病害的典型性以及不同部位小气候的差异，选择了千手观音造像最上部东西两侧作为中期修复试验区域，包括20只手和4个彩绘进行现代化学材料修复试验，6只手进行传统材料大漆贴金试验。2011年1月21日，重庆市文物局组织来自文物科技保护、传统工艺研究、化学材料研究、美术史研究、佛教研究等领域的12名专家对中期修复试验进行验收，专家一致认为：中期试验技术路线合理，工艺和技术方法可靠，材料适用性强，符合文物保护要求，试验效果良好，验收通过。

文物保护工作没有放之四海而皆准的修复操作模式，但每一个成熟的保护修复方案都需要积累无数的经验及教训才可能成形。我们的保护工作只有在不断地研究和实践中才能保持进步，而每一项完成的工作都具有重要的参考价值。考虑到千手观音保护修复工程在前期研究过程中所积累的宝贵经验、教训都是保证工程顺利开展的不可或缺的实践过程，并且这些经验及教训对其他同类型文物的保护、修复同样有重要的参考、借鉴价值，在国家文物局的批准，在中国文化遗产研究院和大足石刻研究院的支持下，大足石刻千手观音造像抢救性保护工程项目组将前期研究的工作内容进行了整理和出版。

作为我国文物保护工作的重要实践，前期研究是千手观音造像保护修复工作的重要组成部分，这部分工作内容的整理和保存便于千手观音造像在未来的保护工作中参考使用；另一方面，为了促进我国文物保护工作的公开、透明，前期研究的出版可以使各位关注千手观音造像修复的专家、学者和文物爱好者了解千手观音造像的修复工作情况，以此期望可以促进行业内部的交流与互动。

编委会

2015 年 5 月于北京

第1章　历史资料的整理

1.1　千手观音造像雕造历史

大足石刻是今重庆市大足区境内主要表现为摩崖造像的石窟艺术的总称。大足石刻诞生于初唐，历经晚唐、五代的发展，至两宋时期臻于鼎盛，明清时期仍绵延不绝。大足境内石刻造像遍布，迄今公布为各级文物保护单位的石刻点多达75处。

大足石刻以其鲜明的民族化、世俗化、生活化等诸多特色，成为具有中国风格的石窟艺术的典范，代表着9~13世纪世界石窟艺术的最高水平，被誉为世界石窟艺术史上的最后一座丰碑。1999年12月1日，以北山、宝顶山、南山、石门山、石篆山为代表的大足石刻，被联合国教科文组织世界遗产委员会以“大足石刻是天才的艺术杰作，具有极高的历史、艺术、科学价值；佛、道、儒三教造像反映了中国宗教、哲学思想和民俗民情；在思想和艺术方面对后世产生了重大影响”等符合世界文化遗产的三项标准，列入《世界遗产名录》。

宝顶山石窟为赵智凤于南宋淳熙至淳祐年间（1174~1252年），“清苦七十余年”主持营造。它以大、小佛湾为中心，在方圆五里内的古道旁，开凿有十余处像的大型密宗道场。其造像近万尊，雕刻技艺精湛绝伦，蕴含极其深厚的佛教哲理，同时将儒家的孝道和道教的学说融入其间，展现了宋代佛教文化的特色，被誉为是中国石窟艺术的巅峰之作。

宝顶山石窟杰作迭出，其中，编为第8号龛的千手观音造像，是其重要的代表作之一。

千手观音造像在面积88m^{2}的岩石上，以主尊观音造像为中心，呈辐射状在岩面上雕凿近千只手，手中各执法器，如日、月、宝剑、如意珠、宝瓶、莲花、宝镜、数珠等等。手心各有一眼，以表现观世音菩萨的法力无边，智慧无穷。另雕刻有侍者、力士等像。整龛造像布局严谨，气势恢弘，宛如孔雀开屏，是大足石刻千手观音造像发展的高峰和极致，也是全国同类型造像题材中艺术成就最高的龛窟之一，更是世界宗教石窟艺术史上的一朵奇葩，有“天下奇观”、“天下一绝”、“国宝中的国宝”等诸多赞誉！

在石窟艺术和寺院中，千手观音有石雕、铜铸、木质、铁铸、绘画（壁画、绢画等）等多种表现形式。受工艺、时间或其他条件限制，古代工匠们往往以40或42只手来表现千手。因为根据佛经的说法，以此数目的手，可以象征千只乃至无限多的手。而雕凿于南宋中后期的宝顶山千手观音造像，可谓名副其实的千手观音。

大足石刻观音造像甚多，从初唐开始以至于明清时期绵延不绝。主要雕凿题材有水月观音、日月观音、数珠手观音、如意轮观音、千手观音、玉印观音、净瓶观音等等，北山石刻就有“观音造像的陈列馆”的美誉。这其中，千手观音造像从唐代开始就出现在圣水寺石刻，其后在晚唐五代和两宋时期的北山石刻中，也保存有多龛千手观音造像，但是其规模相对较小。至宝顶山千手观音的出现，则将千手观音造像推向了一个顶峰。

以宝顶山千手观音为代表的观音信仰，对后世民俗产生了深远的影响。大足境内有一个流传已久的民俗活动“宝顶香会”，在农历二月十九日观音生日前后，巴蜀一带众多香客便云集宝顶山，至迟在清初就流传着“上朝峨眉，下朝宝顶”（清·史彰《重开宝顶碑记》，康熙二十九年撰）的民谚，迄今此民俗活动仍绵延不绝。

1.2 千手观音造像历史上的修缮记录

据《大足石刻铭文录》碑刻文献记载，宝顶山千手观音造像历史上有明确记载的妆饰有4次，分别为明代1次，清代3次。之外，据碑刻史料推断有1次。以上共计有5次。

1.2.1 明代隆庆四年碑刻记载的妆饰

根据《大足石刻铭文录》所见资料，目前最早关于千手观音妆饰准确记载的，为明代隆庆四年(1570年)，在《大足石刻铭文录》“悟朝：《善功部》碑”条中，录有碑文：

> 善功部（额）
>
> 据本省潼川州遂宁县净明寺住持比丘悟悰，同徒本堂、本钦、本合、本观、本国、本冲，徒孙宗敖、宗贤、宗太、宗义、宗项、宗珠，诱引禅僧悟祖，荣昌县妆匠吴自贤，男吴仲秋、兵、艾。伏念悰等忝为空门什子，恨无报谢佛恩，施财妆千手观音金像一堂。先同本师觉寿、兄悟惇妆大卧佛一尊、九族四位，修砌圆觉洞顶大佛三尊菩萨三位，竖法堂施银十两、又香炉一座，施油烛斋供十余有年。广大庵正佛一尊，功德钱前后共四百两余，各处舍资不枚具此善功，刻石为记。伏愿普报四恩，同登十地□□□。大明隆庆四年庚午秋本寺住持悟朝。

图1-1 宝顶山明代《善功部》碑

该碑刻现存于千手观音像左侧妙智宝塔龛下壁，竖碑，碑身高109cm，宽61cm，厚14cm（图1-1）。

据悟朝撰《善功部》碑记载，四川省潼川州遂宁县住持僧悟悰和他的弟子、徒孙，禅僧悟祖，以及来自荣昌县的妆匠吴自贤和他三个儿子等人，出资和实施了“妆千手观音金像一堂”。同时，还记载了之前与悟朝的师父觉寿等人重装了卧佛像（即释迦牟尼涅槃图）。此次妆饰，由大足圣寿寺住持僧悟朝撰文记载。悟朝为当地寺院住持，很可能为具体负责此次妆饰者。《善功部》碑记载的造像妆饰，是宝顶山现存碑刻文献中，首次记载的对千手观音、释迦涅槃图等造像的妆金记录。

明代隆庆四年的妆饰活动，与之前不久的宝顶山大佛湾一次妆饰有一定关系。明嘉靖三十二年（1553 年），遂宁县安仁里净明寺僧人出资对宝顶山部分造像进行了妆饰，此碑刻不但可知在明代净明寺僧人与宝顶山关系较为密切，而且还透露出净明寺较为详细的地理位置，在昔日遂宁县“安仁里”。据实地调查，明代遂宁县安仁里的大致范围，后因行政区划变更，大约在今重庆市潼南县小渡、新胜一带，今此地带的卧佛镇内，仍有净明寺遗迹，现存的寺院匾额、铜钟等文字仍为“净明寺”，当地百姓也相传为明代就有寺院。由此，从寺院名称、当地民间传闻和大致地域来看，极可能为宝顶山明代碑刻记载的捐资妆饰造像的净明寺。

1.2.2　清代乾隆十三年碑刻记载的妆饰

清代最早的妆饰，首先见于清代乾隆十三年（1748 年）净明所立的《遥播千古》碑，《大足石刻铭文录》一书标为“净明：立《遥播千古》”，碑文如下：

> 遥播千古（额）
>
> 四川东道重庆府大足县米粮里宝顶住持方丈大和尚上净下明、徒监院德舟、焚献应舟，乡约会首黄成先、穆源远、刘成彰。南无千手大士法像一堂，以及两旁罗汉又并钱炉一座，于己巳岁重妆方丈、释迦与阿难、迦叶金尊二尊三大士，共韦驮、伽蓝真容、龙神、山皇、土地圣像。大清乾隆十三年戊辰仲冬月谷旦立。镌匠张仁山。

该碑现位于南岩“妙智宝塔”龛下壁，碑身高 85cm，宽 46cm，厚 9cm（图 1-2）。

图 1-2　宝顶山清代《遥播千古》碑

据碑文所知，为乾隆戊辰年（1748 年），当时宝顶山住持方丈净明、徒弟德舟等，约同会首黄成先、穆源远、刘成彰，重妆“千手大士法像一堂”，以及其他一些造像。而碑文中提到的己巳岁“重妆”，为乾隆十四年，即 1749 年，也就是立碑后的一年。由此可知，该碑刻所记载的重妆，应为妆饰之前一年所立。这一点，从碑刻内容来看，也是相吻合的，如其中提到“乡约”，其意为宝顶住持僧人与当地民众回首相互约定之意，起到立下盟约以促进妆饰完工的作用。之外，碑刻中未记载妆饰完毕之事。因此，该次妆饰完工的时间应在立碑刻之后。该次妆饰完成的可能性极大，其一当时参与的人物，皆是当时宝顶山一带具有代表性的人物；其二，该碑自立碑之后一直保存，表明已经完成妆饰，故有必要保存下来。

参加此次妆饰活动妆匠，碑刻中未直接说明。在该碑后列有人名 9 人，其中有“术士张可则”，此人又见于宝顶山清乾隆二十五年（1760 年）“僧有久等修装圆觉洞万岁楼等处佛像记”碑中，该碑记载此年宝顶住持僧有久等，与会首黄成先等对部分龛窟进行了维修，其中包括在圆觉洞内“塑金龙”等妆金行为，此次工匠碑刻中记载“荣邑装修匠张可则，徒吕太和、刘光汉、张永清”等，可见张可则为与大足毗邻的荣昌县人氏。由此，清乾隆十三年碑刻记载的妆饰活动，极可能也系张可则等所为。

此次妆饰活动，与清代初期大足经济发展有关。据 1996 年出版的《大足县志》记载，在清代康熙六年（1667 年）之际，全县编户只有 2 甲，仅 66 户人家，总人数为 132 口。从清代顺治十八年至雍正八年（1661～1730 年）这 60 年间，大足知县皆是荣昌知县兼摄。受“湖广填四川”移民的影响，大量外地居民开始涌入包括大足在内的巴蜀地区，如参与此次妆饰活动的会首穆源远，即在康熙五十八年（1719 年）从贵州遵义迁移到大足宝顶山一带居住。通过几十年的经济发展，大足的经济得到了复苏，这其中开展的对千手观音等造像的妆饰活动，便是一个体现。

1.2.3 清代乾隆四十五年碑刻记载的妆饰

清代乾隆四十五年（1780 年）碑刻，记载曾妆饰过千手观音，《大足石刻铭文录》一书标为“张龙□：装修大佛湾、圣寿寺像记”，原碑刻保存在宝顶山圣寿寺维摩殿佛坛上（图 1－3）。该书所录碑文内容如下：

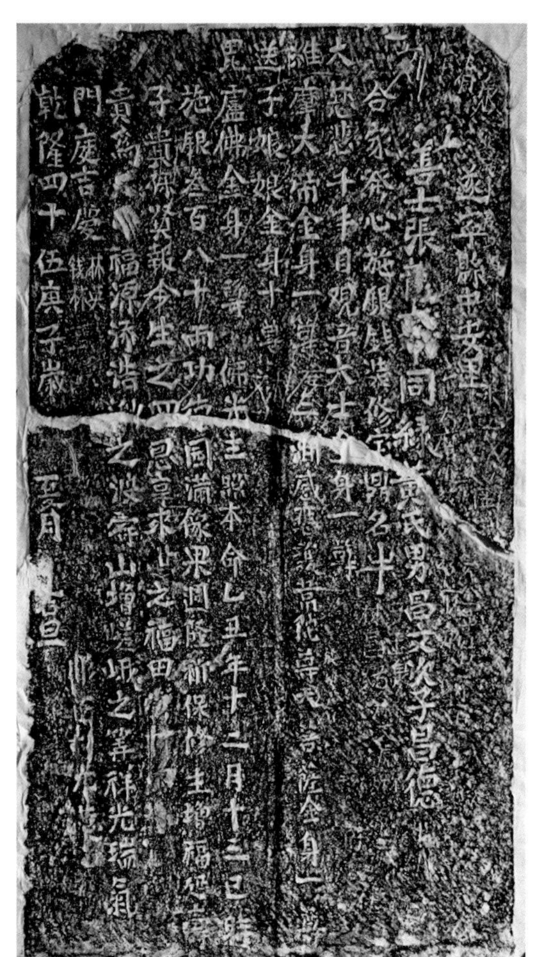

图 1－3　宝顶山清代张龙飞捐资装修碑

> 遂宁县中安里善士张龙□、同缘黄氏，男昌文、次子昌德合家发心施银钱装修宝鼎名山大慈悲千手目观音大士金身一尊、维摩大帝金身一尊、三□感应护韦陀尊天菩萨金身一尊、送子娘娘金身十尊、毗卢佛金身一尊。佛光主照本名乙丑年十二月十三日巳时施银叁百八十两，功德圆满，像果周隆。祈保修主增福延寿、子贵孙贤，报今生之四恩、享来世之福田（滤）贵为人□福源忝浩□之□□山增嵯峨之筭祥光瑞气、门庭吉庆。乾隆四十五年庚子岁夏月吉旦。

与此碑刻密切相关的史料，是 2014 年 4 月 26 日，在对千手观音主尊实施修复的过程中，发现在主尊腹部处有一块可以移动的长方形石砖，取出石砖后发现其两面都刻有文字，其中一面刻“遂宁县中安里地名七佛寺，善士张龙飞、同缘黄氏，男昌文、昌德，合家发心装修宝鼎观音大士金容一尊”等，年代为“乾隆四十五年四月”。这块石砖所记载的史实，与宝顶山圣寿寺内的碑刻内容大多一致，如捐资的人物、时间、事迹等。同时，新发现的石砖铭文还弥补之前调查记录的碑刻缺漏，如原碑刻“张龙□”可知为张龙飞，又如张龙飞一家的籍贯，原碑刻只记载为“遂宁县中安里”，此可知为“遂宁县中安里地名七佛寺”。

通过上述两块碑刻文献可知，在清代乾隆四十五年，来自遂宁县中安里的善士张龙飞一家，施银 380 两，“装修宝鼎名山大慈悲千手目观音大士金身一尊”，之外还对韦陀、送子娘娘、毗卢佛等像进行了妆饰。

据调查，清代遂宁县中安里，位于今重庆市潼南县境内。据 1993 年《潼南县志》记载，潼南县在 1912 年从遂宁划出后，全县分为上安里、中安里、下安里等 28 个场镇，其中，“中安里 4 个场镇，为复兴场、三汇场、五桂场、斑竹场，其中的复兴场后更名为卧佛镇”。在今卧佛镇百花村龙洞石湾有一“七佛寺”，当地人亦称为“七佛岩”、“兴胜寺”等，实地保存的清代嘉庆二年（1797 年）碑刻记载“我境七佛岩，原系古迹”，可知此地由来已久。当地居民，仍主要是以张姓居多，在一些族谱上可见“遂宁县中安里七甲地名七佛寺”，与张龙飞的籍贯基本一致，可知张龙飞碑刻中所叙的籍贯地理位置，约在今潼南县卧佛镇一带。

1.2.4　清代光绪十五年碑刻记载的妆饰

清代碑刻文献所见妆饰中，时间最晚一次为清代光绪十五年（1889 年）碑刻记载，该碑刻现存于大佛湾南岩第 4 号广大宝楼阁下方，刻石面高 95cm，宽 137cm。《大足石刻铭文录》一书标为“戴光升：装彩千手观音、华严三圣、父母恩重经变像记”（图 1－4），碑文内容如下：

> 盖闻兜率旨传，光闪琉璃之界，御花神隆，锦呈艳阳之天，感宝德之焚香，高高慈航驾出，悯原人之迷本，迢迢愿船撑来，白雀紫竹均洞天，雅堪明心见性，绿杨苍松悉福地，独肯粉骨报亲。千千手，手手握宝；千手眼，眼眼藏真，诚商朝□女仙，亦宝顶古迹也。昔谓仙家造成，□信不诬矣！虽尝皇庚申叠遭兵燹，附近士庶募资装金绚彩，奈地卑潮湿，金容每多剥落，不无遗恨。时有璧邑□□大路场信士戴光升，字大顺者，拈香晋谒目睹千手千眼观音大士月容减色，修发虔心，捐金重装满座金身，并装绚岩左石壁大佛金身三尊、八十八佛转轮金车、舍利妙智宝塔、送子殿满堂神像诸胜，兼修十八梯石坎数步，使之焕然一新焉，非敢以是沽名也，不过祈神恩庇佑，俾辞世双亲冥中获福，暨本身却病延季，后嗣昌荣、永膺多福已

图 1－4　宝顶山清代戴光升捐资装修碑

耳，是为记。信士戴光升，室人张氏，男立富、饶氏、贵张氏，孙嗣福、禄、祯、祥。总捐银一千余两，邑人罗性之撰，黄增书。大清光绪十有五年岁次己丑季夏月吉旦立。

在这则碑文中，透露出有两次妆饰活动，一次为戴光升捐资妆饰，另一次为未见于其他碑文介绍的妆饰，其具体情况如下：

1.2.4.1 在清代同治年间的一次妆饰

碑文中叙述到“虽尝皇庚申叠遭兵燹，附近士庶募资装金绚彩，奈地卑潮湿，金容每多剥落，不无遗恨”。此句话透露出存在一次妆饰活动，碑文中的“庚申叠遭兵燹”，查在此碑刻之前清代的庚申年，有1680年、1740年、1800年、1860年，其中，1680年和1740年距离此碑记载的事件有百年以上，其可能性极小。1800年国内以及大足一带未见有稍具规模的战事。只有1860年，英法联军占领北京，火烧圆明园，咸丰帝逃往承德避暑山庄，史家称为“庚申之变”；大足境内也发生了较大影响的战事，据1996年出版的《大足县志》“大事记”记载，此年，李永和、蓝朝鼎义军进入大足，新任大足知县饶顺督团练负城顽抗，至咸丰十一年（1861年）十二月义军败退，击毙团练官兵267人。由此可见，无论是国家，还是县邑，皆是战火纷飞，与碑文中记载的“庚申叠遭兵燹”中的“叠”字相吻合。因此，碑文所说的“庚申”年极有可能是1860年。

碑文紧接着叙述“附近士庶募资装金绚彩”，说明在1860年之际，宝顶山附近的民众募捐资金对千手观音进行了妆饰，并且明确提及到了“装金绚彩”。

由此可知，在清代同治年间对千手观音有过一次妆饰。

1.2.4.2 戴光升捐金重装千手观音

在该碑刻中，记载来自璧山县大路场信士戴光升，来到宝顶山“拈香晋谒，目睹观音大士月容减色”，于是“修发虔心，捐金重装满座金身”。同时，还装绚了华严三圣、妙智宝塔等造像，修砌了十八梯石坎数步，这些妆饰和修砌，全系戴光升一家“总捐银一千余两”而完成。

据实地调查，今重庆市璧山区大路街道仍有戴光升后裔，据家谱和后人介绍，戴光升于清代道光九年（1829年）出生于璧山大路场，幼时家庭贫寒，靠销售水果和当屠夫发家致富，其后与人合伙开办铁厂，规模较大。戴光升热衷于公益事业，常捐资修路等。1889年，捐银在宝顶山进行了为期半年之久的修复。清宣统三年（1911年），戴光升与世长辞，享年八十二岁。

通过上述碑刻文献和实地调查，明清时期千手观音极有可能存在着五次妆饰，分别为明代1次，清代4次（表1-1）。其中，清代光绪十五年（1889年）的妆饰之后，民国时期未见有妆饰记载，1949年新中国成立后亦未有妆饰工程的开展实施，应为是距离“大足石刻千手观音石刻造像抢救性保护工程”实施最近的一次。

表1-1 碑刻铭文所见大足千手观音造像妆饰表

编号	碑刻	妆饰时间	主持者	捐资者	资金	妆匠
1	明隆庆四年（1570年）《善功部》碑	明隆庆四年（1570年）前不久	圣寿寺住持悟朝（?）	遂宁县净明寺住持比丘悟悰，同徒本堂、本钦、本合、本观、本国、本冲，徒孙宗敖、宗贤、宗太、宗义、宗顶、宗珠，禅僧悟祖，		荣昌县妆匠吴自贤，男吴仲秋、兵、艾。

续表

编号	碑刻	妆饰时间	主持者	捐资者	资金	妆匠
2	清乾隆十三年(1748 年) 净明立《遥播千古》碑	清乾隆十三年（1748 年）后	宝顶住持净明、监院德舟、焚献应舟，乡约会首黄成先、穆源远、刘成彰			张可则
3	清代乾隆四十五年（1780 年）“张龙飞：装修大佛湾、圣寿寺像记”	清乾隆四十五年（1780 年）		遂宁县中安里善士张龙□、同缘黄氏，男昌文、次子昌德合家	银叁百八十两（含维摩、韦陀、送子娘娘、毗卢佛等像）	
4	清光绪十五年(1889 年）“戴光升：装彩千手观音、华严三圣、父母恩重经变像记”	清咸丰十年（1860 年）后不久		（宝顶山）附近士庶		
5	清光绪十五年(1889 年）“戴光升：装彩千手观音、华严三圣、父母恩重经变像记”	清光绪十五年(1889 年)		璧山县信士戴光升、室人张氏，男立富、饶氏、贵张氏，孙嗣福、禄、祯、祥	总捐银一千余两（含华严三圣、舍利妙智宝塔、送子殿满堂神像以及十八梯石坎等）	

1.3　大足石刻石质本体保护研究综述

1.3.1　大足气候环境及地质构造

大足位于四川盆地，西有青藏高原，北有秦岭大巴山，东有巫山，南有云贵高原。海拔高度为 270 ~ 900m，属亚热带温暖湿润季风气候，温暖湿润，多雨少晴，年均温度 17.2℃，年均相对湿度 83%，年均降水量 1006.6mm，年均蒸发量 804mm，年均日照时数 1314h，年均风速 1.5m/s 受环境影响较大。大足石刻文物区地质构造属新华夏系第三沉积带四川沉降褶皱带，出露地层为中生代三迭系、侏罗系，摩崖造像主要雕造在属侏罗系上统的丘陵斜坡砂岩陡壁上或切割形成的沟谷砂岩陡壁上，岩石出露厚度为 10 ~ 30m。砂岩胶结质在水的作用下容易溶解，因此造成石刻风化、剥蚀严重。

1.3.2 大足石刻保存环境特点

1）造像以自然崖壁山体为依托，为开放式空间，且龛窟进深小，遮风蔽雨能力弱，易受风吹、日晒、雨淋、冷暖交替的影响和水的侵蚀。

2）气候湿润，多降雨雾水，温度温暖平缓，大气环境受到一定程度的污染，尤其是水与污染微粒结合易形成酸雨雾。

3）造像质地为长石砂岩，胶结物为钙质、泥质，长石易被水解蚀变为黏土矿物，钙泥质胶结易被水溶解流失，易受外力的侵蚀损害。

1.3.3 大足石刻的主要病害

大足石刻作为室外文化遗存，又多以摩崖造像的形式展现，为开放空间，直接与外界环境相依存，历经千百年的冷暖交替，风吹日晒，雨雾浸蚀等自然因素作用，大足石刻一直面临着渗水、岩体失稳、风化、生物侵蚀等四大病害的威胁。

1.3.3.1 风化病害

大足石刻岩石成分以石英细砂岩为主，砂岩的胶结物成分主要为泥质、钙质，含量较高。由于岩石的矿物成分、胶结物成分、含泥量及泥质软弱夹层的分布错综复杂，导致了大足石刻不同部位抗风化能力的强弱差异，也产生了三种不同类型的风化：一类是由表层至岩体深处均匀风化，孔隙度逐渐减少的松散型风化；一类是受区域软弱夹层控制，由表及垦形成若干剥蚀带的层状剥落型风化；另一类是受温差、日照、风蚀等因素拧制，由表及里出现若干裂隙组的裂隙型风化。这些类型的风化对造像和岩体造成龟裂、起甲、酥碱、空鼓、剥落等破坏。

1.3.3.2 渗水病害

大足地区湿润多雨，水是引起大足石刻风化、损坏的最主要因素，多种病害坪是由于水的参与而产生或加剧。夏季日照强、温度高、蒸发量大、降雨量多，对石刻造像影响较大。强日照引起地表昼夜温差大，不仅影响岩石的热胀冷缩和水的物态，而且对矿物质在水中的降解度，生物的新陈代谢，择种水溶液的浓度和化学反应速度都有较大影响；盛夏暴雨对石刻造像的剥蚀和淋蚀破坏更为严重。大量雨水浸入石刻造像内部，引起石刻造像内部结构发生变化，地表水沿立壁裂隙下渗，冲刷裂隙，不断溶蚀扩大裂隙，并与岩石组分、早期风化物、酸沉降物发生各种物化作用和生化作用，而生成一系列的盐类，沉积于造像表面，严重污损石刻：由于温暖潮湿，造像表面滋生许多有害植物与微生物，加之地下水毛细渗透，致使龛窟下部遗像风化掏蚀。大足石刻水害主要包括大气降水直接对造像表面冲刷溶蚀，窟檐缺损导致的雨水倒灌侵蚀，裂隙渗水，地下毛细水的侵蚀，此外还有凝结水的侵蚀。

1.3.3.3 岩体失稳病害

大足石刻岩体失稳病害主要包括因构造裂隙、层面裂隙、卸荷裂隙等各类裂隙切割造成的石刻岩体变形、开裂、滑移、脱层、掉块等病害，甚至是坍塌造成造像或者洞窟整体的破坏。

1.3.3.4　生物病害

生物病害主要包括霉菌、地衣、苔藓等微生物、低等植物在阴暗潮湿部位滋生而引起造像表面的污染以及长期侵蚀破坏，灌木、乔木等高等植物的根系发达，对造像岩体容易产生根劈作用；此外，还包括昆虫，老鼠、鸟类等动物在石刻裂隙内筑巢或者其排泄物直接污染侵蚀造像表面。

1.3.4　大足石刻保护研究历史回顾

1.3.4.1　保护历史

在历史上，大足石刻主要由僧、道管理，依靠世俗的力量维修保护，大足石刻造像刻基本保存完好。全部龛窟与造像，除历史上对少数造像肢体残损部分有过补塑外，未遭受大的人为和自然灾害的破坏。1949 年 10 月中华人民共和国成立，党和政府高度重视文物保护，1951 年国家成立了文化部文物事业管理局，改组了古建筑修整所，开始对全国石窟进行调研。1952 年，大足县人民政府成立了专门机构——大足县文物保管所，负责保护管理全县的文物古迹。1952 ~ 1953 年，以大足石刻北山摩崖造像保护长廊修建为标志，我国逐步开始了全面、系统、科学的石窟（刻）保护和研究工作。

当地政府和各级文物主管部门认真贯彻落实《中华人民共和国文物保护法》，建立健全保护机构，大力培养保护人才，切实保障保护经费，颁布施行保护规章，加大监测监管力度，增添保护科研设施，使大足石刻的保护工作不断迈上新台阶。在维修保护中，按照“保护为主、抢救第一、合理利用、加强管理”的文物工作方针，以及世界遗产的真实性、完整性原则，先后完成了“北山石刻保护长廊维修”、“北山隧洞排水工程”、“宝顶孔雀明王日常保养工程”等保护项目 80 余项，在一定程度上使石刻病害得到有效遏制。在保护维修中，坚持技术创新、工艺创新、材质创新，在多项保护工程中所采用的技术措施，均处于国内石质文物保护的领先水平，极大地提升了大足石刻保护的科技含量。

总体来讲，大足石刻的系统科学保护始于 20 世纪 50 年代，至今已有六十余年的保护历程。至今，大足石刻相继开展了摩崖造像岩体抢险加固、水害治理及防治、防风化加固、石刻安全保护、环境整治等多方面的保护工作，同时开展了水文地质与工程地质勘察、石窟稳定性监测、大气环境监测、灌浆加固材料研究等勘察、研究工作。为大足石刻的完整保存做出了很大贡献，也为大足石刻的研究、保护打下了一定的基础。如今以千手观音抢救性保护为典范的工程的开展，更是说明了大足石刻保护工作的不断创新和进步。今天的大足石刻可以说是保护和利用做得十分优秀的典范，大足石刻的保护历史也代表了我国西南地区历史文化遗产保护的历程。

六十多年的保护工作可分为两个阶段：

第一阶段——1952 ~ 1980 年，为基本调查、管理，建立“四有”档案，以及部分抢救性保护阶段。这一时期主要进行了如下方面的工作：一是对当时公布的“五山”摩崖造像等 13 处文物保护单位的自然环境、历史、现状及存在问题作了调查，并对各造像区的龛窟进行登记、编号，划出保护范围，竖立保护单位标志，县政府曾多次发出保护文物古迹的通知、布告、通报并成立群众文物保护小组等；二是开展抢救性的维修保护工程，主要包括：

1952 年，建造北山佛湾保护长廊工程；1953 年，砌筑加固支护大佛湾柳本尊行化图、地狱变相、观经变相、西竺一脉、孔雀明王经变、牧牛图、半身佛下岩等处岩壁基脚风化凹槽工程；1956年卧佛、父母恩重经变、雷音图崖顶龛檐补接；1957年，在宝顶山采用传统方法用土红、牛胶、白矾溶解于水中煮沸后，刷在石刻造像空隙处，防治岩壁风化。涂刷龛窟主要为：刘本尊十炼图、观经变、大方便佛报恩经变等。涂后经观察起到了一定的保护作用。1959年宝顶毗卢洞顶及其防漏排水工程；1965年宝顶毗卢洞顶和孔雀明王挑檐补接工程；1978年宝顶大佛湾大方便、观经变、六耗图龛窟挑檐补界工程；1979年宝顶卧佛前弟子群像及头部的天王像修复工程；1980年宝顶地狱变治水和加固工程等，共计22项保护工程。

1981年至今为有计划、系统性地保护阶段。1981年至今共进行维修保护工程130余项，并采用现代科学技术手段，以传统工艺、材料为主，同时辅以新工艺、新材料进行保护研究，成效显著。主要开展了以下一些保护工作：

1）造像岩体抢险加固

根据大足石刻中个别龛窟基岩不稳定，存在裂隙，窟檐脱层掉落甚至可能倾覆的特点，采取：（1）基岩加固采用本地岩石砌块加固，或采用钢筋混凝土桩柱支撑岩体，如1952年对北山、宝顶石刻立壁基岩蚀空部位全面补砌加固，缓解了基岩空腔进一步掏蚀所带来的造像立壁应力均衡状态的改变，而导致的立壁造像破坏；1953～1965年，全面开展的宝顶毗卢洞窟基岩补砌与窟室维修；1998年对宝顶大佛湾圆觉洞基岩进行加固。（2）治理裂隙选用抗老化、黏结强度适度的化学灌浆材料，如1986年对宝顶大佛湾父母恩重经变龛的加固。主要采取砌体支撑、锚固等工程手段，兼采用化学材料灌浆黏结加固岩体裂隙、洞窟危岩以及岩体崩塌部位。如1982年、1986年、1997年、2002年，采用环氧树脂黏接及灌浆、改性膨胀卷状水泥灌注，结合钻孔、锚固技术分别对宝顶山大佛湾地狱变相龛、毗卢洞窟岩体基础崩裂、柳本尊行化图龛顶板剥块脱落险情、观经变相龛岩体整体产生蠕动和局部崩裂变形等进行抢险加固；1998年采用钢筋混凝土桩柱对宝顶山大佛湾圆觉洞基岩进行加固；2010年实施了南山石窟综合抢险加固工程。2014年实施了大足石刻大佛湾窟檐岩体抢救性加固保护工程，解决窟檐岩体局部存在稳定隐患，窟檐所存在破裂、拉裂、片状剥块、鳞片状剥块、粉末状风化，窟檐边缘勾漫水、窟檐裂隙渗水、窟檐缺损和缺陷等方面的问题。

2）风化治理

石窟造像风化的原因甚多，有大气污染，有温湿度变化，有水害侵蚀，有可溶盐的反复溶解－结晶破坏，也有微生物的侵蚀等。石窟防风化工程是一项尖端工程，迄今对大足石刻防风化没有大面积推广，仅仅做了一些工作。80年代，采用抗老化、防酸雨、渗透性好、黏接性强的化学材料有机硅进行防风化渗透加固，此材料不改变石质颜色，渗透性较好防风化效果甚佳。1981年用此材料封护宝顶山大佛湾牧牛图局部、北山佛湾12号龛局部。1986年又封护宝顶山宋魏了翁书《毗卢庵》题刻、宋《宇文讫诗碑》、明《刘畋人碑》、六道轮回和卧佛局部，延缓了石刻造像的风化速度。千手观音抢救性保护工程就对造像本体及彩绘层也进行了防风化处理，并对其修复效果进行了长期跟踪监测。

3）水害治理

（1）改进原有排水设施，保证水流畅通，避免洪水冲垮岩壁。如1953年对宝顶大佛湾九龙浴太子龛排水沟进行凿深加宽，以保证水流畅通，避免历史上洪水冲垮九龙浴太子岩壁及大悲阁左壁殿宇的损害。

（2）根据不同龛窟的渗水特点，在不利于疏导的地方，采用灌浆堵漏的方法。如1983年，研制“潮湿环境下石窟岩裂化学灌浆材料”治理北山第136号窟顶渗水获得成功。

(3) 主要采取堵截、引导防渗排水处理，或较大规模地改善造像区原地表经流水和崖壁岩体中的排水系统，以杜绝对造像及岩体的侵蚀破坏。如 1983 年研制潮湿环境下石窟岩裂化学灌浆材料治理北山第 136 号窟顶渗水获得成功；1989 年，聘请地质矿产部和中国地质大学的专家对北山、宝顶造像区进行工程地质和水文地质调查，从而为两山造像区治理水害提供了科学依据，并利用该项成果，采取在造像立壁后面岩体中适当部位开凿隧洞，以截断流向造像立壁的各方向渗水。如 1993 年采用排水隧洞工程技术手段治理北山摩崖造像北段水害，宝顶大佛湾地区排污沟渠采用同样方法亦取得较好效果。另外，为减少地表水的入渗，在造像立壁顶部铺设防渗层，并沿造像立壁走向和倾向设立防渗排水系统，汇集雨水，集中排泄。2011 年底中国科学院武汉岩土力学研究所完成了大足石刻宝顶山大佛湾水害勘察，2012 年 3 月，《大足石刻宝顶山大佛湾水害勘察报告》通过了国家文物局专家组评审验收，目前正在编制大足石刻宝顶山大佛湾水害治理工程设计方案，该工程将通过分段分区重点突出的对各处漏水点采用疏、堵结合的治水方法，对地表水和裂隙水等各种水害进行治理，达到对大佛湾石窟区整体治水的目的。

4) 环境整治

大足石刻研究院历来十分重视文物区环境整治，尤其是在大足石刻申报列入《世界遗产名录》工作开展以来，更是加大力度，大规模整治环境。在重点保护范围内，严禁开山、采石、砍伐、放牧和堆放易燃易爆物以及修建民用建筑物、构筑物等。在一般保护范围内，对在历史上遗留的与文物区环境风貌不协调的建筑物，均已按重庆市政府批准的《大足北山、宝顶、南山文物名胜区保护建设规划》文物区总体规划、大足县政府发布的《加强“五山”文物区管理的通告》进行了拆迁整治。其中北山石刻新建了停车场与北山公路，石门山、石篆山修建了管理用房，南山新建了门厅，宝顶石窟周围回收、征用土地 330 余亩，栽种乔灌木 4.4 万株，植草坪 4800km^2，并利用已开凿的宝顶石窟排污隧洞，以圣迹池为中心，建立宝顶石刻文物区清污分流地面管网系统，将生产生活污水集中治理排放，大大地改善了文物区的环境。

1.3.4.2 保护研究

1) 遗产监测

一是开展环境监测，利用已建立的北山、宝顶环境监测站开展常年性的温度、湿度、气压、蒸发、降水、日照时数、地温、风向风速的观测，并进行大气采样分析，对二氧化硫、氮氧化物、大气降尘等专项指标监测；

二是对造像保存的完好程度每年进行专项调查；

三是对岩体稳定性、渗水状况、风化状况等直接与保护状况有关的方面，聘请专业科研机构技术人员，运用电法勘探、电法微测深、回弹锤击测试、地下水分析、风化产物分析等手段，对造像区的地质构造、风化深度、渗水裂隙及地下水的污染情况等进行监测。

四是为贯彻落实《国家文物博物馆事业发展“十二五”规划纲要》，加强世界文化遗产基础研究，提高世界文化遗产保护管理的科技含量和标准化水平。大足石刻世界文化遗产地监测预警系统建设于 2012 年 5 月由国家文物局批准立项，并被确定为监测预警试点单位之一。该项目主要建设内容包括：大足石刻监测指标框架体系的建立；监测预警传输网络建设；监测预警基础数据库建设；监测预警实时监测应用系统建设；监测预警指挥中心 DLP 大屏幕建设等。该项目的实施将从根本上改变以往的被动式保护管理模式，实现重心前移，将“亡羊补牢”转变为“事前防范”。提高监测预警水平，加强预防性保护，实现大足石刻保护的动态监测和信息化管理，为保护和管理提供强有力支撑，从而实现大足石刻的科学合理利用。

2）水文地质调查研究

调查大足石刻所处区域的地形、地貌、地层岩性、地质构造、物理地质现象、水质地质、水文气象等，结合地球物理勘探方法，探查渗水途径、基岩理深、风化程度等因素，并进行详细的水文地质——工程地质测绘，以查明大足石刻各石窟点地质病害制定保护方案，如 1989 年委托中国地质大学的专家对大足北山、宝顶摩崖造像区进行了全面的水文地质调查，并形成了调查报告。

3）水害调查研究

大足石刻所处区域雨量充沛，温暖湿润，地下水丰富，对造像危害极大。采用长期动态现场监测，查清造像区水文地质条件、水污染现状作用机理成因、化学特征和变化规律，制定评价标准，为大面积化学保护和渗水工程提供可靠的科学依据和理论基础。

4）防风化研究

由于大足石刻的岩石矿物成分、胶结物成分、含泥量和泥质软弱夹层的分布等要素错综复杂的变化特征，使得不同部位岩体抗风化能力有较大差异，出现由表层到岩体深处均匀风化的松散型风化，受区域软弱夹层控制，由表及里形成若干剥蚀带的层状剥落型风化；以及主要受温差、日照及风蚀等因素控制，由表及里发育若干风化裂隙组。选择试验不同的保护材料和工艺，初步试验对治理松散型风化取得一定效果。

5）岩体稳定性调查研究

在水文地质调查的基础上，运用电法勘探和近景摄影对北山、宝顶摩崖造像中重要龛窟进行裂隙调查，专门进行稳定性计算，并提出加固方法。1996 年重庆大足石刻艺术博物馆配合中国科学院地质研究所编写了《四川省大足县宝顶石刻区危岩病害调查及岩体稳定性分析》报告。

6）灌浆加固材料研究

对石窟灌浆黏接材料进行试验与分析，从环氧树脂系列、丙烯酸酯系列中，筛选出干燥环境与潮湿环境下的灌浆材料。

7）微生物防治研究

开展石刻表面微生物的清洗与防治工作。

1.3.5　目前面临的主要问题

大足石刻病害复杂，技术要求高，实施难度大，保护研究工作取得了一定成绩，大足石刻成功列入《世界遗产名录》就是对其保护管理工作的最高奖励和肯定。但同时，大足石刻目前的保护管理水平距世界文化遗产保护管理的要求及国内石窟艺术保护的先进水平，还有相当大的差距。已有研究和实践成果不足以为保护工作提供全面、有力、必需的学术和技术支撑，多学科的综合研究不足。就保护方面集中表现在以下几个方面：

1）自然环境因素对石刻文物损害较大，保护性设施需加大建设力度

由于重庆地区海拔低、湿度大，加之重庆为重工业基地，污染较重，且处于重庆—贵阳高酸雨区，大气环境对大足石刻的影响较大。另一方面，大足石刻岩体均为砂岩，造像为摩崖造像，多处于开放式空间，历经千百年的风吹、日晒、雨淋、冷暖交替等自然因素作用后，目前已进入高速风化期，石刻保护形势十分严峻。

2）造像核心区周边危岩加固、防渗排水尚待根治

石刻造像核心区周边岩体的构造裂隙、龛窟开凿造成的卸荷裂隙、风化裂隙等纵横交错，渗水

失治，岩体失稳等，进一步发展将危及同处一隅的造像岩体的安全，导致部分龛窟出现危岩及造像溏蚀情况的发生。长期以来，虽采取多种方法治理，但危岩加固、防渗排水仍尚待根治，需要开展大规模的治理工作。

3）环境污染对造像的影响作用日趋明显，环境整治刻不容缓

近年来，随着经济的发展，环境污染成为一大社会公害。大足石刻近年来的风化破坏有加速趋势，造成这一现象的主要因素就是环境污染所致，大足石刻作为室外文化遗存，随文物旅游等合理利用工作的持续发展，环境治理尤显重要，文物区内及相关区域需进一步整治，以创造一个更有利于造像永久保存的环境和空间。

4）管理展示服设施不足，保护资金相对不足

大足石刻保护涉及面广，文物本体及基础保护设施建设项目多，工程技术要求高、实施难度大，所需经费绝对额度较大，因此保护任务异常繁重。虽然国家发改委、国家文物局对大足石刻的保护给予了极大的支持，市、县各级政府及有关部门也作出了巨大的努力，但管理展示服设施建设和保护任务的艰巨性与国家提供的保护资金之间仍然存在较大差距，使很多管理展示服设施和保护项目由于受到资金的限制而难以尽快付诸实施。

第 2 章　文物现状调查

2.1　千手观音造像现状调查的内容与工作方法

2.1.1　调查内容

对于千手观音开展的现状调查工作主要包括病害调查和相关数据统计、近景摄影测量、雕刻岩体的稳定性检测。通过病害调查和相关数据统计获得千手观音造像本体病害种类、面积和程度，手臂数量和残缺数目，法器种类和数量的准确数据；利用近景摄影测量制作千手观音的高清晰影像图，制作千手观音的高清晰多投影面展开影像图，并获取千手观音精确的展开面积；雕刻岩体的稳定性检测主要调查千手观音手、法器等重点石刻雕刻品内部结构的结构性病害分布状况及规律。这些调查结果为数字化基础数据和定性定量评估形式，目的是为后期制定修复试验方案提供翔实可靠的依据。

其中病害调查和相关数据统计绘制和填写的截止日期为 2008 年 8 月 31 日；近景摄影测量的外业勘测工作开展于 2008 年 7 月 13 日至 19 日；雕刻岩体的稳定性现场测试工作开展于 2010 年 4 月。

2.1.2　技术路线

为有效地提高工作效率，科学、有序、细致地观察和记录病害情况，避免因采集数据而对本体造成新的病害或加速原有病害，此次现状调查采用无损方式。病害记录借鉴田野考古的探方划分和编排方法，对千手观音进行网格布控，调查工作以网格为单位进行。工作人员在现场对数据信息进行调查填写、绘制病害图、拍摄高清照片，通过对调查数据补查汇总、统计分析，得出调查结果。近景摄影测量利用近景摄影机、全站仪、照相机等仪器，配合千手观音病害调查工作，对千手观音整体正投影照片进行拼合，制作高清晰多投影面展开影像图，计算展开表面积。雕刻岩体稳定性测试利用病害记录中的网格布控，千手观音手、法器编号方法，用 X 射线探伤方式对石质雕刻品内部裂隙分布、风化分布、补接修补三方面情况进行调查和统计分析。

以下是主要技术路线（图 2－1）。

2.1.3　病害调查和相关数据统计方法

2.1.3.1　病害类型的界定和术语解释

1）技术依据

《千手观音石质、金箔和彩绘病害术语与图示》是根据国家文物局 2004 年发布的“文物保护行

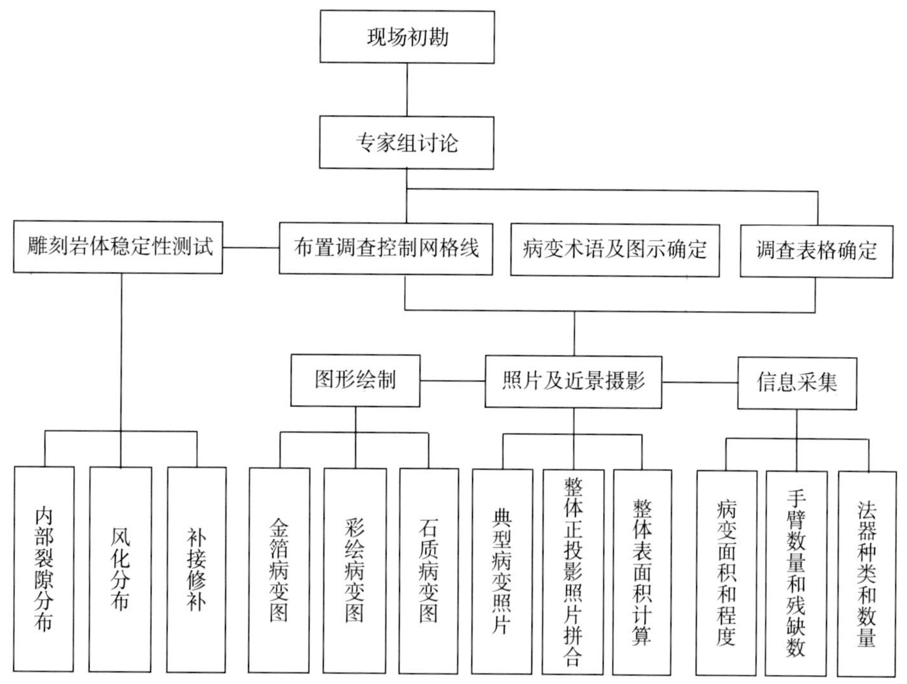

图 2-1　千手观音造像现状调查的主要技术路线

业标准管理办法”和有关文件要求，参照《石质文物病害分类与图示》（WW/T0002-2007）和《古代壁画病害与图示》（WW/T0001-2007）编制而成。

（2）病害分类原则说明

客观性：能够准确反映千手观音主要构成材质的保存现状。

科学性：能够分类体现主要构成材料的病害程度。

实用性：能够方便现场操作和后期处理，为评估工作提供准确依据。

根据以上原则并结合千手观音保存现状，此次调查将材质类型主要划分为三类：石质、金箔和彩绘。由于泥质、木质等构成材料存在的比例不大，故在此次编制工作中没有专门进行，但都在调查时被进行了标注和说明。

（3）病害类型和术语解释

2008 年 7 月份，调查工作组根据病害对文物安全及艺术价值的影响程度的高低以及现场勘查界定了病害的主要类型：结构病害、表面完整性变化、表面形态变化、表面颜色变化、生物病害、人为干预，其中石质本体共有 8 种病害，金箔有 11 种病害，彩绘存在 14 种病害。相关术语解释见附录 1《千手观音石质、金箔和彩绘病害术语与图示表》。

2.1.3.2　工作方法

1）网格布控方法

为便于对保存现状的充分观察，并遵循不干涉文物本体的原则，在距离千手观音本体平均约 0.7m 的位置上，通过搭架布线，在水平和垂直方向上用 22 根直径约 0.3mm 的白色尼龙线分别作为横纵坐标线，将千手观音 88m^2 的正立面进行约 1m×1m 区域的划分，形成网格状，上下共 9 层/行，左右分 11 列，总共划分出了 99 个区域。

2）区域编号方法

以探方东下角为坐标基点，各区域编号依次为该区域所在的层数和列数，用“层数 - 列数”表示，如：位于第三层、第五列的区域编号为“3 - 5 区”，同层位、第六列的区域编号为“3 - 6 区”，第四层、第五列的编号则为“4 - 5 区”，其余依次类推。

3）手臂编号方法

根据区域编号，我们顺利地完成了千手观音全部手臂的位置编号和数量统计工作。具体编号方法为：区域编号 - s（n）或区域编号 - b（n），其中区域编号为手臂所在区域的编号，s 表示手，b 表示臂；（n）是变量，表示手的排列序数。某一区域中手的排列序数统计方法先从左到右，再从下往上，依次类推。遇到跨区域的手臂，视手臂大部分所在的区域为准，经过不同的调查小组进行核对后再编号，避免重复计数。

4）法器编号方法

千手观音法器的分布主要有两种情况：（1）在区域内，但不在手中；（2）在手中。针对以上两种分布情况，我们为法器进行了编号，分布在区域内，但不在手中的法器编号方法为：区域号 - F（n），n 为变量，是法器在区域内的排列序数，统计方法与某一区域中手排列序数的类似，如 6 - 6 - F2 表示位于 6 - 6 区域中的第 2 件法器，该法器只位于区域中，但不在某一手中。手中的法器编号方法为：手编号 - F，如：5 - 10 - S6 - F 表示位于 5 - 10 区中第 6 只手里的法器。

5）数据采集和记录方法

为了较科学地记录和量化千手观音的表层保存状况，对于千手观音病害的采集和记录主要通过绘图及数据采录。

（1）绘图

用绘图的形式描绘和记录病害情况是病害调查的基础手段之一，通过绘制手绘病害图和电脑病害图（电脑补绘病害图、电脑拼接图），可以把千手观音肉眼观察到的病害和保存情况基本如实、全面地记录和反映出来。

手绘病害图的主要操作步骤为：

①获得与千手观音等大的线划图——通过前期摄影测绘获得千手观音正立面线划图，根据实物修改和完善其中个别线条连接不当之处，获得与实物等大的、准确的线划图；

②在线划图上用铅笔将手编号分别标出；

③为每区域裁出三张 1.1m × 1m 的软硬度适中的聚酯薄膜，并准备蓝、红、绿色油性马克笔若干支。绘图时，将 1 张裁好的聚酯薄膜分别上、左、右对齐区域图，用蓝色油性笔根据实际情况，按照已规定的病害术语和图示描绘出石质病害的位置及形状，完成后在聚酯薄膜下端空白处用图标和文字标明病害类型；另取 1 张裁好的空白聚酯薄膜如上对齐区域图，用红色油性笔先将各区域中的手用线条描绘出来，然后用上述方法描绘出金箔病害的位置和形状；最后用同样的方法，将彩绘病害的位置和形状用绿色油性笔描绘出来。

最后，通过 297 张（99 区 ×3 张/区）三色病害图片将千手观音整个立面的石质、金箔和彩绘的病害情况如实地描绘出来。

电脑补绘病害图方法：

电脑补绘主要针对正立面无法看见的部分病害。由于上述手绘图和 CAD 绘图内容主要是根据千手观音的平面立面图进行，而千手观音的艺术实现形式多是立体的浮雕和圆雕，因此如果仅仅根据正立面线划图绘制病害图时，会漏失一些造像侧面和背面的病害，电脑补绘手段因而成为克服以上片面性、保证病害记录真实性和完整性的重要而又有效的方法之一。

采用电脑补绘的主要方法为：在尽可能拍摄的角度对于正视面难以看到的病害进行高清晰拍摄和编号，将照片输入电脑，根据病害的术语和图示规范，用CAD软件将病害直接数化成矢量线图。

石质、金箔、彩绘病害在转化成矢量图时也分别被用蓝色、红色和绿色标明。

电脑拼接方法：

在完成对千手观音正视面全部病害手工绘图之后，将这些手绘图全部通过扫描方式输入电脑，用CAD软件分别对不同材质病害图进行无缝拼接，用以实现手绘图的电子化。同时完成电子化过程的还有千手观音的手臂编号以及法器描绘。

（2）数据采录

①数据表设置

为了配合手绘图的工作，我们对于区域、手臂、法器、造像的各类型病害面积分别进行了量化处理，包括现场测量和数据填写；同时对区域照片和手照片进行了高清晰拍摄记录。病害记录标准表格见附录2。

②数据采集方法

数据的采集与现场绘制手绘图同步进行，所采集到的数据是实物病害的展开面积，即不局限于正立面所观察到的病害面积，而是配合手绘图时已确认的病害位置，利用测量工具对该位置上实物的病害面积进行测量和计算。对于不规则形体面积的测量和计算，尽量将其转化为规则图形后再进行计算。

③数据填写

数据的填写分两步骤：第一，用纸本表格填写——将在现场采集到的收据填写在打印的纸本表格中；第二，用电子表格填写——将纸本表格中的数据一一输入电脑，进行电子化保存。

④手/手指残缺记录方法

千手观音有283只残缺手臂，在记录手或手指的残缺状况时，一般会用n1：n2：n3：n4：n5表示，n1、n2…n5分别表示大拇指、食指至小手指的残存量，一般用分数表示；如果其中某手指是完整的，则用1表示；如果某手指完全丢失，用0表示；若某手指未被雕塑出来（如可能被隐没在岩体中），则用N表示。如某手残缺的记录是1：2/3：1/5：0：N，表示该手大拇指完整，食指残存量约为原手指的2/3，中指残存量约为原手指的1/5，无名指全部丢失，小手指未被雕塑出来。某手如果保存完整，可以用1：1：1：1：1表示，也可在病害表中的残缺栏目里直接被标注“完整”。

2.1.4　近景摄影测量及高清晰影像图制作

近景摄影测量是摄影测量的一个分支，是对非地形目标进行近距离（小于或等于300m）摄影并确定其形状、大小、状态、过程和空间几何位置的一门技术。这种成熟的技术在文物保护、考古工作中已经广泛使用，不干扰本体且非常适用于不规则物体的测量。

此次文物现状调查中开展近景摄影测量的目的和内容主要有三点：1）为了现场修改完善前期测绘的千手观音立面线划图，以应急于现场的病害调查；2）制作千手观音的高清晰影像图，分辨率为0.5mm/像素，包括确保制作精度的主尊像附近近景摄影、整龛纠正点现场测绘等；3）制作千手观音的高清晰多投影面展开影像图。

工作方法和步骤主要是：在高清晰影像采集时通过主要拍摄和辅助拍摄相结合的方式由下向上逐层逐排进行；近景拍摄主尊；开展外业纠正点测绘和内业影像图制作；开展千手观音整龛造像的几何尺度分析，制作高清晰多投影面展开影像图，并计算造像整体展开表面积。

该工作由中国文化遗产研究院与河海大学土木工程学院测绘科学与工程系联合开展，具体工作情况见本章第2节。

2.1.5 雕刻岩体稳定性检测

项目组在前期调查中采用X射线探伤技术对千手观音危险雕刻岩体的风化和裂隙病害进行测试分析，根据定性测试和调查数据统计分析结果对千手观音石质雕刻的稳定性开展初步评估研究。该探伤调查的主要对象是千手观音的手和法器，其中对手的调查细化到手指、手掌和手臂。调查时将X射线探伤图像结合现场对石质雕刻品拍摄部位的观察情况，综合得出调查数据，通过对调查数据进行核查、抽查，统计分析，最终得出调查结果。详情见本章第4节。

2.2 近景摄影和三维信息留存

2.2.1 意义目标

2.2.1.1 工作意义

千手观音作为珍贵的文化遗产，在对其实施保护工程时，须按照《世界遗产保护公约》及中国文物古迹保护基本原则进行，其中强调了文物信息的记录与存档工作的重要性，因此，在千手观音保护前期工程中需要进行全面的记录，实现原始文物信息的存档，且为文物保护工作提供基础图件与数据，进行千手观音的测绘工作势在必行。另一方面，文物最小干预原则决定了不能轻易在本体上实施操作，历年来对千手观音的测绘虽然时有进行，但因技术手段及造像本身的复杂性，一直未能对千手观音进行全面的测绘与信息留存工作。为此，需要利用现代科技手段，对千手观音进行详细的测绘，实现千手观音历史文物信息的留存，并为后续保护设计、展示利用等提供基础数据、图件和模型。

2.2.1.2 总体目标

主要工作目标包括：

1）进行数字化永久留存；

2）为实际修复提供支持；

3）为展示利用提供素材。

2.2.2 近景摄影测量应用

2.2.2.1 主要目标

根据总体目标，结合千手观音保护工程的需要，尤其是病害调查工作的迫切需求，制定了近景摄影测量的工作目标：

1）高效制作病害调查需要的测绘底图，包括线图、影像图等；

2）文物信息留存研究；

3）为数字展示提供图件。

2.2.2.2　主要内容

1）总结现有正射影像图的制作技术，研究制作分辨率为 0.5mm/像素的千手观音高清晰影像图的技术方案。

2）研究对前期制作的千手观音影像图进行修整完善的技术方案，并及时提供修整成果，应急于现场的病害调查。

3）制作千手观音高清晰影像图，包括整体及局部重点部位（如中央主尊及侍佛造像）。

4）制作千手观音立面线图。

2.2.2.3　技术路线

高清晰影像图制作难点在于影像采集和最后纠正影像的拼接。龛窟尺寸为 10.6m×7.8m，按分辨率 0.5mm/像素计算，最终高清晰影像图分辨率为：21200×15600。

1）采用近景摄影测量方法，测量龛窟几何形态，以确定影像图投影基准面及测设纠正点三维坐标。近景摄影机：P31。

2）采用微距摄影技术进行影像采集。拟用 NIKON D200 数码相机，摄影距离约 1m，摄影范围 0.8m×0.8m，摄影分辨率 2048×3072。根据具体情况进行多层多行拍摄。

3）所摄影像使用遥感软件 ENVI 进行纠正。为确保纠正点精度，纠正点三维坐标的测设采用近景摄影测量结合全站仪实地量测。

4）纠正好的影像图，使用 PS 图像处理软件进行拼接，最终的高清晰影像图。

5）对 2007 年 10 月制作的千手观音影像图进行局部修整方法。对局部拼接错位、模糊不清部位，使用最新的对应纠正影像替换，并拼接完整。

6）在前期摄影测绘获取的立面线划图基础上，组织大足两位艺术、美工专业毕业的工作人员进行了线划图的完善工作。

2.2.2.4　近景摄影测量与影像采集

按照拟订方案，近景摄影测绘工作人员一行 4 人于 2008 年 7 月 13 日进驻大足千手观音现场进行外业勘查，7 月 19 日返回后开始内业工作，至 8 月 23 日已完成上述主要工作内容。具体包括：

2008 年 7 月 13 日进驻千手观音现场。主要仪器设备有：P31 近景摄影机 1 台、SET209 免棱镜全站仪 1 台、NIKON D200 照相机 1 台和 NIKON D700 照相机 1 台。

高清晰影像采集主要使用 NIKON D200 照相机，同时用 NIKON D700 辅助拍摄。摄影焦距 35mm 和 50mm。摄影基线 0.2～0.4m，摄影距离 1.2～1.8m，影像航向重叠 60%～80%，旁向重叠 30%～50%，脚手架隔板处小于 5%。每幅影像平均实地面积 1.8m^2。按脚手架由下向上分为 1～4 层、每层又分 3 排拍摄，如图 2-2，相片数见表 2-1。

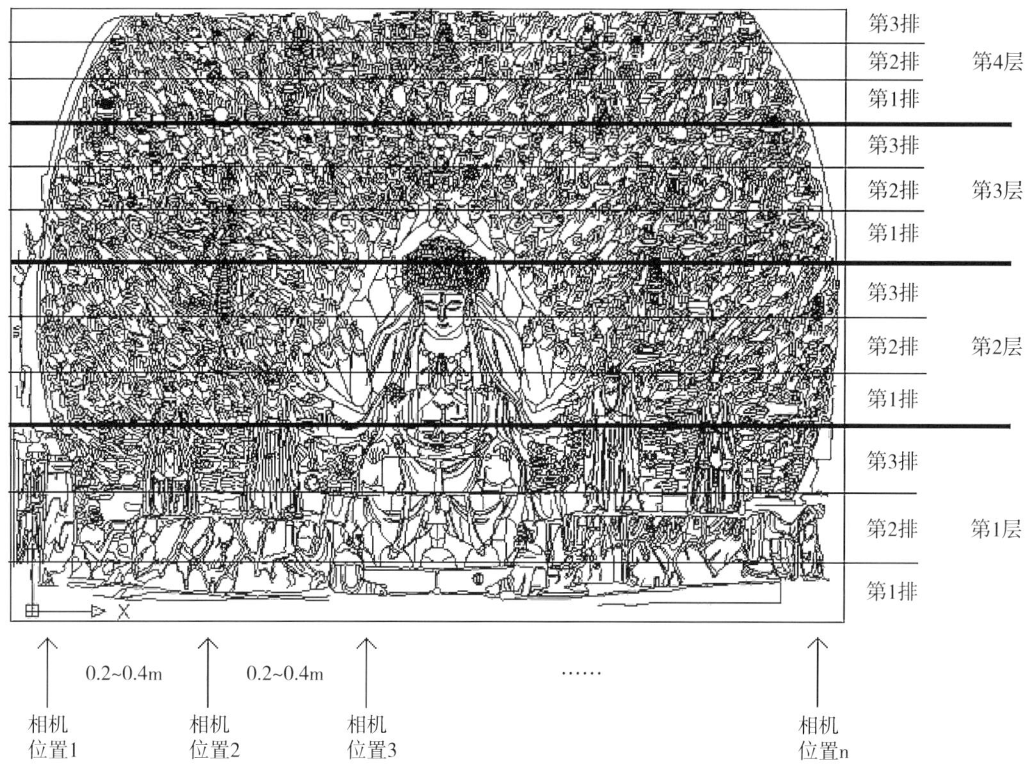

图 2－2　影像采集示意图

表 2－1　拍摄像片统计表

位置		焦距	
		35mm	50mm
第 1 层	第 1 排	28	24
	第 2 排	23	30
	第 3 排	13	31
	第 4 排	/	29
第 2 层	第 1 排	19	30
	第 2 排	18	39
	第 3 排	16	24
	第 4 排	/	27
第 3 层	第 1 排	18	25
	第 2 排	16	26
	第 3 排	14	25
	第 4 排	/	19
第 4 层	第 1 排	21	56
	第 2 排	21	32

续表

位置		焦距	
		35mm	50mm
第 4 层	第 3 排	39	29
	第 4 排	/	53
补摄		56	50
合计		302	549

表 2-1 中，补摄相片主要在层间的隔板处，或脚手架遮挡处。

近景摄影，使用 P31 近景摄影机在主尊像附近按脚手架分 3 层拍摄 26 张相片，构成 15 个像对，使用专业数字摄影测量系统测绘纠正点坐标，以提高纠正点精度及整体性。

外业纠正点测绘，用 SET209 免棱镜全站仪在整龛范围内无脚手架遮挡处测绘纠正点 238 个。

2.2.2.5 高清晰影像图制作

1）千手观音的几何造像特点分析及投影基准面

由近景摄影测量结合现场测设的纠正点，分布于千手观音整龛造像空间，其空间分布位置（图 2-3），代表了千手观音的几何造像特点。

图 2-3　千手观音造像结构特征点空间分布图

可见千手观音的几何结构特点为：整体可以分为两大部分，从底部到造像高（即 Y 轴方向）3.1m 左右为垂直于地面部分，从 3.1m 到造像的顶部为倾斜部分，倾斜的方向为 Z 轴的正向。从俯视图中我们可以分析出，倾斜部分中，中间的倾斜幅度稍大些，两边的倾斜程度较小。

为了进一步分析千手观音造像的特点，我们将整个造像倾斜部分分成三个小部分，在 X 轴方向上将倾斜部分等量分成左、右、中三个小部分，再取各个小部分中包含的控制点进行分析（图 2-4）。

根据纠正点的三维视图，在点分布较集中的中央取一条方向线，使控制点尽量分布于该线附近，量取中央线与 Y 轴正向间夹角左、中、右依次分别为 15.2°、18.7°、15.4°。

由以上数据知，千手观音倾斜部分结构为中间比两边稍微凸出来一些，左右两侧的倾斜弧度大致相同。进而得千手观音造像的几何结构（图 2-5）。

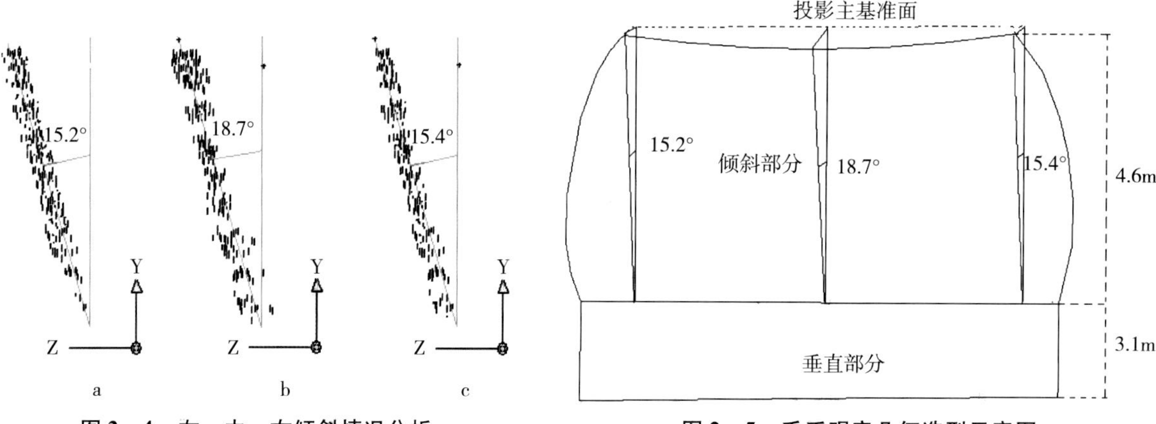

图 2-4　左、中、右倾斜情况分析

a 左侧图　b 中侧图　c 右侧图

图 2-5　千手观音几何造型示意图

由图 2-7，确定高清晰影像图的投影基准面为与 3.1m 以下垂直部分平行的垂直平面。

2）影像（相片）纠正

由于现场采集影像（相片）的摄影方向不一定平行于影像图的投影方向，各个影像相对于实地的比例也不相同。比如：同一只手，在各个相片中的大小不一。拼接的影像必须经过纠正，目的是通过纠正点将相片按比例纠正规划到投影面上。

（1）影像纠正点的选择与坐标测量

根据影像几何纠正原理，纠正一张相片至少需要 3 个纠正点。实际应用中，要求 4 个纠正点。纠正点的选点原则：

尽量选择影像上的明显特征点，避免因视点不同产生歧义。较为理想的点位为指尖、眼角等。

由于相片边缘的变形较大，纠正点距相片边缘不宜太近，一般不小于相片宽度（长度）的 1/5（图 2-6）。

图 2-6 中，W 为相片宽度，H 为相片高度。

当相片拍摄的横向、纵向重叠度较大时，相邻相片应尽可能共用纠正点（图 2-7），以增强影像图的整体性，减少误差。

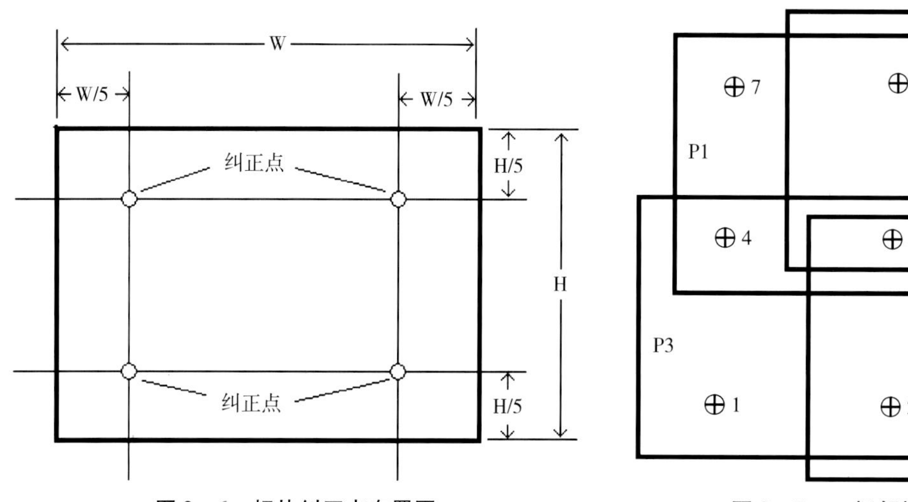

图 2-6　相片纠正点布置图

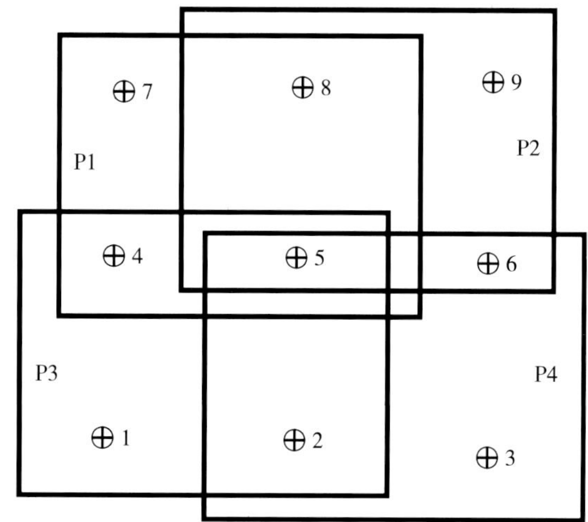

图 2-7　相邻相片共用纠正点

图 2－7 中，P1－P4 为 4 张相互重叠的相片，1－9 为纠正点。其中，P3、P4 共用 2 号点，P1、P2 共用 8 号点，P1、P3 共用 4 号点，P2、P4 共用 6 号点，而 5 号点由 4 张相片共用。

为了提高纠正点精度，纠正点坐标量测采用 SET209 免棱镜全站仪现场测绘。由于摄影和纠正点测绘同步进行，事先无法确定所测的纠正点在相片上的位置，所以，加大了现场测绘纠正点的密度，以备相片纠正点选用。

对于脚手架遮挡处的纠正点，采用数字摄影测量系统测量。测设纠正点总数 345 个。

（2）影像（相片）纠正技术

应用数字微分纠正技术，根据相片上的 4 个纠正点，把影像投影到纠正点所在的投影面。自由相片经过纠正，成为有尺度、方位的影像图。

ENVI 是美国 ITT Visual Information Solutions 公司的遥感图像处理软件，已经广泛应用于测绘勘察、城市与区域规划等领域。ENVI 的遥感影像处理功能有：图像常规处理、光谱分析、地形地貌分析、正射影像图生成、三维图像生成等。其中，正射影像图生成功能即影像纠正。制作影像图以 35mm 的相片为主，50mm 的作为补充。使用 ENVI 遥感图像处理软件进行影像（相片）纠正，纠正点总数 345 个，纠正像片总数 248 幅。

2.2.2.6　主要成果

1）正射影像图

对经过纠正处理的单张影像，通过影像拼接，即制作完成高清晰影像图。图 2－8 为千手观音整龛的正射影像图。

图 2－8　千手观音正射影像图

该图共有 21853 × 15424 像素，水平和竖直分辨率 100DPI，平均实地分辨率 0.5mm/像素，是迄今为止最完整的一副千手观音造像正立面影像，被形象比喻为千手观音的身份证，后期实践也证明，此图为后期保护工作及数字展示工作提供了重要支持。

采用同样方法制作了千手观音主尊、伺佛及局部高清晰影像图。图 2 – 9 为中央主尊的正射影像图。

图 2 – 9　中央主尊正射影像图

2）千手观音线图

根据摄影处理数据，在专业摄影测量数据处理软件 virtuzo 下，由测量人员完成千手观音线图的初步绘制，再由考古、美术人员参与完善，形成千手观音线图。

3）千手观音整龛造像的几何尺度分析

造像基本尺寸：高 7.712m，宽 10.927m，投影面积 84.269m^2，表面积为 211.534m^2。

构造特点：总体上，造像下部在水平和竖直方向均呈平直状；上部（7.712m）边缘基本水平，竖直类似前凸的圆弧。从 3.2m 开始向前缓慢倾斜，直至最上部（7.712m），其中，主尊像上方前倾幅度较大，约 19°，造像两端前倾幅度最小，约 15°。

2.2.3　三维激光扫描前期研究

2.2.3.1　目标内容

初步调查发现，由于千手观音是三维立体的凿造，雕造结构十分复杂，简单的平面与立面测绘图件无法完整、真实地反映千手观音造像的形态、结构及保存状况，系统、科学的调查与记录及相关保护修复工作难以进行，需要引用三维激光扫描技术来进一步提高精度。为此，与修复试验同期进行三维激光扫描技术应用前期研究工作，针对修复试验区，确定主要目标与内容为：

1）研究千手观音三维信息留存最佳模式，包括设备比选与精密度确定。

2）研究确定千手观音三维数据应用的可能途径，如虚拟修复。

2.2.3.2　主要成果

1）设备比选与精密度确定

采用多种不同类型的三维扫描仪，进行试验，主要包括：

（1）中距离大场景扫描仪：faro、leica，扫描精度为 3 ~ 5mm，如图 2 – 10 和图 2 – 11。

（2）手持式近距离扫描仪：handyScan，扫描精度为 50um，如图 2 – 12。

（3）工业级三维扫描仪：关节臂 Cimcore，扫描精度为 45um，如图 2 – 13。

图 2－10　faro 扫描

图 2－11　leica 扫描

图 2－12　handyScan 扫描

图 2－13　关节臂 cimcore 扫描

经点云数据质量、实用性等综合比较分析最终确定：关节臂作为千手观音精细扫描主要设备，faro 设备作为整体扫描以及补测扫描（因局部造像深度超过关节臂测程）。如图 2－14 为关节臂扫描相关成果。

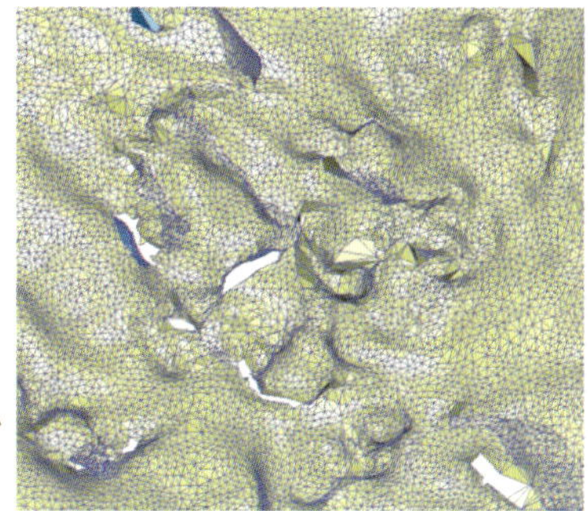

图 2－14　关节臂 Cimcore 精细扫描试验成果

2）虚拟修复工作设想

根据实际修复过程，在计算机对三维扫描获取的数据进行建模及虚拟修复，主要包括：几何形态的虚拟修复及色彩纹理的虚拟修复（图 2－15）。

3）数据成果

（1）三维模型：如图 2－16、2－17 及图 2－18。这些三维模型对数字展示具有重要意义。

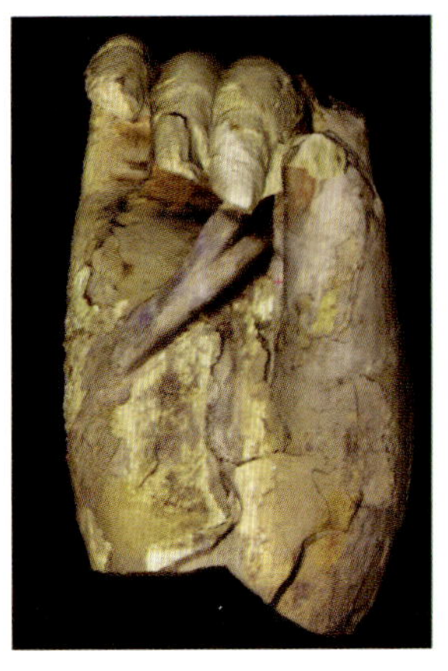
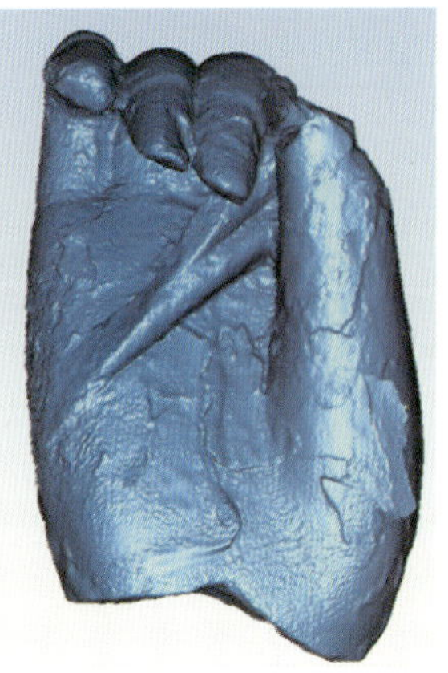
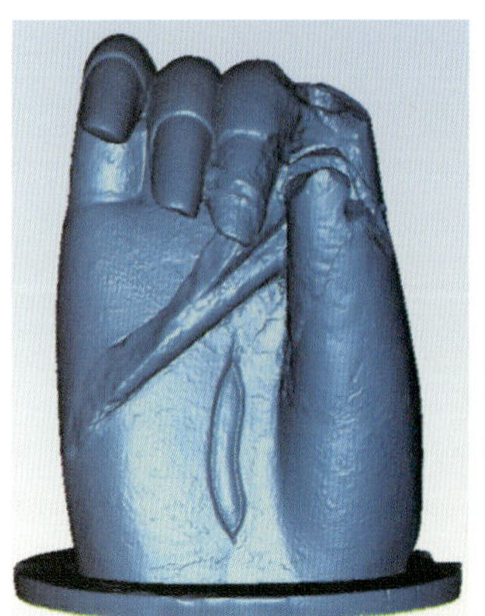
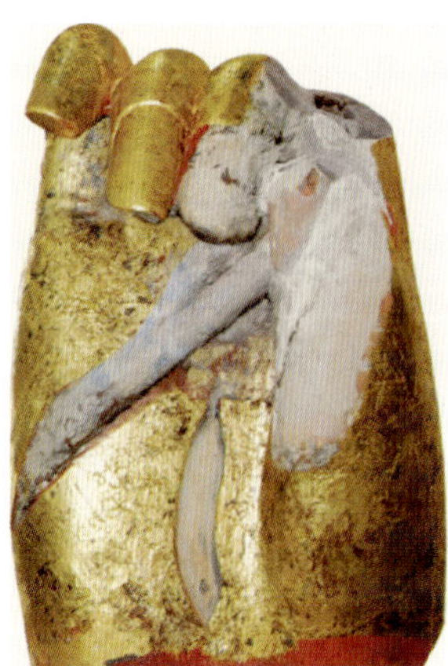

图 2－15　千手观音虚拟修复
（从左至右：修复前、原始模型、虚拟修复模型、最终修复模型）

图 2－16　修复试验区域三维形态型

图 2－17　修复试验区域三维彩色模型

图 2－18　中央主尊三维模型

（2）正射影像图及线图：如图 2－19 为千手观音造像中一只手的正射影像图及线图，相比近景摄影测量，精度更高。这两类图不仅对病害调查有支持作用，亦可为修复人员设计修复方案时提供支持。

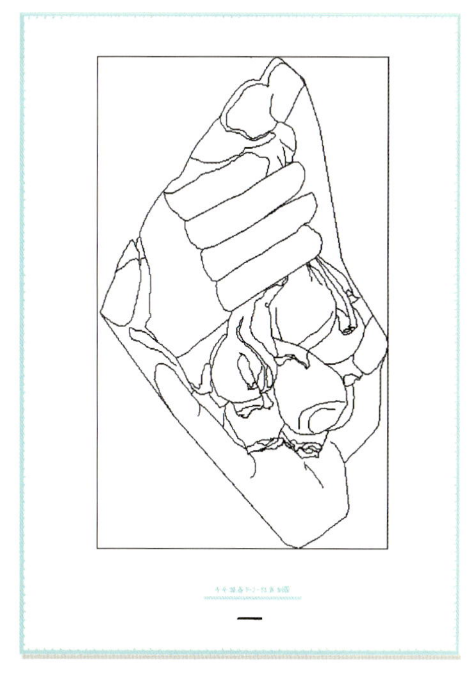

图 2－19　单手正射影像图及线划图

（3）等值线图：如图 2－20。该类图形对于手的形态分析及雕刻具有意义。

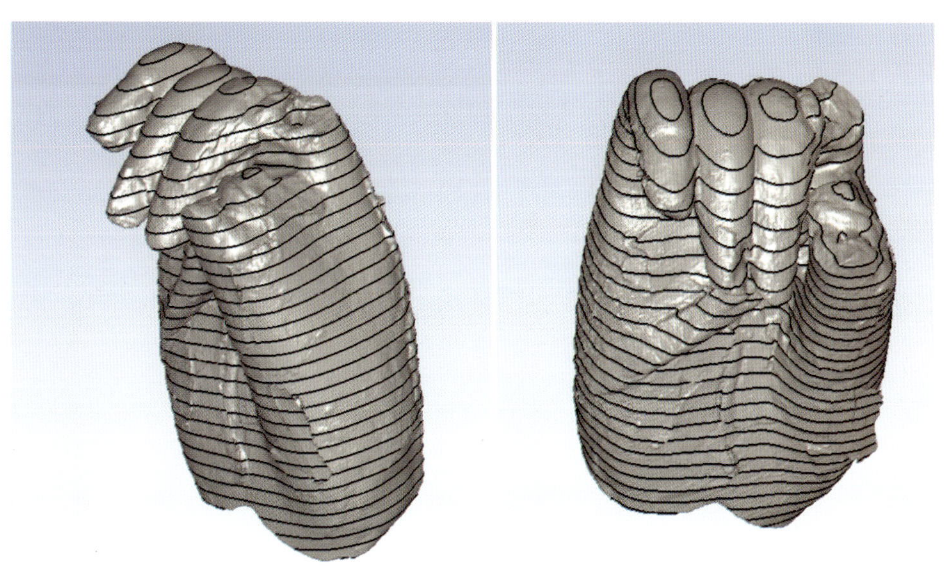

图 2－20　单手等值线图

2.2.4 小结

通过对千手观音造像的近景摄影测量及三维激光扫描前期研究，留存了珍贵的历史文物信息，为病害调查、保护工程、数字展示等奠定了基础。主要成果与结论如下：

1）利用近景摄影测量实现了文物信息的基本留存，并证明利用三维激光扫描技术可实现更为精细的三维信息留存，可在保护修复工程中予以考虑。

2）为病害调查提供了底图：通过近景测绘的正射影像图和线图可为病害调查提供有力支持，通过三维激光扫描可为三维病害调查打下基础。

3）为保护修复方案设计提供支持：正射影像图、线图及相关测量数据有助于保护修复人员在制订方案时进行精确的设计，三维模型有助于专家进行比选出最佳的修复效果。

4）应用前景：近景测量及三维扫描的数据成果，还可为展示利用、监测、考古研究等提供重要支持。

2.3 病害调查及相关数据的统计分析

通过对千手观音本体展开调查和统计，得到了千手观音石质、金箔和彩绘病害的面积、主要分布状况、不同部位的病害种类数量，东、西面区域主要病害面积对比情况，千手观音手臂数量和残缺情况，法器种类、名称和数量的基本数据，其中病害面积比例均以近景摄影测量获取的千手观音造像整体展开面积211.534m^2为依据（见本章第2节）。

2.3.1 石质病害

2.3.1.1 数据统计（表2-2、2-3、图2-21~2-23）

表2-2 石质病害面积（或长度）及出现频率表

病害名称	病害位置												病害总面积（或长度、处数）	病害总面积比例
	手、臂			法器			区域			饿鬼、主尊和四胁士				
	出现手、臂数	病害面积（或长度、处数）	面积比例	出现法器数	病害面积（或长度、处数）	面积比例	出现区域数	病害面积（或长度）	面积比例	出现尊数	病害面积	面积比例		
残缺	286只	403处	-	29个	37处	-	3块	-	-	5尊	-	-	440处	-
断裂	49只	3.96m	-	17个	0.76m	-	8块	1.49m	-	0	-	-	6.21m	-
粉化剥落	498只	3.733m^2	1.77%	213个	1.151m^2	0.54%	73块	3.437m^2	1.62%	6尊	0.144m^2	0.07%	8.465m^2	4.0%
片状剥落	4只	0.028m^2	0.01%	40个	0.931m^2	0.44%	13块	0.209m^2	0.10%	2尊	0.043m^2	0.02%	1.211m^2	0.57%
空鼓	10只	0.006m^2	0.01%	19个	0.076m^2	0.04%	6块	0.021m^2	0.01%	0尊	0m^2	0%	0.103m^2	0.06%

续表

病害名称	病害位置												病害总面积（或长度、处数）	病害总面积比例
	手、臂			法器			区域			饿鬼、主尊和四胁士				
	出现手、臂数	病害面积（或长度、处数）	面积比例	出现法器数	病害面积（或长度、处数）	面积比例	出现区域数	病害面积（或长度）	面积比例	出现尊数	病害面积	面积比例		
尘土	266 只	2.886m²	1.36%	50 个	0.498m²	0.24%	15 块	1.578m²	0.75%	0 尊	0m²	0%	4.962m²	2.35%
涂覆	3 只	0.006m²	0.01%	0 个	0m²	0%	2 块	0.051m²	0.02%	6 尊	0.188m²	0.09%	0.245m²	0.12%
生物病害	1 只	0.001m²	0.001%	1 个	0.006m²	0.003%	1 块	0.002m²	0.001%	1 尊	0.02m²	0.01%	0.029m²	0.02%
面积合计	–	6.66m²	3.16%	–	2.662m²	1.26%	–	5.298m²	2.501%	–	0.395m²	0.19%	15.015m²	7.12%

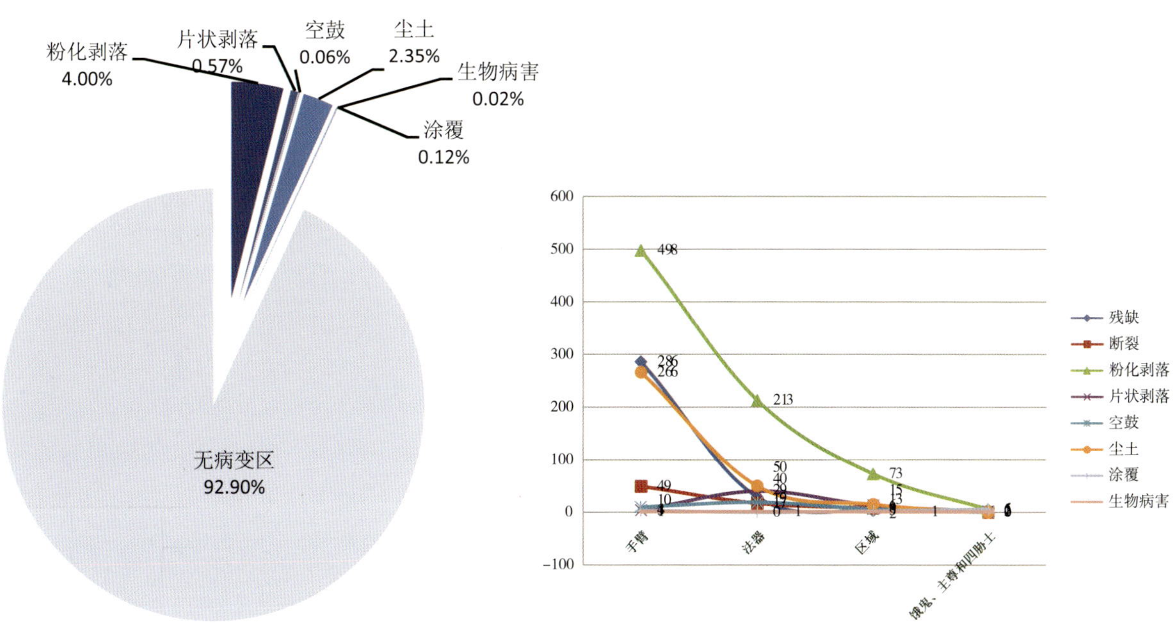

图 2-21　千手观音石质病害面积比例图

图 2-22　千手观音石质病害分布图

表 2-3　千手观音各部位石质病害种类数量表

病害种数 \ 部位	手、臂	法器	区域	饿鬼、主尊和四胁士
无病害	194 只	23 个	26 块	0 尊
中度（同时出现 1～2 种病害）	521 只	175 个	64 块	1 尊
重度（同时出现 3 种或以上病害）	115 只	74 个	9 块	5 尊

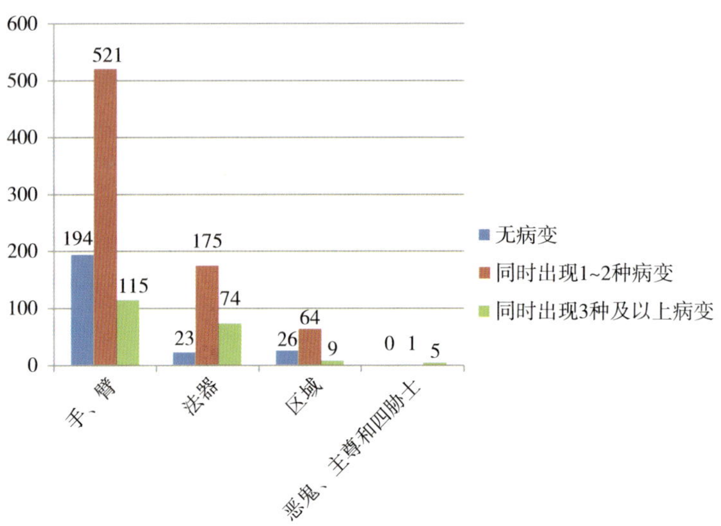

图 2-23　千手观音石质病害程度图

2.3.1.2　石质病害统计分析

以上图表表明，截至2008年8月，在岩体的各种病害形式中，粉化剥落、尘土覆盖和片状剥落是最主要的三种病害，其面积分别占千手观音展开总面积的4.0%、2.4%、0.6%，其中手臂和区域岩体的粉化剥落、尘土覆盖面积最大，片状剥落病害主要集中在法器上。

手臂，法器，区域，饿鬼、主尊和四胁士岩体的病害形式多以同时出现1-2种为主，饿鬼、主尊和四胁士和法器岩体同时出现3种及以上病害的几率最高，分别占各自总数的83.3%、27.2%。

2.3.2　金箔病害

2.3.2.1　数据统计（表2-4、2-5，图2-24~2-26）

表 2-4　金箔病害面积（或长度）及出现频率表

病害名称	病害位置												病害总面积	病害总面积比例
	手、臂			法器			区域			饿鬼、主尊和四胁士				
	出现手、臂数	病害面积	面积比例	出现法器数	病害面积	面积比例	出现区域数	病害面积	面积比例	出现尊数	病害面积	面积比例		
脱落	60只	1.173m²	0.55%	3个	0.002m²	0.001%	2块	0.019m²	0.009%	5尊	1.905m²	0.901%	3.099m²	1.466%
点状脱落	712只	15.832m²	7.48%	10个	0.007m²	0.003%	6块	0.082m²	0.039%	5尊	4.245m²	2.01%	20.164m²	9.53%
地仗脱落	337只	3.218m²	1.52%	3个	0.001m²	0.0005%	4块	0.072m²	0.034%	5尊	0.814m²	0.385%	4.105m²	1.94%
分层开裂卷曲	824只	64.331m²	30.41%	3个	0.061m²	0.029%	8块	0.278m²	0.131%	5尊	5.463m²	2.58%	70.133m²	33.15%
空鼓	48只	0.386m²	0.18%	2个	0m²	0%	2块	0.005m²	0.002%	3尊	1.319m²	0.624%	1.709m²	0.81%
起翘	628只	4.750m²	2.25%	10个	0.013m²	0.006%	5块	0.016m²	0.008%	3尊	1.995m²	0.944%	6.774m²	3.2%

续表

病害名称	病害位置												病害总面积	病害总面积比例
	手、臂			法器			区域			饿鬼、主尊和四胁士				
	出现手、臂数	病害面积	面积比例	出现法器数	病害面积	面积比例	出现区域数	病害面积	面积比例	出现尊数	病害面积	面积比例		
崩裂	214 只	1. 331m^2	0. 63%	2 个	0m^2	0%	1 块	0. 0003m^2	0. 0001%	4 尊	0. 293m^2	0. 139%	1. 624m^2	0. 77%
尘土	662 只	17. 315m^2	8. 19%	11 个	0. 013m^2	0. 006%	4 块	0. 042m^2	0. 019%	5 尊	1. 763m^2	0. 832%	19. 133m^2	9. 04%
烟熏	1 只	0. 017m^2	0. 008%	1 个	0m^2	0%	0 块	0m^2	0%	2 尊	0. 574m^2	0. 271%	0. 591m^2	0. 28%
涂覆	98 只	0. 278m^2	0. 13%	0 个	0m^2	0%	3 块	0. 226m^2	0. 107%	1 尊	2. 75m^2	1. 3%	3. 254m^2	1. 54%
生物病害	4 只	0. 043m^2	0. 002%	–	–	–	–	–	–	–	–	–	0. 043m^2	0. 02%
面积合计	–	108. 674m^2	51. 35%	–	0. 097m^2	0. 05%	–	0. 740m^2	0. 35%	–	21. 121m^2	9. 99%	130. 629m^2	61. 75%

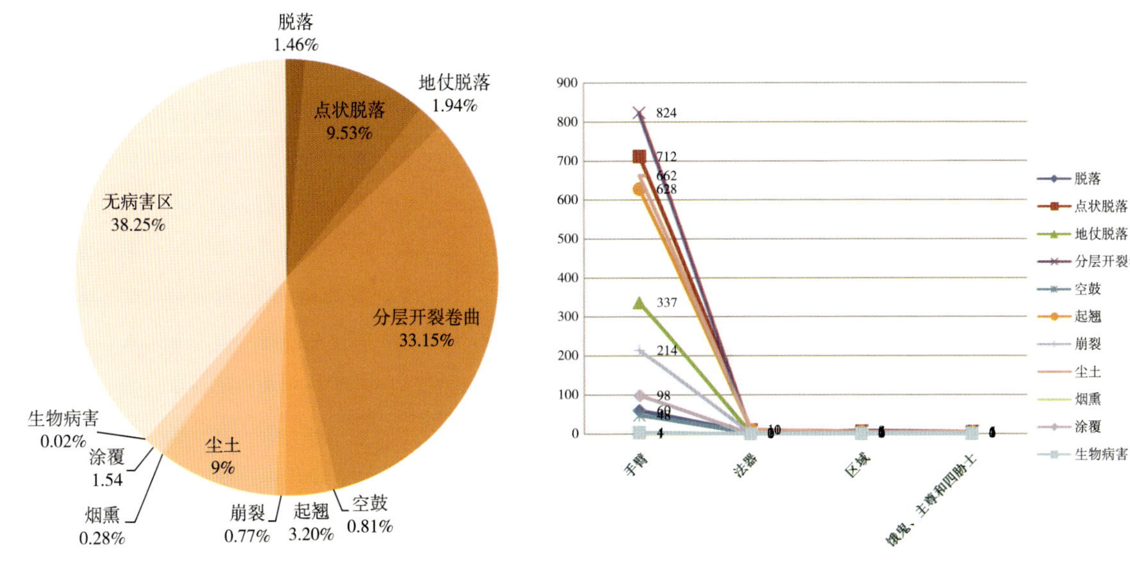

图 2-24　千手观音金箔病害面积比例图　　图 2-25　千手观音金箔病害分布图

表 2-5　千手观音各部位金箔病害表

部位 \ 病害种数	手、臂	法器	区域	饿鬼、主尊和四胁士
无病害	0 只	255 个	88 块	1 尊
中度（同时出现 1 ~2 种病害）	56 只	6 个	4 块	0 尊
重度（同时出现 3 种及以上病害）	774 只	11 个	7 块	5 尊

2. 3. 2. 2 金箔病害统计分析

以上图表表明，截至 2008 年 8 月，在金箔的各种病害形式中，分层开裂卷曲、点状脱落、尘土是最主要的三种病害，其面积分别占千手观音展开总面积的 33. 2%、9. 5%、9. 0%，这三种病害主要集中在手臂，饿鬼、主尊和四胁士的贴金上。

93. 3% 的手臂贴金同时存在 3 种及 3 种以上病害，93. 8% 的法器和 88. 9% 的区域贴金同时出现 1 ~2 种病害。

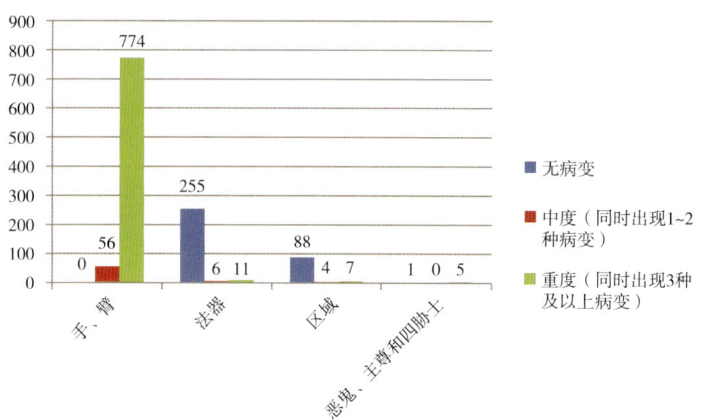

图2－26　千手观音金箔病害程度图

2.3.3　彩绘病害

2.3.3.1　数据统计（表2－6、2－7，图2－27～2－29）

表2－6　彩绘病害面积（或长度）及出现频率表

病害名称	病害位置									病害总面积	病害总面积比例
	法器			区域			饿鬼、主尊和四胁士				
	出现法器数	病害面积	面积比例	出现区域数	病害面积	面积比例	出现尊数	病害面积	面积比例		
脱落	122个	1.498m^2	0.71%	54块	2.297m^2	1.09%	6尊	1.574m^2	0.744%	5.369m^2	2.54%
粉化	50个	0.426m^2	0.20%	36块	2.102m^2	0.99%	4尊	0.625m^2	0.295%	3.153m^2	1.49%
点状脱落	26个	0.208m^2	0.10%	22块	1.326m^2	0.63%	3尊	0.131m^2	0.062%	1.665m^2	0.787%
地仗脱落	208个	2.483m^2	1.17%	64块	2.771m^2	1.31%	5尊	0.143m^2	0.068%	5.397m^2	2.55%
鼓泡	74个	0.51m^2	0.24%	38块	1.158m^2	0.55%	5尊	0.170m^2	0.080%	1.838m^2	0.87%
龟裂	72个	0.473m^2	0.22%	20块	0.219m^2	0.10%	3尊	0.038m^2	0.018%	0.73m^2	0.34%
空鼓	20个	0.017m^2	0.01%	13块	0.04m^2	0.02%	3尊	0.028m^2	0.014%	0.087m^2	0.044%
起甲	80个	1.406m^2	0.67%	58块	1.349m^2	0.64%	4尊	0.096m^2	0.045%	2.85m^2	1.35%
泡状起甲	101个	0.928m^2	0.44%	47块	1.031m^2	0.49%	4尊	0.052m^2	0.025%	2.011m^2	0.95%
水渍	0个	0m^2	0%	4块	0.016m^2	0.01%	0尊	0m^2	0%	0.016m^2	0.01%
尘土	172个	4.432m^2	2.10%	58块	3.43m^2	1.62%	6尊	1.033m^2	0.488%	8.895m^2	4.20%
烟熏	18个	0.172m^2	0.08%	9块	1.575m^2	0.75%	0尊	0m^2	0%	1.747m^2	0.83%
涂覆	16个	0.003m^2	0.001%	8块	0.098m^2	0.05%	1尊	0.23m^2	0.109%	0.331m^2	0.16%
生物病害	–	–	–	6块	0.236m^2	0.11%	1尊	0.64m^2	0.303%	0.876m^2	0.41%
面积合计	–	8.392m^2	3.97%	–	17.648m^2	8.36%	–	4.76m^2	2.25%	34.965m^2	16.53%

表 2－7　千手观音各部位彩绘病害表

部位 病害种数	法器	区域	饿鬼、主尊和四胁士
无病害	8 个	5 块	0 尊
中度（同时出现 1～2 种病害）	61 个	18 块	0 尊
重度（同时出现 3 种及以上病害）	203 个	76 块	6 尊

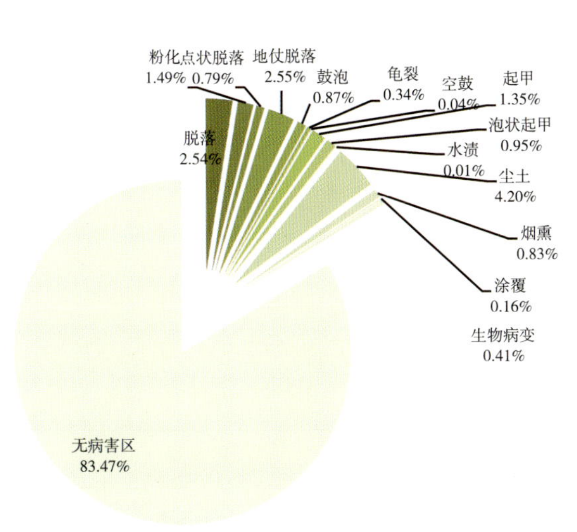

图 2－27　千手观音彩绘病害面积图

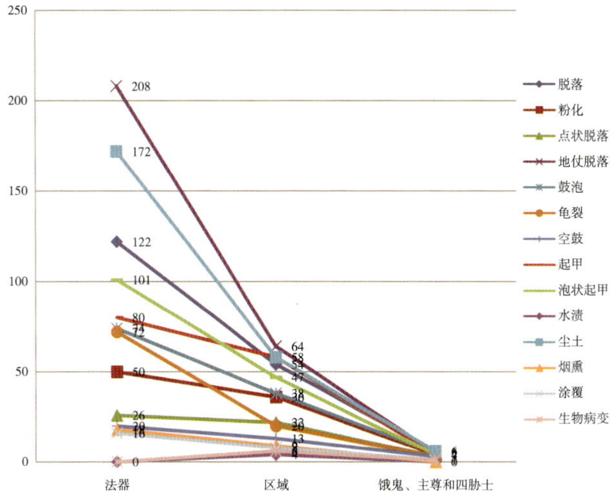

图 2－28　千手观音彩绘病害分布图

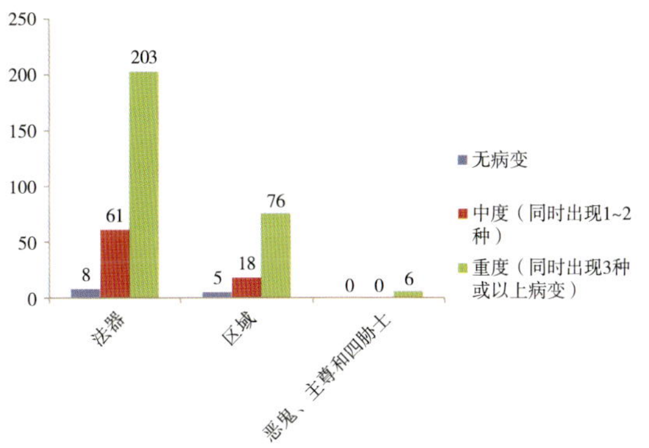

图 2－29　千手观音彩绘病害程度图

2.3.3.2　彩绘病害统计分析

以上图表显示，截至 2008 年 8 月，在彩绘的各种病害中，尘土覆盖、地仗脱落、脱落是最主要的三种病害，其面积分别占千手观音展开总面积的 4.2%、2.6%、2.5%，主要集中在法器和区域彩绘上。

手臂，法器，区域，饿鬼、主尊和四胁士彩绘的病害种类全部以同时出现 3 种及 3 种以上病害为主，分别占各自总数的 74.6%、76.8%、100%。

2.3.4 千手观音东、西面区域主要病害面积对比

在对千手观音进行现状调查时可肉眼观察到文物本体东西区域的保存状况不同，由于文物所在东西朝向的通风、水流、游客数量状况均有较大差异，文物东西面保存状况呈现不同是否受到上述环境的直接影响？为与环境监测调查工作对应，调查组对东、西面区域病害进行了数据统计，统计时为确保数据对等，对于第六列的全部数据以及佛像、饿鬼的相关数据全部予以忽略，以下为统计数据（表2－8）：

表2－8 千手观音东、西面区域主要病害面积对比表

部位	病害	面积（m^2）	
		东1－5列	西7－11列
基岩	粉化剥落	4.587	4.14
	片状剥落	0.224	0.533
	空鼓	0.073	0.027
	尘土	3.326	1.082
	涂覆	0.054	0.0028
	生物病害	0.008	0.0005
彩绘	脱落	2.594	0.813
	粉化	2.040	0.342
	点状脱落	1.465	0.017
	地仗脱落	2.656	2.222
	鼓泡	0.263	0.854
	龟裂	0.122	0.509
	空鼓	0.037	0.017
	起甲	0.863	1.353
	泡状起甲	0.986	0.562
	水渍	0.001	0.013
	尘土	3.123	3.332
	烟熏	0.092	1.654
	涂覆	0.093	0.005
	生物病害	0.214	0.014
贴金	脱落	0.874	0.243
	点状脱落	5.192	8.557
	地仗脱落	1.014	1.877
	分层开裂卷曲	26.714	27.244
	空鼓	0.290	0.070

续表

部位	病害	面积（m^2）	
		东 1－5 列	西 7－11 列
贴金	起翘	2. 390	1. 707
	崩裂	1. 067	0. 075
	尘土	6. 747	7. 608
	烟熏	0. 017	0
	涂覆	0. 254	0. 245
	生物病害	0. 038	0
合计		67. 418	65. 118

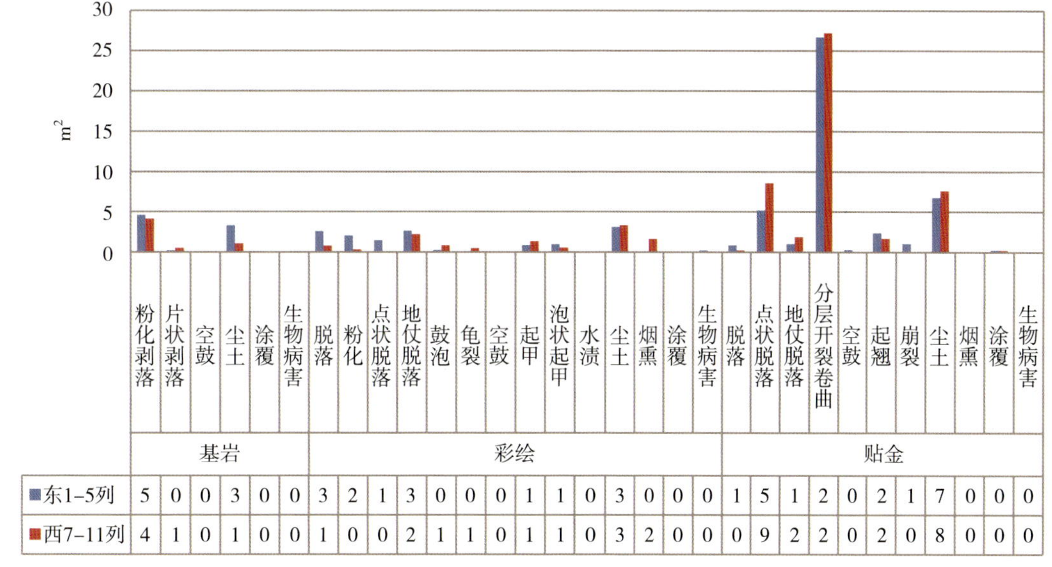

图 2－30　千手观音东、西面区域病害面积对比图

对千手观音东、西面区域主要病害面积的对比统计表明（图 2－30）：

1）总体上看，千手观音东、西面主要病害面积基本相等，其中东面较西面高出 2. 3m^2；

2）千手观音东面基岩的粉化剥落、尘土病害范围较西面的大，但西面的基岩发生了片状剥落病害，东面没有出现；

3）千手观音东面区域的彩绘脱落、地仗脱落较西面的多，粉化、点状脱落病害仅出现在东面区域，鼓泡、龟裂和烟熏只出现在西面区域的彩绘上；

4）千手观音金箔病害的种类和面积远高于基岩、彩绘的病害，其中金箔的分层开裂卷曲、点状脱落、尘土病害都较为突出。西面区域金箔的点状脱落范围远较东面的大，东面金箔有少量脱落和崩裂现象，西面区域未出现同类病害。

2. 3. 5　千手观音手臂数量和各区域残手数量

调查组通过考古探方的形式，查明千手观音的手和手臂数量为 830 只，澄清了长久以来的 1007 只手的传说，以下为截至 2008 年 8 月的千手观音手臂数量及残存情况（表 2－9、2－10，图 2－31）。

表 2－9　千手观音手臂数量统计表

	列 1	列 2	列 3	列 4	列 5	列 6	列 7	列 8	列 9	列 10	列 11	合计(行)
层 9	0	9＋1	11	9＋2	12＋1	8	13＋1	8	12＋3	12＋3	0	93 手＋11 臂
层 8	2	10	11	14	15＋1	15	12	14	17	12	4	125 手＋1 臂
层 7	6	11＋1	18	15	15	15	12	16	14	11	8	141 手＋1 臂
层 6	6	15	13	18	10	5	8	14	13	15	8	125 手
层 5	8	14	12	13	10	2	7	15	11	14	13	119 手
层 4	9	12	14	11	5	3	3	11	19	15	12	114 手
层 3	6	14	11	5	5	5	4	6	11	6	6	79 手
层 2	1	4	2	0	2	0	1	1	4	2	2	19 手
层 1	0	0	0	0	0	0	0	0	0	0	0	0
合计(列)	38 手	89 手＋2 臂	92 手	85 手＋2 臂	74 手＋2 臂	53 手	60 手＋1 臂	85 手	101 手＋3 臂	87 手＋3 臂	53 手	总计:830(817 手＋13 臂)

注:①每一区域的手臂数量为手数量＋臂数量。如 9－2 区域手臂数量是 9＋1,为 9 只手＋1 只臂。
②千手观音右侧手臂数量为 413＋6,416 为右手,3 只为左手型;左侧手臂数量为 404＋6,409 只为左手,有 1 个右手型。

表 2－10　各区域残手数量统计表(单位:只)

	列 1	列 2	列 3	列 4	列 5	列 6	列 7	列 8	列 9	列 10	列 11	合计(行)
层 9	0	5	4	8	4	6	5	4	7	3	0	46
层 8	1	6	3	3	3	7	2	5	7	4	2	43
层 7	5	5	5	4	2	2	4	2	4	3	4	40
层 6	2	7	3	5	2	0	3	3	0	7	4	36
层 5	4	7	1	4	7	0	3	0	6	7	5	44
层 4	4	4	4	4	0	0	0	4	7	6	5	38
层 3	3	6	3	3	1	2	3	1	3	2	1	28
层 2	1	3	0	0	1	0	0	1	2	0	0	8
层 1	0	0	0	0	0	0	0	0	0	0	0	0
合计(列)	20	43	23	31	20	17	20	20	36	32	21	283

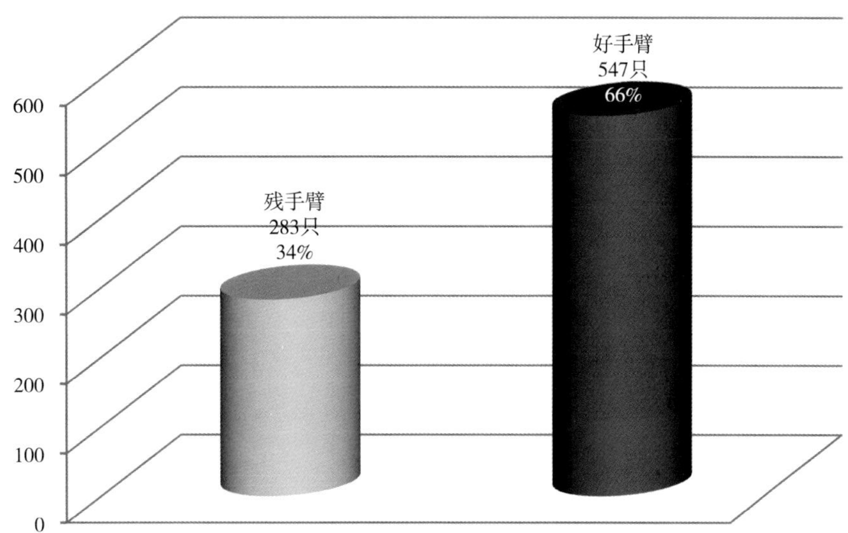

图 2－31　千手观音残手臂和好手臂比例图

2.3.6　千手观音法器种类、名称和数量（表 2－11）

表 2－11　现存法器名称和数量初步统计表（共 272 件）

（2008 年 8 月）

序号	种类	名称	数量
1	示威器	锡杖	2
2		如意	2
3		拂尘	1
4		法轮	1
5		宝剑	2
6		斧	2
7		弓	2
8		矢	2
9		盾	2
10		戟	2
11		骨骸手	3
12		方形棍	2
13	生活器	净瓶	4
14		珠串	4
15		宝珠	21
16		长柄香炉	2
17		宝印	4
18		宝扇	2

续表

序号	种类	名称	数量
19	供养器	舍利塔	2
20	吉祥动物	象	2
21		狮	2
22	佛经	贝叶经	7
23		经书	2
24		经卷	9
25		简案卷	6
26	赞颂器	法螺	3
27		锏	5
28		铙	2
29		六合板	2
30		腰鼓	2
31		铃	2
32		圆鼓	2
33		竹板	4
34		拍板	2
35	其他	笔	1
36		带叶葡萄串	5
37		石榴	2
38		供盘圣物	10
39		匣子	1
40		提篮	2
41		葫芦	2
42		系带球状物	2
43		不详或残毁物	102
44		宝山	2
45		钵	6
46		绢索	4
47		祥云	1
48		莲花	16
49		日	1
50		月	1

2.4 雕刻岩体稳定性测试与评估研究进展报告

2.4.1 引言

2008 年 5 月，国家文物局已经将千手观音抢救性工程列为第一号工程。2008 年 7 月，中国文化遗产研究院接受委托，承担“重庆大足石刻千手观音抢救性保护工程”前期研究和保护方案编制工作。2010 年 3 月 9 日，国家文物局在组织有关专家实地调研的基础上，提出了“组织专门力量对千手观音微环境的温湿度、风速、污染气体、渗水及稳定性等进行长期监测，定期开展文物影像采集和检测数据分析，及时掌握病害发展情况”。2010 年 4 月，中国文化遗产研究院在大量前期调研和试验的基础上，提出了“千手观音雕刻岩体稳定性测试与评估研究”专项，并于同期进场开始就石质雕刻岩体的稳定性开展测试、调查与评估研究工作。

本项目采用 X 射线探伤技术对千手观音危险雕刻岩体的风化和裂隙病害进行测试分析，采取定性测试和调查数据统计分析相结合的方式对千手观音石质雕刻的稳定性开展初步评估研究。

本次调查对象主要针对于手和法器，并根据雕刻品复杂的保存状况，将手的调查细化分为手指、手掌和手臂。本次调查采取 X 射线探伤图像与现场对石质雕刻品拍摄部位的观察情况结合，综合得出调查数据，通过对调查数据进行核查、抽查，统计分析，最终得出调查结果。

调查数据显示：

千手观音雕刻品整体稳定性差。

千手观音雕刻品整体裂隙情况分布：共对 503 只手及 125 件法器进行了 X 探伤，有 307 只手有裂隙。45 件法器有裂隙。

千手观音雕刻品整体严重风化情况分布：在 X 探伤所做的 503 只手中，有 423 只手发现严重风化。

2.4.2 项目情况

2.4.2.1 项目背景和意义

千手观音造像表面贴的金箔开裂、脱落；颜料层的酥软脱落等病害，严重损害了千手观音造像的外观形象及其艺术价值，并进一步危害着石刻造像的长期保存。

为此，千手观音的保护迫在眉睫。而大足千手观音造像世界唯一，影响巨大，保护好大足千手观音造像具有重大的社会意义。造像的保护研究引起了社会的广泛关注。

2008 年 5 月，国家文物局已经将千手观音抢救性工程列为第一号工程。2008 年 7 月，中国文化遗产研究院接受委托，承担“重庆大足石刻千手观音抢救性保护工程”前期研究和保护方案编制工作。2010 年 3 月 9 日，国家文物局在组织有关专家实地调研的基础上，提出了“组织专门力量对千手观音微环境的温湿度、风速、污染气体、渗水及稳定性等进行长期监测，定期开展文物影像采集和检测数据分析，及时掌握病害发展情况”。2010 年 4 月，中国文化遗产研究院在大量前期调研和试验的基础上，提出了“千手观音雕刻岩体稳定性测试与评估研究”专项，并于同期进场开始就石质雕刻岩体的稳定性开展测试、调查与评估研究工作。

雕刻岩体定量稳定性评估，需要梳理稳定性评估表征指标并建立在力学测试分析及多种定量检测方法的基础上。针对不可移动文物、非破坏分析条件及资金需求量，千手观音石质雕刻岩体的定量稳定性分析非常困难。为此，我们拟采取定性测试和调查数据统计分析相结合的方式对千手观音石质雕刻的稳定性开展初步评估研究。岩石的内部裂隙状况和风化状况是反映千手观音雕刻岩体稳定性状况的其中两个主要因素。X 射线探伤测试可以判断物体内部的是否有缺陷以及缺陷的性质，对于石质雕刻的内部裂隙和风化具备很好的定性判读能力。为此，本项目采用X 射线探伤技术对千手观音危险雕刻岩体的风化和裂隙病害进行测试分析，并针对测试数据进行统计分析，进而对石质雕刻的稳定性状况做出初步评估，为千手观音石质雕刻的保护修复提供科学依据。

2.4.2.2 研究目标、内容与方法

1）研究目标及思路

对千手观音重点区域、重点部位石质雕刻品的 X 射线探伤测试，调查并统计千手观音雕刻品的重点结构性病害（结构性裂隙），掌握千手观音雕刻品结构性病害分布状况，探索并研究其分布规律，对千手观音石质雕刻品整体结构稳定性给予初步评估。

2）研究内容与测试范围

本次千手观音石质雕刻品内部结构稳定性测试评估涉及所有 830 只手中的 503 只，基本涵盖整个观音。其中 1－1 至 1－11 区没有可测部位，大佛中部身躯所在区域也没有可测部位。

千手观音石质雕刻品主要包括手和法器，它们与基岩相连构成了千手观音的整体，所以本次调查对象主要针对于手和法器，并根据雕刻品复杂的保存状况，将手的调查细化分为手指、手掌、手臂和法器。

本次测试评估调查内容是千手观音石刻雕刻品内部结构稳定性调查，主要包括石质雕刻品内部裂隙分布，风化分布，补接修补三个方面的情况。

裂隙程度又下设 4 个小项，即无裂隙，一般裂隙，中等裂隙，严重裂隙；并有内部和外部之分；

风化分布方面设有无风化和严重风化两部分；严重风化和非严重风化。

补接修补方面设为有无补接两个部分。

3）测试与调查方法

利用 X 射线穿过被照射物体后会有损耗，不同厚度不同密度物质对它们的穿透率不同，把底片放在被照射物体的另一侧，会因为射线强度不同而产生相应的图像，评片人员就可以根据影像来判断物体内部的是否有缺陷以及缺陷的性质。

此次项目所使用的 X 探伤设备为：便携式 X 射线探伤仪，型号：K－200（图 2－32）。最高电压 200KV，最低电压 60KV，电流 3MA；为提高工作效率，此次采用了电子胶片迅速获取 X 光电子影像。该技术是将用电子胶片代替传统胶片，待 X 光拍摄后，运用专用电子扫描仪，将胶片进行扫描即可在电脑中获得所拍摄部位电子影像。

电子扫描仪型号 VMI5100S，美国；

扫描分析成像软件 VMISTARRVIEW7.0，美国（图 2－33）；

电子胶片共有两种规格 14×17 英寸；4×17 英寸。

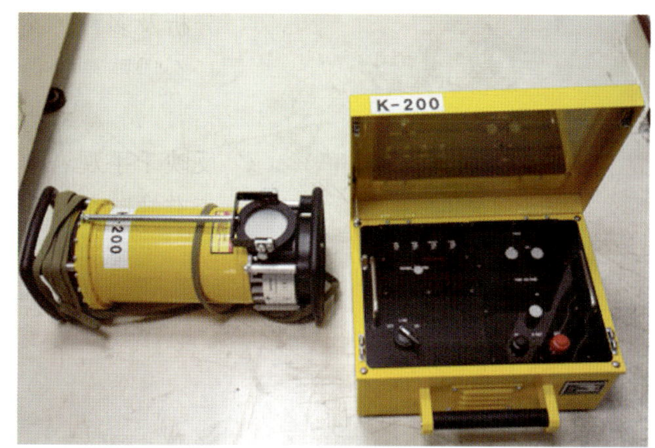

图 2－32　便携式 X 射线探伤仪

图 2－33　X 射线探伤胶片现场工作照

由于千手观音部位形态及材质的复杂性和特异性，因此在取得被拍摄部位的 X 光图像后，需持 X 光图像在现场仔细观察被拍摄部位，对所拍摄部位的材料组成、具体形态、拍摄方向等因素综合考虑，再结合 X 光影像，确定出文物内部缺陷所在和类型。

在所获取的调查数据表格基础之上，对调查数据进行汇总、核查、抽查，统计分析，得出调查结果。

2.4.3　组织实施

为保障本项目的顺利进行，中国文化遗产研究院组建专题《雕刻岩体稳定性测试与评估研究》，建立专家咨询机制，保证测试、调查与评估工作质量。本次调查共分为三个阶段：

1）筹备阶段

2010 年 4 月，主要任务确定调查范围和统计指标；调查仪器的测试及贴金模型试验室试验性测试。

2）现场测试与数据填报阶段

2010～2013 年，主要任务是现场 X 光测试与填写调查数据。

3）数据统计与报告编制阶段

主要任务是调查数据汇总、统计、核查；制订调查报告提纲；调查数据分析与撰写调查报告。

2.4.4　调查相关说明

2.4.4.1　测试数据统计质量控制

在调查统计过程中，对调查表格的制定，调查的组织实施，调查数据录入，调查数据的汇总分析四个阶段着手，对各个环节进行严格的质量控制，从而确保调查数据的真实、准确。

1）按照调查目的、方案设计与制定统计指标和调查表格，再选取存在明显裂隙，明显风化，及接补部位进行试填，根据试填数据推断总体结果的准确性和可靠度，完善统计指标和调查表格。

2）测试调查组明确分工，设立测试、调查、数据填报、核查等四个专门类别分别开展工作。

3）项目组组成由文物分析、文物保护、文物修复、科技考古、平面绘图等多专业人员配置而成。

4）建立调查数据审核、复查、抽查机制，被调查原始数据须经项目组专人初审后予以认证；对有疑问或者错误的数据实行专人负责，查明原因，对审核、复查工作中发现的问题及时解决，需要重新核实的，要求测试人、调查人与填报人二次核查、确认或修正；对已获取数据信息的调查单位有重点、分区域进行数据抽查与核实查证，保证测试调查数据的准确性与真实性。

5）建立调查数据评估制度。对原始数据进行质量评估，对调查样本的代表性进行评估，对原始数据中的偶然因素、特殊因素、不可比因素进行分析评估；对数据处理进行质量评估，通过原始数据与汇总报表数据的对照检查，通过汇总报表相关指标间的对应检查，最大限度地减少数据处理过程中的再生性错误；对数据分析结论进行质量评估，通过调查主要指标的抽样分析推断总体结果的准确性和可靠性，最大限度地减少调查误差，保证调查数据能够反映千手观音石刻雕刻品内部结构稳定性的真实状况与发展态势。

6）调查报告汇总、整理与分析的数据资料是严格以原始数据资料为依据，两者在总量、范围上达到一致。本调查报告所示结论均为根据各原始数据统计分析得出。

2.4.4.2 概念界定与典型病害说明

1）概念界定

（1）雕刻品：在物体上雕刻出来的艺术作品。千手观音雕刻品主要指在基岩上雕刻出来的手和法器。

（2）稳定性：原指测量仪器保持其计量特性随时间恒定的能力。这里的稳定性指的是千手观音雕刻品随时间变化保持原状态的能力。

（3）裂隙：指X光在穿透不同密度部位后在胶片感光形成的线性的高灰度区。

裂隙的评定等级：由裂隙的长度，深度，宽度，所在位置共同判定裂隙的等级：一般分为三级：严重、中等、轻微。具体实施方案如下：

严重裂隙：

①中等深度，裂隙长度 >70%；

②深度裂隙，裂隙长度 >30%；存在竖向裂隙情况下，裂隙位置需位于手指向内1/3宽度内；

中等裂隙：

①中等深度，裂隙长度范围在测试部位X光照片可视区域40% ~70%；

②深度裂隙，裂隙长度在测试部位X光照片可视区域20%以上；

一般裂隙：较浅裂隙，裂隙长度范围在测试部位X光照片可视区域40%以下。

（4）无裂隙：指在测试部位X光照片可视区域，未发现线性的高灰度区。

（5）严重风化与非严重风化：严重风化指在在X光下，测试部位X光照片可视区域内灰度显著性高于本体的范围超过20%或测试部位X光照片可视区域内灰度高于本体的范围超过40%，并呈颗粒状。在X光下不呈现以上的形态的为非严重风化。

（6）补接与补接处：指经探伤分析发现明显结合面，或发现外敷泥质的情况，呈现的结合面定义为补接处。

（7）无补接：指X光片下，没有发现补接处。

（8）镶嵌：指经探伤分析明显可见的木质或铁质镶嵌杆。

（9）内部与外部：内部指肉眼不可见，经探伤分析存在的裂隙；外部指肉眼可见，同时经探伤分析存在的裂隙。

（10）类别：具体测量单位，如手指，手掌，手臂，法器。

（11）区位编号：指部位所在的行区和列区。

（12）石质雕刻序号：指所测手在表格中的排列序号。

（13）石质雕刻编号：依据 2008 年千手观音基础数据调查所设计的雕刻标号。

（14）部位序号：指所测部位在表格中的排列序号。

（15）部位编号及描述：指所测部位的名称。

2）典型病害说明

结合现场调查，从 X 探伤图上，可以看到影响千手观音岩体稳定性的类型主要有内部裂隙、风化、泥质修补及镶嵌。

（1）裂隙

裂隙深度判定主要是利用 X 光穿透不同密度物体后在胶片感光形成的不同灰度强弱而决定。

5－10－S9 手其现状为：手心向外，有眼，臂较长，无法器，无残缺。金箔可见 3 层，分层开裂卷曲和起翘严重。眼彩绘脱落。中指、无名指补泥，外贴金。损害程度为 4。

我们对其五指进行 X 光探伤，从该手的 x 探伤图中可以看到，有一条横贯三指（食指、中指、无名指）的较深裂隙。小指指尖泥质部分为严重风化区，泥质与石质结合面有一条肉眼可见贯穿性裂隙。中指有一条纵向较浅裂隙，无名指有一条横向较浅裂隙，拇指无明显裂隙（图 2－34、2－35）。

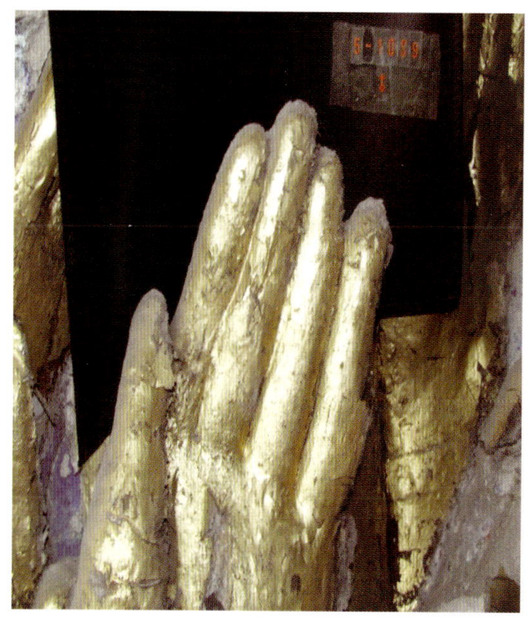

图 2－34　5－10－S9 现状图

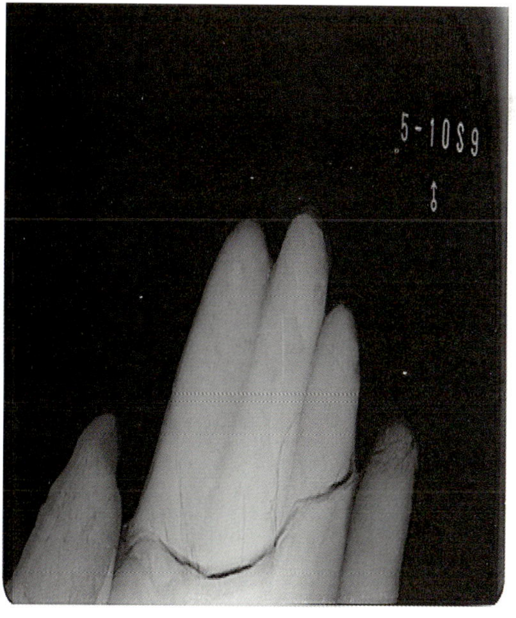

图 2－35　5－10－S9 X 探伤片

（拍摄方向：仰视；拍摄电压：90 kV；时间：60s）

由于千手观音外形复杂，很难从不同方向拍摄，从（图 2－36～2－39）可以看到 4－4－S1 手的拇指裂隙的长宽深及裂隙的位置。

4－4－S1 手现状为：手心朝外，手中无法器，手有法眼。手上大拇指金箔有脱落现象，手通体分层开裂卷曲，部分点状脱落。

我们对 4－4－S1 进行 X 探伤分析，从该手的 X 探伤图可以看到，拇指可见镶嵌孔，从正侧面分析可见拇指裂隙的长宽深，该裂隙已经接近断裂，可见明显严重风化区，风化区有较多裂隙。其他手指未见明显裂隙。

图 2－36　4－4－S1 现状图 1

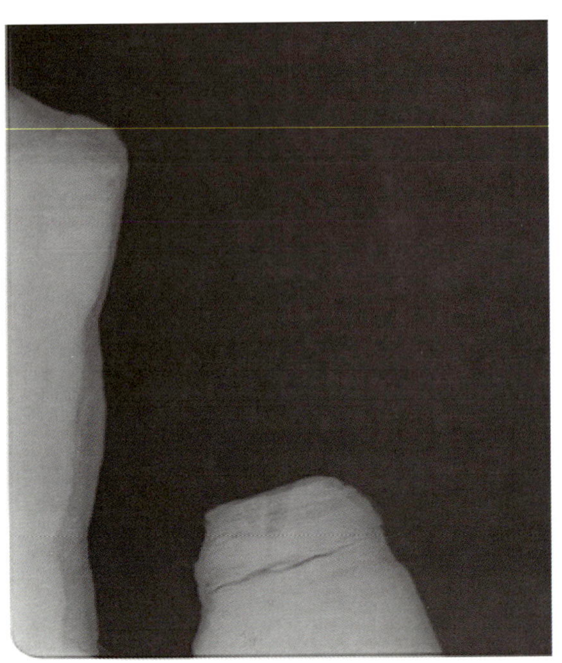

图 2－37　4－4－S1 X 探伤图 1

（拍摄方向：侧视；拍摄电压：120kV；时间：60s）

图 2－38　4－4－S1 现状图 2

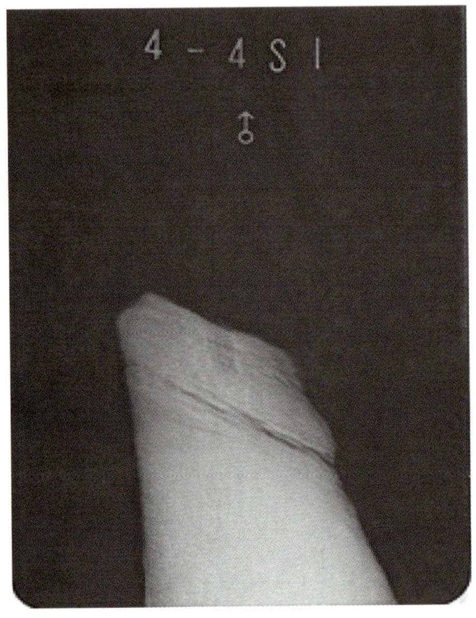

图 2－39　4－4－S1 X 探伤图 2

（拍摄方向：正视；拍摄电压：90kV；时间：60s）

（2）风化

X探伤主要是针对严重风化而言，对于弱风化区X光片表现不明显，很难正确判读，严重风化区的判读依据是由于严重风化的岩体密度较岩石本体低，且疏松多空或片状分层；在X探伤片上图像表现为风化区灰度较本体高，且存在非常多的片状分层或呈颗粒状形态，并结合对该部位的现场观察所进行的判定。

8－9－S14手现状为：8－9－S14手心向前，有法眼无法器。中指、无名指有残，大部分分层开裂卷曲，病害程度3级，金箔可见2层。法眼有起甲。手心处有彩绘一层，颜色为红色、紫色、黑色的渐变，此彩绘有起甲龟裂现象。

我们对8－9－s14进行X探伤分析，从该手的X探伤图可以看到，；四指均有严重风化区，食指小指各有一条较深的横向裂隙，中指，无名指各有一条中等深度的横向裂隙；拇指未发现明显裂隙（图2－40、2－41）。

图2－40　8－9－S14现状图

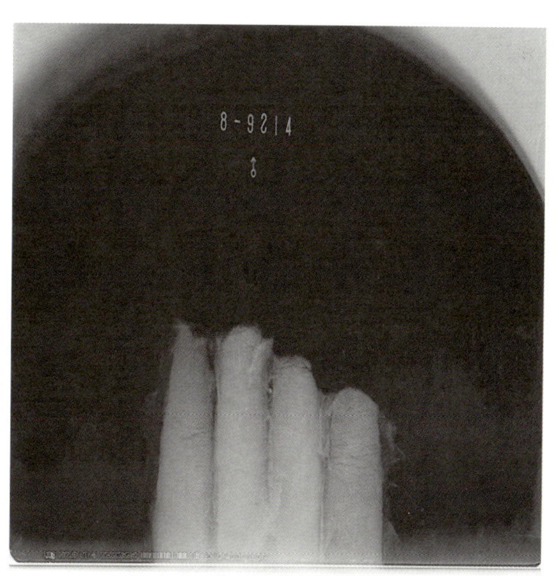

图2－41　8－9－S14 X探伤图

（拍摄方向：正视；拍摄电压：90kV；时间：60s）

（3）泥质修补及镶嵌

①泥质修补：我们对泥质修补的判定主要是根据泥质部分密度较岩石本体低，且疏松多空；在X探伤片上图像表现为泥质区灰度较本体高或呈现大量不规则裂隙，通常泥质部分与岩体结合面在X光片上表现出较深裂隙，有时结合面其侧面表现为弧形，正面表现为材质缺失，在此判读基础上结合现场观察后再做判定。

5－4－S4手现状为：手心朝内，朝上。手无法器，无法眼，臂短。手金箔分层开裂卷曲、点状脱落严重。手有崩裂现象，小手指金箔有起翘现象，食指、中指有残缺，露出风化岩石层。

我们对5－4－S4进行X探伤分析，从该手的X探伤图可以看到，无名指、小指指尖为泥质，无名指、小指均可见横向断裂性裂隙，肉眼可见，裂隙面应为分形面。推测由于泥质指尖与石质本体结合面并不平整，在X光片上形成类似于严重风化现象（图2－42、2－43）。

图 2-42　5-4-S4 现状图

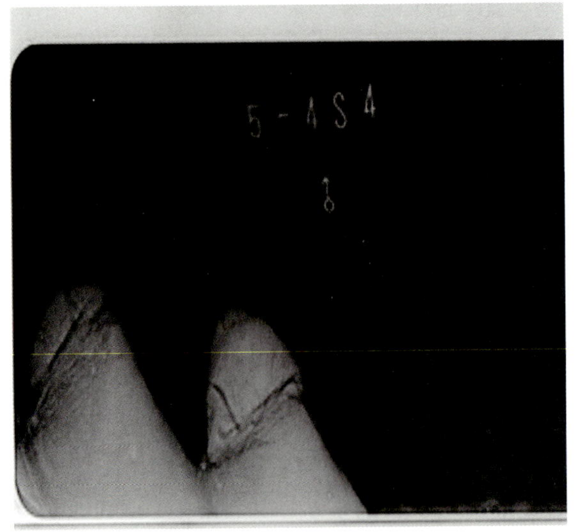

图 2-43　5-4-S4 X 探伤图

（拍摄方向：侧视；拍摄电压：80kV；时间：60s）

4-2-S7 手现状为：手心向外，有眼，金上绘彩，拇指、食指、无名指粉化严重，中指弯曲处断裂长约 4cm，无法器，可见金层 5，损害程度 3。

我们对 4-2-S7 进行 X 探伤分析，从该手的 X 探伤图可以看到，小指石质残缺，外裹有较厚泥层，从侧面分析在小指第一关节处为断裂性裂隙，第二指节处有两条交叉性裂隙，并较深。无名指侧面探伤分析有两条中等程度裂隙（图 2-44、2-45）。

图 2-44　4-2-S7 现状图

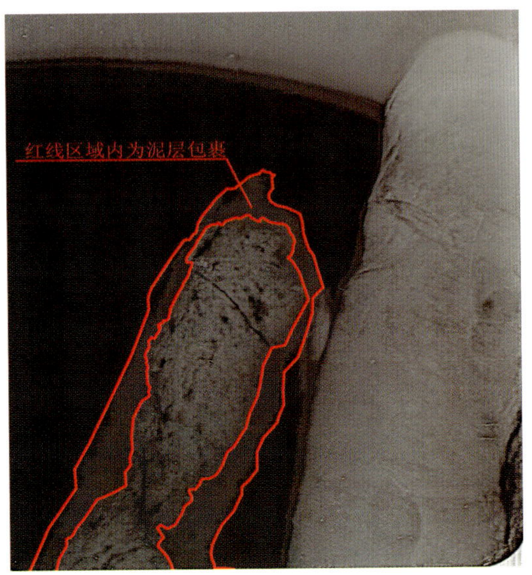

图 2-45　4-2-S7　X 探伤图

（拍摄方向：侧视；拍摄电压：90kV；时间：60s）

②镶嵌：我们对镶嵌的判读依据为从 X 探伤片上可以看到内部的镶嵌杆，同时镶嵌部分基本为泥质，密度较岩石本体低，且疏松多空；在 X 探伤片上图像表现为泥质区灰度较本体高，或呈现大量不规则裂隙，且与石质本体的结合面多呈现一条较深深度的裂隙；

5－10－S11 手现状为：手心向外，有眼，臂较长，无法器，中指残。金箔可见 3 层，起翘严重，起翘部位石质粉化严重，金局部分层开裂卷曲严重。大拇指补泥，手指中心有木棍。眼彩绘脱落。损害程度为 4。

我们对 5－10－S11 进行 X 探伤分析，从该手的 X 探伤图可以看到，可见镶嵌杆，镶嵌部分为泥质，从正侧面可看指尖部分较深横向裂隙的长宽深，有竖向较深裂隙一条，手指不规则裂隙较多。裂隙深度不等。侧面可见镶嵌杆与石质本体结合部位（图 2－46～2－49）。

图 2－46　5－10－S11 现状图 1

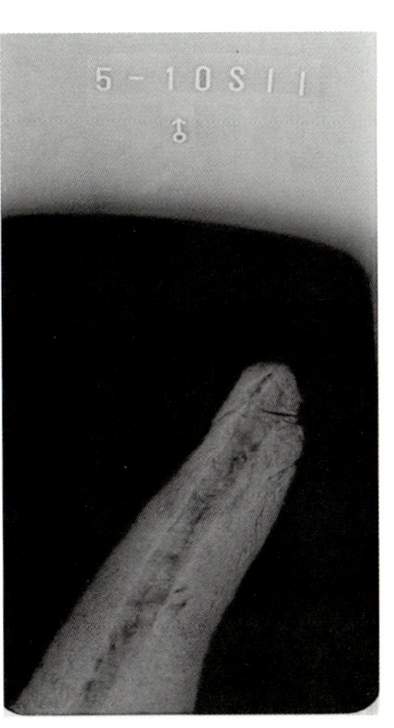

图 2－47　5－10－S11X 探伤图 1
（拍摄方向：正视；拍摄电压：90kV；时间：60s）

图 2－48　5－10－S11 现状图 2

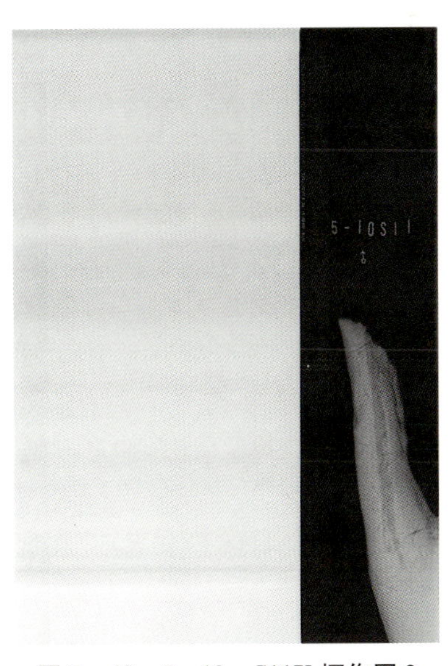

图 2－49　5－10－S11X 探伤图 2
（拍摄方向：侧视；拍摄电压：90kV；时间：60s）

在此判读基础上，以上三种典型病害类型（内部裂隙、严重风化、泥质修补及镶嵌）影响千手观音岩体稳定性的原因分别为：

部分断裂性裂隙仅有少量与岩体相连或金箔承托，随时都可能从千手观音本体脱落，而较深较长的裂隙，如任裂隙发育，将可能转变成断裂性裂隙，并从千手观音本体脱落。

严重风化表现为岩体呈现深度粉化，在外界环境影响下极易脱落，继而影响千手观音稳定性及形态。

泥质镶嵌和泥质修补，由于泥质更易风化，更容易产生裂隙，从而影响千手观音的形态及稳定性。

评估标准：评估依据主要根据 X 光片裂隙灰度并结合所拍摄部位的厚度，位置等因素进行的综合判定。具体依据见前文。

2.4.5 调查数据统计及分析

2.4.5.1 X 探伤统计表（表 2－12）

表 2－12　X 探伤统计表

名称	数量/百分比（个/%）	部位名称	数量（个）	裂隙数量（条）	有裂隙的部位数量	风化数量
所做手	503	拇指	206	112	75	124
所做手/总手数	60.6	食指	336	206	119	237
所做手指数	1556	中指	353	186	114	211
镶嵌手指数	92＋1（整手）	无名指	335	161	98	192
镶嵌手指数百分比	5.98	小指	326	185	117	211
风化数量	1076	手掌	32	5	5	5
风化百分比	62.7	手臂	2	1	1	0
可见裂隙数量（条）	23	法器	125	75	45	96
有裂隙手	307	合计	1715	931	574	1076
有风化手	423	无风化裂隙手	37			

本次 X 探伤共得到有效的 X 光片 786 张，有效手为 503 只，占千手观音总手数 830 只的 60.6%。暂时未发现问题的手数量为 37 只。仅占探伤手数量的 7.35%。

2.4.5.2 裂隙病害测试数据统计及分析（表 2－13）

表 2－13　裂隙统计表

名称	数量（个）	裂隙数量（条）	有裂隙的部位数量	百分比（%）
拇指	206	112	75	36.4
食指	336	206	119	35.4
中指	353	186	114	32.3

续表

名称	数量（个）		裂隙数量（条）	有裂隙的部位数量	百分比（%）
无名指	335		161	98	29.3
小指	326		185	117	35.9
小计	1556		850	523	33.6
手掌	32		5	5	15.6
手臂	2		1	1	50
法器	125		75	45	36
合计	1715		931	574	33.4
有裂隙手	307	所做手指数	1556	可见裂隙数量（条）	23

从表 2－13 中可以看出，X 探伤发现的裂隙共有 931 条，而外部可见裂隙只有 23 条，仅占裂隙总数的 2.5%，其他均为不可见裂隙。在 X 探伤所做的 503 只手中，有 307 只手发现裂隙，占探伤手总数的 61%。X 探伤所做的法器 125 处中，有 75 条裂隙，有 45 处法器存在裂隙，占探伤法器总数的 36%。同时中等及较深程度的裂隙在 307 只手和 45 处法器内均有存在。由此说明，千手观音手和法器内部存在大量不可见裂隙，且裂隙分布较广，裂隙深度较大，已严重危害千手观音手及法器的稳定性。

探伤总手指数共 1556 个，其中拇指 206 个，有裂隙 112 条，有 75 个手指存在裂隙，占探伤数的 36.4%；食指 336 个，有裂隙 206 条，有 119 个手指存在裂隙，占探伤数的 35.4%；中指 353 个，有裂隙 186 条，有 114 个手指存在裂隙，占探伤数的 32.3%；无名指 335 个，有裂隙 161 条，有 98 个手指存在裂隙，占探伤数的 29.3%；小指 326 个，有裂隙 185 条，有 117 个手指存在裂隙，占探伤数的 35.9%；手掌 32 个，有裂隙 5 条，有 5 个手掌存在裂隙，占探伤数的 15.6%；有裂隙的部位占总测试部位的 33.4%。从统计数据上看，手指及法器的裂隙出现比例均在 30% 左右，手掌出现裂隙的比例为 15.6%，说明手指和法器的裂隙病害状况基本相同，手掌裂隙病害较轻，这也与手掌较为贴近岩面有较多遮挡及表面大漆贴金有关。对于手臂处的裂隙，其形成主要原因是该手手臂处为后镶嵌上的，拼接部位产生了裂隙。同时由于手臂的 X 探伤数量较少，其统计结果无法用于分析，在此予以舍弃（图 2－50、2－51）。

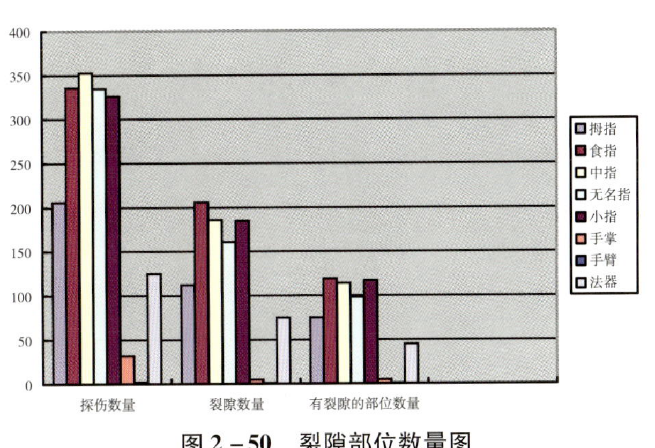

图 2－50　裂隙部位数量图

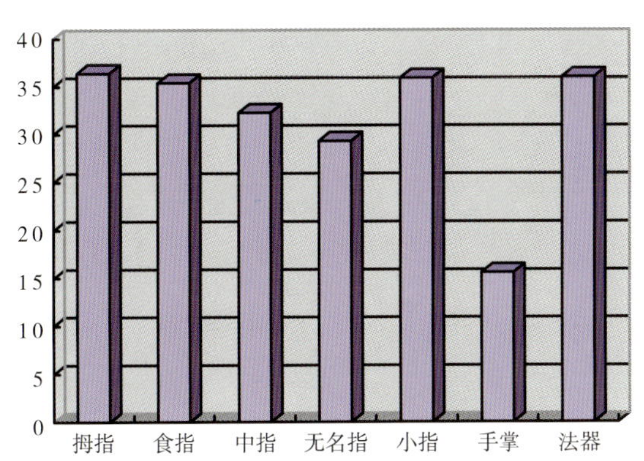

图 2－51　裂隙分布百分比图

（拍摄方向：正视；拍摄电压：160kV；时间：1min）

2.4.5.3　风化测试试验和数据统计分析

1）试验方法

本次稳定性调查中，为了探明千手观音手及其法器严重风化的深度和位置，我们尝试做了一组插针试验，如图 2－52、2－53。

图 2－52　X 探伤与插针试验部位　　图 2－53　图 2－53 位置 X 探伤光片

插针位置的现场状况如图 2－52 所示，即正面法器、手指严重风化，针扎侧面有彩绘，彩绘起甲。用手进针，直到针插不动或插针部位有松动。X 光探伤分析指出，法器正面中心点长针 1 枚，侧面横向长针 1 枚、短针 1 枚。竖向短针 2 枚。图 2－53 中，参照竖向长针位置，可了解沿法器风化的深度为 5.63cm，而参照横向短针位置，可揭示此区域部位风化的厚度为 2.08cm。第一指节处，横向长针已横向穿透手指与法器（由于插针过程中，手指部分有所松动，考虑到文物安全，未再向前入针，其插入 5.61cm），表明手指第一指节已经完全风化。通过该试验我们可以看到，严重风化区域其强度极低，部分已接近触手即碎的程度。

2）风化病害测试数据统计、分析

根据插针试验结合 X 探伤结果，其风化情况见表 2－14。

表 2－14　严重风化统计表

部位名称	数量（个）	风化数量（个）	百分比（%）
拇指	206	124	60.2
食指	336	237	70.5

续表

<table>
<tr><th colspan="2">部位名称</th><th>数量（个）</th><th colspan="2">风化数量（个）</th><th>百分比（%）</th></tr>
<tr><td colspan="2">中指</td><td>353</td><td colspan="2">211</td><td>59.8</td></tr>
<tr><td colspan="2">无名指</td><td>335</td><td colspan="2">192</td><td>57.3</td></tr>
<tr><td colspan="2">小指</td><td>326</td><td colspan="2">211</td><td>64.7</td></tr>
<tr><td colspan="2">手掌</td><td>32</td><td colspan="2">5</td><td>15.6</td></tr>
<tr><td colspan="2">手臂</td><td>2</td><td colspan="2">0</td><td>0</td></tr>
<tr><td colspan="2">法器</td><td>125</td><td colspan="2">96</td><td>76.8</td></tr>
<tr><td colspan="2">合计</td><td>1715</td><td colspan="2">1076</td><td>62.7</td></tr>
<tr><td>X 探伤手</td><td>503</td><td colspan="2">有风化手</td><td>423</td><td>84.1</td></tr>
</table>

从上表可以看出，在 X 探伤所做的 503 只手中，有 423 只手发现严重风化，占探伤手总数的 84.1%。X 探伤所做的法器 125 处中，有 96 处法器存在严重风化，占探伤法器总数的 76.8%。由此说明，千手观音手和法器内部存在大量严重风化，且严重风化分布广，同时通过插针试验及回弹测试（回弹测试时无法得到数据），严重风化处其强度极低，大部分手指依靠金箔承载风化部分方得以保存，可以发现千手观音手及法器的稳定性极差。

探伤总手指数共 1556 个，其中拇指 206 个，有严重风化手指 124 个，占探伤数的 60.2%；食指 336 个，有严重风化手指 237 个，占探伤数的 70.5%；中指 353 个，有严重风化手指 211 个，占探伤数的 59.8%；无名指 335 个，有严重风化手指 192 个，占探伤数的 57.3%；小指 326 个，有严重风化手指 211 个，占探伤数的 64.7%；手掌 32 个，有 5 个手掌存在严重风化，占探伤数的 15.6%，法器 125 处中，有 96 处法器存在严重风化，占探伤法器总数的 76.8%。从统计数据上看，法器严重风化程度最大，手指次之，手掌最低（图 2－54、2－55）。

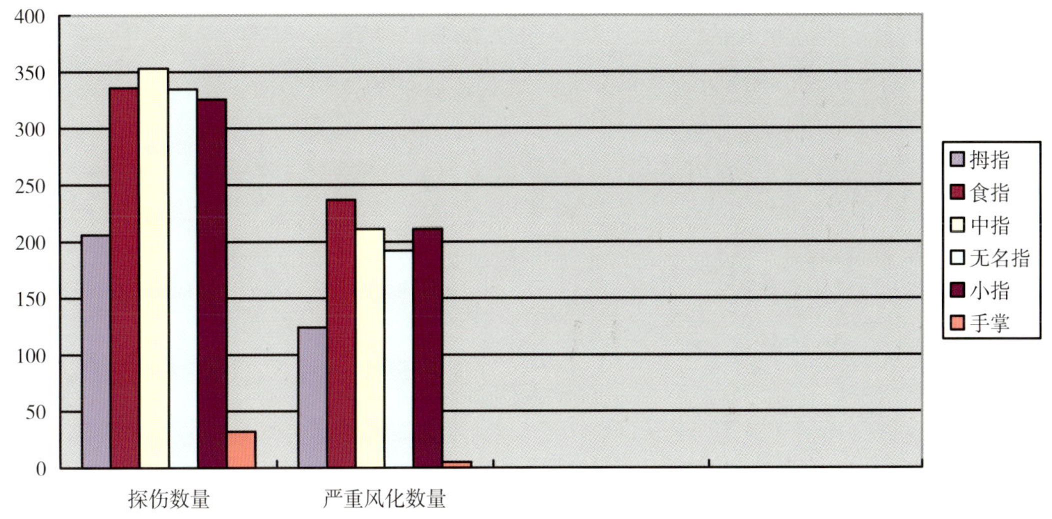

图 2－54　严重风化数量对比图

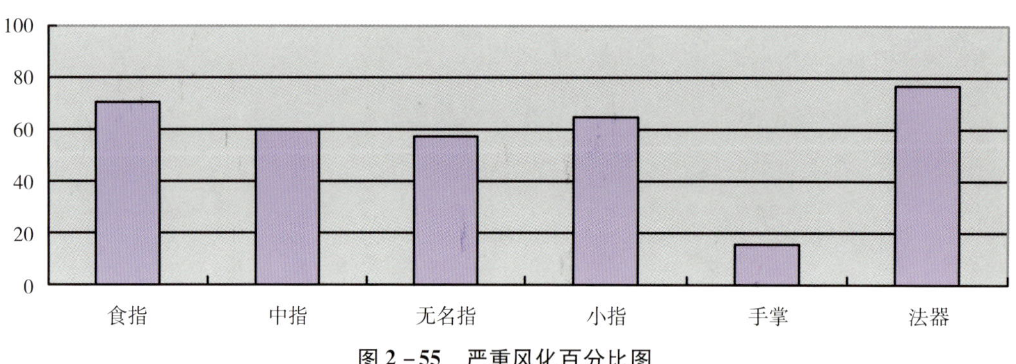

图 2 – 55　严重风化百分比图

3）补接及镶嵌

表 2 – 15　补接镶嵌统计表

补接、镶嵌手指数（个）	92 +1（整只手）
镶嵌手指数百分比（%）	5.98

从表 2 – 15 中可以看出，补接、镶嵌的手指为 92 个，整手 1 只，镶嵌手指数百分比 5.98%，主尊附近的一只整手及 8 个手指是现代修复，所用材料有红土、钢筋等。其他基本为黄土、竹或木质镶嵌杆。在泥土吸收水分后，泥土会变得疏松，产生裂隙、严重风化等病害，特殊情况下甚至会发生崩解。

2.4.6　结果与讨论

1）整体稳定性

从整体状况上看，千手观音雕刻岩体的裂隙、严重风化数量众多，仅有 7.35% 的手未发现病害，这些病害已对突出岩体的雕刻部分（主要是手指、法器）石质稳定性造成严重影响，综合而言，千手观音雕刻岩体的稳定性极差。

2）从统计结果看，法器的病害程度最高，手指稍次之，而手掌的病害程度要轻得多，这也与 2008 年调查结果相吻合。针对上述情况，结合千手观音现状，分析推测有以下几种可能：

（1）手指及法器大部分突出于岩体，在自身重力及内应力的作用下，裂隙发生的可能性要远大于靠近或紧贴崖壁的手掌。

（2）手掌大部分靠近或紧贴崖壁，大漆贴金覆盖面积大，由于大漆和金箔的密闭性较好，同时大漆的耐老化性能较好，有效地阻止了岩体内部水分的挥发和外部环境的侵蚀。因此其严重风化和裂隙病害产生的较少。而手指仅面对观众一侧有大漆贴金，背面基本裸露。法器大部分为彩绘，彩绘层的耐老化性能及密闭性均较差，水和外部环境对手指与法器的侵蚀严重，其严重风化和裂隙病害产生范围及程度要远大于手掌部分。

3）通过 X 探伤，可以给修复人员提供千手观音内部病害图像，为修复提供支持。但由于受方法的局限性，本次探伤拍摄的面积约占总面积的 30% 左右，因此，在修复过程中，仍需要修复人员对未拍摄部分仔细检查，来发现隐藏的病害。

第 3 章　岩土体工程地质勘察

3.1　引言

800 余年来，在长期自然应力作用的影响下，千手观音造像所赋存的石刻岩体产生了严重的环境地质病害。其主要病害为风化和局部掉块。风化病害使造像的金箔褪色、起翘、剥落，严重影响了造像的美观（图 3－1）。构造裂隙和卸荷裂隙的切割，降低了石刻岩体的稳定性，造成造像手指手臂的局部掉块。这些病害已严重威胁千手观音造像的安全，需及时采取措施进行抢险保护。

图 3－1　千手观音石刻造像风化现状

从 90 年代开始，大足石刻艺术博物馆和中国文化遗产研究院、中国地质大学等多家科研单位对千手观音造像的保护做了大量的前期研究工作，取得了宝贵的经验和资料。2008 年国家文物局批准了对大足千手观音造像进行保护的工程立项，拟开展千手观音造像本体修复加固。千手观音造像赋存的岩体崖壁如果存在渗水病害，则会影响本体修复加固的效果。因此，造像崖壁岩体内地下水的分布和渗流规律，是专家们十分关注的问题。

根据专家论证意见，要求对千手观音造像区的岩土体进行详细勘察，为千手观音的保护工程设计提供科学依据。

中国文化遗产研究院和中国地质大学（武汉）共同承担千手观音崖壁岩土体详细工程地质勘察工作。在总结前期研究资料和现场踏勘的基础上，于 2008 年 9 月初完成《大足石刻千手观音抢救性保护工程岩土体工程地质详细勘察工作方案》初稿，2008 年 9 月 16 日重庆市文物局在北京组织召开《大足石刻千手观音抢救性保护工程岩土体工程地质详细勘察工作方案》专家论证会，对工作方案进行评审，专家论证会评审意见：

1）方案的研究目的明确、技术路线合理、方案基本可行；

2）遵循文物保护最小干预原则，尽可能减少钻孔数量；

3）增加岩体稳定性评估内容。

根据专家评审意见，对提交的工作方案进行了修改完善，将钻孔数目由原来的13个减为8个，增加了造像区崖壁稳定性评估工作。

3.1.1 勘察目的与任务

根据详细勘察工作方案及专家论证会的意见，本次勘察的目的是在前期工作的基础上重点查明千手观音造像所在水文地质单元内的地形地貌、区域地质构造、地层岩性、水文地质及工程地质条件，确定地下水的补给、径流、排泄条件及向石刻造像的运移规律，为千手观音造像的保护工程设计提供科学依据。

具体任务如下：

1）查明千手观音石刻造像所在水文地质单元内的地层岩性，各岩土层的分布、产状、厚度、结构、矿物成分、风化特点及其含水、透水性能；

2）查明造像区（千手观音造像周边）渗水的水源，及其补给、径流和排泄规律；

3）查明千手观音石刻造像区的构造特征，基岩裂隙的发育规律及其连通性、导水性；

4）查明千手观音石刻造像区基岩风化壳的发育特点与储水状况；

5）获取岩土层的岩土工程性质参数，作为保护工程设计的依据；

6）对千手观音造像区防渗治理方案提出建议。

3.1.2 勘察依据

本工程的岩土体详细工程地质勘察执行的规范、规程及有关文件如下：

国家标准《岩土工程勘察规范》（GB 50021－2001）；

国家标准《土工试验方法标准》（GB/T50123－1999）；

国家标准《工程岩体试验方法标准》（GB/T50266－99）；

《岩土工程勘察报告编制标准》（CECS 99：98）；

《工程地质手册》（第三版）；

《水文地质手册》；

《岩土工程勘察合同》；

《中华人民共和国文物保护法》2002年10月28日；

《中华人民共和国文物保护法实施条例》2003年5月13日。

3.1.3 勘察方案与工作量

3.1.3.1 勘察范围的确定

选取一个完整的水文地质单元对其进行勘察研究将有助于了解区内地下水的运动规律，以便准确分析渗水对千手观音造像的影响。因此，本次勘察工作在对地形地貌分析的基础上，确定千手观音造像区以维摩顶为地表分水岭。勘察范围北起大佛湾冲沟沟底，南至维摩顶，东至卧佛，西至牧牛图侧门，面积约200m×100m。其中以千手观音造像后部50m范围为重点勘查区。勘察范围见图3－2。

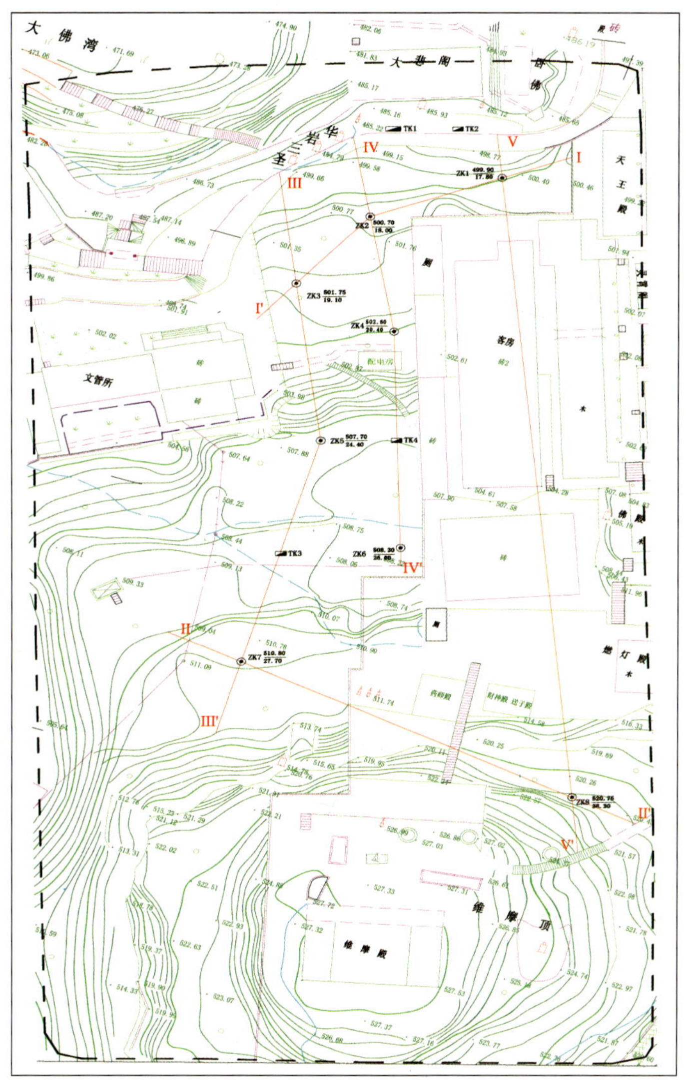

图 3－2　勘察范围

3.1.3.2　勘察方法

本次勘察以物探和钻、坑探相结合，多种技术手段交替使用、互相验证、综合分析，建立三维水文地质仿真模型。为研究区的防渗工程设计提供科学依据。在此基础上，制定的工作程序见图 3－3。

1）钻探、坑探与岩土工程试验

（1）钻探及坑探

本次勘察使用 XY－100 型工程钻机进行野外作业，钻孔深度 17～39m，终孔深度控制在 483m，要求钻进至千手观音造像砂岩崖壁底部的泥岩才可以停钻。钻孔采用口径 127mm 开孔器钻进，穿过第四系地层后，换用口径 89mm 钻具钻至终孔，回次进尺不超过 2.0m。

探坑采用人工挖掘方法，探坑宽 0.8～1.5m、长 1.2～2.5m 不等，深度挖至基岩面。

钻探及坑探过程中，进行地层划分与详细地层描述。

根据场地地层分布条件，采取岩样、土样及地下水试样进行相关试验。各类样品的采集数量和质量均按现行规范要求进行。

现场钻进过程中进行钻孔压水或钻孔注水试验，钻孔结束后采用井下电视法观测裂隙发育及岩体完整情况。

（2）室内试验

室内试验主要包括土的常规物理力学试验、岩石物理力学试验、薄片鉴定、微观结构分析、化学成分及矿物成分分析等。试验方法和标准分别按《土工试验方法标准》（GB/T50123）和《工程岩体试验方法标准》（GB/T50266）执行。水试样进行水质简分析试验。

（3）其他岩土工程试验

包括试坑渗水试验、钻孔地下水长期观测等。

2）地质测绘及病害调查

（1）地质填图

以追索法为主的线路调查。1∶500 填图路线间距 20～30m。在填图过程中，详细观察、测量、记录地层岩性特征、接触关系、裂隙产状、构造形迹，并采集各类标本。

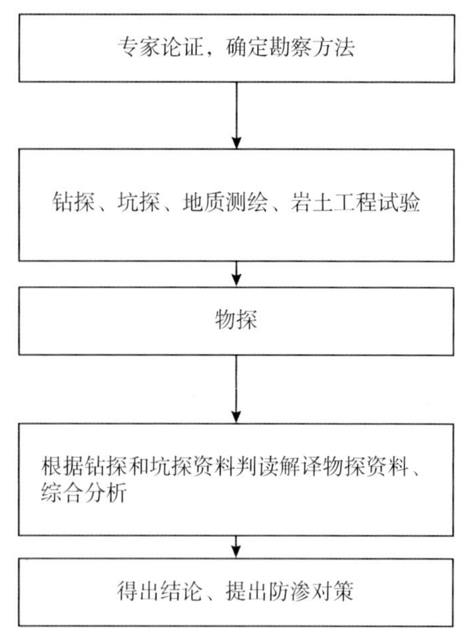

图 3-3　工作程序

（2）千手观音崖顶勘测

测绳导线法调查测量崖顶，绘制崖顶平面结构图，并调查崖顶岩体病害。

（3）崖壁立面图测绘及石刻造像区病害调查

实测第 10 号龛（化城喻品图）及千手观音石刻造像区剖面。

对千手观音造像区两侧的立壁（卧佛至华严三圣西侧）石刻造像的各类病害进行调查，逐类进行实地测量、记录，如裂隙、软弱夹层、渗水点的分布等。

3）工程物探

工程物探工作目的：

（1）查明千手观音赋存的山体内砂岩和泥岩的分布规律；

（2）查明岩体中构造裂隙的分布规律，重点查明含水裂隙的位置；

（3）描绘岩体顶面起伏的高程等值线图；

（4）查明第四系覆盖层的厚度及含水体。

中国地质大学过去完成的物探工作：

（1）高密度电法（2002 年）

（2）电阻率测深（1989 年）

（3）自然电场法（环形观察法，1989 年）

本次工程物探的勘察范围：

探测深度 20～40m，勘察面积 200m×100m。

本次工程物探采用的方法主要包括地震、地质雷达、钻孔 CT 和井下电视等方法，其中，地面物探包括：地震反射法、地质雷达法。

①地震反射法

地震反射法是一种成熟的地球物理勘探方法，它利用安置在地表的传感器，通过对地层中反射回来的弹性波走时的观测，由其距离和走时数据资料，根据相关的波动物理定律，就能够得到地下每个地层的深度与速度，解决相应的地质问题。本次浅层地震反射法主要解决地层分布、基岩顶面起伏和第四系覆盖层厚度等相应的地质问题。

本次地震反射法地震勘探采用了美国 Geometrics 公司的 StrataView R24 型高分辨数字地震仪。震源激发采用12～24磅长柄大锤激发。勘探中详勘区采用2m的检波器间距，普查区采用5m的检波器间距。每个排列24道，激发9炮。信号采样间隔125μs，采样长度1024样点。

地震反射数据的处理主要采用共中心点（CMP）法，提取首波走时曲线，运用ΔT－V反演方法进行资料处理。

要求正式勘探之前，预先检测激震源发射对石刻区的影响，确保文物安全。

②地质雷达法

地质雷达是采用高频电磁波探测地下地质结构与特征的一种地球物理探测技术。利用主频为数十兆赫至千兆赫波段的电磁波，以宽频带短脉冲的形式，由地面通过天线发射器（T）发送至地下，经地下目的体或地层的界面反射后返回地面，为雷达天线接受器（R）接收。通过对地质雷达剖面进行适当的处理与解释，便可获得剖面下方的有关地质信息（如地层界面起伏及埋深、地质结构特征等）。原理如图3－4所示。

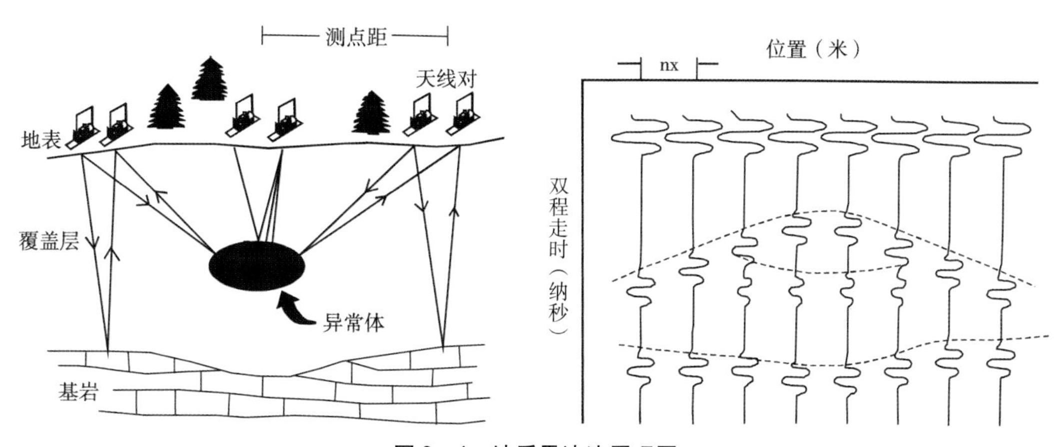

图3－4　地质雷达法原理图

a 探测示意图　b 反射剖面示意图

现场工作采用加拿大探头与软件公司生产的EKKO PRO型低频探地雷达系统探测，分别采用中心频率为100MHz、200MHz的两种天线，接收与发射天线距分别为1.0m或0.5m；测点距分别为0.5m或0.2m。采用中心频率为100MHz的天线在千手观音南侧山坡地表进行探测，以探明第四系覆盖层厚度。采用中心频率为200MHz的天线，垂直贴近“化城喻品图”、“千手观音”及其西侧的石刻立壁表面进行探测，以查明各处岩壁内部是否有裂隙存在。

井中物探包括钻孔CT法、井下电视法。

①钻孔电磁波CT法

钻孔电磁波CT法是利用无线电波（工作频率0.5～32MHz）分别在两个相邻钻孔中发射和接收，根据不同位置上接收的场强的大小，来确定地下不同介质分布的一种地下地球物理勘查方法，也称井中无线电波透视法。

当电磁波通过不同的地下介质（如各种不同的岩石及溶洞、破碎带等）传播时，不同介质对电磁波的吸收（β）存在差异，如溶洞、破碎带等的吸收系数（βs）比其围岩的吸收系数（βo）要大得多，因此在溶洞、破碎带的背后的场强也就小得多，从而呈现负异常，像阴影一样，利用这一差异即可推断目标地质体的结构和形状。其原理与医学 CT 相似。本次勘探主要利用 CT 法查明千手观音造像后侧崖壁岩体的完整性和裂隙分布规律。

②井下电视法

井下电视法可用于探测钻孔中岩体的裂隙、破碎带、砂岩泥岩的分界和地下水等。使用全景式彩色电视可以探测钻孔四周及下部的全景图像，对远近景物无须调焦均呈清晰图像。根据图像的形态、颜色及光亮度等信息，可用于检测井壁的裂隙等地质条件。最佳条件下分辨率可以达 0.1mm。井壁图像可用数字视频处理，保存至笔记本电脑中。

另外一项物探工作是振动监测。

地面微振动是外界各种振动在沿地层经过衰减，传播到接收点的综合反映。振动监测工作按照《城市区域环境振动测量方法》GB10071－88 和《场地微振动测量技术规程》CECS 74：95 进行。采用 COINV 大容量数据自动采集处理系统、891 型测振仪和三分向拾震器。拾震器与地面水平接触，在基岩上以橡皮泥耦合安装。

振动测试前，先通过测试得到大足宝顶山石刻区的自振卓越周期。然后选择 5 个对石窟影响最大的点位，进行振动测试。

3.1.3.3　勘察工作量布置

因目前尚无专门针对文物保护勘察的专业规范，本次勘察主要依据现行岩土工程勘察规范、水文地质勘察规范和一些相关的手册、文献资料，结合勘察任务的实际需要布置工作量如下：

1）钻探与坑探

钻孔共布置 8 个孔，编号 ZK1～ZK8，钻孔间距 17～120m，其中 ZK8 孔最深为 38.3m，其余钻孔深度为 17.9～27.7m 不等，总进尺 191.7m。

在千手观音造像崖顶平台及后山坡上间距较大的钻孔之间布置探坑。共计布置 4 个探坑，挖至基岩面，深度 1.40～2.54m。

2）工程物探

（1）地震反射法

地震反射测线均布置在千手观音造像南侧的山坡上，共完成 13 条测线（纵、横波共线），其中东西向 7 条，南北向 6 条，累计测线长度 996m（其中反射纵波 498m、反射横波 498m），计物理点 2018 个（其中反射纵波 1009 个、反射横波 1009 个）。

（2）地质雷达

分别在千手观音石刻造像南侧山坡地表和垂直立壁进行探测。采用中心频率为 100MHz 的天线在千手观音石刻造像南侧山坡地表进行探测，共布置地质雷达测线 6 条，测点间距 0.5m，测线总长 470.7m。立壁地质雷达测线以东西向为主，采用中心频率为 200MHz 的天线在崖壁立面自上至下分层布置，共布置 22 条测线，测点间距 0.2m，测线总长度 182m。

（3）钻孔电磁波 CT 法

共布置 5 对孔（主要在 ZK1～ZK4 间交叉布置，分别采用高频和中频电磁波 CT），累计井长 100m，计射线数 8117 条。

（4）井下电视

共布置 6 孔，探测总进尺为 141.3m。探测过程中匀速提升探头，每间隔 0.5m 及遇到裂隙、破碎带等地质异常点处停止提升探头后拍照。

3）地质测绘及病害调查

按精度和实际情况，定点实测地层剖面的基岩露头，绘在地质图上。进行石刻造像区剖面实测及崖顶测绘，主要工作量如下：

（1）1∶500 区域地质图：100m×200m；

（2）1∶500 病害分布图：426.6m²；

（3）工程地质剖面图：6 条；

（4）“千手观音”造像区及“化城喻品图”实测剖面：4 条；

（5）“千手观音”造像区崖顶排水沟勘测图：473m²；

3.1.3.4　本次勘察完成工作量

本次岩土体详细工程地质勘察的野外作业自 2008 年 10 月 25 日开始至 11 月 2 日完成，室内土工试验 11 月 25 日～12 月 20 日完成，资料整编 12 月 20 日～2009 年 1 月 12 日结束。土工试验由中国地质大学（武汉）土常规试验室和岩石三轴试验室完成。

实际完成的实物工作量详见表 3－1。

表 3－1　完成工作量统计表

项目名称			单位	工作量	备注
区域工程地质测绘填图			m²	100×200	比例尺 1∶500
千手观音石刻崖顶测绘			m²	473	比例尺 1∶100
石刻造像区实测剖面			m	67	比例尺 1∶100
工程地质剖面			m	752	比例尺 1∶500
石刻造像区病害调查测绘			m²	426.6	比例尺 1∶50
振动测试			点	5	
钻探			个	8	
			m	191.7	
坑探			个	4	
			m³	47.1	比例尺 1∶50
钻孔压水试验			次	13	
钻孔注水试验			次	2	
试坑渗水试验			次	4	
地表探测	地震	面波	点	2018	
		反射	m	996	
	地质雷达	立壁	m	182	
		地表	m	470.7	
钻孔探测	钻孔电磁波 CT		对	5	
	钻孔电视		孔	6	

续表

项目名称			单位	工作量	备注
室内试验	岩样	岩矿鉴定	组	6	
		扫描电镜	组	16	
		X－衍射分析	组	16	
		X－荧光分析	组	11	
		物理力学试验	组	44	
	土样	原装样	组	6	
		扰动样	组	1	
	水样		组	4	
钻孔灌浆回填			个	5	
地下水位观测孔			个	3	
裂隙统计			条	34	
			m	165	测线长

3.2　自然地质环境及千手观音造像所处地质条件

3.2.1　自然地理与环境地质概况

3.2.1.1　交通位置

图 3－5　大足宝顶山石刻区交通位置图

大足宝顶山石刻区位于大足县城东北15km处，东经105°28′06″~106°01′56″，北纬29°22′28″~29°51′49″之间。大足东距重庆70km，西距成都271km。成渝铁路、成渝高速公路穿过大足县境，交通十分方便，具体位置见大足宝顶山石刻区交通位置图（图3-5）。

3.2.1.2　地形地貌

千手观音造像位于大足宝顶山龙潭沟支沟的大佛湾中。大佛湾走向NE80°，长340m，宽90m，呈马蹄形。大佛湾四周为台状残丘地形，呈串珠状分布于石刻区四周，形成宝顶盆地的地表分水岭。分水岭残丘高程为525~530m，大佛湾沟底高程为470~485m。龙潭沟及其支沟大佛湾均为深切沟谷，沟的两侧多为悬崖陡壁，为摩崖造像的雕刻提供了良好的立壁面。

千手观音造像雕刻于大佛湾沟谷南侧大悲阁的砂岩陡壁上，底部高程为485.6m，崖顶高程为495.1m，崖高9.5m。其上为丘陵斜坡。丘陵斜坡由砂、泥岩叠置而成。砂岩在地形上形成陡壁或陡坡，泥岩组成缓坡。斜坡南端由砂岩构成山顶陡崖维摩顶，崖高6~7m。维摩顶是区内的至高点，标高530m，水平状砂岩构成丘顶。维摩顶为区内的地表分水岭。

3.2.1.3　气象条件

大足县境气候属亚热带温暖湿润季风气候，雨量充沛、四季分明。春季冷空气活动频繁，盛夏伏旱较多，初夏与秋季多绵雨，冬季较暖，霜雪不多。大足县的气候受盆地四周的影响较大。大气环流冬季受西伯利亚高压影响，盛行大陆气候；夏季受太平洋高压影响，盛行海洋暖湿气候；春秋两季为大陆气候与海洋气候的过渡季节。县境气候随地形的变化而变化。

大足县境内多年日平均气温为17.2℃。一年中最冷月为1月，平均气温6.6℃；最热月为7月，平均气温27.4℃。历年极端最高气温为42℃（2006年9月1日），极端最低气温为-3.4℃。

多年平均降水量1006.6mm，最高年降水量1468mm，最低年降水量为676.9mm，最高日降水量147.0mm。降雨季节分配不均，春、夏、秋、冬的降水比例是：春季占19%，夏季占49%，秋季占26%，冬季占6%。年中的4~9月降雨最多，总量达804mm，占全年降雨量的80%。多年平均降雨天数为155天（日降雨量≥0.1mm）。日降雨量为25~49.9mm的大雨天数，平均每年9天；大于（或等于）50mm的暴雨天数平均每年3.1天。

大足因受地形和大气环流的影响，云雾较多，日照较少。多年平均日照数每年1314.2小时。历年无霜期平均为325天。

因四周高山，北方冷空气不易进入，水气不易散失，导致大足县常阴霾寡照，湿度较大。多年平均相对湿度为82.6%。

多年平均蒸发量为803.7mm。降雨量比蒸发量多200mm。

3.2.2　千手观音石刻造像所处地质条件

3.2.2.1　地层岩性

根据地质填图调查及工程钻探，将研究区地层划分为人工堆填土（Q_4^{ml}）、残坡积土（Q_4^{el+dl}）、侏罗系中统遂宁组（J_{2s}）上段的紫红~褐红色粉砂质泥岩及青灰~灰紫色中细粒长石石英粉砂岩四个岩性段。粉砂质泥岩与砂岩呈不等厚互层状。

由于近年来圣寿寺及景区大兴土木，在千手观音造像南侧的斜坡上堆积了大量的人工堆填土，主要岩性为粉质黏土，局部为砂质粉土，含碎块石。残坡积物主要分布于区内的斜坡表层及大佛湾沟内，岩性为黏土。

千手观音石刻造像雕刻于侏罗系中统遂宁组（J_{2s}）青灰～灰紫色中细粒长石石英砂岩陡崖上。

场区勘察所揭露地层岩性分段如表3－2所示。

表3－2 千手观音石刻造像区的地层岩性划分

系	统	组	组成、特征与分布	厚度
第四系	全新统	Q_4	人工堆填土（Q_4^{ml}）：主要成分为粉质黏土，深褐色，稍密，稍湿，含植物根系、砂岩小碎石块、红色小砖块及灰黑色瓦片，局部由杂色含砖瓦碎块石砂质粉土组成，结构疏松，工程性质相对较差	1.0～3.4m
			残坡积土（Q_4^{el+dl}）：主要成分为黏土，黄褐色，湿、密实，可塑～硬塑状，干强度高，切面有光泽	2.0～6.5m
侏罗系	中统	遂宁组（J_{2s}）	青灰～灰紫色中细粒长石石英砂岩	0.6～15.8m
			紫红～褐红色泥岩	0.6～3.5m

1）第四系覆盖层

（1）人工堆积土（Q_4^{ml}）：广泛分布于千手观音造像区南侧至维摩顶的斜坡及大佛湾沟内的斜坡上。主要成分为粉质黏土，呈深褐色，稍密、稍湿，含植物根系，含砂岩小碎石块，红色小砖块及灰黑色瓦片，直径5～50mm，含量约5%，局部由杂色含砖瓦碎块石砂质粉土组成，结构疏松，工程性质相对较差。钻孔和探坑揭露的最大厚度为3.4m。

（2）残坡积土（Q_4^{el+dl}）：主要分布于千手观音石刻造像南侧维摩顶部山坡表层及大佛湾沟底。成分为黏土，黄褐色，湿、密实，可塑～硬塑状。偶夹砂岩小碎石，姜结石，铁锰质结核。干强度高，切面有光泽。钻孔和探坑揭露的最大厚度为6.5m。

2）侏罗系

（1）侏罗系中统遂宁组（J_{2s}）青灰～灰紫色中细粒长石石英砂岩

场区内主要出露于高程为485～496m、514～521m的两陡崖处，其余被第四系覆盖层所覆盖。一处陡崖位于大佛湾，高达10m余，雕刻了千手观音等大量石刻造像，另一处位于维摩顶，高6～7m。砂岩的主要成分为长石、石英，含少量云母片。中细粒结构，中厚～巨厚层状。

岩层顶部及陡崖立壁的砂岩表面风化，呈褐黄色，锤击声不清脆，易击碎。钻探岩芯呈粉末～短柱状，岩芯采取率为80%左右。

微风化～新鲜砂岩呈青灰色，强度高，不易击碎，钻探岩芯呈长柱状，最长达1.5m，岩芯采取率为90%～95%。

砂岩内发育三组优势裂隙，钻探取芯中可见裂隙面（图3－6）。底部砂岩内含交错层理（图3－7）。

（2）侏罗系中统遂宁组（J_{2s}）上段的紫红～褐红色泥岩

主要分布在两砂岩陡崖底部的缓坡地带，为紫红色、褐红色，薄层～中厚层状。泥岩中的粉砂以石英、长石及岩屑为主，约占25%，本层厚0.1～2.0m。钻孔取芯一般呈短柱～长柱状，长度5～30cm，局部为圆饼或碎块状。局部含青绿色粉砂岩团块。岩芯露天摆放易崩解。岩芯采取率为30%～80%不等。

图3-6　岩芯裂隙面

图3-7　底部砂岩内含交错层理

3.2.2.2　地质构造

宝顶山石刻区地质构造属新华夏系第三沉积带四川沉降褶带。其总体特征为地层单一，岩性简单，构造较平缓、岩层倾角小，为近水平状岩层，倾角多为2~9°。砂岩内具交错层理。

区内岩体完整性好，未发现断裂构造，主要以构造裂隙为主。根据裂隙统计调查结果，区内主要发育3组构造裂隙，产状分别为：(1) 走向NW280~310°，倾角近直立；(2) 走向近EW，倾角近直立；(3) 走向NE20~40°，倾向NW，倾角65~80°。其中以前两组较为发育。构造裂隙间距大，密度一般为0.1条/m。裂隙延伸较长，张开度也较大。

区内除构造裂外还发育有层面裂隙和平行于陡壁的卸荷裂隙。卸荷裂隙一般延伸长度不大。

构造裂隙、层面裂隙和卸荷裂隙相互交切，构成了区内的渗水裂隙网络系统，成为地下水的渗流通道和储存空间。

3.2.3　石刻区岩土体工程地质特性

3.2.3.1　土的物理力学性质

1）粉质黏土

天然状态下稍湿、密实，为可塑~硬塑状。含水量平均值18.9%。天然密度平均值1.92g/cm^3，干密度平均值为1.62g/cm^3。液限平均值34.3%，塑限平均值18.95%。液性指数平均值0.06，天然稠度状态为硬塑。塑性指数平均值15.35。抗剪强度（快剪）：内聚力c平均值为58.31kPa，内摩擦角ϕ平均值为26.12°。

2）黏土

天然状态下稍湿、密实，可塑状。含水量平均值为27.9%。天然密度平均值1.93g/cm^3，干密度平均值1.51g/cm^3。液限平均值37.53%，塑限平均值17.58%。液性指数平均值0.52，天然稠度状态为可塑。塑性指数平均值19.95。抗剪强度：内聚力c平均值为42.59kPa，内摩擦角ϕ平均值为15.78°。

3.2.3.2　岩石的物理力学性质

1）砂岩

烘干密度平均值为2.21g/cm^3，风干密度平均值为2.32g/cm^3，饱和密度平均值为2.38g/cm^3。

风干状态下砂岩含水率平均值为0.02%，饱和含水率平均值为0.07%。对岩样进行单轴压缩试验得，砂岩烘干单轴抗压强度平均值为69.056MPa，弹性模量平均值为8.734GPa，泊松比平均值为0.292；风干状态下砂岩单轴抗压强度平均值为48.64MPa，弹性模量平均值为43.32GPa，泊松比平均值为0.31；饱和单轴抗压强度平均值为32.93MPa，弹性模量平均值为5.43GPa，泊松比平均值为0.35。砂岩软化系数为0.48。由饱和单轴抗压强度值可知砂岩属较硬岩。

2）泥岩

风干状态下的平均密度为2.53g/cm^3。风干状态下进行单轴压缩试验得，单轴抗压强度为26.33MPa，弹性模量为3.69GPa，泊松比为0.25。泥岩试样遇水易崩解，无法制作饱和样品进行力学试验。

3.2.3.3　岩石与岩体的分类

1）岩石的坚硬程度分类

按《岩土工程勘察规范》（GB50021－2001），青灰色长石石英砂岩的饱水抗压强度为32.93MPa，为较硬岩，泥岩与粉砂质泥岩属软岩。

2）岩体的完整程度及结构类型

根据地质调查及钻探揭露的岩体结构和裂隙发育情况分析，石刻区岩体为厚层状构造。主要结构面为构造裂隙、层面裂隙和卸荷裂隙。贯穿性裂隙较少，岩体结构属块状结构。除基岩风化壳较为破碎外，其余都较完整，石刻区岩体为较完整岩体。

3）岩体基本质量等级

石刻区砂岩大部分为较硬岩，局部中风化岩石、泥岩夹层为较软岩，根据岩土工程勘察规范（GB50021－2001），石刻区岩体基本质量等级为Ⅲ级和Ⅳ级。

3.2.3.4　岩石的矿物组成、微观结构及风化特征

1）岩石成分及矿物组成

为研究石刻区岩体的风化特征，在不同钻孔的不同深度上连续采取不同风化状态的岩石样品进行矿物成分、微观结构分析（表3－3）。本次取样在ZK2、ZK4、ZK5、ZK8钻孔中自上至下连续或分段采取岩样，拟研究不同深度、不同岩性或不同风化状态下岩石微观结构的差别。在ZK1、ZK3、ZK6中分别采取样品研究泥岩、具有溶蚀现象的砂岩、裂隙面处的中～强风化泥岩的微观结构及岩石成分。

（1）砂岩

表3－4为15个砂岩样品的X荧光化学成分分析成果。由表可知，千手观音造像区砂岩的化学成分主要为SiO_2、AL_2O_3为主，其中SiO_2含量为40.7%～68.2%，AL_2O_3含量为9.95%～22.6%。其次为CaO（0.067%～27.6%）、Fe_2O_3（2.12%～9.23%）、MgO（2.18%～5.08%）。

表3－3　千手观音岩样微观分析取样信息表

样品编号	取样地点	取样深度	样品命名	试验项目		
				扫描电镜	X衍射	X荧光
GY－1	ZK1	15.8～15.9m	青灰色泥岩	√	√	√
GY－2	$ZK2_{-1}$	3.10～3.20m	褐红色泥岩（强风化）	√	√	√

续表

样品编号	取样地点	取样深度	样品命名	试验项目		
				扫描电镜	X 衍射	X 荧光
GY－3	$ZK2_{-2}$	3.20～3.30m	褐红色泥岩（强风化）	√	√	√
GY－4	$ZK2_{-3}$	3.60～3.70m	褐红色粉砂质泥岩（强风化）	√	√	√
GY－5	$ZK2_{-4}$	3.70～3.80m	褐红色砂岩（强风化）	√	√	√
GY－6	$ZK2_{-5}$	3.90～4.00m	青灰色砂岩（中风化）	√	√	√
GY－7	$ZK2_{-6}$	4.10～4.20m	（紫）褐红色砂岩（中风化）	√	√	√
GY－8	ZK3	16.20～16.30m	青灰色砂岩（溶蚀现象）	√	√	√
GY－9	$ZK4_{-1}$	6.20～6.40m	中风化泥岩（褐红色）	√	√	√
GY－10	$ZK4_{-2}$	19.60～19.65m	青灰色砂岩（溶蚀现象）	√	√	
GY－11	$ZK4_{-3}$	20.30～20.40m	微风化泥岩	√	√	
GY－12	$ZK5_{-1}$	20.60～20.70m	青灰色泥岩（微风化）	√	√	√
GY－13	$ZK5_{-2}$	6.90～7.00m	中风化泥岩（褐红色）	√	√	
GY－14	ZK6	2.30～3.30m	褐红色泥岩（裂隙面处）（中－强风化）	√	√	√
GY－15	$ZK8_{-1}$	2.00m	强风化砂岩（青灰色）	√	√	√
GY－16	$ZK8_{-2}$	5.00～5.10m	中风化粉砂岩	√	√	

表 3－4　GY8～GY15 砂岩样品 X 荧光分析成果

样品编号		GY－8#	GY－9#	GY－12#	GY－14#	GY－15#
化学成分含量（%）	CO_2	13.0	/	/	/	/
	Na_2O	1.29	0.786	0.936	0.47	2.7
	MgO	2.18	3.82	4.77	2.89	2.47
	Al_2O_3	9.95	20.3	21.0	22.6	19.9
	SiO_2	40.7	58.3	59.4	58.5	67.8
	P_2O_5	0.112	0.161	0.174	0.0736	0.193
	SO_3	0.138	/	0.0415	/	/
	Cl	0.057	0.0376	0.0955	0.0381	0.0439
	K_2O	2.00	4.45	4.37	4.26	2.38
	CaO	27.6	1.44	1.31	0.726	0.92
	TiO_2	0.352	0.855	0.883	0.893	0.507
	Cr_2O_3	0.043	0.0332	/	/	/
	MnO	0.253	0.0374	0.0512	0.071	0.159
	Fe_2O_3	2.12	9.63	6.79	9.29	2.76

续表

样品编号		GY－8#	GY－9#	GY－12#	GY－14#	GY－15#
化学成分含量（%）	NiO	0.00728	0.0118	0.0115	0.0114	/
	ZnO	0.00778	0.0187	0.0182	0.0181	/
	Rb_2O	0.00927	0.0223	0.0214	0.021	0.00903
	SrO	0.0379	0.0135	0.0328	0.00973	0.0138
	ZrO_2	0.0218	0.0269	0.0311	0.0366	0.0362
	BaO	0.0628	0.0587	/	0.0503	0.0727
	Compton	0.85	0.96	0.94	0.93	0.93
	Rayleigh	1.14	1.25	1.29	1.26	1.32
Norm.（%）	100.00	100.00	100.00	100.00	100.00	

表3－5为16个砂岩样品的X衍射物相分析成果。由表可知，千手观音造像砂岩的矿物成分以碎屑石英（15%～38%）、长石（10%～25%）、方解石（0%～30%）为主。风化产物中黏土矿物含量较高，其中蒙脱石（15%～40%）、绿泥石（5%～25%）、伊利石（5%～20%），GY－2砂样中蒙脱石含量高达40%。高岭石含量低，仅0%～5%。含少量次生矿物赤铁矿（0%～3%）。

表3－5　大足千手观音造像砂岩样品X射线物相分析报告

样品编号	蒙脱石	绿泥石	伊利石	高岭石	石英	长石	方解石	赤铁矿
GY－1	25	25	15	5	15	10	3	2
GY－2	40	5	10	5	23	15	0	2
GY－3	25	5	15	5	28	20	0	2
GY－4	35	10	10	5	25	13	0	2
GY－5	20	5	10	5	38	20	0	2
GY－6	30	5	5	5	33	20	0	2
GY－7	35	10	5	5	28	15	0	2
GY－8	15	10	5	5	15	20	30	0
GY－9	25	20	15	5	20	10	2	3
GY－10	15	10	5	0	25	20	25	0
GY－11	25	15	10	5	18	15	10	2
GY－12	20	25	15	5	20	10	3	2
GY－13	25	20	15	5	18	15	0	2
GY－14	25	15	20	5	18	15	0	2
GY－15	20	10	5	5	35	25	0	0
GY－16	25	10	5	5	33	20	0	2

测试类别：X衍射矿物成分分析

测试依据：JCPDS卡片（国际粉末衍射标准联合委员会）

主要测试仪器名称及编号：荷兰X'pert MPD Pro X射线衍射仪

测试环境（温度）：24℃　（湿度）：65%

表 3-6　岩石薄片鉴定成果表

样号	碎屑组分	基质组分	胶结类型	结构构造	鉴定名称
GY-S0 (Y6)	1. 片状白云母，长轴定向排列，相对集中在一定纹带中。长径 0.2～0.25mm，2% 2. 碎屑石英，均匀分布，粒径 0.03～0.05mm，75%	1. 泥质，有少量近水平状分布的纹层，18% 2. 粉晶方解石，5%	孔隙式	基质具粉晶～泥状结构的粉砂结构	夹泥质微纹层的钙质胶结粉砂岩
GY-S1 (Y1)	1. 碎屑石英，零散均匀分布，次角状，粒径 0.1～0.2mm，77% 2. 零星分布的钾长石及斜长石，粒径 0.15mm，3% 3. 不规则状黏土岩屑，粒度 0.1～0.2mm，零散分布，13% 4. 碳质、铁质碎屑，零星分布，粒径 0.15～0.2mm，2%	细晶方解石，5%	孔隙式	基质具细晶结构的细粒砂状结构	钙质胶结含岩屑石英细砂岩
GY-S2 (Y5)	1. 角状～次角状碎屑石英，均匀分布，粒径 0.1～0.15mm，80% 2. 斜长石及钾长石碎屑，定量分布，粒径 0.1mm，2% 3. 黏土岩屑，次圆状，粒径 0.1mm，3%	1. 绢云母，5% 2. 细晶方解石，10%	孔隙式	基质具微细鳞片及细晶结构的细粒砂状结构	绢云母钙质胶结细砂岩
GY-S3-1 (Y4)	1. 零散分布的碳质及铁质颗粒，长轴略定向，粒径 0.1～0.25mm，3% 2. 片状白云母，长轴定向，长轴粒径 0.1～0.5mm，2% 3. 团状及片状，扁豆状绢云母泥岩岩屑，长轴明显无定向，长轴粒径 0.8～2.5mm，10% 4. 斜长石及正长石碎屑，粒径 0.1mm，零散分布，2% 5. 燧石岩屑，次圆状，粒径 0.1mm，零散分布，2% 6. 碎屑石英，次圆～次角状，均匀分布，粒径 0.1～0.2mm，71%	细晶方解石，10%	孔隙式	基质具细晶结构的含砾细粒砂状结构	钙质胶结含砾含岩屑细砂岩
GY-S3-2 (Y3)	粗碎屑组分： 均由微晶页岩组成，多呈扁豆状，次角状，长轴粒度 0.6～3mm，零散分布，40% 细碎屑组分： 1. 形态不定的碳质碎屑，零散分布，长轴 X 向，粒径 0.1～0.2mm。3% 2. 片状绢云母零星分布，长轴定向，长径粒度 0.2～0.3mm，1% 3. 碎屑石英，次角～次圆状，均匀分布，粒径 0.05～0.15mm，46%	细晶方解石，10%	孔隙式	基质具细晶结构的砾～细粒砂状结构 （注：角砾内碎屑组分晚沉积）	钙质胶结，角砾质石英细砂岩

续表

样号	碎屑组分	基质组分	胶结类型	结构构造	鉴定名称
GY－S4（Y2）	1. 碎屑石英，零散均匀分布，次圆～次角状，粒径0.1～0.2mm，75% 2. 零散分布的片状白云母，粒径0.2～0.5mm，长轴略定向，3%∨3. 不规则状零星分布的碳质碎屑，粒度0.05～0.15mm，零散分布，2% 4. 斜长石及正长石碎屑，粒径0.1mm，零星分布，3% 5. 黏土岩屑次圆状，粒径0.1mm，零星分布，2%	泥质、绢云母，15%	孔隙式	基质具泥～微细鳞片结构的细粒砂状结构	泥质绢云母胶结石英细砂岩

表3－6为6个砂岩样品的薄片鉴定成果，由薄片鉴定成果得知，其中Y6样品为粉砂岩，其余5个样品均为细砂岩。砂岩和粉砂岩的胶结类型为孔隙式胶结。胶结物主要为钙质，仅Y2样品为泥质胶结。碎屑组分主要为石英、长石、云母、黏土质岩屑，含少量炭质、铁质。基质为泥质、微晶方解石和绢云母。

（2）泥岩

矿物成分以黏土矿物为主，含砂级碎屑及磁铁矿、锆石、磷灰石、等副矿物及次生矿物褐铁矿，为基底式胶结，胶结物主要为黏土矿物，其次为铁质。

2）岩石微观结构特征

在钻孔ZK2的岩芯中从上至下按不同深度依次取样，对比分析岩石在不同风化状态下的微观结构特征，分析结果见表3－7、3－8。

由表3－7对比分析可知，近地表的强风化泥岩微观结构松散，下部的风化砂岩的微观结构相对较致密。近地表的强风化泥岩孔洞和微裂隙发育，微孔隙直径为5～50μm，下部的风化砂岩微孔隙直径相对较小，为1～10μm。风化泥岩和砂岩的溶蚀现象明显，长石多发生蚀变。

表3－8取自深部的新鲜泥岩微观结构致密，微裂隙不发育，微孔隙直径小，仅0.55～10μm。取自深部的砂岩样品，位于砂岩和泥岩交界部位，受地下水的溶蚀作用，结构较松散，微裂隙发育，微孔隙直径较大，为10～50μm。

表3－7　千手观音风化岩样微观分析比较

钻孔	取样深度	样品命名	孔洞裂隙发育情况	溶蚀现象	结构	附图
ZK2	3.1－3.2	强风化泥岩	孔洞发育，直径5～50μm	溶蚀现象明显	松散	001
ZK2	3.2－3.3	强风化泥岩	10～40μm，微裂隙发育	明显，长石蚀变	较松散	002
ZK2	3.6－3.7	强风化粉砂质泥岩	孔洞发育，直径1～10μm	溶蚀现象明显	较致密	003
ZK2	3.7－3.8	强风化砂岩	孔洞发育，直径1～10μm	溶蚀现象明显	较致密	004
ZK2	3.9－4.0	中风化砂岩	孔洞发育，直径1～10μm	明显，长石蚀变	较致密	005

续表

<table>
<tr><th colspan="2">微观结构对比分析附图</th></tr>
<tr><td>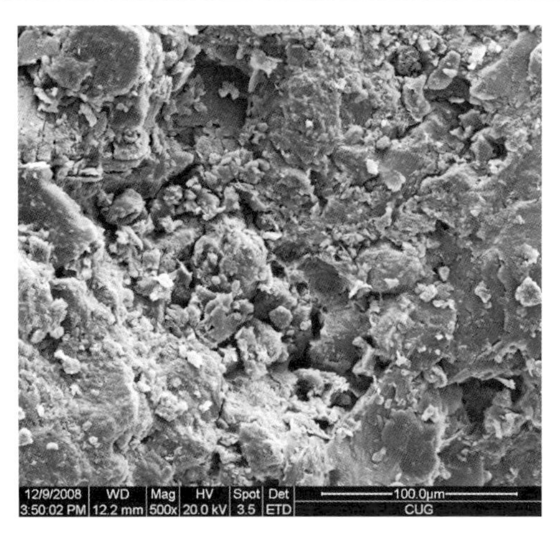
</td><td>
</td></tr>
<tr><td>照片 001（×500）</td><td>照片 002（×500）</td></tr>
<tr><td>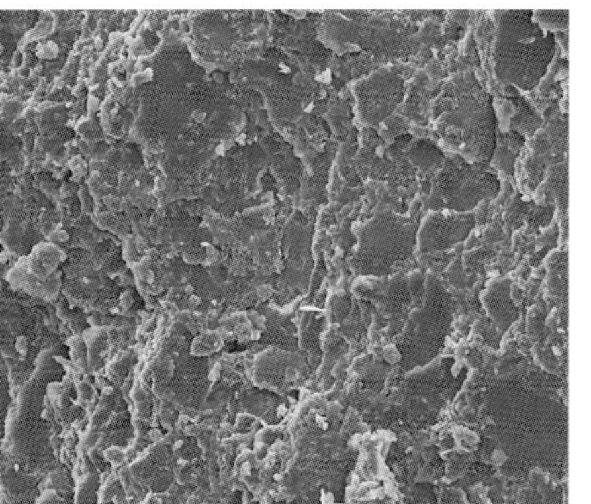
</td><td>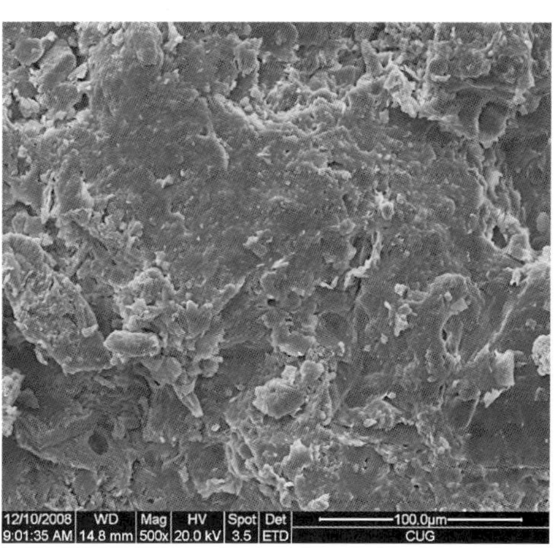
</td></tr>
<tr><td>照片 003（×500）</td><td>照片 004（×500）</td></tr>
<tr><td>
</td><td></td></tr>
<tr><td>照片 005（×500）</td><td></td></tr>
</table>

表 3 – 8　泥岩和砂岩的微观结构对比分析

取样地点	取样深度	样品命名	孔隙裂隙发育情况	溶蚀情况	结构疏密	附图
ZK1	15.8 – 15.9	泥岩	0.55 ~ 10μm	明显 长石蚀变	致密	006
ZK3	16.2 – 16.3	砂岩	10 ~ 50μm 有微裂隙发育	非常明显 长石蚀变	较松散	007

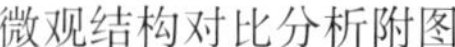
微观结构对比分析附图

照片 006（×200）

照片 007（×200）

3）影响岩石风化的因素

岩石的风化主要由以下因素决定：

（1）岩性：泥岩与粉砂质泥岩比砂岩更易风化，粗粒砂岩较细砂岩易于风化。

（2）岩石胶结形式：基底式胶结比孔隙式胶结更易风化。

（3）微观结构：微观结构致密的岩石不易风化，结构疏松的相对容易风化。

（4）岩石胶结成分：钙质、泥质胶结的岩石较易风化，胶结物中含铁质、硅质的岩石不易风化。

（5）构造因素：裂隙发育的地段，风化的深度比完整岩体的风化深度大。

（6）岩体含水状况：岩体中长期受地下水或其他水分作用及干湿交替比较频繁的部位易于风化。

（7）基岩面起伏：基岩面地形低洼处易于储存水分，风化作用较强。

3.2.3.5　基岩风化带的分布

根据岩石结构是否破坏、矿物成分与颜色是否改变、岩石的破碎程度、裂隙发育状况，并结合浅层地震、地质雷达探测与野外地质调查、钻孔岩芯和钻孔电视等资料，对石刻区岩体的风化程度进行了划分。其中，钻孔以外地段的风化层是根据浅层地震、地质雷达探测划分的，风化层的划分同时参考钻孔岩性、风化程度等确定。

图 3 – 8 和图 3 – 9 为钻孔 ZK2 和 ZK6 中采取的强 ~ 中风化岩芯样品。综合分析以上勘探成果，

研究区内基岩的表层普遍存在一个厚度为0.7～5.8m的强～中风化层，平均厚度约3.25m。在靠近圣寿寺围墙的钻孔ZK6附近区域，风化层厚度最大，达5.8m。研究区内强～中风化基岩厚度整体上呈现南厚北薄、西厚东薄的趋势。在维摩顶砂岩陡崖北侧缓坡区风化层厚度较大，为3.1～5.8m。景区道路与配电房之间的平缓区域风化层厚度相对较薄，为0.7～2.1m。

图 3－8　ZK2 强风化岩芯

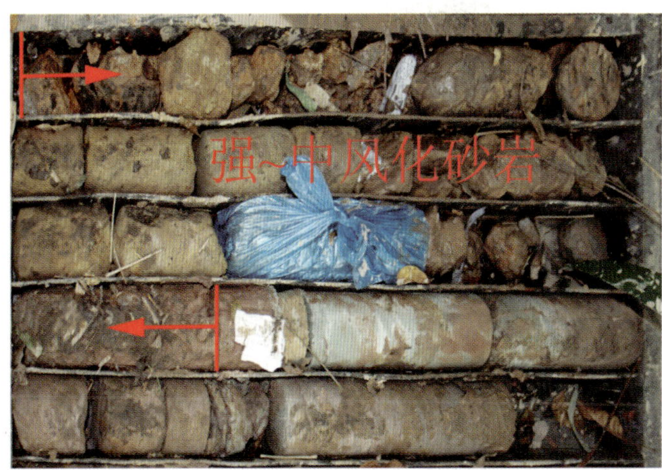

图 3－9　ZK6 强～中风化岩芯

岩体风化带和其上覆盖的第四系松散堆积物构成了大气降水的储存空间，其分布范围和厚度，是控制石刻立壁渗水的重要因素。

3.3　千手观音造像石刻区的水文环境和渗水机制分析

3.3.1　石刻区水文地质条件

3.3.1.1　地下水的类型

千手观音造像所在地质单元的地下水类型为基岩裂隙水。

造像区所处的大佛湾四周呈串珠状分布的台状残丘地形，形成了区内的地表分水岭。分水岭残丘高程为 525 ~ 530m，大佛湾沟底高程为 470 ~ 485m，区内主要接受大气降水补给。

石刻区内的岩体本身不含水，大气降雨大部分以地表径流方式沿地表排向大佛湾，部分大气降雨垂直向下渗入第四系覆盖层和岩体风化带中。当岩体中的裂隙延伸至第四系覆盖层时，大气降水沿裂隙垂直入渗，使岩体中的裂隙局部含水。这些含水裂隙与层面裂隙相交切，构成了岩体中的渗水裂隙连通网络。

分别提取大足的雨水、泉水、裂隙渗水及钻孔地下水样品进行水化学分析，并进行对比 3 – 9 ~ 3 – 12。雨水的矿化度为 38.06mg/L，裂隙和钻孔中水样的矿化度分别为 444.99mg/L 和 514.77mg/L，泉水的矿化度高达 838.95mg/L。说明裂隙和钻孔中的地下水补给来源较近，而泉水的渗流途径长补给来源远。雨水的水化学类型为重碳酸硫酸钙镁型，泉水与裂隙渗水的水化学类型为重碳酸钙型，钻孔地下水为重碳酸氯化钙型，估计钻孔的水样受到了一定程度的污染。四个水样测定的 pH 值为均小于 7，偏酸性。据大足县志，从 1983 年起对大足县城降雨进行连续监测，酸雨（pH 值小于 5.6）的检出率达 50%，其中最小的 pH 值为 4.0。水样分析成果详见表 3 – 9 ~ 3 – 12。

表 3 – 9　重庆大足千手观音石刻造像区水样分析成果表

送样编号 1#　　　　采样地点：大足宝顶山（雨水）

离子		mg/L	m · mol /L	m · mol /L%	采样日期	2008.10.19	采样深度	地面下__ m、水面下__ m		
阳离子	Ca^{2+}	6.41	0.32	60.38	水温		气温	℃	色	
	Mg^{2+}	1.94	0.16	30.19	嗅		味		浊度	
	Fe^{3+}				PH 值	6.59	沉淀		采样方法	
	Fe^{8} 2 +				项目	mg/L	项目	mg/L	项目	德度
	NH_4^+				矿化度	38.06	As		全硬度	0.48
	Na^+K^+	1.25	0.05	9.43	游 CO_2	23.76	Hg^{2+}		永久硬度	0.22
					侵 CO_2	0.00	CN^-		暂时硬度	0.26
					耗氧量		Cr^{6+}		负硬度	– – –
	合计	9.60	0.53	100.0	可溶 SiO_2		Cr^{3+}		总碱度	0.26
					F^-		Cu^{2+}			
阴离子	Cl^-	1.06	0.03	5.66	H_2S		Pb^{2+}			
	SO_4^{2-}	11.53	0.24	45.28	酚		Zn^{2+}			
	HCO_3^-	15.87	0.26	49.06	库尔洛夫表示式	$M_{0.038}\frac{HCO^3_{49.06}SO^4_{45.28}}{C_{a\ 60.38}M_{g\ 30.19}}$ ℃				
	CO_3^{2-}									
	OH^-				细菌分析	细菌总数		大肠杆菌		
	NO_3^-					个/ml		指数个/升		菌值 ml
	NO_2^-									
	合计	28.46	0.53	100.0	备注					

表3-10　重庆大足千手观音石刻造像区水样分析成果表

送样编号 2#　　　　　　　　采样地点：卧佛脚处泉水

离子		mg/L	m·mol/L	m·mol/L%	采样日期	2008.11.13	采样深度	地面下__m、水面下__m		
阳离子	Ca^{2+}	149.10	7.44	66.97	水温		气温	℃	色	
	Mg^{2+}	17.50	1.44	12.96	嗅		味		浊度	
	Fe^{3+}				PH值	6.50	沉淀		采样方法	
	Fe^{2+}				项目	mg/L	项目	mg/L	项目	德度
	NH_4^+				矿化度	838.95	As		全硬度	24.90
	Na^+K^+	55.75	2.23	20.07	游 CO_2	42.24	Hg^{2+}		永久硬度	1.91
					侵 CO_2	0.00	CN^-		暂时硬度	22.99
					耗氧量		Cr^{6+}		负硬度	---
	合计	222.35	11.11	100.0	可溶 SiO_2		Cr^{3+}		总碱度	22.99
					F^-		Cu^{2+}			
阴离子	Cl^-	66.29	1.87	16.83	H_2S		Pb^{2+}			
	SO_4^{2-}	49.95	1.04	9.36	酚		Zn^{2+}			
	HCO_3^-	500.36	8.20	73.81	库尔洛夫表示式	$M_{0.838}\frac{HCO^3_{73.81}}{C_{a\ 66.97}}$ ℃				
	CO_3^{2-}									
	OH^-				细菌分析	细菌总数		大肠杆菌		
	NO_3^-									
	NO_2^-					个/ml		指数　个/L		菌值　ml
	合计	616.60	11.11	100.0	备注					

表3-11　重庆大足千手观音石刻造像区水样分析成果表

送样编号 3#　　　　　　　　采样地点：千手观音右侧6.5m出渗水裂隙

离子		mg/L	m·mol/L	m·mol/L%	采样日期	2008.11.13	采样深度	地面下__m、水面下__m		
阳离子	Ca^{2+}	94.59	4.72	76.99	水温		气温	℃	色	
	Mg^{2+}	11.67	0.96	15.66	嗅		味		浊度	
	Fe^{3+}				PH值	6.58	沉淀		采样方法	
	Fe^{2+}				项目	mg/L	项目	mg/L	项目	德度
	NH_4^+				矿化度	444.99	As		全硬度	15.93
	Na^+K^+	11.25	0.45	7.34	游 CO_2	13.20	Hg^{2+}		永久硬度	5.56
					侵 CO_2	0.00	CN^-		暂时硬度	10.37
					耗氧量		Cr^{6+}		负硬度	---
	合计	117.51	6.13	100.0	可溶 SiO_2		Cr^{3+}		总碱度	10.37
					F^-		Cu^{2+}			

续表

离子		mg/L	m·mol/L	m·mol/L%	采样日期	2008.11.13	采样深度	地面下__m、水面下__m		
阴离子	Cl^-	42.54	1.20	19.58	H_2S		Pb^{2+}			
	SO_4^{2-}	59.17	1.23	20.07	酚		Zn^{2+}			
	HCO_3^-	225.77	3.70	60.34	库尔洛夫表示式	$M_{0.444}\frac{HCO^3_{60.34}}{C_{a\ 76.99}}$ ℃				
	CO_3^{2-}									
	OH^-				细菌分析	细菌总数		大肠杆菌		
	NO_3^-					个/ml		指数　个/L	菌值　ml	
	NO_2^-									
	合计	327.48	6.13	100.0	备注					

表 3-12　重庆大足千手观音石刻造像区水样分析成果表

送样编号 4#　　　　采样地点：ZK2 钻孔地下水

离子		mg/L	m·mol/L	m·mol/L%	采样日期	2008.11.13	采样深度	地面下__m、水面下__m		
阳离子	Ca^{2+}	86.57	4.32	61.02	水温		气温	℃	色	
	Mg^{2+}	19.44	1.60	22.60	嗅		味		浊度	
	Fe^{3+}				PH 值	6.67	沉淀		采样方法	
	Fe^{2+}				项目	mg/L	项目	mg/L	项目	德度
	NH_4^+				矿化度	514.77	As		全硬度	16.60
	Na^+K^+	29.00	1.16	16.38	游 CO_2	10.56	Hg^{2+}		永久硬度	3.14
					侵 CO_2	0.00	CN^-		暂时硬度	13.46
					耗氧量		Cr^{6+}		负硬度	- - -
	合计	135.01	7.08	100.0	可溶 SiO_2		Cr^{3+}		总碱度	13.46
					F^-		Cu^{2+}			
阴离子	Cl^-	63.81	1.08	25.42	H_2S		Pb^{2+}			
	SO_4^{2-}	23.05	0.48	6.78	酚		Zn^{2+}			
	HCO_3^-	292.90	4.80	67.80	库尔洛夫表示式	$M_{0.514}\frac{HCO^3_{67.80}Cl_{25.42}}{C_{a\ 61.02}}$ ℃				
	CO_3^{2-}									
	OH^-				细菌分析	细菌总数		大肠杆菌		
	NO_3^-					个/ml		指数　个/L	菌值　ml	
	NO_2^-									
	合计	379.76	7.08	100.0	备注					

3.3.1.2　地层的富水性与透水性

1）第四系覆盖层的分布、厚度及富水性

经对比分析，综合工程地质钻探、坑探、地震勘探、地质雷达及钻孔电磁波 CT 探测、钻孔电视等方法对第四系覆盖层的厚度进行划分。几种方法既相互补充，又相互验证，使第四系地层的划分更加准确可靠。为全面、准确了解千手观音石刻造像南侧山坡至维摩顶第四系地层的分布及厚度的变化规律，地质雷达探测测线和地震探测测线的布置经过钻孔、探坑，并在南北、东西方向上各加测几条剖面。

根据地质雷达探测、浅层地震勘探、钻孔 CT 探测的成果，结合钻探、坑探资料，绘制了第四系厚度等值线图（图 3－10）和覆盖层厚度三维立体图（图 3－11）。

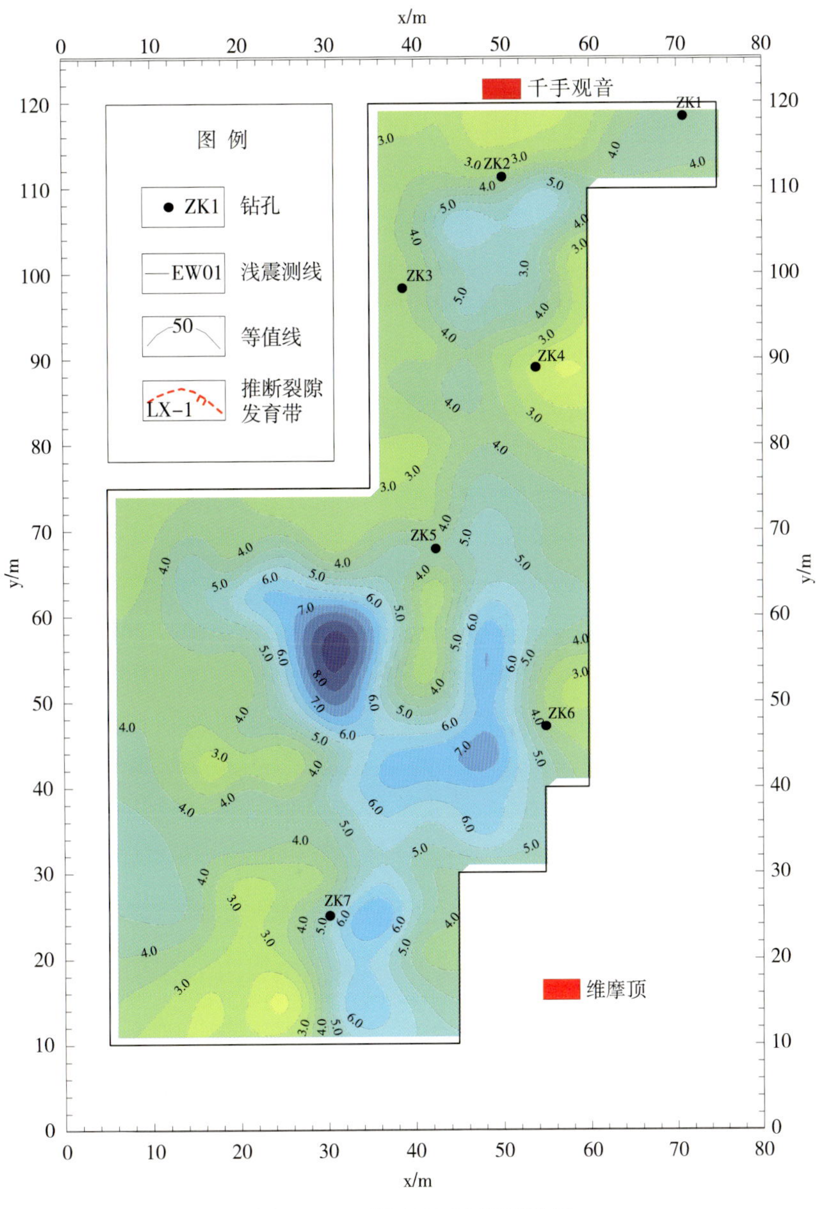

图 3－10　第四系厚度等值线图

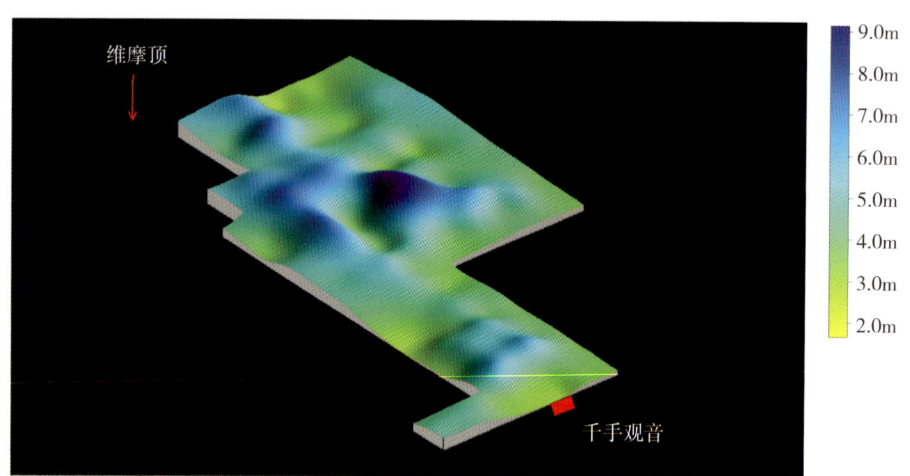

图 3-11　覆盖层厚度三维立体图

由以上资料综合分析可得，千手观音石刻造像南侧至维摩顶段除基岩出露区外，覆盖层厚度为2.3～6.0m。在此范围内第四系覆盖层总体积为$6.12\times10^4m^3$，平均厚度为3.90m。其中，配电房南侧缓坡区域覆盖层的平均厚度为4.13m，配电房北侧缓坡区域平均厚度3.73m。缓坡中部覆盖层最薄，两侧覆盖层相对较厚。

物探、钻探及水文地质试验表明，区域地下水位高程为487.70～509.25m，明显低于覆盖层底板（基岩顶板）496.17～519.30m。由此可知，在千手观音南坡第四系覆盖层内部，除大气降水入渗形成的暂时性上层滞水和包气带水外，不存在连续水体形式的地下水。

由试坑渗水试验可得土层的渗透系数，由表 3-13 可知，黏土中渗透性很低，粉质黏土的渗透性中等。

表 3-13　试坑渗水试验成果表

试坑编号	试验土层	水柱高度（m）	稳定时间（h）	渗透系数（cm/s）	试验点位置
SH1	粉质黏土	0.1	3.5	5.3×10^{-4}	ZK2 北侧 3m
SH2	粉质黏土	0.1	4.0	5.8×10^{-4}	TK3 底部
SH3	黏土	0.1	1.5	9.0×10^{-7}	ZK7 处
SH4	黏土	0.1	2.0	1.0×10^{-6}	千手观音崖顶东侧

2）基岩分布及透水性

根据浅层地震勘探结果，结合钻探资料，绘制了基岩顶板等高线图（图 3-12）和基岩顶板分布三维立体图（图 3-13）。

由图可以看出，大部分基岩面坡度比地形坡度缓。除维摩顶陡崖及千手观音造像区崖壁外，基岩面起伏大致和地形起伏一致。配电房南侧陡坡处坡度变化比较明显。

在基岩起伏的低洼处为大气降水的存储提供了空间条件，常在第四系松散堆积物中形成断续分布的上部滞水体。

由前文分析得知，基岩表面存在厚度为0.7～5.8m的强～中风化层，基岩强～中风化层的富水性和透水性相对较好，为降雨入渗提供了储存空间和渗流路径。

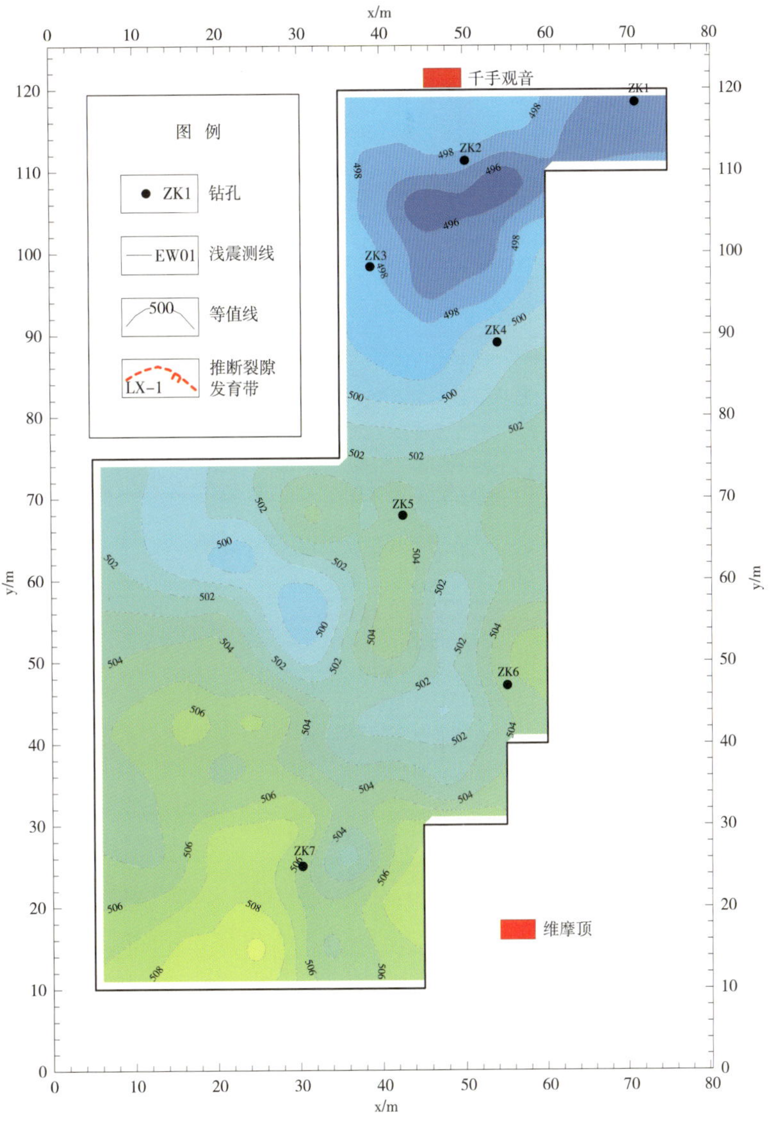

图3-12　基岩顶板等高线图

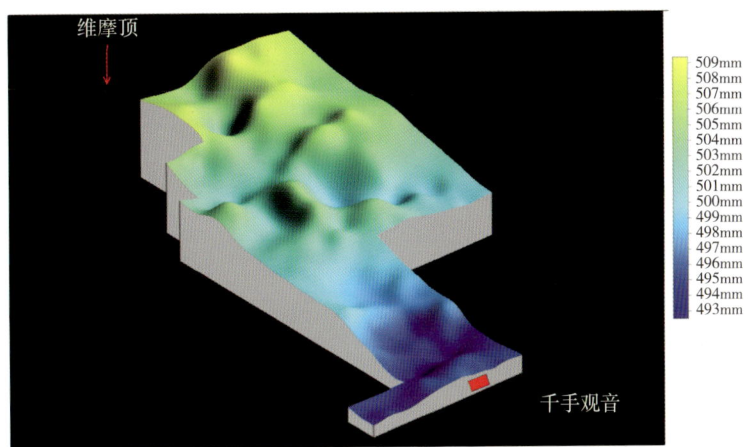

图3-13　基岩顶板分布三维立体图

前期研究成果表明，砂岩的渗透性比泥岩大 10 倍左右。砂岩的渗透性在平行层理方向比垂直层理方向大 1 倍左右。而泥岩在平行和垂直层理方向渗透性基本一致，呈各向同性。本区内砂岩的渗透系数为 $2.83\sim6.42\times10^{-6}$cm/s，泥岩的渗透系数为 $4.57\sim4.68\times10^{-7}$cm/s，均属渗透性极差的岩石。

本次工程钻探施工同时，采用钻孔分段压水试验的方法测试基岩及其层面接触带的渗透性。由压水试验计算求得渗透系数为 $4.70\times10^{-6}\sim3.56\times10^{-5}$cm/s，比完整岩石的渗透系数约大 10 倍，主要是因为岩体的构造裂隙、层面裂隙及破碎带存在所致。但总体上千手观音南侧岩体的渗透性仍属较低。各钻孔压水试验成果见表 3 - 14。

表 3 - 14　钻孔压水试验成果

钻孔编号	试验段深度（m）	最大压力（MPa）	试验前水位（m）	钻孔压水稳定流量 Q（L/min）	压水试验总压力 S（m）	试验段长度 L（m）	钻孔半径 R（m）	单位吸水量 W	岩层渗透系数 K（cm/s）
ZK1	13.0 ~ 17.8	0.5	4.30	6.70	54.30	4.80	0.0455	0.026	2.21×10^{-5}
ZK2	11.3 ~ 16.0	0.5	10.20	11.80	60.20	4.70	0.0455	0.042	3.56×10^{-5}
ZK3	14.1 ~ 19.1	0.5	1.48	8.33	51.48	5.00	0.0455	0.032	2.80×10^{-5}
ZK4	6.0 ~ 15.4	0.6	0.35	3.13	60.35	9.40	0.0455	0.006	5.43×10^{-6}
ZK5	14.5 ~ 24.4	0.6	0.80	2.85	60.80	9.90	0.0455	0.005	4.70×10^{-6}
ZK6	20.8 ~ 26.0	0.5	0.88	2.12	50.88	5.20	0.0455	0.008	7.00×10^{-6}
ZK7	17.5 ~ 27.7	0.6	4.00	13.22	64.00	10.20	0.0455	0.020	2.02×10^{-5}
ZK8	24.7 ~ 35.1	0.5	7.00	5.75	57.00	10.40	0.0455	0.010	9.71×10^{-6}

3.3.1.3　裂隙的统计调查

因研究区内完整砂岩渗透系数很小，泥岩属隔水层，两种岩石均属渗透性极差的岩石，区内渗水主要由基岩内的裂隙所控制。为清楚查明研究区内裂隙的分布情况，采取现场调查统计、浅层地震、地质雷达、钻孔电视、钻孔 CT 等多种勘探手段进行了综合分析。主要由钻孔电视直接观察钻孔内基岩裂隙及破碎带发育情况，根据浅层地震探测覆盖层之下岩体中的隐伏裂隙，采用钻孔 CT 探测 2 个钻孔之间岩体的完整性，由地质雷达探测千手观音造像所在砂岩陡崖壁面、崖顶及道路下基岩中裂隙的发育情况。

勘察过程中选择了三个典型区段，采用不同方法分别对裂隙进行调查。三个区分别为：维摩顶北侧陡崖砂岩裸露区、千手观音造像所在陡崖砂岩裸露区以及 2 个陡崖之间第四系覆盖缓坡区。在维摩顶陡崖区采用实测统计的方法进行裂隙调查，在千手观音造像所在砂岩陡崖区采用实测及地质雷达探测的方法，缓坡区采用钻探、井中 CT、井中电视、浅层地震探测的方法进行综合勘察。

1）维摩顶砂岩陡崖段裂隙调查

由调查统计可知，维摩顶砂岩陡崖区主要发育三组优势裂隙，走向分别为 NE10° ~ 30°、NE80° ~ 90°、NW280° ~ 310°。裂隙多为构造裂隙，张开度大，最大张开度近 1m。其中走向

NE 和 NW 的 2 组裂隙为控制渗流方向的控水裂隙，近东西向的裂隙平行崖壁，易张裂形成卸荷裂隙。

维摩顶砂岩陡崖裂隙调查整理成果见图 3－14。

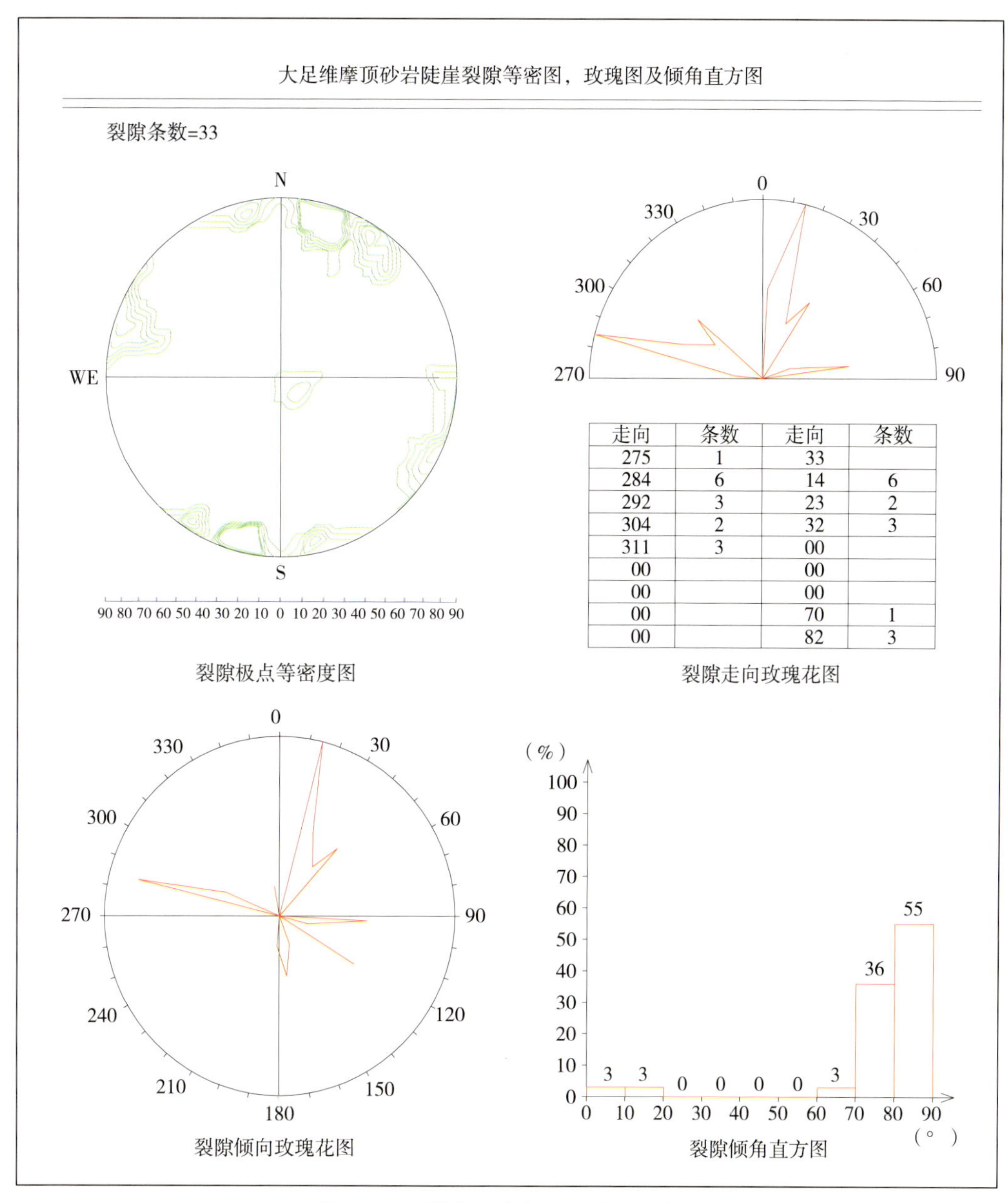

走向	条数	走向	条数
275	1	33	
284	6	14	6
292	3	23	2
304	2	32	3
311	3	00	
00		00	
00		00	
00		70	1
00		82	3

图 3－14　维摩顶陡崖区裂隙调查统计

2）千手观音造像所在砂岩陡崖裂隙调查

在东起卧佛脚部西至华严三圣总长 44.86m 区段内进行裂隙统计测量。总共出露有 10 条裂隙，其中千手观音东侧至卧佛脚段壁面发育有 7 条，其余 3 条发育在华严三圣石刻造像区。千手观音造像本体未发现裂隙，岩体完整性好。统计该区段内的裂隙线密度为 0.22 条/m。裂隙统计调查成果见表 3－15。

表 3－15 千手观音造像区崖壁裂隙调查统计成果表

裂隙编号	裂隙倾向（°）	裂隙倾角（°）	备注
J1	292	78	构造裂隙 J6 发育在千手观音石刻造像区东侧 5.5m 处，近直立，向上切穿崖顶，裂隙张开度最宽处达 1m。裂隙切穿砂岩体，构成区内的主要渗水通道。根据裂隙的走向和 ZK2 钻孔电视探测成果可知，裂隙 J6 经过钻孔 ZK2，斜切千手观音崖壁后部，对来自维摩顶的地下水具有导排作用，降低了地下水对千手观音石刻造像的影响。裂隙 J8 发育在千手观音左侧，裂隙紧闭，无渗水现象。裂隙 J7 和 J10 近直立
J2	185	20	
J3	103	7	
J4	105	7	
J5	140	83	
J6	250	85	
J7	—	—	
J8	335	80	
J9	232	62	
J10	—	—	

在千手观音造像所在陡崖表面有大量的雕刻品和彩绘，为查明砂岩陡壁内部岩体的完整情况，自东向西垂直立壁表面进行了地质雷达探测（图 3－15），采用中心频率为 200MHz 的天线沿崖壁立面由上至下分层布置测线。主要解译结论如下：

图 3－15 地质雷达探测工作现场

（1）“化城喻品图”石刻立壁位于卧佛脚部至千手观音之间，由地质雷达探测成果分析可知，立壁中部岩体探测波形稳定，岩体完整。壁面底部探测显示，立壁两端波形变化相对较大（图 3－16），推测为含水裂隙影响所致，实际调查在剖面两端各发现一条裂隙。

（2）千手观音造像区立壁表面自上至下分为四层进行地质雷达探测，探测成果见图 3－17。

由地质雷达探测成果可知，千手观音造像区整体波形变化不大，受脚手架、房屋等环境因素影响，局部波形稍微变化，但未见由于裂隙反射造成的异常波形。结合钻探等资料综合分析，千手观音造像区岩体完整性好，不含隐伏的构造痕迹。

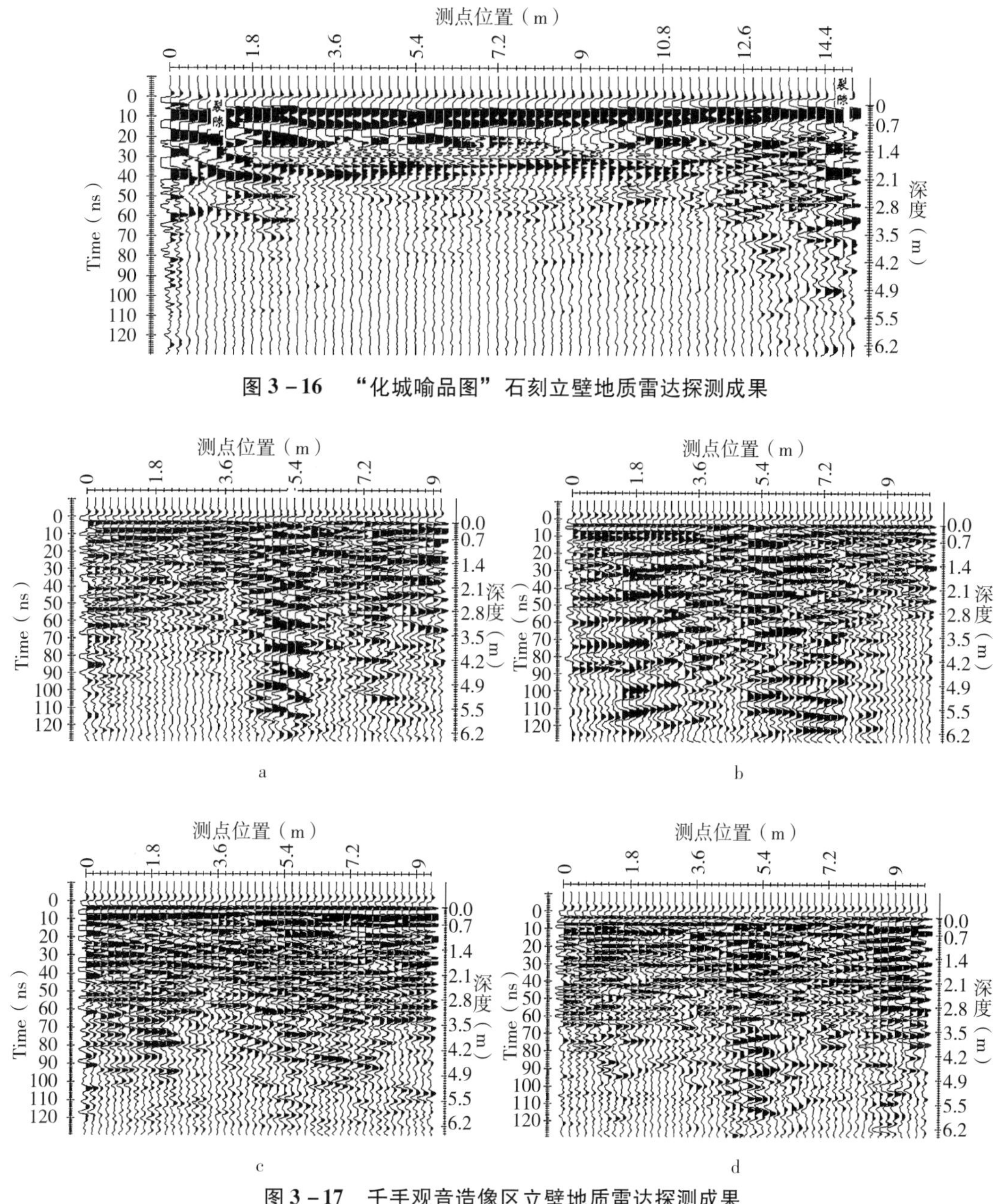

图3－16　“化城喻品图”石刻立壁地质雷达探测成果

图3－17　千手观音造像区立壁地质雷达探测成果

a 第一层地质雷达剖面　b 第二层地质雷达剖面　c 第三层地质雷达剖面　d 第四层地质雷达剖面

（3）对“华严三圣”和“千手观音”之间的石刻立壁表面进行了地质雷达测试，未见隐伏裂隙，岩体完整性好。

（4）在千手观音造像区崖顶的第四系覆盖平台的地表，垂直向下进行地质雷达探测，未见隐伏裂隙，岩体完整性好。

（5）在千手观音造像崖顶的路面进行了地质雷达探测，探测成果如图3－18、3－19所示。

由地质雷达探测成果可知，崖顶牧牛图沟口至华严三圣崖顶波形稳定，说明此段岩体完整性较好。在测线20.0m处反射的一个异常波形，推测为地下管道，在千手观音至卧佛脚部的崖顶大部分测段波形完整，仅在测线72.0m与83.5m处产生2个裂隙反射的异常波形，推测为地下掩埋裂隙。此处

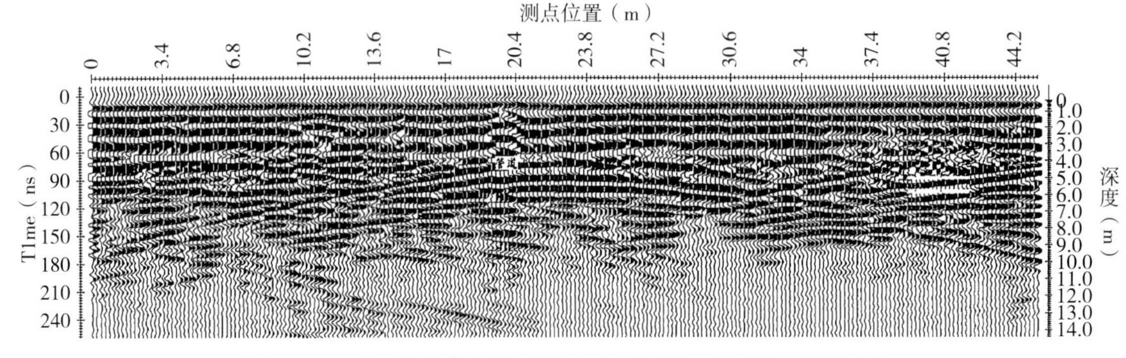

图3－18　千手观音造像崖顶路面（西半段）地质雷达探测成果

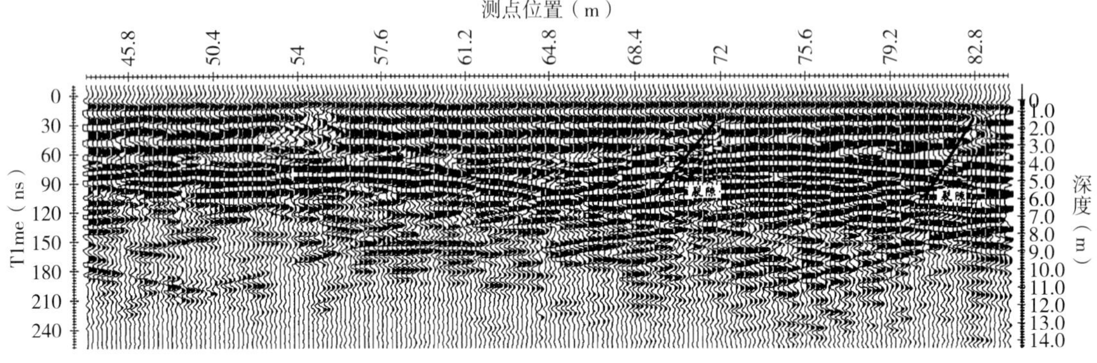

图3－19　千手观音造像崖顶路面（东半段）地质雷达探测成果

两裂隙分别与千手观音东侧渗水裂隙（J6）、卧佛脚部泉水处裂隙相对应。

3）第四系覆盖缓坡区基岩裂隙调查

千手观音造像崖壁南侧山体中裂隙的分布，决定了地下水的渗流方向和对造像的影响，由于缓坡区的基岩被厚2～6m的第四系松散堆积物所覆盖，基岩裂隙调查主要根据浅层地震、钻孔电视探测及钻孔CT成果综合分析得出。本区探明裂隙共9条，可分为NW、NE和NWW向三组。推测裂隙的成果见表3－16，裂隙平面分布图见图3－20。

表3－16　浅层地震推断裂隙成果表

裂隙编号	裂隙总体走向	裂隙总体倾向	裂隙倾角（°）	备注
J1	NW	NE	70～75	
J2	NW	NE	70～75	
J3	NW	NE	70～75	
J4	NWW	NNE	70～75	
J5	NNW	NEE	70～75	
J6	NWW	SSW	80～85	
J7	NW	SW	80～85	
J8	NE	NW	68～73	
J9	NE	NW	68～73	

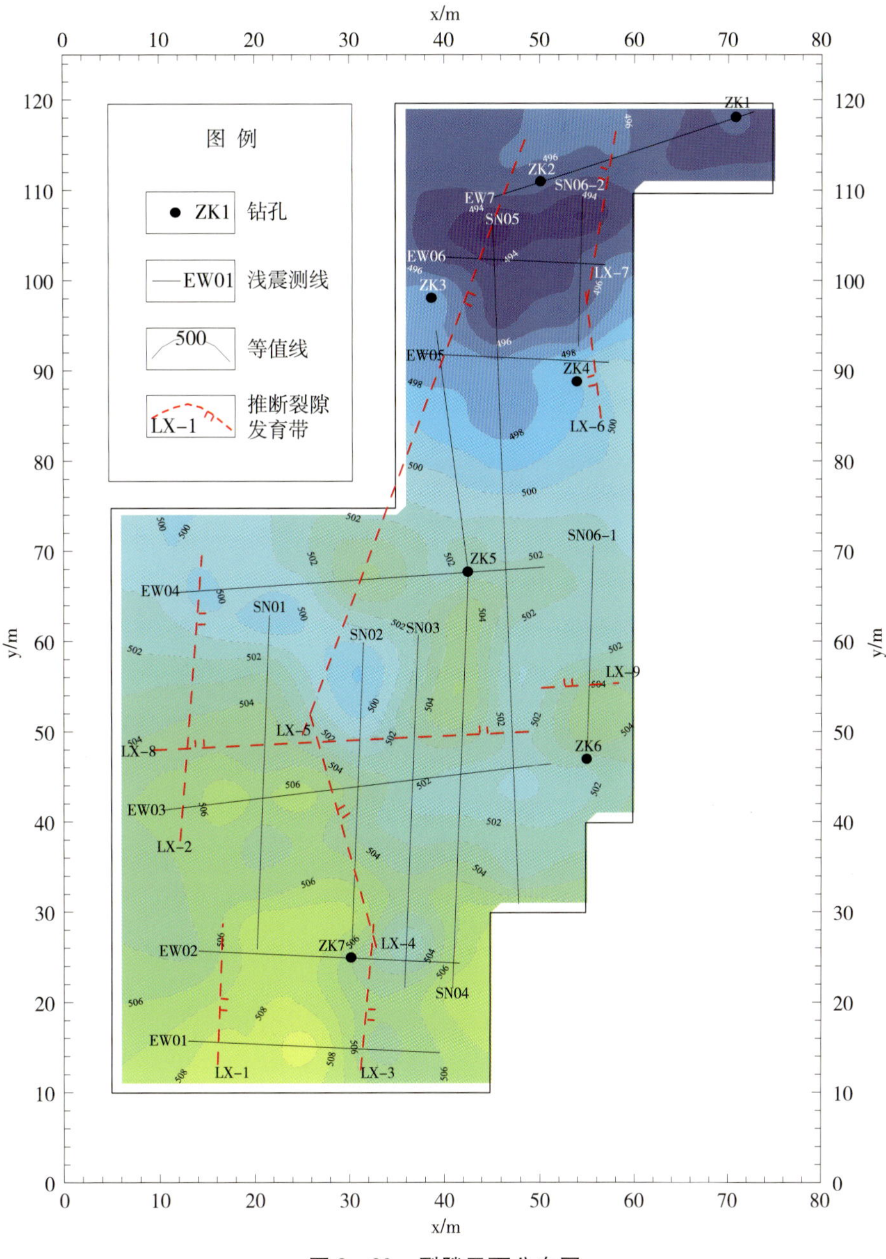

图3－20 裂隙平面分布图

由以上分区进行的裂隙统计调查和地质雷达探测可知，研究区内主要发育三组优势构造裂隙，地下水的渗流方向主要受走向NE和NW的2组构造裂隙所控制。

4）钻孔电视探测

由钻孔电视可知，钻孔内探明裂隙张开性较好，渗水性能较强，控水裂隙多近垂直状。图3－21为千手观音崖体南侧钻孔ZK2中距孔口5.5m处发育的一条近垂直的张裂隙，隙宽1cm。该裂隙在千手观音立壁东侧出露（J6），雨季渗水，对千手观音造像区东侧有一定影响。图3－22为维摩顶钻孔ZK8中距孔口12.7m处发育的一条垂直裂隙，可见地下水从裂隙中喷射而出。图3－23为钻孔ZK7距孔口7.5～5.0m深处发育的裂隙，可见裂隙附近岩体的破碎现状。岩体中的裂隙及破碎带构成了地下水的储存空间和渗流通道，控制着本区地下水的渗流。

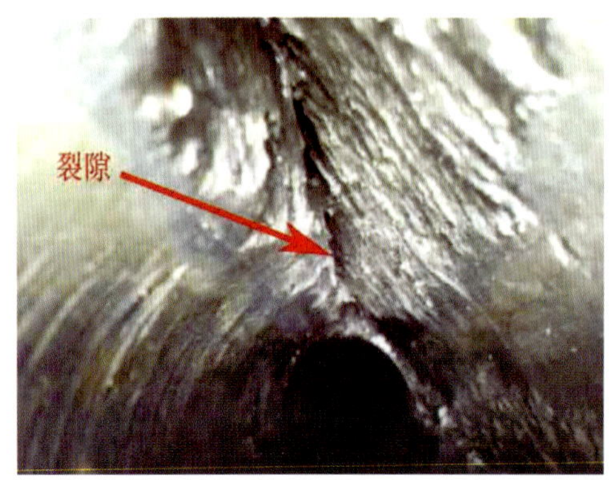

图 3－21　ZK2 中的垂直张裂隙（5.5m 深）

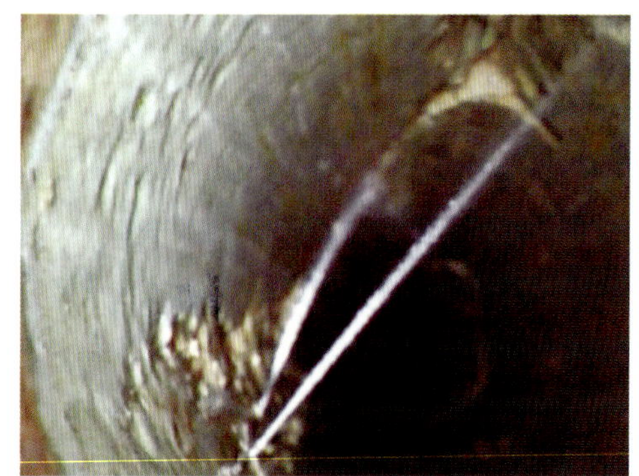

图 3－22　ZK8 中裂隙渗水（12.7m 深）

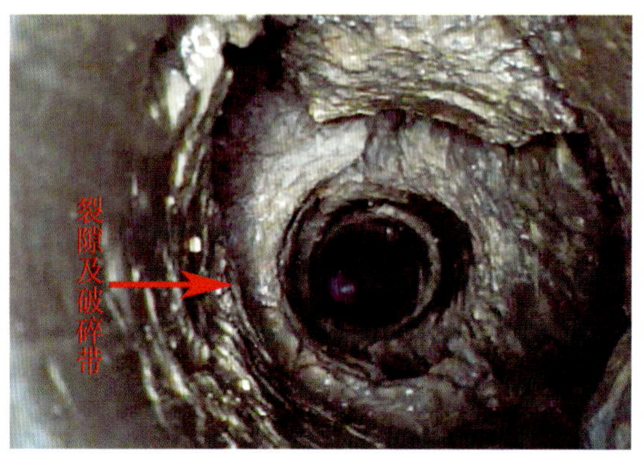

图 3－23　ZK7 中的裂隙及破碎带（7.5～5.0m 深）

5）钻孔 CT 探测

为了查明千手观音造像区南侧山体的岩体完整性，在靠近千手观音的 4 个钻孔 ZK1、ZK2、ZK3、ZK4 内，进行了 5 对钻孔 CT 探测。现将本次电磁波 CT 探测所得的 5 个剖面解译如下：

（1）ZK1－ZK2 剖面：钻孔 ZK1 位于卧佛泉水南侧崖顶，距崖壁水平距离 13m。钻孔 ZK2 位于千手观音南侧崖顶，距崖壁水平距离 20m。图 3－24 为 2 个钻孔之间岩体电磁波 CTβ 值分布特征图。由图推测地表以下 0.0～2.0m 深度为第四系覆盖层，2.0m 以下为弱风化及完整的砂岩。ZK1 靠近泉水裂隙，岩体较破碎。ZK2 岩体完整性较好，仅在 6.0m 处的裂隙附近存在局部的电磁波高视吸收系数异常，推断为砂岩裂隙发育所致（J6），且被泥沙、裂隙水等高视吸收系数物质所充填（图 3－25）。

（2）ZK2－ZK3 剖面：钻孔 ZK3 位于监测室办公楼的东北角，距华严三圣崖壁的水平距离为 26.7m。由图 3－26 的电磁波 CTβ 值分布特征的解译可推测，在 2 个钻孔之间地表以下 0.0～3.0m 深度为第四系覆盖层，自 3.0m 以下为弱风化及完整的砂岩。钻孔 ZK3 附近的岩体较破碎，钻孔 ZK2 在 6.5m 深度附近存在局部电磁波高视吸收系数异常，推断为砂岩裂隙发育所致，且被泥沙、裂隙水等高视吸收系数物质所充填。

（3）ZK3－ZK4 剖面：钻孔 ZK4 位于配电房北侧，距离千手观音崖壁的水平距离 44.3m。由图 3－27 的电磁波 CTβ 值分布特征解译可推测，地表以下 0.0～3.0m 深度为第四系覆盖层，自 3.0m 以下为弱风化及完整的砂岩。钻孔 ZK4 附近岩体完整性较好，钻孔 ZK3 附近岩体较破碎，在 6.0m 深度附近存在局部电磁波高视吸收系数异常，推断为砂岩裂隙发育所致，且被泥沙、裂隙水等高视吸收系数物质所充填。

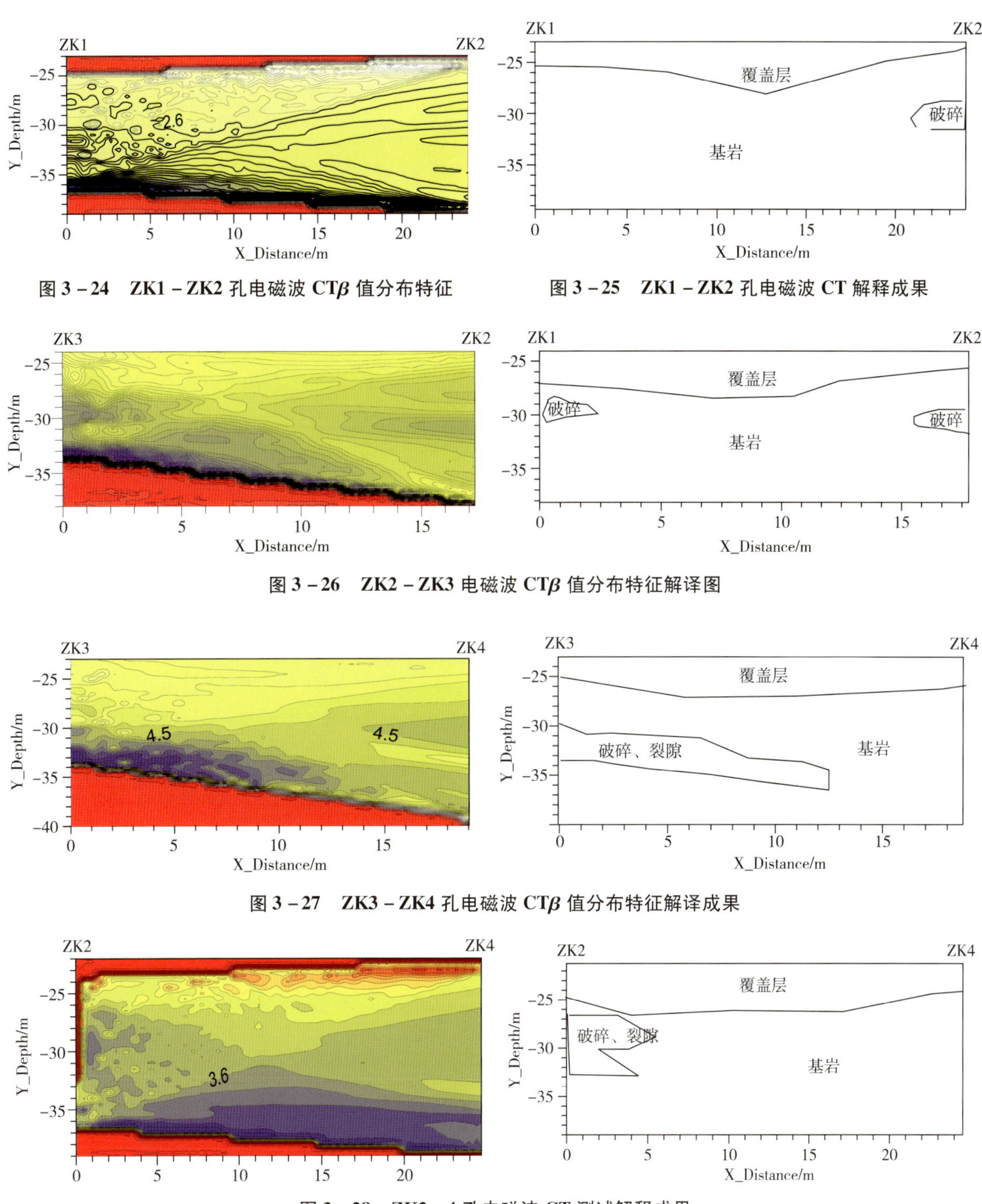

图3-24　ZK1-ZK2孔电磁波CTβ值分布特征

图3-25　ZK1-ZK2孔电磁波CT解释成果

图3-26　ZK2-ZK3电磁波CTβ值分布特征解译图

图3-27　ZK3-ZK4孔电磁波CTβ值分布特征解译成果

图3-28　ZK2-4孔电磁波CT测试解释成果

（4）ZK2-ZK4剖面：由图3-28的电磁波CTβ值分布特征的解译成果可推测，地表以下0.0～5.0m深度为第四系覆盖层和强风化带，自5.0m以下为弱风化及完整的砂岩地段。钻孔ZK4附近的岩体完整性较好。钻孔ZK2的中上部较破碎，在8.0m深度附近存在局部电磁波高视吸收系数异常，推断为砂岩裂隙发育所致，且被泥沙、裂隙水等高视吸收系数物质所充填。

综合上述分析，由上图可知，靠近千手观音崖壁的钻孔ZK2附近的岩体总体上完整性较好，但在南侧裂隙通过部位完整性较差。钻孔 ZK1 靠近泉水裂隙，岩体较破碎。钻孔 ZK3 附近有裂隙通过岩体完整性差。钻孔 ZK4 附近的岩体完整性好。

总的结论是千手观音崖壁岩体总体上完整性较好，仅裂隙通过的部位局部完整性差。

3.3.2　石刻区地下水渗流机制分析

3.3.2.1　大气降雨的分布

大气降水到达地表后，一部分随地形起伏产生地表径流，向北排进大佛湾；一部分蒸发；一部分垂直入渗进入第四系堆积物中形成上部第四系含水体。入渗的雨水积聚后沿基岩面产生径流，遇到裂隙和破碎带，继续下渗进入砂岩裂隙网络。

地表径流量与入渗水量的比例与降水强度有关。降水强度越大，地表径流量的比例越大。小强度的降水几乎全部入渗和蒸发。

研究区内维摩顶至千手观音造像的地形南高北低，坡度为 7°~25°，两侧为小型冲沟，南北各出露一处砂岩陡崖，总面积约 $2.0\times10^4\ m^2$。

研究区立壁顶部的地表汇水面积为 $0.02km^2$，根据南江水文地质队的资料，取入渗系数为 0.05，年平均降雨量为 984.3mm，则区内的降雨入渗补给量为 $984.3m^3/y$。

由地形地貌特征、集水导水能力及实地调查，可将研究区的地表划分为大气降水径流缓慢区和径流畅通区（图 3-29）。

图 3-29　地表径流分区图

1）径流缓慢区

地形坡度较小，地表土壤较软或被植物所覆盖（草、树等），使径流缓慢，有利于降水入渗。维摩顶以上地形平缓区、维摩顶陡崖底部往北至道路陡坎处的缓坡地带为径流缓慢区。该处表层土较松散，多为人工堆积，降水强度较小时，大部分入渗补给地下水。

2）径流畅通区

主要分布在维摩顶陡崖、道路陡坎、千手观音造像陡崖及牧牛图冲沟附近。这些地带地形较陡，落差大，坡降快，降水排泄畅通，无滞留，入渗量很小。

3.3.2.2　地下水的补给、分布与径流排泄

1）地下水的补给

千手观音石刻造像南侧基岩中地下水的补给主要有两个来源：(1) 大气降水经第四系渗流补给地下水；(2) 寺庙及景区生活用水经第四系渗流补给地下水。

研究区南侧维摩顶为地表水分水岭，北侧为大佛湾冲沟，西侧为牧牛图小冲沟，东侧为卧佛沟头，可视为一个相对独立的水文地质单元。大气降水是该水文地质单元的主要补给源。生活用水为次要补给源。本次调查在圣寿寺西墙沿墙角观察到多处排水口，生活用水直接排至缓坡地表，成为地下水的补给源。

地下水的补给包括大气降水和生活用水对第四系松散堆积层的补给、第四系上层滞水对基岩风化壳水的补给、基岩风化壳水对石刻崖壁渗水的补给。

2）地下水的分布

本次勘察布置的 8 个钻孔均揭露了地下水，未见干孔。电视探头可以观察到各钻孔的稳定地下水位（图 3－30）。根据 2008 年 10 月 29 日统测的稳定水位（表 3－17）绘制了千手观音造像南侧山体内的地下水位线。并据此绘制了研究区地下水位三维模型（图 3－31）。由勘察结果可知，在维摩顶附近的地下水位较高，且较平缓。在配电房附近地下水位坡降变大，在靠近陡崖一线地下水位高程接近崖底且变缓。钻探完成后，保留 ZK1、ZK2 和 ZK4 三个钻孔进行地下水位长期动态观测。2008 年 10 月 29 日～2009 年 1 月 8 日大足石刻艺术博物馆韩秀兰、冯太彬对地下水位高程的监测记录结果表明，这个期间地下水位基本稳定，没有变化（图 3－32）。

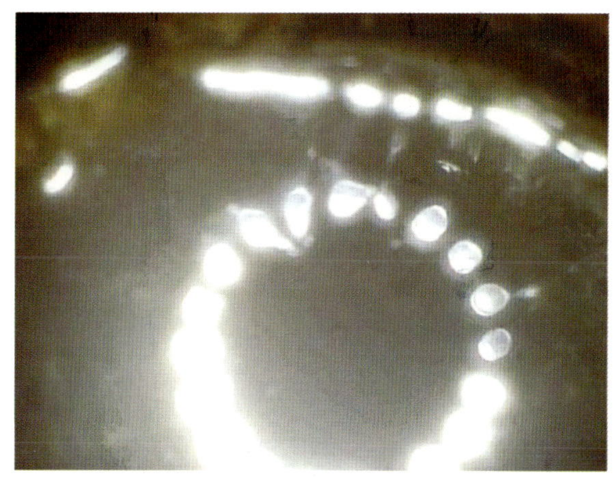

图 3－30　电视探头观测 ZK2 的稳定地下水位

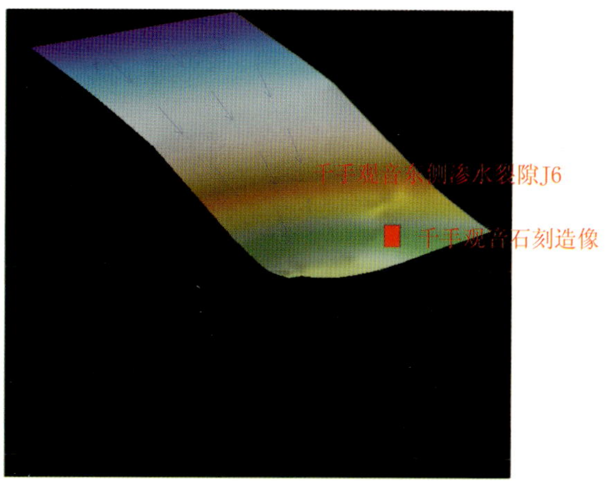

图 3－31　研究区地下水位三维模型

表 3－17　2008 年 12 月 29 日监测钻孔稳定地下水位

钻孔编号	稳定水位（m）	钻孔编号	稳定水位（m）
ZK1	12.61	ZK5	14.50
ZK2	14.66	ZK6	6.63
ZK3	7.75	ZK7	5.50
ZK4	10.10	ZK8	11.20

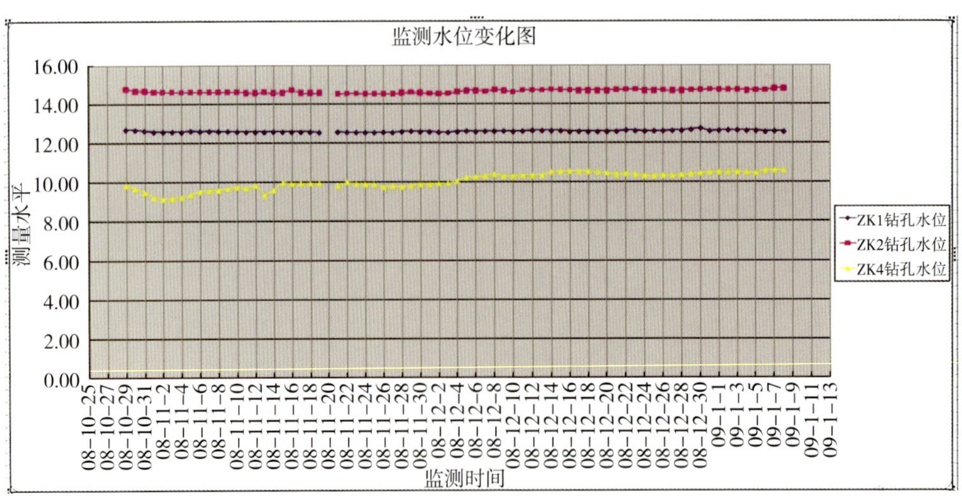

图 3－32　2008 年 10 月 29 日～2009 年 1 月 8 日地下水位监测成果

3）地下水径流和压水试验

由室内外试验成果可知，不含裂隙的砂岩本身渗透系数很小，砂岩本身不含水。根据工程物探资料可知，千手观音造像南侧岩体共分布 9 条构造裂隙，构造裂隙与层面裂隙互相交切形成了研究区内地下水的径流网络。基岩裂隙的存在为地下水的径流提供了通道。

为清楚查明陡崖底部渗水点的补给来源及地下水的径流方向，在各钻孔中分段进行了压水试验，共完成 13 段压水试验，2 段注水试验。在进行压水试验的同时密切观察千手观音造像立壁和各渗水点、泉点的变化，观测记录渗水点的渗水流量及渗水颜色变化。成果汇总如下（表 3－18）：

表 3－18　ZK1 压水试验时相关渗水点渗水观测记录表（流量 ml/L）

试验压力 MPa	记录观测时间	裂隙渗水（观音右侧）		泉水（卧佛脚处）		观音与卧佛间崖顶流水		三圣崖顶流水		三圣软弱夹层渗水	
		流量	颜色	流量	颜色	流量	颜色	流量	颜色	流量	颜色
洗孔	8：00	8.0	清澈	稍增大	清澈	无变化	无变化	无变化	无变化	无变化	无变化
	8：30				稍浑浊						
0	8：30	8.0	清澈	增大	浑浊－灰	无变化	无变化	无变化	无变化	无变化	无变化
	8：39			增大	浑浊－灰						
0.1	8：40	8.17	清澈	增大	浑浊－黄褐	无变化	无变化	无变化	无变化	无变化	无变化
	8：49			增大	浑浊－黄褐						
0.3	8：50	8.20	清澈	增大	浑浊－黄褐	无变化	无变化	无变化	无变化	无变化	无变化
	8：59			增大	浑浊－黄褐						
0.5	9：00	8.20	清澈	增大	浑浊－黄褐	无变化	无变化	无变化	无变化	无变化	无变化
	9：04			稍减小	浑浊－黄褐						
0.3	9：05	8.25	清澈	稍减小	浑浊－灰	无变化	无变化	无变化	无变化	无变化	无变化
	9：09			稍减小	浑浊－灰						

续表

试验压力 MPa	记录观测时间	裂隙渗水（观音右侧）		泉水（卧佛脚处）		观音与卧佛间崖顶流水		三圣崖顶流水		三圣软弱夹层渗水	
		流量	颜色	流量	颜色	流量	颜色	流量	颜色	流量	颜色
0.1	9：10	8.30	清澈	稍减小	浑浊 - 灰	无变化	无变化	无变化	无变化	无变化	无变化
	9：15			稍减小	浑浊 - 灰						
结束后	9：16	8.20	清澈	稍减小	稍浑浊	无变化	无变化	无变化	无变化	无变化	无变化
	9：25			恢复	恢复清澈						

（1）ZK1 压水试验

钻孔 ZK1 位于千手观音崖顶右上方（东侧），圣寿寺院墙前。加压前先洗孔，然后分级施加试验压力，分别为 0.1、0.3、0.5、0.3、0.1MPa。选择卧佛脚部泉点、千手观音东侧裂隙（J6）渗水点、华严三圣左下角（西侧）泥岩夹层处渗水点、化城喻品图崖顶流水点以及华严三圣崖顶流水等五个观测点，进行连续监测记录。

表 3 - 18 记录了钻孔 ZK1 压水试验时各渗水点的水量变化情况。由表可知，随试验压力增大，卧佛脚部的泉水明显增加，且泉水变浑。表明泉水与 ZK1 附近的裂隙连通性好泉水的补给源自 ZK1 附近的岩体。千手观音东侧裂隙（J6）渗水点的水量略有增大，由试验前的 8.0ml/s，增大至 8.3ml/s。说明 ZK1 附近岩体中的地下水有一小部分补给裂隙 J6。由图 3 - 33 可知，渗水增量的峰值滞后与试验压力峰值，说明渗水量增大滞后于崖壁水头压力的增长。由表可知，其余各监测点水量无变化，说明 ZK1 附近岩体中的地下水没有流向千手观音和华严三圣区段。

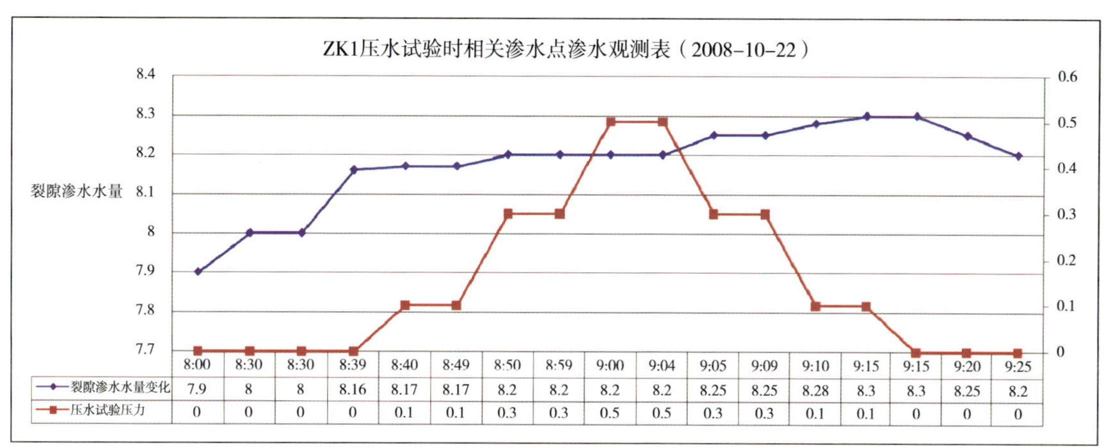

图 3 - 33　ZK1 钻孔压水试验时裂隙 J6 渗水点流量与试验压力的关系

（2）ZK2 压水试验

ZK2 位于千手观音崖顶正上方，圣寿寺院墙拐角处。

ZK2 压水试验时，裂隙 J6 的渗水流量增大，明显变浑。表 3 - 19 为压水试验的记录成果。图 3 - 34 为试验前采取的水样，流量为 13ml/s，水质清晰透明。随着试验压力增大，流量持续增加。图 3 - 35 为试验压力为 0.5MPa 时采取的水样，流量增大为 80ml/s，水质变浑，水样中含泥。图 3 - 36 为裂隙水流量和试验压力关系曲线，渗水增量的峰值滞后与试验压力峰值。由表的记录表明，其余各观测点部位的水量无变化。由以上观测记录可知，ZK2 一带岩体中的地下水与 J6 裂隙存在连通补给关系，而与其他各渗水点之间无水力联系。ZK2 附近岩体中的地下水没有流向卧佛脚部的泉水，也没有流向千手观音至华严三圣区段。主要通过裂隙 J6 排泄。裂隙 J6 对千手观音造像区的地下水有疏导阻隔作用。

表 3－19　ZK2 压水试验时相关渗水点渗水观测记录表

试验压力MPa	记录观测时间	裂隙渗水（观音东侧）		泉水（卧佛脚处）		化城喻品图崖顶流水		三圣崖顶流水		三圣软弱夹层渗水	
		流量	颜色	流量	颜色	流量	颜色	流量	颜色	流量	颜色
试验前	14：00	13.6	清澈	相对前无变化	清澈	无变化	无变化	无变化	无变化	无变化	无变化
洗孔	14：20 14：30	21.2	浑浊	相对前无变化	清澈	无变化	无变化	无变化	无变化	无变化	无变化
0	14：38 14：42	37.6	浑浊	相对前无变化	清澈	无变化	无变化	无变化	无变化	无变化	无变化
0.1	14：50 14：53	50.3	浑浊	相对前无变化	清澈	无变化	无变化	无变化	无变化	无变化	无变化
0.3	15：13 15：23	68.0	浑浊增大	相对前无变化	清澈	无变化	无变化	无变化	无变化	无变化	无变化
0.5	15：23 15：36	70.0	浑浊增大	相对前无变化	清澈	无变化	无变化	无变化	无变化	无变化	无变化
0.3	15：36 15：43	74.8	浑浊增大	相对前无变化	清澈	无变化	无变化	无变化	无变化	无变化	无变化
0.1	15：43 15：46	79.2	浑浊降低	相对前无变化	清澈	无变化	无变化	无变化	无变化	无变化	无变化
结束后	15：50	85.0	浑浊降低	相对前无变化	清澈	无变化	无变化	无变化	无变化	无变化	无变化
	16：40	62.0	恢复清澈	相对前无变化	清澈	无变化	无变化	无变化	无变化	无变化	无变化

（3）ZK3 压水试验

ZK3 位于千手观音崖顶左上方（西侧），监测室办公楼附近。压水试验时，牧牛图侧门外石梯与岩面接触处产生渗水，华严三圣底部渗水点流量略有增大。其余部位渗水无变化。说明千手观音崖顶缓坡西侧（ZK3 附近）岩体中的地下水主要往牧牛图冲沟方向渗流。

ZK3 压水试验时，华严三圣崖顶第四系松散堆积物与岩体界面处产生渗水，崖顶出现挂流现象，说明第四系和基岩接触面为渗流面。

图 3 - 34　ZK2 压水试验前的裂隙渗水

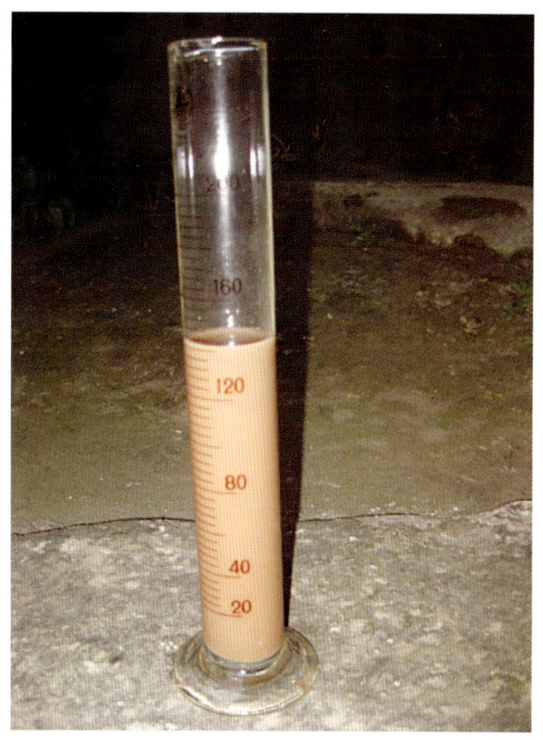

图 3 - 35　ZK2 压水试验时的裂隙渗水

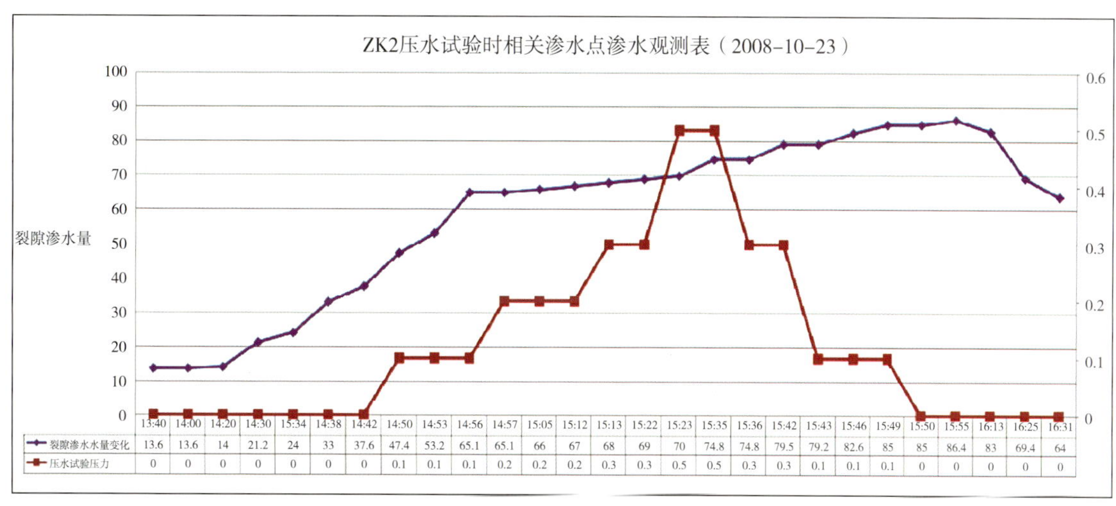

	13:40	14:00	14:20	14:30	15:34	14:38	14:42	14:50	14:53	14:56	14:57	15:05	15:12
裂隙渗水水量变化	13.6	13.6	14	21.2	24	33	37.6	47.4	53.2	65.1	65.1	66	67
压水试验压力	0	0	0	0	0	0	0	0.1	0.1	0.1	0.2	0.2	0.2

	15:13	15:22	15:23	15:35	15:36	15:42	15:43	15:46	15:49	15:50	15:55	16:13	16:25	16:31
裂隙渗水水量变化	68	69	70	74.8	74.8	79.5	79.2	82.6	85	85	86.4	83	69.4	64
压水试验压力	0.3	0.3	0.5	0.5	0.3	0.3	0.1	0.1	0.1	0	0	0	0	0

图 3 - 36　ZK2 钻孔压水试验渗水点流量与试验压力的关系

（4）千手观音崖面的渗水观测

压水试验期间严密监测千手观音崖壁面，在 ZK1 ~ ZK3 钻孔中进行压水试验时千手观音崖壁始终无渗水出现（图 3 - 37），说明千手观音后部崖体完整性好，没有渗水构造裂隙存在。天然状态下，裂隙中地下水的水头压力远小于试验压力，说明崖壁在雨季不会渗水，不受地下水的影响。

综上所述，崖顶缓坡存在南北向分水岭，缓坡东侧的地下水渗流路径朝向卧佛泉水和 J6 裂隙一带，缓坡西侧的地下水径流朝向牧牛图冲沟。

4）地下水的排泄

调查发现，大佛湾沟陡崖底部高程 485m 左右为研究区内地下水排泄的基准面，共出露三个渗

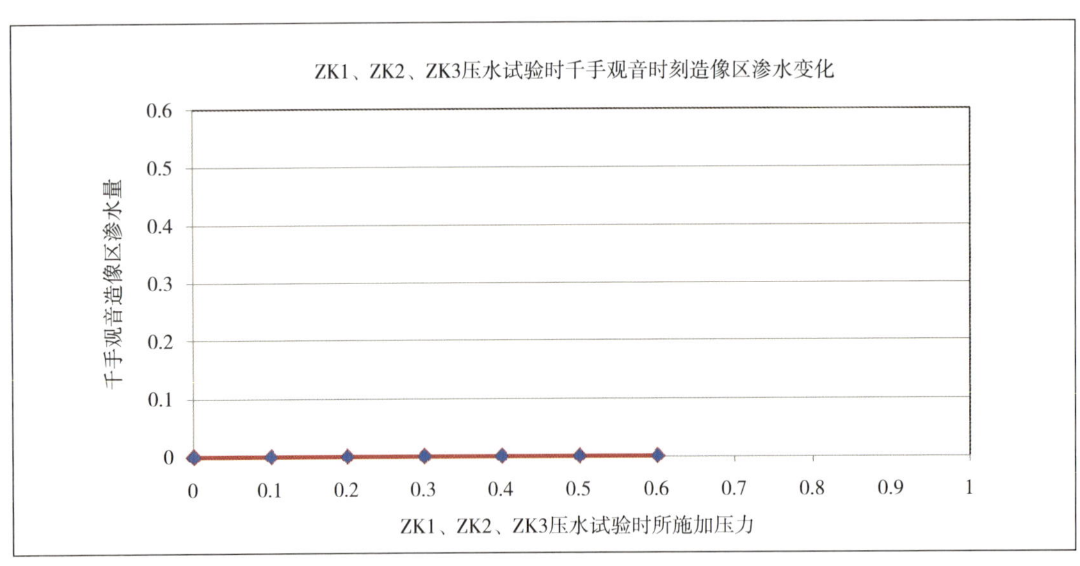

图 3－37　ZK1、ZK2、ZK3 压水试验时千手观音石刻造像区渗水观测

水点，卧佛脚部泉水、千手观音东侧构造裂隙渗水点和华严三圣西侧泥岩夹层渗水点。

地下水在陡崖立壁的出露主要受岩性和构造的控制。立壁岩体由砂岩和泥岩夹层所组成。在千手观音立壁底部出露有一条连续分布的泥岩夹层。卧佛脚部泉水和千手观音东侧构造裂隙渗水点均出露在构造裂隙与该泥岩夹层交接部位。华严三圣西侧渗水点也沿该泥岩夹层和砂岩的交界面出露。在平行立壁的方向上，该泥岩夹层波状起伏。在千手观音造像区泥岩夹层的分布高程为 487～488m，向西高程逐渐降低，至华严三圣西侧渗水点部位高程最低，为 486m，再往西又逐渐抬高。由千手观音造像区往东，至 J6 裂隙和卧佛脚部，泥岩夹层的分布高程也降为最低，为 485～486m。综合压水试验资料和泥岩的分布特征可知，千手观音至维摩顶一线为该区域地下水的分水岭，大气降水垂直下渗后分别朝东朝西渗流。千手观音造像区正位于地下水分水岭的脊部，不受地下水影响。

在垂直于崖壁的剖面上泥岩夹层的分布也有起伏，千手观音立壁底部的泥岩夹层的出露高程高

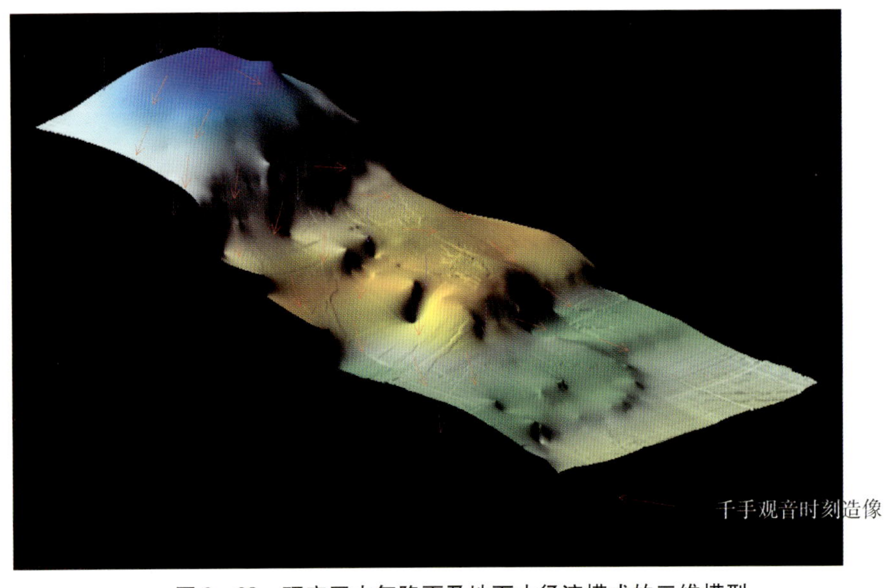

图 3－38　研究区大气降雨及地下水径流模式的三维模型

于钻孔 ZK2 揭露的泥岩夹层的高程，在千手观音造像区泥岩夹层的倾向为向山体内部反倾，不存在向北流向千手观音造像区的水流。因此，千手观音造像区不受地下水影响。

图 3－38 为研究区大气降雨及地下水径流模式的三维模型。图中的上图层表示研究区地表的地形，下图层为泥岩夹层的分布特征。

3.3.2.3　裂隙渗水及泉水成因分析

大气降水在基岩中垂直入渗时，遇到泥岩夹层隔水层，会改变水流方向，由垂直运动变为水平运动，遇到砂岩陡崖临空面时会在砂岩与泥岩的接触面处渗出。若有较通畅的渗透途径，并具有蓄水构造，便以下降泉的形式出露。

千手观音造像所在地质单元的地下水类型为基岩裂隙水。大气降水垂直向下经过第四系覆盖层渗入基岩裂隙，使岩体中的裂隙局部含水。这些含水裂隙与层面裂隙相交切，构成了局部的裂隙含水带，当冲沟切穿这些局部裂隙含水带时，就在沟壁形成裂隙渗水点或下降泉。

在千手观音造像区右侧 5.5m 处，发育一条渗水裂隙（J6），地下水沿构造裂隙和泥岩夹层的交接部位出露。该裂隙为张裂隙，是千手观音造像区的一条主控水裂隙。裂隙沿 SE160°方向斜交千手观音立壁岩体，对流向千手观音造像区的地下水有拦截和疏导作用。该裂隙渗水流量平均 0.008～0.014L/s，雨大时渗水稍有增加，枯雨季节可断流。

在千手观音造像东侧卧佛脚部高程 486.15m 处出露一个泉点，地下水沿构造裂隙和层面裂隙的交界面处外渗，为下降泉，流量 0.005L/s，长年不断。

华严三圣西侧渗水点出露在砂岩和泥岩夹层交界面的最低洼处，由于没有和构造裂隙相交切，渗流量很小，小于 0.001L/s。

3.4　千手观音造像岩土体工程问题分析与评估

3.4.1　环境地质病害

3.4.1.1　裂隙切割与渗水

1）裂隙统计

本次勘察对卧佛脚部至华严三圣西侧的立壁石刻进行了环境地质病害调查。关于千手观音造像本体病害的详细报告可参见中国遗产研究院和大足石刻艺术博物馆完成的报告，这里主要介绍与地质环境有关的病害。

根据调查统计，在卧佛脚部至华严三圣西侧段，主要发育裂隙 10 条，其中 J_1～J_7分布于千手观音东侧至卧佛脚部壁面，J_8～J_{10}发育在华严三圣段壁面。千手观音造像区未见大的构造裂隙。

J_1出露在卧佛脚部附近，产状为 292°∠78°。裂隙向上延伸至崖顶，与卧佛袈裟边缘相距 70cm，底部向下延伸至南壁面的泥岩夹层处。J_1底部有渗水现象，裂隙面潮湿。在底部与泥岩夹层相交形成下降泉。

J_2发育在卧佛壁面与南壁面顶部相交处，产状为 185°∠20°，裂隙表面潮湿，有渗水现象。

J_3和 J_4出露在南壁面右上角处，为两条产状为近水平状的层面裂隙。

J_5发育在千手观音东侧舍利塔以东 1.2m 处，产状 140°∠83°，隙宽 5～10cm。

J_6发育于千手观音以东5.5m处，走向SE160°，近直立，向上切穿崖顶。裂隙上部张开度最宽达1m，裂隙中有泥砂充填。立壁表面采用砌石封闭。该裂隙为张裂隙，斜交切割千手观音立壁后部岩体，是千手观音造像区的一条主控水裂隙，对流向千手观音造像区的地下水有拦截和疏导作用。该裂隙渗水，雨大时水量稍有增加，枯雨季节可断流。

裂隙J_7发育在舍利塔下部0.5m处。

J_8 ~ J_{10}发育在华严三圣段壁面。裂隙J_8发育在普贤菩萨造像以东，距地面高度4 ~5m处，产状为335°∠80°；其正下方壁面基座处发育裂隙J_9，产状为232°∠62°；裂隙J_{10}发育在文殊菩萨造像以东1m处，近直立。

2）渗水点统计

根据调查统计，在卧佛脚部至华严三圣西侧，共发现渗水点27处，渗水点周围一般都伴随有潮湿区。其中千手观音东侧至卧佛脚段壁面共出现渗水点22处。华严三圣段出现渗水点5处。千手观音造像区未发现渗水点。

裂隙J_1向下延伸，在卧佛脚部东立面砌墙与南立面交接处形成一下降泉S_1，此泉常年有水。

由于裂隙J_2，J_3切割，在其相交处形成渗水点S_2，裂隙J_3末端发育渗水点S_3。由于S_2和S_3的渗水，该区域表面潮湿，并伴有苔藓生长，局部可见植物病害。

S_4 ~ S_{12}分布于南壁面右上角人物造像及亭台雕刻周围。由于大量渗水点的存在，该区壁面形成多处形状各异的潮湿区，并可见霉菌苔藓病害发育，局部表面呈现灰黑色。

南壁面中部距地面高度为1.5 ~2.0m处，发育渗水点S_{13} ~ S_{21}，有轻微渗水现象，渗水点周围潮湿。该区域出现4个潮湿区及微生物病害区，局部有墨绿色及灰黑色苔藓覆盖，部分区域可见植物病害发育。

渗水点S_{22}伴随裂隙J_5形成，其周围微生物病害发育。

化城喻品图壁面中部及左侧两处潮湿带均由于崖顶渗水而形成，中部面流潮湿带宽约0.9m，右侧潮湿带宽不到0.7m，潮湿带表面生长有墨绿色及灰黑色苔藓、霉菌，层面裂隙处可见少量植物发育。

千手观音西侧至华严三圣造像段文殊菩萨左侧距地面0.5 ~1.0m处发育渗水点S_{23} ~ S_{27}，有轻微渗水现象，渗水点周围较为潮湿。

渗水点S_{24}，S_{25}的下部出露一流水形成的潮湿带，宽度约0.5m左右。

3.4.1.2 石刻岩体的风化

调查发现，在卧佛脚部至华严三圣西侧，风化病害最为普遍，面积广泛。石刻区整体都有不同程度的风化，包括表层片状剥落，泛盐，粉化，鳞片状起翘，以及空鼓现象。

其中化城喻品图壁面以两个渗水带周围区域最为严重，该区石刻表面颜料风化成白色粉状，普遍出现泛盐现象。在左侧渗水带下方及壁面中部造像上下区域伴随有片状剥落及粉化病害。

千手观音造像区以片状剥落病害为主，观音造像主尊身体部分剥落现象最为严重，造像手指部位剥落也较为明显。

华严三圣段三尊造像主体部分也出现明显的剥落现象，并伴随表面泛盐。

在卧佛脚至华严三圣西侧距地面1m高左右，发育一条贯穿全区域的泥岩软弱夹层。该夹层出露厚度在0.1 ~0.8m，在卧佛脚处最薄，华严三圣普贤菩萨造像东侧出露最厚。

由于风化作用，该软弱夹层已形成多处风化凹槽。古代雕像时，首先取完整砂岩充填于凹槽中，然后对崖壁进行整体雕凿。

位于化城喻品图壁面潮湿带下部的风化凹槽，出露厚度仅为 0.1 ~ 0.3m，凹槽深度 0.1 ~ 0.25m，凹槽表面已采用人工砌石修复。壁面右侧下部风化凹槽出露厚度 0.2 ~ 0.3m，深度 0.1 ~ 0.3m。风化凹槽内零星发育有植物病害及微生物病害。

3.4.1.3　石刻造像残缺及生物病害

由于自然营力和人为因素的作用，在卧佛脚至华严三圣西侧石刻造像出现多处残缺病害，化城喻品图壁面为主要病害区。

壁面右上区域内造像出现头部及半身缺失，造像下方的亭台顶部雕刻残缺。

壁面右下区域内，造像缺失头部以及手部。

壁面中部潮湿带及其左侧造像的头部不同程度残缺，并伴有微生物病害发育，灰黑色霉菌生长。

壁面左下区域内造像身体部分有残缺现象，壁面有小面积掉块，该区域内伴随有微生物病害以及风化剥落现象。

石刻区生物病害主要伴随渗水点和潮湿带发育，主要为墨绿色及灰黑色苔藓及霉菌生长。

除渗水点及潮湿带周边区域外，化城喻品图壁面下部砌石表面，千手观音右侧舍利塔下部以及中部均发现大量微生物病害。

千手观音造像区左侧下部发育有苔藓病害。

华严三圣段壁面下部，包括塔底 0.3m 左右处，毗卢遮那佛造像下部排水沟左右两侧，普贤菩萨造像下部均有微生物病害发育。

3.4.2　崖顶排水沟调查

千手观音造像崖顶上部从南至北由人工堆砌平台区和裸露砂岩排水区组成。平台区南侧临道路，北侧边缘为砂岩条石砌筑的挡土墙。平台表面生长树丛。经坑探查明，平台由地表向下地层分别为人工杂填土、老黏土、强风化砂岩。沿地表径流的降雨流经道路后朝北汇向平台区，并越过挡土墙流向崖顶岩体顶面，第四系含水层沿岩土界面径流，通过挡土墙底部流向崖顶岩体顶面（图 3－39）。

大悲阁排水渠位置情况图（2008年8月25日小雨）

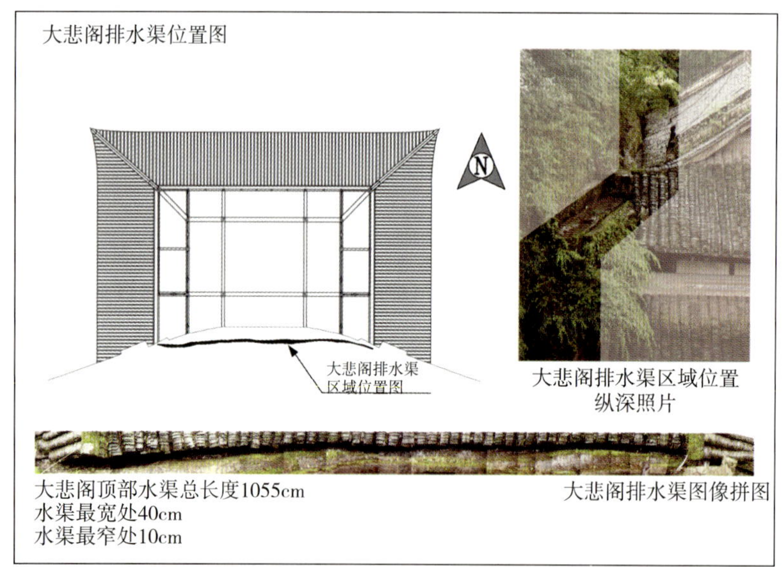

图 3-39　千手观音崖顶排水系统

为拦截这一部分水流，在崖顶边缘处开凿了一条近东西向的排水沟。千手观音造像所在的大悲阁屋顶南缘，搭建在排水沟北壁之上（图 3-40）。

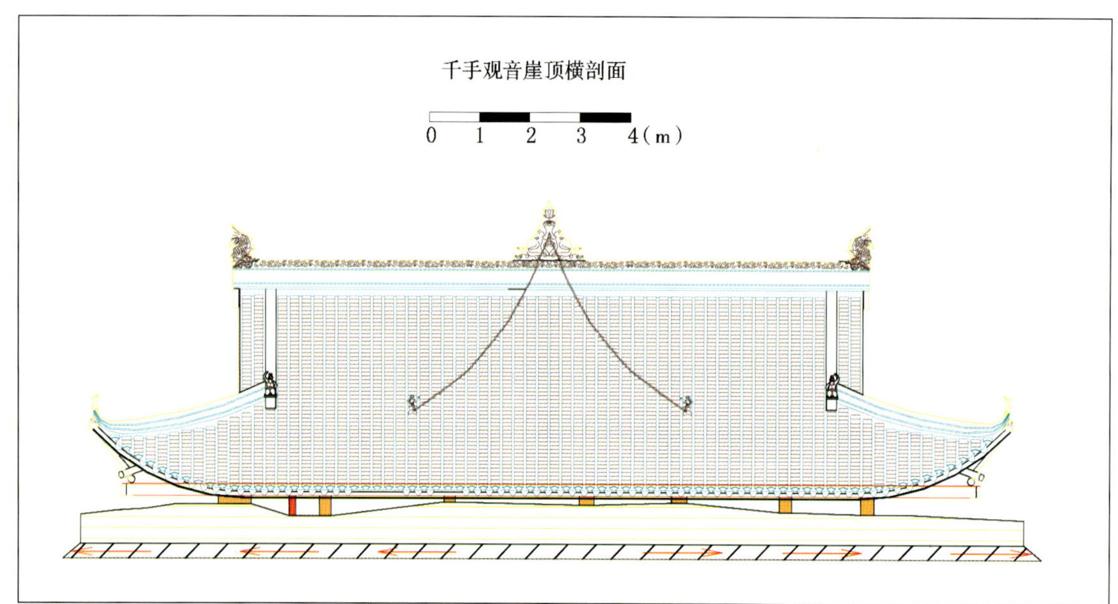

图 3-40　千手观音崖顶与大悲阁屋檐横剖面图

该排水沟下窄上宽呈倒梯形。主要功能是疏导大悲阁屋顶的雨水和上部山体的来水。靠近挡墙的南侧堆置了一条宽 12~15cm，高 20cm 左右的条石，用来遮挡上游的落叶流土。排水沟靠近屋檐的北侧顶部局部砌有砖瓦，进行了水泥砂浆抹面及修砌。

排水沟的保存现状和排水功能的有效性是本次调查的目的。

千手观音崖顶排水沟勘测得知，大悲阁屋顶南侧屋檐横梁由 8 个石墩支撑。石墩为人工切割的砂岩块石，底部用水泥砂浆砌筑在排水沟北侧的崖顶上，高度在 10-34cm 之间。3-4 号、4-5 号石墩

（记号从东至西分别为 1－8 号）之间为水泥砂浆抹面，2－3 号石墩之间为砖砌边，高度在 6～17cm 之间。长期观测未见流水越过排水沟进入大悲阁造像区。

图 3－41 为千手观音造像区崖顶排水系统实测平面图。排水沟呈下窄上宽的倒梯形，排水沟下底宽 7～39cm，上宽 27～50cm，排水沟北侧沟底至顶高 8～23cm，南侧沟底至顶面 41～68cm。排水系统平面上具有中间宽大，两头窄小的特点。排水沟朝东在安防管线部位收窄，该部位过水面积太小，暴雨时在造像区东侧石刻立壁产生挂水现象。

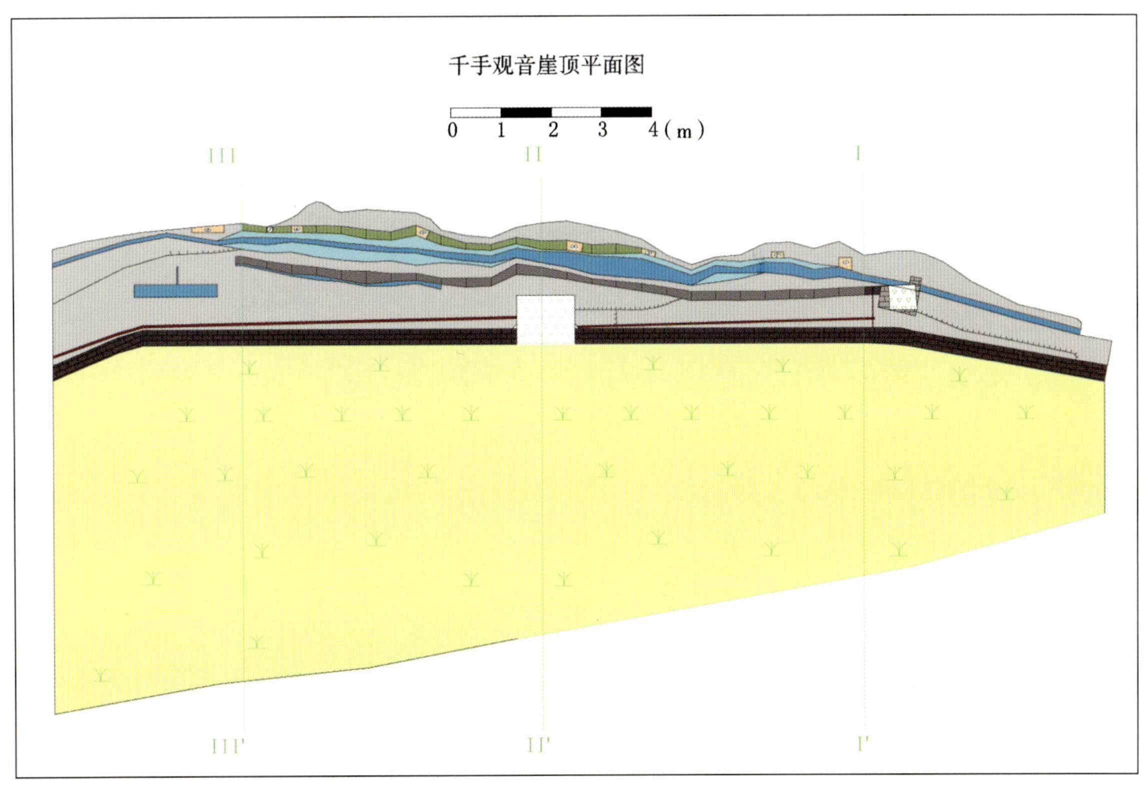

图 3－41　千手观音崖顶排水系统实测平面图

图 3－42 为千手观音崖顶排水系统现状。照片 a 为排水沟西侧变窄部位，照片 b 和照片 c 为排水沟中部较宽部位，照片 d 为排水沟西侧变窄部位。

a

b

c

d

图 3－42　千手观音崖顶排水系统现状

a 排水沟西侧变窄部位　b 排水沟中部较宽部位　c 排水沟中部较宽部位　d 排水沟西侧变窄部位

图 3－43 为排水沟局部病害。水泥砂浆局部开裂，环境潮湿，横梁腐朽，砂岩石墩风化。

a　b　c　d

图 3－43　千手观音崖顶排水沟局部病害

a 水泥砂浆局部开裂　b 环境潮湿　c 横梁腐朽　d 砂岩石墩风化

目前排水沟基本完好，无破损。常年观察排水沟内没有明水从千手观音崖顶流入大悲阁内。

存在问题：

1）排水沟不规整，两头太窄，排水不畅。

2）南侧条石没有防渗作用。

3）北侧水泥抹浆开裂，排水沟未作防渗处理，崖顶风化岩体吸水，长期潮湿，造成千手观音顶部风化加剧。

4）大悲阁东侧安防装置通过部位排水沟有一缺损处，暴雨时有水下漏。

针对以上调查，建议对排水沟进行统一修缮，加宽排水沟两端的过水断面，并对排水沟做防渗处理。

调查发现，千手观音造像区靠近崖顶的 1 ~ 2m 范围内，雕刻品风化加剧，且西侧比东侧风化更为严重。分析其原因主要与潮湿环境有关。千手观音造像区靠近崖顶的岩体为中风化砂岩，表层局部已成为强风化砂岩，其吸水率远远高于新鲜砂岩。在排水沟附近的潮湿环境中，更容易吸收水分，降低砂岩强度，导致雕刻品风化加剧。由于崖顶西侧比东侧通透，干湿循环作用更为强烈，这是崖顶西侧岩体比东侧风化更严重的原因。

建议在千手观音造像区崖顶部位的东西两侧各安装一套温湿度和含水率的自动记录监测设备，进行长期监测，并据此对风化机理进行定量评价。

3.4.3　千手观音石刻造像区石刻品及崖顶稳定性分析与评价

3.4.3.1　施工震动对雕刻品的稳定影响评价

经过 800 多年的地质营力作用，现今千手观音风化病害已十分严重。在自然营力作用下，千手观音雕刻品局部（如手指、手臂）强度降低，在地震反射法检测激振和钻机施工振动的影响下，雕刻品存在失稳破坏的可能。为确保千手观音造像的安全，在最靠近千手观音造像崖壁的施工点，由湖北省地震局对场地的微震动及机械施工振动进行了振动测试，并做了振动对千手观音造像影响的安全评价。

地面微振动是外界各种振动在沿地层经过衰减，传播到接收点的综合反映。振动监测工作按照《城市区域环境振动测量方法》GB10071 - 88 和《场地微振动测量技术规程》CECS 74：95 进行。采用 COINV 大容量数据自动采集处理系统、891 型测振仪和三分向拾震器。拾震器与地面水平接触，在基岩或路面上以橡皮泥耦合安装（图 3 - 44、3 - 45）。

图 3 - 44　振动测试

图 3 - 45　三分量拾震器

振动测试前，先通过测试得到石刻区的自振卓越周期。然后选择 3 个对石刻影响最大的点位，进行振动测试。

测试过程中进行多次不同的采样长度监测，以便进行对比分析。测试成果见表 3 – 20。

表 3 – 20　振动测试成果表

监测点号	监测地点	振动最大速度 mm/s	影响评价
①	ZK1 ~ ZK2 间	3.45	各测点振动最大速度均远小于引起建筑物破坏的下限值 10mm/s，不会引起石刻造像的破坏
②	ZK2 ~ ZK3 间	0.34	
③	坎下路边距陡坎 4.8m	0.27	
	坎下路边距陡坎 6.3m	0.21	
	坎下路边距陡坎 7.8m	0.24	

由振动测试可知，锤击或振动冲击的频率成分主要在 10Hz 以上，而大足石刻岩体的自振周期为 3.5Hz，说明勘探工作产生的振动不会引起石刻造像的共振破坏。与振源处的振动强度相比，水平向 10m 可衰减 10 倍，垂向 2 ~ 3m 可衰减 100 倍。因此，本次勘测的人工振动，均不会对千手观音造像区的石刻造成破坏性影响。

3.4.3.2　千手观音造像区崖顶稳定性分析与评价

1）现状调查

千手观音崖顶为一厚 1.36m、向外凸出 1.19m 的天然岩体挑梁，大悲阁屋檐搁置在挑梁外突部分的顶部。为论证崖顶岩体稳定性，进行了现状调查。

大悲阁屋顶南侧屋檐横梁由 8 个砂岩块体石墩支撑，底部用水泥砂浆砌筑在排水沟北侧的崖顶上，高度在 10 ~ 34cm 之间。3 – 4 号、4 – 5 号石墩之间为水泥砂浆抹面，2 – 3 号石墩之间为砖砌边，高度在 6 ~ 17cm 之间。

现场对崖顶区域现状进行调查后发现，崖顶边缘支撑殿宇屋檐横梁的 3、4 号砂岩石墩间北面及顶面砂浆抹层风化严重，出现裂隙及起翘现象，起翘使砂浆与砂岩表面脱离。支撑殿宇屋檐横梁的砂岩石墩风化严重，石墩表面出现粉酥及风化剥落现象。

2）破坏模式

经现场勘查，千手观音崖顶岩体为一以悬臂梁形式向外凸出的岩体，厚 1.36m，向外凸出 1.19m，此岩体易发生拉裂式破坏。

该岩体在 AC 截面上承受最大的弯矩和剪力，岩体顶部受拉，底部受压，崖顶开凿的排水沟底 A 点附近拉应力最大，外凸岩体底部 C 点附近压应力最大。在长期重力作用、风化作用及屋顶荷载作用下，A 点附近易形成纵向的拉张裂隙并向深处发展，拉应力将越来越集中在尚未开裂的部位，当拉应力超过岩石的抗拉强度时，岩体将逐渐失稳破坏。

判断此类型岩体稳定性的关键是最大弯矩截面 AC 上的拉应力是否已超过岩石的抗拉强度，故千手观音崖顶外凸岩体可以采用岩石允许抗拉强度与拉应力的比值进行稳定性验算。

3）千手观音崖顶外凸岩体受力分析：

该外凸岩体除受到自身重力 G 外，还受到大悲阁屋檐对其产生的压力 P，其受力情况如图 3 – 46 所示。

将压力 P 分解为沿重力方向的垂向分量 F，以及水平向分量 F′。A 点附近拉应力主要由外凸岩

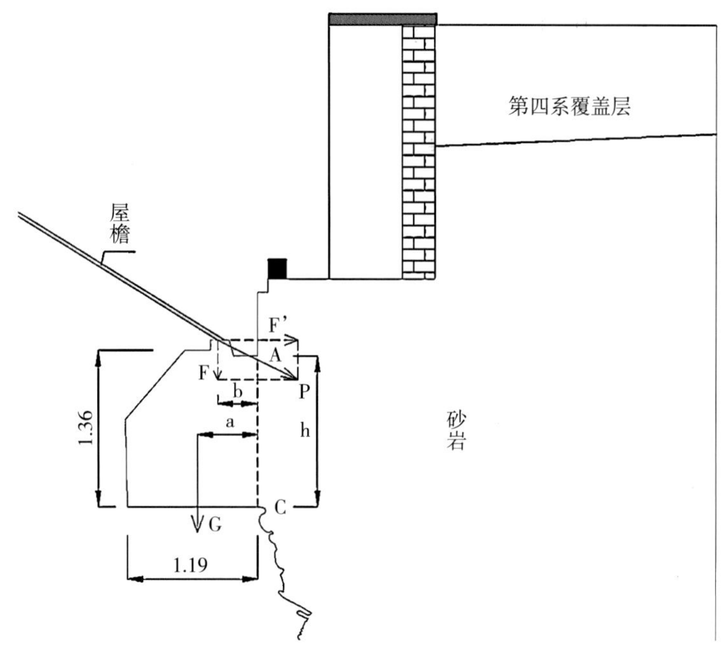

图 3-46　崖顶岩体挑梁的破坏模式

体自身重力 G 和压力 P 的垂向分量 F 产生。

在下述计算中，按最保守情况，即屋檐的自重 G_y 全部作为垂向力 F 进行讨论。

4）稳定性验算方法

经现场勘测，AC 截面上未出现裂缝，假设外凸岩体等厚，取单位宽度 1m，验算外凸岩体稳定性，则岩体在外荷载及自重作用下 A 点的拉应力为

$$\sigma = \frac{My}{I} \tag{1}$$

式中，M——AC 面上的弯矩，$M = M_G + M_F$（M_G、M_F 分别为岩体重力及屋顶荷载在截面 AC 上产生的弯矩）；

y——$y = h/2 = 0.655m$；

I——AC 截面上的惯性矩，外凸岩体对 AC 面惯性矩 $I = 0.606m^4$。

弯矩计算式为

$$M = M_G + M_F = S_0 \times \gamma \times a + F \times b \tag{2}$$

式中，γ——岩石的容重 $23kN/m^3$；

S_0——外凸岩体截面面积 $1.46m^2$；

a——岩体重力到 A 点的力臂；

b——屋檐荷载到 A 点的力臂。

岩体抗拉强度允许值计算式为

$$[\sigma] = \frac{\sigma_c(m - \sqrt{m^2 + 4s})}{2} \tag{3}$$

式中，σ_c——岩块的单轴抗压强度，取值为 63.625MPa；

m，S——经验常数，经查表，$m = 1.0$，$s = 0.004$

故计算得，岩体抗拉强度允许值为 $[\sigma]$ 253.49kPa = 0.25MPa。

5）荷载计算

（1）外凸岩体的自重

外凸岩体重心与 AC 面距离为 a = 0.55m

自重在 AC 面上的产生的弯矩

$$M_1 = G_{岩} a = \gamma \times s \times a = 23 \times 1.46 \times 1 \times 0.55 = 18.469\text{kN} \cdot \text{m}$$

（2）屋檐荷载

屋檐自重为 140KN。

该屋檐对崖顶外凸岩体产生的压力分为两种情况考虑，第一种情况为屋檐重力均布在 12.32m 长的外凸岩体上，此时 P = 11.36kN/m；第二种情况为屋檐重力平均加载在外凸岩体上表面的 8 个墩子上面，此时外凸岩体每个墩子上受到压力 P = 17.5kN。

6）稳定性验算

（1）屋檐重量均布在 12.32m 长的外凸岩体上

①假设外凸岩体所受垂向压力为屋檐自重的一半，则

$$F = G_y/2 = 5.68\text{kN/m}$$

AC 截面上的弯矩 $M = F \cdot b + M_1 = 0.37 \times 5.68 + 18.469 = 20.57\text{kN} \cdot \text{m}$

故 $\sigma = \dfrac{M_y}{I} = \dfrac{20.57 \cdot 0.655}{0.606} = 22.23\text{kPa}$

稳定性系数为 $K = [\sigma]/\sigma = 253.49/22.23 = 11.40$

②假设外凸岩体所受垂向压力为屋檐全部自重，则

$$F = G_y = 11.36\text{kN/m}$$

AC 截面上的弯矩 $M = F \cdot b + M_1 = 0.37 \times 1.36 + 18.469 = 22.67\text{kN} \cdot \text{m}$

故 $\sigma = \dfrac{M_y}{I} = \dfrac{22.67 \cdot 0.655}{0.606} = 24.50\text{kPa}$

稳定性系数为 $K = [\sigma]/\sigma = 253.49/24.50 = 10.35$

（2）屋檐重量平均加载在 8 个墩子上

①假设外凸岩体所受垂向压力为屋檐自重的一半，则

$$F = G_y/2 = 8.75\text{kN/m}$$

AC 截面上的弯矩 $M = F \cdot b + M_1 = 8.75 \times 0.37 + 18.469 = 21.71\text{kN} \cdot \text{m}$

故 $\sigma = \dfrac{M_y}{I} = \dfrac{21.71 \cdot 0.655}{0.606} = 23.47\text{kPa}$

稳定性系数为 $K = [\sigma]/\sigma = 253.49/23.47 = 10.80$

②假设外凸岩体所受垂向压力为屋檐全部自重，则

$$F = G_y = 17.5\text{kN/m}$$

AC 截面上的弯矩 $M = F \cdot b + M_1 = 17.5 * 0.37 + 18.469 = 24.94\text{kN} \cdot \text{m}$

故 $\sigma = \dfrac{M_y}{I} = \dfrac{24.94 \cdot 0.655}{0.606} = 26.96\text{kPa}$

稳定性系数为 $K = [\sigma]/\sigma = 253.49/26.96 = 9.40$

表 3 - 21 为千手观音造像区崖顶岩体稳定性计算成果。

表 3－21　千手观音造像区崖顶岩体稳定性验算成果表

	屋檐自重作为均布荷载 $G_y=11.36kN/m$		屋檐自重由 8 个砂岩墩分担荷载 $G_y=17.5kN$	
编号			③	④
岩体受外力情况	垂向压力为屋檐自重的一半 $F=\frac{G_y}{2}=5.68kN/m$	垂向压力为屋檐全部自重，$F=G_y=11.36kN/m$	垂向压力为屋檐自重的一半，$F=\frac{G_y}{2}=.75kN$	垂向压力为屋檐全部自重，$F=G_y=17.5kN$
稳定性系数	11.40	10.35	10.80	9.40
稳定性判断	稳定	稳定	稳定	稳定

7）稳定性判断标准

K<1.0，失稳破坏；

1.0≤K≤1.5，欠稳定；

K>1.5，稳定。

8）评价结论

屋顶的最大荷载按 140kN 考虑，屋檐长 12m。

前 2 种计算方案将屋顶荷重当做均布荷载考虑，则每延米荷重为 11.36kN。第一方案垂向压力按屋檐自重的一半考虑，计算的稳定性系数为 11.40。第二方案垂向压力按屋檐全部自重考虑，计算的稳定性系数为 10.35。

后 2 种计算方案屋顶荷重由 8 个支柱承担，每个支柱承受的屋顶荷重为 17.5kN。第三方案垂向压力按屋檐自重的一半考虑，计算的稳定性系数为 10.80。第四方案垂向压力按屋檐全部自重考虑，计算的稳定性系数为 9.40。

计算结果表明：4 种方案计算的稳定性系数 K=9.4～11.4，远远大于规范规定的容许安全系数（[K]=1.5）。因此，目前情况下屋檐的重量不会造成崖顶挑梁岩体失稳。

因屋顶荷载主要由大悲阁东西两侧承重墙所分担，实际崖顶挑梁所承受荷载小于屋顶总重量的一半，即实际稳定性系数比计算结果还要大。

调查发现 8 个石墩支柱均遭受不同程度的风化，屋檐横梁已经腐朽。应该及时进行处理加固。

3.4.4　凝结水病害

3.4.4.1　凝结水病害现状

调查表明，大佛湾沟地形相对较封闭，非常潮湿，宝顶山石刻区的凝结水病害十分严重。凝结水主要出现在圆觉洞、毗庐洞等大型洞窟之中。凝结水在窟内的分布范围主要是在窟壁的下部和地面上。其中以洞窟最里部的正壁底部最为严重，在窟内雕像之间的岩壁上比凸出来的雕像身上凝结水更为严重。这与洞窟内部的空气流通不畅和洞窟湿度较大有密切的关系。

千手观音造像区位于大悲阁内，建筑物的封闭使造像区空气流通不畅，具备了产生凝结水的必要条件。2008 年 8 月中旬中国文化遗产研究院在千手观音造像区做病害调查时观察到东侧边缘底部在下雨之前出现高 120～130cm 的三角形潮湿区，状似出汗。随着连续 3 天降雨，潮湿区逐渐缩小，高度降低。同时在主尊造像东侧的背光凹陷处有水印，底部主尊往东约 3m 处有一边长约 7cm 的方形凿孔，其内潮湿出水。这些部位在2008年11月进行压水试验时，处于干燥状态，没有出现渗水。因此可以排除山体后部地下水通过裂隙外渗的可能性。实际上这3处出水点都具备典型的凝结水特征。

据资料，北山136窟窟内降雨前夕相对湿度可达95%～100%，在中心台座出现大量密集水珠。据136窟雨季对窟内外相对湿度、气温昼夜变化的观察资料，窟内相对湿度7时至19时均高于窟外，19时至7时窟内外湿度达到平衡。宝顶山石刻区也具备这样的特征。

在时间分布上，凝结水的发生集中在6～9月。5月以前不明显，7月和8月比较突出，10月以后基本不再出现。反映了在干燥寒冷的冬春两季基本没有凝结水现象，而湿润闷热的夏秋两季则水分凝结现象明显。在白天期间，壁面凝结水分布最为丰富。

通常，在有雾天气、阴天和降雨前的湿度较大，凝结水现象突出。造像身上经常覆盖着湿气甚至水珠密布。随着降雨来临，窟外温度降低，凝结水逐渐减少，至晴天慢慢消失，一般可持续2～3天。大风的天气，凝结水很少发现。闷热的天气，雕刻品会大量“出汗”。

在时空动态变化上，凝结水持续出现的时间随天气状况不等，一般在降雨前5个小时内达到高峰。在凝结水分布区上部，水珠颗粒的逐渐增大，直至在重力作用下呈线状朝下流动。使中下部保持过饱和浸润状态。

壁面上的凝结水朝下流动，与地面产生的凝结水汇集在一起，使地面产生积水。石篆山的6～8龛特别明显。

大足石刻区凝结水病害的表现形式：

1）潮湿状：岩壁颜色改变，主要由岩壁表面风化层吸收凝结水造成。岩壁用手摸有水但不流动，在局部地方凝结水呈面状潮痕状态。附着在壁面上的风化微粒，由于吸附凝结水而黏结呈块状。

2）水珠状：岩壁上成带分布单个的凝结水珠。水珠直径最大可达豆粒大小（3～5mm）。凝结水形成时，在洞窟内四壁的下部挂满水珠，并附有一层水膜。

3）流水状：当凝结水继续凝结时水珠则会在重力作用下往下运动，形成挂流现象。

凝结水的聚集部位造像表面往往孳生大量的苔藓霉菌微生物。

3.4.4.2 红外热成像分析成果解译

据中国文化遗产研究院高峰完成的“无损检测与科学分析报告”，在千手观音造像区所做的红外热成像分析成果表明，造像区东侧崖壁温度低于西侧，由此判断造像区东侧含水率高于西侧。图3－47为红外热成像解译成果，蓝色区域为含水率高的低温区。表3－21为东西两侧的各区的岩壁温度差值记录。

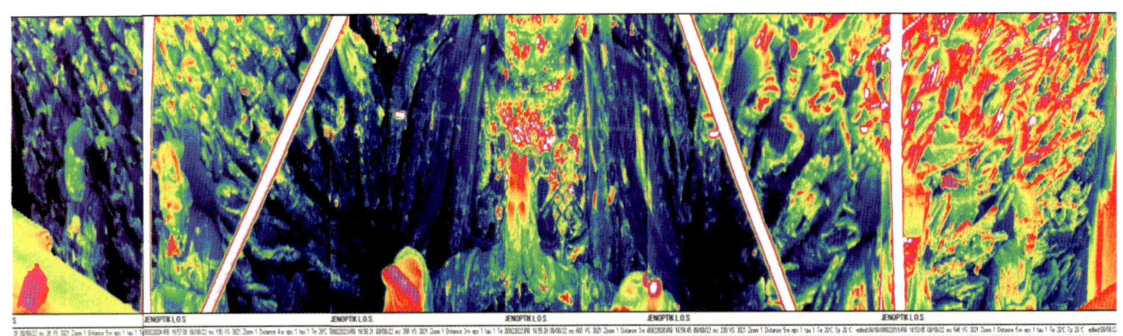

图3－47 千手观音造像区红外热成像解译成果

表 3－21　红外热成像岩壁温度记录

		东区（℃）	西区（℃）	温差（℃）
一层		22.9	23.1	0.2
	R02	22.42	22.73	0.31
二层	R01	23.60	23.68	0.08
	R01	23.52	23.93	0.41

由表可知，检测到的东西两侧岩壁温差最大值为 0.41℃。压水试验表明，千手观音造像区不存在通过裂隙外渗的地下水，造成东西两侧温差的主要原因与大悲阁内部环境有关，据大足石刻艺术博物馆提供的监测数据，千手观音造像区东西两侧的室温相差达 2℃，这是造成岩壁温差的主要原因。进一步推断，东侧含水率高于西侧，主要和凝结水的分布有关。千手观音造像区岩石表面的温度低于大悲阁室内气温，在崖壁形成低温区，从而使空气中的过饱和水汽冷凝，造成水汽在温度低的崖壁表面发生凝结。

建议在千手观音造像区采用红外热成像仪器进行长期监测，在固定的部位每月监测一次，分析造像区岩体表层的温度和含水率与赋存环境的关系。

3.4.4.3　凝结水病害的影响因素

1）窟檐、通风对凝结水的影响

千手观音造像位于封闭的大悲阁中，凝结水病害较为严重，反映了凝结水的形成与空气流通不畅密切相关。龛窟内部的气流流动速度缓慢，不利于蒸发过程的进行。蒸发和凝结是互逆的过程，此过程的控制因子主要取决于外部条件的动态平衡体系。当龛窟开敞、通风良好的时候，蒸发作用强烈，水汽凝结速率小于蒸发速率，要形成凝结水就十分困难。相反，无风的天气、窟檐遮蔽，蒸发过程微弱，则凝结作用增强，造成大量凝结水附着于雕刻品上。

打破蒸发和凝结的这种动态平衡，改善洞窟的通风条件，可以使洞窟环境朝有利于雕刻品保护的方向控制与发展。

2）岩性、风化壳表层特征对凝结水的影响

千手观音造像区的岩体属于长石石英砂岩，岩面粗糙，有利于凝结水的附着和吸收。

岩体表面风化层厚度大，可以吸收更多的凝结水。

3）凝结核的影响

调查中初步发现，壁面粗糙的地方附着的尘粒较多，成为水汽凝结的场所。可以观察到大量以尘粒为核心的凝结水珠悬挂在洞壁之上。

大足地区的大气受到了一定程度的污染，大气中包含大量的微尘颗粒物质。这些尘粒吸附水汽，在合适的温度条件下就会凝结形成水珠，附着悬挂于壁面上。

3.4.4.4　凝结水的形成机制

洞窟内外的温差是形成凝结水的主控外因。在夏秋季节洞窟内岩石表面的温度与窟外气温之间存在的温差可达 10℃以上。窟内岩石表面的温度低于窟外气温，容易在窟壁形成低温区，从而使过饱和的水汽层冷凝，造成水汽在温度最低的窟壁表面产生凝结。冬春季节窟内外温差较小，即使湿度很大也不会产生凝结水。

在较大的湿度下洞窟内空气中存在的过饱和水汽是凝结水形成的控制内因和必要条件。夏季时大足石刻区的湿度很大。凝结水丰富的7~9月，洞窟湿度都在85%以上，有时甚至达到过饱和。

洞窟裂隙渗水客观上会增加洞窟内部的湿度。

上述表明：过大湿度的存在是凝结水形成的内因，而洞窟内外的温差变化、通风状况等是凝结水形成的外因。

1）凝结核

水汽由气态变为液态的过程称为凝结，在大气中，水汽压只要达到或超过饱和水汽压，水汽就会发生凝结。

但是在纯净的空气中，即使水汽过饱和达到相对湿度为300%~400%，也不会发生凝结。这是因为纯净的空气中没有大量的吸湿性微粒物质，即缺少能促使水汽凝结的凝结核。

空气中的水汽要凝结就必须要有凝结核。大足石刻岩体粗糙不平的岩壁及大气中的灰尘提供了水汽凝结所需要的凝结核。

2）洞窟内外的温差

水汽凝结的另一个主要因素是洞窟内外的温差。通过对监测数据的分析比较，可以知道，在夏季窟内岩石表面的温度与窟外气温之间存在一定的温差，即使窟内岩石表面的温度与窟内气温差也能达到4℃以上。窟内岩石表面的温度低于窟内气温，在窟壁形成低温区，从而使空气中的过饱和水汽冷凝，造成水汽在温度低的窟壁表面发生凝结。而在冬春季节窟内岩石表面的温度却高于窟内大气温度，不会在窟壁形成低温区，所以不会产生凝结水。

3）饱和水汽压公式

当空气中水汽含量一定、气压一定时，只要空气温度冷却至空气饱和时的温度，水汽就开始凝结，这个温度称为露点温度。因此可以根据岩壁温度是否低于露点温度来判定水汽是否凝结。当崖壁温度低于露点温度时，就会在造像区崖壁上产生凝结水。而露点温度可以根据饱和水汽压公式计算。

Goff-Grattch饱和水汽压公式

从1947年起，世界气象组织就推荐使用Goff-Grattch的水汽压方程。该方程是多年来世界公认的最准确的公式。它包括两个公式，一个用于液-汽平衡，另一个用于固-汽平衡。

对于高于冰点的饱和水汽压（用于液-汽平衡）：

$$\lg e_w = 10.79586(1 - T_0/T) - 5.02808\lg(T_0/T) + 1.50475\times10^{-4}[1 - 10^{-8.2969(T_0/T-1)}] + 0.42873\times10^{-3}[10^{4.76955(1-T_0/T)}] + 0.78614 \tag{1}$$

式中，e为饱和水汽压，T_0为水三项点温度273.16K，T为窟内大气温度K。

上式1966年被世界气象组织发布的国际气象用表所采用。

上述的Goff-Grattch饱和水汽压公式比较繁杂。实际工程实践中多采用一组简化饱和水汽压公式进行计算：

对于高于冰点的饱和水汽压：

$$e = [1.0007 + P\times3.46\times10^{-6}]\times6.1121\times\exp[\frac{17.502\times t}{240.9 + t}] \tag{2}$$

式中：e为饱和水汽压mbar（1mbar=100Pa）；P为综合压力mbar（1atm=1013.25mbar）；t为窟内温度℃。

凝结水的露点温度在冰点以上，则首先用式（2）来计算饱和水汽压，再根据饱和水汽压与相对湿度计算水汽分压：

$$e_w = e \times E \tag{3}$$

式中：e_w 为水汽分压 mbar；E 为相对湿度。

露点温度可以根据水汽分压值按下述简化公式进行计算。

在水面上：

$$t_d = \frac{243.12\ln(e_w/611.12)}{17.62 - \ln(e_w/611.12)} \tag{4}$$

大足石刻区凝结水的露点温度可以根据第（4）式来计算。

将监测的洞窟岩壁温度与计算的露点温度进行比较。当岩壁温度低于露点温度时，岩壁上会出现凝结水；反之，则岩壁上不会产生凝结水。

3.5　小结

本次勘察运用物探、钻探、地质测绘等技术手段，经综合分析，取得了以下主要结论：

1）千手观音造像区分布的地层主要有第四系的残坡积物、人工堆积物、侏罗系的紫红色泥岩与灰紫色中细粒长石石英砂岩。其中第四系松散覆盖层和岩体强风化带为大气降水入沈的含水体。砂岩和泥岩渗透性极低，不透水。

2）研究区内岩体完整性好，未发现断裂构造，主要发育构造裂隙、层面裂隙和卸荷裂隙，这些裂隙相互交切，形成区内的裂隙渗流网络，成为地下水的渗流通道和储存空间。

3）千手观音造像所在地质单元的地下水类型为基岩裂隙水。石刻区内的岩体本身不含水，大气降雨大部分以地表径流方式沿地表排向大佛湾，部分大气降雨垂直向下渗入第四系覆盖层和岩体风化带中。当岩体中的裂隙延伸至第四系覆盖层时，大气降水沿裂隙垂直入渗，使岩体中的裂隙局部含水。这些含水裂隙与层面裂隙相交切，构成了岩体中的渗水裂隙连通网络。

4）由钻孔压水试验可知：圣寿寺一带地下水与卧佛泉水存在连通补给关系；千手观音顶部一带地下水与千手观音右侧渗水裂隙存在连通补给关系；华严三圣顶部一带地下水向牧牛图低洼方向渗流汇集。

千手观音至维摩顶一线为该区域地下水的分水岭，大气降水垂直下渗后分别朝东朝西渗流。千手观音造像区正位于地下水分水岭的脊部，不受地下水影响。

5）千手观音造像区的主要环境地质病害为裂隙切割、渗水、岩体风化、造像残缺和苔藓霉菌孳生等。

6）目前崖顶排水沟基本完好，无破损。常年观察排水沟内没有明水从千手观音崖顶流入大悲阁内。存在的主要问题是：排水沟不规整，两头太窄，排水不畅；在大悲阁东侧安防装置通过部位排水沟有一缺损处，暴雨时有水下漏。

针对以上调查，建议对排水沟进行统一修缮，加宽排水沟两端的过水断面，并对排水沟做防渗处理。

7）调查发现，千手观音造像区靠近崖顶的 1 ~ 2m 范围内，雕刻品风化加剧，且西侧比东侧风化更为严重。分析其原因主要与潮湿环境有关。千手观音造像区靠近崖顶的岩体为中风化砂岩，表层局部已成为强风化砂岩，其吸水率远远高于新鲜砂岩。在排水沟附近的潮湿环境中，更容易吸收水分，降低砂岩强度，导致雕刻品风化加剧。由于崖顶西侧比东侧通透，干湿循环作用更为强烈，这是崖顶西侧岩体比东侧风化更严重的原因。

建议在千手观音造像区崖顶部位的东西两侧各安装一套温湿度和含水率的自动记录监测设备，进行长期监测，并据此对风化机理进行定量评价。

8）千手观音造像崖顶为一以悬臂梁形式向外凸出的岩体，此岩体易发生拉裂式破坏。采用极限平衡法验算的结果表明：4 种方案计算的稳定性系数 K＝9.4～11.4，远远大于规范规定的容许安全系数（[K]＝1.5）。因此，目前情况下岩体处于稳定状态，屋檐的重量不会造成崖顶挑梁岩体失稳。

调查发现 8 个石墩支柱均遭受不同程度的风化，屋檐横梁已经腐朽。应该及时进行处理加固。

9）研究表明：千手观音造像区的潮湿主要受凝结水的影响，应重视对凝结水病害的专题研究。

第 4 章　环境跟踪监测与评估

4.1　气候环境

千手观音石刻所在大足县属亚热带湿润季风气候，四季分明，雨量充沛，年均降雨量 1009mm，年际、月际及区域分布不甚均匀。伏旱居多，夏旱次之。洪涝频率 12% ~30%，出现于 6 ~9 月。由于蓬莱镇组紫色页岩吸热力强，春夏之交，暖气流上升猛烈，县境一些地区易形成冰雹。年均寒潮 4 ~5 次，出现于 10 月至次年 4 月。3、5、9 月有低温，3 月上旬频率 42%。年均日气温 17. 0℃，年均相对湿度 85%，年均无霜期 323 天，历年平均日照时数为 1111. 8h，为全国日照最少的地区之一。

2010 年平均气温 17. 1℃，较历年平均值偏高 0. 1 0C，年极端最高气温 39. 7 ℃ （8 月 11 日），极端最低气温为 - 2. 0℃ （12 月 17 日）。全年降雨量 950mm，同比持平，比历年平均值偏少 5. 85%。年日照总时数 981. 6h，偏少 11. 7%，年日照百分率 22%。

4.2　大悲阁微环境监测与评估

4.2.1　千手观音微环境气象状况

千手观音微环境气象监测指标包括空气温度、岩层温度、湿度、风速，对千手观音保护建筑大悲阁内不同位置不同方位的温湿度、风速和崖面温度进行实时不间断监测，于 2008 年 12 月正式开始，所有监测点完整采集数据始于 2009 年 4 月 20 日。

4.2.1.1　空气温度

在千手观音保护建筑大悲阁内外布置了 12 个气温测定点，分别为千手观音东侧上、中、下 3 点，西侧上、中、下 3 点，东侧檐口、西侧檐口、正门檐口各 1 点，大悲阁内左、中、右各 1 点。2008 年 12 月 ~2009 年 12 月 30 日千手观音微环境总平均气温为 16. 6℃，最高气温为大悲阁正门檐口的 35. 3℃，出现于 2009 年 9 月 8 日；最低气温为大悲阁正门檐口的 0. 7℃，出现于 2009 年 1 月 7 日。同一监测点日温差在 1 ~12℃之间，同一时间不同监测点温差在 3℃左右。

仔细分析千手观音近表面温度与大悲阁空气的温度，从图 4 - 1a 所示的月平均温度看，大悲阁内中部的温度均高于千手观音东侧中部、西侧中部的近岩壁表面温度，且在 7 ~9 月份温度相差较大，分别为 0. 6、0. 6 和 2. 4℃。大悲阁内的平均温度亦高于大悲阁正门檐口的平均温度，这是因

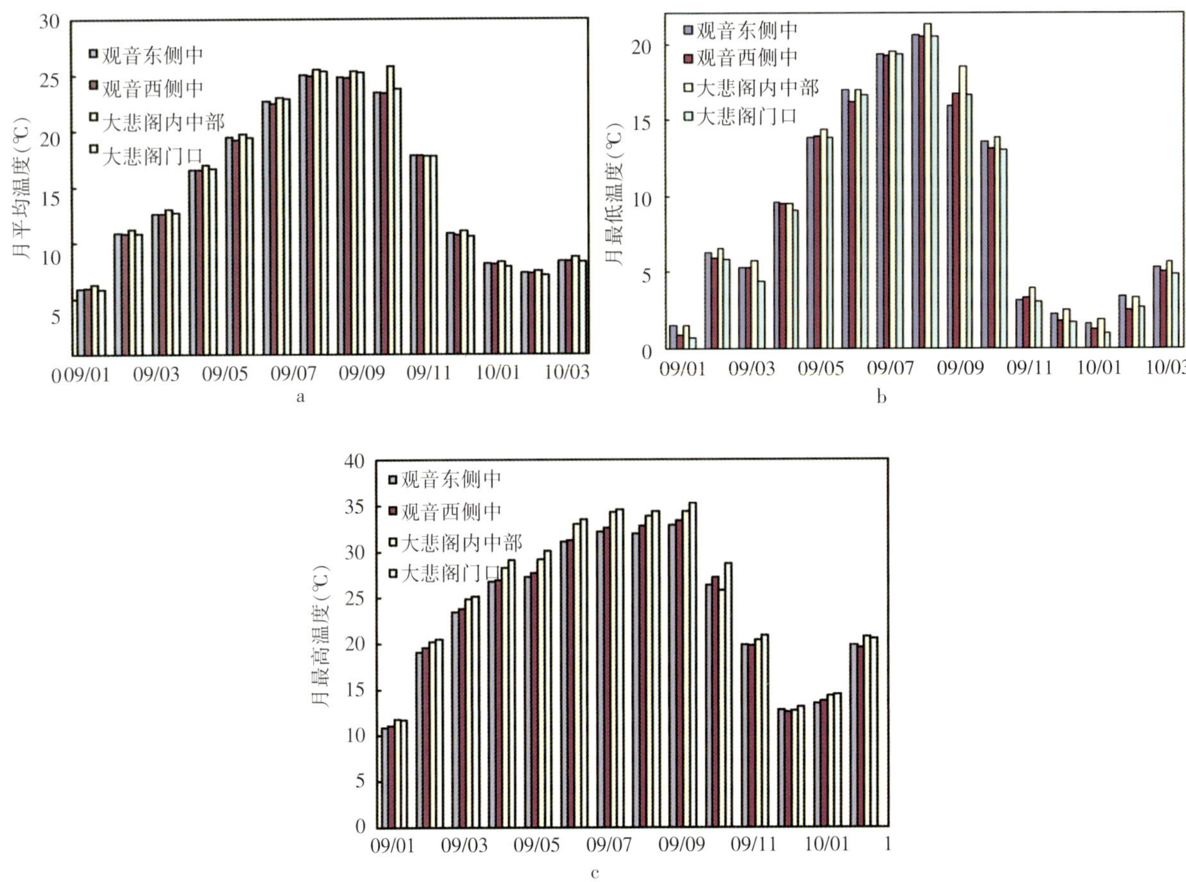

图 4－1　大悲阁室内外气温及千手观音岩壁近表面温度的月变化

a 月平均收入　b 月平均最低温度　c 月平均最高温度

为大悲阁正门檐口的日夜温差较大、而大悲阁内日夜温差较小引起的（图 4－1b 所示的月最低温度间接反映了这一事实）。

从图 4－1c 所示的月最高温度看，大悲阁正门檐口的温度均高于大悲阁内的温度，显著高于千手观音岩壁的近表面温度，且温差随气温上升而增大，即夏天的温差最大，冬天温差最小。

4.2.1.2　岩层温度

岩层温度监测点位于千手观音东侧崖壁上下部，2008 年 12 月～2009 年 12 月 30 日 10cm 平均温度下部为 16.2℃，上部为 15.8℃，最高为下部的 26.4℃，出现于 2009 年 9 月 10、11 日；最低为上部的 5.7℃，出现于 2009 年 1 月 27 日。5cm 平均温度下、上部与 10cm 相同，最高为下部的 26.9℃，出现于 2009 年 9 月 10 日；最低为上部的 5.6℃，出现于 2009 年 1 月 27 日。岩体表面平均温度下部为 17.1℃，上部为 16.7℃，最高为下部的 27.9℃，出现于 2009 年 9 月 10 日；最低为上部 4.8℃，出现于 2009 年 1 月 27 日。同一监测点相同深度的日温差在 0.1～3.7℃之间。

对比分析岩层温度与岩壁表面温度，如图 4－2 所示，可以发现，千手观音岩层不同深度的温度出现有规律性的变化：

1）在秋、冬季节即 10～2 月，岩层温度随深度而升高，岩层内部 10cm 温度明显高于岩壁表面温度，不同月份的温差在 0.1～0.6℃之间。

2）在春、夏季节即 3～9 月，岩层温度随深度而下降，岩层内部 10cm 温度明显低于岩壁表面温度，不同月份的温差在 0.2～0.7℃之间。

综合大悲阁室内外空气温度及千手观音岩层温度特征，在春、夏季节，千手观音岩壁平均温度低于空气平均温度，所以这段时间出现岩壁吸湿、凝结水的可能性最大。

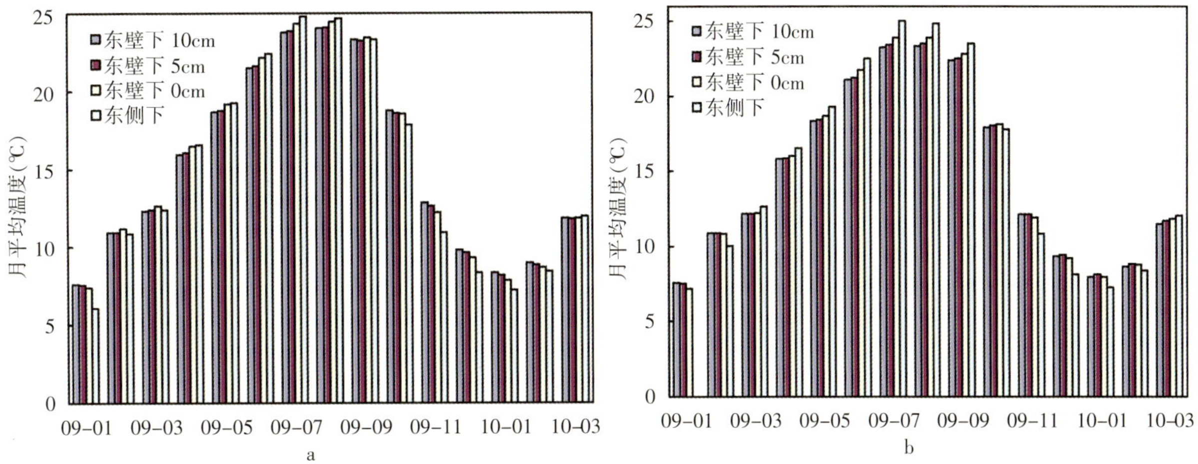

图 4－2　千手观音不同深度岩层及近岩壁表面的月平均温度

a 东壁下　b 东壁上

4.2.1.3　相对湿度

在千手观音保护建筑大悲阁室内外布置了 12 个相对湿度测定探头，与温度探头设置相同，分别为千手观音东侧上、中、下 3 点，西侧上、中、下 3 点，东侧檐口、西侧檐口、正门檐口各 1 点，大悲阁内左、中、右各 1 点。

2009 年 1 月至 2010 年 3 月千手观音小环境内总月平均湿度为 86.3%，5、6、7、9 月的月平均湿度最高，均高于90%，最低月平均湿度（2 月）也高达78%，这表明千手观音处于长年高湿环境下，且除 8 月份外，高湿度与高气温气象状况相伴。

按空间和方位划分，大悲阁甬道内东侧平均湿度比西侧稍大，甬道内平均湿度比两侧檐口大，东侧檐口又大于西侧檐口；大悲阁内部和正门檐口平均湿度最小，阁内东西侧相当。

将千手观音近表面 6 个测点的平均湿度进行平均，并与大悲阁正门檐口的平均相对湿度进行对比（图 4－3），可以发现，千手观音与大悲阁正门檐口的相对湿度差出现规律性的变化：

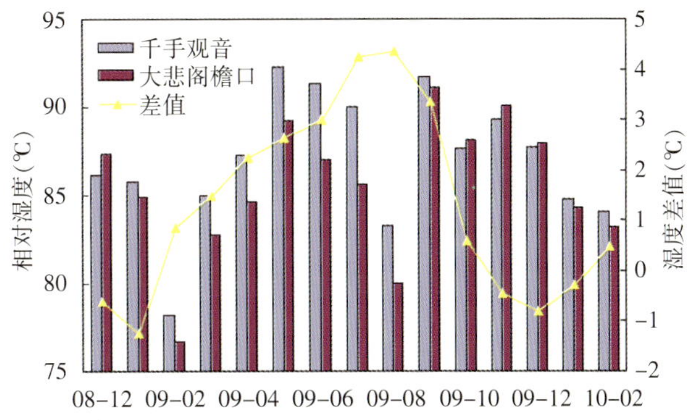

图 4－3　千手观音及大悲阁外空气湿度变化及其差值的变化规律

1）在10～2月，千手观音近表面相对湿度小于大悲阁室外空气的相对湿度；

2）在3～9月，千手观音的相对湿度大于室外空气的相对湿度，在6、7、8、9月中相差均超过3%，最大达到4.4%。

相对湿度的这一变化规律与温度的变化规律是一致的。综合相对湿度和温度的特征，可以进一步预测在6～9月出现千手观音岩壁吸湿、凝结水的可能性最大。

4.2.2　千手观音微环境空气质量

在千手观音附近布设了两类空气质量监测设备。第一类为主动式采样—试验室分析：在现场采样后，送到大足县环保局监测站进行分析，测定指标为二氧化硫（SO_2）、二氧化氮（NO_2）和可吸入颗粒物（PM_{10}），这套采样装置始于2008年8月。自2010年6月，可吸入颗粒物中的阴离子及无机元素和凝结水由清华大学环境质量检测中心进行分析测试。第二类为全自动监测设备，二氧化硫（SO_2）、氮氧化物（NOx）等数据现场直接显示，第1套设备于2008年11月1日正式投入使用；第2套设备于2010年6月开始使用，并增设臭氧（O_3）自动监测系统，由清华大学环境质量检测中心负责运行和数据分析。

4.2.2.1　采样—试验室分析

1）测试方法

（1）SO_2、NO_2、PM_{10}

依据《空气和废气监测分析方法》

（2）pH

仪器参数：Thermo Orion3 Star型pH计

凝结水：直接测定

可溶性颗粒物：取分割成一定面积（R＝70mm）的两块滤膜浸渍于20ml高纯水并采用KQ－5000DE型超声清洗器进行超声，超声温度20℃，超声功率60%，取溶解液上清液采用pH计测定。

（3）阴离子

预处理方法：使用铳子准确分割滤膜（R＝0.070m），取2片分割后的滤膜加入20ml高纯水，超声20min，取上清液用0.45μm微孔滤膜过滤。

仪器参数：Dionex ICS表4－2000离子色谱系统（图4－4）：阴离子分析柱IonPac AS11（4mm×250mm），保护柱IonPac AG11（4mm×50mm），ASRS－4mm（阴离子）抑制器，RFICTM EGC Ⅲ KOH淋洗液。柱温30℃，池温35℃，进样量25μL。

程序方法：程序时间0～20min，淋洗液浓度10～20mM，抑制器电流60mA，柱流速1.0ml/min。

标准样品：F^-，Cl^-，NO_2^-，NO_3^-，B_r^-，SO_4^{2-}（国家标准物质研究中心，1000mg/L），NO_2^-（国家标准物质研究中心，329mg/L）。SO_3^{2-}采用分析纯无水亚硫酸钠进行配制，配制前依据《GB1894－2005食品添加剂 无水亚硫酸钠》进行标定。

（4）无机元素

预处理方法：使用铳子准确分割滤膜（R＝0.070m），取1片铳好的滤膜剪碎放入25ml消解瓶中，加入10mlHNO_3和4ml$HClO_4$，盖上小漏斗，放置过夜。在消解炉上加热溶解（设定150～

图 4 - 4　Dionex ICS2000 离子色谱系统

160℃），保持微沸至冒白烟时，取下小漏斗，待蒸至尽干取下冷却，用 10ml 0. 16mol/L 的 HNO_3 冲洗小漏斗及管壁，再放到加热板上（设定 110 ~ 120℃），保持微沸 10min。取用定量滤纸过滤至 25ml 容量瓶中并用 0. 16mol/L 的 HNO_3 定容，移入聚乙烯塑料瓶中，待测。

仪器参数：Thermo IRIS 型等离子体发射光谱仪（图 4 - 5）：射频（RF）功率 1150W，频射发生器频率 27. 12MHz，工作气（Ar）流量 1. 0L/min，分析泵流量 2. 4ml/min。喷雾器压力 25. 1psi。

标准样品：K，Ca，Na，Mg，P，S（国家钢铁材料测试中心 钢铁研究总院，1000mg/L）

（5）TOC

仪器参数：岛津 TOC - Vwp 总有机碳分析仪（图 4 - 6）

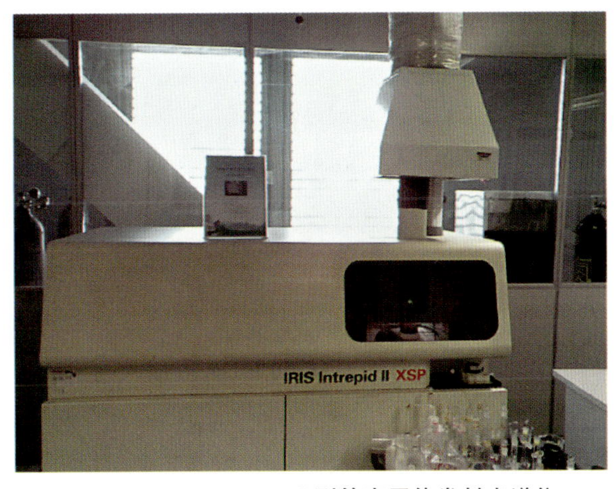

图 4 - 5　Thermo IRIS 型等离子体发射光谱仪

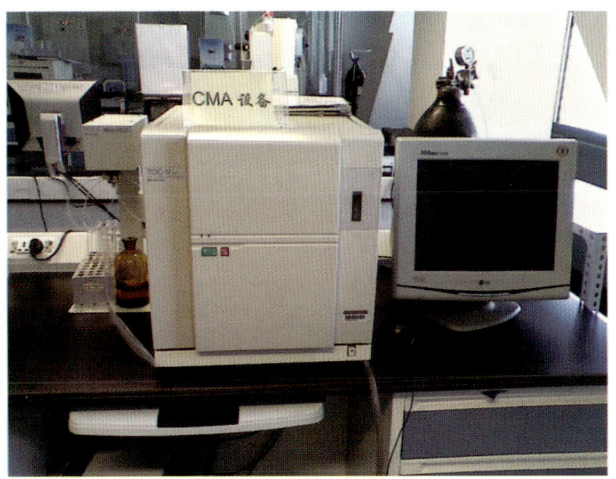

图 4 - 6　岛津 TOC - Vwp 总有机碳分析仪

标准样品：邻苯二甲酸标准贮备溶液，1000mg/L，无机碳标准贮备液，1000mg/L。均采用分析纯药品配制。

（6）总酸度

依据《水和废水监测分析方法》

2）空气质量采样测试结果

分析 2009 年 1 ~ 8 月的 82 次采样检测数据，SO_2、NO_2 和 PM_{10} 的统计结果如表 4 - 1 所示。根据

重庆市人民政府1997年颁布的《重庆市环境空气质量功能区划分规定》，大足石刻风景名胜区属于一类功能区，执行国家一级大气质量标准。据此，从表中可见，三项监测指标中，只有NO_2满足一级标准；而SO_2的所有测定值均超过一级标准，但所有检测值均小于二级标准值；PM_{10}则在大部分时间内超过二级标准，超过三级标准值的比例为24%。

表4-1 2009年1~8月大悲阁空气质量统计分析结果

监测指标	SO_2（mg/m^3）	NO_2（mg/m^3）	PM_{10}（mg/m^3）
平均值	0.038	0.014	0.107
中值	0.038	0.013	0.084
最大值	0.052	0.03	0.443
最小值	0.026	0.01	0.008
环境空气一级标准-年均	0.02	0.04	0.04
环境空气二级标准-年均	0.06	0.04	0.10

对比表4-2中2009年和2010年1~3月的检测数据，可以发现，2010年1~3月NO_2浓度值明显高于2009年，3月份超过一级标准，这表明大足石刻地区似乎呈现氮氧化物污染加重趋势，需要进一步关注。

表4-2 2009年和2010年1~3月大悲阁空气质量对比

年份	监测指标	SO_2（mg/m^3）	NO_2（mg/m^3）	PM_{10}（mg/m^3）
2009年	1月	0.027	0.011	0.172
	2月	0.030	0.011	0.115
	3月	0.040	0.017	0.140
2010年	1月	0.028	0.022	0.160
	2月	0.029	0.030	0.172
	3月	0.034	0.057	0.139

分析2010年6月2日~2011年1月的3日的14个PM_{10}采样样本的水溶液pH值，并取空白滤膜做对比，结果见表4-3。

表4-3 颗粒物水溶液的pH值

采样日期	pH	采样日期	pH
2010-06-02	4.84	2010-08-30	3.79
2010-06-09	4.65	2010-09-09	4.14
2010-06-16	4.71	2010-10-07	3.93
2010-06-23	4.51	2010-10-18	3.90
2010-07-03	4.69	2010-12-20	3.72
2010-08-14	4.16	2011-01-01	4.15
2010-08-21	4.56	2011-01-03	3.72
空白滤膜	7.00		

由表 4 - 3 可见，2010 年 6 月 ~2011 年 1 月间所有样品的 pH 范围在 3.72 ~4.71，均呈酸性，低于大气二氧化碳溶解于水的 pH 值（pH <5.6），说明大气颗粒物中含有大量的酸性物质，这是除酸雨之外，大气酸沉降的另一种表现形式。虽然千手观音有大悲阁的保护免受酸雨的直接侵害，但是酸性大气颗粒物沉积并积聚在大佛造像上，在有雾等湿度较大的天气条件下，大量的酸性物质就易于溶于水，从而对造像造成腐蚀和损害。

除检测大气颗粒物的 pH 值外，我们还分析了大气颗粒物所含有的阴离子。可吸入颗粒物（PM_{10}）中的可溶性阴离子测试结果如表 4 - 4 所示。

由表 4 - 4 可见，在所检测的阴离子中，SO_4^{2-} > NO_3^- > SO_3^{2-} > Cl^- > F^- > Br^-。硫酸根离子在所有样品中均被检出，而且其浓度在所有样品中均较高，其次为硝酸根离子，比较 2010 年 10 月 -2011 年 1 月期间两种离子在离子总量所占的比例，如图 4 - 7 所示。可以看出颗粒物中硫酸根离子含量均在 50% 以上，硝酸根离子所占比例在 2010 年 10 月 - 2010 年 12 月呈现出上升趋势。在 6 个可比较的样品中，NO_3^-/SO_4^{2-} 的摩尔比从在 0.03 ~ 1.67 之间，其中 2 个样品 NO_3^-/SO_4^{2-} 的摩尔比大于 1。以上结果表明，硫酸盐、硝酸盐是主要的大气酸污染物质，说明当地已经出现了硫酸和硝酸两种形式的污染。

表 4 - 4　可吸入颗粒物中阴离子含量（单位 μg/m³）

采样日期	F^-	Cl^-	Br^-	NO_3^-	SO_3^{2-}	SO_4^{2-}
2010 - 06 - 02	0.00	0.02	—	—	0.04	11.08
2010 - 06 - 09	0.00	0.02	—	—	0.02	13.95
2010 - 06 - 16	0.03	0.00	—	—	—	16.79
2010 - 06 - 23	0.03	0.00	—	0.49	—	21.94
2010 - 07 - 03	0.01	0.00	—	—	0.07	6.50
2010 - 08 - 14	0.01	—	—	—	—	26.88
2010 - 08 - 21	0.01	0.01	—	—	0.00	4.18
2010 - 08 - 30	0.05	0.01	—	—	—	37.19
2010 - 09 - 09	0.03	0.01	—	—	—	16.98
2010 - 10 - 07	0.01	0.03	0.11	3.74	0.08	13.36
2010 - 10 - 18	0.01	0.01	0.06	1.06	0.08	6.38
2010 - 12 - 20	0.06	0.08	—	5.58	0.09	15.10
2011 - 01 - 01	0.01	0.30	0.03	6.13	0.24	5.67
2011 - 01 - 03	0.07	0.09	0.06	4.52	0.20	6.79

将样品滤膜进行 HNO_3 - $HClO_4$ 消解，采用 Thermo IRIS 型等离子体发射光谱仪测定可吸入颗粒物（PM_{10}）中的无机元素，得到的金属离子含量见图 4 - 8，得到各金属含量平均值分别为：K：0.8447μg/m³，Ca：0.9557μg/m³，Na：0.1510μg/m³，Mg：0.1716μg/m³，即金属阳离子含量 Ca^{2+} > K^+ > Mg^{2+} > Na^+。

以同样的方法进行测试，得到 P 和 S 的含量结果见图 4 -9 和图 4 - 10。得到其含量平均值分别

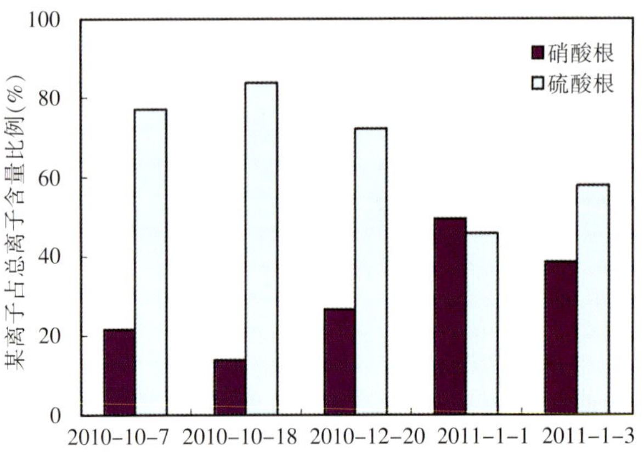

图 4-7　硝酸根和硫酸根占可溶性阴离子含量的比例

为：S：48.79μg/m³，P：0.043μg/m³，可以看出 S 元素的含量远远大于 P 元素含量。将 S 元素含量转换为 SO_4^{2-} 含量并与离子色谱测定得出的可溶性 SO_4^{2-} 含量进行对比，见图 4-11。可以得出可吸入颗粒物中可溶性硫酸盐占总硫酸盐含量的 5% ~15%。

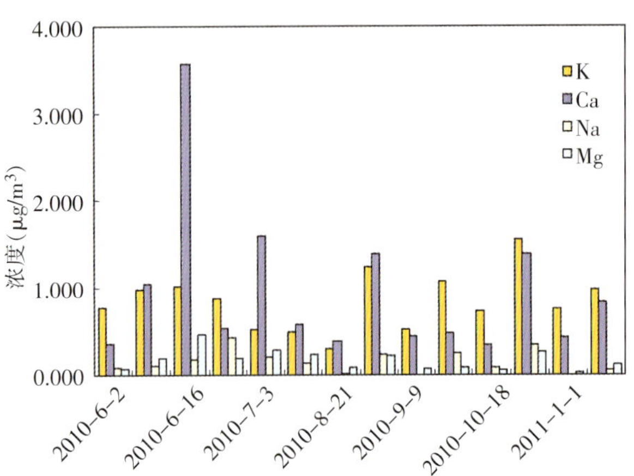

图 4-8　可吸入颗粒物中 K、Ca、Na、Mg 金属离子含量

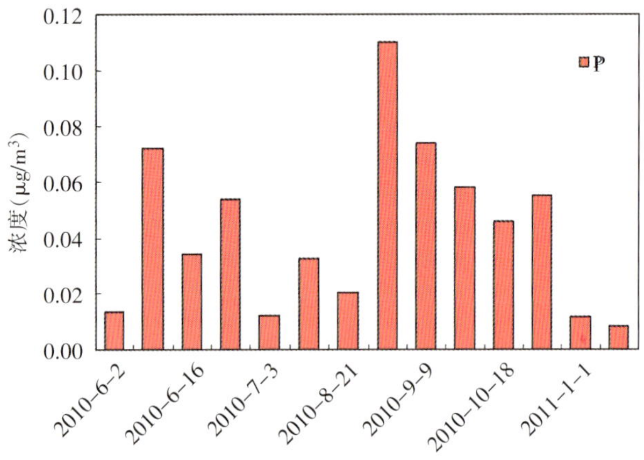

图 4-9　可吸入颗粒物中 P 元素含量

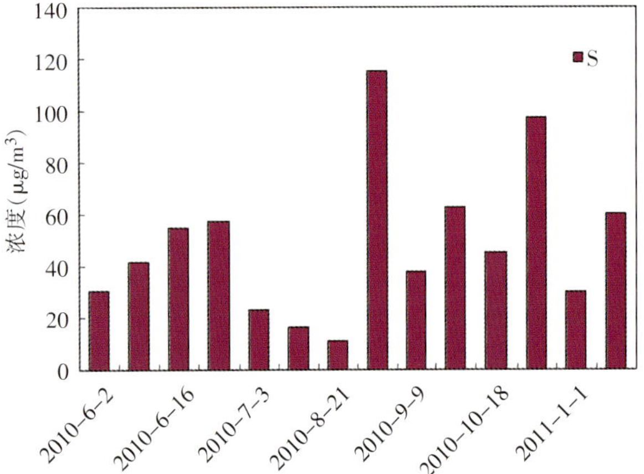

图 4-10　可吸入颗粒物中 S 元素含量

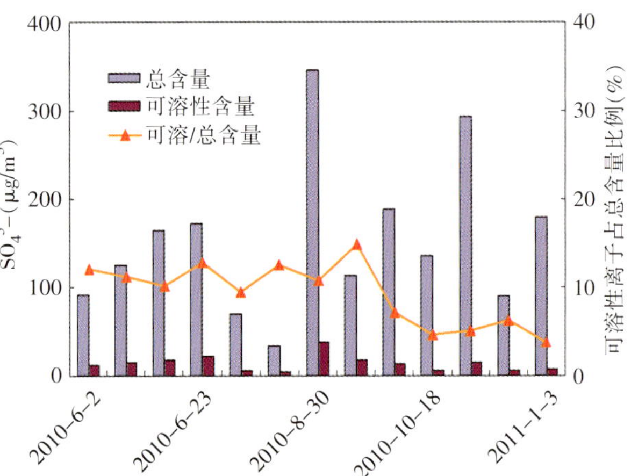

图 4-11　可溶性硫酸盐与总硫酸盐含量的对比

综上，千手观音所在大气环境中 SO_2 浓度较高，大气可吸入颗粒物中 S 元素及可溶性 SO_4^{2-} 在所占比例较高，而且颗粒物的水溶液 pH 较低，以上结果说明并验证了千手观音处在酸性环境中。

由于目前得到的颗粒物样本分析结果较少，今后仍需采集更多的样品，并增加对总悬浮性颗粒物（TSP）及其所含离子及元素的分析，以更准确评估大气颗粒物对千手观音大佛造像的影响。

3）凝结水

对 2010 年 7 月所采集的凝结水进行测试，采集样本为千手观音附近凝结水汇积液。得到其 pH 为 7.2，总酸度为 24mg/L，总有机碳为 16mg/L，主要阴离子及阳离子测试结果见表 4－5。

表 4－5　凝结水中离子含量（单位：mg/L）

阴离子含量	Cl^-	NO_3^-	SO_4^{2-}	
	4576	6848	2374	
阳离子含量	Ca^{2+}	Mg^{2+}	Na^+	K^+
	1473	404	2445	731

由表 4－5 可见，虽然凝结水的 pH 值在中性，但具有一定的酸度。阴离子中除在颗粒物中出现较多的硫酸根（SO_4^{2-}）和硝酸根（NO_3^-）之外，氯离子（Cl^-）的含量也非常高。考虑到高浓度 Cl^- 的腐蚀性，这对于观音造像也是十分有害的。

由于 2010 年 8 月后凝结水较少，没有能够取得足够多的样品，今后还需采集更多的样品进行分析，以得到更可靠、详尽的数据，以准确评估凝结水中的物质对千手观音造像的影响。

4.2.2.2　全自动空气质量监测

第一套全自动空气质量监测设备为北京大川公司负责安装的全自动监测设备，于 2008 年 11 月 1 日投入使用，但 2008 年 11 月 1 日～2009 年 4 月 18 日期间，SO_2、NOx 的采集精度不够，此段时间读数均为 0。2009 年 4 月仪器调整后，得到一些数据，但因为所采用的仪器并不适用于大气环境质量检测，因此这些数据只能作为参考。图 4－12、图 4－13 分别给出了 2009 年 5 月 1 日～7 月 31 日的 SO_2 和 NO_2 浓度的变化。

根据全自动监测仪器记录的数据统计，2009 年 5 月 1 日～7 月 31 日 SO_2 的平均值为 0.032mg/m³，中值为 0.038mg/m³；NO_2 的平均值和中值均为 0.009mg/m³。

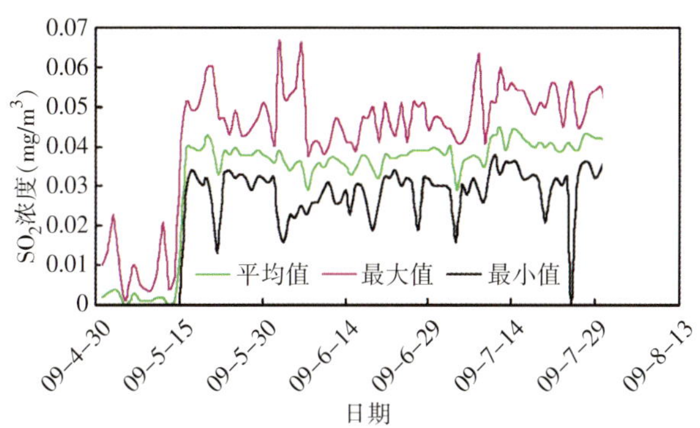

图 4－12　自动监测仪记录的大悲阁 SO_2 浓度变化

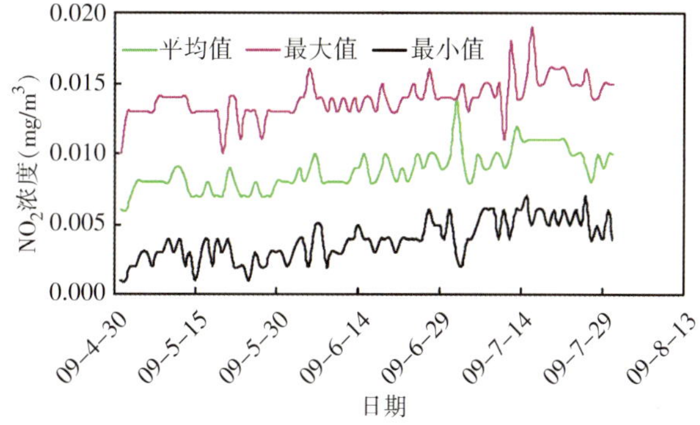

图 4－13　自动监测仪记录的大悲阁 NO_2 浓度变化

第 2 套全自动空气质量监测设备是向上海祥得环保仪器有限公司租用的，由该公司负责安装，可进行 SO_2，NOx 和 O_3的自动校准和监测。本套系统包括以下仪器：Sabio Model 1001 零气发生器，Sabio 4010 型自动校准仪，K50206 型二氧化硫分析仪，K502350 型氮氧化物分析仪和 K50110/00 型臭氧分析仪。采用的标准气体为北京市华元气体化工有限公司生产的二氧化硫和一氧化氮混合标气。本套系统于 2010 年 5 月 27 日安装，之后投入使用，设置采样点于千手观音大悲阁殿的东侧下檐附近（图 4－14）。

a

b

图 4－14　第 2 套自动监测设备现场图

a 采样点　b 监测设备组

以下所分析的数据均来自第 2 套空气自动监测系统。

1）二氧化硫

二氧化硫监测周期为：2010 年 6 月 1 日～12 月 31 日。共获得有效小时均值数据 3846 个，分钟值数据 230760 个，监测期间 SO_2平均值为 0.015mg/m³，小于一级标准的年平均值（0.02mg/m³）。

监测期内每月二氧化硫日平均小时均值（即小时均值的日平均值）、日最大小时均值、日最小小时均值变化趋势见图 4－15。

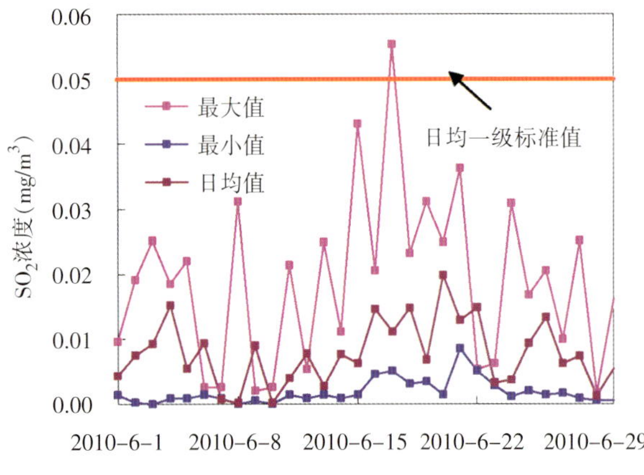

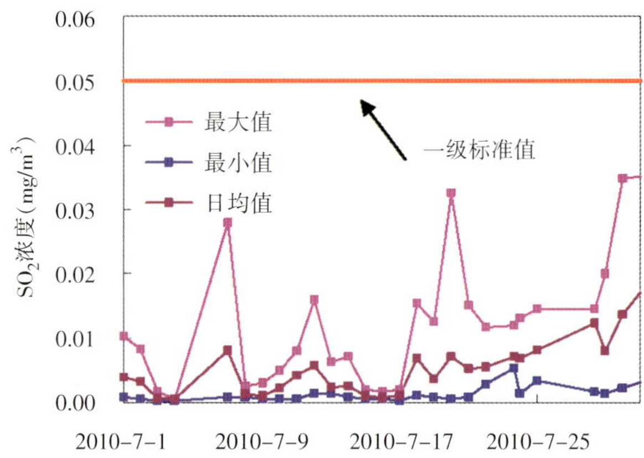

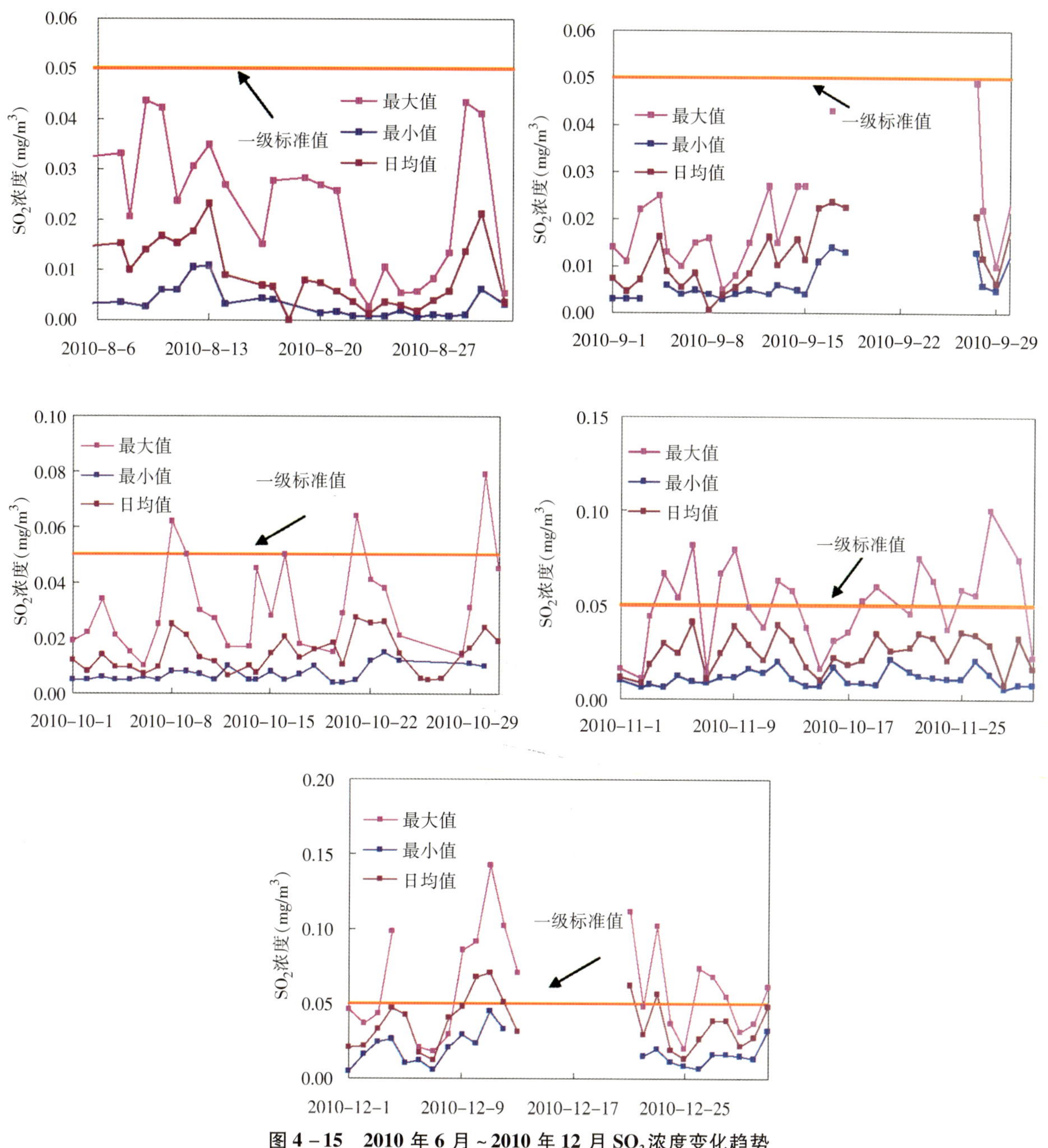

图 4-15　2010 年 6 月～2010 年 12 月 SO_2 浓度变化趋势

由图 4-15 可以看出，2010 年 6～12 月间，所有天数的二氧化硫日均值均低于国家环境空气日均值二级标准（0.15mg/m^3），而且 6～11 月所有天数的日均值满足国家一级标准日均值（0.05mg/m^3），6～9 月所有天数的日最大小时均值也低于国家日均一级标准日均值，从 10 月份开始，日最大小时均值超过国家一级标准的天数增加，12 月日均值超过或接近国家日均值一级标准的天数达到 8 天。对照国家一级标准的小时均值（0.02mg/m^3），在 6～12 月的每个月均出现每日最大小时均值超标的现象，且非常频繁，超标的天数基本上也按月份增加，12 月份几乎每天都出现超过一级标准的现象，这说明冬季月份时空气中二氧化硫污染现象较为严重。另一方面，二氧化硫自每月月初至月末未发现有规律的变化，均呈锯齿形变化，此与 SO_2 无规则排放及气象条件、大气扩散与传递等影响因素相关。

图 4－16 给出了 2010 年 6～12 月间各月 SO_2 月均值、月最大值（小时均值）和月最小值（小时均值）的变化趋势，6～12 月期间月均值范围在 0.003～0.037mg/m³，月最大值范围在 0.036～0.143mg/m³，月最小值范围在 0.000～0.007mg/m³。综合比较月最大值、月均值和月最小值在 6 月至 12 月的变化趋势，基本类同，均在 6 月达到最小，从 6～12 月逐渐递增，在 12 月达到最大。这与前面按日分析所得到的结果是相同的。

图 4－17 给出了各月 SO_2 浓度的月均小时均值的日变化趋势，即按月将每天同一时刻的小时均值做平均。由图可见，每天 SO_2 呈现出有规律的变化，每天中白天 SO_2 浓度逐渐升高，到了晚上则逐渐降低，最小值通常出现在凌晨 1：00～3：00，最大值则出现的时间不同。除 10 月外，6～12 月最大值出现的时间呈现逐渐推迟的状态，6 月在 9：00，9 月在 10：00，11 月在 11：00，12 月则在 13：00。

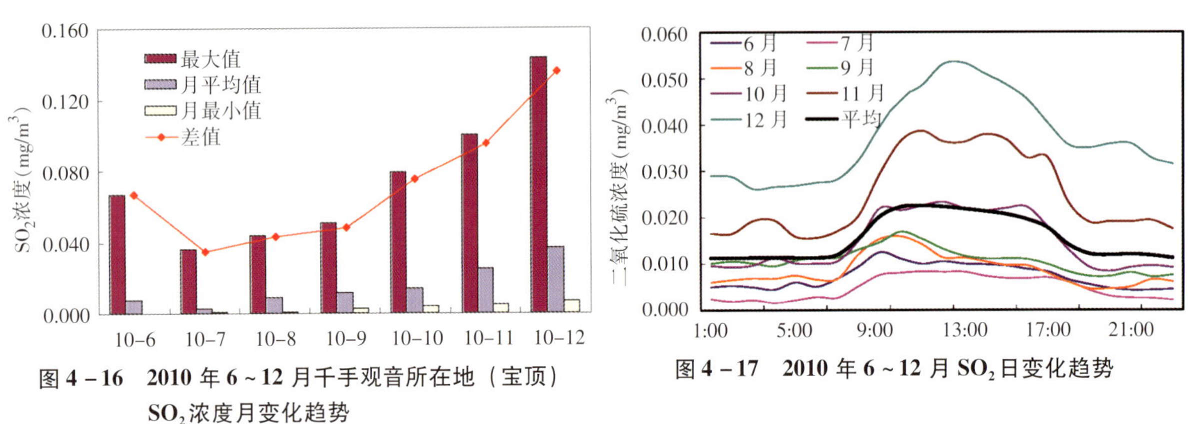

图 4－16　2010 年 6～12 月千手观音所在地（宝顶）SO_2 浓度月变化趋势

图 4－17　2010 年 6～12 月 SO_2 日变化趋势

2）氮氧化物

大气氮氧化物监测的周期为：2010 年 6 月 1 日～12 月 31 日。由于 9 月 17 日后仪器运行不太正常，所以只获得 6 月 1 日～9 月 17 日间有效的小时值、分钟值数据，得到监测期间 NO 平均小时均值为 0.003mg/m³，NO_2 平均值为 0.006mg/m³，NOx 平均值为 0.009mg/m³，低于国家一级标准。

图 4－18 给出了 2010 年 6～9 月 NO、NO_2 和 NOx 的小时平均值变化趋势，由图中可以看出氮氧化物同样呈锯齿形变化，低于小时平均值国家一级标准 0.12mg/m³，说明氮氧化物污染状况并不严重。同时可以看到，二氧化氮和氮氧化物的变化趋势基本相同，这是由于一氧化氮不稳定，在阳光下快速转变为二氧化氮所致。

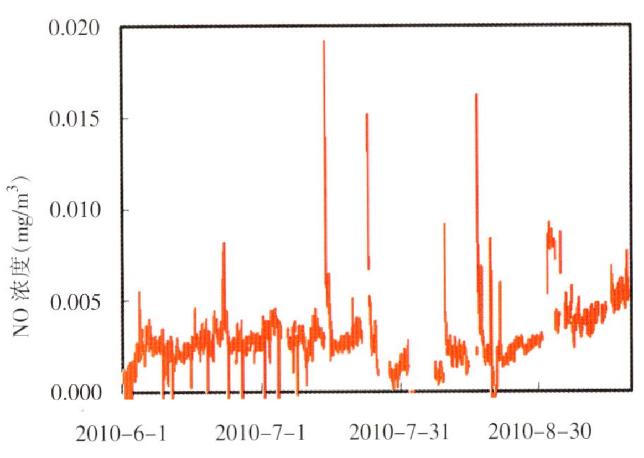

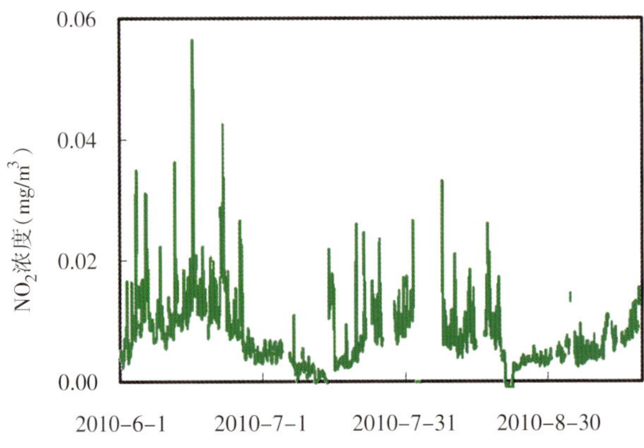

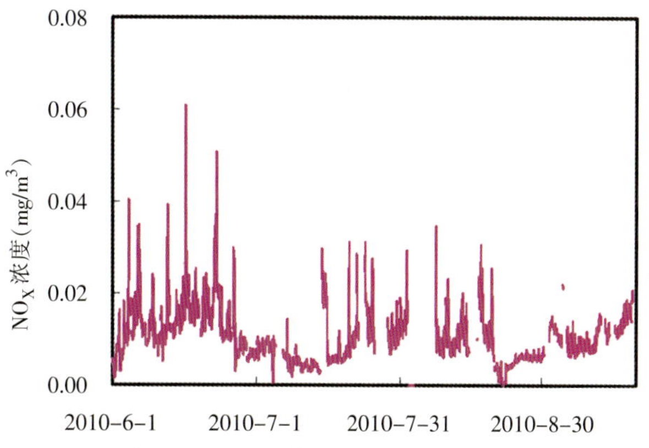

图 4－18　2010 年 6 月～2010 年 12 月 NOx 变化趋势（小时均值）

图 4－19、图 4－20 分别给出了 2010 年 6～8 月 NO 和 NO_2 浓度在每天的变化趋势。由于 NO 和 NO_2 相互转换，两者的浓度呈现相反的变化趋势。

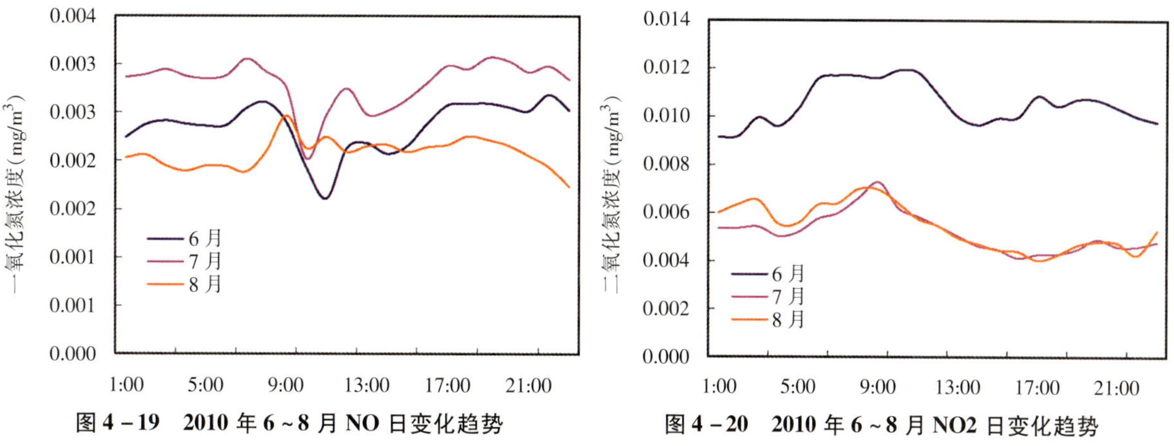

图 4－19　2010 年 6～8 月 NO 日变化趋势　　**图 4－20　2010 年 6～8 月 NO2 日变化趋势**

3）臭氧

各月臭氧采集时间为：2010 年 6 月 1～30 日，7 月 1～13 日，8 月 10～31 日，9 月 1～30 日，10 月 1～31 日，11 月 1～30 日，12 月 1～31 日。除 7～8 月臭氧分析仪出现故障之外，共获得有效小时值数据 3528 个，分钟值数据 211680 个，根据监测结果得到在此期间臭氧的小时平均值为 0.060mg/m^3。

图 4－21 给出了监测期间各月臭氧小时值变化趋势，呈明显锯齿型。而且很明显，6、8、9、

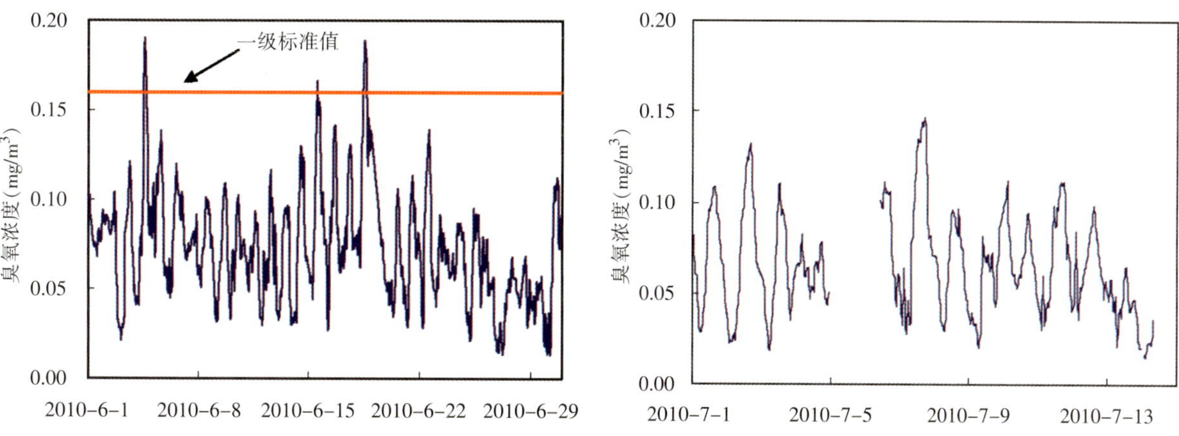

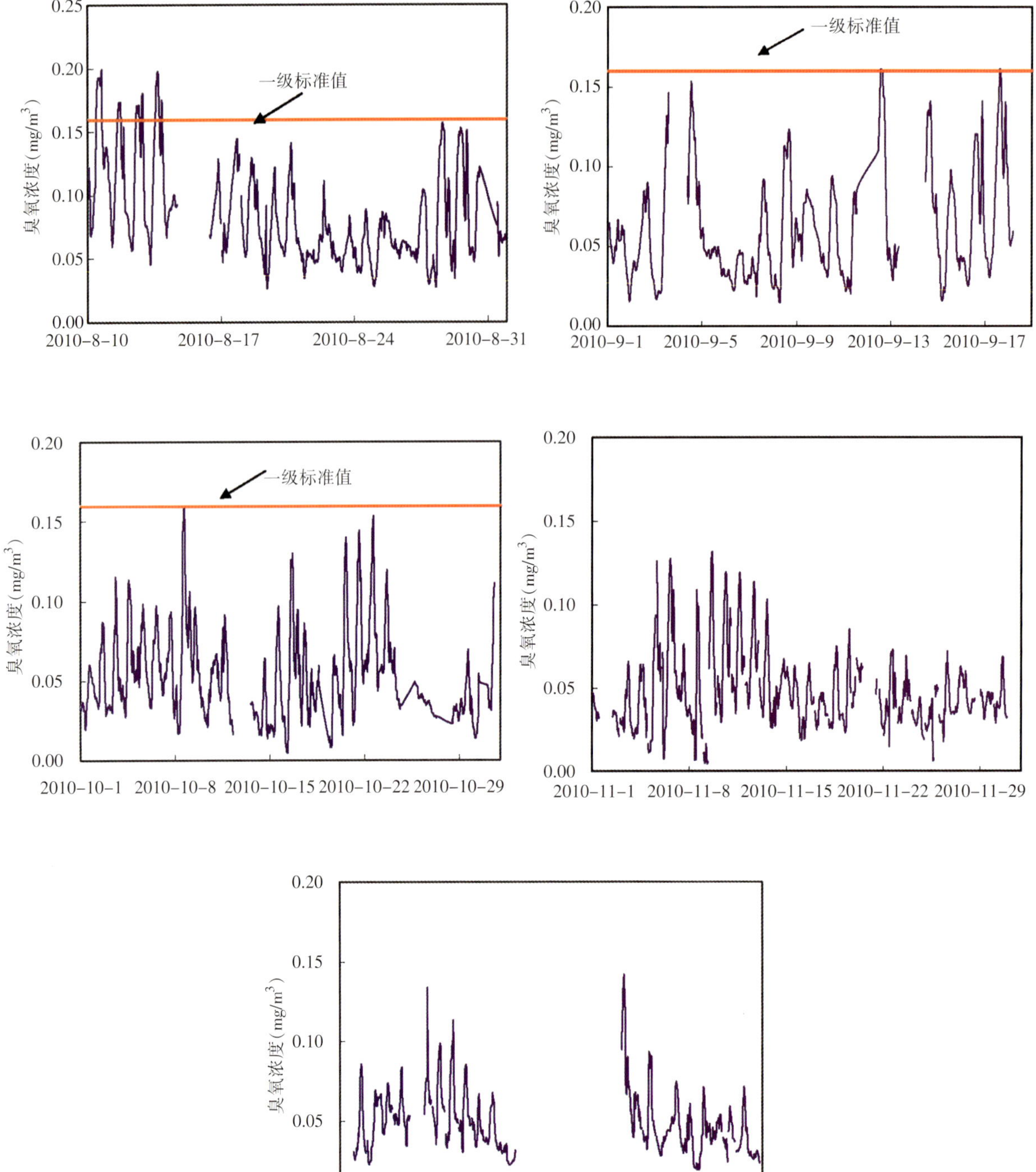

图 4－21　2010 年 6 月～2010 年 12 月 O_3浓度变化

10 月均出现臭氧浓度超过国家一级标准小时均值（0.16mg/m^3）的状况，对各月小时值进行分析，计算各月臭氧浓度超过 0.16mg/m^{3}的小时数占总监测小时数的比例，见表 4－6。

表4-6　千手观音所在处2010年按月 O_3 小时均值超标情况

项目	6月	7月	8月	9月	10月	11月	12月	6~12月
总监测时间（h）	685	277	423	407	598	632	506	3528
超标时间（h）	9	0	29	4	1	0	0	43
超标比例（%）	1.3	0.0	6.9	1.0	0.2	0.0	0.0	1.2

由表4-6可以看出，6~12月臭氧超标率平均值在1.2%，8月达到最大值6.9%，6~10月均有超标的情况，说明臭氧浓度具有夏季升高冬季降低的特点。这是由于夏季阳光充足，紫外线强烈，有利于大气中发生光化学反应产生臭氧。其中7月份的臭氧超标率较6月份低，这一可能是因为7月份有很大一段时间没有检测，目前的数据不一定能反映全月的情况；另一可能是因为7月份的降水较多，较多的降水能更好地清除大气中的污染物，所以臭氧臭氧的浓度较低。

图4-22给出了千手观音所在地及各月臭氧浓度均值、月最大值和月最小值变化趋势，月均值范围在0.047~0.084mg/m³，月最大值范围在0.132~0.199mg/m³，月最小值范围在0.005~0.027mg/m³。

图4-23给出了同一时间下各月臭氧浓度小时平均值变化趋势，可以看出臭氧在一天中的浓度变化非常有特点，大部分月份呈明显的单峰型周期性变化，即每天早晨逐步升高，到午后15：00左右达到最大值，然后又逐渐随日落后降低，在每天的清晨大清晨7：00左右达到最低值，周而复始。另外，在8月和9月，臭氧呈现双峰型变化趋势，即在晚上21：00左右出现一个小峰值，需要进行进一步的分析。

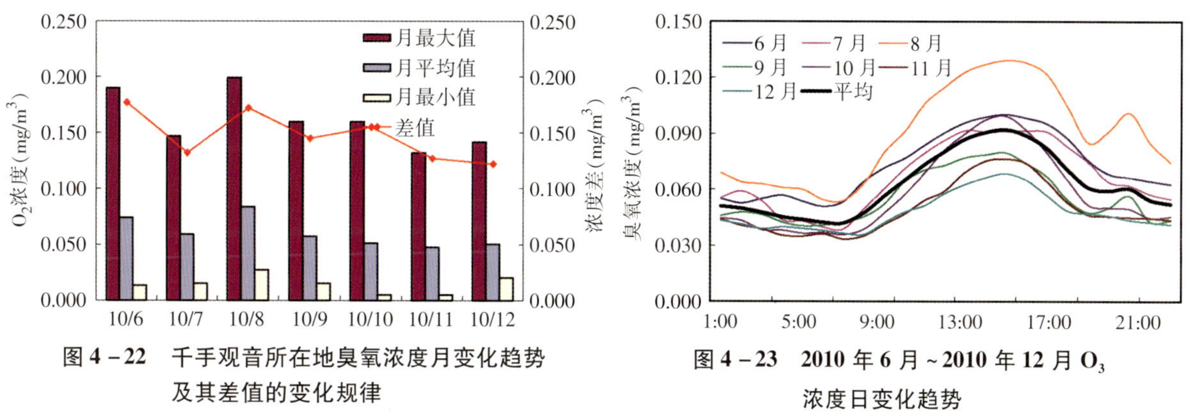

图4-22　千手观音所在地臭氧浓度月变化趋势及其差值的变化规律

图4-23　2010年6月~2010年12月 O_3 浓度日变化趋势

综上，在夏季存在臭氧浓样一个工业、城市化发展程度相对落后的地方出现这样高的臭氧浓度是让人意外的，而且此标准浓度是针对环境空气质量的，对于千手观音大佛造像的材质及修复材料等破坏程度尚不确定。需要开展深入的观察和分析研究，以评估臭氧污染对石刻文物的破坏。

4.2.3　棠香环境空气质量

为进一步研究大气环境的区域性影响，我们对棠香监测站点的空气质量自动监测结果进行了分析，并与千手观音所在处监测结果进行对比与研究。棠香站自动监测指标为二氧化硫，二氧化氮，臭氧，可吸入颗粒物及温湿度等气象参数。获得有效数据小时值395447个，获得各项指标数据占总监测时间的比例均大于94%。

4.2.3.1　二氧化硫

图 4－24 给出了各月棠香 SO_2月均值、月最大值和月最小值的变化趋势，除浓度较千手观音所在地高之外，其他变化趋势均相似。月均值范围在 0.0143～0.0467mg/m³，月最大值范围在 0.0802～0.1867mg/m³，月最小值范围在 0.0018～0.0047mg/m³。监测期间平均值为 0.023mg/m³，大于一级标准的年平均值（0.02mg/m³）。

比较 2010 年 6～2010 年 12 月棠香和千手观音两处二氧化硫月均值，如图 4－25 所示，可以看出，两处具有大体相同的变化趋势，均在 6 月达到最小，从 6～12 月逐渐递增，在 12 月达到最大。二者浓度差在 7 月最大，为 0.01mg/m³，在 9 月最小，为 0.005mg/m³。

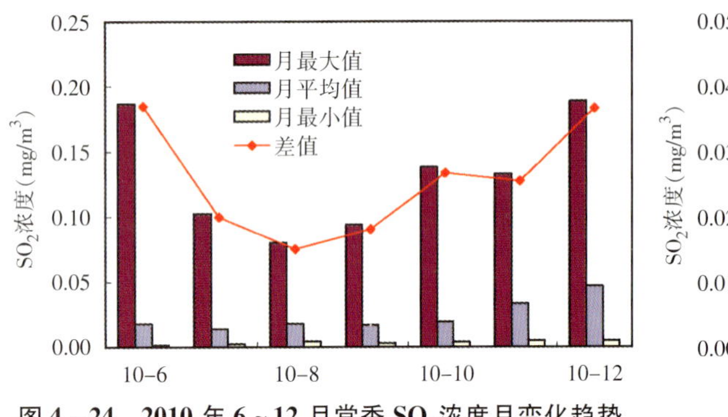

图 4－24　2010 年 6～12 月棠香 SO_2浓度月变化趋势

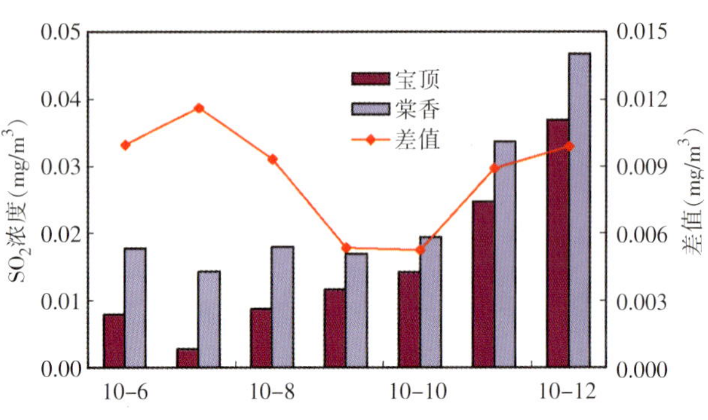

图 4－25　2010 年 6～12 月宝顶及棠香 SO_2浓度月平均值的对比

图 4－26 对比了宝顶和棠香 SO_2浓度日变化情况，棠香的浓度在中午前后达到最高，类似于正态分布，看来是明显受到工业企业的影响。而宝顶的分布则分为 3 个不同的水平，即白天高、晚上低，上午 9 点前和傍晚 5 点后的浓度较为接近，变化不大。而其余时间浓度有较大上升，但浓度变化不大。

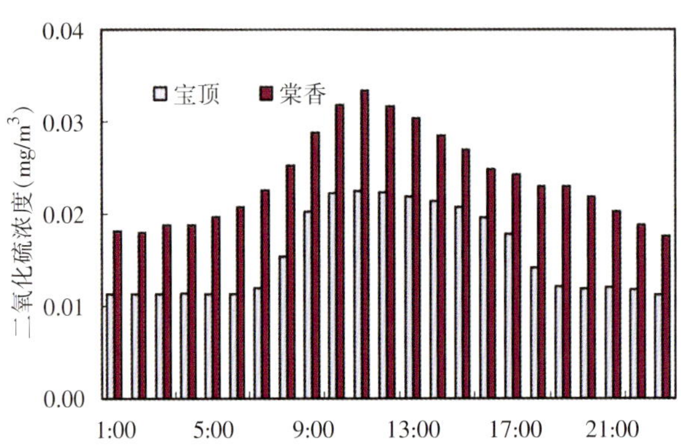

图 4－26　千手观音所在地和棠香 SO_2 日变化情况

4.2.3.2　二氧化氮

图 4－27 给出了 2010 年 5～12 月棠香 NO_2 日均值的变化趋势，日均值范围在 0.002～0.045mg/m³，低于国家环境一级标准日平均值 0.08mg/m³，监测期间平均值为 0.016mg/m³，小于一级标准年平均值 0.04mg/m³。

图 4－28 给出了 2010 年 6～9 月棠香和千手观音所在处二氧化氮月均值变化趋势。可以看出两处二氧化氮变化趋势基本相同，7 月二氧化氮浓度较 6 月降低，之后逐月升高。除了 6 月两处二氧化氮浓度相差不大以外，其他月份棠香的二氧化氮浓度均大于宝顶，而且二者差值自 6～12 月逐渐变大，浓度差值范围在 0～0.007mg/m^3。

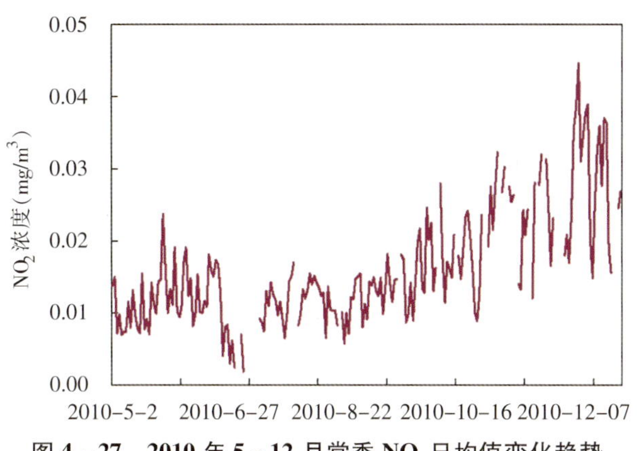

图 4－27　2010 年 5～12 月棠香 NO_2 日均值变化趋势

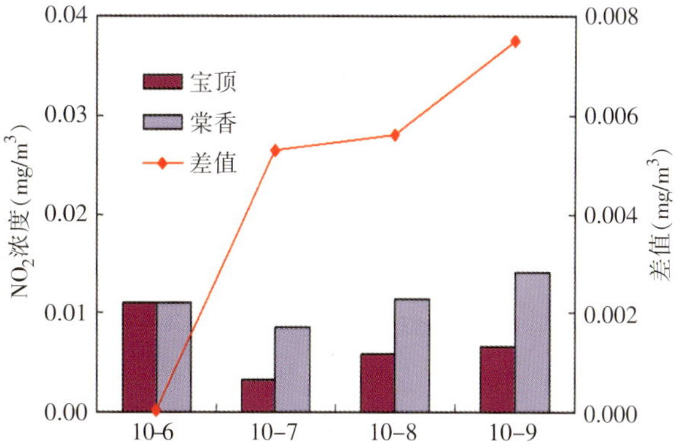

图 4－28　2010 年 5～12 月棠香和千手观音所在地 NO_2 月均值变化趋势

4.2.3.3　臭氧

图 4－29 给出了 2010 年 6～12 月棠香臭氧日均值变化趋势，监测期间日均值最大值为 0.264mg/m^3，最小值为 0.027mg/m^3，平均值为 0.093mg/m^3，低于国家环境空气一级标准 0.16mg/m^3。为进一步了解棠香臭氧污染情况，对各月臭氧小时均值超标情况进行归纳，见表4－7，并将棠香与千手观音所在地臭氧超标情况进行对比，见图 4－30。

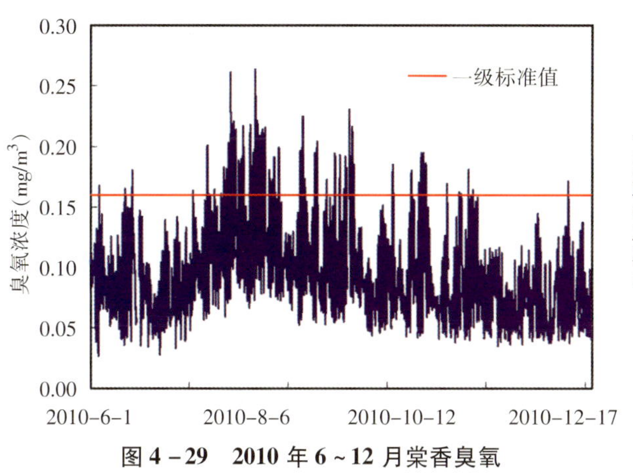

图 4－29　2010 年 6～12 月棠香臭氧浓度日均值变化趋势

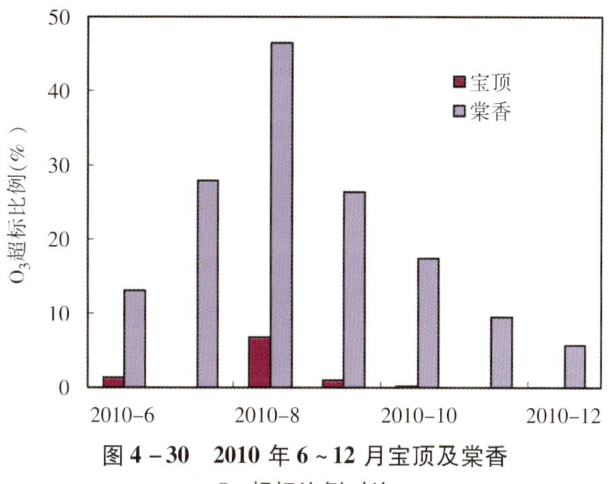

图 4－30　2010 年 6～12 月宝顶及棠香 O_3 超标比例对比

表 4－7　棠香 2010 年按月 O_3 超标情况

项目	6 月	7 月	8 月	9 月	10 月	11 月	12 月	6～12 月
总监测时间（h）	680	734	738	648	729	694	688	4911
超标时间（h）	10	61	169	63	41	9	4	357
超标比例（%）	1.5	8.3	22.9	9.7	5.6	1.3	0.6	7.3

对比千手观音所在地和棠香的臭氧浓度，可以看到棠香的超标更为显著，棠香 8 月份的超标率最大，达到 22.9%。7 月份的超标率比 6 月份高，这从间接说明千手观音所在地 7 月份超标率低很可能是因为监测数据点少的原因。6 ~ 12 月期间共 7 个月的超标率达到 7.3%，直接反映了城区空气质量较千手观音所在地差。

图 4 - 31 给出了 2010 年 6 ~ 12 月棠香各月臭氧浓度变化情况，月均值范围在 0.072 ~ 0.129mg/m^3，月最大值范围在 0.180 ~ 0.264mg/m^3，月最小值范围在 0.027 ~ 0.053mg/m^3。很明显各月臭氧最大值均超过臭氧环境空气一级国家标准小时平均值 0.16mg/m^3。

综合比较两处采样点月均值在 6 ~ 12 月的变化趋势，见图 4 - 32。棠香臭氧浓度均大于千手观音所在处臭氧浓度，月均值差值在 0.013 ~ 0.046mg/m^{3}之间，臭氧浓度均在 8 月份达到最大，更清楚地说明夏季臭氧浓度较高的特点，同时也反映棠香污染的程度较千手观音所在地更为严重。

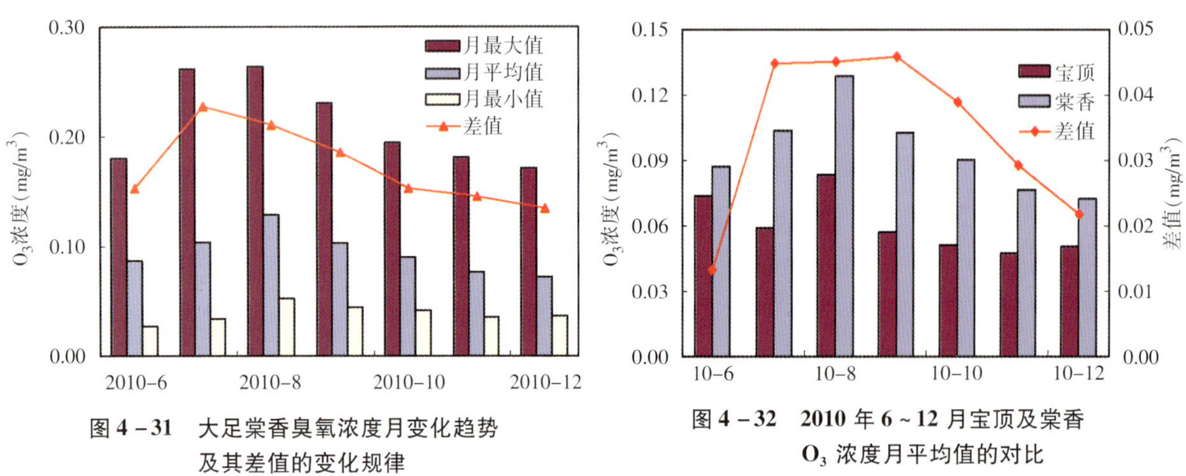

图 4 - 31　大足棠香臭氧浓度月变化趋势及其差值的变化规律

图 4 - 32　2010 年 6 ~ 12 月宝顶及棠香 O_3 浓度月平均值的对比

图 4 - 33 为 2010 年 5 ~ 12 月 7 个月的臭氧及二氧化氮月均值变化趋势。可以看出臭氧浓度在 8 月达到最大峰值，而二氧化氮浓度在 7 月达到最小峰值。除了 7 ~ 8 月二者呈相同变化趋势以外，其他时间二者均呈相反的变化趋势。这是由于二氧化氮与臭氧的大气光化学反应作用的结果。

图 4 - 34 对比了千手观音所在地（宝顶）和棠香臭氧浓度的日变化情况，两者具有相同的趋势，即日出前臭氧浓度最低，日出后臭氧浓度逐渐上升，中午及午后 2 ~ 3 点达到最高浓度，之后又逐步降低。同一时间棠香浓度均比宝顶高出约 0.03mg/m^3。

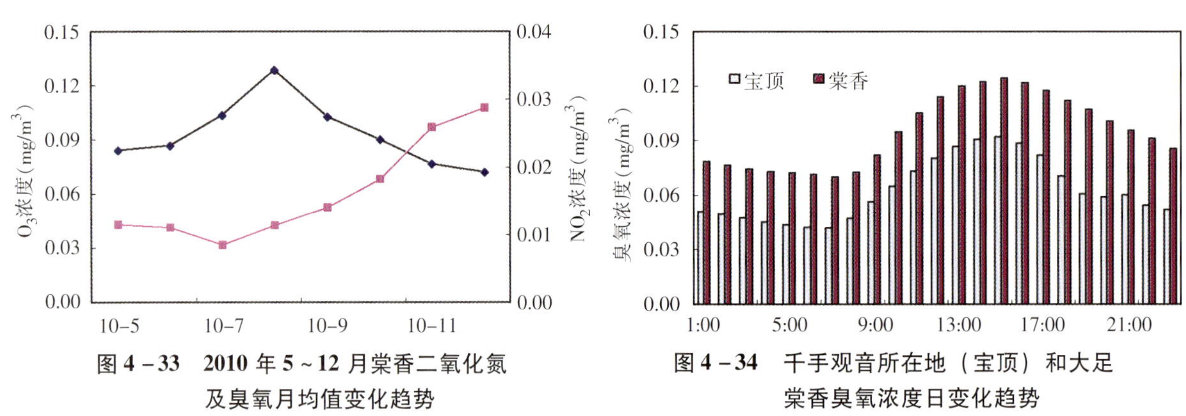

图 4 - 33　2010 年 5 ~ 12 月棠香二氧化氮及臭氧月均值变化趋势

图 4 - 34　千手观音所在地（宝顶）和大足棠香臭氧浓度日变化趋势

4.2.3.4　可吸入颗粒物

图 4－35 给出了棠香 2010 年 5～12 月可吸入颗粒物浓度的日均值变化情况。监测期间 PM_{10}最大值为 0.179mg/m^3，最小值为 0.010mg/m^3，平均值为 0.067mg/m^3，大于国家一级标准年平均值 0.04mg/m^3。由图可以看出，在很大比例的时间内，PM_{10}浓度超过国家一级标准日均值 0.05mg/m^3，甚至在 9、11 和 12 月出现超过国家二级标准日均值 0.15mg/m^{3}的状况。此结果再一次验证了大足区域环境内可吸入颗粒物污染情况严重。

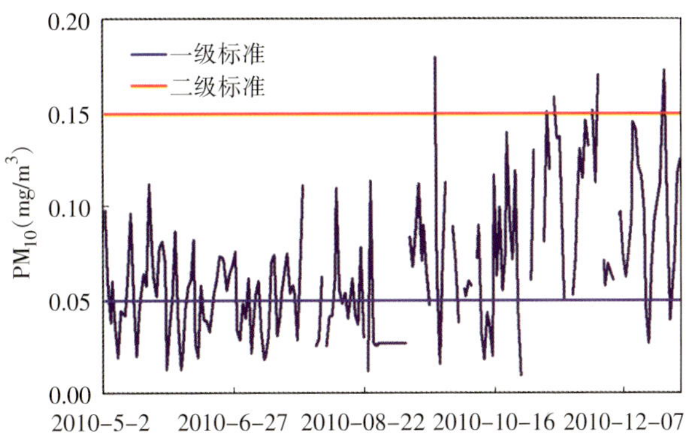

图 4－35　大足棠香 PM_{10} 浓度月变化趋势

通过以上对比分析，可以得出在 2010 年 6～12 月期间，棠香各项指标的污染情况均要比千手观音所在地严重，两地的各项指标本身呈相同的变化趋势。

4.2.4　大足县环境质量状况

由于千手观音处的环境监测数据最早只能追溯到 2008 年 8 月，且数据不全，而环境质量状况对包括千手观音在内的大足石刻的影响是一个长期作用的过程，因此我们对 2001 年以来大足县的环境监测数据进行了分析，以从一个较长的时间尺度来分析环境质量对石刻文物的可能影响。

4.2.4.1　大气质量状况

图 4－36、图 4－37 分别为 2001～2010 年大足县区域内检测点的年日均 SO_2、NO_2的变化趋势。

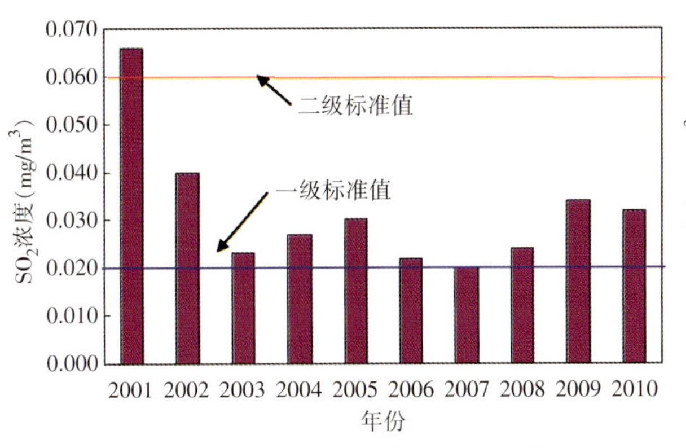

图 4－36　2001～2010 年大足县区域内年日均 NO_2 浓度变化

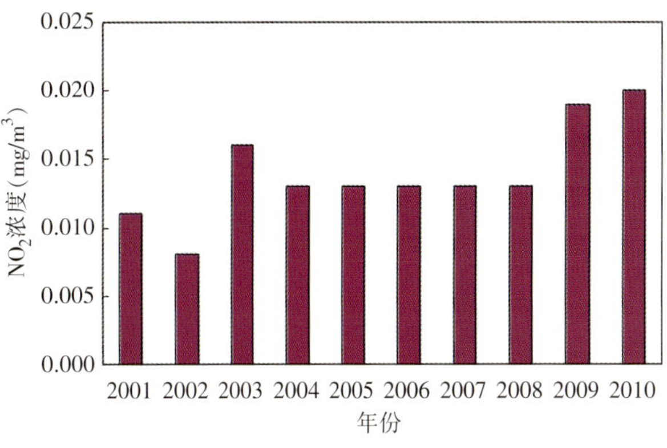

图 4－37　2001～2010 年大足县区域内年日均 NO_2 浓度变化

由图 4 – 36 可见，除 2001 年的年均 SO_2浓度超过环境大气二级标准外，其余年份均达到国家二级标准，但又都超过环境大气一级标准，这一点与千手观音所在处的监测结果是一致的。虽然 2001 ~ 2003 年期间 SO_2 浓度有显著的下降，且 2007 年接近达到国家大气一级标准，但是 2008、2009 年的 SO_2浓度又有反弹，虽然 2010 年较 2009 年浓度有所降低，但降低幅度不大，这从一个侧面反映出当地 SO_2 排放控制的长期性和复杂性。

由图 4 – 37 可见，在 2001 ~ 2010 年内，当地 NO_2浓度均达到远远低于国家大气一级标准（年均 0.04mg/m^3），说明氮氧化物的污染并不严重。然而值得注意的是，2009 年与 2008 年相比，NO_2浓度升高将近 50%，2010 年与 2009 年相比，NO_2浓度呈现继续升高的趋势，与千手观音处 2010 年的 NO_2浓度也比 2009 年有非常大的增加趋势相一致，考虑到城市化加速、汽车工业市场的加快发展（这些都是氮氧化物重要的排放来源），未来 NO_2的污染可能会变得突出。

图 4 – 38 为 2003 ~ 2010 年大足县区域内大气可吸入颗粒物（PM_{10}）年日均浓度的变化情况。从图 4 – 38 可见，大足县内可吸入颗粒物污染较为严重，所有年份 PM_{10}的年日均浓度均超过国家大气质量一级标准（0.04mg/m^3），且 2003 年、2009 年超过国家大气质量二级标准（0.10mg/m^3）。虽然 2003 ~ 2007 年期间，PM_{10}呈现出下降的趋势，然而 2008 ~ 2009 年呈现出非常显著的污染上升趋势，这一情况与 SO_2污染的变化趋势相似，也反映出 PM_{10}污染控制的长期性和复杂性。

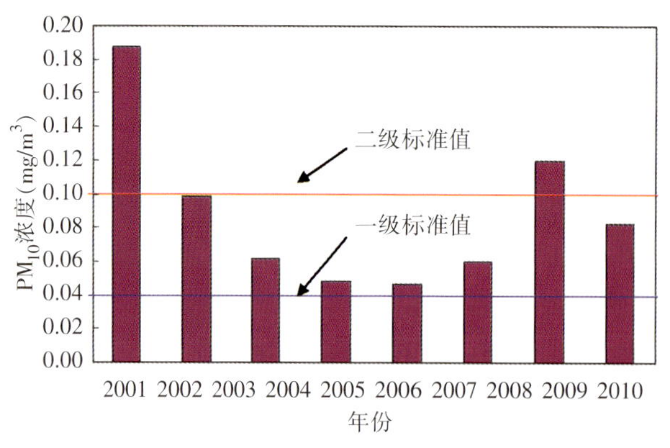

图 4 – 38　2003 ~ 2009 年大足县区域内年日均 PM_{10}浓度变化

表 4 – 8 为 2009 年 6 月 ~ 2010 年 3 月间大足县臭氧污染情况。臭氧浓度是表征大气光化学污染和大气氧化性的重要指标，如果大气中臭氧浓度高，则大气氧化性越强，将加剧对建筑物的腐蚀和损害。由表 4 – 8 可见，2009 年下半年大足县出现的最大臭氧浓度高达 0.222mg/m^3，超过国家大气质量二级标准值（0.20mg/m^3），平均值也达到 0.112mg/m^3。而 2010 年 1 ~ 3 月的 80 个样本的最大浓度达到 0.234mg/m^3，而且平均浓度则进一步达到 0.172mg/m^3，超过大气质量一级标准。

表 4 – 8　大足县大气臭氧污染状况

采样日期	样本数（个）	最大值（mg/m^3）	最小值（mg/m^3）	平均浓度（mg/m^3）	标准值（mg/m^3）
2009 年 6 ~ 12 月	210	0.222	0.041	0.112	一级 0.16
2010 年 1 ~ 3 月	80	0.234	0.130	0.172	二级 0.20

4.2.4.2　酸性降水情况

图 4－39 所示为 2001～2010 年大足境内酸性降水统计情况。除 2001 年、2003 年、2004 年外，大足每年的酸性降水量均接近或超过 600mm，且酸性降水量占全年总降水量的比例超过 65%，其中 2006、2007、2009 年三年酸性降水的比例分别达到 94.3%、97.6% 和 94.1%，几乎到了“降水皆酸”的地步。

图 4－40 所示为 2001～2010 年大足县酸性降水的平均 pH 值以及最低 pH 值。从酸性降水的平均 pH 值和最低 pH 看，2001～2004 年酸性降水的 pH 值均升高，看起来有逐渐好转的趋势。然而近五年来酸性降水的平均 pH 基本降低到 4.5 以下，2009 年的最低 pH 值甚至达到 3.03。酸性降水的变化趋势与前面所说的大气中 SO_2 浓度的变化趋势是相似的，这也从一个侧面反映出，当前阶段造成大足县酸沉降主要与二氧化硫有关。

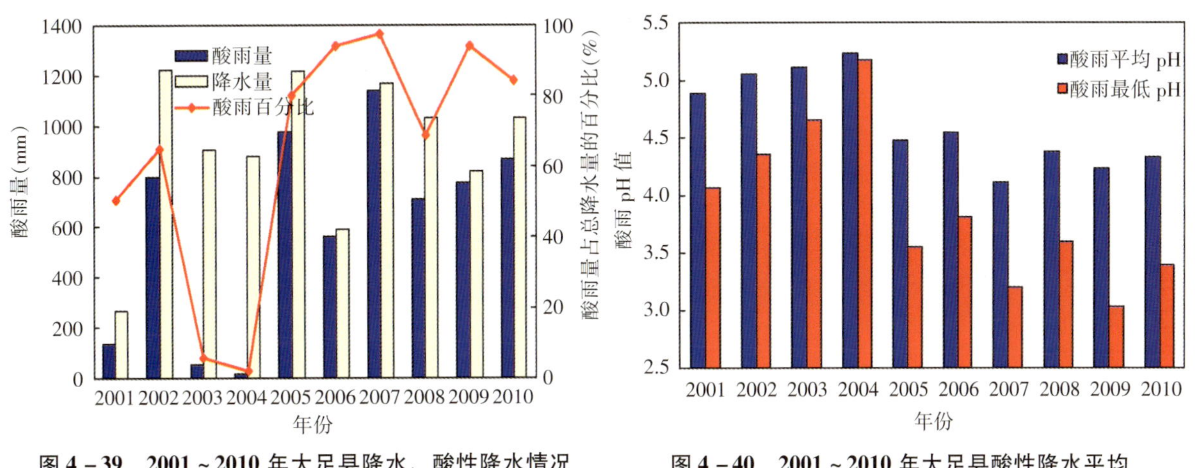

图 4－39　2001～2010 年大足县降水、酸性降水情况

图 4－40　2001～2010 年大足县酸性降水平均 pH 值和最低 pH 值的年变化

综上所述，根据现有资料，近 10 年来，大足仍是酸沉降重污染地区，酸性降水十分普遍，且酸性很强。

4.3　凝结水专项研究

调查表明，大佛湾沟地形相对较封闭，非常潮湿，宝顶山石刻区的凝结水病害十分严重。凝结水主要出现在千手观音所在的大悲阁、圆觉洞、毗卢道场等大型窟龛之中。

千手观音造像区位于大悲阁内，建筑物的封闭使造像区空气流通不畅，其东侧的渗水裂隙和泉水使造像区长期处于潮湿状态，导致造像区内产生了严重的凝结水病害（图 4－41）。凝结水的长期作用和影响加速了千手观音的风化，也影响了千手观音保护技术的实施，是千手观音保护工程设计必须考虑的主要问题。为此，专家组提出应对千手观音进行凝结水的专项研究。

受中国文化遗产研究院的委托，中国地质大学（武汉）与大足石刻艺术博物馆共同承担千手观音造像区凝结水专题研究项目。主要工作内容如下：

1）千手观音造像区凝结水病害现状和危害的调查统计，其目的是查明千手观音造像区凝结水

a

b

图4-41　千手观音的凝结水病害

a 凝结水导致地面积水　b 凝结水造成彩绘褐色加剧风化

病害的时空分布规律，统计凝结水的分布面积。

2）整个大佛湾地区凝结水观测和统计，其目的是了解千手观音造像区所在的区域地质环境的凝结水产生规律。

3）凝结水现场监测及数据统计分析，对千手观音造像区进行分区监测，对与凝结水病害有关的监测数据进行对比统计分析。

4）凝结水测试仪器的改进，其目的是提高仪器的测试效率和精度。

5）凝结水定量采集，对千手观音造像区的凝结水进行定量评价。

在现场和室内试验的基础上，完成了大足凝结水病害专项研究报告。

4.3.1　千手观音凝结水观测

4.3.1.1　凝结水观测点的布置

为了详细观察千手观音凝结水病害产生的过程，在千手观音崖壁上选取了7个观测点进行每日的详细观测。每日的观测时间为上午9：00~10：00；中午12：00~13：00；下午15：00~16：00。

面对千手观音造像区，D1位于造像区的东侧下方，D2位于造像区的西侧下方，D3位于D1和主尊之间，D4位于D3下方靠近地面处，D5位于造像区的西侧上方，D6为千手观音主尊像及两侧背光，D7位于造像区东侧上方。

同时，为了对比大佛湾区域的凝结水产生情况，特别选取了凝结水活动丰富的18龛观无量寿佛经变龛天堂小佛作为观测点进行了同步的观测（D8）。

图4-42为安装在千手观音造像区东侧上部的台湾产群特CENTER-313型自动记录温湿度检测仪和岩壁温度探头。

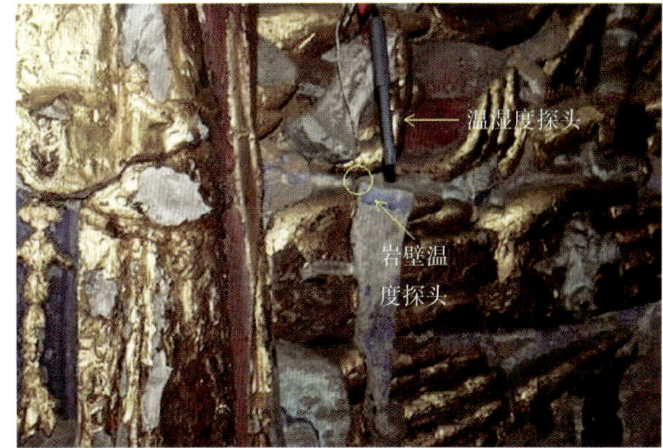

图 4－42　千手观音造像区东侧上部安装的自动记录温湿度检测仪

4.3.1.2　凝结水水量等级与分布形式

不同程度的凝结水在石壁上有不同的表现。据此可对凝结水的等级和分布形式划分描述如下：

1）干燥

在石刻崖壁上没有凝结水赋存，岩壁干燥，呈淡黄色（图 4－43）。

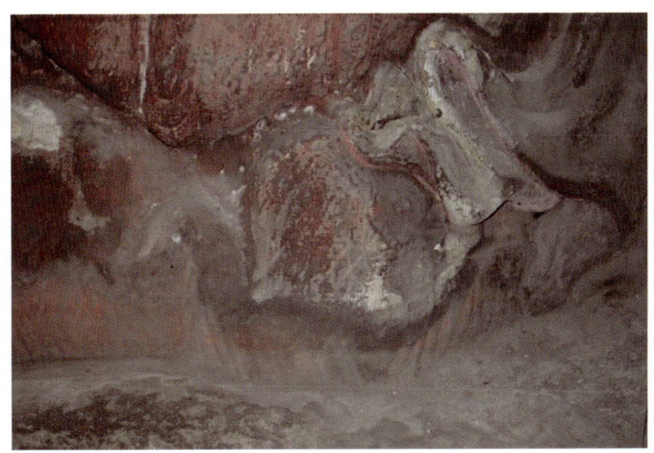

图 4－43　岩壁干燥区

2）潮湿

崖壁上开始产生凝结水。由于砂岩崖壁表层普遍存在一层松散的砂状风化物，刚形成的凝结水被吸附于松散表层，崖壁呈潮湿状，颜色变深（图 4－44）。凝结水病害轻微。

3）表面薄膜水

松散风化表层由于吸附凝结水达到饱和状态，在崖壁表面形成一层水膜（图 4－45）。凝结水病害较轻微。

4）有水珠

凝结水在崖壁的表面形成豆状水珠，凝结水病害较严重（图 4－46）。

5）挂流

由于水珠数量增多，直径增大，最终在重力作用下，朝下流动，形成挂流，凝结水病害严重（图 4－47）。

图 4 – 44　岩壁潮湿区

图 4 – 45　表面薄膜水

图 4 – 46　悬挂水珠

6）积水

沿崖壁朝下流动的凝结水流到地面并形成积水，凝结水病害非常严重（图 4 – 48）。

4.3.1.3　千手观音凝结水分布规律

2010 年 5 月 25 日 ~8 月 31 日，对千手观音的凝结水病害进行了详细的观察，详细描述了千手

图4－47　凝结水挂流

图4－48　地面积水

观音的凝结水从产生至最高峰，再逐渐消失，以及再出现到再消失的全过程。

图4－49～4－52为根据记录所作的千手观音不同区域内凝结水形成规律的变化曲线。

根据观测记录，可将2010年春夏季千手观音的凝结水变化规律分析如下：

1）千手观音造像区下部

5月25日～6月25日，共产生4～5次凝结水，凝结水较轻微，主要表现为产生表层薄膜水和潮湿，仅局部出现水珠和挂流；

6月26日～8月1日，凝结水严重，主要表现为水珠和挂流；

8月2日～8月31日，凝结水减弱至消失，主要表现为潮湿，

8月下旬表现为干燥（图4－49～4－52）。

D1、D2为千手观音造像区下部的观测点，D1位于东侧，D2位于西侧。在这2个观测点各布置了一套露点温度和岩壁温度探头。

比较D1、D2的凝结水变化曲线，在观测期间东侧（D1）发生凝结水共计58天，占观测总天数的60.4%；而西侧（D2）为40天有凝结水，仅为41.7%。说明造像区下部东侧的凝结水病害比西侧要严重得多。

D3、D4位于千手观音造像区下部主尊和D1之间，其中D4位于底部，D3位置略高，距地面约1m。观察记录结果表明，D3的凝结水天数和西侧基本相同，但靠近地面处凝结水更为严重，有凝结水的天数达66天，占68.75%。

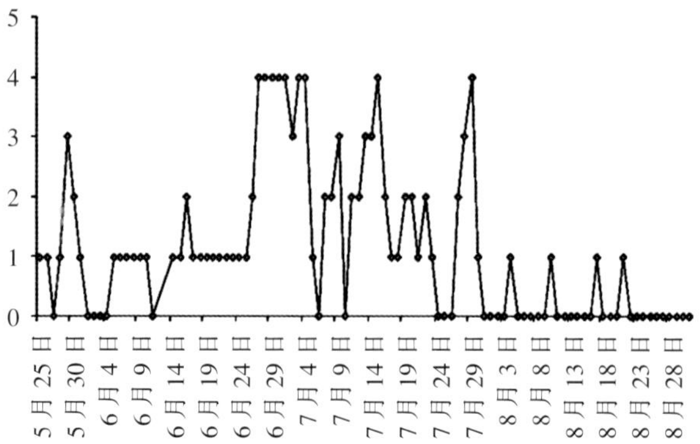

图4-49　千手观音D1凝结水变化曲线

0-干燥　1-潮湿　2-表层薄膜水

3-有水珠　4-挂流　5-积水

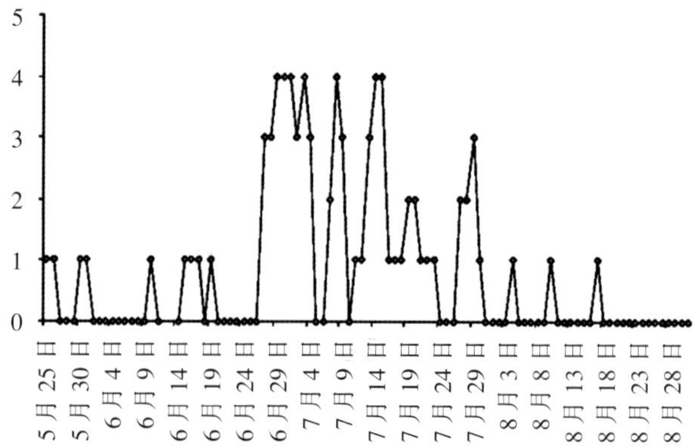

图4-50　千手观音D2凝结水变化曲线

0-干燥　1-潮湿　2-表层薄膜水

3-有水珠　4-挂流　5-积水

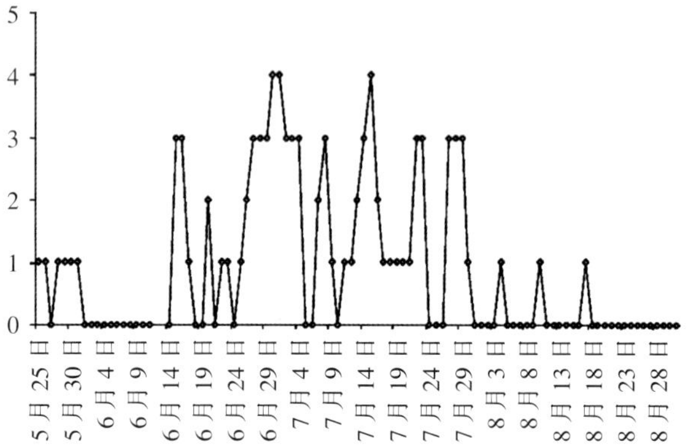

图4-51　千手观音D3凝结水变化曲线

0-干燥　1-潮湿　2-表层薄膜水

3-有水珠　4-挂流　5-积水

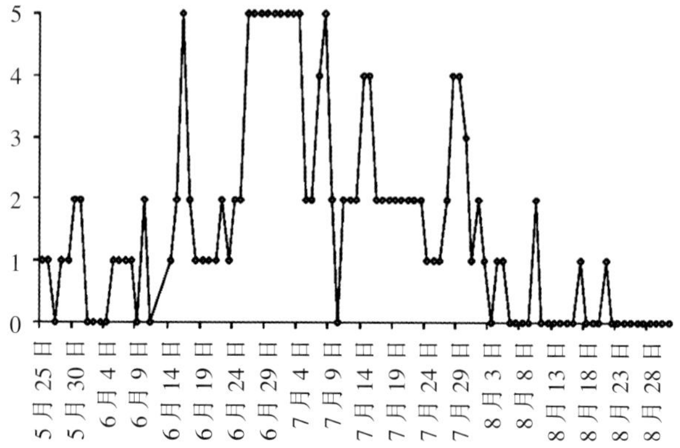

图4-52　千手观音D4凝结水变化曲线

0-干燥　1-潮湿　2-表层薄膜水

3-有水珠　4-挂流　5-积水

总体而言，千手观音造像区下部从5月下旬就有凝结水分布，凝结水较严重的时间为6月中旬至7月底，8月中旬以后凝结水逐渐减弱。

2）主尊

主尊区域（D6）的凝结水病害是造像区最严重的区域，从5月下旬开始出现凝结水，一直延续到8月中旬，主要表现为水珠和挂流，出现挂流的天数最多（图4-53）。

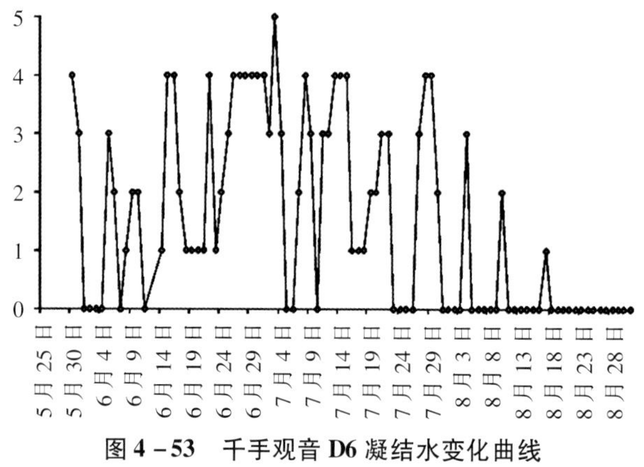

图4-53　千手观音D6凝结水变化曲线

0-干燥　1-潮湿　2-表层薄膜水　3-有水珠　4-挂流　5-积水

3）千手观音造像区上部

上部西侧（D5）共出现 7 次凝结水，24 天有凝结水，占 25.0%，但均表现为水珠和挂流（图 4－54）。

千手观音造像区上部东侧（D7）在 5 月 31 日至 7 月 31 日之间共出现 10 次凝结水，共 27 天，占 28.1%，主要表现为潮湿，仅 3 次出现水珠（图 4－55）。

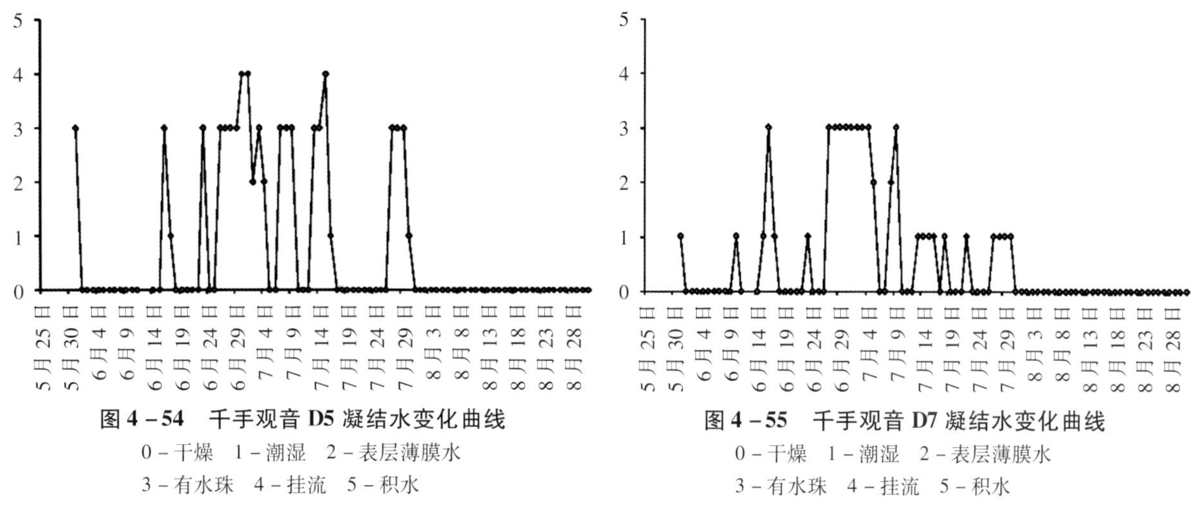

图 4－54　千手观音 D5 凝结水变化曲线

0－干燥　1－潮湿　2－表层薄膜水

3－有水珠　4－挂流　5－积水

图 4－55　千手观音 D7 凝结水变化曲线

0－干燥　1－潮湿　2－表层薄膜水

3－有水珠　4－挂流　5－积水

比较而言，在千手观音造像区上部，西侧的凝结水比东侧严重。

8 月份千手观音造像区上部未发现凝结水。

表 4－9 为 7 个观测点在 5 月 25 日～8 月 31 日内凝结水病害统计表。由表可知，千手观音造像区凝结水最严重的部位是主尊及其两侧的背光处（D6），其次是主尊东侧靠近地面处（D4）。造像区下部凝结水较严重，东侧（D1）比西侧严重（D2）。造像区上部凝结水较轻微（D5、D7），上部东侧（D7）靠近通风口，凝结水最轻微。

表 4－9　5 月 25 日～8 月 31 日观测点凝结水病害天数统计

观测点位	1	2	3	4	5	6	7
干燥天数	40	57	52	32	66	42	64
挂流天数	9	7	3	16	3	17	0
观测总天数	99	99	99	99	93	93	93

综上所述，可以总结千手观音造像区凝结水的分布规律如下：

1）千手观音造像区的凝结水从下往上有减弱的趋势。凝结水最严重的区域在主尊周围，下部东侧比西侧严重，上部西侧比东侧严重。其原因可能是大悲阁比较封闭，下部东侧靠近水源，而上部东侧为进风口。

2）千手观音造像区从 5 月开始就有凝结水分布。6 月 26 日～8 月 1 日，凝结水较严重，出现水珠和挂流。主尊周围从 5 月就有水珠和挂流。6 月 16 日～7 月 8 日，凝结水达到峰值，地面积水。8 月份凝结水明显减弱，中旬以后整个造像区未观测到凝结水。

3）造像区的上部凝结水最轻微，在凝结水严重时期也只有西侧出现了 3 天挂流现象。

4.3.1.4　千手观音造像区凝结水监测数据分析

由上述可知，千手观音造像区的凝结水分布不均匀，为了便于比较分析，中国地质大学在千手观音造像区四个角分别布置了露点温度和岩壁温度的监测仪器，使监测点更具代表性。监测仪器于2009年10月28日安装完毕。

1号温湿度仪（WP1）位于千手观音东侧下方，2号温湿度仪（WP2）位于千手观音西侧下方，3号温湿度仪（WP3）位于千手观音东侧上方，4号温湿度仪（WP4）位于千手观音西侧上方。每套监测仪器包括微环境温湿度探头和岩壁探头。温湿度探头固定在监测点的大气环境中，岩壁温度探头固定在岩缝或岩壁表面。

大足石刻艺术博物馆韩秀兰、冯太彬进行了一年的数据采集和成果整理。

根据水汽分压原理，当岩壁温度低于环境的露点温度时，岩壁上就会产生凝结水。通过计算机数据处理系统将各监测点的微环境温湿度监测数据换算成监测点的露点温度，然后将岩壁温度和露点温度进行实时动态对比分析，就可以得到监测点凝结水产生和消失的时间域。

1）凝结水的时间分布规律

图4－56～4－57为千手观音四个监测点的岩壁温度减去露点温度的温差随时间变化规律曲线。根据理论分析，当温差小于零时，岩壁温度低于露点温度，岩壁上就会产生凝结水。即图中曲线位于0℃以下的部分表示有凝结水产生。

图4－56为2009年11月凝结水监测曲线。由图可知，2009年11月11日和12日，岩壁温度低于露点温度，温差值为负值，曲线位于0℃以下，有凝结水产生。11月13～26日，岩壁温度高于露点温度，温差值为正值，曲线位于0℃以上，岩壁上没有凝结水产生。11月27～31日，岩壁温度低于露点温度，温差值为负值，曲线位于0℃以下，又有凝结水产生。现场观测表明，四个监测点在11月凝结水轻微，主要出现在西侧（二号、四号监测点）。凝结水主要表现为岩壁表面潮湿，且肉眼难以觉察。观测现象与监测结论一致。

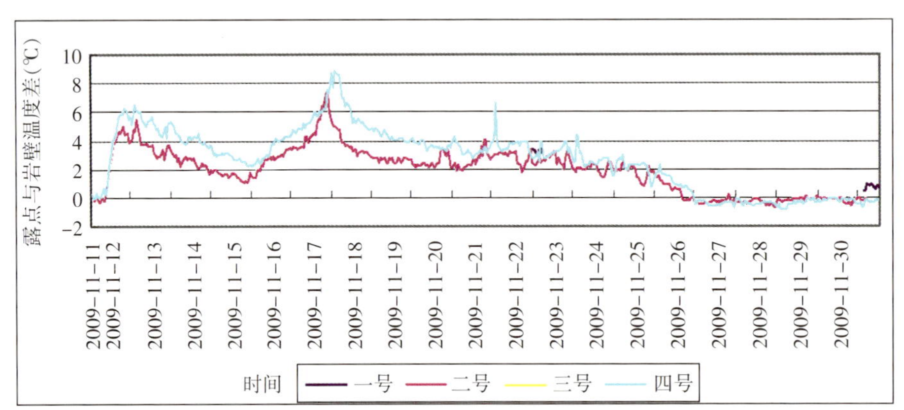

图4－56　2009年11月四个监测点温差值随时间变化曲线

图4－57为2009年12月凝结水监测曲线。由图可知，2009年12月共有3次凝结水产生，时间分别为12月1日和2日、12月8～15日、12月25日和26日。凝结水轻微，主要表现为岩壁表面潮湿，且肉眼难以觉察。凝结水主要出现在造像区西侧。观测现象与监测结论一致。

图4－58为2010年1月凝结水监测曲线。由图可知，2010年1月凝结水轻微，主要出现在西侧（二号、四号监测点）。凝结水主要表现为岩壁表面潮湿，且肉眼难以觉察。观测现象与监测结

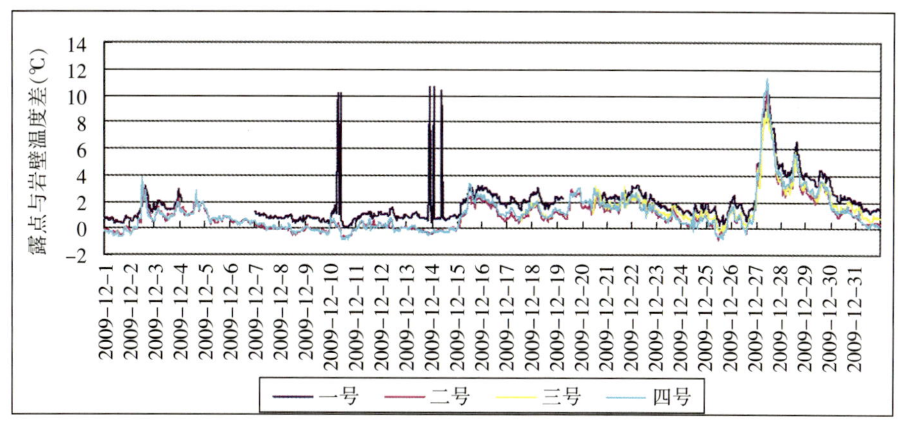

图4－57　2009年12月四个监测点温差值随时间变化曲线

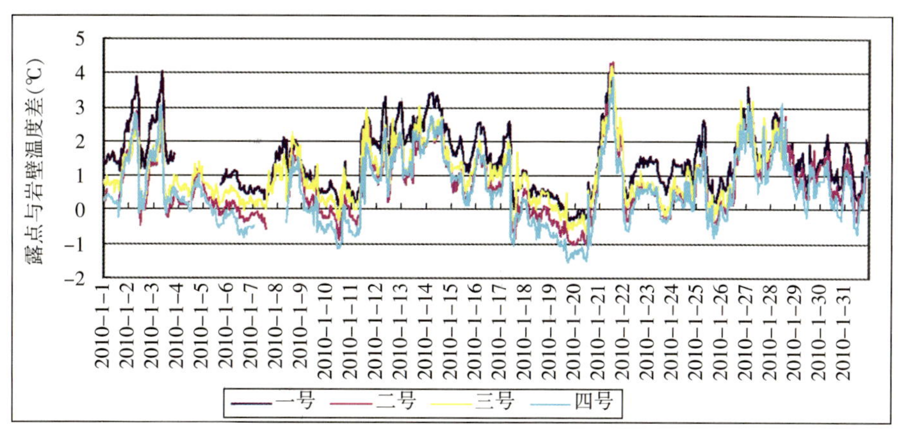

图4－58　2010年1月四个监测点温差值随时间变化曲线

论一致。

图4－59为2010年2月凝结水监测曲线。由图可知，2010年2月凝结水轻微，主要出现在2月下旬。凝结水主要表现为岩壁表面潮湿，且肉眼难以觉察。观测现象与监测结论一致。

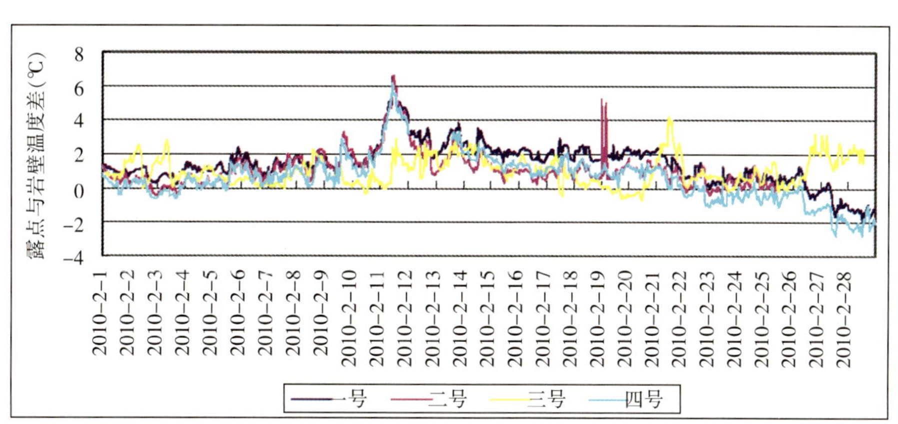

图4－59　2010年2月四个监测点温差值随时间变化曲线

自2010年3月份开始，四个监测点的凝结水增多（图4－60），4月份，千手观音造像区凝结水开始扩大（图4－61），大部分时间都有凝结水产生。现场观察得知，凝结水主要表现为潮湿，

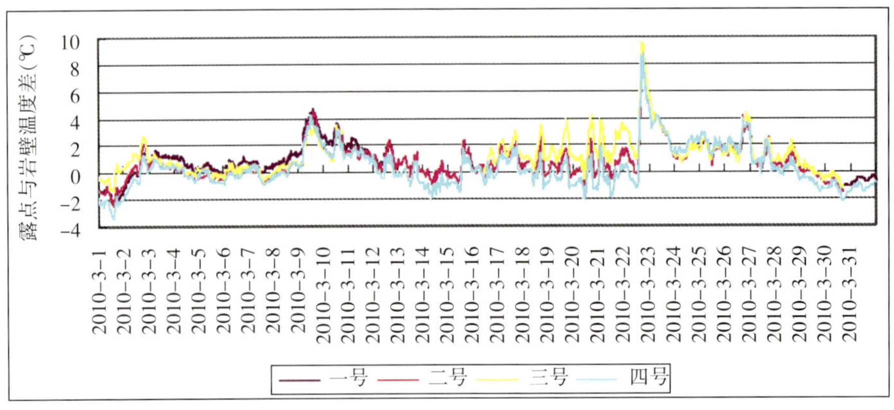

图 4－60　2010 年 3 月四个监测点温差值随时间变化曲线

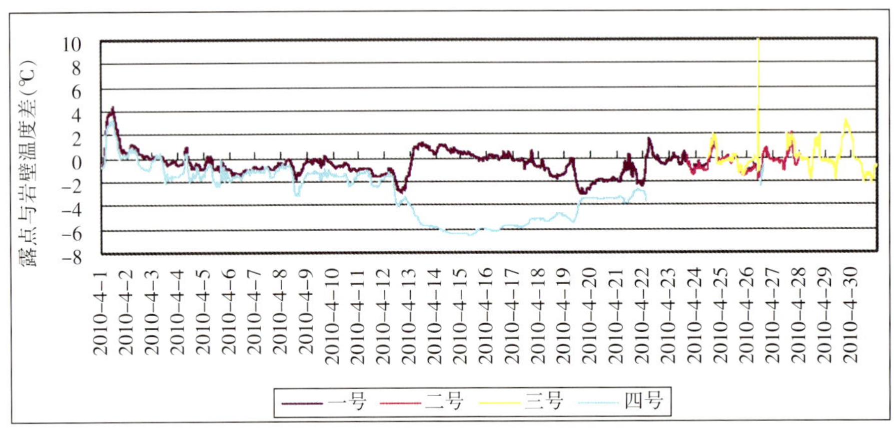

图 4－61　2010 年 4 月四个监测点温差值随时间变化曲线

少数时间表现为表层薄膜水。

据现场观察资料显示，千手观音造像区的四个监测点在 5、6、7 月这三个月凝结水十分严重，各点产生凝结水的时间都占全月或者统计时间的 70% 以上（图 4－62 ~ 图 4－64）。尤其以 6 月和 7 月上半月最为严重，几乎千手观音全龛都有凝结水产生，凝结水大部分时间以水珠或者挂流的形式出现，并且凝结水量极大，流至地面形成大量积水。

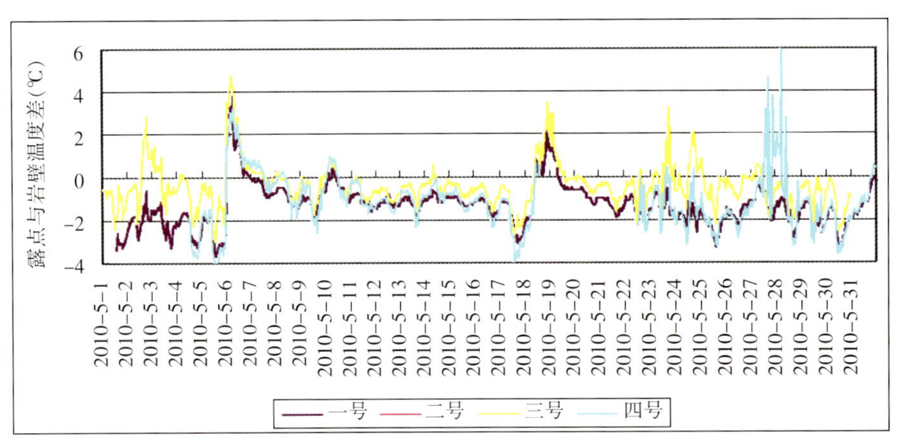

图 4－62　2010 年 5 月四个监测点温差值随时间变化曲线

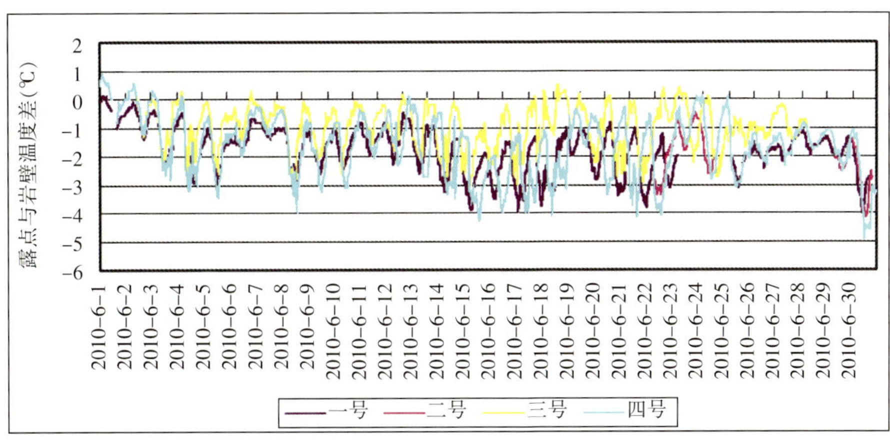

图4-63 2010年6月四个监测点温差值随时间变化曲线

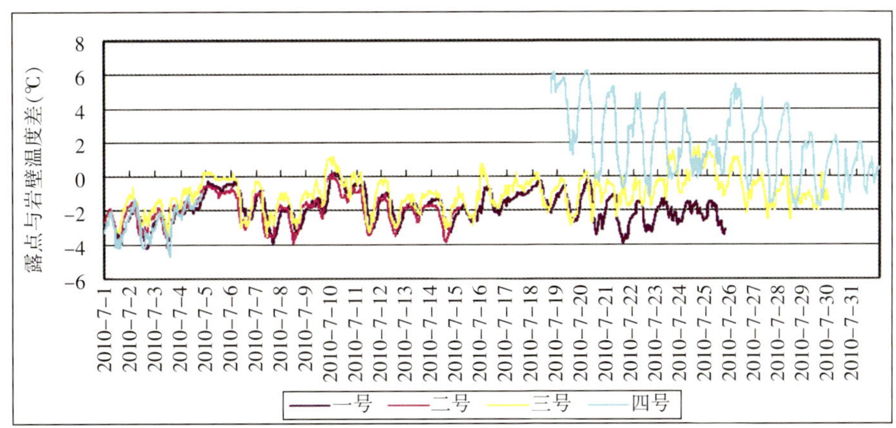

图4-64 2010年7月四个监测点温差值随时间变化曲线

千手观音在8、9月凝结水明显减弱，四个监测点凝结水出现的时间明显减少（图4-65、图4-66）。根据监测数据可以发现，在千手观音下部区域（一号、二号监测点）的凝结水较为严重。这也与现场观察相吻合。在这两个月，凝结水的严重程度明显下降，极少出现挂流，水珠出现的次数也减少，大多表现为表层薄膜水。

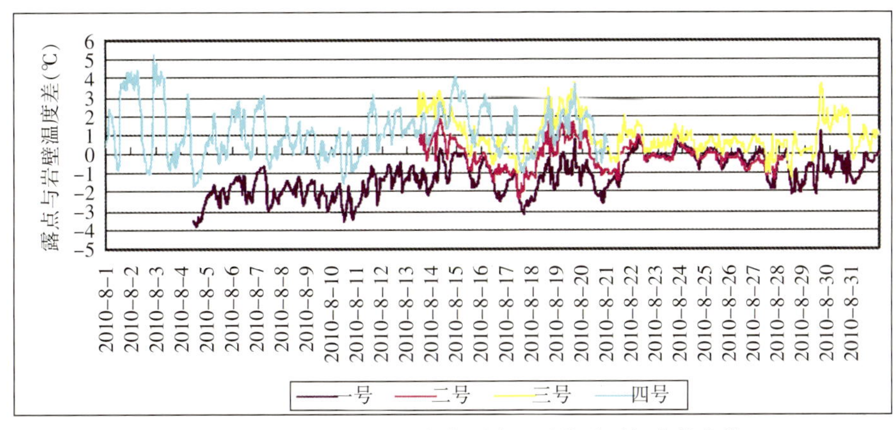

图4-65 2010年8月四个监测点温差值随时间变化曲线

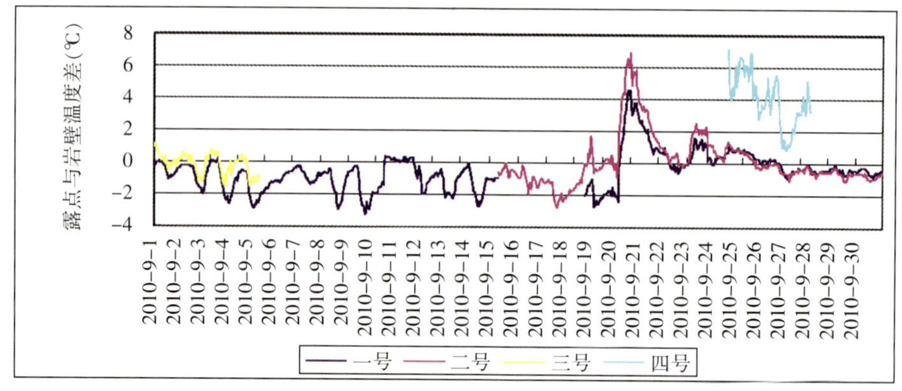

图 4-66　2010 年 9 月四个监测点温差值随时间变化曲线

10 月份监测数据缺失较多，只有一号监测点的数据较为完整（图 4-67），从现有监测数据可以看出，下部区域凝结水在十月份产生的时间仍然相当可观，不过凝结水主要表现为表层薄膜水和潮湿。

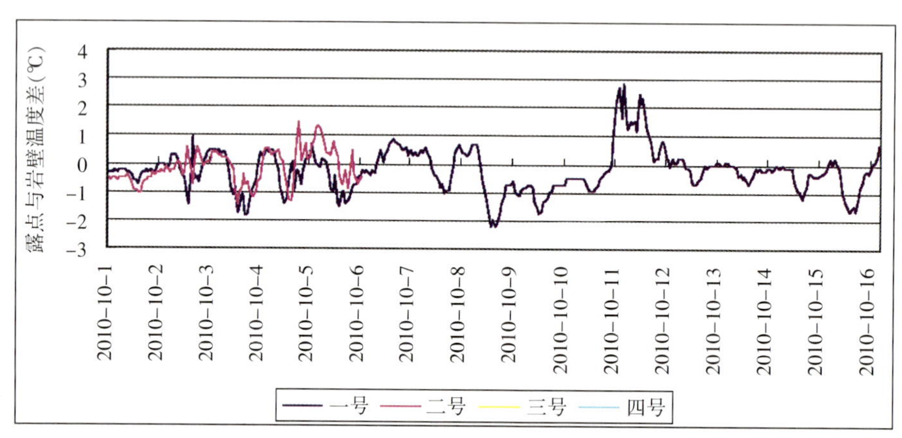

图 4-67　2010 年 10 月四个监测点温差值随时间变化曲线

2）时空分布规律

将各监测点每个月产生凝结水的累计时间除以该月监测的总时间，可以得到各月产生凝结水时间的百分率。根据对监测数据的统计推算可知：

（1）位于千手观音东侧下方的一号监测点，全年获得监测数据的时间共 6504 小时（11 月份数据缺失），估算全年产生凝结水的时间为 4768 个小时，约 198.7 天，占全年 54.4%。5～8 月产生凝结水的时间超过了 90%。由图 4-68 可知，在 11 个月中，除去 12 月份无凝结水外，其余各月均有凝结水产生。其中 1～3 月，凝结水轻微，4～10 月凝结水较严重。5～8 月最为严重，每个月凝结水产生时间都超过 500 小时。6 月份产生凝结水的时间为 100%，7 月份也达到了 98%。

（2）位于千手观音西侧下方的二号监测点，全年获得监测数据的时间共 4573 小时（5 月份数据缺失），估算全年产生凝结水的时间为 4613 个小时，约 192.2 天，占全年 52.7%。由图 4-69 可知，全年每个月均有凝结水产生。其中 11 月至次年 3 月，凝结水轻微，4～10 月凝结水较严重。6～7 月最为严重，已有统计数据表明这 2 个月产生凝结水的时间为 100%。

二号监测点 4～10 月缺失数据较多，统计精度较差。但总体趋势和规律还是较好的。

对比一号和二号监测点的统计数据可知，千手观音造像区下部的凝结水总体比较严重，东侧比西侧更严重。

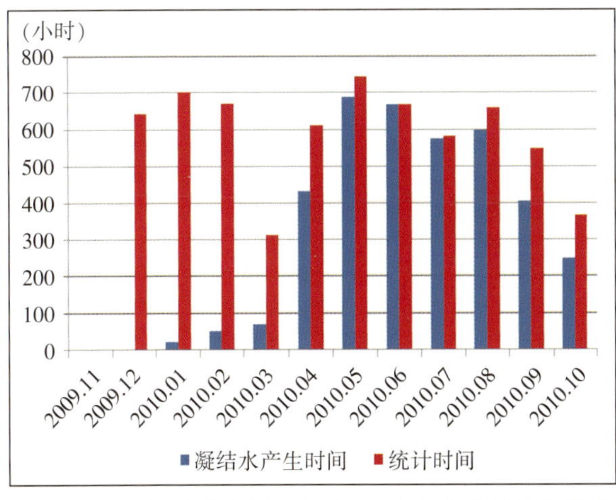

图 4-68　千手观音东侧下方（WP1）凝结水统计柱状图

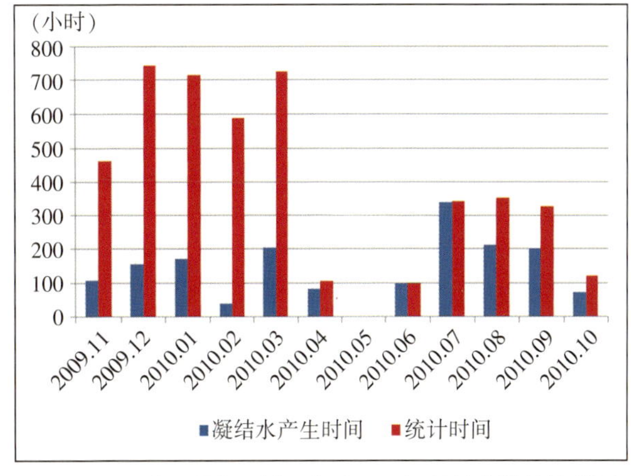

图 4-69　千手观音西侧下方（WP2）凝结水统计柱状图

（3）位于千手观音东侧上方的三号监测点，全年获得监测数据的时间共 4932 小时（10、11 月数据缺失），估算全年产生凝结水的时间为 3382 个小时，约 140.9 天，占全年 38.6%。由图4-70 可知，在 10 个月中，各月均有凝结水产生。其中 8 月至次年 3 月，凝结水轻微，4～7 月凝结水较严重。5、6、7 月最为严重，每个月凝结水产生时间都超过 500 小时。占全月的 76.9%～93.2%。

（4）位于千手观音西侧上方的四号监测点，全年获得监测数据的时间共 6085 小时（9、10 月数据缺失），估算全年产生凝结水的时间为 3736 个小时，约 155.7 天，占全年 42.7%。由图4-71 可知，在 11 个月中，9 月无凝结水，其余每个月均有凝结水产生。其中 8 月至次年 2 月，凝结水轻微，3～7 月凝结水较严重。4、5、6 月最为严重，每个月凝结水产生时间都超过 600 小时以上。占全月的 83.7%～97.6%。

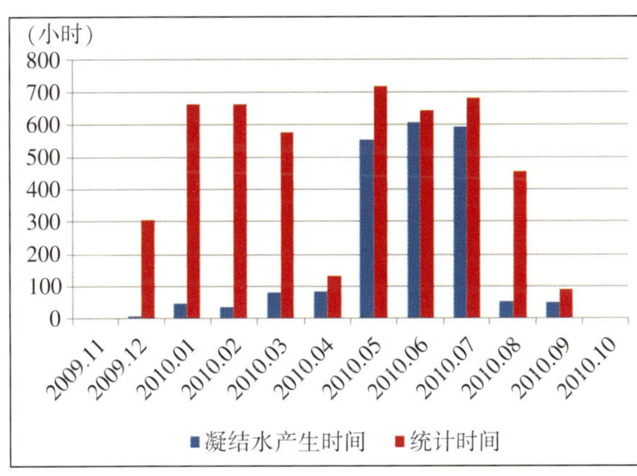

图 4-70　千手观音东侧上方（WP3）凝结水统计柱状图

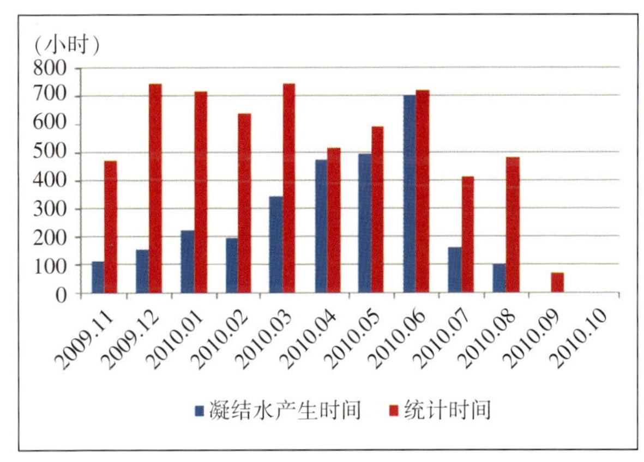

图 4-71　千手观音西侧上方（WP4）凝结水统计柱状图

比较三号和四号监测点，在千手观音造像区上部，西侧的凝结水比东侧严重。

2009 年 11 月～2010 年 3 月千手观音造像区凝结水产生较弱，且西侧的凝结水产生时间多于东侧。2010 年 4～10 月凝结水活动较强烈，且东侧产生凝结水的时间多于西侧。下部的凝结水强于上部，下部凝结水产生时间超过全年的 50%，上部约为 40%。东侧下部的凝结水最活跃，产生时间达 54.4%，东侧上部凝结水活动最弱，产生时间仅 38.6%。

综上所述，可得如下结论：

1）千手观音造像区全年每个月都会有凝结水产生，全年产生凝结水的时间百分率可达54.4%。11月至次年3月造像区凝结水轻微，4～10月，凝结水较严重，其中5、6、7月产生凝结水的时间接近100%。说明千手观音凝结水在这3个月最为严重，在这一期间凝结水的面积几乎覆盖了整个千手观音造像区。

2）千手观音造像区的凝结水下部比上部严重，东侧下部最为严重。

3）千手观音造像区东侧在冬季凝结水十分轻微，或者说，凝结水的产生时间很短。而在千手观音西侧，12、1月份凝结水的产生时间相对较长（均超过100小时）。因此，在冬季千手观音造像区西侧的凝结水比东侧更严重。

4.3.1.5　大悲阁地面积水观测

每年在凝结水严重的7月份，在大悲阁千手观音造像前的砂岩地面，长期被积水所覆盖（图4－72）。在主尊周围的地面积水尤其严重，特别是主尊两侧的凹陷部位。

图4－72　大悲阁内千手观音像前地面积水

为了查明地面积水与千手观音造像区凝结水的关系，在千手观音造像周围共布置了17个观测点，每日在中午11：30进行观测。前16个观测点记录千手观音主尊周围凝结水产生的等级，第17个观测点记录地面凹槽内水迹的长度，以此可以反映地面积水的变化。凹槽的总长度为510cm。

1）主尊周围凝结水观测

2010年7～8月份同时观测观音主尊周围的凝结水等级及地面积水的长度变化。

由观测记录可知，千手观音头部右侧1号观测点，7月12日凝结水开始增长，至7月14日出现水珠，连续至7月26日凝结水消除，7月28日又产生强度更高的凝结水，延续至8月3日，之后凝结水逐渐减弱。

千手观音右膝外侧13号观测点7～8月的凝结水与1号观测点大致有相同的规律。7月12日延续至 8 月 3 日，均有凝结水分布，出现水珠，8 月 3 日之后凝结水逐渐减弱。

图 4 – 73 记录了地面积水的最长水迹变化曲线。7 月 12 日开始地面积水面积扩大，积水量逐渐增加，到 7 月 18 日到达峰值，比凝结水达到峰值的时间滞后约 3 ~ 4 天。7 月 18 日 ~ 8 月 5 日积水一直处于峰值状态。8 月 5 ~ 9 日积水面积开始减少，地面积水消退的时间比凝结水消退的时间滞后 2 天。8 月 9 日以后地面积水面积变化不大。

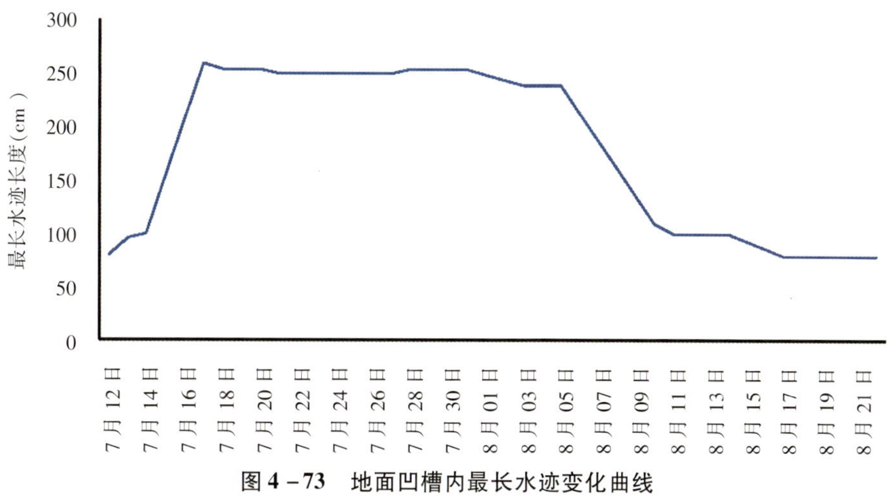

图 4 – 73　地面凹槽内最长水迹变化曲线

上述表明：地面积水的产生和消失与凝结水密切相关，随凝结水的积累而增加。凝结水消失时，地面积水减少，但是有一定的滞后性。凝结水是地面积水的重要来源。

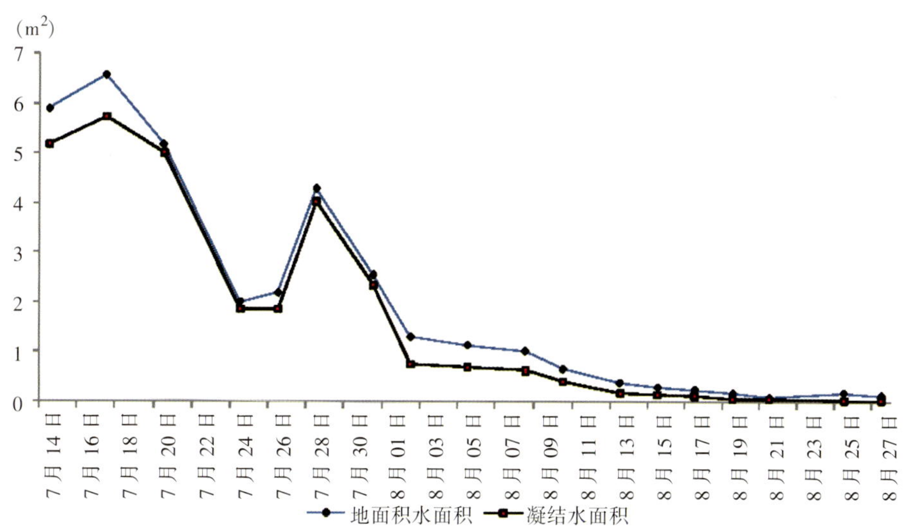

图 4 – 74　凝结水、地面积水随时间变化曲线

（注：7 月 14 日 4：00 ~ 6：00，7 月 26 日 22：30 ~ 4：30，8 月 2 日 00：00 ~ 23：59，8 月 15、16 日，8 月 25、26 日 00：00 ~ 23：59 降雨）

2）地面积水变化规律

每年 7、8 月份在大悲阁内千手观音造像前的地面上常常出现积水。为了确定地面积水的来源，对降雨、岩壁凝结水和地面积水面积进行了观察记录和统计分析。

通过现场观察和统计分析，降雨当天和第二天地面积水并没有明显的增加，现场观察没有发现裂隙渗水以及雨水流入大悲阁。因此，可以判定地面积水变化与降雨无关。

由图 4 –74 可知，地面积水的变化与凝结水的变化密切相关。地面积水面积当凝结水严重时增加，当凝结水轻微时地面积水面积减小。8 月 15 ~16 日连续降雨，8 月 25 ~26 日连续降雨，但地面积水并没有增加，反而持续减少，与凝结水消失保持同步。由此可知，地面积水主要来源于大悲阁内千手观音岩壁上的凝结水，主要来源于崖壁东侧下部和主尊两侧。

地面积水的颜色随随时间有所变化，变化规律为黄色→红色→褐色。凝结水和地面积水对造像岩体有侵蚀作用。

4. 3. 2　千手观音凝结水定量测定

4. 3. 2. 1　凝结水定量测试仪简介

目前国内外尚无合适的测量装置来准确测定岩石表面的凝结水量，无法开展石窟凝结水的定量研究。为此，中国地质大学（北京）利用密闭气流循环干燥原理，专门研制了凝结水定量测量装置，来准确测定岩石表面的凝结水量。

2009 年采用由中国地质大学（北京）研制的凝结水定量测试仪进行了千手观音凝结水的定量测定（图 4 –75）。在此基础上，2010 年针对大足千手观音造像区的现场环境，重新研制了一套凝结水测试仪（图 4 –76）。主要做了三项改进：（1）采用日本产 ULVAC 干式膜片型真空泵，替代北京设备的增氧机，提高了工作效率；（2）改善了测试设备管路系统的密封性，提高了测试精度；（3）针对千手观音造像区的微地形条件加工了 4 套不同的密封罩，使试验结果更具代表性。此外，对北京的仪器进行了改装。

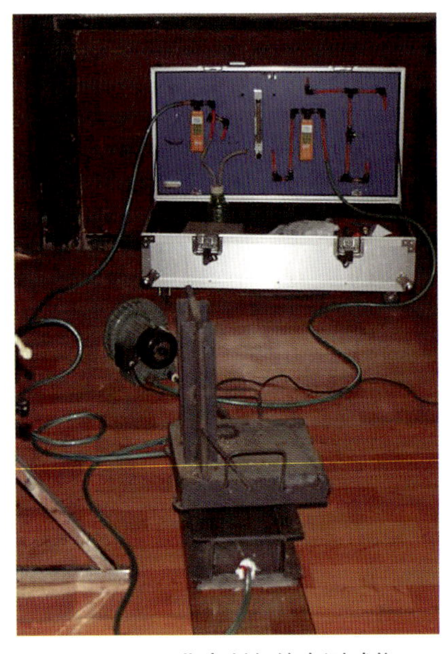

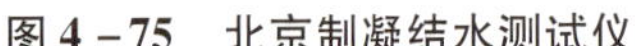

图 4 –75　北京制凝结水测试仪

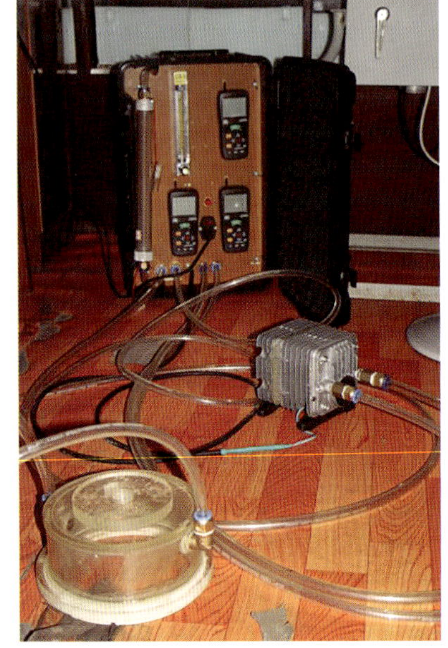

图 4 –76　武汉制凝结水测试仪

2010 年利用新的凝结水定量测试仪进行了千手观音凝结水的定量测定。

图 4 –77 为改进研制的凝结水定量测定仪器的结构示意图。仪器利用密闭气流循环干燥的原理，将测试点置于一个密闭的循环系统里，利用真空泵使密闭系统里的空气循环流动，这样不断循环的空气就能将测试点岩石表面的凝结水分带入干燥管内，被干燥剂所吸收，直至试验点的岩壁表

面的凝结水分被抽干。称量干燥剂的吸水总量，就是试验点岩壁表面附聚的凝结水量。

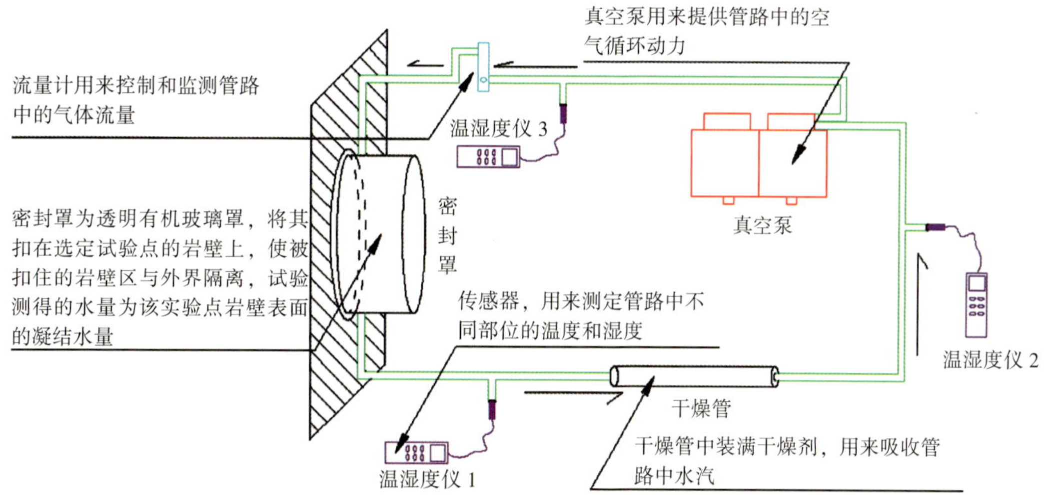

图 4－77　凝结水定量测试仪结构示意图

密封罩主要起隔绝试验场的岩壁与外部大气的联系的作用。2010 年现场试验在千手观音造像区选定了 4 个试验场，根据微地形和试验需要设计加工了 4 个不同尺寸和不同形状的密封罩（图 4－78）。罩 a 和罩 b 为矩形，长 20cm，宽 15cm，面积 300cm^2，采用不同的密封圈，主要用于室内试验。罩 c 用于千手观音造像区下部的试验场 A 和试验场 B，罩 d 用于造像区上部的试验场 C 和试验场 D。罩 c 直径 18.6cm，面积 271.7cm^2。罩 d 直径 15cm，面积 176.7cm^2。

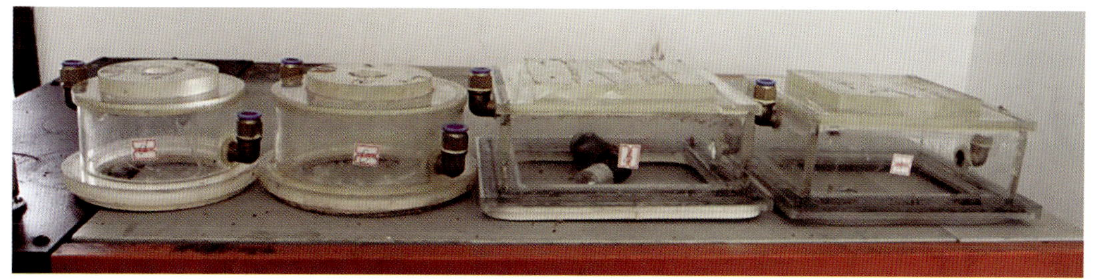

图 4－78　试验用密封罩

（从右至左为罩 a、罩 b、罩 c 和罩 d）

密封罩固定支架的部件包括：密封罩螺扣、万向接头、扣件卡口和螺旋杆和架。

千手观音造像区不同区域的凝结水分布不同，为了使试验成果更有代表性，2010 年将试验点选择在造像区的四个角进行，分别为东下角试验场 A、西下角试验场 B、东上角试验场 C 和西上角试验场 D。

4.3.2.2　采集仪系统误差的率定试验

由于各个接头处和真空泵运行过程中密闭循环系统内可能进入潮湿的空气，会使测定的凝结水量偏大，因此要进行率定试验。在实际采集凝结水试验时，应在干燥剂吸收的总水量中减去率定试验得到的误差值，既得实际岩壁上富集的水量。

1）系统误差率定试验

率定试验在千手观音造像区工作室内进行，完全模拟现场测试的环境。将本应扣在试验岩壁上的密封罩，扣在平整的玻璃板上，连接处采用玻璃胶密封。试验时在密封罩内的玻璃板上滴一定量的水，来模拟岩壁上吸附的凝结水。由该试验可以得到试验仪每小时可以吸收的水量，据此检验试验系统的凝结水采集能力。

本次试验分别对中国地质大学（武汉）和中国地质大学（北京）研制的凝结水定量采集仪进行了现场系统误差率定。

2）岩壁干抽试验

研究砂岩石窟的凝结水，应该考虑砂岩本身是否渗水。定量采集试验所得到的总水量可能包括三个部分：（1）试验场的崖壁凝结水；（2）由于系统管路没有完全密封，由大气中进入系统的湿气水分，即系统误差水量；（3）还可能包括山体内透过砂岩渗出的地下水。

为了论证大足石刻砂岩是否渗水，试验采集的总水量中有多少是来自砂岩本身的渗水，专门进行了干抽试验。在预先抽干试验场的条件下，连续进行岩壁干抽试验。此时采集的总水量减去试验系统误差水量，就是山体中透过砂岩渗出的水分。

千手观音造像区砂岩的渗透系数为 $2.83 \sim 6.42 \times 10^{-6}$cm/s，属渗透性极差的岩石，几乎不透水。但由于环境潮湿，崖壁岩体的风化表层可以含有水汽，并在风化表层运移。干抽试验时首先将试验场抽干，但密封罩周边仍处于潮湿状态，在干抽试验期间，试验场周边风化表层的水汽，顺层移动，侧向补给进入试验场中。因此，干抽试验得到的补给水量主要是来自风化表层的侧向补给，补给量的大小取决于试验场周边风化表层的潮湿程度。

调查发现，风化表层的水汽主要来自试验场外的岩壁凝结水、崖顶的坡面水和立壁地面的毛细水。

为了证实岩体补给水量主要来自风化表层的侧向补给，设计了在干燥条件下人为喷水的侧向补给干抽试验。在干燥条件下，先将试验场预抽干，然后采用人为浇水的方式使试验场周边的风化表层充分饱和，再进行干抽试验。在试验过程中，每隔 30 ~ 40min 用喷壶在试验场周围较均匀地喷水，使试验场周围始终保持表层潮湿状态。干抽试验完成后，通过干燥剂的增重量可以获得试验采集的总水量，减去系统误差水量，即得岩体补给水量。由试验结果可知，人为侧向补给时，造像区下部岩壁的补给速率为 0.38 ~ 0.49g/h，约为无凝结水时的 3 倍。这也说明岩体补给水量主要来自崖壁表层风化层的侧向补给。

4.3.3 凝结水采集试验

在上述试验研究的基础上，于2010年7月3 ~ 30日使用武汉和北京的两台仪器对现场的A、B、C、D四个观测点分别进行了凝结水采集试验，共完成了16次试验。

试验原理是首先将试验场抽干，在规定的时间段内将预先抽干的试验点打开，让岩壁上吸附凝结水，然后密封试验点，采集在规定时段内岩壁所吸收的凝结水量。图4 – 79为凝结水采集试验的过程。

采集的总水量减去系统误差水量，再减去岩体补给水量，即可得到岩壁上的凝结水量。

表4 – 10为凝结水采集试验成果。由表可知：

1）试验场A位于千手观音造像区下部东侧。上午的凝结速率为 1.351 ~ 1.626g/h，单位面积凝结速率为 49.72 ~ 59.85g/h · m^2。下午的凝结速率为 0.861 ~ 1.118g/h，单位面积凝结速率为 31.69 ~ 41.15g/h · m^2。上午的凝结水活动比下午强度更大。

2）试验场B位于千手观音造像区下部西侧。上午的凝结速率为 1.058g/h，单位面积凝结速率为38.94g/h·m²。下午的凝结速率为1.501～1.903g/h，单位面积凝结速率为55.24～70.04g/h·m²。下午的凝结水量比上午更大。

3）试验场C位于千手观音造像区上部东侧。上午的凝结速率为0.611～1.264g/h，单位面积凝结速率为34.58～71.53g/h·m²。下午的凝结速率为0.872～0.922g/h，单位面积凝结速率为49.35～52.18g/h·m²。上午的凝结水活动比下午强度更大。晚上的凝结速率为0.167g/h，单位面积凝结速率为9.45g/h·m²。夜间凝结水的活动仅为白天的约1/5。

a

b

c

d

图4－79　凝结水采集试验的过程

a预干抽后试验场　b凝结后试验场　c采集中的试验场　d采集后试验场

表4－10　凝结水采集试验成果表

试验场	时间段	次数	凝结时间段	凝结时间（h）	采集总水量（g）	系统误差水量（g）	岩体补给水量（g）	凝结水量（g）	凝结速率（g/h）	单位面积凝结速率（g/h·m²）
A	上午（8：30～13：00）	2	7.28/10：34～12：04	1.5	4.5	0.522	1.952	2.026	1.351	49.72
			7.29/10：00～11：00	1	4.1	0.522	1.952	1.626	1.626	59.85
	下午（13：00～17：30）	2	7.28/14：05～15：45	1.5	5.1	0.888	2.536	1.676	1.118	41.15
			7.29/13：15～15：45	2.5	5.1	0.704	2.244	2.152	0.861	31.69
B	上午（8：30～13：00）	1	7.9/10：20～12：50	2.5	4.9	0.690	1.566	2.644	1.058	38.94
	下午（13：00～17：30）	2	7.3/13：00～17：00	4	12.7	1.131	3.957	7.612	1.903	70.04
			7.9/14：05～15：35	1.5	3.7	0.564	0.884	2.252	1.501	55.24

续表

<table>
<tr><th rowspan="2">试验场</th><th rowspan="2">时间段</th><th rowspan="2">次数</th><th>凝结时间段</th><th rowspan="2">采集总水量（g）</th><th rowspan="2">系统误差水量（g）</th><th rowspan="2">岩体补给水量（g）</th><th rowspan="2">凝结水量（g）</th><th rowspan="2">凝结速率（g/h）</th><th rowspan="2">单位面积凝结速率（g/h · m²）</th></tr>
<tr><th>凝结时间（h）</th></tr>
<tr><td rowspan="10">C</td><td rowspan="2">上午（8：30～13：00）</td><td rowspan="2">2</td><td>7. 28/10：35～12：05</td><td rowspan="2">3. 2</td><td rowspan="2">0. 564</td><td rowspan="2">0. 740</td><td rowspan="2">1. 896</td><td rowspan="2">1. 264</td><td rowspan="2">71. 53</td></tr>
<tr><td>1. 5</td></tr>
<tr><td rowspan="4">下午（13：00～17：30）</td><td rowspan="4">2</td><td>7. 29/9：35～13：15</td><td rowspan="2">3. 3</td><td rowspan="2">0. 501</td><td rowspan="2">0. 555</td><td rowspan="2">2. 244</td><td rowspan="2">0. 611</td><td rowspan="2">34. 58</td></tr>
<tr><td>3. 67</td></tr>
<tr><td>7. 28/14：00～16：00</td><td rowspan="2">2. 9</td><td rowspan="2">0. 501</td><td rowspan="2">0. 555</td><td rowspan="2">1. 844</td><td rowspan="2">0. 922</td><td rowspan="2">52. 18</td></tr>
<tr><td>2</td></tr>
<tr><td rowspan="4">晚上（17：30～8：30）</td><td rowspan="4">1</td><td>7. 29/13：50～15：50</td><td rowspan="2">2. 8</td><td rowspan="2">0. 501</td><td rowspan="2">0. 555</td><td rowspan="2">1. 744</td><td rowspan="2">0. 872</td><td rowspan="2">49. 35</td></tr>
<tr><td>2</td></tr>
<tr><td>7. 29/17：00～9：00</td><td rowspan="2">4. 1</td><td rowspan="2">0. 596</td><td rowspan="2">0. 833</td><td rowspan="2">2. 672</td><td rowspan="2">0. 167</td><td rowspan="2">9. 45</td></tr>
<tr><td>16</td></tr>
<tr><td rowspan="5">C</td><td rowspan="5">上午（8：30～13：00）</td><td rowspan="5">2</td><td>7. 14/10：00～11：30</td><td rowspan="2">3</td><td rowspan="2">0. 501</td><td rowspan="2">0. 378</td><td rowspan="2">2. 122</td><td rowspan="2">1. 414</td><td rowspan="2">80. 02</td></tr>
<tr><td>1. 5</td></tr>
<tr><td>7. 17/9：25～ 10：55</td><td rowspan="3">1. 8</td><td rowspan="3">0. 470</td><td rowspan="3">0. 325</td><td rowspan="3">1. 005</td><td rowspan="3">0. 670</td><td rowspan="3">37. 91</td></tr>
<tr><td>1. 5</td></tr>
<tr><td>1. 5</td></tr>
</table>

4）试验场 D 位于千手观音造像区上部西侧。上午的凝结速率为 0. 670～1. 414g/h，单位面积凝结速率为 37. 91～80. 02g/h · m^2。

5）总体而言，千手观音造像区凝结水的分布，在空间上下部比上部作用更强烈；在时间上上午最活跃，下午次之，晚上凝结水活动较弱。

4. 3. 4　千手观音造像区凝结水定量评价

4. 3. 4. 1　评价方法和计算公式

千手观音造像区的凝结水量可按下式计算：

$$Q = v \times A \times t/1000$$

公式中的 Q 为总凝结水量（kg），可按公式计算求得。v 为凝结速率（g/h · m^2），通过现场凝结水采集试验确定。A 为凝结面积（m^2），通过红外热成像扫描和现场观测确定。t 为凝结水产生的时间（h），通过现场监测获得。

在空间上将千手观音造像区分成上下两层，东西两侧，共 4 个区。在时间上分成上午、下午和晚上 3 个段进行统计分析。

4.3.4.2　千手观音造像区凝结水定量评价

1）凝结速率

根据凝结水采集试验可以得到千手观音造像区不同时段的凝结速率。进行凝结水定量评价计算时，上午、下午和晚上都按平均凝结速率计算。根据凝结水采集试验成果表，上午凝结速率为 34.58 ~ 80.02g/h · m^2，平均凝结速率为 53.22g/h · m^2。下午凝结速率为 31.69 ~ 70.04 g/h · m^2，平均凝结速率为 49.94 g/h · m^2。晚上的凝结速率为 9.45g/h · m^2。由此可知，白天的单位面积凝结速率大于晚上。千手观音造像区的凝结水上午最活跃，下午次之，晚上凝结水活动较弱。

2）凝结面积

千手观音造像区崖壁总面积为 88m^2。根据红外热成像扫描成果可以确定 2009 年 11 月和 2010 年 4 月千手观音造像区 4 个区域的凝结面积。综合考虑红外热成像扫描成果、监测数据和现场观察记录可以估算每个月不同区域的凝结面积。

如果可以每个月进行一次红外热成像扫描，则可以提高凝结面积的计算精度。

3）凝结时间

根据环境监测数据，分上午、下午和晚上 3 个时段进行统计分析，可以得到 4 个区域每个月不同时段产生凝结水的小时数。

东侧下部上午的凝结时间为 821 小时，占 56.2%，下午的凝结时间为 899 小时，占 61.6%，晚上的凝结时间为 3048 小时，占 52.1%。

西侧下部上午的凝结时间为 808 小时，占 55.3%，下午的凝结时间为 975 小时，占 59.9%，晚上的凝结时间为 2930 小时，占 50.2%。

东侧上部上午的凝结时间为 660 小时，占 45.2%，下午的凝结时间为 668 小时，占 45.8%，晚上的凝结时间为 2054 小时，占 35.2%。

西侧上部上午的凝结时间为 666 小时，占 45.6%，下午的凝结时间为 829 小时，占 56.8%，晚上的凝结时间为 2241 小时，占 38.4%。

千手观音造像区产生凝结水的时间，按百分率对比，下午产生凝结水的时间最长，上午次之，晚上较弱。在空间上，造像区下部产生凝结水的时间比上部更长。

4）凝结水量

将凝结速率、凝结面积和凝结时间代入计算公式，可以得到 4 个区域不同时段产生的凝结水量。由计算结果可知，千手观音造像区下午产生的凝结水量最多，上午次之，晚上最少。在空间上下部产生的凝结水量远远大于上部。由计算结果可知，千手观音造像区上午产生的凝结水量为 2423.5kg，下午产生的凝结水量为 2484.2kg，晚上产生的凝结水量为 1586.9kg。

由此可得，千手观音造像区崖壁上全年产生的凝结水总量为 6494.6kg。

5）误差分析

在试验过程中，受实际条件限制，晚上无法进入景区工作。因此，仅做了一次试验场敞开一夜的凝结水采集试验。由于敞开时间长达 16 小时，试验场的凝结水可能早就已经饱和，导致晚上凝结速率的计算结果偏低。实际上晚上的凝结水量可能更大。

6）千手观音造像区凝结水定量评价分析

图 4 - 80 为千手观音造像区东侧下部（A 区）不同时段凝结水量柱状图。由图可知，11 月至次年 3 月凝结水十分轻微，4 ~ 10 月凝结水活跃，其中 4 ~ 8 月凝结水十分强烈。

图 4 - 81 为千手观音造像区西侧下部（B 区）不同时段凝结水量柱状图。由图可知，11 月至次年 3 月凝结水十分轻微，4 ~ 10 月凝结水活跃，其中 6 月和 7 月月凝结水十分强烈。

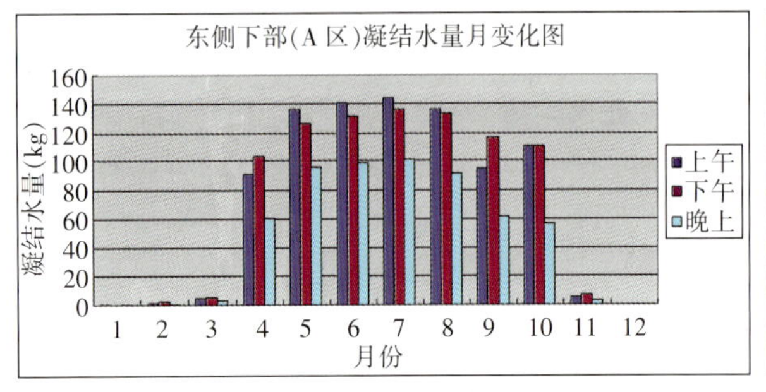

图 4 - 80　千手观音造像区东侧下部的凝结水量

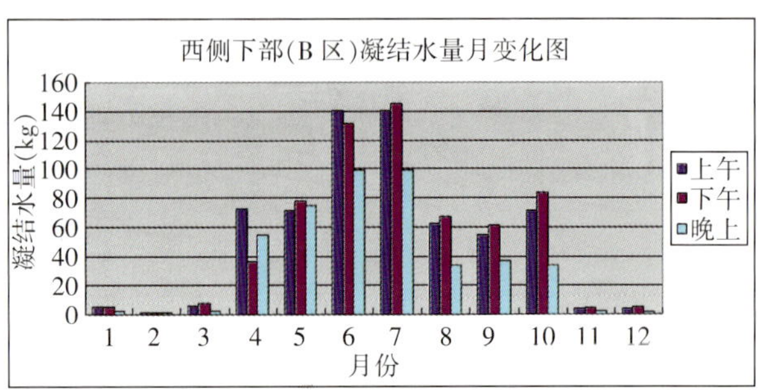

图 4 - 81　千手观音造像区西侧下部的凝结水量

图 4 - 82 为千手观音造像区东侧上部（C 区）不同时段凝结水量柱状图。由图可知，10 月至次年 3 月凝结水十分轻微，4 ~ 9 月凝结水活跃，其中 6 月和 7 月月凝结水十分强烈。

图 4 - 83 为千手观音造像区西侧上部（D 区）不同时段凝结水量柱状图。由图可知，8 月至次年 2 月凝结水十分轻微，3 ~ 7 月凝结水活跃，其中 5 ~ 7 月凝结水十分强烈。

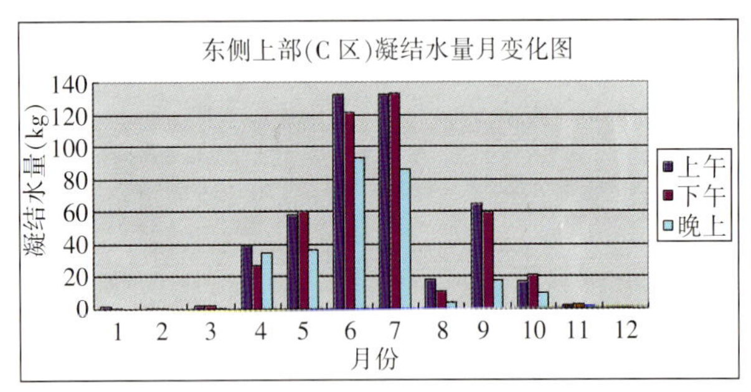

图 4 - 82　千手观音造像区东侧上部的凝结水量

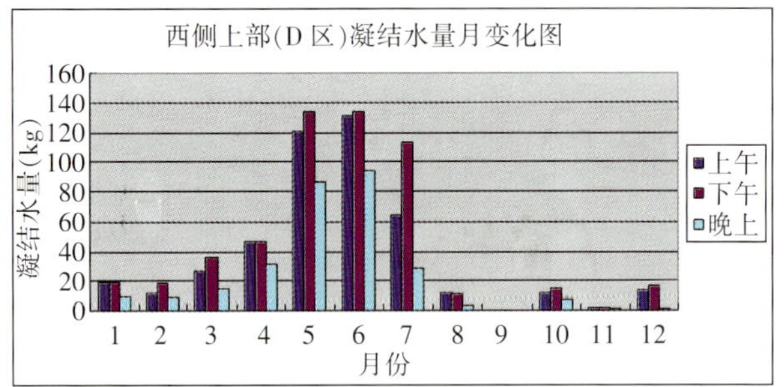

图 4 - 83　千手观音造像区西侧上部的凝结水量

图 4 - 84 为千手观音造像区不同区域不同时段凝结水总量柱状图。由图可知：

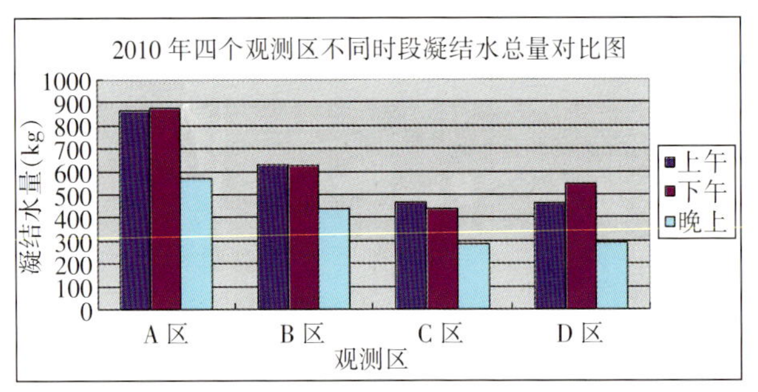

图 4 - 84　千手观音造像区不同区域的凝结水量

（1）东侧下部（A 区）的凝结水量最大，西侧下部（B 区）的凝结水量次之，而东侧上部（C 区）的凝结水量最小。下部的凝结水量大于上部。

（2）白天的凝结水量大于晚上。上午和下午产生的凝结水量比较接近，A 区下午的凝结水量略大于上午，B 区和 C 区上午的水量略大于下午，D 区下午的凝结水量大于上午。

（3）千手观音造像区崖壁全年有一半的时间受凝结水作用，全年产生的凝结水总量可达 6494.6kg，其量相当可观。凝结水对千手观音造像和保护材料的影响不容忽视。

4.3.5 红外热成像分析研究成果

由于风化营力作用的影响，千手观音造像所赋存的长石砂岩的表层，多已形成了一层砂状风化层。当凝结水产生时，首先被吸附在风化层内，肉眼无法识别和鉴定。只有当凝结水非常严重时，风化层含水饱和后呈水膜状或水珠状，才能被观察到。为此，本研究项目将红外热成像技术首次应用于石窟凝结水病害研究，其目的是探测大足千手观音造像区含水体的分布范围和规律。

4.3.5.1 探测仪器与工作程序

使用的仪器为日本生产的红外热成像探测仪（图 4－85），型号为 NEC TH91－713。其主要的技术指标为：

灵敏度：±0.1 °C。

分辨率：0.2℃

电源：7.2V DC 17W

千手观音工作现场已经搭建了三层脚手架，由于工作场地的限制不可能对千手观音进行整幅红外热成像拍照工作，所以根据工作场地条件及红外热成像仪的取景范围，对千手观音进行分区域扫描拍摄。单次拍摄过程中，根据现场实际情况，每层作为一个区域分上下进行逐次拍摄（图 4－86）。即分为三层（上、下），二层（上、下），一层（上、下），底层（上、下）四个区域进行探测拍摄。

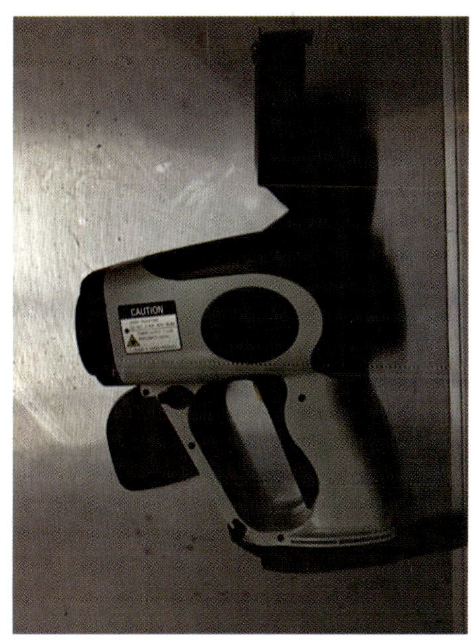

图 4－85　红外热成像探测仪

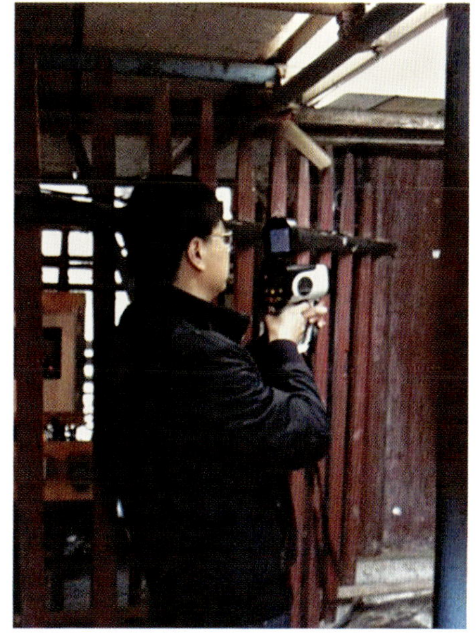

图 4－86　现场扫描拍摄

4.3.5.2 探测成果分析

项目组首次将红外热成像技术应用于砂岩石窟凝结水探测，共进行了 2 次探测，一次为 2009

年 11 月，另一次为 2010 年 4 月。现将探测成果分析如下。

1）冬季探测成果

（1）探测时间

2009 年 11 月 12 早上 10：00 ~ 12：10。

由于本次探测时间属于冬季，大足千手观音造像位于室内环境，无阳光的直接照射，而且大悲阁未完全密闭，室外冷空气可以直接吹拂石刻表面。扫描探测由早上 10 点开始，探测过程中空气温度较低，低于石刻砂岩本体温度，所以在探测期间整个石刻崖壁表面温度变化属于热量由岩体向周边空气散失的热传导过程（降温过程）。

（2）探测时的环境大气温湿度和岩壁温度

为监测千手观音造像区的环境温湿度和岩壁温度的变化规律，在造像区的 4 个角各选择一个试验点，安装了自动记录监测设备。表 4 - 11 为红外热成像探测时环境大气的温湿度和岩壁温度。由表可知：

表 4 - 11　探测时的环境大气的温湿度和崖壁温度

监测点		大悲阁环境		岩壁温度（℃）	备注
		湿度（%）	温度（℃）		
1#		84.8	7.3	8.5	位于左下方
2#		84.7	7.3	7.4	位于右下方
3#		83.6	7.1	7.2	位于左上方
4#	10：00	82.6	7.6	8.0	位于右上方
	11：00	81.1	8.3	8.2	

①东侧（1#、3#）的湿度大于西侧（2#、4#）。上部（3#、4#）的湿度小于下部（1#、2#）。

②岩壁温度在上午十点之前高于建筑内的温度。11：00 岩壁温度低于建筑内温度。

③随着建筑内温度增高，室内的湿度降低。岩壁温度也有缓慢上升，但增温速率低于室内温度的变化。

（3）泉水和岩体的温度

图 4 - 87 为千手观音东侧的泉水红外热成像图。由图可知，探测时间中午的水温为 9.2℃，呈红色；相对干燥的岩体温度为 7.2℃，呈蓝色。

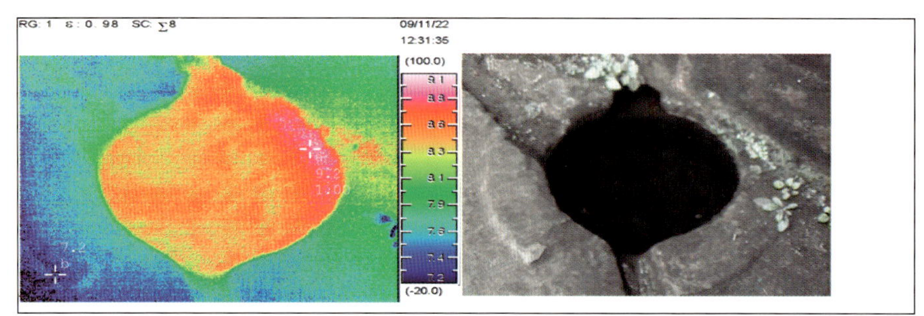

图 4 - 87　冬季泉水和山岩的温度比对图（非阳光直射区域）

（4）凝结水现象现场观察

2009 年 11 月 22 日上午 10：00 ~ 13：00 在千手观音造像区未观察到凝结水现象，仅发现在底层局部较为潮湿。

但大佛湾内仍局部存在凝结水。上午 11：00 在第 18#龛观无量寿佛经变相东侧距地面约 2m 处的天堂小佛龛菩提树部位发现密集的凝结水珠分布，旁边的小佛像前额和左耳部位也有凝结水珠，上方的造像裙褶带也有凝结水珠出现。

（5）红外热成像成果分析

①对于千手观音造像而言，总体来说未出现热成像异常，造像大部分区域呈现红蓝相间的热成像图像，突起部位（千手观音的手部、法器等）温度普遍低于与岩体结合紧密部位。

这一现象属于造像突起部位与冷空气温度交换引起，即突起越高与岩体接触越小，并且风化越严重的部位温度越低。说明千手观音造像大部分部位（尤其是中上部分）无明显出水潮湿现象；仅在观音造像底部小范围出现局部红外图像异常，呈条带状温度偏高，说明该部分岩体含水量偏高（图 4－88）。

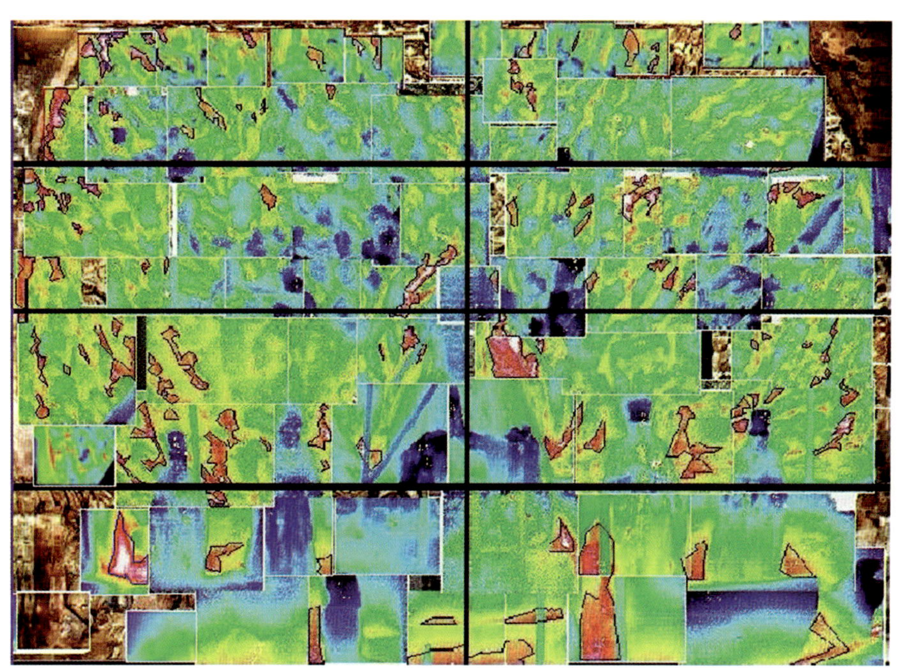

图 4－88　千手观音造像红外热成像图

②在冬季早上（探测时间）千手观音造像表面的岩石温度高于周边空气温度，造像岩体表面温度向周边空气交换流失，红外热成像图像呈红蓝交替图像。造像突起越高、与岩体接触越少、表面空鼓、风化越严重部位温度越低，呈蓝色；部位越低、接触越紧密则温度越高（图 4－89）。由图可知，中、上部绝大部分热成像图像基本无异常区域，即千手观音造像冬季无明显出水、渗水现象。整体来说，千手观音造像中、上部的大多数部位的温度不均一现象，主要与雕刻是否突起、是否与山体接触以及表面风化不同有关。

③在图 4－88 中，热成像图的红色区域为含水较高区域。将千手观音造像区分成东西各 4 层共 8 个区，分别进行统计，其结果列于表 4－12。由表可知：千手观音造像总面积为 88m^2，统计面积为 77.96m^2，含水面积为 4.76m^2，约占 6.11%。和 9 月观察到的凝结水分布面积达 50% 相比，11 月含水体面积大幅度减少。实际观察这些红色区域均未发现明显的水迹，仅为略显潮湿的状态。

表 4－12　千手观音造像区含水区域统计成果表

层位	分区	统计面积（m²）	红色区域面积（m²）	分区百分比（%）	分层百分比（%）
第三层	东区	8. 06	0. 46	5. 76	4. 70
	西区	7. 05	0. 15	2. 15	
第二层	东区	10. 00	0. 41	4. 12	4. 00
	西区	9. 24	0. 36	3. 90	
第一层	东区	11. 74	0. 86	7. 36	7. 38
	西区	10. 75	0. 80	7. 46	
底层	东区	9. 78	0. 52	5. 29	–
	西区	11. 34	1. 20	10. 58	

注：底层左下角处热成像扫描图缺失，统计结果数值偏小，实际上底层的含水率东区大于西区。

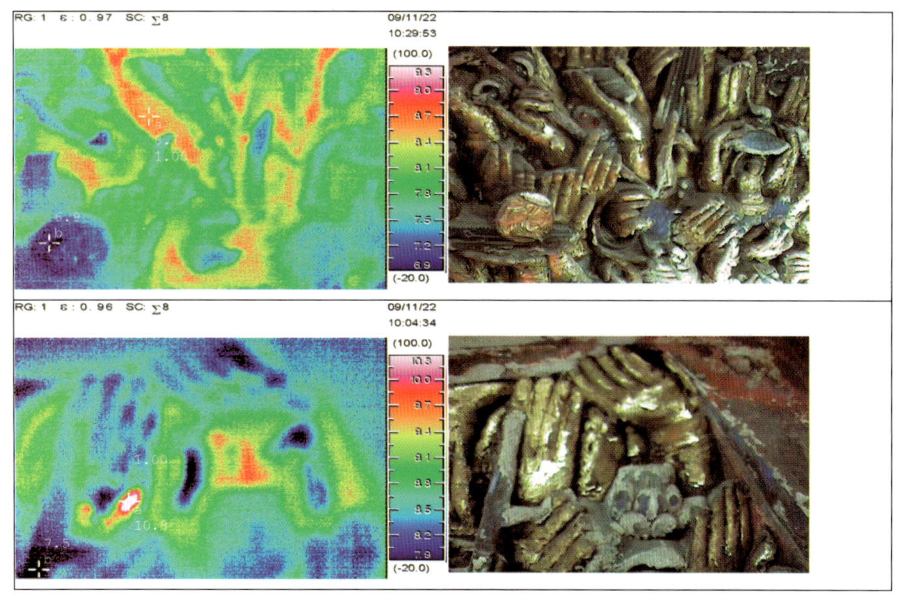

图 4－89　千手观音表面红外热成像图像

④由表 4－12 可知，第一层至第三层东区岩体表面的含水量明显多于西区，这是由于受东区泉水分布的影响，相对比较潮湿。

西区从下至上含水面积明显较少，底层含水区域达 10. 58%，至第一层减少为 7. 46%，再往上至第二层，为 3. 90%，至顶层仅为 2. 15%。这是因为崖壁上部通风条件较好。东区第三层（顶层）和第二层的含水面积较小，仅 4. 12% ~5. 76%，往下至第一层，含水面积增大为 7. 36%，底层由于缺少照片，统计数值偏小，实际观察底层东区比西区更潮湿，其含水面积实际应大于 10%，和西区有同样的变化规律。

⑤顶层（第三层）含水量低的主要原因是通风条件较好。

第二层含水面积西侧分布较为集中，东侧分布较为均匀，这一层有一定的遮挡，通风条件比顶层差。

第一层含水面积东西两侧分布较为均衡。东侧自上而下逐渐增多，主要分布在东侧边缘，以及主佛边缘凹陷处。西侧区域分布比较分散。

底层含水面积东西两区分布较为均衡，主要集中在主尊造像和 4 个立像之间的凹陷部位和与地面相接部。

图 4 – 90 为千手观音主尊莲花座底部红外热成像异常图像，说明该部分存在局部潮湿现象。这是由于底部接近地下水位，易受毛细作用水分的影响。

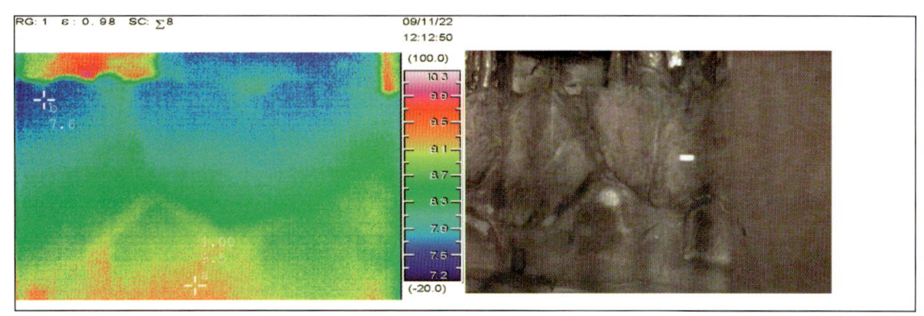

图 4 – 90　主尊莲花座底部含水较高

⑥图 4 – 91 为冬季立壁岩体温度与地面温度对比图。冬季早上立壁岩体温度大于地表温度，而且山体积水及其泉水的温度高于岩体，但造像突起部位的温度明显低于岩体。

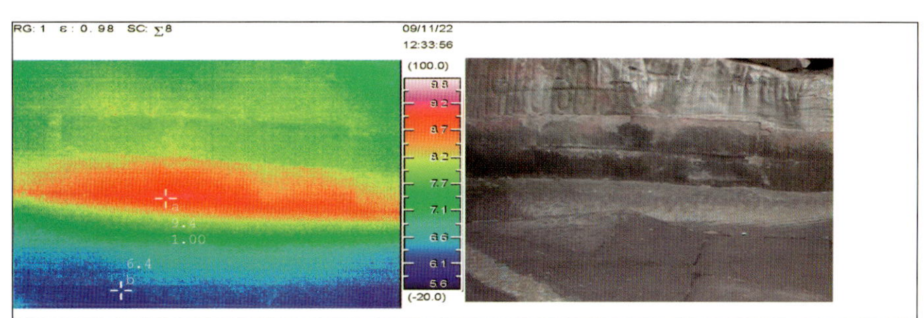

图 4 – 91　冬季岩体温度与地面温度比照图

⑦图 4 – 92 为底层立像的红外热成像异常图像。由图可知，立像本身与山体脱离，相对干燥，反映的温差色谱颜色为蓝色。而在立像之间的凹陷处一直比较潮湿，显示为条带状红色高温异常。根据调查，该部位为一水平状层面裂隙，沿裂隙形成了宽约 0.5m 的风化凹槽，在雕凿造像时往凹槽中填充了完整的砂岩。该水平状层面裂隙与东侧的渗水构造裂隙相连通，怀疑存在沿层面裂隙有侧向补给水源。

2）春季探测成果

（1）探测时间

2010 年 4 月 13 日（晴转雨）早上 9：18 ~ 10：59 下午 15：54 ~ 16 ：24。共拍摄红外热成像图 298 张（早上 171 张，下午 127 张）。

（2）探测时的环境大气温湿度和岩壁温度

上午的温湿度监测数据为：岩体表面温度 12. 3 °C，环境空气温度 11. 4°C，空气湿度 97. 5% 。

下午的岩体表面温度为 11. 8 °C，环境空气温度 11. 1°C，空气湿度 100% 。

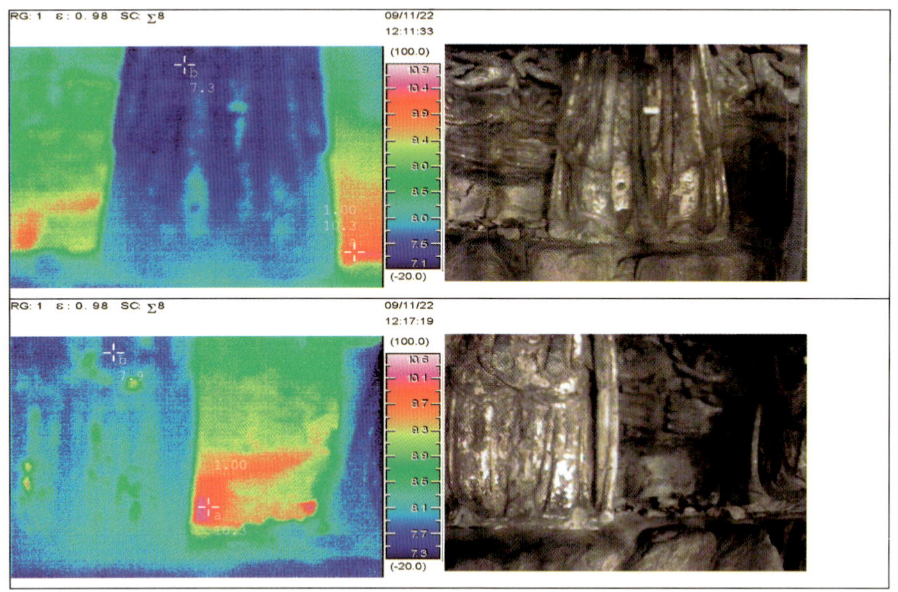

图 4－92　千手观音底层红外热成像异常图像

探测分上、下午两次进行。探测当日连续降雨，环境气温相对较低，岩体温度上午和下午均略高于大气温度，所以整个石刻崖壁表面温度变化属于热量由岩体向周边空气散失的过程（降温过程）。

在进行测试的过程中（早上 9：18～10：59 ；下午 15：54～ 16 ：24），探测过程为石刻造像表面（层）逐步降温的过程。

在 04：30 之前，露点温度高于岩壁温度，有凝结水生成。04：30 以后，露点温度一直低于岩壁温度，测试期间是凝结水蒸发的过程。

（3）泉水和岩体的温度

图 4－93 为千手观音东侧的泉水红外热成像图。由图可知，在探测时间 11：38，含水体温度为 14. 3℃，红外图像呈红、黄、绿色。相对干燥的岩体温度为 13. 2℃甚至更低，呈浅蓝色至深蓝色。

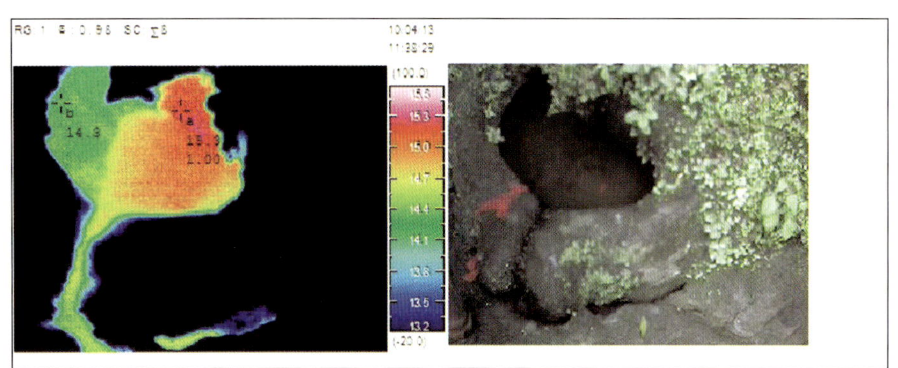

图 4－93　春季泉水和山岩的温度对比图（非阳光直射区）

（4）红外热成像成果分析

①红外热成像拼图见图 4－94。本次探测在下雨的时间进行，上午和下午的图像基本一致。环境温度受降雨影响偏低，岩体温度始终略高于环境温度，呈散热的过程。岩体温度和环境温度比较

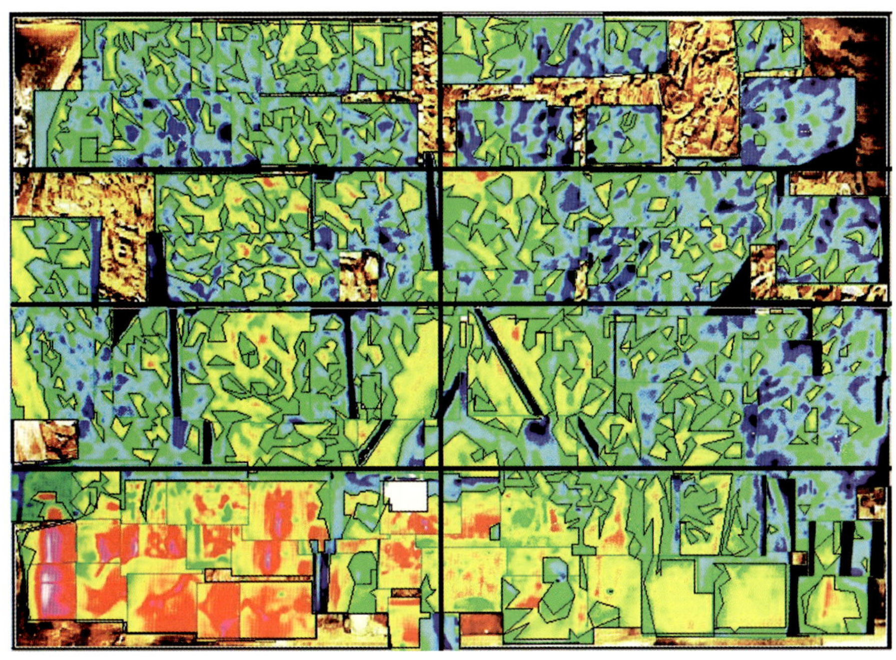

图 4 – 94　千手观音造像红外热成像图

接近，含水体的红外图形呈红、黄、绿色，岩体的红外图像呈浅蓝色和深蓝色。

②造像区整体未出现明显的红外热成像图像异常区域，即造像区岩体中无明显的带状或线状渗水含水体出现。仅在造像区东侧下部区域有较为明显的温度偏高现象，整体偏红，表明该区域存在水的活动痕迹。其原因是降雨期间受造像区东侧裂隙（J6）的渗水影响。

③图 4 – 95 为造像区东侧裂隙（J6）渗水的典型图像。图中可见近直立裂隙和层面裂隙交汇处

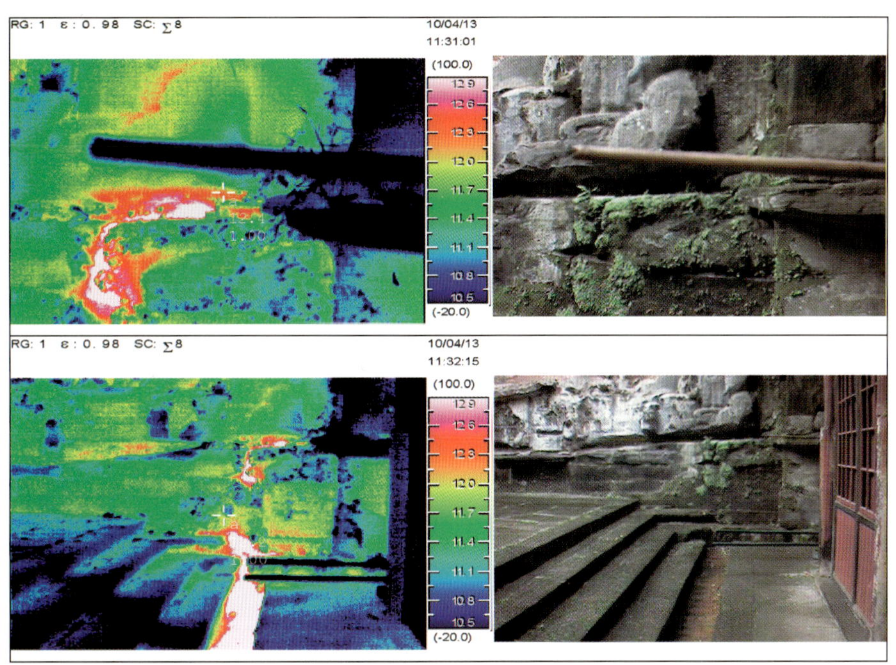

图 4 – 95　千手观音造像区东侧裂隙（J6）渗水的红外图像

的含水体。含水体沿层面裂隙呈带状分布，沿陡倾裂隙呈线状（或带状）分布。越往下含水现象越明显，这与实际观察的现象相吻合。

红外热成像探测还可以区别降雨和含水岩体。探测发现，岩檐和屋檐处的雨水红外图像呈蓝色，而岩体中的渗水图像呈红色，含水岩体呈红、黄、绿色。

④将图4－94中的千手观音造像区分成东西两侧，上下4层，共8个区，分别统计含水面积。其结果列于表4－13。由图表可知，千手观音造像总面积为88m^2，统计面积为73.63m^2，含水面积为37.59m^2，约占51.05%。

表4－13　千手观音（春季）含水区域统计成果表

层位	分区	统计面积（m^2）	凝结水区域面积（m^2）	分区百分比（%）	分层百分比（%）
总面积	全龛	73.63	37.59	51.05	
第三层	东区	7.84	2.79	35.59	27.24
	西区	6.50	1.12	17.16	
第二层	东区	7.20	3.54	49.14	41.30
	西区	8.71	3.03	34.82	
第一层	东区	10.33	6.38	61.78	48.29
	西区	11.30	4.06	35.95	
底层	东区	10.47	9.54	91.11	76.65
	西区	11.27	7.13	63.23	

与2009年11月的探测结果比较，4月造像区岩体含水面积明显扩大了8倍（2009年11月的含水面积为6.11%）。具体而言，含水面积在各区均较2009年11月明显扩大。实际观察4月份的凝结水活动比11月要强烈得多。

⑤千手观音造像区凝结水的区域分布规律。东侧各层含水面积均大于西区，这与设置的四个监测点的监测数据相吻合。东区含水面积22.26m^2，占到全部含水面积（37.59m^2）的59.3%。从下往上凝结水面积逐渐减少。下部区域（底层和第一层）含水面积达到了27.11m^2，占到全部含水面积（37.59m^2）的72.1%。凝结水面积主要集中在东侧下部区域，这与2009年11月份的探测结果相一致。

第二层东、西区含水面积最均衡，差值最小。底层东区含水面积比西区多50%。第一层和第三层东区含水面积比西区约多一倍。

⑥西区含水面积从第三层向下到底层依次扩大。顶层含水面积为1.12m^2（占17.16%）。第二层为3.03m^2（占34.82%），增加了一倍。第一层为4.06m^2（占35.95%），底层含水区域达7.13m^2（占本区统计面积的63.23%）。与2009年11月的探测结果相比较，各层在含水面积及百分比方面都大幅度增加（2009年11月西区底层含水区域占本区统计面积达10.58%，第一层为7.46%，第二层为3.90%，顶层为2.15%）。

东区和西区具有相同的变化规律，含水区域面积从第三层到底层向下依次扩大。第三层（顶层）含水面积较小，35.59%，第二层增加至49.14%。第一层和底层含水面积较大，第一层含水面积 6.38m^2，占该层统计面积的 61.78%，底层含水面积达到 9.54m^2，占该层统计面积的 91.11%。

⑦第三层（顶层）东、西两区含水面积差别很大，主要是由于东侧靠近裂隙 J6，受裂隙渗水的影响。第二层含水面积西侧分布较分散，东侧分布较均匀，这一层有一定的遮挡，通风条件比顶层差。第一层含水面积东西两侧分布比较均衡，主要分布在主佛及其附近凹陷处。

底层含水面积东区明显大于西区，含水区域几乎遍布整个底层东区，而西区含水区域靠近地面和中部，这主要是因为，底层东侧靠近渗水点，水汽顺层面裂隙运移侧向补给所致。

⑧由于冬春两季的红外热成像扫描均未拍到升温过程，建议在夏季气温明显上升，高于岩体温度时进行红外热成像探测，将吸热过程和散热过程的红外图像进行对比分析。

本次研究尝试采用红外热成像技术分析砂岩石窟的含水规律，取得了比较理想的成果。但受经费限制，仅作了冬季和春季的红外热成像扫描，建议补充夏季和秋季的试验，以取得完整的资料。

4.3.5.3　千手观音造像区凝结水面积估算

根据现场观察、环境监测和红外热成像扫描成果可以估算千手观音造像区每个月的凝结水面积变化规律。按上下两部分和东西两侧将千手观音造像崖壁分成 4 个区，分别估算各区每个月的凝结水面积。估算成果列于表 4－14。

表 4－14　千手观音造像区凝结水分布面积估算成果

月份	A（东侧下方）		B（西侧下方）		C（东侧上方）		D（西侧上方）	
	含水面积百分率（%）	凝结水面积（m^2）	含水面积百分率（%）	凝结水面积（m^2）	含水面积百分率（%）	凝结水面积（m^2）	含水面积百分率（%）	凝结水面积（m^2）
1	15.0	3.3	10.6	2.3	5.8	1.3	34.8	7.7
2	15.0	3.3	10.6	2.3	5.8	1.3	34.8	7.7
3	15.0	3.3	10.6	2.3	5.8	1.3	34.8	7.7
4	91.1	20.0	63.2	13.9	49.1	10.8	34.8	7.7
5	100.0	22.0	100.0	22.0	49.1	10.8	100.0	22.0
6	100.0	22.0	100.0	22.0	100.0	22.0	100.0	22.0
7	100.0	22.0	100.0	22.0	100.0	22.0	100	22.0
8	100.0	22.0	63.2	13.9	49.1	10.8	34.8	7.7
9	91.1	20.0	63.2	13.9	49.1	10.8	0	0
10	91.1	20.0	63.2	13.9	49.1	10.8	34.8	7.7
11	15.0	3.3	10.6	2.3	5.8	1.3	3.9	0.9
12	15.0	3.3	10.6	2.3	5.8	1.3	34.8	7.7

将 2009 年 11 月红外热成像扫描确定的凝结水分布面积作为凝结水活动微弱的 11 月至次年 3 月的凝结水分布面积。将 2010 年 4 月红外热成像扫描确定的凝结水分布面积作为春秋季的凝结水分布面积，主要包括 4、9 和 10 月。5～8 月，凝结水十分严重，根据现场观察，凝结水分布面积

按 100% 计算。根据各区域的监测数据和实际观察进行了少量的数据修正。

4.3.6　其他试验

4.3.6.1　凝结水含量测试及与手指法器脱落的关系

在凝结水严重的 6 月和 7 月，凝结水附着在造像区表面凸出的法器和手指上，其长期作用使千手观音造像所赋存的石刻岩体产生了严重的凝结水病害。岩体潮湿和反复的干湿变化，使岩体的抗拉强度已经明显下降。在凝结水严重时期，造像风化层饱和，增加了手指和法器的重量。这两方面的综合作用，使得造像岩体发生断裂破坏，造成手指和法器的断裂脱落现象。

表 4－15 为大足石刻艺术博物馆韩秀兰、冯太彬所做的千手观音造像稳定性监测记录。由表可知，85% 的手指和法器的脱落发生于 4～8 月，监测数据表明，此时为造像区凝结水活跃的时期，尤其是 6 月和 7 月，凝结水十分强烈，大多数造像手指和法器断裂脱落的时间均为 6 月和 7 月，说明手指和法器的损坏与凝结水密切相关。

2010 年 6 月 10 日编号为 5－8－S14 的法器下部 1/4 处发生断裂脱落（图 4－96）。在此之前的一段时间里造像区连续下雨，且观察到凝结水较多。脱落法器上有彩绘，断裂面潮湿。

图 4－96　脱落的 5－8－S14 的法器

表 4－15　千手观音稳定性监测记录

记录日期	破坏时间	监测记录点	监测记录内容	备注
2009－5－11	14：44	8－3－S1	8－3－S1 食指第一关节以上断裂脱落	脱落指头上有纤维物和泥，为前人修补材料。9 日－11 日大佛湾部分龛窟及千手观音局部出现凝结水珠。脱落手指上无水珠，断面较湿润
2009－6－28	28 日 16：00～29 日 11：00	9－6－S5	9－6－S5 食指、中指指头断裂脱落	24 日－28 日大佛湾部分龛窟及千手观音凝结水严重，手上方壁面和断面较湿润
2009－7－11	16：00 左右	9－8－S6	食指第二关节以上断裂脱落	近期凝结水较多。 脱落部位为补泥，脱落时泥上湿润，泥较软
2009－8－8	7 日晚～8 日上午	9－6－S3	手托宝栋顶部石质连带彩绘风化脱落	脱落断面位于上方，从周边来看，为石质风化后剥离脱落
2010－4－8	7 日晚上	7－7－S5	手上所托法器下部脱落	脱落下的岩石能见到蓝色的颜料（保存于千手观音现场试验工作间）

续表

记录日期	破坏时间	监测记录点	监测记录内容	备注
2010－4－23	22 日晚上	9－8－S7	手部边缘基岩带状金饰脱落	（保存于千手观音现场试验工作间）
2010－6－10	9 日晚上	5－8－S14	法器下部 1/4 处脱落	最近时间连续下雨，凝结水较多。脱落法器有彩绘，断裂面潮湿
2010－6－10	10 日下午 17：00	6－3－S5	法器右部前端 1/3 脱落	脱落面和断裂面均潮湿。（敦煌段老师将脱落的部位用黏接剂进行了修复）
2010－6－10	10 日下午 17：00	5－3－S9	食指 1/3 处以上脱落	脱落部位潮湿，断指有岩石和泥（原位保存）
2010－7－3	2～3 日	5－3－S5	无名指指头脱落	脱落部位有贴金，石质粉化（保存于千手观音现场试验工作间）
2010－7－3	2～3 日	窟顶	9－7－S10 上窟顶剥落	窟顶岩石剥落，掉落石头上有蓝色彩绘
2010－7－5	5 日上午	9－7－S12	食指纵向脱落 1/2	食指纵向脱落，脱落指上有金箔，无泥，潮湿
2010－7－15	15 日上午	5－10－S11	食指第一关节处脱落	脱落手指潮湿，指上有泥，有金箔

经工作人员许可，对脱落岩体进行了含水率测试，试验测得脱落块体的含水率为 2.34%（表 4－16），接近砂岩的饱和含水率，约为无凝结水时砂岩含水率的 4.6 倍。可以看出，凝结水病害对造像区破坏是极其严重的。

表 4－16　造像区岩体在有无凝结水时的含水量

样品	凝结水等级	新鲜重（g）（盒＋样品）	烘干后重（g）（盒＋样品）	盒重（g）	含水率（%）
法器（5－8－S14 下部）	表层薄膜水	626.5	615.6	148.8	2.34
	干燥	618	615.6	148.8	0.51

4.3.6.2　pH 值测试

前期研究表明，水溶液的酸碱性对砂岩的风化速度有重要影响。为了更好地了解宝顶山大佛湾造像区水溶液的 pH 值情况，于 2010 年的 4、5 和 6 月分别对大佛湾的千手观音造像区、圆觉洞及观无量寿佛经变龛的天堂小佛等处有代表性的地方做了 pH 值测定。

表 4－17 为千手观音造像区的凝结水 pH 值测试结果。表中数据显示，千手观音造像区的凝结水均呈酸性。采集的新鲜凝结水无色透明，pH 值为 6，而风化岩体表层发黄的凝结水 pH 值为 4。由此可知，砂岩的表层风化与凝结水的酸度有关。

表 4－17　千手观音 pH 试纸酸碱测试记录

时　间	测试部位	测试内容	pH 值
2010－4－12	6－2－S15 手持珠子	珠子表面凝结水，水微黄	pH＝4
2010－5－17	6－2－S14 手托狮子	狮子头上凝结水，水微黄	pH＝4
2010－6－10	6－2－S15 手持宝珠	珠子表面凝结水，水微黄	pH＝4
	主尊像右侧脖子	脖子表面凝结水，无色	pH＝6
	主尊像左侧裸露大漆手臂	大漆表面凝结水，无色	pH＝6

为了进行对比，还采取雨水进行了 pH 值测试。观无量寿佛经变龛崖顶滴水和地面积水呈中性。圆觉洞龙身排水沟的渗水 pH 值最大，呈弱碱性。说明千手观音造像区的凝结水比雨水具有更强的酸度和腐蚀性。

总的来说，凝结水的酸性促使砂岩表层发生化学溶蚀，扩大砂岩中的风化裂隙，加速砂岩的风化，从而加快了对文物的破坏。

4.3.6.3　水质分析试验

分别在凝结水最严重的 6 月和 7 月采取了千手观音造像区和观无量寿佛经变龛天堂小佛处的凝结水样，8 月降雨时采取了雨水和屋顶漏水样，圆觉洞渗水等水样进行了水质分析。

表 4－18 为千手观音凝结水、观无量寿佛龛天堂小佛处的凝结水、圆觉洞渗水、屋顶漏水和雨水的水化学分析结果综合对比表。由表可知：

表 4－18　水化学分析成果表

化学成分	含量（mg/L）				
	雨水	屋顶漏水	天堂小佛凝结水	千手观音凝结水	圆觉洞渗水
$Na^{+}+K^{+}$	4.12	327.67	1899.34	4053.1	2044.29
Ca^{2+}	9.83	333.07	3780.30	1625.95	2432.25
Mg^{2+}	1.50	36.09	1272.82	856.49	473.16
HCO_3^-	21.50	72.89	104.86	84.72	24.98
Cl^-	5.71	331.17	5050.20	5049.45	2012.20
SO_4^{2-}	3.09	446.40	2889.95	2238.52	1382.48
NO_3^-	18.02	612.60	5154.60	3342.24	12176.02
矿化度	65.29	2165.52	20157.06	17252.55	20545.48

1）从矿化度方面来分析，雨水的矿化度很低，仅 65.29mg/L，与岩石没有交换作用，属于低矿化度的水。千手观音屋顶漏水的矿化度为 2165.25mg/L，是雨水的 33 倍，主要是由于受屋面的积尘污染所致，属于中等矿化度的水。千手观音和天堂小佛的凝结水的矿化度分别为为 17252.55mg/L 和 20157.55mg/L，为雨水的 264～309 倍，属于高矿化度的水，说明凝结水附着在千手观音崖壁砂岩的表面，溶解了砂岩内大量的矿物，从而导致砂岩的结构破坏，加速了砂岩的风化。圆觉洞渗水的矿化度最高，为 20545.48mg/L，为雨水的 315 倍。渗水是大气降水垂直入渗进入山体后，经岩体裂隙运移渗出的水。渗水在渗流过程中，和岩土体的化学成分发生了交换溶滤作用，因此具有较高的矿化度。凝结水与渗水的矿化度接近，

说明凝结水和岩体风化表层有较强烈的化学交换作用。

2）雨水的 Cl^- 离子含量为 5.71mg/L。渗水的 Cl^- 离子含量为 2012.20mg/L，是雨水的 350 倍，说明渗水受到了污染。而凝结水的 Cl^- 离子含量高达 5049.45～5050.20mg/L，是雨水的 880 倍，说明凝结水也受到了污染，且比渗水受污染更严重。

3）雨水的 SO_4^{2-} 离子含量为 3.09mg/L，渗水的 SO_4^{2-} 离子含量为 1382.48mg/L，是雨水的 447 倍。凝结水的 SO_4^{2-} 离子含量高达 2238.52～2889.95mg/L，是雨水的 724～935 倍，也说明凝结水受到了严重污染。

4）千手观音凝结水的主要水质类型为 $HCO_3 + NO_3 + Cl$—$Ca + Mg$ +（$K + Na$）型，屋顶漏水属 NO_3 + $SO_4 + Cl$—Ca +（$K + Na$）型，凝结水属 Cl + NO_3 + SO_4—（$K + Na$）+ $Ca + Mg$ 型，渗水属 NO_3 + Cl + SO_4—Ca +（$K + Na$）+ Mg。

4.3.7　凝结水病害及其防治对策

4.3.7.1　凝结水病害

调查表明，大佛湾沟地形相对较封闭，非常潮湿，凝结水病害十分严重。千手观音造像区位于大悲阁内，建筑物的封闭使造像区空气流通不畅。其东侧的渗水裂隙和泉水使造像区长期处于潮湿状态，导致造像区内产生严重的凝结水。千手观音保护工程项目组对造像区的病害进行了详细的调查。有关病害的详细分析参见相关的研究报告。

现场调查和监测查明千手观音造像区凝结水的主要病害如下：

1）水分在窟壁的反复凝聚和蒸发，造成洞窟岩体表面的干湿变化，降低了洞窟岩体表层的抗风化能力，凝结水的长期作用和影响加速了千手观音岩体的风化，图 4－97 为千手观音造像手指粉化的现状。

2）凝结水在流动和蒸发过程中，凝结水与洞壁岩体相互作用，在洞壁上以结晶形式保留其运动的轨迹，使洞壁留下明显的不规则片状或条状白色沉淀痕迹，造成千手观音造像的表面污染（图 4－98）。

3）凝结水与砂岩表层的化学风化作用，形成次生矿物石膏（$CaSO_4 \cdot 2H_2O$）、方解石（$CaCO_3$），以及芒硝（$Na_2SO_4 \cdot 10H_2O$）、钠硝盐（$NaNO_3$）等可溶性盐，积聚在表层岩石孔隙中，潮湿时风化矿物的结晶水膨胀，失水时收缩，溶解结晶作用反复进行，破坏效应累积，使岩石表层结构遭到破坏。风化矿物吸水膨胀导致金箔开裂（图 4－99）。

图 4－97　手指砂岩粉化

图 4－98　表面结晶污染

图 4－99　金箔开裂

4）砂岩强度降低导致千手观音造像的手指和法器在重力作用下断裂脱落（图 4 - 100）。据监测记载，自 2009 年 5 月 ~2010 年 7 月千手观音造像的手指及法器断裂脱落达 13 次之多。千手观音造像急需抢救性保护。

5）千手观音造像历史上曾进行了多次维修，很多断裂脱落部位和缺失处都采用泥塑修复。在塑泥中含有大量的黏土矿物。黏土矿物尤其是蒙脱石，遇水后吸水膨胀，造成金箔开裂崩解。

（6）酸性的凝结水与金箔、彩绘颜料产生化学作用，导致金箔和彩绘褪色（图 4 - 101）。

（7）千手观音造像区东侧凝结水富集的部位滋生苔藓、霉菌等微生物病害（图 4 - 102）。

图 4 - 100　手指脱落

图 4 - 101　金箔和彩绘褪色

图 4 - 102　滋生苔藓和霉菌

（8）每年 6 月和 7 月，在大悲阁内千手观音造像前的地面上，常常因凝结水挂流出现积水。地面积水严重影响了造像区的美观，也提高了造像区周围空气的湿度，从而促进凝结水的产生，导致恶性循环。

4.3.7.2　凝结水病害的影响因素

1）窟檐、通风对凝结水的影响

大悲阁的遮护使室内通风不畅，凝结水的形成与内部空气流通不畅密切相关。即使在湿度小于 70%、温差变化不大的情况下，在崖壁深处、雕像表面的拐弯和背风处，仍然常见凝结水的存在。这说明大悲阁内部的气流流动速度缓慢，不利于蒸发过程的进行。

蒸发和凝结是互逆的过程，此过程的控制因子主要取决于外部条件的动态平衡体系。华严三圣处的崖壁开敞、通风良好，蒸发作用强烈，水汽凝结速率小于蒸发速率，要形成凝结水就变得十分困难。相反，无风的天气、窟檐遮蔽，蒸发过程微弱，则凝结作用增强，造成大量凝结水附着于雕刻品上。

打破蒸发和凝结的这种动态平衡，改善大悲阁的通风条件，可以使千手观音造像区的环境朝有利于雕刻艺术品保护的方向发展。

2）岩性、风化壳表层特征对凝结水的影响

千手观音造像总体上属于含泥质高的砂岩，砂岩表层均遭受了一定程度的风化作用，形成风化表层。较新鲜的砂岩表面容易产生凝结水珠，而风化砂岩的凝结水容易被风化表层吸收，仅表现为潮湿，只有当风化表层含水饱和后才会出现水膜和水珠。

3）凝结核的影响

调查中发现，壁面粗糙的地方附着的尘粒较多，成为水汽凝结的场所。可以观察到大量以尘粒为核心的凝结水珠悬挂在崖壁之上。洞窟内大气中包含的微尘颗粒物质，吸附水汽，在合适的温度条件下就会凝结形成水珠，附着悬挂于壁面上。

千手观音造像区岩壁表面的风化表层有较多的粉粒状物质，有利于凝结水的形成。

4）渗水的影响

千手观音造像区东侧有渗水构造裂隙与层面裂隙交错发育，由于降雨的影响，雨水沿水平层面裂隙运移，主要表现为卧佛脚部的泉水和沿水平状层面裂隙向造像区的渗透，造成千手观音造像区东侧下部长期潮湿。长时间的湿润状态，加剧了岩壁凝结水的形成。这也是造像区东侧下部凝结水最为活跃的主要原因。

4.3.7.3 凝结水病害的防治对策

综上所述，提出千手观音造像区凝结水病害的防治对策如下：

1）在大悲阁修复设计中增加其保护功能。东西两侧设计成可以开合的活动窗式结构。根据监测资料，在凝结水活动较弱的 11 月至次年 3 月打开东西两侧的保护窗通风。在凝结水严重的4～10月，封闭东西两侧的窗户，开启自动除湿机，降低室内的湿度。

2）将大悲阁设计成全封闭式的建筑结构，保持室内的恒温恒湿，消除凝结水产生的条件。

3）设计地面排水沟，对千手观音造像前的地面积水进行实时清理，以降低大悲阁内的空气湿度。

4）对千手观音造像区东侧的渗水裂隙进行治理，减少大悲阁内的水汽来源。

5）千手观音造像区长期处于潮湿状态，保护材料和工艺都必须适应潮湿环境，防止霉变和失效。

4.4 小结

4.4.1 初步结论

为解明环境质量是否以及如何对千手观音造像受损产生影响，本报告通过综合分析 2008 年 8 月以来对千手观音微环境空气质量及气象参数的监测数据以及 2001～2010 年大足县大气质量和降水情况，得到如下初步结论：

1）千手观音造像处于一个长年高湿度的气象环境中，千手观音岩壁表面处的相对湿度均高于室外大气的相对湿度，而且这一湿度差值在春、夏季变得更为显著；同时，春、夏季千手观音岩壁处的温度低于气温，温湿度差两者综合作用，使得千手观音岩壁在春、夏季变得易于吸湿、凝结水。

2）虽然千手观音微环境中二氧化硫污染并不十分严重，但是千手观音微环境及其所在的大足县近十年大气二氧化硫浓度均超过国家大气环境质量一级标准，未达到重庆市有关大足石刻大气质量功能区划的要求；而且酸性降水现象十分普遍和严重，几乎达到“降水皆酸”的地步。凝结水成分初步分析表明，凝结水中含有很高浓度的硫酸根、硝酸根和氯离子，对千手观音造像具有破坏作用。

3）千手观音微环境及其所在的大足县近十年来存在较为严重的大气颗粒物污染，颗粒物呈酸性，水溶性硫酸根（SO_4^{2-}）和硝酸根（NO_3^-）含量较高，沉积在千手观音造像上的颗粒物在湿度较大的情况下将会释放出酸性成分，对千手观音造成腐蚀侵害作用。

4）千手观音微环境及其所在的大足县大气氮氧化物污染并不突出，都达到国家大气质量一级标准，但是近年来呈上升趋势，随着工业化和城市化发展，氮氧化物污染可能变得突出；而且，与氮氧化物污染相关的大气臭氧浓度处于较高水平，在夏季臭氧浓度超过国家一级标准甚至接近国家二级标准，对于大气氧化性物质是否会对千手观音产生危害尚需要进一步评估。

5）千手观音所在地的环境质量状况（SO_2、NO_x 和 O_3）均好于大足棠香监测点的空气质量。

6）千手观音造像区位于大悲阁内，建筑物的封闭使造像区空气流通不畅，其东侧的渗水裂隙和泉水使造像区长期处于潮湿状态，导致造像区内产生严重的凝结水。主要凝结水病害为手指法器断裂脱落、粉化、金箔开裂、金箔和彩绘褪色、表面沉淀污染、滋生苔藓霉菌、地面积水等。自 2009 年 5 月~2010 年 10 月现场监测查明千手观音造像的脱落达 13 次，几乎每个月都在毁坏，必须尽快进行抢救性保护。

7）试验表明，在砂岩风化表层内存在水汽运移和侧向补给。水汽主要来自凝结水、崖顶坡面水和立壁地面的毛细水。在无凝结水的区域，岩体侧向补给的水汽轻微，随着周边环境的潮湿程度增高，水汽侧向补给量增大。

根据凝结水采集试验可以得到千手观音造像区上午凝结速率为 53. 22g/h · m^2。下午凝结速率为 49. 94 g/h · m^2。晚上凝结水速率为 9. 45g/h · m^2。由此可知，白天的单位面积凝结速率大于晚上。千手观音造像区的凝结水上午最活跃，下午次之，晚上凝结水活动较弱。

8）千手观音造像区崖壁总面积为 88m^2。根据红外热成像扫描成果可以确定冬季（11 月至次年 3 月）凝结水的分布面积约占总面积的 6. 11%。春秋季（4、5、9 和 10 月）的凝结面积约占总面积的 51. 05%。根据现场观察，夏季（6 ~8 月）凝结面积达 100%。空间分布上，从下往上凝结面积逐渐减少。东侧下部凝结面积最大。

9）监测数据表明，估算全年产生凝结水的时间为 4768 个小时，约 198. 7 天，占全年 54. 4%。全年 12 个月均有凝结水产生。其中 11 月至次年 3 月，凝结水轻微，5 ~8 月最为严重，每个月凝结水产生时间都超过 500 小时。6 和 7 月达到了 100%，即连续 60 天每时每刻都在产生凝结水。在空间分布上各区域有明显差别，东侧下部的凝结水产生时间占全年的 54. 4%，而东侧上部仅占全年 38. 6%。下部产生凝结水的时间比上部更长。

10）由计算结果可知，千手观音造像区上午产生的凝结水量为 2423. 5kg，下午产生的凝结水量为 2484. 2kg，晚上产生的凝结水量为 1586. 9kg。由此可得，千手观音造像区崖壁上全年产生的凝结水总量为 6494. 6kg。千手观音造像区下午产生的凝结水量最多，上午次之，晚上最少。在空间上下部产生的凝结水量远远大于上部。

4. 4. 2 建议

1）有必要开展长期的微环境监测。环境污染的类型是随工业化、城市化发展而变化，而且环境质量的改善不是“一帆风顺”的。回顾大足县近十年环境质量状况变化，可以发现，大气二氧化硫污染的状况时好时坏，并不稳定；同时，还可以发现，虽然当前氮氧化物污染处于低水平，但近年来呈现快速增重的趋势，也许在今后可能成为主要的环境污染问题。由于大气环境质量对石刻文物的危害是一个长期作用的过程，因此凭短时间的环境监测数据来做判断是有“风险”的。所以，对于一个重要的文物，建立并开展长期的环境监测，以及科学地保存与整理分析历年数据是十分必要和重要的一项基本工作，可以为未来文物的保护与修复提供重要的基本信息和基础资料。

2）进一步加强开展凝结水、颗粒物化学组分的分析。增加对总悬浮性颗粒物 TSP 的采样与监测，进一步探讨凝结水是否与酸性物质共同作用，颗粒物质是否促进雾水（凝结水）形成及加重雾水（凝结水）酸性，从而导致颗粒酸性物质、凝结水共同作用损害千手观音造像。

3）加强探索开展大气氧化性物质对千手观音造像的破坏作用。大气中臭氧可能对千手观音表面金箔、大漆涂层产生破坏作用，同时大气中臭氧及其伴随的过氧化氢可能溶解于水（凝结水），通过水相破坏千手观音金箔和大漆涂层。

4）建议在大悲阁修复设计中增加其保护功能。东西两侧设计成可以开合的活动窗式结构。根据监测资料，在凝结水活动较弱的 11 月至次年 3 月打开东西两侧的保护窗通风。在凝结水严重的 4 ~10 月，封闭东西两侧的窗户，开启自动除湿机，降低室内的湿度。

5）千手观音造像区长期处于潮湿状态，保护材料和工艺都必须适应潮湿环境，防止霉变和失效。

第 5 章　工艺研究

5.1　千手观音造像工艺类型分析

5.1.1　佛教造像与贴金工艺

5.1.1.1　天然漆与贴金工艺的渊源

中国传统贴金工艺在漫长的发展过程中，被纳入到了漆工艺的范畴内。应该说，中国传统漆工艺本身就是一个不断发展完善的过程。从7000年前河姆渡文化的朱漆碗开始的简单髹饰工艺，发展到今天千纹万华的各种髹饰技法，漆工艺的技法和材料都在随时代不断更新。

事实上，早期的金箔并不像今天人们所见到的那样轻薄，在考古发现中所能找到的类似金箔的“祖先”实际上是金薄片或是“金叶”。对于漆艺而言，贴金工艺在早期与漆工艺中的镶嵌工艺是一脉相承的，其原理是发挥天然漆作为良好黏结剂的特性而发展出的工艺类型。

金属箔片镶嵌工艺虽然出现很早，但在先秦时期却不太流行，考古发现的实例很少。进入战国以后，漆器制造业有了长足的发展，又出现了扣器，即在部分薄胎漆器的口沿上镶金属箍，既加固了器身，又起到装饰效果。之后，又进一步发展到在器盖上黏贴三叶或四叶柿蒂纹的银片等类似盖钮的装饰，或在器身上黏贴金银箔画片，即所谓的金箔贴花工艺。汉代的金箔贴花工艺，是用金或银的薄叶，剪廓出出各种物象花片，或再加刻细线纹理，描绘出逼真的形象效果，然后贴在漆器表面，上漆数道，使与漆平，最后磨显抛光……金银箔贴花工艺的真正流行是在西汉中晚期或东汉早期（图5－1）。

漆艺的媒材不限于漆，而是包容了漆之外的种种材料。因为无论是天然漆还是现代发展出的合成涂料，都只是一种涂料，不能独立成器，而要依附于某种载体，俗称胎骨。因此，从材料特性上看，天然漆本身既是一种良好的黏结剂，同时又可结合其他材料发挥装饰审美的效果。

现代人们所理解的金箔与漆的结合主要兴起于明代。主要的历史依据来自于明代隆庆年间的漆工黄成所著的《髹饰录》的记载。需要说明的是，尽管漆工艺中的金属镶嵌工艺始于很早的年代，但是，就现代不可移动文物所见的情况而言，普遍是在明代髹漆工艺中发展起来的，且早期的历史文献中很难找到关于贴金工艺技法的记录。清代在继承了明代的漆艺技法的基础上有所发展，并将漆与金箔的结合应用在广泛的领域中。尤其对于不可移动文物的造像，更是大量采用完备的贴金技法加以髹饰。

仔细分析，“贴金”一词包括了“贴”的工艺技法和“金”——工艺中所使用的材料——金箔。当然，完备的贴金工艺远远不是贴上金箔这么简单的一道工序，而是复杂的一整套工艺技法。随着时代的进步，社会手工业分工的细化，无论是“黏贴”工艺所涉及的材料和技法，还是金箔的

图 5-1 镶嵌金薄片的汉代漆器

（上图为西汉晚期贴金漆器，图片参见中国漆器全集编辑委员会编《中国美术分类全集·中国漆器全集·第三册·汉》，福州：福建美术出版社，1993 年，第 140 页；下图为西汉晚期贴金漆盒，图片参见同前，第 144 页）

制作加工工艺都发展到的极为深入的程度。

总体说来，贴金工艺无论多么的复杂，工艺本身必然包含四个基本工艺过程。

1）胎体的处理。漆艺贴金工艺胎体类型是多种多样的，其中包括金属、木质、石质、陶质等等不同的材料。胎体的处理，抛开具体的造型加工而言，主要是将胎体处理平整，工艺手法常用打磨。

2）刮抹漆灰层（或称地仗层）。无论是漆灰还是地仗，其基本功能都是将原有胎体做平整，以便于将漆髹饰的平整。而漆灰或地仗的刮抹也要分不同的步骤完成。但无论工序如何复杂，基本功能都是找平。

3）髹漆。在平整的地仗层上髹涂大漆才是真正开始使漆成膜的工序。无论髹涂几遍大漆或色漆，漆膜在这道工艺中最终形成。

4）贴金。在髹涂的漆膜上，等待适当的时机贴金。

通过以上四个基本步骤的工序，就完成了贴金的基本操作（图 5-2）。其间不同的工匠可能会根据具体情况对工艺环节进行调整，但是基本的工艺目的都是出于加固和找平。只有出现平滑的胎体，才能实现理想的贴金效果。

工艺中需要注意的问题是，打磨工艺是贯彻始终的。无论古代还是现代采用什么样的研磨材料，打磨的基本功能都是为了加强漆、灰之间的附着力，同时使灰层和漆层平整，宜于下一步操作。

5.1.1.2 佛教造像贴金的传统

佛教和中国传统贴金工艺是有不解之缘的。或者说，当佛教传入中国后，就注定贴金将成为佛

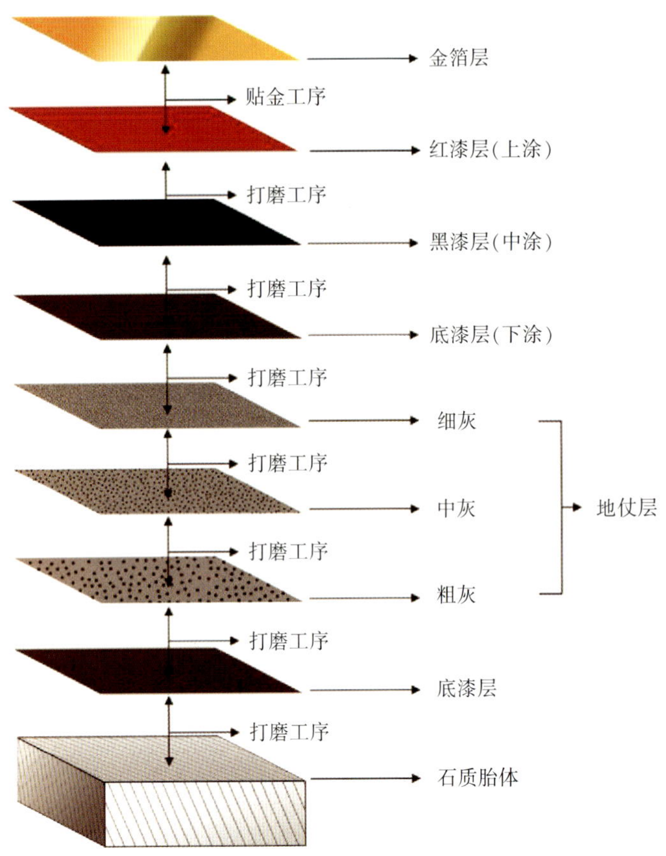

图 5－2　传统贴金工艺流程图

教造型艺术中的一部分。一方面，佛需要以金色示人，另一方面，在佛教传入中国之前，中国就已经生产了较为完备的贴金工艺。

可以说，佛教的造像与被崇拜、景仰的释迦牟尼自身的真实形象间毫无关系。当最初一批佛像被制作出来之时，释迦牟尼灭度已有四五百年了，没有任何文字材料记述过他生前的相貌特征。但是后来的佛经记载——例如，3 世纪时印度名僧龙树所著的《大智度论》，对佛的形象记述却非常具体了，即著名的三十二相之说。

在古印度，早期的佛教美术作品中，是采用象征的手法，以表现与释迦牟尼平生事迹有关的一些符号形象，但是，事情后来发生了变化。在一度被波斯人和希腊人征服过的地区，在外来观念、习俗的影响下，模仿希腊、罗马雕塑样式，出现了最早的佛、菩萨形象。

可是，像犍陀罗艺术中的早期佛像来自殊方异域的成分太多了，为了得到印度广大信徒的认同，首先，要把佛的形象还原于他的本土，成为一个地道的印度圣人。于是，按照古印度人的审美观，对于佛的形象塑造提出了系统的规范要求，具体地说就是三十二相。

三十二相的具体内容如下：一、足平安相；二、千辐轮像（足底有轮宝纹样）；三、手指纤长相；四、手足柔软相；五、手足缦网相（手指、足趾之间有缦网交合，如鹅掌的蹼）；六、足根满足相；七、足趺高好相；八、（月耑）如鹿王相（腿肚纤圆如鹿）；九、手过膝相；十、马阴藏相（阴部如马）；十一、身纵广相；十二、毛孔生青色相；十三、身毛上靡相；十四、身金色相；十五、常光一丈相（身光照耀四方，各一丈之远）；十六、皮肤细滑相；十七、七处平满相（两手足、两肩及颈项丰满）；十八、两腋满相；十九、身如狮子相；二十、身端直相；二十一、肩圆满相；二十二、四十齿相（正常人的牙齿总数为32枚）；二十三、齿白齐密相；二十四、四牙白净相；二十五、颊车如狮子相；二十六、咽中津液得上味相；二十七、广长舌相；二十八、梵音深远相；二十九、眼色如绀青相；三十、眼睫如牛王相；三十一、眉间白毫相；（双眉之间有白毛，平时蜷缩如螺旋，舒展时放出光明，为太子时，伸出长五尺，成道时长一丈五尺）；三十二、顶成肉髻。

和将三十二相更具体化的八十随形好，合称“相好”。说得通俗些，也就是天竺人的相术中的最高品位。

根据《佛说观无量寿佛经》记载，观世音菩萨的相好如下：

身长：八十万亿那由他由旬。

头顶：有肉髻。

冠：以毗楞伽摩尼宝为天冠。天冠中立有化佛，高二十五由旬。

面：如阎浮檀金色。

眉间豪相：各七宝色，流出八万四千种光明，一一光明。有无量无数化菩萨以为侍者，变现自在，满十方界。

顶：顶有圆光，四周各百千由旬，圆光中有五百化佛，一一化佛，有五百化菩萨，无量诸天，以为侍者。

臂：如红莲花色，有八十千亿微妙光明以为璎珞。其璎珞中，普现一切诸庄严事。

手掌：作五百亿杂莲花色。

手指：手一指端，各有八万四千画，犹如印文。一一画中，有八万四千色；一一色中，有八万四千光。其光柔软，普照一切。以此宝手，接引众生。

举足：举足时，足下有千辐轮相，自然化成五百亿光明台。

下足：下足时，有金刚摩尼华，播散一切，莫不弥满。

又根据《楞严经》记载，观世音菩萨获得耳根圆通，能使见闻知觉浑然圆融，交彻互用，为一为多，随意自在，能现无数妙容，能说无边神咒。

首：或现一首、三首、五首，乃至一百八首、千首、万首八万四千烁迦啰首。

臂：二臂、四臂、六臂、八臂、十二臂，乃至一百八臂、千臂、万臂、八万四千因陀罗臂。

目：二目、三目、四目、九目，如是乃至一百八目、千目、万目，八万四千清净宝目。或慈、或威、或定、或慧，救护众生，得大自在。

在这其中，有一部分是被神话了的异常形象，如身金色、常光一丈、眉间白毫、顶成肉髻，是佛、菩萨雕塑、绘画形象中最富于特征的内容。

三十二相是佛和菩萨的形象特征，但又不仅是佛和菩萨独有的特点，三十二相又称三十二大人相、三十二大丈夫相。古代印度人把最理想的生理特征和神异的特征集中于佛、菩萨身上，创造出一种理想美的典范。他们所要表现的不是某一具体的实在的人弥补强调人物的个性特点，而要表现一种普遍的佛性，人们只能从某些局部特征、法物、手印，或本同的胁侍菩萨去加以区别。

由此说明，佛和菩萨的“身金色相”是随着佛教历史发展演化而来的。随着历史的发展成为了佛教艺术中重要的视觉符号。

因此，可以这样认为：一方面是佛教表现艺术需要一种色彩符号来表现形象，另一方面是中国大陆本土已经发展出了相应的工艺技法面对问题。这样，我们就可以从贴金工艺在佛像上的广泛应用透视出佛教表现艺术在中国本土化的缩影（图5－3）。

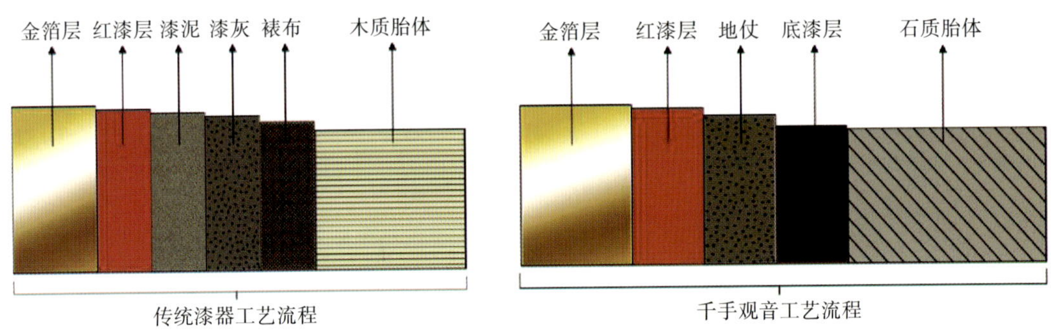

图5－3　传统贴金工艺与千手观音工艺对比图

5.1.1.3　四川佛教造像的贴金工艺特点

通过川渝地区造像贴金工艺调查，会发现四川地区的造像具有如下特点：

首先，尽管四川地区的造像分布地域广泛，制造年代不同，但是普遍经过后代装修。目前保存较为完整的造像多数为清代进行了不同程度的装修，由此说明，目前四川地区保留的石刻造像的贴金工艺主要反映了清代的工艺特征。

其次，从材料的微观情况可以反映出，四川当地的金箔使用的规格是较为一致的，均使用了尺寸较小3cm×3cm见方的金箔。从贴金材料的颜色和“起皱”情况上分析，普遍采用了天然漆和银朱作为贴金的基本材料，说明整个四川地区贴金工艺的稳定性。

第三，从目前考察的四川地区的贴金工艺特征来看，古代工匠的贴金技法不仅稳定，且技法高超。小尺寸的金箔被均匀整齐的黏贴在造像上，从现代保留下来的贴金痕迹观察，依然可以反映出当时贴金工艺的高超水平。这种水平就现代修复工作者而言，没有经过一段长期的训练，是难以匹敌的（图5－4、5－5）。

5.1.2　千手观音的贴金工艺

5.1.2.1　千手观音贴金工艺概述

“贴金”一词包括了“贴”的工艺技法和“金”——工艺中所使用的装饰材料——金箔。当然，完备的贴金工艺远远不是贴上金箔这么简单的一道工序，而是复杂的传统工艺技法。随着时代的进步，社会手工业分工的细化，无论是“黏贴”工艺所涉及的材料和技法，还是金箔的制作加工工艺都发展到的极为深入的程度。

下面我们就贴金工艺中材料和工艺展开，对千手观音加以分析。

明确地说，宋、元、明、清四代的“贴金”在具体步骤上是有一定差别的。这主要集中在黏贴材料和技法方面。而金箔制作工艺作为贴金工艺中的一个要素，其发展是相对稳定的。基本原理就是利用金属的延展特性，对金锭不断锤打，最终从早期的金叶发展成了金箔。

在千手观音的表面装饰艺术效果中，金箔占据着最主要的面积。同样，这件巨大的“公共艺术”作品作为宝顶的一个重要组成部分经历了四个朝代的更替。因此，四代的贴金工艺都有可能在这件作品中得到实现。当然，研究的前提是：在某个具体的年代，千手观音在主要的贴金面积上一定与现在的效果

图5-4　千手观音造像贴金与大足当地其他造像贴金局部对比

a 千手观音贴金局部　b 宝顶其他造像贴金局部

图5-5　川渝地区考察贴金工艺效果比较

大致一样。换句话说，就是目前没有明确的记录说明，千手观音在最初的某个具体的年代一定是贴过金的。我们现在看到的样子只能说明她在最近的年代的工艺和效果。由此往前，我们只能根据历史文献中的记载和同等类型文物的比较来加以判断，以勾勒出历代贴金工艺的步骤和材料的轮廓。

实际上就单纯的贴金工艺而言，主要涉及的内容就是两方面：第一为黏贴材料，第二为金箔。其中，金箔的制造工艺自成体系，早已纳入到社会分工的一个行业中①。那么，对于工艺的调查研究就主要集中在了对黏贴材料的调查与研究上了。

对于千手观音贴金工艺的考察，应该首先从她现存贴金层的工艺时代特征谈起。

众所周知，“地上文物”与“地下文物”在保存现状上有着本质的差别，地下文物往往保留着完整的历史信息，而地上文物则不同；经过朝代的更替和自然、地理环境的变化，地上文物往往在历史中丧失了自己本来的面貌，由此产生了原物与实物的鲜明反差。

在众多改变地上文物的因素中，人为的诸多因素往往是对文物“改变”程度最大的。这不仅仅包括人为的破坏，也包括人为的“改变”。在中国传统文化中是没有严格意义的修复概念的。真正意义的具有科学性质的修复——将科学与艺术结合起来，还是在新中国成立以后才提出的概念，或者说是从西方引进的概念②。而传统意义的修复，针对于石窟造像而言，往往是根据当时的审美理念和宗教表现艺术对前代的“遗物”进行重新“装銮”。这就意味着，其中不光包含了石窟造像的最初信息，而且还承载了历代的“装銮”信息。这种保存下来的信息，是对当时审美、技法、材料信息以及不同社会历史信息的综合保存记录。

因此，对于千手观音的历史修复记录的整理有助于理清一条基本的修复历史思路，对于保护和修复千手观音，再现千手观音的“历史原貌”有着重要的意义。事实上，从建造之初到现当代的状况，千手观音本身就是一部生动的修复的艺术史。

在本研究中，笔者对于千手观音贴金工艺的考察是从三个方面展开的，其中包括：历史文献查询、实物工艺考察与科学检测分析。其中最重要的为前两项的调查研究。从目前科学检测分析的结果来看，所谓的地仗层重要成分为石膏，金胶漆层的主要成分为大漆、银朱和桐油③。

从文献出发，截至目前，发现最早的千手观音培修题记为明代洪熙元年（1425 年）的刘畋人撰《重开宝顶碑记》，碑刻中有“…于是历载以来，重修毗庐殿阁，石砌七佛阶台，重整千手大悲宝阁…”④。这个信息表面，至少在明代 1425 年以前，千手观音的保护建筑—大悲阁，就已经存在⑤。

在刘畋人碑记以后，明、清、民国的千手观音维修题记：

其一，题记名称：“善功部”碑

---

① 对于金箔的生产，在《天工开物》中早有记载：凡色至于金，为人间华美贵重，故人工成箔而后施之。凡金箔每金七厘造方寸金一千片，黏铺物面，可盖纵横三尺。凡造金箔既成薄片后，包入乌金纸中，竭力挥椎打成大金椎短柄，约重八斤。凡乌金纸由苏、杭造成，其质用东海巨竹膜为质。用豆油点灯，闭塞周围，只留针孔通气，熏染烟光而成此纸。每纸一张，打金箔五十度，然后弃去，为药铺包朱用，尚未破损，盖人巧造成异物也。凡纸内打成箔后，先用硝熟猫皮绷急为小方板，又铺线香灰撒墁皮上，取出乌金纸内箔，覆于其上，钝刀界画成方寸。口中屏息，手执轻杖，唾湿而挑起，夹于小纸之中。以之华物，先以熟漆布地，然后黏贴贴字者多用楮树浆。秦中造皮金者，硝扩羊皮使最薄，贴金者上，以便剪裁服饰用。皆煌煌至色存焉。凡金箔黏物，他日敝弃之时，刮削火化，其色仍藏灰内。滴清油数点，伴落聚底，淘洗入炉，毫厘无恙（参见潘吉星著《天工开物》导读，巴蜀书社，1988 年，第 110 ~ 111 页）。

② 出自《郭相颖采访记录》，2008 年 8 月 13 日星期三上午 9：00 ~ 12：00，采访人：詹长法、胡源、刁周宽，记录人：程博，被访人：郭相颖（原大足石刻艺术博物馆馆长，任期 1990 ~ 2000 年）。

③ 引自《重庆大足石刻千手观音保存现状调查评估报告》。

④ 重庆大足石刻艺术博物馆、重庆市社会科学院大足石刻艺术研究所编《大足石刻铭文录》，重庆出版社，1999 年，第 256 页。

⑤ 同③。

年代：大明隆庆四年（1570）

内容："……伏念棕等忝为空门什子惃无报谢，佛恩施财妆千手观音金像一堂先同本……"①

立碑（主持）人：悟朝

其二，题记名称："遥播千古"碑

年代：大清乾隆十三年（1748 年）

内容："……南无千手大士法像一堂以及两旁罗汉又并前炉一座于己巳岁重妆……"②

立碑（主持）人：僧净明

其三，题记名称：装修大佛湾、圣寿寺像记

年代：大清乾隆四十五年（1780 年）

内容："……施银钱装修宝鼎名山大慈悲千手目观音大士金身一尊……"③

立碑（主持）人：张龙□

其四，题记名称：装彩千手观音……像记

年代：大清光绪十五年（1889 年）

内容："……目睹千手千眼观音大士月容减色修发虔心捐金重装满座金身……"④

立碑（主持）人：戴光升

以上的修复记录说明了一些问题：

首先，在明代以前的有关于宝顶千手观音以及大悲阁的记录至今不明，由此，对于千手观音的宋、元时期的开凿情况和修复情况较难确定。因此无论是哪一种关于千手观音的宋、元时期的状况与效果推理都是基于理论层面的。

其次，在所反映出的明、清修复信息中，可以使我们根据明、清时期的工艺与、材料来调查、分析、研究千手观音的在这两代的基本艺术效果。因为现在保存有大量的有关明清时期的历史工艺、材料记录，由此，在进一步调查分析中，描绘出明、清两代的千手观音效果是可能的。而且，根据明、清时期的传统工艺、材料也应该被作为调查分析的重点工作。

从实物角度出发，分析千手观音的贴金工艺首先应从地仗谈起。

传统地仗的做法是比较丰富的。从空间角度审视，因为中国地域辽阔，所以不同地区的地仗工艺和材料都有各种各样的差异；地仗工艺充分体现着"因地制宜"的原则。从时间角度审视，地仗工艺发展完善本身是一个过程，它几乎囊括了建筑、石窟、彩塑、壁画等多种领域，且工艺各有侧重。其中，建筑地仗主要是针对于木材料的特点进行工艺操作的，其做法较为复杂，地方差异大，而且自身发展也经历的较大的工艺、材料变化⑤。壁画地仗与建筑地仗有较大的相似性，因为都是在建筑物以

① 重庆大足石刻艺术博物馆、重庆市社会科学院大足石刻艺术研究所编《大足石刻铭文录》，重庆出版社，1999 年，第 253 页。

② 同上，第 256 页。

③ 同上，第 260 页。

④ 同上，第 257 页。

⑤ 木结构地仗也有其自身发展的历程。建筑物的油漆彩画，早在六百多年前元代就开始做地仗了，1925 年于赤塔（东康堆古城）附近发掘元朝帮哥王府（成吉思汗之孙）废墟时，在残木柱上发现有"用粗不包裹涂有腻子灰，表面绘有动物形象的泥饼"，证明元代就有作地仗的实物。但在元代以前有关地仗方面的资料尚未发现。明朝修建宫殿多采用楠木，这些木材大多从南方远道而来，梁、枋、柁、柱完全使用整木材，经过削平、圆、直后，表面光滑，直接在木骨上进行油漆彩画，从不作灰麻地仗。因此要用油灰做地仗，使表面平滑齐整，然后才能进行油漆彩画。其耐久性虽然差些，但在清代由于材料条件的限制，古建油漆彩画作地仗非常普遍。地仗的处理方法，在全国各地并不一样。一方面是各地工匠的历史传统不同，另一方面和当地的气候条件也有关系。如用血料砖灰材料，做"一麻五灰"地仗或"单皮灰"地仗，只有北方使用，其他地区较少，特别是南方更少（中国科学院自然科学史研究所主编《中国古代建筑技术史》，科学出版社，1985 年，第 304 页）。

内完成的。石刻造像的地仗较为特殊，除了有在石窟内的造像，同时也包括类似大足石刻的半露天状况的石刻造像，因此，它的耐久性和坚韧程度要求较强，要能经得住冬寒夏热、风吹雨淋。

通过观察，千手观音的地仗工艺有其特殊性。

实际上，对于千手观音的白色石膏层称之为地仗是不太严谨的。通过对传统地仗材质和工艺的分析，千手观音的白色石膏层并不能满足地仗的基本功能，而仅仅具有"找平"的功能。因此，就不能简单的套用地仗一词来描述概括它的功能与特征。

从目前千手观音所暴露出来的"地仗层"来看，并没有使用大漆作为混合黏结材料（图5－6）。主要判断依据为：地仗色彩为白色。

图5－6　为千手观音面部地仗层照片

试验比较，添加大漆作为黏结材料的地仗层，无论什么材料①，通常颜色为深褐色或深灰色。在2008年11月，大足石刻艺术博物馆邀请大足当地漆工何云国、何天一父子②采用传统漆艺技法演示了当地的贴金工艺。在地仗操作步骤中，主要采用的是熟石膏和大漆（土漆）③。

其基本操作步骤为：首先将生石膏在锅中炒制成熟石膏以备待用。任何将过滤好的生漆与石膏相混合，其中要添加一定比例的水，以稀释大漆。最后将生漆、熟石膏、水调制在一起均匀就可以使用了（图5－7）。

从上面的图片中，我们不难发现，调制大漆的地仗最后变成了深褐色，随着时间的推移，大漆的干燥会使地仗的颜色变成深灰色。由此比照千手观音的地仗局部照片，说明千手观音的地仗层中不含有大漆成分。这就与传统工艺文献中记录的漆灰材料有一定的出入。

需要注意的问题是，千手观音的地仗是有一定厚度的。这其中也存在"层"的概念。实际上地仗层的厚度是一层层叠加上去的，有时候远不止三层。要根据具体情况，将岩面补平。

由此，地仗以石膏为主要成分，黏结剂和金箔就附着于白色的地仗之上。

宝顶千手观音的贴金工艺和材料，从目前肉眼所观察的效果而言，基本上保留了明清时期的贴金工艺特征。应该说，就贴金工艺本身，可以被纳入到漆艺的范畴，与《髹饰录》中的技术基本吻合。

---

① 可入漆的制成漆灰的材料是多种多样的，传统的材料包括砖瓦灰、陶土等材料，在传统文献中较难发现石膏入漆的记述，而传统壁画中常用于地仗的材料——石灰入漆后会发生反应，结成块状，不能使用。因此经笔者亲身试验，传统的地仗材料不能入漆，因此对于千手观音的石膏层，也就不存在所谓真正"地仗"的说法。

② 何云国，现年79岁，大足人，当地传统漆艺匠师；何天喜，何云国之子，继承父亲传统工艺从事漆艺髹饰工作。

③ 天然大漆在四川当地被称为"土漆"。

a

b

c

图 5 –7　何云国、何天一父子采用传统漆艺技法演示当地的贴金工艺中的地仗操作工艺记录（工艺实际操作人为何天一）

a 第一步：将生石膏炒熟　b 第二步：将石膏与生漆调和　c 第三步：石膏地仗调制完成

但是，除了具备明清传统漆艺贴金工艺的特征外，还同样带有明显的地方特征。通过仔细观察，千手观音采用的金箔的尺寸是比较小的。应该为 3cm×3cm 左右见方的尺寸。通过比较，整个大佛湾的石刻造像的贴金部分，基本上都采用了这种尺寸的金箔。到今天，我们依然可以在南京的金箔厂买到这种尺寸的金箔（图 5 –8）。

a

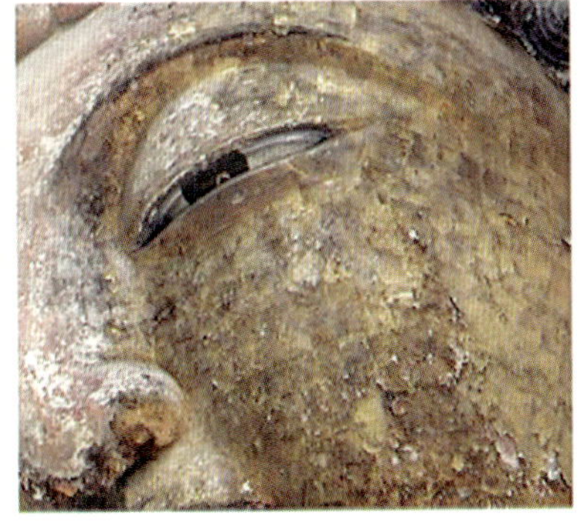
b

c

图 5 –8　为大佛湾石刻造像的贴金特征比较

a 华严三圣　b 官无量佛经变相　c 千手观音

实际上，不难发现，金箔生产的尺寸无论是现代还是在古代，都是可以根据不同需求而切割成不同尺寸的。而与其他箔类制品相比，金箔的制造工艺复杂，且最为昂贵。如果将金箔切割成大尺寸的规格，对于操作不熟练的工匠而言，大尺寸的金箔极容易造成浪费。如果不能黏贴平整，也会产生褶皱的效果。因此，采用小尺寸的金箔是出于节省用料和黏贴简易的缘故。

就千手观音的具体贴金工艺，在采访当地漆工何云国老先生时，他介绍说：贴金时候，对于火候的掌握十分重要。如果金胶油太老，金箔黏不住，如果太嫩就没有光泽①。如果对于火候掌握不好，贴金之后，风一吹就飞了。对于贴金时的要领，在黏贴时，两片金箔之间最好彼此相互叠压 1mm。这样贴出的金箔就会不留痕迹，平整光滑②（图 5 –9）。

---

① “金胶油太老”指的是金胶油过分干燥，没有黏度了。“金胶油太嫩”指的是金胶油过分湿，没有到最适宜贴金的时候。

② 2008 年 11 月 2 日（星期日）下午，采访人：詹长法、段修业、陈小平、陈卉丽，记录人：程博，被访人：何云国、何天喜。

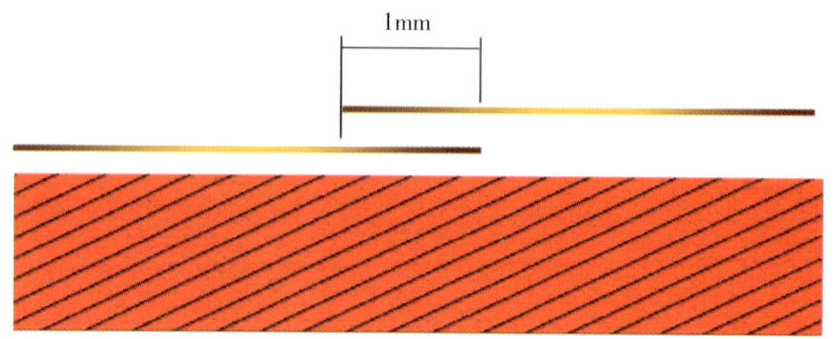

图 5－9　根据何云国先生介绍的金箔黏贴叠加位置示意图

由此，我们也可以解释，为什么千手观音，以及整个佛湾中的贴金有的完全没有痕迹，比较完整，而有的则形成了“田”字形的图案。这种“田”字图案并不是一种特殊纹样，而恰恰是不理想的贴金工艺，或是为了节省用料而故意采取的做法（图 5－10），笔者将在后面的内容中加以详细讨论。

a

b

图 5－10　千手观音局部贴金效果对比

a 千手观音局部不理想的贴金效果　b 千手观音局部较为理想的贴金效果

同时，在千手观音金箔的现有病害中，金箔的“分层开裂卷曲”病害是较为明显且严重的。这种现象表现为，金箔在历史中的装銮过程中，不断的叠加金箔在已有的金箔层上，有的肉眼可见金箔层，可多达9层。

阅读了前面有关传统漆艺工艺调查的部分，不难发现，前面笔者已经强调了在漆艺技法中，打磨的重要性，并且展开介绍了传统的打磨材料。但是，我们从千手观音的现状病害中，没有发现任何有关打磨的痕迹。换句话说：为了增加金胶油与地仗的附着力，在贴新金箔的时候，应该将旧的金箔打磨处理掉。但是，千手观音的实际情况是，在层层叠加的金箔之上，没有发现任何的打磨痕迹。

因此，目前就可以根据实际情况得出一个结论：千手观音金箔的分层开裂卷曲的病害情况与多层贴金而没有进行打磨处理直接有关。

这里就存在着一个矛盾，传统的贴金工艺要求每一步必然要打磨，且传统的打磨工具材料繁多[①]，而实际上千手观音在后代的贴金中，没有进行过任何的打磨处理。基本上是将金胶油直接髹涂在原来的旧金箔上，然后直接贴金。

就这种与工艺操作违背的做法，笔者认为不应该纳入到传统工艺中地方做法与标准做法之间“变通”的概念中，而应该在其他领域中，包括地方经济研究、宗教习俗研究中寻找答案。

由此，对于千手观音的多层贴金的工艺特征，现在就得出工艺操作错误的结论还为持尚早。笔者将在后面的内容中就这一工艺特征进行讨论。

通过观察，千手观音金箔的分层开裂卷曲是金箔现有病害中最为突出的一种情况。然而，就这种情况而言，实际上也存在这不同的差别。

通过仔细比较，不难发现，千手观音东西两侧金箔所呈现的分层开裂卷曲的病害特征是明显不同的。可以说，用千手观音的中线为基准，东侧岩面雕刻上贴附的金箔呈现的情况是：开裂情况非常细碎，金箔的片状情况明显。金箔的整体色泽较为黯淡，缺乏光泽。卷曲的金箔严重影响了手部造型（图5-11）。

而千手观音西壁上金箔分层开裂卷曲的情况是：金箔连带石膏层一起开裂卷曲，金箔开裂面积

---

① 传统漆艺研磨抛光材料，在《髹饰录》利用章中列有“风吹”、“雷同”两条。“风吹，即揩光石并桴碳。轻为长寿，怒为拔折”。杨明注：“此物其用与风相似也。其磨轻则平面光滑无抓痕，怒则棱角显灰有玷瑕也。”“雷同，即砖石，有粗细之等。碾声发时，百物应出”。杨明注：“髹器无不用磋磨而成者，其声如雷，其用亦如雷也。”砖石，就是磨刀石，南方称磨刀石为“刀砖”，因此称砖石，有红色、青色两种。红色，也称砂石，是磨漆灰的，青色，也称江石，是磨糙漆的。这些磨石根据需要，可磨成平头、圆头、尖头各种形状，以便使用。福州漆业至今仍有青、红两色磨石，称青砺石、红砺石。桴碳，北宋《琴苑要录》载：“以水杨木皮不拘多少，烧为桴碳，入瓶器杀，勿令成灰，捣罗为末，细为妙，此为退光药。即用黄腻石浇水轻手磨去琴上蓓蕾，然后用细熟布帛蘸药末以手来去揩擦，侯见光莹即住。后用净水洗拭令干，以手少点些油揩其光黑，转更莹澈，此为出光法也。”这里所谓的退光，也就是用黄腻石（揩光石）、退光药（桴碳末）摩擦去漆面上的浮光（即漆膜的原光）。桴碳不仅可以捣末为退光药，而且还可以作为研磨漆面的研碳。如山榉木、松木、梧桐木、椿木等烧成桴碳后，均可作为研碳。砂皮，即鲨鱼皮（因元代还没有沙质，不能将砂皮做砂纸理解）。鲨鱼皮有粗细各种，漆器第一次涂粗灰地后，多用鲨鱼皮擦磨。灰条，人造磨石。有种种制造法：四川系用极细的砖瓦灰调生猪血，调拌成黏土状，做成各种不同形状和大小的灰条，放在室内通风干燥哦（不要给太阳晒，因为太阳晒易发裂），约放置两周，干燥后，放入生桐油使它煮沸渗透入灰条，取出冷却，在放数日，所含桐油干固后，即可蘸水磨漆。木贼草，北方称节节草、竹节草，中空有节，且有直纹。可作木胎、雕漆、骨石等擦光之用，山西新绛制作云雕漆器现在仍用此草打磨（参见《中国工艺美术全集·漆艺》，大象出版社，2004年，第102页）。在2008年8月20日对大足当地传统漆工何云国老先生的一次有关传统髹漆工艺的访谈中，何老先生谈到：大足当地现在采用的是不同型号的砂纸进行打磨。但是，在没有砂纸的时代，传统漆工是采用一种叫做“骨节草”的植物进行打磨。其基本用法是将骨节草编成辫子，然后进行打磨。这种植物的研磨力相当于400~600目的水磨砂纸。这种植物与乔十光先生在《中国传统工艺全集·漆艺》中所提到的木贼草有很多相似之处（2008年11月2日（星期日）下午，采访人：詹长法、段修业、陈小平、陈卉丽，记录人：程博，被访人：何云国、何天喜）。

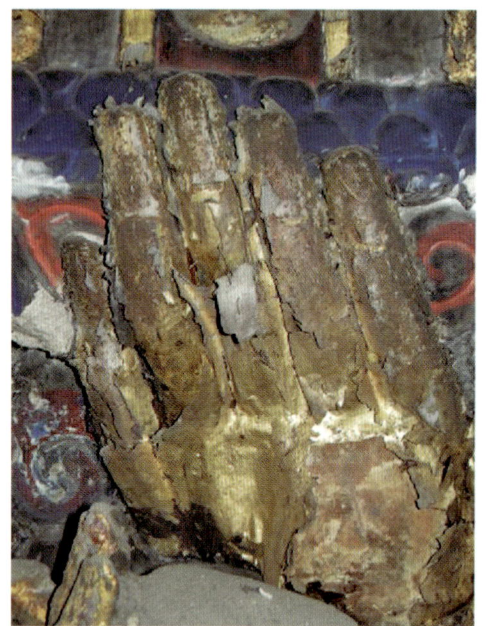

图 5－11　千手观音东侧手部金箔病害效果

较大，但是少有细碎的开裂卷曲情况。金箔光泽较好，但是黏贴不平整（图 5－12）。

图 5－12　千手观音西侧金箔病害特征

以上是千手观音东、西两侧的金箔病害现象比较。尤其在西侧金箔的病害中，仔细观察，很容易发现西侧的金箔存在传统漆艺操作中的漆病："皱漆"与"刷痕"。

在《髹饰录》干集"楷法第二"中的"六十四过"，对各种类型的漆病都进行了描述。而千手观音的贴金病害中，主要存在两种，即是："皱漆"与"刷痕"。

首先来看看"皱漆"的情况。在《髹饰录》（桼包）漆之六过中，有三条和皱漆相关的条目，一为"冰解"，二为"皱散"，三为"连珠"。

冰解：漆稀而仰俯失侯，旁上侧下，淫泆之过①。

王世襄先生对“冰解、仰俯、淫泆”的解释为：刚上了（桼包）漆的漆器，放到荫房里去，在未干之前，必须时常正着倒着地反复放置它，以免漆流到器物边际棱缝的地方，厚积起来，既不平均，又不肯干。所谓“仰俯失侯，旁上侧下，淫泆之过”就是这个意思②。实际上，千手观音在贴金过程中出现“冰解”的皱漆现象并不奇怪。消除“冰解”的方法，如前面所述，需要不停的倒置髹漆的器物，这样才能使漆液均匀流平。而千手观音作为一个巨大的高浮雕与圆雕结合的作品，雕凿在山体上，是不可能变换位置的。因此，对于“冰解”这种漆病效果的形成，工匠是较难克服的。

但是，对于漆皱中的第二种情况“皱皵”，确实是可以避免的工艺问题。

皱皵，漆紧而荫室过热之过③。

王先生的解说为：

[皱皵]《广韵》：“皮皱也”。又木皮甲错也。邹浩《四柏赋》：“皮皱皵以龙驾”④。《与古斋琴谱》调漆灰法：“不稀不浓为妙。如漆多于角灰，而水少则干必皱皮。”他所说虽非（包桼）漆而系调漆灰，但从此也可以知道皱皵是漆太稠了的毛病⑤（图 5－13）。

图 5－13　千手观音上“皱皵”漆病效果，遍布千手观音西侧贴金部位

第三种皱漆的漆病情况为“连珠”。

连珠；隧棱，凹棱也。山棱，凸棱也。内壁，下底际也。龈际，齿根也。漆潦之过⑥。

王先生解说为：

[连珠]隧棱、山棱、内壁、龈际，是指器物上的各种部位而言的，都是漆容易流集的地方。漆如果太多了，即所谓“漆潦”，在上述的各部位，便会皱缩成一连串的小泡，实际上也是皱皵的

① 王世襄著《髹饰录解说——中国传统漆工艺研究》，文物出版社，1983 年，第 52～53 页。
② 同上，第 53 页。
③ 同上。
④ 同上。
⑤ 同上。
⑥ 同上。

一种，而连珠是因其形状而得名的[①]（图 5 – 14）。

图 5 – 14　千手观音上“连珠”漆病效果，主要集中在衣褶部位和指缝部位

刷痕。漆过稠而用硬毛刷之过[②]。

王先生解说为：

［刷痕］《辍耕录》：“漆器物上不要见刷痕。”[③]

刷子的毛太硬，刷漆时便容易有痕迹。再加上漆太稠，刷过之后，漆不会自行匀开，消泯痕迹，于是就有了刷痕[④]。

在《髹饰录》中，还有“刷迹之二过”[⑤] 但是这里的刷迹与前面的刷痕有本质的区别，前者为人工追求的艺术效果，后者为操作上的工艺错误。在这里笔者不专门展开论述。

对于千手观音的贴金工艺，我们不得不对前面王世襄先生对《髹饰录》贴金工艺中的解释重新加以审视。

“用黄糙做地子，上面贴金的器物，在新的时候比较好看。因为它的地子是黄的，把所贴的金衬托出来，显得金厚色足，格外富丽。养益二字有帮助衬托的意识。用黑糙作地子，上面贴金的器物，在旧的时候比较好看。因为日久之后，有地方已经把所贴的金磨去了，露出下面的黑地，斑纹大小错落，不是人工故意去做的，显得有天然之趣。”[⑥]

看来千手观音病害之一的“金箔点状脱落”，在古代就是贴金工艺中普遍的情况。甚至被古人当做审美的一部分来加以欣赏的。

归纳起来，千手观音的贴金工艺所包括的一整套完整的工艺步骤应是：

1）胎体——2）石膏层——3）黏接材料——4）金箔（图 5 – 15）。

---

① 王世襄著《髹饰录解说——中国传统漆工艺研究》，文物出版社，1983 年，第 53 ~ 54 页。

② 同上，第 53 页。

③ 同上，第 54 页。

④ 同上。

⑤ ［刷迹］此处的“刷迹”，必须与 28“刷痕”分辨清楚，是两回事。48 的刷痕是（桼包）漆的一种过失，由于漆面有刷子痕迹，失去了光滑匀洁的效果。此处的刷迹是指 83 纹（桼包）一类漆器表面上的刷子痕迹而言。这一类漆器的花纹，全仗刷迹做成，是一种故意人为的效果。所以前者希望不要有刷痕而后者却希望它有刷迹，二者的要求恰恰是相反的。同上，第 55 页。

⑥ 同①，第 77 页。

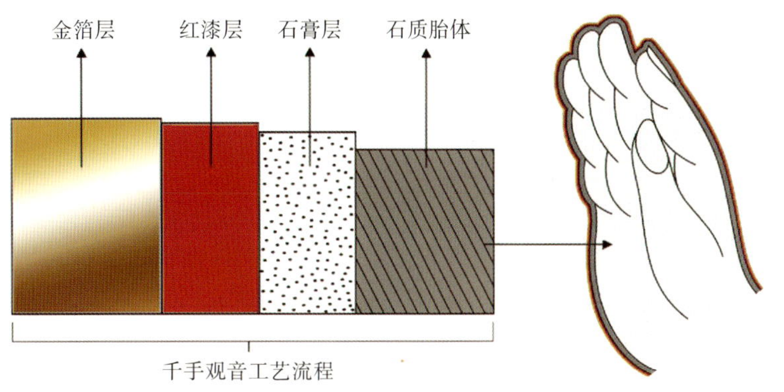

图 5 – 15　千手观音贴金工艺示意图

5.1.2.2　千手观音工艺中三个具体问题的分析

首先是关于千手观音的石膏层问题。

从基本功能出发，地仗最主要有四大功能：一是“保护”，当一件立体作品的原始造型诞生时，尤其是石质作品，实际上是非常“脆弱”地展现在世人的面前（石质雕塑作品的强度和耐久性远没有众人想象的那样持久）。地仗可以将作品全面封护起来，像皮肤一样保护胎体。尤其是在中国的传统造型艺术中，对于装饰与功能是双方面并重的。由此，对于地仗对石刻作品的全面封护作用是显而易见的。二是“找平”，使得胎体更加适合进一步的细致艺术处理。这种类型的地仗主要材料为各种无机的岩土和各种类型的有机黏合剂。三是“加固”，对原来的胎体进行维护和加固，使胎体更加耐久。这种类型地仗的以胎体较为脆弱的泥塑作品为主，而地仗的加固手法，出于实用目的，也是多种多样的。这种类型地仗的主要材料除了无机的岩土、有机黏合剂，同时还要加上各种类型的纤维材料，其作用就在于加固，使地仗更加富于弹性。四是“塑形”，并非所有的胎体都是完美无瑕的，尤其是石刻作品，工匠和艺术家们稍不留神就会给作品造成无法弥补的终身遗憾。因此借助一些可塑材料进行修补是必要的。地仗的结构和工艺特征往往可以帮助创作者实现造型的目的。尤其是进行微妙的艺术处理时，地仗起着重要的调整造型的作用。

基于这四个基本功能，地仗工艺才发展到多种材料和技法并用的程度。应该说，良好的地仗一方面可以使下一步的加工更加便利，产生更加良好的艺术效果，这就如同面对一张平整的画纸，艺术家、工匠才能进行工整的绘制工作；而另一方面，加工到位的地仗，也可以充分保护胎体，成为良好的保护层，使艺术品本身的寿命更加持久。应该说，只有胎体——艺术品本身的载体得以存在，艺术品的价值才能得以保存，而这一切，都与地仗的材料和工艺密不可分。

尽管中国传统地仗包含着各种各样的工艺技法与材料，但是，就千手观音的具体情况分析，地仗对石刻的功能主要基于“保护”、“找平”与“塑形”的功能，因为石体本身是坚硬的无机材料，基本不存在收缩与变形的情况。因此，对于石体的“加固”功能就是相对次要的。在这里强调这个问题，主要是因为传统中国的地仗工艺实在是种类繁多①，因篇幅问题，在本调查中不能一一展开，

① 莫高窟地仗是一种人工加筋土。它是在天然土料中人工加入各种植物纤维，加水拌成软泥，分层涂抹在开挖成型的石质洞窟内壁，待风干后作为壁画的绘制基层。现已发现，加筋材料有三种，即植物草结、麻纤维和棉纤维。土中加入纤维之后，会极大地改良土体的工程性质。一个完整的地仗层由二或三层不同的加筋土层组成，底层是草泥层，上层是麻泥层或和棉泥层。底层中的粗长加筋纤维主要是为了提高地仗与洞窟围岩之间的连结力及泥层自身的强度，中、上层中的短细加筋纤维主要是为了改善土体的水理性质，防止泥层成型后风干失水而开裂（张明泉、张虎元、曾正中、李最雄、王旭东《莫高窟地仗层物质成分及微结构特征》，《敦煌研究》1995 年第 3 期）。

而笔者主要针对千手观音可能采用的地仗工艺进行调查分析，再或者说，主要针对石质胎体通常可能采用的地仗工艺、材料展开调查比较。

就四川地区石刻造像的地仗而言，最常见的岩土材料应该是瓦灰和石膏等，但是，操作方法是基本相同的。对于传统用灰的种类，《髹饰录》的干集，“利用第一”中有明确的记述：

“土厚，即灰。有角、骨、蛤、石、砖、及坏屑、磁屑、炭末之等。大化之元，不耗之质。”①

在上面的记述中，角、骨、蛤、坏屑、磁屑、炭末等因取料复杂且昂贵，主要用于漆器的各种工艺制作，不适宜作为石刻地仗的大面积实用，由此，石与砖的灰屑适于石刻地仗的制作。同样，石膏作为一种廉价材料，也可纳入到“灰”的行列。

“地仗”一词顾名思义，实际上也是出于工艺的功能而得来的。但是，因材料的不同，传统工艺可能会根据材料和工艺的门类进行从新命名和分类。在传统漆艺中，漆灰层相当于地仗的功能，两种作用相同。在《髹饰录》中，将这种工艺操作称之为“垸漆”②。对于漆灰的工艺技法《髹饰录》的记述为：

“垸漆，一名漆灰。用角灰、瓷屑为上，骨灰、蛤灰次之，砖灰、坯灰、砥灰为下。皆筛过分粗、中、细，而次第布之如左。灰毕而加糙漆。第一次粗灰漆；第二次中灰漆；第三次作起棱角；补平窳缺；第四次细灰漆；第五次起线缘。”③

王世襄先生将上面的工艺解释为：在布漆之后的器物上上灰漆。灰漆是用角、骨、砖、瓷等物，碾成粉末，加生漆调和成糊，敷抹到器物上去④。而操作的步骤为，先上一道粗漆灰，干后用石干磨。再上中灰一道，干后仍用石干磨，再上细漆灰一道。干后用石蘸水磨平⑤。

在这里我们可以比较一下敦煌石窟壁画的泥质地仗工艺做法。

莫高窟十六国、北魏、西魏、北周、隋、唐各时期的壁画壁面均为三层，即粗草泥层、细泥层和白粉层⑥。莫高窟五代、宋和西夏时期壁画的壁面，一般也是这种结构，即粗草泥层和细泥层。壁画做成后在细泥面上涂刷一层白粉后绘制壁画。白粉一般用高岭土、石灰或石膏。五代、宋、西夏时期的壁画地仗的白粉层较十六国和隋、唐时间的稍厚⑦。还有一小部分洞窟的壁画直接绘在洞窟的岩面上，泥地仗⑧。

石窟壁画的制作工序是，先整平已开凿好的洞窟岩面，再在岩面上制作壁面，即壁画的泥地仗。石窟壁画泥地仗一般分为三层，即粗泥层、细泥层和白粉层。石窟壁画因地域和时代不同，制作材料和工艺有所差异，制作地仗的粉土和掺加的纤维一般就地取材⑨。

我们不妨再比较一下北京地区辽金墓葬壁画的结构。

古代墓葬壁画的结构一般是由基础支撑体、地仗层、颜料层三部分组成。北京地区的辽金墓葬中所见壁画也是由这三部分组成的⑩。干壁画是直接在干燥的壁画上绘制而成的，即在支撑体上先用粗泥抹底，再涂细泥磨平，最后刷一层石灰浆制成地仗，待地仗干燥后，用颜料和胶结材料调和

---

① 王世襄著《髹饰录解说——中国传统漆工艺研究》，文物出版社，1983年，第44页。

② “垸漆”就是现代漆艺中所说的漆灰层，功能相当于地仗。这道工艺操作主要是为了将漆器胎体制作平整，以便于髹漆的操作。

③ 同①，第171～172页。

④ 同上。

⑤ 同①，第173页。

⑥ 赵林毅、李燕飞、于宗仁、李最雄《丝绸之路石窟壁画地仗制作材料及工艺分析》，《敦煌研究》2005年第4期。

⑦ 同上。

⑧ 同上。

⑨ 李最雄编著《丝绸之路石窟壁画保护》，科学出版社，2005年，第14页。

⑩ 北京市文物研究所编著《北京地区辽金墓葬壁画保护研究》，科学出版社，2008年，第42页。

在地仗上绘制，是整体完成的壁画①。

从上面的工艺比较中，我们不难发现其中的工艺特点：就是无论采用什么样的材料，用于什么样的艺术作品，所采用的地仗用“灰”或“泥”应该是从粗到细逐层叠加的。这种逐层变化是通过“灰”、“泥”的粗、细来实现的。

当深入比较千手观音的石膏层与漆艺中的漆灰层和壁画中的地仗层后，可以发现，因为石质胎体本身的特性，不存在收缩与变形的情况，且石刻造像作为公共艺术的特点，不需要对细节进行深入处理，因此从功限本身的情况出发，不需要太多的地仗层处理。而采用白色石膏而没有入漆，笔者推测，主要是因为要处理大面积彩绘的缘故。中国传统颜料的透明性和覆盖力对于深褐色的漆灰上是不能重复体现效果的，因此依然要在白色背景上进行彩绘（图 5 - 16）。

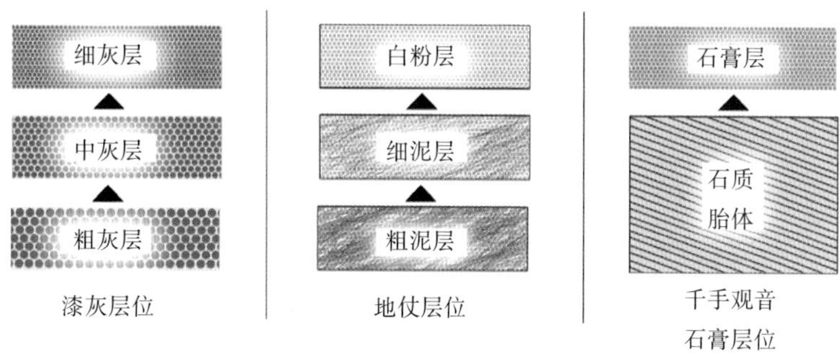

图 5 - 16　传统漆艺漆灰层、壁画地仗层与千手观音石膏层比较

同样，通过比较试验，传统的壁画地仗材料——石灰是无法与大漆相结合的。由于两者间的化学反应，无论是将漆混合入石灰，还是在石灰层上覆盖漆膜，都无法形成稳定的效果。特别是石灰与漆的化合后会结成块状，无法刮涂。

因此可以得出结论，石膏是的使用一方面是出于要兼顾贴金和彩画的要求，同时也是科学上可行的相对稳定材料。尽管石膏自身有诸多的缺点，但是，从经济角度、艺术效果两方面出发，是较为理想的地仗材料。

第二，关于千手观音贴金层中“田”字形贴金现象的问题。

当然佛作的编订年代，并不等于其中条款的出现年代。有些口款，可能是经过匠师的长期口头授受才收入则例的。

几种则例都讲到“行七、坐五、涅槃三”。它实际上是一条口诀，用来概括根据佛像高度来推求其表面面积的一项公式。表面面积求得后，按照单位面积的规定（即每平方尺用工、料各若干），再进而核计工料便十分简便了。

按“行”为立像，或称站像；“坐”为垂足坐像，或称挂脚像；“涅架”为跏趺坐像，或称盘膝像。公式规定：“站像七归（即除）自乘三因（即乘）十九因，挂脚坐像五归自乘三因十三因，盘膝像三归自乘三因七因”。可分别列式如下：

1）立像

$\left(\frac{h}{7}\right)^2 \times 3 \times 19 =$ 表面面积（平方尺）

例：立像如高 8.4 尺，其表面面积为 82 平方尺。

① 北京市文物研究所编著《北京地区辽金墓葬壁画保护研究》，科学出版社，2008 年，第 42 ~ 43 页。

$\left(\frac{8.4}{7}\right)^2 \times 3 \times 19 = 82$ 平方尺

2）坐像

$\left(\frac{h}{5}\right)^2 \times 3 \times 13 =$ 表面面为（平方尺）

例：举像高 7 尺，其表面面积为 76.44 平方尺。

$\left(\frac{7}{5}\right)^2 \times 3 \times 13 = 76.44$ 平方尺

3）盘像

$\left(\frac{h}{3}\right)^2 \times 3 \times 7 =$ 表面面积（平方尺）

例：盘膝像高 8.1 尺，其表面面积为 153 平方尺。

$\left(\frac{8.1}{3}\right)^2 \times 3 \times 7 = 153$ 平方尺

公式中只有一个 3 是固定不变的，它当为 π（3.1416）的约数。看来这个公式似乎是参酌了计算圆柱体表面面积的方法，并根据经验加以损益而成的。

上列的公式究竟准确到什么程度，要待懂数学的同志来验核。我们估计用这种算例来计算佛像的表面面积，只能得到一个大概的数字。因为佛像的具体形态每个不同，不可能找到一个既能通用而又精确的公式。工匠们所需要的，正是一个简便而大致不差的算例。精密而复杂的公式，对他们说来反倒是不适用的。

第三，关于千手观音历史修复的问题。

在这里，必须要强调的一个工艺操作上的技术要领，就是打磨工艺。打磨工艺对于传统漆艺中

图 5－17　历史修复中的金箔清洗现象

的重要性不亚于任何其他工艺技法。甚至有“三分画，七分磨”的说法。在传统髹漆工艺中，打磨工艺的优劣直接决定了漆艺作品的效果。

传统漆艺中究竟什么时候开始采用打磨工艺目前还没有确切的资料证明，就功能上讲，打磨一方面是为了加强漆膜①之间的附着力，层层漆膜叠加在一起，如果没有经过打磨处理，光滑的漆膜表面是很难长久保持附着力的。同时，漆器在处理最终推光工艺的时候，也是通过精细打磨，利用物理上的摩擦力来实现的。

着眼于工艺上，从开始的第一步到最终完成作品，每一步都离不开打磨，在其中更换的只是不同的打磨材料和打磨要注意的技术要领。因此，应该说，从漆艺操作的第一步开始，打磨是贯穿始终的一道重要工序。

在《髹饰录》乾集“利用第一”中记载中，第九揩光石、第十砖石桴碳中专门介绍了打磨工具。在后面的章节中，笔者将展开讨论传统的打磨工具。在这里主要说明，打磨工艺在传统漆艺操作中的重要性（图 5 - 17）。

5.1.3　关于千手观音贴金工艺的结论

对于千手观音的贴金工艺研究，在先前针对于千手观音的各项工艺调查中，已经有了较为明确的结论，同时科学检测分析的结果对于历史文献中工艺的记录同样起到了印证的作用。在这里，对于千手观音贴金层的现状，可以从三个层面加以探讨：一方面是贴金的材料与工艺，一方面是多次贴金的现象与现状，一方面是千手观音贴金工艺的断代。

之所以要分成三个方面来加以审视，是出于这三个方面完全反映了不同层面的信息与内容。

首先，让我们从千手观音的贴金工艺展开。

归纳起来，千手观音的贴金工艺所包括的一整套完整的工艺步骤应该是：

1）胎体——2）地仗——3）黏接材料——4）金箔。

千手观音的贴金工艺兼具两方面的功能，第一个功能是将石质胎体完好的包裹起来，以到达保护的作用，在这里可以说是地仗层与漆膜层共同在发挥作用。第二个功能则是满足宗教表现艺术的需要，金箔自身的稳定性与大漆相结合，实现了封护与审美的双重功能。

这里需要明确的问题是，贴金从其现象本身而言，是一种宗教表现艺术的要求，而采用漆材料与漆工艺作为实现效果的一种手段，是经过长期摸索得出的技术经验，漆材料与工艺的发展运用是因其材料、技术的可靠性，这完全属于科学技术领域的范畴。尽管中国古代工匠对于现代意义的科学没有明确的概念，但是技术与材料所直接反映出来的“效果”却是直观的。当然，中国古代的工艺技术传承方式是另一个层面的问题，我们在这里不加以讨论，但是，在漫长的历史中所形成的特定材料与工艺却是经过漫长的时间检验最终稳定下来的。这里，从千手观音本身的贴金工艺所反映出的特点来看，可以做出的结论是，千手观音的贴金工艺在目前所见的数层贴金层效果，无论从工艺还是材料是统一的，均与明、清时期传统的漆工艺相一致，其差别仅仅在于不同时代的贴金黏接材料的配比差异。由此说明，千手观音在明、清两代贴金所运用的材料与工艺是稳定的②。

---

① 漆膜，是大漆髹涂在器物表面上干燥后漆液本身结成的一层膜。

② 这里同样存在使人疑惑的问题，目前，无论从文献还是实物，都没有证据证明千手观音在南宋时期，以及元代使用了漆作为贴金材料，甚至于，我们无法复原千手观音在早期的面貌。很显然，千手观音在不同时期的面貌一定是不同的，这里，作为不可移动的文物，千手观音的艺术效果始终是动态的发展的。

其次，让我们略谈一下千手观音的多层贴金现象。

多层或者说是多次贴金①的现象实际上与贴金的技术与科学问题没有关系，实际上，这是一种复杂的历史现象。这里既包括千手观音历史中的修复问题，同时也包括其他复杂的宗教、历史、艺术表现问题。

简单的概括起来，可以这样看待：千手观音不同历史时期的多次贴金现象，除了与历史上修复的技术问题有关以外，还表现为佛教表现艺术的“概念重复”问题。这里的概念包含有多方面的因素，但是主要的因素表现为佛教表现艺术的效果与宗教教义在信徒中反应的两方面需求。实际上，在中国历史中，造像贴金的意义，与其说是对艺术效果的追求，更不如说是信徒对佛教信仰——业报的反映。因此当我们抛开多层贴金的技术因素时，多次贴金的“概念重复”问题就反映出了更多的社会、宗教等历史问题中。

在此，从文物保护的角度出发，多层贴金的现象作为文物的图像性质而言，在艺术效果上没有太多的影响，不同的贴金层都融入在统一的金碧辉煌宏观效果之中。而从贴金层的物质性角度出发，不同贴金层的材料配比研究以及对于现代修复时的原则确定问题起到决定作用。

第三，谈一下千手观音现存贴金层的断代。

在这里，我们断代的依据是根据历史文献、实物工艺特征比较以及已往的科学检测分析结果的三个方面。

历史文献的内容包含传统漆工艺的记载，以及千手观音历史中的修复记录。尽管历史中关于贴金工艺的记录十分不充分，但是我们依然可以大致梳理出明、清两代的工艺特征。在明、清之前，我们没有明确的证据说明中国大部分地区是采用相同的材料与工艺处理造像贴金问题的，同样，我们更没有证据证明千手观音早期的贴金材料、工艺与晚期是完全一致的。当我们在川渝地区调查造像的贴金彩绘情况时发现，这些地区的造像尽管不存在类似于千手观音多层贴金的状况，但是基本的材料与工艺却是一致的，由此，一个结论是明确的，我们目前所见到的千手观音的贴金工艺基本属于明、清时期的贴金工艺特征，同时从宏观角度出发，清代的贴金工艺与明代是一脉相承，并在此基础上有所发展，形成更加丰富的工艺技法。这种贯穿数百年间的稳定的贴金工艺就奠定了千手观音目前展示给世人的贴金效果。

总结起来，千手观音的贴金工艺有三个结论：

首先，千手观音的贴金工艺包括胎体、地仗、漆膜与金箔四个材料结构关系，且每一层都发挥不同的功能。

第二，千手观音的多层贴金与宗教表现艺术的图像要求以及传统工艺技法功能要求没有关系，完全属于历史与宗教信仰范畴的问题。

第三，千手观音的贴金工艺与明、清时期的工艺特征一致，且基本稳定没有发生工艺、材料变化。

5.2 川渝地区工艺考察

中国摩崖造像属川渝地区为盛，且历史绵远，形式多样，内容丰富而新颖，具有许多独特的地方特色。因此，川渝的摩崖造像，在全国具有举足轻重的地位。

---

① 多次与多层贴金属于不同范畴，多次是历时性的问题，而多层是共时性的问题。

5.2.1　川渝地区摩崖造像的分布

川渝地区摩崖造像分布范围较广，北达广元，东抵巴中等地，西连邛崃，南至峨眉、乐山。因这一区域位于我国西南部，其分布受区域地形、地貌、地层岩性与地质构造的影响，长江贯穿境内，汇岷江、沱江、嘉陵江、涪江、大渡河诸水奔流向东。璀璨的摩崖造像便分布于这些河流两岸。主要的摩崖造像分布如下：

1）嘉陵江：广元千佛崖、皇泽寺、观音崖、剑阁鹤鸣山、南部禹迹寺、阆中佛耳崖、南充青居、合川钓鱼城、濮岩寺、二佛崖、龙多山、旺苍佛字崖等。

2）岷江：乐山大佛（凌云山摩崖造像）、荣县大佛、千佛崖、罗汉洞、仁寿望峨台、牛角寨、坛神崖、千佛崖、灌县灵岩寺、茂汶点将台、成都大佛寺、邛崃石笋山、花置寺、盘陀寺、天宫寺、西岩寺、蒲江飞仙阁、佛儿子湾、尖山子、龙泉寺、仙岩寺、波儿洞、大邑药师崖、上下圆觉洞、新都千佛碑、新津佛儿崖、青神中岩、丹棱龙山、刘嘴、郑山等。

3）涪江：卧佛院、玄妙观、千佛寨、圆觉洞、华严洞、毗卢洞、茗山寺、孔雀洞、木门寺、庵堂寺、佛耳岩、高升大佛寺、西禅寺、塔坡等。

4）沱江：大足北山、宝顶山、龙头山、大佛坡、珠始山、龙潭、佛祖寺、高观音、广大寺、松林坡、南山、石篆山、千佛崖、佛慧寺、石门山、妙高山、舒成崖、佛安桥、玉滩、七拱桥、简阳罗汉洞、垭口寺、仙人洞、资中北崖（既重龙山）、西崖（既御河沟）、东崖、南崖、资阳大佛寺、骑龙坳、内江翔龙山、东林寺、隆昌观音崖、泸县玉蟾山、威远佛二岩等。

5）巴河：巴中南龛、西龛、东龛、水宁寺、通江千佛崖等、

6）青衣江：夹江千佛崖、金相寺、洪雅苟王寨、名山看灯山、雅安千佛崖等。

7）其他：江津石门大佛、重庆弹子石大佛、忠县临江崖等。

5.2.2　重点调查的九处摩崖造像

在中国古代，绘画与书法成为文人阶层表达自我情怀的手段，而其他的艺术就没有如此之高的社会地位了，中国的实用主义精神使中国传统书画以外的艺术门类都具有审美和使用的双重功能，石窟造像为佛教为主要内容的艺术作品，它同样具有审美和使用的双重功能。

工艺与材料决定了艺术品的寿命，很多具有伟大艺术价值的作品不一定拥有高傲的实际价值。只是就工艺、材料的调查分析而言，对于一件艺术品的保存与修复具有十分重要的意义。对一件文物采用工艺与材料的真正揭示，才能有效地保护和复原它的“面貌”。

针对于传统工艺技法与材料的研究，无论采用何种材料，进行哪种复杂的技术工艺，对于中国的艺术作品而言，材料与工艺都具有特殊的功能，共同为一件艺术品的最终效果服务。

我们调查项目中所包括的工艺范畴有 1）雕塑；2）贴金；3）彩绘，在众多的川渝地区的摩崖造像中，仅对具有代表性的 9 处进行了详细的调查，其中四川地区 6 处，重庆地区 3 处，这 9 处造像规模较大，且保留有大量的贴金和彩绘。有涪江流域的安岳石窟群、潼南大佛寺和合川涞滩二佛、巴河流域的巴中南龛、嘉陵江流域的广元千佛崖、青衣江流域的夹江千佛岩、岷江流域的蒲江飞仙阁和新津观音寺、江津大佛寺。下面我们就对这 9 处石刻进行逐一介绍。

5.2.2.1 安岳石窟群

1）安岳石窟整体调查概述

对 7 处共计 120 龛窟进行普查，其中华严洞 2 龛、孔雀洞 1 龛、茗山寺 5 龛、毗庐洞 5 龛、千

佛崖23龛、卧佛寺60龛、圆觉洞24龛。

2）价值评估

安岳县是宗教重点县，全国五种宗教，安岳就有道教、佛教、天主教、基督教四种宗教。安岳县宗教具有发展早、寺观多、信徒众、宗教文化十分丰富的特点。而古时安岳寺院林立，由于该县以石秀著称，而且经济发达，众多信徒开山凿像，诚心供养。经历历史的岁月风云之后，寺庙早已不在了，但这些精美的石窟造像却宛如新刻地保留了下来。

安岳石窟兴起于中原石窟极盛时期尾声及四川广元、巴中石窟步入鼎盛的时期，故其造像艺术风格既承传了中原石窟，又受到川北石窟艺术的影响。但是，由于地域、石质、历史阶段的人文思想背景、工匠能动创造性等因素的差异，安岳石窟造像风格形成了与其他地区石窟无法取代的特殊性。安岳北宋的石刻艺术更臻成熟、更具规模、更显特色，极大地影响了毗邻的重庆大足宝顶石刻造像。安岳石窟题材内容涵盖面宽泛，主要是表现佛教，也有道教、儒释道三教合一以及表现世俗的。但作为石刻艺术，它只是这些题材内容的载体，其终极目的是表达艺术美，故安岳石窟造像具有很高的审美性和美学价值。

3）历史沿革

目前安岳拥有各类石窟造像保护单位70处，其中国家级石窟类文物保护单位9处，分别是卧佛院、玄妙观、千佛寨、圆觉洞（图5－18）、华严洞、毗卢洞（图5－19）、茗山寺、孔雀洞、木门寺。四川省重点文物保护单位5处，分别是庵堂寺、佛耳岩、高升大佛寺、西禅寺、塔坡，而县级文物保护单位50处，县级文物保护点60处。而随着第三次全国文物普查，目前又有众多石窟寺被重新发现。正是四川省将申报世界文化遗产的重要项目。

图5－18 圆觉洞

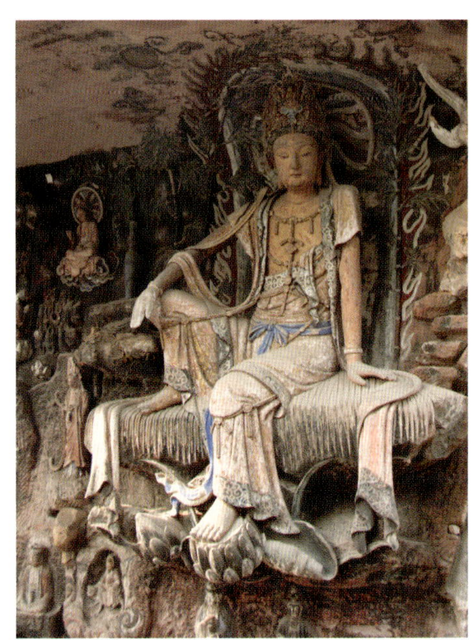

图5－19 毗卢洞

安岳历史悠久，古为巴、蜀分治之地。晋一度为僚人所据，梁属晋慈郡，北周建德四年（575年）在今岳阳镇铁峰山建城置州及安岳县，州、县同治一城，以“邑地在山之上，四面险绝，故曰安岳”。

安岳石窟发端于东汉崖墓造像，而佛教石窟则壁始于南北朝普通十一年，现存最早造像题记为唐开元十一年（723 年），最多的是唐代的开元（713 ~ 741 年）、天宝（742 ~ 756 年）、咸通（860 ~ 874 年）、天复（901 ~ 904 年）和五代的天成（926 ~ 930 年）、天福（936 ~ 942 年）、广政（938 ~ 960 年）及北宋的端拱（988 ~ 989 年）、绍圣（1094 ~ 1098 年）、崇宁（1102 ~ 1106 年）、大观（1107 ~ 1110 年）年间等。此后直到民国中间并没有停顿的过程。唐、宋两代近 400 年的时间是其造像的鼎盛时期。

4）工艺与现状

通过调查发现，安岳石窟是集彩绘与贴金的石质高浮雕的佛教艺术作品，佛像的脸部、手和服饰采用贴金和彩绘装饰（图 5 – 20），而手中器物则完全施彩；头冠贴金则背光施彩。在石质胎体表面使用大漆贴金和矿物颜料彩绘，主要使用的色彩为红、蓝和绿。安岳石窟群的贴金和彩绘病害较为严重，大多都荡然无存，残存贴金和彩绘也有起甲、龟裂、疱疹等病害，在金箔脱落部位显露出红色大漆；石质胎体裸露，而且存在大量石质粉化和残缺现象。

图 5 – 20　净瓶观音彩绘和贴金

5.2.2.2　四川巴中

1）巴中石窟调查概述

对 5 处共计 136 龛窟进行普查，其中南龛 75 龛（图 5 – 21）、南龛对面龛 6 龛、水宁寺 16 龛、西龛 29 龛。

2）价值评估

巴中石窟，主要是佛教造像艺术，其人物特征鲜明生动，匠心独具。佛像表情和善，庄严肃穆；菩萨像体态优美，神情潇洒；力士像，威风凛凛，刚劲雄健；飞天像，雕刻精巧，朴实无华。南龛第 116 号龛可谓巴中石窟艺术代表作。龛高 27m，宽 42m，窟内 93 身造像，栩栩如生。释迦牟尼佛津津乐道，讲经说法，众菩萨凝神静听，姿态各异，富有浓厚的生活气息。龛楣上六个飞天神采奕奕，弹琵弄筝，吹箫奏笛，翩翩起舞，呼之欲出。天王脚蹬草鞋，勇悍浑厚，川北地方特色、生活习俗十分突出。

巴中石窟的造像特点和人物风格深受北方石窟艺术的影响，既沿袭了唐代长安、洛阳一带的石窟艺术风格，又在窟龛形式和造像内容上与之不同。历史悠久的四川省巴中有丰富的文化遗产，尤以南龛、西龛、北龛、水宁寺、龙门山等诸地六十余处，一万余躯石窟艺术保存最好，艺术最精美。

3）历史沿革

巴中石窟，始于梁魏，续镌于隋代，盛镌于唐代，后经历代增铸，逐渐形成今天斑斓玲珑，栉比相连的石窟群。至今保存有 88 龛，一万余尊，又以南龛、西龛、水宁寺、北龛等地石窟保存最好，艺术最精。现存有记载南龛造像由来的唐“严武奏表”，有开元二十八年（740 年）春张令该造释迦牟尼佛一铺碑，有记载水宁寺、西龛、北龛摩崖造像的题刻和纪年题款。

图 5－21　南龛

4）工艺与现状

巴中石窟十分注重龛楣的雕刻、彩绘。设计了很多的屋形窟，雕有花草、动物、天神、化佛等图案。同时，以绿、红、白、粉、蓝、土红色等进行彩绘，使龛楣清新精美，气势磅礴。精美的石窟群为巴中增添了内涵深厚的人文景观。

龛内佛像和菩萨像均使用贴金和彩绘装饰相互映衬（表 5－1），巴中石刻贴金面积较小，而彩绘面积较大。主尊的袈裟贴金处，每块金箔之间裸露出极为规则的红色大漆（图 5－22），这应为贴金工匠作为袈裟的艺术表现手法。巴中石窟也使用矿物颜料进行妆彩，且施彩之前在石质体胎体上制作了较为平整的地仗，彩绘可见多层。

表 5－1　四川巴中石窟贴金彩绘调查表

取样点	样品描述
南龛 82 窟右观音背光处	蓝色、底层红色带地仗
南龛 82 窟左天王背光处	蓝色带地仗
南龛 82 窟掉落于观音脚下	蓝色在上，红色在下
南龛 82 窟右力士下衣摆处	绿色带地仗
南龛 82 窟左观音背光处	绿色－红色－地仗
南龛 82 窟主佛左耳处	贴金层
南龛 82 窟主佛头部	黑色
南龛 82 窟左观音头部	白色
南龛 82 窟右观音头冠	黑色
南龛 82 窟主佛底座右扶手处	红色带地仗
南龛 82 窟右观音头饰处	红色，此处无地仗
南龛 82 窟主佛底座处	黄－蓝－绿－地仗
南龛 53 窟主尊衣纹处	黑色
南龛 53 窟右弟子胸前衣纹处	白下有红

续表

取样点	样品描述
南龛53窟右弟子头上人物衣饰处	绿色
南龛53窟主尊左耳后	金有红色底层
南龛53窟右观音腰部背景处	红色
南龛53窟右观音衣裙下摆处	蓝色
南龛137窟窟顶	层状脱落岩石
南龛137窟地面	粉化岩石
南龛137窟窟外壁	岩石间泥土
西龛22窟窟壁上	生物样品

巴中石窟的贴金和彩绘保留相对较多，贴金和彩绘表面覆盖大量尘土，贴金层出现起翘、龟裂（图5－23）、脱落、崩裂、地仗脱落等病害，贴金层脱落后露出红色底层；彩绘存在病害较多，有点状脱落、地仗脱落、粉化、起甲、疱疹、空鼓等；部分雕像已漫漶，石质粉化较为严重。

图5－22　巴中南龛贴金

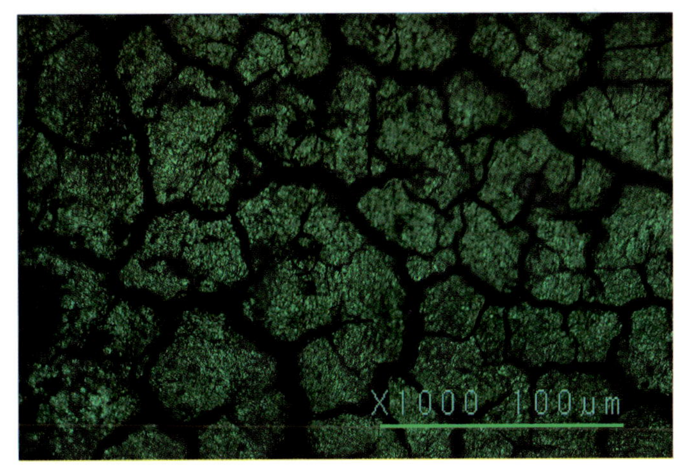

图5－23　金箔龟裂显微照片

5.2.2.3　广元石窟

1）广元石刻整体调查概述

广元地区对2处共计122龛窟进行普查，其中皇泽寺53龛、千佛崖69龛。

2）价值评估

皇泽寺现存龛窟57个，造像1200余躯，其中以中心柱窟、大佛窟等规模较大，造像精美，是国内同时期佛教雕刻艺术的代表作品。寺内还供奉有“中国历史上唯一的女皇帝，封建时代杰出的女政治家”武则天的真容石刻像，该像表现的是武则天晚年时期的形象，国内唯此一尊。其中大佛窟凿于初唐，敞口穹隆顶，雕一佛二弟子二菩萨立像，窟门两侧为二力士，窟内后壁雕天龙八部像。此窟表现人物众多，构图严密紧凑，大佛窟布局宏伟，雕饰精美，刻画细腻，人体权衡合度，衣褶的处理简单而富有生动性装饰性。天龙八部各自的形象和性格进行了妥帖、完美、深入地刻划，佛的庄严、菩萨的悲慈、弟子的善良以及护法天王的英武勇猛，无不表现得淋漓透彻，其雕刻艺术达至了皇泽寺石窟艺术的最高点，是我国初唐时期的代表作。

千佛崖摩崖造像位于嘉陵江上游，全崖南北长388m，最高处距地面45m，现存有848个龛窟，5000余尊造像。窟龛重叠公布，密如峰巢（图5－24），最多达13层，是四川境内规模最为宏伟的石窟群。广元千佛崖石窟，就其北朝后期至盛唐造像而言，无论规模、内容和雕凿水平，与同时期中原北方石窟相比，均可堪称同步，当在伯仲之间。千佛崖石窟中唐代造像数量最多，具有代表性特征的窟龛中，无论规模、洞窟形制、题材内容、造像风格、雕刻水平等，与同时期的中原北方石窟相比，有过之而无不极，具有重大的历史、艺术、科学价值。

图5－24 千佛崖

3）历史沿革

皇泽寺内保存着开凿于北魏直至明清，1961年3月4日，皇泽寺被国务院公布为全国第一批重点文物保护单位。50～60年代，对皇泽寺石窟前面部分地段的保坎进行修整、砌筑；1999年，对皇泽寺坡体病害进行工程治理；2001年，对皇泽寺前面滑坡进行打锚加固；2001年夏，对皇泽寺部分洞窟修建了窟檐。

千佛崖石窟的开凿始于北魏晚期，以后历经西魏、北周、隋代的不断开凿，到唐代臻于极盛，五代以后趋于衰落，宋、元、明、清多为妆銮佛像之举，清代续有雕凿。自中唐时起到两宋、元、明、清，千佛崖妆銮佛像和游人题刻甚多，现存唐代题记40余则。1961年，被国务院公布为全国第一批重点文物保护单位。1988年夏，对千佛崖石窟的“千佛洞危岩块体”打锚、灌环氧树脂加固，并对周围部分裂隙先清理、后灌环氧树脂黏结；2001年，对千佛崖的危岩、裂隙、排水等进行整治；2003年7月，对千佛崖石窟岩石的六个危岩块体进行打锚、灌浆（水泥）加固。

4）工艺与现状

皇泽寺龛窟和千佛崖也是集石刻、贴金和彩绘为一体的三维高浮雕佛教艺术作品。贴金主要分布于佛像的脸部、手和服饰上，其余部位通施彩绘。使用材料为传统大漆贴金和矿物颜料彩绘，彩绘主要有红色、蓝色、绿色、白色和黑色等，且有白色地仗（图 5－25）。

由于风化等原因，总体保存情况较差。石刻大量被尘土覆盖，部分塑像已模糊不清，石质出现粉化和残缺（图 5－26）；贴金脱落殆尽，有较少量的红色底漆残留；彩绘脱落也较为严重，存在点状脱落、地仗脱落、空鼓、起甲和疱疹等。

图 5－25　白色地仗

图 5－26　皇泽寺佛像石质残缺

5.2.2.4　夹江石刻

1）夹江千佛岩石刻调查概述

夹江千佛岩唐代摩崖造像位于夹江县沿江石壁之上，滨青衣江北岸，延亘 600m。造像最高者离地面约 20m，红砂石质，深浮雕，现尚存 162 龛，佛像 2470 尊。主要内容有：净土变、观音龛、地藏龛、说法庄严龛、毗沙门天王龛、一佛二菩萨等。保存较完好。其中最大者龛高 340cm，宽 220cm，深 180cm（图 5－27）。一般龛面积约 $1m^2$ 左右。

图 5－27　千佛岩 135 号龛

2）历史沿革

夹江千佛岩兴建于唐代。清康熙二十三年（1684 年）《重修千佛岩记》云：“唐时好事者刻佛于岩上，累若千数，后人遂以佛名之，曰千佛岩。”千佛岩的造像题记中年代最早和造像，镌凿于唐玄宗先天元年（712 年），主要龛窟建造于盛唐时期，现存造像年代可考者尚有开元、大历、大中、会昌、咸通等年号。除此之外，另有数龛造像镌造于清代和民国时期。1956 年将夹江千佛岩公布为省级文物保护单位。

3）价值评估

千佛岩造像在艺术和价值方面是多方面的，它除具有唐代造像的特点外，还有自己独特的风格，这种独特的艺术风格被法国考古学家伽兰称为“新异的盛唐体”。

从布局上看，千佛岩造像构思精巧，结构严谨，特别是一些经变龛窟，整体布局独具匠心。从形式上看，夹江千佛岩造像受传统束缚较小，特别是在造像排列组合上，敢于打破佛教常规，自由布局。从镌造艺术上看，千佛岩造像风格多样，地藏变龛采用大刀阔斧的简洁写意；净土变龛采用精细的工笔；弥勒佛龛的圆雕采用写真；力士金刚则采用抽象夸张的手法。特别是一些精雕细琢的女性造像似乎可以使人感到肌肤弹性的存在。

千佛岩唐代摩崖造像具有极高的文物价值。首先，它是研究唐代政治、经济、社会历史的实物资料。其次，它是研究唐代建筑艺术的宝贵资料。除此以外，千佛岩造像在音乐舞蹈艺术、镌刻艺术、社会生活等方面，也为研究者提供了实物证据。

4）工艺与现状

千佛岩既是石刻，也是贴金和彩绘集为一体的高浮雕作品。从零星残留贴金部位推测，使用的是传统大漆贴金工艺。彩绘可见红色、蓝色、绿色、白色和黑色，应为矿物颜料，彩绘脱落部位显露出白色地仗，及在施彩前制作较为平整的白色地仗。

据 1957 年统计，千佛岩唐代摩崖造像共 271 龛，共有大小佛像 4000 多尊。在“文革”中部分被毁，现尚存 162 龛，佛像 2470 尊。其中保存较完整的约占 1/3，严重损坏的约占 1/3。贴金和彩绘病害非常严重，贴金残留非常少，仅在佛像脖子和脸部残存少许，且起翘、龟裂和点状脱落。彩绘也大多脱落严重，存在点状脱落、地仗脱落、起甲和疱疹等病害。

5.2.2.5　蒲江飞仙阁

1）蒲江飞仙阁整体调查概述

对 1 处龛窟进行普查，为飞仙阁，共计 54 龛。飞仙阁摩崖造像位于蒲江县西南朝阳湖镇二郎潭两岸山崖上，其中北岸 87 龛，南岸 5 龛，共 777 尊。最早造像为唐永昌元年（689 年），唐代造像 64 龛 491 尊，五代造像 17 龛 256 尊，宋代石刻文字 4 方，明代石刻文字 2 方，清代造像 11 龛 30 尊，民国石刻文字 6 方。

2）历史沿革

飞仙阁，传说汉文帝时，将军莫公南征凯旋，留居此地学道，后成仙飞升，后人修建飞仙阁作纪念。唐代初年在飞仙阁碧云峰山麓摩崖造像，修建寺院，名莫佛院。最早造像为武则天永昌元年（689 年），五代继续开龛造像。北宋大中祥符元年（1008 年），宋真宗敕赐莫佛院为信相院，住僧侣 19 人。

唐代在禽星岩上修建道教庙宇白鹤观，飞仙阁有开元二十八年（740 年）、天宝九载（750 年）道教摩崖造像。明代白鹤观改称玉皇观。又在飞仙阁上，修建大悲阁，供奉观世音，故飞仙阁又称为观音阁。

明末庙宇毁于兵乱。清康熙、雍正年间重修，后又遭火灾焚毁。乾隆四十二年（1777 年）冬，住持道士杨合生等人募修，四十三年（1778 年）飞仙阁、信相院、大悲楼、观音桥修复。乾隆五十一年（1786 年）蒲江知县纪曾荫调县城禹帝宫道士许本宽作信相院住持。五十三年（1788 年）重修玉皇观。嘉庆元年（1796 年）兴修壁山庙。嘉庆六年（1801 年）培修观音殿。

民国元年（1912 年）秋，重修观音阁，二年（1913 年）夏，庙宇重修，栏杆补砌，神像装彩。民国十九年（1930年）住持殷永禄（全真道丹台碧洞宗第9代）在玉皇观外树立10m高灯竿。

1991年4月16日，四川省人民政府，宣布飞仙阁摩崖造像为省级文物保护单位。

3）价值评估

飞仙阁摩崖造像是成都通往云南、印度、中亚、西亚的西南丝绸之路上，1处大规模的唐五代至清摩崖造像，其60号龛，唐永昌元年（689年）所造瑞像龛，是四川省年代最早的瑞像。其9号龛释迦牟尼坐椅为印度笈多式背障，装饰金翅鸟、摩羯鱼、童子骑兽王，壁上高浮雕提婆、紧那罗、阿修罗、摩侯罗伽、迦楼罗、那伽、乾达婆、夜叉天龙八部、胡人天王。具有很高的历史、艺术、科学价值，已载入《中国美术全集》第12册（1988年）、美国《亚洲艺术档案》（1989年第42期）。

4）工艺与现状

飞仙阁摩崖造像为石刻造像，通体贴金与彩绘装饰，贴金只存于佛像肉身和部分衣饰部位，其余全部装彩。考察佛像脸部贴金可知，为传统大漆贴金工艺。彩绘主要有蓝色、绿色、白色、黑色和红色，衣饰采用绿底蓝花或蓝底绿花作为装饰（图5－28）。

图5－28　衣饰花纹

石质残缺较多，且有裂隙，出现粉化脱落、片状脱落（图5－29）、渗水和生物病害；金箔残留较少，存在起翘、点状脱落、地仗脱落等病害，从金箔脱落处观察到红色大漆底层；彩绘有脱落、点状脱落、地仗脱落、盐析（图5－30）、起甲和疱疹等严重病害。

图5－29　石质片状脱落

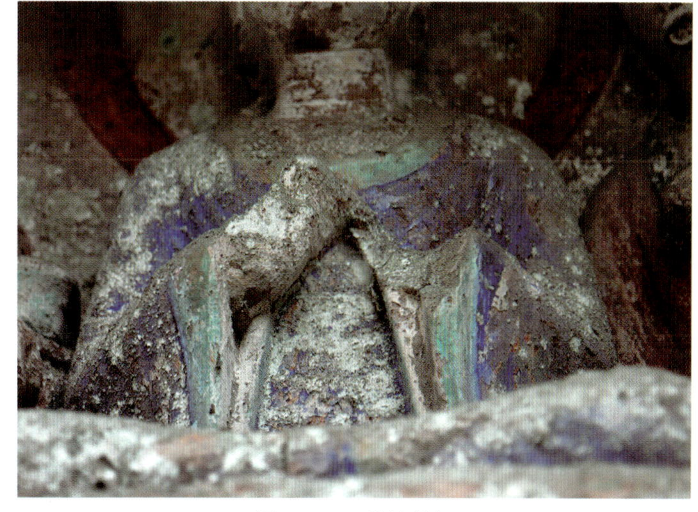
图5－30　彩绘盐析

5.2.2.6　新津观音寺

1）新津观音寺整体调查概述

观音寺坐落在四川省成都市新津县城南约7.5km的永商镇宝桥村境内，现存仿明牌坊、山门、弥勒殿、张商英故里纪念碑以及接引、毗卢、观音诸殿。引殿内塑西方三圣；毗卢殿中间塑毗卢遮那佛，左旁塑卢舍那佛，右旁塑释迦牟尼佛，两壁保存有完好的明代绘制的佛教十二圆觉壁画；观音殿中间塑观音像，两旁塑文殊、普贤像，两侧木龛内塑46尊罗汉像，左右两壁塑500罗汉像，背后是浮雕飘海观音像。

2）历史沿革

观音寺古名平盖治（张道陵二十四教区之一），为东汉末年吴都仙客崔孝通修真之处，宋淳熙八年（1181年）创建，毁于元季兵燹之中，明宣德（1398～1435年）年间依治重修，至弘治三年（1490年）竣工，共建殿宇十二重。明末清初遭毁损，清康熙、乾隆、道光年间修葺一新，为川西著名寺院。同治、光绪年间，道松和尚来此住锡，增建殿宇十重，始改为“十方丛林”。1956年8月16日公布为四川省第一批重点文物保护单位，2001年6月25日公布为全国重点文物保护单位。

3）价值评估

寺内保存完好的明代绘制的佛教十二圆觉壁画，人物造型线条流畅，比例匀称，丰满细腻，神态端庄，堪与北京法海寺和山西永乐宫壁画媲美。其中的清静慧菩萨最为精致，菩萨身披薄如蝉翼的轻纱，透过轻纱可见肌肤的丰润和衣饰的优美，专家称她是比达·芬奇的杰作早36年的“东方蒙娜丽莎”。1988年版的《中国美术全集》入选观音寺壁画4幅。观音殿内明代塑像完成于明成化十八年（1482年），造型生动准确，呼之欲出。其中尤以大型壁塑“飘海观音”最为精美，被著名美学家王朝闻誉为“东方维纳斯”。

4）工艺与现状

新津观音寺的观音殿和毗卢殿内有彩绘泥塑500多尊，最大的高约7m，最小的只有40cm。经过调查发现泥塑基本有五个步骤：（1）搭建木骨架；（2）粗泥塑出人物形态；（3）修补泥胎裂缝；（5）裱纸（图5－31）和制作白粉层；（5）施彩贴金。泥质胎体中含有棉花和细沙，木骨架上缠有稻草和麦秸；彩绘使用矿物颜料，主要色彩有红、蓝、绿、白和黑等；采用中国传统的大漆贴金工艺，且运用了沥粉贴金装饰（图5－32）。

图5－31 金下的宣纸（泥塑像）

图5－32 沥粉贴金

泥塑在历史上经过多次修复，残存有石膏、水泥，泥塑出现裂缝、酥粉、脱落和膨胀等严重病害，导致泥塑上的贴金层也出现脱落、点状脱落、龟裂和彩绘脱落、点状脱落、起甲、疱疹等。从脱落的金箔发现，当时贴金时使用的大漆中应该含有红色的银珠。

5.2.2.7　江津大佛寺

1）江津大佛寺整体调查概述

大佛寺摩崖造像为一脚踏莲花观音造像（图5－33），坐北向南，通高13.5m，肩宽5.9m，胸厚5.2m，属高浮雕近圆雕型石刻。

2）历史沿革

明万历《蜀中名胜记》载："县西十里，有古石羊驿，其地亦名石门。对江壁上龛大佛，有大佛寺，故相传张无尽（张无尽即北宋宰相张商英）所创，亦名无尽庵……"。明成化本《重庆府志·江津县》载："大佛崖在县西南一百八十里古镇大石观音于上"。大佛寺内清同治八年（1896年）"重修大佛寺碑记"载："大佛寺者建于先朝载诸邑志……难稽开辟之年……"。故石门大佛寺摩崖造像始建年代不应该晚于明代，上可以推至宋代，而现存的石刻造像是否是宋代所刻已不得考。现存大佛寺建筑为清乾隆年间改建。清同治八年对大佛寺进行重修。民国初年，再次对大佛寺进行维修。1956年，被四川省人民政府公布为四川省级保护单位。1991年，作为第三批四川省级文物保护单位重新公布。1999年，对石门大佛寺进行下架维修。2000年，重庆市政府公布为第一批直辖市文物保护单位。

图5－33　莲花观音

3）价值评估

石门大佛寺摩崖造像为一脚踏莲花观音造像，坐北向南，通高13.5m，肩宽5.9m，胸厚5.2m，属高浮雕近圆雕型石刻。造像刻工精湛，出色地勾勒出造像流畅的线条和优美的身段。观音造像端庄娴静，慈眉善目，头戴宝冠，宝冠中有一笑容可掬的罗汉，身着天衣绶带，全身贴金彩绘，胸饰缨络，腹部悬挂法轮，懒座于莲花之上，左脚微抬轻踏荷叶，左手置左膝上，重心落在右胯，右手自然下垂为支撑，雍容华贵中透露着自由自在，无拘无束。是全国同类观音造像中最大的一座，给人一种"雍容华贵，娴熟端庄"之感。石门大佛寺建筑为七重檐山木结构建筑，是我国清代典型的高层建筑，古寺依山而立，面对长江，层层叠叠，七檐飞翘，气势磅礴。大佛寺及石刻造像是江津古代劳动人民智慧的集品，具有重大的历史、科学、艺术价值，对研究社会发展史、经济史、科技史、文化史、民俗史、建筑史都史很好的食物凭证，传递了丰富的历史信息。

石门大佛寺摩崖造像是镶嵌在万里长江边的一颗明珠，寺佛一体，天人合一，人文胜景，是长江沿岸不可多得的名胜古迹，具有潜在的资源优势和地域特点。

石门大佛寺摩崖造像反映出古代雕塑家既遵照了佛教的印相之规，又以特有的思想感情，丰富的想象力、创造力，使作品打破了佛门中的清规戒律，冲出了封建礼教的束缚，在作品中融入了浓厚的民族生活气息，和人间世俗情感，充分反映了古代工匠在艺术上高深造诣和对生活的深刻体验。

石门大佛寺摩崖造像建于长江边上，而大佛寺山脚下即为古码头遗址，因此大佛寺造像除了本身的宗教意义外，也应起到了地理标识，航路指引的作用，而古人的修建大佛寺的本意中可能就有一个镇压水患的意义，这对研究当时长江水利状况具有重要意义。

据史料记载大佛寺摩崖造像为宋代宰相张无尽所创，而在大足石刻还有一块关于它的“无尽老人碑”，这对研究张无尽其人尤其是其在重庆的活动具有重大史料价值。

4）工艺与现状

石门大佛采用了传统的大漆贴金工艺，且进过多次修缮，每次修复时，都会在原贴金层上再次贴金，所以存在贴金的多层叠压现象；从起翘的金箔底 层发现有漆灰找平层和大漆层的存在。彩绘的地仗层是用石膏薄薄地涂抹一层，且打磨较为平整；使用的颜料为天然矿物颜料；主要的颜色有：绿色、浅绿色、蓝色、浅蓝色、红色、浅红色、黄色、白色和黑色。

金箔病害：金箔表面积满尘土，且存在金箔点状脱落、金箔空鼓、起翘和龟裂；有些金箔地仗脱落露出石质胎体；金箔表面还存在盐析现象。彩绘病害：彩绘表面也存在大量尘土，且有崩裂、脱落、空鼓现象，局部有疱疹、起甲和地仗脱落；表面还出现盐析。石质病害：裸露部位有粉化现象。

5.2.2.8 合川涞滩二佛寺

1）合川涞滩二佛寺整体调查概述

合川地区对1处龛窟进行普查，为涞滩二佛，共计21龛，总占地面积0.019km^2，是一处造像达1700余尊的大型佛教禅宗道场。

2）历史沿革

涞滩二佛寺坐落于鹫峰山，原名鹫峰寺。二佛寺是其俗称，因谓其主佛高度仅次于潼南大佛而得名。据二佛寺内明正德十三年（1518年）的《重建鹫峰禅寺记》碑记载：唐广明二年（881年），唐僖宗曾遣使到该寺祈祷，说明在晚唐时就有此寺存在，并有一定规模。宋绍兴二十六年丙子（1156年）修建，香火为盛，现存的造像大多开凿于南宋淳熙至嘉泰年间（1174～1204年），历时30余年，有总体构思组织开凿而成。元代该寺又遭兵火破坏。明正德十三年重建。该寺在明末又被毁，最后一次重建是在清乾隆十年（1745年），现存的下殿两楼一底的重檐殿堂就是当时修的。其紧靠佛像层迭而建，远观庙宇巍峨，进内得以就近瞻仰高大佛像。

3）价值评估

涞滩二佛寺摩崖造像，以“鹫峰禅寺”（清时改为二佛寺）为造像基地，以“释迦说法图”为中心，将迦叶、达摩、六位禅宗祖师和众多的罗汉禅僧融为一体，巧妙地缔造了一个规模庞大、气势宏伟的禅宗道场。反映了禅宗的大部分历史进程和禅宗的旨圭。

4）工艺与现状

涞滩二佛石刻是一组集石刻、贴金和彩绘为一体的高浮雕佛教作品（图5－34）。贴金集中于二尊主佛，主要存在于佛的脸部、手、和服饰上，在贴金层下部有地仗，采用中国传统的大漆贴金工艺；其余部分皆为彩绘，色彩使用红、蓝、绿、白和黑等，为矿物颜料施彩，施彩前制作薄地仗，且较为平整。

贴金与彩绘大量脱落，尘土覆盖严重。金箔存在脱落、点状脱落、地仗脱落、分层开裂卷曲、起翘和崩裂等病害。彩绘则存在脱落、粉化、点状脱落、地仗脱落、龟裂、起甲和疱疹等。

5.2.2.9 潼南大佛寺

1）潼南大佛寺整体调查概述

大佛寺位于重庆市潼南县城西北的定明山北麓，涪江南岸，距县城1.5公里。潼南大佛位于大佛寺内，是大佛寺景区的重要景观之一。大佛为摩崖凿造释迦牟尼佛座像，高18.43m，肩宽

图 5 - 34　释迦牟尼与禅宗六祖

8.35m，肃穆端坐、神态自若，通体饰金，巍峨壮观。

2）历史沿革

大佛寺始建于唐咸通年间（843～860 年），有庙三层。唐咸通末年僧人于院前临江的悬岩峭壁上，凿大佛石像，自顶至鼻未就而弃。南宋初期，造像之风再度风行，佛、道联合，雕凿了不少龛刻造像。宋“靖丙午年（1126 年）佛头之后的水池池内忽生瑞莲，是岁有道者王了知自潼川中江来化邑人，命工展开像身，令与顶相称。身高八丈，耳、目、鼻、口、手、足、花坐悉皆称是”。历 26 年，于绍兴辛未年（1151 年）竣工。整个佛像开凿工程虽分身、首两个阶段，时间跨度长达 290 余年，但却浑然一体，栩栩如生。南宋绍兴壬申年（1152 年），仲春二月，金彩装饰佛像。又经历清嘉庆七年（1802 年），清同治九年（1870 年）、民国十年（1921 年）三次重装金身。于 1956 年被四川省公布为第一批省级文物保护单位，2006 年被国务院公布为第六批全国重点文物保护单位。

图 5 - 35　释迦牟尼大佛

3）价值评估

大佛阁内凿岩而就的释迦牟尼大佛端坐石壁之间（图 5 - 35），以其庄严伟岸、细腻精湛的艺术价值和不朽的历史价值著称，为我国的优秀文化遗产。大佛寺摩崖造像年代最早可追溯到隋皇十一年（591 年），雕琢精美，且有明显的年代题记可考，为断定其他窟龛的年代提供了重要依据，其唐代摩崖龛中刻胡人形象的出现，更表明早在唐代中期西域文化就已直接渗透到内地，且有很高的历史艺术价值。大佛为饰金大佛，凿工精细、佛像精美、比例匀称，在国内石刻造像艺术中处于较高水平，大佛石刻造像规模、贴金等规模在我国古代石刻中都是罕见的。其艺术价值也体现在造像的整体造型设计，雕凿工艺以及贴金工艺。潼南大佛造像雕刻经历了290余年，不同朝代工匠所完成的作品协调一致，显示了我国古代工匠高超的雕刻技术和工艺，为研究我国古代的政治、经济、文化、雕塑、饰金、水文、宗教等提供了重要的实例资料。

4）工艺与现状

大佛表面彩绘涂装所采用的颜料主要有黑、蓝、红、黄几种颜料，集中分布在头部、胸部益绦、下部裙摆等部位，黑色彩绘主要分布于发髻、眉毛、眼睛、嘴唇、裙摆处，检测结果为炭黑；左眼角有残留深蓝色颜料为蓝铜矿－碱式碳酸铜；红色无机颜料仅存在于嘴角处，检测为朱砂；黄色颜料的检测主要有三处、两种颜料为 $Pb_2Sb_2O_7$ 和 ZnCrO4。

通过现场勘查与取样分析潼南大佛属于地方特色明显的南方贴金、彩绘大佛，经过现场实地考察结合地方传统工艺调研，确定潼南大佛的典型制作工艺如下（图5－36）：

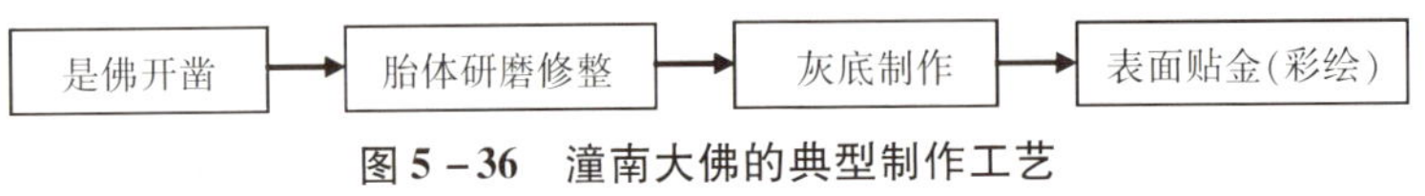

图5－36　潼南大佛的典型制作工艺

整体来说潼南大佛表面处理以贴金处理工艺为主，局部辅以彩绘涂装，所以其表面处理工艺分为表面贴金及局部彩绘两大类型。由于潼南大佛自始开凿至完成，经历了多次维护与修整，现场考察显示大佛存在重彩、重金现象，大佛具体贴金及彩绘工艺结构参见图5－37、5－38。

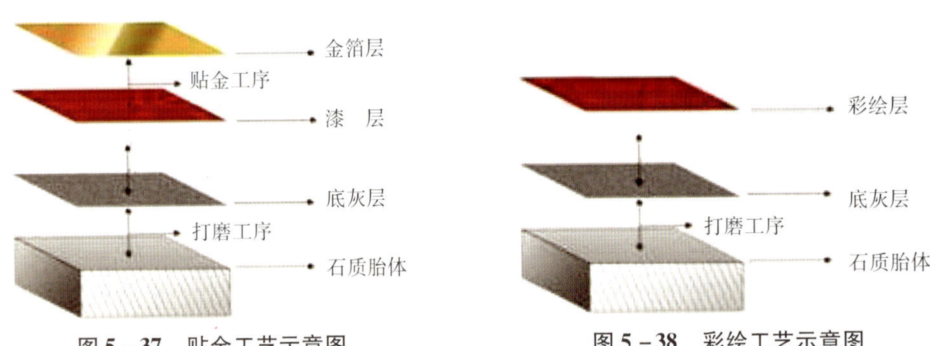

图5－37　贴金工艺示意图　　**图5－38　彩绘工艺示意图**

经现场显微成像仪分析，贴金处理在大佛不同部位的实施次数有所不同，大佛表面局部存在多次贴金现象，尤其脸部贴金最多部位层数高达五层。

由于受金箔层、彩绘层的覆盖，同时加上表面附着物的影响，潼南大佛石质病害调查总面积是 $71m^2$，这与金箔、彩绘病害相比较小，共发现表面附着物、残缺、粉化、空鼓、片状脱落、生物、渗水和裂隙等；彩绘病害详细调查的总面积是 $129m^2$，共发现表面附着物、点状脱落、片状脱落、起翘、粉化、水渍、生物、龟裂等八种病害，金箔表面失去光泽、脱落、起翘、分层开裂卷曲、开裂等现象，金箔病害总面积为 $224m^2$（表5－2）。

表 5－2　潼南大佛病害统计一览表

属性	名称	病害面积（m^2）
大佛石质	表面附着物	31
	粉化	16
	空鼓	13
	脱落	3
	生物病害	0.04
	渗水	8
	裂隙	4m（以长度计）
	合计	
大佛彩绘	表面附着物	50
	点状脱落	24
	片状脱落	9
	起翘	8
	粉化	8
	水渍	7
	动物病害	0.3
	生物病害	19
	龟裂	0.4
	开裂	1m（以长度计）
	合计	
大佛金箔	表面附着物	113
	点状脱落	51
	片状脱落	9
	起翘	22
	分层开裂卷曲	17
	水渍	5
	空鼓	8
	开裂	54m（以长度计）

5.2.3　结语

中国自古以来有着悠久的彩绘、贴金工艺传统，无论在古代建筑还是石窟造像中都发挥着重要的装饰作用，与石刻有机的形成整体，体现着中国独特的审美理念和文化精神。贴金与彩绘的工艺创作手法在传统佛教造像表现艺术中占有特殊的地位。它作为重要的历史文化符号，体现着不同时期，佛教这一外来宗教在中国的融合与发展。

根据川渝地区石刻的保存现状和病害情况，对石刻的调查，主要针对四类对象进行：

第一类：金箔。金箔层是石刻外在艺术表现的核心，因此金箔层保存现状的调查是本次调查工作的重要内容之一。主要调查内容包括金箔病害的类型、分布及严重情况。

第二类：彩绘。彩绘层是川渝地区石刻的主要装饰。主要调查内容包括彩绘病害的类型、分布及严重情况。

第三类：石质雕刻。雕刻层是文物整体信息保存的基础，它的缺损会直接造成文物信息和价值的缺失。川渝地区石刻雕刻佛像、菩萨和饰物数量巨大，同时由于风化等原因造成的缺失和破坏较严重，对于文物安全的影响巨大，是本次调查工作的重中之重。

通过对工艺与材料的调查，使我们更加清晰地了解川渝地区石刻现状病害的原因，也是为了更好地为保护工作做好铺垫作用，使我们清晰地了解工艺背后的历史信息，挖掘出其背后的历史、艺术、科学信息。同时为我们对千手观音等同类型的石刻造像的研究、保护与修复提供了可靠的依据。千手观音的现有病害，是复杂的，同时也是典型的。因此，通过对川渝地区石刻的工艺、材料的调查对大足石刻千手观音造像保护和修复都可提供宝贵的经验支持，保护千手观音的目的也是出于保护西南地区贴金、彩绘石刻造像的目的。

从雕塑的分类上看，川渝地区大多数石刻的创作为多层、高浮雕、浅浮雕和薄意雕等多种类型相结合的作品，用线条的装饰手段来强化艺术的表现是中国雕塑的特点，出现了由两面或三面组合成向外凸出的锐角或钝角褶襞，在强调面的造型因素时也发挥了线的表现力，形体明朗，体量深厚，起伏强烈，节奏鲜明，富有装饰性。

贴金工艺在中国有着悠久的历史。“贴金”一词包括了“贴”的工艺技法和“金”——工艺中所使用的材料——金箔。实际上就单纯的贴金工艺而言，主要涉及的内容就是两方面：第一为黏贴材料，第二为金箔。那么，对于工艺的调查研究就主要集中在了对黏贴材料的调查与研究上了。传统贴金工艺事实上是一个完整的工艺操作流传。主要可以包括如下方面的工艺技法：1）金胶漆的制作工艺；2）银朱的制作工艺；3）金箔的制作工艺。其中，金胶漆的工艺中还包括：1）桐油的炼制工艺；2）银朱与漆的研制工艺。归纳起来，贴金工艺所包括的一整套完整的工艺步骤应是：1）胎体——2）地仗——3）黏接材料——4）金箔。

同贴金工艺一样，彩绘工艺同样包含了“彩”与“绘”两部分内容。“彩”本身包括两方面内容，其一是色彩，这是重要的文化问题，其二是指材质、媒介，就是我们所说的颜料。而“绘”特指的是技法，用同一的材料可能产生不同的效果，这就是“绘”要解决的问题。由此，无论“彩”还是“绘”，都包含有自身的特征，在作品的效果中发挥着自己的作用。中国人认为色彩本身是形成宇宙的重要因素。以白色、黑色为主，外加蓝色、黄色、红色，它们和中国人的宇宙观有着密切的关联。

中国传统的绘制材料中包括的品种众多，但是与我们本次调查直接相关的内容包括画笔和颜料。中国传统彩绘的效果得益于传统的工具：毛笔。除了笔以外，“色”作为绘画材料一样决定着传统彩绘的效果。中国传统矿物颜料在我国民族绘画方面起着极其重要的作用，已有两千多年的历史。它的特点是以我国出产的天然矿石为原料。所制出的颜色不管是在色阶还是色相方面，色调都比较纯正、浑厚、艳而不俗。对于一般意义的彩绘的着色工艺，分为第一步起稿，第二步勾线，第三步着色。

民间绘画的特点，是线条明快，颜色鲜明，看起来爽朗鲜艳，很少使用泥泞灰暗的调子，这一点和地理环境、欣赏习惯有关。基于此，川渝地区石刻彩绘使用的色彩，多用纯色（即正红、正绿等色），“间色”占次要位置。由于这一需要，多采用平涂的手法，平涂后，在衣褶或其他纹理处略加烘染，用以表现物象的凹凸感，但这种“凹凸感”不同于油画光暗面，它是注重“装饰风”的，只要色彩能够鲜明的衬托出主题效果，“凹凸感”对于中国画来说是次要的。

通过调查我们大致归纳了四种技法类型。以画面横截面的方式展示绘制的步骤方法。

这四种技法分别为：第一，通过晕染透明色叠加产生的多层叠加技法效果。第二，根据勾勒轮廓线，再在轮廓线内填色的技法效果。第三，先铺底色，然后根据图样采用不透明、覆盖力强的颜料层层叠加的效果。第四，先根据纹样规定在设色区域花彩，然后再用墨线勾勒轮廓勒边找形的效果。

5.3　千手观音造像髹漆贴金工艺研究

5.3.1　前期试验概况

经过了丰富、全面的基础调研工作的铺垫，千手观音试验工作组的人员从 2008 年秋季和 2009 年春季，分别采用两组不同的材料对千手观音的本体进行了试验。在结合前期调研的多方面成果，试验工作组在金箔的回贴工艺上，摸索出了较为完整的工艺技法。同时，对当地的环境、气候有了更加全面的了解之后，对对象与修复材料间关系的认识也趋于全面的了解之中。在 2009 年 4 月举行的专家评审会中，修复的效果受到了专家们的一致认可。整体来看，千手观音的修复研究取得了阶段性的成果。

经过 2008 ~ 2009 年二次工艺调查试验，千手观音工作组针对贴金文物的修复技术进行了努力探索。从对千手观音修复技术的无知到逐步掌握了贴金文物工艺技术。初步形成如下体会：

首先，修复材料的筛选至关重要。无论采用何种工艺，没有可靠稳定的材料，都不能确保修复的稳定效果。

其次，前期大量工作为工艺调查提供了坚实的科学依据。尤其是检测分析为修复材料的选择与确定提供了可靠的依据。

第三，根据具体修复对象，设计了不同的修复加固及支顶工具。材料和工具的确定决定了针对材料和工艺设计的特定工具。千手观音的情况特殊，在具体施工中需要设计具有针对性的工具解决具体问题。

第四，必须加强修复后，对修复本体的监测。大足地区的地理、气候环境决定了对修复材料和工艺的双重检验，因此，周期性的监测对检验千手观音的修复效果至关重要。

为了掌握大足四季环境的变化，了解材料的适应性，将在 2009 下半年继续选择小区域进行修复技术摸索，为千手观音的抢救性修复奠定符合环境条件的修复技术，并为整体修复方案提供依据。通过更进一步的调查，培养一批专门修复人员。工作中实现管理科学化；操作规范化；技术标准化。

通过一个周期的检测，证明了专家们对于材料方面的总结是有预见性的，前两个阶段的修复试验在材料方面还存在着一定的缺陷。经过一个雨季的观察，第一阶段试验作为黏接材料的牛胶出现了不同程度的霉变状况；由此说明在大足宝顶高温高湿的气候环境情况下，使用水溶性（有机类）胶作为金箔的回贴材料存在着较大的隐患（图 5 - 39）。

通过对第二试验阶段的观察，因使用材料的不同，尽管不存在类似第一阶段的霉变状况，但

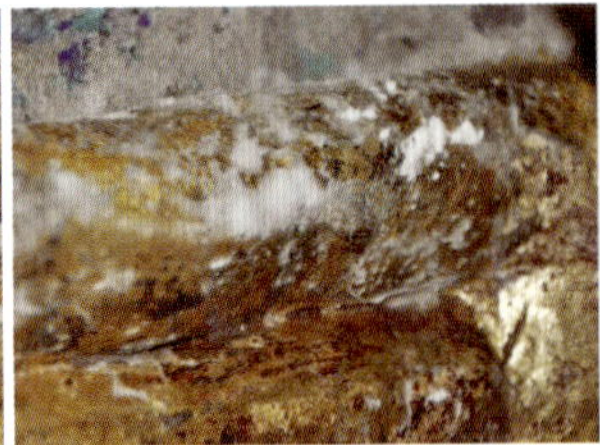

图 5 - 39　第一阶段试验的霉变效果

是，却出现了不同程度的崩裂现象。开裂的主要原因一方面可能由于材料的黏接性能导致，另一方面可能因为具体黏接时的工艺存在缺陷，造成了现在的回贴金箔层开裂起翘的情况（图 5 - 40）。

图 5 - 40　第二试验阶段回贴金箔层开裂起翘情况

通过以上情况的总结发现，需要对原有的试验材料作进一步观察检测，发现具体问题，同时还需要开展新材料的试验，以弥补现有试验材料的不足。

总结起来，前两个阶段的试验在工艺方面是成熟完善的，但是以往使用试验的材料，在解决南方地区高温高湿的气候环境下，都存在着一定的缺陷，一方面是不能适应南方地区的具体环境，另一方面是作为新研发的材料，还没有足够的时间检验材料的可靠性。在这样的情况下，工作组不得不寻找适合当地环境的修复材料，于是，传统漆艺中的天然漆就成为了新试验阶段中，另一个备选的试验材料。

5. 3. 2　试验的目的和意义

5. 3. 2. 1　试验目的

中国自古以来有着悠久的彩绘、贴金工艺传统，无论在古代建筑还是石窟造像中都发挥着重要的装饰作用，与石刻有机的形成整体，体现着中国独特的审美理念和文化精神。贴金与彩绘的工艺创作手法在传统佛教造像表现艺术中占有特殊的地位。它作为重要的历史文化符号，体现着不同时期，佛教这一外来宗教在中国的融合与发展。

同样，漆（Lacquer）作为一种天然涂料，在中国有着更加悠久的历史，最早可以追溯到 7000 年前的河姆渡文化。它在中国古代社会的各个时期都发展着重要的作用，并从工艺技法方面被后人不断完善，形成了今天千文万华的漆工艺。

漆工艺的范围是广泛的。这不仅仅是因为天然漆是一种装饰材料，同时它也是一种极佳的天然黏合剂。因此，在中国古代的应用是广泛的，在某些特定的历史时期，号称“无器不髹”。从古代工艺发展而言，天然漆与贴金工艺的结合经历了一个漫长的历史时期，在明代得到了较为完善的发展。这种传统在清代得到继承，并进一步完善。

针对千手观音的具体修复工作，通过对千手观音历史修复记录的考证，目前保留的记录中仅仅存在明清时期的装修记录。而从古代文献和科学检测分析两个方面，可以从侧面证实千手观音的贴金工艺和天然漆材料的关系。

在这里需要明确的问题是：古代的贴金工艺中使用的漆是制作材料的一部分，在千手观音目前的修复试验中，它是修复材料的一部分。这说明了出于不同的使用目的，对同一种材料不同性能的研究与开发。这既需要结合传统的制作工艺，同时还要兼顾修复需求开发新传统材料的性能。基于以上的特殊情况，本试验的目的如下：

第一，通过展开天然漆材料的修复试验，使我们更加清晰的了解千手观音现状病害的原因。无论从哪个角度，我们都可以认定千手观音是一件艺术品。艺术品中采用的工艺和材料自然决定艺术品本身的寿命。因此，采用原工艺、原材料的修复试验研究，是为了最大限度的尊重历史，保存千手观音的历史、艺术、科学价值。

第二，通过展开天然漆材料的修复试验，试图探索长久保存千手观音的技术路线。众所周知，大足地区处于高温高湿的地理、气候环境中，在这种特殊的环境下，对于保护材料的持久性有着特殊的要求。就目前的保护材料中，天然漆材料有着诸多的优点，因此，从延长千手观音寿命的角度出发，有必要使用稳定的天然漆材料进行试验。

第三，通过展开天然漆的修复试验，确立金箔回贴、加固的修复工艺及修复标准。大足石刻千手观音造像涉及的材质多样，工艺独特，病害复杂，按照《大足石刻千手观音造像抢救性保护工程总体工作方案》需要进行一定代表性区域的现场工艺修复试验，探寻规律和修复规范，为保护修复提供依据和技术支撑。

第四，通过展开天然漆材料的修复试验，为我们对四川地区同等类型的石刻造像的研究、保护与修复提供了可靠的依据。千手观音的现有病害，是复杂的，同时也是典型的。因此，通过对千手观音的传统材料修复对整个西南地区的同类型石刻造像保护和进一步的修复都可提供宝贵的经验支持。保护千手观音的目的也是出于保护西南地区贴金、彩绘石刻造像的目的。

5.3.2.2　试验意义

通过开展天然漆材料的修复试验，对于千手观音的保存具有重要意义。采用原工艺和原材料，对包括艺术、历史、科学价值的保存具有重要的价值。

通过开展天然漆材料的修复试验，对于四川地区同类型文物保护具有重要意义。通过川渝地区的考察，四川地区的传统贴金工艺具有普遍性和稳定性，因此，本试验对整个四川地区石刻造像的保护具有重要的价值。

通过开展天然漆材料的修复试验，对于开发传统工艺对文物保护具有重要的意义。传统工艺本身作为非物质文化遗产的一部分就具有自身不可替代的价值，非物质文化遗产与文化遗产的结合，将有利于传统文化的保护与传承。

5.3.3 天然漆的特性

5.3.3.1 天然漆的界定

“漆”对于现代人来讲可能是容易引起概念混淆的词。因为现代的大部分中国人经常将日常使用的“涂料”（paint）和“漆”（lacquer）混为一谈。事实上，这两个名称所指的是完全不同的两样东西。由此就需要先对本试验中的主要材料“漆”作出明确的界定。

在中国古代，有“漆”、“桼”两个同音字。“漆”是地名“漆水”，在今陕西省内。“桼”是漆树上分泌的树脂，才是漆艺之桼，后来“漆”、“桼”通用，“桼”逐渐被取代。“桼”是象形文字，上从木，下从水，中间左右各一撇，表示插入树干之竹片，漆液如水由竹片导出。

在中国以及整个东南亚地区，与漆的使用直接相关的领域就是漆艺行业。漆艺之漆，严格地说是专指这种从漆树上割取下来的天然生漆（图5－41）。

图5－41 漆农割取天然漆

由于天然生漆的地理局限，漆树多生长在中国等东亚国家和地区。又由于现代工业的发展，逐渐在西方出现了合成涂料，俗称化学漆。主要应用于建筑、家具，也应用于漆艺。近年又出现了腰果漆（cashew），于是漆艺之漆已突破了天然生漆的局限，而变成了一个包容合成涂料的广义的概念。

但是，在此必须明确的问题是：因为近现代中国翻译家的认知问题，将现代化学合成的涂料（paint）在翻译时只注重与天然漆液体现状的相似，将漆与涂料的概念混为一谈，完全忽略了两者之间在成分上的差别。由此，必须说明，在本试验中，所使用的材料为天然漆树中提取的树脂——天然漆，而不是现代化学合成的涂料。

总之，从中国传统漆艺的使用材料出发，天然生漆，又名大漆、土漆、国漆，是从漆树上割下来的天然液汁。它作为我国著名特产，是一种优质的天然涂料，至今没有一种合成涂料能在坚硬度、耐久性等主要性能方面超过它。因此，它有“涂料之王”的美名。

5.3.3.2 天然生漆的主要产地

漆树（Toxicodendron Vernicifmum）是一种高大的落叶阔叶乔木，生长在亚洲温暖湿润的亚热带地区，如中国、日本、朝鲜半岛、印度、越南、泰国、缅甸等地区（图5－42）。

我国是世界漆树资源最为丰富、分布最为广泛的国家，遍及23个省、自治区，500多个县。秦

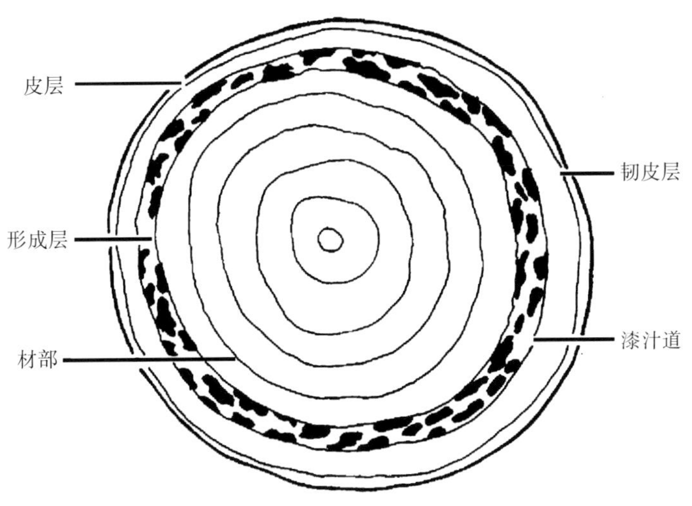

图5－42　漆树剖面图

岭、大巴山、巫山、武陵山、大娄山、乌蒙山、邛崃山一带地区，是我国漆树的分布中心。

这个分布中心的地理范围，约在北纬26。34′～34。29′，东经103。53，～112。10′之间。即包括现今陕西的岚皋、平利、紫阳、镇坪、安康，湖北的竹溪、利川、恩施、建始，四川的城口、巫溪，贵州的大方、毕节，云南的镇雄，甘肃的天水等60多个县。以陕西产量为最多，湖北居第二位。其中陕西平利县的“牛王漆”（产于牛王沟）、湖北恩施地区的“毛坝漆”、鄂西的“普新漆”（也称“竹溪漆”）最为有名（图5－43）。

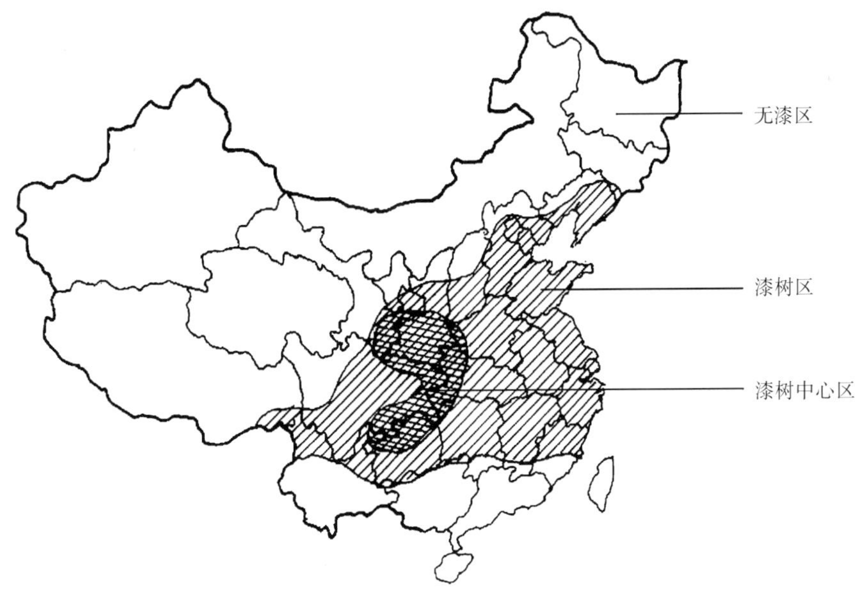

图5－43　中国漆树分布图

我国产漆区（县）见表（5－3）：

按树形、小叶数、叶形、果形、结果量、开割期、产漆量等因素来划分，可把漆树分为大木漆和小木漆不同的品种。一般野生的多大木漆，家种的多小木漆。

表 5 – 3　我国产漆区分布一览表

省（自治区）	县名
陕西	安康　岚皋　平利　镇坪　商南　宁陕　紫阳　南郑　留坝　宝鸡　西乡　周至　陇县　凤县　佛坪　太白　柞水　洋县　宁强　旬阳　长安　汉阴　镇安　户县　石泉　略阳　白河
四川	城口　巫溪　北川　西阳　平武　南江　广元　石柱　茂县　万源　武隆　彭水　开县　叙永　芦山　古蔺　旺苍　奉节　云阳　巫山　青川　黔江　兴文
湖北	竹溪　房县　竹山　利川　恩施　建始　巴东　宣恩　咸丰　鹤峰　英山　罗田　蕲春　浠水　长阳　五峰　神农架　十堰市
贵州	大方　金沙　毕节　赫章　纳雍　黔西　桐梓　织金　德江　务川　余庆　凤岗　松桃　黄平　岭巩　天柱　清镇　息烽　普定　贞丰　安顺　正安　道真　习水　绥阳
云南	镇雄　奕良　大关　威信　碧江　维西　巧家　兰坪　丽江　泸水　宣威　师宗
甘肃	文县　康县　雨当　天水　成县　宕昌　徽县　武都　西和
河南	西峡　卢氏　栾川　嵩县　内乡　鲁山
湖南	龙山　安化　常宁　城步　攸县　花垣　石门　凤凰　长沙
江西	修水　宜春　玉山　万载　彭泽　上饶　遂川　广丰　南城　萍乡市　景德镇市
安徽	太湖　金砦　舒城　霍山　宁国
浙江	建德　余杭　诸暨　天台　安吉
山西	阳城　绛县　左权
河北	武安　邢台
广西	资源　龙胜
福建	浦城　建瓯　连城

5.3.3.3　天然生漆的成分

天然生漆是由漆酚、漆酶、树胶质、水分和其他少量有机物质组成的。它的各种成分是一个有机的组合，并相依赖而发挥作用。漆酚含量占 50% ~80%，是生漆的主要成分，起结膜作用，含量越高，漆的质量越好。漆酶含量在 1% 以下，可以促进漆酚快干结膜。温度和相对湿度对漆酶的活性有直接影响。生漆在温度 20 ~30℃，相对湿度 70% ~80% 的条件下，最宜于干燥。漆酶活性的高低，即生漆的燥性，也是评价质量优劣的条件之一，一般燥性快的漆质量好。

天然漆的水分含量在 10% ~30% 之间。水分是生漆在自然干燥过程中漆酶发生作用时所必备的条件，即使在精制漆中，含水量也必须在4% ~6%左右，否则，极难自干。其含量多少，与漆树品种、割漆时间、漆树分布有关，即大木漆水分高，头刀漆水分高，阴山处的漆水分高。一般地说，水分少的生漆质量好。

5.3.3.4　生漆成膜机理探讨

1）漆酶对漆酚成膜的催化机理

漆酚在室温条件下氧化聚合成膜必需漆酶的催化作用。漆酶一旦失去活性，则漆酚就停止氧化聚合反应，生漆即不能自干，涂层将与非干性油一样永带黏性。漆酚不溶于水，是与其侧链的疏水性和苯核上邻二酚氢键的作用自成环状有关。该环与漆酶疏水区的结合是紧密的物理接触。

生漆一经涂装漆酶疏水区中的Ⅰ型 Cu^{2+} 在Ⅱ型 Cu^{2+} 的协同作用下，从紧密结合着的漆酚分子的邻二酚上获得 2 个电子并立即转移给Ⅲ型 Cu^{2+}（联合的两电子接受体），然后再迅速地转向另一个漆酚分子与其环状结合。这样，4 个 Cu^{2+} 在接受 4 个电子后被完全还原成 Cu^{+}，而原来与漆酶紧密结合的具有环状的漆酚，由于邻二酚上电子的丢失故环状被破坏。根据对漆酶作用的化学计量试验结果证明：两个 Cu^{2+} 被一分子的漆酚还原。这个不等量的反应机理可表示如下：

OH / OH / R　$2\,(\text{漆酚}) + 4Cu^{2+} \xrightarrow{H_2O} 2\,(\text{漆酚醌}) + 4Cu^{+} + 4H^{+}$　O / O / R

OH / OH / R　——→　[O / O / R]　$+2H^{+}$

漆酚氧离子

[O / O / R]　— 2e ——→　O / O / R

可见，对漆酚的氧化是漆酶的直接参与下才发生的，并非氧的直接作用。反应结果使漆酶本身由氧化型变成了还原型，而漆酚变成了极活泼的漆酚醌。这是因为邻二酚中的氧上的负电荷可以通过苯环共振使之分散产生的这种电荷的离域化，使得漆酚氧离子具有较大的稳定性。因而在漆酶氧化时，漆酚邻二酚结构上的氢离解成为氢离子，其本身变成漆酚氧离子。当漆酚氧离子的电子被漆酶夺取后变成漆酚醌。漆酚醌的存在已经光谱分析证实。

被还原了的漆酶对漆酚已无氧化能力，但它却具有能够直接而迅速地和氧发生反应而恢复原有的氧化能力并同时生成水。这些均是漆酶催化作用的特点。试验证明，一分子氧能氧化漆酶中的 4 个 Cu^{+}，反应如下式所示：

$$4Cu^{+} + O_2 + 4H + \xrightarrow{H_2O} 4Cu^{2+} + 2H_2O$$

（漆酶还原型）　　（漆酶氧化型）

恢复成为氧化型的漆酶，又开始对漆酚进行再氧化，反应时生成的水可部分满足漆酶发挥其活动的需要。

在漆酶由还原型转变成为氧化型的氧化反应过程中，漆酶亲水区的Ⅲ型 Cu^+ 是催化基团，它对空气中的氧具有很强的吸附作用而不让它逃逸，直到向它提供了进行还原作用所需要的全部4个电子并生成了水为止。充足氧的存在显然对反应是有利的，但漆酶于反应时自制水量“供不应求”，因而不得不要求周围环境具有较高的相对湿度来保证反应所必需的水分及漆中水分的挥发。如果这时采取隔离措施或相对湿度过低，则反应就不能进行下去或其反应速度变为极缓慢地进行着，这是因为漆酶的活性受到了抑制。

在生漆于室温中的成膜过程中，生漆的各个主要组分（漆酚、漆酶、水和树胶质等）都起着极其重要的作用，由这些组分所形成的“油中水球”型天然乳液中，树胶质是“乳化剂”，它吸附漆酶和水一起形成“水球”。这种“水球”高度分散在油相漆酚中。当“水球”和漆酚同时与空气接触时，漆酶的催化基团就开始发生反应，形成均相分散，使漆液中油包水的状态转变为水包油式的小粒子。水在反应中对电子、质子的移动以及对漆酶蛋白体复杂的三级结构的运动都起着极端重要的作用。若是缺少水分则漆酶就失去赖以活动的“温床”，催化作用就不能进行，漆液层极难聚合成膜。反之，如果生漆中水分过多，虽然对漆膜的干燥有利，但阻碍水分的蒸发与成膜的同步进行，将影响漆膜的光泽及机械性能等导致质量下降。因此，保持生漆中一定量的水分是非常必要的。俗称“无水不干，无油不亮”。

2）氧化聚合成膜过程

生漆在常温下自然干燥时的氧化聚合成膜过程是：漆酚中酚基被漆酶催化氧化和侧链中双键部分自动氧化的总和。生漆干燥时有一个“转艳”过程即由乳白色→红棕色→浅褐色→深褐色→黑色。成膜过程中必须有氧和水的存在。

（1）漆酚醌的生成

OH　OH　R　$+2Cu^{2+} \longrightarrow$　O　O　R　$+2Cu^{+}+2H^{+}$

$$2Cu^{+}+\frac{1}{2}O_2+2H^{+}\longrightarrow 2Cu^{2+}+H_2O$$

漆酶催化氧化反应是瞬时发生的，这就是乳白色之漆液暴露在空气中，其表面部分很快地变成红棕色的主要原因。

通过在可见光区445μm和红外光谱的 $1657cm^{-1}$ 吸收。

另在红外光谱6.0μm和10.08μm处，也确认有醌的吸收峰存在。

（2）漆酚二聚体的生成

由于漆酚醌具有较高的氧化电势，在漆酶的进一步作用下漆液层很快进行第二阶段的反应，漆酚醌和三烯漆酚之间发生偶联作用，生成羟基联苯型二聚体和共轭三烯二聚体，并且二聚体的增加和漆酚侧链的结构有关。在漆酶活性相似和相同条件下，漆酚含共轭双键的三烯含量越高，二聚体的增量也越高，因而漆膜的干燥速度也加快。

漆酚二聚体的生成反应如下：

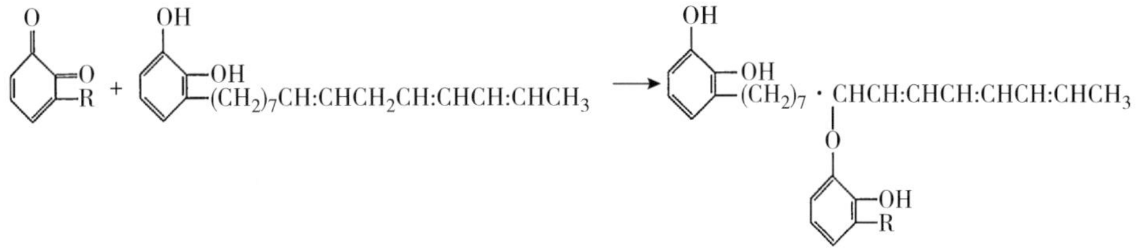

$$\text{(R-邻醌)} + \text{(OH, OH)-}C_6H_3\text{-}(CH_2)_7CH{:}CHCH_2CH{:}CHCH{:}CHCH_3 \longrightarrow \text{(OH, OH)-}C_6H_3\text{-}(CH_2)_7\cdot CHCH{:}CHCH{:}CHCH{:}CHCH_3 \ \text{(O-C}_6\text{H}_3\text{(OH)R)} \quad (\text{I})$$

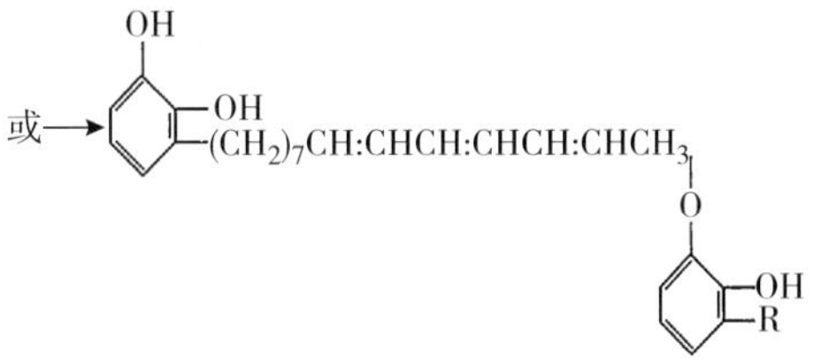

$$\text{或} \longrightarrow \text{(OH, OH)-}C_6H_3\text{-}(CH_2)_7CH{:}CHCH{:}CHCH{:}CHCH_3 \ \text{(O-C}_6\text{H}_3\text{(OH)R)} \quad (\text{II})$$

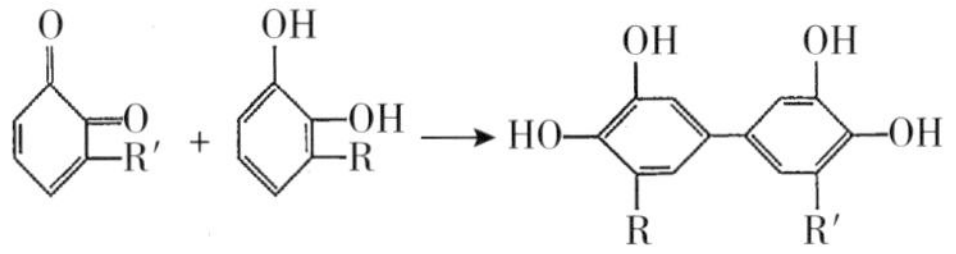

$$\text{(R}'\text{-邻醌)} + \text{(OH, OH, R)-苯} \longrightarrow HO\text{-(OH)(R)}C_6H_2\text{-}C_6H_2\text{(OH)(R}'\text{)-}OH \quad (\text{III})$$

经光谱分析证实羟基联苯二聚体和共轭三烯二聚体存在。

在此阶段中漆液层的颜色由红棕色转变为褐色。

(3) 漆酚多聚体的生成

漆酚二聚体继续受漆酶氧化生成更高级的醌类，该醌类再继续氧化漆酚生成漆酚多聚体。

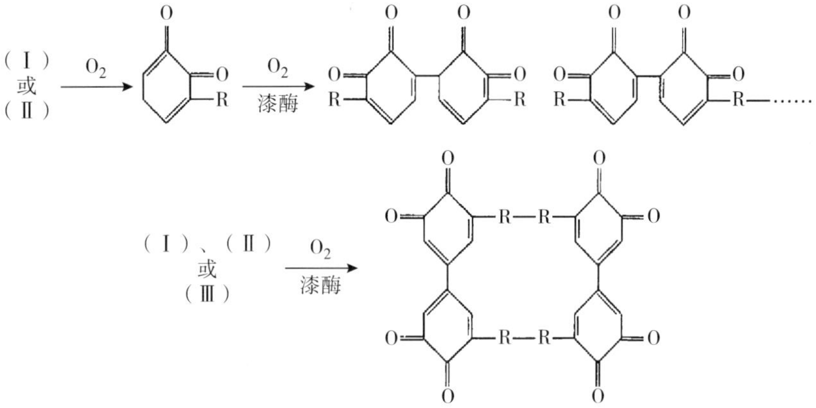

$$(\text{I})\ \text{或}\ (\text{II}) \xrightarrow{O_2} \text{(R-邻醌)} \xrightarrow[\text{漆酶}]{O_2} \text{R-联苯醌-R}\ \ \text{R-联苯醌-R—}\cdots\cdots$$

$$(\text{I})\text{、}(\text{II})\ \text{或}\ (\text{III}) \xrightarrow[\text{漆酶}]{O_2} \text{(四个醌环经联苯键及 —R—R— 连接成的环状多聚体)}$$

在此阶段漆液层颜色由浅褐色转变为深褐色。

在上述的漆酶氧化作用阶段，氧参加反应仅仅是作为受氢体出现的，没有任何其他的受氢体可以代替氧。虽然反应结果生成了水，但其水量显然小于漆液层中水分的挥发量，因而漆膜的重量逐渐下降。下降的速度与周围环境的相对湿度密切相关，生漆自干要求环境有一定的相对湿度的原因，就是在固化成膜过程中必须维持有一定限度的水量（确保一定的挥发速度）从而能够保证漆酶发挥正常催化功能。

(4) 漆酚侧链的吸氧反应及体型结构高聚物的形成

在温和的适宜的条件下，漆酶的氧化作用阶段完成速度是极快的。然后漆膜进入侧链吸氧反应阶段。这个阶段完成的速度慢，漆膜的重量开始逐渐增加，这就是漆酚苯核侧链吸氧的结果。由于苯环侧链上含有很多不饱和键（尤其是三烯比例大），不饱和键的氧化聚合方式与一般干性油的氧化聚合方式相同，其氧化聚合速度和程度特别与三烯含量密切相关。

而且自动氧化反应属于自由基链式反应。烯烃类链上与双键相邻的碳原子上的氢最为活泼，易与氧反应形成过氧化物，然后分解生成自由基，此自由基进一步反应引起链的降解或交联。

侧链的交联反应示意如下：

$$—CH_2—CH：CHCH_2—CH_2— \xrightarrow{O_2} —CH_2—CH：CH—\underset{\underset{\displaystyle O·O·H}{|}}{CH}—CH_2—$$

$$\xrightarrow{分解} —CH_2—CH：CH\underset{\displaystyle ·O}{\overset{|}{C}}CH_2— + ·OH 或 —CH_2CH：CH\overset{\displaystyle O}{\overset{\|}{C}}CH_2—H_2O$$

$$—\overset{\displaystyle ·O}{\overset{|}{CH}}—CH_2— + —CH═CH— \longrightarrow \begin{matrix}—CH—CH_2—\\ |\\ O\\ |\\ —CH—CH—\end{matrix}$$

$$\begin{matrix}—CH—CH_2—\\ |\\ O\\ |\\ —CH—CH\end{matrix} + —CH_2—CH：CH—CH_2 \longrightarrow \begin{matrix}—CH—CH_2—\\ |\\ O\\ |\\ ·CH—CH_2—\end{matrix} + —CHCH：CHCH_2—$$

$$2—CHCH：CHCH_2— \longrightarrow \begin{matrix}—CHCH：CHCH_2—\\ |\\ —CHCH：CHCH_2—\end{matrix}$$

漆酚多聚体在漆酶作用下继续反应下去，就将由链状→网状→立体结构骨架。

$$多聚体 \xrightarrow[聚合]{漆酶}$$

加上侧链的氧化聚合反应，使得漆膜中已初具规模的立体结构骨架交联更加细密和完善。到此阶段漆酶的作用逐渐减小，已渐成交联的成分，水分也最后被挥发干净，漆层的颜色由深褐色逐渐变黑，黏度大幅度增高。这种现象与苯胺氧化成苯胺黑各阶段的颜色变化及其结构关系相似。这时是由于其共轭双键及分子量的增加而使颜色变深。在红外吸收光谱中将会出现 1725cm^{-1} 的吸收峰，这是碳基的伸展振动。根据所得到漆膜的红外光谱计算过 993cm^{-1}（共扼三烯）和 985cm^{-1}（共扼二烯）的吸光度之比 D_{993}/D_{985}，发现当漆膜的吸光度之比 D_{993}/D_{985} 达到 1.2 以上比值时，该漆膜可指触干燥了。由此阶段再一步氧化聚合分子量增至很大，结构即形成三度空间体型的高聚物，宏观上即已固化成膜了。

上述是生漆自干成膜的简要机理探讨。实际上成膜过程的化学、生化和物理转化及结构变化是极其复杂的。例如漆酶在完成催化作用后，酶的蛋白体也要参与交联，并可与漆酚作用生成有色体。尤其是漆酚侧链自动氧化中的自由基还可对酚环作用，共轭三烯可位移使结构多样化、复杂化。树胶质是聚醇类物质，在成膜过程中也要参与交联，从红外光谱和电子显微镜对老化生漆漆膜的鉴定中，已看到树胶质的模型骨架依然存在。漆液中含有的微量金属元素等也可能参与反应等。但是这些因素比较起来很可能并不起主导作用。

3）缩合聚合成膜

由于当环境温度达 70℃以上时，漆酶就几乎完全失去其活性，涂层不能自干。但当温度升到 100℃以上时漆液层也可以固化成膜，温度越高成膜越快。如升温 120℃保温 5h 左右干燥，而 180℃时保温 1h 即可干燥成膜。在高温条件下的烘烤干燥成膜，是以基本上不吸氧的缩合和聚合反应为主形成立体网状结构的。这正与干性植物油中的不饱和脂肪酸可以氧化聚合成为氧化聚合油，自然干燥成膜。亦可以单纯依靠热处理而成为聚合油，能够烘干成膜一样。在高温成膜过程中没有醌式结构的出现。

由于整个烘烤过程接触空气，因此成膜过程尤其是开始阶段必定有氧化反应参与其内。

5.3.3.5　天然生漆的干燥

天然生漆的干燥，是漆艺作品制作过程中的重要环节。如果干燥太快，可能起皱；如果干燥太慢，则拖延制作周期；如果不干，则造成返工浪费。

天然生漆的干燥过程，就是天然生漆的成膜过程，也是天然生漆中各种成分的化学变化过程。天然生漆的干燥有两种途径，一是自然干燥，二是高温硬化干燥。

1）自然干燥：天然生漆在常温下的自然干燥属于“氧化聚合成膜”。成膜过程中必须有氧的存在，还要求有适宜的温度（20～30℃）和相对湿度（70%～80%）。因此必须有一个荫室或荫橱，几乎每一道工序之后都要放入荫室。荫室要保持适宜的温度和湿度，并注意空气调节。

2）高温硬化：这是人工干燥的方法。它是在隔绝空气及高温（120～180℃）的条件下干燥成膜的。这种方法适用于金属胎或陶瓷胎的涂漆，可以增加漆和金属、陶瓷的附着力。

天然漆干后，便不能使用，因此天然漆的保存很重要。一般放在木桶或瓷盆中密封，少量可用瓷碗，加盖硫酸纸。更少量的漆，可用硫酸纸包好平置；随时用的漆，可放进冰箱保存。随着时代的发展，现代进口的优质食品保鲜膜是更为理想的漆液保鲜材料。

5.3.3.6　生漆的性能

生漆漆膜由于结构中带有脂肪族长侧链，它像油的分子一样穿插在整个结构中，因此涂层是非常紧密的网状立体结构，在某些方面类似于油改性纯酚醛树脂，具备有一系列优良的物理和耐化学品性能。

1）特殊的耐久性

我国各省的自然博物馆都存有一定数量的数百年乃至千年以上的漆器，如 1972 年湖南长沙马王堆软侯墓中出土的 300 余件距今 2100 年西汉朝漆器，1978 年湖北随县城郊擂古墩曾侯乙大型木椁墓中出土的距今2400余年的近百件漆器均漆膜完整色泽艳丽。至于宋朝以后的漆器则更多，且色泽如新。而民漆用生漆产品涂饰的家具等，常见在使用半个多世纪之久后漆膜仍丰满光亮，这都充分显示出其特殊的耐久性。

2）漆膜保光性及耐磨性

生漆漆膜天然色深光亮，以光电光泽计测试一般在80%以上有的甚至达100%。色泽除了与其品种有关外，还与干燥条件有密切关系。在高湿偏高室温条件下，自然固化的漆膜光泽差且颜色较深。在相对湿度低于75%室温20℃以下环境中，虽然干燥速度较慢但漆膜的颜色较浅且光泽和透明度较佳。生漆漆膜的颜色还有随着时间的推移逐渐变浅变透明的特点，一般需经过一年左右时间后漆膜的颜色才会稳定不变。不论是清漆还是色漆的生漆漆膜均可抛光，生漆业加工是进行推光，经过多次复涂和推光的漆膜光艳夺目，工艺佳者漆膜如镜面，即使是长久存放也没有明显消光现象，这也是生漆能用于制作工艺美术品漆器的基本条件之一。

另外漆膜的耐磨性能也特佳，可以经受6.86MPa（$70kgf/cm^2$）的摩擦力而不损坏，并且越打磨越光亮。

3）优良的耐化学品腐蚀性能

生漆漆膜耐酸、耐水、耐各种盐类、耐土壤腐蚀、耐油（包括所有动、植、矿物油）、耐有机溶剂等，在所有的涂料中比较起来其耐化学介质腐蚀性能是较突出的、优良的（表5-4）。但漆膜耐苛性碱性能较差。

表5-4 生漆漆膜耐化学介质能力

介质	浓度（%）	温度（℃）	性能	介质	浓度（%）	温度（℃）	性能
盐酸	任意	室温至沸	耐	硫酸镍	饱和	室温	耐
硫酸	50~80	100	耐	硫酸钙	饱和	室温	耐
硝酸	<40	100	耐	氯化铵	饱和	室温	耐
磷酸	<70	80	耐	硝酸铵	饱和	80	耐
乙酸	15~80	室温	耐	氯化钙	饱和	80	耐
柠檬酸	20	80	耐	硫化钠	饱和	室温	不耐
硅氟酸	9	80	耐	明矾	饱和	室温	不耐
甲酸	80	室温	耐	松节油		室温	耐
碳酸钠	任意	室温	耐	汽油		室温	耐
苯胺		室温	耐	苯		室温（45℃）	耐（不耐）
氨水	10~28	室温	尚耐	乙醇		室温（45℃）	耐（不耐）
氨		室温	耐	湿氯气	浓	室温	耐
硫酸钠	任意	室温至沸	耐	硫化氢	水汽	80	耐
氯化钙	饱和	室温至沸	耐	CO_2 水液	3~5	室温	耐
硫酸铜	15	室温	耐	NaOH	<1	室温	耐
硫酸铵	50	80	耐	漂白粉	饱和	室温	耐
硫酸镁	饱和	室温	耐	水		沸	耐

4）良好的绝缘和耐热性能

生漆漆膜具有良好的电绝缘性能（表5－5）。

表5－5 生漆漆膜的电绝缘性能

项目		数据
击穿强度	常态25℃±1℃ 相对湿度65%±5% 浸水25℃±1℃ 蒸馏水中24h	50～80kV/mm ≥50kV/mm
体积电阻系数	常态25℃±1℃ 相对湿度65%±5% 浸水25℃±1℃ 蒸馏水中24h	600TΩ·cm 90TΩ·cm
表面电阻系数	常态25℃±1℃ 相对湿度65%±5%	≥80TΩ

漆膜即使在较高温度和高湿条件下，甚至在水中其绝缘性能仍能够保持较佳的状态，且具有防潮、耐水、防霉的特点，可作为电器设备的“三防”材料。

又由于漆酚是属于二元酚衍生物，因此漆膜具有较好的防原子辐射性能。

生漆漆膜可以在150℃的温度以下长期使用，短时间的耐热温度可达200℃，加入填料后耐热性能可大为提高，耐热冲击性能更有改善。如用涂有生漆的铁板干燥后在150℃加热15min，然后投入20℃的水中，漆膜能够经受如此温度的大幅度突变数次而不破裂。若是漆膜中含有一定量的瓷粉或石墨粉，干膜厚度即使达800μm（超重防腐蚀用）则能够经受20次上述的冷热冲击试验也不破裂。

另外生漆的改性产品如漆酚糠醛漆膜的使用温度可达200℃，瞬间耐温达250℃，纯生漆漆膜当加热到335℃时即开始冒烟、发生龟裂。

5）部分机械性能及不足之处

生漆漆膜坚硬，硬度可达0.65（漆膜值/玻璃值）。柔韧性较差，冲击强度仅2.94MPa（30 kgf·cm）。生漆与非金属材料尤其是木材的黏结能力（附着力）强，其强度超过一般木材自身的强度。在生漆或生漆精制品中若加入等量的瓷粉（100目）后，则其与钢板的结合强度可达4.9～6.86MPa（50～70kgf/cm^2），并且其他机械性能也有所提高。

生漆漆膜耐苛性碱性能较差，不耐阳光的长期直射，于室外受阳光久晒后漆膜易失光，逐渐发生龟裂、老化。紫外光可使漆膜内的碳键断裂，高分子被分解导致漆膜破坏，用照度为2000lx的黑光灯照射1100h以上，漆膜减重幅度可达10%左右，而暗室保存的对照样品漆膜减重小于0.15%（均是新制样品）。缺氧、避免紫外光照射可以延缓漆膜的老化，深埋在地下的漆器均是处在缺氧和不受紫外光照射的条件下的，这极有利于对它的保存。

6）毒理性能试验

经上海医疗卫生系统有关单位测试鉴定生漆膜无毒①。

总结起来天然生漆的性能包括以下四方面内容：

（1）漆膜具有优良的物理机械性能。如漆膜坚硬，漆膜的硬度达0.65～0.89（漆膜值/玻璃值）。而一般合成漆的漆膜硬度仅0.2～0.4。漆膜耐磨强度大，耐磨性优于任何合成树脂和其他

① 引自涂料工艺编委会编《涂料工艺》，化学工艺出版社，1997年，第195～201页。

涂料。漆膜光泽明亮，而且持久。漆膜密封性好，漆膜的针孔非常少。黏性好，与木质的附着力强。

（2）漆膜耐热性高，耐久性好。

（3）漆膜不溶于任何动植物油和矿物油，并能耐各种溶剂。

（4）漆膜具有良好的电绝缘性能和一定的防辐射性能。

天然生漆的应用是广泛的。由于天然生漆具有防腐蚀、防渗透、防潮、防霉、耐酸等性能，漆膜具有硬度强、耐磨的特点，并有美丽耐久的光泽，因此生漆广泛地应用于国防军工、化学工业、石油工业、冶金采矿工业、纺织印染工业、医药工业以及古建筑和文物的保护，漆艺用漆只是很少的一部分。

5.3.4 试验的界定

从性质出发，本试验确定为千手观音贴金层天然漆修复工艺试验。

从试验研究的对象看，主要针对千手观音的贴金层的各种病害问题的修复处理。尽管千手观音同时存在石质、贴金、彩绘三种类型的不同病害，但是，就本试验的工作重点集中在贴金层的修复问题上。在整个千手观音的装饰面积中，贴金面积达到80%以上，对于贴金问题的研究直接关系到千手观音艺术效果的保存问题。

从试验的材料出发，本试验的主要材料集中在天然漆为主的各种常用漆艺传统材料的研究上。这里需要明确的问题是：贴金工艺在传统漆工艺中，仅仅是众多工艺中的一种。从材料的功能出发，天然漆不仅仅是一种良好的装饰材料，同时也是一种良好的天然黏合剂。而传统漆工艺恰恰是利用了这种黏合剂的功能，在此基础上发展出来的各种髹漆工艺。因此，无论是贴金工艺还是其他漆工艺就不仅仅局限在天然漆一种材料的使用上，而会结合多种材料形成最终的工艺效果。例如，贴金工艺中就不单包括漆，而且包括银朱、桐油、金箔等诸多材料。可以这样说，传统漆工艺与其说是对漆材料的研究，不如说是对综合材料的研究。而这恰恰是归因于天然漆作为黏合剂的性能发展出来的。

与传统漆工艺不同的是，修复工艺属于完全不同的工艺范畴。因此，千手观音的阶段在修复试验工艺上，主要是针对于采用天然漆材料进行的修复工艺研究。尽管都冠以工艺的名称，而性质却截然不同。修复工艺是在原有的材料基础上进行新工艺的研究开发，它与制作全新的贴金造像在工艺手法方面完全不同。并且，出于文物保护的基本原则，还要遵循各方面的政策法规，由此，目前的修复工艺试验在性质上区别于其他类型的工艺试验。

除了在明确了对象、材料以及工艺的具体问题，还需要强调以下的问题：

首先，本试验研究是以工艺研究为基础，在针对于传统材料的不同修复工艺的探讨，而不涉及材料开放和研制的问题。尽管在本试验中同样涉及材料的比例、不同材料的结合等问题，但都属于具体的工艺问题，而不是材料的开发问题。

其次，传统漆工艺是复杂的，不仅仅包括髹饰层的处理，而是从地仗层到髹漆层最终贴金的完整流程。经过检测，目前千手观音的地仗处理仅仅是多种工艺情况中的一种，且存在严重的病害隐患。因此，在本修复试验中，将提出多种可行方案，以确保修复效果的稳定状况，而并不局限在完全还原千手观音现有的工艺及材料配比上。

总之，从试验的性质出发，本试验的研究对象是：千手观音的贴金层；研究内容为：天然漆的贴金修复试验研究；研究材料为：传统漆艺中的天然漆及其他相关材料。

5.3.5　试验的思路与方法

5.3.5.1　试验的思路

天然漆作为良好的试验材料有众多的有点，但同样具有一定的局限性。温度、湿度是首先要考虑的因素，同样天然漆中的致敏因素也不得不被慎重思考。因此，结合天然漆的各种特点，将诸多因素考虑在内，制定出结合材料工具和气候环境的理想施工季节。

本次针对于千手观音本体试验的思路是基于文物现状的两个方面进行考量的，一方面是千手观音贴金层的病害现状，这是基于文物本身物质性层面的问题，另一方面是千手观音艺术效果的现状，这是基于文物自身图像性层面的问题。从这两方面出发，我们开始着手千手观音的修复试验问题的思考（图 5－44）。

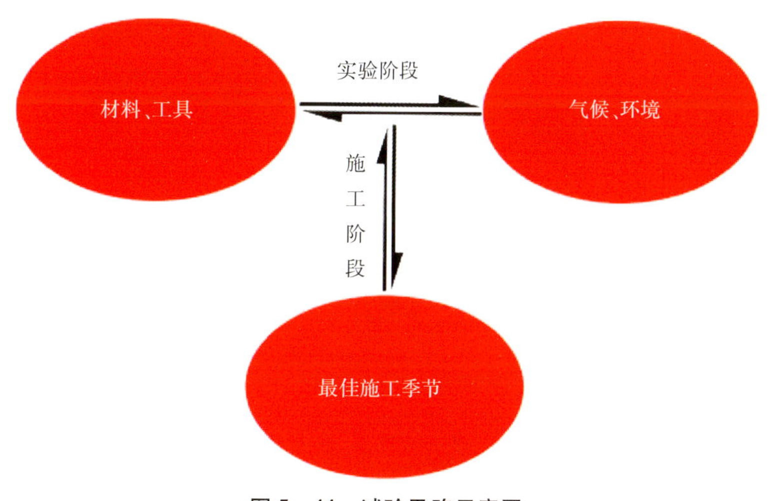

图 5－44　试验思路示意图

实际上，修复一件艺术品就是对其进行阐释[①]。当我们面对千手观音的现状，将要对其进行修复试验时，必然要思考如何对其进行阐释；这里即包括千手观音的图像问题，也包括千手观音历史上多层贴金的“概念重复”问题，同时更包括如何解决千手观音的保护与修复问题。在这里，关于千手观音的价值保存，至少两方面问题是突出的：即历史价值与艺术价值。然而，当我们认真思考这两方面价值保存的时候，可以明确的是，历史中的多层（多次）贴金现象与千手观音的历史价值有关，而采用传统漆工艺的贴金技法与艺术价值有关。

不可否认的是，任何的修复行为都不得不采取折中主义的态度来面对具体的修复问题。这种折中主义必然是将文物的历史价值、艺术价值与科学价值共同考虑在内的。基于以上的情况，就要从千手观音贴金材料的物质性与图像性两方面来讨论本修复试验的思路。

首先，我们从千手观音的物质层面——贴金层的现状与病害开始讨论。

从 2008 年 7～8 月的现场病害调查，通过 11 种不同的病害描述来反映千手观音贴金层的病害特征。经过数月的工作，千手观音工作组统计出了一系列病害数据可以明确地反映出千手观音石质胎体与贴金层的病害状况（图 5－45）。尽管病因是复杂的，但是就现状而言，与贴金相关的石质胎

① ［美］卡里尔著、吴啸雷等译《艺术史写作原理》，中国人民大学出版社，2004 年，第 25 页。

体与贴金层的各种情况确实一目了然的。通过前面的工艺研究概述，我们不难发现与千手观音贴金直接相关的物质材料包括4个方面：1）石质胎体；2）地仗层；3）金胶漆层；4）金箔层。其中，石质胎体属于一个工艺范畴，是整个千手观音的艺术载体；而地仗层与金胶漆、金箔三方面统称为贴金层，属于另一个工艺范畴，它发挥着两个功能：封护石质胎体与体现宗教艺术形象的作用。

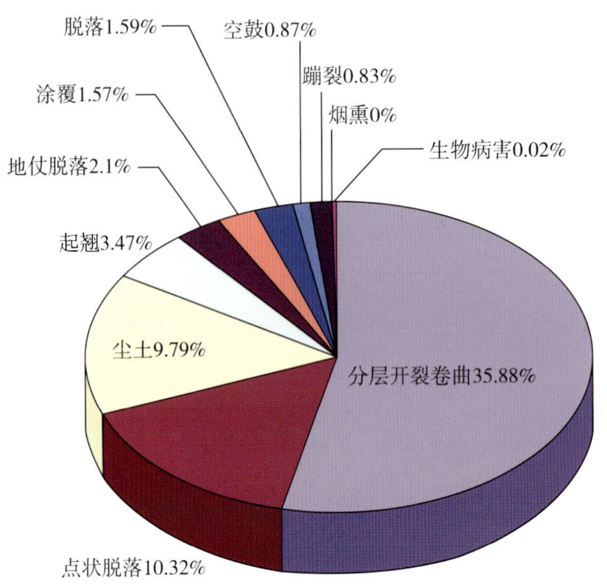

图5－45　2008年千手观音病害调查贴金层病害比例统计

那么就本试验的内容而言，对贴金层的各种病害的统计显得尤为重要。从目前的各种贴金层病害来看，我们很难将病因归结为一两种原因，但是从传统工艺的角度而言，多层的重复贴金是一种不当的工艺行为，尽管这其中包含了更多的历史与宗教因素在内。传统的贴金工艺是明确的，一整套贴金流程实际上只贴一层金箔，这足够满足佛教表现艺术的图像效果需求，同时也保护了石质胎体。然而，恰恰是历史中的多次贴金这种“概念重复”行为使千手观音产生了累积性的病害。一种结论是明确的，当贴金层不断发生老化的时候，新的金箔被附加在老化的金箔上，尽管天然漆与桐油混合的金胶漆有相对稳定的性质，但是未经打磨的旧贴金层成为了导致现状病害直接的物理因素。同时，还可以明确的是，从视觉效果出发，多层贴金与单层贴金是没有明确区别的，有时候甚至是肉眼无法识别的。因此，另一个结论是，千手观音的图像效果与多层贴金的行为实际上没有直接联系。那么，从实际的修复工作出发，千手观音目前多层贴金的病害严重影响了千手观音的健康状况，从目前的病害统计出发，多层有害贴金层的保留会进一步引发更加严重的病害，甚至于影响到石质胎体的保存。

其次，我们从千手观音的图像层面——多层贴金的现状与形貌来审视。

在前面的论述中已经明确一个问题，千手观音的图像效果与多层贴金的行为实际上没有直接联系。实际上，无论贴多少层，都不会影响到佛教仪轨中的“相好”面貌。而目前多层贴金层存在的各种病害却严重干扰了千手观音的艺术效果，目前的形貌无法展现出千手观音的图像效果，由此，一方面是贴金层的老化破败所造成的物质消亡，另一方面是千手观音完整艺术形象的泯灭所造成的艺术价值的衰减。此外，传统贴金工艺的工艺特点体现在髹饰的材料将胎体层层包裹，对造型的影响即表现在是胎体造型本身更加圆润饱满，但是面对千手观音的层层累加的贴金层，所表现出的问题就直接反映在石刻胎体造型的逐渐丧失，以至于最终无法辨识出宋代雕刻的基本造型特征（图5－46）。

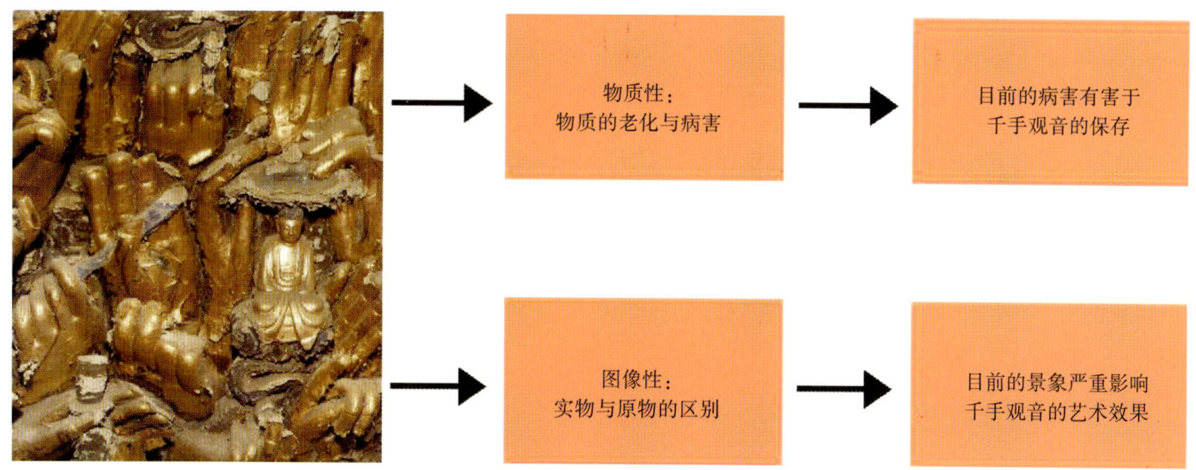

图5－46　贴金层的病害对千手观音物质性与图像性的影响

由此，可以根据以上的分析来确定一条基本的修复试验思路：应该去除掉那些对千手观音物质保存与图像效果有害的已经出现严重病害的贴金层，以最大限度地保存千手观音的历史价值与艺术价值。

5.3.5.2　试验的技术路线

从具体的修复试验出发，将气候、环境一同纳入到材料与工艺的试验中是必不可少的。在修复试验中，无论现代材料还是传统材料，都存在其自身的物理、化学特性，同时针对具体保持环境，呈现各自的特征，发挥各自的功能，因此，在修复试验的各个环节，都必须将材料与环境两方面结合考虑，才能取得良好的试验效果。

同时，对于千手观音的本体局部修复试验工作，应本着抢救性保护工程的宗旨出发。从大足地区的整体气候、环境考虑，无论哪种工艺、材料试验都应该尽可能适应当地的气候特征，同时满足大规模施工的基本要求。

千手观音作为典型的不可移动文物，其修复工程的实施与可移动文物截然不同，因此，结合气候与环境，选择最佳的施工季节对于工程进度显得至关重要。同时，选用的材料也应该具有气候环境的适应性，以确保修复的效果与质量。

本修复试验的技术路线，按照时间顺序，基本上可以分为纵向的四个工作阶段；从工作内容上可以分为横向的两个主要方面。

首先，时间顺序上的四个工作阶段分别包括：1）前期调研；2）修复试验；3）结果分析；4）提交报告；而横向的两个主要工作内容包括：1）工艺试验；2）材料试验。

前期调研包括的内容较为广泛，几乎涉及到千手观音的方方面面，这里不仅有历史、艺术、科学层面的调查研究，同时也包括环境、地质等方面的综合因素分析。在千手观音的前期调研工作中，工作组的研究人员做出了全面细致的调查研究，在许多方面得出了较为明确的答案。根据前期调研结果，展开具体的修复试验研究。

从试验的内容上看，工艺试验侧重于如何使用材料方面的研究。尽管任何工艺都不能脱离材料单独研究，但是对于材料的掌握，以及材料的加工与驾驭能力的研究，对于试验本身同样至关重要。无论新材料还是老材料，对于自身性能的开发与研究，同样是与工艺不可分离的。特别是针对传统材料，往往某一方面的材料特性需要特别加以研究、开发，以针对不同的修复对象，延展其自身的功能与适应性。实际上，对于一种材料的性质的评价，很大程度上还是取决于使用的结果。

从本试验的目的出发，工艺试验主要包括试验室试验与现场试验两个工作阶段。对于不可移动文物的修复试验工作，试验室的工艺试验往往是现场试验工作的前提。从工作的手段审视，试验室受到条件的限制，工作的内容通常是模拟性质的。通过对现场条件的模拟，展开各种试验手段，以达到试验的目的。从试验室的工作阶段进展到现场试验，要经过更加复杂的工艺试验流程；这个流程通常包括：样块试验、残块试验与实物局部修复试验。现场修复试验的不同阶段是环环相扣的层进关系。通过在现场，对材料、工艺与气候环境的两方面摸索，决定了现场试验是本试验的基础。最终，在现场实物修复阶段结束以后，开始进入修复试验的监测环节，这里应该明确的是，效果本身是一种动态的概念，因此，对修复的效果做长期，系统，客观的监测记录，对于试验的评估至关重要。

工艺试验解决的是如何使用材料，那么材料试验解决的是使用哪种材料的问题。不同材料只有经过统一标准化的检测手段，才能显现不同的信息，最终确定不同材料的具体功能，即便是传统材料，因使用功能的不同，也会表现出不同的状态与效果，因此在材料试验的基础上，通过统一标准化的科技手段，对于清晰的描述不同材料的特征，显得必不可少。

当工艺试验与材料试验从内容与手段两方面得出了各种的结果后，再开始将两方面信息数据进行比较分析，经过全面的分析阶段后，最终总结、提交试验研究报告。这里需要说明的是，本技术路线提供的是通用的研究方式，无论传统材料与现代材料，都应该基于以上的技术路线，而针对特殊材料，应采用具有针对性的技术路线（图5-47）。

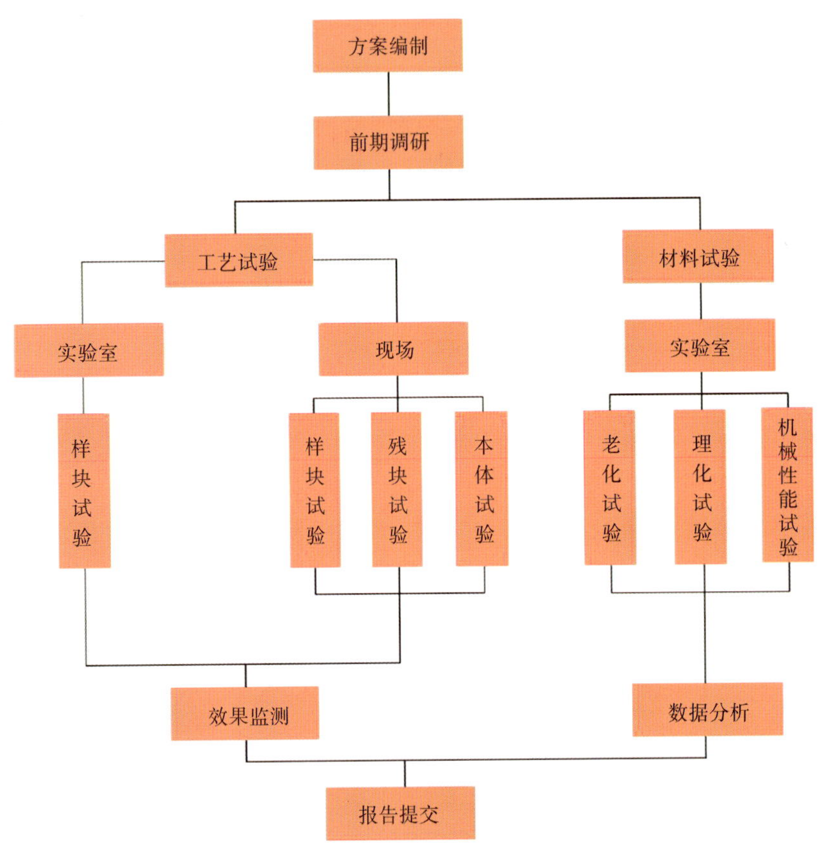

图5-47　试验思路示意图

5.3.5.3　试验的方法

尽管试验材料已经缩小到围绕天然漆材料为主的漆工艺试验范围，但是同样存在材料比较与筛选问题。在前面的内容中，已经阐释了有关漆材料和工艺的基本问题，实际上，传统漆工艺是一个完整的工艺体系，在它的整个流程中，包括胎体、漆灰（地仗）、髹漆层、装饰层多个环节，既涉及多方面的材料与结合多种不同的工艺。总之，因具体情况的不同，不同材料和工艺存在着多种不同的结合方式。

在本试验中，将尽可能提供多种可选择的试验材料进行比较，选取最理想的材料结合方式。在材料的筛选中，一方面要注重视觉审美效果的稳定性，同时还要兼顾材料耐老化的稳定性。

同样，工艺筛选与材料筛选同样重要。在工艺的选择范围中主要存在着两种备选方案：金箔的回贴与重贴。无论哪种工艺手法，都是基于传统材料的进行的。就金箔的回贴，顾名思义，在这里不多阐释。而就金箔的重贴有必要在此进行说明。

根据现场的金箔情况，并不是全部的金箔都可再利用进行回贴，因此，在试验备选的工艺方案中，必然要考虑到局部重贴金箔的工艺。与以往被争论的全部重贴的想法不同，本试验的金箔重贴是基于回贴的补充方案。考虑到现有的金箔残片的情况，主要是存在两个主要问题：一方面是金箔点状脱落严重，只剩下原有漆膜，另一方面是金箔因原有工艺问题，存在起皱等“漆病”问题。这两种情况的金箔都无法用于回贴，因此在必要时，需要根据具体情况，用传统工艺在局部补贴新金箔。

5.3.6　试验的重点与难点

5.3.6.1　试验重点

首先，宗教表现艺术价值的保存是本试验的重点之一。作为独特的宗教艺术作品的多方面的保留，努力将修复中的艺术价值衰减情况降到最低限度。

其次，历史工艺信息留存同样是本试验的重点问题。目前保留的多次装修的信息实际上是一种重要的历史信息，对于揭示大足、重庆、四川地区的历史状况有重要意义。在修复过程中，将尽量保持历史中的传统工艺与材料信息。

第三，试验材料对当地气候环境的适应性同样是试验考虑的重点问题。试验材料在大足当地高温高湿的特殊地理气候环境下的耐久性问题将成为长期监测的内容。

第四，对于原始金箔和回贴金箔的封护是修复工作的重要内容，一方面要使回贴金箔和保留的原始金箔效果统一，同时又要保证修复后的持久效果。

5.3.6.2　试验难点

首先，金箔层的回软成为主要的技术难题。前面已经强调过，对于金箔回贴的问题主要针对的是漆膜的处理，而不是金箔。漆膜成为承载金箔的载体才是本试验真正需要处理的难题。对于老化漆膜的回软一方面要保持其回贴时具有一定的柔韧程度，易于回贴，同时还要保证老化漆膜自身的结构在回软过程中不再受到损伤，这需要在回软的工艺中慎重考虑。

其次，贴金层的金箔粉化脱落问题严重，因此采用何种工艺对脆弱的金箔“固粉”就显得尤为重要。尽管传统漆工艺中有各种不同的工艺处理固粉问题，但是都各有局限性，因此金箔粉化脱落的问题同样成为本试验的技术难关。试想，将漆膜回贴，而丧失了金箔，同样对修复千手观音没有意义。

同样，在传统漆艺中，对生漆和熟漆根据不同工艺需要都有不同使用。而生漆与熟漆在功能上的区别主要体现在燥性上，根据具体的试验情况，同样需要对生漆和熟漆进行筛选。而本试验的难点在于生漆与熟漆的稳定性检测问题。这有待于试验后的科学检测分析和工艺总结。

此外，千手观音的贴金层是连年累月叠加上去的。从一定角度上说，每一层都包含着特定的历史信息。因此在处理金箔的问题时必然要对金箔的揭取与回贴采取取舍的态度，一方面必然要研究多层贴金背后的历史信息，同时要将已经损坏的金箔进行处理，在回贴过程中必然损失一部分金箔层，由此对历史信息的损失是必然的。对于这个问题的研究是本试验的难点之一。

最后，千手观音属于大型高浮雕作品，在天然漆干燥过程中的支顶同样属于技术难题，一方面要易于工艺操作，另一方面要不损坏石质本体，由此需要开发相应的支顶工具。

5.3.7 试验的原则

5.3.7.1 原材料原则

本试验将尽可能采用原材料与原工艺进行修复试验。对于传统材料和工艺修复方案的原则是基于传统贴金工艺的充分调研而确立的。

众所周知，原材料和原工艺在对文物的修复过程中，对于保存文物的历史、艺术、科学价值是至关重要的。修复过程中对文物本体原材料的改变将直接影响到文物的价值，甚至是影响到后代对于文物的研究。因此，对原材料的开发和使用原则将被采纳为本试验的基本原则，这一方面因为传统材料有着得天独厚的材料稳定性，尤其是天然漆的许多特性至今不能被现代材料所取代；另一方面是对文物本体历史价值与信息的最大尊重，通过原材料的使用，将最大限度地保存文物的基本信息。

需要明确的问题是：即便是使用原材料进行修复试验，“可识别”原则也同样被考虑在试验过程中。在试验中，尽管使用了与文物本体相同的原材料，但是在具体操作中，“可识别”的工艺手法将被采用，将对文物本体中历史信息的干扰降到最低限度。

5.3.7.2 材料当地化原则

试验材料的国产化或者说当地化对于试验同样具有重要的意义。尽管本试验的初衷是将修复的材料界定在传统漆艺材料的范畴中，但是即便同样为漆艺材料，也同样有不同的产品型号和品牌。对于同样的材料，还存在国产与进口的不同类型。

中国漆树分布广泛，根据地区不同，有不同的漆树品种。因此，不同地区的天然漆质量存在差异。中国目前对天然漆的科学研究方面尽管经过了一段时间的摸索，但是还远没有达到研究与生产开发相结合的道路上。就目前的天然漆采割与开发，并没有形成系统化的情况。因此很多地区的天然漆生产还停留在非常初级的原料生产阶段，没有像日本、韩国那样形成独立的生产开发和品牌（图5－48）。

考虑到施工的具体情况，应该采用将材料尽可能国产化、当地化的原则。尽管在试验过程中会对不同的材料进行试验比较，对试验材料的比较分析将尽可能全面，最终将采取最简化的试验材料配比和尽可能低成本的材料搭配来完成现场的试验工作。出于这种原则，对于进口材料的使用将与国产材料同时进行比较，然而，在性能、性质相同的情况下，将尽可能筛选国产优质材料进行现场试验。

a

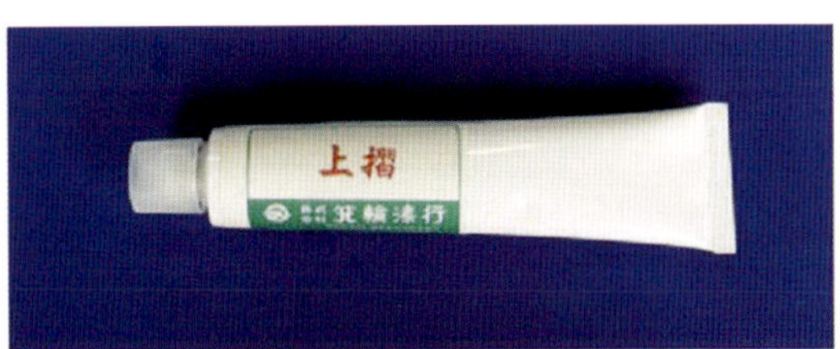

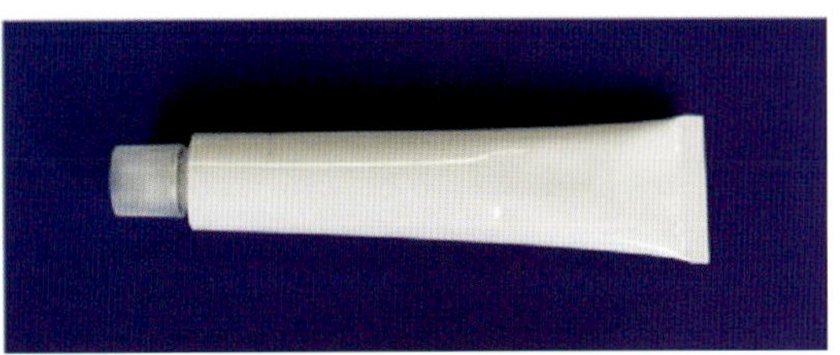

b

图 5-48　中国粗加工天然漆与日本精加工天然漆

a 中国市场中流通的粗加工天然漆　b 日本市场中流通的精加工天然漆

这里需要说明的是，因为本试验采用天然原材料进行修复试验，而无论日本漆还是中国漆均采自漆树，且每年中国都出口大量天然漆到日本，因此，在材料质量方面可将国产材料和进口材料在质量上的差别进行比较筛选，能就地取材的，将采取材料当地化原则。

5.3.7.3　操作简便性原则

千手观音作为古代公共艺术的典范，尽管使用了天然漆作为贴金材料，但是与传统漆器还是存在着很大区别。因此，不能拿对待制作漆器的繁复的工艺方法对待千手观音这样的石窟艺术品。

与前面强调的问题同样，千手观音作为石窟艺术与可移动文物的修复工作有很大的区别，除了要采用尽可能操作简易的材料，同时还要采用简单可行的操作工艺。

同样，在试验阶段，为试验信息的全面收集，将尽可能广泛的采取工艺技法本身的试验。然而，从具体施工的条件出发，施工人员在大面积作业前的培训是必不可少的。考虑到施工难度和施工人员的技术差异，将工艺最大限度的简化是必须的。只有做到材料和工艺两方面的简化，才能确保大面积施工的顺利完成。

综上所述，千手观音作为不可移动文物的石窟艺术品的性质决定了试验在设计初期就必须将后期操作的可行性考虑在其中，为后期的工作打下基础。

5.3.8　试验的阶段

试验的设计主要分为两个阶段。第一阶段为北京试验阶段，第二阶段为大足千手观音现场阶段。

5.3.8.1　北京试验室阶段

在北京试验室的工作阶段主要研究传统漆工艺的漆膜回贴问题。因千手观音的金箔状况是多种多样复杂的，由此在试验室内就需要解决两个方面的主要问题：

第一，带有金箔漆膜的回贴问题。

第二，回贴金箔的效果问题。

因漆工艺本身存在着多种修复方式和不同的修复效果，因此，试验主要以平面模拟和立体模拟两方面实现工艺的操作试验。总体出发，北京试验室阶段将在较为理想的环境中，全面地将贴金工艺中的各种可能性进行分解，逐一加以研究，选择最佳的试验方案。

考虑到目前中国文化遗产研究院的实际情况，本试验的北京试验阶段的主要数据收集工作和试验的操作阶段将联合清华大学美术学院工艺美术系漆艺试验室完成该试验的工艺操作。并聘请清华大学美术学院漆艺试验室主任周剑石副教授担任试验的技术工艺指导。

需要明确的问题是：本试验主要以天然漆材料作为主要的媒介，重点研究漆材料的工艺修复试验；并不过多涉及研发回贴的漆材料。所收集的数据主要以天然漆材料在试验中的工艺信息为主。不过多涉及漆材料的物理与化学性能试验。

5.3.8.2　千手观音现场阶段

试验室的工作阶段仅仅是为现场的试验提供方案选择的范围。大足千手观音的现场试验阶段主要完成的是具体的工艺操作问题的实现。如果说北京的试验室工作阶段是提供尽可能多地修复可能性，那么大足现场的试验工作就是挑选适合现场施工操作的可实施方案来实现修复。试验室将工艺试验的范围扩大，而现场将试验的范围缩小，并具体化。

还需要明确的问题是：试验室工作与现场工作可能交互进行。试验室提供的是恒温的稳定试验数值，而现场提供长期动态的实际数据。根据现场操作的实际问题，将待到试验室的进一步检验中，而试验室的理想化状况有待于现场实际情况的检验。

5.3.8.3　试验时间选择

天然漆的干燥对温湿度的要求是比较苛刻的，通常要求温度（20～30℃）和相对湿度（70%～80%）为最佳的干燥条件。在南方地区，因气候环节本身具有高温高湿的特点，由此在正常的室外环境下就可以自然干燥，在北方地区主要是靠荫房来调整温、湿度环境，俗称“入荫”（图5－49）。

图5－49　荫房外部与内部情况

因为荫房的使用，可以在任何地方将温湿度控制在恒温的状态下。因此在北京的试验时间段是不分季节的。而在大足当地的情况有所不同，在试验的最佳时间段应符合天然漆的干燥条件，无论过热还是过冷的季节都会影响天然漆的性能。

同时，在当地试验还要考虑到工作人员对天然漆过敏的问题，过热的季节会，人体新陈代谢快，使人易于产生过敏反应，因此综合各方面因素，将试验的具体时间段设定在九月与十月间较为适宜。通过监测，大足当地9~10月间的温度平均稳定在20℃之上，湿度在80%以上，是较为合适的施工季节。

5.3.8.4 试验进度

试验的进度主要考虑到具体施工季节的可操作时间段，因此，在采用试验室与现场交互的方式安排试验进度。

综合起来分为三个阶段：试验室——现场——试验室。之间根据具体情况，会对具体进度进行适当调整。

从试验方案批准时开始，先在北京试验室进行材料与工艺的筛选试验，在9~10月间作为选定现场试验阶段，将北京的试验成果带到现场进行检验。等大足地区气温下降季节，结束现场试验阶段，将现场试验成果带回北京试验室，继续整理试验所需要的数据信息。在整个试验中，季节作为重要的试验条件，被考虑在优先的位置。季节与材料的选定一样，将是决定试验成败的关键因素。

从现场到试验室两方面的工作，尽可能实现数据的完整性、可靠性。

5.3.9 工艺程序设计与试验

5.3.9.1 试验流程设计

在前面的章节中已经涉及，完整的贴金工艺是包括地仗、髹漆层和贴金三个工艺流程。因此，在修复试验处理时必然要从以上三个工艺流程分别考虑操作的程序（图5-50）。

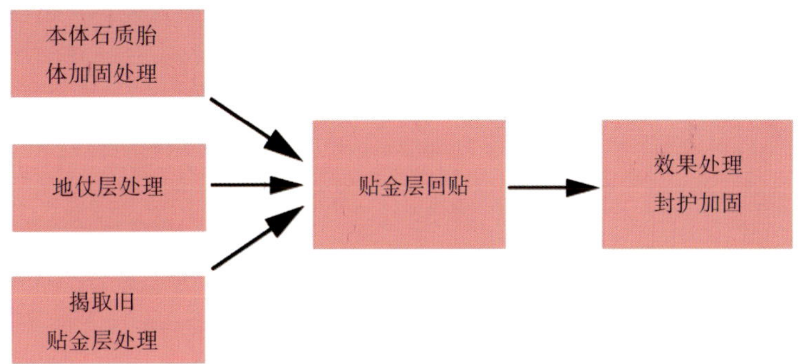

图5-50 试验设计程序流程图

在试验设计的流程方面，从以上的三个方面出发，涉及到三个基本的程序。

首先是分别处理石质本体、地仗层和揭取下的旧金箔层。地仗的处理方法主要涉及找平与加固两方面，在地仗层的处理中，同样要在多种材料和工艺中进行筛选。将地仗层处理平整，以适合金箔回贴。贴金层的处理主要是将可揭取下来的金箔进行清理、回软、加固处理。

第二步是贴金层进行回贴处理，本步骤是整个修复试验的关键步骤，在方案设计初期，针对金箔的回贴，预定了一个修复回贴方案：金箔减层法，后简称“减法”。

第三步是对回贴的金箔进行适当的效果处理与修补，使回贴的金箔效果统一和谐，同时将粉化和脱落，以及脆弱的金箔进行封护加固处理。

5.3.9.2 贴金层回贴的“减层法”设计

通过已往的工艺试验，我们发现，采用“减层法”是较为理想的贴金层回贴处理方法。在过去的试验中，可以发现需要回贴的贴金层有如下特点（表5-6）。

表5-6 贴金层的特点

类型	特点	图片
1	漆膜表面金箔粉化严重	
2	金箔表面附着大量尘土且粉化严重	
3	金箔之间相互黏连，分层后无法保持完整效果	

由此，揭取下来的大部分金箔将无法用于回贴，且效果难于保证。但是，千手观音的现状毕竟是多层贴金，因此，将不同的贴金层分层进行处理，最终保证回贴一层还是可能的。

这里所说的“减层法”是将表面金箔层数分层揭取，逐一处理，再回贴的工艺修复方案。主要针对于千手观音多层贴金的现象而提出的设计思路。“减层法”在设计之初是与“加层法”[①] 相对应的一组概念。但是在已往试验的操作中，发现“加层法”的设计不适用于千手观音作为抢救性修复工程的施工特点，因此，在中期试验中，主要针对“减层法”进行设计与开发。

① “加层法”顾名思义就是在原有的多层贴金的基础上重新髹漆，再贴全新金箔的工艺做法。基本做法是将表面严重残损的金箔进行处理，尽可能保留原有完好的金箔，在此基础上，先通过髹漆找平，再黏贴新金箔的做法。“加层法”的优点在于采用传统工艺，复原传统的贴金工艺，同时原有的金箔层得到了最大限度的保存，这样也就最大限度地保存的原有的历史信息。同时，大面积重贴新金箔，使千手观音形成崭新、统一的视觉效果。但是，这种做法的问题在于，尽管最大限度的保存了千手观音以往历代贴金信息，但是很难从根本上，包括石质胎体和地仗等方面处理已有的病害问题，随着时间的积累，未来可能出现的病害问题与现状面对的问题是一样的。

“减层法”的工艺流程为，将表面的残损金箔揭取下来，分层清洗处理。将不能回贴利用的部分去除，保留可利用的部分。揭取的程度取决于下层金箔的完好程度，实际上很多接近岩体的贴金层的保存还是相当完好的，无论是效果还是完好程度都不逊色于新贴金箔。同时，暴露出来的岩体和地仗可以得到较为全面的处理，去除金箔的部分可以用其他部位的金箔“移植”过去。保证了最大限度的旧金箔再利用（图 5 - 51）。

图 5 - 51　减层法工艺示意图

“减层法”的优点在于：可以较为全面的从根本处理千手观音的病害，修复后有较长的耐久程度，且最大限度地保持了旧金箔的历史实物。缺点在于，相当一部分金箔在修复过程中不能再利用而被损害，同时不能保留多层金箔的不同历史信息。尽管耐久时间长，但是存在历史信息损失多的情况。

5.3.9.3　贴金层的处理工艺设计

千手观音贴金层的处理在整个试验中尤为重要，它直接决定了金箔回贴的效果，并决定着千手观音的艺术效果和价值留存。根据千手观音的贴金层的病害问题，贴金层的分层开裂卷曲的状况是极为严重且普遍的，因此，对于历代贴金层的处理就成为主要的处理问题（图 5 - 52）。

图 5 - 52　千手观音贴金层分层开裂卷曲状况

旧贴金层的处理可以包括“回贴前”与“回贴后”两方面的工序展开。其中，“回贴前”的程序内容较为复杂，也是整个贴金层处理的主要工作，它主要包括三方面的工作：

1）贴金层的回软。

2）贴金层的分离。

3）贴金层的清洗。

通过已往的试验发现，这三方面的工作程序不能相互颠倒，每一步都具有较强的功能性与步骤性。

这里需要强调一个原则性问题，本试验的材料是以传统漆工艺材料为主的修复试验工作，因此，对于各种类型的化学处理方法应格外谨慎采用。尤其是在旧贴金层的处理方法上，将主要采取物理性质的处理方法，以免在未来的修复过程中，以及修复后产生超出传统工艺范围以外的效果。当然，天然漆在结膜是一种化学反应过程，但是就整个传统漆工艺而言，主要的工艺手法多是基于物理性质的（许多材料被加入到天然漆中，是一种混合而不是化合）。由此，天然漆的结膜化学反应就相对单纯和简单得多。考虑到漆膜回软中添加的任何化学试剂可能给旧贴金层与新漆膜带来的不稳定因素，以及天然漆优越的物理与化学特征，在整个试验中，将采用较为单纯的物理手法作为旧贴金层在回贴前的处理阶段的主要方法（图 5－53）。

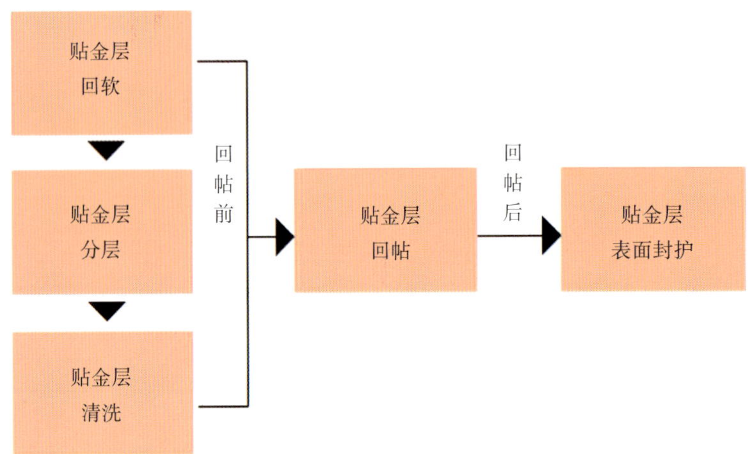

图 5－53 贴金层处理工艺流程图

5.3.9.4 地仗的材料与工艺设计

从目前观察与检测两方面的依据来判断，千手观音的地仗层主要成分为石膏。尽管石膏层并没有占据全部面积，在许多手部还采用了其他材料作为地仗的主要材料，但是目前石膏层确实存在着崩裂面积大、病害严重等情况，因此寻找一种稳定的可替代材料就成为了修复试验工作中必不可少的一项内容（图 5－54）。

图 5－54 千手观音面部暴露的石膏地仗层

从千手观音石膏层的功能分析，其功能与传统壁画地仗有很大区别，与漆器中的漆灰层也有明显差异。传统的地仗层应具有塑型、加固与找平的功能，而千手观音的石膏层仅仅具有找平的单一功能，且不是通体使用的材料。由此，一方面，我们应该重新审视一个问题：千手观音的石膏层是否可以被认定为地仗层，或者说是否具有完整的地仗功能。另一方面，因为石膏材料自身的缺陷，在修复试验中，应采用其他的材料作为找平功能的替代材料。

在目前已知的试验材料中，传统漆工艺的中瓦灰是较为理想的找平层材料，一方面在传统漆艺中，对于瓦灰的使用具有悠久的历史，同时，瓦灰还具有较为稳定的化学特性，是传统漆工艺中理想的填料。在具体的前期试验工作中，通过添加不同的入漆颜料，还可以在瓦灰的性能与颜色效果上做一定的改进，使它能够较好的适应千手观音的具体修复要求（图5-55）。

a　　b　　c

图5-55　传统地仗、漆灰与改良漆灰的色彩效果比较

a 传统地仗颜色　b 传统漆灰颜色　c 改良漆颜色

5.3.9.5　贴金层回贴的“镶嵌法”设计

如果说“减层法”是针对于千手观音贴金层的层位关系提出的处理方法，那么“镶嵌法”则是针对于贴金层回贴的具体工艺手段。

中国传统漆艺中的镶嵌工艺远远悠久于黏贴工艺，我们从汉代出土的大量漆器中可以发现大量的金叶镶嵌的实例，而时代发展到唐代，金银平脱的工艺有被运用到了大量的铜镜上，元、明、清三代的漆器镶嵌工艺进一步发展，达到了崭新的高度，螺钿镶嵌的工艺将镶嵌的技术水平发展到了趋于完美的境地。由此，镶嵌工艺的完善不仅仅是技术层面的发展，同时也带动了审美的新情趣。

就针对于金属箔片的镶嵌与黏贴工艺是属于金属表面装饰范畴的问题。对于金属光泽审美的追求以及金属需求量的增大，决定了金属锻造工艺的发展，从节约资源的角度出发，金属从薄片被锻造成箔，与不同的黏结剂使用，大量运用于不同的功能需求。

镶嵌工艺无论在中国还是在世界范围内都有悠久的历史，其应用领域也十分广泛。从工艺特征上看，镶嵌工艺与黏贴工艺具有紧密的相似性。而无论采用何种黏贴材料，镶嵌与黏贴工艺的差别主要体现在被黏接物自身的厚度上。换句话说，镶嵌面对的是较厚的物体，而黏贴面对的是较薄的物体。镶嵌本质上是将物体埋在黏结剂中，而黏贴是依附在物体表面。

这里，我们必须要强调试验中我们所面对的贴金层的具体情况。从结构上看，千手观音的旧贴金层包括两种物质，一为传统的金胶漆，二是金箔。现在，我们实质上的工作对象是要处理贴有金箔的漆膜。因此，从修复对象的厚度而言，更加适合于镶嵌工艺的运用。通常金箔的厚度是纳米级的单位，而漆膜的厚度是微米级的单位，在目前的修复试验中，要将带有金箔的漆膜整体回贴到千手观音表面。这样，针对传统镶嵌工艺的技法，开发相应的技术对于中期试验效果的保证具有重要的借鉴作用（图5－56）。

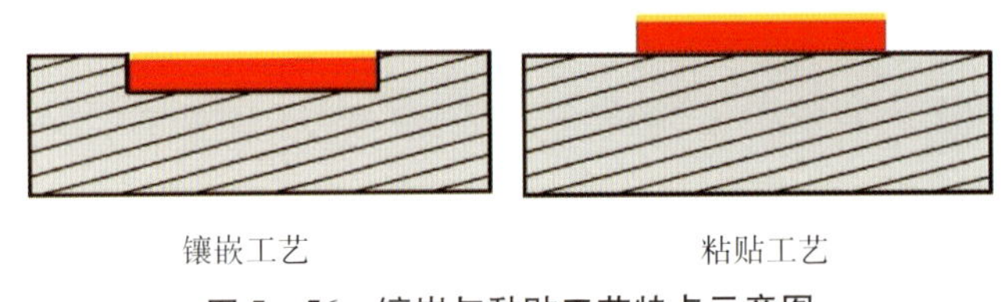

图5－56　镶嵌与黏贴工艺特点示意图

此外，在面对千手观音本体局部修复试验的贴金层问题上，将采取保留与回贴两方面进行的工作方法。千手观音的表面贴附有多层的金箔，相当一部分金箔至今保存完好，从保护文物历史、艺术价值的角度出发，将尽可能保留保存较为完好的贴金层。这样可以最大限度地降低施工难度，减少工作量，提高工作效率（图5－57）。

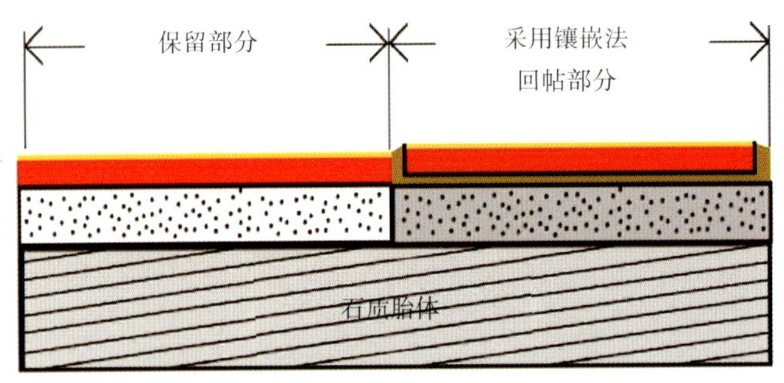

图5－57　保留与回贴贴金层工艺示意图

当然，在保留的贴金层与回贴部分的妥善衔接存在着一定的技术性问题。一方面是保留贴金层的厚度，另一方面是回贴贴金层的厚度，在保持不同贴金层的平整问题与视觉统一问题上，根据已往的试验效果判断，“镶嵌法”同样可以发挥较为理想的作用。

5.3.9.6　关于胎体透气性的工艺处理

在本试验中，关于石质胎体透气性问题是一个与地仗材料、工艺紧密联系但是又不同的研究问题。他们共同表现在地仗的工艺与材料设计上。

与地仗的材料工艺选择不同的是，胎体透气性实际上在本试验中体现在对于胎体中含水问题的处理上。石质胎体尽管是无机材料，但是对于整个山体而言，确如同一个在不断呼吸的有机体。从宏观角度出发，88m^2 的千手观音在整个宝顶山的面积并不大，这种岩体的缓慢呼吸是个漫长的过程。但是值得注意的问题是，本试验所使用的材料是大漆，它是一种天然的、具有稳定性能的有机材料，而它最直接的性能之一就是防水性。稳定的漆膜一方面阻隔了外在水的侵蚀，同时也将胎体内部的水分封闭起来。

大漆的这种特性在千手观音的保护工作中，既体现为优点，同时也表现为局限性，因此，我们就不得不从其他材料与工艺出发来解决胎体透气性的问题。

通过研究，在本试验的工艺设计中，我们将对本体进行修复的工艺步骤中的地仗层工艺单独提取出来，尝试解决胎体透气性的工艺问题。

在前面的段落中，我们已经明确：在本试验中，将使用传统的砖瓦灰作为地仗的替代材料。但是传统的漆与灰的配比将不适合于针对于千手观音的地仗层制作。应该明确的是，对于整个千手观音的岩体而言，地仗层一方面发挥“找平”的作用，另一方面发挥“缓冲”的作用。这种缓冲功能应该起到吸收与释放水分的作用。

如图 5－58 所示，随着岩体的呼吸，在不同的环境条件下，岩体的含水状况会呈现出差异，因此一方面需要对整体的工艺步骤作以设计，另一方面需要对地仗的材料配比做一定的调整。

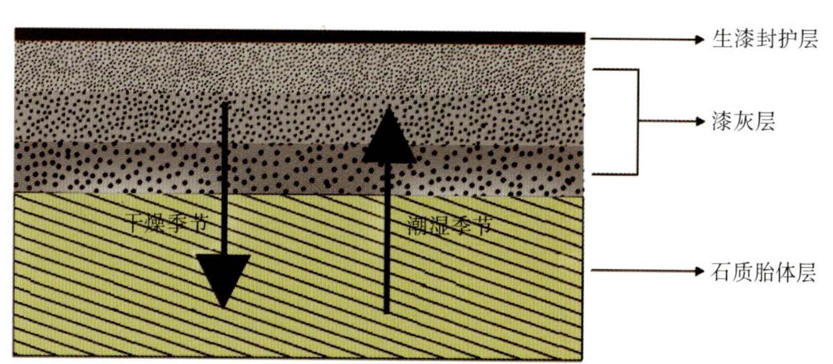

图 5－58　通过漆灰层的保持胎体透气性示意图

首先，应该降低传统漆灰中的生漆比例。传统漆器中漆灰的比例可以达到 50%，而试验地仗的生漆比例不应该超过 35%。因为大漆的防水性能，降低生漆在漆灰中的比例可以保留相对的孔隙释放胎体中的水分。

第二，通常的髹漆工艺会首先在胎体上用生漆进行封护，但是在本试验中，取消了胎体本身的漆膜封护，而将生漆封护层髹涂在漆灰层表面，这样可以是胎体的水分顺畅的渗透到漆灰层的孔隙之间，以达到缓冲的作用。同时，我们将进一步完善关于岩体透气性试验的各种试验室数据，以分析、应对修复试验的岩体透气性问题。

以上两点工艺设计，即是从本试验的角度出发，对岩体透气性情况所做的工艺方面的设计。

此外，从整体的修复试验出发，不应在千手观音本体上许多未贴金的部位髹漆且回贴金箔，这同样是有意保留一部分胎体直接与空气接触进行“呼吸”的通道。

5.3.9.7　金箔的固色与封护工艺处理

千手观音贴金层表面的金箔是千手观音最重要的艺术表现形之一，只有金箔得到保存，才能体现出千手观音的艺术价值。但是，如前所述，目前千手观音的贴金层存在多种病害，尤其表面金箔层的脱离所造成的“失色”现象严重影响到千手观音艺术价值的保存。因此，对回贴后的金箔表面封护成为了本试验的重要研究内容。

大漆作为良好的黏结剂，本身就具备加固渗透的性能，因此，大漆材料除了可以用来回贴贴金层，同样可以用来作为渗透加固材料使用。集体的方法是以 10% 大漆配以 90% 的松节油作为稀释剂，将稀释的漆液刷涂在回贴好的贴金层上，待稀释的大漆干燥后，就会对金箔起到较为理想的封护与加固作用，同时起到一定的统一色彩的作用。

但是，大漆同样具有自身的局限性，这表现在大漆本身的固有色方面，不同的漆除了性质有所差别外，同时也具有不同的色相与透明度，因此对于本试验的贴金层的表面封护主要体现在对于不同稀释比例大漆的色泽控制上。

5.3.10　各项试验与结论

5.3.10.1　贴金层的厚度测定

在本试验中所处理的贴金层的基本结构包含两部分：漆膜与金箔。其中金箔的厚度在纳米单位范围内，而漆膜的厚度在微米单位范围内，而实际上试验中处理回贴的贴金层是包含两部分的材料，而就厚度而言，主要是以漆膜的厚度为主。因此对于贴金层厚度的测定就显得必不可少。表5－7就反映了千手观音贴金层的不同厚度：

表5－7　千手观音贴金层厚度测量表

编号	测量值（mm）	平均值（mm）	图片
1	0.247	0.223	
	0.355		
	0.18		
	0.147		
	0.188		
2	0.08	0.072	
	0.077		
	0.067		
	0.055		
	0.079		
3	0.061	0.062	
	0.0103		
	0.073		
	0.092		
	0.072		
4	0.173	0.189	
	0.192		
	0.179		
	0.216		
	0.187		

续表

编号	测量值（mm）	平均值（mm）	图片
5	0. 063	0. 07	
	0. 076		
	0. 077		
	0. 06		
	0. 072		
6	0. 061	0. 078	
	0. 075		
	0. 136		
	0. 095		
	0. 144		
7	0. 057	0. 075	
	0. 077		
	0. 085		
	0. 075		
	0. 079		
8	0. 123	0. 136	
	0. 141		
	0. 129		
	0. 162		
	0. 121		
9	0. 083	0. 092	
	0. 095		
	0. 059		
	0. 128		
	0. 097		
10	0. 113	0. 132	
	0. 152		
	0. 135		
	0. 139		
	0. 121		

续表

编号	测量值（mm）	平均值（mm）	图片
11	0. 057	0. 072	
	0. 1		
	0. 063		
	0. 069		
	0. 073		
12	0. 055	0. 103	
	0. 066		
	0. 144		
	0. 053		
	0. 198		
13	0. 087	0. 099	
	0. 127		
	0. 093		
	0. 094		
	0. 095		
14	0. 186	0. 175	
	0. 204		
	0. 196		
	0. 105		
	0. 182		
15	0. 067	0. 094	
	0. 077		
	0. 107		
	0. 121		
	0. 098		

备注：

①选定 15 片平均大小约为 15cm^2 的金箔，测定厚度，测量点为四角和中间（图 1）。

②仪器名称：济南德瑞克仪器有限公司测厚仪（图 2）。

图 1

图 2

根据上表所反映的基本情况，选定 15 片平均大小约为 15cm^2 的金箔，测定厚度，测量点为四角和中间，因为得出数值有一定差异，所以在取 5 个数值后，得出的平均值为该片金箔的厚度。15 片金箔的平均厚度为 0.105mm。由此，我们基本上可以了解到目前回贴贴金层的厚度与金箔的厚度区别。

5.3.10.2　石质胎体的渗透加固试验

在本试验的界定中，并不针对解决千手观音石质胎体的加固与塑型工作，但是胎体的处理与加固问题属于传统漆工艺中不可分割的一部分，胎体是贴金层存在的基础，就仿佛没有骨骼皮肤与肌肉就不可能存在一样。因此，就目前现有的材料，我们进行了传统漆材料与现代合成材料两种类型的岩体加固试验。

1）大漆渗透加固试验

大漆材料既是优美的装饰材料，但从基本功能出发，更是优良的黏结加固材料，同时具有良好的渗透性。无论是古代还是现代漆器制作中，采用大漆作为渗透加固胎体都是普遍的。

因此，在本试验中，我们对胎体进程了常规的渗透加固试验。与以往不同的是，传统漆工艺中并不针对石质胎体进行加固，其加固强度也有待检测，同时大漆的防水性会影响石质胎体的透气性，由此，我们在本试验中仅仅针对大漆的渗透性能进行测试，观察其在常温下的渗透状况（图 5－59）。

图 5－59　不同样块的大漆渗透加固试验

试验材料：生漆、松节油、尼龙笔、立方体砂岩样块。

本试验的基本流程为：

（1）将石质胎体打磨平整，去除砂岩的表面纹理；

（2）将大漆以 10% 的浓度配以 90% 的松节油稀释；

（3）定时在砂岩表面进行刷涂，直到砂岩表面饱和为止。

这样现有注意的工艺问题是，漆液渗透应从砂岩顶部开始，髹涂时应尽力均匀，不要从砂岩样块侧面髹涂，或是使髹涂在砂岩顶部的漆液流到岩体侧面（图 5－60）。

表 5－8 为大漆渗透加固试验的内容：

图 5－60　大漆渗透试验中的样块打磨与渗透

表 5－8　大漆渗透加固试验

日期	时间	图片
2009－10－10	13：30	
2009－10－10	14：30	

续表

日期	时间	图片
2009－10－10	16：30	
2009－10－10	19：30	
2009－10－10	20：30	
2009－10－11	13：30	

续表

日期	时间	图片
2009－10－11	17：30	
2009－10－11	20：30	

备注：
①本试验环境室内平均温度为15℃，平均湿度为20%；
②试验期间，试验人员在睡眠时间内没有进行渗透试验；
③因大漆干燥对温湿度的要求，在停止渗透的阶段，不会马上结膜干燥；
④渗透深度验样块自身厚度限制；
⑤砂岩样块的平均厚度为1.5cm。

通过以上的砂岩样块渗透试验，我们经过24h的连续渗透，将厚度为1.5cm的砂岩样块从顶部完全渗透，渗透间隔为20～30min每次，随着渗透深度的加深，砂岩对大漆的吸收不断变缓，渗透间隔不断加大。在砂岩完全被渗透之后，样块顶部表面依然没有形成漆膜（表面形成漆膜后将无法再进行渗透）。由此说明还有进一步渗透的可能性。

总结起来，以上的试验说明，采用稀释后的大漆具有良好的砂岩渗透性能，而大漆对岩体的加固强度有待于进一步研究。

2）合成材料渗透加固试验

（1）风化砂岩加固试验

本试验的加固材料：SANOFIX，加固对象：大足当地风化砂岩。

操作步骤①清扫表面：要确保待加固的表面没有灰尘和松动的颗粒。用软毛刷将风化后松动的颗粒清扫干净。用吸耳球将灰尘吹净。

操作步骤②预先润湿表面：在用SANOFIX溶液加固之前，石体表面必须全部用清水完全湿润以打开砂岩空隙。用软毛刷蘸去离子水湿润石体表面，使其保持湿润。

操作步骤③针管滴渗：用10ml一次性针管吸取SANOFIX溶液慢慢滴渗于砂岩表面，直至饱和。待干燥一段时间后可再次滴渗，直至溶液渗入不进砂岩，待干。

试验对象①：千手观音断指残片

SANOFIX 配比：30%、50%、70%、100%（图5-61）

图5-61　千手观音断指残片 SANOFIX 配比图

加固效果：30% SANOFIX：渗透及加固效果较好。

50% SANOFIX：渗透及加固效果稍差。

70% SANOFIX：渗透及加固效果较差。

100% SANOFIX：渗透及加固效果较差，会在表层结膜，不易渗入内部。

试验对象②：大佛湾中风化砂岩

材料：SANOFIX 配比：15%、25%、35%、45%、55%、65%（图5-62）

SANOMIX 配比：15%、25%、35%、45%、55%、65%（图5-63）

图5-62　大佛湾中风化砂岩 SANOFIX 配比图

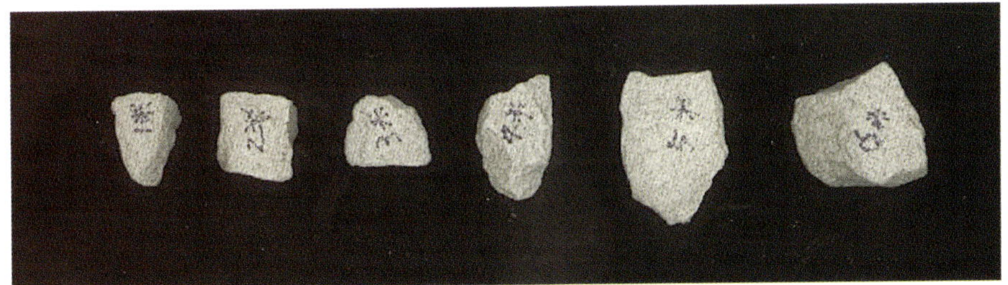

图5-63　大佛湾中风化砂岩 SANOMIX 配比图

加固效果见表 5－9：

表 5－9　SANOFIX 加固效果表

编号	1#	2#	3#	4#	5#	6#
重量（g）	17	15.8	11.7	21.1	22.6	27.7
配比	15%	25%	35%	45%	55%	65%
分次加固量（ml）	1	1	1	1	1	1
	1	0.8	0.6	0.7	0.6	0.7
	0.5	0.3	0.2	0.3	0.2	0.25
	0.3	0.2	0.2	0.3	0.3	0.2
	0.4	0.35	0.35	0.35	0.2	0.1
	0.1	0.1	0.15	0.2		
	0.05					
加固量总和（ml）	3.35	2.75	2.5	2.85	2.3	2.25
加固百分比	19.70%	17.40%	21.40%	13.50%	10.20%	8.10%
重量（g）	8.6	7.9	4.8	6.4	25.5	27
配比	15%	25%	35%	45%	55%	65%
分次加固量（ml）	0.2	0.2	0.2	0.35	1.1	1.4
	0.2	0.1	0.1	0.1	0.2	0.2
	0.05	0.05	0.08	0.05	0.2	0.2
	0.1	0.05	0.05	0.15	0.18	0.1
	0.2	0.05	0.15	0.1	0.2	0.15
	0.1	0.1	0.1			
	0.3					
加固量总和（ml）	1.15	0.55	0.68	0.75	1.88	2.05
加固百分比	13.40%	7%	14.20%	11.70%	7.40%	7.60%

（2）岩塑形试验

塑形材料（图 5－64）：

①SANOMIX

②水硬石灰

天然水硬性石灰主要由 C_2S、$Ca(OH)_2$、CaO 、$CaCO_3$ 及少量黏土矿物、石英等组成，是一类有别于传统石灰材料与水泥材料的天然无机材料，兼有石灰与水泥的优点，具有低收缩、耐盐腐蚀、适中的抗压与抗折强度、可溶盐含量低等特点，可塑性好，硬化较慢，强度低，韧性好，吸湿性强。它还具有其他材料所无法比拟的性能：如在潮湿的环境

图 5－64　塑形材料

下会吸水，而在干燥的环境下会放出水分；吸收二氧化碳等。天然水硬性石灰采用不纯的含杂质的石灰石经烧制、粉碎、消解而成。

③砂岩石粉

砂岩石粉是指在砂浆中起骨架作用的石粉。在砂浆中集料除了起填充作用外，还使砂浆具有一定的和易性、改善可操作性、降低无机黏结剂用量、减少水化热、减少收缩和蠕变以及提高耐磨性等。此外，黏结材料中的集料及其粒径对黏结材料的性能也起到重要的作用。

天然水硬性石灰材料中添加石粉，不仅可以使黏结材料的物理、化学性能接近原始石材，更具有化学的兼容性，也可以增加天然水硬性石灰的固化速度，使天然水硬性石灰材料在相对较短的时间内达到需要的强度。

操作步骤 1：清扫原始表面（图 5－65）。

要确保待塑形的表面没有灰尘、油脂和松动的颗粒。

用软毛刷等将松动的颗粒清扫干净；用吸耳球将灰尘吹掉。在润湿表面之前，必须保证上面无灰尘，否则配料的黏性会降低（也就是会产生分离层）。

操作步骤 2：配制塑形材料（图 5－66）。

图 5－65 清扫原始表面

图 5－66 配制塑形材料

先把水硬石灰和石粉搅拌好，然后加入准确量的 SANOMIX。随后，加入适量调和用水。一直调和，直到调成看起来均匀为止。

如果知道需要加入的水量的话，应该先把水与 SANOMIX 搅拌，然后将混合溶液加到水硬石灰和石粉的配料当中。

操作步骤 3：预先润湿表面（图 5－67）。

在涂上水合的 SANOMIX 修复混合物之前，石体表面必须全部用清水完全湿润。用软毛刷湿润石体表面，直至其可以长久保持湿润。

操作步骤 4：填涂材料（图 5－68）。

塑形试验块情况见表 5－10：

（3）千手观音断手加固塑形试验

操作材料：

①加固材料：ZB－WB－S－1（5%）兰州知本化工科技有限公司

图 5－67　预先润湿表面

图 5－68　填涂材料

表 5－10　塑形试验块情况表

编号	图片	配料表	塑形材料效果
1		(SANOMIX：去离子水＝3：1)＋适量红砂岩石粉	塑形材料强度较差，破坏性试验中塑形材料与原石材从接缝处脱离
2		(SANOMIX：去离子水＝2：1)＋适量红砂岩石粉	塑形材料强度较差，破坏性试验中塑形材料与原石材从接缝处脱离
3		(SANOMIX：去离子水＝3：1)＋适量水硬石灰	塑形材料强度较好，黏接处结合紧密
4		(SANOMIX：去离子水＝3：1)＋适量（水硬石灰：红砂岩石粉＝1：1）	塑形材料强度较好，黏接处结合紧密

续表

编号	图片	配料表	塑形材料效果
5		(SANOMIX∶去离子水 =2∶1)+适量(水硬石灰∶红砂岩石粉 =1∶1)	塑形材料强度较好，黏接处结合紧密
6	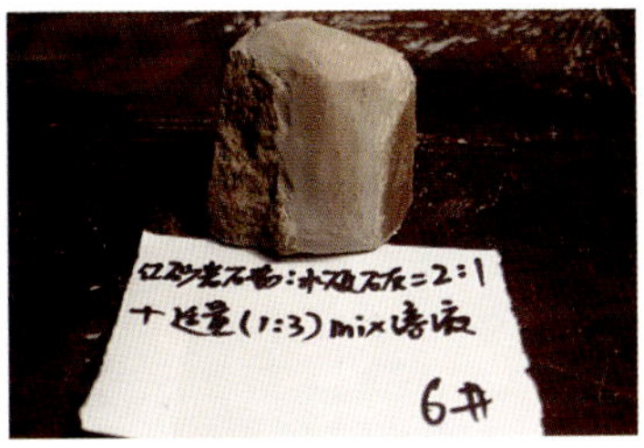	(SANOMIX∶去离子水 =3∶1)+适量(水硬石灰∶红砂岩石粉 =1∶2)	塑形材料强度较好，黏接处结合紧密
7		(SANOMIX∶去离子水 =2∶1)+适量(水硬石灰∶红砂岩石粉 =1∶2)	塑形材料强度较好，破坏性试验中小面积塑形材料与原石材从接缝处脱离
8		(SANOMIX∶去离子水 =3∶1)+适量(水硬石灰∶红砂岩石粉 =1∶3)	塑形材料强度较好，破坏性试验中小面积塑形材料与原石材从接缝处脱离
9		(SANOMIX∶去离子水 =2∶1)+适量(水硬石灰∶红砂岩石粉 =1∶3)	塑形材料强度较好，黏接处结合紧密

续表

编号	图片	配料表	塑形材料效果
10	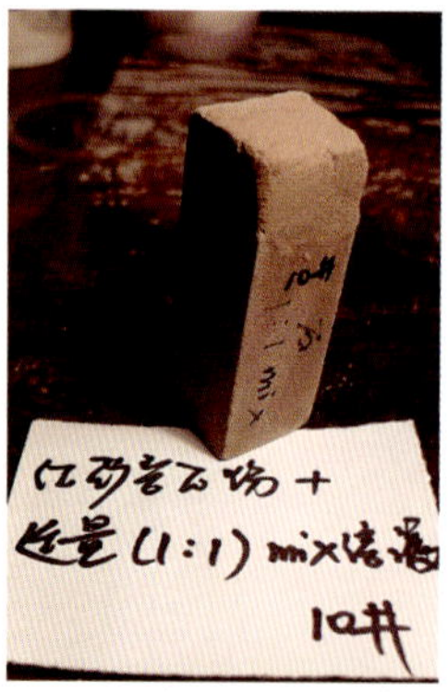	(SANOMIX：去离子水 = 1∶1) + 适量红砂岩石粉	塑形材料强度较差，破坏性试验中塑形材料与原石材从接缝处脱离
11	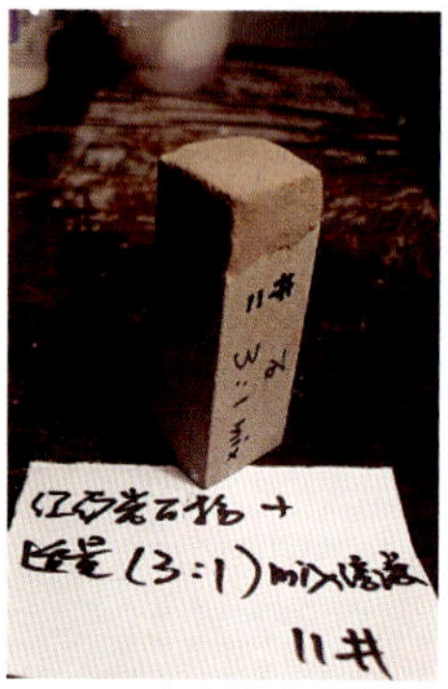	(SANOMIX：去离子水 = 3∶1) + 适量红砂岩石粉	塑形材料强度较好，但破坏性试验中塑形材料与原石材从接缝处脱离
12		100% SANOMIX + 适量红砂岩石粉	塑形材料强度较好，黏接处结合紧密

②塑形材料：ZB－WB－S－2（10%）兰州知本化工科技有限公司

操作步骤1：清扫表面。

要确保待加固的表面没有灰尘和松动的颗粒。

用软毛刷将风化后松动的颗粒清扫干净；用吸耳球将灰尘吹干净。

操作步骤2：针管滴渗。

使用ZB－WB－S－1加固前，加固表面不需用水润湿，直接用针管吸取溶液慢慢滴渗于加固表面，直至饱和。待干燥一段时间后可再次滴渗，直至溶液渗入不了，待干。

操作步骤3：塑形。

使用ZB－WB－S－2（10%）与红砂岩石粉调和，直至石粉饱和溶液，成为石浆，但要已不流动为准。每一次塑形厚度为3～4mm厚，待基本干燥后，再添加一层，不可一次到位，要层层叠加，塑形材料要略高于原面，以备打磨之需。

据测量无名指指甲处长度为 6.1cm，故将小指指甲塑为 5.8cm，略短于无名指指甲长度(图 5－69、5－70)。

图 5－69　填补无名指指甲处缺失部位

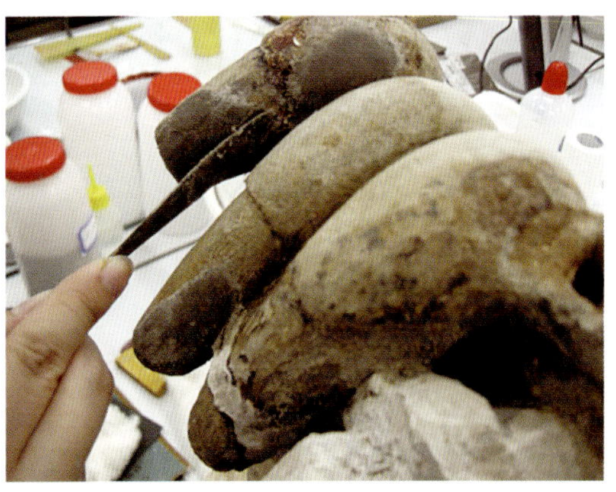

图 5－70　为小指塑形

操作步骤 4：打磨。

分别用 600 目、800 目、1000 目砂纸进行打磨，这一步骤为再次塑形。就是将高于原面以及塑形时多余、不规则的材料打磨下去，直至平整光滑，接缝处达到衔接自然（图 5－71、5－72)。

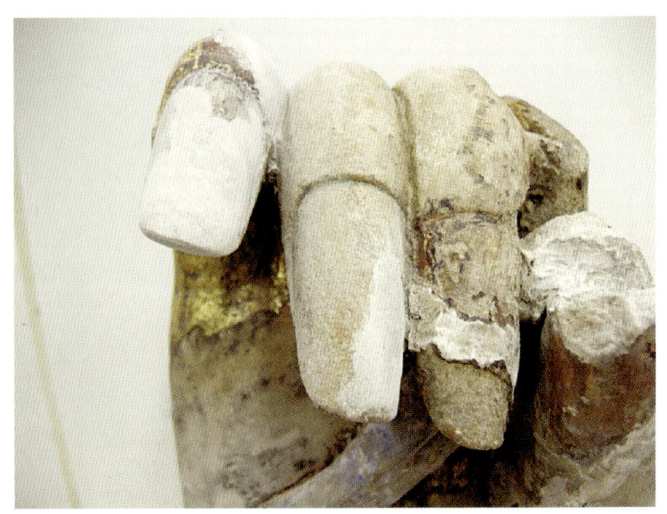

图 5－71　打磨后

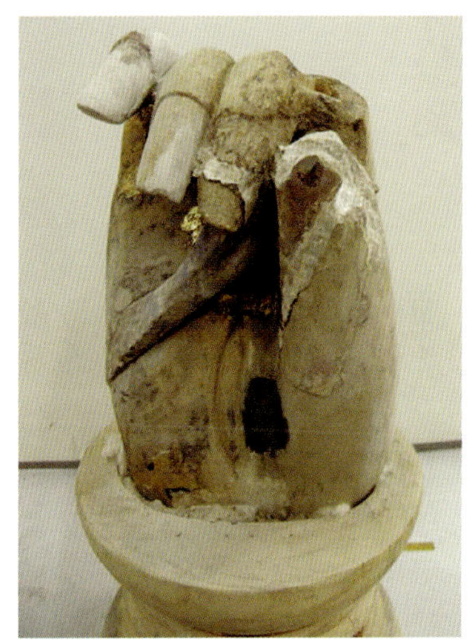

图 5－72　塑形完成效果

5.3.10.3　漆灰的试验

传统漆灰是较为稳定的找平、塑型材料，它的工艺历史悠久，早期可追溯到汉代。传统漆灰的制作方法是将瓦灰加入一定比例的水，再根据需要加入一定比例的生漆，由此称之为“漆灰”。

实际上，因为大漆具有很强的黏附功能，可以混合很多种无机材料之作漆灰，因此，在古代，人们会根据不同的需要将不同的材料混合入大漆。因大漆自身的固有色，最终漆灰干燥后同样会变成深灰色（图 5－73)。

在本试验中，对漆灰的工艺设计出于三方面的因素：

图 5－73　传统漆灰的材料与工艺

1）岩体透气性的考虑；

2）传统漆灰与千手观音石膏地仗固有色的差别；

3）传统漆灰与敦煌研究院加固材料的兼容性。

出于以上因素的考虑，我们在试验过程中除了将不同入漆材料的比例，同时将入漆材料的品种作以重新考虑加以改良，使之更加适合千手观音本体的修复工作。

在本试验中主要采用的材料包括：

1）砂岩石粉；

2）细瓦灰；

3）细高岭土；

4）生漆；

5）纯净水；

6）钛白粉。

仅仅制作完漆灰干燥不是目的，关键还是要看是否能与生漆、色漆稳定的结合，因此在漆灰干燥之后还要在上面髹涂生漆与不同色漆，观察其稳定状况。如表 5－11 所示，我们根据不同的材料作以组合，来进行不同漆灰材料的试验。

表5-11 不同漆灰材料的试验

类型	工艺说明	图片
1	1. 在胎体上髹白色漆（钛白粉+熟漆），打磨； 2. 在白色漆上刮石粉漆灰（钛白粉+生漆+石粉+纯净水），打磨； 3. 刮瓦灰漆灰（钛白粉+生漆+瓦灰+纯净水）	
2	1. 在胎体上吃生漆渗透加固，打磨； 2. 在胎体上髹生漆形成漆膜，打磨； 3. 在生漆层上刮石粉漆灰，打磨； 4. 在白色漆灰上髹生漆加固，打磨； 5. 再髹一道生漆，形成漆膜	
3	1. 在胎体上髹白色漆，打磨； 2. 在白色漆上刮石粉漆灰，打磨； 3. 在白色石粉漆灰上刮刮瓦灰漆灰，打磨； 4. 刮浅红色高岭土漆灰（钛白粉+生漆+高岭土+纯净水+少量银朱），打磨； 5. 在高岭土漆灰上髹白色漆，打磨； 6. 在白色漆上髹红色漆两道，分别打磨	
4	1. 在胎体上吃生漆加固，打磨； 2. 在胎体上刮高岭土漆灰（钛白粉+生漆+高岭土+纯净水），打磨； 3. 再刮浅红高岭土漆灰（钛白粉+生漆+高岭土+纯净水+少许银朱），打磨； 4. 在高岭土漆灰上髹白色漆，打磨； 5. 在白色漆上髹红色漆两道，分别打磨	

续表

类型	工艺说明	图片
5	1. 在胎体上吃生漆加固，打磨； 2. 在胎体上石粉漆灰，打磨； 3. 在石粉漆灰上吃生漆加固，打磨； 4. 再吃生漆加固，打磨； 5. 髹生漆形成漆膜，打磨； 6. 髹四道红漆，分别打磨	
6	1. 在胎体上吃生漆加固，打磨； 2. 刮瓦灰漆灰，打磨； 3. 刮浅红色高岭土漆灰，打磨； 4. 髹生漆，形成漆膜，打磨； 5. 髹三道红漆，分别打磨	

备注：
①本试验中的样板制作以层为单位，每一条色带代表一道工艺层；
②白色漆为钛白粉 50% + 熟漆 50%；
③石粉漆灰为钛白粉 25% + 生漆 40% + 石粉 25% + 纯净水 10%；
④瓦灰漆灰为钛白粉 25% + 生漆 40% + 瓦灰 25% + 纯净水 10%；
⑤高岭土漆灰为钛白粉 25% + 生漆 40% + 高岭土 25% + 纯净水 10%；
⑥刮浅红色高岭土漆灰为钛白粉 20% + 生漆 40% + 高岭土 25% + 纯净水 10% + 少量银朱 5%；
⑦红漆髹漆层的功能仅仅是观察与漆灰结合的稳定性，不是本试验的主要内容。
⑧本试验的室内平均温度为 18℃，湿度为 70%；
⑨试验图片效果仅为参考，以实物为准。

本试验时间为 2009 年 10 月，经过 8 个月的时间检验，目前情况较为稳定，没有发现漆灰层脱落的情况。但是也同样有一些值得注意的信息：

1）加入钛白色分的漆灰干燥较慢，彻底干燥的时间通常为 3d，尤其是颗粒较为粗糙的石粉，干燥时间更长。

2）不同材料的漆灰色相、冷暖有微妙差别：

（1）石粉漆灰色相最为接近砂岩石质胎体颜色，颜色呈暖色；

（2）瓦灰漆灰色相偏灰色，明度较深，颜色呈暖色；

（3）高岭土漆灰色相偏蓝、紫色，明度较深，颜色呈冷色，浅红色高岭土漆灰同样偏冷色。

3）三种不同漆灰均较为坚固，其中从打磨工艺出发，石粉漆灰与瓦灰漆灰较为坚固，高岭土漆灰强度略差。

5.3.10.4　贴金层的处理试验

在“金箔的固色与封护工艺处理”一节中，我们已经将贴金层处理的工艺设计加以阐述，在本试验的内容中，主要将试验的具体步骤进行介绍。

贴金层的回软、分层、清洗工艺流程见表 5－12：

表 5－12　贴金层处理工艺流程表

步骤	说明	图片
1	贴金层回贴前将表面覆土进行清理，应采用较为柔软的羊毛笔作为清洗工具	
2	对于较为细小的漆膜要采用不同的工具进行分层处理	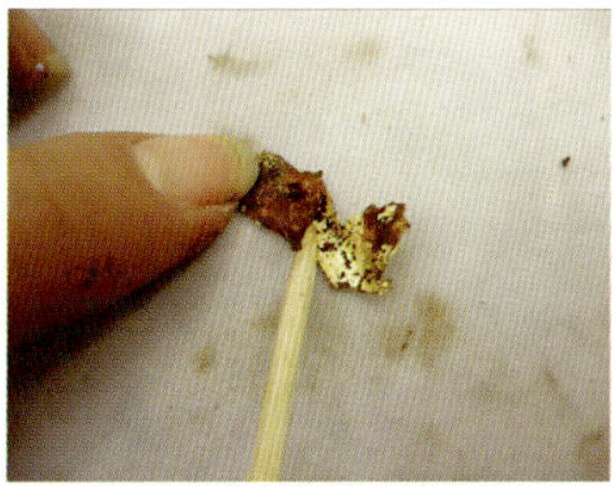 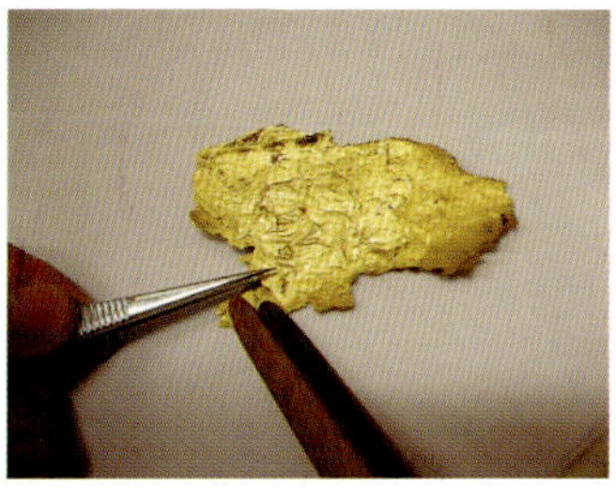
3	将贴金层逐层分离，保留较为理想的单层。在贴金层的分离工程中要将每一层进行剥离，保证回贴的部分为单层	

续表

步骤	说明	图片
4	将已分层的贴金层用蒸汽熨斗熨平，即刻用玻璃板压平冷却。蒸汽熨斗的温度应选择适合丝绸织物的温度	 
5	将压平整的贴金层回贴部分表面用纯净水进行清洗，棉签应在漆膜表面轻轻滚拭。遇到难以去除的部位可用75%酒精快速滚拭	 
6	贴金层处理后，压平待干，待用	

备注：

①大漆与金箔具有良好的性能与稳定的性质，因此在本工艺中可采用一定的温度与湿度进行处理，但总体而言，贴金层的回软是基于物理方法的。

②用酒精擦拭漆膜时应尽可能快速。贴金层中含有一定比例的桐油，为保证酒精尽可能少的侵蚀桐油，在擦拭速度上应该尽可能快速，但是酒精的挥发速度快，因此在快速擦拭漆膜后，对于回贴漆膜的性质影响并不大。

以上是基本的贴金层处理工艺流程，但是，对于刚刚揭取下来的贴金层进行预加固处理同样是不可忽略的问题。随着处理工艺的进行，实际上漆膜表面的金箔在不断的损失，严重影响了金箔回贴的效果和旧贴金层的利用率。因此针对于刚刚揭取下来的贴金层必然要采取一定的预加固手段。根据已往的经验，采用稀释的天然漆作为预加固手段是可行的。

总结起来，贴金层的处理工艺在所有的工艺操作中，属于最为复杂繁琐的内容，但是，贴金层的保留又直接关系到千手观音多方面价值的保存，因此，对于贴金层的处理工作还应该进一步加以研究。

5.3.10.5　贴金层的封护试验

千手观音贴金层表面的金箔是千手观音最重要的艺术表现形之一，只有金箔得到保存，才能体现出千手观音的艺术价值。但是，如前所述，目前千手观音的贴金层存在多种病害，尤其表面金箔层的脱离所造成的“失色”现象严重影响到千手观音艺术价值的保存。因此，对回贴后的金箔表面封护成为了本试验的重要研究内容（图5－74）。

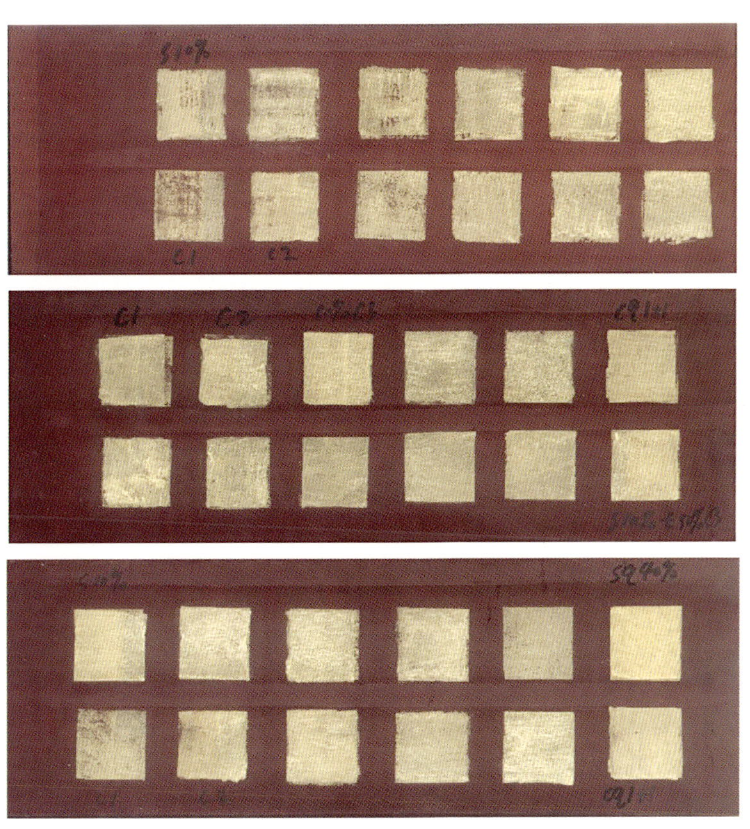

图5－74　通过还原工艺制作的贴金样板来进行金箔的封护试验

大漆作为良好的黏结剂，本身就具备加固渗透的性能，因此，大漆材料除了可以用来回贴贴金层，同样可以用来作为渗透加固材料使用。集体的方法是以10%大漆配以90%的松节油作为稀释剂，将稀释的漆液刷涂在回贴好的贴金层上，待稀释的大漆干燥后，就会对金箔起到较为理想的封护与加固作用，同时起到一定的统一色彩的作用。

但是，大漆同样具有自身的局限性，这表现在大漆本身的固有色方面，不同的漆除了性质有所差别外，同时也具有不同的色相与透明度，因此对于本试验的贴金层的表面封护主要体现在对于不同稀释比例大漆的色泽控制上。

在已往的试验中，我们得到了一些具体的效果，可参见表 5 - 13：

表 5 - 13　金箔表面封护色彩试验效果统计表时间（2009 年 12 月 ~ 2010 年 1 月）

种类	颜色特征	工艺与效果比较	照片
国产生漆	褐色，不透明，结膜后呈暗褐色	以生漆原液擦拭 1 遍，金箔左侧颜色效果呈暖色，明度降低	
		以生漆原液擦拭 2 遍，金箔左侧颜色效果呈暖色，明度降低，与擦拭一遍无明显变化	
		以生漆原液擦拭 3 遍，金箔左侧颜色效果呈暖色，明度降低，与擦拭两遍无明显变化	
		以稀释 10% 生漆刷拭 2 遍，金箔左侧颜色效果呈暖色，明度降低	
		以稀释 10% 生漆刷拭 1 遍，干燥后再用生漆原液擦拭一遍，金箔左侧颜色效果呈暖色，明度降低，表面肌理呈光泽	
日本产梨子地漆	黄褐色，色彩较为透明，结膜后呈黄褐色	以稀释梨子地漆原液擦拭 1 遍，金箔左侧颜色效果呈暖色，明度降低	
		以梨子地漆原液擦拭 2 遍，金箔左侧颜色效果呈暖色，明度降低	

续表

种类	颜色特征	工艺与效果比较	照片
日本产梨子地漆	黄褐色，色彩较为透明，结膜后呈黄褐色	以稀释 10% 梨子地漆刷拭 2 遍，金箔左侧颜色效果呈暖色，明度降低	
		以梨子地漆原液通体擦拭 2 遍，金箔左侧颜色效果呈暖色，明度降低	
		以稀释 20% 梨子地漆通体刷拭 1 遍，干燥后再用梨子地漆原液擦拭一遍，金箔颜色效果呈暖色，明度降低，金箔表面肌理无光泽	
		以稀释 40% 梨子地漆通体刷拭 1 遍，金箔颜色效果呈暖色，明度降低，色相上呈中黄色	
国产熟漆	褐色，色彩透明，结膜后呈暗褐色，漆膜富有光泽	以熟漆原液擦拭 1 遍，金箔左侧颜色效果呈暖色，明度降低，色泽较暗	
		以稀释 10% 熟漆刷拭 1 遍，金箔左侧颜色效果呈暖色，明度降低，色泽较暗	
		以稀释 10% 熟漆刷拭一遍，干燥后再以熟漆原液擦拭一遍，金箔左侧颜色效果呈暖色，明度降低，色泽较暗，金箔表面肌理无光泽	

备注：

①本试验的髹漆部分为图片显示的左侧，右侧显示的部分为金箔固有色；

②因为大漆本身具有固有色，因此本试验的重点不在于大漆对金箔的加固强度，而在于对金箔色相、冷暖以及明度的影响；

③因图片照片拍摄以及显示器等因素，所有图片的显示效果均为参考，效果以实物样块为准；

④本试验的主要目的是颜色测试，因此采用的均为新贴金箔，并进行了一定效果处理；

⑤试验是在大足千手观音现场进行的，时间为 2009 年 12 月 ~2010 年 1 月，当地平均温度为 8℃，湿度为 80%。

从上表中所反映的试验效果中，我们发现日本产的梨子地漆能够具有较好的封护功能，同时在色彩、透明度、肌理等多方面具有较好的效果。因此，基本的封护方法为：将 10% 梨子地漆与 90% 松节油混合，在回贴好的金箔层上刷涂一至两遍，待干燥即可完成表面封护工作。

如前所述，大漆的固有色使得它被用于封护加固时必须要在稀释比例与用量上非常谨慎，这也的确是天然漆的局限性。在进一步的研究中，我们联合了中华全国供销合作总社西安生漆涂料研究所，对于新开发的漆蜡产品的封护性能进行研究，将为采用以天然漆为基础的无色封护材料的开发寻找新路。

5.3.10.6　贴金层的回贴类型试验

本试验主要针对于千手观音贴金层回贴的具体方式。通过不同类型回贴方法的试验，寻求更加理想的回贴效果。

不可否认，修复工艺中采用的回贴方法使得千手观音的修复效果不可能与贴新金箔的效果完全一致，因此，在现有的工艺基础上进行回贴效果的试验，对于通过修复的手段保存千手观音的艺术价值具有重要意义。

实际上，无论胎体处理、地仗刮涂多么完美，如果对于表面贴金层的回贴效果不加研究，也不能达到理想的修复效果。由此，本试验的实质在于对贴金层回贴效果的试验研究。

表 5－14 即是本回贴试验的各种研究效果：

表 5－14　贴金层的回贴类型试验表

类型	工艺说明	图片
1	以红色漆或黄色漆为衬底，将一整块贴金层用剪刀裁成数段，进行回贴。剪切部位较为整齐。回贴部位有孔隙，露出衬色底漆	 
2	以红色漆为衬底，将一整块完整的起皱漆膜回贴，回贴部位没有缝隙	

续表

类型	工艺说明	图片
3	以红色漆活黄色漆为衬色底漆，按照贴金层的自然形状回贴漆膜，接缝处有孔隙，露出衬色底漆	 
4	以红色漆为衬色底漆，按照贴金层的自然形状回贴漆膜，接缝处有孔隙，露出衬色底漆。但贴金层厚度较薄，根据贴金层自身色泽，将缝隙加大（注：这种情况只适用于贴金层极薄的情况）	
5	以红色漆为衬色底漆，将贴金层裁剪成不规则形状进行回贴，接缝处有孔隙，露出衬色底漆	
6	以红色或黄色漆作为衬色底漆，将贴金层裁剪成矩形，回贴	

续表

类　型	工艺说明	图　片
7	以红色漆作为衬色底漆，将贴金层裁剪成矩形，以“砖形”图案错落回贴，接缝处有孔隙，露出衬色底漆	

备注：
①本试验的实质在于对贴金层回贴效果的试验研究；
②贴金层的衬色底漆为红色漆的目的是为了查看贴金层回贴的接缝效果；
③贴金层回贴以平面与立体两种形式实现，本表格仅仅选取典型的回贴效果；
④试验图片效果仅为参考，以实物为准。

根据本试验的效果，目前认为第三种类型：以黄色漆为衬色底漆，按照贴金层的自然形状回贴漆膜，接缝处有孔隙，露出衬色底漆的回贴效果较为自然理想。

通过 2010 年 1 月与 5 月的回贴试验效果，进一步说明了这种回贴效果的可行性（图 5 – 75、5 – 76）。由此，将在本试验的基础上进一步开发回贴效果的试验，将回贴的效果与平整度统一起来。

图 5 – 75　2010 年 1 月宝顶大佛湾试验现场的金箔回贴试验效果

图 5 – 76　2010 年 5 月北京试试验室的回贴试验效果

5.3.10.7　立体模型的回贴试验

在本试验中，进行了平面与立体两方面回贴工艺的研究与开发，但是平面与立体模型的回贴工艺与技法存在一定的差异，因此，在整个试验过程中，对于立体模型回贴工艺的开发具有重要的意义（图 5 – 77、5 – 78）。

从北京的试验室到大足的工作现场，我们进行了简易模型与实物原大模型两方面的试验工作。

主要针对千手观音不同的立体部位尝试回贴的不同工艺，通过局部的回贴试验，尽可能体验千手观音实物不同回贴部位的感觉，一方面开发回贴的工艺，尝试回贴的可能性，一方面体验不同立体造型回贴的感觉，为实物本体的修复试验积累经验。

图 5－77　2009 年 11 月北京清华大学试验室模型制作中髹涂红漆的工艺

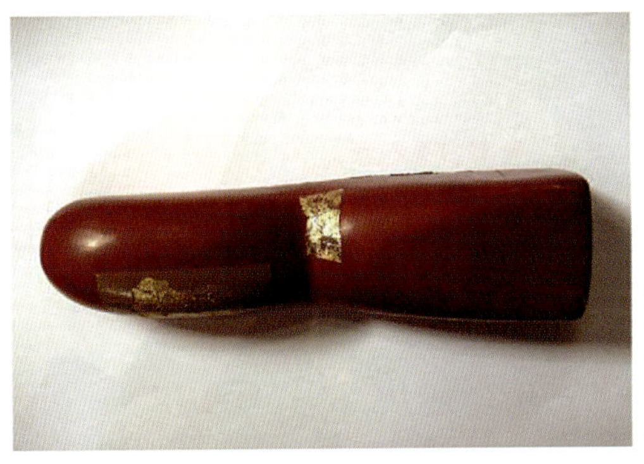

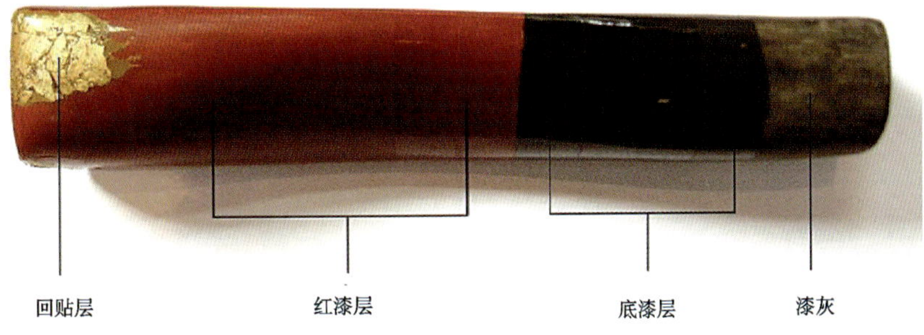

图 5－78　在北京试验室中进行的金箔回贴立体模型的试验效果与各区域功能示意图

贴金层回贴的具体工艺参见表 5 – 15：

表 5 – 15 清华大学美术学院试验室立体模型回贴工艺流程表

步骤	工艺说明	图片
1	将胎体打磨处理好，划定要回贴的区域	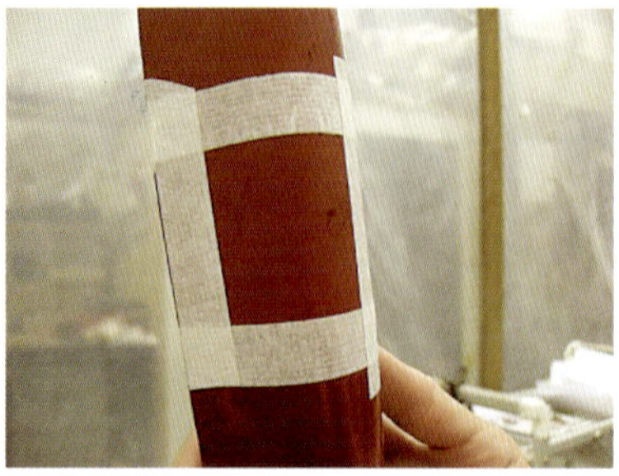
2	将色漆均匀的髹涂在回贴部分表面	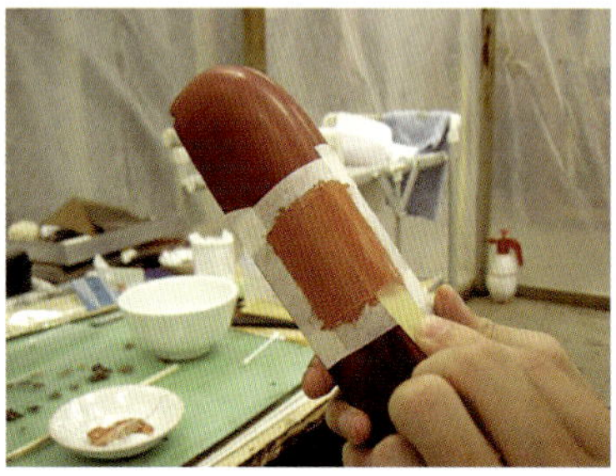
3	将处理好的贴金层回贴（镶嵌）在色漆上，并用具有弹性的支持体将回贴漆膜压实	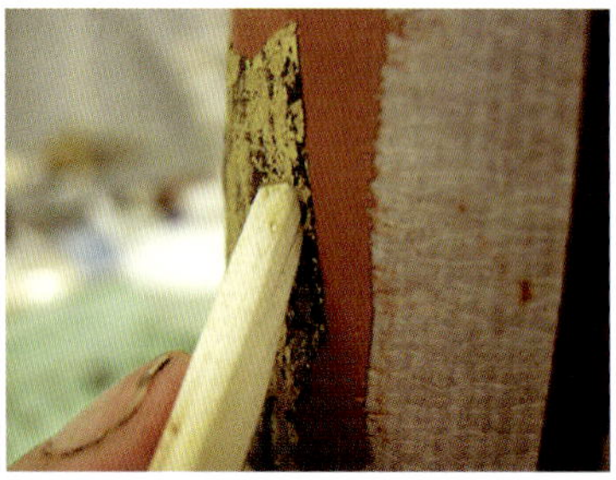 
4	贴金层压实后待干，并清理周边区域，等待彻底干燥后封闭金箔表面	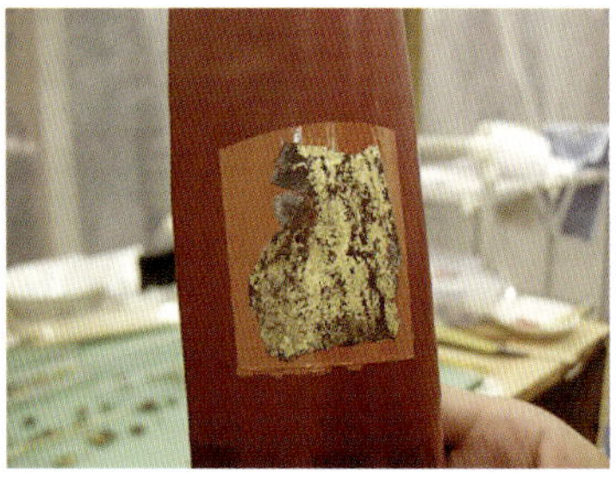

以上试验是在北京清华大学美术学院漆艺试验室内完成的。通过初期的试验室试验，证明立体模型回贴工艺的可行性。尽管试验室初期的试验仅仅局限在立体造型的局部回贴上，但是却为现场的试验奠定了良好基础。

清华大学美术学院漆艺试验室的工作于 2009 年 12 月中旬收尾，并于 2009 年 12 月下旬展开现场的修复试验工作。经过三个月的试验研究，截止至 12 月中旬，基本完成试验室工作的目标，并达到了预期效果。并根据千手观音的病害设计了一整套有针对性的修复技术方案。

千手观音的现场试验阶段实际上是从 2009 年 12 月下旬展开的。经过了一个多月，至 2010 年 2 月初，基本上完成的现场的试验阶段。

在本次现场试验阶段所规定的试验目标并没有针对千手观音本体进行修复试验，而是采用复原的工艺手法，在新雕刻的原大比例的石刻手臂上实现了复原与回贴的两方面预定目标。

从当地气候特征来看，在 1 ~2 月进行现场试验并不是理想的季节。天然漆的干燥通常需要特定的温湿度环境：温度为 20℃，湿度在 80% 以上。但是宝顶大佛湾的温湿度在 1、2 月并不达标；通过监测，两个月间的日平均温度为 8℃，夜间的温度通常在 4 ~5℃之间，不能达到理想的干燥温度。在试验期间，宝顶的湿度处于一个较不稳定的状况。因春季较为干燥，大佛湾的昼夜湿度差别较大，通常白天的湿度为 70%，夜晚湿度 80% ~90%。由此，就形成了一个基本的温湿度循环：白天的气温较高湿度底，而夜晚温度低湿度较高。

在这种试验环境下，大漆的结膜有特定的规律。因此，试验人员通过对这种气候特征下大漆结膜的规律进行分析总结，并摸索出了适应这种气候条件下的工艺技法，总结了许多宝贵的经验。

在千手观音现场的试验工作主要围绕着以千手观音实物为蓝本的手部造型还原的原大砂岩石刻的工艺复原与回贴工作展开的（图 5 -79）。

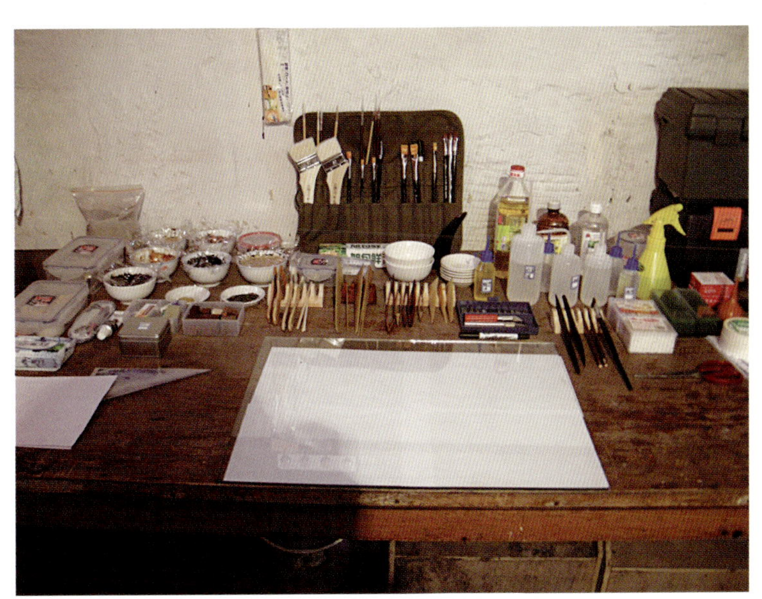

图 5 -79　2009 年 12 月 千手观音现场的试验室状况

对复原的砂岩石刻进行回贴工艺试验，一方面有助于研究传统贴金工艺，另一方面有助于模拟实物本体的回贴工艺研究，因此在进本体回贴试验前先进行模拟回贴试验是不无裨益的。

表 5 -16 为千手观音现场试验阶段的回贴试验：

表 5－16　2009 年 12 月～2010 年 2 月千手观音现场石质原大立体模型回贴工艺流程表

步骤	工艺说明	图片
1	先将砂岩胎体用粗砂纸进行通体打磨，目的在于将胎体找平	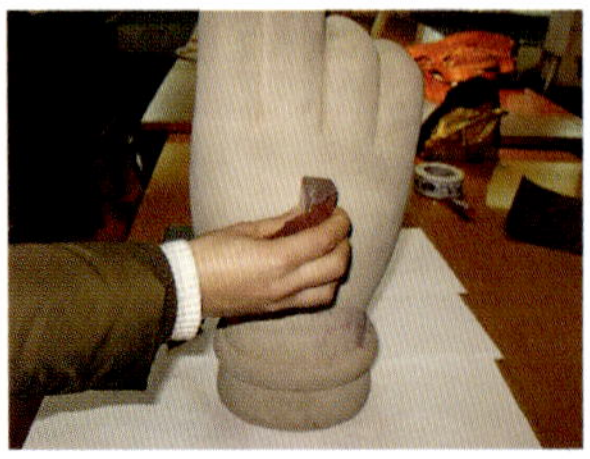
2	用传统漆灰的配比调制漆灰，通体刷涂在手部表面，干燥后进行打磨。对于立体的造型一层漆灰很难通过一遍找平，有时需要通过数层漆灰才能实现胎体的平整	
3	在漆灰层表面髹涂黑漆，干燥后打磨	
4	在黑漆层上髹涂红漆，干燥后打磨	

续表

步骤	工艺说明	图片
5	选择要回贴贴金层的区域，在干燥结膜的红漆层上进行打磨，并用酒精清洗打磨后的表面	
6	将色漆刷涂在打磨好的红漆上，并将清洗处理好的贴金层进行回贴	
7	用镶嵌的技法将贴金层回贴满，尽可能缩小回贴漆膜间的色漆空间	
8	待回贴漆膜干燥后用 10% 的梨子地漆进行表面封护	

备注：
①试验是在大足千手观音现场进行的，时间为 2009 年 12 月～2010 年 1 月，当地平均温度为 8℃，湿度为 80%；
②贴金层回贴后的干燥时间比较慢，可能会长达 1 个月，因此封护工作应该在贴金层彻底干燥后再进行；
③回贴面积为约 $20cm^2$；
④试验图片效果仅为参考，以实物为准。

通过试验室与现场的立体模型试验，达到了预期的试验效果，为最终在本体上进行修复试验积累了宝贵的经验。

5.3.10.8　千手观音断手的回贴试验

通过前期平面样板与立体模型两方面的修复试验，为千手观音本体的修复试验积累了大量的经验。但是，从文物保护的原则与人们对千手观音工作的谨慎态度出发，我们从后一阶段的试验工作开始，对千手观音目前现有的残块与断手进行了进一步的试验研究工作。

在这里，千手观音现存的断手的修复试验工作提供了良好的试验条件，在目前的断手上进程试验，将接近于现场本体的试验状态与实际面临的问题。

表 5 – 17 为整个断手修复试验流程：

表 5 – 17　千手观音本体断手修复试验流程表

步骤	工艺说明	图片
1	根据现有情况为本体绘制多角度病害图	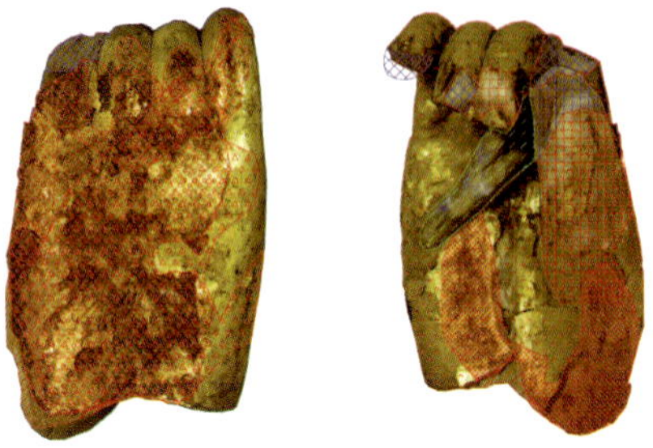
2	将手部可揭取的部位进行揭取，包括贴金层与地仗层，保留较为完好的贴金层，待处理	 
3	对本体局部分化部分进行加固处理，加固部位干燥后，对可修补的部位进行塑型处理	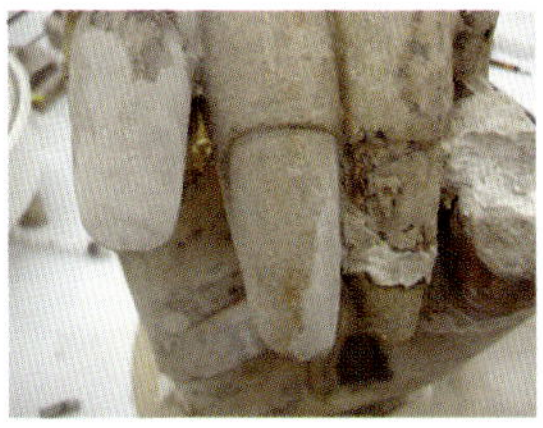 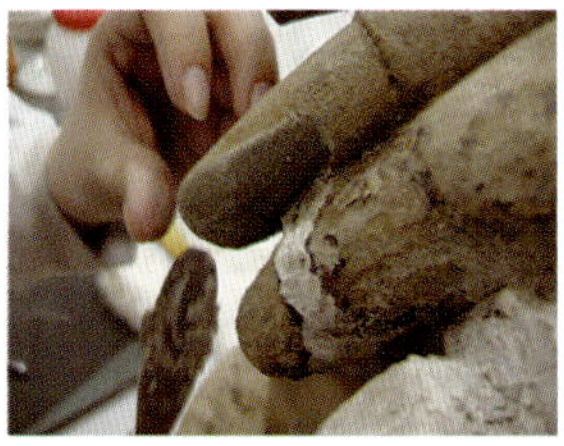

续表

步骤	工艺说明	图片
4	将塑型后的部位以及要回贴的部位进行打磨处理	
5	调制浅色瓦灰漆灰并刮涂在胎体不平整的部位上，干燥后进行打磨	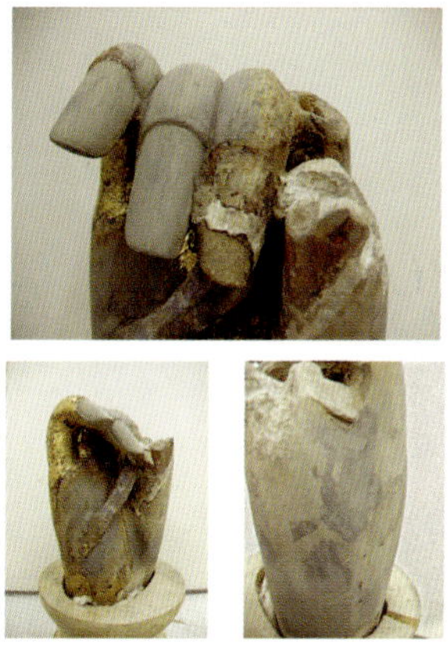
6	调制白色漆，并髹涂在要回贴的部位上，髹涂时将保留的贴金层空出	

续表

步骤	工艺说明	图片
7	将髹涂的白色漆进行打磨处理，注意打磨时与保留贴金层的衔接部位	  
8	在打磨好的白色漆上髹涂生漆，并打磨	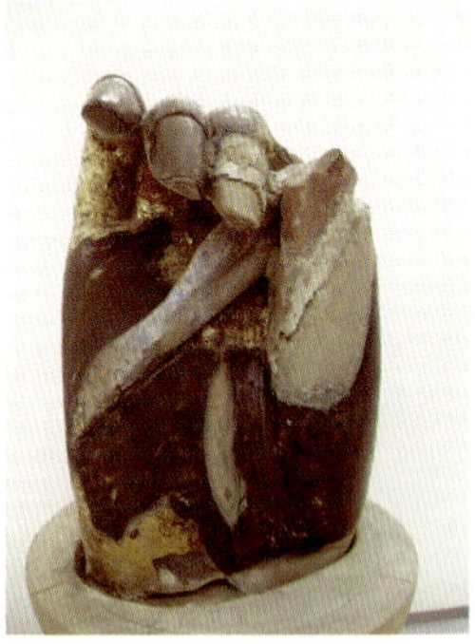  
9	在打磨后的生漆上髹涂红漆，干燥结膜后打磨。在髹涂红漆是要注意沿保留的贴金层边缘爹压一部分，使颜色变成统一	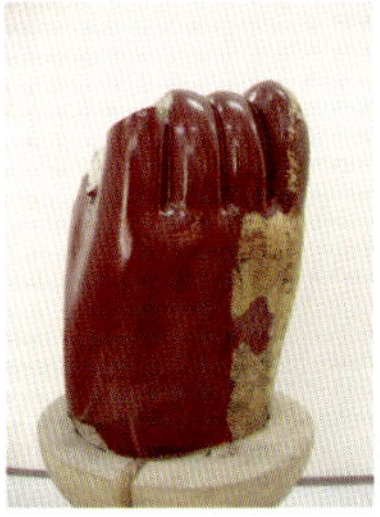   

续表

步骤	工艺说明	图片
10	在打磨好的红漆膜上选定区域，逐步回贴处理好的贴金层。在回贴时要注意选择贴金层的颜色，寻找类似的贴金层，以追求回贴部位的效果统一	

备注：
①本试验的时间为 2010 年 5 月，室内平均温度为 28℃，工作时湿度为 20%，入荫房之后的湿度为 75%；
②因季节气候不同，回贴时的干燥状况以及回贴的干燥状况与前期试验有所不同；
③试验图片效果仅为参考，以实物为准。

通过以上的试验证明采用传统的大漆材料与工艺进行千手观音的修复试验是可行的。

但是仍然有不少问题需要解决，主要体现以下几方面：

首先，贴金层的金箔粉化脱了问题严重，因此采用何种工艺对脆弱的金箔“固粉”就显得尤为重要。尽管传统漆工艺中有各种不同的工艺处理固粉问题，但是都各有局限性，因此金箔粉化脱落的问题同样成为本试验的技术难关。试想，将漆膜回贴，而丧失了金箔，同样对修复千手观音没有意义。

同样，在传统漆艺中，对生漆和熟漆根据不同工艺需要都有不同使用。而生漆与熟漆在功能上的区别主要体现在燥性上，根据具体的试验情况，同样需要对生漆和熟漆进行筛选。而本试验的难点在于生漆与熟漆的稳定性检测问题。这有待于试验后的科学检测分析和工艺总结。

此外，天然漆的“起皱”现象是传统漆工艺中的问题，在特点的季节与特定的温湿度下，起皱是时有发生的，从整体试验的效果出发，对“起皱”现象的工艺处理应该被纳入到一个高度，它直接影响到回贴后的效果。因此对工艺以及施工季节的选择上应加以认真设计。

最后，千手观音就艺术形式而言为大型高浮雕作品，属于典型的不可移动文物，一方面要易于工艺操作，另一方面要不损坏石质本体，由此需要开发相应的工具，并在工艺与细节的处理上做一定的取舍，以实现整体的修复效果。

5.3.10.9　色标的制作

对于回贴工艺中的不同色漆与漆灰的色标制作，对于本试验的色彩体系的标准化是至关重要的。

但是大漆以及其他材料的干燥受温湿度的影响，同时也会影响到结膜后的色彩。而且，大漆与颜色的混合是一个相对漫长的结合过程，之间存在着漫长且微妙的反应，因此，对于漆膜颜色体系的确立在短期内有一定的难度。

表 5－18 是在试验室内相对稳定的温湿度内制作的色标样板，对于将本试验的色彩系统化，标准化具有积极的意义。这里需要明确的是，每一块样板以实物色彩为准。

表 5－18　不同色漆与漆灰的色标

内容 1	陶土调色渐变色标
图片	
工艺说明	从右至左，以高岭土漆灰原色逐渐增加 10% 钛白色粉。
备注	荫房温度为 19℃，湿度为 78%

内容 2	瓦灰调色渐变色标
图片	
工艺说明	从右至左，以瓦灰漆灰原色逐渐增加 10% 钛白色粉。
备注	荫房温度为 19℃，湿度为 78%

内容 3	石粉调色渐变色标
图片	
工艺说明	从右至左，以石粉漆灰原色逐渐增加 10% 钛白色粉。
备注	荫房温度为 19℃，湿度为 78%

内容 4	石黄—熟漆渐变色标
图片	
工艺说明	从右至左，以熟漆原色逐渐增加 10% 石黄色粉。
备注	荫房温度为 19℃，湿度为 78%

内容 5	银朱—黑漆渐变色标
图片	
工艺说明	从右至左，黑漆原色逐渐增加 10% 银朱色粉。
备注	荫房温度为 19℃，湿度为 78%

内容 6	银朱—熟漆渐变色标
图片	
工艺说明	从右至左，熟漆原色逐渐增加 10% 银朱色粉。
备注	荫房温度为 19℃，湿度为 78%

内容 7	银朱 – 熟漆 – 25% 桐油渐变色标
图片	
工艺说明	从右至左，熟漆原色混合 25% 桐油逐渐增加 10% 银朱色粉。
备注	荫房温度为 19℃，湿度为 78%

内容 8	福建产红漆 – 熟漆渐变色标
图片	
工艺说明	从右至左，熟漆原色逐渐增加 10% 福建产红色漆。
备注	荫房温度为 19℃，湿度为 78%

内容 9	黄磦 – 熟漆渐变色标
图片	
工艺说明	从右至左，熟漆原色逐渐增加 10% 黄磦色粉。
备注	荫房温度为 19℃，湿度为 78%

内容 10	钛白 – 熟漆渐变色标
图片	
工艺说明	从右至左，熟漆原色逐渐增加 10% 钛白色粉。
备注	荫房温度为 19℃，湿度为 78%

内容 11	银朱 – 桐油与银朱 – 熟漆渐变色标
图片	
工艺说明	从右至左，70% 银朱混合熟漆原色逐渐替换 70% 银朱混合桐油。
备注	荫房温度为 19℃，湿度为 78%

内容 12	银朱含 50% 桐油——熟漆渐变色标
图片	
工艺说明	从右至左，熟漆原色混合 50% 桐油逐渐增加 10% 银朱色粉。
备注	荫房温度为 19℃，湿度为 78%

5.4　髹漆贴金工艺实践——潼南大佛的修复

5.4.1　项目缘起

潼南大佛位于重庆潼南县境内的大佛寺，是大佛寺景区的重要景观之一。大佛为摩崖凿造释迦牟尼佛座像，高 18.43m，肩宽 8.35m，肃穆端坐、神态自若，通体饰金，巍峨壮观。于唐代凿就佛首，北宋继凿佛身，南宋天德年间完成佛像饰金，虽前后历经 290 余年，但造像比例匀称，风格统一，雕琢细腻，工艺精湛，精美绝伦，栩栩如生。整个造像雕琢精细，是西南地区唐宋时期佛教造像的代表之一。

2009 年，受潼南县大佛寺景区管委会、潼南县文化广电新闻出版局的委托，中国文化遗产研究院、广州白云文物保护工程有限责任公司联合对潼南大佛进行前期勘察与病害调查，编制了《重庆潼南大佛保护修复方案》，2010 年 4 月，国家文物局以［文物保函］（2010）261 号文件正式批准《重庆潼南大佛保护修复方案》。2010 年 9 ~ 10 月中国文化遗产研究院对潼南大佛本体的保存现状进行了评估，形成的《潼南大佛本体保护修复工程现状评估及对策》通过专家论证，标志着对潼南金大佛实施保护修复工程的开始。并于 2012 年被评为全国十大文物保护优秀工程。

此次潼南大佛修复在时间上正值大足石刻千手观音造像保护修复工程开展之后，项目组在对四

图 5－80　千手观音金箔起翘箔病害

图 5－81　潼南大佛金箔起翘箔病害

川地区的造像保存情况和制作工艺进行的前期调查对此次项目有重要的帮助作用。此外，潼南大佛和千手观音造像在历史、工艺、病害等诸方面有相似之处。潼南大佛修复工程的顺利开展和完成也对千手观音造像的修复提供了宝贵的经验。尤其在髹漆贴金工艺的研究和时间上，为千手观音造像金箔修复工作提供了重要的前期准备和锻炼（图5－80、5－81）。

5.4.2　潼南大佛的建造和修缮沿革

据有关资料和大佛寺现存明确纪年题刻所载，大佛身、首的开凿年代相距甚远，佛首凿于唐咸通元年（860年），成于广明元年（880年），而佛身的开凿竟跨越五代乃至北宋，时间长达250余年。直到宋靖康元年（1126年）始初成，此后按佛首比例展开佛身，又用了26年的时间，于南宋绍兴二十一年（1151年）凿成，整座佛像开凿前后共历时290余年。大佛首次贴金为绍兴壬申（1152年），该次贴金使潼南大佛成为我国第一大金佛。

宋建炎元年（1127年）建造“大像阁”。大像阁通为五檐，尽覆琉璃，不仅成为了巴蜀奇胜，而且还是我国较早使用全琉璃顶的古建筑之一。

元、明两代，大佛寺摩崖造像数量相对减少，但碑刻题咏相应增多；清代和民国时期，造像数量和碑刻题咏有所增加，且多为前代翻新庙宇或为造像妆彩鎏金。清嘉庆七年（1802年）、同治九年（1870年）和民国十年（1921年）就耗费巨资为大佛3次重妆金身。

5.4.3　前期调查研究与对策分析

项目前期展开后，方案设计方中国文化遗产研究院与广州市白云文物保护工程有限公司，共同按照《中国文物古迹保护准则》、《石质文物保护文本方案制作规范》等原则展开了文物保存现状调查、制作工艺、保存环境监测、病害调查等现场研究工作，并邀请中国地质大学（武汉）进行了对大佛周边的地质勘察工作。

在2010年中国文化遗产研究院项目组正式对大佛本体进入全方位施工，为了谨慎起见，我们对大佛本体病害做了进一步的研究，经过更深的挖掘与发现，专门对大佛本体前期研究的基础上，编制出大佛本体保护修复工程现状评估及对策，在后期的施工之前一些新发现的问题，进行补充与完善。

5.4.3.1　地质勘查

2009年项目组协作方中国地质大学（武汉）组织相关人员对潼南大佛及其周边环境进行工程地质勘察，该次工程地质勘察查明了大佛寺景区的工程地质、水文地质条件，大佛的岩性结构，详细调查大佛的工程地质病害，为保护工程设计提供科学依据。

通过地质勘查，检测潼南大佛陡崖的岩性结构以中厚层～巨厚层状砂岩为主，其中发育有3层泥岩夹层。总体上看，岩体的完整性较好。崖体砂岩为软岩，局部风化，景区砂岩的岩体基本质量等级为Ⅲ级。大佛寺建筑地基为泥岩，岩石强度为极软岩，表面风化，泥岩的岩体基本质量等级为Ⅳ级。大佛寺砂岩和泥岩的软化系数较小，软化性强，抗冻性和抗风化能力弱，属于工程地质性质较差的岩石。

此外，大佛寺上方为崖顶的汇水洼地，分布有水田、放生池、水塘鱼塘等。潼南大佛的头顶犹如顶着一盆水，这是造成大佛寺渗水的主要原因。陡崖砂岩岩体中发育的构造裂隙、层面裂隙和卸荷裂隙相互交切构成岩体渗流通道和储存空间。地下水主要在岩体裂隙网络中渗流。因此，大佛寺的渗水主要是基岩裂隙水。研究区内的地下水补给来源主要是大气降水和崖顶的生产生活用水。潼南大佛渗水病害较为严重。渗水对大佛造成侵蚀，并容易引起苔藓、溶蚀、风化等病害的发生。

因砂岩陡崖底部的泥岩易软化泥化，常形成凹腔，造成陡崖带发生危岩崩塌。在陡崖段有多处危岩，局部治理工程正在施工。本次调查在大佛阁内岩壁局部也发现有不稳定或欠稳定岩体，故建议对危岩体进行灌浆或锚固治理。

5.4.3.2　环境监测

为了更为准确地了解大佛周边环境情况，我们采用 Hygrolog N72 型温湿度记录仪（精度 ±1% RH，±0.3℃，0% ~100% RH 无结露，测量范围 -50℃ ~200℃）对潼南大佛本体周围的温湿度进行实时监测工作。共在潼南大佛不同部位布设 7 个点做温湿度检测点进行在位检测，通过 2009 年 9 -12 月的监测，得到如下结论：

1）大佛佛身西侧上部、下部均比大佛佛身东侧湿度稍大，中部接近，但两侧中部湿度比佛身正中湿度较大；西侧的上部、中部、下部均比东侧温度低，但两侧的中部与正中的温度相同。

2）大佛佛身上部湿度 < 中部湿度 < 下部湿度；西侧上部与下部温度相比其他部位温度稍低，这与大佛基岩结构相关：西侧有严重的渗水点，TDS（总离子浓度值）的数值为 240 ppm。

3）9 ~12 月温湿度测试显示，7 个测试点在 9、10 月出现结露现象较少，随着温度的降低，11、12 月结露现象明显严重，其中佛身正中位置（P_1）在 12 月出现整月结露现象，非常严重。

4）潼南县在 9、10 月份虽然温湿度大，但由于夏季气压低，不是容易产生凝露的时候，但已经存在产生表面凝结水的现象。在秋季和 5 月梅雨季节，将更容易产生凝结水。因此，全年潼南大佛表面出现凝结水的几率较高。

图 5 -82　检测分析病害状况

总体来说，潼南大佛与千手观音造像的本体材料相似，都属于质地松软，易雕刻也易风化、粉化的砂岩石；其次，保存环境相似，都处于高温高湿的川渝地区，水害是造成文物损坏的主要原因之一，而潼南大佛的所处环境的水害影响更加严重（图 5 -82）。

5.4.3.3　潼南大佛金箔病害分析

本次潼南大佛的病害调查分为两部分完成，首先在方案制作的同时，以三维测绘图纸、正视投影图纸、侧视投影图纸以及 CAD 矢量图纸为基本记录基图，进行现场调查记录、标注、描述、分类、分析、评估，建立纸质、电子信息记录、并进行汇总统计分析，得出分布规律、特征，判断病害程度，由此对大佛的保存现状、存在病害做出科学的分析评估结果。潼南大佛从其结构类型来说属于贴金、彩绘大佛，为了便于进行病害描述与统计，结合石质文物病害分类与图示标准、壁画病害图示标准及其大足千手观音病害调查工作的情况。潼南大佛病害有 26 种，而千手观音的病害有 34 种，由此可知千手观音的修复比潼南大佛要复杂得多。但总体来说，潼南大佛与大足千手观音所在的环境极为相似，它们所面临的病害，尤其贴金层的病害很多地方有相同之处：

与千手观音造像的情况相同，大佛金箔各种病害尤为严重。在内外界条件的扰动下，包括水盐破坏、常年温度的周期性变化、寺内游客和香客长期在殿堂内燃放大量香火，蜡纸之类等物质，金箔表面出现失去光泽、脱落、起翘、分层开裂卷曲、开裂等现象。大佛金箔病害总面积为224m^2，共发现表面附着物、脱落（点状脱落、片状脱落）、分层开裂卷曲与起翘、水渍、空鼓、开裂等七种病害。

金箔表面附着物病害的调查区域面积约为113m^2，占金箔面积的78.6%，共计25处严重，37处中度，1处轻微，是金箔病害调查的主要形式，分布于大佛躯干的各个区域，典型病害如图所示。根据外观目测，附着物以灰尘为主，另有少量白色、黑色和红色点状油漆或涂料痕迹。进一步取样分析显示，大量的尘土与常规灰尘的成分及含量一致，部分分析样品发现有油烟成分（图5-83）。

金箔水渍指雨水冲刷金箔留下泪状痕迹的现象，病害面积是5m^2，占金箔面积的3.2%，集中在大佛脸部，主要由头部泥胎发髻受雨水冲刷留下泥渍引起，典型病害如图所示（图5-84）。

图5-83　金潼南大佛金箔表面附着物

图5-84　金箔水渍

金箔脱落病害主要分为点状脱落和片状脱落两种形式。点状脱落是指金箔表层金粉掉落，露出金胶油层。这主要是由于金箔层下的黏结物长期暴露在空气中老化，促使表层金箔粉化掉落。与点状脱落相比，片状脱落是指金箔掉落，露出底灰层或基岩的现象（图5-85、5-86）。

图5-85　大佛金箔片状脱落

图5-86　千手观音金箔片状脱落

1）金箔分层开裂卷曲和起翘

金箔起翘是指金箔连同底灰层与基岩分离翘起的现象。分层开裂卷曲是指金箔裂开进而产生的卷翘，这种情况主要集中出现在大佛脸部，金箔分层开裂卷曲和起翘两种病害常相互伴随一起出现，这种病害情况在千手观音造像中也大面积存在，典型病害分别见图 5－87～5－90。

图 5－87　大佛金箔起翘

图 5－88　千手观音金箔起翘

图 5－89　大佛金箔分层开裂卷曲

图 5－90　千手观音金箔分层开裂卷曲

2）表面清理后对更加严重现状的评估

（1）卷曲、起翘转变为金箔脱落

根据前期病害调查和现场工作，可知头部额头、两侧脸颊和下巴部位原来主要病害为分层开裂卷曲、起翘。其中分层开裂卷曲是起翘的前期表现形式，而这两种病害的终极表现形式将演变为脱落。

（2）金颗粒的脱落

经过表面干性除尘和清洗后，发现尘土覆盖部位金颗粒大面积脱落，这个转变大大超过前期调查设计以及我们初到现场时对表面金箔金颗粒保存现状的认识。经过对四、五、六层表面的清洗试验，金层相对完整光亮的部分面积不超过 30%，这意味着贴新金箔的面积将较原有预期扩大，远大于设计报告中金颗粒点状脱落 23% ＋片状脱落 4% ＋起翘 10% ＋分层开裂卷曲 7% =44% 的占有率，也意味着原来 51% 的尘土附着下有 30% 以上金颗粒无存。原有鼻部、上眼皮、下眼睑、人中、耳朵部位为尘土集中存在的区域，经过去离子水的清洗后，鼻部的漆膜出露，金颗粒早在清洗之前就已经脱落（图 5－91、5－92）。

图 5－91　脸部病害

图 5－92　脸部病害局部

5.4.3.4　贴金层修复工艺设计原则

1）原材料原则

根据文物的保存情况，本修复工程将尽可能采用原材料与原工艺进行修复修复工程。对于传统材料和工艺修复方案的原则是基于传统贴金工艺的充分调研而确立的。

众所周知，原材料和原工艺在对文物的修复过程中，对于保存文物的历史、艺术、科学价值是至关重要的。修复过程中对文物本体原材料的改变将直接影响到文物的价值，甚至是影响到后代对于文物的研究。因此，对原材料的开发和使用原则将被采纳为本修复工程的基本原则，这一方面因为传统材料有着得天独厚的材料稳定性，尤其是天然漆的许多特性至今不能被现代材料所取代；另一方面是对文物本体历史价值与信息的最大尊重，通过原材料的使用，将最大限度地保存文物的基本信息。

修复工程材料的国产化或者说当地化对于修复工程同样具有重要的意义。尽管本修复工程的初衷是将修复的材料界定在传统漆艺材料的范畴中，但是即便同样为漆艺材料，也同样有不同的产品型号和品牌。对于同样的材料，还存在国产与进口的不同类型。中国漆树分布广泛，根据地区不同，有不同的漆树品种。因此，不同地区的天然漆质量存在差异。中国目前对天然漆的科学研究方面尽管经过了一段时间的摸索，但是还远没有达到研究与生产开发相结合的道路上。就目前的天然漆采割与开发，并没有形成系统化的情况。因此很多地区的天然漆生产还停留在非常初级的原料生产阶段，没有向日本、韩国那样形成独立的生产开发和品牌。

考虑到施工的具体情况，应该采用将材料尽可能国产化、当地化的原则。尽管在修复工程过程中会对不同的材料进行修复工程比较，对修复工程材料的比较分析将尽可能全面，最终将采取最简化的修复工程材料配比和尽可能低成本的材料搭配来完成现场的修复工程工作。出于这种原则，对于进口材料的使用将与国产材料同时进行比较，然而，在性能、性质相同的情况下，将尽可能筛选国产优质材料进行现场修复工程。因为本修复工程采用天然原材料进行修复修复工程，而无论日本漆还是中国漆均采自漆树，且每年中国都出口大量天然漆到日本，因此，在材料质量方面可将国产材料和进口材料在质量上的差别进行比较筛选，能就地取材的，将采取材料当地化原则。

2）针对不同部位设计的原则

根据记载，潼南大佛是在不同时期完成雕刻并经历了数次贴金，因此，大佛呈现出了不同的贴金现象。通过观察，大佛面部与身体表现出了截然不同的贴金工艺，并且两部分的贴金病害表现也完全不同：面部的病害除了常见的分层开裂卷曲外，还伴随有其他多种病害特征，其中最典型的病害是最外层的贴金层表面留有大量的划痕，划痕相互交织成“X”状，由此深度破坏了漆膜，加大了保护与修复的难度（图5-93~5-96）。

图5-93　脸部起翘

图5-94　璎珞地仗粉化

图5-95　裙摆胎体粉化

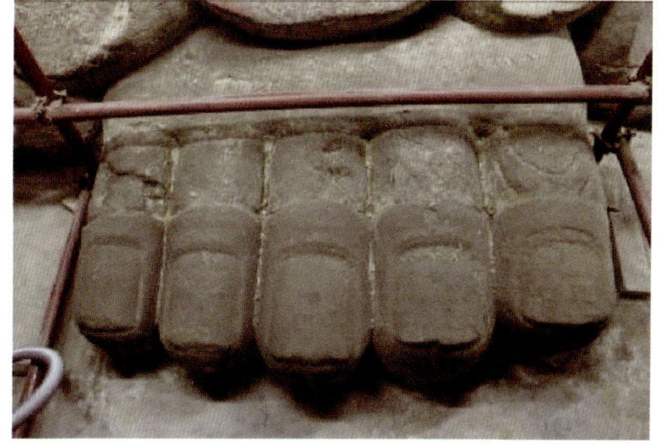

图5-96　大佛脚部局部缺失

同样，大佛身体的病害多与石质胎体以及地仗有关，同时伴随有贴金层自身的病害特征，需要结合岩体保护与贴金层的修复来设计修复工艺。

综上所述，尽管大佛是一件完整的古代石刻艺术作品，在修复个过程中应该从效果上统一考虑，使修复效果达到统一自然，但是因不同部位出现的病害不同，要保存的价值不同，因此对于由此引发的造型、色彩、肌理等问题应针对不同部位加以单独设计，最终在保存各方面价值的情况下，兼顾艺术效果的统一。

3）技术的重点

第一，针对大佛面部的多层贴金层加以保护，尽可能保存面部贴金层的价值。

第二，针对大佛身体的单层贴金层加以有效保护，尽可能保存表面金箔层，同时将漆膜的保存作为保护的重点。

第三，在现存完好漆膜基础上，开发贴金工艺，将视觉效果与文物保存最为重点。

4）技术的难点

首先，贴金层的金箔粉化脱落问题严重，因此采用何种材料对脆弱的金颗粒“固粉”成为修复难点。

其次，如何提高贴金层的利用率，最大限度减少损失。

第三，天然漆的“起皱”现象是传统漆工艺中的问题，在特定的季节与特定的温湿度下，起皱是时有发生的，对“起皱”现象的处理需要进一步摸索完善。

第四，采用相应的传统材料，进行材料、工艺的配比研究，兼顾岩体透气性与胎体的坚固性。

5.4.3.5　贴金层修复流程设计

1）面部修复流程设计

根据以上的原则，我们制定了有关于潼南大佛面部的修复工艺流程图（图5－97）。主要分为以下四个步骤：

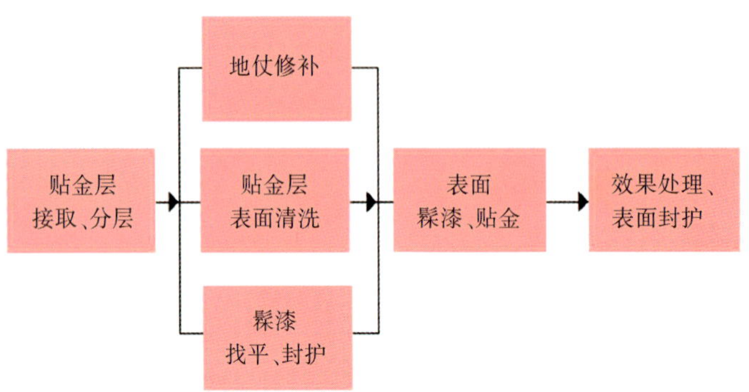

图5－97　面部修复工艺流程图

（1）将面部分层开裂卷曲的贴金层进行接取与分层，保留较为完好的贴金层。对于无法分层的贴金层予以保留。

（2）将裸露的石质胎体进行处理，将残缺地仗进行找平，并将保留的贴金层进行清洗。

（3）将处理好的贴金层上髹涂新漆层，并进行贴金。

（4）将新漆层进行效果处理，并进行表面封护。

潼南大佛面部贴金层处理的工艺流程图是基于“加层法”的设计思路而制定法一套处理办法，在下面的部分中，我们将对“加层法”的设计思路进行明确讲解。应该明确的是，面部的工艺流程是针对“加层法”的具体步骤，而“加层法”作为一种设计思路，对整个大佛面部效果的把握具有指导性作用。

2）身体修复流程设计

同样，根据上述的原则，我们制定了有关于潼南大佛身体的修复工艺流程图（图5－98）。主要分为以下四个步骤：

（1）将大佛身体表面积尘进行清除，并针对不同的表面积尘进行逐步细致清洗工作。在金箔层难以保留的情况下，尽可能保护大佛漆膜的完好程度。

（2）将裸露的石质胎体进行处理，将残缺地仗进行找平。

（3）将处理好的贴金层上髹涂新漆层，并进行贴金。

（4）将新漆层进行效果处理，并进行表面封护。

潼南大佛身体部分贴金层处理的工艺流程图是基于“薄贴法”的设计思路而制定法一套处理办法，在下面的部分中，我们将对“薄贴法”的设计思路进行明确讲解。应该明确的是，面部的工艺流程是针对“加层法”的具体步骤，同样，与之对应的“薄贴法”是针对大佛身体部分贴金层提

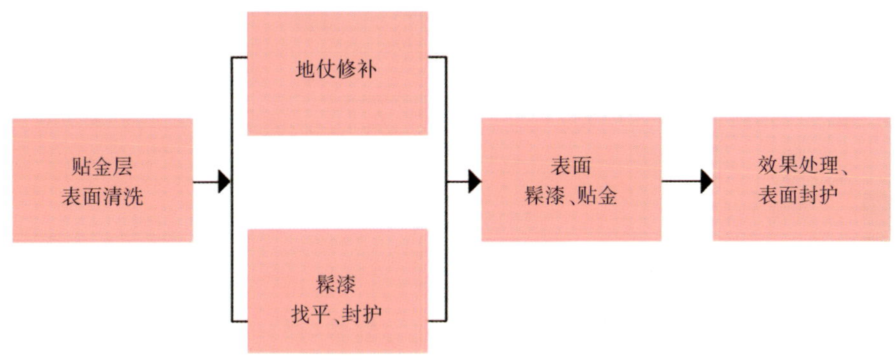

图 5－98　身体修复工艺流程图

出的一种设计思路，对整个大佛身体效果的把握具有指导性作用。

5.4.4　大佛本体的贴金工艺分析与修复髹漆工艺

5.4.4.1　贴金材料、工艺分析

髹漆贴金工艺主要涉及的材料包括：生漆、漆灰、金胶油。在川渝地区的髹漆贴金工艺与实物遗存都可见这三种材料的存在。

生漆是我国特种林产品，历史悠久。漆材料与工艺的发展和运用是因其材料、技术的可靠性所决定。尽管中国古代工匠对于现代意义的科学没有明确的概念，但是技术与材料所直接反映出来的“效果”却是直观的。在漫长的历史积淀中所形成的特定材料与工艺技术，却是经过漫长的时间检验而最终稳定下来，并以家传、师传的形式得以传承下来的。

在传统漆工艺中，因不同的功能又以其他的名称出现，如“开清”、“春庆涂”等名称。其基本原理就是在器物表面薄薄擦拭一道很薄的漆膜，一方面出于对物体表面的加固，同时因大漆优良的黏接性能，即便是纳米级厚度的漆膜同样对金箔有牢固的黏接作用。

对生漆的生产和利用历史悠久，并有着丰富的培育、采割和制作的经验，但在长期的封建统治和近百年来帝国主义的掠夺与国民党反动统治的摧残下，生漆生产始终处于分散的野生资源和“百里千刀一斤漆”的小生产经营方式，发展十分慢。

漆灰，即将生漆、青灰、水三种调配成，主要是作为地仗、找平功能存在。漆灰层对在本体和贴金层之间的水分运动起到重要的缓和作用。

金胶油既起到装饰作用，更重要的是作为贴金箔的直接黏结材料。它是由生漆、银珠、桐油按比例调和而成，而这种比例在不同的气候、温湿环境下需要相应调整。

为大佛贴金，从其现象本身而言，是一种宗教艺术色彩表现的要求。而采用漆材料与漆工艺作为实现效果的一种手段，是经过长期摸索的技术经验。

漆材料与工艺的发展和运用是因其材料、技术的可靠性所决定。尽管中国古代工匠对于现代意义的科学没有明确的概念，但是技术与材料所直接反映出来的“效果”却是直观的。在漫长的历史积淀中所形成的特定材料与工艺技术，却是经过漫长的时间检验而最终稳定下来，并以家传、师传的形式得以传承下来的。

正如前文所说，从材料的功能出发，天然土漆不仅仅是一种良好的贴饰材料，同时也是一种良好的天然黏合剂。而传统土漆工艺恰恰是利用了这种黏合剂的功能，从而在此基础上得以发展出来

各种各样的髹漆工艺。无论是贴金工艺还是其他土漆工艺，都不是仅仅局限在天然土漆这一种材料的使用上，而是会结合多种材料，形成最终的工艺效果。贴金工艺就不单单是采用天然土漆，而是包含了银朱、桐油、金箔等诸多材料。

此外，由于传统的砖、瓦灰具有各种优良性能，这是将使用传统的砖、瓦灰作为修复潼南大佛胎体地仗层材料。但是传统的土漆与砖、瓦灰的配比不适合应用于潼南大佛文物本体地仗层的修复。应该明确的是，对于整个大佛的岩体而言，地仗层一方面发挥的是“找平”的作用，另一方面是发挥“缓冲”的作用，这种缓冲功能应该起到吸收与释放水分的作用。

随着岩体的呼吸，在不同的环境条件下，岩体的含水状况会呈现出差异。因此一方面需要对整体的工艺步骤作以设计，另一方面需要对地仗的材料配比做出与潼南大佛文物本体的地仗层修复相适应的调整。

首先做出降低传统漆灰中的生漆比例。传统漆器中漆灰的比例可以达到50%，而在试验中获知，用于潼南大佛文物本体地仗的生漆比例不应该超过35%；因为从大漆的防水性能出发，降低生漆在漆灰中的比例可以保留相对的孔隙释放胎体中的水分。

其次，通常的髹漆工艺会首先在胎体上用生漆进行封护，这样会使大佛胎体所含水分难以散发。因而取消了胎体本身的漆膜封护，而将生漆封护层髹涂在漆灰层表面，这样可以使胎体的水分顺畅的渗透到漆灰层的孔隙之间，以达到缓冲的作用（图5－99）。

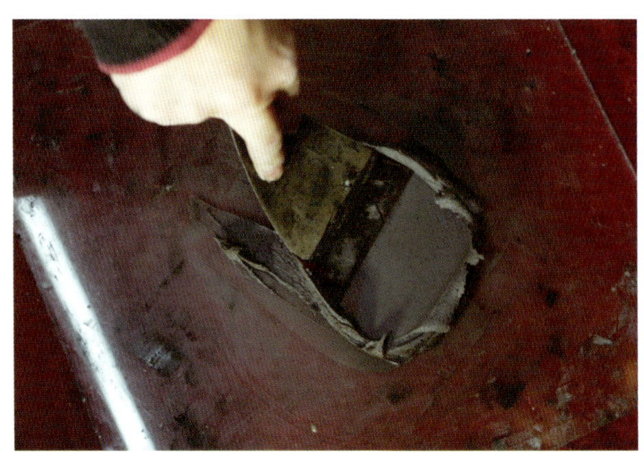

图5－99　细灰加入45%的土漆调制成漆灰

桐油[①]在古代髹漆工艺中既可以单独使用，也可以与大漆混合使用，在调制金脚漆时候，桐油与大漆是一种混合的关系，之间不发生化合。桐油加入大漆还有流平与降低成本的作用，更为重要的是，在金脚漆中加入桐油，还有助于银朱的发色，不仅是配制金脚漆的理想搭配材料，也是增添佛金光彩，重现“晃耀天际”的金佛效果的一个重要手段。

优质的大漆在温湿度理想的情况下，在数小时内就可以结膜，在施工中，对于大漆干燥结膜时间的控制就成为了贴金的重要技术手段：干得太快，会无法黏贴上金箔，干的太慢，将影响工期，因此在大漆中加入的桐油比例是考验一个工匠技法的关键环节。是在贴金的每一道工序后，应该做的工序都是打磨，尽管古代与现代的打磨工具不同，但是，打磨的初衷是使物体表面粗糙，增加漆

① 熟桐油的制作，需将生桐油倒入铁锅生火进行熬制。桐油经过加温，去除其中的水分，加温过程中要勤观察，以棍搅拌，仔细观察，待其成为黏稠状即成。熟桐油熬制好后，盛入容器内密闭备用，注意防尘、防火。

膜物理上的附着力。

5.4.4.2　贴金工艺流程

我们专门设计了的贴金工艺对金箔层保存相对较为完好的部位进行修复。其基本工艺如下：(图 5 - 100、5 - 101)

金箔层
贴金工序
红漆层(上涂)
打磨工序
黑漆层(中涂)
打磨工序
底漆层(下涂)

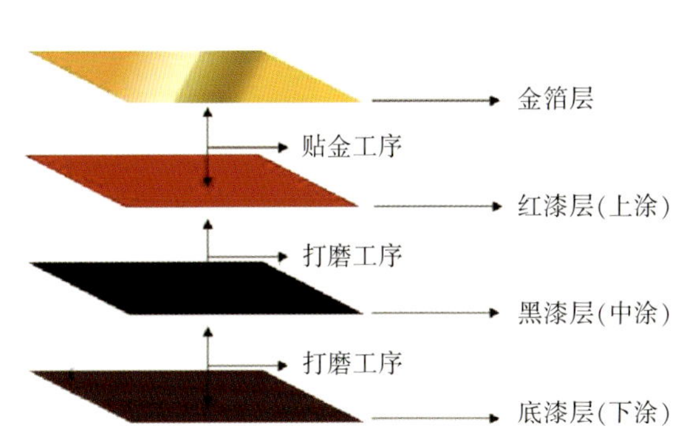

图 5 - 100　潼南大佛贴金工艺流程图

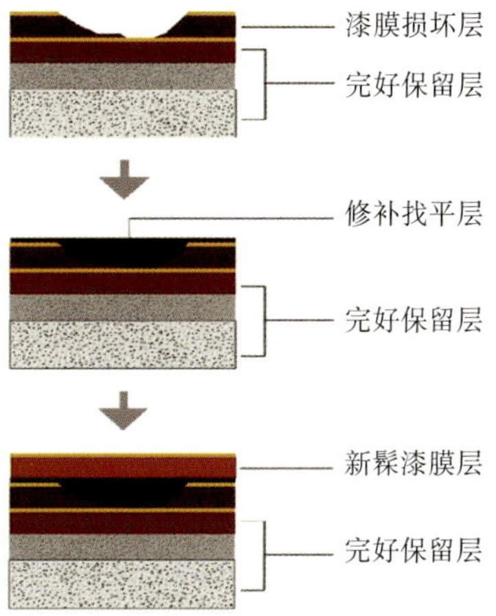

漆膜损坏层
完好保留层
修补找平层
完好保留层
新髹漆膜层
完好保留层

图 5 - 101　潼南大佛金箔层修复示意图

(1) 将面部损坏的贴金层进行分层揭取与处理，并将裸露胎体进行处理与加固；保留完好的贴金层。

(2) 将破损的旧漆膜上髹涂生漆，以找平破损部位，并对裸露地仗与石胎进行封护。

(3) 在封护好的漆膜上通体髹涂新的金脚漆并贴金，最终进行封护。

在使用不同漆液前先要进行过滤，另外在髹漆时也要把定制好的工具根据不同的部位进行调整(图 5 - 102 ~ 5 - 104)。

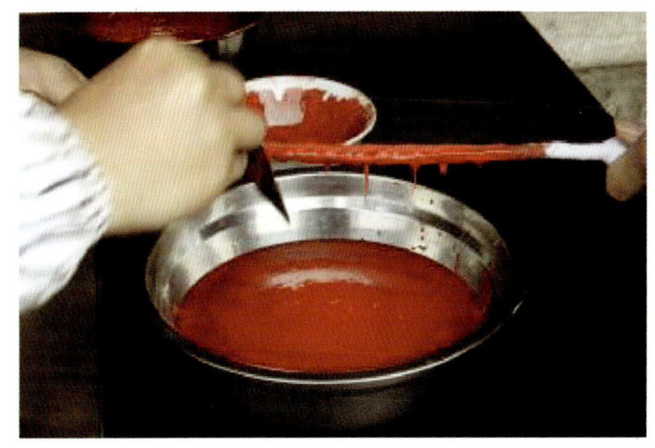

图 5 - 102　过滤金胶漆

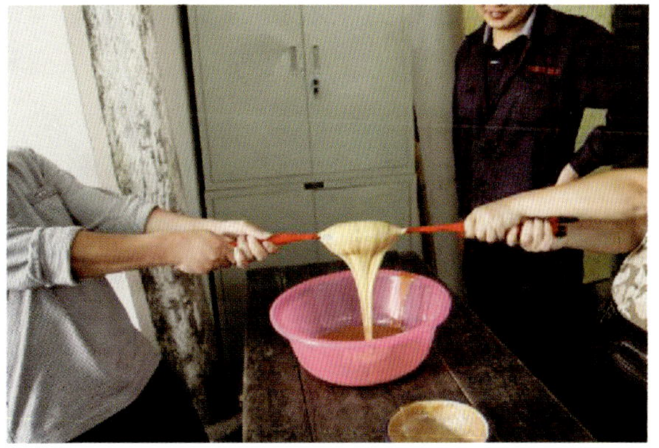

图 5 - 103　过滤土漆

1) 生漆渗透

用于渗透的生漆，须在生漆中按 10% 的比例加入松节油，拌和配制成渗透加固材料。要主要用于大佛本体小面积空鼓和新材料填补部位的渗透加固。渗透时以排刷或毛笔醮上调配好的生漆进行不间断的涂刷式渗透，直到不能再渗入为止。生漆渗透并干透之后再进行打磨（图 5 - 105）。

2) 打磨

等漆灰干透之后再用 240 号砂纸砂平，用吸尘器清理表面尘土，再用纯净水沾湿纯棉毛巾，擦

图 5－104　髹漆工具

洗大佛胎体表面残留的颗粒物（图 5－106）。

3）漆灰找平

用于修补佛身胎体的漆灰是将青砖磨成细灰后再用生漆加水进行充分拌和调制而成。视天气情况，一般生漆与水的比例约各 50%。刮第一遍漆灰用专制的漆灰刀，以刀口平面与佛身胎体相接，将漆灰平整地平敷并压实于胎体表面，将多余漆灰刮除。必须要平整，不留凹坑，不生凸起，待漆灰干透后再进行第二遍整体刮灰。漆灰配制和刮灰手法与前面所述相同（图 5－107）。

图 5－105　对胎体进行生漆渗透加固

图 5－106　打磨

图 5－107　漆灰找平

4）再髹涂生漆

清洗并干燥之后，然后进行生漆整体满刷。所刷生漆，视天气情况，须在生漆中按 10% ~15% 的比例加入松节油，充分调和均匀。刷漆时必须顺着胎体的纹路走向，遇立长方形，用国漆刷蘸上生漆从上往下，向同一方向施漆，必须到底，然后再从下往上往返进行；遇横长方形，则从左往右，再从右往左往返进行。直到将生漆均匀刷满、刷遍，不留空白，不留刷痕。待生漆干透之后再刮漆灰。漆灰的配制和刮灰手法与前面所述相同，但此次刮灰要将刮灰刀改为胶片，所刮漆灰要更加薄而匀（图 5－108）。

5）髹涂熟漆

熟漆用生漆熬制。所谓熟漆，是将生漆倒入铁锅以火熬制，使生漆中所含水分去尽后即成。此次用漆，视天气情况，用生漆与熟漆调和，气温高需多加生漆，气温低则少加生漆，调和比例要视其能在第二天干透为宜。一般情况下生漆与熟漆的比例约 50%，气温较低时生漆约 40%，气温高时生漆可达 60%，甚至更高。刷漆要均匀，刷满、刷遍，不留空白，不留刷痕（图 5－109）。

图 5－108　髹涂生漆

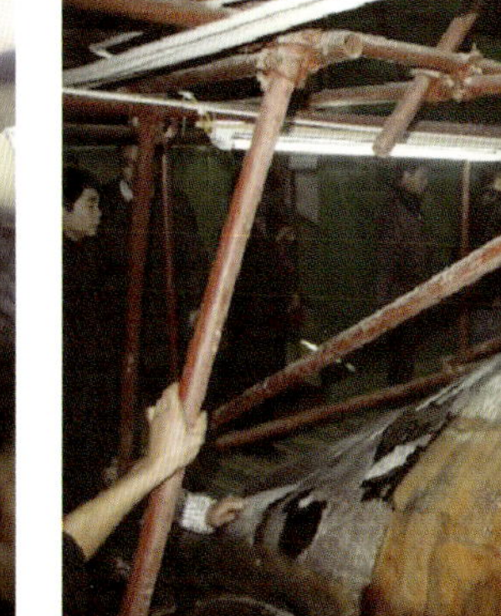

图 5－109　髹涂熟漆

6）金脚漆

然后按照大佛造像各部位的具体形态，考虑金箔接缝的衔接位置，并根据气象条件和工作时间与工作量，计划好刷金脚漆的面积及具体部位。之后再用特制国漆牛尾刷，沾上金脚漆涂刷于表面。等待金脚漆收汗，即干燥到约 80% 后，方可贴金。刷漆手法与上同。重复一遍用熟漆整体满刷。熟漆的调制和髹漆方法与上同。将配制好的金脚漆至少过滤二遍以上，除掉渣滓（图 5－110、5－111）。

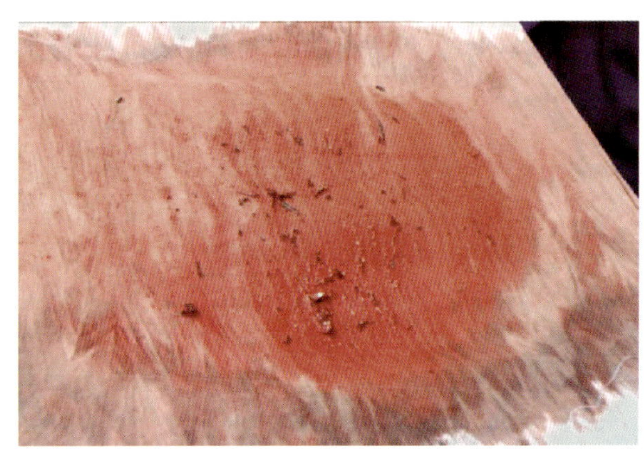

图 5－110　清除渣滓

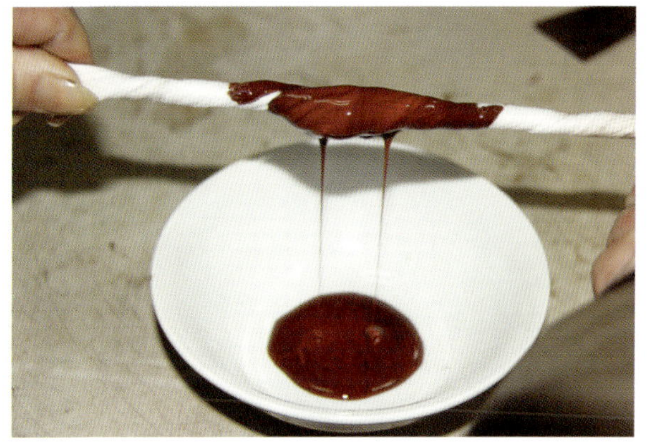

图 5－111　精制过滤金胶漆

等漆干透之后，再用 360 号砂纸砂平并用棉布，毛刷及微型吸尘器进行清洗除尘。

金脚漆干燥结膜的程度与大漆与桐油混合的比例，每天的温度与湿度，工匠贴金时的速度与把握的火候三个基本因素相关。为了达到理想的贴金效果，必须凭经验将这三个因素综合考虑在内，视天气情况改变配制金脚漆的成分比例，一般用生漆与熟桐油各约 50%，并掺入生漆与熟桐油总量约 20% 的银朱配制而成。

传统贴金工艺在贴金的具体操作之时，实际上非常讲究“火候”。贴金时，贴金人员必须掌握好干湿度和温度，也就是说，在髹涂的金脚漆还处于“半干不干”，略有黏手的时候是贴金的最佳时刻。这实际上是一种非常依赖于髹漆师傅长期工作经验，凭个人感觉的技艺。每个人对贴金火候的把握也各有认知，其处理手法各自略有不同。因此，由于个体的差异，会使漆膜的结膜干燥时间出现不同的牢固程度。尽管在贴金初期的视觉效果上没有区别，但是随着时间的推移，贴金层的老化，就会出现不同程度的金箔层脱落情况。

另外需要指出的是，为了保证潼南大佛贴金工艺的质量，在进行髹漆之前必须对所用材料进行清洁，对土漆、桐油、松节油进行多次过滤，确保无灰尘、颗粒及渣滓。

7）选定金箔规格

关于金箔的选择，我们首先按照所贴区域面积选定尺寸：大面积贴金，如佛身部位，采用边长93mm 的金箔；小面积贴金，如面部、肩部佩饰，选用边长 45mm 的金箔（图 5－112、5－113）。

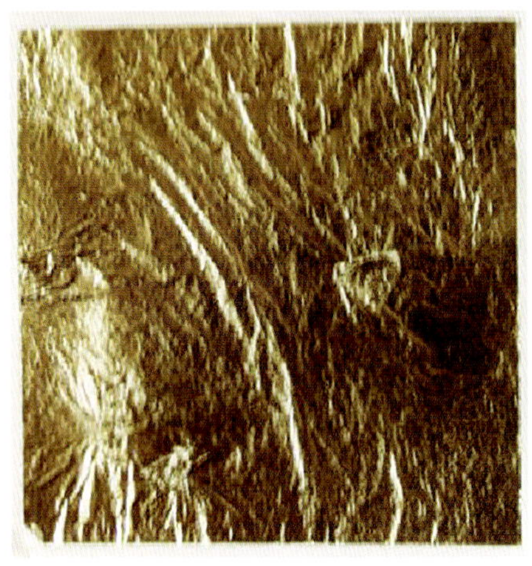

图 5－112　特制金箔（93mm ×93mm）

图 5－113　金箔（45mm ×45mm）

8）黏贴金箔

在黏贴金箔过程中，贴金人员按照自己习性以左手持金箔 10～20 张，先去除过多边纸，用右手持专制竹夹，捋开金箔，将金箔的底面与衬纸分开，用竹夹夹住一张金箔的上方，须将金箔上面所附衬纸一同夹住，将金箔平敷于金脚漆表面。敷金箔时，右手持竹夹送金箔，以金箔底面下方与金脚漆先接触，同时以左手从金箔中心处向四周方向将整张金箔抚平，然后用右手持竹夹将衬纸揭去。贴金箔须按照从下往上，从左往右，从外往里的顺序贴金箔。

贴金箔时要注意屏住气息，不能大口出气，以避免出现金箔捲皱或被吹散的情况发生，导致金箔无法黏贴，造成浪费。同时也要注意规避强流风向和气流的流通，出现微风的时候，须用帐子围住，形成较为封闭的空间后再贴金。贴金的同时，要注意尽量减少金箔间的过多叠压和出现留缝、漏漆的现象。

贴金箔时应注意查漏补金，于金箔黏贴时发现有留缝漏漆的现象，应及时补贴金箔，整体黏贴完成之后，必须仔细检查，是否在黏贴面存在因金箔打造时的漏金，或在黏贴金箔时，于接缝处出现露出金脚漆的现象。如有出现，必须及时补贴金箔。如果补贴金箔不及时，就会出现因时间的不统一，出现其所贴金箔的色泽就不统一的情况。因此而出现“补丁”现象，将直接影响大佛金身的整体美感（图 5－114）。

9）扫金

贴完金箔并经过补金之后，再用羊毛刷刷掉金箔接缝处多余的金颗粒。之所以选择使用羊毛刷，是因其柔软，不至于在金箔表面留下刷痕（图 5－115）。

10）压实

用羊毛刷刷掉金箔接缝处多余的金颗粒之后，再用自制的棉布包轻轻敲打、压平、压实金箔，使金箔牢牢黏接于大漆表面，同时也使金箔与金脚漆溶为一体（图 5－116）。

图5-114　黏贴贴金

图5-115　扫金

11）走金

用自制的棉布包将金箔牢牢黏接于大漆表面之后，再用棉花轻微走金，使金箔表面更加平整、光滑，金色统一，不出现局部散射光、旋转晕光。用棉花走金时，要注意用力适度，不可用力过大，用力过大会使金箔表面出现压痕，同时要注意更换棉花，棉花表面附有过多金箔颗粒，擦拭时会留下金箔颗粒的擦痕（图5-117）。

图5-116　压实金箔

图5-117　走金

12）金箔封护

待金箔黏贴工序流程全部进行完毕之后，再在贴金层的表面用羊毛刷沾上封护剂，髹于金箔表面，以达到最后封护的目的（图5-118）。

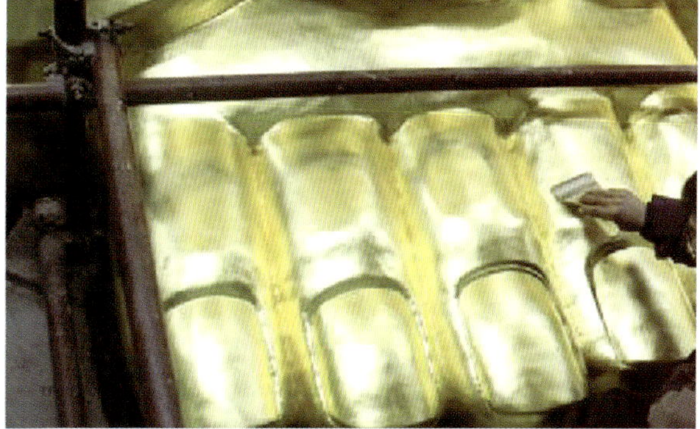
图5-118　在贴金层表面涂刷上一层配制的封护剂

5.4.5 潼南大佛贴金效果及总结（图 5－119）

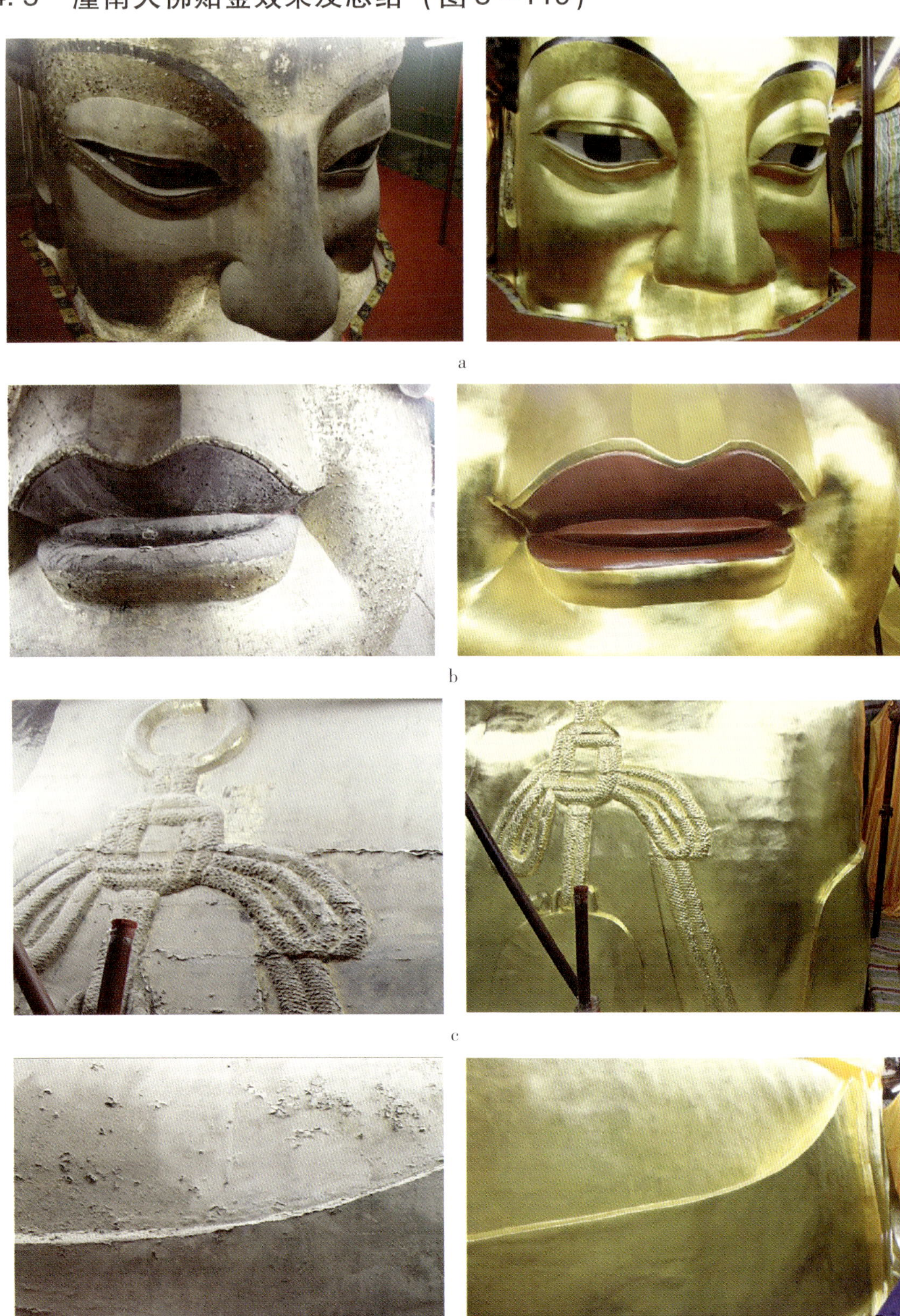

a

b

c

d

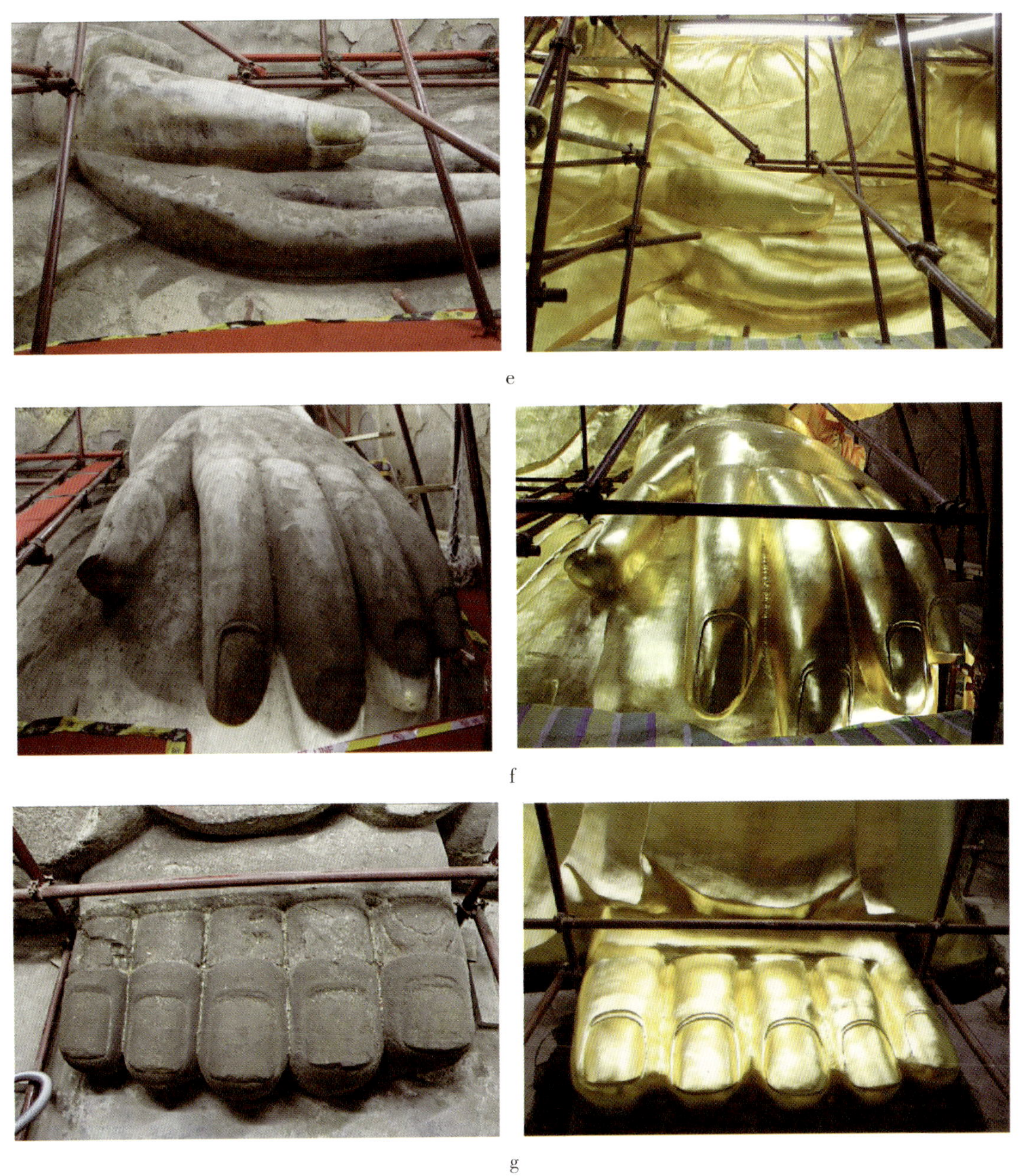

e

f

g

图5－119　潼南大佛修复效果前后对比

a 大佛面部贴金及眼眉饰色前后效果　b 大佛嘴部贴金前后效果　c 肩部佩饰贴金前后效果　d 大佛胸部贴金前后效果　e 大佛右手部及腹部贴金前后效果　f 大佛左手部贴金前后效果　g 大佛脚趾贴金前后效果

潼南大佛是直接在山岩石壁上开凿的摩岩造像，为其贴金兼具两方面的功能：一是将石质胎体完好地包裹起来，以到达保护的作用，在这里可以说是地仗层与漆膜层共同在发挥作用；二是满足宗教艺术色彩表现的需要。为宗教造像施以贴金工艺来自于《魏书·释老志》。其载“汉明帝永平八年（前65年）明帝梦见金人，以问群臣，臣称为佛。”此后，为表现佛光普照，人们便用贴金的方式来贴饰佛像。为大佛贴金，从其现象本身而言，是一种宗教艺术色彩表现的要求。而采用土漆材料与漆工艺作为实现效果的一种手段，是经过长期摸索的技术经验。

我们对潼南大佛贴金工程十分慎重。在组织实施过程中，多次组织召开有国家及市、县专家、县领导和有关部门负责人参加的现场会、专家咨询会、方案论证研讨会、协调会等。在广泛征集专家意见的基础上，深入民间调查，通过对老艺人的走访，了解传统贴金工艺方法，掌握传统材料和工艺的机理，挖掘大佛所蕴含的历史文化内涵；严格遵循保持历史原貌的原则，从实际效果上加以考虑，既注重文物修复效果，又注重修复后的视觉效果，尽量使修复效果达到保护传承与自然统一并重，文物保护和艺术效果的统一。力求保存大佛的历史价值、宗教价值和艺术价值，坚持采用传统贴金技艺对潼南大佛实施贴金工程。

潼南大佛贴金工程于2011年3月12日开始对大佛胎体实施局部土漆渗透，正式进入髹漆工序。首先对维修过的大佛胎体进行第一遍生漆渗透，然后再进行整体的三遍土漆髹漆，每遍髹漆之前都经过刮灰、打磨砂平、清洗除尘工序，至12月1日，在集合多种工艺技术的基础上，开始对大佛面部实施最后一道金脚漆，计划于2日正式开始贴金箔。

在髹漆贴金工序实施之前，我们制订出了髹漆工序流程、贴金工序流程，并严格按照工序流程实施。潼南大佛贴金工序全面完成之后，并经过技术处理，金箔表面更加平整、光滑，大佛金身，金色一致，金光灿烂。

为了对重新贴金的大佛金身起到一定的保护和防护作用，我们经过试验，自行配制了金箔封护剂，在佛身整体贴金完成之后，于贴金层的表面，再用羊毛刷，沾上自制的金箔封护剂，髹于金箔表面，以达到最后封护的目的。本修复工程，我们坚持采用原材料与原工艺。通过原材料和原工艺的使用，最大限度地保存了文物的基本信息。历代修缮所使用的工艺与材料，对于一件艺术品的最终效果是决定性的。在任何的美学类中，工艺技法与使用材料对于作品的创造而言，都是至关重要的。我国有着悠久的彩绘、贴金工艺传统，这些工艺无论在古代建筑还是石窟造像中都发挥着重要的装饰作用，与石刻有机的形成整体，体现着中国独特的审美理念和文化精神。贴金与彩绘的工艺创作手法在传统佛教造像表现艺术中占有特殊的地位。它作为重要的历史文化符号，体现着不同时期佛教这一外来宗教在中国的融合与发展。

四川既是佛教文化遗产丰富的地区，同时保有大量贴金、彩绘石刻造像，为后人留下了丰富的艺术宝库。在这些石刻造像中，从艺术形态的角度分析，以重庆大足宝顶的千手观音造像最为典型，代表着中国四川地区三维石刻造型与二维贴金、彩绘相结合的佛教艺术精华。

与潼南大佛不同，千手观音的髹漆面积是以手为单位的，每只手的面积比潼南大佛平整的岩面胎体面积要小的多，因此，在髹漆时，可以对千手观音的数只手同时髹漆，这也最复合漆工艺施工的效率。实际上，从千手观音早年贴金的施工角度来看，工程实施速度是非常快的，每一次贴金很有可能在一到两年内完成的。在前文中我们已经提到，从传统漆艺的技术要领来分析，打磨是髹漆的基本工艺，甚至有“三分涂七分磨”的说法，可见打磨在漆艺中的重要性。但是，在千手观音的历代贴金层中，我们未发现任何的打磨痕迹，新漆膜被直接髹涂在已有的旧贴金层上我们在潼南大佛和千手观音各方面进行了工艺材料的对比研究。历史本身是不可逆的，对于潼南大佛的工艺和材料的调查分析的目的是明确的：

第一，使我们更加清晰地了解潼南大佛和千手观音现状病害的原因。通过工艺、材料了解病害并不是终极目的，而是为了更好地为保护潼南大佛和千手观音的工作做好铺垫。

第二，使我们更加明确的还原潼南大佛的艺术效果。作为一件艺术品，保护的目的是为了更好的展示。通过工艺、材料分析千手观音的艺术效果，试图再现她真实的“原貌”。

第三，使我们清晰的了解工艺背后的历史信息。作为一种工艺而言，既是艺术创作的手段，为作品的效果服务，同时它也是社会分工的一部分，在一种工艺背后隐藏着大量的社会、文化、艺术以及宗教信息。

第四，为四川地区同等类型的石刻造像的研究、保护与修复提供了可靠的依据。千手观音的现有病害是复杂的，同时也是典型的。因此，通过对潼南大佛的工艺、材料的调查对整个西南地区的同类型石刻造像保护和进一步的修复都可提供宝贵的经验支持。

文物价值的特殊性使文物保护与修复比一般物品的保护与修复更严格、更苛刻。文物保护与修复的实质是保护文物的历史、科学、艺术等价值。文物的这些价值是由它的结构和所承载的信息所决定的。因此，具体来说，文物保护就是要控制或减缓文物劣化变质的进程，使文物本体和其承载的信息处于一种稳定的、安全的状态之中。文物修复则是对已损文物进行处理，使其缺失的结构或丧失的信息得以恢复。

潼南大佛本身存在的历史信息和历史穿金工艺以及材料的有效发挥、运用，在此次保护修复过程中得到了充分的展示和传承。我们按照《中国文物古迹保护准则》、《石质文物保护文本方案制作规范》等原则，展开了文物保存现状调查、制作工艺、保存环境监测、病害调查等现场研究工作，极大地改善了大佛保存状况，恢复了大佛历史原貌。使潼南大佛得到更好的保护，同时服务于当地的文化、旅游事业及和谐社会的建设，促进广大群众文物保护意识的提高，为促进文物保护工作进入良性循环轨道做出了有益的尝试。而此次修复实践的开展对于千手观音造像修复的髹漆贴金材料、工艺的使用提供了非常重要的经验。

第6章 岩石、金箔、彩绘构成材料及病害机理分析

6.1 千手观音造像国内外相关研究概况

6.1.1 石质胎体

6.1.1.1 石质结构特征

千手观音造像岩石为灰紫色钙质胶结中细粒长石石英砂岩。新鲜砂岩的微观结构为粒状结构和孔隙衬垫结构，颗粒与颗粒之间紧密接触，互相镶嵌。长石具蚀变现象，方解石呈填充式胶结。粒间孔隙不规则，孔隙主要为溶蚀孔。其中大部分是在原生粒间孔的基础上发生颗粒边缘溶蚀的扩大孔，其次是粒间溶孔，总体上溶蚀程度不高。孔隙分布不均，局部孔隙发育，其余部位由于颗粒之间呈紧密接触，极少孔隙①。

6.1.1.2 石质风化及表面残损

宝顶山石刻表面岩石普遍存在风化现象。经过现场观察和化学分析可知，宝顶山石窟岩壁风化产物可溶岩主要有硫酸盐、碳酸盐、氧化物、硝酸盐四大类，以硫酸盐为主②。千手观音的岩体与此相同，风化岩石颗粒间连接微弱，结构变得疏松，孔隙度明显增大，岩石风化程度越严重，砂粒间溶蚀缝隙和溶蚀孔隙均明显。此外，整体的风化现象呈现以下几方面特征：（1）基质胶结物方解石（碳酸盐）的流失；（2）可溶性盐类在表层岩石孔隙中的积聚；（3）造像表层岩体结构疏松；（4）全面贴金的手保存完好，未贴金或金箔脱落的部位岩体风化破坏严重。（5）不同位置风化程度不同。具体风化状态有粉末状脱落、鳞片状剥落等。在风化的作用下，表面呈现残损状态。

千手观音表层岩体的残损破坏形式③主要有：

1）粉末状脱落。这是千手观音造像岩体的主要破坏形式，多发生于未贴金部位、金箔脱落的部位、彩绘部位的石刻岩体。

2）鳞片状剥落。岩石因风化作用导致结构疏松，强度降低，抗风化能力减弱，因此在岩体自身重力、表层可溶性盐类结晶膨胀力、干湿交替、黏土矿物涨缩等因素作用下，沿层理面或微细结构面，呈鳞片状剥落。多发生于雕刻品下部、棱角、边缘等部位的岩体。

---

① 王金华《大足石刻保护》，文物出版社，2009年，第196页。

② 汪东云、张赞勋、付林森等《宝顶山石窟造像岩壁风化产物化学特征及形成分析》，《工程地质学报》1995年第3期。

③ 同①，第193页。

3）手指突出部位破损。在手指等石刻的突出部位，更易遭受外力的侵蚀作用。又由于岩体风化后结构疏松，黏结力显著降低，风化岩石在重力和集中应力作用下，更易脱落、破损，造成石刻不完整。

4）造像岩体的断裂垮落。千手观音大部分雕像保存完整。而部分存在结构面的石刻，由于结构面为风化应力侵蚀岩石提供了通道，从而导致了结构疏松、强度减低等应力破坏。突出悬空部位的岩石在重力作用下，沿应力集中部位或软弱部位开裂，造成岩石垮落，千手观音的手和法器垮落比较明显。

6.1.1.3　地仗

千手观音造像以岩石为胎体，其上地仗仅为很薄的一层，未见有披麻糊布或植物纤维填充，可见其作用主要为保护及找平。由于千手观音表面贴金或彩绘保存完好之处岩石风化多不明显，而贴金或彩绘开裂剥落之处，岩石出现严重的风化现象。可见，在单纯的石质胎体之上加地仗层及表面装饰，对于岩石的防风化保护，是有重要作用的。

通过现场观察，大部分贴金区域内贴金层和砂岩基体之间都存在一层地仗（除手指这样的纤细部位外），地仗材料也具有多样性，按不同颜色可分为白色地仗、灰色地仗、黄色泥层地仗。XRD 分析结果[①]显示，白色地仗主要成分为石膏，灰色地仗成分主要为石英，少量黏土矿物和碳酸钙（有可能是传统漆工艺中的砖瓦灰地仗，有待验证），黄色泥层地仗主要成分为石英、黏土矿物和少量碳酸钙，另外对 3 – 6 区主像胸下部区域的白亮物质进行 XRD 分析，结果表明其主要成分为云母。

千手观音地仗层的病害可分为两类[②]，其一为崩裂起鼓现象，这种病害集中发生在造像右下部和主像上方周边大手臂区域，主要是地仗层较厚的区域，发生的原因为较厚的地仗层内含有丰富的石膏，有的还含有一定量的可溶盐（SEM – EDX 结果所显示[③]）石膏吸水膨胀，失水收缩，这种胀缩以及可溶性盐结晶的循环作用，破坏了地仗层和金箔层的结构，在金箔层应力薄弱部位，由于地仗层起鼓[④]，造成贴金层开花状或爆裂状破坏，最终导致贴金层剥落，砂岩无保护层，加速风化。另一类为起翘甚至脱落现象，这种病害在各区域都有分布且无明显差异，究其原因，可简单概括为地仗层失效，因此贴金层和地仗层与基岩分离翘起，严重者脱离基岩表面，这种病害同样会造成贴金层的剥落，以及砂岩在失去保护层之后加速风化。

6.1.2　彩绘

彩绘作为石刻表面的重要装饰品，是石窟艺术的有机组成部分，其增强了石窟造像的艺术表现力、感染力和震撼力，同时彩绘妆饰对石刻造像也有保护的作用，因此进行彩绘颜料的研究是大足石刻保护方面的重要内容。如今，千手观音造像的岩体、表面敷贴的颜料层风化严重，大多数法器

① 胡源、王金华、田兴玲《重庆大足石刻千手观音造像贴金材料工艺科学分析及其病害机理初探》，重庆大足艺术博物馆《2009’中国重庆大足石刻国际学术研讨会暨大足石刻列入〈世界遗产名录〉10 周年纪念会论文汇编保护（一）》，2009 年，第 105 ~ 112 页。

② 高峰、田兴玲、周霄等《重庆大足石刻千手观音造像金箔破坏的机理研究》，重庆大足艺术博物馆《2009’中国重庆大足石刻国际学术研讨会暨大足石刻列入〈世界遗产名录〉10 周年纪念会论文汇编保护（一）》，2009 年，第 176 ~ 186 页。

③ 同①。

④ 王金华《大足石刻保护》，文物出版社，2009 年，第 195 页。

已残缺不全，表层彩绘残留部分呈粉末状，手触即掉。目前在对千手观音表面彩绘颜料的分析上，主要采用XRD（X射线衍射）、XRF（X荧光光谱）、FORS（光导纤维反射分光光度法）、Raman（拉曼光谱）等仪器分析手段进行了研究，结果如表6-1所示：

表6-1 彩绘颜料分析结果表

颜色	分析结果	分析方法	颜料所处地点
红	朱砂、赤铁矿	XRF、FORS	千手观音①
	朱砂	便携XRF、Raman	千手观音②
	土红	XRD	宝顶山正觉像龛③
蓝	青金石（浅蓝、蓝）	便携XRF、Raman	千手观音
	群青	XRD	宝顶山观无量寿佛龛
绿	孔雀石	XRF、FORS	千手观音
	$FeSO_4 \cdot 7H_2O$（翠绿、浅绿）	便携XRF、Raman	千手观音
	孔雀石	XRD、FORS	千手观音

表面的彩绘装饰主要存在于法器上。在龛上部3m高的区域，法器表面彩绘风化剥落，下半部区域法器保存比较完好。大多数彩绘法器以残缺不全，残余的呈粉末状，手触即掉。颜料的变色问题也是主要问题之一，游客呼出的大量二氧化碳会使铅质颜料变成中性的碳酸铅，也会使碱性的石青变成石绿④。

此外，千手观音造像手、眼等处有不均匀的绿色痕迹，根据我国观音造像的塑造传统，极少将观音眼睛涂染绿色。通过显微照片观察，绿色痕迹之下有金箔层，因此研究推测这种绿色是由于含铜金箔在重庆酸性潮湿的环境下发生的一系列腐蚀反应。两侧同色颜料的色差也进行过分析，造像左侧（西）比右侧（东）明度值更高，这在浅绿色、红色、蓝色颜料上都有体现，推测这是由于造像右侧外面的卧佛前水池造成的潮湿引起的。

6.1.3 金胶

千手观音造像表面多层贴金脱落情况严重，各层金胶及贴金的保存状况存在差异。为准确分析不同层位关系是否同金胶的成分以及病害程度相关联，有研究者⑤将接近岩体表面处一层遍布整组造像的红色大漆层定为基准层，简称0层金胶。该层大漆表面附着的贴金大部分已经掉落，但大漆本身质地较厚，与造像基体贴合紧密，少有脱落，保存状况良好，且颜色特征明显，易于区分。通

① Wang Liqin, Dang Gaochao, Analysis and protection of one thousand hand Buddha in Dazu stone sculpture, Chinese journal of chemistry, 2004, 22, 172~176。

② 田兴玲、周霄《大足石刻千手观音造像彩绘颜料分析》，中国文化遗产研究院《文物保护科技研究》（第五辑），科学出版社，第126~131页。

③ 郑利平、席周宽《宝顶石窟彩绘颜料的初步分析》，《重庆历史与文化》2000年第2期。

④ 王金华《大足石刻保护》，文物出版社，2009年，第77页。

⑤ 王世襄著《髹饰录解说——中国传统漆工艺研究》，文物出版社，1983年，第36页。

过这种层位定义方法，可将千手观音造像现存表面金胶大致分为六层（+4、+3、+2、+1、0、-1 层），其中，+1 层金胶薄且均匀，表面 +1 层贴金的成色及保存状况是各层贴金中最好的。对基准层（0 层）金胶漆进行^{14}C测年，结果表明，基准层（0 层）金胶漆的年代为 1790 ± 35 年，即该层贴金的妆贴时间在清乾隆末年至道光初年间。现存 0 层及其以上各层贴金为清代以后所贴。

据走访当地漆匠艺人得知，贴金所用的材料称作金胶漆，俗称“金脚漆”，通常使用熟漆加入熟桐油的混合物，其加入量依据使用时的气候决定，没有固定的比例。为研究千手观音贴金材料的具体成分，多名研究者采用 IR（红外光谱）对多层金胶层进行了分析测试，结果显示，各层金胶的主要吸收峰（3400 cm^{-1}、2929 cm^{-1}、2857cm^{-1}、1715 cm^{-1}、1457 cm^{-1}、1370 cm^{-1}、1274 cm^{-1}、728 cm^{-1}）同生漆的特征峰（2927cm^{-1}，2855 cm^{-1}，1617 cm^{-1}，1457 cm^{-1}，1278 cm^{-1}，992 cm^{-1}）较为匹配，与桐油的特征峰（1165cm^{-1}、1457cm^{-1}、1415cm^{-1}、1377cm^{-1}及 726cm^{-1}等）也重合的很好，因此，判断贴金所用金胶漆为加入桐油的大漆。桐油取代荏油以改善生漆质量是在宋代以后被广泛使用。在漆中调油可以使漆膜变软，并延缓其硬化速度，提高漆膜光泽度，这些性能的改善使得大漆更适合作为贴金的金胶使用。但是由于桐油的耐腐蚀性较差，因此漆膜中调入桐油后，其耐腐蚀的能力会降低。

对多层金胶断面进行扫描电镜分析[①]（图6-1），证实金胶层中的亮红色颗粒状物质为 HgS 颗粒，即金胶中有银朱的添加。

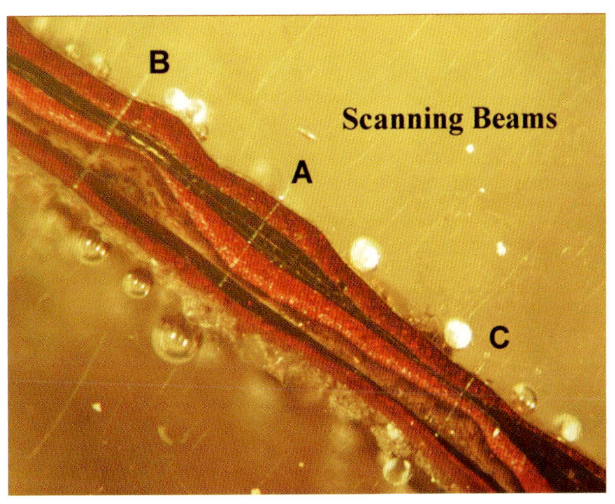

图 6-1　多层金胶显微形貌图像

金胶层发生的病害主要为卷曲起翘开裂，甚至会发生更严重的连带上层贴金脱落的现象。对此，曾有过针对金胶在饱水和干燥条件之下，对其收缩膨胀系数进行测定的研究，测定结果表明，金胶在充分吸水后，会发生一定的膨胀，膨胀率在 0.2% ~0.7% 之间（一说为 0.4% ~0.8%）。由于金胶中主要成分——大漆的这一吸水膨胀，失水收缩的特性，导致漆膜反复受到应力作用，最终发生翘曲造成金胶失去黏结能力，以及其上贴金的脱落与破坏。

6.1.4　金箔

千手观音造像金箔风化破坏十分严重，金箔与岩体开裂、脱离、杂乱挂落在造像表面，就像穿

① 薛轶宁《重庆大足宝顶山千手观音的贴金材料及病害分析研究》，北京大学考古文博学院本科生毕业论文。

了一件年久糟朽，被风雨吹破、扯裂的破烂衣衫，严重损害了千手观音的形象、价值。

金箔的病害主要包括剥落、龟裂、起翘、变色、沉积等，不同类别的病害严重程度不同，其中以片状分层剥落以和褪色表现的比较突出。从面积上看，金箔褪色面积约为146.59m^2，占总贴金展开面积的75%；金箔起翘面积约为156.36m^2，占总贴金展开面积的80%；金箔龟裂面积约为97.73m^2，占总贴金展开面积的50%；粉末状和剥块状面积约为189.15m^2，占整个千手观音展开面积的70%。

通过AES（俄歇电子能谱）①、XPS（X光电子能谱）、SEM－EDX（扫描电镜及元素分析）等仪器分析方法，对千手观音表面贴敷金箔进行成分分析，结果显示，金箔的含金量较高，可以达到95%，金箔中的主要杂质为铜和银。对比左右两侧光泽不同的金箔分析结果显示，暗色金箔只有表面层金的质量分数在63%左右，其余各层金的质量分数极少甚至没有检测到；而亮色金箔层金的质量分数基本稳定在92%。

千手观音金箔的风化破坏根据劣化形态，可以分为以下几种②：

1）片状剥落：千手观音金箔主要的风化破坏形式，包括上下层金箔之间的分离以及金箔层与岩石基体的分离。

2）鳞片状风化破坏：这是由于表层金箔的地仗层或金胶还没有完全失去作用，金胶的约束力小于金箔变形的应力，表层金箔现呈小片状，似鱼鳞状的剥落，但还没有完全脱落。

3）起鼓破坏：起鼓风化破坏有两种风化破坏形式：基岩岩石风化起的金箔、地仗层的起鼓破坏和由于较厚地仗层膨胀造成的金箔层开花状或爆裂状破坏。后一种破坏主要分布在千手观音主像上方周边大型手臂区域。此区域金箔地仗层较厚，含有丰富的石膏（$CaS0_4 \cdot 2H_2O$），石膏吸水膨胀，失水收缩，膨胀——收缩的循环作用，破坏了地仗层的结构和金箔的结构，在金箔层应力薄弱部位，地仗层起鼓、爆裂使金箔层破裂破坏。

4）金箔龟裂、起翘破坏：当金箔的表面张力大于金胶油的黏结力，金箔开裂，形成弧状龟裂纹。显微镜下观察，金箔可见大量裂纹。当金胶油失去黏结作用时，呈曲面黏贴的金箔，在表面应力作用下，起翘、卷曲型破裂破坏。

5）金箔的变色：千手观音完右侧区域，大部分表层金箔变色，主要变为红色、暗红色、棕褐色、灰黑色等。金箔本身一般不变色，金箔呈现的变色原因有以下几种因素：（1）贴金工艺有问题：贴金时由于金胶油黏结时机掌握不好金胶油吃透金箔，金箔表面呈现金胶油的颜色。（2）表层金箔脱落，表层金箔的内胎（地仗层和金胶油）附着在金箔表面，造成的暗红色、棕褐色。（3）由于历史上香火熏蒸，香火的烟尘沉积、附着在金箔表面，尘土的颜色。（4）环境污染造成的变色。

金箔除以上病害外，其风化破坏状态还表现出区域性，即两侧、上下区域金箔的风化破坏程度均有不同——右侧区域金箔的风化破坏程度比左侧区域严重，上部区域比下部区域风化破坏严重。

6.2 千手观音造像材质分析及风化病害机理讨论

6.2.1 千手观音制作材料分析

为了更好地对千手观音的病害风化机理进行分析，首先我们对千手观音各种制作材料做了系统

① 田兴玲、郑茗天、马清林等《重庆大足千手观音造像多层金箔成分分析》，《黄金》2010年第4期。

② 王金华《大足千手观音造像保存状况及病害专题研究》，《中国文物科学研究》2007年第2期。

的分析，通过本次分析得出以下结论：

1）金箔（分析报告见附录 4、5）

金箔的主要成分为 Au（83% ~92%）及 Ag（10% 左右），也有部分金箔中含有少量 Cu（小于 5%）。

2）金胶油（分析报告见附录 6）

千手观音的各层金胶中，主要组成为大漆、桐油与银珠。

3）彩绘（分析报告见附录 7）

蓝色颜料为群青、黑色颜料为碳黑、部分红色颜料为朱砂（因为拉曼光谱解出在多层彩绘和暗红色颜料中还分别存在铅丹和铁红）。脸上的绿色为孔雀石。其他部位绿色颜料为砷酸铜。白色颜料的主要成分可能为石膏。

4）地仗（分析报告见附录 10）

白色地仗，主要成分为石膏。

5）风化砂岩（分析报告见附录 11）

风化砂岩的主要成分石英和长石另外还有一定量的黏土矿物，作为胶结物的方解石含量最低为 3%，最高的为 18.4%，石膏为风化产物，含量低于 1%。

历史文献的调研和本次所做的分析（分析报告见附录 12、13）结果表明：

（1）千手观音造像局部历史上曾经历 6 次贴金过程；

（2）千手观音造像局部至少经历 3 次不同颜料的妆彩过程；

（3）千手观音造像局部发现多处后期修复信息，其中部分特殊修复信息属明显的现当代修复行为；

（4）造像手部内部结构信息证实了本次传统工艺调查研究的雕凿工艺过程；

（5）千手观音造像彩绘颜料分析证实了本次传统工艺调查研究的妆彩材料及工艺；

（6）千手观音金箔及黏接材料分析数据印证了本次传统工艺调查的贴金材料及工艺。

6.2.2　贴金层的病害及其风化机理

6.2.2.1　贴金层剥落病害

贴金层剥落病害是千手观音造像主要的病害之一，其形式也多种多样，详细分类见表 6－2。

表 6－2　贴金层病害分类表

问题部位	病害类型	描述	原因分析	分布特点	危害性
表面金箔	金箔表面失去光泽，点状剥落	贴金层表面金箔的特殊脱落形式	金箔自身问题，烟熏，石膏	主要分布于造像右侧区域	
	烟熏，尘土等附着沉积		油灯，香烛	烟熏集中分布在造像右侧，灰尘分布广	吸水
贴金层	单层或多层贴金分层开裂卷曲	贴金层开裂卷曲，地仗基岩完好	金胶漆老化失效	各区域都有分布，各区域无明显差异	贴金层剥落，砂岩无保护层，加速风化
	空鼓				

续表

问题部位	病害类型	描述	原因分析	分布特点	危害性
地仗	崩裂、起鼓	由于地仗层膨胀造成的贴金层开花状或爆裂状破坏	地仗内石膏的变化	集中在造像右下部和主像上方周边大手臂区域。此区域可能地仗层较厚	贴金层剥落，砂岩无保护层，加速风化
	起翘	贴金层和地仗层与基岩分离翘起	地仗失效	各区域都有分布，各区域无明显差异	贴金层剥落，砂岩无保护层，加速风化
	脱落和地仗脱落（起翘的最终结果）	贴金层和地仗脱离基岩表面	地仗失效	各区域都有分布，各区域无明显差异	贴金层剥落，砂岩无保护层，加速风化

6.2.2.2 金箔粉化或颗粒状剥落

千手观音造像右侧最外层贴金表面金箔缺乏光泽，呈颗粒状剥落，前期分析（见附录4、5）表明金箔表面附着有大量石膏颗粒，可能为油灯，香烛燃烧残留物沉积在金箔表面。

6.2.2.3 单层或多层贴金层分层开裂卷曲

研究表明（见附录8），胶在充分吸水之后，会出现一定的膨胀，膨胀率在0.2% ~0.7%之间。前期的分析（见附录6）表明贴金材料是以大漆和桐油为主要成分的金胶漆。贴金层内的金胶漆的漆膜在环境湿度较高的情况下，会吸水发生膨胀；而在湿度降低之时，又会产生收缩。由于漆膜内外表面含水率并不能够保持均匀，因此通常是漆膜外表面首先干燥收缩，从而使得外表面具有一定的力量向中心拉扯，当力量达到一定程度后，这种情况不停反复，金胶最终失去黏接能力，即发生漆膜翘曲。由于吸水程度及先后顺序、金胶厚度及老化腐蚀情况不同，同层金胶不同位置以及各层金胶之间的吸水膨胀应存在一定差异，可能导致金胶层的不平和相互脱离。随着环境湿度的变化，漆膜反复吸水膨胀、失水干缩，必然会加速表面贴金的脱落与破坏。多层贴金层的开裂，金胶油涂刷在下层金箔之上，形成两层金胶油夹金箔的结构，一旦金胶油受到水汽侵蚀，在干湿变化时可能在内部形成应力，导致卷曲，特别是表面无金箔的部位影响更大。

此外，由前述的XPS数据（见附录4）得到，在表面层之下的贴金表面，也检出大量C、O、Si元素的存在，并且，红外数据结果也表明，卷曲程度严重的金胶样品，往往受到石膏等矿物质的干扰更严重。因此，推测在不同层金胶之间由于膨胀收缩产生的缝隙里，附着有大量矿物质或者风化物。这些物质的存在以及不断的吸水失水，也会造成一定程度的体积改变，从而使得同层的金胶与贴金，以及不同层的金胶之间，附着力减小，导致金胶硬化干裂，贴金掉落等病害（图6－2）。

为了验证干湿交替对金箔起翘、开裂等的影响，设计了在试验室环境模拟干湿交替的老化试验。试验条件是：采用去离子水做溶液介质:；恒温水浴：40℃；10min浸泡，40℃恒温干燥50min。

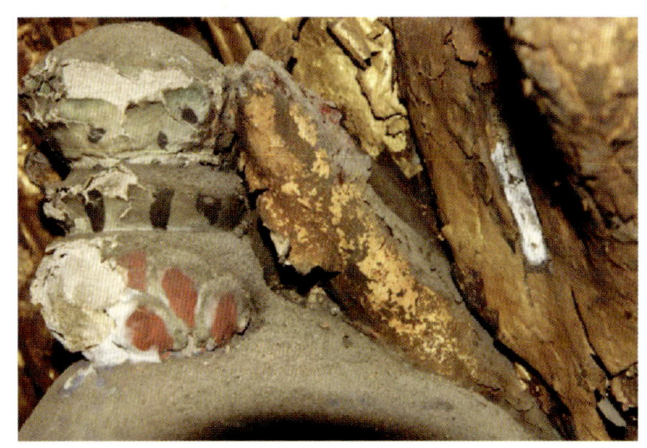

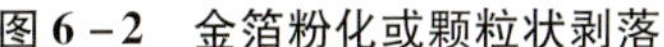

图 6－2　金箔粉化或颗粒状剥落

图 6－3　16#样的原始状态

16#试样由石块＋地仗（熟石膏＋明胶）＋漆＋金箔＋漆＋金箔组成，其是五面贴金，第六个面是石质面。试验发现，该试样在试验第 8 个周期时，其 12 号样出现金箔空鼓，而且 1 号样的空鼓直径近 10mm，2 号样为 2mm 左右，3 号样的棱角处出现约 7mm 的裂纹；随着试验的进行，空鼓的直径在扩大，裂纹的长度宽度在增加，到第 40 个循环时，1 号样的空鼓直径达 20mm，2 号样的约为 5mm，而 3 号样的裂隙达 11mm。其一侧面也出现一个直径约为 2mm 的空鼓。与 16#相对应的 15#试样，其是六面全部贴金，而其在经过 40 个循环试验后，表面扔保持结构的完整性，没有出现裂纹等缺陷，如图 6－3～6－5 所示。

图 6－4　16#样的试验第 16 个循环时的状态和试验第 40 个循环时的状态

图 6－5　15#样的原始状态和试验第 40 个循环时的状态

6.2.2.4 地仗材料失效或崩裂引起的贴金层破坏

地仗材料多用石膏，白色石膏地仗崩裂的产生和地仗施工工艺及材料使用有关系。同样在干湿交替的试验中可以发现，5#样品的材质是石块+地仗（熟石膏+明胶），其在试验第8个循环结束的时候，表面的石膏出现溶解现象；随着试验的进行，第40个循环式时，石块表面的地仗逐渐开裂、局部块状脱落。如图6-6所示。

图6-6 原始状态和试验第40个循环时的状态

$CaSO_4 \cdot 2H_2O$ 与 $CaSO_4$ 在稍高的室温下遇水即可互变。硬石膏吸水形成石膏，体积增大61.3%。反复膨胀收缩而致地仗材料失效。而地仗层中的部分硬石膏吸水后，水化作用形成的结晶水导致膨胀，穿透金箔的结合部等应力薄弱部位，释放压力，最终导致金箔开裂，使得水化后的石膏最终在金箔表面或裂隙处形成爆米花状的析出物。下面的取样及分析检测证实了此点。在千手观音本体上存在很多金箔开裂或点状脱落处析出白色结晶物的现象，本试验在千手观音右下颌及第二层右侧手指处分别取样，进行表面结晶物的SEM-EDX和XRD分析，结果如图6-7~6-9及表6-3所示。

表6-3 千手观音金箔表面析出结晶元素浓度表（%）

	C	O	Na	Mg	Al	Si	S	Cl	Ca
大佛右下颌析出盐-1	15.90	52.16	—	—	0.29	—	13.82	—	17.16
大佛右下颌析出盐-2	10.31	53.00	—	—	0.09	0.59	16.12	—	19.88
大佛右侧手指析出盐	10.15	52.42	0.82	0.45	—	0.80	14.63	2.01	18.71

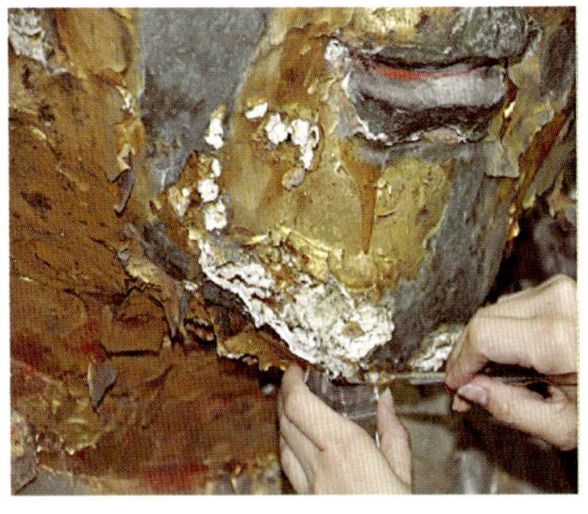

图6-7 千手观音金箔表面析出结晶

图 6-8　千手观音右下颌金箔表面析出结晶的 SEM 形貌像

图 6-9　千手观音第二层右侧手指金箔表面析出结晶的 SEM 形貌像

金箔表面析出结晶系穿透金箔后在金箔的表面富集形成的白色晶簇，出现范围大，对金佛的外观有明显的影响（图 6-7），在电镜下呈均匀的多面体微晶和棒状的聚集态（图 6-8、6-9），无杂质，成分分析表明，主成分为 S，Na，O（图 6-10，表 6-3），结合 XRD 的结果（图 6-11）可判定该析出盐的主要成分为 $CaSO_4 \cdot 2H_2O$ 与 $CaSO_4$。研究表明：$CaSO_4 \cdot 2H_2O$ 与 $CaSO_4$ 在稍高的室温下遇水即可互变。硬石膏吸水形成石膏，体积增大 61.3%。地仗层中的部分硬石膏吸水后，水

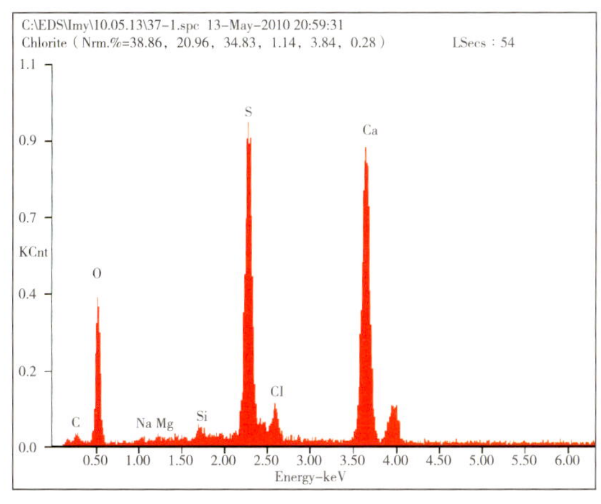

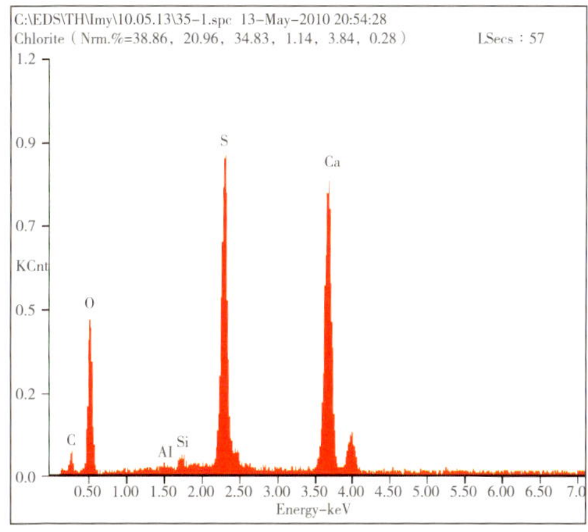

图 6-10　右下颌析出盐 EDX 谱图

化作用形成的结晶水导致膨胀，穿透金箔的结合部等应力薄弱部位释放压力，最终形成爆米花状的析出物。

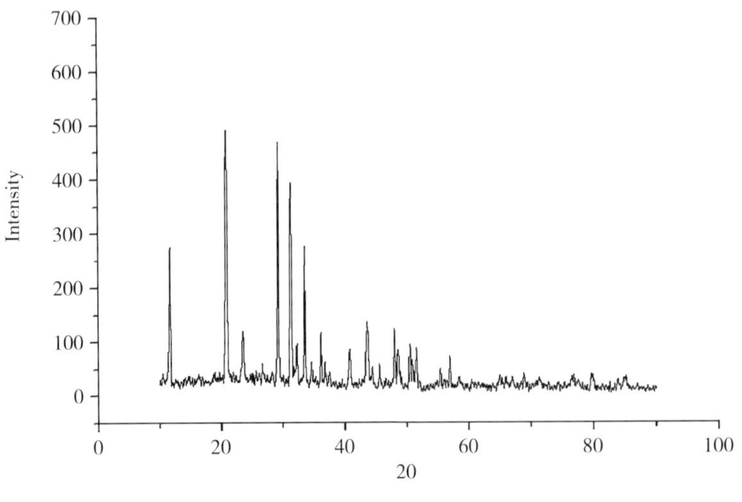

图 6 - 11　右下颌析出盐 XRD 谱图

6.2.2.5　贴金层剥落的机理分析

千手观音的东侧样金箔剥落严重，其典型形貌有微孔、裂纹和表面覆盖腐蚀物或夹杂物；而西侧样保持的较为完整。西侧样品较东侧样品相比，裂纹较多，微孔较少，表面覆盖物较多。见图 6 - 12、6 - 13。

图 6 - 12　东侧样品 SEM 形貌像

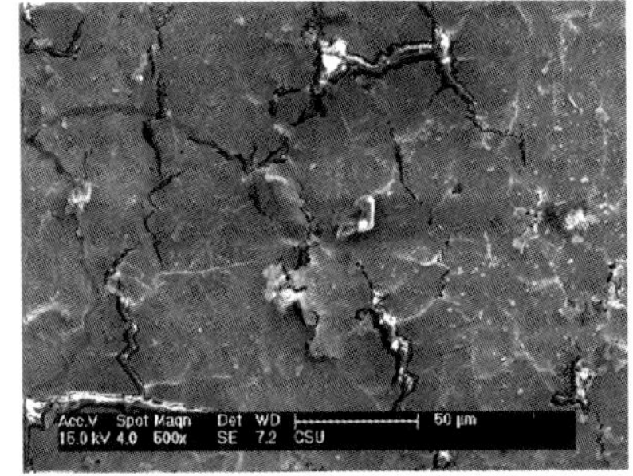

图 6 - 13　西侧样品 SEM 形貌样

由能谱分析得知，东侧样品表面金箔层成分中含有 Ag、Cu、Ca 等元素，Au 的含量为 97.94%；表面覆盖物中 Ca、S、Si、Na、Cl 等元素含量较高。西侧样品金箔中 Cu 和 Ag 的含量较高，Au 的含量为 96.89%。显然两者的金的纯度接近，但是金箔剥落的程度却差异甚远。原因何在？

为了更好地对千手观音东西侧金箔保存相差甚远的问题做出一个合理的解释。我们采用俄歇电子能谱分析主像东侧亮金和西侧暗金。根据俄歇电子能谱的结果，在 50nm 深度下的俄歇能谱图比较理想。

分析能谱图发现，各层金含量不均，元素分布也不均匀。金箔内主要含铜、银元素。暗色金箔只有表面金含量在 63% 左右，其余层金含量极少甚至没有检测到；而亮色金箔的金含量稳定在 92%。对比以上两个样品的俄歇能谱结果发现，说明不同层金箔间金含量存在差异，暗色金箔（主像东侧）表层含量较低，而内层金含量更低。而亮色金箔各层金含量都较高，如果排除测量误差（由于金箔太薄，且样品金箔不均匀。所以测量点也许打在地仗或金胶油上），这说明暗金这侧即主像东侧金箔保存状况历来都很差。考虑到东侧的金箔历来保存状况都很差，我们认为这应该不是贴金工艺和金箔质量可以解释的问题。而更多的是由于东西侧的环境不同所造成的保存情况差异。结合周边环境的调查我们可以发现，东侧由于有外部水源经过所以东部整体的含水率要高于西侧，而金箔内含有铜元素，铜元素是较活泼得金属，在酸性条件下会发生腐蚀。大足县属于酸雨雾影响地带这使得金箔腐蚀成为可能。同时由于东侧局部的含水率高，而水可以直接产生破坏，也可以是其他一切因素的媒介，所以水的存在加速了酸雨雾的扩散使得东部的金箔保存情况更差。

根据前期研究（见附录 9），从低倍扫描电镜下观察，东侧样呈破碎性剥落，基底大量裸露；西侧样品与基底结合比较紧密，能够显示出基底的纹路。在高倍扫描电镜下观察，东侧样虽然表面有一定的污染，但大致可以分辨出晶界，晶粒尺寸不太均匀，从亚微米到数微米级。在晶界出存在大量亚微米孔隙，并有微孔聚合现象。微孔隙聚集，矿物晶体（可能为石膏晶体）在大孔处长大，二者共同相互作用，导致金箔破碎性开裂。西侧样品比较致密，晶界处微孔隙很少，晶粒尺寸与东侧基本一致，表面有少量沉积物，但尺寸很小。

从金箔样品的形貌和破坏形式看，主要起因于微孔隙即点蚀，点蚀表现为在金箔显微组织中，特别是晶界附近形成纳米尺度的孔隙；孔隙的聚合导致金箔局部粉状碎裂（有别于由于底部金胶或者地仗层膨胀导致的涨裂）。点蚀的主要原因是由于金箔中的合金元素，例如铜和银与基体的腐蚀电位不同，在酸性条件下被选择性腐蚀了。而由于晶界是材料组织中的高能量区（缺陷较多，溶质原子容易富集等），通常会先被腐蚀。同时由于晶界附近的应力状态可能也与基体有差别，会导致局部的应力腐蚀。从能谱图中我们可以看出：很显然，在孔隙周围的银含量低于基体银含量，因此可以确定，由于金箔中元素（银）的选择性腐蚀导致了微孔的形成。另外由于金胶吸水后会有一定的膨胀，导致基底产生膨胀应力，使得金箔容易发生晶界腐蚀。受干湿交替影响，这种腐蚀现象加剧，造成晶界腐蚀速度加快。腐蚀后的微孔聚合以及基底石膏晶体长大，导致金箔粉碎性破坏，造成千手观音金箔剥落。

6.2.3　石质胎体的病害及风化机理

6.2.3.1　石质结构特征

千手观音造像岩石为灰紫色钙质胶结中细粒长石石英砂岩。新鲜砂岩的微观结构为粒状结构和孔隙衬垫结构，颗粒与颗粒之间紧密接触，互相镶嵌。长石具蚀变现象，方解石呈填充式胶结。粒间孔隙不规则，孔隙主要为溶蚀孔。其中大部分是在原生粒间孔的基础上发生颗粒边缘溶蚀的扩大孔，其次是粒间溶孔，总体上溶蚀程度不高。孔隙分布不均，局部孔隙发育，其余部位由于颗粒之间呈紧密接触，极少孔隙。如图6－14。

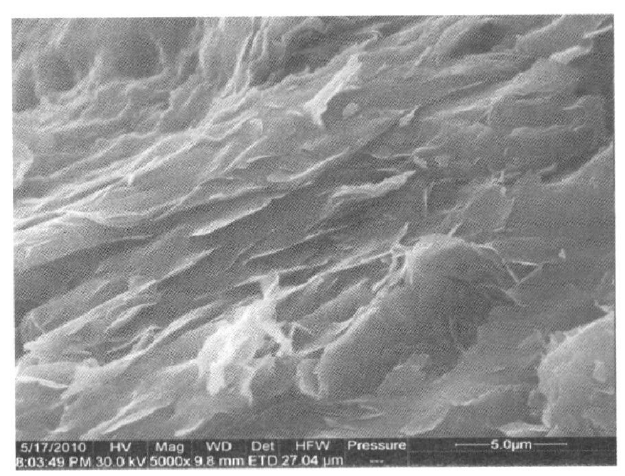

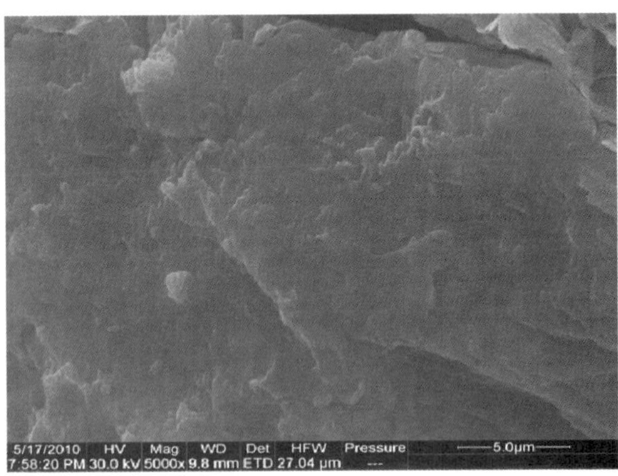

图6－14　新鲜岩石SEM形貌像

6.2.3.2　岩石、岩石风化产物和地仗的病害

宝顶山石刻表面岩石普遍存在风化现象。风化岩石颗粒间连接微弱，结构变得疏松，孔隙度明显增大，粒间胶结物流失，表面满布碎屑裂隙，孔隙高度发育，溶蚀特征明显，如图6－15所示：石英晶体的解理、蚀坑及无定形的洗脱物等，岩石风化程度越严重，砂粒间溶蚀缝隙和溶蚀孔隙均明显。对大足千手观音风化岩石和附近同质新鲜岩石的成分进行对比。

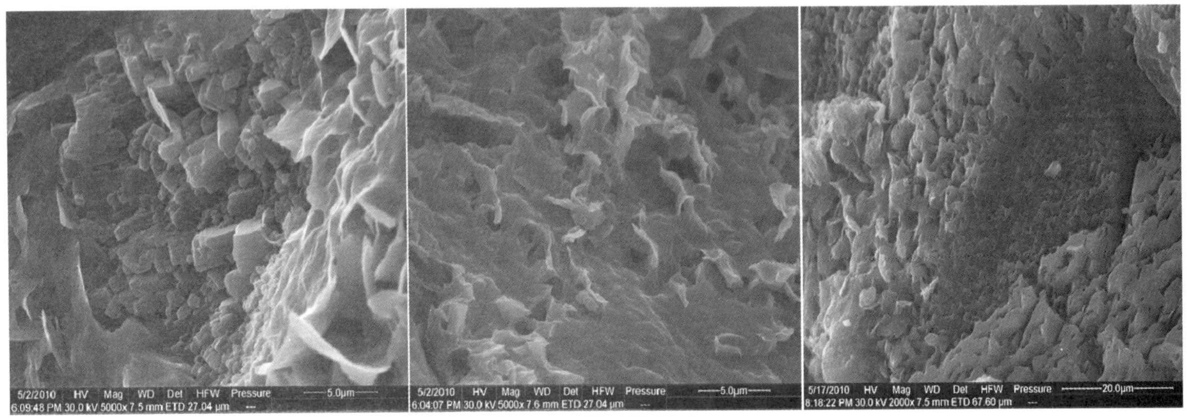

图6－15　风化层剥蚀岩石SEM形貌像

分析可得新鲜和风化岩石的可溶盐组分近似，主要为硫酸钙盐（表6－4、6－5），但新鲜岩石可溶盐中S的相对含量较风化层中的低，表面风化层钙元素流失量大，以碳酸钙代表的胶结物被严重溶蚀（表6－6、6－7）。风化层体相中S元素的含量明显高于新鲜岩石。

通过现场观察，大部分贴金区域内贴金层和砂岩基体之间都存在一层地仗（除手指这样的纤细部位外），地仗材料也具有多样性，按不同颜色可分为白色地仗、灰色地仗、黄色泥层地仗。XRD分析结果显示，白色地仗主要成分为石膏，灰色地仗成分主要为石英、少量黏土矿物和碳酸钙，黄色泥层地仗主要成分为石英、黏土矿物和少量碳酸钙。

表6-4 新鲜岩石与表面风化层的能谱成分分析结果（%）

元素	C	O	Na	Mg	Al	Si	S	K	Ca	Ti	Fe
新鲜砂岩-1	—	52.59	1.46	2.57	7.23	25.58	—	1.84	5.54	—	3.19
新鲜砂岩-2	11.09	49.52	1.23	2.73	5.57	20.74	0.19	1.19	5.84	—	2.27
表面风化层-1	10.36	49.73	1.78	2.99	9.25	20.71	—	0.71	0.59	0.78	3.10
表面风化层-2	9.18	52.78	1.75	2.66	8.70	22.05	—	0.73	0.38	—	1.78

表6-5 新鲜岩石与表面风化层的X-荧光分析结果（%）

元素	C	O	Na	Mg	Al	Si	P	S
新鲜	1.83	48.1	1.62	1.79	5.95	26.9	0.0918	0.098
中轴线	0.30	52.5	1.65	2.18	6.85	26.41	0.051	1.15
风化	—	49.02	2.23	2.11	10.1	31.63	0.032	0.185
元素	Cl	K	Ca	Ti	Cr	Mn	Fe	Co
新鲜	0.0392	1.31	9.59	0.364	0.0110	0.130	1.90	0.0204
中轴线	0.485	1.28	5.04	0.312	0.0735	0.0384	1.489	—
风化	0.243	1.57	0.508	0.372	0.0419	0.153	1.702	—
元素	Ni	Cu	Zn	Rb	Sr	Y	Zr	Ba
新鲜	0.00462	0.00592	0.0127	0.00559	0.0158	0.00264	0.0401	0.142
中轴线	0.0037	0.0203	0.0153	0.0049	0.0155	0.0013	0.0327	0.044
风化	0.0051	0.0038	0.0069	0.0055	0.00983	0.0017	0.509	0.050

表6-6 不同部位为可溶盐能谱分析成分结果（%）

元素	C	O	Na	Mg	Al	Si	S	Cl	K	Ca	Fe
室外风化层	24.53	40.11	3.99	1.27	0.41	1.24	11.32	2.78	1.83	11.47	1.03
岩体中轴线	29.46	37.94	1.10	2.27	—	0.47	11.11	3.60	—	14.05	—
顶部风化层	13.84	43.11	0.67	0.79	—	1.66	16.11	1.41	0.90	21.51	-

表6-7 新鲜岩石可溶盐能谱定量结果（%）

元素	C	N	O	Na	Mg	Si	S	Cl	K	Ca
新鲜砂岩可溶盐-1	12.34	8.36	45.22	3.50	0.91	1.70	9.31	1.94	2.00	14.71
新鲜砂岩可溶盐-2	13.52	6.51	44.73	2.88	0.99	1.98	10.63	1.76	1.92	15.08

综合前期相关试验结果，得到大足千手观音整体的风化现象呈现以下几方面特征：1）基质胶结物方解石（碳酸盐）的流失；2）可溶性盐类在表层岩石孔隙中的积聚；3）造像表层岩体结构疏松；4）全面贴金的手保存完好，未贴金或金箔脱落的部位岩体风化破坏严重。5）不同位置风化程度不同。具体风化状态有粉末状脱落、鳞片状剥落等。在风化的作用下，表面呈现残损状态。通过对岩石、岩石风化产物与地仗的分析可以总结出其主要病害及产生原因见表6-8。

表 6-8　砂岩雕刻本体病害分类表

病害类型	描述	原因分析	分布特点	危害性
起翘	基岩风化引起贴金层分离翘起	基岩风化	手指上部	贴金层剥落，加速砂岩风化
崩裂、起鼓	基岩风化引起贴金层、地仗层、彩绘层起鼓破坏	基岩风化	前者见于造像上部，彩绘法器多见后者	贴金层、彩绘层剥落，加速砂岩风化
颗粒状脱落	基岩表面或一定深度内呈现粉末状	内部胶结物转化为石膏，黏土矿物遇水膨胀	西部比东部严重，上部比下部严重，东部下面保存最好	雕刻完全解体消失
鳞片状风化剥落	雕刻品棱角、边缘部位因风化作用导致岩石结构疏松、强度降低。基岩表面呈现呈鳞片状脱离、剥落	在岩体自身重力或胶结物转化为石膏结晶膨胀力或干湿交替黏土矿物涨缩等作用	西部比东部严重，上部比下部严重，东部下面保存最好	砂岩逐层剥落，最终影响砂岩基体安全
龟裂	彩绘表面微小的网状开裂现象。膨胀导致内部砂岩完全破坏	内部胶结物转化为石膏，黏土矿物遇水膨胀	主要是镂空的体量较小的彩绘法器。	法器解体消失
鼓泡	彩绘气泡状鼓起（$d \leq 5mm$）	基岩风化	无明显区域分布	彩绘剥落，砂岩风化

6.2.3.3　岩石、岩石风化产物和地仗的风化机理

千手观音所在立壁高 9.5m，岩体完整性好，岩体产状近水平，岩壁下部发育 2 条近水平的层面裂隙，1 条距地面 1.4m，裂隙处产生夹层风化，不渗水，另一条靠近地面，发现主要病害是渗水（图 6-16）。

取大悲阁东侧约 15m 处小瀑布水进行离子色谱分析，如图 6-17。

图 6-16　观音堂附近水环境

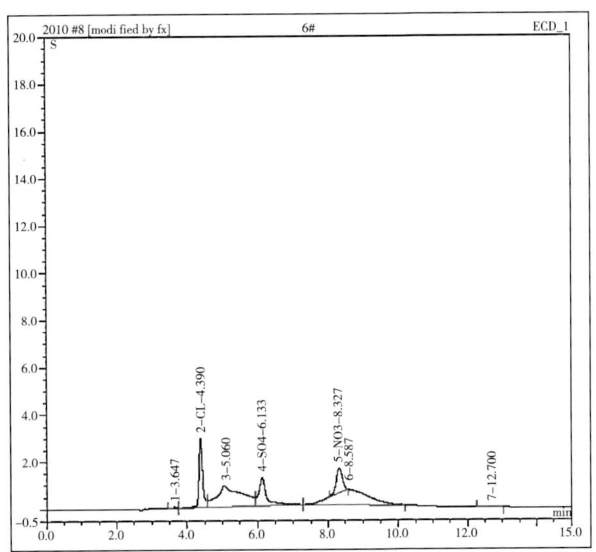

No.	Time	Peak Name	Type	Area	Height	Amount
	min			μS * min	μS	mg/l
2	4. 39	CL	M	0. 355	2. 931	79. 6306
4	6. 13	SO_4	Mb	0. 307	1. 157	93. 5042
5	8. 33	NO_3	Ru *	0. 217	1. 046	89. 4011
TOTAL:				0. 88	5. 13	262. 54

图6－17　环境水离子色谱谱图

大悲阁东侧约十五米处小瀑布水的离子色谱分析分析表明：环境地下水中的酸性阴离子主要为SO_4^{2-}，NO^{3-}，Cl^-，浓度相近，SO_4^{2-}略高。取不同部位为风化层，处理（见附录11）后测定其中的可溶盐（图6－18～6－20）。

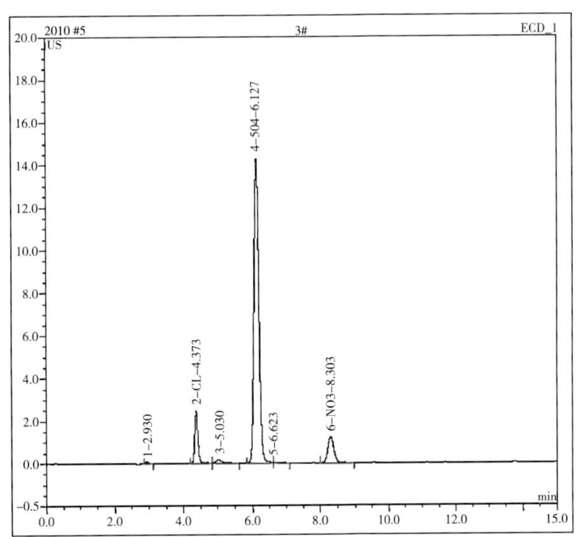

No.	Time	Peak Name	Type	Area	Height	Amount
	min			μS * min	μS	mg/l
2	4.37	CL	BM	0.263	2.450	58.8983
4	6.13	SO_4	BM	2.384	14.265	725.2793
6	8.30	NO_3	BMB	0.245	1.230	100.7789
TOTAL:				2.89	17.95	884.96

图6－18　佛龛顶部风化层可溶盐色谱谱图

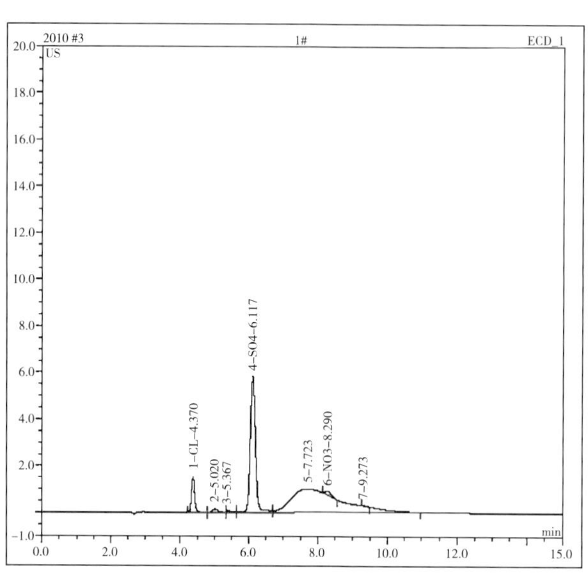

No.	Time	Peak Name	Type	Area	Height	Amount
	min			μS * min	μS	mg/l
1	4.37	CL	BMb	0.161	1.507	36.1914
4	6.12	SO_4	M	1.026	5.859	312.1878
6	8.29	NO_3	Rd	0.033	0.175	13.7683
TOTAL:				1.22	7.54	362.15

图6－19　风化层室外风化层可溶盐色谱谱图

分析风化层的可溶盐中不同盐种的比例表明：风化层的可溶盐中酸性阴离子主要为 SO_4^{2-}，NO_3^-，Cl^-，而其中 SO_4^{2-} 浓度占绝对优势，前期测试结果，应主要为硫酸钙盐和室外少量硫酸钠盐。取地仗/石胎界面进行X荧光分析，如表6－9所示。

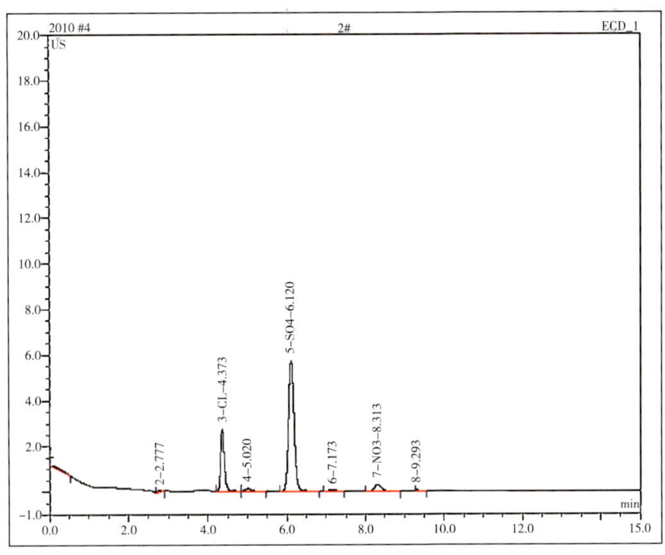

No.	Time	Peak Name	Type	Area	Height	Amount
	min			μS * min	μS	mg/l
3	4.37	CL	BMB	0.294	2.737	131.7801
5	6.12	SO_4	BMB	0.948	5.713	577.1913
7	8.31	NO_3	BMB	0.064	0.315	52.8916
TOTAL:				1.31	8.77	761.86

图6-20 千手观音中轴线顶部风化层可溶盐色谱谱图

表6-9 地仗/石胎界面X荧光分析结果（百分含量%）

元素	C	O	Na	Mg	Al	Si	P	S	Cl
百分含量（%）	5.37	48.4	0.606	1.64	6.83	20.7	0.624	1.99	0.479
元素	K	Ca	Ti	Cr	Mn	Fe	Ni	Cu	Zn
百分含量（%）	2.10	5.85	0.479	0.0216	0.0713	3.86	0.0108	0.111	0.0106
元素	Rb	Sr	Zr	Ba	Au	Hg	Pb		
百分含量（%）	0.0155	0.0582	0.0206	0.0455	0.0144	0.224	0.445		

在地仗/石胎界面区，S的含量低于地仗层但高于石胎内部，Cl的含量远高于新鲜岩石中的浓度，这类风化活性物质在界面的富集，必然加剧水参与下的溶蚀及可溶盐反复溶解结晶带来的界面酥化，导致两不同基质界面的不匹配。

千手观音表面积结的降尘，是长期积累的产物，一定程度反映了某一时间段环境物质的大致类别。取环境中浮降尘，测其主要组分如表6-10所示。

表 6-10 千手观音表面积结的降尘 X 荧光分析结果（%）

元素	C	O	Na	Mg	Al	Si	P	S
百分含量（%）	5.73	47.2	0.639	1.80	4.12	11.6	2.15	4.10
元素	Cl	Sr	Zr	Ba	K	Ca	Ti	Mn
百分含量（%）	0.906	0.0702	0.0236	0.0412	1.55	9.84	0.193	0.0635
元素	Fe	Ni	Cu	Zn	Rb	Au	Hg	Pb
百分含量（%）	1.78	0.00733	0.266	0.00374	0.0315	0.394	6.59	0.871

分析表明：降尘中 S、Cl、P 含量偏高，提示外源性酸性阴离子的贡献。

研究表明：$CaSO_4 \cdot 2H_2O$ 与 $CaSO_4$ 在稍高的室温下遇水即可互变。硬石膏吸水形成石膏，体积增大 61.3%。地仗层中的部分硬石膏吸水后，水化作用形成的结晶水导致膨胀，穿透金箔的结合部等应力薄弱部位释放压力，最终形成爆米花状的析出物。芒硝（$Na_2SO_4 \cdot 10H_2O$）和无水芒硝（Na_2SO_4）在常温下遇水即可互变。无水芒硝吸水形成芒硝，体积增大 100%。水和以硫化物为代表的酸性阴离子以及可溶盐的协同作用是支撑层劣化的主因，其中水的破坏是最根本的原因，水可以直接产生破坏，也可以是其他一切因素的媒介，酸的侵入加快了石质的风化。但酸的溶蚀、可溶盐的溶解、微粉的水化无不需要水的参与。同时干湿交替试验也证实干湿交替更加剧了破坏作用。

千手观音石刻各部位风化层中都有芒硝，同时在地仗/石胎界面区，S 的含量低于地仗层但高于石胎内部，降尘中 S、Cl、P 含量偏高，岩石内部的 S 含量不足以提供大面积的盐析出，这些都提示其中的 SO_4^{2-} 由酸雨酸雾引入。SO_4^{2-} 对岩石是有破坏作用：方解石（$CaCO_3$）溶蚀破坏作用：方解石（$CaCO_3$）在纯水中的溶解度仅为 0.003g/100g 水，但受氢离子等作用生成 $Ca(HCO_3)_2$ 后溶解度为 16.60g/100g 水，溶解度大大增加，溶解的 Ca^{2+} 更易与 SO_4^{2-} 作用生成石膏或随酸雨流失，所以随着风化程度的严重，方解石（$CaCO_3$）含量降低，石膏（$CaSO_4.2H_2O$）含量升高。方解石（$CaCO_3$）为砂岩的胶结物，胶结物减少，岩石结构就将变得疏松。酸雨、酸雾中 SO_4^{2-} 和 CO_3^{2-} 另一个破坏作用是在酸性条件下促使硅酸盐水解及与岩石中重要矿物组分长石（钾长石、钠长石）发生化学反应，碎屑矿物被溶蚀，形成黏土矿物，使原有结晶胶结的坚硬岩石演化为充填大量泥化的软弱岩石。

$$4KAlSi_3O_8 + nH_2OAl_2Si_2O_5(OH)_4\text{（高岭土）} + 2H_2SiO_3 + 6SiO_2nH_2O + 4KOH$$

$$\rightarrow$$

$$2NaAlSi_3O_8 + 2H_2O + CO_2Al_2Si_2O_5(OH)_4\text{（高岭土）} + SiO_2 + Na_2CO_3$$

$$\rightarrow$$

（呈离子状态）

$$2NaAlSi_3O_8 + 2H_2O + SO_2Al_2Si_2O_5(OH)_4\text{（高岭土）} + SiO_2 + Na_2SO_3$$

$$\rightarrow$$

（呈离子状态）

根据表层岩体不同深度岩石样品化学全分析，裸露的岩体受酸雨直接淋洗，表面不能积成可溶性盐，但活泼元素极易淋失。在 20mm 范围的浅表层中，Ca^{2+} 的淋失率达 87%，方解石近于绝迹。近几十年来，大足石刻表层岩石明显表现的凹凸不平，结构疏松，片状剥落，题刻、造像模糊不清等病害，酸雨雾的沉降侵蚀、盐化作用是主要因素。

以上几个部分的分析可归纳如下要点：

1）酸性阴离子在千手观音本身及周围环境的分布

分析表明，在几乎整个保存环境中都存在有不同浓度的酸性阴离子，尤其 SO_4^{2-} 居多，包括在：新鲜岩石、造像石胎、地仗层、风化层、地下水、金箔表面、金箔层间、降尘、雾水及邻近石刻等处。

2）石胎的劣化

主要表现为结构的溃散导致的强度下降，结构解体的机理有四方面：

溶蚀：地下水中的 SO_4^{2-}，NO^{3-}，Cl^-，均是强酸蚀剂，形成大量蚀坑，岩粒间胶结物流失殆尽，比如 CaCO3 仅剩 1/20。

盐析：分析表明岩石和风化层内存在大量可溶性盐，当遇到石孔内部毛细地下水，气温升高，岩石孔隙中的水分不断蒸发，盐分浓度增大，产生结晶。结晶时的体积膨胀将对周围岩石产生压力，使其酥化。气温降低，盐从大气和毛细水中吸收水分重新溶解。循环往复，温湿度发生周期性变化，这种效应的不断积累，对岩石产生巨大的破坏作用。

微粉的水化：风化形成的碎屑，体积小到一定程度，在表面会包覆一层水化层引起体积膨胀导致形变和张力。

3）开放性伤口的加速劣化

当局部金箔脱落，石胎暴露，将立即受到雾水、凝结水和降尘中酸性物质的作用，内源和外源性的交互作用使溶蚀和盐析过程加剧，迅速扩大，反过来又加大了暴露面，如此恶性循环加速劣化过程。

4）地仗层的劣化

地仗层中的部分硬石膏与石膏的相互转化，即水化和去水化作用导致结晶水膨胀和脱水收缩，是引起地仗层表层形变、酥化、与石胎基体分离的主要原因，严重膨胀时，会穿透金箔的结合部等应力薄弱部位释放压力。

5）地仗/石胎界面区

S 的含量低于地仗层但高于石胎内部，Cl 的含量远高于新鲜岩石中的浓度，这类风化活性物质在界面的富集，必然加剧水参与下的溶蚀及可溶盐反复溶解结晶带来的界面酥化，导致两不同基质界面的不匹配。

6.2.3.4　结论

通过对千手观音造像的调查，我们发现造像各部分风化呈现以下规律。

1）彩绘部分比贴金部分风化严重；

2）金箔剥落部分比金箔未剥落部分风化严重；

3）造像下部比上部风化严重；造像东侧（佛面朝向为准，右侧）比西侧风化严重。

结合前人的分析结果和新开展的分析研究工作，对千手观音岩石、彩绘、金箔部分的风化病害形成的主要原因总结阐述如下。

水和以硫化物为代表的酸性阴离子以及可溶盐的协同作用是石质胎体劣化的主因，其中水的破坏是最根本的原因，水可以直接产生破坏，也可以是其他一切因素的媒介，酸的侵入加快了石质的风化。但酸的溶蚀、可溶盐的溶解、微粉的水化无不需要水的参与，因此这就决定了防石质胎体劣化最主要的任务就是防水。

支撑层的劣化是彩绘残损破坏的主要原因和金箔破坏的主要原因之一，通过调查可以发现，法器处的彩绘要比造像其他部分的彩绘劣化更为严重。这主要是因为在手指、法器等突出部位，支撑部分较孱弱。更易劣化，劣化后更易使金箔、彩绘失去依托，使其在自身应力的作用下，起翘剥落。此外，由于干湿交替的变化，地仗层的膨胀和收缩，使金箔层和彩绘层受到巨大的法向压力和切向张应力，导致形变和破损，地仗爆出。

主像东西侧金箔保存状况不同主要是由于东侧有外部水源经过所以东部整体的含水率要高于西侧，而金箔内含有铜元素，铜元素是较活泼得金属，在酸性条件下会发生腐蚀。大足县属于酸雨雾影响地带，东侧局部的含水率高，水的存在加速了酸雨雾的扩散使得东部的金箔保存情况更差。

金箔破坏的另外一个主要原因是酸雨作用对金箔造成点蚀。点蚀表现为在金箔显微组织中，特别是晶界附近形成纳米尺度的孔隙；孔隙的聚合导致金箔局部粉状碎裂（有别于由于底部金胶或者地地仗层膨胀导致的涨裂）。所以使得千手观音造像的金箔多处呈现别处罕见的金箔粉化现象。当然还有一些别的原因也会造成造像的病害，比如内层地仗制作材料和工艺不佳等。但是总的来说千手观音造像出现严重病害的原因主要是由于环境中干湿交替和酸雨作用所导致的。

第 7 章　千手观音造像前期修复试验

7.1　修复材料的选择试验

7.1.1　意义和目的

重庆大足石刻千手观音造像的保护是一项复杂的综合性保护工程，必须按照科学研究的要求开展保护工作。在前期病害调查研究中发现千手观音造像的砂岩风化破坏十分严重，主要病害如片状剥落、粉状剥落、裂隙等随时都在威胁着千手观音造像表面雕刻的安全。因此必须采取抢救性的保护处理措施才能保持现有砂岩雕刻的外形和内在强度，同时为金箔、彩绘的修复保护提供坚实稳定的基体。风化砂岩的加固特别是像千手观音造像这种风化破坏严重的雕刻体的保护处理具有很大的挑战性，本试验的主要目的是针对性选择适合千手观音造像风化砂岩渗透加固材料并对保护实施工艺开展研究。

7.1.2　前期研究基础

7.1.2.1　千手观音造像所在崖壁的环境地质

2002 年中国地质大学对大足千手观音造像周边的地形地貌、地层岩性、地质构造、水文地质条件、气候条件进行了勘察和调查，在此基础上总结了千手观音造像面临的主要环境地质病害为渗水，石刻区的风化以及环境污染的破坏作用。

通过勘察，石刻岩体为紫灰色中细粒钙质胶结长石石英砂岩，基本造岩矿物成分为石英含量 45%，长石 14%，方解石 12%，黏土矿物占 29%。

《大足宝顶山石刻区千手观音造像环境地质病害防治对策研究报告》中对于渗水病害得出的结论为“千手观音造像区无构造裂隙分布，石刻砂岩体渗透系数极低，岩体本身不渗水。危害石刻区的水患主要是千手观音东侧的构造裂隙和底面的层面裂隙渗水，以及崖顶的大气降水入渗”。

7.1.2.2　砂岩主要病害问题

千手观音造像表面的病害主要是砂岩胎体、贴金层以及彩绘三方面的问题。在 2002 年的《重庆市大足石刻千手观音造像保护工程设计方案》中将砂岩风化类型分为粉末状风化脱落和鳞片状风化剥落。

2008 年 8 月对千手观音造像进行的全面调查中对各种病害重新归类定义，其中和砂岩风化相关的主要病害有：石质表面粉化剥落、表面片状剥落、鳞片状起翘与剥落、空鼓。彩绘病害中鼓泡和龟裂也是由于砂岩内部风化引起的，其实质是强度降低和结构松散（表 7 - 1）。

表 7－1　千手观音造像砂岩病害基本类型

病害类型	描述	原因分析	分布特点	危害性
起翘	基岩风化引起贴金层分离翘起	基岩风化	手指上部	贴金层剥落，加速砂岩风化
崩裂、起鼓	基岩砂岩风化起的贴金层、地仗层的起鼓破坏或彩绘层的起鼓破坏	基岩风化	前者不多见，上部可见。彩绘法器多见后者	贴金层剥落，彩绘层剥落，加速砂岩风化
粉末状剥落	基岩表面或一定深度内呈现粉末状	内部胶结物转化为石膏，黏土矿物的遇水膨胀效应	西部比东部严重，上部比下部严重，东部下面保存最好（潮湿）	砂岩雕刻完全解体消失
鳞片状剥落	雕刻品棱角、边缘部位的岩体，因风化作用导致岩石结构疏松、强度降低。基岩表面呈现呈鳞片状脱离、剥落	在岩体自身重力或胶结物转化为石膏结晶膨胀力或干湿交替黏土矿物涨缩等作用	西部比东部严重，上部比下部严重，东部下面保存最好（潮湿）	砂岩逐层剥落，最终影响砂岩基体安全
龟裂	彩绘表面微小的网状开裂现象。膨胀导致内部砂岩完全破坏。	内部胶结物转化为石膏，黏土矿物的遇水膨胀效应	主要是镂空的体量较小的彩绘法器。	可导致法器解体消失
鼓泡	彩绘呈气泡状鼓起（直径不大于 5mm）	基岩风化	区域分布无明显分布	可导致彩绘剥落，砂岩基体风化

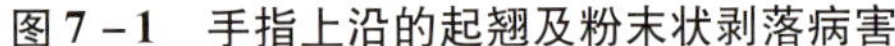

图 7－1　手指上沿的起翘及粉末状剥落病害

图 7－2　法器边缘鳞片状剥落

图 7 - 3　法器外表完整，但内部丧失强度

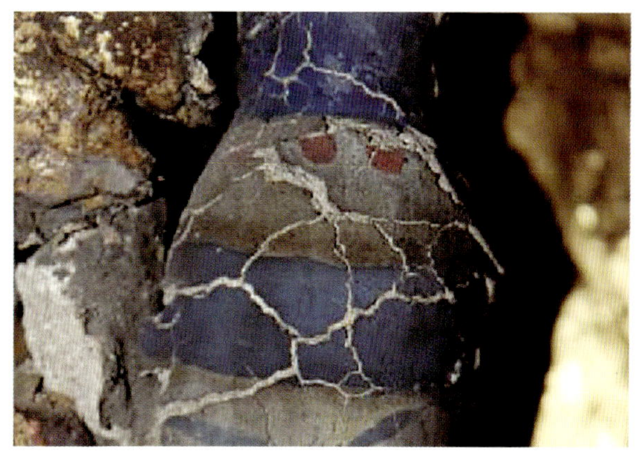

图 7 - 4　法器龟裂，内部已经丧失强度

图 7 - 5　风化法器中清晰可见的白点物质为风化产物之一的石膏颗粒

这些病害往往不是单独存在，大多数时候都是几种病害伴随发生。病害造成的结果可能是：（1）砂岩表面以颗粒状或片状剥落脱离，砂岩内部孔隙率降低，强度降低，不足以支撑雕刻的外形而随时可能掉落；（2）局部雕刻砂岩内部强度完全丧失，在重力或外力作用下随时可能解体；（3）砂岩基体的病害对附着其上的彩绘和金箔的保存也产生了非常不利的影响（图 7 - 1 ~ 7 - 5）。

7. 1. 2. 3　病害机理初步分析

千手观音造像砂岩表面病害的发生是和造像本身砂岩特性和所在微环境密切相关的，通过科学研究分析明确砂岩病害机理对于造像保护具有重要意义。采取何种预防性保护措施，控制区域小环境到何种程度都离不开砂岩病害机理的研究结论。而即将进行的现场保护试验和随后的保护实施都需要砂岩病害机理研究的理论数据和结果支撑。

目前，在砂岩风化原因分析上多位学者和研究报告都认为酸雨溶蚀砂岩内钙质胶结物方解石是砂岩风化的重要原因，胶结物溶蚀后形成石膏，砂岩颗粒的内部联接逐步减弱，最终砂岩粉化而丧失强度。风化样品的定量 XRD 结果（见表 7 - 2）说明风化砂岩中含有石膏，SEM 分析（图 7 - 6、7 - 7）反映砂岩风化产物中石膏的存在形态。

表 7－2　风化砂岩定量 XRD 数据

编号	矿物种类和含量（%）			黏土矿物		总量（%）
	石英	钾长石	斜长石	方解石		石膏
dz－001	47.7	9.3	29.3	5.9	0.4	7.4
dz－002	41.6	10.3	23.6	8.1	0.6	15.8
dz－003	46.1	5.6	22.9	12.0	0.4	13.0
dz－004	54.4	15.8	17.3	7.4	0.2	4.9
dz－005	39.6	11.0	22.1	15.6	0.8	10.9
dz－006	30.2	1.7	39.4	18.4	0.2	10.1
dz－007	50.7	4.9	25.8	8.2	0.6	9.8
dz－008	44.0	5.0	28.5		2.3	20.2
dz－009	42.4	6.5	24.2	14.9	0.2	11.8
dz－010	48.6	10.3	26.9	3.0	0.6	10.6

图 7－6　砂岩片状剥落样品二次电子像，1 处为石膏，结晶状况不好

图 7－7　粉末剥落样品二次电子像，1、2 处为结晶良好的石膏颗粒

在酸雨来源上，环境地质调查结果证实表面造像砂岩体本身渗透系数极低，几乎不透水，因此岩石内部的毛细水和孔隙水基本不存在，造成岩石风化的原因是外界的酸雨（雾）、凝结水（图 7－8）。

另一破坏的原因是干湿交替作用。当砂岩处于干湿交替的环境之中时，砂岩内的膨胀性黏土矿物会发生吸水膨胀，失水收缩作用，导致颗粒间的联接变弱，宏观表面为砂岩强度减低，结构酥松。

砂岩在酸雨酸雾和干湿交替的双重环境因素作用下，长石、方解石等矿物发生溶蚀，颗粒间的黏结减弱，其宏观物理性质必然发生了较大变化，如强度降低，孔隙率增加，未风化砂岩的孔隙率为 13.37%，中度风化的手指砂岩孔隙率为 26.82%，严重粉化的手指砂岩的孔隙率为 30.19%。孔径分布图（图 7－9）表明风化后砂岩的孔径分布发生明显变化，风化砂岩孔径较未风化砂岩明显变大。

前期的调查和研究表明贴金层的存在，能够有效阻止酸雾对石刻的侵蚀，对没有基岩裂隙水影响的石刻，具有很好的保护作用，而没有敷贴金箔的手眼，大部分已严重风化。

图 7－8　2008 年 8 月 19 日 9：15 在千手观音造像主佛右侧出现的冷凝水

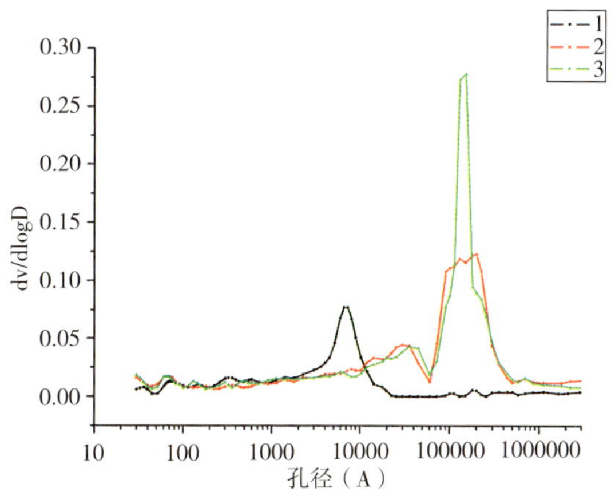

图 7－9　孔径分布

（1 为未风化砂岩　2 为中度风化砂岩　3 为严重粉化手指砂岩）

尽管做了大量研究工作，但千手观音造像区域为何产生如此严重的风化破坏？为何不同区域之间的破坏程度存在很大差异？为何右下角渗水点附近的砂岩基本没有风化现象？这些问题都有待于对风化破坏机理更加深入的研究，特别是结合微环境数据分析，砂岩模拟风化试验等，从宏观和微观的角度对风化破坏过程和影响因素进行科学分析。

7.1.3　保护思路和试验依据

针对目前的保存状况和砂岩病害特点，千手观音造像区域内的突出雕刻物，特别是手指和法器砂岩胎体普遍保存状况不好，存在随时掉落或粉状剥落的危险，急需采取抢救性保护措施阻止。

保护思路是立足于稳定千手观音造像目前现存的手及法器砂岩胎体，提高其强度，增强其稳定性，保持其现有形态。对于表面出现的粉末状、片状剥落病害，采取一定的渗透加固材料处理，阻止其进一步剥落；对于已经毫无强度，完全粉化或龟裂的法器而言，采取必要的补救性干预措施（渗透加固）适当增加其强度，使其不再破坏。

调查过程中发现相当一部分手指外部贴金层完整，但手指内部砂岩完全粉化，细探针可伸入风化岩石内 7～10cm；大部分法器是突出于崖壁的雕刻品，细探针可轻易刺入风化层 5～10cm。这种特殊的风化现象和类型给保护加固提出了苛刻的要求。

保护试验开展将遵循文物保护的原则和理念（最低干预原则、可再治理的原则、遵循相容性原则、试验记录的完整记录等），同时在保护材料选择中过程中提出以下要求：

①能够提供适当的，均匀的强度，满足渗透加固的要求；②具有良好的渗透性，在使用和固化过程中不发生表面富集和反迁移现象，保证加固深度；③不改变砂岩对水和水汽良好的透过能力；④一定的耐久能力；⑤基本不改变砂岩的颜色和外观；⑥不妨碍若干年后进行的保护处理。

7.1.4　试验的主要内容

保护试验分为两个阶段：

1）室内试验。室内试验包括：风化岩石结构、成分特征试验分析研究、材料筛选试验、模拟千手观音环境条件下的各种性能加固试验，检测评估千手观音造像加固保护的材料适应性能；验证材料的老化特性和潜在的可能危害等；

2）现场加固保护试验，摸索最佳的保护条件和工艺流程，试验加固保护效果评定的现场检测。

7.1.5　室内试验

7.1.5.1　加固材料的初步选择

1）样品制备与材料选择

（1）样品的制备

根据病害调查的结果，千手观音石质风化风化程度高，病害情况严重，大量手指和法器处于严重风化的状态。取千手观音西侧严重风化的表层酥松颗粒以及周边新鲜岩石，采用压汞法对样品的孔隙特性进行分析，结果显示如下表 7－3、图 7－10：

表 7－3　千手观音风化岩石及新鲜岩石孔隙情况

样品编号	孔隙率（%）
风化岩石 1	42. 19
风化岩石 2	29. 86
风化岩石 3	36. 52
新鲜岩石	14. 73

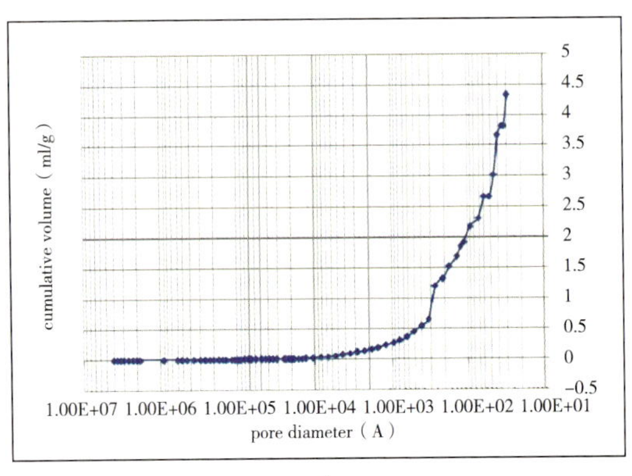

a

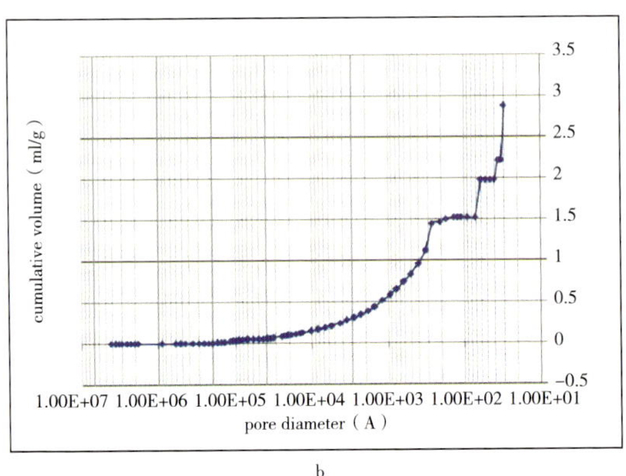

b

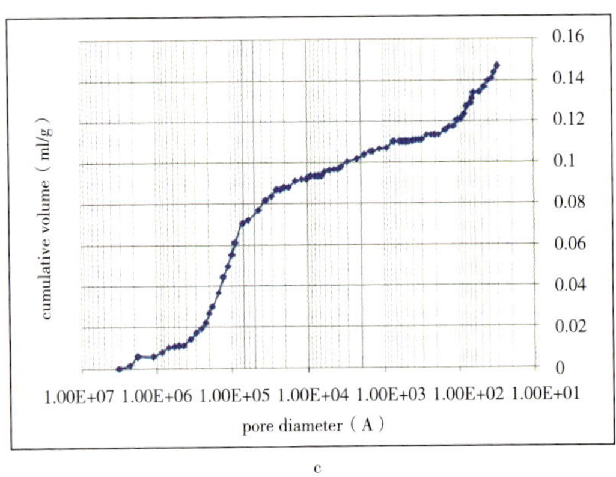

c

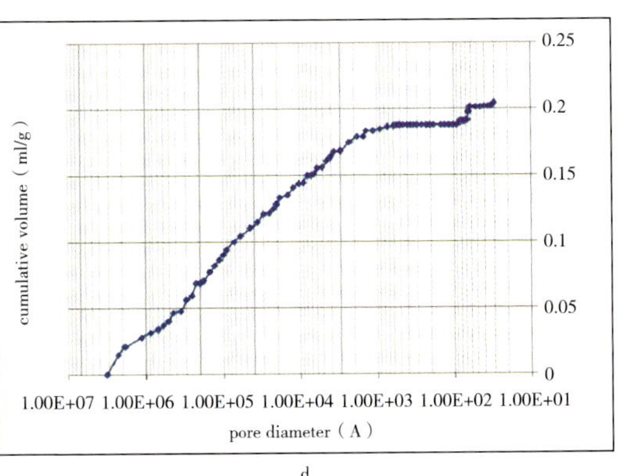

d

图 7－10　千手观音风化岩石及新鲜岩石孔隙分布

a 新鲜岩石　b 风化岩石 1　c 风化岩石 2　d 风化岩石 3

由上表可以看出，新鲜岩石孔隙率较小，为 14.73%，而风化岩石拥有较大的孔隙率，其中 1 号风化砂岩样品孔隙率达到 42.19%。从孔径分布来看，新鲜砂岩整体孔径小，风化砂岩明显具有更大的孔径。高孔隙率一方面使得材料容易渗透，另一方面也增加了加固的难度。

为制备进行加固材料选择的石质样品，于大足宝顶大佛湾处取回性质相近的岩石块若干。为模拟严重风化状态下的岩石，将取回的石材用粉碎机粉碎，取 60 目筛以下的石粉，石粉粒径小于 0.3mm，接近岩石粒径测试结果。因为未对砂岩粒径进行分析，在磨制石粉时不能严格按照原粒径分布。为了解石粉实际粒度分布情况，取磨制后混合均匀的石粉 100g，过 60 目、80 目筛子，将石粉分为 0.3mm 以上，0.2～0.3mm，0.2mm 以下三个部分，分别称量各个部分的质量，重复试验 3 次，计算其平均值（表 7－4）。

表 7－4　粉碎砂岩颗粒分布情况

粒径	质量（g）			平均值（g）	百分比（%）
0.3mm 以上	1.19	1.02	1.34	1.18	1.19
0.2～0.3mm	9.55	8.41	9.87	9.28	9.31
0.2mm 以下	88.98	90.22	88.22	89.14	89.50
合计	99.72	99.65	99.43	99.60	100

因为在筛选颗粒的过程中有一定量的损失，称量 100g 样品筛选之后质量略微减少，计算过程中忽略该损失。从上表可以看出，用来检验加固剂效果的石粉颗粒分布均匀，0.3mm 以上颗粒约占 1.19%，0.2～0.3mm 的颗粒约占 9.31%，大部分颗粒度在 0.2mm 以下，质量高达 89.50%。虽然该石质粉末样品不一定能完全模拟千手观音各处不同风化程度的砂岩情况，但是粉碎的石粉颗粒之间在干燥情况下本身没有黏接能力和抗压强度，不能成型，使用加固材料加固之后能够敏感的反映出加固剂对样品强度提高情况，进而说明加固材料的加固能力。

作为对材料的初步筛选，制备了直径 2.5cm，高 5cm 的圆柱状宣纸纸筒，每一个纸筒称取 30.00g（m0）石粉均匀装入，压平表面，得到半标准的圆柱状样品。

该样品的表观密度为 1.22g/cm^3，一定程度上体现了严重风化失去胶结能力的岩石情况。

（2）加固保护材料选择

根据文献研究，用于石材加固的材料有石灰水、氢氧化钡、硅酸盐、氟化物等无机材料；有机材料则包括环氧树脂类、丙烯酸类、有机硅类、有机氟类，另外还有复合材料、纳米材料、仿生无机材料等。试验选取小分子有机硅氧烷类、乳胶及乳液、丙烯酸酯类加固剂作为千手观音加固保护的备选材料。

备选材料及所用溶剂和配比见表 7－5。

表 7－5　加固保护材料室内试验备选材料

材料代号	主要成分	溶剂	配比	生产厂商
TEOS	正硅酸乙酯（AR）	乙醇	1∶9、3∶7、1∶1、原液（v/v）	北京益利精细化学品公司
MTES	甲基三乙氧基硅烷（AR）	乙醇	1∶9、3∶7、1∶1（v/v）	上海硅山高分子材料有限公司

续表

材料代号	主要成分	溶剂	配比	生产厂商
R300	纯硅酸乙酯（约99%）	乙醇	1∶9、3∶7、1∶1（v/v）	德国莱默（Remmers）建筑材料技术有限公司
500E	硅酸乙酯含量大于70%	乙醇	1∶9、3∶7、1∶1、原液（v/v）	德国莱默（Remmers）建筑材料技术有限公司
意大利胶	未知	水	1∶7、1∶3、1∶1（v/v）	文化遗产研究院提供，意大利文物修复常用的乳液型胶黏剂
Sannofix	未知	水	1∶7、1∶3、1∶1（v/v）	文化遗产研究院提供，奥地利专家研制的氟硅防水和加固乳液
KX－2002	硅丙乳液	水	1∶3、1∶1（v/v）	北京科信工贸有限公司
F117	F－117 氟碳乳液	水	1∶3、1∶1（v/v）	佳木斯雪佳公司生产
B72	甲基丙烯酸乙酯和甲基丙烯酸甲酯共聚物	丁酮	3%、6%、9%、12%（w/w）	美国罗门哈斯（Rohm and Ha as）公司
31J 2%	丙烯酸酯	丁酮	1次、2次、3次	北京大学
BV	氟硅改性丙烯酸酯	乙醇	0.5%、1%、2%、3%（w/w）	北京大学

以下详细介绍各备选材料的基本性质。正硅酸乙酯：分析纯的正硅酸乙酯，英文名 Tetraethoxysilane，简写为 TEOS，无色透明液体，微溶于水，溶于乙醇、乙醚化学式如下：

$$OCH_2CH_3$$
$$H_3CH_2CO\ Si\ OCH_2CH_3$$
$$OCH_2CH_3$$

甲基三乙氧基硅烷：分析纯，英文名 Methyltriethoxysilane，简写为 MTES，不溶于水，溶于乙醇、丙酮、乙醚等，化学式如下：

$$CH_3$$
$$H_3CH_2CO\ Si\ OCH_2CH_3$$
$$OCH_2CH_3$$

试验选用德国 Remmers 建筑材料技术有限公司的石材增强剂，Funcosil Stone Strengthener 300。官方对产品介绍为该产品是以硅酸酯（SAE）为基础的石材增强剂，无溶剂，有效成分含量100%，凝胶沉积率约30%，清澈，不发黄，良好的渗透性和高透深度，单一组分。没有疏水效果。对于风化、易碎、中等孔隙天然石材，特别是砂岩以及铸石，进行补强和灰浆接缝。产品有效成分含量达99%，催化体系为中性，20℃时密度为1.0g/cm，闪点40℃（Abel－Pensky 20 ml/），着火温度230－240℃，20℃下黏度为12 s（DIN 53211/4 20 ml/）。产品透明或者微黄，典型气味，反应后产生乙醇，并自然挥发。

在使用前需要了解以下事项：①含水量、含盐量、吸湿性；②吸收性，毛细吸水能力；③强度分布、风化深度、吸湿膨胀度；④每个区域的施用量，石材增强剂的渗透深度，最终强度分布；

⑤建立操作工序；⑥设立典型试验面，观察是否有颜色变化和试验室所得结果是否有变化；⑦控制和记录使用方式和用量。

待处理表面应达到补偿水平衡，加固操作中加固材料、基体和环境的建议温度范围为 8℃ ~25℃，加固后要避免日晒雨淋和风吹。为了完全浸透风化带直到完好的内部，可以采用流涂、浸渍或/和压缩的操作方法。该材料在试验中简写为 R300。

另外选取 Funcosil Steinfestiger sonderton VM 857 "slastifiziert"（KSE 500 STE）：该产品更加适用于粗孔天然石材，用法及注意事项与 R300 相同，文中简写为 500E。

意大利胶：意大利文物修复常用的乳液型胶黏剂乳胶类产品。

Sannofix：奥地利专家研制的氟硅防水和加固乳液。

KX－2002 硅丙建筑乳液：以纯丙乳液为基础，在聚合过程中加入进口有机硅单体接枝而成，附着力强、高光泽、抗紫外线、抗冲击、抗污染，耐水性能远远优于纯丙乳液。固含量：46% ~50%（±1%），黏度（格/25℃. s. 60%）200 ~800cP。文中简写为 KX2002。

F117 氟碳乳液：固含量（w%）47 ±1，pH 值 7.5 ~9.0，玻璃化转变温度为 23℃。具有稳定性、耐腐蚀性能，优秀的耐热性能，能有效抵御灰尘。

Paroloid B72：甲基丙烯酸乙酯和甲基丙烯酸甲酯共聚物，热塑性丙烯酸树脂，体积密度，25℃，lb/gal，9.6；溶解度参数 9.3，玻璃化转化温度 40℃，KHN 膜硬度 10－11。

31J：丙烯酸非水分散体系，自制。玻璃化转化温度在 25℃左右，成无色到淡黄色连续的膜。BV：含氟－硅醇分散体，自制。玻璃化转化温度为 47℃，成透明连续的膜，有拒水性。

2）样品加固

（1）加固流程

为加固制备的砂岩样品，以上 11 种待选材料配置不同浓度体系，用滴管吸取加固材料，于样品上部均匀滴加加固。滴加时控制滴加速度，样品表面滴加的材料被完全吸收以后再补充加固剂，以不在样品表面聚集加固液为宜，直至材料从下部微有渗出，停止滴加，以保证样品被加固剂完全渗透。

为了便于进行材料的多种效果检验，每种材料制备 8 个样品。因为大足地处盆地，长年高湿，多年平均相对湿度达到 82.6%，材料现场使用时需要在高湿度环境下能够顺利进行固化。加固后的样品置于较密闭的环境（通风橱），使用加湿机定时进行加湿，保持固化环境湿度在 75% 以上，温度为室温（试验时试验室室温 20℃左右）。加固材料在该环境下常温溶剂挥发或吸水固化。为了保证加固剂完全固化，样品放置 20 天后再进行效果检验。

（2）渗透性能和材料用量

为了了解加固剂的渗透性能和加固样品时的用量，在进行加固时，记录各种加固剂在加固一个样品时，完全渗透样品所需要的加固剂用量和时间，所得结果见表 7－6。

表 7－6　加固剂渗透速度及用量

材料	配比	加固剂用量（ml）	渗透时间（s）	渗透时间（min）
TEOS	1:9	11.4	120	2.0
	3:7	12.6	180	3.0
	1:1	11.4	120	2.0

续表

材料	配比	加固剂用量（ml）	渗透时间（s）	渗透时间（min）
MTES	原液	12.0	110	1.8
	1∶9	11.6	120	2.0
	3∶7	11.8	90	1.5
	1∶1	12.6	150	2.5
R300	1∶9	11.9	120	2.0
	3∶7	11.7	125	2.1
	1∶1	12.3	140	2.3
500E	1∶9	12.3	125	2.1
	3∶7	12.1	181	3.0
	1∶1	11.0	240	4.0
	原液	12.0	365	6.1
意大利胶	1∶7	12.0	190	3.2
	1∶3	12.5	306	5.1
	1∶1	14.0	383	6.4
Sannofix	1∶7	11.0	180	3.0
	1∶3	11.4	250	4.2
	1∶1	12.5	330	5.5
KX－2002	1∶3	14.0	255	4.3
	1∶1	14.0	426	7.1
F117	1∶3	14.0	220	3.7
	1∶1	14.0	372	6.2
B72	3%	12.7	118	2.0
	6%	11.8	125	2.1
	9%	12.7	135	2.3
	12%	13.7	370	6.2
31J（2%）	一次	12.5	105	1.8
	两次	/	300	5.0
	三次	/	770	12.8
BV	0.5%	13.3	170	2.8
	1%	13.2	235	3.9
	2%	14.0	375	6.3
	3%	14.5	680	11.3

从用量上来看，各种加固剂所需要的用量接近，在11～14.5ml之间，其中乳液类用量较多，

由于样品体积约为 22cm，单位体积消耗的加固材料为 0. 5 ~0. 66ml/ cm。

将各种加固剂加固样品所用的时间按材料种类分类做柱状图，以低浓度到高浓度进行排列，得到图 7 - 11。从图中可以明确地看出意大利胶、Sannofix、KX - 2002、F117 这四种以水为分散剂的乳液类加固剂在加固样品时所用时间较长；以乙醇作为溶剂的有机硅类加固剂渗透样品的时间在 2min 左右，渗透速度快，其中 500E 渗透性稍差，尤其是 500E 原液，渗透一个样品所用时间为 6. 1min，远远高于其他各浓度的有机硅材料。

绝大多数材料在浓度升高时（或加固次数增多时）对样品的渗透能力下降，依配比不同呈现出正相关（TEOS 出现的异常情况可能为滴加时速度不均造成）。其中 31J 在一次加固时渗透性良好，二次加固时渗透依然良好，进行三次加固时耗费时长接近 13min，速度不太理想。BV 材料的黏度略高，较低浓度下渗透性能仍然明显不如有机硅类材料。

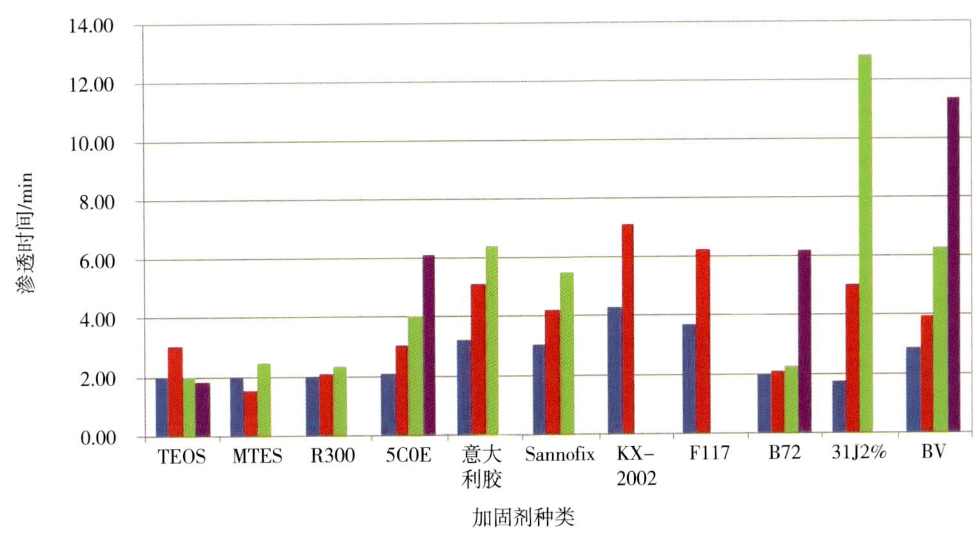

图 7 - 11 材料对单个样品的渗透时间

（3）固化增重

加固材料固化后，样品质量相对于加固前的增加，反映了溶剂挥发后实际提供加固效果的材料的质量。在样品进行加固之前，于室内环境下干燥，称量其加固前质量 m1；固化结束后再次称量其质量 m^2。设在加固过程当中样品的含水率不发生改变，故 $\Delta m = m2 - m1$ 可以近似地看成实际起加固效果的材料的质量（排除溶剂的影响之后）。

一定程度上 Δm（样品固化后质量的增加）与加固剂所能提供的样品强度和材料对孔隙的堵塞程度正相关。每一种材料选择 3 个样品进行测量，取其均值作为样品质量增加值 Δm，以 Δm/m0 代表样品增重率，试验结果如表 7 - 7 所示。

表 7 - 7 固化后样品质量增加

材料	配比	样品质量增加（g）	增重率（%）
TEOS	1:9	0. 24	0. 80
	3:7	1. 39	4. 63
	1:1	1. 42	4. 73

续表

材料	配比	样品质量增加（g）	增重率（%）
MTES	原液	4.83	16.10
	1∶9	0.22	0.73
	3∶7	0.31	1.03
	1∶1	0.55	1.83
R300	1∶9	0.70	2.33
	3∶7	1.54	5.13
	1∶1	2.34	7.80
500E	1∶9	0.87	2.90
	3∶7	2.99	9.97
	1∶1	5.19	17.30
	原液	9.45	31.50
意大利胶	1∶7	0.90	3.00
	1∶3	2.99	9.97
	1∶1	4.62	15.40
Sannofix	1∶7	0.28	0.93
	1∶3	0.43	1.43
	1∶1	0.62	2.07
KX-2002	1∶3	0.72	2.40
	1∶1	3.66	12.20
F117	1∶3	1.09	3.64
	1∶1	3.04	10.13
B72	3%	0.34	1.13
	6%	0.66	2.20
	9%	0.77	2.57
	12%	2.27	7.57
31J（2%）	一次	0.14	0.47
	两次	0.32	1.07
	三次	0.51	1.70
BV	0.5%	0.08	0.27
	1%	0.04	0.13
	2%	0.18	0.60
	3%	0.28	0.93

以折线图和柱状图分别表示不同加固材料固化后样品质量增加和增重率情况（图7－12、7－13）。从图中可以看出，总体来说同种材料随着浓度的提高，固化后样品质量增加也呈增大趋势。500E质量增加最大，趋势明显，原液加固时增重达到9.45g，增重率为31.5%，增加的材料质量约为加固前的1/3；其次是TEOS原液、高浓度意大利胶、KX－2002和F117，增重率在10%以上；其余材料增重在5%以下，其中MTES、Sannofix、31J 2%和BV各个浓度下的增重基本都低于2%，甚至仅为0.13%。固化后样品的增重取决于材料的原始固含量和配置浓度。

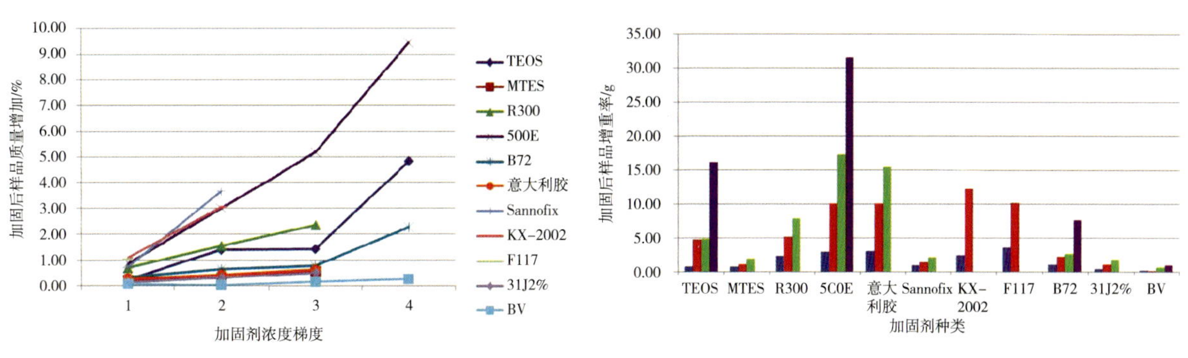

图7－12　样品质量增加图示

图7－13　样品增重率图示

7.1.5.2　效果检验

1769880271样品经过加固后固化20d左右，开始对样品进行加固效果检验，包括颜色变化、耐水试验、耐盐试验、抗压强度、抗钻强度、冻融试验等。

1）颜色变化

对于文物保护用加固材料，一个基本要求就是不能对被加固对象的外观造成显著的变化。观察文物外观的变化，一般是通过与空白样品的外观进行对比，以肉眼观察为主，条件许可的情况下应使用色度测量仪器。

从肉眼观察来看，加固剂处理后的样品对外观均有一定的影响，但是程度不一，为了表示方便，将样品固化后上表面颜色变化分为轻微、较轻、较重和极重四种情况，在表中分别用1、2、3、4表示，列表7－8如下。另外控制统一的光照条件和拍摄条件，使用照片记录颜色变化的情况（图7－14）。从照片可以看出，使用加固材料后，材料高浓度时对样品上表面颜色加深情况都高于低浓度材料。样品颜色变化（加深）最为显著的是高浓度500E（原液）、意大利胶（1∶1）以及TEOS原液。各种浓度的B72材料处理后的样品都有明显颜色加深，但不同浓度之间得到的颜色比较接近。较低浓度的TEOS、MTES对样品颜色的影响轻微。

31J和BV材料对样品颜色的影响都较小。其中31J材料多次使用的情况下仍然可以得到颜色变化很轻微的外观。

表 7－8　样品加固后颜色变化

材料	配比	颜色变化	材料	配比	颜色变化
TEOS	1∶9	1	意大利胶	1∶7	1
	3∶7	2		1∶3	3
	1∶1	3		1∶1	4
	原液	4	Sannofix	1∶7	1
MTES	1∶9	1		1∶3	1
	3∶7	1		1∶1	2
	1∶1	2	KX－2002	1∶3	2
R300	1∶9	1		1∶1	2
	3∶7	1	F117	1∶3	2
	1∶1	2		1∶1	3
500E	1∶9	2	31J（2%）	一次	1
	3∶7	2		两次	1
	1∶1	3		三次	2
	原液	4	BV	0.5%	1
B72	3%	3		1%	1
	6%	3		2%	2
	9%	3		3%	2
	12%	3			

空白

R300 1∶9

R300 3∶7

R300 1∶1

500E 1∶9　500E 3∶7　500E 1∶1　500E 原液

意大利胶 1∶7　意大利胶 1∶3　意大利胶 1∶1　Sannofix 1∶7

Sannofix 1∶3　Sannofix 1∶1　KX2002 1∶3　KX2002 1∶1

B72 3%　B72 6%　B72 9%　B72 12%

31J 1　31J 2　31J 3　BV 0.5%

BV 1%　　BV 2%　　BV 3%

图 7 - 14　样品颜色变化

2）耐水试验

千手观音长石砂岩中的黏土矿物、钙质胶结等容易受到水的破坏，钙质易随水的作用流失，泥质或黏土矿物风化形成的盐涨矿物也受水影响。风化砂岩胶结物流失，颗粒连接微弱，加固后的耐水或者防水性能需要重点考察。风化的砂岩本身基本没有强度，遇水后很容易崩散，加固后的耐水或者防水性能，是检验加固材料效果的好方法，同时文物长期处于高湿的环境中，也要求加固剂能够提供良好的耐潮耐水性。

在进行耐水试验前首先揭取样品表面的纸筒，在揭取过程中，因为 TEOS 和 MTES 加固的样品在无催化剂的情况下固化速度太慢且易挥发，未能揭取，此两种材料后续的效果检验试验无法进行，因此无相关数据。虽然理论上 TEOS 和 MTES 能够良好的固结，但是其对固化条件有一定要求。另外 R300 1:9 和 500E 1:9 因为强度太低，在揭过程中破碎，未进行耐水试验。

在容器中盛水高度为 6cm 以完全浸没样品，将样品一一放入水中，观察并记录现象，在 24h 后再次记录现象。试验结果如下表 7 - 9。

表 7 - 9　样品耐水试验记录表

材料	配比	揭取情况	入水时	24h 后
TEOS	未能顺利揭取			
MTES	未能顺利揭取			
R300	1:9	揭取过程中破碎	/	/
	3:7	摩擦有少量颗粒掉落	无拒水性，入水后产生大量气泡，少量颗粒掉落	稳定
	1:1	摩擦有少量颗粒掉落	同上	稳定
500E	1:9	破碎，上部 1cm 左右固结	/	/
	3:7	完整揭取，摩擦掉粉	同上	稳定
	1:1	完整揭取	同上	稳定
	原液	完整揭取	同上	稳定
意大利胶	1:7	完整揭取，与纸张黏接	有一定拒水性，产生少量气泡	稳定
	1:3	完整揭取，与纸张黏接	有一定拒水性，产生少量气泡	稳定
	1:1	完整揭取，与纸张黏接	有一定拒水性，产生少量气泡	稳定

续表

材料	配比	揭取情况	入水时	24h 后
Sannofix	1∶7	轻微摩擦有颗粒掉落	5s 内倒塌，下部崩解，25s 左右相对稳定，15 分后倒塌部分断裂为二	稳定
	1∶3	完整揭取	4s 内倒塌，上表面有一定拒水性，下部崩解，1h 后倒塌部分开裂	开裂加剧
	1∶1	完整揭取	产生少量气泡，底部 1cm 高度内开始分解，样品未倒塌	倒塌，底部少量崩解
KX－2002	1∶3	与纸张黏接强，轻微掉粉	有一定拒水性，产生少量气泡，水对样品表面的润湿缓慢	稳定
	1∶1	与纸张黏接强，轻微掉粉	同上	稳定
F117	1∶3	摩擦有少量颗粒掉落	拒水性好于 KX－2002，难润湿	稳定
	1∶1	摩擦无颗粒掉落	拒水性好于 KX－2002，难润湿	稳定
B72	3%	破损为三段，上部 5mm 富集	取断裂的上段入水，有良好拒水性	稳定
	6%	上部 5mm 以上材料富集	拒水，有气泡缓慢冒出	稳定
	9%	上部 5mm 以上材料富集	拒水，有气泡缓慢冒出	稳定
	12%	1cm 以上、表层 2mm 以内材料富集，颜色明显加深	拒水，有气泡缓慢冒出	稳定
31J（2%）	一次	底部少量颗粒掉落	拒水良好润湿困难，气泡缓慢溢出	稳定
	两次	摩擦极少颗粒掉落	拒水良好润湿困难，气泡缓慢溢出	稳定
	三次	摩擦无颗粒掉落	拒水良好润湿困难，气泡缓慢溢出	稳定
BV	0.5%	揭取过程中破损	/	/
	1%	破碎成两段，顶部为壳状	拒水性非常好，表面有一层气泡膜	稳定
	2%	少量颗粒掉落，顶部壳状	拒水性非常好，表面有一层气泡膜	稳定
	3%	顶部壳厚 0.5－3mm	拒水性非常好，表面有一层气泡膜	稳定

从对揭取后样品外部形态和颜色的观察来看，低浓度的 R300 和 500E 加固效果较差，高浓度强度较为理想，但是通过轻微摩擦，样品表面有颗粒掉落。乳液类材料表面颗粒掉落情况好于有机硅材料，高浓度情况下已经基本无掉落。各个浓度的 B72 材料在样品表层尤其是上表层的富集都相当严重，并且对样品底部的加固情况很差。

31J 材料表面情况好，膜状的丙烯酸酯成功地将砂岩颗连接在一起，形成一个坚固的表面，摩擦难以使表面颗粒掉落，非常便于在加固表面进行进一步的操作。BV 材料的加固性能较差。

有机硅类的 R300 和 500E 在固化后没有拒水性，入水立即浸润，水分进入样品内部，样品内部气体排出，产生大量气泡。其余材料均有一定的拒水性，其中 BV 为加固防水材料，拒水性最好，能够在样品表面形成一层气体膜，但是 BV 材料在上表面的富集和成壳现象严重。Sannofix 材料在耐水性试验中表现最差，出现崩解、倒塌、开裂等现象。其他材料均能成功固结砂岩颗粒，有不错的耐水性能（图 7－15）。

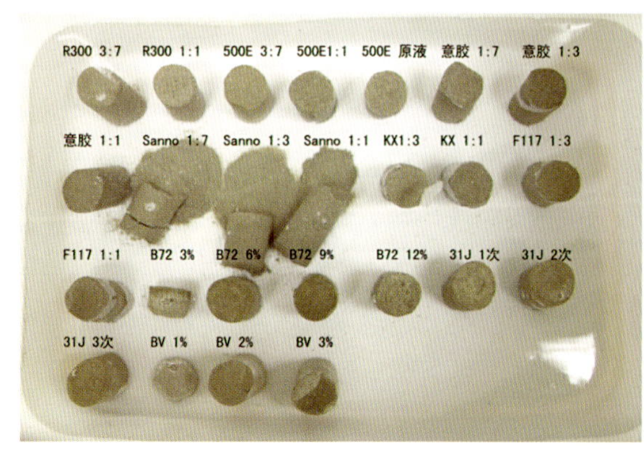

a

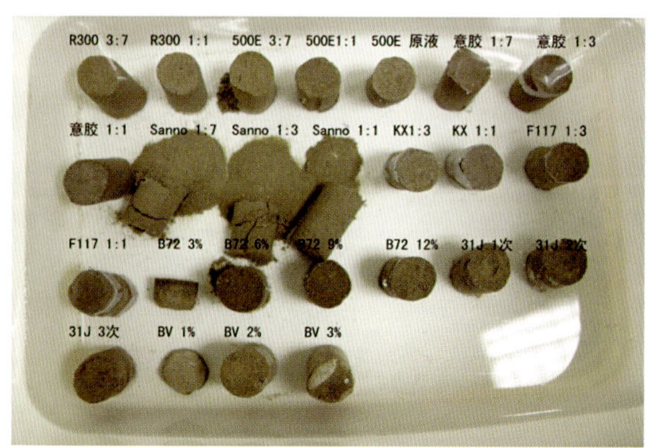

b

图 7－15　样品耐水情况图

a 入水时　b 24h 后

3）耐盐试验

在进行耐水试验后，选择具有耐水性的样品进行耐盐析能力试验。试验方法：准备一个塑料箱，在箱底平铺毛巾。配置一定量5%硫酸钠溶液，完全浸润毛巾，将样品垂直放置毛巾之上，使底部正好与溶液接触。硫酸钠溶液通过毛细作用上升，待溶液完全蒸发后观察盐结晶及样品破坏情况，以检验样品耐盐析的能力。

耐盐析试验结束后用小吹子轻轻吹去样品表面松散的盐和石粉，并一一进行拍照，与试验前进行对比，结果如表 7－10 所示。

表 7－10　样品耐盐析能力

样品种类	盐结晶情况
R300 3∶7	表面大量盐结晶，表层粉化严重
R300 1∶1	表面大量盐结晶，表层粉化严重
500E 3∶7	表面倒塌，从上到下粉化剥落
500E 1∶1	表面大量盐结晶
500E 原液	表面大量盐结晶，顶部有黄色结晶
意大利胶 1∶7	表面大量盐结晶，有开裂
意大利胶 1∶3	表面大量盐结晶，有开裂
意大利胶 1∶1	表面大量盐结晶，有开裂
Sannofix 1∶1	样品倒塌，盐结晶与石粉混合
KX 2002 1∶3	样品倒塌断裂，下部粉化
KX 2002 1∶1	顶部有大量盐结晶
F117 1∶3	底部表层有少量盐结晶
F117 1∶1	底部表层有少量盐结晶
B72 6%	顶部约 5mm 以下有盐结晶，表层壳状剥落，顶部完好
B72 9%	顶部约 5mm 以下有盐结晶，距顶部 1～1.5cm 以下表层壳状剥落，顶部完好

续表

样品种类	盐结晶情况
B72 12%	顶部约 3mm 以下有盐结晶，距顶部 2 ~ 2.5cm 以下表层壳状剥落，顶部完好
31J 1 次	大量盐结晶，表层粉化，顶部约 2mm 完好
31J 2 次	表层大量盐结晶，中部部分粉化
31J 3 次	表层大量盐结晶，中上部有开裂
BV 2%	下部有少量盐结晶
BV 2%	下部有少量盐结晶

由上表可知，具有良好拒水性的 F117 和 BV 材料因为阻止了水的毛细作用，盐分不能毛细上升，仅在样品底部有少量的盐分结晶，对强度影响也不大，具有良好的耐盐析能力，但是对抗盐结晶破坏能力未知。31J 加固三次后的样品表现尚可，对强度影响不大，其他样品在耐盐析能力上均表现不佳，在盐分结晶作用下都有严重酥粉发生（图 7 - 16）。

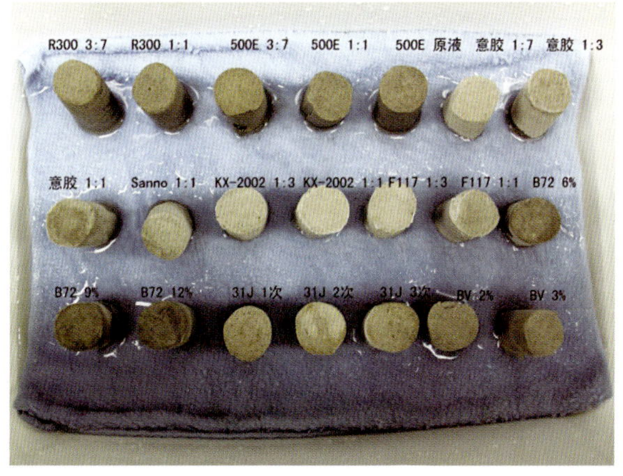

a

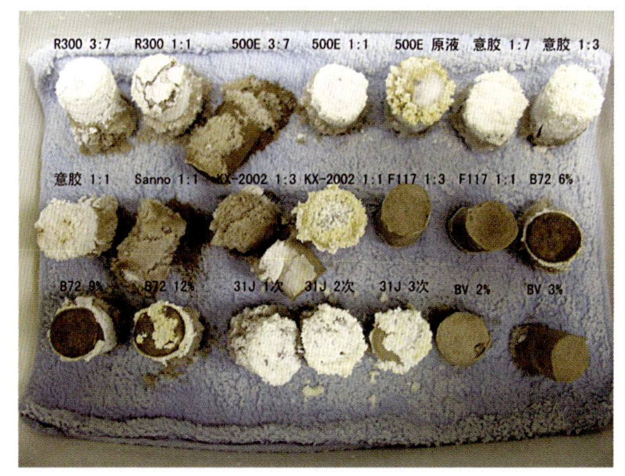

b

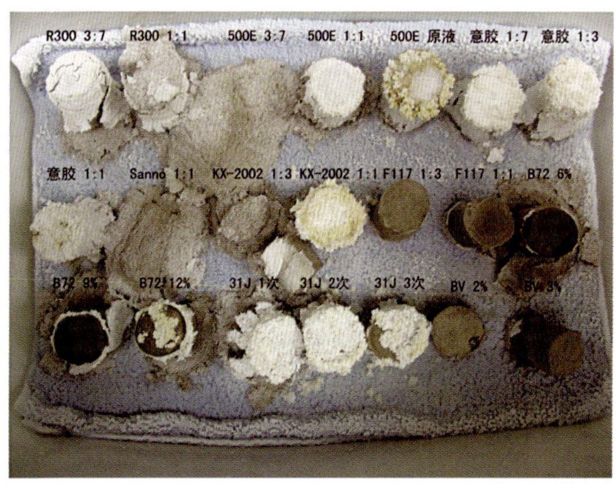

c

图 7 - 16　样品耐盐试验前后

a 样品耐盐试验 - 样品放入时　b 耐盐试验 - 13d 后　c 耐盐试验 - 17d 后

另外各浓度的 B72 样品盐分明显多在顶部以下结晶，因其上表面富集的材料有良好的拒水性能，水分从材料富集处以下挥发并带出盐分。

4）抗压强度

试验采用 instron 3369 万能材料试验机，最大载荷 50kN，恒定速度 20mm/min 的情况下对样品进行无侧限抗压试验。仪器自动记录相关数据并完成绘图。记录样品的最大载荷 Ps，试验前样品的横截面面积 A0 = πd02 /4，则样品的抗压强度 σ = Ps/A0。

因为是材料筛选的初步试验，仅采用单个样品完成抗压试验，挑选外观好的符合试验条件的样品作为抗压强度的初步结果。试验结果见表 7 - 11。因为 TEOS、MTES 以及 0.5% 的 BV 材料加固的样品强度太弱，不能进行抗压试验，在表格中用“/”表示。

表 7 - 11　样品抗压强度变化

材料	配比	增加（g）	最大载荷（kN）	抗压强度（MPa）	抗压强度质量增加（MPa/g）
TEOS	1:9	0.24	/	/	/
	3:7	1.39	/	/	/
	1:1	1.42	/	/	/
	原液	4.83	/	/	/
MTES	1:9	0.22	0.1298	0.2644	1.202
	3:7	0.31	/	/	/
	1:1	0.55	/	/	/
R300	1:9	0.70	0.0269	0.0548	0.078
	3:7	1.54	0.0304	0.0619	0.040
	1:1	2.34	0.0871	0.1774	0.076
500E	1:9	0.87	0.0191	0.0389	0.045
	3:7	2.99	0.1033	0.2104	0.070
	1:1	5.19	0.1871	0.3812	0.073
	原液	9.45	0.434	0.8841	0.094
意大利胶	1:7	0.90	0.282	0.5745	0.638
	1:3	2.99	0.168	0.3422	0.114
	1:1	4.62	0.4911	1.0005	0.217
Sannofix	1:7	0.28	0.0279	0.0568	0.203
	1:3	0.43	0.0354	0.0721	0.168
	1:1	0.62	0.0375	0.0764	0.123
KX - 2002	1:3	0.72	0.3016	0.6144	0.853
	1:1	3.66	0.3881	0.7906	0.216
F117	1:3	1.09	0.4497	0.9161	0.838
	1:1	3.04	0.6557	1.3358	0.439
B72	3%	0.34	0.015	0.0306	0.090
	6%	0.66	0.0202	0.0412	0.062

续表

材料	配比	增加（g）	最大载荷（kN）	抗压强度（MPa）	抗压强度质量增加（MPa/g）
	9%	0.77	0.0431	0.0878	0.114
	12%	2.27	0.6444	1.3128	0.578
31J（2%）	一次	0.14	0.0158	0.0322	0.230
	两次	0.32	0.0408	0.0831	0.260
	三次	0.51	0.0513	0.1045	0.205
BV	0.5%	0.08	/	/	0.000
	1%	0.04	0.0107	0.0218	0.545
	2%	0.18	0.0303	0.0617	0.343
	3%	0.28	0.0555	0.1131	0.404

样品加固后的质量增加可以理解为固化后其中所包含的加固剂含量，因为石粉样品原本不具备抗压强度，则抗压强度/质量增加（MPa/g）反映了单位质量加固剂（不包括溶剂）所能够为样品提供的抗压强度，可以作为评价加固剂效率的指标之一。将加固后的样品抗压强度（Mpa）按照同一材料浓度增加的方式做柱状图如下。

从图 7－17 可以看出，意大利胶、KX－2002、F117、高浓度 500E 和高浓度 B72、能够为样品提供较高的抗压强度，甚至可以达 1Mpa。被加固样品的强度表现出明显的随材料浓度增加而增加的现象。另外，浓度为 1∶1 的 R300、加固三次的 2% 31J 以及 3% 的 BV 材料的抗压强度也可以达到 0.1Mpa 以上。

从每克材料对抗压强度的贡献来看，乳液类材料以及 31J 和 BV 材料的贡献率较高，尤其以乳液类材料表现比较明显，较低的浓度即能提供相对高的抗压强度。各浓度的 500E 和 R300 虽然提供的强度很高，所耗费材料亦多（图 7－18）。

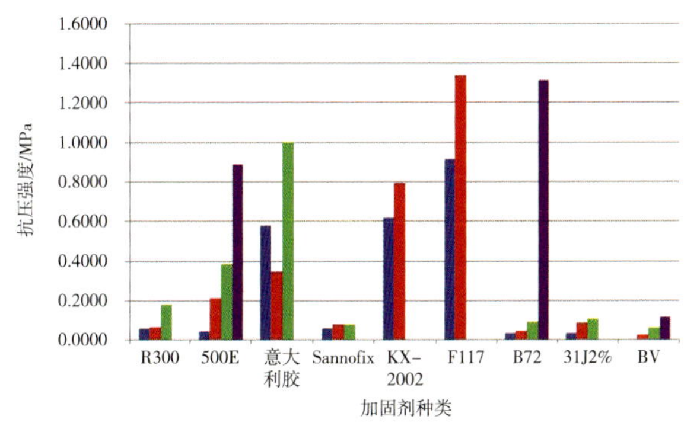

图 7－17　加固后样品抗压强度

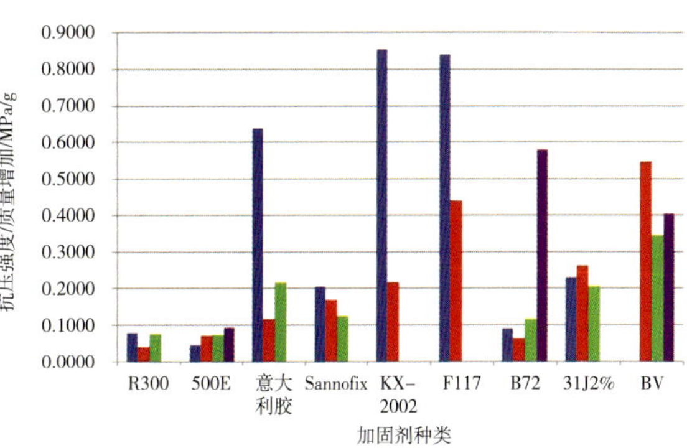

图 7－18　单位质量材料对抗压强度的贡献

5）抗钻强度

对岩石强度进行检测的抗钻仪是基于钻头在钻入岩石时，不同强度的岩石对钻头的阻力是不同的这一原理工作的，强度越高的对钻头的阻力越大，直接或间接测量这种阻力就可获知岩石的强度。本次试验采用的是德国产抗钻仪，其原理是给小直径（3mm）钻头施加1kg恒定的压力，通过测量贯入一定的深度花费的时间来反映岩石的强度，尽管不能直接得出岩石的强度值，但结果可以反映强度随深度的变化。

本次试验采用抗钻仪对保护材料渗透深度进行了检测，以往通过渗透深度测量的方法可以得知保护材料的渗透状况。一些保护材料在多孔材质渗透时仅仅是水或溶剂，表面易发生保护材料的聚集，同时有些保护材料可以渗透进入多孔介质内部，但随着干燥过程中溶剂的向外迁移挥发而将保护材料带到表面，发生反迁移。这两种现象的结果将导致多孔介质表面形成壳。抗钻试验可以直观的反映这种状况。

检测时从试样加固面钻入钻头，直至钻头深入3～4 cm，数据分析时选取深度2～2.5 cm内的数据。从抗钻试验结果来看，不同类的材料的抗钻数据反映出截然不同的加固材料分布状况。

从R300 1∶1显示材料分布基本均匀，没有富集，样品中上部位强度最佳，底部稍弱。从500E 1∶1和原液的抗钻数据图上看，原液加固的样品抗钻强度整体高于浓度1∶1加固的样品，样品强度呈从外到内逐渐升高的趋势。

从意大利胶1∶1的抗钻强度图看，该材料能提供相对较高的强度，强度在0.4－0.5cm左右急剧下降，但依然高于其他加固材料，与500E原液加固样品抗钻强度相当。KX2002 1∶1、F117 1∶3加固样品同样存在表层壳状的现象，材料在表层有所富集。Sannofix加固样品强度不高，分布较为均匀。

各浓度的B72明显显示出材料在样品表层严重聚集现象，聚集层厚度在2～4mm左右，整体强度随浓度升高而上升。

31J多次加固后样品内外均有一定的抗钻强度，靠近样品底部强度低而底部强度急剧升高，说明31J也有可能有发生在表层的材料聚集，但是整体来说分布较为均匀。

31J二次加固的样品强度分布较为均匀，三次加固的样品整体强度有很大提升，上表有约2mm的硬壳，底部强度相对较弱。

6）冻融试验

尽管重庆大足地区基本不存在冻融危害因素，但作为试验的一项重要检测，在对材料效果进行评价时进行了耐冻融能力评价。

本试验参照公路工程石料试验规程中的抗冻性试验（T0211－94）方法检验加固样品的耐冻能力。为加快冻融速度将一个循环的时间减少为2h。试验时将有一定强度和耐水能力的样品于水中浸泡24h，充分饱水后擦去多余的水分，放入温度为－25℃的低温冰箱中冷冻1h，然后取出加入常温水使样品融化，此为一个循环。以此类推，循环往复，共进行10个循环。冻融试验过程中，样品内部的水分不断结冰和融化，反复作用之下对岩石具有很强的破坏作用，是对岩石内部应力破坏的模拟。由于样品在耐冻融试验中损失很大，结果明显，只观察并记录样品外观的变化情况（表7－12）。

表 7－12　冻融试验样品外观变化

材料	配比	1 次	2 次	3 次	5 次	10 次
R300	1:9	粉碎	粉碎	粉碎	粉碎	粉碎
	3:7	略掉粉	发展	发展	表层大部脱落	表层基本脱落
	1:1	好	好	开始掉粉	掉粉	掉粉轻微
500E	1:9	掉粉成块	掉粉成块	掉粉成块	掉粉成块	粉碎为小块
	3:7	开始掉粉	发展	发展	发展	仅余上部
	1:1	完好	完好	开始掉粉	继续掉粉	轻微掉粉
	原液	完好	完好	完好	完好	完好
意大利胶	1:7	掉粉	继续	继续	掉粉严重	中部掉粉，仅余核心部位
	1:3	好	好	好	中部掉粉	中部脱落严重
	1:1	好	好	好	好	中部掉粉严重
Sannofix	1:7	破损	破损	破损	破损	破损
	1:3	破损	破损	破损	破损	破损
	1:1	破损	破损	破损	破损	破损
KX－2002	1:3	略掉粉	发展	掉粉加剧	加剧	表皮脱落
	1:1	略掉粉	发展	掉粉加剧	底部破碎	成为碎块
F117	1:3	略掉粉	发展	掉粉加剧	掉粉加剧	中部脱落严重
	1:1	略掉粉	发展	掉粉加剧	掉粉加剧	中部破碎
B72	3%	仅余上部	扩大	上部残余 1/3	残块减小	仅余顶部壳
	6%	掉粉	掉粉扩大	掉粉严重	掉粉严重	余上部小块
	9%	掉粉	中部开始掉粉	掉粉继续	中部掉粉严重	余上部 1/4
	12%	好	好	略掉粉	中部掉粉	中部掉粉严重
31J（2%）	一次	略掉粉	继续	继续	继续	底部破碎
	两次	好	好	好	好	轻微掉粉
	三次	好	好	好	好	好
BV	0.5%	粉碎	粉碎	粉碎	粉碎	粉碎
	1%	余上部	继续掉粉	继续	继续	碎块
	2%	好	好	开始掉粉	继续	碎成大块
	3%	好	好	好	好	好

R300 1∶9　R300 3∶7　R300 1∶1　500E1∶9

500E 3∶7　500E 1∶1　500E 原液　意大利胶 1∶7

意大利胶 1∶3　意大利胶 1∶1　Sannofix 1∶7　Sannofix 1∶3

Sannofix 1∶1　KX2002 1∶7　KX2002 1∶3　F117 1∶7

F117 1∶3　B72 3%　B72 6%　B72 9%

B72 12%　31J 1　31J 2　31J 3

BV 0.5%　BV 1%　BV 2%　BV 3%

图 7－19　冻融试验 10 个循环后状况

完成 10 个循环以后，样品的外观情况如图 7－19 所示。各种材料处理的样品耐冻能力如下：

经过 500E 原液、31J3 次、BV3% 加固的样品在 10 个冻融循环后依然保持完好，其中 BV 材料具有明显的防水效果，水分不容易润湿。500E1∶1、R3001∶1 以及 31J2 次亦有较为良好的耐冻融能力，在 10 个循环后只有轻微的掉粉。

其他材料耐冻融能力都较差，R300 3∶7、B72 12%、BV2% 尚可，其中 Sannofix 加固的样品不具有耐水能力，入水即碎。低浓度材料加固的样品耐冻融能力差。

7）综合评价

根据以上对各种加固材料的使用和效果检验，总结出各种材料的评价表。因为 TEOS 和 MTES 材料未能很好固结，排除在进行比较的材料之外。考虑到水和盐的作用，冻融试验在进行综合评价时取了较高的权重。

表 7－13　加固材料室内筛选试验性能评价表

材料	配比	评价项目								综合
		渗透能力	颜色变化	耐水试验	耐盐试验	抗压强度	加固效率	抗钻强度	冻融试验	评价
R300	1∶9	好	轻微	/	/	增加明显	中等	差	差	－
	3∶7	好	轻微	好	差	增加明显	较低	中等	较差	－
	1∶1	好	较轻	好	一般	增加较多	中等	中等	较好	＋＋
	1∶9	好	较轻	/	/	增加明显	较低	差	差	－
	3∶7	好	较轻	好	差	增加较多	中等	差	较差	－

续表

材料	配比	评价项目								综合评价
		渗透能力	颜色变化	耐水试验	耐盐试验	抗压强度	加固效率	抗钻强度	冻融试验	
500E	1∶1	中等	较重	好	一般	增加较多	中等	中等	较好	+ +
	原液	较差	极重	好	一般	增加较多	中等	中等	好	+ +
意大利胶	1∶7	中等	轻微	好	差	增加较多	好	好	差	-
	1∶3	较差	较重	好	差	增加较多	中等	差	较差	-
	1∶1	较差	极重	好	一般	增加较多	较好	差	较好	+
Sannofix	1∶7	中等	轻微	差	/	增加明显	中等	一般	极差	-
	1∶3	较差	较轻	差	差	增加明显	中等	一般	极差	-
	1∶1	较差	较轻	差	差	增加明显	中等	一般	极差	-
KX - 2002	1∶3	中等	较轻	好	差	增加较多	好	好	较差	-
	1∶1	较差	较轻	好	差	增加较多	中等	好	较差	+
F117	1∶3	中等	较轻	好	好	增加较多	好	好	较差	-
	1∶1	差	较重	好	好	增加较多	较好	好	较好	+
B72	3%	好	较重	好	/	增加明显	中等	中等	差	-
	6%	好	较重	好	差	增加明显	中等	中等	较差	-
	9%	好	较重	好	差	增加明显	中等	中等	较差	-
	12%	较差	较重	好	一般	增加较多	好	差	较好	+

续表

材料	配比	评价项目								综合评价
		渗透能力	颜色变化	耐水试验	耐盐试验	抗压强度	加固效率	抗钻强度	冻融试验	
31J（2%）	一次	好	轻微	好	差	增加明显	较好	中等	较差	-
	两次	较差	轻微	好	一般	增加明显	较好	中等	较好	++
	三次	差	较轻	好	好	增加明显	中等	好	好	++
BV	0.5%	好	轻微	/	/	轻微增加	好	差	差	-
	1%	中等	轻微	好	/	轻微增加	较好	差	较差	-
	2%	较差	较轻	好	好	增加明显	较好	差	较好	-
	3%	差	较轻	好	好	增加明显	较好	中等	好	+

在渗透能力上，有机硅材料、低浓度 B72、BV、31J 一次的表现良好，乳液类材料普遍渗透性能较差。

从颜色变化上来看，各浓度 B72 对样品颜色影响较大，其他材料在低浓度时仅会造成样品颜色轻微改变，材料浓度越高对样品的外观变化影响越大。

耐水性能上，Sannofix 耐水性能差，在水中崩解开裂。具有拒水性的 F117 和 BV 材料有很强的耐盐析能力，其他材料耐盐析能力都不强，盐分的结晶作用对样品有强烈的破坏作用。

意大利胶、KX－2002、F117、500E 和高浓度 B72 能够为样品提供较高的抗压强度，浓度为 1∶1的 R300、加固三次的 2% 31J 以及 3% 的 BV 材料在进行抗压试验时亦有良好表现。乳液类材料在加固效率上表现出色，较低的浓度即能提供相对高的抗压强度。

乳液类材料意大利胶、KX2002、F117 以及 B72 加固的样品表面抗钻强度都远大于内部的，材料在表层聚集成壳明显。31J 和有机硅材料抗钻性能一般，但在分布相对均匀，内部亦能有一定的抗钻强度。

从冻融试验来看，除了 500E 原液、31J 3 次、BV 3%、500E 1∶1、R300 1∶1 以及 31 J2 次以外，其他材料在冻融试验中都表现不佳。乳液类材料和低浓度材料加固的样品耐冻融性差。

硅氧烷材料在颜色变化、渗透能力、材料分布上表现良好，在抗压能力、抗钻能力、耐冻融能力上随着浓度增加表现逐渐转好，材料具有耐水性，完全固化后无疏水性。

乳液类材料整体在颜色变化、渗透能力与材料分布上表现较差，Sannofix 材料在各项检测中都表现不良。其他材料在抗压强度和加固效率上表现良好，耐盐试验和耐冻融试验则表现一般，其中具有防水性能的 F117 材料在耐盐试验和耐冻融试验中表现较好。

丙烯酸类材料低浓度下渗透性能良好，高浓度则渗透能力较差，B72 在颜色变化上表现很差。在材料分布上，三种材料都有一定的表面富集作用。经过对材料的初步试验和总结，选出 R3001∶1（及以上）、500E1∶1（及以上）、2% 31J（多次加固）作为加固材料进行更加仔细的效果评估和实施工艺研究。

7.1.5.3 材料的深入试验

根据材料的初步选择结果，选择 R300、500E 和 31J 材料作为进一步试验的备选材料，通过更加标准详细的试验过程，对三种材料加固千手观音砂岩的性质进行进一步的试验。

1）样品加固

（1）样品制备

向粉碎的石粉中加入适量水，至手捏略微可塑，称取适量以标准圆柱形模具压制成标准样品，样品直径 30mm，高 67mm。待样品干燥后进行加固。

采用 R300（1∶9、3∶7、1∶1、原液）、500E（1∶9、3∶7、1∶1、原液）、2% 31J（一次、两次、三次）作为备选材料，进一步了解其使用性质。每组样品制备 5 个，待检验。加固后的样品置于密闭空间内，以加湿器进行加湿，保持固化湿度在 75% 以上，固化时间约 20d，之后进行效果检验。

（2）渗透性能和材料用量

在加固渗透过程当中记录渗透单个样品所需要的时间和材料用量，并在固化完全以后计算样品增重，数据列表 7－14 如下。

表 7－14 加固剂渗透速度及用量

材料名称	滴加时间（min）	材料用量（ml）	样品平均增重（%）
500E 1∶9	5	21	0.21
500E 3∶7	8.5	23	0.87
500E 1∶1	10	22	1.44
500E 原液	21	23	3.47
R300 1∶9	5.7	21	0.16
R300 3∶7	6	22	0.57
R300 1∶1	7	22	1.07
R300 原液	9	22	2.46
2% 31J 一次	7.5	24	0.11
2% 31J 二次	/	/	0.23
2% 31J 三次	/	/	0.36
空白（乙醇）	4.3	21	/
空白（丁酮）	3.7	21.1	/

材料渗透速度随着浓度的增加而降低，500E 原液渗透速度较慢，达到 21min。材料用量较为一致，在 21～24ml 之间。

另外对样品对材料的毛细吸收速率进行了测量。测量方法：在干净的培养皿的分别放入乙醇、500E 1∶1、R300 1∶1 和31J 2%（乙醇溶剂），保持培养皿液面在5mm左右，把标准样品放入其中，初始每隔15s记录一次材料上升高度，当速度较为缓慢时记录间隔加大至30s、60s。在毛细上升过程中，不断补加材料使得培养皿液面保持在5mm左右不变。获得数据后，以毛细上升高度对时间作图（图7－20）。

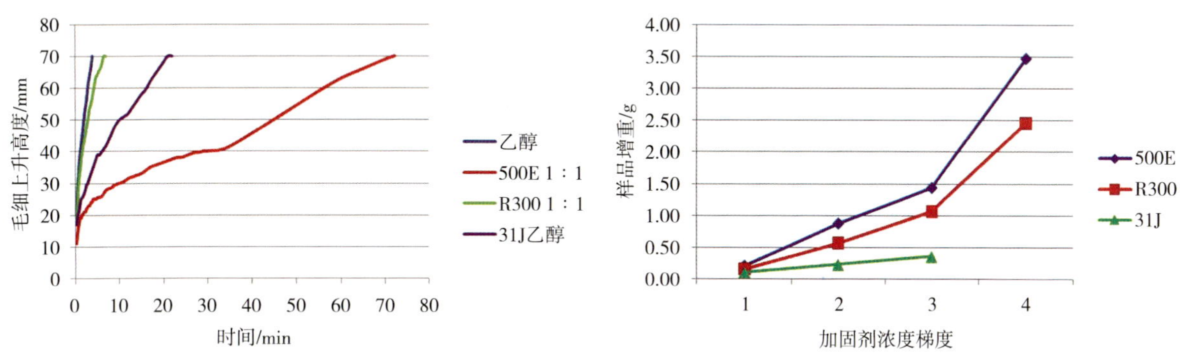

图7－20 材料毛细上升高度－时间图　　**图7－21 样品固化后增重随材料浓度增加折线图**

乙醇溶剂的毛细吸收速率很快，约成直线型，在4min内乙醇上升到样品顶部，R300 1∶1 耗时7min，31J 22min，而与R300同浓度的500E 1∶1 材料完全毛细上升到样品顶部使用了72min，其毛细上升速度远远慢于其他材料。

从固化后样品增重图上看，31J材料多次加固时样品增重与加固次数基本成正比，500E和R300在低浓度时正比关系明显，使用原液样品质量增加提升（图7－21）。

1）效果检验

（1）颜色变化

加固后样品颜色变化如图7－22所示，500E原液、R300原液加固的样品下部加深明显，其余颜色略有加深；31J加固三次后样品颜色略有加深，加固一次、两次样品颜色基本不变。

a

b

c

图7－22 加固后样品颜色

a 500E　b R300　c 31J

通过以上试验说明500E原液、R300原液因为不含溶剂，容易在重力作用下在样品的下部聚集，使用溶剂过后材料分布更加均匀。

为了更加准确的描述样品颜色情况，采用测色色差计测量样品上部和下部的色度参数，根据国际照明委员会（CIE）1964标准色度系统的三刺激值和色品坐标表示结果。因为样品上部和下部颜色有一定的差异，分别以x（10）和y（10）作图7－23如下。

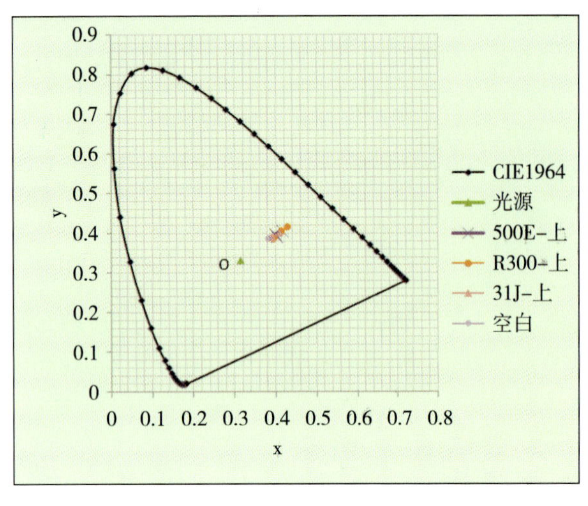

a

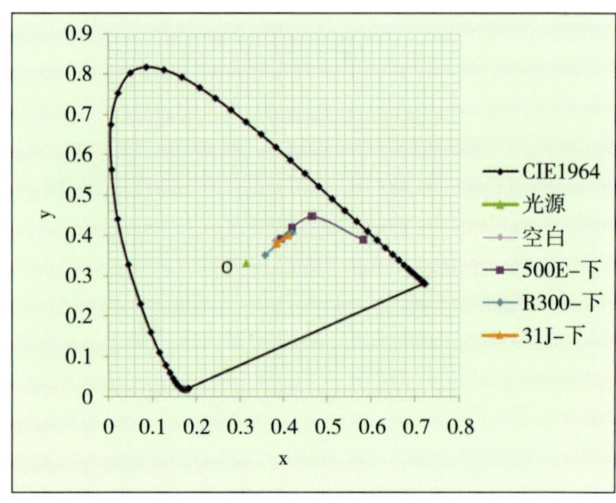

b

图7－23　加固后样品颜色

a 样品上部色度　b 样品下部色度

从图上看出，样品加固后颜色和空白相比处于同一色系，颜色略有加深，色彩比较集中；样品下部颜色变化明显，尤其是500E原液色彩偏离较远，除此之外样品颜色变化不大，均可接受。

以Lab色度空间观察测量数据如表7－15：

表7－15　样品色度数据表

Sample	Ratio	L	a	b
Blank	blank	58. 25	3. 75	12. 89
31J－Bu	1次	57. 62	4. 34	14. 09
31J－Bu	2次	56. 99	3. 66	13. 49
31J－Bu	3次	54. 31	3. 58	12. 89
31J－E	1次	55. 00	4. 20	14. 09
31J－E	2次	52. 29	4. 28	14. 05
31J－E	3次	48. 47	3. 79	11. 96
R300	1∶9	53. 27	4. 52	14. 63
R300	1∶3	50. 76	5. 25	15. 17
R300	1∶1	51. 87	4. 81	15. 58
R300	原液	55. 32	3. 97	13. 61

续表

Sample	Ratio	L	a	b
500E	1∶9	53.61	4.36	14.28
500E	1∶3	52.55	4.52	14.47
500E	1∶1	55.83	4.00	13.90
500E	原液	58.17	4.26	14.17

（2）样品孔径

样品加固后对样品孔径的堵塞程度可以通过压汞法对孔隙进行测量得到。结果显示经过三种材料加固后的样品仍然有较高的孔隙率，不会产生堵塞孔隙的现象。其中 31J 一次加固的样品孔隙率最高，达到 65.31%，而 500E 原液加固的样品孔隙率最低为 42.26%。

表 7－16　加固后样品孔隙率

样品编号	平均孔径	表观（真实）密度	孔隙率（%）
500E1∶9	735	3.0742	58.8316
500E3∶7	205	3.4394	64.5549
500E 1∶1	191	3.1911	58.9063
500E 原液	402	2.5028	42.2574
R300 1∶9	1645	3.1733	61.3150
R300 3∶7	222	3.3279	62.8772
R300 1∶1	1289	2.5654	49.3337
R300 原液	186	3.3493	58.3534
31J－1	235	3.7456	65.3087
31J－2	898	2.7893	55.2359
31J－3	1279	2.4462	48.9239

（3）材料分布

选取 R300 原液、500E 原液、31J 加固三次样品进行扫描电镜观察，考察材料的分布方式以及存在形式。

对于 R300 原液加固的样品，在低倍率下观察，样品明显颗粒状，颗粒之间依然存在大量的孔隙。选择一处放大至 500×，二次电子像上可以观察到颗粒上存在附着物，背闪射电子像则可以更为清楚地观察到材料的固化产物 SiO_2 凝胶物是如何附着于颗粒并填充孔隙的。生成的 SiO_2 附着在颗粒之上或距离较近的颗粒之间，收缩导致的开裂使得颗粒之间并没有形成良好的搭接，SiO_2 主要在平行和垂直于接触面的方向上开裂，裂隙之间的距离约 15μm 左右。材料厚度大约 3μm，对于颗粒之间的裂缝填充搭接效果理想，对于较大的孔隙完全不会造成堵塞。对 R300 原液加固样品断面进行观察，材料在内侧和外侧的分布基本一致，内侧略少（图 7－24～7－26）。

图 7－24　**R300** 原液加固样品外壁（**115**×）

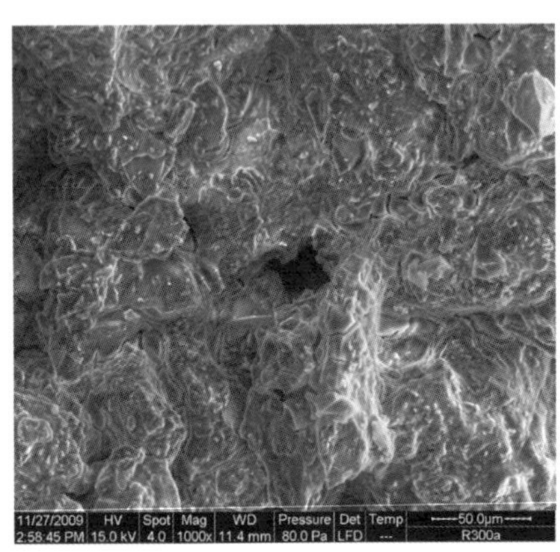

图 7－25　**R300** 原液加固样品外壁（**1000**×）

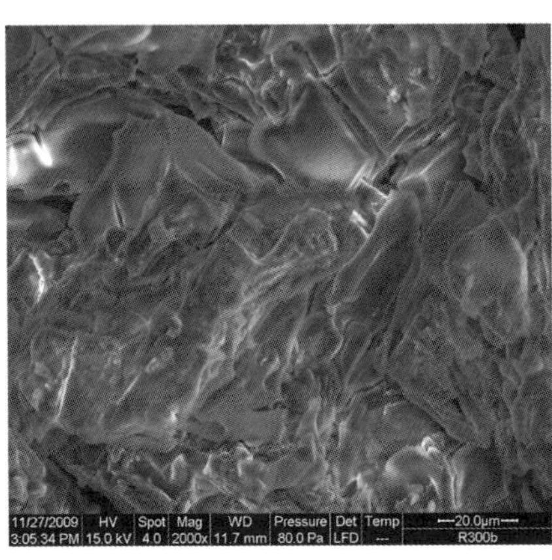

图 7－26　**R300** 原液加固样品外壁（**2000**×）

观察500E原液加固样品，与R300基本一致。材料对颗粒之间相互接触的部位有明显的填充，大的孔隙依然存在。放大样品，500E原液固化后生成的SiO_2对于颗粒之间的缝状填充和搭接作用较好，开裂情况比R300加固材料好。对断面进行观察，外侧明显比内侧紧密，500E原液对样品表层孔隙有一定的堵塞。结合对样品表层的观察，500E原液加固样品在用手轻微摩擦的情况下不会掉落颗粒，可见一定量的材料填充对强度的提升是有必要的（图7－27、7－28）。

图 7－27　500E 原液加固样品外壁（200×）

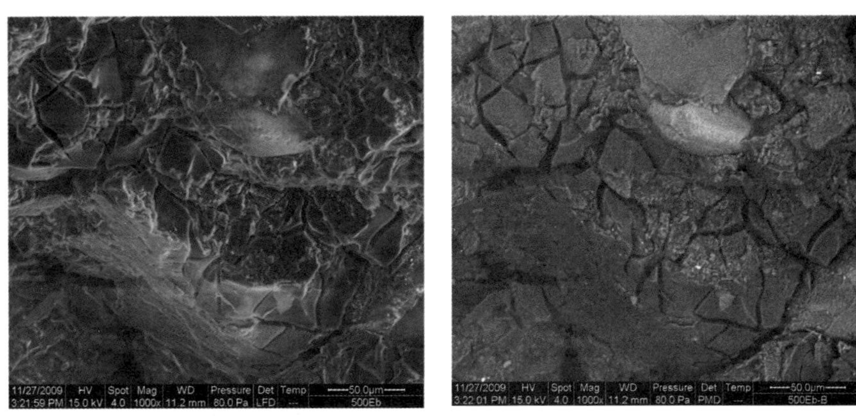

图 7－28　500E 原液加固样品断面（1000×，外侧）

在 200×倍率下观察 31J 三次加固的样品外壁，因为丙烯酸材料组成元素为 C、H、O，原子序数比组成样品本身的砂岩颗粒低，在背闪射电子像中成像较暗。图上显示材料对颗粒成膜状包裹，分布广泛，在颗粒之间基本都存在丙烯酸材料，距离较近的颗粒由材料的膜很好的搭接在一起，对较小的空隙堵塞作用明显，大的孔隙依然存在。放大至 1000×，材料的附着情况更为清晰。对断面样品进行观察，靠近外壁 500μm 左右厚度以内材料富集明显，寻一处放大，在 2000×下可见丙烯酸酯以约 2μm 厚度的膜连续包裹于颗粒之上，形成了颗粒间的良好连接，这种连接使得样品用手轻微摩擦不会有颗粒掉落（图 7－29～7－31）。

图 7－29　31J 3 次加固样品外壁（200×）

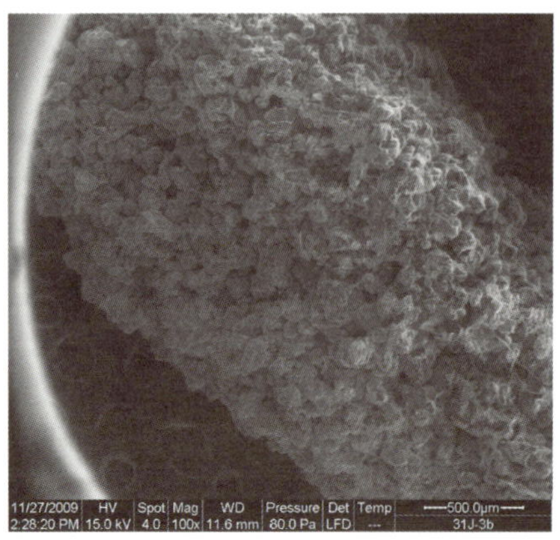

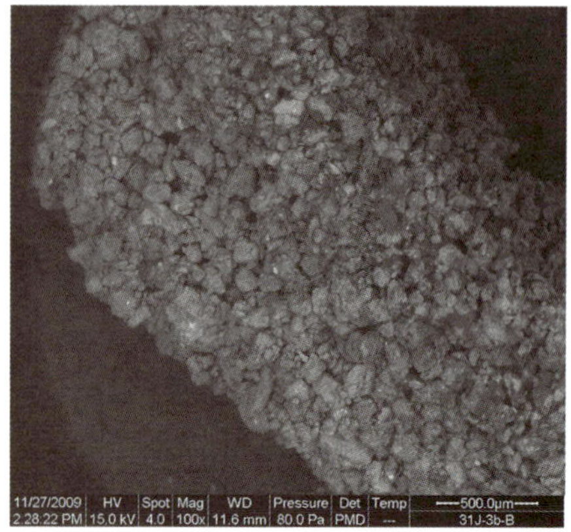

图 7－30　31J 3 次加固样品断面（250 ×，左侧为右侧为外）

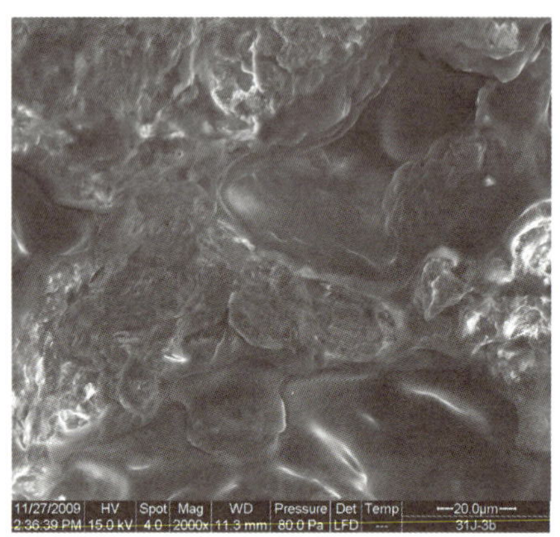

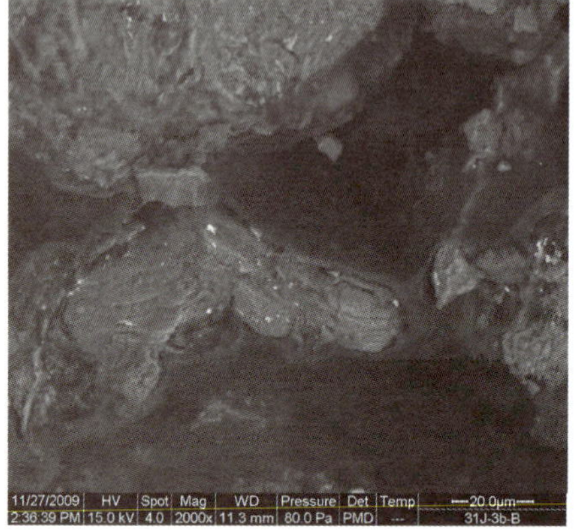

图 7－31　31J 3 次加固样品断面外侧（2000 ×）

（4）硬度测试

试验中尝试使用 EQUOTIP PICCOLO 一体化里氏硬度计测量加固后样品表面硬度（图 7－32）。其 D 型冲击体：5. 5g，冲击球头：Φ 3mm，碳化钨，硬度 1500 维氏（HV），测量范围：150 ~ 950 里氏（HL）。清 晰 度：1 里氏（HL），测量精度：±4 里氏（HL）。

图 7－32　EQUOTIP PICCOLO 一体化里氏硬度计

测量时每一组样品测量 16 个值，去掉一个最大值，去掉一个最小值，计算其平均数和标准差。

表 7 – 17　部分样品里氏硬度

样品	平均值 HLD	标准差 HLD	变异系数（%）
新鲜岩石	489. 9	18. 6	3. 8
500E 原液	303. 2	12. 6	4. 2
R300 原液	223. 1	9. 9	4. 4
31J 2%	178. 8	10. 9	6. 1

从上表结果看出，新鲜岩石的里氏硬度为 489. 9，500E 原液提供的上表面硬度约为新鲜岩石的三分之二，31J 材料提供的硬度约为其 1/3，R300 原液则介于两者之间。

从样品的标准差和变异系数来看，该硬度计的测量数据比较集中而具有代表性，能够很好地反映出加固材料对样品表面硬度的提升。该便携性硬度测量仪器为加固材料效果的现场检验提供了一个可行、微损的方法。

（5）抗压强度

采用 ISTRON 3369 万能材料试验仪测量样品加固前后的强度变化，因样品加固前几乎没有抗压强度，故而只需要测量加固后的抗压强度。每种加固剂测量三个样品，计算平均值（表 7 – 18）。

表 7 – 18　加固样品抗压强度变化

样品编号	抗压强度（MPa）				质量增加（g）	抗压强度/质量增加（MPa/g）
	1	2	3	平均值		
500E 1∶9	0. 114	0. 113	0. 094	0. 107	0. 21	0. 51
500E 3∶7	0. 418	0. 342	0. 564	0. 441	0. 87	0. 51
500E 1∶1	1. 237	1. 177	1. 133	1. 182	1. 44	0. 82
500E 原液	2. 115	1. 723	1. 635	1. 824	3. 47	0. 53
R300 1∶9	0. 128	0. 074	0. 059	0. 087	0. 16	0. 54
R300 3∶7	0. 442	0. 621	0. 445	0. 503	0. 57	0. 88
R300 1∶1	1. 114	1. 005	0. 959	1. 026	1. 07	0. 96
R300 原液	1. 406	1. 389	1. 505	1. 433	2. 46	0. 58
31J – 1	0. 402	0. 386	0. 430	0. 406	0. 11	3. 69
31J – 2	0. 906	0. 893	0. 892	0. 897	0. 23	3. 90
31J – 3	0. 825	0. 763	1. 004	0. 864	0. 36	2. 40

从表中可以看出随着 500E 和 R300 的浓度增加，提供的抗压强度呈现明显的梯度增加，普遍来说，同浓度的 500E 提供的强度略微高于 R300。对 31J 加固的样品来说，第三次加固和第二次加固相比样品抗压强度增加不大，加固两次的样品强度与浓度为 1∶1 的 500E 和 R300 相当（图 7 – 33）。

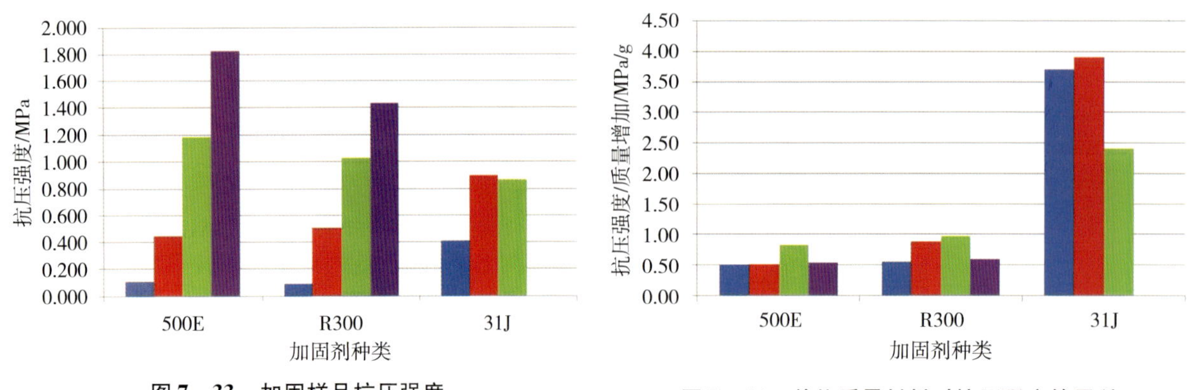

图 7 - 33　加固样品抗压强度

图 7 - 34　单位质量材料对抗压强度的贡献

抗压强度/质量增加代表单位质量增加所能够提供的样品抗压强度提升，一定程度上可以理解为加固剂的加固效率，其结果如图 7 - 34 所示。可以看出，同中材料的加固效率相近，其中浓度为 1∶1 的情况下加固效率最高。R300 的加固效率略高于 500E。31J 材料因为固化后样品质量增加很低，具有很高的加固效率。

下图列出几组样品的抗压结果（图 7 - 35）：

在横梁移动速度设置较快的情况下（20mm/min），500E 和 R300 样品呈现出尖锐的峰，样品断裂前的位移很小。31J 的载荷位移图显示其有一定的弹性，允许一定范围内的压缩形变。

（6）抗钻强度

测量抗钻强度的试验方法与头一批样品相同，在 1kg 恒定力下得到贯入一定的深度花费的时间，钻深 3 cm。

使用高浓度 500E 和 R300 时，材料均匀性好，上部和内部都有适当的抗钻强度，采用原液加固的样品材料在底部分布多，抗钻强度较大，而浓度为 1∶1 时则更为均匀。材料不但没有在表层富集，而且表层的强度还略低。

用 31J 加固的样品，材料在表层的富集依然存在，样品最脆弱的地方为靠近表面处，整体强度较好。

（7）耐水能力

耐水能力检验方法为准备一个水槽，充水使水深保证淹没样品。将进行抗压试验后的样品碎块置于水槽中浸泡，观察记录试样在水中的变化如脱落、开裂、崩解等情况。

500E 1∶9 和 300 1∶9 在置入水中后迅速开始崩解，1min 之后颗粒掉落减缓，约 10min 左右基本观察不到颗粒继续掉落的现象。其他浓度加固的样品具有耐水性，但是不具有拒水性，迅速被水浸湿，有气泡冒出。

31J 加固后的样品有一定的拒水性，几乎不被水润湿。

在 24h 后观察，样品保持稳定状态（图 7 - 36）。

（7）湿热老化

湿热老化试验参照相关试验室环境试验方法加以改进，利用烘箱和装有一定液态水的密闭环境，得到湿热交替的环境。试验中烘箱置于 60℃，试验开始后约 5min 烘箱达到设定温度，在此温度下保持高温状态 70min，然后关闭烘箱，任其自然降温冷凝。降温时间为 285min，完成一个循环需要 6h（标准为 24h，此处进行了一个加速）。

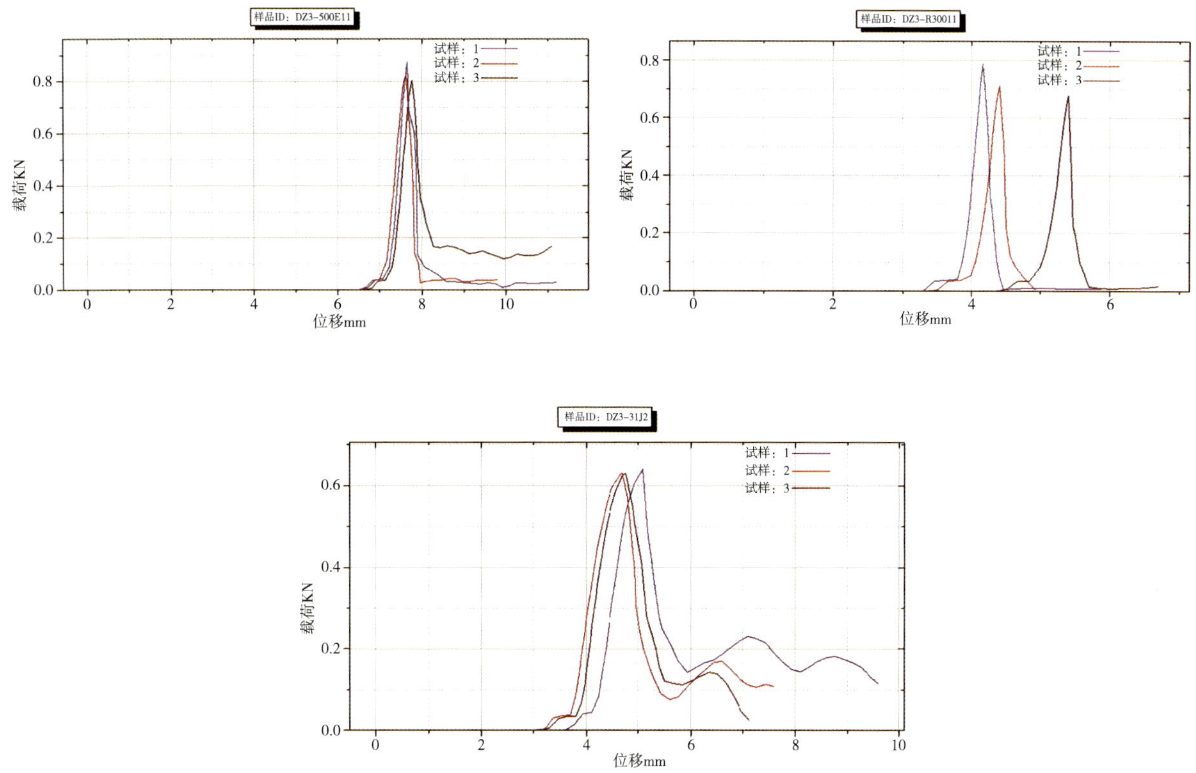

图 7－35　加固样品的抗压结果

图 7－36　加固样品耐水能力试验

图 7－37　湿热交替循环中温湿度变化

测量样品所在密闭环境在一个循环中温湿度变化如图 7－37。

总共进行了 500 个循环，空白样品、500E 1∶9 和 R300 1∶9 有轻微的颗粒掉落，其他样品没有观察到明显现象。

7.1.5.4　R300 和 500E 的多次加固试验

室内试验证实 R300 和 500E 材料对风化的砂岩均有很好的加固效果，能够提供一定的抗压强度、耐水耐盐的能力，但在现场试验后发现加固效果不明显，表面呈颗粒状，用手触摸仍有剥落。

由于室内试验条件和现场环境的差异，风化岩石和模拟试块的孔隙率，密度等物理特性的不同，这种效果上的差异是正常的。因此在材料使用的操作工艺上，低浓度多次渗透在操作性、均匀性和强度增加上都是更佳的方案。因此分别采用 R300 1∶1 和 500E 1∶1 进行一次加固、两次加固以及 R300 原液一次加固进行加固效果对比。

固化条件依旧为高湿，第一次加固后 15d 进行二次加固 ，二次加固后 15d 进行效果检验。R3001∶1 加固的 5 个样品二次加固时材料用量共 96ml，用时 8 min，比第一次加固时用量略少，速度更快，500E 1∶1 二次加固时渗透困难。

1）石油醚渗透

样品固化后，轻微摩擦表面，经过二次加固的样品固化后表面颗粒不掉落。以石油醚对固化后样品进行滴加渗透，每下渗 1cm 读取一个时间值，直至完全渗透为止。

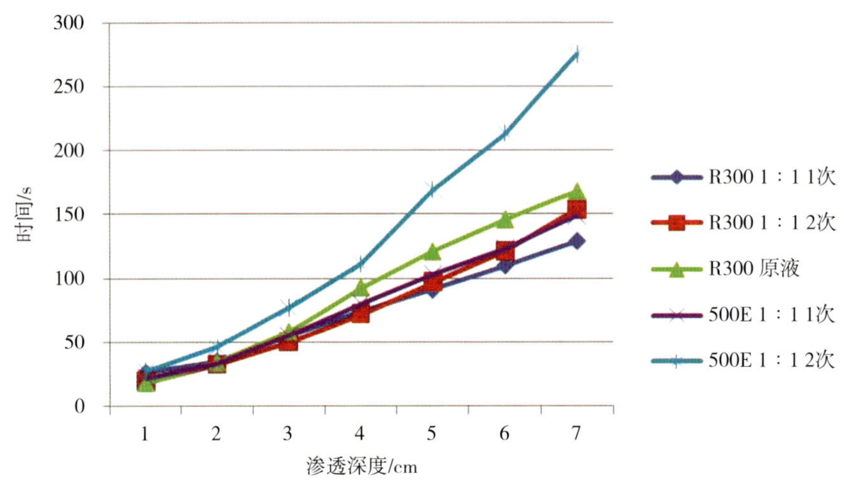

图 7－38　石油醚渗透 t－s

考虑到人工读取数据的误差，基本上石油醚在加固后样品中的渗透速度为匀速，其中 500E 1∶1 加固 2 次后的样品明显渗透速度慢，耗费时间久，其他样品时间接近，R3001∶1 一次加固的样品渗透速度最快，约为前者的两倍。所消耗的体积如下表。该表反映了固化后样品的空隙情况，R3001∶1 一次加固样品空隙最多，500E1∶1 加固 1 次与之接近但略少；使用 R3001∶1 材料加固两次后空隙比加固一次少，但比采用原液加固的情况好（图 7－38、表 7－19）。

表 7－19　石油醚渗透所用体积

	R300 1∶1 1 次	R300 1∶1 2 次	R300 原液	500E 1∶1 1 次	500E 1∶1 2 次
渗透石油醚体积/ml	17.4	14.1	15.1	17.1	12.6

2）抗压强度

选取 3 组样品于自然情况下测量抗压强度，取平均值。另外选取一组样品，称量其质量，浸没水中，饱水 24h 后再次称量其质量，计算含水率并进行无侧限抗压强度试验，所得值作为饱水抗压强度（软化度）的参考。

表7-20　饱水及自然环境下样品抗压强度

	R300 1∶1 1次	R300 1∶1 2次	R300原液	500E 1∶1 1次	500E 1∶1 2次
自然抗压强度（MPa）	0.638	2.498	1.366	1.033	1.943
饱水抗压强度（MPa）	0.561	1.774	1.129	0.588	1.013
固化后质量（g）	68.57	72.15	69.10	67.99	70.02
饱水24h质量（g）	72.28	76.04	73.09	71.07	75.94
含水率（%）	5.4	5.4	5.8	4.5	8.5

因为此次抗压试验采用横梁速度1mm/min，故与上批数据相比有一定的差异，整体来说此次抗压强度数值较高。从表7-20可以看出，用R300 1∶1加固两次的样品抗压强度最强，远远高于用R300原液和加固一次的情况，多次加固对强度有明显的提升。同等条件下500E能够提供更强的强度。

饱水24h后样品的抗压强度与自然状态下相比都有所降低，其中500E 1∶1加固两次的降低最多，约为饱水前的一半。从含水率数据看，该样品含水率达8.5%，远远高于其他样品，抗压试验结束后目测距样品外表约2mm范围以内均明显的呈湿色。

3）耐盐试验

配置质量分数5%的硫酸钠溶液，参考砂浆耐盐试验方法，选用干湿循环方法完成盐结晶溶解的腐蚀循环。循环方式如下：样品于5%的硫酸钠溶液中室温浸泡16h，充分吸收盐分，取出擦干表面水分，放置1h后80℃恒温烘干6h，冷却观察1h，为一个循环，每个循环为24小时。

耐盐试验结果显示，500E材料的耐盐能力强于R300材料，两次加固样品的耐盐能力有显著提高。耐盐试验破坏以边棱处和表层为主，表层以颗粒或小片状掉落。R3001∶1加固一次的样品在循环3已经出现明显的侧壁起翘剥落，并且逐渐发展，到循环10结束后样品断裂为4，侧壁剥落严重。断裂和破坏循制样时较为疏松的部位开始。两次加固的样品耐盐能力比原液加固以及加固一次都要好。500E加固的样品耐盐能力整体好于R300样品，加固两次的样品在10个循环后仅有顶部细微的开裂和中部出现一个凹坑，棱角依旧保持清晰，基本没有出现粉状掉落的情况。试验中出现的样品断裂与样品制备方法有关，因为石粉为多次加入模具当中，两次加入的石粉之间较为疏松，连接较弱。表明对于格外疏松的样品，需要一定量的材料填充才能很好的提供耐风化能力（图7-39~7-41）。

图7-39　多次加固样品耐盐试验（循环1和循环5）

图 7-40 多次加固样品耐盐试验（循环 10）

a　　　　b　　　　c

图 7-41 多次加固样品耐盐试验现象

a 侧壁片状剥落，R3001：1 1 次，循环 4　b 烘干后，循环 5　c 内部盐分分布，循环 7

以同样的循环方式对新鲜 50mm×50mm×50mm 砂岩样品进行耐硫酸盐腐蚀试验。循环 1 结束后在浸泡的硫酸钠溶液中有少量砂粒，每次循环结束后都可见掉落的砂粒有所增加。循环 3 结束后，样品顶部出现少量的盐分结晶。循环 7 时，样品侧壁和顶部已经可以观察到明显的砂粒掉落后的凹坑，边角模糊，往后愈发加剧。可见干湿循环的硫酸盐腐蚀试验对砂岩的破坏能力巨大，加固材料尤其是 500E 材料提供的耐腐蚀能力接近未风化岩石（图 7-42、7-43）。

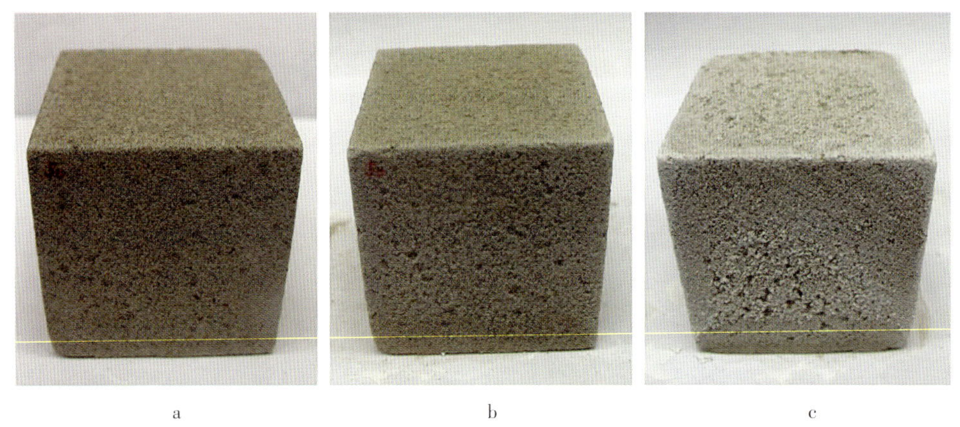

a　　　　b　　　　c

图 7-42 千手观音新鲜砂岩耐盐试验现象

a 循环 7 样品擦干后　b 循环 10 样品擦干后　c 循环 10 样品烘干后

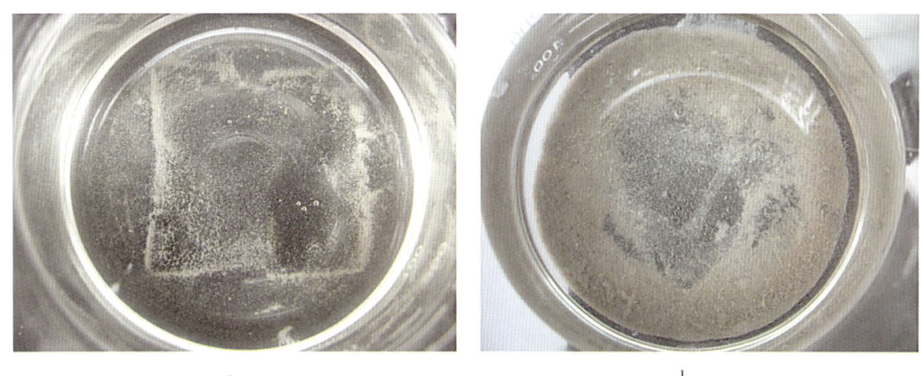

a　　b

图 7-43　千手观音新鲜砂岩耐盐试验表面颗粒掉落

a 循环 1 结束后　b 循环 10 结束后

7.1.6　现场试验

现场试验是在室内试验筛选保护材料的基础上在现场进行实施工艺和保护方法研究试验，同时评估保护材料对不同风化病害的保护加固效果和对现场环境的适应性，对材料使用中可能出现的问题进行分析，并找出相应的避免或解决途径。

目前共进行了二次材料的现场试验。第一次试验选择宝顶山大佛湾内非文物区域崖壁上具有类似风化状况的地点，验证保护材料的可行性和适应性，取得一定使用经验后再在文物本体上进行试验。第二次为千手观音造像本体试验。现分述如下。

7.1.6.1　第一次现场试验

2009 年 4 月进行了第一次现场试验，选择大悲阁对面一处风化台阶作为加固面。该面为后来补砌的洞窟外壁，距离地面 2m 左右。此处砂岩块表面粉化和鳞片状风化严重，风化层仅在表面。选择三处 20cm×20cm 区域作为试验区，加固材料分别是 500E 1：1 乙醇溶液 90ml，2%31J 丙酮溶液 200ml，R300 1:1 乙醇溶液 180ml。加固用时约 10～20 min。材料喷洒完毕后，使用塑料薄膜将试验区覆盖，减缓溶剂挥发速度（图 7-44）。

图 7-44　第一次现场试验示意图

试验完毕后进行了效果检验。31J 材料可以在短时间内（约 1 ~ 2h，溶剂挥发即可）提高风化岩体表面的强度，使得本来“碰不得摸不得”的地方有了一定的强度和韧性。而 500E 和 R300 固化缓慢。从颜色变化看，3 个试验块中，31J 的试验块在 1 天后颜色就和周围一致了，而 R300 颜色略有差异，500E 的差异较大。经过 2 个月后，后两个试验块的差异都变得不明显（图 7 – 45）。

图 7 – 45　加固过程及固化条件

a

b

c

d

图 7 – 46　500E 1∶1 加固试验

a 试验前　b 试验中　c 固化后　d 水流冲击试验

试验后 2 个月对试验块进行了喷淋试验。将聚酯瓶瓶口开小眼，然后装水，挤压瓶体使水喷出，获得具有一定冲击力的水柱，冲击试验块。试验发现加固的 3 个试验块部分稳定不掉粉，而周围未加固的部分在水的冲击下石粉和泥土掉落，形成坑洼（图 7 - 46）。

7.1.6.2　千手观音本体试验

2009 年 11 月进行了千手观音本体试验。针对粉末状剥落手指（内部无强度），龟裂法器（内部无强度），片状剥落法器等表面这几种主要病害选择试验区。选择 1 支手指或 1 个法器为一个单元试验区，实施方式采用针管滴注的方式加固。试验区一：位置：8 - 4 - S10、8 - 5 - S7、8 - 5 - S2 共持法器，保存状态：严重粉化，加固剂：R300∶95% 酒精 = 1∶1（体积比），用量：60ml，使用方法：滴加，共 10min（图 7 - 47）。

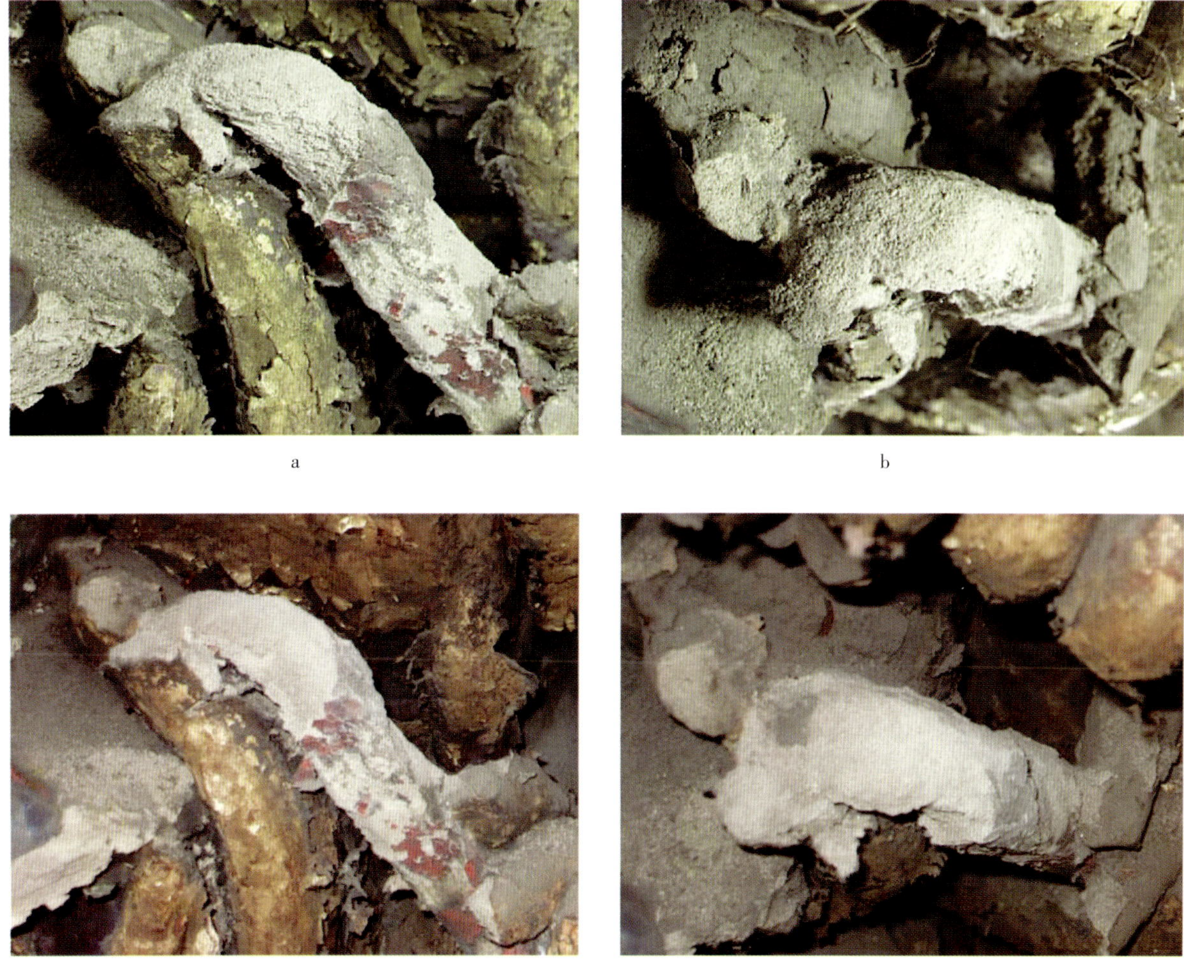

a　　b

c　　d

图 7 - 47　试验区一 R300 处理前后比较

a 加固前（正视图）　b 加固前（俯视图）　c 加固处理后半年（正视图）　d 加固处理后半年（俯视图）

试验区二：位置：9 - 3 - S5，9 - 3 - S9，8 - 3 - S10 共持法器保存状态：严重粉化，剥落加固剂：Remmer300∶95% 酒精 = 1∶1（体积比），用量：60ml，使用方法：滴加，共 10 min（图 7 - 48）。

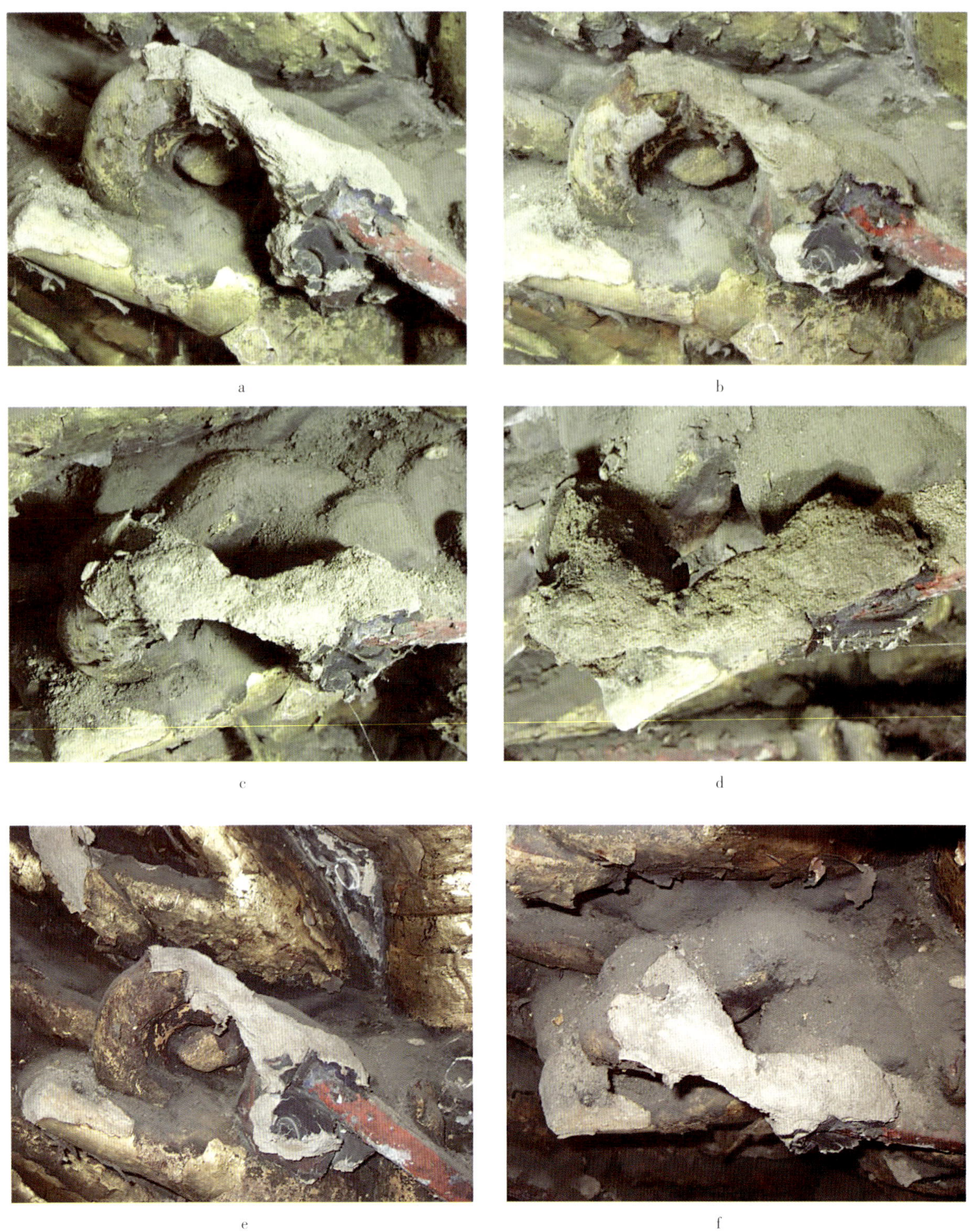

a　　b　　c　　d　　e　　f

图 7－48　试验区二 R300 处理前后比较

a 加固前（正视图）　b 加固后（正视图）　c 加固前（俯视图）　d 加固后（俯视图）　e 加固处理后半年（正视图）　f 加固处理后半年（俯视图）

试验区三：位置：8－4－S9，8－4－S10 共持法器，保存状态：严重粉化、无强度，加固剂：Remmer500∶95% 酒精＝1∶1（体积比），用量：30ml，使用方法：滴加，共5 min（图7－49）。

a

b

c

图7－49　试验区三 500E 处理前后比较

a 加固前　b 加固后　c 处理后半年

试验区四：位置：8－2－S8，8－4－S2 共持法器保存状态：严重片状剥落，加固剂：2% 31J，用量：45ml，使用方法：滴加，共15min（图7－50）。

a

b

图7－50　试验区四 31J 处理前后

a 加固前　b 加固后

试验区五：位置：7－8－S15 手，保存状态：手指粉化严重，加固剂：Remmer500∶95%酒精＝1∶1（体积比），用量：30ml，使用方法：滴加，共 30min。事先在边缘部位滴加少量，观察 15min 发现对贴金层无影响（图 7－51）。

a　　b　　c　　d

图 7－51　试验区五 500E 处理前后比较

a 加固前（正视图）　b 加固后（正视图）　c 加固前（侧视图）　d 加固前（侧视图）

试验区六：位置：8－3－S4，保存状态：手指风化严重，加固剂：2% 31J，用量：10ml，使用方法：滴加。加固剂使用大约 15 min 出现漆皮起翘，软化现象，试验中止。原因分析材料中的溶剂酒精对漆皮无影响，但其中含有的 10%～15%的丁酮有软化漆皮作用（图 7－52）。

试验区七：位置：8－10－S1，保存状态：手指砂岩风化，深度 1cm 左右，加固剂：Remmer300∶95%酒精＝1∶1（体积比），用量：80ml，使用方法：滴加，共 60 min。连带周围相连的小法器也一同加固（图 7－53）。

a

b

图7－52　试验区六31J处理前后比较

a. 加固前　b. 加固中漆皮起翘

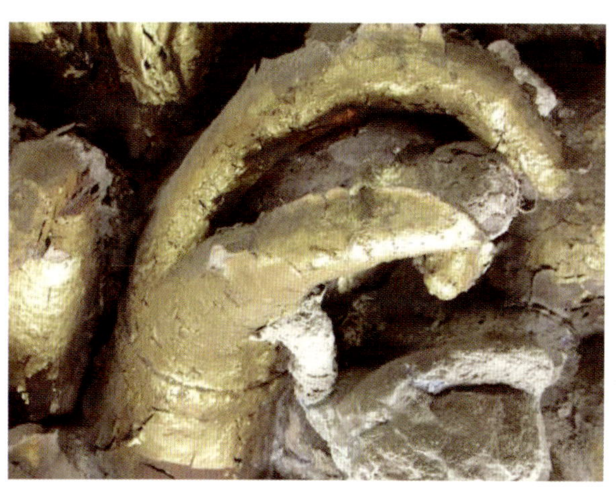

a

b

c

d

图7－53　试验区七R300处理前后比较

a 加固前（正视图）　b 加固后（正视图）　c 加固前（俯视图）　d 加固前（俯视图）

试验区八：位置：9－10－S1 保存状态：手指砂岩风化严重加固剂：Remmer300∶95%酒精＝1∶1（体积比），用量：52ml，使用方法：滴加，共50min（图7－54）。

a　　b

c　　d

图7－54　试验区八 R300 处理前后比较

a 加固前（正视图）　b 加固后（正视图）　c 加固前（俯视图）　d 加固后（俯视图）

7.1.6.3　现场试验总结

渗透性方面，采用的三种材料中R300和31J渗透性好，特别是稀释一倍的R300在粉化砂岩中可迅速渗透10 cm以上，稀释一倍的500E渗透性不如前两者，但增加作用时间其渗透深度也可达7～10 cm。

R300和500E使用过程中未造成风化砂岩的膨胀解体，对表面贴金层也无影响。加固初期砂岩颜色变深，半年后已恢复原来颜色。试验中暴露的主要问题是：

1）材料会导致贴金层的收缩起翘，将浓度为8.8%的31J原液采用乙醇稀释至浓度2%再进行加固。31J中含有的少量丁酮仍然对贴金层内的金胶漆层产生影响，使其起翘卷曲。显然，选择加固材料时，仅仅考虑到对石质本身的作用是不够的，必须充分考虑石质所处的环境和加固之后的修复工艺流程。

2）月初，当地气温在 5 ~ 15℃之间，在对法器加固过程中 31J 加固材料有轻微的泛白（材料在表层富集），考虑到 8 月所进行的现场试验未出现此种情况，推测为温度较低或者液态水的出现造成。

3）此次使用的三种材料对风化砂岩的强度增加不明显。因为法器、手指基本都处于凌空状态，难以找到合适的现场检测方法，主要以手指轻微摩擦来感受加固情况，结合针贯入试验。以 500E 和 R300 材料加固区域样品内部有一定的强度，表面依然掉粉，西侧手指加固的情况比东侧彩绘加固情况好。对试验区 3 进行针贯入试验，以 3N 的力贯入 10mm，试验区 5 贯入无强度，试验区 8 贯入 10mm 需要 20N。31J 加固的试验区 4 对强度没有提高，可能是因为泛白导致材料未能进入风化岩体内部。

现场检验结果和室内试验比较强度增加明显不足。由于室内试验条件和现场环境的差异，风化岩石和模拟试块的孔隙率，密度等物理特性的不同，这种效果上的差异是正常的。在补充室内试验过程中增加了低浓度，多次渗透加固的试验，证实强度可以逐步得到增加，因此进行进一步现场试验验证此思路的可行性。

2010 年 5 月，对部分试验区域进行了二次加固试验。目前二次加固已经有一定的效果，对强度提升明显（表 7 - 21）。

表 7 - 21　本体试验二次加固记录

区域编号	第一次处理方式	第二次处理方式	用量与实时间
1	R300 1∶1 加固	R300 1∶1 加固	90ml，21min
2	R300 1∶1 加固	R300 原液加固	80ml，10min
10	/	R300 原液加固	108ml，40min
7	R300 1∶1 加固	R300 1∶1 加固	80ml，20min
8	R300 1∶1 加固	R300 原液加固	42ml，16min

7.1.7　结论及建议

1）酸沉降溶蚀砂岩内钙质胶结物和凝结水对砂岩的干湿交替作用是千手观音造像砂岩风化的主要因素，使得手指和法器表现为严重的粉化和片状剥落。

2）有必要采取必要的补救性干预措施（渗透加固）处理严重粉化的手及法器砂岩胎体，提高其强度，增强其稳定性，保持其现有形态。阻止其进一步破坏；

3）室内试验证实水性的乳液加固剂和溶剂型的高分子加固剂不适合这种严重粉化砂岩的加固处理，其在砂岩表面极易形成硬壳结构，对砂岩造成新的潜在破坏；

4）通过室内试验和现场试验证实硅酸乙酯类型的 R300 和 500E 适合千手观音造像风化砂岩的保护加固，其固化产物二氧化硅凝胶可填充于风化砂岩颗粒之间的空隙内，起到黏结颗粒的作用，且对贴金层不会产生影响。

5）现场试验中一次加固后强度提高不明显，通过实施工艺的改善，采用低浓度二次渗透加固或多次渗透加固的方式解决，以获得更良好的渗透性能和可控制的固结强度。

根据以上结果，建议千手观音造像风化砂岩保护采用低浓度 R300 和 500E 乙醇溶液，提高在风化砂岩的渗透深度，通过多次渗透加固的工艺来达到适当的加固强度。

7.1.8 下一步工作计划

通过前期的室内材料试验和现场试验，证实 R300 和 500E 是适合千手观音造像这种严重粉化的砂岩病害的处理。下一步工作主要有以下几点：

1）加固效果还需要持续一段时间的观测和评估；

2）结合中期试验进行更深入现场试验。现场实施工艺需要在中期试验的过程中完善，为下一步实施提供操作指导，并对可能出现的问题提出应急处理方法。

7.1.9 中期修复试验技术方案

7.1.9.1 室内试验总结

2008 年 11 月 ~2009 年 4 月，敦煌研究院、中国文化遗产研究院和大足石刻艺术博物馆三家单位联合针对千手观音出现的岩体风化、金箔脱落和彩绘层风化等病害，开展了大足石刻修复工艺和材料筛选应用试验。试验在试验室修复取得成功的基础上，在千手观音造像病害局部进行了修复试验，摸索出了较为适合的岩体加固和金箔回贴工艺；在使用材料方面，通过几种材料的试验室比选和现场应用试验，针对性地研制出了适合大足石刻岩体加固和金箔回贴的材料，该材料具有良好的渗透性，潮湿环境下干燥较快以及耐候性优异等特点，使用该材料修复加固后的部位，经过一年多的当地气候老化，特别是经过了湿热气候和凝结水季节的考验，修复加固后的岩体部位完好，金箔回贴部位未出现明显变化，被认为是适合大足石刻千手观音修复的材料。前期修复试验结果，经过专家论证后，认为修复效果理想，应进一步扩大试验，按照项目组的统一安排，现提出中期修复加固试验方案。

7.1.9.2 试验目的

前期已经完成的现状调查结果表明，大足石刻千手观音存在着多种病害，从病害表现上来看，主要存在有岩石基体风化掉粉，雕刻精美的每只手的各部位普遍存在裂隙和断裂，基体表面多层金箔呈起翘脱落，表层金箔由于底层大漆黏结材料老化，金箔表面金颗粒掉落致使表面呈不规则棕色，失去了金箔的光泽，仅残留底层金胶油层；由彩绘方法制作的法器（或称名物）部位，大多残缺不全，底层材质或是岩石或是泥层大多残破不全。最为严重的是，在每个局部往往多种病害共存，给修复工作带来极大难度。因此，需在前期已获得经验的基础上（具体见一期试验报告），选取新的区域，开展修复试验，进一步试验各种修复工艺方法和使用材料的可行性。主要有：

1）试验不同程度岩体风化的加固工艺和材料使用方法；

2）试验彩绘加固修复方法；

3）试验多层金箔揭取、清洗、回贴方法工艺和材料；

4）试验本体表面各种污物清除方法；

5）评估传统修复方法修复后的效果；

6）进行试验后监测，观察修复后部位的变化情况；

7）总结试验经验，根据评估意见编制整体修复方案。

7.1.9.3 修复遵循的基本原则

在大足石刻整体保护工作中，如何进行修复，应当修到怎样的程度是修复工作首先必须回答的一个问题。千手观音雕凿于南宋时期，已经历了800余年的历史变迁，是大足石刻中最精美、雕刻工艺最复杂、历史上重修次数最多、体量规模也最大的一尊雕像，也是宝顶山大佛塆摩崖造像的重要组成部分。造像龛高7.7m，宽12.5m，占崖立面面积97m²，造像由一尊千手观音，男女立像4尊，2力士，2饿鬼以及千余只手和流云、法器、宝塔等名物组成，整龛造像结构复杂、气势恢弘，是我国最大的一尊在崖壁岩体上雕造出来的千手观音摩崖造像，也是我国古代石刻雕刻艺术的精品，具有极高的艺术感染力。

千手千观音也是南宋时期佛教在川渝地区兴盛的一个重要历史见证，具有重要的历史价值；千手观音也是迄今国内石刻艺术的巅峰之作，构图之精美、雕刻技艺之高超令人叹为观止，虽历史上曾多次被贴金重修，但至今仍保留了璀璨的艺术魅力。

鉴于上述价值，对千手观音实施保护工作时，重点应集中于保护文物的历史和艺术价值。就千手千眼观音制作的工艺和材质来看，被多层金箔包裹、被雕刻出的千姿百态的各种岩石造型是千手观音石刻艺术的根本，而岩体造型表面的多层金箔则是历代人们崇拜佛教的历史见证。

按照《中华人民共和国文物保护法》和《中国文物古迹保护准则》等的要求，项目组认为对千手千眼观音的抢救性保护工作应集中于以下三个方面：

1）通过保护，再现千手观音的艺术魅力；

2）保护千手观音的历史信息，即保护现有金箔；

3）保护不断风化的岩体，使其稳定。

7.1.9.4　中期修复加固试验部位选择

中期试验的主要目的是进一步完善修复加固工艺，试验材料适合的使用浓度，在选择试验对象方面，考虑到局部各种病害的典型性以及不同部位小气候的差异，开展针对岩体风化、彩绘风化以及多层金箔回帖的修复试验工艺，并评估加固后整体效果的协调性和艺术效果，为编制大足石刻整体修复方案积累经验和提供试验依据。因此，在充分总结前期试验的基础上，2010年5月10日，中国文化遗产研究院、敦煌研究院、大足石刻艺术博物馆三方项目负责人在现场确定了中期修复加固试验部位，选择千手观音最上部左右两侧作为修复加固试验部位，所选择部位各包含10只手和4个彩绘，岩体严重风化，金箔脱落以及彩绘风化等多种典型病害。所选择部位编号为9－2和9－10（图7－55、7－56）。

7.1.9.5　修复加固用材料

根据前期试验结果和试验室各项试验结果，中期修复所使用岩体风化加固材料为：ZB－WB－S－1（5%）和ZB－WB－S－2（10%）岩石加固专用材料和专用稀释剂。

金箔回帖加固材料为：ZB－WB－J－1（浓度15%）ZB－WB－J－2（浓度20%）金箔回贴加固专用材料和材料专用稀释剂。

以上材料由敦煌研究院和兰州知本化工科技有限公司共同研制。

材料主要成分和评价详见下文。

7.1.9.6　修复工艺

1）去除文物表面污物及尘土

具体方法：使用直流电式吸尘器将表面灰尘清除，微小部位用洗耳球轻轻吹除表面灰尘，对于

图 7 - 55　所选择编号为 9 - 2 部位照片

图 7 - 56　所选择编号为 9 - 10 部位照片

表面积尘较坚硬的部位，先采用小号手术刀或小号修复刀轻轻刮去表面灰尘，后用毛刷清理干净。如所选部位局部有烟熏，可适当用表面活性剂擦拭去除污垢。

2）岩体渗透加固

对于风化岩体部位，首先对岩体及手指本体进行渗透加固。使用注射器将 ZB - WB - S - 1（浓度 5%）注入岩体使其完全渗透。干燥后（约 5min），再使用 ZB - WB - S - 2（浓度 10%）渗透强化表面，对风化严重部位，先采用滴渗的方法使其完全渗透；对脱落较多的部位用相同的岩石粉末加入 ZB－WB－S－1（浓度 5%）调制成石浆进行填补抹平；彩绘脱落较多处为要用石浆补型，以保护彩绘的完整性。

3）起甲金箔修复

（1）对最表层的金箔进行揭取（表层已无金颗粒存在，呈褐色状），留手背后贴补用。

（2）大足千手观音经过多次修复贴金，许多部位存在多层金箔起甲脱落，修复时必须将每层金箔分离，软化去污。分层时将金箔放入专用稀释剂里浸泡，软化后用镊子慢慢分层揭取（浸泡后的金箔表面颗粒不易脱落且易于揭取）。

（3）选用 ZB－WB－J－1（浓度 15%）稀释至 10%。用注射器将黏结剂注入金箔与岩体间隙中，注射 2～3 遍使其充分进入缝隙。对面积较大的部位采用排笔涂刷的方法。待黏结剂快干时（5min 左右）将起甲金箔贴回岩体并进行拍压。最后使用自制工具将贴回金箔支顶，使其干透。对于较厚金箔用 ZB－WB－J－2（浓度 20%）进行黏接。大足千手观音经过多次修复，有的地方有 5 层之多，为了保持修复后效果统一，可将多层处的金箔揭去后回贴到已脱落部位。

4）金箔脱落处修补

对金箔脱落处无法进行补贴的要进行贴金。采用大漆调制成的黏结剂涂刷在岩体表面，快干时用新的金箔吹贴。

5）彩绘及手指裂隙部位的修复加固

从 X 透射结果看出，大部分彩绘和手指都出现了裂隙，如不处理会留下隐患。对于裂隙，则采用岩体渗透加固可解决，将材料渗透到裂隙中起到黏结效果，对于裂隙较大的部分，使用加固材料适当调制石粉，补强加固裂隙层。

6）断裂彩绘及手指修复

部分彩绘及手指的断裂如不处理，会造成脱落。保护方法如下：

根据 X 透射图将断裂处的彩绘取下，用石浆填补黏接，做旧处理即可。

手指断裂先将断裂手指处金箔全部取下，取出支撑物（铁钉或木条），更换新的支撑物，竹条四周用石浆填埋固定，用石浆黏接手指，最后将金箔回贴加固。

7）彩绘及手补泥修复部位处理

千手观音有部分彩绘及手是后来重修时用泥修补过（根据 X 透射照片），前期修复中也发现用泥修补痕迹。考虑到大足环境潮湿，泥在彩绘及手处易受环境影响，失去黏结作用软化掉落。中期试验要对这些部分进行处理，方法如下：

将彩绘补泥处颜料层揭取，全部去除泥质部位，用石浆填补塑型，干后用 ZB－WB－J－1（浓度 15%）稀释至 10% 将揭取颜料层回贴。

手指补泥处，先将金箔全部揭取，去除补泥，用石浆填补塑型。干后用 ZB－WB－J－1（浓度 15%）将金箔回贴到原位。

8）彩绘泡状起甲及手崩裂部位处理

由于潮湿环境影响，在彩绘及手的部位出现了较多的泡状起甲及崩裂。这是地仗中石膏受潮后膨胀所致。处理方法如下：

用专用工具将泡状起甲及崩裂物全部剔除干净，用岩体加固材料注射渗透，石浆补平加固。最后手处贴金，彩绘处做旧处理。

7.1.9.4　各部位现状和具体修复加固方法（表7－22）

表7－22　各部位现状和具体修复加固方法

<table>
<tr><th>局部详细现状和修复方法</th><th>编号</th><th>9－2－S1</th></tr>
<tr><td colspan="2">

正常光照片　X透视照片
现状调查图</td><td>手心向右，无眼，手握法器石榴，食指缺一二指节，小指指尖缺失，断面处粉化严重，可见金3层，损害程度3，法器局部粉化严重，损害程度3
经X光探伤分析食指未发现明显裂隙，有严重风化区食指稳定性尚好</td></tr>
<tr><td colspan="2">修复方法</td><td>修复人员</td></tr>
<tr><td colspan="2">1. 剥离表面残留金胶油层
2. 将底层金箔逐层剥离，用稀释剂清洗金箔
3. 去除各指部风化层，用岩体加固材料加固指部岩体
4. 使用金箔黏结材料回帖金箔</td><td></td></tr>
</table>

局部详细现状和修复方法	编号	9－2－S2

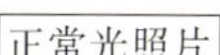

正常光照片

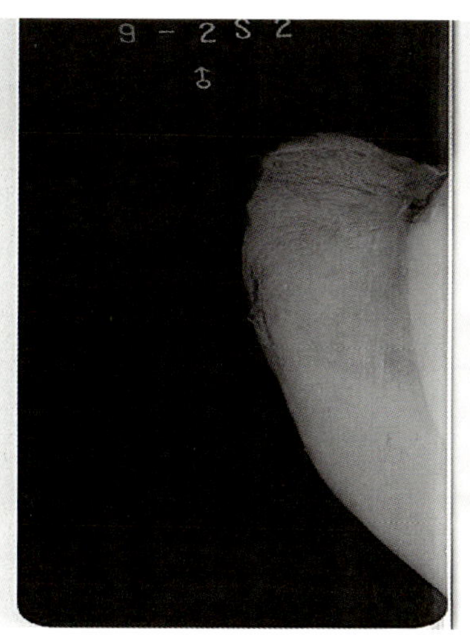

X透视照片

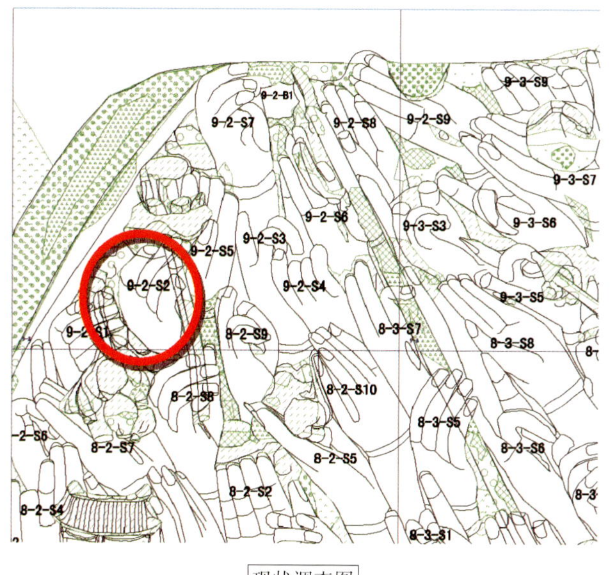

现状调查图

手心向左，无眼，手持法器莲花，原无拇指，食指粉化严重，中指、无名指指尖粉化，小指缺第一指节，断面粉化严重，法器局部粉化严重，可见彩绘2层，损害程度3

经X光探伤分析食指有严重风化区，食指、中指未发现明显裂隙

食指稳定性差，中指稳定性尚好

修复方法	修复人员
1. 剥离表面残留金胶油层 2. 将底层金箔逐层剥离，用稀释剂清洗金箔 3. 去除各指部风化层，用岩体加固材料加固指部岩体 4. 使用金箔黏结材料回帖金箔 5. 使用岩体加固材料，渗透加固彩绘层，对于较薄弱的部位，适当调制石粉泥浆，进行补强，恢复彩绘形状	

局部详细现状和修复方法	编号	9－2－S3
无 正常光照片　X透视照片 现状调查图		
修复方法		修复人员
1. 剥离表面残留金胶油层 2. 将底层金箔逐层剥离，用稀释剂清洗金箔 3. 去除各指部风化层，用岩体加固材料加固指部岩体 4. 使用金箔黏结材料回帖金箔		

<table>
<tr><th>局部详细现状和修复方法</th><th>编号</th><th>9－2－S4</th></tr>
<tr><td colspan="2"> 正常光照片 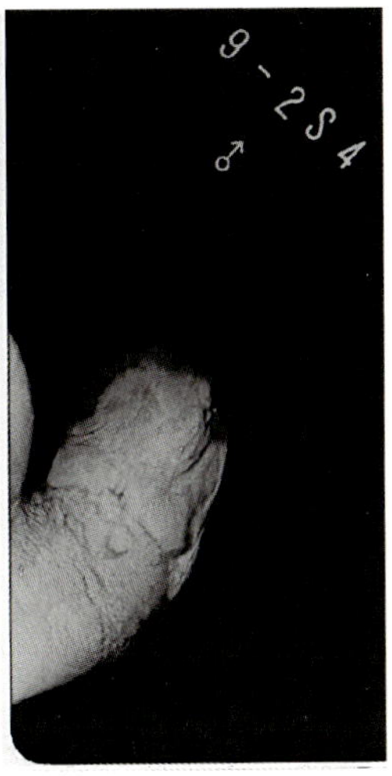
X 透视照片 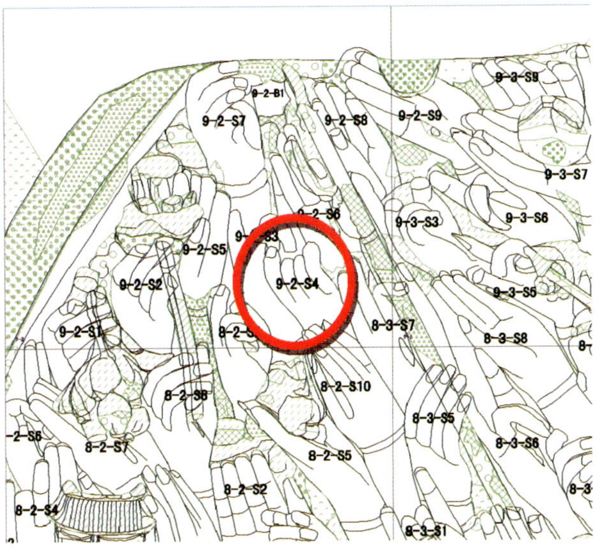
现状调查图</td><td>手心向内，无眼，无法器，小指缺失第一指节，粉化严重，拇指、食指指尖粉化严重，食指指尖为泥质，有一长 3cm 断裂，第一指节处有一长 10cm 断裂，可见金 4 层，损害程度 4
经 X 光探伤分析食指有一条横向贯通性裂隙为镶嵌面，镶嵌部分为泥质，镶嵌杆应为金属质。中指、无名指未发现明显裂隙。小指有严重风化区，风化区内有两条较浅横向贯通性裂隙
食指、小指稳定性差，中指、无名指稳定性尚好</td></tr>
<tr><th colspan="2">修复方法</th><th>修复人员</th></tr>
<tr><td colspan="2">1. 剥离表面残留金胶油层
2. 将底层金箔逐层剥离，用稀释剂清洗金箔
3. 去除食指部位泥质部分，用石粉浆塑性补强
4. 去除各指部风化层，用岩体加固材料加固指部岩体，并加固裂隙
5. 使用金箔黏结材料回帖金箔</td><td></td></tr>
</table>

局部详细现状和修复方法	编号	9－2－S5
正常光照片 X 透视照片 现状调查图		手心向右，无眼，与 9－2－S2共护莲花，五指指尖均已粉化，可见金 3 层，损害程度 3 经 X 光探伤分析四指均有明显风化区 四指稳定性差
修复方法		修复人员
1. 剥离表面残留金胶油层 2. 将底层金箔逐层剥离，用稀释剂清洗金箔 3. 去除各指部风化层，用岩体加固材料加固指部岩体 4. 使用金箔黏结材料回帖金箔		

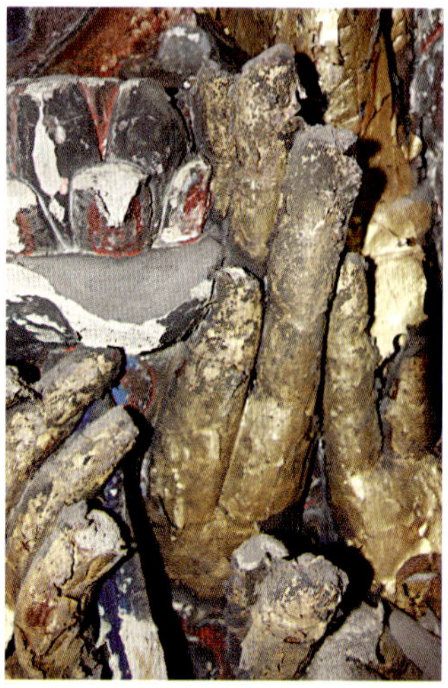

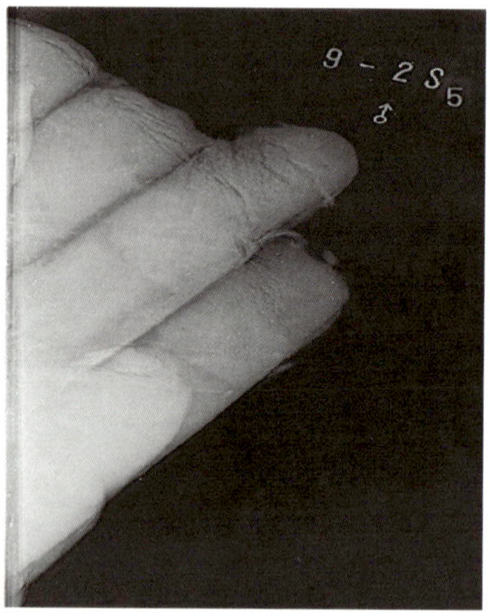

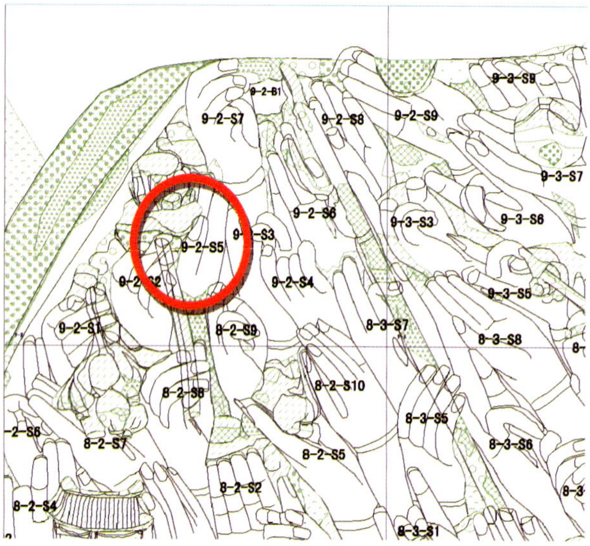

局部详细现状和修复方法	编号	9－2－S6
 正常光照片　X 透视照片 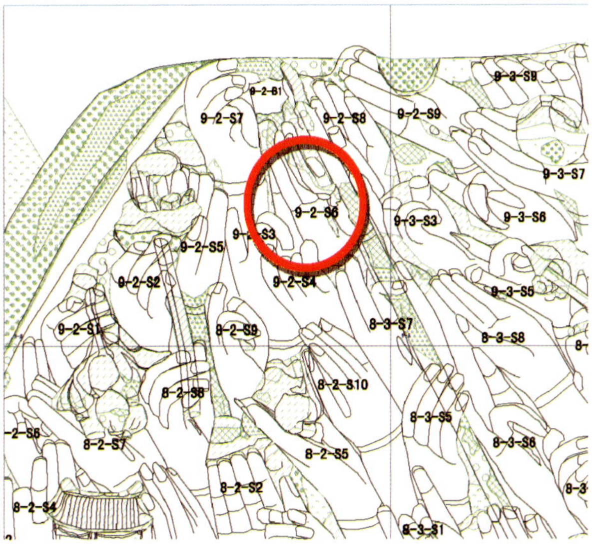 现状调查图		手心向外，与 8－3－S3 共护法器，有眼，金上绘彩，原无食指，其他四指指尖粉化严重，小指指尖缺失，但金箔尚保持形状，可见金 3 层，损害程度 3 经 X 光探伤分析小指、法器均有明显风化区。风化区外部可见，由于叠压关系 X 光片显示风化区面积及深度较小 小指、法器稳定性差
修复方法		修复人员
1. 剥离表面残留金胶油层 2. 将底层金箔逐层剥离，用稀释剂清洗金箔 3. 去除各指部风化层，用岩体加固材料加固指部岩体 4. 使用金箔黏结材料回帖金箔		

局部详细现状和修复方法	编号	9－2－S7

正常光照片

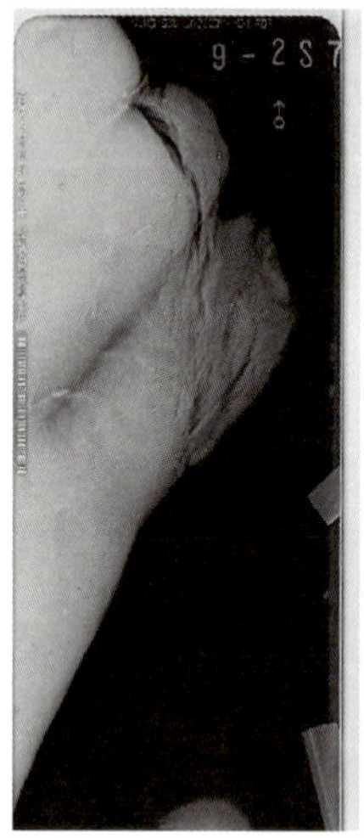

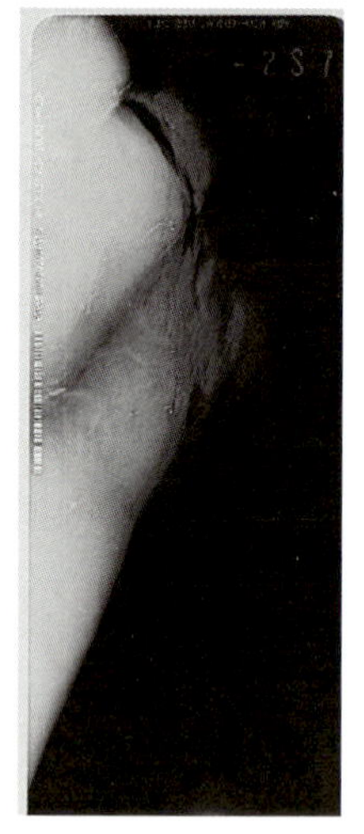

X 透视照片

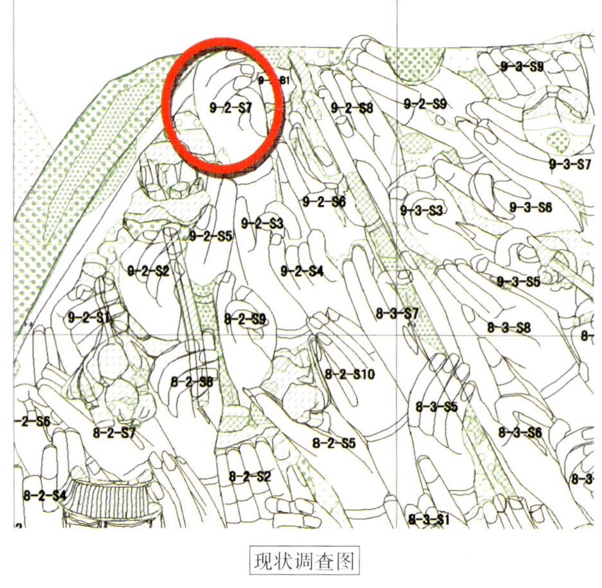

现状调查图

手心向左，有眼，被尘土覆盖，手捏法器，食指指尖缺失，断面处粉化严重，小指缺第一指节，整体粉化严重，无名指第一指节粉化严重，已缺失一半，但尚可看清形状，可见金 3 层，损害程度 4，法器局部粉化严重，损害程度 3

经 X 光探伤分析小指、无名指有明显风化区，无名指有一条外部可见较深斜向裂隙。中指未发现明显裂隙

小指、无名指稳定性差，中指稳定性尚好

修复方法	修复人员
1. 剥离表面残留金胶油层 2. 将底层金箔逐层剥离，用稀释剂清洗金箔 3. 去除各指部风化层，用岩体加固材料加固指部岩体。 4. 使用加固材料调制石粉，补强加固裂隙； 5. 使用金箔黏结材料回帖金箔	

<table>
<tr><th>局部详细现状和修复方法</th><th>编号</th><th>9－2－S8</th></tr>
<tr><td colspan="2">

正常光照片

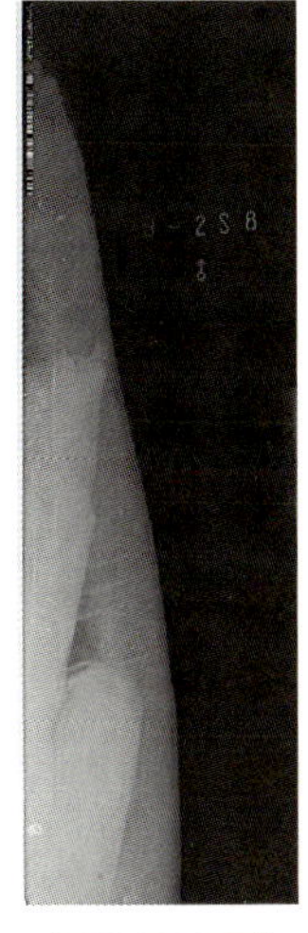

X 透视照片

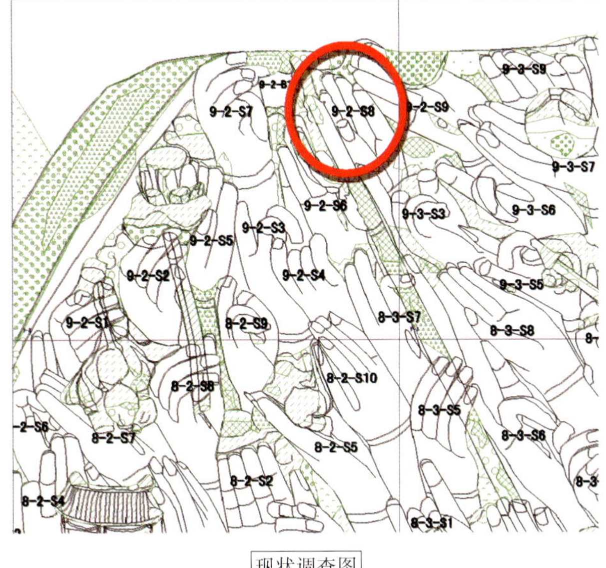

现状调查图

</td><td>手心向外，无法器，无眼，五指指尖粉化，食指指尖有一长 6cm 断裂，可见金 2 层，损害程度 3
经 X 光探伤分析所拍摄区域未发现明显裂隙，未拍摄到法器严重风化部分
拇指稳定性尚好，法器拍摄部位稳定性尚好</td></tr>
<tr><th colspan="2">修复方法</th><th>修复人员</th></tr>
<tr><td colspan="2">1. 剥离表面残留金胶油层
2. 将底层金箔逐层剥离，用稀释剂清洗金箔
3. 去除各指部风化层，用岩体加固材料加固指部岩体
4. 使用岩体加固材料适当调制石粉，补强加固裂隙
5. 使用金箔黏结材料回帖金箔</td><td></td></tr>
</table>

局部详细现状和修复方法	编号	9 - 2 - S9
 正常光照片 无 X 透视照片 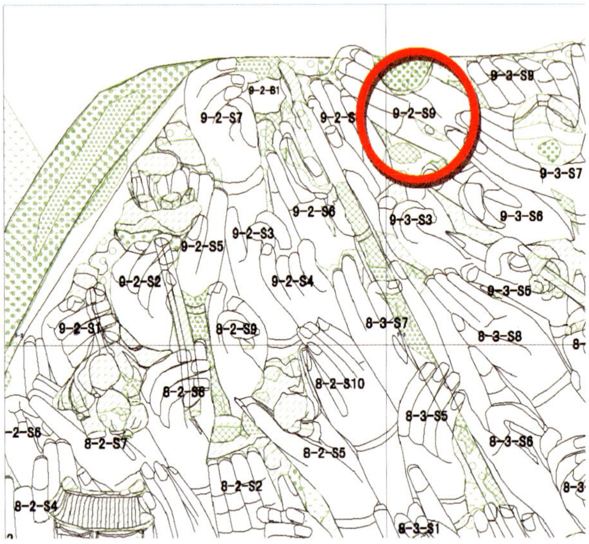 现状调查图		金箔大片脱落，彩绘部分边缘风化严重。基层岩体也有轻度风化
修复方法		修复人员
1. 剥离表面残留金胶油层 2. 将底层金箔逐层剥离，用稀释剂清洗金箔 3. 去除各指部风化层，用岩体加固材料加固指部岩体 4. 使用金箔黏结材料回帖金箔 5. 使用岩体加固材料，渗透加固彩绘层，对于较薄弱的部位，适当调制石粉泥浆，进行补强，恢复彩绘形状		

<table>
<tr><th>局部详细现状和修复方法</th><th>编号</th><th>9 – 10 – S1</th></tr>
<tr><td colspan="2">

正常光照片

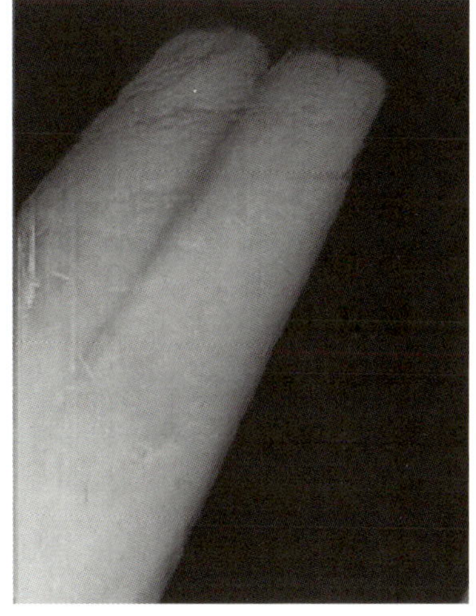

X 透视照片

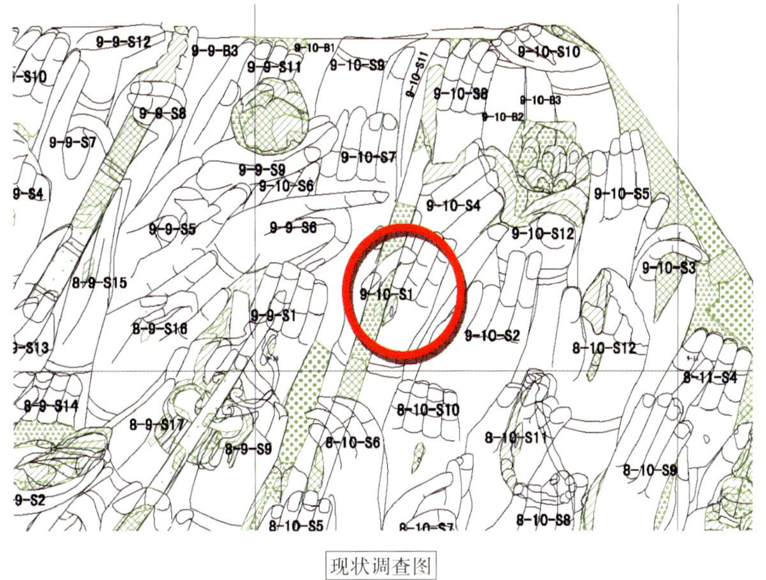

现状调查图
</td><td>手心向外，有眼，臂较长，执法器（与 8 – 10 – S5 共执），5 指轻残，残缺部位石质有粉化剥落。金箔可见 3 层，主要病害为分层开裂卷曲。眼彩绘地仗脱落。损害程度为 3
经 X 光探伤分析法器未发现明显裂隙，小指、无名指均有严重风化区。拇指、食指、中指指尖均有严重风化区。拇指、中指指尖严重风化区内有较多较深裂隙
五指稳定性差，法器稳定性尚好</td></tr>
<tr><th colspan="2">修复方法</th><th>修复人员</th></tr>
<tr><td colspan="2">1. 剥离表面残留金胶油层
2. 将底层金箔逐层剥离，用稀释剂清洗金箔
3. 去除各指部风化层，用岩体加固材料加固指部岩体
4. 使用金箔黏结材料回帖金箔
5. 使用岩体加固材料，渗透加固彩绘层，对于较薄弱的部位，适当调制石粉泥浆，进行补强，恢复彩绘形状</td><td></td></tr>
</table>

局部详细现状和修复方法	编号	9－10－S2

正常光照片

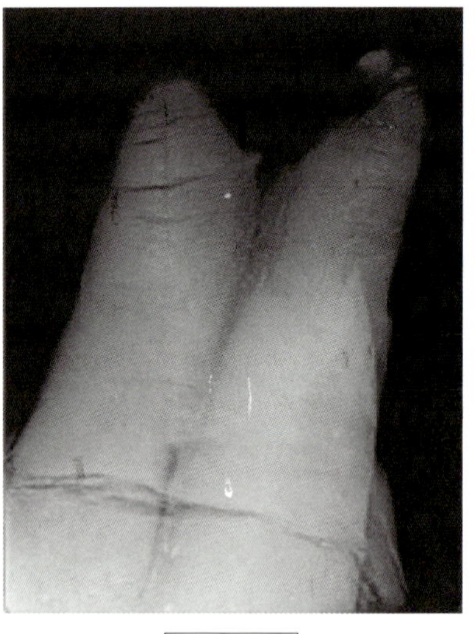
X 透视照片

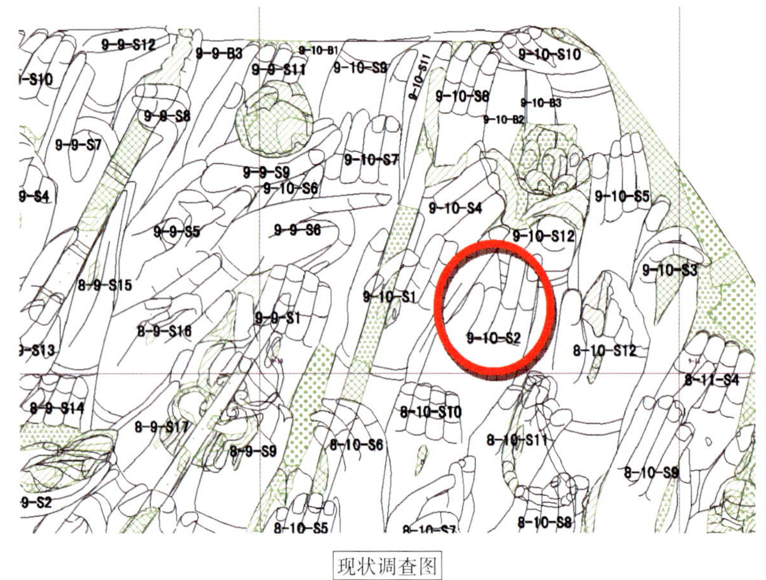

现状调查图

手心向上，无眼，短臂，无法器，食指、中指轻残，残缺部位石质有粉化剥落。金箔可见 3 层，主要病害为分层开裂卷曲，其次为点状脱落。损害程度为 3

经 X 光探伤分析正面，食指，中指指尖有严重风化区，风化区内有两条较深裂隙；食指，中指有一条横贯两指的横向中等程度裂隙。拇指有一条较深的斜向裂隙，拇指指尖有严重风化区五指稳定性差，可做进一步探伤分析，手掌与岩体直接相连

修复方法	修复人员
1. 剥离表面残留金胶油层 2. 将底层金箔逐层剥离，用稀释剂清洗金箔 3. 去除各指部风化层，用岩体加固材料加固指部岩体 4. 使用岩体加固材料适当调制石粉，补强加固裂隙 5. 使用金箔黏结材料回帖金箔	

局部详细现状和修复方法	编号	9－10－S2

正常光照片

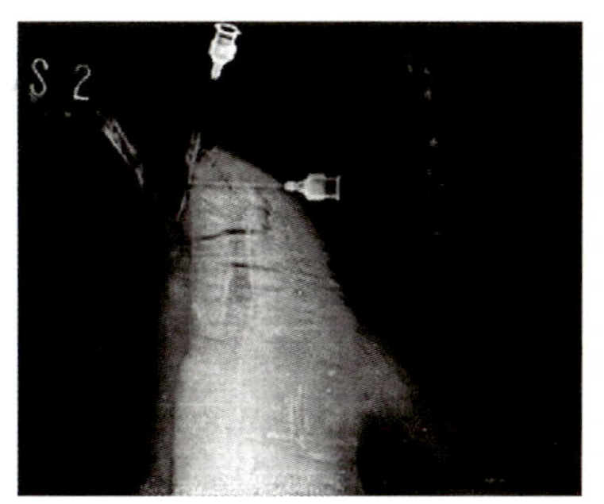

X透视照片

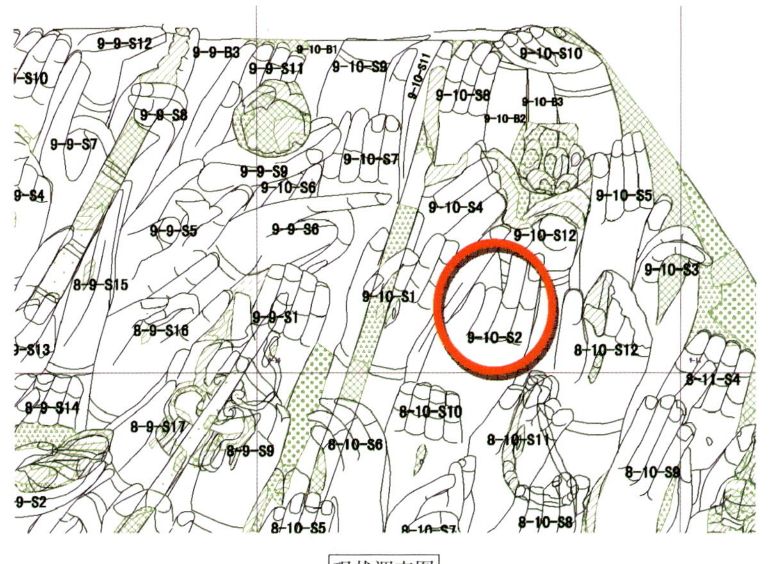

现状调查图

手心向上，无眼，短臂，无法器，食指、中指轻残，残缺部位石质有粉化剥落。金箔可见3层，主要病害为分层开裂卷曲，其次为点状脱落。损害程度为3

经X光探伤分析西侧面，食指、中指、无名指、小指均有严重风化区。食指有一条较深横向裂隙，无名指、小指指尖部位未拍到。拇指与食指相连处有严重风化区五指稳定性差，可做进一步探伤分析，手掌与岩体直接相连

修复方法	修复人员
1. 剥离表面残留金胶油层 2. 将底层金箔逐层剥离，用稀释剂清洗金箔 3. 去除各指部风化层，用岩体加固材料加固指部岩体 4. 使用加固材料适当调制石粉，补强加固裂隙 5. 使用金箔黏结材料回帖金箔	

<table>
<tr><td>局部详细现状和修复方法</td><td>编号</td><td>9－10－S2</td></tr>
<tr><td colspan="2">X 透视照片
X 透视照片
正常光照片
X 透视照片
现状调查图</td><td>上，无眼，短臂，无法器，食指、中指轻残，残缺部位石质有粉化剥落。金箔可见3层，主要病害为分层开裂卷曲，其次为点状脱落。损害程度为3
经X光探伤分析西侧面，食指、中指、无名指、小指均有严重风化区。食指有一条较深横向裂隙，无名指、小指指尖部位未拍到。拇指与食指相连处有严重风化区五指稳定性差，可做进一步探伤分析，手掌与岩体直接相连</td></tr>
<tr><td colspan="2">修复方法</td><td>修复人员</td></tr>
<tr><td colspan="2">1. 剥离表面残留金胶油层
2. 将底层金箔逐层剥离，用稀释剂清洗金箔
3. 去除各指部风化层，用岩体加固材料加固指部岩体
4. 使用加固材料适当调制石粉，补强加固裂隙
5. 使用金箔黏结材料回贴金箔</td><td></td></tr>
</table>

局部详细现状和修复方法	编号	9－10－S3
无 正常光照片　X 透视照片 现状调查图		金箔分层卷曲开裂，底层岩体有轻度风化，手型和手指保存状况基本完好

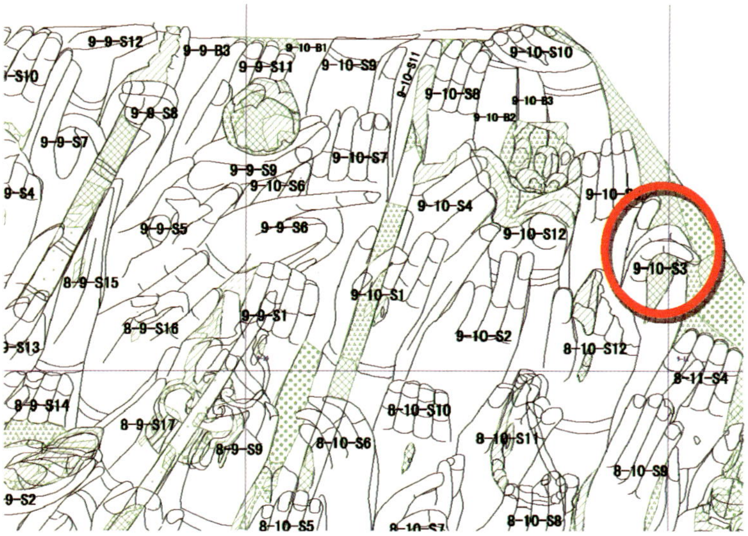

修复方法	修复人员
1. 剥离表面残留金胶油层 2. 将底层金箔逐层剥离，用稀释剂清洗金箔 3. 去除各指部风化层，用岩体加固材料加固指部岩体 4. 使用金箔黏结材料回贴金箔	

局部详细现状和修复方法	编号	9－10－S5

正常光照片

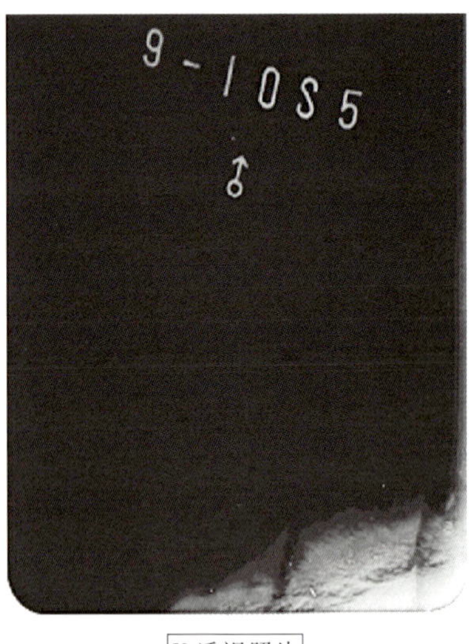

X 透视照片

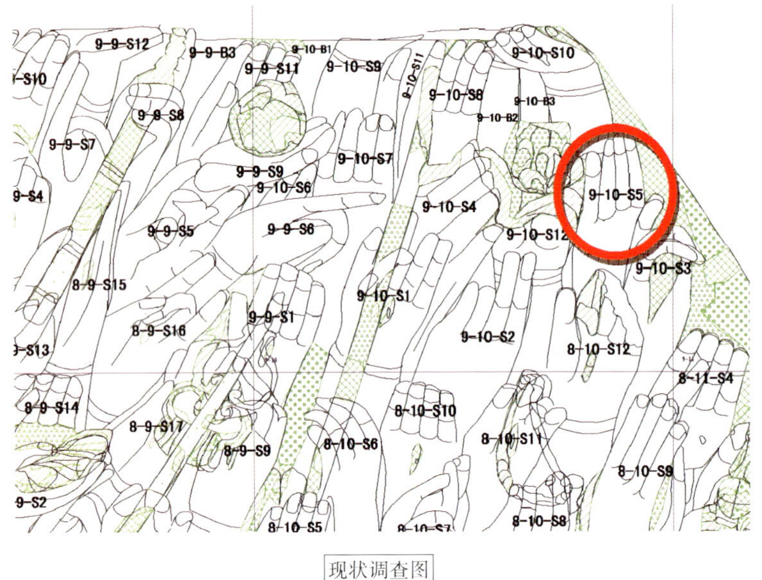

现状调查图

手心向内，无眼、臂，执法器（与9－10－S12共执），无残缺。金箔可见3层，主要病害为分层开裂卷曲。小指、无名指石局部粉化剥落。损害程度为3

经X光探伤分析三指均有严重风化区，有一条横贯三指的裂隙位于风化区内

三指稳定性差

修复方法	修复人员
1. 剥离表面残留金胶油层 2. 将底层金箔逐层剥离，用稀释剂清洗金箔 3. 去除各指部风化层，用岩体加固材料加固指部岩体 4. 使用加固材料调制石粉，补强加固裂隙 5. 使用金箔黏结材料回贴金箔	

局部详细现状和修复方法	编号	9－10－S7

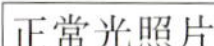

正常光照片

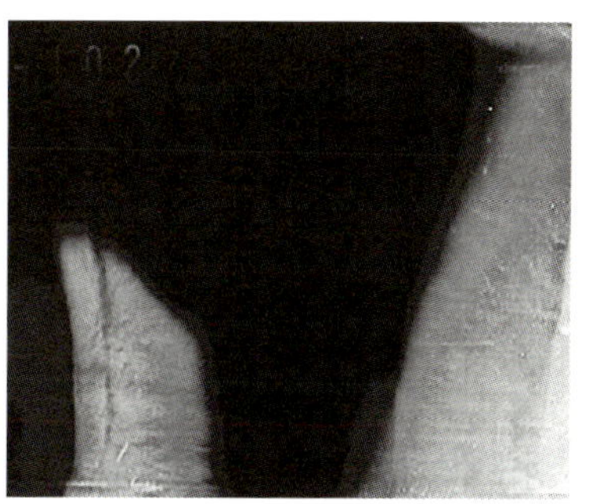

X 透视照片

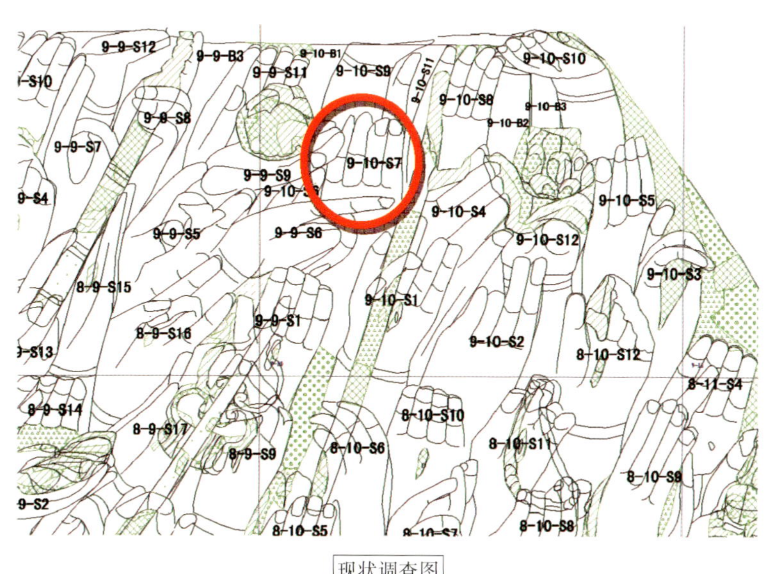

现状调查图

手心向上，无眼，臂较长，无法器，无残缺。金箔可见 3 层，主要病害为分层开裂卷曲。手本体有粉化剥落。损害程度为 3

经 X 光探伤分析正面两指均有严重风化区。侧面也有严重风化区，食指风化区内有一条竖向较深裂隙

两指稳定性差

修复方法	修复人员
1. 剥离表面残留金胶油层 2. 将底层金箔逐层剥离，用稀释剂清洗金箔 3. 去除各指部风化层，用岩体加固材料加固指部岩体 4. 使用加固材料调制石粉，补强加固裂隙 5. 使用金箔黏结材料回贴金箔	

局部详细现状和修复方法	编号	9－10－S7

正常光照片

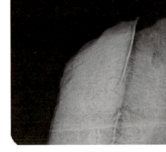

X 透视照片

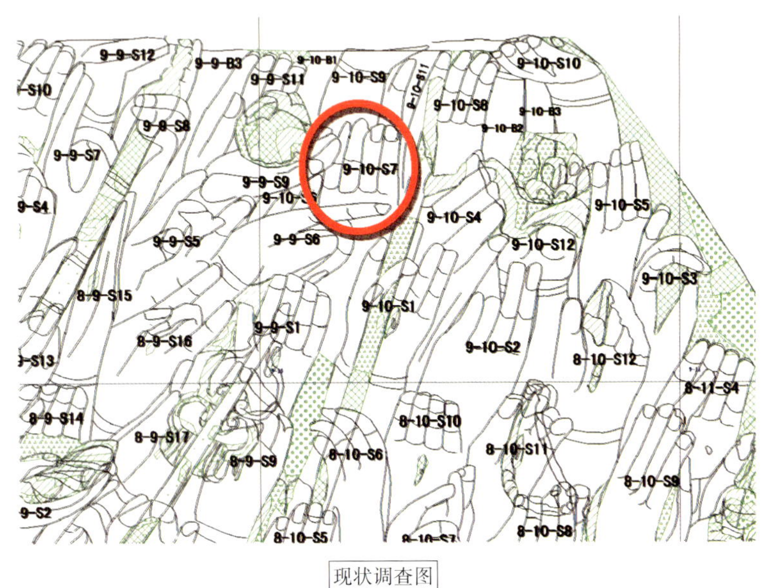

现状调查图

手心向上，无眼，臂较长，无法器，无残缺。金箔可见 3 层，主要病害为分层开裂卷曲。手本体有粉化剥落。损害程度为 3

经 X 光探伤分析正面两指均有严重风化区。侧面也有严重风化区，食指风化区内有一条竖向较深裂隙

两指稳定性差

修复方法	修复人员

1. 剥离表面残留金胶油层
2. 将底层金箔逐层剥离，用稀释剂清洗金箔
3. 去除各指部风化层，用岩体加固材料加固指部岩体
4. 使用加固材料调制石粉，补强加固裂隙
5. 使用金箔黏结材料回贴金箔

局部详细现状和修复方法	编号	9 – 10 – S8

正常光照片

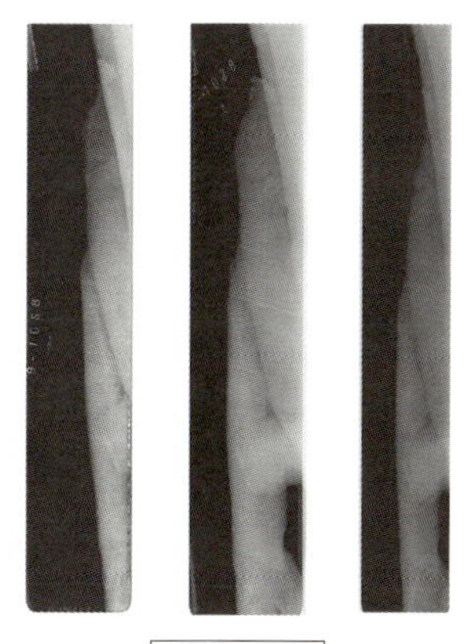

X 透视照片

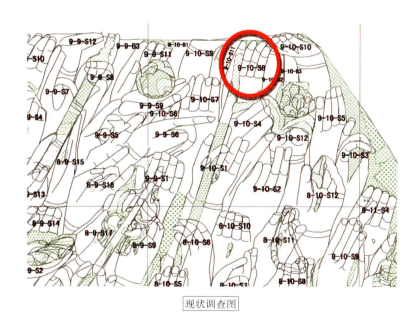

现状调查图

手心向外，无眼、臂，执法器（与 8 – 10 – S5 共执），无残缺。金箔可见 3 层，主要病害为分层开裂卷曲。损害程度为 2

经 X 光探伤分析拇指指尖及法器残余部分顶端有严重风化区，法器与 9 – 10 – S4 连接部分严重风化

拇指与法器稳定性差

修复方法	修复人员
1. 剥离表面残留金胶油层 2. 将底层金箔逐层剥离，用稀释剂清洗金箔 3. 去除各指部风化层，用岩体加固材料加固指部岩体 4. 使用加固材料调制石粉，补强加固裂隙 5. 使用金箔黏结材料回贴金箔 6. 使用岩体加固材料渗透加固彩绘部分岩体，适当调制石粉塑性补强	

局部详细现状和修复方法	编号	9－10－S10

正常光照片　　X 透视照片

现状调查图

表层金箔开裂，底层岩体轻度风化

修复方法	修复人员
1. 剥离表面残留金胶油层 2. 将底层金箔逐层剥离，用稀释剂清洗金箔 3. 去除各指部风化层，用岩体加固材料加固指部岩体 4. 使用金箔黏结材料回贴金箔	

7.1.10　岩体加固和金箔回帖材料试验筛选

7.1.10.1　研究基础

重庆大足千手观音造像经历了多年自然和人为的破坏，存在有岩体风化、金箔脱落以及彩绘风化等多种病害。自2000 年以来，国家文物局委托中国文化遗产研究院对重庆大足石刻实施抢救性保护工作。为稳定岩体、回帖脱落金箔，已采用有机硅丙烯酸乳液、硅酸乙酯、B72 等常用材料对风化岩体进行过试验型加固，但材料的渗透性和加固后强度都未能获得满意效果。2008 年，敦煌研究院受中国文化遗产院委托开始进行金箔回帖和岩体加固的试验，在试验室试验取得初步经验的基础上，在千手千眼观音造像局部采用丙烯酸乳液和有机硅丙烯酸乳液对风化岩体进行封护加固，采用牛皮胶对脱落金箔进行回帖，积累了宝贵的工艺经验。但千手千眼所处环境湿度常年在 90% 以上，且一年间多处于高温气候，因此所采用的水溶性加固材料干燥速度缓慢，影响了加固修复效果，采用牛皮胶回帖的金箔在气候湿热期间，边缘部分出现了霉菌。因此，研制新的适合大足石窟岩体风化加固和金箔回帖材料就成为保护工作一项重要任务。从 2008 年末至 2009 年初，我们开始对千手观音造像保护修复所需材料进行研究，通过对使用条件和环境的分析，并根据修复工作的要求，选择各种聚合物材料和相应辅助材料进行了试验，研制出了适合大足千手观音加固的风化砂岩加固专用材料和岩石表面金箔回贴修复专用材料。

7.1.10.2　风化砂岩加固材料的研制

1）砂岩风化情况分析

重庆大足千手观音造像基体砂岩经过常年风化，岩体表面力学强度下降，需要进行加固处理，才能进行金箔的回贴修复。砂岩的加固材料，要求具有适宜的渗透性，同时也需要有适宜的加固强度，如果加固强度太大，将对整个砂岩带来二次破坏，这就要求加固后的砂岩有与原有石质近似的强度。乳液类材料对砂岩有较好的渗透性，同时加固后的砂岩强度适中，但此类材料有较大缺点，即乳液含有大量的水，它的干燥需要水分的挥发，因此在高湿度条件下干燥受到很大的影响。由于大足石刻所处环境湿度常年高于90% 以上，因此，岩石加固材料不宜采用水溶性的乳液类材料，应当采用易挥发的溶剂型聚合物材料。一般来说有机聚合物材料可以分为单组分型和多组分型，多组分型（如环氧）在使用前需要按一定比例现场配制，使用不便，因此我们主要选用单组分型进行研究。单组分型有机聚合物可以通过调整溶剂的种类和配比，达到不同的干燥时间，同时溶剂的挥发受环境湿度的影响较小，另外通过调整固体含量，可以调整渗透性和加固后岩石的强度，一般来说，固体含量越高加固后岩石的强度越大但对岩石的渗透性越差，因此可以根据不同的岩石情况，调整加固材料的固体含量。

2）主要成膜聚合物品种的选择

根据上述分析，可供选择的聚合物品种有：自干丙烯酸树脂、硝基纤维素、PVB、醋酸显微素等几类材料，几类聚合物的性能见表 7 - 23。

由表可知，自干丙烯酸树脂黏度较小，对砂岩的渗透性很好，但加固岩石的强度很大，由于应力作用，将会对整个砂岩造成二次破坏；硝基纤维素耐老化性差，同时硝基纤维素有较大的安全隐患，而且加固砂岩的强度也过大；PVB 黏度大、渗透性差干燥慢、耐老化性较差；醋酸纤维素各种性能均衡，是配制砂岩加固材料的最佳选择。

表 7－23 几种聚合物的性能

性能	自干丙烯酸	硝基纤维素	PVB	醋酸纤维素
可用溶剂	芳烃类、酯类、酮类	芳烃类、酯类、酮类、醇类	醇类、酯类	酯类、酮类
相同浓度下黏度	小	较小	大	较大
相同浓度下对砂岩的渗透性	很好	好	差	较好
加固砂岩的强度	很大	大	较小	适宜
干燥速度	3 小时	3 小时	4 小时	2 小时
耐老化性	差－好※	差	较差	好

3）醋酸纤维素型号的选择

醋酸纤维素有不同厂家和不同型号的产品，性能有较大差别，不同厂家和型号的材料性能见表 7－24。

表 7－24 不同厂家和型号的醋酸纤维素性能

性能	醋酸纤维素－0.1	醋酸纤维素－0.5	醋酸纤维素－2	醋酸纤维素－0.5
溶解性	好	好	好	有少许颗粒不溶
透明性	透明	极轻微乳光	轻微乳光	乳光
10% 时黏度（秒）	10	22	120	35
渗透性	很好	好	差	较好
加固砂岩强度	差	适宜	表面成膜	较好

由上表可知，醋酸纤维素－0.1 由于分子量较小，所以溶解性好黏度小造成加固岩石的表面强度低。醋酸纤维素－2 由于黏度太大造成几乎无渗透全部在表面形成一层膜，对下层砂岩未起到加固作用。而国产产品在各方面均与进口产品有差距，因此，选用醋酸纤维素－0.5 为宜。

4）溶剂体系的选择

由于醋酸纤维素的主要溶剂为酯类和酮类，而芳烃类可作为助溶剂使用，因此溶剂主要在酯类和酮类中选择，丙酮由于挥发太快而不适合用于砂岩加固材料中，环己酮挥发太慢，造成干燥时间大大延长，而丁酮不易购得。醋酸乙酯有适宜的挥发速度而且价低易购，而醋酸丁酯可以调整干燥速度，因此，砂岩加固材料主要采用醋酸乙酯为溶剂，同时适当加入醋酸丁酯来调整干燥速度，另外加入适量的芳烃可以减缓材料在砂岩表面成膜，有助于对砂岩的加固。

5）固体含量的确定

不同固体含量的材料，有着不同的性能，一般固体含量越高，材料的黏度越高，渗透性越差，加固后砂岩的强度越高，但如果固体含量太高，将会在表面成膜而几乎没有渗透，这样下层砂岩将不能得到加固。如果固体含量太低，则大部分加固材料将渗入砂岩底层，而砂岩表面将得不到加固。因此，岩石加固材料需要有适宜的固体含量。通过试验，确定砂岩加固材料的固体含量以 5% ~10% 为宜。另外，在加固过程中还需要根据风化砂岩的具体情况确定使用材料的固体含量，如果风化严重，就要使用固体含量较高的材料，如果砂岩密实则要使用固体含量较低的材料。

6）其他添加剂的确定

由于现场环境湿度较大，致使砂岩中含有一定的水分，因为溶剂型有机聚合物与水不相容，因此容易起泡，为了避免起泡现象的发生，我们试验了在体系中加入消泡剂的情况，虽然加入消泡剂可大大减少起泡，但仍未完全避免。随后我们试验了在体系中加入特殊吸水材料，这种材料可以完全溶解在体系中，同时它可以与水反应，生成物可以与砂岩牢固结合，完全避免了起泡现象的发生。经过试验，确定消泡剂的加入量为0.1%～0.3%，吸水材料的加入量为1%～3%。

为了提高渗透性，我们还进行了渗透剂的试验，通过比较，确认加入助渗剂可提高材料对砂岩的渗透性，并确定了助渗剂的加入量。经过多次反复试验，确定适合大足岩体加固材料的技术指标，见表 7－25。

表 7－25　砂岩加固材料的技术指标

项目	ZB－WB－S－1	ZB－WB－S－2
外观	无色透明（乳光）	无色透明（乳光）
干燥时间（h）	≤6	≤6
黏度（涂—4 杯）（s）	8～25	15～35
储存稳定性	大于 1 年	大于 1 年
黏结性	符合使用要求	符合使用要求
渗透性	优良	优良
耐水性	240h 无异常	240h 无异常

7.1.10.3　金箔回贴修复材料的研制

1）金箔起翘分析

大足千手观音表面金箔，原来使用大漆加桐油为黏合剂，对金箔进行黏贴，由于历史修复时表面污染物清理不彻底或打磨工艺不精细等原因，随着时间的推移，黏结性能下降致使黏贴的金箔起翘卷曲，要回贴金箔，使用的黏合材料必须对残破的金箔具有软化作用，同时也要有适宜的黏合作用，并且对原有金箔层无不良影响，不破坏原有的文物风貌。另外需要回贴材料要有较好的耐老化性，使修复的文物能长期保持修复状态。因此溶剂型有机黏合剂就成为首选，因此，我们以砂岩加固材料为基础，进行金箔回帖材料的选择。

2）黏结聚合物的选择

参照砂岩加固材料所选用的聚合物，按黏合的要求进行性能比较，见表 7－26。

表 7－26　几种聚合物的黏合性能比较

性能	自干丙烯酸	硝基纤维素	PVB	醋酸纤维素
20%固体含量下对金箔的黏合性能	差	差	—	适宜
20%固体含量下黏度	较小	较小	无法溶成 20%溶液，只能溶成 15%溶液	较大

续表

性能	自干丙烯酸	硝基纤维素	PVB	醋酸纤维素
干燥速度	4 小时	4 小时	6 小时	3 小时
耐老化性	差－好	差	较差	好

由上表可知，自干丙烯酸由于分子量较小，在 20% 固体含量下黏度低，造成初始黏结性差；硝基纤维素存在同样的问题，同时由于硝基纤维素较脆，黏结强度低；PVB 无法制成 20% 的溶液，最高只能制成 15% 的溶液，而且黏贴金箔时极易出现金箔的卷曲变形，同时黏结力较低；醋酸纤维素不论从黏结性还是从黏度和干燥性能来看，都比较适宜调制金箔回贴材料。

3）溶剂的选择

参照砂岩加固材料选用的溶剂，仍选用醋酸乙酯为主要溶剂，但为了提高干性，加入了适量的丙酮。由于醋酸乙酯与丙酮均挥发较快，当金箔回贴施工时，金箔背面的大漆成分还未完全软化而溶剂已挥发，使回贴的金箔易出现破碎现象。为了解决这一问题，我们在回贴材料中加入了一定量的醋酸丁酯和芳烃，取得了很好的效果，在回贴中未出现破碎现象。

4）金箔回贴材料固体含量的确定

如前所述，回贴材料的固体含量太低则胶膜太薄黏结强度偏低，而固体含量太高则胶膜太厚不符合保护要求。另外当确定了成膜聚合物的品种和型号后，如果固体含量偏低则黏度偏低造成初始黏结性较低，同时由于溶剂量偏多易造成回贴的金箔起皱，而如果固体含量较高则黏度也较高不利于修复，特别是不利于注射器使用。经过试验，确定金箔回贴材料的固体含量为 15% ~20% 为宜，这时，材料的黏度为 50 ~250s，不会对修复加固造成影响，同时胶膜的厚度也适宜，回贴后的金箔效果很好。

5）黏合改性剂的选择

为了增加回贴材料的黏合性能，我们选择了三种黏合改性剂，进行了性能试验，结果见表 7－27。

表 7－27　几种黏合改性剂的改性效果

性能	硅烷偶联剂 1	硅烷偶联剂 2	酞酸酯偶联剂
与体系的相容性	加入后发浑	加入后外观无变化	加入后外观无变化
储存性	发浑加重，黏度增大	外观及黏度均无变化	外观及黏度均无变化
黏结效果	略有增强	增强	无增强

从上表可以看出，硅烷偶联剂 2 的改性效果最好而且储存稳定。

确定了黏合改性剂的品种后，我们进行了改性剂用量的试验，经过比较，当用量为 0.8% －1.5% 时，可取得满意的改性效果。

6）其他添加剂的选择

为了使回贴材料在制造和使用时少出现气泡，需要在回贴材料中加入消泡剂，消泡剂的加量以 0.1% ~0.3% 为宜。

为了保证回贴材料的耐老化性，在回贴材料中加入了 0.02% 的防老化剂。研制出的金箔回帖材料的主要技术指标见表 7－28。

表 7－28　金箔回贴材料的技术指标

项目	ZB－WB－J－1	ZB－WB－J－2
外观	无色透明	无色透明
干燥时间（h）	≤6	≤6
黏度（涂—4 杯）（s）	50～100	150～250
储存稳定性	大于 1 年	大于 1 年
黏结性	符合使用要求	符合使用要求
对金箔的影响	无不良影响	无不良影响

7）材料的耐老化性初步试验

使用研制的砂岩加固材料和金箔回贴材料对从大足取得的砂岩样块进行加固，然后黏贴从大足取得的残破金箔，干燥后进行试验。

（1）天然曝晒试验

在自然条件下，将经过加固并贴有金箔的砂岩样块放置在室外，从 2008 年 11 月～2009 年 2 月，经过 100d 的曝晒，加固的砂岩和黏贴的金箔未出现任何变化。

（2）冷热交替试验

将经过加固并贴有金箔的砂岩样块，在－20℃条件下放置 24h，然后在 30℃条件下放置 24h 为 1 周期，经过 30 周期，加固的砂岩和黏贴的金箔未出现任何变化。

7.1.11　岩体加固和金箔回帖材料室内评价试验

7.1.11.1　试验目标

为加快大足石刻修复的技术研究工作，我们在现场实际修复取得良好效果的同时，为进一步了解材料的各方面性质，确保所修复质量能够长期有效，且不对大足石刻造成危害。为此，课题组选择几种常用材料和新研制出的材料对材料的性质进行了试验室评价和老化试验。

7.1.11.2　试验评价指标的确定

根据重庆大足石刻的实际状况和以往对同类材料性质的基本要求，确定了以下试验指标评价修复材料：

固含量：了解材料的固含量对可以准确掌握修复时浓度的配比；

渗透性：对于风化层和地仗层等有良好的渗透性，使之经过渗透而重新成为一体；

黏度：比较各种材料不同浓度时的黏度，便于修复时了解最佳浓度时的加固材料黏度；

透气性：要保证修复后整体可以进行水汽的正常交换，从而避免产生不应有的作用力，文物表面不能产生变色影响。对于风化层应该相对惰性，而不能因此发生风化层的变色或泛黄等；

耐老化性：考察各种材料耐老化性能。

附着力性能：对于相对于风化层开裂的石质文物表面有良好的黏结性，否则起不到修复的作用。

表面张力：保护材料的表面张力越小，越容易在试块上铺展，如果试块—保护材料间有强的吸引力，保护材料就容易润湿试块，如果保护材料的表面张力过大，大内聚力大，材料就不易铺展。因此，在保护材料确定的情况下，应该具有低的表面张力。

耐水性：由于重庆大足石刻处于潮湿环境下，因此耐水性材料是所筛选材料的一个特别关注的性能。

7.1.11.3 评价材料的选择

选择以下几种材料进行试验、对比及评价：硅丙乳液（ZB－SE－1）、纯丙乳液（ZB－SE－3A）、醋酸纤维素砂岩加固材料和金箔回帖材料（由兰州知本化工提供）、B72、mix 加固材料、fix 封护材料（有中国文化遗产研究院提供）。

硅丙乳液是一类由硅原子和氧原子交替连结组成骨架，不同的有机基团再与硅原子连结的聚合物的统称。有机硅树脂结构中既含有“有机基团”，又含有“无机结构”，这种特殊的组成和分子结构使它集有机物特性与无机物功能于一身。硅丙乳液具有突出的耐候性、透水、透气性，低聚体具有良好的渗透性。

纯丙乳液是透明或是乳白略带浅黄色黏稠液体，粒径细，高光泽，优良的耐候性，优良的抗回黏性，具有广泛的适用性。构成组分：多种丙烯酸、甲基丙烯酸、甲基丙烯酸甲酯，丙烯酸酯类以及功能性助剂多元聚，通过优化工艺共聚而成的乳液。

ParaloidB 72 是丙烯酸甲酯和甲基丙烯酸乙酯的共聚物，B72 是人们研究最多的一种丙烯酸树脂，它是一种白色玻璃状结构，能溶解在多种有机溶剂中，是溶剂挥发后成膜而起到加固作用的典型代表。通常以乙酸乙酯配成 2%～10% 的浓度使用。

其中纤维素类砂岩保护材料是醋酸纤维素为主成分的溶剂型材料。

对 B72、硅丙乳液和纯丙乳液进行红外分析，谱图见图 7－57～7－59。

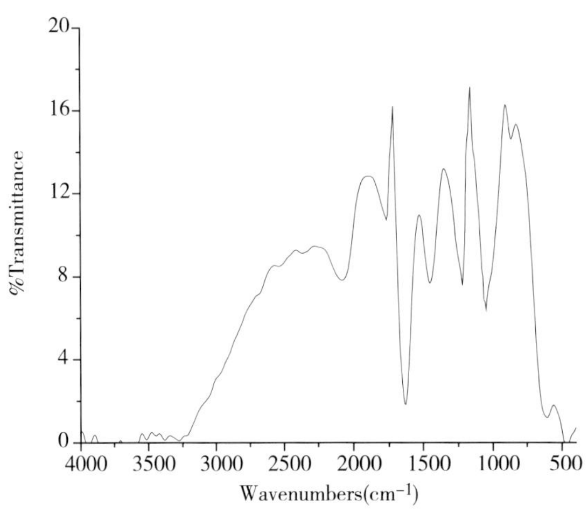

图 7－57　B72 的红外谱图

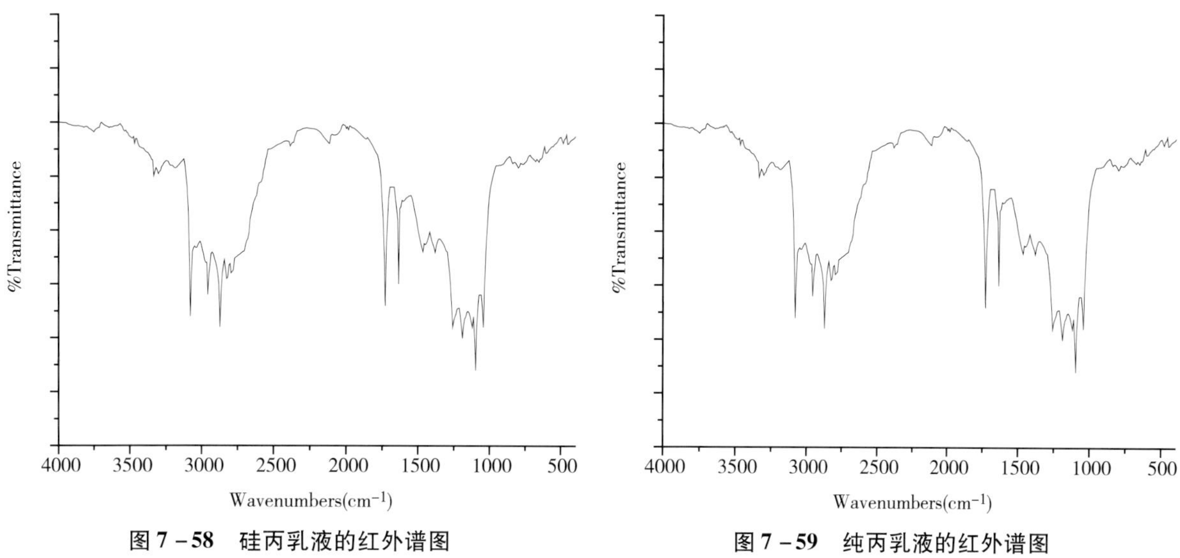

图 7－58　硅丙乳液的红外谱图　　　**图 7－59　纯丙乳液的红外谱图**

谱图中 1721 cm^{-1}和 1 142 cm^{-1}分别是酯中的羰基（C＝O）和酯基（C－O－C）的吸收。这表明 B72 的产物分子中含有 C＝O、C－O－C 等官能团。

利用红外光谱对产物有机硅丙烯酸酯进行结构表征可以发现，在 1096cm^{-1}处较强吸收峰为 Si－O－Si 键的振动峰，多聚环体结构有较大的空间位阻，使得波数往低波数方向偏移；1636cm^{-1}附近出现了 C＝C 的特征吸收峰，3080cm－1 是 $H_2C＝CH－$的伸缩振动，1729cm^{-1}处出现了不饱和酯的 C＝O 的吸收峰，1189cm^{-1}为 C－O－C 的吸收峰。而 1260cm^{-1}是 Si－CH_3的吸收峰，1042cm^{-1}和 1096cm^{-1}是有机硅特有的吸收峰。由此可知，产物分子中已经含有了 C＝C、C＝O 等官能团。

其中，3450cm^{-1}处为典型的羟基吸收峰，1737cm^{-1}处吸收峰是丙烯酸酯中 C－O 键的酯羧基伸缩振动特征峰，1240 cm^{-1}和 1168cm^{-1}吸收峰是由甲基丙烯酸甲酯聚合物中 C－O－C 的对称伸缩振动引起的，2958cm^{-1}和 2875cm^{-1}则是甲基、亚甲基的伸缩振动特征吸收峰，990cm^{-1}、963cm^{-1}是丙烯酸丁酯聚合物的特征峰，1453 cm^{-1}、3245cm^{-1}是由丙烯酸聚合物的－COO、－COOH 的振动产生的。

以上材料主成分的化学结构式见表 7－29。

表 7－29　以上材料主要成分的结构式

材料名称	主要成分的结构式
纯丙乳液	$\left[\overset{H_2}{C} - C(CH_3)(C(=O)OCH_2CH_2CH_2CH_3) \right]_n$

续表

材料名称	主要成分的结构式
硅丙乳液	$-[Si(CH_3)(C(=O)CH_2CH(OCH_3)CH=CH_2)-O]_n-$
B72	$-[CH_2-CH(COOCH_3)]_n-[CH_2-C(CH_3)(COOCH_2CH_3)]_m-$
纤维素类砂岩保护材料	醋酸纤维素类的溶剂型材料
mix 加固材料	丙烯酸类
fix	丙烯酸类

7.1.11.4　评价试验

1）固含量的测定

目的：得出每种材料的固含量，便可配制不同浓度（固含量）的乳液以进行试验研究。

材料：ZB－SE－1、ZB－SE－3A、mix 加固、fix 封护、ZB－WB－S－1、ZB－WB－S－2、ZB－WB－J－1、ZB－WB－J－2、5% B72、10% B72。

仪器：DHSI 16－A 多功能红外水分测定仪。

步骤：执行 Q/YXLQ2 企业标准。

将材料倒入托盘中，使其均匀的铺展开。乳液的质量控制在 5～10g，温度设定为 105℃，时间 T 为 60min。测试结果见表 7－30。

表 7－30　红外水分测定材料的固含量

材料名称	加热前质量（g）	加热后质量（g）	固含量（%）
ZB－SE－1	6.863	3.223	47.0
ZB－SE－3A	5.457	2.102	38.5
Mix 加固	6.089	0.213	3.5
Fix 封护	5.078	0.279	5.5
ZB－WB－S－1	6.432	0.322	5.0

续表

材料名称	加热前质量（g）	加热后质量（g）	固含量（%）
ZB－WB－S－2	7.961	0.796	10.0
ZB－WB－J－1	7.660	1.149	15.0
ZB－WB－J－2	5.879	1.176	20.0
5% B72	5.065	0.254	5.0
10% B72	6.296	0.631	10.0

2）表面张力测定

试验目的：保护材料的表面张力越小，越容易在试块上铺展，如果试块—保护材料间有强的吸引力，保护材料就容易润湿试块，如果保护材料的内聚力大，材料就不易铺展，在保护材料确定的情况下，应该具有较低的表面张力。因此，测定材料的表面张力是评价材料重要指标的其中之一。

材料：ZB－SE－1专用乳液黏合剂（有机硅丙烯酸乳液加注渗剂）、ZB－SE－3A专用乳液黏合剂（丙烯酸乳液加注渗剂）、mix加固、fix封护、ZB－WB－S潮湿环境下风化砂岩加固专用材料、潮湿环境下风化砂岩加固专用材料（专用稀释剂）、ZB－WB－J岩石表面金箔回帖修复专用材料、岩石表面金箔回帖修复专用材料（专用稀释剂）、B72、纯净水（敦煌安吉尔）、乙酸乙酯。

仪器：JZ－200A自动界面张力仪

步骤：执行JB/T 9388－1997《界面张力仪技术条件》、ISO 1490：1995《塑料、橡胶、聚合分散体和胶乳表面张力的测定》、SH/T 1156－92《合成乳胶表面张力测定法》。

将JZ－200A自动界面张力仪调零后，用烧杯取样倒入界面张力仪配带的玻璃杯中约30ml，在室温25℃左右下，快速平行测6次取平均值。这样测定的表面张力是需要校正的。实际的表面张力值V就由测定的张力值P乘以一个校正因子F，V＝P×F。在JZ－200A自动界面张力仪中，按照ASTMD－977计算校正因子公式为：

$$F = 0.7250 + \sqrt{\frac{0.01452}{C^2(D-d)} + 0.04534 - \frac{1.679}{\frac{R}{r}}}$$

式中P：显示的读数值（mN/m）

C：环的周长6.00cm

R：环的半径0.955cm

D：下相的密度（25℃时）g/ml　　液体

d：上相的密度（25℃时）g/ml　　气体

r：铂金丝的半径0.03cm

其中，下相的密度即各种乳液的密度由以下两种方法测定。

方法一：

仪器及设备：移液管（10ml）、电子天平（精确至0.001g）、量筒（10ml）

步骤：将配制各种不同浓度的乳液，用移液管移至电子天平的量筒内，记录数据，质量m；体积V。密度ρ＝m/V，单位为g/ml。

方法二：

仪器及设备：移液器（100～1000μm），电子天平（精确至0.001g）

步骤：将移液器的量程调至500μm，即0.5ml。吸取乳液，取下Tip，进行称量，记录数据，质量 m；体积 V。密度 ρ = m/V，单位为 g/ml。

显然，第二种方法更为方便、准确。

评价指标：所筛选的表面封护材料的表面张力值小于纯净水的表面张力值为好，即：71.6mN/m，为达标。测定结果见表 7－31。

表 7－31　各种材料的表面张力值

材料名称	校正后的实际的表面张力值（mN/m）						平均值
5% ZB－SE－1	51.8	51.8	51.9	51.9	52.0	52.0	51.90
10% ZB－SE－1	51.3	51.3	51.3	51.4	51.4	51.5	51.37
5% ZB－SE－3A	52.0	52.0	52.1	52.1	52.1	52.2	52.08
10% ZB－SE－3A	51.7	51.7	51.8	51.8	51.8	51.8	51.77
mix 3.5%	43.8	43.8	43.8	43.8	43.8	43.9	43.82
fix 5.5%	45.8	45.8	45.8	45.8	45.8	45.9	45.82
ZB－WB－S－1 5%	24.7	24.7	24.7	24.7	24.7	24.7	24.70
ZB－WB－S－2 10%	24.4	24.4	24.4	24.4	24.4	24.4	24.40
10% ZB－WB－J	25.9	25.9	25.9	25.9	25.9	25.9	25.90
ZB－WB－J－1 15%	27.0	27.0	27.0	27.1	27.1	27.1	27.05
ZB－WB－J－2 20%	28.8	28.8	28.8	28.9	28.9	29.0	28.87
5% B72	25.7	25.7	25.7	25.7	25.7	25.7	25.70
10% B72	25.8	25.8	25.8	25.8	25.8	25.8	25.80
纯净水	71.6	71.6	71.6	71.6	71.6	71.6	71.60

从上表和图 7－60 均可看出，砂岩加固材料、金箔回帖材料以及 B72 材料的表面张力远低于其他材料。

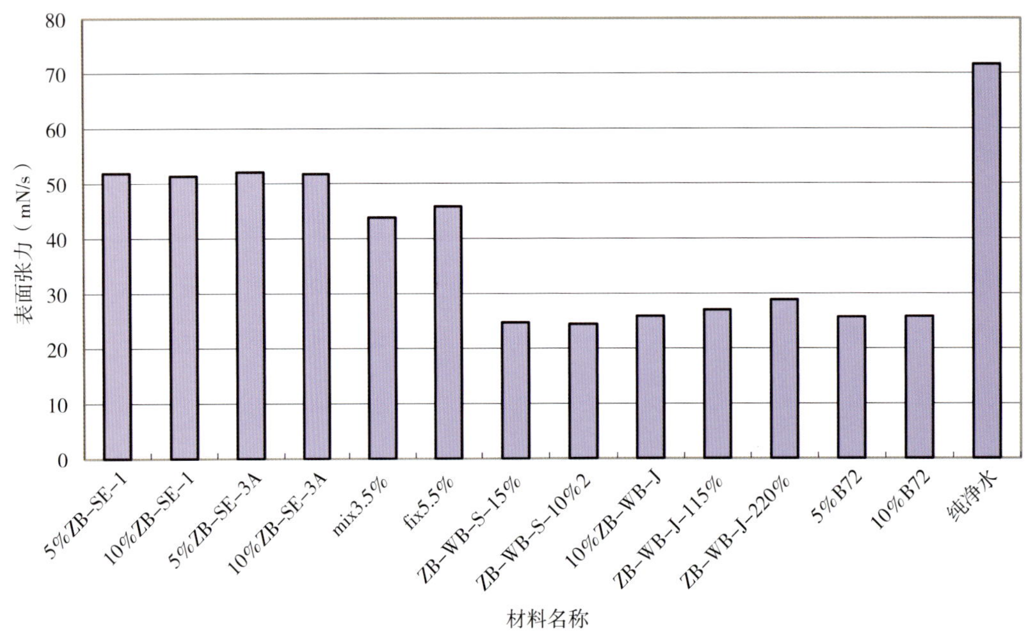

图 7－60　各种材料的表明张力比较图

3）各种乳液黏度的测定

目的：保护材料的黏度越小，越容易短时间内在试样黏接面上铺展，也更易流入粗糙面上的微孔内，扩大黏接面。要求文物保护材料容易扩展但不能漫流，以免流到外表面，给操作者造成不必要的麻烦。因此，测定保护材料的黏度是评价材料重要指标的其中之一。

仪器：NDJ－5S 旋转黏度计

材料：ZB－WB－S－1、ZB－WB－S－2、ZB－WB－J－1、ZB－WB－J－2、5% B72、5% ZB－SE－1、10% ZB－SE－1、5% ZB－SE－3A、10% ZB－SE－3A。

步骤：用 50ml 取约 20ml 乳液倒入有底圆筒中，让乳液淹没转子沟槽，选择转子（以下乳液均为 S0 转子），记录数据（表 7－32～7－40）。

表 7－32　ZB－WB－S－1 黏度测试结果

温度（℃）	转速（mPa. s）	测量值（mPa. s）	满程量百分比（%）
16.0	6	41.8	71
16.0	12	20.6	71
16.0	30	9.9	71
16.0	60	4.9	70

表 7－33　ZB－WB－S－2 黏度测试结果

温度（℃）	转速（mPa. s）	测量值（mPa. s）	满程量百分比（%）
15.9	6	65.6	89
15.9	12	32.4	89
15.9	30	15.8	89
15.9	60	7.4	65

表 7－34　ZB－WB－J－1 黏度测试结果

温度（℃）	转速（mPa. s）	测量值（mPa. s）	满程量百分比（%）
14.2	6	79.6	89
14.2	12	39.6	89
14.2	30	19.0	89
14.2	60	9.5	91

表 7－35　ZB－WB－J－2 黏度测试结果

温度（℃）	转速（mPa. s）	测量值（mPa. s）	满程量百分比（%）
14.2	6	95.4	89
14.2	12	47.7	89
14.2	30	19.1	89
14.2	60	9.8	81

表 7－36　5%B72 黏度测试结果

温度（℃）	转速（mPa. s）	测量值（mPa. s）	满程量百分比（%）
14. 2	6	48. 9	19
14. 2	12	24. 3	19
14. 2	30	12. 0	19
14. 2	60	5. 9	18

表 7－37　ZB－SE－3A（固含量 5%）黏度测试结果

温度（℃）	转速（mPa. s）	测量值（mPa. s）	满程量百分比（%）
14. 2	6	48. 2	61
14. 2	12	24. 1	67
14. 2	30	11. 3	71
14. 2	60	5. 2	69

表 7－38　ZB－SE－3A（固含量 10%）黏度测试结果

温度（℃）	转速（mPa. s）	测量值（mPa. s）	满程量百分比（%）
14. 2	6	64. 9	98
14. 2	12	32. 3	98
14. 2	30	16. 9	98
14. 2	60	8. 4	98

表 7－39　ZB－SE－1（固含量 5%）黏度测试结果

温度（℃）	转速（mPa. s）	测量值（mPa. s）	满程量百分比（%）
14. 2	6	41. 6	98
14. 2	12	18. 3	98
14. 2	30	8. 5	98
14. 2	60	4. 2	98

表 7－40　ZB－SE－1（固含量 10%）黏度测试结果

温度（℃）	转速（mPa. s）	测量值（mPa. s）	满程量百分比（%）
14. 2	6	62. 7	98
14. 2	12	31. 1	98
14. 2	30	16. 2	98
14. 2	60	7. 5	98

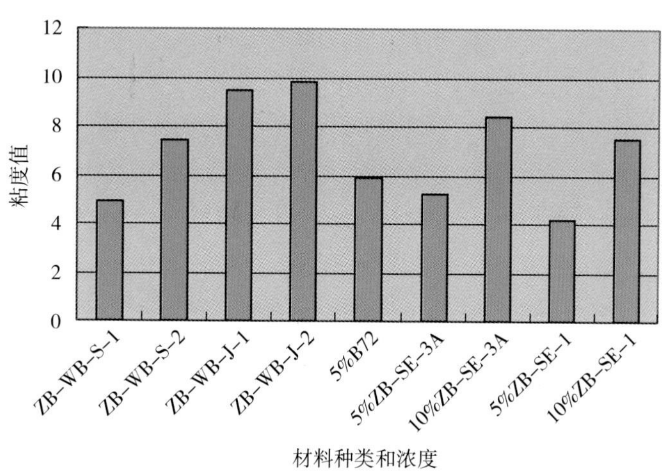

图 7－61　各种材料在转速为 60 时的黏度值

从图 7－61 可以看出，金箔回帖材料的黏度值较高，其次为丙烯酸乳液，砂岩加固材料与 B72 以及有机硅丙烯酸数值的黏度值接近。从结果来看，新研制的砂岩加固材料的同样浓度下与常用的传统材料有类似的黏度，因此能够以适宜的黏度加固风化岩层。

4）各种乳液的渗透性测试

试验目的：用于石质文物的保护材料分为加固材料、黏接材料、表面封护材料、回帖材料等，不同的功能材料应具有不同的渗透性。加固材料等应对于风化层和岩石层等有良好的渗透性，使之经过渗透而重新成为一体，而对表面封护材料、金箔回帖材料等的渗透性要求偏低，尤其是金箔回帖材料，应具有较低的渗透性以免渗入灌浆材料、加固材料、表面封护材料中产生不相容的负面影响。

试验材料：1%、1.5%、2%、5%、10% 的 ZB－SE－1；1%、1.5%、2%、5%、10% 的 ZB－SE－3A；1%、2%、3.5% 的 mix 加固；1%、2%、5.5% 的 fix 封护；1%、2%、5%、10%、的 ZB－WB－S；1%、2%、5%、10% 的 B72；10%、15%、20% 的 ZB－WB－J、纯净水（敦煌安吉尔）。

方法一：

试验仪器及设备：烘箱、内径 2.0cm 的磨口离心管、电子天平、移液管、1mm 筛网、研钵等。

试验方法：将烘干后黄土捣碎、研细，用 1mm 筛网分筛。称取 36g 细土装入平底试管中并捣实，最终细土在试管的高度为 12.5cm，即 50ml 刻度处。分别用移液管加入 2ml 乳液，密闭放置 1、2、3h 后测量乳液渗入高度。

表 7－41　各种材料的渗透性比较结果

材料名称	1h	2h	3h
1% ZB－SE－1	20mm	21mm	21mm
1.5% ZB－SE－1	20mm	20mm	20mm
2% ZB－SE－1	19mm	20mm	20mm
5% ZB－SE－1	17mm	17mm	17mm

续表

材料名称	1h	2h	3h
10% ZB－SE－1	14mm	14mm	14mm
1% ZB－SE－3A	20mm	21mm	21mm
1.5% ZB－SE－3A	20mm	21mm	21mm
2% ZB－SE－3A	19mm	20mm	20mm
5% ZB－SE－3A	17mm	17mm	17mm
10% ZB－SE－3A	14mm	14mm	14mm
1% mix	18mm	19mm	19mm
2% mix	18mm	18mm	18mm
mix 3.5%	16mm	17mm	17mm
1% fix	17mm	18mm	18mm
2% fix	17mm	17mm	17mm
fix 5.5%	15mm	15mm	15mm
纯净水	21mm	22mm	22mm
1% ZB－WB－S	19mm	19mm	19mm
2% ZB－WB－S	18mm	18mm	18mm
ZB－WB－S－1 5%	15mm	15mm	15mm
ZB－WB－S－2 10%	11mm	11mm	11mm
1% B72	18mm	18mm	18mm
2% B72	17mm	17mm	17mm
5% B72	14mm	14mm	14mm
10% B72	10mm	10mm	10mm
10% ZB－WB－J	6 mm	6 mm	6 mm
ZB－WB－J－1 15%	4 mm	4 mm	4 mm
ZB－WB－J－2 20%	2 mm	2 mm	2 mm

从上表的数据可以看出，在同样浓度下，有机硅丙烯酸乳液、丙烯酸乳液以及 mix 和 fix 材料有近似的渗透性，砂岩加固材料和 B72 的渗透性相近，金箔回帖材料的渗透性最低。

5）材料附着力测定

试验目的：检测文物保护材料与试块结合在一起的坚固程度。要求保护材料对于风化层有良好的黏结性，否则起不到灌浆、加固、封护等保护作用。附着力是评价保护材料物理机械性能的重要指标之一。

试验材料：ZB－SE－1、ZB－SE－3A、mix 加固、fix 封护、ZB－WB－S－1、ZB－WB－S－2、ZB－WB－J－1、ZB－WB－J－2、5% B72、10% B72。

方法一：附着力测定法（划圈法）

试验材料及仪器设备：QXG 线棒涂布器（50um）、标准铝板和钢板、NIX 4500 测厚仪。

步骤：执行 GB/T 1727 －92 漆膜一般制备法、GB 1764 －89 漆膜厚度测定法、GB/T 1720 －89 划圈法测定漆膜附着力。

划圈法所采用的附着力测定仪是按照划痕范围内的漆膜完整程度进行评定，以级表示。是按照制备好的马口铁板固定在测定仪上，为确保划透漆膜，酌情添加砝码，按顺时针方向，以 80 ~ 100r/min 均匀摇动摇柄，以圆滚线划痕，标准圆长 7.5cm，取出样板，评级。试验中需要注意以下几点：

（1）测定仪的针头必须保持锐利，否则无法分清 1，2 级的分别，应在测定前先用手指触摸感觉是否锋利，或在测定若干块试板后酌情更换。

（2）先试着刻划几圈，划痕应刚好划透漆膜，若未露底板，酌情添加砝码；但不要加得过多，以免加大阻力，磨损针头。

（3）评级时可以 7 级（最内层）开始评定，也可以 1 级（最外圈）评级，按顺序检查各部位的漆膜完整程度，如某一部位的格子有 705 以上完好，则认为该部位是完好的，否则认为坏损。例如，部位 1 漆膜完好，附着力最佳，定为 1 级；部位 1 漆膜坏损而部位 2 完好的，附着力次之定为 2 级。依据类推，7 级附着力最差。

以下是几种材料测定结果的图片（图 7 －62）：

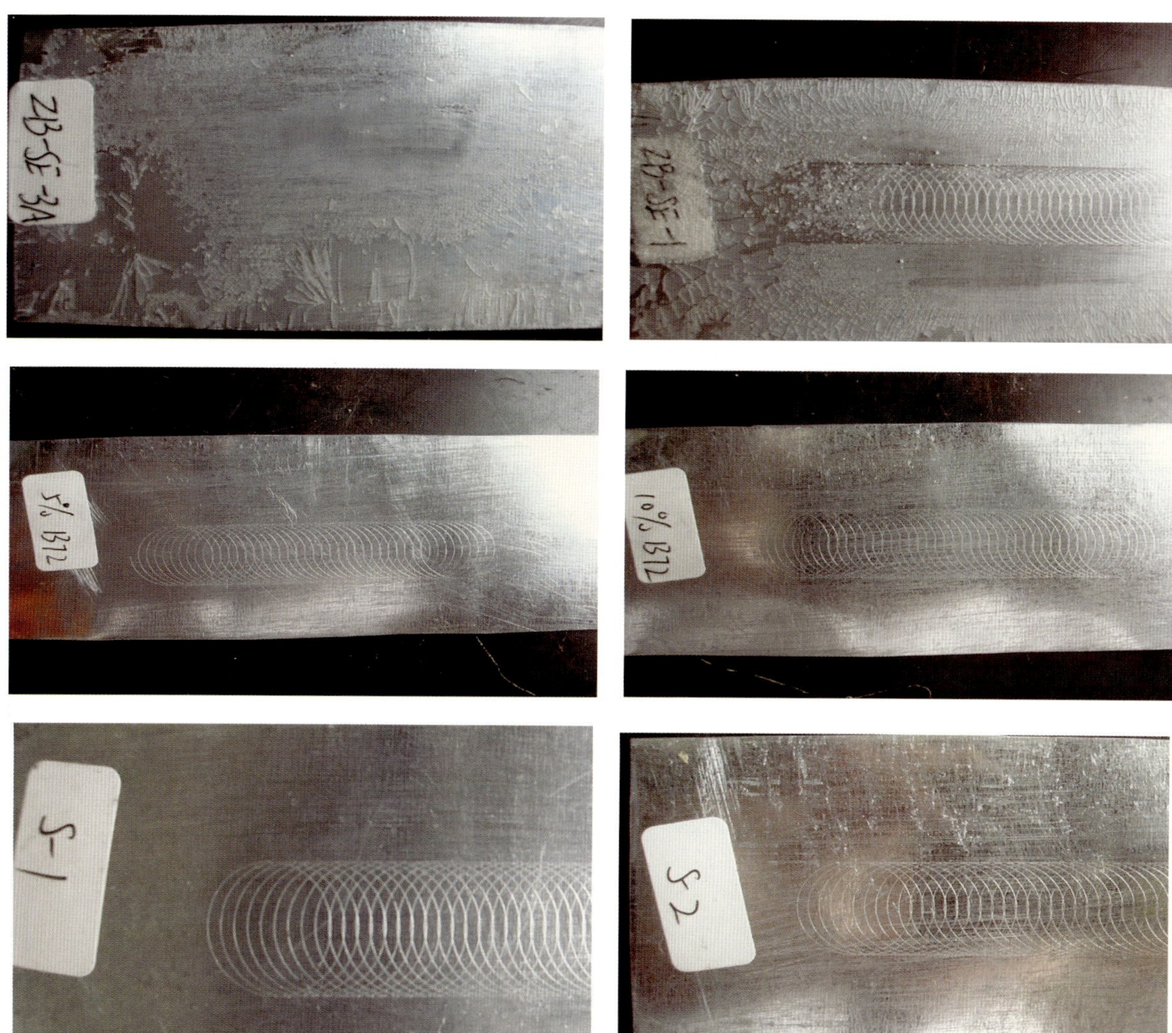

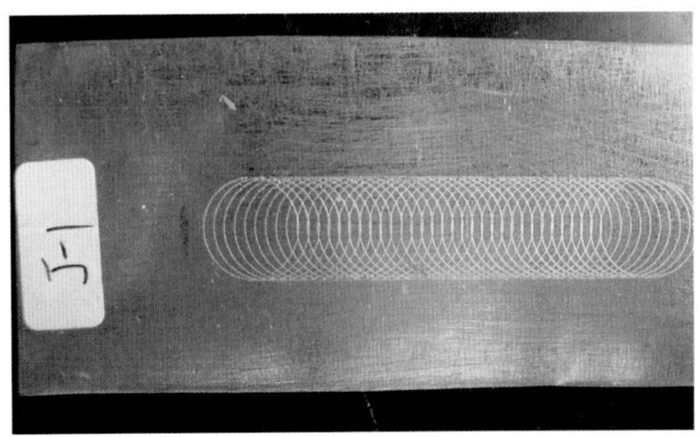

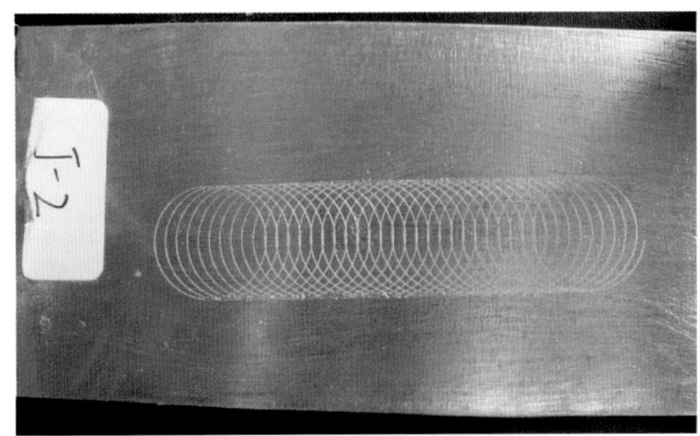

图7-62 材料附着力测定结果

从试验结果可以看出，ZB-WB-S-1、ZB-WB-S-2、ZB-WB-J-1、ZB-WB-J-2、5% B72、10% B72等材料的附着力可达七级；ZB-SE-1、ZB-SE-3A等材料干燥后会出现龟裂现象；而mix加固、fix封护等材料干燥后只会留下水渍，测试效果差。

6）材料透气性测定

试验目的：在石质文物保护中，还要求保护材料具有一定的“呼吸性”，就是有一定的透气性，以利于石材中微量水的排出，因此保护材料需具有一定的透气性，确保石材中毛细孔或细小孔隙未被封住，使内部的水分能以蒸气的形式与外界交流。因此测定保护材料的透气性是评价材料重要指标的其中之一。

试验材料：1%、1.5%、2%、5%、10%的ZB-SE-1；1%、1.5%、2%、5%、10%的ZB-SE-3A；1%、2%、3.5%的mix加固；1%、2%、5.5%的fix封护；1%、2%、5%、10%、的ZB-WB-S；1%、2%、5%、10%的B72；10%、15%、20%的ZB-WB-J等。

方法一：根据国标GB/T 17146-1997的方法，其原理是不同盐的过饱和溶液具有不同的饱和蒸汽压，因而也具有不同的相对湿度，但它们的相对湿度均低于水的相对湿度（水的RH=100%）。利用饱和盐溶液与水之间的相对湿度差，促使水蒸气从湿度大的一端自然流向湿度小的一端，流动的障碍物即是保护材料处理后的试样，从而衡量水蒸气穿透试样的能力，测出试样的透气性。

试验采用湿杯法，即在杯内放适量蒸馏水，用弹性密封胶将相同厚（d=12mm）的岩石试样密封在杯口处，将杯及试样一起放入盛有氯化镁饱和溶液（RH=35%）的密闭容器中，经过一定时间，水蒸气就会从杯内的水中通过岩石试样扩散到相对湿度较低的容器中，称量杯的质量并记录时间（10d），即可计算出10d内水蒸气的透过量（图7-63~7-65、表7-42）。

试验设备及材料：干燥器、氯化镁、电子天平（精确到0.0001g）

记录方法：

本项试验采用水蒸气透过量（WTV）表示试验结果，由下面公式计算：

$$WTV = (24 \times \Delta m) / (A \times t)$$

式中：

WTV-水蒸气透过量，g/（24h. m^2）；

Δm-质量变化量，g；

A——试块透湿面积，m^2；（试块面积：70mm×30mm=0.0021 m^2）

t——质量变化量稳定时间，240h。

图 7－63　透气性测试（方法一）（俯视照）

图 7－64　透气性测试（方法一）

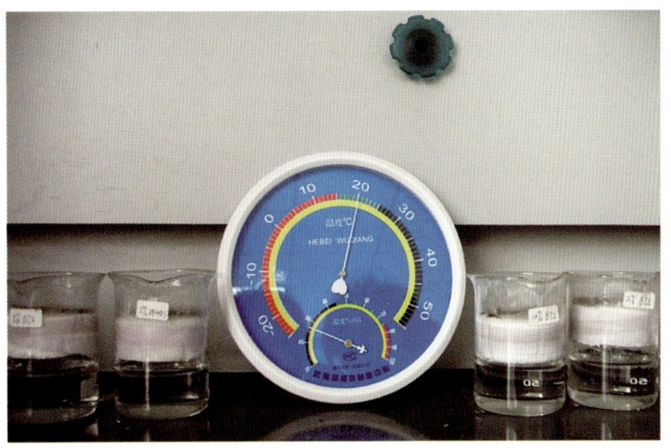

图 7－65　透气性测试（方法二）

表 7－42　各种材料透气性测试结果

材料名称	质量变化量（g）	WTV－水蒸汽透过量（g/24h. m^2）
空白试样	0. 0603	2. 871
1% ZB－SE－1	0. 0591	2. 814
1. 5% ZB－SE－1	0. 0585	2. 786
2% ZB－SE－1	0. 0568	2. 705
5% ZB－SE－1	0. 0532	2. 533
10% ZB－SE－1	0. 0491	2. 338
1% ZB－SE－3A	0. 0589	2. 805
1. 5% ZB－SE－3A	0. 0578	2. 752
2% ZB－SE－3A	0. 0574	2. 733
5% ZB－SE－3A	0. 0539	2. 567
10% ZB－SE－3A	0. 0494	2. 352
1% mix	0. 0588	2. 800
2% mix	0. 0569	2. 710
3. 5% mix	0. 0552	2. 629

续表

材料名称	质量变化量（g）	WTV－水蒸汽透过量（g/24h. m²）
1% fix	0.0556	2.648
2% fix	0.0540	2.571
5.5% fix	0.0505	2.405
1% ZB－WB－S	0.0533	2.538
2% ZB－WB－S	0.0512	2.438
ZB－WB－S－1 5%	0.0467	2.224
ZB－WB－S－2 10%	0.0426	2.029
1% B72	0.0529	2.520
2% B72	0.0506	2.410
5% B72	0.0460	2.190
10% B72	0.0415	1.976
10% ZB－WB－J	0.0496	2.362
ZB－WB－J－1 15%	0.0459	2.186
ZB－WB－J－2 20%	0.0421	2.005

方法二：按照GB/T 17146－1997的方法。用密封剂和橡胶圈将已处理砂岩试块固定在装有蒸馏水的烧杯内，然后放置于温度（20±1℃）湿度（RH 25±1%）环境中。每隔24h称取烧杯的质量，计算单位面积的质量变化率；至前后两次质量变化率小于5%时认为蒸汽透过率达到稳定。记录数据，被材料处理的试块与空白试块相比得出评估结果：下降值小于10%为优；下降值为10%～20%为良；下降值为20%～30%为中；下降值大于30%则透气性不好（表7－43）。

表7－43　各种材料透气性评估结果

<table>
<tr><th>评估等级</th><th colspan="5">材料名称</th></tr>
<tr><td rowspan="3">优</td><td colspan="2">1% ZB－SE－1</td><td colspan="2">1.5% ZB－SE－1</td><td>2% ZB－SE－1</td></tr>
<tr><td colspan="2">1% ZB－SE－3A</td><td colspan="2">1.5% ZB－SE－3A</td><td>2% ZB－SE－3A</td></tr>
<tr><td>1% mix 加固</td><td colspan="2">2% mix 加固</td><td>mix 加固</td><td>1% fix 封护</td></tr>
<tr><td rowspan="4">良</td><td colspan="2">5% ZB－SE－1</td><td colspan="2">10% ZB－SE－1</td><td>5% ZB－SE－3a</td></tr>
<tr><td colspan="2">10% ZB－SE－3A</td><td colspan="2">2% fix 封护</td><td>fix 封护</td></tr>
<tr><td>1% ZB－WB－S</td><td colspan="2">2% ZB－WB－S</td><td>1% B72</td><td>2% B72</td></tr>
<tr><td colspan="5">10% ZB－WB－J</td></tr>
<tr><td>中</td><td>ZB－WB－S－1</td><td colspan="2">ZB－WB－S－2</td><td>5% B72</td><td>ZB－WB－J－I</td></tr>
<tr><td>差</td><td colspan="3">10% B72</td><td colspan="2">ZB－WB－J－2</td></tr>
</table>

7）吸水率测试

试验目的：通过吸水率的测定评估各种材料的防水性能。评估指标以吸水率不超过 5% 为可接受范围。

试验步骤：

（1）模拟试块经过保护材料处理后，在温度为 23 ±2℃，相对湿度为 40 ±5% 的环境内放置 24h，称取试验前初始质量 M_1（精确到 10mg）。

（2）在干燥器中加入纯净水，调节水温为 23 ±2℃，并在浸泡试块过程中保持该温度。将试块放入其中，要求每个试块完全浸泡在水中，液面与试块顶部距离不少于 50mm，试块之间间隔不少于 10mm，持续浸泡 24h。

（3）在浸泡 24h 后，将试块取出，用滤纸吸干，在温度为 23 ±2℃，相对湿度为 40 ±5% 的环境内放置 12h，称取浸泡后质量 M_2（精确到 10mg）。计算吸水率 C，$C = (M_1 - M_2) / M_1 \times 100\%$。

表 7－44　各种材料的吸水率测定结果

测试对象	初始质量 M_1（g）	浸泡后质量 M_2（g）	吸水率 C（%）
空白试样	62.49	63.56	1.71
1% ZB－SE－1	64.28	65.37	1.69
1.5% ZB－SE－1	54.89	55.78	1.62
2% ZB－SE－1	51.38	52.19	1.58
5% ZB－SE－1	64.26	65.24	1.53
10% ZB－SE－1	58.82	59.68	1.46
1% ZB－SE－3A	58.34	59.32	1.68
1.5% ZB－SE－3A	56.08	57.00	1.64
2% ZB－SE－3A	59.28	60.24	1.62
5% ZB－SE－3A	58.10	58.99	1.53
10% ZB－SE－3A	63.05	63.95	1.43
mix 加固	58.28	59.20	1.58
fix 封护	54.74	55.59	1.55
1% ZB－WB－S	57.82	58.75	1.61
2% ZB－WB－S	61.17	62.13	1.57
5% ZB－WB－S－1	53.31	54.09	1.48
10% ZB－WB－S－2	58.26	59.08	1.41
1% B72	54.47	55.34	1.60
2% B72	63.43	64.41	1.55
5% B72	59.41	60.28	1.46
10% B72	59.90	60.73	1.39
10% ZB－WB－J	54.42	55.25	1.53
15% ZB－WB－J－1	57.13	57.97	1.47
20% ZB－WB－J－2	62.28	63.15	1.40

从表7-44测定结果可以看出，与空白样品相比，在使用各种材料加固后，吸水率有不同程度的下降，同种材料浓度越高，吸水率降低越多。几种材料相比，金箔加固材料吸水率下降数值最多，但仍然保持了一定的吸水性。

8）老化试验

（1）户外暴露试验

将处理试块放置于室外，进行自然老化，评价材料耐候性及保护长期有效性。

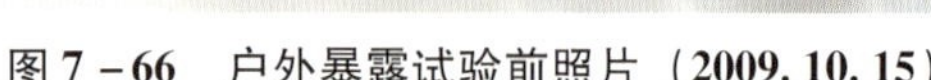

图7-66　户外暴露试验前照片（2009.10.15）

图7-67　户外暴露试验后照片（2010.4.16）

通过图7-66和图7-67对比所得，各个试块的表面视觉、风化变化情况等均无明显变化。每个试块无粉化、开裂、剥落、起泡等现象。

（2）耐湿热老化性能测试

试验目的：通过人工湿热老化试验来评价各种保护材料的耐候性。

耐湿热老化仪器：恒温鼓风烘箱、恒温恒湿水槽（干燥器）

试验条件：在室温（23.5℃±2℃）装有纯净水的干燥器中浸泡各种试块12h，然后在温度为60±2℃的烘箱中放置12h，如此为一个循环，并进行多次循环。检查试样有无粉化、开裂、剥落、起泡等现象，并观察颜色及其光泽度的变化。

试验材料：ZB-SE-1系列、ZB-SE-3A系列、mix加固、fix封护、B72系列、ZB-WB-S系列、ZB-WB-J系列（图7-68、7-69）。

图7-68　湿热老化装置

图 7－69　湿热老化前

图 7－70　湿热老化 60 个循环后

经过 60 个循环的湿热老化，加固后的试块未出现任何变化（图 7－70）。

（3）冻融老化试验

试验目的：通过冻融老化试验来评价各种保护材料的耐候性能。

评价指标：冻融老化试验 20 个循环后，计算质量损失量。检查试样有无粉化、开裂、剥落、起泡等现象，并观察颜色及其光泽度的变化。评价标准以保护材料处理的试块以上各项指标表现达到或优于不处理未风化试块为好。

仪器及设备：低温箱（温度控制在－20±2℃范围内）、恒温鼓风烘箱（温度控制在 50±2℃范围内）、恒温水槽（温度控制在 23±2℃范围内）、称量天平（精确到 10mg）

试验方法：

①模拟试块经过保护材料处理后，在温度为 23±2℃，相对湿度为 40±5% 的环境内放置 24h，称取试验前初始质量（精确到 10mg）。

②将试块浸泡于水温为 23±2℃的恒温水槽中，并在浸泡试块过程中保持该温度。要求每个试块完全浸泡在水中，液面与试块顶部距离不少于 50mm，试块之间间隔不少于 10mm，持续浸泡 16h。

③取出试块，然后放入预先降温至－20±2℃的低温箱中。在该温度下，冷冻 4h。

④从低温箱中取出试块，立即放入 50±2℃的烘箱中，恒温放置 4h。

⑤取出试块，将试块立即放入 23±2℃的恒温水槽中浸泡 16h。

⑥按照以上步骤，冷冻 4h、热烘 4h、水中浸泡 16h，为一循环。反复循环 20 次后取出试块，称取试块试验后质量，计算质量损失量。检查试样有无粉化、开裂、剥落、起泡等现象，并观察颜色及其光泽度的变化（图 7－71～7－73）。

经过 60 个循环的冻融老化，试块未出现任何明显变化。

（4）人工紫外老化试验

紫外线是导致几乎所有暴露于户外的材料发生降解的主要原因。本试验执行 GB/T 9271－2008 色漆和清漆标准试板；GB/T1865－1997 色漆和清漆 人工气候老化和人工辐射暴露（滤过的氙弧辐射）；GB/T1766－2008 色漆和清漆涂层老化性能的评级方法。其中，由于硅丙乳液的附着力不佳，底板采用水泥底板，这样更贴近模拟试块。本试验将硅丙乳液、纤维素类砂岩加固材料和 B72 这三种材料在 QUV 紫外光加速老化试验箱中照射 576 小时。

图 7 –71　冻融老化试验前照片

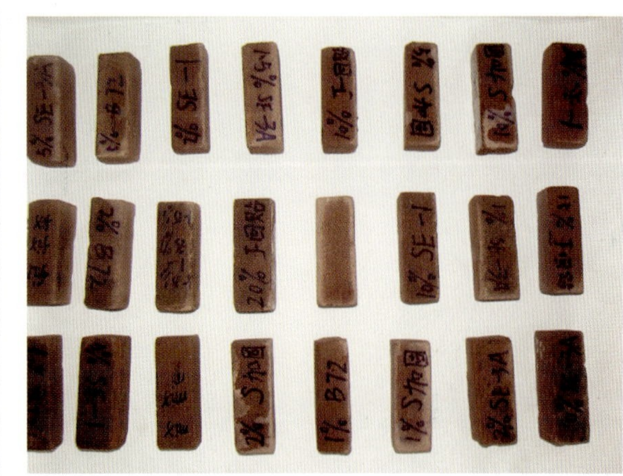

图 7 –72　冻融老化试验中照片

图 7 –73　冻融老化试验后照片

检验结果见图图 7 –74 ~ 7 –76。

图 7 –74　纯丙乳液 QUV 紫外光加速老化试验图

其中，中间是空白样板，左右两边的样板进行 576 小时的试验。

图 7－75　纤维素类砂岩加固材料 QUV 紫外光加速老化试验图

图 7－76　B72 的 QUV 紫外光加速老化试验图

纯丙乳液在 4～8 周期 192h 很轻微变色，16～24 周期 576h 明显变色，无粉化、锈蚀现象。纤维素类砂岩保护材料在 2 周期 48h 很轻微出现黑斑，4～8 周期 192h 轻微出现黑斑，9～12 周期 288h 明显出现黑斑，16～24 周期 576h 满板出现密集黑斑；无粉化、锈蚀现象。B72 在 2～24 周期 576h 漆膜未出现变色现象；2～4 周期 96h 失光率 21%～30% 达一级，6～24 周期 576h 失光率 50% 达二级；4 周期 96h 出现 1 个正常视力下的锈点达 1（S1）级，6 周期 144h 出现 10% 锈点达 2（S2）级；未出现粉化、脱落、裂纹等现象。纤维素类砂岩保护材料出现黑斑是由于材料里面存在酯与水发生水解反应的结果导致，主成分膜保存完好，综合比较，醋酸纤维素为主成分的加固材料也具有很好的抗老化性能。

9）扫描电镜分析

采用 JSM－6610LU 扫描电子显微镜放大一千倍对空白试块和表面封护材料处理的试块进行观察。

扫描电镜分析见图 7－77～7－80。

用 JSM－6610LU 型扫描电镜对材料处理前后的试样进行观察。比较上图可知材料处理后的试块，原先大量的孔隙被部分填充了，还保留了少量的孔隙，但孔径变小了。照片中可观察到的表面开口孔隙的直径降低降。还可以明显地看出，经封护处理后在试样上形成了一层断断续续的树脂膜，使空白试样表面一些即将脱落的小颗粒重新黏结在一起，提高了试样表面抗风化能力。但由于它的不连续还保留了原先空白试样的孔洞，保证了试样能够使水蒸气得以“呼吸”，有一定的透气性。

图 7－77　空白试样

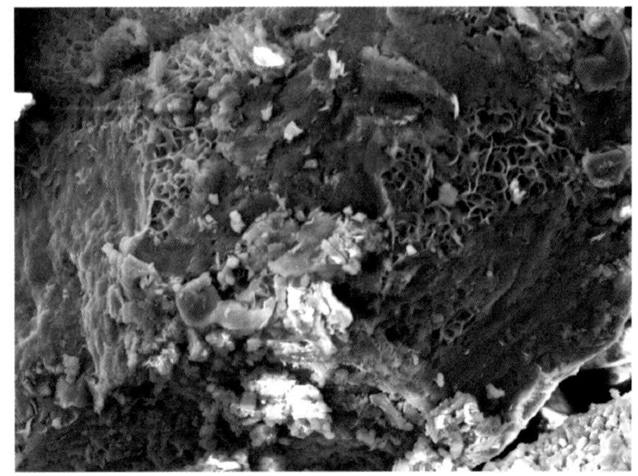

图 7－78　纯丙乳液处理后的试样

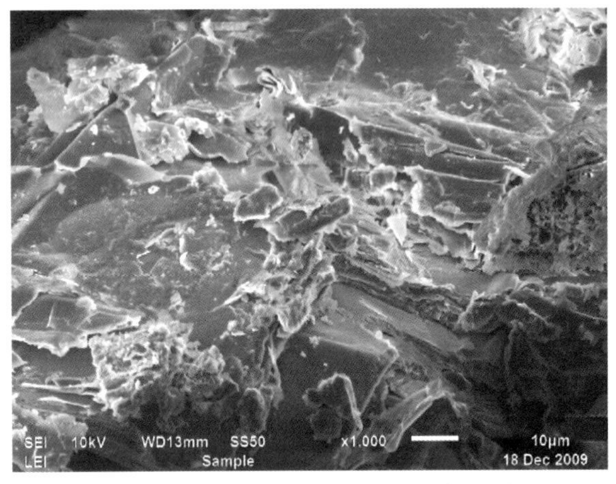

图 7－79　纤维素类砂岩保护材料处理后的试样

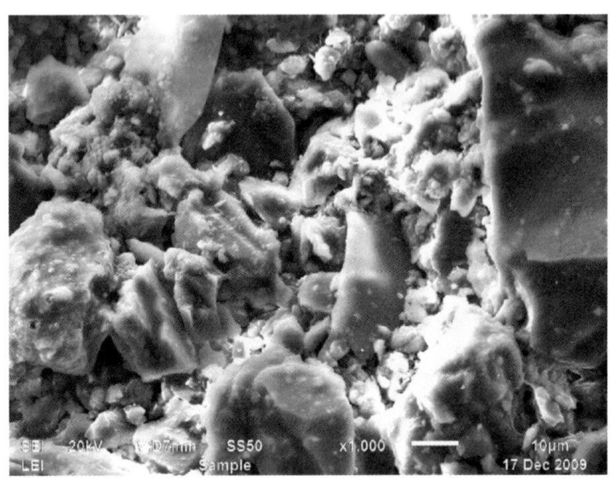

图 7－80　B72 处理后的试样

7.1.11.5　材料室内评价结论

1）检测这几种材料的各种性质，从透气性、黏度、渗透性和表面张力等物性指标来看，丙烯酸乳液、B72 和纤维素材料各种物性指标接近；而 B72 是一种常用的文物保护材料，已经被用于包括石质和许多文物的保护工作中，因此，从物性指标来看，本次研制的纤维素材料完全可以达到 B72 材料的保护效果。

2）纤维素材料和 B72 的附着力均优于有机硅丙烯酸乳液和其他两种材料，丙烯酸乳液、B72 以及纤维素材料都具有很好的耐老化性能；结合第一阶段的现场试验，纤维素材料在高湿度条件下，还具有干燥速度快、操作方便等有点，且加固后的文物本体经受了一年多的老化考验，未出现任何变化。因此，可以认为此次研制的纤维素材料是大足石刻千手观音岩体加固和金箔回帖的理想材料。

3）几种材料老化试验结果显示，各种加固材料加固后的试块均未出现变化，包括试块本身，因此造成大足石刻岩体风化的原因需做进一步研究，并以此环境因素作为评价材料加固效果新的指标。

7.2　彩绘、金箔修复试验

7.2.1　概述

根据国家文物局《文物保函［2008］611 号》文件精神。在国家文物局和重庆市文化局的大力支持下，在大足石刻艺术博物馆的积极协助下，受中国文化遗产研究院委托，由敦煌研究院牵头，中国文化遗产研究院和大足石刻艺术博物馆共同参加。于 2008 年 10 月 16 日 ~11 月 13 日；2009 年 2 月 16 日 ~4 月 10 日，先后两次进行了千手观音修复试验。对多种材料做了试块和本体局部现场试验。并对修复技术进行了摸索，初步完成了岩体及金箔加固材料及修复技术的试验。形成了较完整的保护修复思路。现将试验结果报告如下。

7.2.2　2008 年试块加固试验

7.2.2.1　试块的选择

主要利用从本体脱落的断指做加固试验用。另外为了观察材料的渗透性能，新制作了同千手观音岩质相类似的试块，磨平表面供试验用（选择试块见图 7－81 ~7－83）。

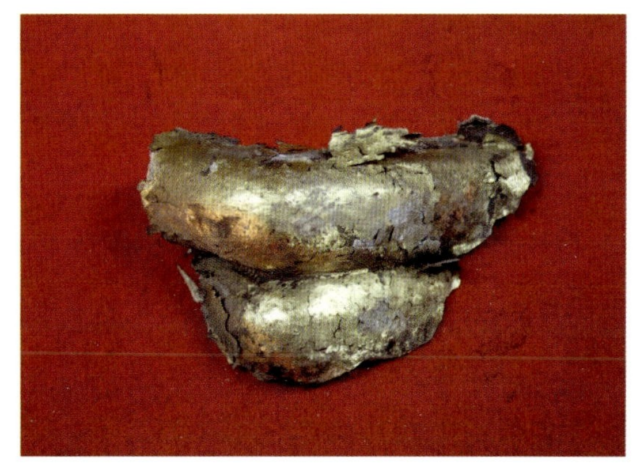

图 7－81　断指试块加固前

图 7－82　断指试块

图 7－83　新制砂岩试块

7.2.2.2　砂岩渗透加固材料

2008 年使用了有机硅-丙烯酸乳液（加有助渗剂）配制 5% 浓度对岩体彩绘进行渗透；丙烯酸乳液（固体含量 38.5%）配制成 10% 浓度加固起甲和增加岩体彩绘表面强度。以上二种材料由兰州知本化工科技有限公司提供。并在敦煌和西藏壁画修复中使用，效果较理想。

7.2.2.3　2008 年试块修复加固试验

1）表面除尘

用直流电式吸尘器将表面灰尘清除；小的部位用洗耳球轻轻吹除；由于常年积累的灰尘较坚硬，对这些部位采用小号手术刀或小号修复刀轻轻刮去，然后用毛刷清理干净。对油泥较重的部位用脱脂棉蘸取表面活性剂材料轻轻擦拭。

2）岩体渗透加固

由于岩体风化严重，首先对岩体进行渗透加固。用 5% 的有机硅-丙烯酸乳液，用注射器将乳液注入岩体使其渗透，对风化严重部位，采用滴渗的方法使其完全渗透，强化表面。经过试验，首先采用 5% 有机硅-丙烯酸乳液多次渗透，再用 10% 的渗透，直至不再渗入为止。最后用 10% 的丙烯酸乳液处理表面，增加岩体表面强度。最后用吹风机吹干（试验见图 7-84、7-85）。

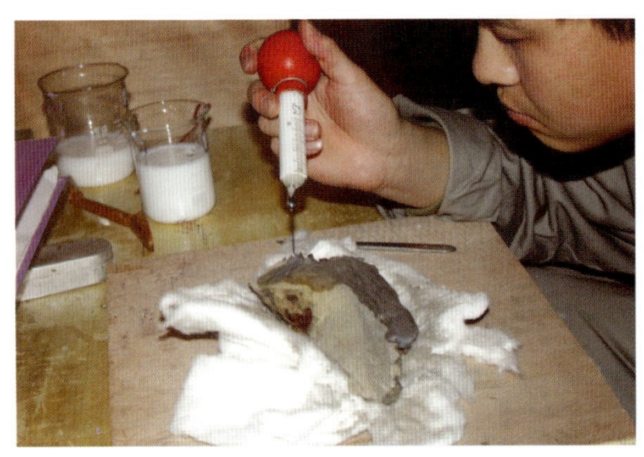
图 7-84　断指试块的渗透加固

图 7-85　渗透加固后加热干燥

3）试块金箔加固回贴材料及修复技术

（1）加固材料

考虑到金箔与岩体材质不相吻合的情况，既要达到黏结加固的目的，又要考虑砂岩的脆弱性，不可使用强黏结剂来进行黏结加固。根据在西藏工作期间的调查，我们选用了当地贴金使用的牛胶作为金箔黏结加固的材料。并在西藏萨迦寺壁画做了贴金试验，效果较好。根据金箔薄厚程度，配制 10% ~20% 的不同浓度。

（2）金箔加固回贴技术

①用软毛刷或洗耳球轻轻将表面尘土去除；

②用小镊子将表面黑状金箔（金箔风化后的残留物）揭去，并将底部金箔灰尘清除；

③先用 5% 硅丙注射加固金箔下部的砂岩，使其坚固。干后用 10% 或 20% 的牛胶（配制时要加

热使其充分溶解，操作时要放置在恒温水浴锅中）用注射器将黏结剂注入金箔与岩体间隙中，注射2～3遍使其充分进入缝隙。对面积较大的部位采用毛笔刷的方法。待黏结剂快干时（20 min）用木制修复刀垫镜头纸将起甲金箔贴回岩体，使用棉球进行拍压。最后使用自制工具将贴回金箔支顶，使其干透。大足千手观音经过多次修复，有的地方有五层之多，为了使修复后的效果接近，可将多层的金箔揭去后回贴到脱落部位；

④最后用5%的牛胶对金箔进行封护处理。

试块修复加固后见图7－86～7－88。

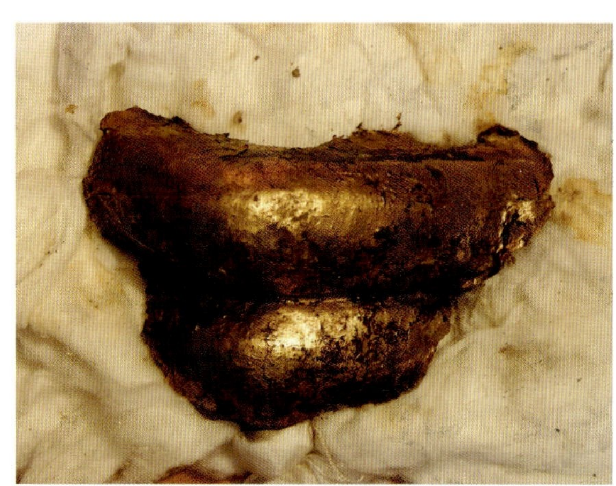

图7－86　脱落手指修复加固后

图7－87　脱落手指修复加固后

图7－88　自制试块修复加固后

7.2.3　2008年本体加固试验

7.2.3.1　本体手的选择

由于千手观音左右两侧金箔和彩绘病害及制作方法不同，在左右两侧和最上部中间各选一只手进行工艺调查（右侧编号6－3－S5；左侧编号5－10－S13；上部中间编号6－5－S11。并有三个彩绘法器）试验部位见图7－89～7－91。

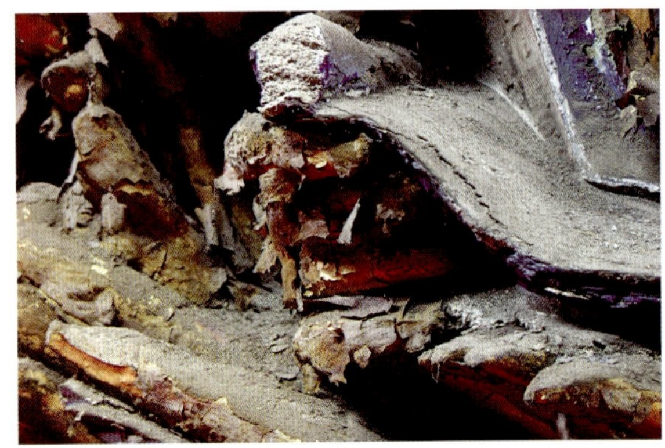

图 7 - 89　6 - 3 - S5 号本体及彩绘法器

图 7 - 90　5 - 10 - S13 号本体及彩绘法器

图 7 - 91　6 - 5 - S11 号本体及彩绘法器

7.2.3.2　砂岩渗透加固材料

采用与试块加固相同的材料。根据本体状况调整浓度。用 5% 的硅 - 丙渗透；10% 丙烯酸封护裸露砂岩。

7.2.3.3　2008 年本体手的修复加固

1）表面除尘

西侧的部位由于较干燥，用洗耳球轻轻吹除；对于较坚硬的尘垢，采用小号手术刀或小号修复刀轻轻刮去，然后用软毛刷清理干净；右侧和上部灰尘积累较重，并由于常年烟熏形成了油泥层。这些部位先用小不锈钢修复刀轻轻刮去油泥层，再用脱脂棉蘸取表面活性剂材料轻轻擦拭，直至去除干净（图 7 - 92）。

2）岩体渗透加固

由于岩体风化严重，首先要对岩体进行渗透加固。配制 5% 的硅 - 丙乳液，用注射器将乳液注入岩体使其渗透，对风化严重部位，采用滴渗的方法使其完全渗透。直至不再渗入为止，

图7-92　6-3-S5号本体及彩绘法器清除灰尘

图7-93　6-3-S5号彩绘法器渗透加固

20min后再用10%的丙烯酸乳液渗透处理表面，增加岩体表面强度。对于彩绘表面可采用多次涂刷5%的硅丙处理。

彩绘颜料层起甲处，先采用注射的方法使其充分渗透，快干时（10 min左右）表面铺垫镜头纸用木制修复刀将起甲部位压回，再用自制棉球拍压使其充分回贴到岩体。最后在彩绘表面涂刷一遍5%的丙烯酸乳液（图7-93）。

由于彩绘地仗中石膏的变化出现了彩绘泡疹病害。对鼓起的泡疹处，先用手术刀将泡疹处的彩绘部分取下，将石膏层去除干净。用相同的石质磨成粉，加入5%丙烯酸乳液调成石浆，填入去除的泡疹部位，抹平。最后将取下的彩绘回贴（用10%的丙烯酸乳液做黏结剂）。

7.2.3.4　金箔加固回贴

1）金箔加固回贴材料

选用牛胶做黏结材料。根据本体实际情况配制10%~20%的浓度。准备恒温水浴锅。

2）金箔加固回贴

（1）用软毛刷或洗耳球轻轻将金箔表面尘土去除，较硬的尘垢采用不锈钢修复刀刮除，再用毛刷清除干净。

（2）用小镊子将表面黑状金箔（金箔风化后的残留物）揭去，并将底部金箔清除灰尘。对起甲金箔的缝隙，用洗耳球将尘土或油烟清除，使黏结剂能更好地和金箔与砂岩结合。

（3）先用5%的硅丙乳液多次注射加固金箔下部的风化砂岩，使其坚固。干后用10%的牛胶加固材料，用注射器将注入到金箔与岩体间隙中，注射2~3遍使其充分进入缝隙。对面积较大的部位采用毛笔刷的方法。待黏结剂快干时（20分钟）用木制修复刀垫镜头纸将起甲金箔贴回岩体，使用特制工具进行拍压，支顶，使其干透。

（4）将揭去的金箔回贴到脱落部位。首先将揭取的金箔用温水将表面及底层的灰尘和粉化金胶油清洗干净，并使金箔表面软化。最后用20%的牛胶涂刷在裸露砂岩上，15分钟后将金箔回贴到裸露部位。

（5）完全干后用5%的牛胶对金箔进行封护处理，以防止金箔表面颗粒脱落（图7-94~7-98）。

图7－94　6－3－S5号表层金箔揭取

图7－95　6－3－S5号金箔加固支顶

图7－96　5－10－S13号本体及彩绘法器加固后

图7－97　6－3－S5号金箔及彩绘加固后

图7－98　6－5－S11号金箔及彩绘加固后

7.2.4　2009年彩绘及金箔加固试验

7.2.4.1　试块的选择

同2008年一样，选了3个脱落试块。一个为砂岩载体，编号试块3；二个为泥载体，编号试块1和试块2。另外还选择了几块风化较重砂岩试块（图7－99～7－102）。

图 7－99　1 号试块修复前

图 7－100　2 号试块修复前

图 7－101　3 号试块修复前

图 7－102　自制试块修复前

7.2.4.2　砂岩渗透加固材料

2009 年根据大足的潮湿环境条件，委托兰州知本化工科技有限公司研制开发了适合大足潮湿环境的 ZB－WB－S－1（浓度 5%）和 ZB－WB－S－2（浓度 10%）风化砂岩加固专用材料。并根据工作现场情况研制了专用的稀释剂。

7.2.4.3　2009 年试块砂岩修复加固试验

1）砂岩表面除尘

用洗耳球或毛刷将表面灰尘清除，由于常年积累的灰尘较坚硬，对这些部位采用小号手术刀或不锈钢修复刀轻轻刮去，然后用软毛刷清理干净。对油泥较重的部位用脱脂棉蘸取表面活性剂材料轻轻擦拭。自制试块将表面尘土吹干净既可。

2）砂岩渗透加固

由于岩体风化严重，首先对岩体进行渗透加固。用注射的方法将 5% 的 ZB－WB－S－1 注入岩体使其渗透，对风化严重部位，采用滴渗的方法使其完全渗透，表面采用 10% ZB－WB－S－1 强化表面。最后经过试验，采用 5% 的 ZB－WB－S－1 多次渗透，直至不再渗入为止。最后用 10% 的 ZB－WB－S－1 处理表面，增加岩体表面强度（图 7－103、7－104）。

图 7 – 103　试块清除灰尘

图 7 – 104　试块渗透加固

7.2.4.4　试块金箔加固回贴材料及修复

1）加固材料

根据大足的环境条件，委托兰州知本化工科技有限公司研制开发了适合大足环境的 ZB – WB – J – 1（浓度 15%）和对较厚金箔用 ZB – WB – J – 2（浓度 20%）金箔回贴加固专用材料。并根据现场实际操作情况研制了金箔回贴加固专用稀释剂。

2）金箔加固回贴试验

（1）用软毛刷或洗耳球轻轻将金箔表面尘土去除，较硬的尘垢采用不锈钢修复刀刮除，再用毛刷清除干净。

（2）用小镊子将表面褐状金箔（金箔风化后的残留物）揭去，并将底部金箔清除灰尘。对起甲金箔的缝隙，用洗耳球将尘土或油烟清除，使黏结剂能更好地和金箔与砂岩结合。

（3）先用 5% 的 ZB – WB – S – 1 多次注射加固金箔下部的风化砂岩，使其坚固。干后用 15% 的 ZB – WB – J – 1 加固材料，用注射器将黏结剂注入金箔与岩体间隙中，注射 2 ~ 3 遍使其充分进入缝隙。对面积较大的部位采用毛笔刷的方法。待黏结剂快干时（5min）用木制修复刀垫镜头纸将起甲金箔贴回岩体，使用特制工具进行拍压，使其干透。

（4）将揭去的金箔回贴到脱落部位。首先将揭取的金箔用专用稀释剂把表面及底层的灰尘和粉化金胶油清洗干净，并使金箔表面软化。最后用 15% 的 ZB – WB – J – 1 涂刷在裸露砂岩上，2 ~ 3 min 后将金箔回贴到裸露部位。

图 7 – 105　试块金箔加固后

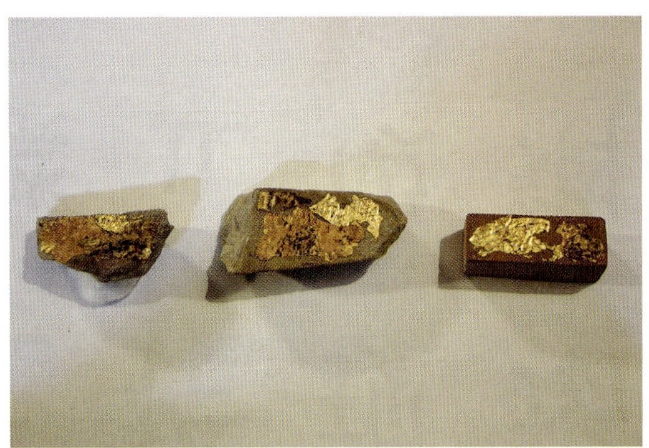

图 7 – 106　自制试块金箔加固后

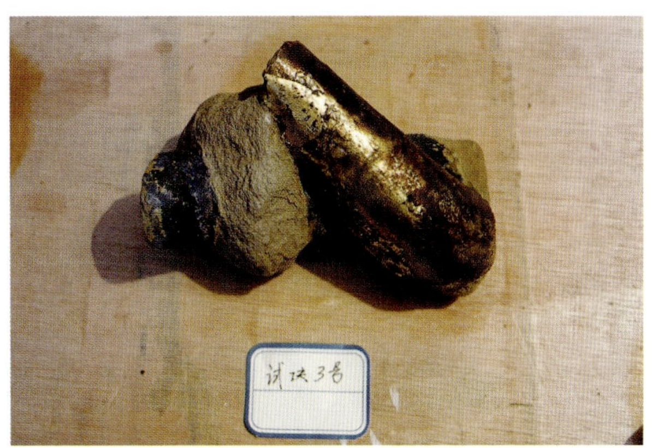

图7－107　3号试块金箔加固后

（5）完全干后用5%的ZB－WB－J－1对金箔进行封护处理，以防止金箔表面颗粒脱落。

试块加固后见图7－105～7－107。

7.2.5　本体修复加固试验

7.2.5.1　2009年本体手的选择

由于千手观音左右两侧金箔和彩绘病害不同，在右侧选六只（编号为6－2－S7；6－2－S9；6－2－S14；6－2－S15；6－3－S9；6－3－S10），左侧选三只（编号为6－10－S6；6－10－S7；6－10－S10）。为了了解整体金箔回贴效果，选了主尊右侧塑像的上半身进行工艺调查试验。选择位置见图7－108～7－117。

图7－108　6－2－S7号本体及彩绘法器

图7－109　6－2－S9号本体

图7－110　6－2－S14号本体及彩绘法器

图7－111　6－2－S15号本体及彩绘法器

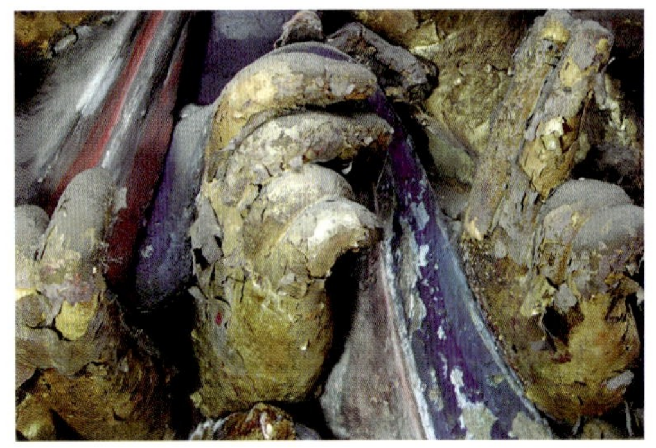

图 7－112　6－3－S9 号本体及彩绘法器

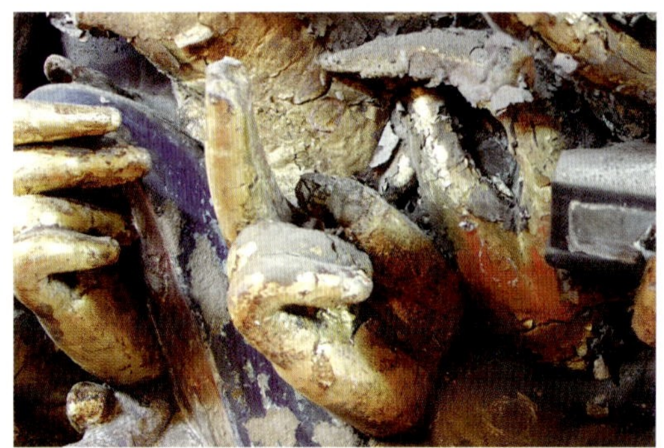

图 7－113　6－3－S10 号本体及彩绘法器

图 7－114　6－10－S6 号本体

图 7－115　6－10－S7 号本体及彩绘

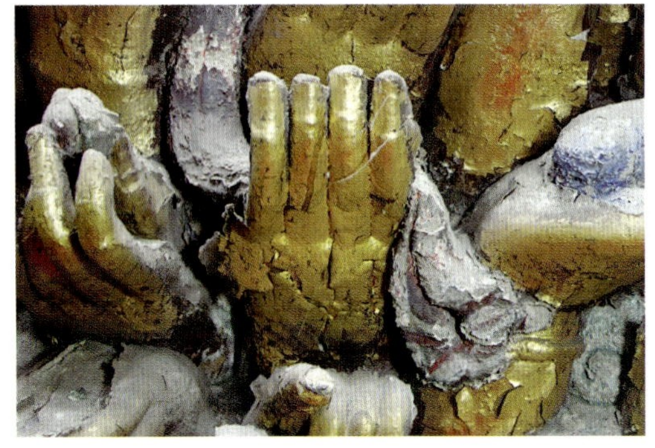

图 7－116　6－10－S10 号本体及彩绘

图 7－117　主尊右侧塑像本体及彩绘

7. 2. 5. 2　2009 年本体修复加固工艺

1）表层粉化金箔揭取

由于表层金箔全部粉化，呈褐色状，无法进行回贴加固，对这些金箔采取揭取，留着补贴岩石裸露部位。用小号手术镊子轻轻将金箔揭下，保留下层较好金箔。原则是只揭取表层粉化金箔，其余金箔保留。揭取金箔装在密封盒内备用（图 7－118）。

2）彩绘除尘

用洗耳球轻轻将表面灰尘吹除；对于较坚硬的尘垢，采用小号手术刀或小号修复刀轻轻刮去，然后用软毛刷清理干净；对灰尘积累较重，并由于常年烟熏形成的油泥层先用小不锈钢修复刀轻轻刮去油泥层，再用脱脂棉蘸取表面活性剂材料轻轻擦拭，直至去除干净（图7-119）。

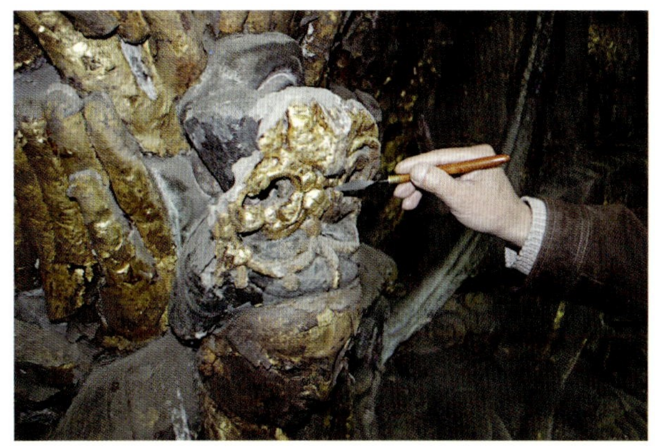

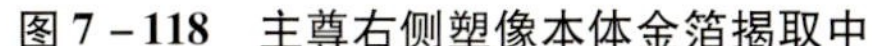

图7-118 主尊右侧塑像本体金箔揭取中

图7-119 主尊右侧塑像本体彩绘除尘中

3）岩体渗透加固

由于岩体风化严重，首先要对岩体进行渗透加固。选用5%的ZB-WB-S-1砂岩加固专用材料，用注射器注入岩体使其渗透，对风化严重部位，采用滴渗的方法使其完全渗透。直至不再渗入为止，裸露岩体采用毛笔涂刷的方法。10分钟后再用10%的ZB-WB-S-2处理表面，增加岩体表面强度。彩绘表面起甲处采用注射的方法处理，完全渗透后，用木制修复刀将其压回，用棉球拍压。最后在彩绘表面涂刷一遍5%的ZB-WB-S-1岩体加固材料，防止彩绘表面风化。

由于彩绘地仗中石膏的变化出现了泡疹病害。对鼓起的泡疹处，先用手术刀将泡疹处的彩绘部分取下，将石膏层去除干净。用相同的石质磨成粉，加入5%ZB-WB-S-1岩体加固材料调成石浆，填入去除的泡疹部位，抹平。最后将取下的彩绘采用10%的ZB-WB-S-2做黏结剂回贴（图7-120）。

图7-120 主尊右侧塑像本体彩绘修补中

7.2.5.3 金箔加固回贴

1）金箔加固回贴材料

根据本体实际情况。选用15%ZB-WB-J-1和20%ZB-WB-J-2为黏结材料。根据不同情况用专用稀释剂配制。

2）金箔加固回贴试验

(1) 用小镊子将表面褐状金箔（金箔风化后的残留物）揭去，并清除底部金箔灰尘。对多层金箔将每层分开，用毛刷或油画刀将每层间尘土或油烟清除干净，以使黏结剂能更好地和金箔与砂岩结合（图 7－121）。

(2) 多层金箔预处理：多层金箔由于缝隙中留有杂质和灰尘，必须将杂质和灰尘清除干净。方法是揭取每层金箔，将表面及底层灰尘清除，用 5% 的 ZB－WB－S－1 涂刷表面及底层，防止金箔表面颗粒脱落并使其底层软化（图 7－122）。

(3) 先用 5% 的 ZB－WB－S－1 砂岩加固专用材料多次注射加固金箔下部的风化砂岩，使其坚固。5 分钟后用用注射器将 10% 的 ZB－WB－S－2 加固材料，注入到金箔与岩体间隙中，注射 2～3 遍使其充分进入缝隙。对面积较大的部位采用毛笔涂刷的方法。待岩体加固材料干后，采用 15% ZB－WB－J－1 的金箔加固材料注射到岩体与金箔的缝隙中，2min 后用木制修复刀垫镜头纸将起甲金箔贴回岩体，使用木制修复刀或棉球进行拍压，使其完全干透。

(4) 金箔已脱落部位的处理：将最先揭取的金箔用 5% 的岩体加固材料将表面及底层的灰尘和粉化金胶油清洗干净，并使金箔表面软化。再用 15% 的 ZB－WB－J－1 涂刷在裸露砂岩上，5min 后将金箔回贴到裸露部位，用棉球压平（图 7－123）。

(5) 完全干后配制 5% 的 ZB－WB－J－1 对金箔进行封护处理，以防止金箔表面颗粒脱落（图 7－124）。

图 7－121　主尊右侧塑像本体金箔分层揭取

图 7－122　主尊右侧塑像本体多层金箔预处理

图 7－123　主尊右侧塑像本体金箔回贴

图 7－124　主尊右侧塑像修复后

7.2.6 小结

经过 2008 ~ 2009 年二次工艺调查试验，摸索了针对贴金文物的修复技术。从对千手观音修复技术的无知到逐步掌握了贴金文物修复技术。初步形成如下体会：

1）修复材料的筛选至关重要。必须在了解当地的环境条件下选择适合文物加固的材料。相对来说 2009 年筛选的加固材料较之 2008 年所使用的材料较为理想。

2）前期的大量工作为工艺调查提供了坚实的科学依据。病害现状的调查图为工艺调查试验提供了准确的病害种类及部位。才得以较顺利的完成本次工艺调查。

3）调查过程中的修复图必不可少。可为今后再次修复提供准确的修复记录数据。

4）根据具体修复对象，设计了不同的修复加固及支顶工具。工作中基本达到得心应手。

5）最初工作时不了解修复对象的特性，回贴金箔时出现部分金箔起皱现象。经过多次试验，对多层金箔揭取清除杂质及灰尘后，基本消除了起皱现象。

6）回贴金箔不宜大片，这样容易造成鼓泡。最适宜的面积应在 2 cm^2 左右。

7）对修复后的彩绘及手指如何补缺，还没摸索出适应文物保护修复的思路。

7.2.7 今后修复工艺调查设想

通过更进一步的试验，培养一批专门修复人员，特别是当地的修复技术人才。工作中实现管理科学化、操作规范化、技术标准化。

第 8 章　修复原则和技术路线

8.1　千手观音造像价值分析

为了使大足石刻千手观音造像的修复和保护干预更加科学、合理，使这一宝贵的世界遗产能够妥善地传承给后人，修复工作者们在考虑用何种方式对其实施干预前，需要能够充分地认识到千手观音石刻造像所包涵的意义和价值层面。只有尽可能全面地了解干预对象的价值构成，才有可能准确、科学地拟定修复计划，包括修复干预的具体位置、方式和干预程度等。

作为世界遗产大足石刻的重要组成部分，千手观音石刻造像同样具有重要的历史价值、艺术价值、宗教研究价值、传统工艺的科学研究价值，以及信众眼中的宗教价值。

8.1.1　历史价值

大足石刻造像始建于初唐永徽元年（650 年），历经唐末、五代，盛极于两宋，余绪延至明、清，是中国北方石窟于 9 世纪走向衰落之际，在中国南方崛起的又一座大型石窟群，它将中国石窟艺术史向后又续写了近 400 年。而千手观音，作为大足石刻中十分独特、具有代表性的造像，开凿于南宋淳熙至淳祐（1174 ~ 1252 年）年间，由于主体为石质雕凿而成，表面又装饰有金箔、彩绘封护，才得以历经年岁，保留至今。作为宋代雕凿且保留至今的文物古迹，千手观音造像的历史年代价值是毋庸置疑的。

千手观音造像自雕凿至今 800 多年的时间中，先后经历 4 次有记载的修缮，中国历史也经历了自南宋、元、明、清、民国至今的改变。

根据初始调研查找历史文献及碑刻记载，在历史上曾经历了刘畋人碑记以后，明、清、民国的千手观音维修贴金题记：

1）题记名称："善功部"碑，大明隆庆四年（1570 年）

内容："……伏念棕等忝为空门什子怩无报谢，佛恩施财妆千手观音金像一堂先同本……"

立碑（主持）人：悟朝；

2）题记名称："遥播千古"碑，大清乾隆十三年（1748 年）

内容："……南无千手大士法像一堂以及两旁罗汉又并前炉一座于己巳岁重妆……"

立碑（主持）人：僧净明；

3）题记名称：装修大佛湾、圣寿寺像记，大清乾隆四十五年（1780 年）

内容："……施银钱装修宝鼎名山大慈悲千手目观音大士金身一尊……"

立碑（主持）人：张龙□；

4）题记名称：装彩千手观音……像记，大清光绪十五年（1889 年）

内容："……目睹千手千眼观音大士月容减色修发虔心捐金重装满座金身……"

立碑（主持）人：戴光升。

千手观音造像不仅见证了历史更迭，这些时光也在千手观音造像上留下了痕迹。对于现代文物保护工作者和绝大多数的文物研究者、爱好者来说，时间留在千手观音造像上的历史痕迹（岁月价值）与建造之初的完好面貌具有同样的价值，或更有过之。对这些珍贵的历史痕迹和材料的保护，是此次修复工作的一个重点。

8. 1. 2　艺术价值

大足石刻以佛教、道教、儒教三教共存和其丰富的内容而异于前期石窟，并以其独树一帜的民族化、世俗化、生活化特色反映了 9 ~ 12 世纪中国民间宗教信仰和石窟艺术风格的重大发展规律和变化。作为中国传统文化与外来佛教文化完美结合的典范，大足石刻是中国晚期石窟艺术的杰出代表作。

千手观音造像虽在中国佛教造像中普遍存在，但如大足石刻宝顶山千手观音造像般造型生动、丰富、完满，又是崖壁开凿的立体石刻千手观音造像却是世所罕见的。这尊造像也是我国最大的集雕刻、贴金、彩绘于一体的摩崖石刻千手观音造像，是世界文化遗产大足石刻的精华龛窟和重要组成部分。7. 7m 高、12. 5m 宽的千手观音为佛教密宗形象，头戴八佛宝冠，额生慧眼，盘腿坐于莲台之上。千手观音每只手掌的掌心都绘有一只眼睛，830 只手层层叠叠地向观音主尊的左、右和上方伸展开，宛若孔雀开屏般的优雅姿态填满了 $88m^2$ 的龛壁。依据佛教经典对千手观音的描述，主尊和手臂全部贴金，千眼、法器和背景以彩绘表现，整个造像充斥了大悲阁正壁，显示出佛法无边、庄重威严之感。

千手观音石刻造像作为古代民间宗教艺术精品，她所呈现壮观、华美的艺术效果使令人不禁唏嘘感叹。千手观音高度的艺术价值早已得到所有专家学家和来访者的肯定和赞赏。

8. 1. 3　科学研究价值

首先，千手观音手持的众多法器一方面彰显了观音拯救众生一切苦难的佛教职能；另一方面，由于常见千手观音造像多表现三十二只手或四十八只手和背光象征性地表现"千手"，手持法器也多表现日、月、宝剑、如意珠、宝瓶、莲花、宝镜等等常见法器，而大足石刻千手观音则对 830 只手和众多法器给予了具体、丰富和具有创造力的呈现，这对宋代的观音信仰研究、对四川地区的密宗教义研究提供了宝贵的图像资料。

其次，千手观音石刻造像的创作，也展现了宋代民间对传统大漆贴金工艺的进一步升华。为了在修复工作中尊重原有工艺，使修复部分与保存部分结合的稳定性尽可能提高，项目组在前期调研阶段对整个川渝地区的古代石刻造像和传统制作工艺进行了大规模调研；寻找当地传统手工艺传人，就工艺流程、材料配比等具体细节进行了深入的交流和学习。因此，千手观音修复项目的开展，也促进了传统大漆贴金工艺的研究和传承，并且对川渝地区其他造像的修复开展提供了较为成熟的大漆贴金工艺和宝贵的工作经验。

8. 1. 4　宗教功能价值

千手观音蕴含价值除上述三个方面之外，还包括另一个根本性的价值，即作为崇拜对象的宗教功能价值。

观音信仰早在魏晋时期便传入我国，但是千手观音崇拜的盛行则与隋唐时期印度密教传入中土有关。观音信仰之所以会在中国历史中长久兴盛，除了她自身的宗教功能对信众的吸引外，她所具备的形象、品质和宗教精神等与中国传统儒家、道家宣扬的平等、仁爱思想和价值观念也十分契合。因此，观音信仰才能在中原文化中迅速地适应、改善，与地方文化、信仰相结合，成为民间信仰中的重要崇拜对象。大足石刻千手观音石刻造像的出现，正是由这样的文化历史背景环境所决定的。

有古语云“上朝峨嵋，下朝宝顶”，在现代佛教信仰中，大足石刻仍然是信众祈求、崇拜的主要对象。每年农历二月十九、六月十九、九月十九观音菩萨的三个生日期间，会有成千上万的信男善女前往大足宝顶山向千手观音焚香祈祷。

千手观音的宗教功能作为宗教类文物的特殊功能性质，是雕造千手观音的最初目的，也应是现代修复工作不可忽略的一个重要方面。《中国文物古迹保护准则》总则中也明确提及“保护的目的是真实、全面地保存并延续其历史信息及全部价值”，而保存文物对象的全面价值，若不考虑千手观音的宗教功能，就无法全面地认识她的价值构成，就有可能将活态的文化遗产狭隘地认识为丢失原有功能价值的遗迹，在修复的过程中也无法科学合理地就遗产的整体价值予以保护。

综上所述，我们认识到大足石刻千手观音造像作为宝贵的世界遗产，她具备“历史”、“艺术”、“科学”、“宗教”等各方面的重要价值。在具体的修复方案制定和具体的干预实践中，修复工程工作人员也将就这几个价值方面进行综合考虑、合理取舍，以符合现代修复理论原则的精神内涵和操作要求。

8.2　修复原则的讨论

根据《中国文物古迹保护准则》、《中华人民共和国文物保护法》和《威尼斯宪章》的相关阐述，大足石刻千手观音造像抢救性保护修复工程在保证干预对象的安全稳定性的同时，以“真实性”、“最小干预”、“可辨识性”、“可逆性”等为根本原则指导修复工作。而由于修复工作的特殊性和复杂性特点，每一项修复项目都是具有唯一性、独特性的实践，因此修复工作在以相关原则为根本操作原则的同时，也要根据具体干预对象的保存状态和价值构成来制定具体的修复保护方案。

首先，根据上文所介绍千手观音的保存现状和病害情况可以明确的是：“大足石刻千手观音造像抢救性保护修复工程”的首要任务是保证千手观音石刻造像的材料稳定性。《中国文物古迹保护准则》阐述宗旨是“对文物古迹实行有效的保护”。现代著名修复理论家切萨莱·布兰迪在其著作《修复理论》(Teoria del Restauro) 中也强调材料具有优先性。布兰迪认为艺术作品的图像要依赖材料作为物质媒介才得以向个体显现，才有可能向未来传递，因此保证艺术作品物质层面的存在是至关重要的。同样，“大足石刻千手观音造像抢救性保护修复工程”的首要任务是保证千手观音的物质存在，并通过修复保护工程使其能够更加健康、稳定地传承给后人。因此，修复方案的选择，在不违反修复原则的前提下，以修复效果的稳定性为重要考虑标准之一。

其次，“保护的目的是真实、全面地保存并延续其历史信息及全部价值”[①]。如前文所述，千手

① 引自《中国文物古迹保护准则》第一章总则第2条。

观音石刻造像作为南宋雕造、传承至今的古代艺术精品，她具有重要的历史价值。为尊重千手观音作为文物古迹的双重历史价值，修复工作务必要尽可能多地保存文物的历史痕迹，包括其形态、表面贴金、彩绘、保存环境等。因此，尽可能多地保存原材料等历史信息是修复的另一重要目标。

本次修复工程的一个重要干预手段即不稳定金箔的揭取、清洗和回贴操作。采取这一操作是考虑到虽然千手观音表面金箔保存状况差、病害情况复杂，但仍有部分金箔稳定性较强，可以保留或再利用；并且在金箔清洗过程中发现局部有叠加多层金箔的情况，这些都是宝贵的历史资料。综合以上情况，在保证材料稳定性的根本性要求下，在尊重、保护千手观音历史价值的目标下，以“真实性”等原则为指导，修复工作对表面金箔层采取了揭取不稳定金箔、回贴可利用旧金箔的干预方式，以实现对历史信息和材料最大程度的保留。旧金箔揭取和回贴的做法是本次修复项目的一个重要突破性操作，这对于“真实性”、“可识别性”、“最小干预”等原则如何在石质贴金类文物的修复实践中运用和体现等问题来说，是十分重要的研究和贡献。

再次，作为宗教类文物，千手观音造像的修复保护要求相对其他文物具有一定特殊性。考虑到千手观音造像的宗教功能和信众信仰需要，以及其艺术价值的要求，修复后的整体统一性和艺术效果也是需要给予关注的修复效果，只能尽可能地满足千手观音各个方面的价值要求，才能尽可能完整、真实地将千手观音保护好，传承好。

“真实性”原则是现代修复理论中的根本性原则，而这一原则如何在具体修复操作中予以实践的问题却一直存在不同阐释。根据国际、国内相关法律和指导性文件的阐述，千手观音造像修复工程将“真实性”总结为：千手观音本体保存历史信息的真实性、干预材料采用与本体同种材料的真实性、修复工艺采用传统工艺的真实性和保存空间环境的真实性。

而在“可识别性”原则的体现效果方面，最突出的体现是千手观音造像表面贴金层的修复和彩绘层的修复效果。这将是千手观音造像的本体修复试验阶段的重要试验内容，目的在于在保证造像修复安全性的基础上加强修复操作部分的区别性，以真实、直观的修复效果为标准来探讨合理方案。

8.3　技术路线的制定

在对千手观音造像的价值进行分析、认识，并充分讨论保护修复原则在此次工程的对应体现的基础上，大足石刻千手观音造像保护修复工程的工作技术路线拟定如下：

1）千手观音造像保护修复工程的实施依据的根本保护原则包括：“真实性”原则、“整体性”原则等，将实践与理论相结合；

2）修复试验、实践与千手观音造像的本体、环境等具体情况相结合，密切跟踪、关注本体试验效果，研究与实践相结合；

3）修复材料以传统材料和传统工艺为首选，具体使用方法根据现实情况进行调整；

4）利用三维激光扫描、近景摄影详细留取资料，通过三 D 打印及虚拟修复技术等为修复实践提供科技支撑；

5）红外热成像、回弹仪岩体硬度检测、电导率脱盐效果检测等无损科学检测手段指导、检查修复工程质量；

6）执行严格的大型保护工程监督机制，邀请国内外专家、学者定期参与指导与评估等。

第 9 章 结语

由于千手观音造像是世界文化遗产地大足石刻的重要单体文物，而其自身的独特性更使其成为国内外专业领域的重要研究对象，在宗教文化方面也具有较大的影响力；而同时千手观音造像本体保存环境特殊、病害严重、历史工艺复杂，目前国内外尚未有可供借鉴、参考的案例和技术经验。这样一尊文物造像该如何认识、如何保护是对我国文物保护专业领域就文物的认识程度、高度和保护实践能力的一次考验，但同时也是一次机会。对千手观音造像的历史工艺、病害的考察、研究，对现代文物保护原则在保护修复具体工作中实践的认识、思考，对现代科学技术、材料在保护工作中的科学运用，既是对我国文物保护实践问题的反思，也是我国文物保护领域极具探索性、突破性的积极尝试。

千手观音造像抢救性保护前期研究工作在国家文物局的指导、支持下，充分采纳各领域专家的咨询、建议，各合作单位积极配合，秉持了“思”与“行”相辅相成的工作态度和研究方法。前期研究项目在尊重现代文物保护原则、尊重传统工艺的基础上，加大了科学技术、材料在保护修复工作中的参与程度，目的在于尽可能真实地保护我国珍贵物质文化遗产千手观音造像的历史、艺术、文化价值，为后期工程的开展提供有效的指导与支持。

附　录

附录1　千手观音造像石质、金箔和彩绘病害术语与图示表

附表1－1　千手观音造像石质、金箔和彩绘病害术语与图示表

材质类型	病害类别	病害名称	病害图示	病害描述	示例图片
石质	结构病害	残缺		指局部缺失与残损	
		断裂		指贯穿性或有明显位移的断开与错位的现象	
	表面完整性变化	粉化剥落		指石质的酥粉剥落现象	
		片状剥落		指石质片状、板块状剥落的现象	
	表面形态变化	尘土		指灰尘在石质表面形成沉积	

续表

材质类型	病害类别	病害名称	病害图示	病害描述	示例图片
石质	表面形态变化	空鼓		指石质表层鼓起、分离形成空腔，但并未完全剥落的现象	
	生物病害	生物病害		指苔藓、地衣与藻类菌群、霉菌等微生物菌群在石质表面及其裂隙中繁衍生长	
	人为干预	涂覆		指石质表面被石灰、颜料等材料所涂刷、遮盖	
金箔	表面完整性变化	脱落		指金箔层与地仗层翘起脱落，露出基岩	
		地仗脱落		指金箔的地仗层脱离支撑体而掉落	
		点状脱落		指金箔呈点状脱落的现象，露出金胶油层	
		分层开裂卷曲		指金箔裂开进而产生的卷翘现象	

材质类型	病害类别	病害名称	病害图示	病害描述	示例图片
金箔	表面完整性变化	崩裂		地仗层膨胀造成金箔层开裂	
	表面形态变化	起翘		指金箔连同地仗层与基岩分离翘起	
		空鼓		指金箔局部脱离支撑体，但脱离部分的周边仍与支撑体连接的现象	
		尘土		指灰尘在金箔表面形成沉积	
	表面颜色变化	烟熏		指金箔被烟火或香火熏污的痕迹	
	生物病害	生物病害		指苔藓、地衣与藻类菌群、霉菌等微生物菌群在石质表面及其裂隙中繁衍生长	
	人为干预	涂覆		指金箔表面被其他材料（如石灰、颜料等）所涂刷、遮盖	

续表

材质类型	病害类别	病害名称	病害图示	病害描述	示例图片
彩绘	表面完整性变化	脱落	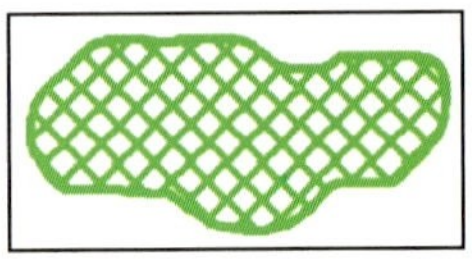	指颜料层脱离支撑体的现象	
		地仗脱落	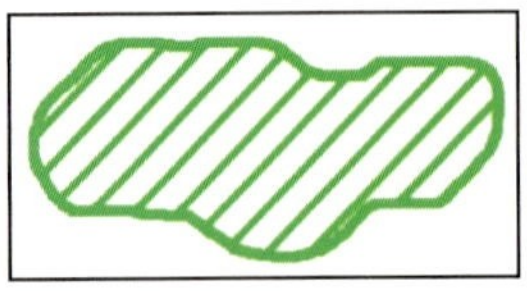	指彩绘的地仗层脱离支撑体而掉落	
		点状脱落	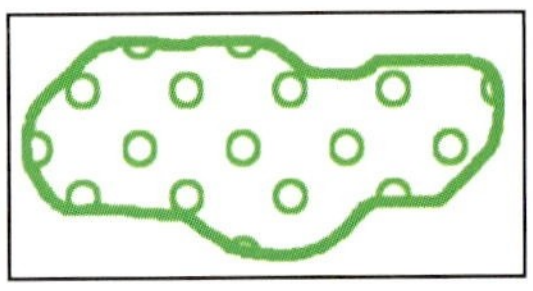	指彩绘呈点状脱落的现象	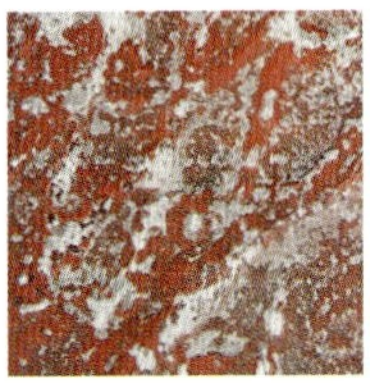
		粉化	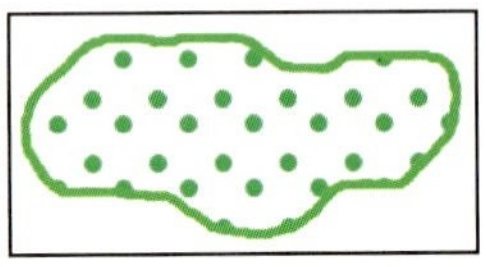	指颜料层由于胶结力丧失，呈粉末状脱落的现象	
	表面形态变化	鼓泡	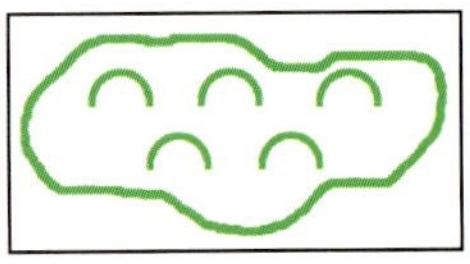	指彩绘呈气泡状鼓起（直径不大于5mm）	
		起甲	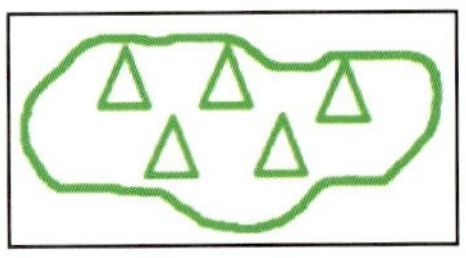	指颜料层或底色层发生龟裂，进而卷翘	

续表

材质类型	病害类别	病害名称	病害图示	病害描述	示例图片
彩绘	表面形态变化	泡状起甲	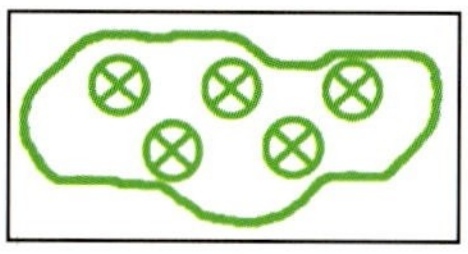	指颜料层或底色层由于鼓起而产生破裂和卷曲起翘	
		水渍	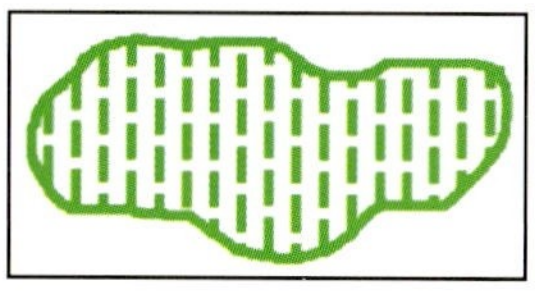	指水在彩绘表面留下的痕迹	
		龟裂	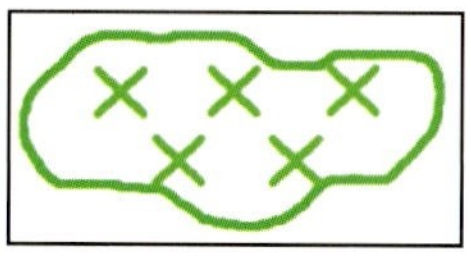	指彩绘表面微小的网状开裂现象	
		空鼓	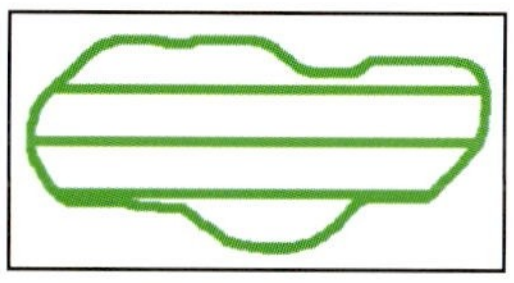	指彩绘局部脱离支撑体，但脱离部分的周边仍与支撑体连接的现象	
		尘土	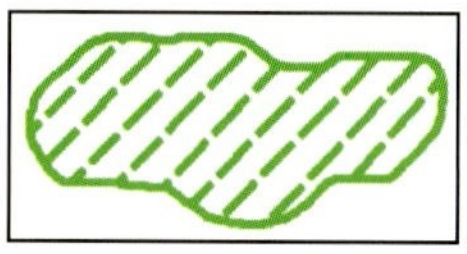	指灰尘在彩绘表面形成沉积	
	生物病害	生物病害	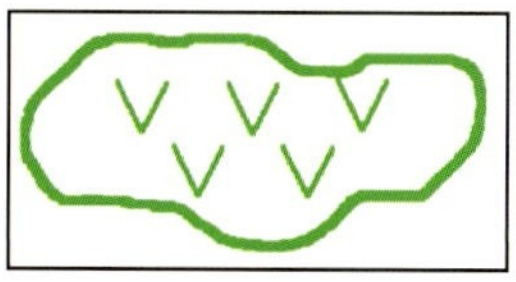	指微生物的滋生对彩绘表面产生的伤害。包括“霉害”、“霉变”等	

续表

	人为干预	涂覆		指彩绘表面被其他材料（如石灰、颜料等）所涂刷、遮盖	
		烟熏		指彩绘被烟火或香火熏污的痕迹	

注：①以上是大足石刻千手观音常见病害及图示，在现场工作中如遇其他特殊病害，可根据实际情况酌情增删。

②图示绘制时是彩色，石质部分用蓝色，金箔部分用红色，彩绘部分用绿色。

附录2 病害记录标准表格

重庆大足千手观音区域、手、法器、造像病害填表说明

1）空缺部分请填写病害面积（单位：cm^2）、长度（单位：cm）、条数（单位：条）；

2）手指缺失以数量计数，可用分数表示一根手指损失的程度；

3）断裂部分请填写条数（单位：条）和长度（单位：cm）；

4）所填写的方位请与造像方位统一；

5）填写区域病害表时，无需统计该区域中手、法器和造像的数据；

6）请将手、法器数据填写在《手及法器病害调查表》中，将造像数据填写在《造像病害调查表》中；

7）总体描述中应包括：新病害或新情况（如泥胎、铜箔等）的补充说明（如有则填）、损害程度评估、取样点等。

损害程度按照严重、中等、轻微、良好划分，填写时请分别用4、3、2、1表示。

8）如果总体描述内容很多，可写在该页背面。

附表 2－1　区域病变统计表

说明：区域内的手和造像数据无需在此表中统计

区域编号：

对象	结构病变		表面完整性变化				表面形态变化							表面颜色变化	人为干预	生物病害
本体	残缺	断裂	粉化剥落		片状剥落				空鼓	渗水			尘土		涂覆	
金箔			脱落		点状脱落	地仗脱落（金）	分层开裂卷曲		空鼓	起翘	崩裂		尘土	烟熏	涂覆	
彩绘			脱落	粉化	点状脱落	地仗脱落（彩）	鼓泡	龟裂	空鼓	起甲	泡状起甲	水渍	尘土	烟熏	涂覆	

填表人：　　　　　　　　　　日期：

附表 2－2　重庆大足石刻千手观音手及法器病变调查表

手编号：　　　　　补拍照片(　)张　　　　　方位:左　右　上　下　　　　　处理后的图片号：

对象	结构病变		表面完整性变化				表面形态变化							表面颜色变化	人为干预	生物病害
手本体	残缺	断裂	粉化剥落		片状剥落				空鼓	渗水			尘土		涂覆	
手金箔			脱落		点状脱落	地仗脱落（金）	分层开裂卷曲		空鼓	起翘	崩裂		尘土	烟熏	涂覆	
法器本体	残缺	断裂	粉化剥落		片状剥落				空鼓	渗水			尘土		涂覆	生物病害
法器彩绘			脱落	粉化	点状脱落	地仗脱落（彩）	鼓泡	龟裂	空鼓	起甲	泡状起甲	水渍	尘土	烟熏	涂覆	
总体描述																
正视照片																

填表人：　　　　　　　　　　　　日期：

附表 2－3　区域记录表

区域编号：　　　　　填表人：　　　　　日期：

1）	病害程度： 简要说明： 区域正视总体照片：	
2）	取样点　　　（　）处 采样原因： 取样点照片：	采样点位置：
3）	新增病害　　　（　）处 简单说明： 新增病害照片：	新增病害位置：
4）	其他（新增材料、工艺等补充说明）： 局部照片：	

附录3　天然漆漆膜耐霉菌测定[①]

许多建筑不论室内外都离不开漆，漆能否耐霉菌对环境及人们的生活都有直接影响。天然漆是一种“油中水球”型乳液。主要含漆酚、漆酶、树胶质和水分。常温下借助于漆酶的作用氧化聚合成膜。要求在温湿环境（一般以20～30℃和80%～90%相对湿度）为最适宜。天然漆漆膜坚硬、富有光泽、耐水耐潮、耐化学介质和土壤腐蚀。但漆膜色深、性脆、不耐日光照射、不耐碱。好的漆膜对大自然中广泛存在的霉菌都有一定的抑制或杀灭作用。测定漆膜能否耐霉菌具有十分重要的意义[②]。本试验参考了国家标准关于《漆膜耐霉菌性测定法》（GB1741－2007）以及《漆膜一般制备法》（GB 1727－92），并结合本试验所需要达到的检测目标进行适当调整。以期尽可能合理模拟天然漆应用环境的温度、湿度和微生物条件，用以测定8种天然漆漆膜耐霉菌性能，从而为实际生产提供保障。

1　材料

1.1　仪器设备

玻璃试管：直径15mm，长150mm；玻璃培养皿：90mm；喷雾器；试管架；酒精灯；培养箱；生物安全柜；高压灭菌锅；Eppendorf离心机；天平；接种铲；接种环；蓝盖瓶；Western电转用厚滤纸（美国伯乐）；磨砂载玻片；1.5ml Eppendorf管；微量移液器；移液器；10ml移液管；微量移液器Tip头；250ml锥形瓶；50ml低速离心管。

1.2　试剂

NH_4Cl、KH phthalate、Glucose、Sucrose、K_2HPO_4、$MgCl_2\cdot 6H_2O$、$MgSO_4\cdot 7H_2O$、$CaCl_2\cdot 2H_2O$、KCl、Na_2SO_4、$NaNO_3$、H_3BO_3、$MnSO_4$、$ZnSO_4\cdot 2H_2O$、$FeCl_3\cdot 2H_2O$、$FeSO_4\cdot 7H_2O$、$MoO_4\cdot 2H_2O$、KI、$CuSO_4\cdot 5H_2O$、Nicotinic acid、inositol、Biotin、pantothenic acid、agar、Polysorbate（Tween）80、75%（V/V）ehanol、95%（V/V）ethanol、ddH_2O。

1.3　培养基及无菌水的制备

1.3.1　马铃薯琼脂培养基的制备

供活化绿色木霉（Trichoderma viride）、黄曲霉（Aspergillus flavus）、米曲霉（Aspergillus oryzae）、红曲霉（Monascus purpureus）菌种和交替培养霉菌用。新鲜马铃薯洗净去皮，切薄片，放入烧杯，每200 *g* 马铃薯加入1*L*去离子水，加热，保证在80℃下加热60*min*，在此加热过程中充分搅拌。

将马铃薯溶液用纱布滤去杂质后稀释到1000ml，即为20%的马铃薯浸汁。在1000ml的马铃薯浸汁内加Glucose20g、Agar 15～20g，高压锅灭菌后倒入灭菌干燥玻璃平皿内制成马铃薯琼脂培养基。

---

① 本试验报告由北京大学生命科学学院生物化学与分子生物学专业的刘博超硕士研究生完成。

② 李树正、张素华、刘丽华《多霉净对丙烯酸系乳胶漆涂料的防霉作用》，《微生物学通报》1987年第14期。

1.3.2 EMM 培养基的制备

1.3.2.1 EMM 培养基的配制

KH phthalate	3g
Na_2HPO_4	2.2g
NH_4Cl	5g
Glucose	20g
Salts stock（50×）	20ml
Mineral stock（10000×）	0.1ml
Vitamins stock（1000×）	1ml
Agar	15g
加水定容至1L，115℃8min高压蒸汽灭菌，室温保存。	

1.3.2.2 Salt Stock（50×）的配制

$MgCl_2 \cdot 6H_2O$	53.3g
$CaCl_2 \cdot 2H_2O$	0.735g
KCl	50g
Na_2SO_4	2g
加水定容至1L，4℃保存。	

1.3.2.3 Minerals Stock（10000×）的配制

H_3BO_3	0.5g
$MnSO_4$	0.4g
$ZnSO_4 \cdot 2H_2O$	0.4g
$FeCl_3 \cdot 2H_2O$	0.2g
$MoO_4 \cdot 2H_2O$	0.16g
KI	0.1g
$CuSO_4 \cdot 5H_2O$	0.04g

1.3.2.4 Vitamins stock（1000×）的配制

Nicotinic acid	1g
inositol	1g
Biotin	1mg
pantothenic acid	100mg
加水定容至100ml，4℃保存。	

1.3.3 Czapek's 琼脂培养基（活化、培养杂色曲霉用）的制备

Sucrose	30g
K_2HPO_4	1.0g
$NaNO_3$	3.0g
KCl	0.5g
$FeSO_4 \cdot 7H_2O$	0.01g
$MgSO_4 \cdot 7H_2O$	0.5g
Agar	15g
加入1000ml蒸馏水充分搅拌混合至完全溶解。调整溶液pH值为6.0，115℃8min高压蒸汽灭菌，室温保存。	

1.3.4 无机盐培养基（供检验样品用）的配制

K_2HPO_4	1.0g
$NaNO_3$	3.0g
KCl	0.25g
$FeSO_4 \cdot 7H_2O$	0.002g
$MgSO_4 \cdot 7H_2O$	0.5g
Agar	15g
加入1000ml蒸馏水充分搅拌混合至完全溶解。调整溶液pH值为6.8~7.0，115℃8min高压蒸汽灭菌，室温保存。	

1.3.5 无菌水的制备

用1000ml蒸馏水加0.05ml分散剂Polysorbate（Tween）80配成无菌水，放在容积1000ml的三角瓶中，塞上棉塞，用纸包住棉塞，放入高压灭菌锅中，高压灭菌后放阴凉清洁处备用。

1.4 菌液的制备

1.4.1 菌种

从中科院微生物所国家菌种保藏中心购买菌种：杂色曲霉（aspergillus ver sicolorvar），用Czapek's琼脂培养基培养；绿色木霉（Trichoderma viride），用马铃薯培养基培养。

我试验室自行保存拟青霉（paeeilomgces variotii），桔青霉（penicillium citrinum）用EMM培养基培养；黄曲霉（Aspergillus flavus）、米曲霉（Aspergillus oryzae）、红曲霉（Monascus purpureus）用马铃薯培养基培养。

通过自然界采集、分离纯化鉴定获得黑根霉（Rhizopus nigricans），用EMM培养基培养（附图3-1）。

1.4.2 接种

在生物安全柜内，打开培养皿，用接种铲从中刮取适量霉菌孢子，将其接种至新鲜培养基平板内，在培养基表面轻轻划线，或用无菌水分散后均匀涂布于平板上。完成接种步骤后，在平板底面标明菌号、接种日期。

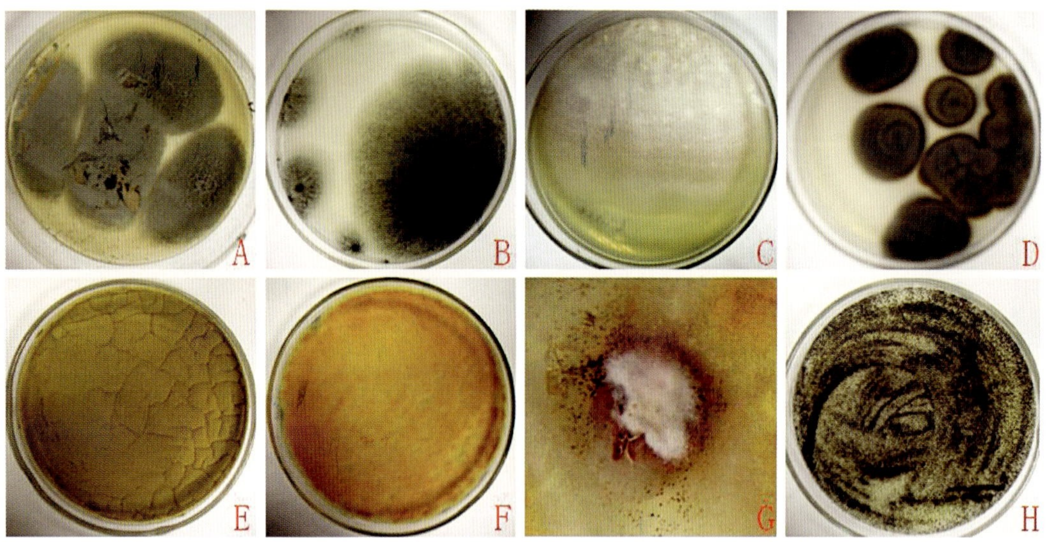

附图3-1 漆膜耐霉菌试验所需霉菌菌落形态

A 桔青霉（penicillium citrinum） B 拟青霉（paeeilomgces variotii） C 杂色曲霉（aspergillus versicolorvar） D 绿色木霉（Trichoderma viride） E 黄曲霉（Aspergillus flavus） F 米曲霉（Aspergillus oryzae） G 红曲霉（Monascus purpureus） H 黑根霉（Rhizopus nigricans）

8种菌种按上述步骤分别活化接种后，集中放入30℃培养箱中培养。7d后观察霉菌生长情况，培养20d。

1.4.3 配制混合霉菌孢子悬浮液

在净化台中，用灭菌过的接种环或Tip头在预先培养好的长出试验菌种孢子的培养皿内刮取适量菌种，将其放入盛有100ml无菌水的锥形瓶中，26℃300rpm震荡15min，充分搅拌使孢子尽量均匀分布在无菌水中。使用离心机低速离心，用移液管吸取澄清的孢子悬浮液20ml，加入另一无菌锥形瓶中。

用相同的方法取得8种不同菌种的孢子悬浮液各20ml后混合在一起，配制混合孢子混悬液。

1.4.4 确定霉菌孢子混悬液的浓度

为确保配制出的霉菌孢子混悬液的浓度能够满足试验要求，以确保漆膜表面能喷涂上足够浓度的霉菌，故需要对配制好的混悬液的浓度进行验证。

准备配制好的无菌水、新鲜的马铃薯琼脂培养基平皿4个。用微量移液器取孢子混悬液原液0.1ml加入到盛有0.9ml无菌水的Eppendorf管内，配制成相当于原液浓度10%的溶液，充分混匀后依次稀释下去，分别配制成相当于原液浓度0.1%，0.01%，0.001%，0.0001%的稀释溶液。将这4种浓度的溶液分别取200μL滴入新鲜的马铃薯培养基平皿，并用无菌涂布器涂布均匀，制成4种浓度的霉菌培养皿。培养箱培养3d，通过生长出的菌落数确定混悬液原液的浓度为1.06×10^{6} cfu/ml。

2 测定方法

参考国家标准关于《漆膜耐霉菌性测定法》（GB1741-2007）以及《漆膜一般制备法》（GB 1727-92）制备漆膜并对其耐霉菌性能进行测定。

2.1 漆膜的制备

考虑到漆料来源以及检测便利性，同时参考《漆膜一般制备法》（GB 1727－92）的相关规定，我们选取 26mm×76mm×1.2mm 单面直边磨砂载玻片作为漆膜载体。取 8 种不同组分的天然漆料作为试验测定对象。

附表 3－1　天然漆漆料代码对应表

序号	编号	漆料
1	D	
2	DH	
3	DHB	
4	DJR1	
5	DY1	
6	DY2	
7	TJBY1	
8	TN	

2.1.1　载体表面处理

将磨砂载玻片浸入铬酸洗液除油后，自来水冲洗 1h，去离子水冲洗数次至表面无杂质残留后，干燥备用。

2.1.2　制备漆膜

将载玻片放入超净工作台内。8 种天然漆漆料分别均匀涂抹在载玻片有磨砂面光滑部分，约占载玻片下方 2/3 面积。每种漆料涂 6 块载玻片，依次编号。待漆膜干燥固定后，进行局部法菌液喷涂试验，如附图 3－2 所示。

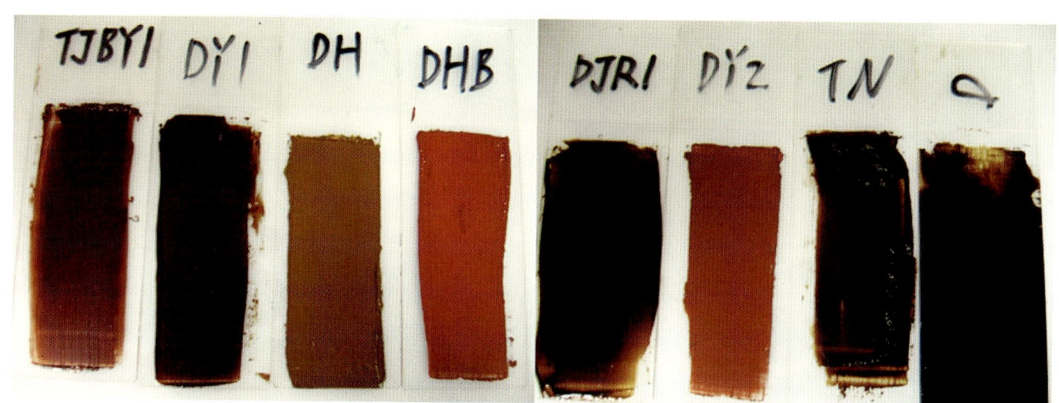

附图 3－2　漆膜的制备

2.1.3　设定阴性、阳性对照材料

取 Western 电转用厚滤纸（美国伯乐，约 1mm 厚）裁剪为 26mm×76mm 与载玻片相同大小样品，共 6 片，高压灭菌后备用。

2.1.4　漆膜 – 培养基贴附

在生物安全柜中，准备出制备好的新鲜无机盐培养基平皿 54 个，用无菌镊子分别将 48 片载玻片无漆膜一面贴向培养基表面，并适当用力使之贴附牢固；用无菌镊子分别将 6 片无菌厚滤纸贴向培养基表面，并适当用力使之贴附牢固。贴附如附图 3 – 3 所示。

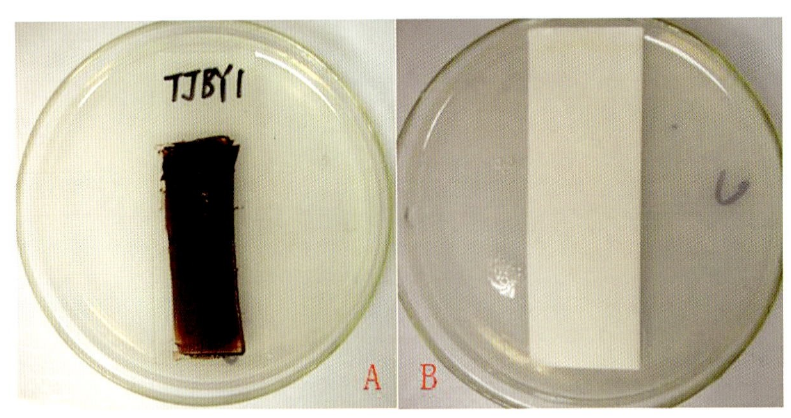

附图 3 – 3　漆膜 – 培养基贴附

A 漆膜 – 培养基贴附　B 厚滤纸 – 培养基贴附

2.2　阳性样品及阳性对照

取出制备好的贴附好 8 种漆膜的新鲜无机盐培养基平皿各 3 个，贴附有厚滤纸的新鲜无机盐培养基平皿 3 个，共计 27 个，在生物安全柜中，打开平皿的上盖。将配制好的 8 种霉菌孢子的混悬液倒入喷雾瓶中，将混合菌液均匀喷涂在漆膜表面，盖好上盖，待膜表面静置 5min 后，用封口膜封口。放入培养箱中，在 30℃，75% ~85% 相对湿度下培养。

2.3　阴性样品及阴性对照

取出制备好的贴附好 8 种漆膜的新鲜无机盐培养基平皿各 3 个，贴附有厚滤纸的新鲜无机盐培养基平皿 3 个，共计 27 个，在生物安全柜中，打开平皿的上盖。将无菌的无机盐液体培养基倒入喷雾瓶中，将无菌的无机盐液体培养基均匀喷涂在漆膜表面，盖好上盖，待膜表面静置 5min 后，用封口膜封口。放入培养箱中，在 30℃，75% ~85% 相对湿度下培养。

3　试验结果

3.1　3d 试验观察

在 3d 后检查所有试验培养基平皿，发现培养基表面生霉正常。

3.2　7d 试验观察

在 7d 后总检查，试验结果见附图 3 – 4，其中阳性样品培养基表面肉眼可见菌落或菌苔、漆膜表面无菌落；阳性对照样品培养基表面肉眼可见菌落、滤纸表面肉眼可见菌落；阴性对照培养基及漆膜表面均未见菌落（偶见培养基少量菌落污染）；阴性对照滤纸表面无菌落。

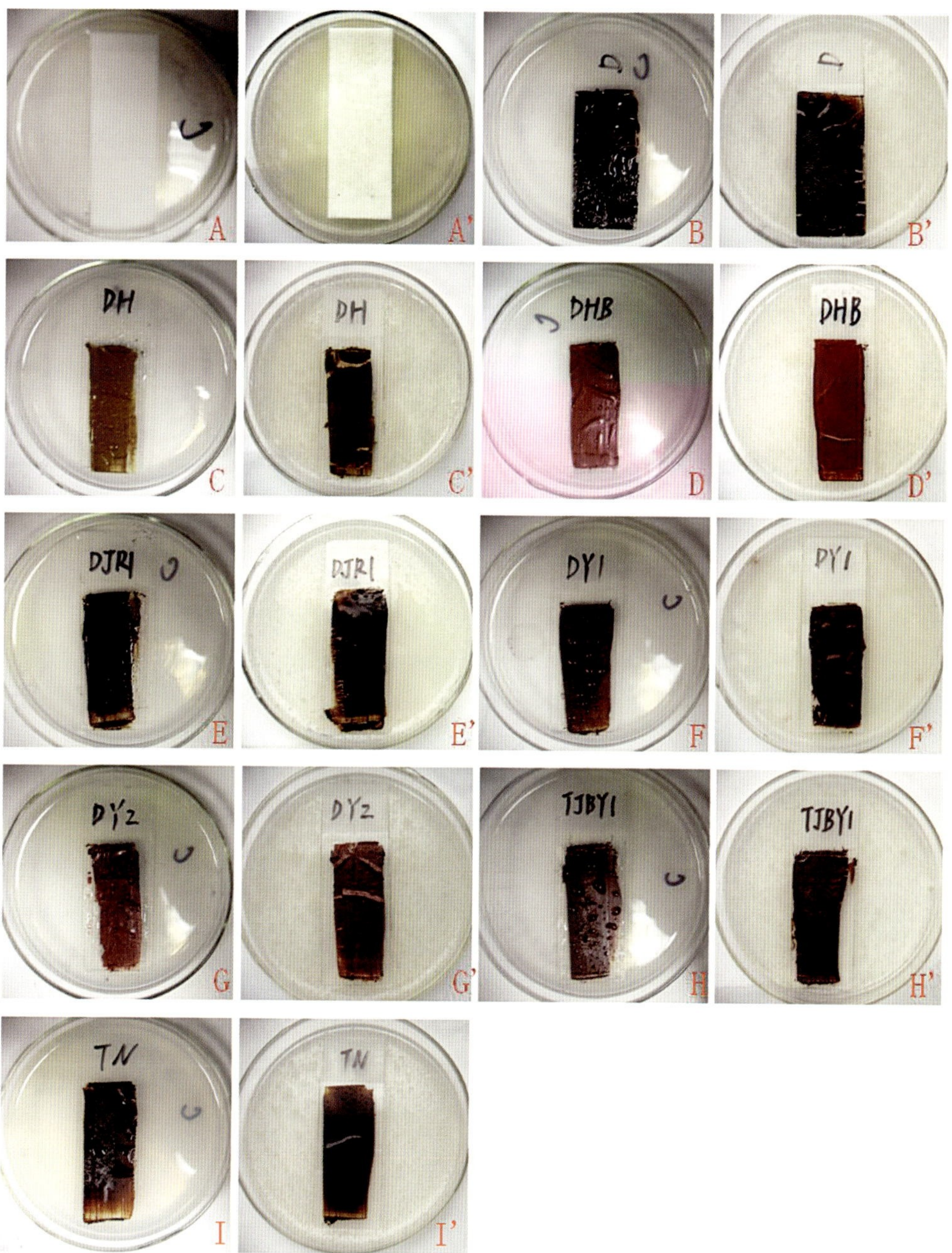

附图 3－4　漆膜 7d 耐霉菌结果

A 滤纸阴性对照　A' 滤纸阳性对照　B 漆膜 D 阴性对照　B' 漆膜 D 阳性对照　C 漆膜 DH 阴性对照　C' 漆膜 DH 阳性对照　D 漆膜 DHB 阴性对照　D' 漆膜 DHB 阳性对照　E 漆膜 DJR1 阴性对照　E' 漆膜 DJR1 阳性对照　F 漆膜 DY1 阴性对照　F' 漆膜 DY1 阳性对照　G 漆膜 DY2 阴性对照　G' 漆膜 DY2 阳性对照　H 漆膜 TJBY1 阴性对照　H' 漆膜 TJBY1 阳性对照　I 漆膜 TN 阴性对照　I' 漆膜 TN 阳性对照

3.3　霉菌孢子液效价测定

3d 时计数，7d 时菌落成像如附图 3－5 所示。

将这 4 种浓度的溶液分别取 200μL 滴入新鲜的马铃薯培养基平皿，并用无菌涂布器涂布均匀，

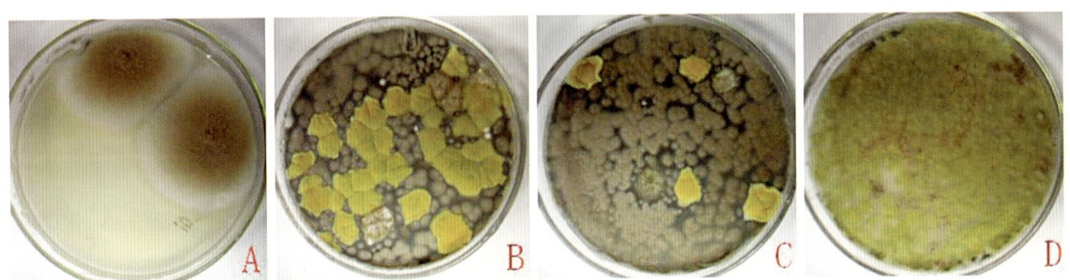

附图 3－5　7d 时霉菌孢子液效价测定

A 0.0001%　B 0.001%　C 0.01%　D 1%（稀释倍率）

制成 4 种浓度的霉菌培养皿。培养箱培养 3d，通过生长出的菌落数确定混悬液原液的浓度为 1.06 $\times 10^6$ cfu/ml。

3.4　28d 试验观察

根据国家标准关于《漆膜耐霉菌性测定法》（GB1741－2007）规定，在 28d 后总检查，进行菌落计数，霉菌面积估计及耐霉菌性能评价。

试验结果见附图 3－6，其中阳性样品培养基表面肉眼黄褐色菌苔、漆膜表面无菌落；阳性对照样品培养基表面肉眼可见菌落、滤纸表面肉眼可见菌落；阴性对照培养基及漆膜表面均未见菌落；阴性对照滤纸表面无菌落。

3.5　耐霉菌性能评价

3.5.1　结果量化测量

本试验中测定的 8 种漆膜的耐霉菌程度，根据培养基 28d 检查的结果，参照 GB 1741－79 的标准评定等级，如附表 3－2 所示。直接从正面或侧面观察培养基表面霉菌、菌体、菌丝生长状况。如附图 3－7 所示，漆膜菌落数稀少，一些漆膜表面存在营养盐培养液干燥后留下无机盐、糖等成分的印迹。

附表 3－2　漆膜耐霉菌评价标准（GB 1741－79）

级别	标准
0 级	在放大约 50 倍下无明显长霉
1 级	肉眼看不到或很难看到长霉，但在放大镜下可明显见到长霉
2 级	肉眼明显看到长霉，在样品表面的覆盖面积为 10%～30%
3 级	肉眼明显看到长霉，在样品表面的覆盖面积为 30%～60%
4 级	肉眼明显看到长霉，在样品表面的覆盖面积大于 60%

考虑到本试验采用了较小的漆膜载体，覆盖面积的估计采用比照法，即以阳性对照滤纸表面菌落数视为覆盖面积 100%，各样品菌落数与阳性对照对比，则可以估计出菌落覆盖面积，同时结合肉眼直接观察评价，进行耐霉菌评价。

考虑到漆膜只覆盖了载玻片约 2/3 的面积，而厚滤纸与载玻片相同大小，因此在采用比照法估计覆盖面积时，应当引入 2/3 的校正因子。菌落计数机覆盖面积估计附表 3－3 所示。

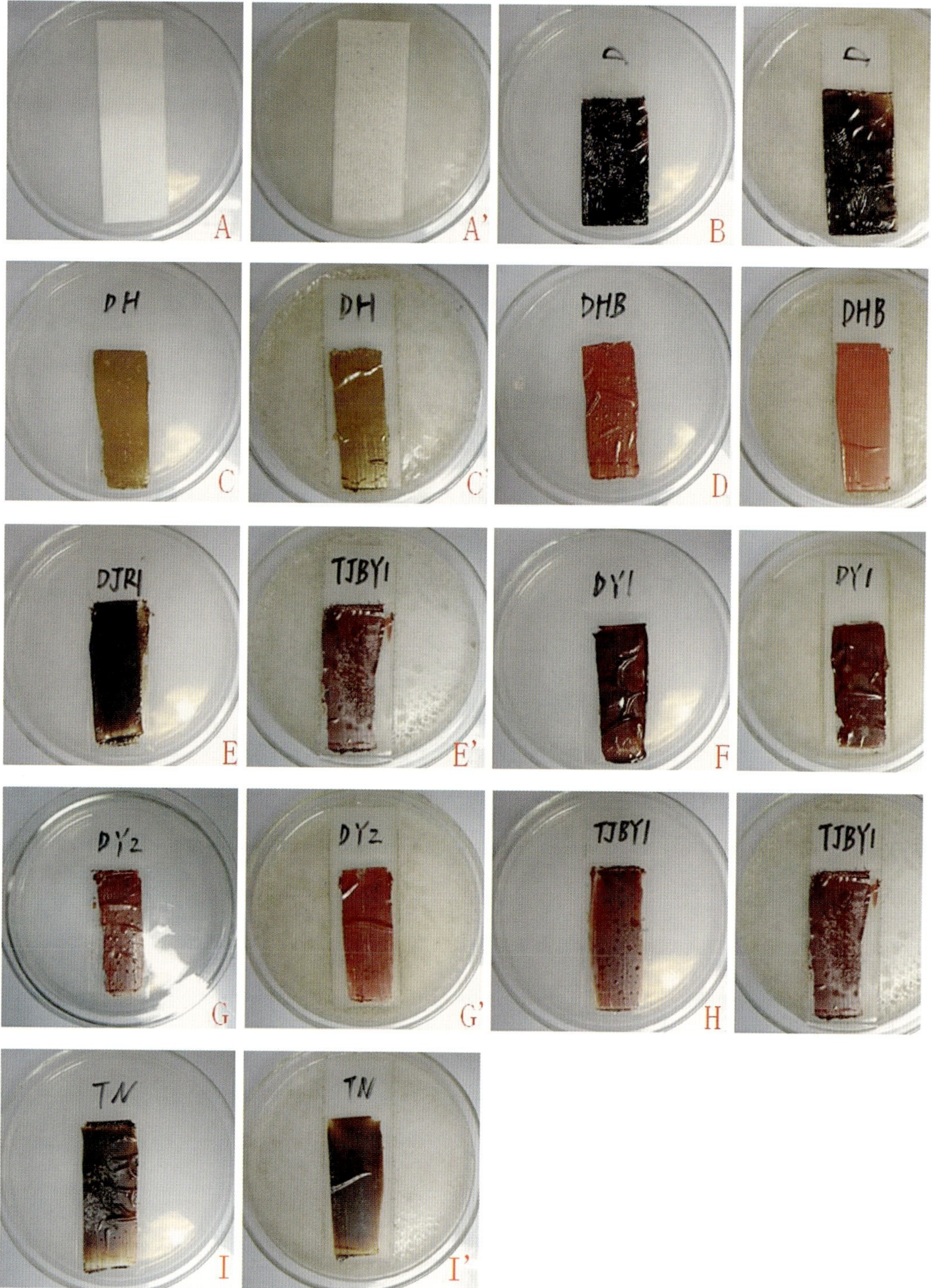

附图 3－6　漆膜 28d 耐霉菌结果

A 滤纸阴性对照　A' 滤纸阳性对照　B 漆膜 D 阴性对照　B' 漆膜 D 阳性对照　C 漆膜 DH 阴性对照　C' 漆膜 DH 阳性对照　D 漆膜 DHB 阴性对照　D' 漆膜 DHB 阳性对照　E 漆膜 DJR1 阴性对照　E' 漆膜 DJR1 阳性对照　F 漆膜 DY1 阴性对照　F' 漆膜 DY1 阳性对照　G 漆膜 DY2 阴性对照　G' 漆膜 DY2 阳性对照　H 漆膜 TJBY1 阴性对照　H' 漆膜 TJBY1 阳性对照　I 漆膜 TN 阴性对照　I' 漆膜 TN 阳性对照

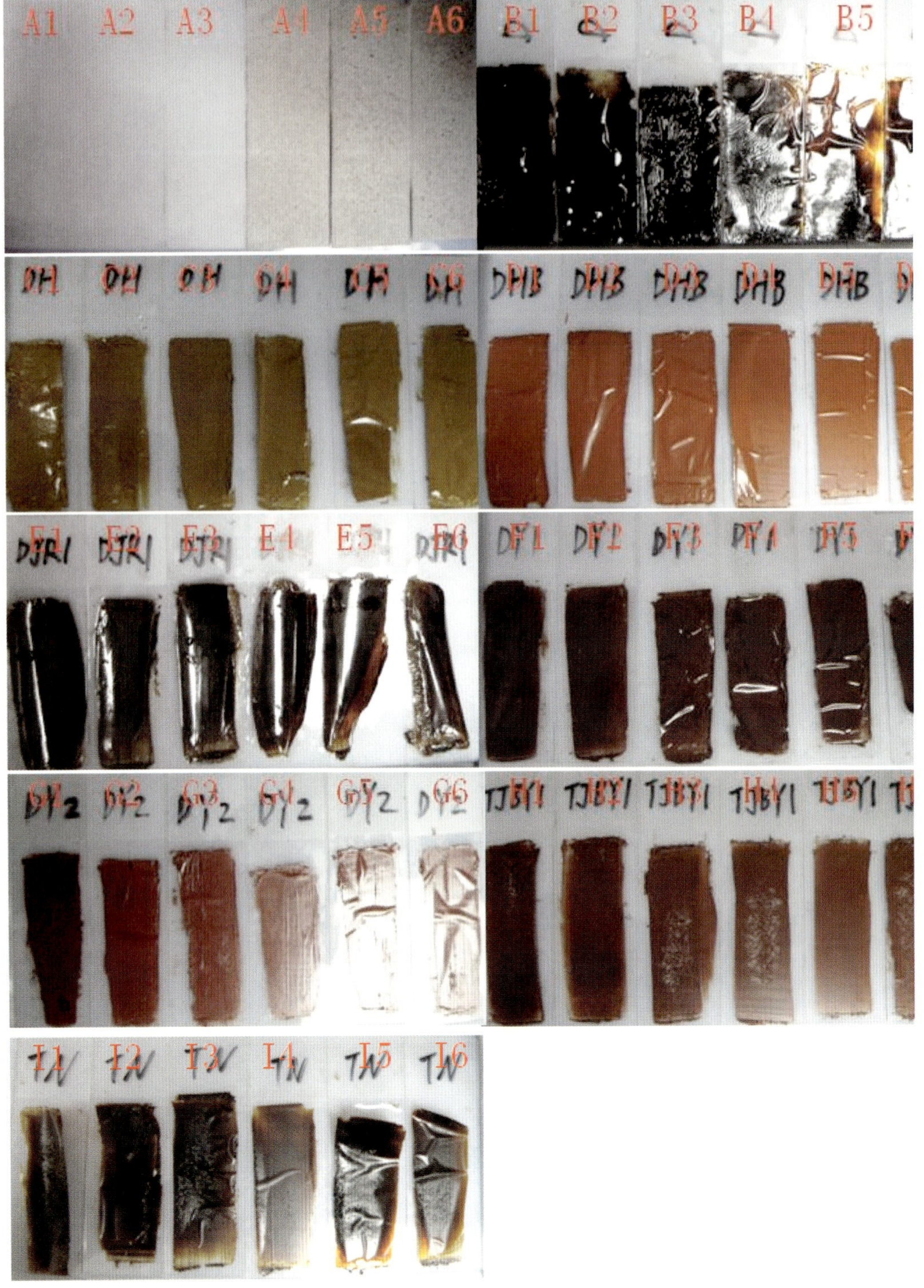

附图 3－7　漆膜 28d 耐霉菌总结果

A1－3 滤纸阴性对照　A4－6 滤纸阳性对照　B1－3 漆膜 D 阴性对照　B4－6 漆膜 D 阳性对照　C1－3 漆膜 DH 阴性对照　C4－6 漆膜 DH 阳性对照　D1－3 漆膜 DHB 阴性对照　D4－6 漆膜 DHB 阳性对照　E1－3 漆膜 DJR1 阴性对照　E4－6 漆膜 DJR1 阳性对照　F1－3 漆膜 DY1 阴性对照　F4－6 漆膜 DY1 阳性对照　G1－3 漆膜 DY2 阴性对照　G4－6 漆膜 DY2 阳性对照　H1－3 漆膜 TJBY1 阴性对照　H4－6 漆膜 TJBY1 阳性对照　I1－3 漆膜 TN 阴性对照　I4－6 漆膜 TN 阳性对照

附表 3－3　漆膜菌落计数及覆盖面积估计表

序号	编号	阴性样品			阴性	阳性样品			阳性	覆盖面积估计	
		1	2	3	平均	1	2	3	平均	初始值	校正值①
1	滤纸	0	1	0	0. 33	477	543	502	507. 33	100%②	—
2	D	0	1	1	0. 67	13	13	17	14. 33	2. 83%	4. 24%
3	DH	0	1	0	0. 33	31	5	19	18. 33	3. 61%	5. 42%
4	DHB	0	0	0	0. 00	12	22	6	13. 33	2. 63%	3. 94%
5	DJR1	0	0	0	0. 00	14	28	6	16. 00	3. 15%	4. 73%
6	DY1	0	0	0	0. 00	22	4	7	11. 00	2. 17%	3. 25%
7	DY2	1	0	0	0. 33	18	4	3	8. 33	1. 64%	2. 46%
8	TJBY1	1	0	0	0. 33	5	25	4	11. 33	2. 23%	3. 35%
9	TN	0	0	0	0. 00	9	11	28	16. 00	3. 15%	4. 73%

注：① 2－9 样品覆盖面积除去 2/3 的校正因子。

②以阳性对照滤纸表面菌落数视为覆盖面积 100%，实际覆盖率应低于 100%，实际为保守估计，具有低估漆膜耐霉菌性能的可能。

3.4.2　耐霉菌性能评级

根据附表 3 校正后平均菌落数计算标准差，如附图 3－8 所示，根据图认定，8 种漆膜耐霉菌性为 0－1 级，漆膜之间差异未达到显著水平，不能对其耐霉菌性能进行漆膜间排序。具体覆盖面积及测定级别如附表 3－4。

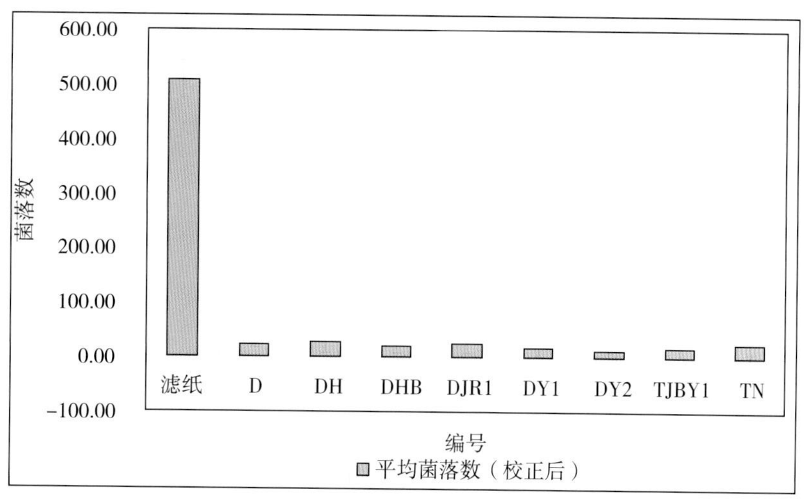

附图 3－8　平均菌落数

附表 3-4 天然漆漆料耐霉菌性能评价表

序号	编号	级别	描述
1	D	1	肉眼看不到或很难看到长霉，但在放大镜下或可见菌落
2	DH	1	肉眼看不到或很难看到长霉，但在放大镜下可明显见到长霉
3	DHB	1	肉眼看不到或很难看到长霉，但在放大镜下或可见菌落
4	DJR1	1	肉眼看不到或很难看到长霉，但在放大镜下可明显见到长霉
5	DY1	1	肉眼看不到或很难看到长霉，但在放大镜下或可见菌落
6	DY2	1	肉眼看不到或很难看到长霉，但在放大镜下或可见菌落
7	TJBY1	1	肉眼看不到或很难看到长霉，但在放大镜下或可见菌落
8	TN	1	肉眼看不到或很难看到长霉，但在放大镜下可明显见到长霉

4 试验结论

如附图 3-7 所示，漆膜菌落数稀少，一些漆膜表面存在营养盐培养液干燥后留下无机盐、糖等成分的印迹。漆膜长期处于高湿度环境下，取出拍照时，由于载玻片表面光滑，部分漆膜有剥离现象。说明漆膜在载玻片上固着能力有一定缺陷，在实际使用中需进一步检定，而在耐霉菌检测中，则可将漆膜直接从载玻片剥离后贴附于培养基表面进行试验。

试验菌种选取有代表性的 8 种，即桔青霉（penicillium citrinum）、拟青霉（paeeilomgces varioti）、杂色曲霉（aspergillus versicolorvar）、绿色木霉（Trichoderma viride）、黄曲霉（Aspergillus flavus）、米曲霉（Aspergillus oryzae）、红曲霉（Monascus purpureus）、黑根霉（Rhizopus nigricans）。而试验结果表明，8 种天然漆漆料对这 8 种霉菌具有较好的耐受或抑制作用。但自然界微生物种类远不止这些，可进一步将漆膜样品置于生产所需具体自然环境中观察，进一步验证其耐霉菌性能。

在覆盖面积估计时，采用比照法以阳性对照滤纸表面菌落数视为覆盖面积 100%，实际覆盖率应低于 100%，实际上为保守估计，具有低估漆膜耐霉菌性能的可能。

漆膜之间差异未达到显著水平，不能对其耐霉菌性能进行漆膜间排序。这可能是由于 8 种漆料主要成分均为天然漆，天然漆所形成的致密防水不透气薄膜对霉菌生长具有显著的抑制作用，而其他辅料影响则不大。

附录4　X光电子能谱（XPS）研究金箔的组成（金含量）及表面污染物

1　样品形貌特征描述及病害分类

贴金层剥落病害是千手观音造像主要的病害之一，为分析样品病害，在 Digital Viewer GE-5（180倍）之下观察并拍摄样品结构及保存状况照片如下。

1.1　J1（右侧）0842

两层：金胶偏棕色，表面贴金较多脱落，残留贴金呈粉状分布且色泽暗沉，上层金表面有棕黑色污染物，质脆（附图4-1～4-5）。

附图4-1　J1 上层金胶正面

附图4-2　J1 上层金胶背面

附图4-3　J1 下层金胶正面

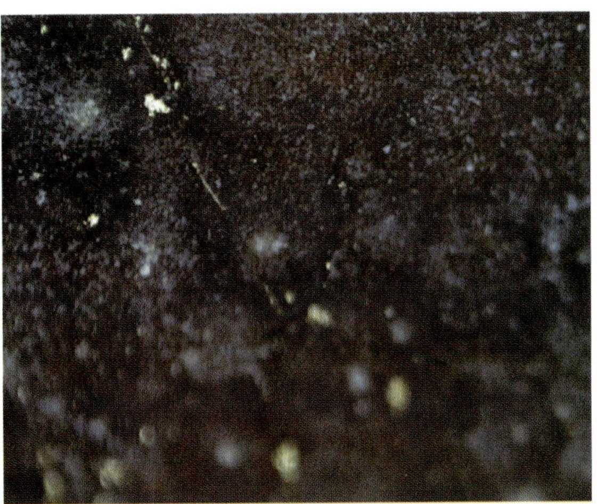

附图4-4　J1 下层金胶背面

附 4 –5　J1 上层金胶表面污染

1.2　J2（右侧）0843

两层：

上层金胶分两薄层，上偏棕，下偏黄，贴金呈粉状保留，色略暗。

下层金胶背面呈棕红色，还黏有少量粉状金箔，正面金箔保存状况较好，少部分粉状掉落，金箔色泽鲜明光亮（附图 4 –6 ~4 –9）。

附图 4 –6　J2 上层金胶正面

附图 4 –7　J2 上层金胶背面

附图 4 –8　J2 下层金胶正面

附图 4 –9　J2 下层金胶背面

1.3　J3（右侧）0844

有地仗层，地仗层表面有三层金胶（设地仗层为0层，向外依次为1层、2层、3层），还有少许金胶小片，表面金箔保存尚好，金胶背面呈黑色（附图4-10~4-15）。

1）层金箔保存较好，光亮鲜明。

2）层金箔保存情况与1层接近，但表面有大量黄色物质覆盖金箔，故较暗淡。

3）层残存较少且与2层完全分离无黏连，仅与地仗层连接，金胶呈棕红色，表面少量残存贴金呈点状分布，无光泽，金胶表面上有部分棕黑色污染物，同J1。

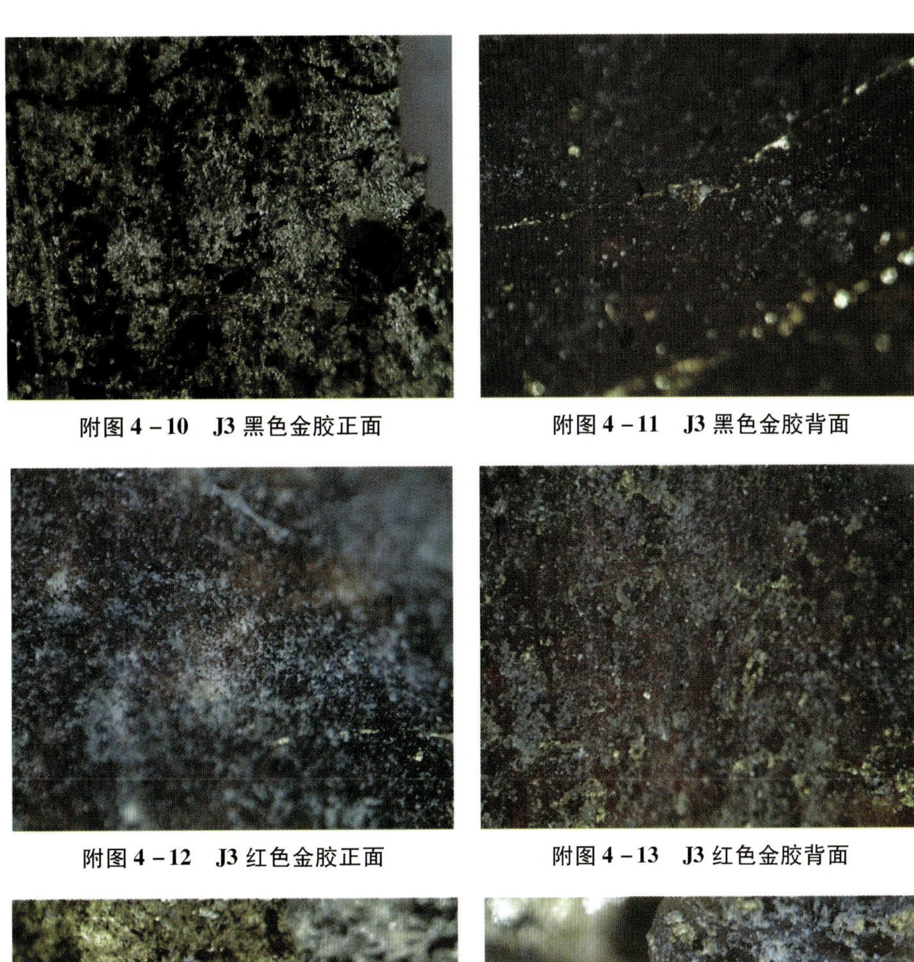

附图4-10　J3黑色金胶正面

附图4-11　J3黑色金胶背面

附图4-12　J3红色金胶正面

附图4-13　J3红色金胶背面

附图4-14　J3表面金箔污染分层现象

附图4-15　J3表面胶层起翘分离现象

1.4　J4（左）0845

两个样品，a、b均有地仗层，另有少量残片（附图4－16～1－4－19）。

a：地仗层较厚，表面两层金胶，均为棕红色，下层金胶的贴金有部分脱落，保留部分保存情况较好，上层金胶几乎无金箔保留。

b：地仗层较薄且其下尚有金胶（层数难辨），其上有一层金胶，棕红色，表面金箔脱落近半，但残存部分依然可见光泽。

附图4－16　J4表面层正面　　附图4－17　J4表面层背面

附图4－18　J4残片正面　　附图4－19　J4残片背面

1.5　J6（左）0847

单层：金胶薄，表面贴金保存较好，少量金箔点状脱落，金胶背面底色偏黄，但被大量黑色物质覆盖（附图4－20、4－21）。

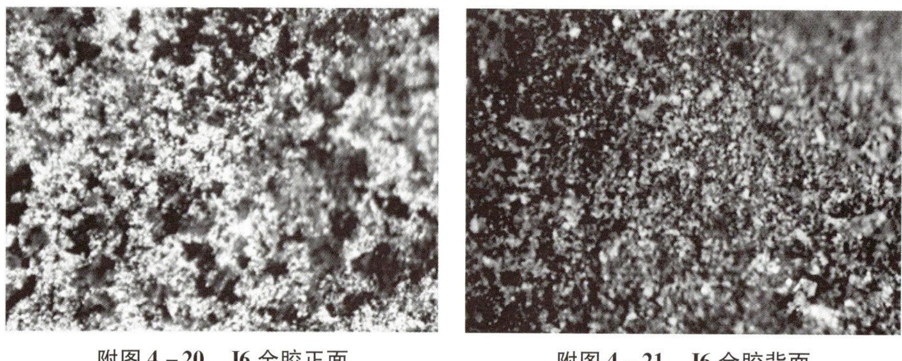

附图4－20　J6金胶正面　　附图4－21　J6金胶背面

1.6　J9（右）一二层0867

由多个小块样品组成，按照外观可分为5类如下（附图4－22～4－25）：

1）地仗层较厚但呈块状干裂，表面两层金胶，棕红色。

2）（一大块及若干小片）地仗层较薄但未干裂，表面两层金胶，棕红色，上层边缘处残存少量金箔，下层金箔也有部分保存。

3）金胶，背面棕红，正面深黑，仅有极少金箔残留。

4）薄金胶，色黑红，金箔保存状况很好，仅有少量脱落。

5）两层金胶，上层棕红，量少无金，可见下层贴金裸露；下层金胶背红正黑，有贴金保留。

附图4－22　J9金箔保存状况

附图4－23　J9背面金胶

附图4－24　J9金胶分层

附图4－25　J9红色金胶

测试方法

选取贴金保存较完全的样品，取少量，以脱脂棉蘸丙酮清洗表面，采用X光电子能谱法测量表面元素含量。

测试单位：北京大学分析测试中心

仪器型号：AXIS Ultra（英国Kratos公司）

X射线源：带单色器的铝靶X射线源（Al Kα，$h\nu = 1486.71$ eV）或双阳极（铝/镁靶）X射线源

工作条件：功率225W，工作电压15kV，发射电流15mA

污染碳：（内标）284.8 eV

分辨率：0.48 eV（Ag 3d5/2）

分析面积：最小 15μm

数据分析

分析结果如表 4－1 所示：

附表 4－1　XPS 数据表

元素（%）	J2 上层	J2 下层	J3	J4	J6
C	58. 20	49. 29	47. 75	53. 16	55. 24
O	27. 23	30. 53	25. 21	27. 04	26. 92
Ca	2. 75	1. 80	1. 60	0. 68	3. 88
Si	3. 83	4. 59	—	2. 58	4. 43
S	2. 24	3. 68	2. 16	2. 35	1. 71
N	1. 68	1. 29	2. 41	3. 30	2. 36
Au	2. 19	6. 75	16. 10	7. 91	4. 14
Ag	0. 24	1. 08	2. 80	1. 43	0. 47
Cu	—	—	0. 34	0. 19	—
Hg	0. 68	—	—	—	0. 31
Na	0. 21	0. 35	0. 33	0. 57	0. 09
Cl	0. 47	0. 65	1. 30	0. 79	0. 44

由附表 4－1 中数据可知，尽管样品已经丙酮清洗，但是表面仍有大量的附着物覆盖金箔，从元素的分布及比例可进行如下推测：

Ca、Si 等元素表明贴金表面有少量矿物质的存在，它们有可能是降尘类的物质，S 元素的存在表明可能有石膏的存在，同时，结合 Hg 元素的存在，推测 S 元素可能以 HgS 的形式，即作为金胶中的辰砂存在，此外，也有研究表明，经 X 射线衍射分析，确实有辰砂的加入，在样品断面的显微照片上呈现亮红色的颗粒状物质，这也是金胶呈现不透明棕红色的原因；

C、O 元素含量很高，这表明除在无机物中存在外，C、O 元素的主要存在形式为有机物质，有可能是金胶漆降解劣化的产物，金胶中的 Hg、S、C、O 均出现于金箔表面，更印证了金胶漆龟裂劣化的产物沉积于金箔之上这一论点；

Na 及 Cl 元素的出现表明无机盐类的存在，由于文物所在地区常年湿度较高，因此随着水分的不断蒸发凝结，大量的无机盐会积累在金箔及金胶漆中，重结晶的应力也是漆膜与金箔附着力降低的原因之一。

将附表 4－1 中数据中的 Au、Ag、Cu 含量抽出，可粗略判定金箔中的金属成分，如附表 4－2 所示。

附表 4－2　金属成分表

元素（%）	J2 上层	J2 下层	J3	J4	J6
Au	90. 28	86. 21	83. 68	83. 00	89. 85
Ag	9. 72	13. 79	14. 55	15. 01	10. 15
Cu	—	—	1. 77	1. 99	—

上表数据显示，金箔中 Au 元素含量很高，在 80% ~90% 左右，Ag 元素含量在 10% 左右，Cu 元素只在 J3、J4（均为 4 层）中出现。

取 J1、J3、J9 表面污染物少许，经 XPS 元素分析，结果如附表 4 -3 显示。

附表 4 -3　贴金表面污染物 XPS 数据表

元素（%）	J1 表面污染	J3 表面污染	J9 表面污染
C	42.15	58.89	36.80
O	40.30	28.34	45.90
Ca	6.14	2.83	6.26
Si	0.93	—	3.60
S	5.74	1.35	4.16
N	2.59	4.15	2.07
Au	2.19	2.70	0.07
Ag	0.49	0.52	—
Cu	—	0.48	—
Hg	0.23	—	—
Mg	1.10	—	0.77
Na	0.33	—	0.35
Cl	—	0.73	—

从上表可看出，J1、J9 样品表面，均出现少量 Mg，且 O 的含量显著升高，与 C 相当。Mg 在表面污染中应以矿物质（如长石类）的形式存在，而 O 含量的升高，很大可能是劣化更为严重的金胶漆，其龟裂降解形成的小分子，被进一步氧化形成的产物或者其他含氧量较高的污染物。

而 J3 的表面污染数据，对比表 3 中的对应数据，可以发现 Au 的含量显著降低，C、O 含量小幅上升，因此，基本可以判定，J3 的表面污染物没有 J1、J9 中的表面污染劣化严重，因其 O 含量仅为 C 的一半左右。而总的说来，J1、J3、J9 这三个样品的表面污染，均为金胶漆长链分子断裂降解为小分子的产物，它们将样品表面贴金大量覆盖，因此表面光泽暗淡，而相比较左侧样品的贴金，则未出现明显的表面污染物。

附录 5　X 光电子能谱（XPS）研究金箔及表面污染物的元素组成及其随深度变化

俄歇电子能谱分析：

参数

仪器：纳米扫描俄歇系统，型号 PHI - 700，日本 ULVAC - PHI 公司生产。

检测依据：JY/T 013—1996 电子能谱仪方法通则。

试验条件：采用同轴电子枪和 CMA 能量分析器，电子枪高压为 5KV，能量分辨率为 1‰。入射角为 30°，分析室真空度优于为 3.9 × 10 - 9 Torr。

溅射条件：扫描型 Ar + 枪，标样为热氧化 SiO_2/ Si。溅射速率 10nm/min。

试验设计思路说明：

1）经过丙酮的清洗，金箔表面已相对干净，接下来，在做能谱之前先在金箔表面进行了离子轰击，除去表面离子吸附。

2）在表面做了一次俄歇电子扫描，得到一张能谱，然后离子轰击到 10nm 处，在 10nm 处做一次扫描，依次在 50nm 处做一次扫描。目的是为了比较两处元素的不同以及元素随深度增加的变化趋势。最后，预期在 50nm 处得到无杂质的纯金箔，以探知历代金箔的元素组成和含量，表面扫描可以帮助我们了解表面的杂质成分（经过查阅文献得知近代金箔的厚度为 150nm，加上金胶和杂质层大约有 200 多 nm）。

3）本试验所采用的样品采自重庆大足石刻千手观音 9 - 9 区多层金箔。样品 9 - 9 共分为四层，从表到里编号为 1、2、3、4。试验中 3 号样品由于过于破碎，金箔脱落严重，金胶较多，从表面到 150nm 处探到的都是碳，所以放弃。4 号样品由于处于最内层，表面杂质很少，表面相当于 1、2 号的 10nm 处。因此不做表面杂质分析。

样品 9 - 9 1#、2#、4#，元素组成及其随深度变化元素含量变化见附表 5 - 1 ~ 5 - 3（含量为摩尔百分含量）。

附表 5 - 1　1#样品元素含量表

元素	C_1	Au_3	O_1	Si_2	Ag_1	S_1	Cl_1	Cu_1
表面	38.7	25.8	21.9	11.4	1.3	0.7	0.2	
10nm	16.3	50.5	19.4	9.6	2			2.2
50nm	17.7	65.3	8.8		2.6	2.6		3

附表 5 - 2　2#样品元素含量表

元　素	C_1	Au_3	O_1	Si_2	Ag_1	Ca_1	Cl_1	Cu_1
表　面	46.8	29.4	13.9	4.8	2.7	1.9	0.5	
10nm	80.2	3.2	2.3		2.3			
50nm		92.8			3			4.2

附表 5-3 4#样品元素含量表

元 素	C_1	Au_3	O_1	Na_1	Ag_1	S_1	Cl_1	Cu_1
表 面	46.8	33	9.6	4.6	3.3	2	0.7	
50nm	92.2			6.1	1.7			

表格分析：

1号

表面除 Au、Ag、Cu 之外，还有 C 、O 、Si 、S 、Cl，其中 C 、O 代表着金胶和岩土类尘土。Si 的出现可能是一些地仗层的砂岩。另外，由于重庆的酸雨污染严重，酸雨类型为硫酸型，所以样品有 S 的存在。

50nm 与 10nm 相比，氧硅已经大幅减少，碳元素与表面相比也减少许多。说明金箔深处金胶的量在减少。50nm 时，硅、氯已经完全消失，金银铜含量比 10nm 处明显增加。除去其余元素，得到这三种元素含量分别为 65.3%、2.6%、3.0 %。

2号

表面除 Au、Ag、Cu 之外，还有 C 、O 、Si 、Ca 、Cl 元素，其中 C 、O 占主要部分，说明表面金胶较多。

50nm 与 10nm 相比，Au、Ag、Cu 都略有增加。10nm 和 50nm 与表面相比杂质减少许多，在 50nm 处只有 Au、Ag、Cu 而没有其他杂质，说明此处已是很纯净的金箔，这三种元素的含量分别为 92.8 %、3.0 %、4.2 %。

4号

表面除 Au、Ag、Cu 之外，还有 C 、O 、S、Na 、Cl 元素，其中 C 、O 含量较多为金胶，钠可能来自地仗层。

50nm 与表面相比，Au、Ag、增加许多，但没有检测到铜，原因可能是金箔破碎，金箔脱落严重。

三种金箔整体比较：2 号、4 号金箔的金含量稳定在 92%。而表面 1 号金箔的金含量却在 65% 左右，这可能是由于近代酸雨腐蚀现象加剧，造成表面金箔破坏严重。

附录 6 红外光谱分析研究金胶的主要组成成分及污染物组成

测试条件：

测试方法：显微红外光谱法

测试单位：北京大学分析测试中心

测试范围：4000 – 650cm^{-1}

仪器型号：NICOLET iN10 MX 显微红外光谱仪

生产厂家：Thermo Scientific（美国）

检测器：MCT/A

分束器：KBr/Ge

扫描次数：64 次

分辨率：4cm^{-1}

制样方法：以脱脂棉蘸取丙酮清洗金胶样品表面，取微量样品，放置在金刚石窗片表面上压平后测试。

测试结果及分析：

得到图谱如下所示，可按照分析结果将图谱大致分为四类，以下将按类别作以归纳整理

第一类：（无干扰金胶）

此类金胶中，出峰主要状况为：

3409cm^{-1}有馒头峰（–OH 的伸缩振动），2929cm^{-1}（碳氢伸缩振动）、1713cm^{-1}（不饱和脂肪酸甲酯）附近有强吸收峰，2857cm^{-1}（碳氢伸缩振动）、1631cm^{-1}（苯环上的碳碳伸缩振动）、1459cm^{-1}（碳氢弯曲振动）、1413cm^{-1}（羧酸盐对称伸缩振动）、1377cm^{-1}、1316cm^{-1}（羧酸盐对称伸缩振动）、1271cm^{-1}、1172cm^{-1}、1113cm^{-1}（均为脂肪链碳碳伸缩振动）附近等处有中强峰，780cm^{-1}、727cm^{-1}、673cm^{-1}附近有弱峰出现。

1#样品为 J1 上层金胶，棕红色，较平整，表面无明显污染物附着。

2#样品为 J1 下层金胶，棕红色，较平整，表面无明显污染物附着。

3#样品为 J2 上层金胶，棕红色，较平整，表面无明显污染物附着。

8#样品为 J3 表面层起翘金胶，与下层金胶几乎完全分离，质硬厚，较平整。

10#样品为 J6 金胶，红黑色，较平整，表面无明显污染物附着。

11#样品为 J9 红色金胶，较平整，表面无明显污染物附着。

12#样品为 J9 黑色金胶，较平整，表面无明显污染物附着。

13#样品为 J9 黑色金胶，较平整，表面无明显污染物附着。

第二类：（微干扰类金胶）

相比第一类金胶，该类金胶，在 1110 ~ 1130cm^{-1}处有干扰峰，3405 cm^{-}1 处峰形变尖锐，670 cm^{-1}处的弱峰峰强变高。

4#样品为 J2 下层金胶，红色，微卷曲，在 1114 cm^{-1}，1137 cm^{-1}有两个强度较高的杂质峰，3407cm^{-1}处峰变尖锐。

5#样品为 J3 红色金胶，表面有部分白霜状物质，卷曲，在 1118 cm^{-1}，1139cm^{-1}有两个强度较

高的杂质峰，3405cm^{-1}处峰变尖锐。

这一组的2个样品均有相同情况：3405cm^{-1}附近的馒头峰变尖锐，1118 cm^{-1}，1139cm^{-1}附近峰强增加。对比石膏特征峰[①]（3544cm^{-1}，3408cm^{-1}，1621cm^{-1}，1152cm^{-1}，1120cm^{-1}，673cm^{-1}）可初步判定，该组样品之上，附有少量石膏。

第三类：（受污染金胶）

有大量杂质干扰峰，比起前两类金胶，3407 cm^{-1}处峰强高于第二类，1620 cm^{-1}～1650 cm^{-1}处峰强增高，670 cm^{-1}处峰强高度与第二类金胶在此处的峰高接近，1323 cm^{-1}处峰强增高，1120 cm^{-1}处峰强很高，受干扰程度较大。

6#样品为J3黑色金胶，3407 cm^{-1}处峰强显著增高且尖锐，3533 cm^{-1}处有肩峰，1652 cm^{-1}及1624 cm^{-1}处峰强显著增高，高于1708 cm^{-1}处峰强，1439 cm^{-1}，1413 cm^{-1}峰强小幅增高，1323 cm^{-1}处明显增高，1120 cm^{-1}处峰强很高，且峰形尖锐，673 cm^{-1}处峰强变高。

7#样品为J3黑色金胶，较平整，3406 cm^{-1}处峰形尖锐，1655 cm^{-1}与1624 cm^{-1}处峰强增高，但不及1709 cm^{-1}处峰强高，1439 cm^{-1}，1412 cm^{-1}峰强小幅增高，1322 cm^{-1}处明显增高，1119 cm^{-1}处为单峰，强度高，674 cm^{-1}处峰强变高。

9号样品为J4金胶，质硬厚，有地仗层，3402 cm^{-1}处峰强增高，1621 cm^{-1}处峰强增至高于1708 cm^{-1}处，1316 cm^{-1}处，1272 cm^{-1}处峰强增高，1212 cm^{-1}处有小峰，1079 cm^{-1}处有强度较高的峰，且1111 cm^{-1}处有肩峰，780 cm^{-1}及669 cm^{-1}处峰形尖锐且强度较第一类有增加。

15#样品为J9金胶，表面有明显白霜状污染，3406 cm^{-1}处峰强增高，1654 cm^{-1}处有小峰，1624 cm^{-1}处峰强增高，1318 cm^{-1}处峰强高于1271 cm^{-1}处，1114 cm^{-1}，1138cm^{-1}处为裂分峰，峰强比第一类高，671 cm^{-1}处峰增高。

该组红外谱中，污染情况明显较第二类严重，其中，以6#样品为例，3533cm^{-1}、1652cm^{-1}、1624cm^{-1}、1120cm^{-1}、673cm^{-1}为石膏特征峰，1439cm^{-1}、1413cm^{-1}与方解石（$CaCO_3$）特征峰相近，因此，这一类金胶上附着有较多的含钙矿物质。

第四类：（为污染峰，不同于前三类）

14#样品为J9表面几乎被白色污染物完全覆盖的金胶，3539 cm^{-1}处有强度较高的峰，3407 cm^{-1}处峰形尖锐，峰强很高，3246 cm^{-1}处有小峰，2929 cm^{-1}及2857 cm^{-1}处峰消失，2207 cm^{-1}处有小峰，1651 cm^{-1}及1622 cm^{-1}处有裂分峰，1324 cm^{-1}处有峰，1124 cm^{-1}处有强吸收，780 cm^{-1}，727 cm^{-1}处峰合并为780 cm^{-1}处，674 cm^{-1}处峰尖锐，峰强增加。

对比前三类金胶及石膏、石英、方解石等矿物的红外光谱得到，J9金胶表面的白色污染物主要为石膏（3539cm^{-1}、3407cm^{-1}、1622cm^{-1}、1124cm^{-1}、674cm^{-1}），而1651cm^{-1}的吸收峰为残存金胶漆的特征峰。

通过以上四类图谱可知，除第一类金胶样品干扰较小之外，其余三类金胶均受到不同程度的矿物（如石膏等）污染，此外，通过结合外在形貌观察也不难发现，一般保存较平整的金胶，受矿物污染程度低，而外形有卷曲起翘情况的金胶，往往受矿物污染程度高。

因此，选取第一类金胶样品的红外光谱，用作比对。以1#J1上层样品为例，3409 cm^{-1}处的馒头峰（－OH的伸缩振动），2929 cm^{-1}、2857 cm^{-1}（－CH，－CH_2，－CH_3的碳氢伸缩振动），1631 cm^{-1}（苯环上的碳碳伸缩振动），1459 cm^{-1}（碳氢弯曲振动）处的尖峰，1316 cm^{-1}（羧酸盐

① 彭文世、刘高魁著《矿物红外光谱图集》，科学出版社，1982年，第235页。

对称伸缩振动）、1100～1300cm^{-1}（脂肪链碳碳伸缩振动）处小峰，与生漆的红外特征数据（2927cm^{-1}，2855 cm^{-1}，1617 cm^{-1}，1457 cm^{-1}，1278 cm^{-1}，992 cm^{-1}）① 基本相匹配，与附图3－16中自制生漆干燥漆膜的红外光谱也在3418cm^{-1}、2926cm^{-1}、2854cm^{-1}、1465cm^{-1}、1272cm^{-1}、777cm^{-1}、732cm^{-1}等处相符合，因此，金胶成分中必然含有生漆。

而本样品中在1713cm^{-1}处的尖峰（羰基伸缩振动），1413cm^{-1}（羧酸盐对称伸缩振动），1377cm^{-1}等，均为其他掺入物的吸收峰。王世襄先生在《髹饰录解说》② 中，提出生漆中通常加入荏油、桐油、麻油、核桃油等来改善生漆的质量，而桐油取代荏油被广泛使用的年代，大约为宋。附表6－1为这些油类在脂肪酸含量上的差异。

附表6－1 脂肪酸的质量百分含量（%）③

	棕榈酸 (palmitic) 16:0	硬脂酸 (stearic) 18:0	油酸 (oleic) 18:1	亚油酸 (linoleic) 18:2	亚麻酸 (linolenic) 18:3
荏油	7	2	13	14	64
亚麻油	6－7	3－6	14－24	14－19	48－60
胡桃油	3－7	0.5－3	9－30	57－76	2－16
桐油	3	2	11	15	3

其中，桐油的主要成分为桐油酸（顺－9，反－11，反－13－十八碳三烯酸），亚麻油的主要成分为α－亚麻酸及亚油酸（顺－9，顺－12，顺－15－十八碳三烯酸），桐油和荏油两者都为含有大量不饱和脂肪酸的干性油，三烯酸、二烯酸以及单不饱和脂肪酸的含量都相当。附图6－1～6－4为表2.1中提到的部分不饱和脂肪酸的红外光谱图。可发现，它们在1710cm^{-1}附近均有很强的尖锐峰，而在1412cm^{-1}，1372cm^{-1}处均有中强峰出现，这就很好的符合了前面的样品峰与生漆峰的相差之处。现代熟漆图谱④，显然，1710cm^{-1}处也有明显的尖锐峰，且峰强远高于1630cm^{-1}附近出现的峰，这是生漆谱与熟漆谱的一个显著区别。当然，随着时间的推移，生漆在1710cm^{-1}处峰高会逐渐增加，但是，在1710cm^{-1}附近的峰高均不如熟漆般明显，郑佳宝认为⑤，1712cm^{-1}附近的吸收峰是成膜后阶段漆酚多聚体侧链上的双键氧化为酮或醛后出现的$\nu_{C=O}$吸收峰⑥，他也对生漆漆膜模拟老化过程进行了红外光谱跟踪测定，发现漆膜在模拟老化的过程中，聚合物的不饱和侧链的氧化程度，在开始时随时间而增大，经过一个月左右后，氧化程度便趋于平缓，不再随时间而改变。此外，蔡奋⑦认为，大豆油、亚麻油、桐油加入生漆之后，由于漆酚羟基中的氢和油的羰基结合，因此导致1740cm^{-1}的峰值移动至1710cm^{-1}处，所以，可以基本判定，千手观音的各层金胶漆中，主要成分均为加入油类的大。

① 康葆强《出土古代漆器的髹饰工艺、保存状况与腐蚀因素研究》，北京大学硕士论文，2005年。

② 王世襄著《髹饰录解说—中国传统漆工艺研究》，文物出版社，1998年，第35～36页。

③ John S. Mills, Raymond White, The Organic Chemistry of Museum Objects, Butterworth&Co (Publishers) Ltd. 1987：28。

④ 薛轶宁《重庆大足宝顶山千手观音贴金材料及其病害分析研究》，北京大学本科论文，2007年。

⑤ 郑佳宝、单伟芳、张炜、郭时清《古代漆器的红外光谱》，《复旦学报》（自然科学版）1992年第3期。

⑥ 余仲元、李勇富、郭明高，《中国生漆的红外光谱研究》，《中国生漆》1989年第3期。

⑦ 蔡奋《生漆化学》，贵州人民出版社，1986年，第352页。

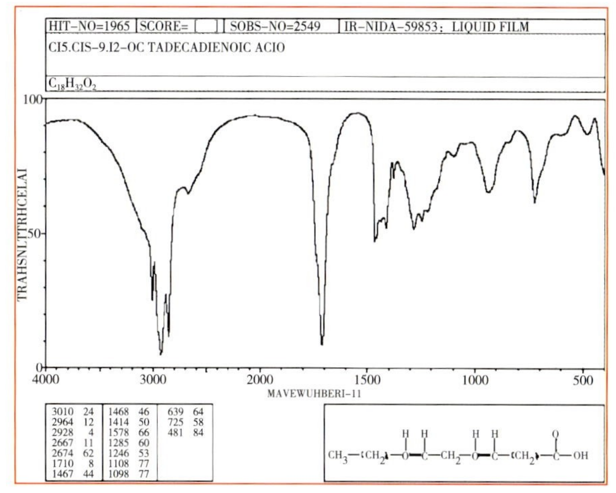

附图 6 - 1　亚麻酸红外谱

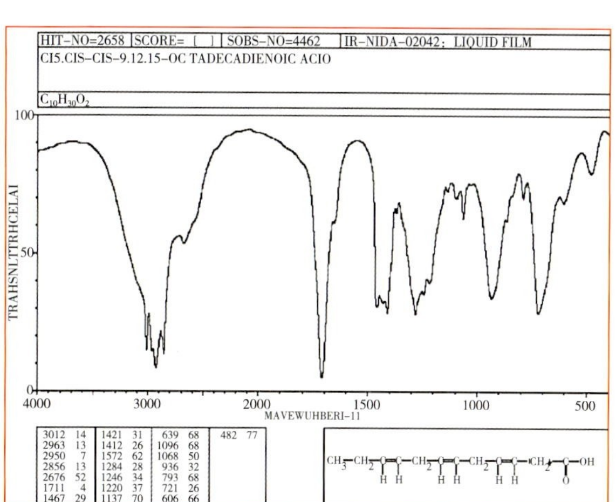

附图 6 - 2　亚油酸红外谱

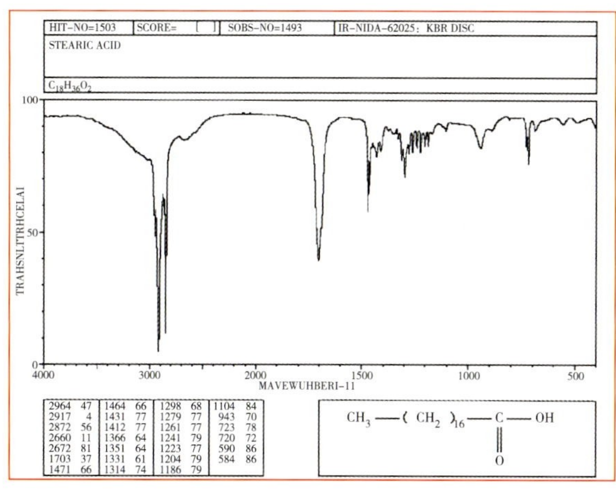

附图 6 - 3　硬脂酸红外谱

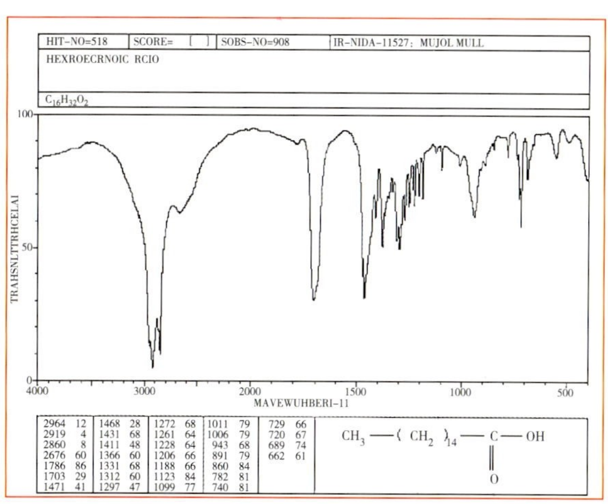

附图 6 - 4　棕榈酸红外谱

相比起亚麻油、胡桃油、荏油等其他油类，上文中已提到，桐油的成分除附表 6 - 1 中提到的不饱和脂肪酸外，主要为桐油酸（顺 -9，反 -11，反 -13 - 十八碳三烯酸），由于这是中国特产油类，因此标准谱库中无法检索出结果，故自制熟桐油并测得其干燥后红外光谱。其 1736cm^{-1} 处有很尖锐的强峰，很好地印证了蔡奋的结论，而熟桐油于 1165cm^{-1} 处的强峰在 α - 亚麻酸、亚油酸、硬脂酸及棕榈酸这些不饱和脂肪酸的红外光谱中，均无出现，对比第一类金胶的特征峰，可以发现在 1165cm^{-1} ~ 1170cm^{-1} 均有尖峰出现，且在 1457cm^{-1}、1415cm^{-1}、1377cm^{-1} 及 726cm^{-1} 的特征峰均与第一类金胶的特征峰相符，因此可以基本推断，千手观音的各层金胶漆中，主要成分均为大漆与桐油。

附录 7　彩绘颜料分析

分析流程：鉴于样品量不大，而且有多个多层彩绘样品，因此先做无损分析拉曼光谱，然后进行 X 射线衍射分析。样品点分布见附图 7－1。

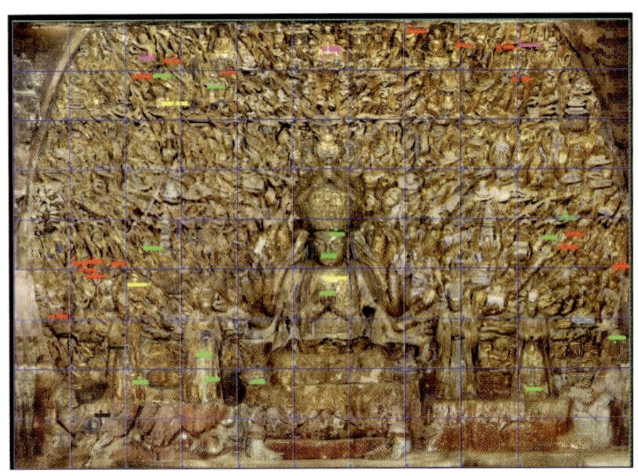

附图 7－1　大足取样点分布

拉曼光谱分析：

仪器：GY 显微拉曼光谱仪，激发波长 473nm，532nm 和 785nm。谱图和解析结果见附表 7－1。

附表 7－1　大足宝顶千手观音彩绘分析

样品号	照片	颜色及其样品描述	拉曼谱图	结果
1		带地仗的单层红色颜料	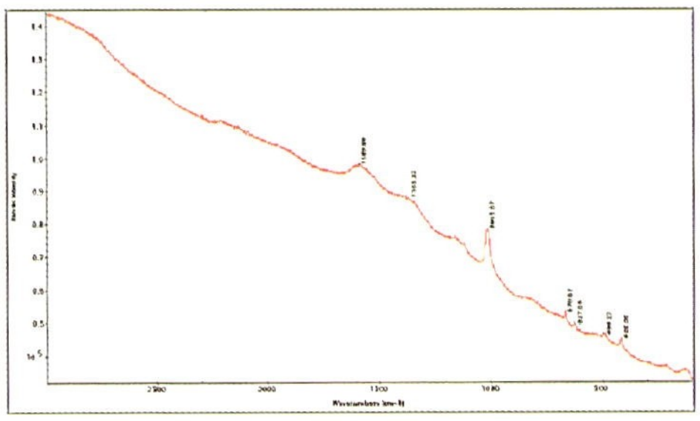	含石膏和碳黑
2		单层红色颜料	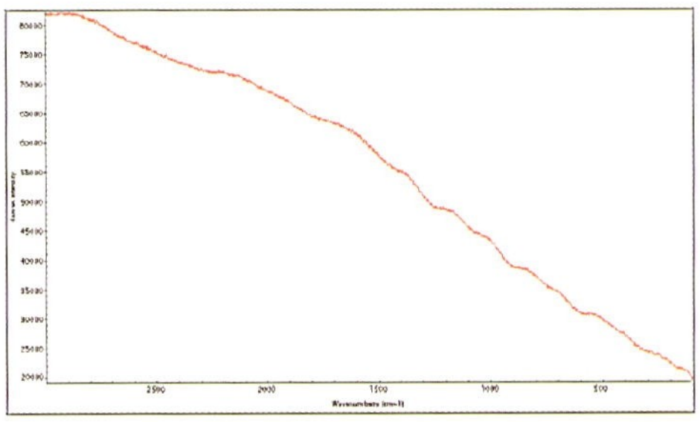	荧光效应强，没有明显拉曼峰

续表

样品号	照片	颜色及其样品描述	拉曼谱图	结果
3		单层白色颜料	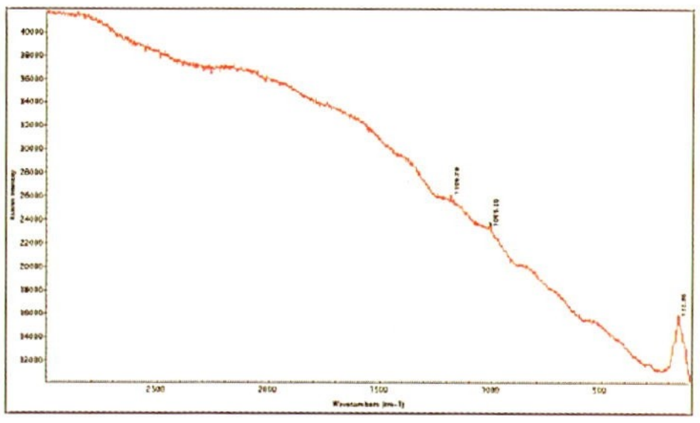	含石膏
4	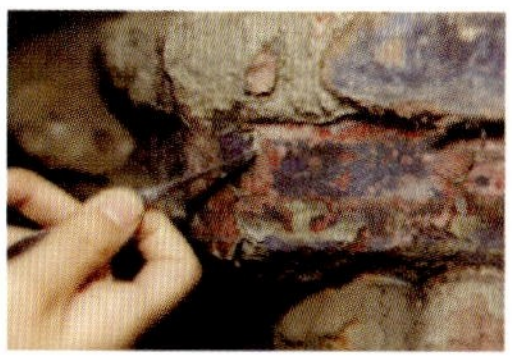	三层彩绘，颜色顺序为蓝－红－蓝	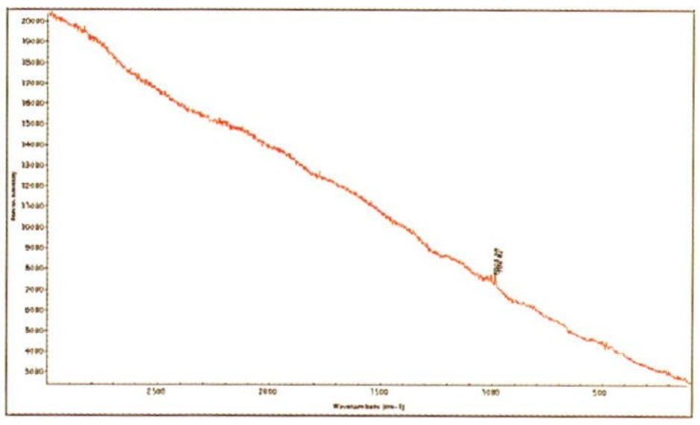 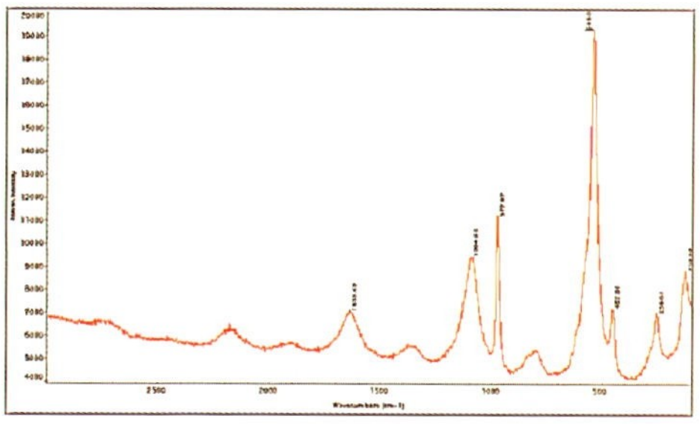 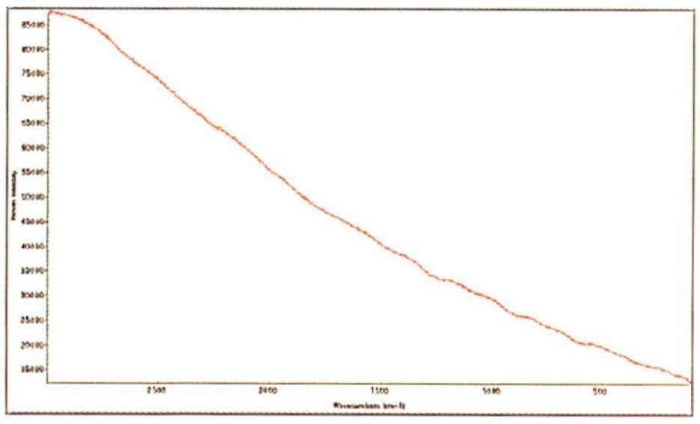	Layer1：群青＋红铅 Layer2：没信号 Layer3：可能石膏＋钡白

续表

样品号	照片	颜色及其样品描述	拉曼谱图	结果
5		双层彩绘颜色顺序为：白－蓝	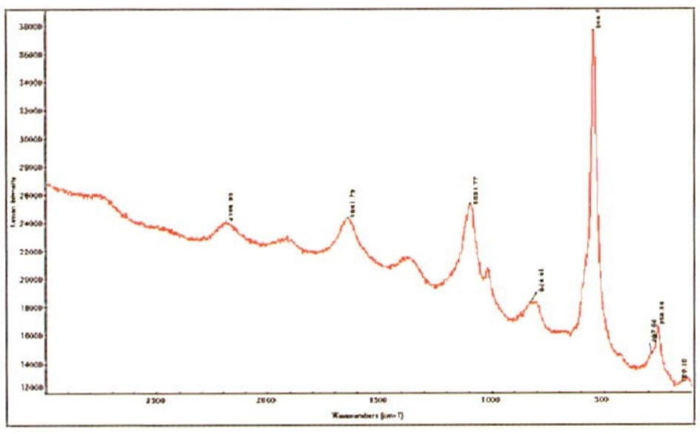 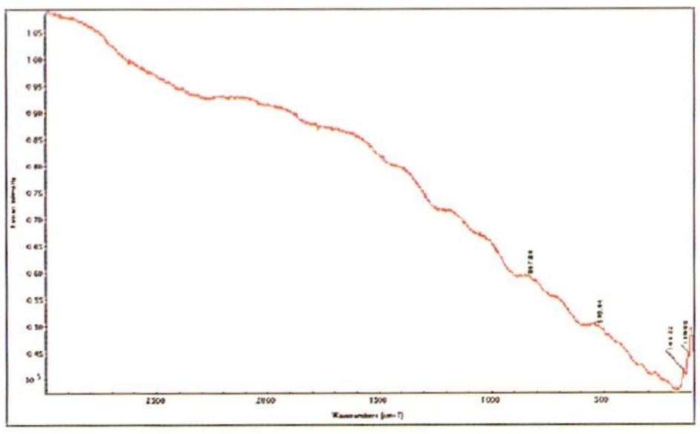	L1：未解出 L2：群青＋碳酸钙
6		绿色（脸上）	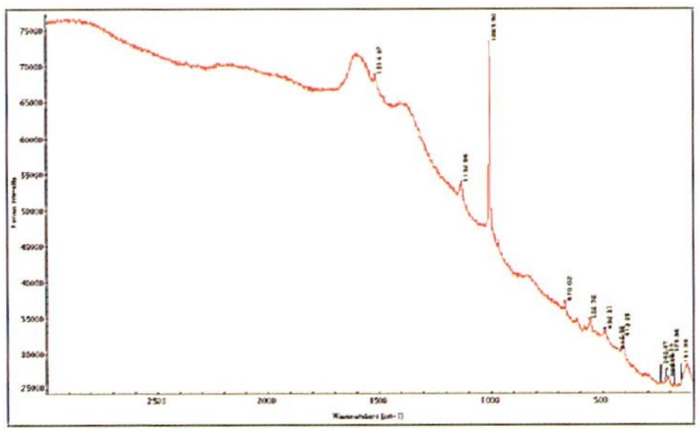	孔雀石＋石膏
7		绿色（手上）	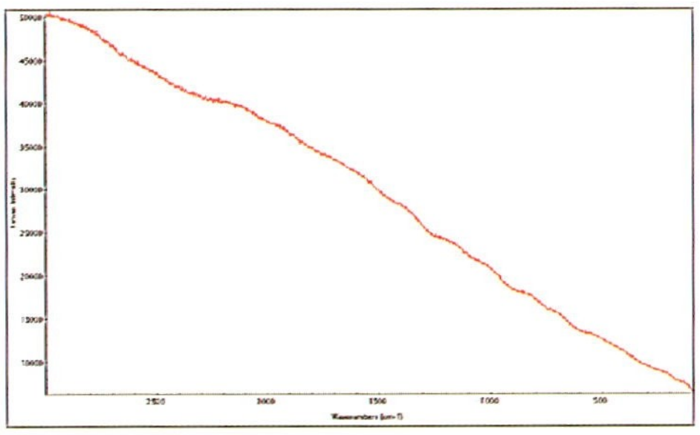	荧光效应强，没有明显拉曼峰

续表

样品号	照片	颜色及其样品描述	拉曼谱图	结果
8		双层彩绘，顺序为：绿－蓝	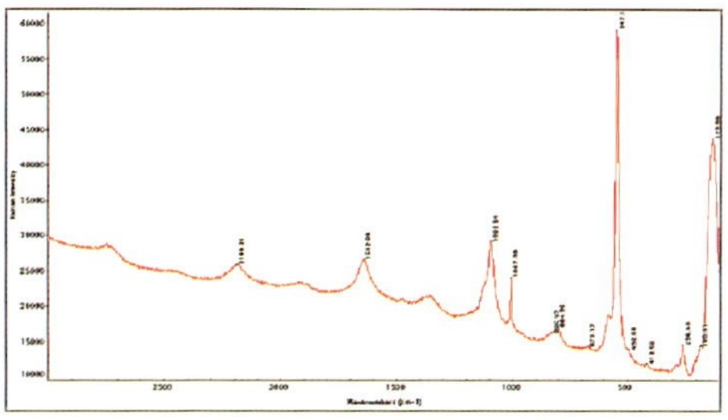 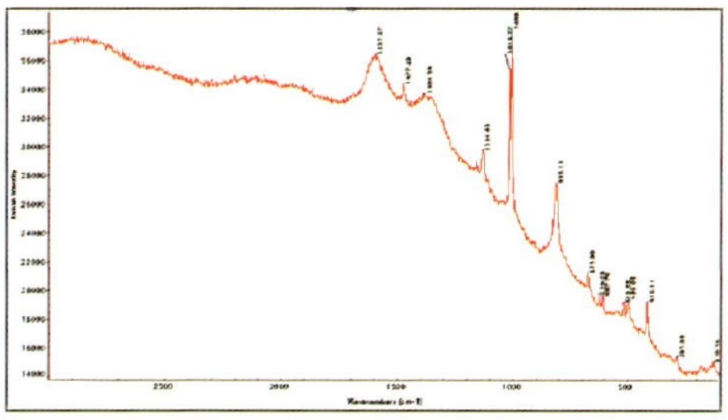	L1：石膏，拉曼峰很多，但是不是常见的绿色矿物颜料 L2：石膏＋群青
9		双层彩绘，顺序为：绿－红	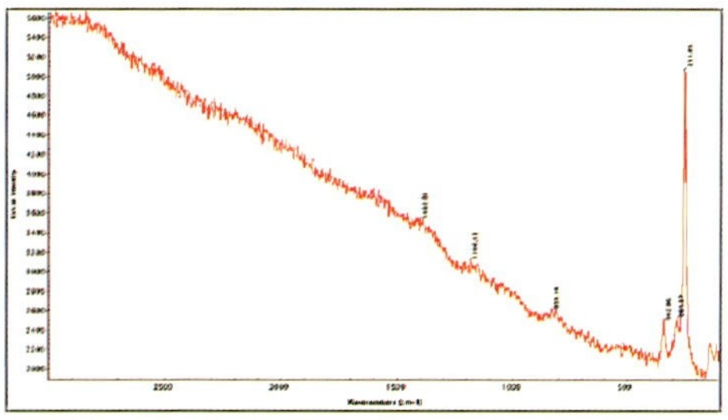 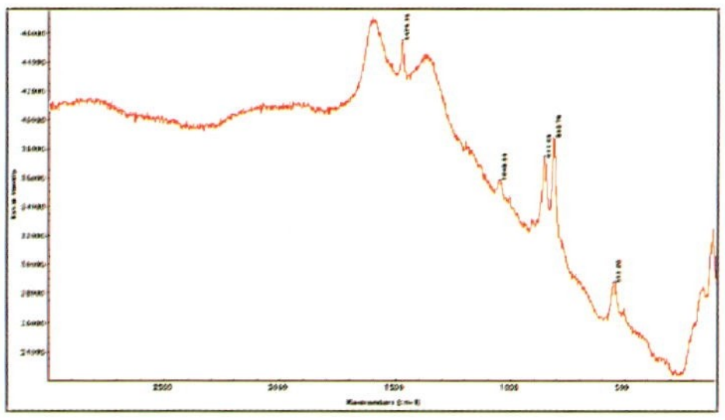	L1：拉曼峰很多，但是不是常见的绿色矿物颜料 L2：朱砂

续表

样品号	照片	颜色及其样品描述	拉曼谱图	结果
10		头发部分黑色颜料	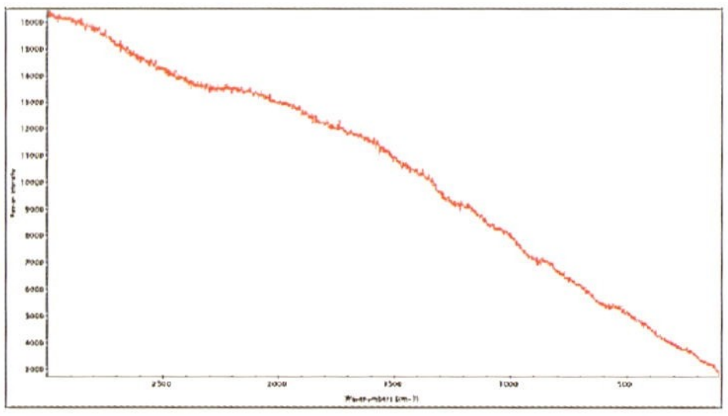	荧光效应强，没有明显拉曼峰
11		双层彩绘，顺序为：白－红	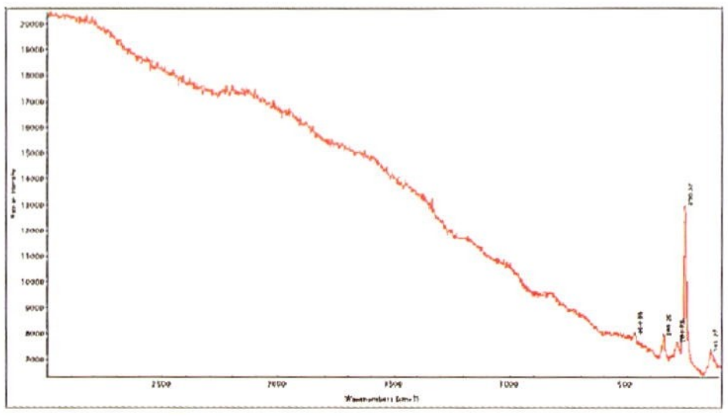 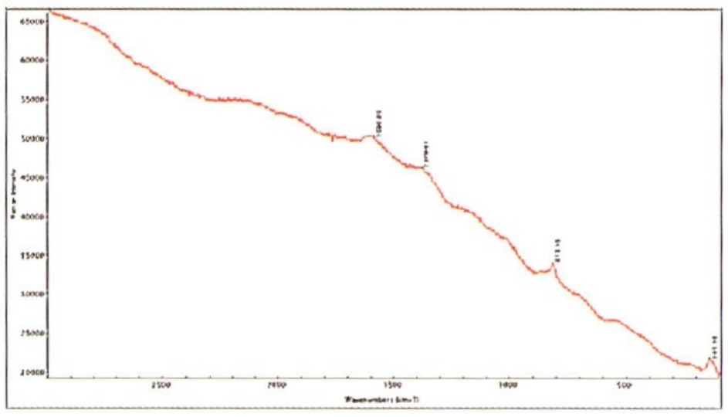	L1：有碳黑，未解出显色物相 L2：朱砂＋石英
12		双层彩绘，顺序为：黑－红	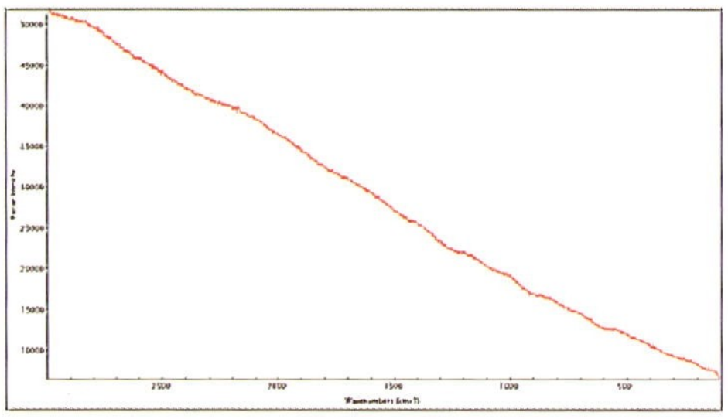 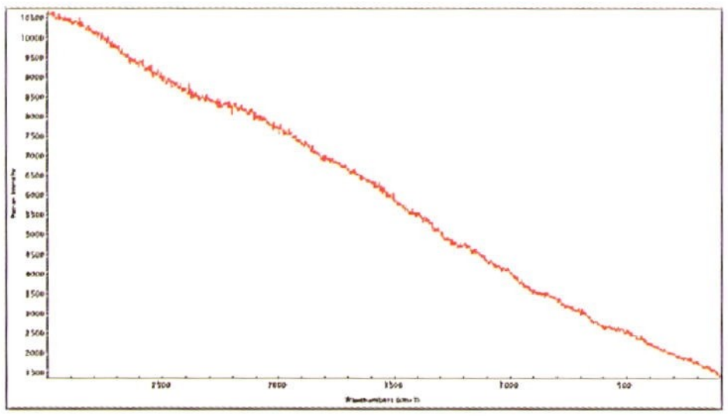	荧光效应强，没有明显拉曼峰

续表

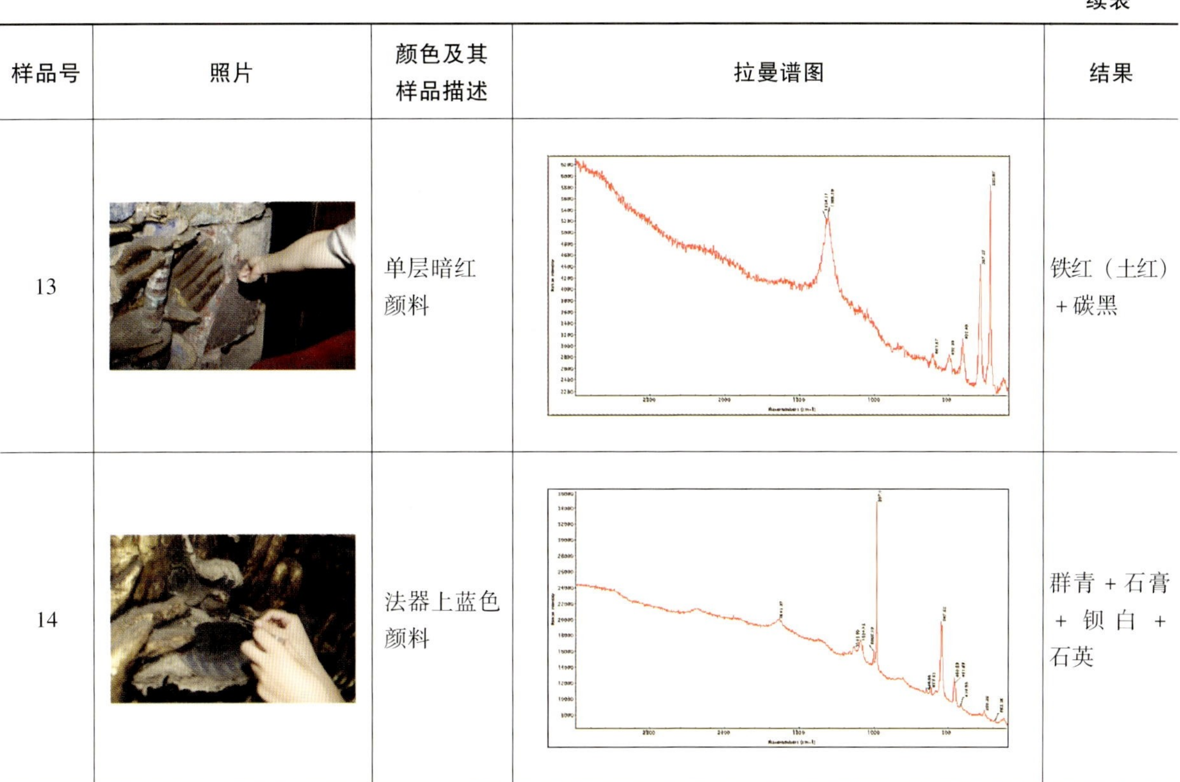

样品号	照片	颜色及其样品描述	拉曼谱图	结果
13		单层暗红颜料		铁红（土红）+碳黑
14		法器上蓝色颜料		群青+石膏+钡白+石英

1）X射线衍射分析

仪器日本理学RINT2000，测量条件：靶：铜靶；狭缝：DS = SS = 1°，RS = 0.15mm；电压：40KV；电流：40mA，分析结果如下：

所有绿色样品未解出显相物质。

2）多层彩绘的显微照片

在千手观音造像多处发现多层彩绘的现象，就目前调研的结果发现有：蓝－红－蓝，白—蓝，绿－红，绿－蓝，白－红，黑－红等多种。鉴于部分多层彩绘样品不适合制样拍摄显微照片，因此在本报告中只选取部分较为典型的样品（附图7－2、7－3）。

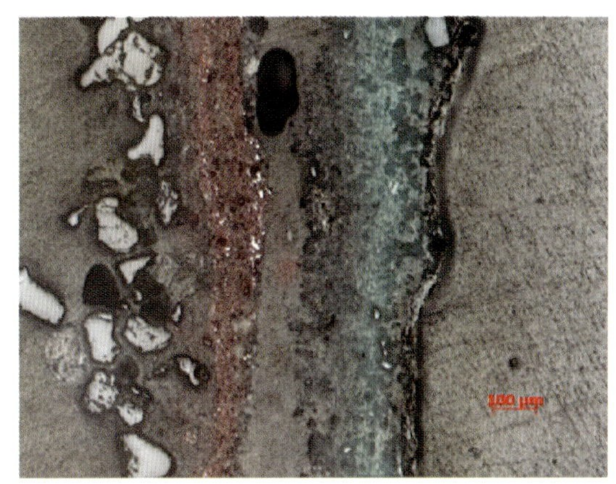

附图7－2　红—绿双层彩绘金相显微镜照片

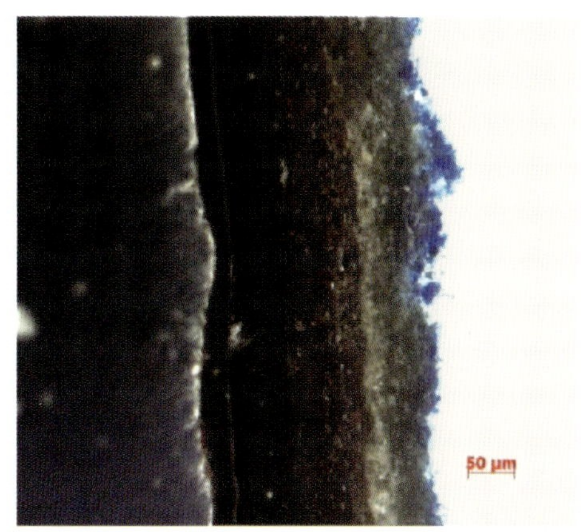

附图7－3　白－蓝双层彩绘金相显微镜照片

绿色颜料的 EDS 和 XRD 分析

鉴于在拉曼分析和初次的 XRD 分析没有取得明确的结果，原因主要是因为样品中石膏的含量过高，使得显色物质的谱图不明显。在本次分析中，我们在千手观音上下左右各种又取得了 4 处较为纯净的绿色颜料，剔去石膏后分析如下。

直接用 EDS 进行元素成分分析，这样可以有效的选取显色物相进行分析，取得的结果比常见的 XRF 分析更能说明问题。结果显示 4 处绿色的分析结果较为统一，见附表 7－2～7－5。

附表 7－2　2－3 区绿色

元素	Wt（%）	At（%）
Al	08.95	13.97
Si	13.85	20.77
S	10.47	13.75
Cl	05.74	06.82
Ca	16.87	17.73
Cu	21.47	14.23
As	22.64	12.72

附表 7－3　2－10 区绿色

元素	Wt（%）	At（%）
Al	05.28	10.51
Si	07.60	14.53
Cl	03.99	06.05
K	00.64	00.88
Ca	06.41	08.58
Cu	38.15	32.25
As	37.93	27.19

附表 7－4　6－10 区绿色

元素	Wt（%）	At（%）
Al	01.31	02.45
Si	01.78	03.20
S	08.74	13.76
Cl	09.87	14.06
Ca	16.98	21.39
Cu	31.67	25.16
As	29.65	19.98

附表 7－5 6－4 区绿色

元素	Wt（%）	At（%）
Al	01.31	02.45
Si	01.78	03.20
S	08.74	13.76
Cl	09.87	14.06
Ca	16.98	21.39
Cu	31.67	25.16
As	29.65	19.98

从上面的分析结果可以看出，绿色样品的主要成分为 Ca、As、S、Cl 和 Cu。其中 As 和 Cu 的原子百分含量比近似为 1。初步认为绿色颜料的显色物质为：醋酸砷酸铜（巴黎绿）、砷酸铜（希尔绿）或者碱式砷酸铜（橄榄铜）。对照下面 XRD 谱图可得进一步分析结果。

通过 XRD 的谱图我们可以确认在千手观音中绿色颜料主要为砷酸铜（附表 7－6）。

附表 7－6 颜料组成表

颜料种类	蓝色	白色	黑色	绿色	红色
矿物组成	群青	石膏	炭黑	孔雀石、砷酸铜	朱砂、铅丹、铁红

附录 8　金胶漆在湿润情况下的吸水膨胀率

测量方法

将金胶置于干燥器中干燥 48h，取少许放于 Digital Viewer GE -5（180 倍）之下观测，选取两点并测定长度 L_1。将纯净水滴于其上，使之充分吸水 10s，再量取此两点的长度 L_2，计算膨胀率（$L_2 - L_1/L_1$）。

结果分析

数据如附表 5 -1 所示。

附表 8 -1　金胶吸水膨胀率数据表

编号	干燥长度（μm）	饱水长度（μm）	膨胀率（%）
J1 上层金胶	4731.11	4744.93	0.29
J1 下层金胶	3900.54	3927.44	0.69
J2 上层金胶	3669.45	3681.30	0.32
J2 下层金胶	3872.72	3884.18	0.30
J3 红色金胶	3249.41	3260.40	0.34
J3 黑色金胶	4257.61	4262.79	0.12
J3 起翘金胶	2882.51	2896.51	0.49
J4 金胶	3281.85	3288.36	0.20
J6 金胶	2940.40	2954.80	0.49
J9 红色金胶	3688.83	3702.08	0.36
J9 黑色金胶	5673.94	5685.24	0.20

通过以上数据，可以不难看出，金胶在充分吸水之后，会出现一定的膨胀，膨胀率在 0.2% ~ 0.7%之间。由于金胶的主要成分为大漆，因此，漆膜在环境湿度较高的情况下，会吸水发生膨胀，而在湿度降低之时，又会产生收缩。由于漆膜内外表面含水率并不能够保持均匀，因此通常是漆膜外表面首先干燥收缩，从而使得外表面具有一定的力量向中心拉扯，当力量达到一定程度后，这种情况不停反复，金胶最终失去黏接能力，即发生漆膜翘曲①。由于吸水程度及先后顺序、金胶厚度及老化腐蚀情况不同，同层金胶不同位置以及各层金胶之间的吸水膨胀应存在一定差异，可能导致金胶层的不平和相互脱离。随着环境湿度的变化漆膜反复吸水膨胀、失水干缩，必然会加速表面贴金的脱落与破坏②。

此外，由上一章节的 XPS 数据得到，在表面层之下的贴金表面，也检出大量 C、O、Si 元素的存在，并且，红外数据结果也表明，卷曲程度严重的金胶样品，往往收到石膏等矿物质的干扰更严重。因此，推测在不同层金胶之间由于膨胀收缩产生的缝隙里，附着有大量矿物质或者风化物。这些物质的存在以及不断的吸水失水，也会造成一定程度的体积改变，从而使得同层的金胶与贴金，以及不同层的金胶之间，附着力减小，导致金胶硬化干裂，贴金掉落等病害。

---

① 胡继高、胡东波《出土中国古代漆膜干缩翘曲分析及在修复黏接中问题的讨论》，《文物保护与考古科学》2000 年第 2 期。

② 薛轶宁《重庆大足宝顶山千手观音贴金材料及其病害分析研究》，北京大学本科生论文，2007 年。

附录 9　东西侧样的低、高倍扫描照片

东西侧样的低倍扫描照片

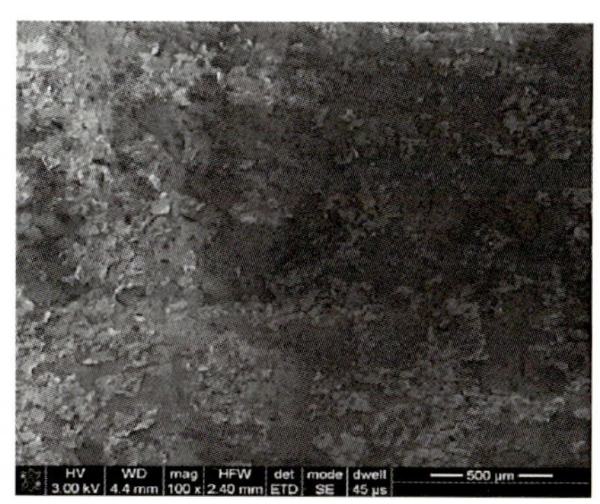

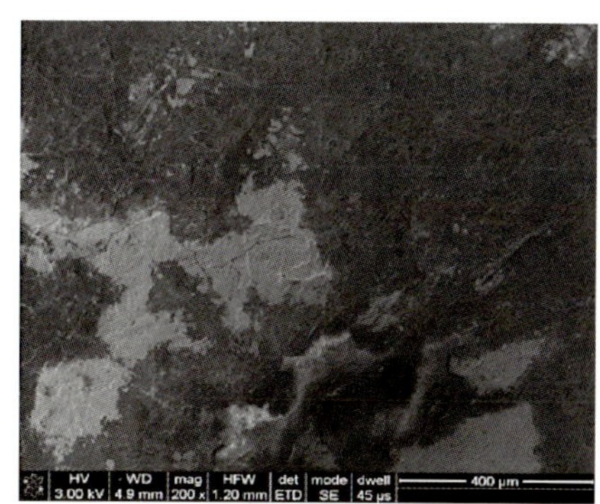

附图 9－1　东侧样西侧样

东西侧样的高倍扫描照片

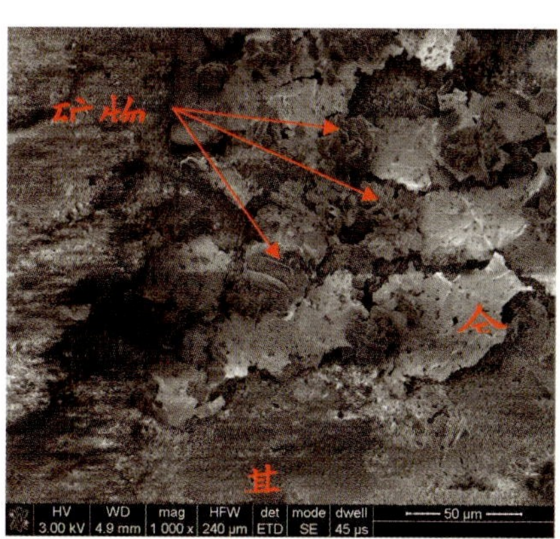

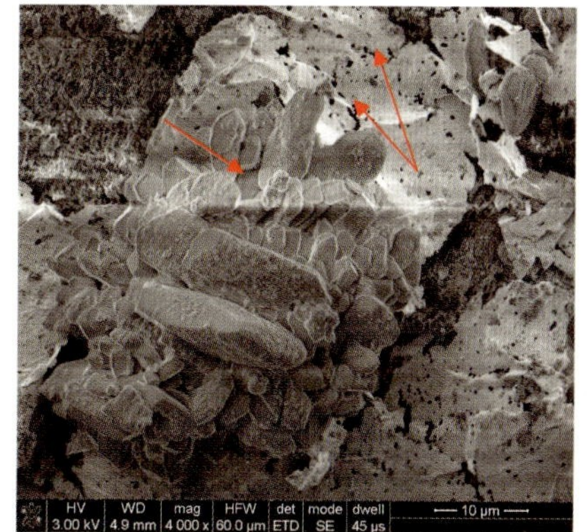

附图 9－2　东侧样高倍分析 1

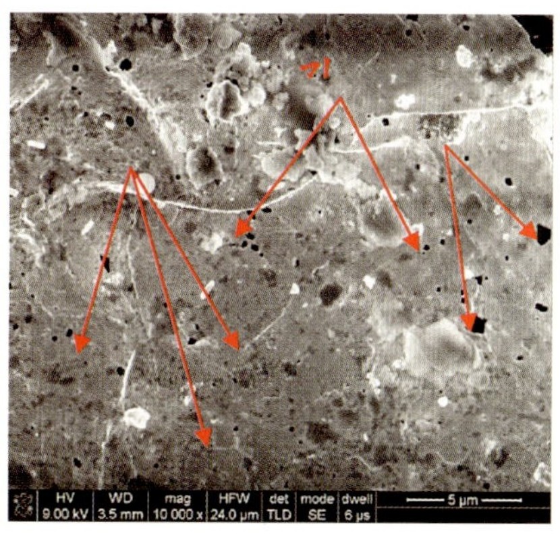

附图 9－3　东侧样高倍分析 2

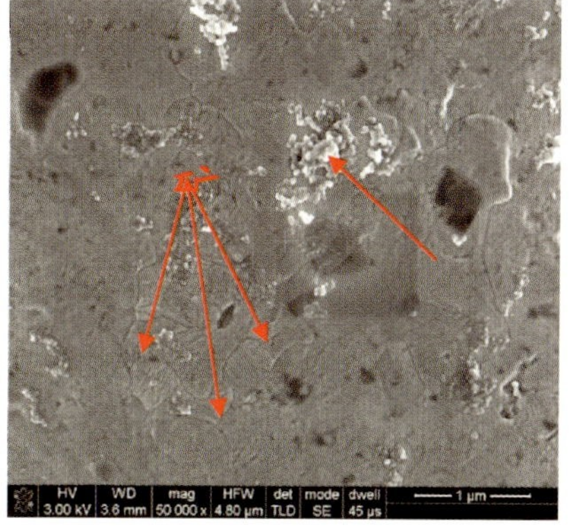

附图 9－4　西侧样高倍分析 1

附录10　风化砂岩分析

风化砂岩分析

通过现场调查，共采集有代表性的样品共10个风化砂岩，4个地仗样品。采用的主要分析手段为XRD，SEM等仪器（附表10-1）。

附表10-1 取样状况记录

编号	照片号	样品描述	备注
dz-001	0832	顶部砂岩片状剥落物	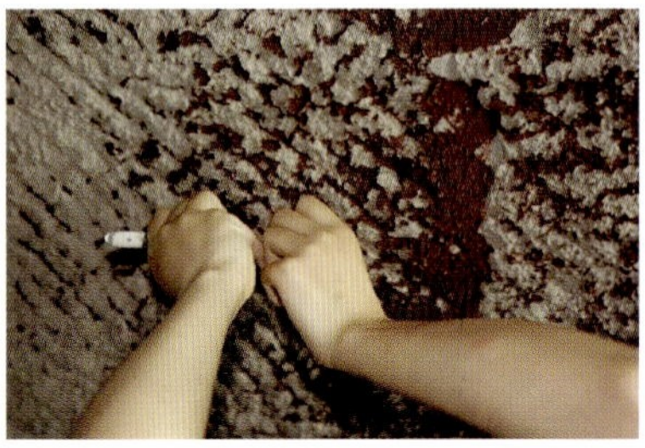
dz-002	0902	顶部砂岩片状剥落物	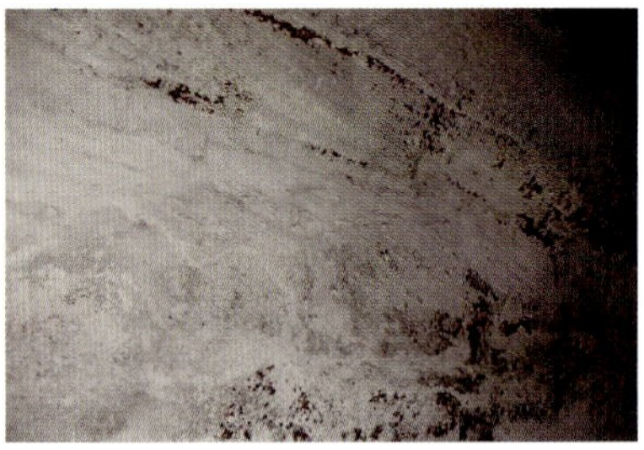
dz-003	0903	风化手指片状剥落物	
dz-004	0906	风化手指片状剥落物	

续表

编号	照片号	样品描述	备注
dz－005	0914	手指粉末状风化产物	
dz－006	0915	手指粉末状风化产物	
dz－007	0911	风化砂岩片状剥落物	
dz－008	0901	烟熏表面及风化岩石粉末	
dz－009	7301	法器风化砂岩粉末	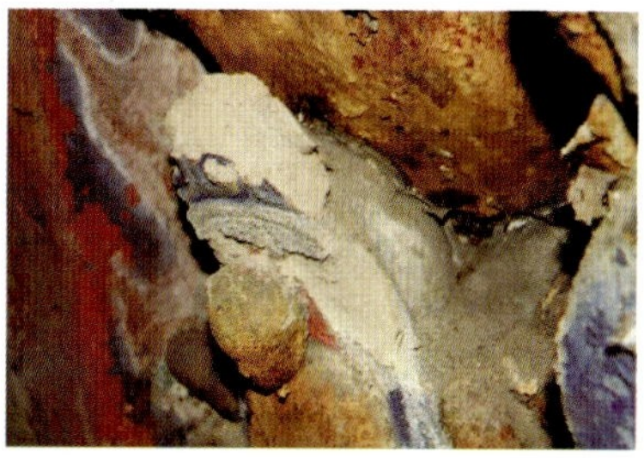

续表

编号	照片号	样品描述	备注
dz－010	0557	风化法器片状剥落物	

附表 10－2 XRD 分析结果

编号	矿物种类和含量（%）					黏土矿物总量（%）
	石英	钾长石	斜长石	方解石	石膏	
dz－001	47.7	9.3	29.3	5.9	0.4	7.4
dz－002	41.6	10.3	23.6	8.1	0.6	15.8
dz－003	46.1	5.6	22.9	12.0	0.4	13.0
dz－004	54.4	15.8	17.3	7.4	0.2	4.9
dz－005	39.6	11.0	22.1	15.6	0.8	10.9
dz－006	30.2	1.7	39.4	18.4	0.2	10.1
dz－007	50.7	4.9	25.8	8.2	0.6	9.8
dz－008	44.0	5.0	28.5		2.3	20.2
dz－009	42.4	6.5	24.2	14.9	0.2	11.8
dz－010	48.6	10.3	26.9	3.0	0.6	10.6

由附表 7－2 结果我们可以看出，风化砂岩的主要成分石英和长石另外还有一定量的黏土矿物，作为胶结物的方解石含量最低为 3%，最高的为 18.4%，石膏为风化产物，含量低于 1%（dz－008 石膏含量达到 2.3%），此样品带有表面的沉积附着物造成的。

地仗及修复材料分析（附表 10－3）。

附表 10－3 取样状况记录

编号	照片号	样品描述	备注
dz－011	0859	佛手指粉色修补材料	

续表

编号	照片号	样品描述	备注
dz－012	0862	佛手指尖泥修复填补材料	
dz－013	0849	白色地仗	
dz－014	7302	崩裂白色地仗	
dz－015	0910	泥手指	

附表 7－4　地仗 XRD 分析结果

编号	矿物种类和含量（%）					黏土矿物总量（%）
	石英	钾长石	斜长石	方解石	石膏	
dz－011	17.5	1.0	5.6	61.0	1.1	13.8
dz－012	55.3	10.5	10.2		0.9	23.1
dz－013	4.8				95.2	
dz－014	1.2				98.8	
dz－015	67.8	1.0	2.7		0.5	28.0

由附表 7－4 可知，样品 dz－011 为佛手指尖粉色修复材料，主要成分为碳酸钙（方解石），另含有一定量的石英、长石和黏土矿物。样品 dz－012 为佛手指尖泥修复填补材料，其主要成分为石英，另含一定量长石和黏土矿物。样品 dz－013 和 dz－014 为白色地仗，成分主要为石膏，另含少量石英，应为杂质。dz－015 为佛手指尖填补的泥，其成分主要为石英和黏土矿物。

附录 11　大足样可溶盐的离子色谱与能谱检测前处理

1）取样适量样块，充分研磨成粉末。

2）称取 0.5g 置于干净的小烧杯中（50ml），加入 20ml 水并使其充分搅拌。

3）将小烧杯至于加热炉上搅拌煮沸 20min，期间可加适量水（保证总体为 20ml 左右），保证样块中可溶盐充分溶解。

4）于普通漏斗上过滤，以保证过滤速度不至太快，尽可能滤除其中非可溶盐的细小颗粒。

5）收集滤液，其中一半用作离子色谱检测，另一半继续加热煮沸至其中水分完全蒸干，收集做能谱检测。

注：本处理参照土壤中可溶盐的测试标准。

$CaSO_4$的溶解度其溶解度呈特殊的先升高后降低状况。如 10℃溶解度为 0.1928g/100g 水（下同），40℃为 0.2097，100℃降至 0.1619。

附录 12　X 射线无损检测

通过软 X 射线装置对千手观音造像成像，了解千手观音的内部情况，研究风化裂隙状况和历史修复状况。

编号：18

位置：5 – 10 – S9 手指

样品描述：左手，手指外层贴金层基本完好，背面无贴金层，胎体岩石风化严重，内部可能为后期泥胎填补修复过，

拍摄条件：60KV，3mA，6min

结果：无名指中部有软弱层，可能是砂岩裂隙。

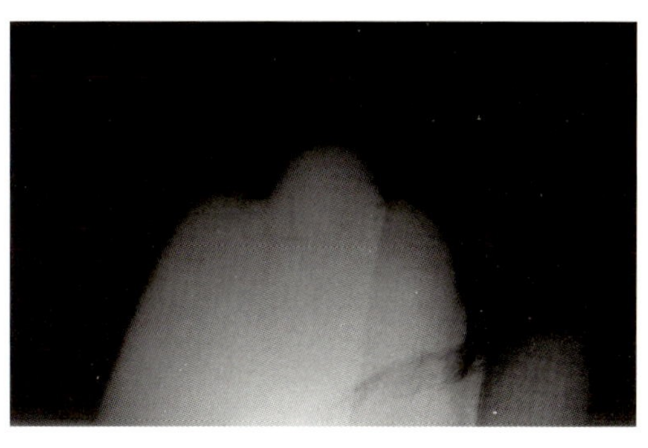

手侧面可以看到贴金层脱离胎体

编号：17

位置：5 – 11 – S5 手指和法器

样品描述：左手，手指外层贴金层基本完好，法器球胎体岩石风化严重，表面颜料层开裂。

拍摄条件：60KV，3mA，6min

结果：食指和中指及法器球石胎体内有裂隙。

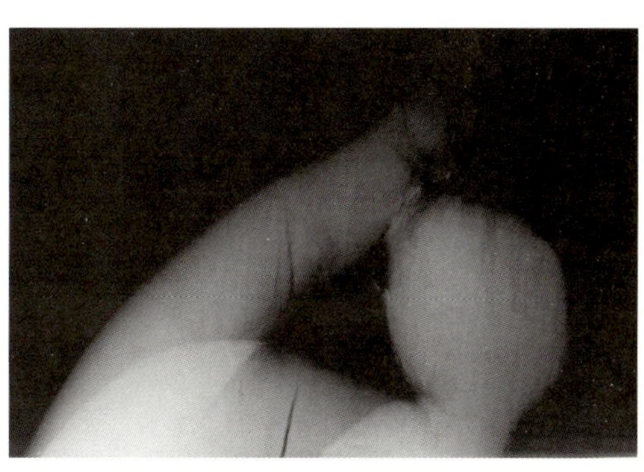

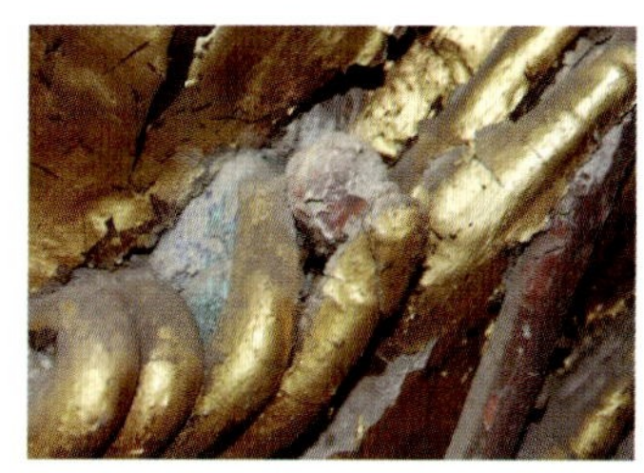

手正面可以看到法器球表面彩绘片状起甲开裂

续表

编号：16
位置：5－2－S1 手指及法器
样品描述：右手，手指外层贴金层脱离，胎体岩石风化状况不清。法器残缺一半，风化严重。
拍摄条件：60KV，3mA，6min
结果：中指根部有裂隙。

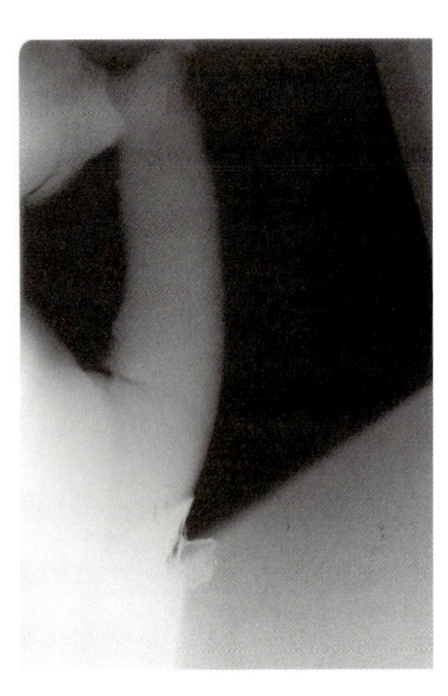

食指表面贴金层脱离下层贴金层

编号：15
位置：7－8－S5 手指
样品描述：左手，手指外层贴金层基本完好，背面无贴金层，胎体岩石风化严重，
拍摄条件：60KV，3mA，6min
结果：小拇指和无名指内部有裂隙，裂隙上砂岩较为疏松，风化严重。另外三指重叠，射线无法穿透。

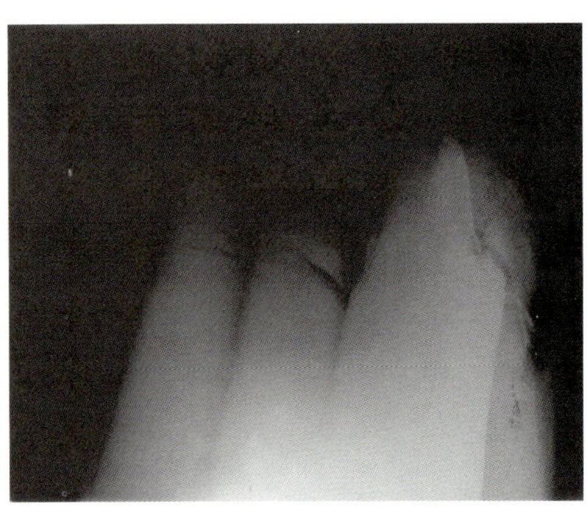

手正面

续表

编号：14
位置：7－8－S6 手
样品描述：左手，手指外层贴金层基本完好，胎体岩石风化状况不明。
拍摄条件：60KV，3mA，6min
结果：无名指中部有裂隙，另食指和中指的斜状条纹可能是冲洗痕迹。

	 手正面

编号：13
位置：7－4－S9 手指
样品描述：右手，手指外贴金层剥落严重，背面无贴金层，胎体岩石风化严重。
拍摄条件：60KV，3mA，6min
结果：中指指尖处有，反映出指尖有裂隙，中指的粉化程度严重。

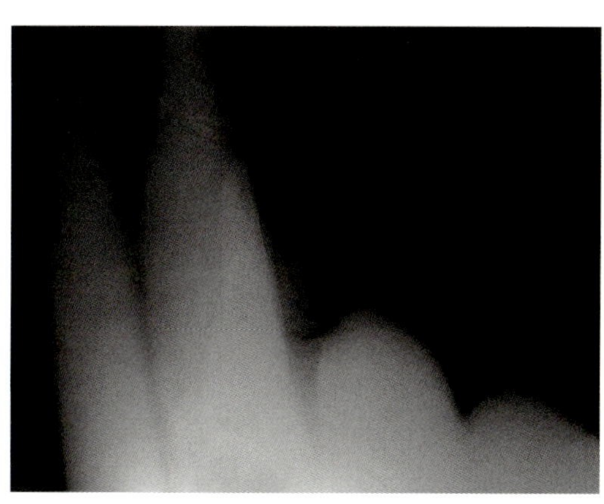	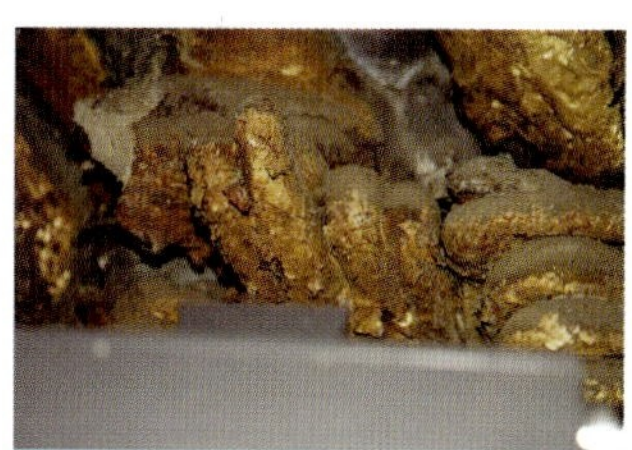 手正面可以看到贴金层剥落严重 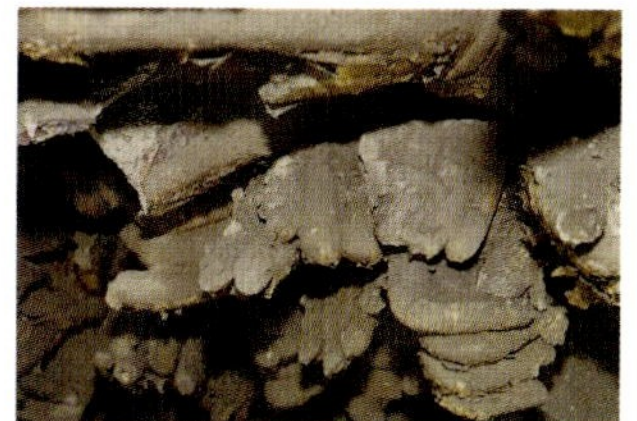 从正上方看手心风化严重

续表

编号：12
位置：6－3－S10 手指
样品描述：右手，手指外层贴金层剥落严重，胎体岩石风化状况不明。
拍摄条件：60KV，3mA，6min
结果：无名指中部有软弱层，可能是砂岩裂隙。

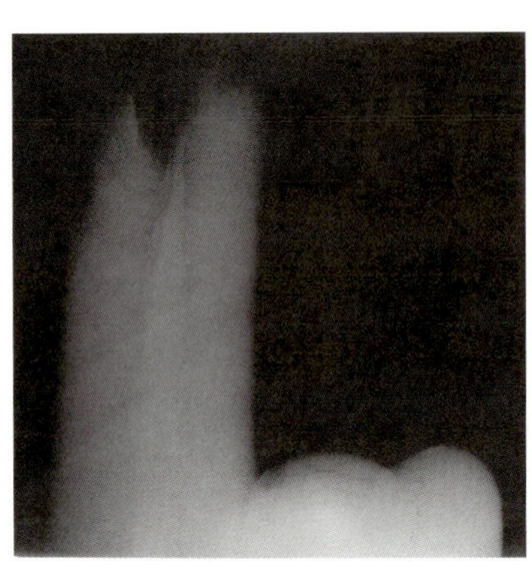

手背可以看到贴金层表面剥落严重

编号：11
位置：7－2－S7 手
样品描述：右手，手指外贴金层剥落严重，背面无贴金层，胎体岩石风化严重。
拍摄条件：60KV，3mA，6min
结果：右手小指和无名指内有裂隙，小指约 1/3 是镶嵌上去的，裂隙处即为镶嵌面。

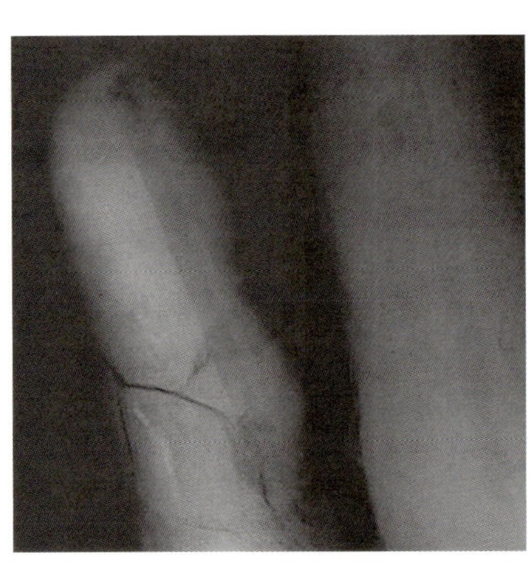

手正面可以看到贴金层剥落严重

从正上方看手心风化严重

续表

编号：10
位置：7－9－S7 法器
样品描述：胎体岩石风化严重，无强度，颜料层剥落严重。
拍摄条件：60KV，3mA，5min
结果：法器粉化严重。

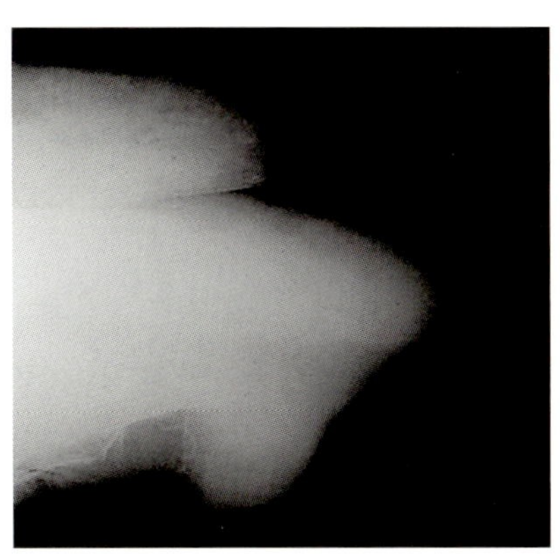

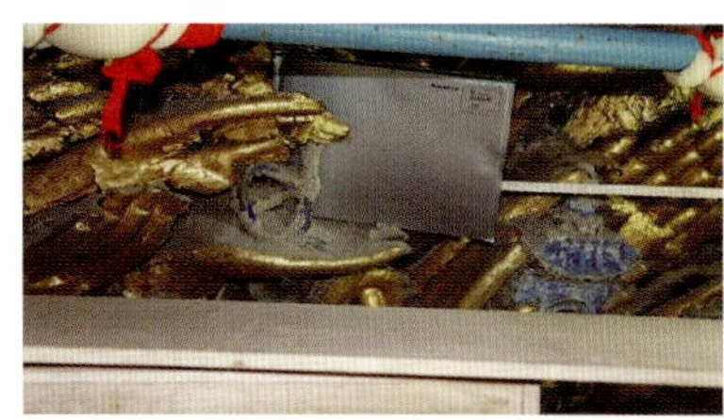

法器正面还残留少量蓝色颜料

法器背面胎体粉末状剥落严重

编号：9
位置：5－10－S11 手指
样品描述：左手拇指，手指尖有黄泥修复痕迹，露出木骨，正面贴金层完整。
拍摄条件：60KV，3mA，6min
结果：可以看到镶嵌面，补配的手指部分应为黄泥制作的。

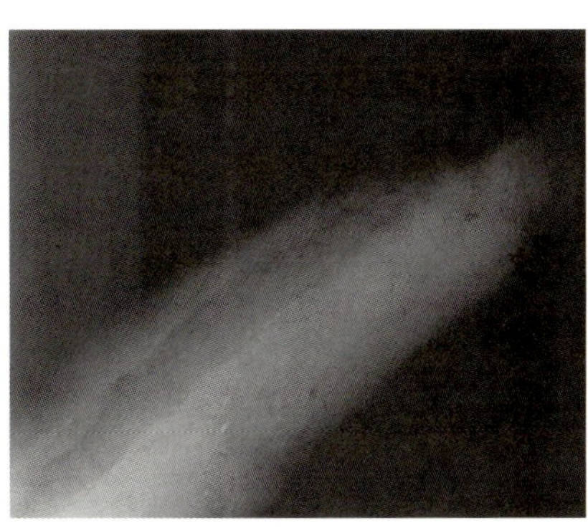

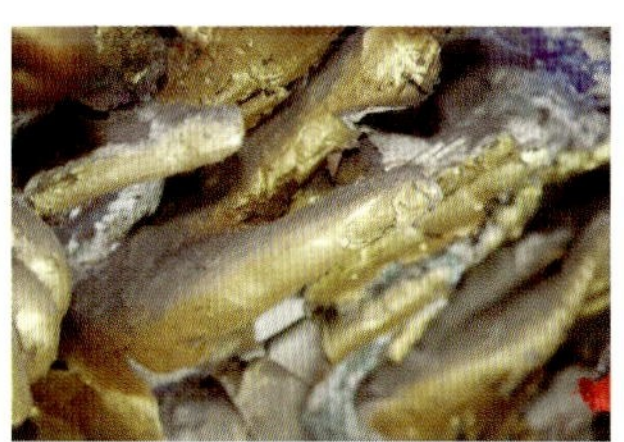

手正面

从正上方看手指内部黄泥修补痕迹

续表

编号：8
位置：7－9－S10 手指
样品描述：左手，手心手背贴金层基本完好，胎体岩石风化状况不明。
拍摄条件：60KV，3mA，6min
结果：无名指中部有软弱层，可能是砂岩裂隙。小指约 1/3 是补配后镶嵌上去的。

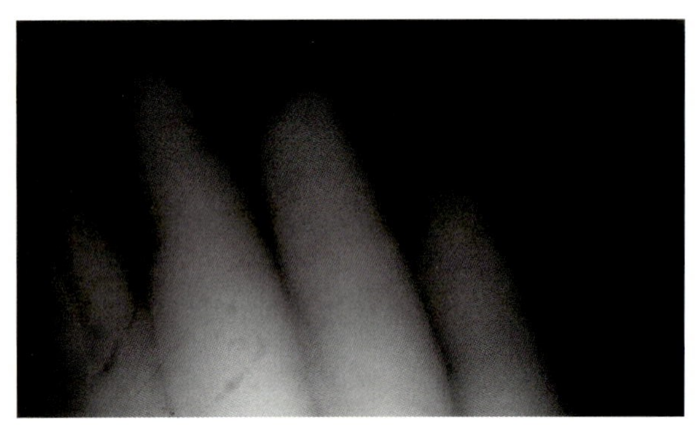

手侧面可以看到贴金层脱离胎体

编号：5
位置：4－1－S5 手指
样品描述：右手拇指，手指尖有黄泥修复痕迹，正面贴金层完整。
拍摄条件：60KV，3mA，6min
结果：拇指指尖由类似木楔子的物体固定在拇指上。

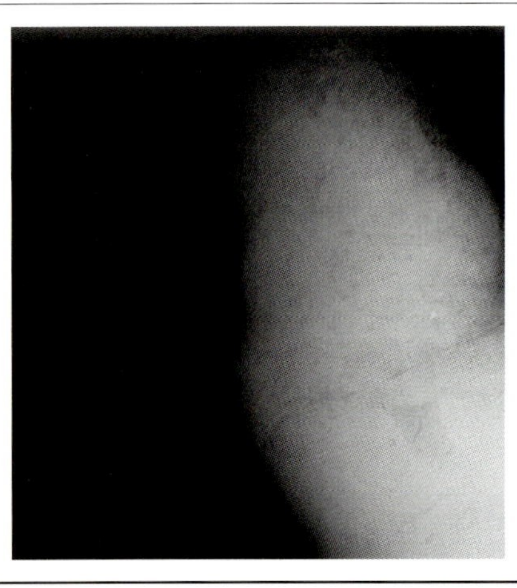

编号：3
位置：4－6 手
样品描述：主佛左手，外表完好，内部状况不明，有文字记载说明此手为后期修复。
拍摄条件：60KV，3mA，15min
结果：手为后期修复，推测内部有两根钢筋或粗铁丝作为支撑，上面缠有铁丝加固，手内部填充有填充物，外侧糊泥塑形。

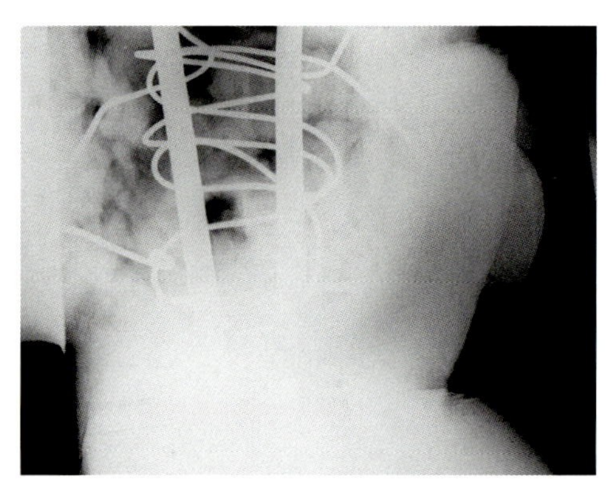

附录 13　形貌无损检测

三维视频显微形貌分析结果：

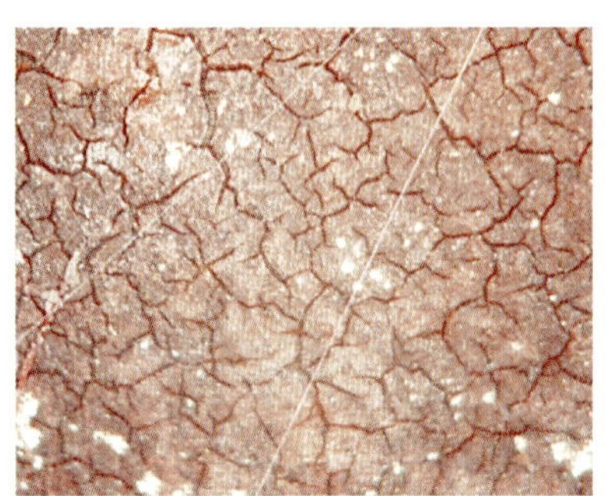

红色黏合剂层

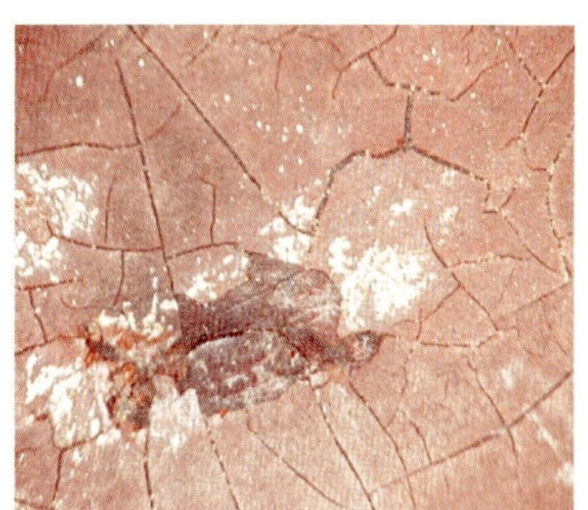

次尊 2（下）飘带右侧
红色黏合剂层破损后，露出下边的黑色黏合剂层

制造工艺痕迹

两层不同颜色的黏合剂层

主尊（下）左侧黑色黏合剂层

续表

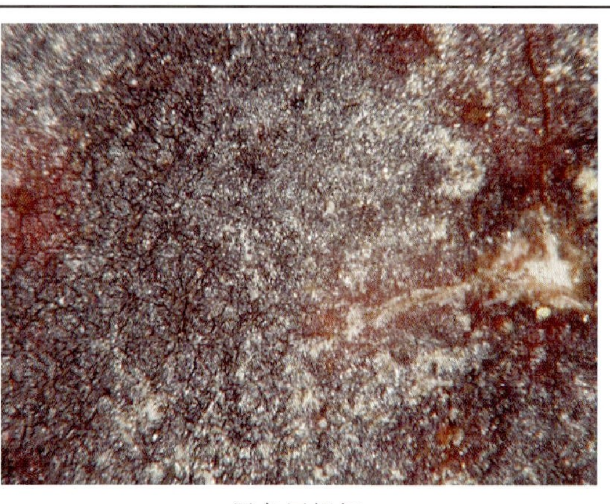

黑色层损坏

次尊 2（下）飘带右侧崩裂出的白色物质

白色物质放大

常见的四层结构

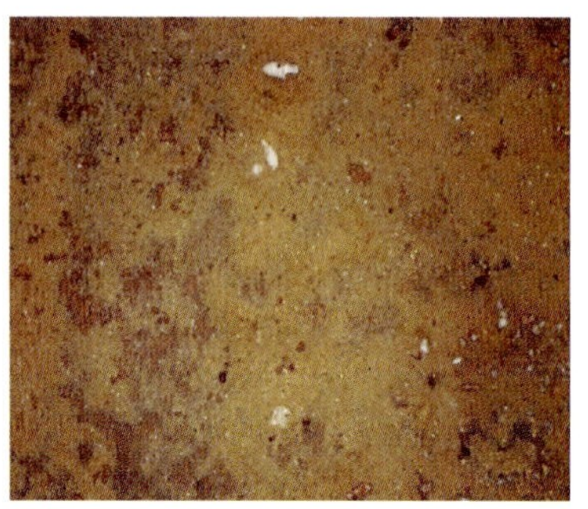

晚期修复的黄色颜料层

次尊 3（下）飘带右侧完整的金箔

次尊 2（下）飘带右侧完整的金箔，金已颗粒化。

续表

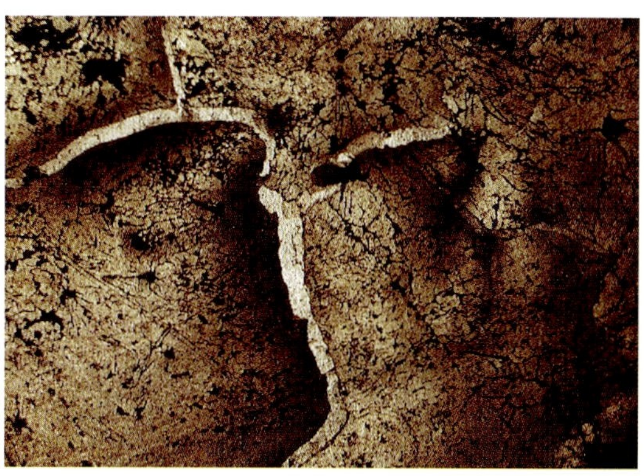
金箔破裂

大事记

1. 2008年4月24日，在重庆市文物局主持下，重庆大足石刻艺术博物馆与中国文化遗产研究院正式签订了《大足石刻千手观音造像抢救性保护工程前期勘察及方案设计协议书》。

2. 2008年5月21日，单霁翔局长率国家文物局抗震救灾检查组一行对大足石刻防灾情况、千手观音抢险保护工程及文物保护情况进行调研。在5月22日国家文物局抗震救灾重庆现场会上，单霁翔再次指出：大足石刻是世界文化遗产，保护工作备受社会各界关注。千手观音造像保护工作是世界性难题，应列为国家级重点科研课题。

3. 2008年6月17日上午，国家文物局世界遗产处处长陆琼在遗产处会议室主持召开了大足石刻千手观音造像抢救性保护工程座谈会。文物保护司副司长柴晓明出席了会议并讲了话，与会领导和专家一致认为：千手观音保护应该“先救命，后治病”。

4. 2008年6月23日，国家文物局以（文物保函［2008］611号）批准开展大足石刻千手观音造像抢救性保护工程。

5. 2008年7月12日~8月29日，中国文化遗产研究院派出现状调查工作组一行30余人进驻现场，开展千手观音造像保护现状调查工作。完成手绘病变图297张，补绘电脑图1000余张，填写病害调查记录表1000余张，对基岩、彩绘、金箔等进行了详尽的病害描述。

6. 2008年7月15~19日，中国文化遗产研究院、河海大学、北京帝测公司实施大足石刻千手观音造像近景摄影工作。

7. 2008年8月1日，陕西师范大学文物保护专家李玉虎现场察看千手观音造像保存状况。

8. 2008年8月8日，意大利大使馆合作发展处斯巴拉奇处长参观大足石刻并考察大足石刻千手观音造像抢救性保护工程。

9. 2008年8月11日，中国文化遗产研究院、重庆大足石刻艺术博物馆与大足县环保局座谈千手观音造像微环境（大气）监测相关事宜。

10. 2008年8月12日，中国文化遗产研究院、重庆大足石刻艺术博物馆与大足县气象局座谈千手观音造像微环境（气象）监测相关事宜。

11. 2008年8月20日，中国文化遗产研究院、重庆大足石刻艺术博物馆与大足县传统材料贴金老艺人座谈了解千手观音造像大漆贴金情况。

12. 2008年8月21日，全国人大副委员长兼秘书长李建国来大足考察并亲切看望参与千手观音造像抢救性保护工程现场调查的专家。

13. 2008年8月25日，国家文物局以（文物保函［2008］879号）批复关于大足石刻千手观音造像保护项目的意见。

14. 2008年9月16日，重庆市文物局在北京组织召开《大足石刻千手观音造像抢救性保护工程总体工作方案》、《大足石刻千手观音造像抢救性保护工程小环境监测与评估设计方案》、《大足石刻千手观音造像抢救性保护工程岩土体工程详细勘察工作方案》等三个方案的专家论证会，原则通过了上述三方案。

15. 2008年9月22~24日，中国地质大学（北京）现场确定千手观音造像凝结水监测设备布设情况。

16. 2008年10月8日，重庆市文化广播电视局以（渝文广行管［2008］-153号）关于《大足石刻千手观音造像抢救性保护工程总体工作方案》等三个方案的批复。

17. 2008年10月16~11月11日，完成了大足石刻千手观音造像中有代表性的2个试验点位的贴金及彩绘工艺调查；同时选用新石雕聘请当地老艺人实施了传统工艺的贴金试验。

18. 2008年10月7~18日，中国地质大学（北京）安装千手观音微环境凝结水定量测量装置。

19. 2008年10月11日~11月16日，中国地质大学（武汉）通过地质调查、钻探、地质雷达、地震反射波勘测、钻孔电视勘察等手段，完成千手观音造像岩土体地质详勘的现场工作。

20. 2008年10月16~28日，北京大川机械电子设备有限公司完成千手观音造像小环境气体监测仪器（氮氧化物、二氧化硫、一氧化碳、二氧化碳）安装调试工作。

21. 2008年11月8~21日，天津气象仪器厂完成千手观音造像气象及岩体温度监测仪器（温度、湿度、风速）安装调试工作。

22. 2008年11月17日~12月18日，为配合千手观音造像抢救性保护工程的顺利实施，中国文化遗产研究院组织13人对川渝地区23处石刻近1300龛造像的贴金、彩绘工艺及病害情况进行了实地调查研究。

23. 2008年11月2日，中国文化遗产研究院院长张廷皓现场考察千手观音保护工程开展情况。

24. 2008年11月5日，重庆市副市长谭栖伟在重庆市文物局副局长程武彦、大足县委书记江涛的陪同下现场考察千手观音造像保护工程。

25. 2008年11月26~27日，意大利外交部合作发展司以及文物保护专家米凯利教授等来考察千手观音造像抢救性保护工程。

26. 2008年12月19日，国家文物局副局长童明康一行对大足石刻文物保护情况及千手观音抢救性保护工程文物保护情况进行调研。他指出：近年来，千手观音造像抢救性保护工程在中国文化遗产研究院、重庆市文物局、大足县委县政府的高度重视下，前期调查工作卓有成效，项目真正实现了多学科参与，技术线路清楚、正确，各种实验、基础调查很是到位，工艺修复也是各方面应该可以接受的。

27. 2009年2月16日~4月6日，在前期勘察研究的基础上，选取了千手观音造像上下左右不同区域的10只病害特征典型的手实施工艺修复实验。编制完成《大足石刻千手观音造像抢救性保护工程彩绘及金箔修复加固工艺调查报告》。

28. 2009年4月1~4日，中国文化遗产研究院、北京建筑工程学院、武汉大学对千手观音造像5-2-S5手采用三维扫描技术，进行信息留取试点。

29. 2009年4月7日，中国文化遗产研究院院长顾玉才调研大足石刻千手观音造像抢救性保护工程，并参加大足石刻千手观音造像抢救性保护工程工艺修复试验专家评审会。

30. 2009年4月7日，重庆市文物局组织专家（黄克忠、陆寿麟、马家郁、王立平）在大足石刻艺术博物馆会议室对千手观音造像工艺修复试验进行评审，专家们一致肯定，目前正在开展的工艺修复试验技术路线合理，修复工艺严谨，符合文物保护要求，试验效果良好。

31. 2009年4月22日至今，重庆大足石刻艺术博物馆定期对千手观音造像工艺修复试验区域进行监测。

32. 2009年4月17～19日，中国地质大学（北京）实施大足石刻千手观音造像凝结水监测。

33. 2009年4月20～23日，中国文化遗产研究院、北京大川机械设备有限公司调试大足石刻千手观音造像小环境气体监测仪器。

34. 2009年4月23日，国家文物局副局长张柏在院党委书记朱晓东一行专程赴大足石刻宝顶山文物区对千手观音造像抢救性保护工程及大足石刻文物保护情况进行了调研。

35. 2009年5月1日～2010年4月，敦煌研究院在兰州材料实验室继续进行加固和粘接材料的理化性能及老化试验。

36. 2009年5月14日，中国文化遗产研究院、天津气象仪器厂相关人员检查千手观音微环境（气象）监测设备。

37. 2009年7月18～19日，中国文化遗产研究院研究人员现场察看了解千手观音造像前期勘察工作情况。

38. 2009年8月10日，重庆市文物局、重庆大足石刻艺术博物馆到国家文物局文物保护司世界遗产处汇报大足石刻千手观音造像抢救性保护工程前期勘察工作。

39. 2009年8月19日～9月30日，中国地质大学（武汉）实施千手观音造像凝结水监测前期准备工作。

40. 2009年8月20日，国家文物局文物保护司司长关强现场调研大足石刻千手观音造像抢救性保护工程开展情况。

41. 2009年8月26日，重庆市文物局组织专家在北京对《大足石刻千手观音造像抢救性保护工程三维测绘方案》、《大足石刻千手观音造像抢救性保护工程传统漆工艺修复试验方案》、《大足石刻千手观音造像抢救性保护工程风化砂岩加固试验方案》进行评审，原则通过了上述方案。

42. 2009年9月3日，重庆市文物局（渝文广行管［2009］-149号）批复《大足石刻千手观音造像抢救性保护工程三维测绘方案》、《大足石刻千手观音造像抢救性保护工程传统漆工艺修复试验方案》、《大足石刻千手观音造像抢救性保护工程风化砂岩加固试验方案》等三个方案。

43. 2009年9月12～18日，中国文化遗产研究院和清华大学的相关研究人员在现场察看千手观音工艺修复试验效果，并为实施传统材料大漆贴金试验作相关准备工作。

44. 2009年10月22日，敦煌研究院专家现场察看大足石刻千手观音造像工艺修复实验效果情况。

45. 2009年10月30日～11月3日，参加2009'中国重庆大足石刻国际学术研讨会暨大足石刻列入《世界遗产名录》10周年纪念会的保护专题学术交流会上，以大足石刻千手观音造像抢救性保护研究为专题，各参与单位和个人分别介绍了所承担项目取得的研究进展（论文13篇）。参会代表现场察看了千手观音造像保护工程工作情况，国内外保护专家对所作的工作给予了高度评价。

46. 2009年11月22日，中国地质大学（武汉）对千手观音造像岩壁实施红外热成像扫描，对千手观音造像岩体的含水率进行了进一步探测研究。

47. 2009年11月27日～12月1日，中国文化遗产研究院和北京大学合作分别在实验室和现场实施风化岩体加固材料试验。

48. 2009年9月25日～12月15日，中国文化遗产研究院、清华大学美术学院漆艺实验室，搭建荫房，实施传统材料大漆贴金工艺试验及金箔回贴对比试验。

49. 2009 年 12 月 28 日 ~ 2010 年 2 月 1 日，中国文化遗产研究院、重庆大足石刻艺术博物馆合作在大悲阁保护现场工作室对传统工艺以及传统材料在标本上做金箔回贴试验；现场环境模拟修复应用试验。

50. 2010 年 1 月 8 日，中国艺术研究院梁远教授现场指导千手观音造像传统材料大漆贴金试验。

51. 2010 年 2 月 13 日，中编办、国务院秘书局、国家文物局领导调研大足石刻，同时察看千手观音造像保护工程情况。

52. 2010 年 2 月 1 ~ 2 日，国家文物局世界遗产处处长唐炜率专家组（黄克忠、苏伯民、郑军）一行 5 人现场考察大足石刻千手观音造像抢救性保护工程工作情况。

53. 2010 年 2 月 27 日，中国文化遗产研究院、敦煌研究院、重庆大足石刻艺术博物馆在中国文化遗产研究院三楼会议室召开了“大足石刻千手观音造像抢救性保护工程 2010 年工作计划及工作经费安排”工作会。

54. 2010 年 3 月 5 日，中国文化遗产研究院和清华大学环境学院研究人员现场考察大足石刻千手观音造像抢救性保护工程微环境监测工作情况。

55. 2010 年 3 月 9 日，国家文物局以（文物保函［2010］168 号）下发了《关于加强大足石刻千手观音保护工作的函》。

56. 2010 年 3 月 29 日，中央电视台教育频道拍摄大足石刻千手观音造像抢救性保护工程开展情况。

57. 2010 年 4 月 2 日，中国文化遗产研究院、北京大学、武汉大学、东南大学联合对大足石刻千手观音造像本体及周边风化砂岩、大漆层、金箔、彩绘、尘土进行取样。

58. 2010 年 4 月 8 ~ 25 日，中国文化遗产研究院、重庆大足石刻艺术博物馆联合制作大足石刻砂岩大漆贴金试验块样品。

59. 2010 年 4 月 13 日，中国地质大学（武汉）再次对千手观音造像岩壁实施红外热成像扫描，对千手观音造像岩体的含水率进行了进一步探测研究。

60. 2010 年 4 月 23 日 ~ 5 月 25 日，中国文化遗产研究院实施大足石刻千手观音造像雕刻品稳定性测试评估（X 光探伤分析）。

61. 2010 年 5 月 8 日，国家文物局教育培训处、光明日报记者等考察大足石刻千手观音造像抢救性保护工程前期研究情况。

62. 2010 年 5 月 9 ~ 10 日，中国文化遗产研究院、敦煌研究院、重庆大足石刻艺术博物馆共同选择大足石刻千手观音造像抢救性保护工程中期试验区域。

63. 2010 年 5 月 15 日，在中国文化遗产研究院三楼会议室召开“大足石刻千手观音造像抢救性保护工程工作进度交流会”。

64. 2010 年 5 月 19 日 ~ 6 月初，敦煌研究院修复专家对 2008 年和 2009 年实施的前期修复试验区域出现的局部问题进行现场处理。

65. 2010 年 5 月 20 日，向重庆市文物局上报《大足石刻千手观音造像抢救性保护工程 2010 年总体工作方案》。

66. 2010 年 5 月 20 ~ 29 日，中国文化遗产研究院、北京建筑工程学院、北京帝测公司合作实施千手观音造像中期试验区域和主尊像三维激光扫描。

67. 2010 年 5 月 21 ~ 27 日，清华大学环境化学研究所实施千手观音造像小环境监测（二氧化硫、氮氧化物、臭氧）设备安装及调试工作。

68. 2010年5月21日至今，中国地质大学（武汉）实施大足石刻千手观音造像凝结水监测工作。

69. 2010年5月26~29日，中国文化遗产研究院、北京大学技术人员现场察看2009年11月实施的千手观音造像风化砂岩加固效果。

70. 2010年6月7日，中国文化遗产研究院、敦煌研究院、重庆大足石刻艺术博物馆在中国文化遗产研究院三楼会议室联合对将要上报的中试技术方案进行评审。

71. 2010年6月29日，重庆市文物局副局长程武彦在北京主持召开了大足石刻千手观音造像抢救性保护工程《中期修复试验技术方案及修复加固材料评价》和《贴金层漆工艺中期修复试验技术方案》专家评审会。经专家们认真评审认为：以上两方案注重利用前期调查取得的数据和结果，借鉴前期修复试验取得的经验，在风化砂岩加固和金箔回贴方面进行了大量有效的实验室和现场试验，技术路线合理，试验论证工作扎实，工艺和技术方法可靠，充分考虑了千手观音保存环境的特点，材料适用性强，符合文物保护要求。并同意按这两个方案进行中期修复试验。

72. 2010年7月6~8日，中国文化遗产研究院研究人员现场察看了解千手观音造像中期修复试验区域情况，并为即将开展的中期试验工作作准备；同时察看期间修复试验效果。

73. 2010年9月20日，国家文物局以（文物保函［2010］984号）批复《大足石刻千手观音造像抢救性保护工程中期修复试验方案》。

74. 2010年9月4日~2011年1月10日，中国文化遗产研究院、敦煌研究院与重庆大足石刻艺术博物馆共同实施千手观音造像抢救性保护工程中期修复试验工作。在充分总结前期试验的基础上，选择千手观音造像最上部左右两侧作为修复加固试验部位，所选择部位各包含10只手和4个彩绘。岩体严重风化，金箔脱落以及彩绘风化等多种典型病害。所选择部位编号为9-2和9-10区域。

75. 2010年10月9日，新华社记者在千手观音修复现场拍摄中期修复试验工作开展情况。

76. 2010年10月，大足县电视台现场采访千手观音中期修复试验。

77. 2010年10月15日，大足县县级离退休老干部调研大足石刻千手观音造像抢救性保护工程，现场考察后对千手观音造像保护工程开展情况及保护效果表示满意。

78. 2010年10月23日，潼南县大佛寺景区管委会一行7人到千手观音现场考察大足石刻千手观音造像抢救性保护工程。

79. 2010年11月9日，国家文物局人事司副司长黄元考察大足石刻千手观音造像抢救性保护工程。

80. 2010年11月12日，在中国文化遗产研究院三楼会议室召开了《大足石刻千手观音造像抢救性保护工程中期修复试验工作进展情况汇报会》，会议由中国文化遗产研究院副院长柴晓明主持。

81. 2010年11月15日，重庆晨报记者现场拍摄千手观音造像抢救性保护工程中期修复试验工作。

82. 2011年1月1日，重庆市委领导对大足石刻千手观音造像保护工作作出重要指示，明确要求通过科学规划，将大足石刻打造成世界级有震撼力的文化旅游精品 。2011年1月2日，根据指示，重庆市文物局组织召开千手观音造像保护工程、大足石刻保护规划等项目工作会。

83. 2011年1月15日，重庆市政府副市长谭栖伟、重庆市文物局副局长程武彦到北京给国家文物局局长单霁翔汇报大足石刻千手观音造像抢救性保护工程。

84. 2011 年 1 月 8 日，敦煌研究院技术人员一行 12 人考察千手观音造像保护工程。

85. 2011 年 1 月 21 日，由中国文化遗产研究院组织的大足石刻千手观音造像抢救性保护工程中期修复试验通过了专家验收。国家文物局副局长童明康对中期修复试验成果给与积极评价，并对做好下一步工作做了重要指示。

86. 2011 年 1 月 23 日，重庆市委领导在重庆会见国家文物局副局长童明康，就世界文化遗产大足石刻千手观音造像保护工作进行了会谈。

87. 2011 年 1 月 30 日，中国文化遗产研究院、大足县县委给重庆市政府汇报大足石刻千手观音抢救性保护工程实施情况。

88. 2011 年 2 月 16 日，中国文化遗产研究院、大足县县委给重庆市政府（黄奇帆）汇报大足石刻千手观音造像抢救性保护工程实施情况。

89. 2011 年 2 月 19 ~ 20 日在中国文化遗产研究院三楼会议室对千手观音抢救性保护工程总体修复方案进行内部预评审。

90. 2011 年 2 月 21 日，大足石刻千手观音造像抢救性保护工程前期研究工作汇报会在中国文化遗产研究院举行。现场勘查、地质勘察、凝结水监测、近景摄影测量及高清晰图定性件制作、三维信息留取与虚拟修复效果展示、病害破坏机理、雕刻部位稳定性测试评估、环境监测、修复材料的老化试验及室内评价、修复试验等 14 个研究报告展示了项目组在两年半时间里取得的成果。

91. 2011 年 2 月 22 日，《大足石刻千手观音造像抢救性保护工程总体修复方案》在北京通过专家评审。

92. 2011 年 3 月 3 日，中国文化遗产研究院、北京建筑工程学院、北京帝测公司联合开展千手观音造像中期修复试验区域三维扫描。

93. 2011 年 3 月 15 日，文物出版社、国家文物局信息中心领导考察千手观音造像抢救性保护工程。

94. 2011 年 3 月 16 日，国家文物局以（文物保函［2011］262 号）批准大足石刻千手观音造像抢救性保护工程总体修复方案。

95. 2011 年 3 月 25 日，由国家文物局、重庆市文物局主办，中国文化遗产研究院和重庆大足石刻艺术博物馆承办的“2011 年度彩绘贴金石质文物专项保护修复技术培训班”在大足石刻艺术博物馆“石质文物保护中心”开学。学员结业后，将作为技术骨干，参加国家文物局石质文物保护 1 号工程—大足石刻千手观音造像抢救性保护工程。

96. 2011 年 4 月 1 日，重庆电视台拍摄 4 · 18 千手观音造像抢救性保护工程启动仪式相关资料。

97. 2011 年 4 月 4 日，重庆电视台拍摄 4 · 18 千手观音造像抢救性保护工程启动仪式相关资料。采访项目负责人詹长法研究员关于千手观音造像抢救性保护工程开展情况。

98. 2011 年 4 月 18 日上午，大足石刻千手观音造像抢救性保护工程启动仪式在重庆大足举行。

后　记

本书是对大足石刻千手观音石刻造像抢救性保护工程在2008年7月~2011年2月间各项前期研究工作的整理与总结，内容涉及大足石刻千手观音造像的保护与工艺研究、现状调查、监测分析、试验等多学科领域，相关研究与成果为千手观音石刻造像抢救性保护工程的顺利开展的提供了重要支撑。

本书的编撰得到了中国文化遗产研究院的高度重视，被列为中国文化遗产研究院2015年的重点工作，也得到了各合作机构、单位的大力配合，其中：

前言及第8章由中国文化遗产研究院詹长法、徐琪歆整理；

第1章第1、2节由大足石刻研究院李小强执笔，第3节由大足石刻研究院赵岗、蒋晓菁执笔；

第2章第1节由大足石刻研究院陈卉丽执笔，第2节由中国文化遗产研究院吴育华执笔，第3节由中国文化遗产研究院杨淼执笔，第4节由中国文化遗产研究院王珊执笔；第四章由中国地质大学方云执笔；

第4章第1、2节由清华大学张彭仪执笔，第3、4、5节中国地质大学方云执笔；

第5章第1节、第3节由敦煌博物院程博执笔，第2节由洛阳古代艺术博物馆苏东黎执笔、整理，第4节由中国文化遗产研究院李元涛执笔；

第6章由中国文化遗产研究院高峰、田兴玲执笔；

第7章第1节第1部分由北京大学周双林执笔、第2部分由敦煌研究院苏伯民执笔，第2节由段修业、程博执笔；

第9章由中国文化遗产研究院詹长法、张可整理。

本书的编辑工作始于2014年下半年，参与本书编辑、整理、校对工作的主要人员有徐琪歆、张可、高雅、凌冰等。

在此感谢国家文物局，重庆市文物局和大足区委、区政府对该项目的指导与支持，感谢国家文物局专家组及多家科研单位对前期研究的技术支撑与关爱和包容，感谢两家研究的无缝对接和密切合作，一切成果和进步归于全体参与人员的无私奉献和崇高的责任心。

由于千手观音造像保护修复工程前期研究内容丰富、工作量大，参与前期研究人员众多，受篇幅所限无法一一提名，在此对各位参与者的辛苦劳动和热心配合，表示由衷的感谢。

受自身能力、水平所限，书中如有疏漏、错误之处，还请各界学者、读者批评指正、不吝赐教。

编委会

2015年5月于北京

主要参加单位及人员

项目负责人：詹长法

主要参加人员：

中国文化遗产研究院

王金华　高　峰　吴育华　胡　源　杨　淼　张晓彤　付永海　王　珊　高　雅　宗　树
程　博　张　可　陈　璐　李元涛　马菁毓　田兴玲　刘意鸥　李园园　张俊杰

大足石刻研究院

黎方银　陈小平　陈卉丽　席周宽　蒋思维　韩秀兰　冯太彬　毛世福　周　颖

敦煌研究院

苏伯民　段修业　乔兆广　黄　伟　郝尚飞　何　卫　岳　阳

中国地质大学（武汉）

方　云　周伟强　谭松林　伏学智

清华大学

张彭义　王　娟　向　丽　周剑石

北京大学

周双林　杨　琴　闫海涛　张鹏宇

北京帝测科技发展有限公司

侯妙乐　胡云岗　魏利永　卢广宇　张玉敏　胡丽丽

河海大学

陈建华

大足学研究文库甲种第二号
中国文化遗产研究院·文物保护工程与规划系列·2015年

大足石刻千手观音造像抢救性保护工程前期研究

（下册）

大足石刻研究院
中国文化遗产研究院 编

文物出版社

编写说明

大足石刻千手观音造像高7.712m，宽10.927m，为了记录和量化千手观音的表层保存状况，主要通过绘图及数据采录对其进行病害记录，并借鉴田野考古的探方划分和编排方法，以网格为单位进行调查工作。图册按大足石刻千手观音造像的正射影像全图、区域图、手（及法器）图、病害图等4个部分进行展示。

编号规则：将正射影像全图以二维坐标定位的方法进行区域划分，如“4－5区”、“7－9区”。再次以区域号为索引，按从下至上，再从左至右的顺序标识出该区域手及法器的位置，便于造像前期研究阶段病害调查等工作的开展。

命名规则：造像每个区域内“手”及“法器”的编号采取“区域号+手（法器）号”的方式实现，X－X区为划分区域，S代表手，B代表臂，F代表法器。

例如：“7－10－S10”为“7－10区”中的第10只手；“6－3－F6”为“6－3区”中的第6件法器。

彩版目录

图1　千手观音造像1－1区域正射影像图 ………………………………（1）
图2　千手观音造像1－2区域正射影像图 ………………………………（2）
图3　千手观音造像1－3区域正射影像图 ………………………………（3）
图4　千手观音造像1－4区域正射影像图 ………………………………（4）
图5　千手观音造像1－5区域正射影像图 ………………………………（5）
图6　千手观音造像1－6区域正射影像图 ………………………………（6）
图7　千手观音造像1－7区域正射影像图 ………………………………（7）
图8　千手观音造像1－8区域正射影像图 ………………………………（8）
图9　千手观音造像1－9区域正射影像图 ………………………………（9）
图10　千手观音造像1－10区域正射影像图 ………………………………（10）
图11　千手观音造像1－11区域正射影像图 ………………………………（11）
图12　千手观音造像2－1区域正射影像及手、法器编号图 ………………………………（12）
图13　千手观音造像2－2区域正射影像及手、法器编号图 ………………………………（13）
图14　千手观音造像2－3区域正射影像及手编号图 ………………………………（15）
图15　千手观音造像2－4区域正射影像图 ………………………………（16）
图16　千手观音造像2－5区域正射影像及手、法器编号图 ………………………………（17）
图17　千手观音造像2－6区域正射影像图 ………………………………（18）
图18　千手观音造像2－7区域正射影像及手、法器编号图 ………………………………（19）
图19　千手观音造像2－8区域正射影像及手、法器编号图 ………………………………（20）
图20　千手观音造像2－9区域正射影像及手编号图 ………………………………（21）
图21　千手观音造像2－10区域正射影像及手、法器编号图 ………………………………（23）
图22　千手观音造像2－11区域正射影像及手编号图 ………………………………（24）
图23　千手观音造像3－1区域正射影像及手编号图 ………………………………（25）
图24　千手观音造像3－2区域正射影像及手、法器编号图 ………………………………（27）
图25　千手观音造像3－3区域正射影像及手、法器编号图 ………………………………（31）
图26　千手观音造像3－4区域正射影像及手编号图 ………………………………（34）
图27　千手观音造像3－5区域正射影像及手、法器编号图 ………………………………（36）
图28　千手观音造像3－6区域正射影像及手编号图 ………………………………（38）
图29　千手观音造像3－7区域正射影像及手编号图 ………………………………（40）

图 30 千手观音造像 3－8 区域正射影像及手、法器编号图 …………………………………… (42)
图 31 千手观音造像 3－9 区域正射影像及手、法器编号图 …………………………………… (44)
图 32 千手观音造像 3－10 区域正射影像及手、法器编号图 ………………………………… (47)
图 33 千手观音造像 3－11 区域正射影像及手、法器编号图 ………………………………… (49)
图 34 千手观音造像 4－1 区域正射影像及手、法器编号图 …………………………………… (51)
图 35 千手观音造像 4－2 区域正射影像及手、法器编号图 …………………………………… (54)
图 36 千手观音造像 4－3 区域正射影像及手、法器编号图 …………………………………… (57)
图 37 千手观音造像 4－4 区域正射影像及手、法器编号图 …………………………………… (61)
图 38 千手观音造像 4－5 区域正射影像及手、法器编号图 …………………………………… (64)
图 38 千手观音造像 4－6 区域正射影像及手、法器编号图 …………………………………… (66)
图 39 千手观音造像 4－7 区域正射影像及手、法器编号图 …………………………………… (67)
图 40 千手观音造像 4－8 区域正射影像及手、法器编号图 …………………………………… (69)
图 41 千手观音造像 4－9 区域正射影像及手、法器编号图 …………………………………… (73)
图 42 千手观音造像 4－10 区域正射影像及手、法器编号图 ………………………………… (78)
图 43 千手观音造像 4－11 区域正射影像及手、法器编号图 ………………………………… (82)
图 44 千手观音造像 5－1 区域正射影像及手、法器编号图 …………………………………… (86)
图 45 千手观音造像 5－2 区域正射影像及手、法器编号图 …………………………………… (89)
图 46 千手观音造像 5－3 区域正射影像及手、法器编号图 …………………………………… (94)
图 47 千手观音造像 5－4 区域正射影像及手、法器编号图 …………………………………… (98)
图 48 千手观音造像 5－5 区域正射影像及手、法器编号图 …………………………………… (102)
图 49 千手观音造像 5－6 区域正射影像及手编号图 ………………………………………… (106)
图 50 千手观音造像 5－7 区域正射影像及手编号图 ………………………………………… (108)
图 51 千手观音造像 5－8 区域正射影像及手、法器编号图 …………………………………… (111)
图 52 千手观音造像 5－9 区域正射影像及手、法器编号图 …………………………………… (115)
图 53 千手观音造像 5－10 区域正射影像及手、法器编号图 ………………………………… (118)
图 54 千手观音造像 5－11 区域正射影像及手、法器编号图 ………………………………… (122)
图 56 千手观音造像 6－1 区域正射影像及手、法器编号图 …………………………………… (127)
图 57 千手观音造像 6－2 区域正射影像及手、法器编号图 …………………………………… (130)
图 58 千手观音造像 6－3 区域正射影像及手、法器编号图 …………………………………… (135)
图 59 千手观音造像 6－4 区域正射影像及手、法器编号图 …………………………………… (139)
图 60 千手观音造像 6－5 区域正射影像及手、法器编号图 …………………………………… (143)
图 61 千手观音造像 6－6 区域正射影像及手、法器编号图 …………………………………… (146)
图 62 千手观音造像 6－7 区域正射影像及手、法器编号图 …………………………………… (148)
图 63 千手观音造像 6－8 区域正射影像及手、法器编号图 …………………………………… (151)
图 64 千手观音造像 6－9 区域正射影像及手、法器编号图 …………………………………… (155)
图 65 千手观音造像 6－10 区域正射影像及手、法器编号图 ………………………………… (159)
图 66 千手观音造像 6－11 区域正射影像及手、法器编号图 ………………………………… (163)
图 67 千手观音造像 7－1 区域正射影像及手、法器编号图 …………………………………… (165)
图 68 千手观音造像 7－2 区域正射影像及手、法器编号图 …………………………………… (168)

图69 千手观音造像7－3区域正射影像及手、法器编号图 ……………………………… (171)
图70 千手观音造像7－4区域正射影像及手、法器编号图 ……………………………… (176)
图71 千手观音造像7－5区域正射影像及手、法器编号图 ……………………………… (180)
图72 千手观音造像7－6区域正射影像及手、法器编号图 ……………………………… (184)
图73 千手观音造像7－7区域正射影像及手、法器编号图 ……………………………… (188)
图74 千手观音造像7－8区域正射影像及手、法器编号图 ……………………………… (191)
图75 千手观音造像7－9区域正射影像及手、法器编号图 ……………………………… (195)
图76 千手观音造像7－10区域正射影像及手、法器编号图 …………………………… (199)
图77 千手观音造像7－11区域正射影像及手、法器编号图 …………………………… (202)
图78 千手观音造像8－1区域正射影像及手编号图 ……………………………………… (205)
图79 千手观音造像8－2区域正射影像及手、法器编号图 ……………………………… (207)
图80 千手观音造像8－3区域正射影像及手、法器编号图 ……………………………… (210)
图81 千手观音造像8－4区域正射影像及手、法器编号图 ……………………………… (213)
图82 千手观音造像8－5区域正射影像及手、法器编号图 ……………………………… (217)
图83 千手观音造像8－6区域正射影像及手、法器编号图 ……………………………… (222)
图84 千手观音造像8－7区域正射影像及手、法器编号图 ……………………………… (226)
图85 千手观音造像8－8区域正射影像及手、法器编号图 ……………………………… (230)
图86 千手观音造像8－9区域正射影像及手、法器编号图 ……………………………… (234)
图87 千手观音造像8－10区域正射影像及手、法器编号图 …………………………… (239)
图88 千手观音造像8－11区域正射影像及手、法器编号图 …………………………… (243)
图89 千手观音造像9－1区域正射影像图 ………………………………………………… (245)
图90 千手观音造像9－2区域正射影像及手、法器编号图 ……………………………… (246)
图91 千手观音造像9－3区域正射影像及手、法器编号图 ……………………………… (249)
图92 千手观音造像9－4区域正射影像及手、法器编号图 ……………………………… (252)
图93 千手观音造像9－5区域正射影像及手、法器编号图 ……………………………… (255)
图94 千手观音造像9－6区域正射影像及手、法器编号图 ……………………………… (259)
图95 千手观音造像9－7区域正射影像及手、法器编号图 ……………………………… (262)
图96 千手观音造像9－8区域正射影像及手、法器编号图 ……………………………… (266)
图97 千手观音造像9－9区域正射影像及手、法器编号图 ……………………………… (269)
图98 千手观音造像9－10区域正射影像及手、法器编号图 …………………………… (273)
图99 千手观音造像9－11区域正射影像及手编号图 …………………………………… (277)

插页目录

图1　千手观音造像正射影像全图 …… (1)
图2　千手观音造像线图 …… (2)
图3　千手观音造像区域图 …… (3)
图4　千手观音造像手编号图 …… (4)
图5　千手观音造像手编号图局部 …… (5)
图6　千手观音造像前人修复类型图 …… (6)
图7　千手观音造像病害术语与图示总图 …… (7)
图8　千手观音造像石质病害总图 …… (8)
图9　千手观音造像石质病害总图局部 …… (9)
图10　千手观音造像石质残缺图 …… (10)
图11　千手观音造像石质断裂图 …… (11)
图12　千手观音造像石质粉化剥落图 …… (12)
图13　千手观音造像石质片状剥落图 …… (13)
图14　千手观音造像石质尘土、涂覆图 …… (14)
图15　千手观音造像石质空鼓、渗水图 …… (15)
图16　千手观音造像金箔病害总图 …… (16)
图17　千手观音造像金箔病害总图局部 …… (17)
图18　千手观音造像金箔脱落、地仗脱落图 …… (18)
图19　千手观音造像金箔分层开裂卷曲图 …… (19)
图20　千手观音造像金箔分层开裂卷曲图局部 …… (20)
图21　千手观音造像金箔点状脱落图 …… (21)
图22　千手观音造像金箔点状脱落图局部 …… (22)
图23　千手观音造像金箔起翘图 …… (23)
图24　千手观音造像金箔尘土图 …… (24)
图25　千手观音造像金箔崩裂、空鼓图 …… (25)
图26　千手观音造像金箔烟熏、涂覆图 …… (26)
图27　千手观音造像彩绘病害总图 …… (27)
图28　千手观音造像彩绘病害总图局部 …… (28)
图29　千手观音造像彩绘地仗脱落图 …… (29)

图30 千手观音造像彩绘脱落图 …… (30)
图31 千手观音造像彩绘粉化图 …… (31)
图32 千手观音造像彩绘点状脱落图 …… (32)
图33 千手观音造像彩绘尘土图 …… (33)
图34 千手观音造像彩绘起甲、龟裂图 …… (34)
图35 千手观音造像彩绘鼓泡、泡状起甲图 …… (35)
图36 千手观音造像彩绘空鼓、涂覆、生物病害图 …… (36)
图37 千手观音造像彩绘渗水、水渍图 …… (37)
图38 千手观音造像主尊正面病害图 …… (38)
图39 千手观音造像主尊头部全病害图 …… (39)
图40 千手观音造像主尊病害总图 …… (40)
图41 千手观音造像主尊手病害图 …… (41)
图42 千手观音造像次尊一病害总图 …… (42)
图43 千手观音造像次尊三病害总图 …… (43)
图44 千手观音造像次尊二、次尊四病害总图 …… (44)
图45 千手观音造像手残缺复原图 …… (45)
图46 千手观音造像手残缺复原图局部 …… (46)
图47 千手观音造像法器分布图 …… (47)
图48 千手观音造像法器病害图1（石质、金箔） …… (48)
图49 千手观音造像法器病害图2（彩绘） …… (49)
图50 千手观音造像法器病害图局部 …… (50)
图51 千手观音造像祥云分布图 …… (51)
图52 千手观音造像祥云病害图 …… (52)
图53 千手观音造像金箔分层开裂卷曲、金箔起翘图 …… (53)
图54 千手观音造像金箔点状脱落、地仗脱落、金箔脱落图 …… (54)
图55 千手观音造像彩绘地仗脱落、点状脱落、起甲、粉化图 …… (55)
图56 CAD补绘多角度手病害图1 …… (56)
图57 CAD补绘多角度手病害图2 …… (57)
图58 千手观音造像现场分析检测点图 …… (58)
图59 千手观音造像取样点分布图 …… (59)
图60 千手观音造像环境监测探头位置图 …… (60)

1-1 区

图 1　千手观音造像 1-1 区域正射影像图

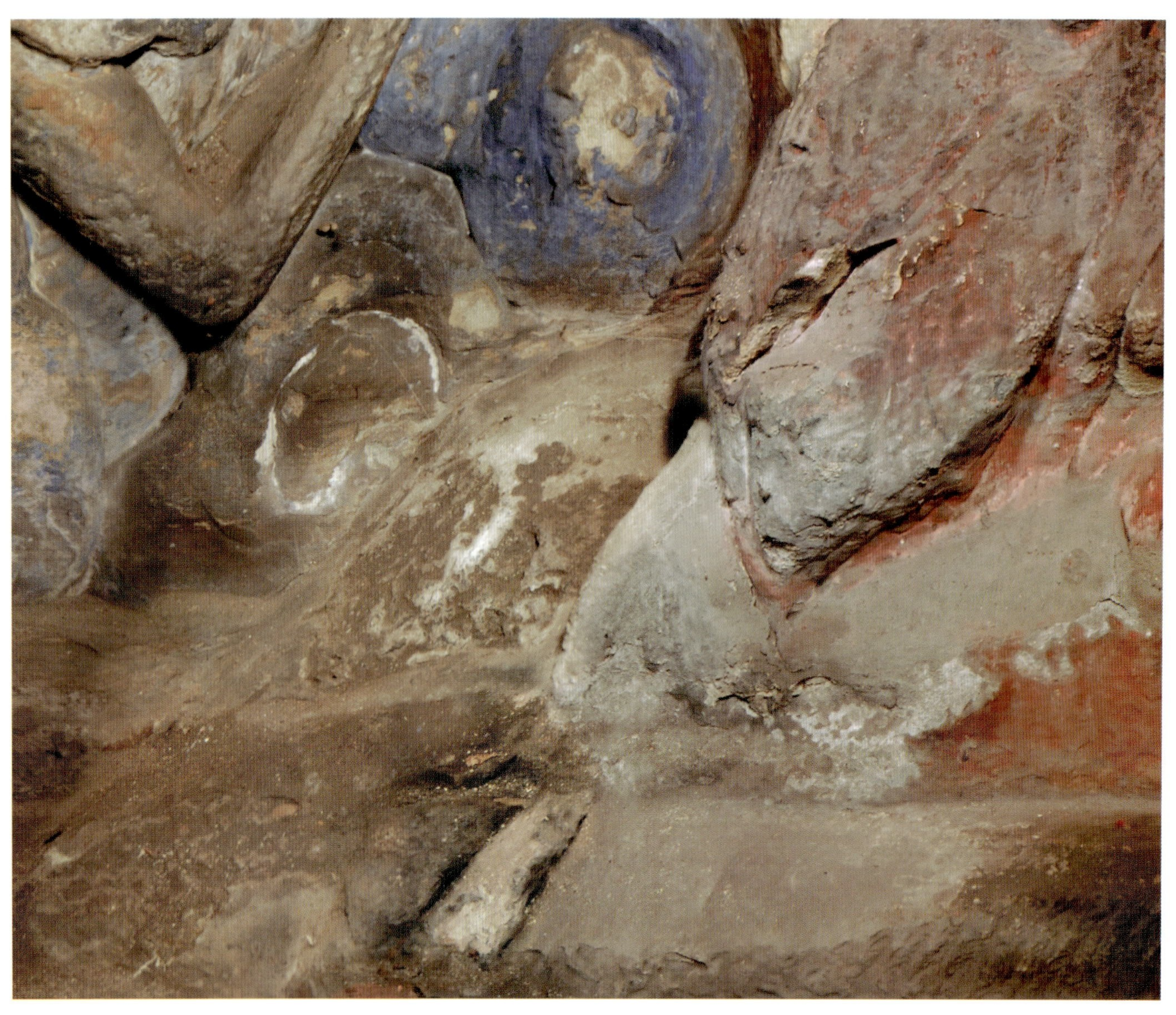

1-2 区

图 2　千手观音造像 1-2 区域正射影像图

1-3 区

图 3　千手观音造像 1-3 区域正射影像图

1-4 区

图 4　千手观音造像 1-4 区域正射影像图

1-5 区

图 5　千手观音造像 1–5 区域正射影像图

1-6 区

图 6　千手观音造像 1-6 区域正射影像图

1–7 区

图 7　千手观音造像 1–7 区域正射影像图

1–8 区

图 8　千手观音造像 1–8 区域正射影像图

1–9 区

图 9　千手观音造像 1–9 区域正射影像图

1-10 区

图 10　千手观音造像 1-10 区域正射影像图

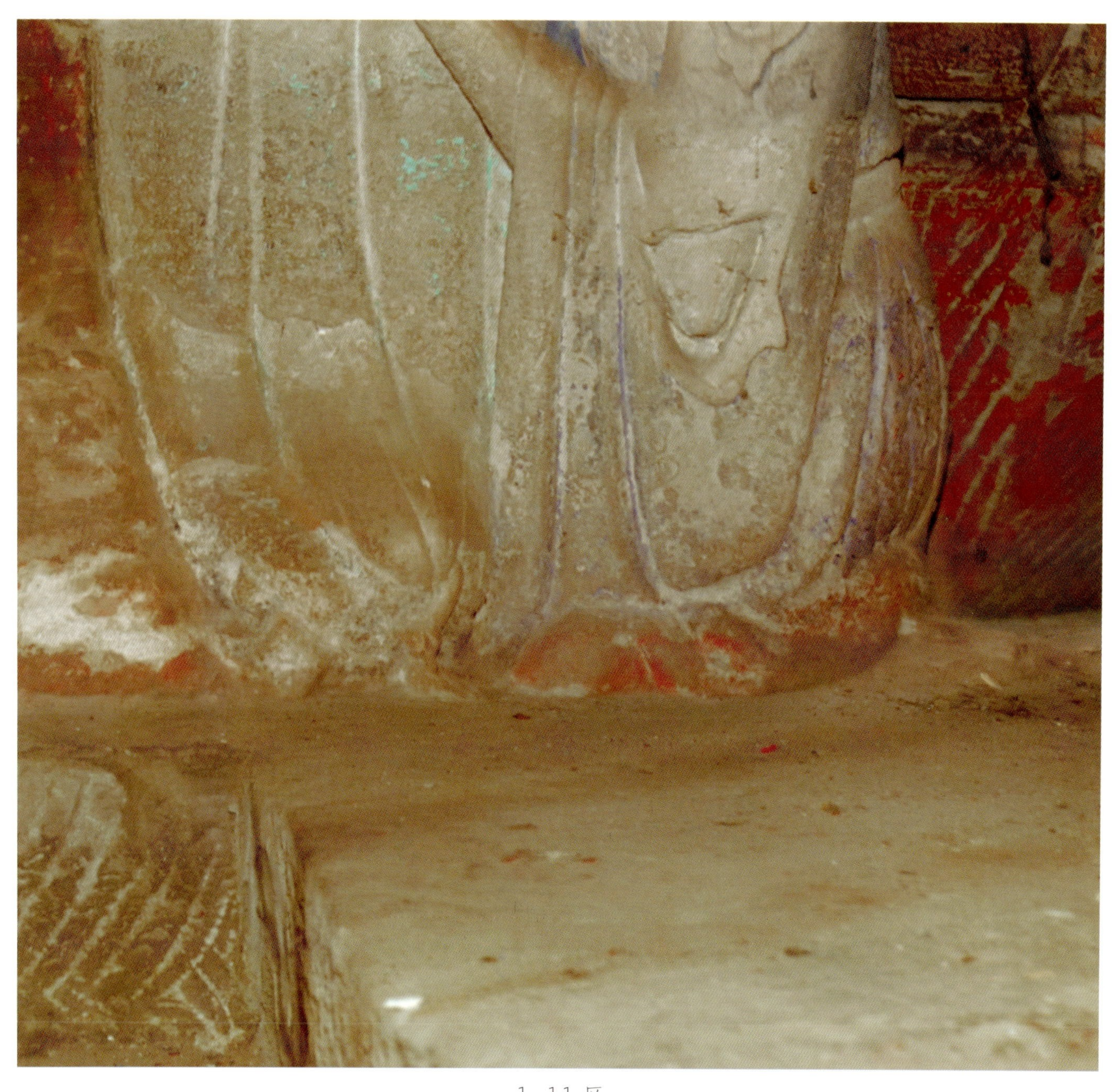

1-11 区

图 11　千手观音造像 1-11 区域正射影像图

2-1-S1
2-1-F1

2-1 区

2-1-S1

图 12　千手观音造像 2-1 区域正射影像及手、法器编号图

2-2 区

图 13　千手观音造像 2-2 区域正射影像及手、法器编号图 1

2-2-S1

2-2-S2

2-2-S3

2-2-S4

图 13　千手观音造像 2-2 区域正射影像及手、法器编号图 2

2-3 区

2-3-S1

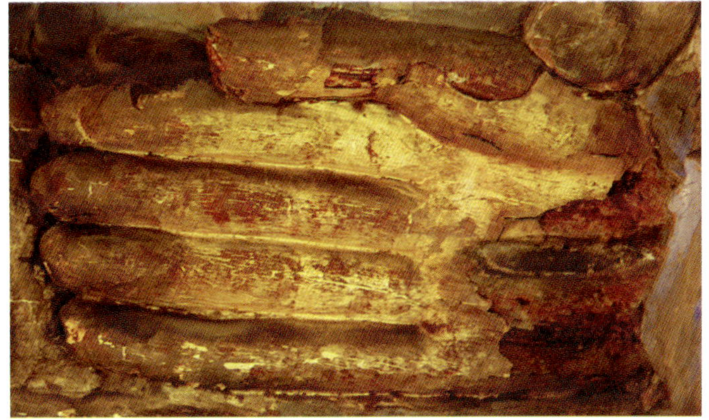

2-3-S2

图 14　千手观音造像 2-3 区域正射影像及手编号图

2-4 区

图 15　千手观音造像 2-4 区域正射影像图

2-5

2-5-S1　　2-5-S2

图 16　千手观音造像 2-5 区域正射影像及手、法器编号图

2-6 区

图 17　千手观音造像 2-6 区域正射影像图

2-7 区

2-7-S1

图 18　千手观音造像 2-7 区域正射影像及手、法器编号图

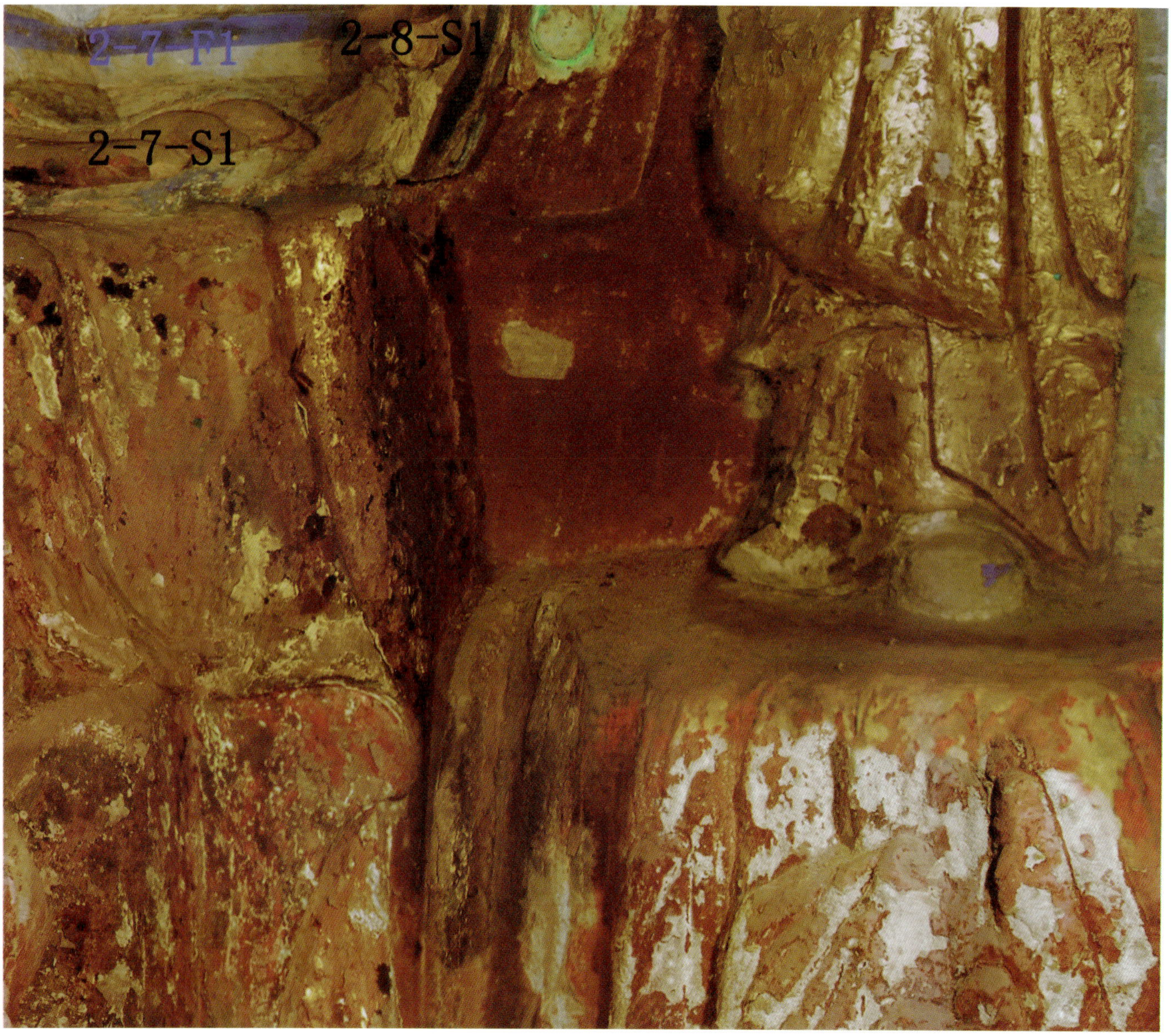

2-7-F1

2-8-S1

2-7-S1

2-8 区

2-8-S1

图 19　千手观音造像 2-8 区域正射影像及手、法器编号图

2-9 区

图 20　千手观音造像 2-9 区域正射影像及手编号图 1

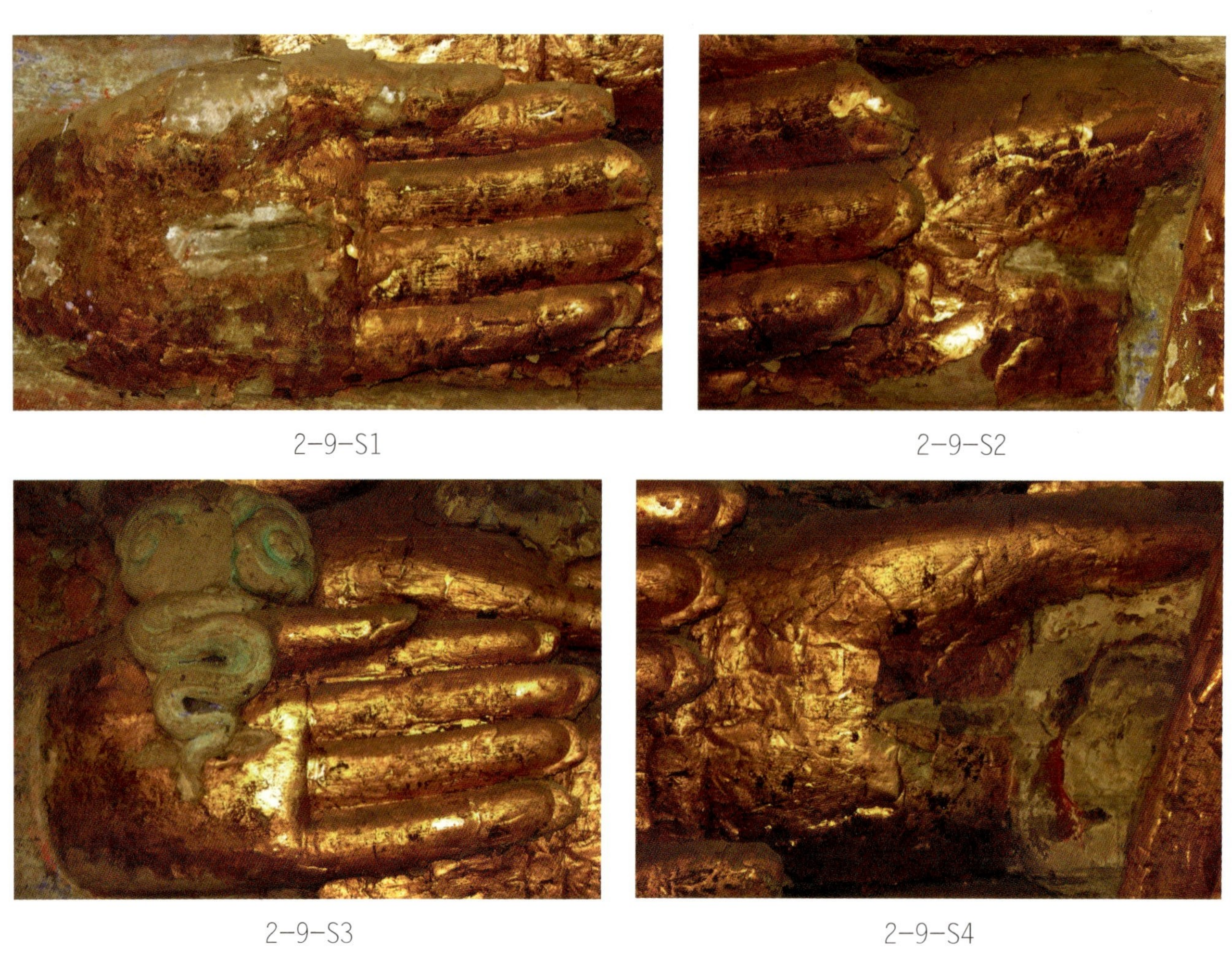

2-9-S1　2-9-S2

2-9-S3　2-9-S4

图 20　千手观音造像 2-9 区域正射影像及手编号图 2

2-10-S2
2-10-F1
2-10-S1

2-10 区

2-10-S1

2-10-S2

图 21　千手观音造像 2–10 区域正射影像及手、法器编号图

2-11 区

2-11-S1

2-11-S2

图 22　千手观音造像 2-11 区域正射影像及手编号图

3-1 区

图 23　千手观音造像 3-1 区域正射影像及手编号图 1

3-1-S1　3-1-S2

3-1-S3　3-1-S5

3-1-S4　3-1-S6

图 23　千手观音造像 3-1 区域正射影像及手编号图 2

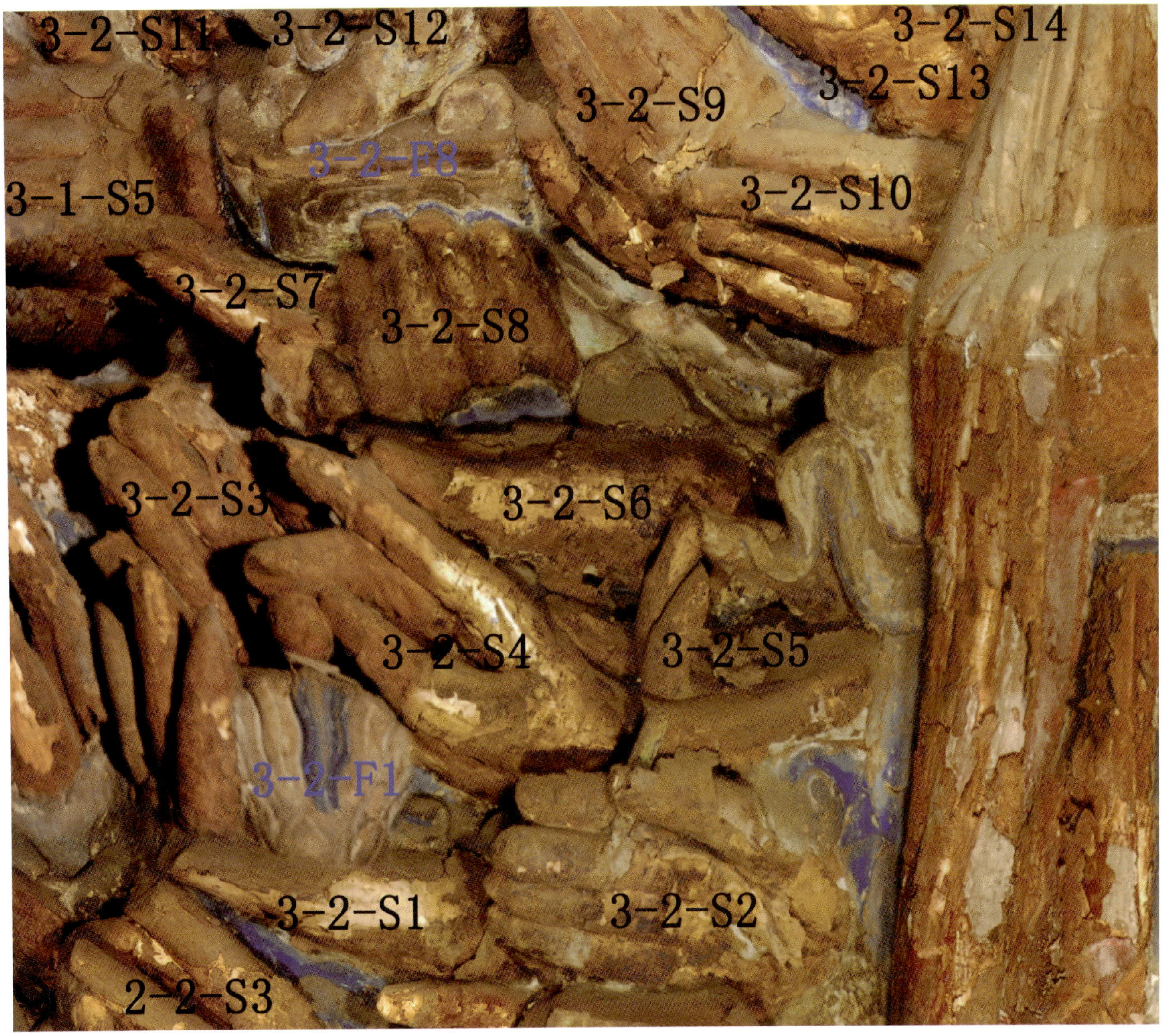

3-2 区

3-2-S1

3-2-S2

图 24　千手观音造像 3-2 区域正射影像及手、法器编号图 1

3-2-S3

3-2-S5

3-2-S4

3-2-S6

图 24 千手观音造像 3-2 区域正射影像及手、法器编号图 2

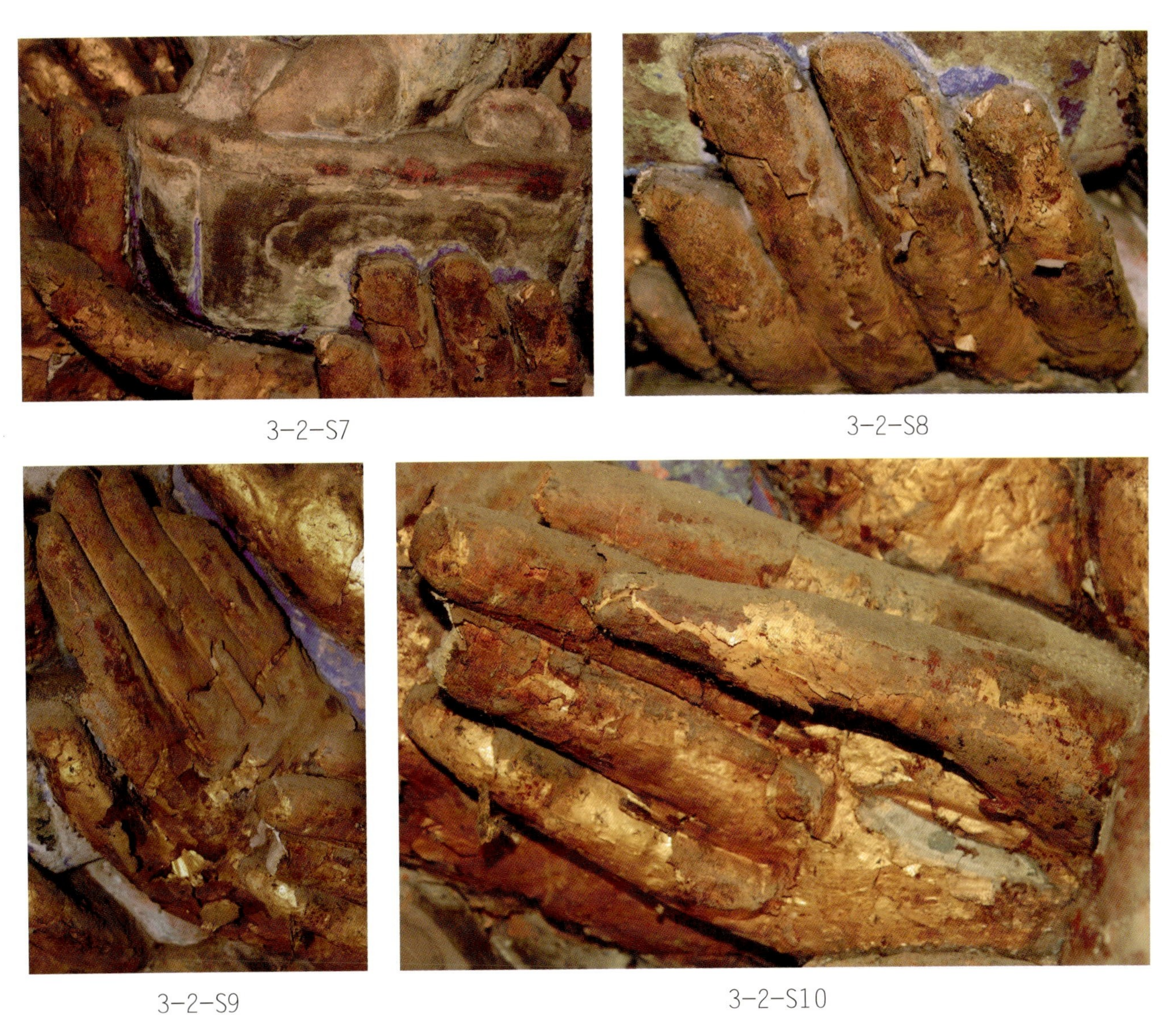

3-2-S7

3-2-S8

3-2-S9

3-2-S10

图 24　千手观音造像 3-2 区域正射影像及手、法器编号图 3

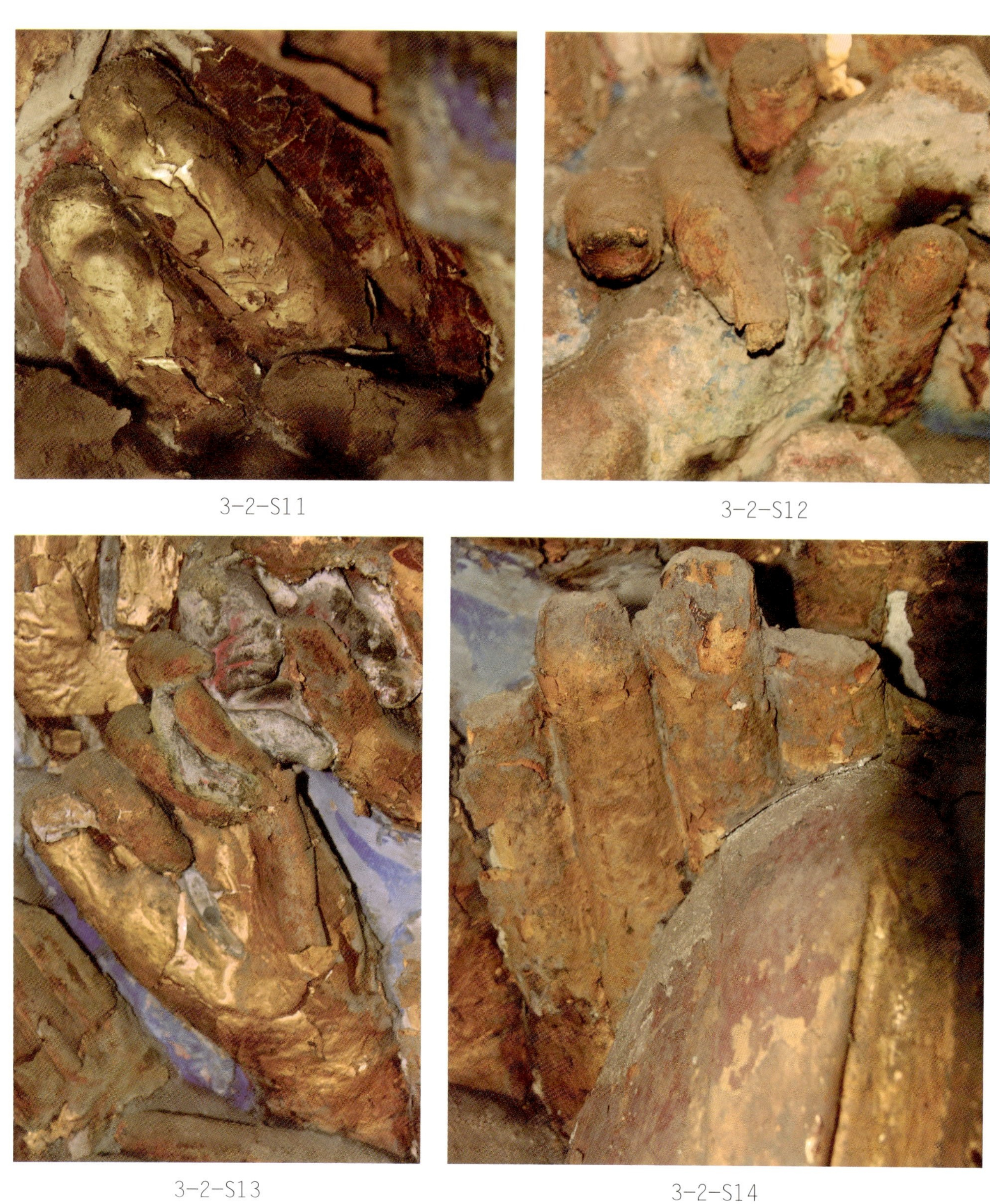

图 24　千手观音造像 3-2 区域正射影像及手、法器编号图 4

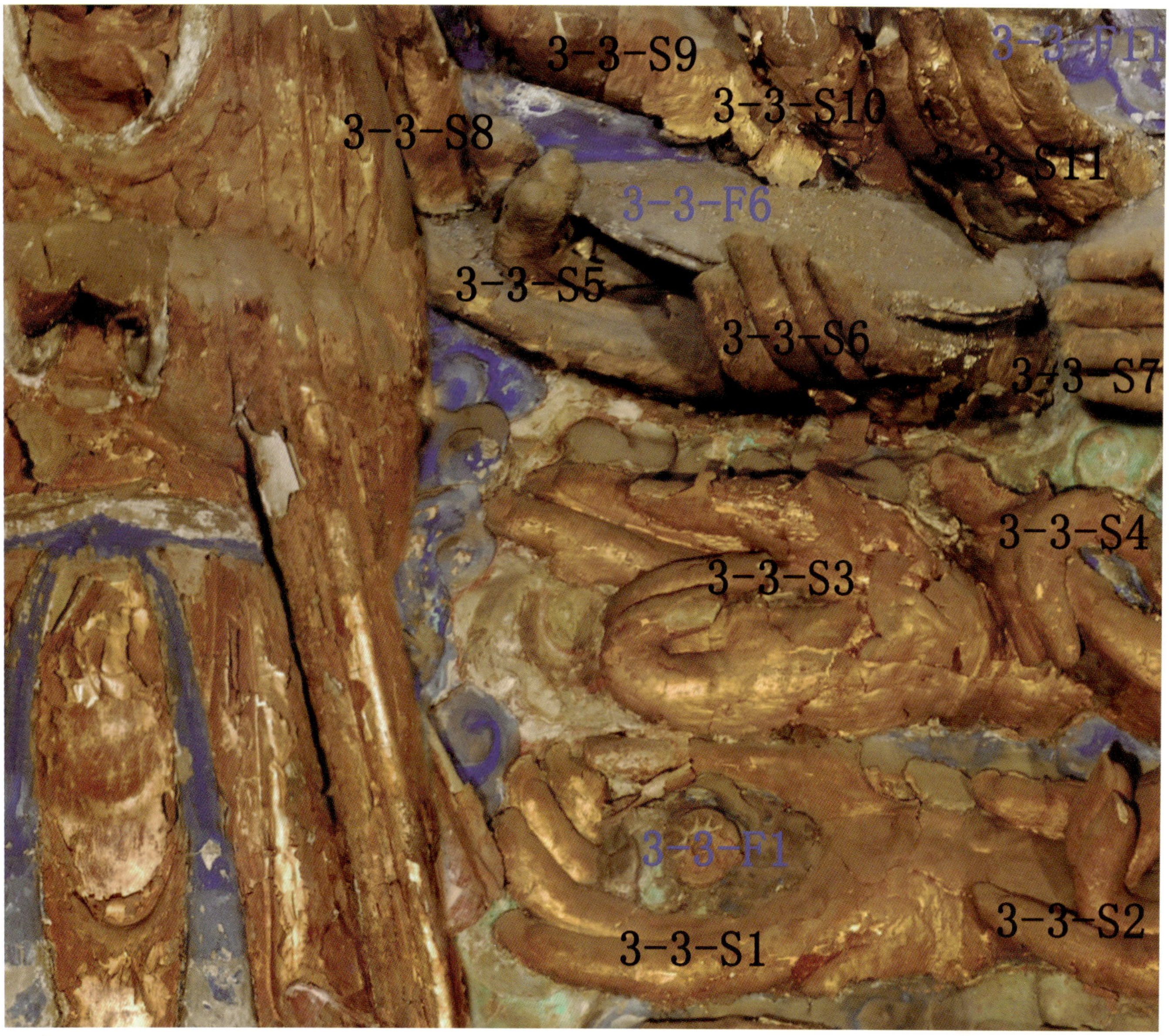

3-3 区

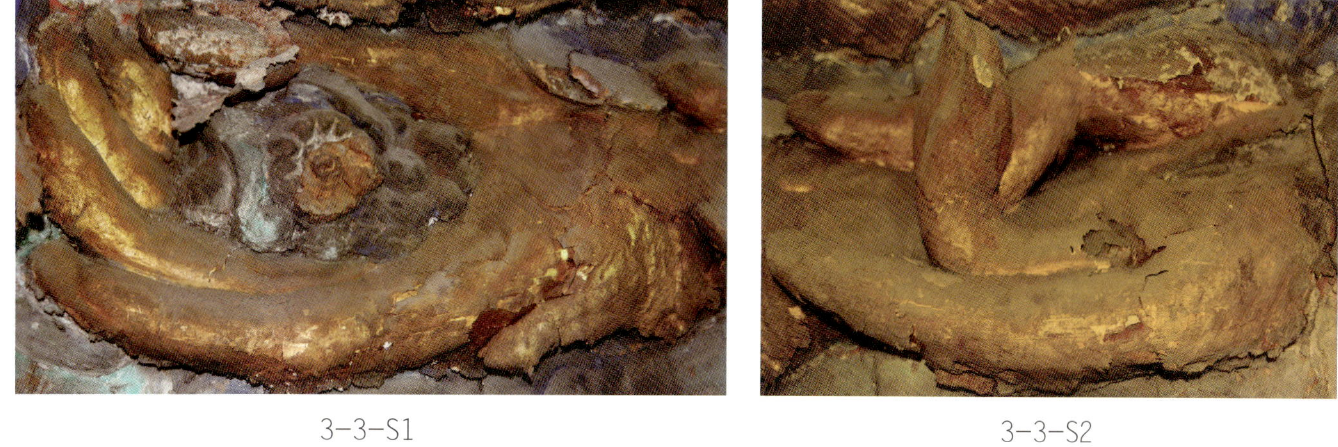

3-3-S1　　3-3-S2

图 25　千手观音造像 3-3 区域正射影像及手、法器编号图 1

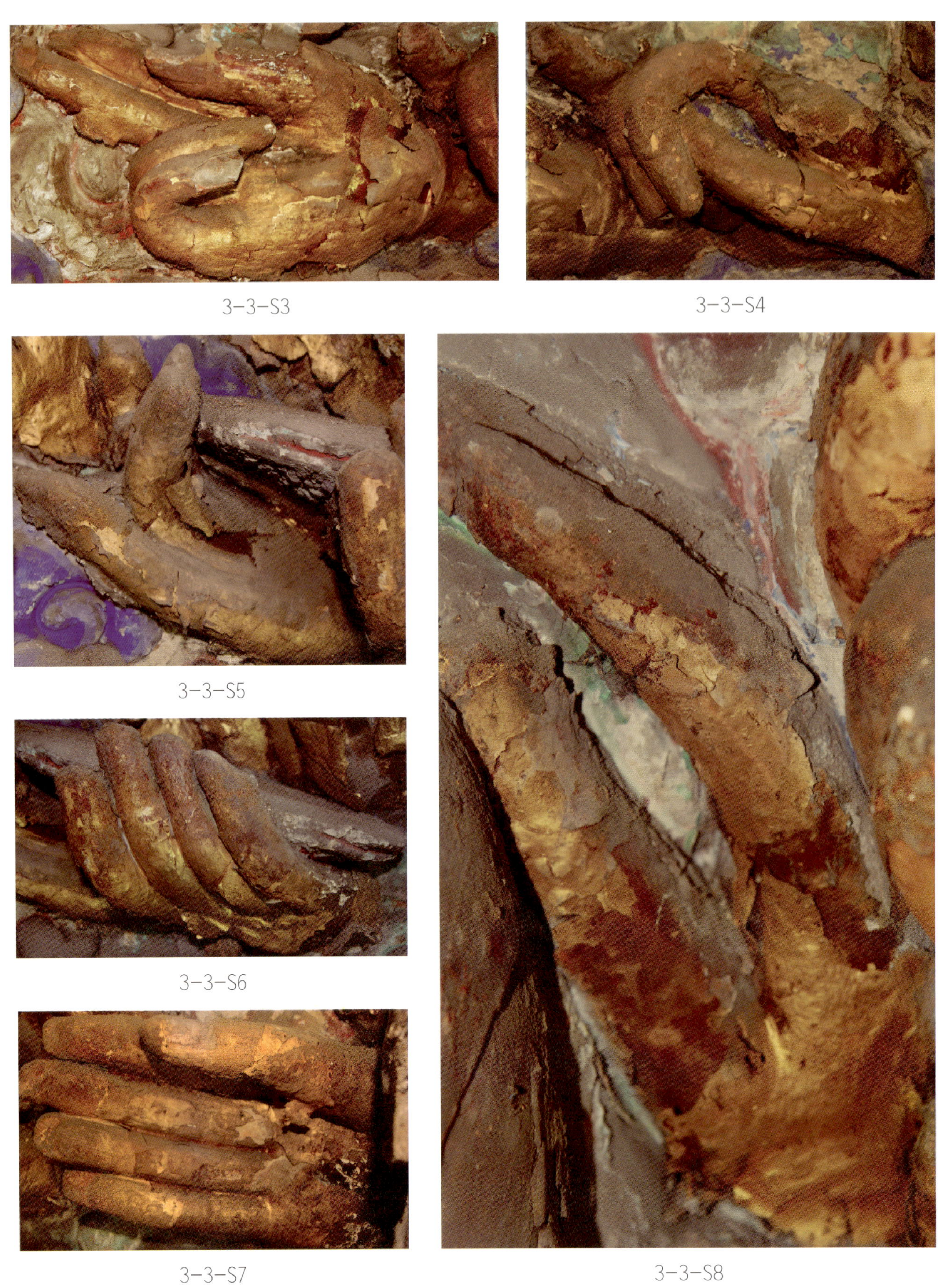
3-3-S3
3-3-S4
3-3-S5
3-3-S6
3-3-S7
3-3-S8

图 25　千手观音造像 3-3 区域正射影像及手、法器编号图 2

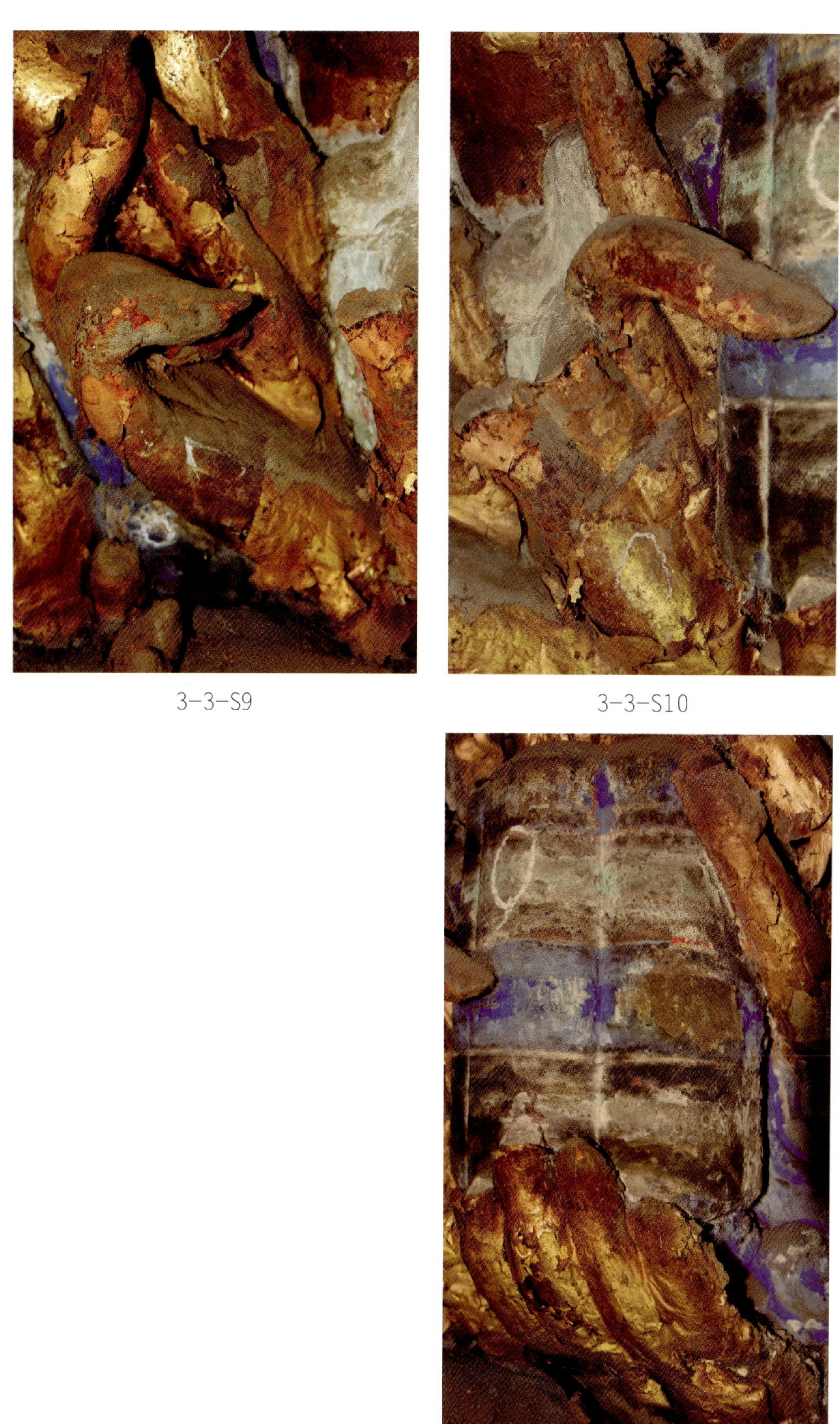

3-3-S9

3-3-S10

3-3-S11

图 25　千手观音造像 3-3 区域正射影像及手、法器编号图 3

3-4 区

图 26　千手观音造像 3-4 区域正射影像及手编号图 1

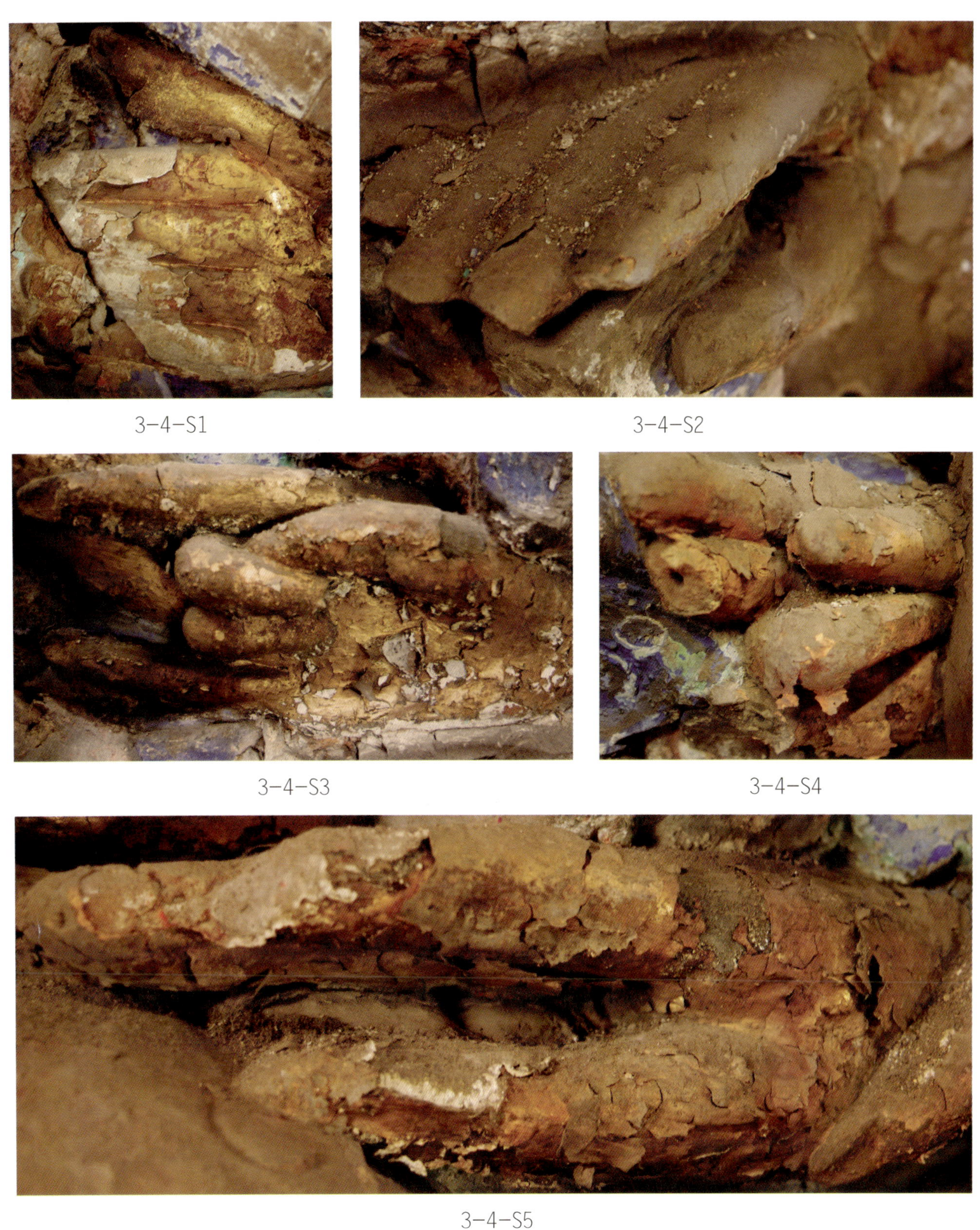

图 26　千手观音造像 3-4 区域正射影像及手编号图 2

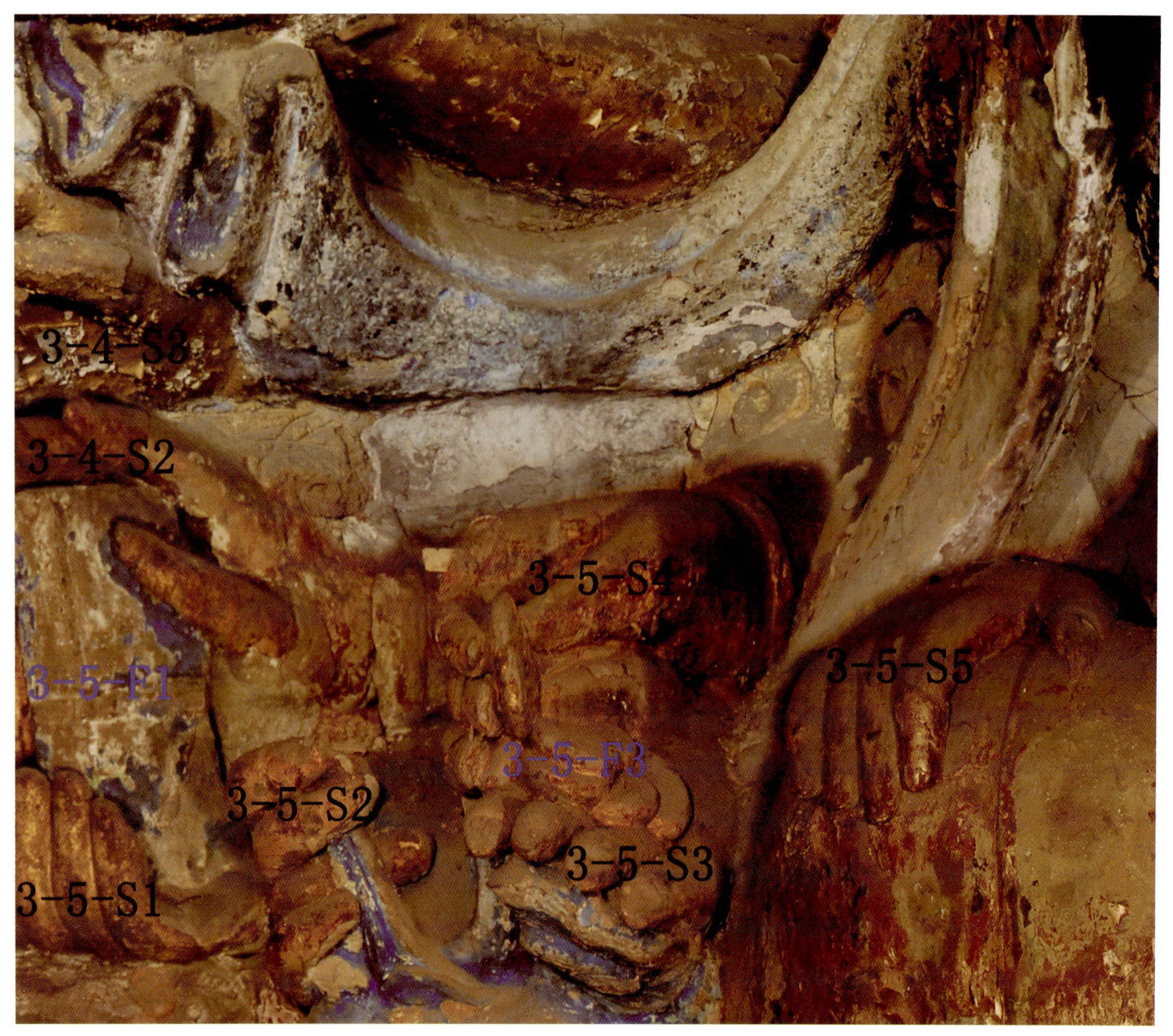

3-5 区

图 27　千手观音造像 3-5 区域正射影像及手、法器编号图 1

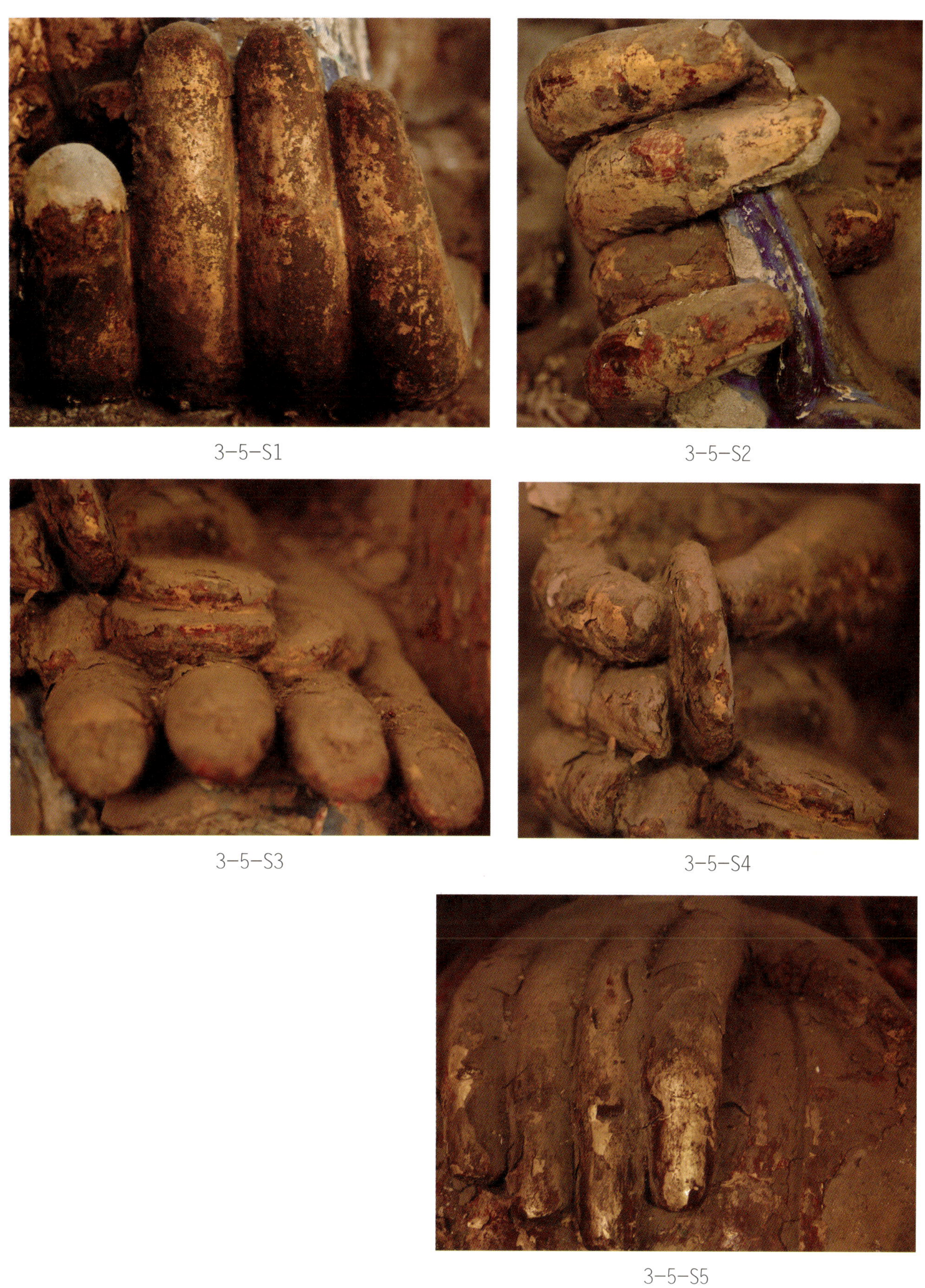

3-5-S1

3-5-S2

3-5-S3

3-5-S4

3-5-S5

图 27　千手观音造像 3-5 区域正射影像及手、法器编号图 2

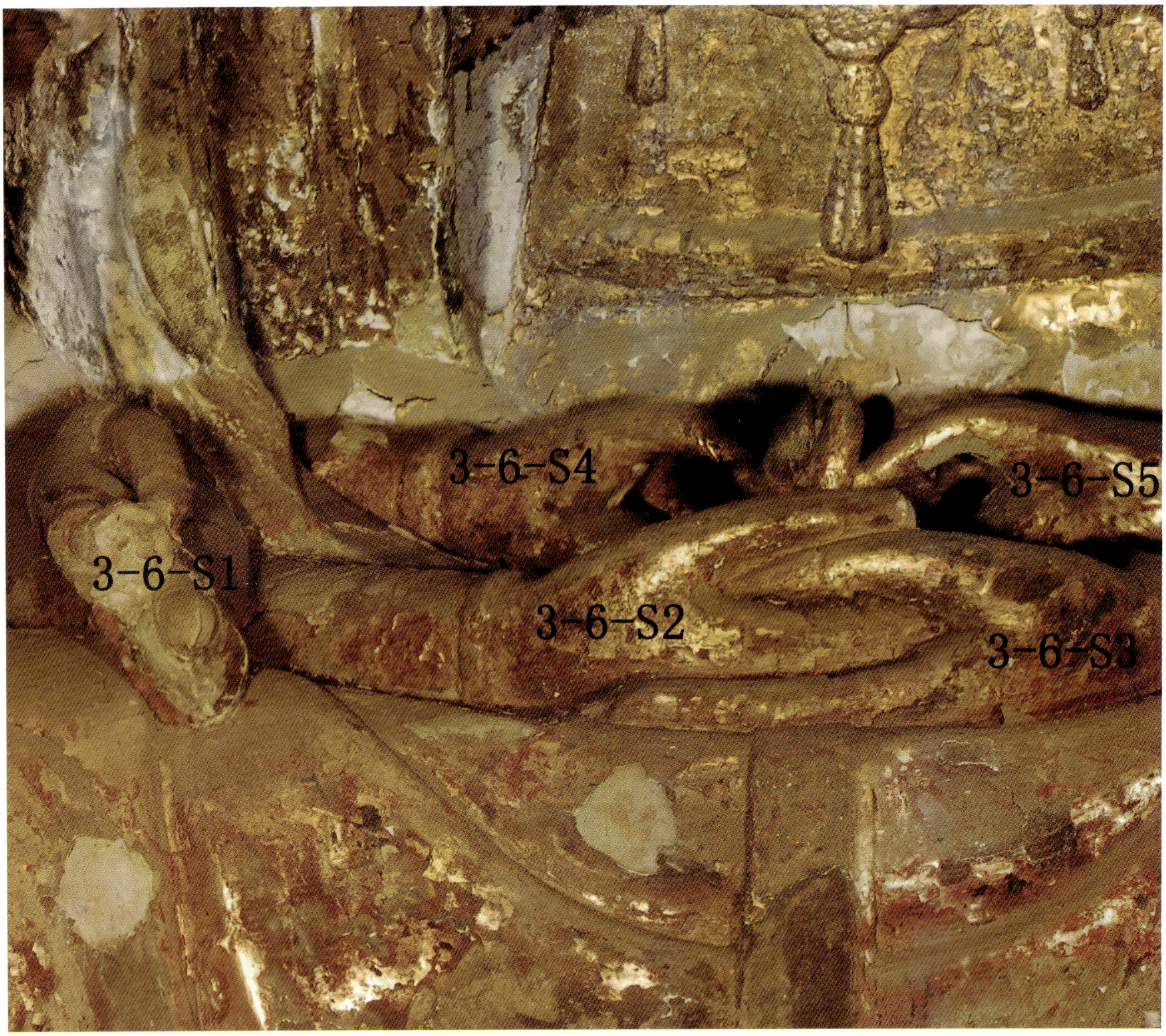

3-6-S4
3-6-S5
3-6-S1
3-6-S2
3-6-S3

3-6 区

3-6-S1　　3-6-S2

图 28　千手观音造像 3-6 区域正射影像及手编号图 1

3-6-S3

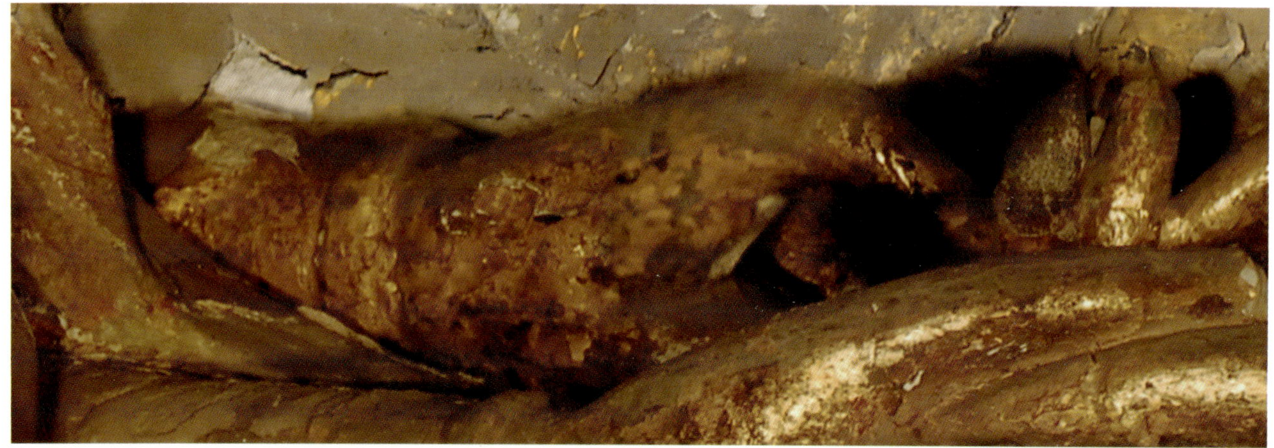

3-6-S4

3-6-S5

图 28 千手观音造像 3-6 区域正射影像及手编号图 2

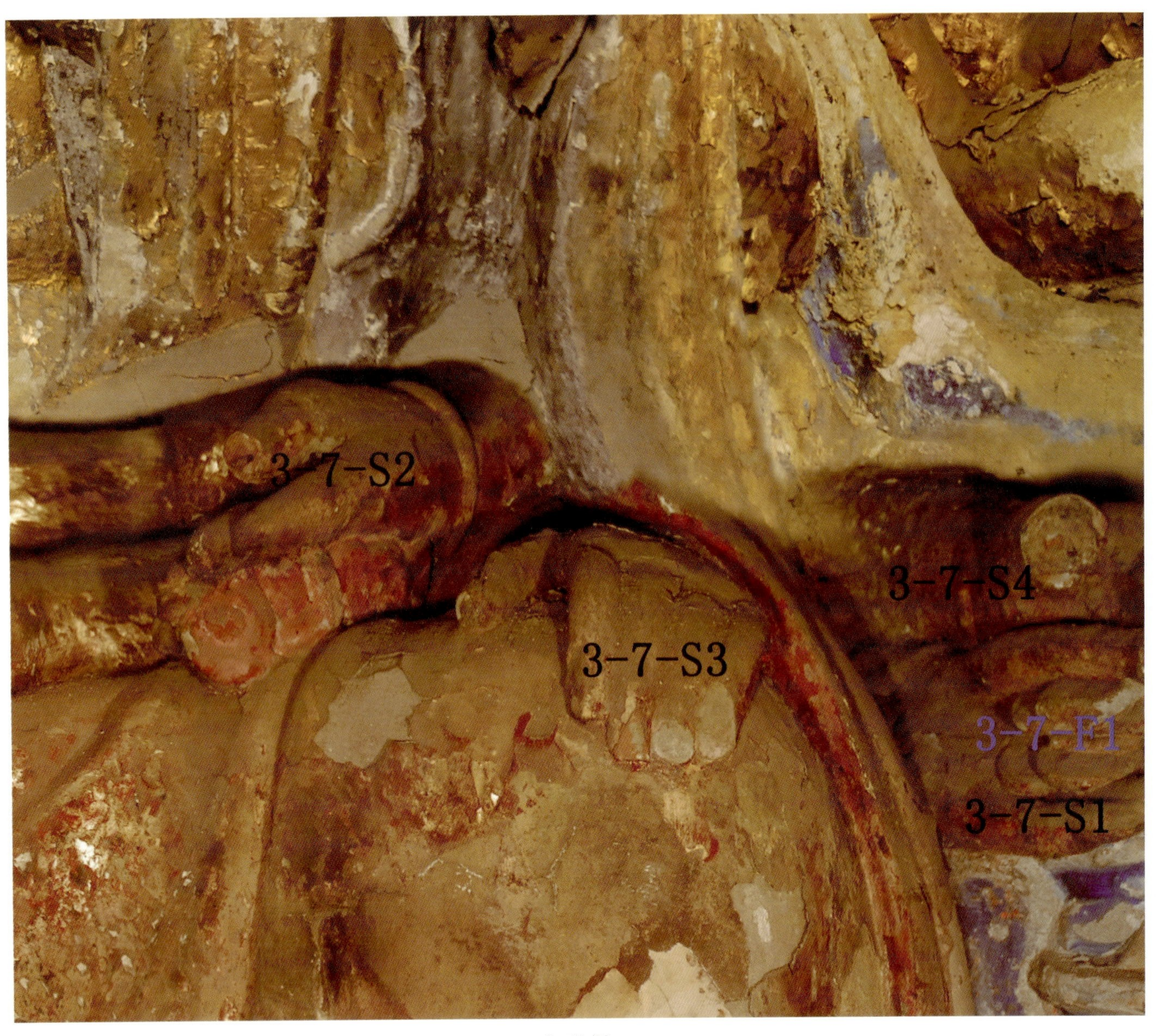

3-7 区

图 29　千手观音造像 3-7 区域正射影像及手编号图 1

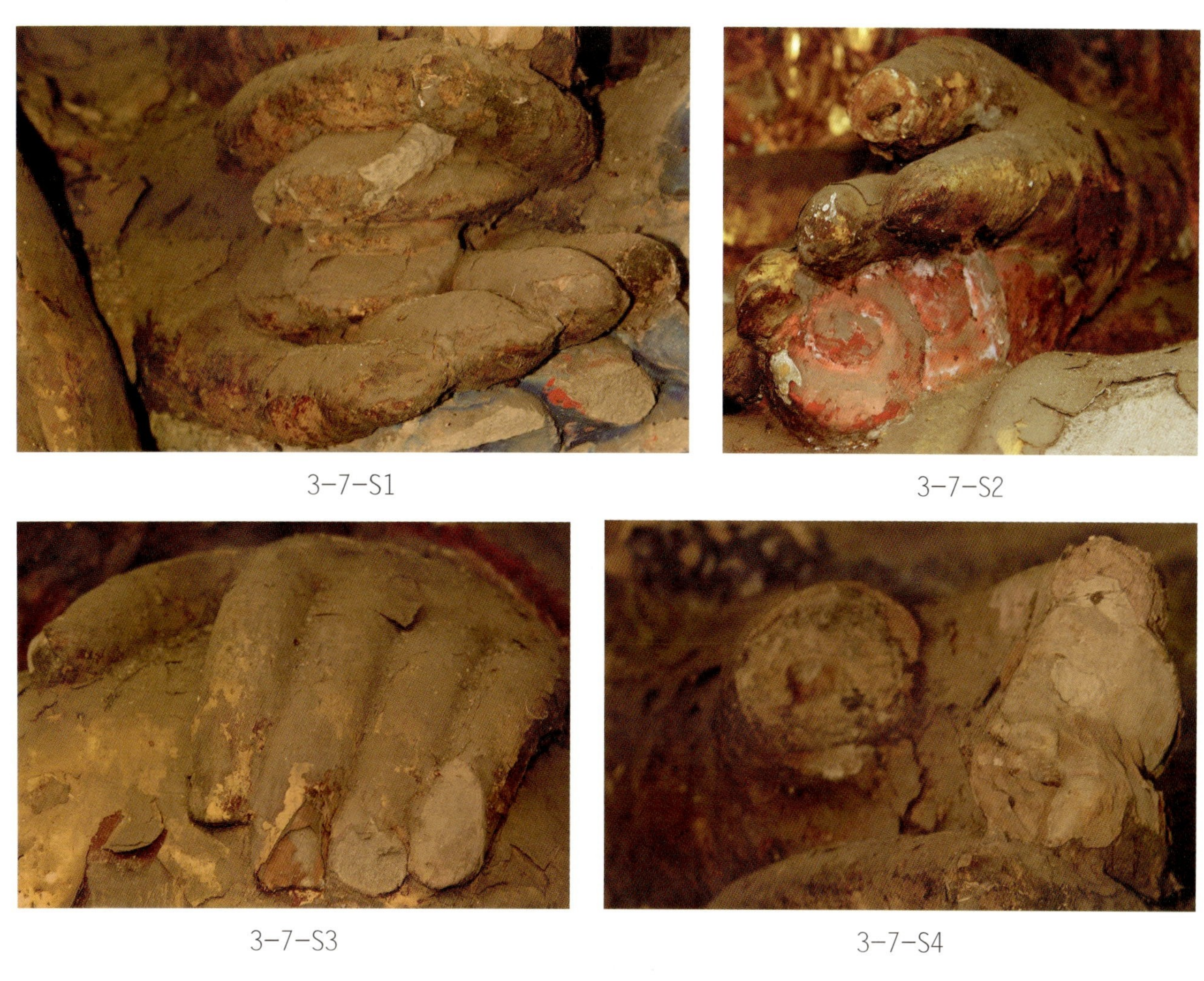

3-7-S1

3-7-S2

3-7-S3

3-7-S4

图 29　千手观音造像 3-7 区域正射影像及手编号图 2

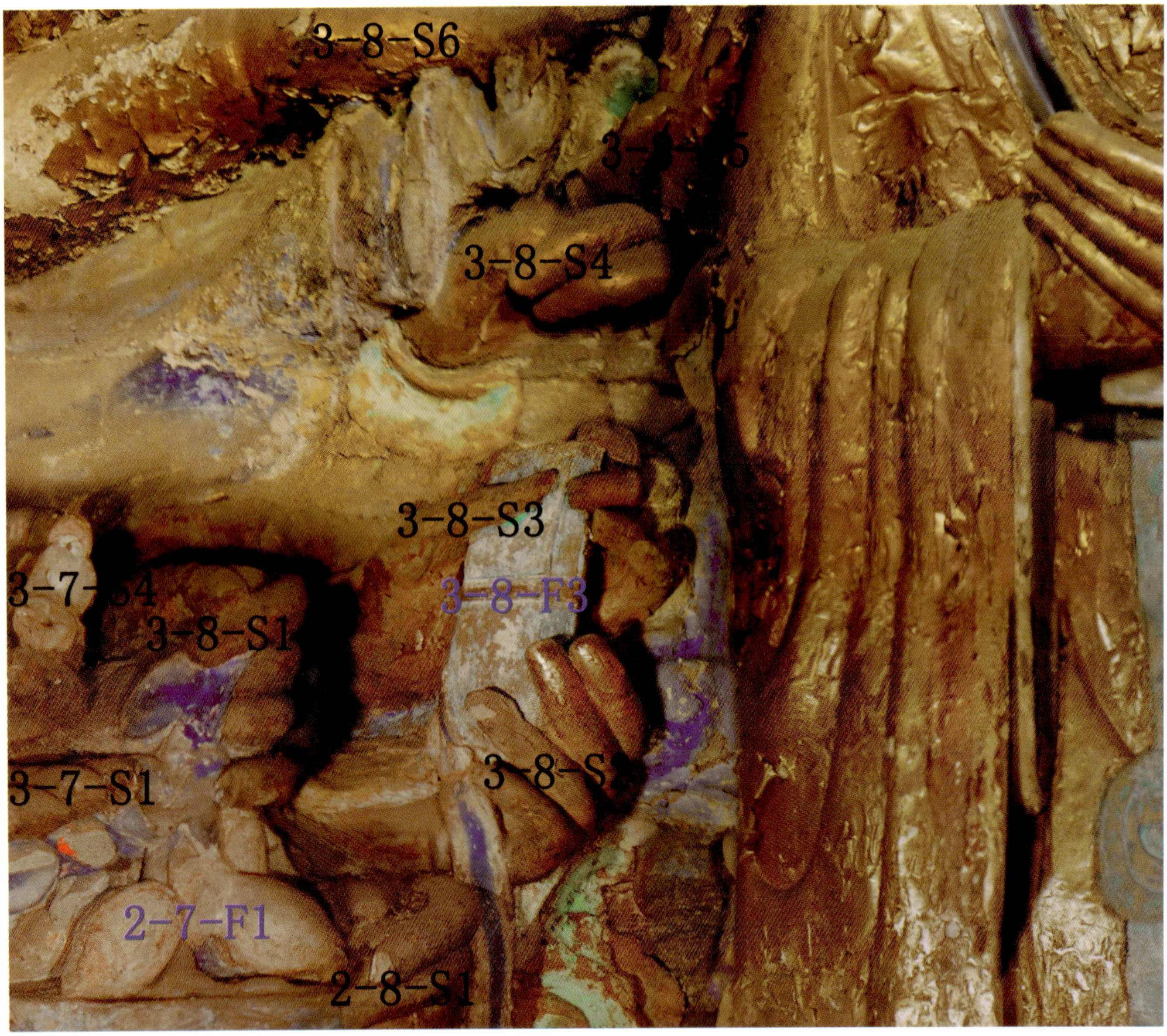

3-8 区

3-8-S1

3-8-S2

图 30　千手观音造像 3-8 区域正射影像及手、法器编号图 1

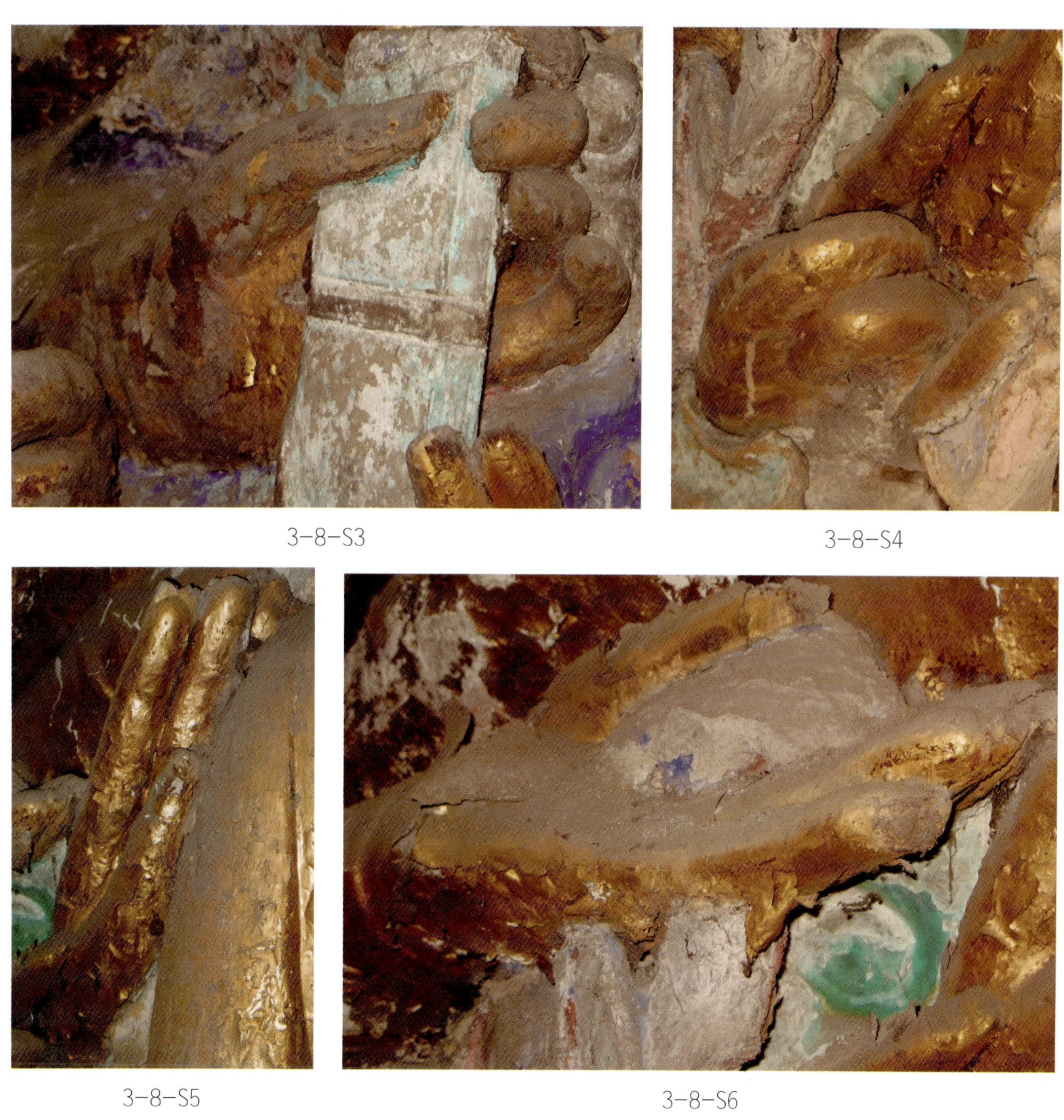

3-8-S3　3-8-S4

3-8-S5　3-8-S6

图 30　千手观音造像 3-8 区域正射影像及手、法器编号图 2

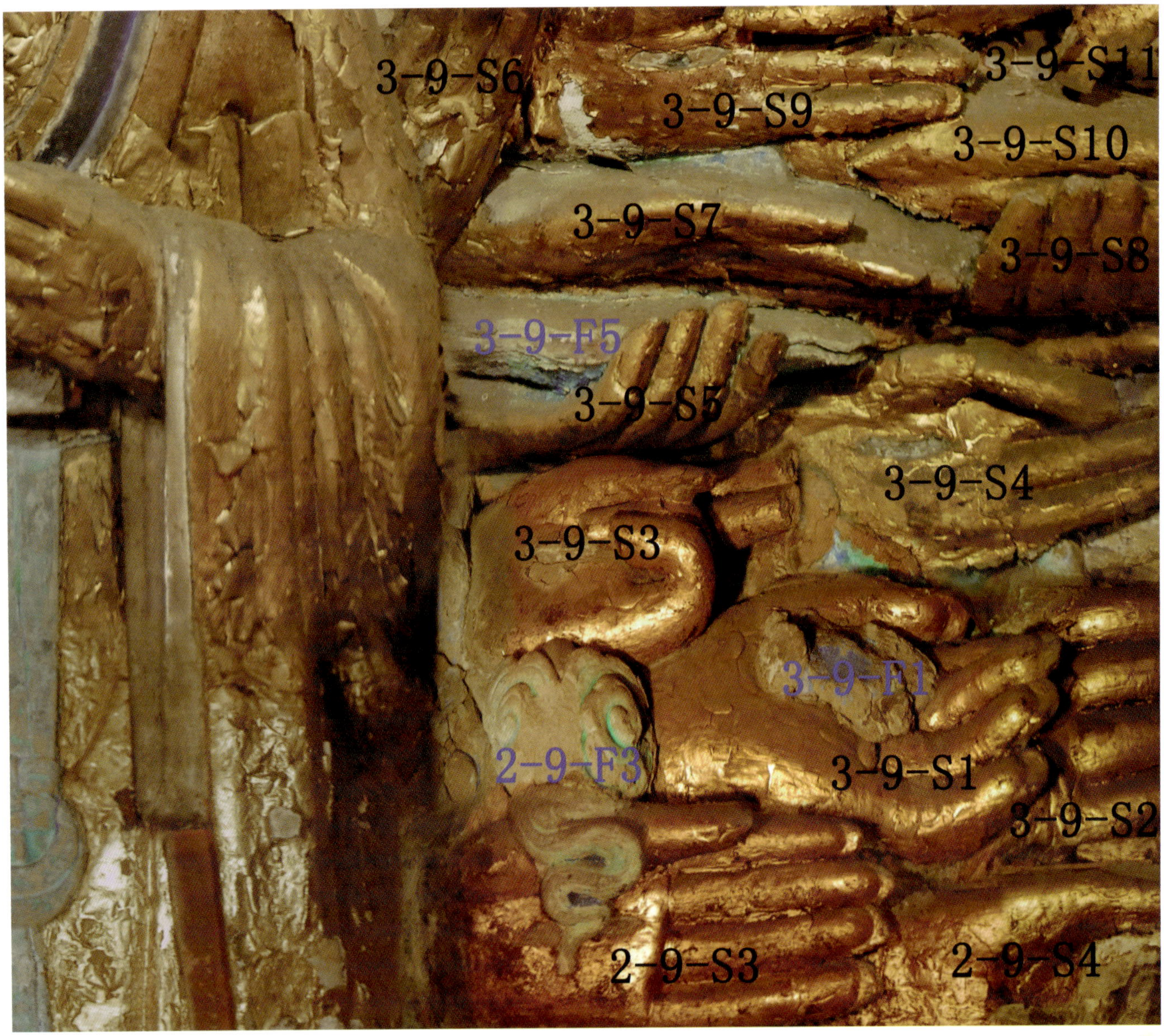

3-9 区

3-9-S1

3-9-S2

图 31　千手观音造像 3-9 区域正射影像及手、法器编号图 1

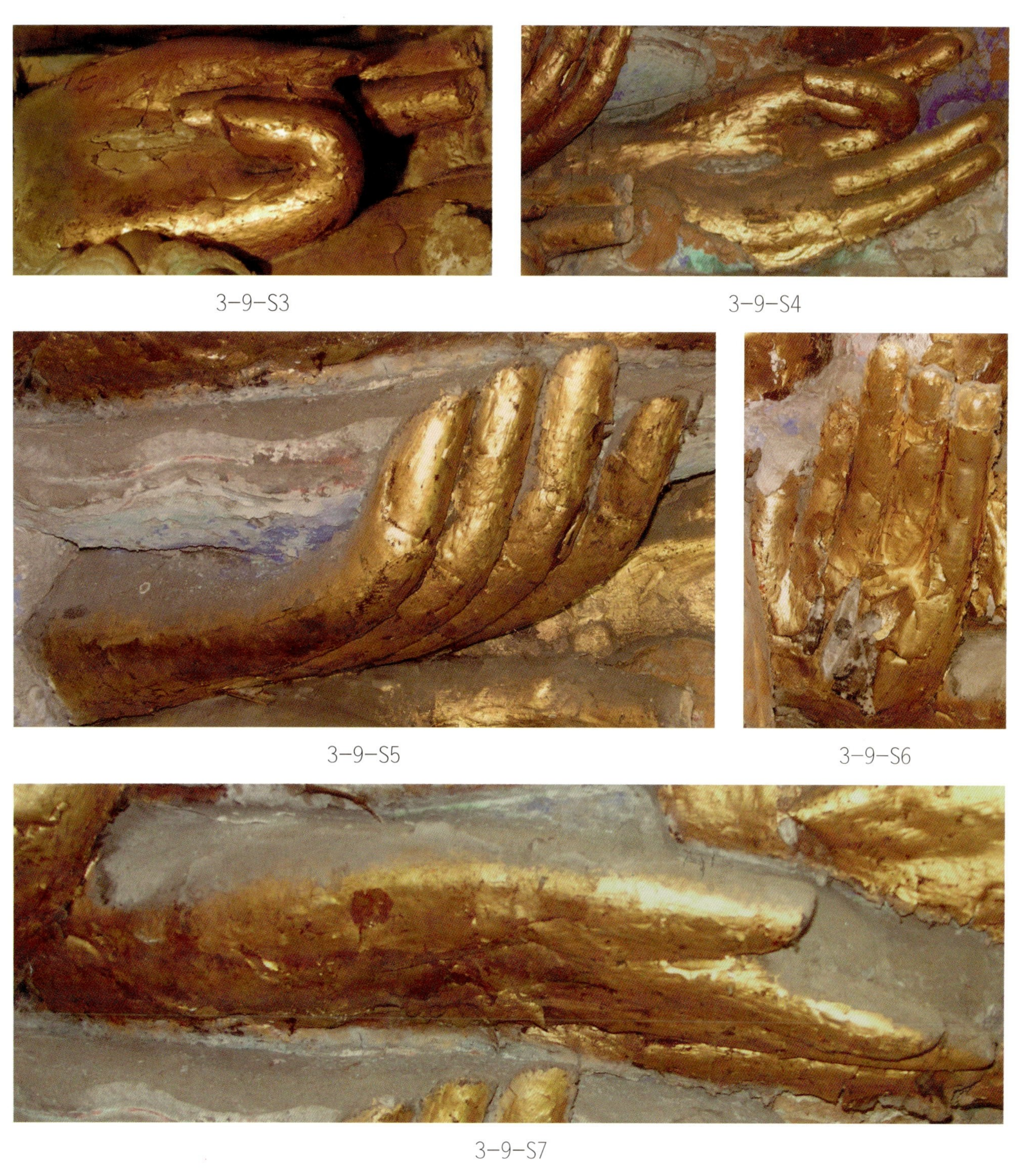

3-9-S3

3-9-S4

3-9-S5

3-9-S6

3-9-S7

图 31 千手观音造像 3-9 区域正射影像及手、法器编号图 2

3-9-S8

3-9-S9

3-9-S10

3-9-S11

图 31　千手观音造像 3-9 区域正射影像及手、法器编号图 3

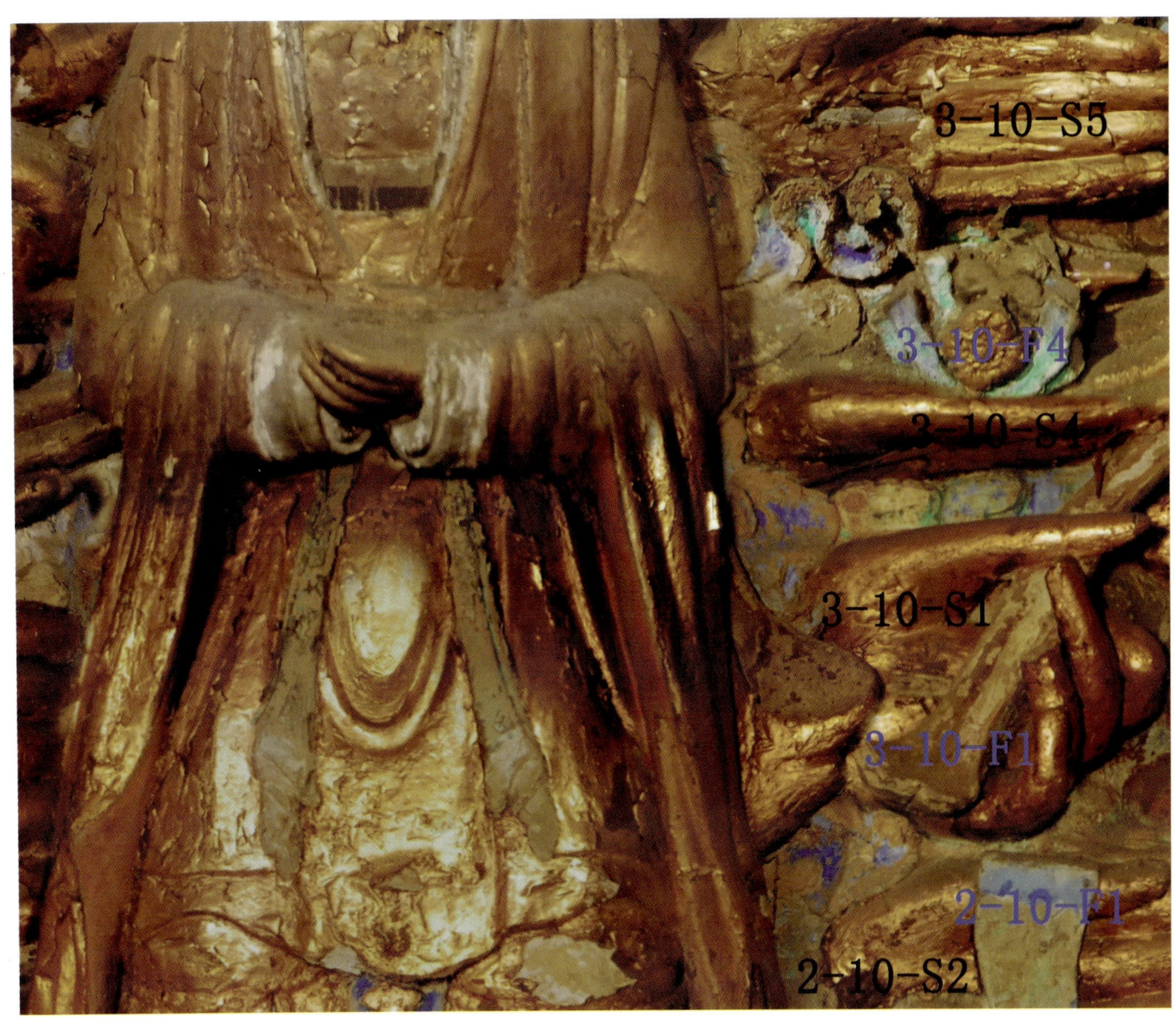

3-10 区

图 32　千手观音造像 3-10 区域正射影像及手、法器编号图 1

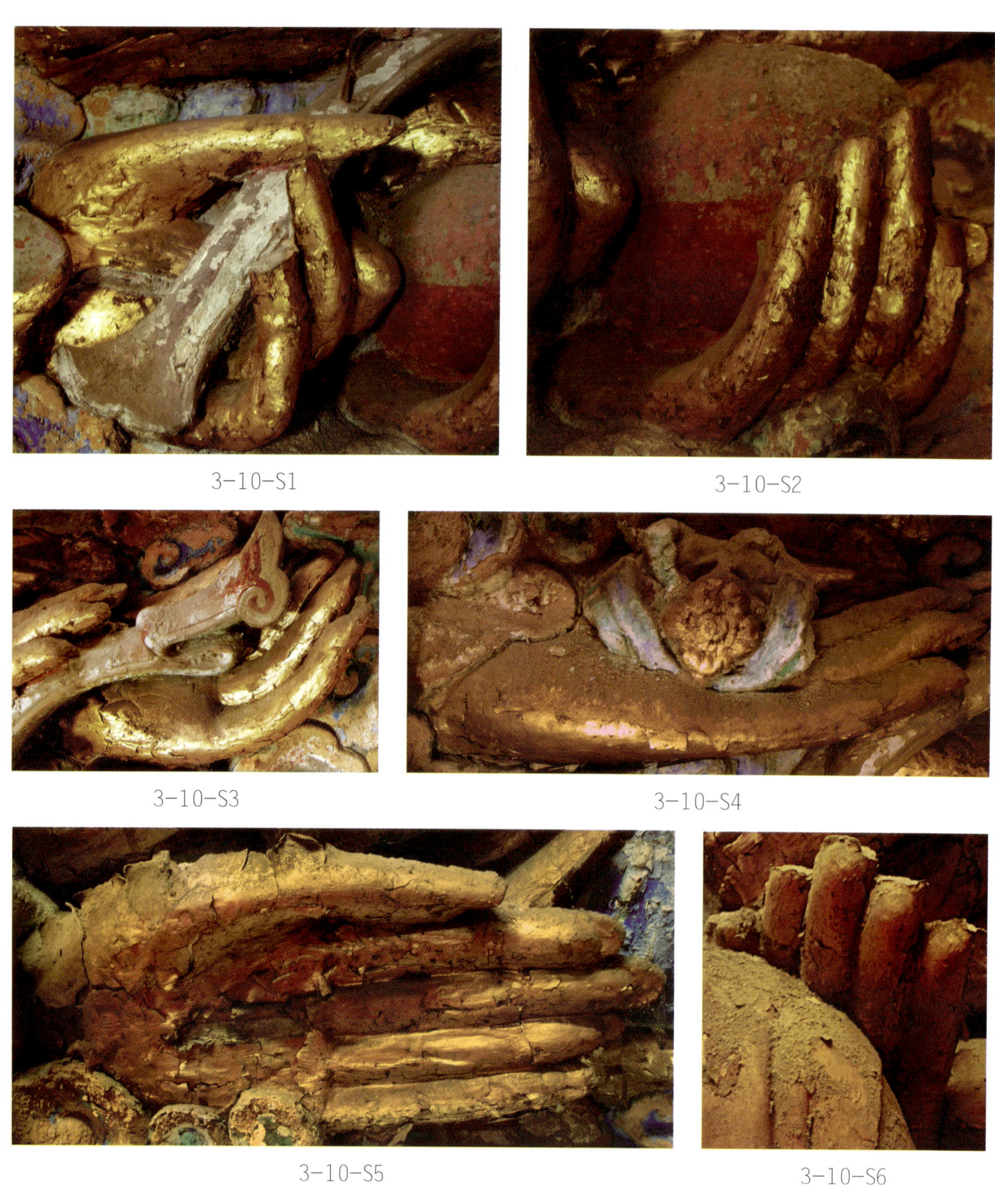
3-10-S1
3-10-S2
3-10-S3
3-10-S4
3-10-S5
3-10-S6

图 32　千手观音造像 3-10 区域正射影像及手、法器编号图 2

3-11 区

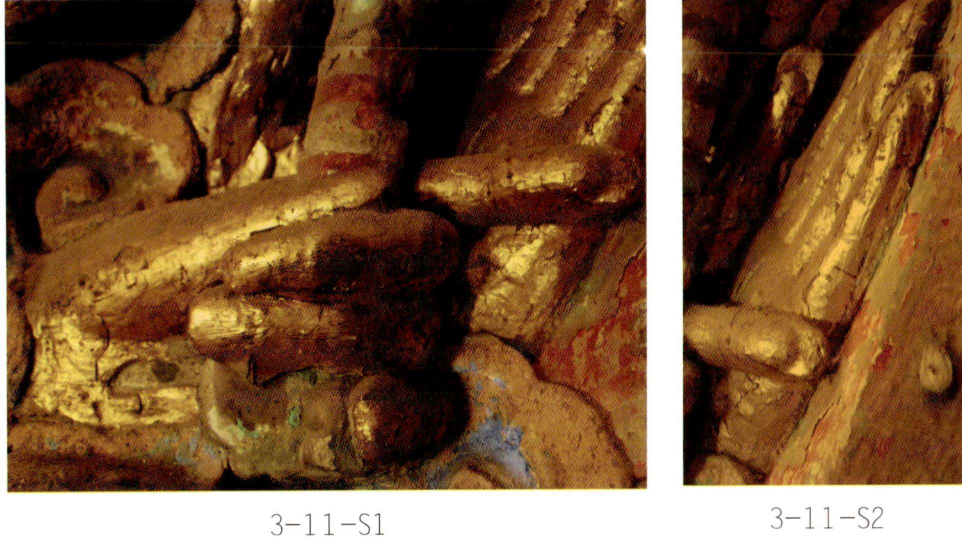

3-11-S1

3-11-S2

图 33　千手观音造像 3-11 区域正射影像及手、法器编号图 1

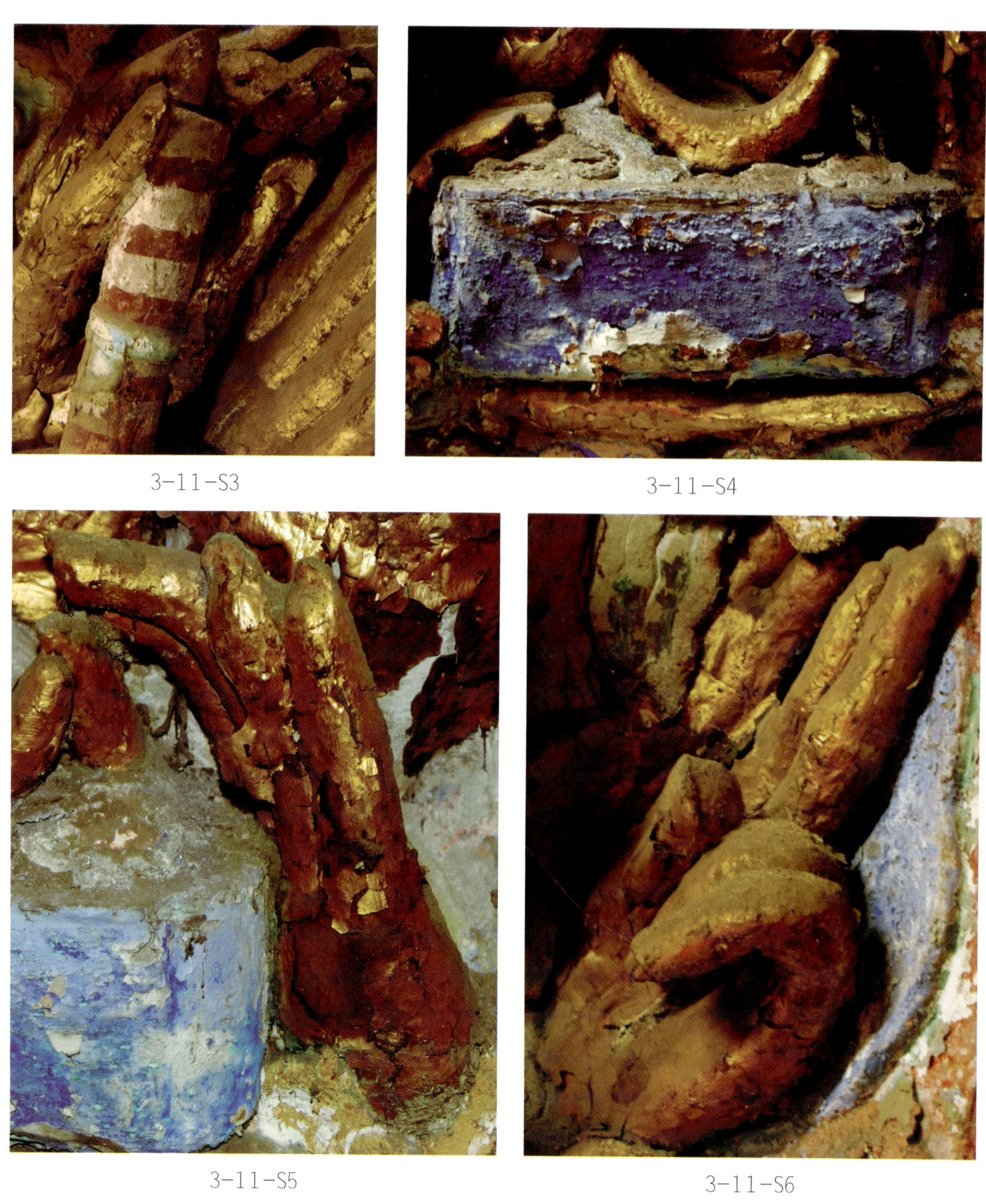

图 33　千手观音造像 3-11 区域正射影像及手、法器编号图 2

4-1 区

图 34 千手观音造像 4-1 区域正射影像及手、法器编号图 1

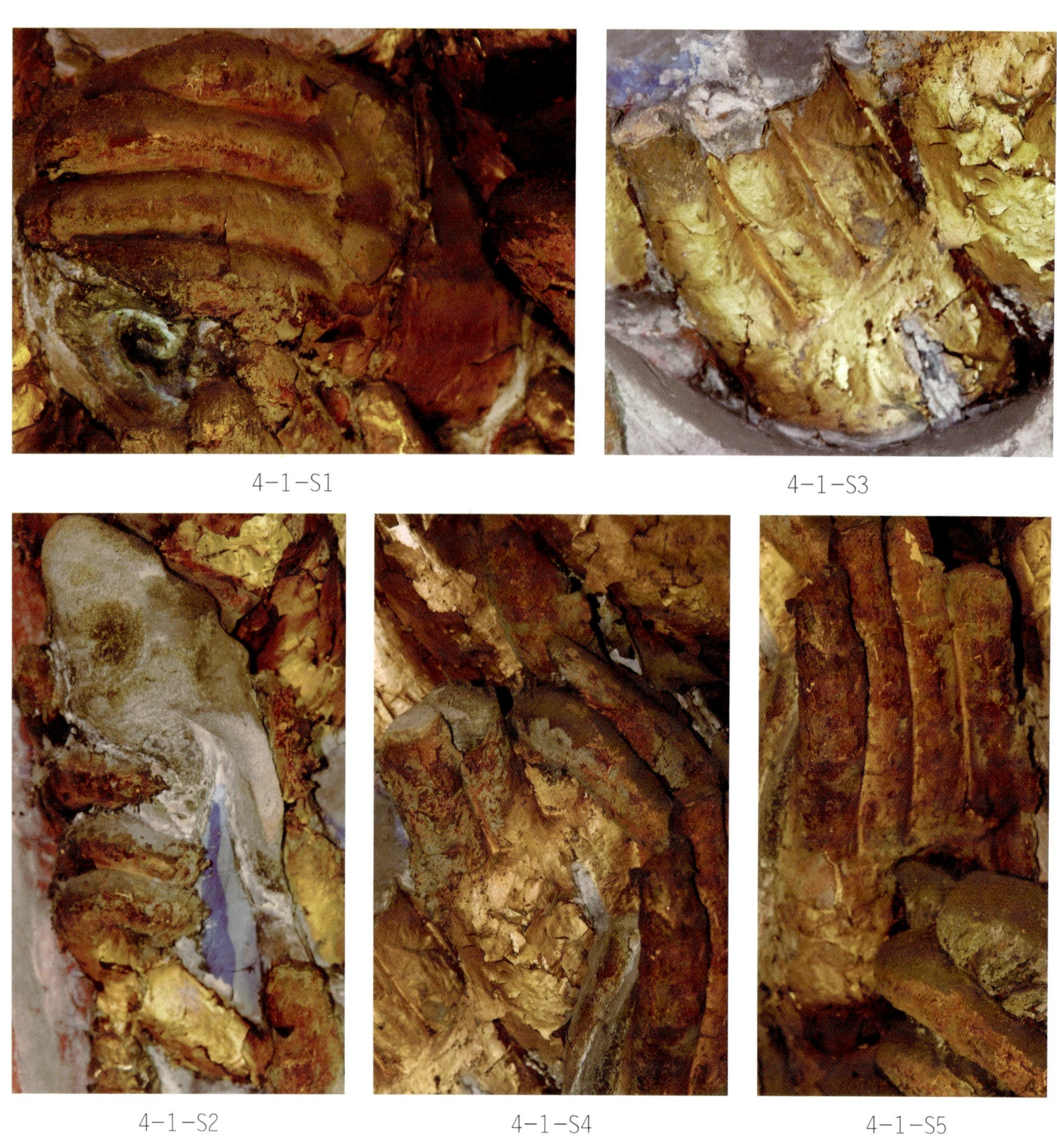
4-1-S1
4-1-S3
4-1-S2
4-1-S4
4-1-S5

图 34　千手观音造像 4-1 区域正射影像及手、法器编号图 2

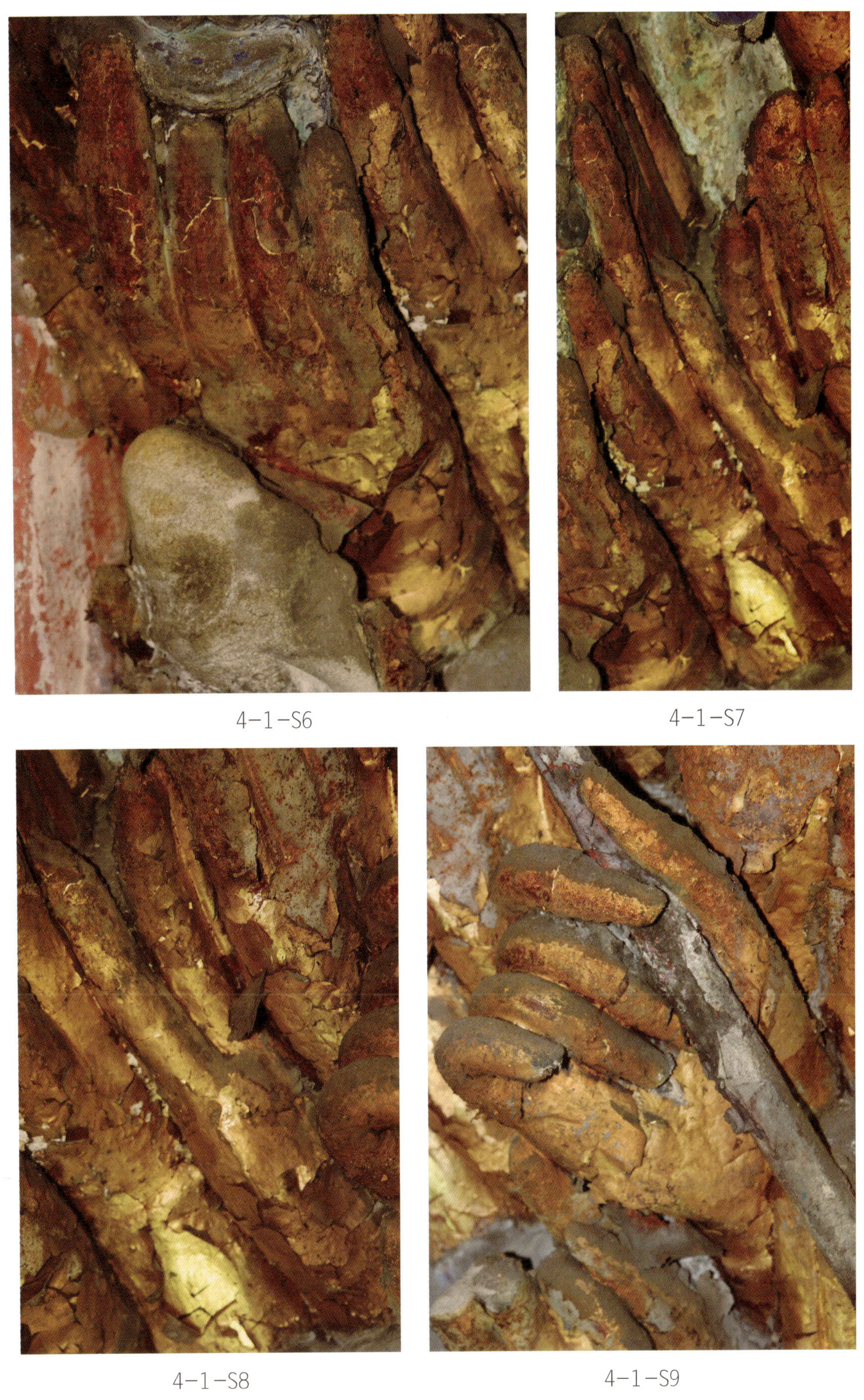

4-1-S6　　4-1-S7

4-1-S8　　4-1-S9

图 34　千手观音造像 4-1 区域正射影像及手、法器编号图 3

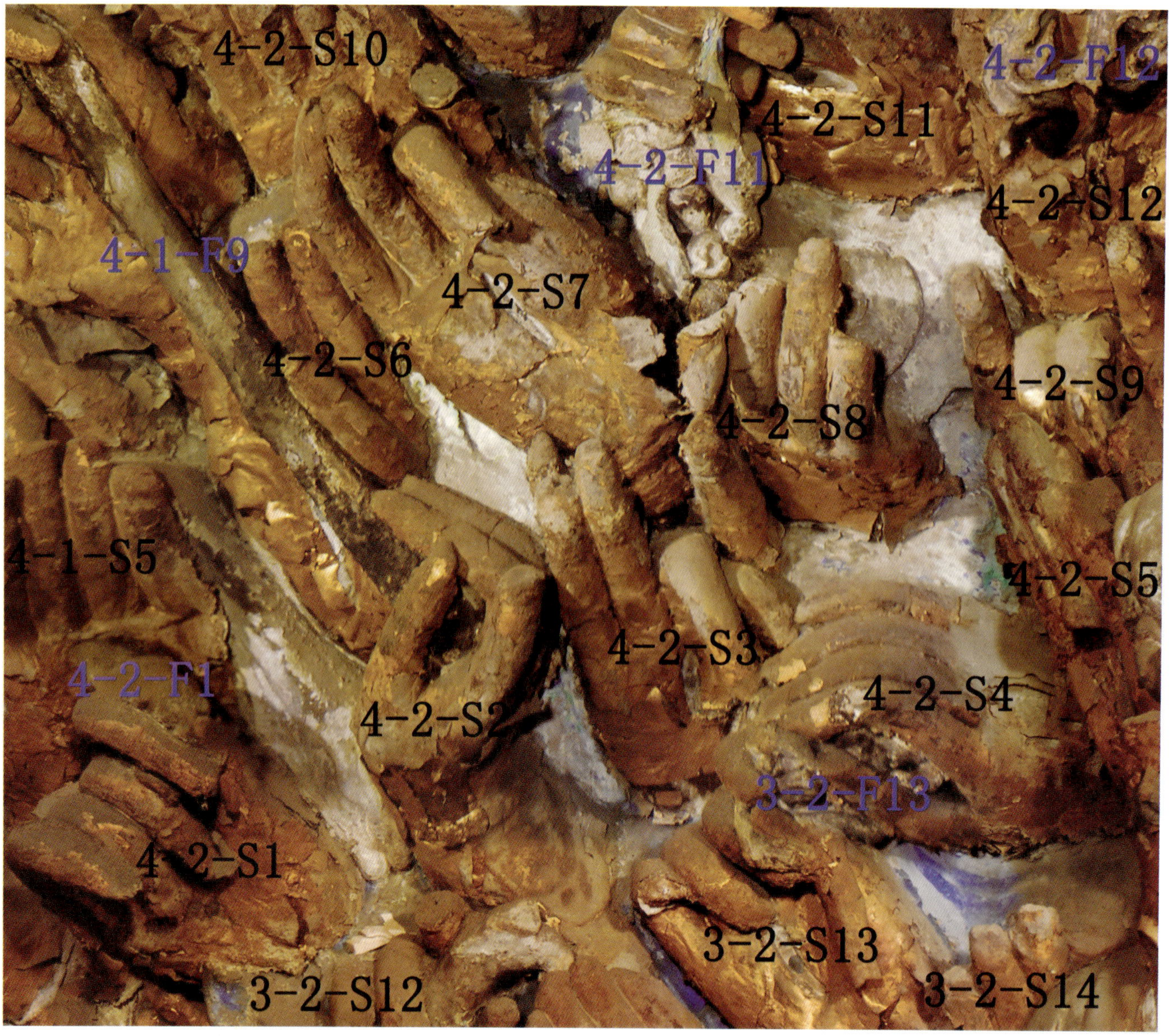

4-2 区

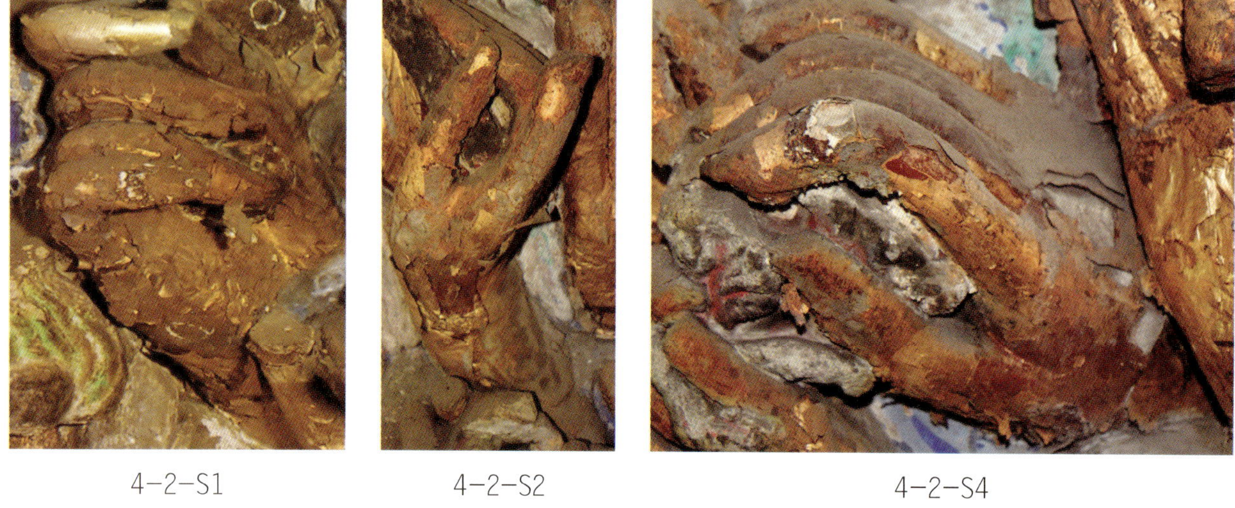

4-2-S1　　4-2-S2　　4-2-S4

图 35　千手观音造像 4–2 区域正射影像及手、法器编号图 1

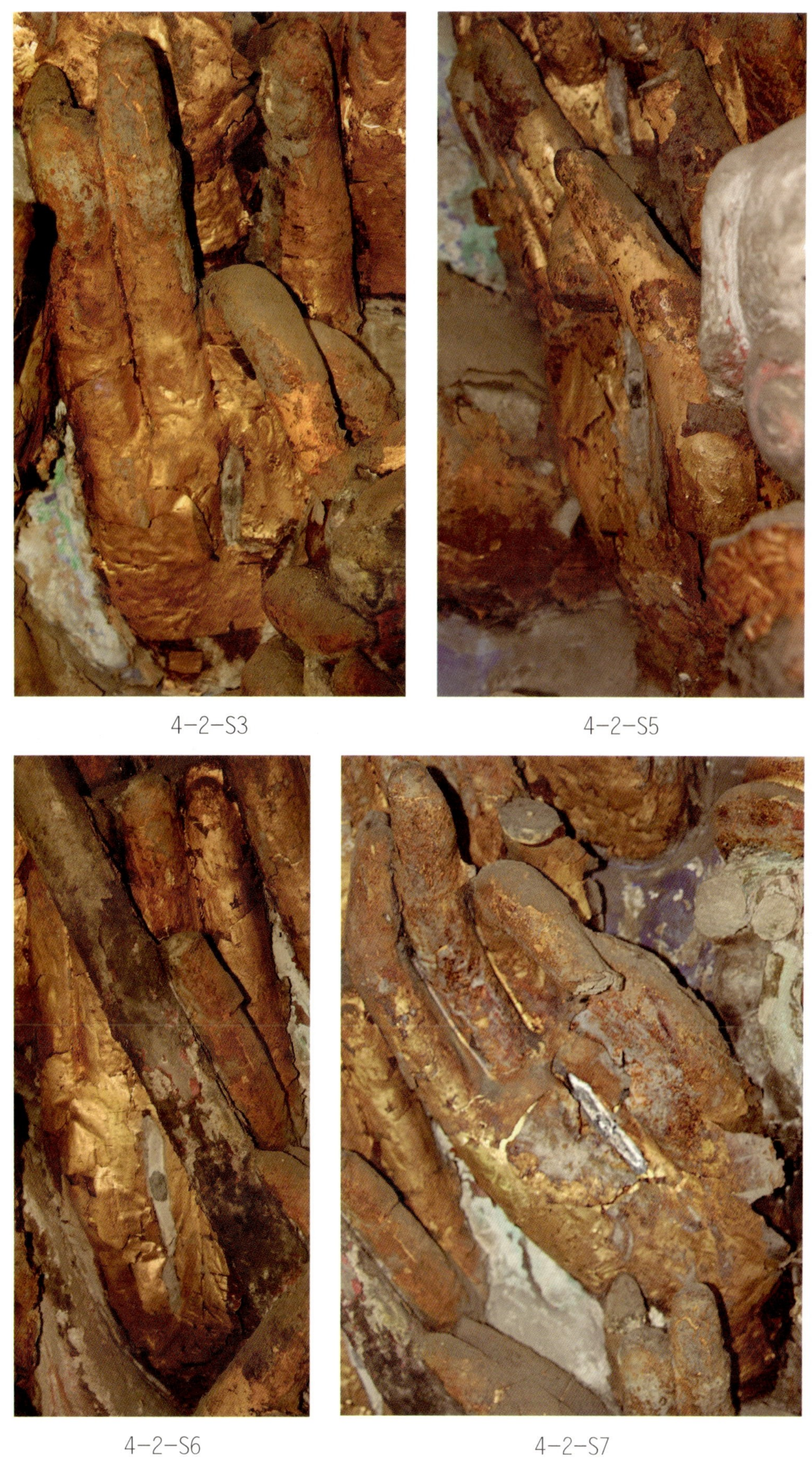

4-2-S3

4-2-S5

4-2-S6

4-2-S7

图 35　千手观音造像 4-2 区域正射影像及手、法器编号图 2

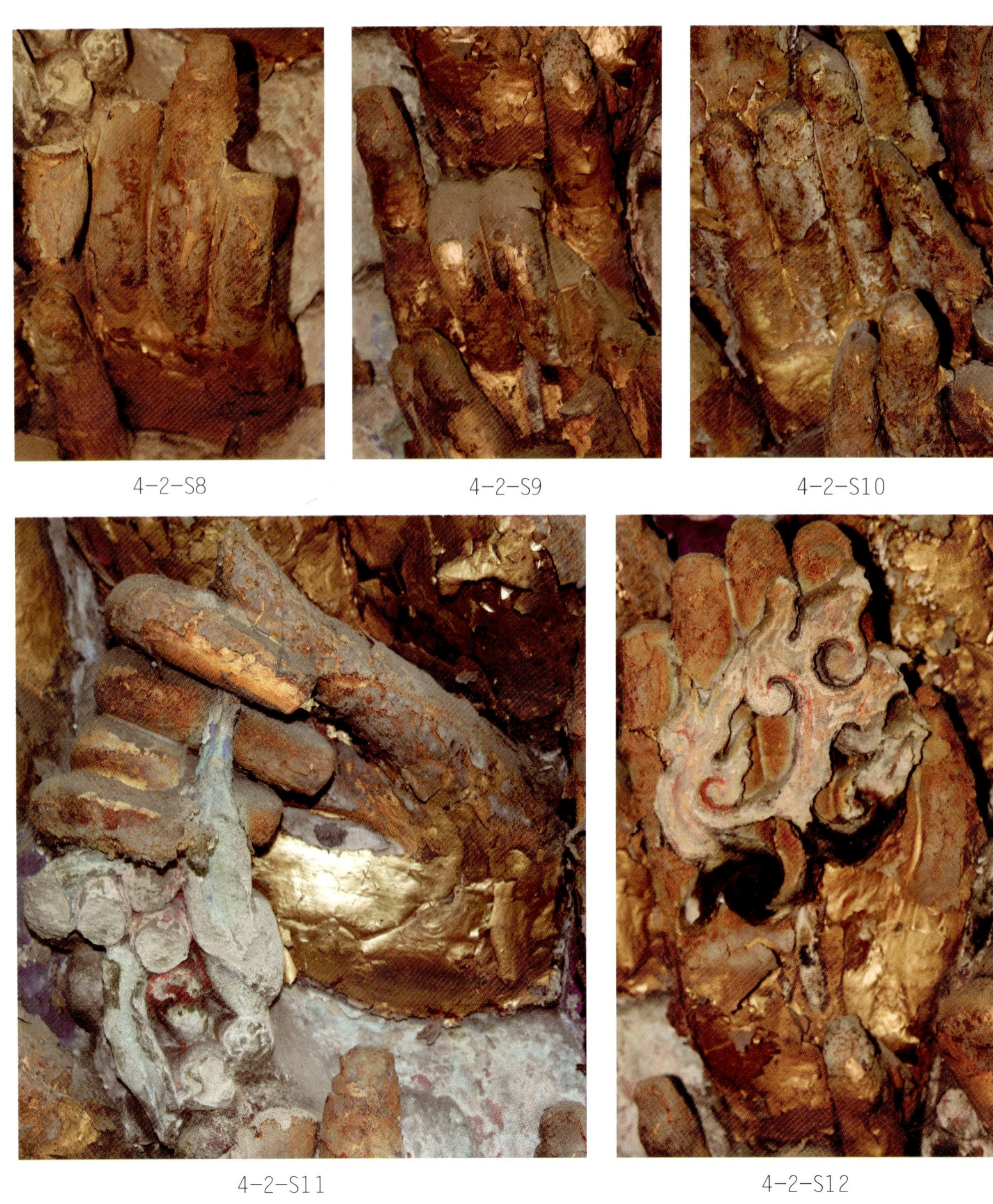

图 35　千手观音造像 4-2 区域正射影像及手、法器编号图 3

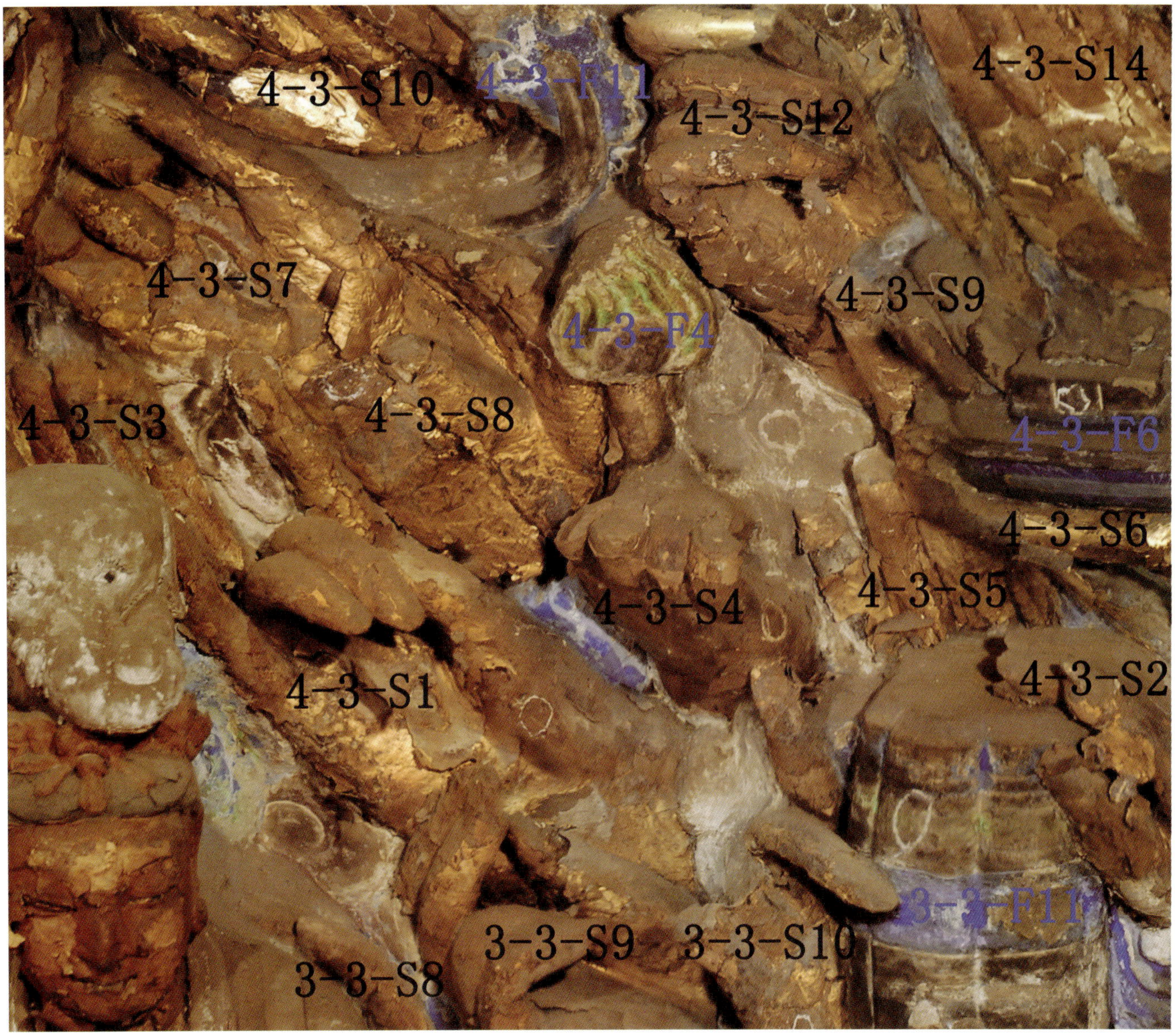

4-3 区

4-3-S1　　4-3-S2

图 36　千手观音造像 4-3 区域正射影像及手、法器编号图 1

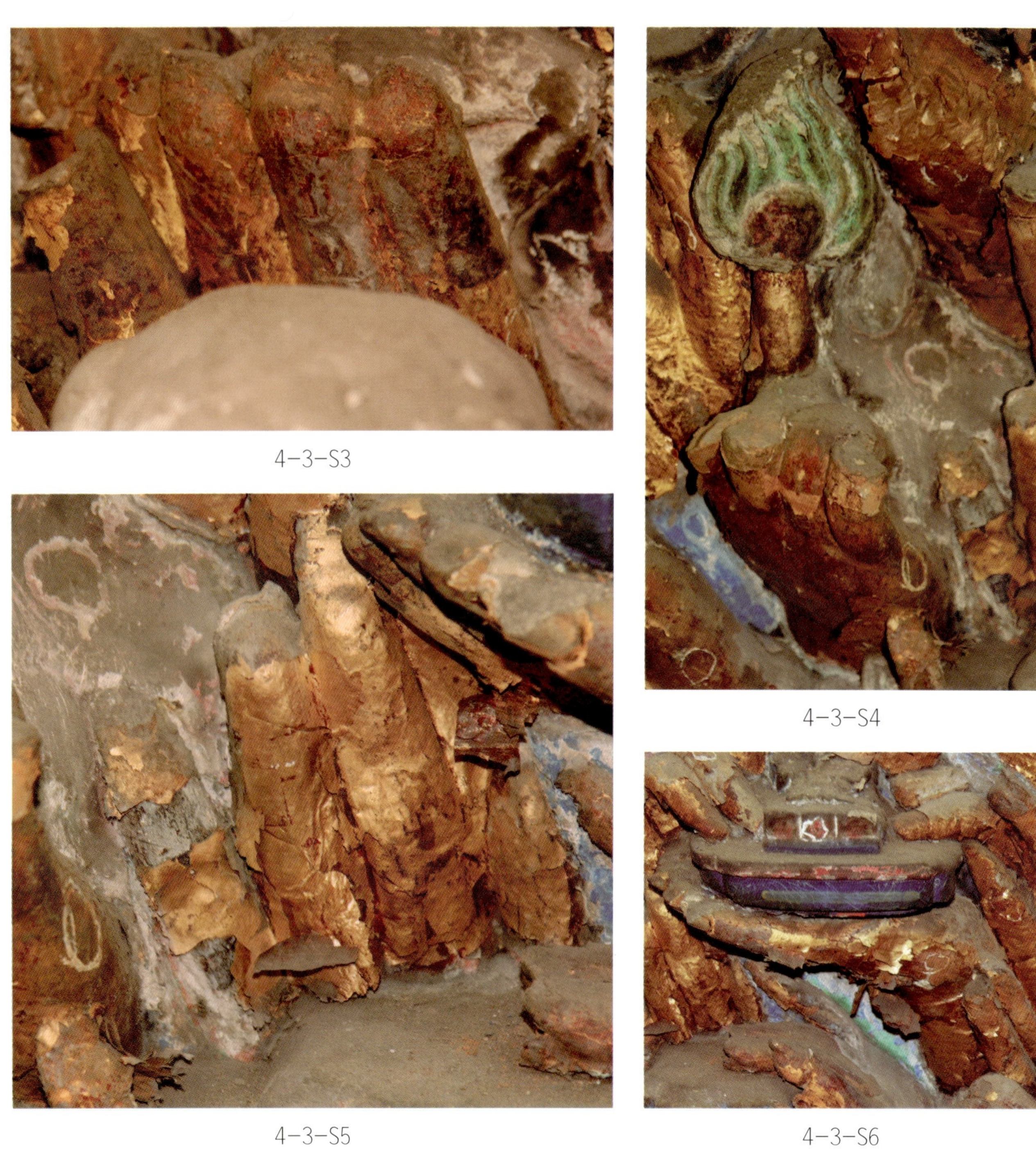

4-3-S3

4-3-S4

4-3-S5

4-3-S6

图 36　千手观音造像 4-3 区域正射影像及手、法器编号图 2

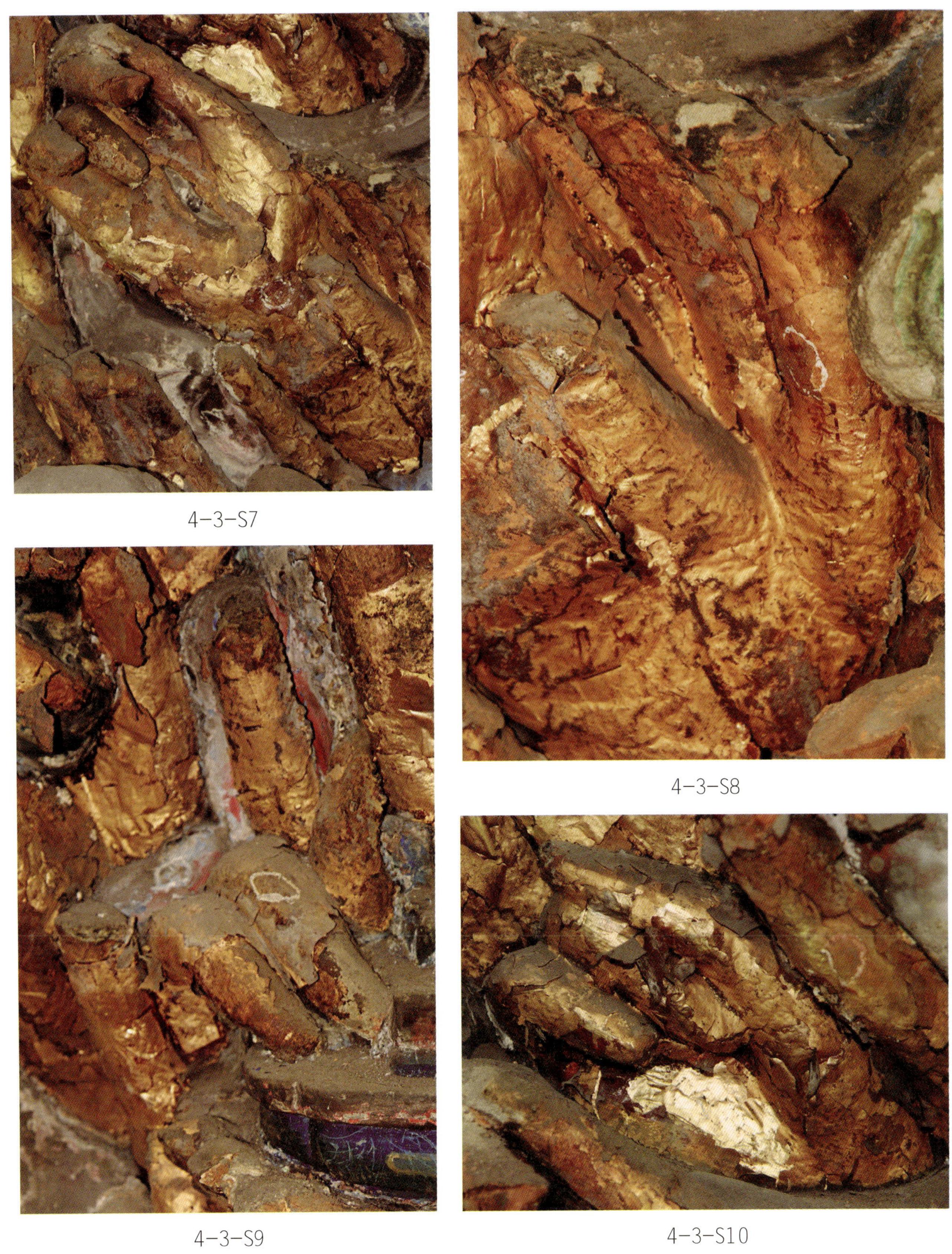

4-3-S7

4-3-S8

4-3-S9

4-3-S10

图 36　千手观音造像 4-3 区域正射影像及手、法器编号图 3

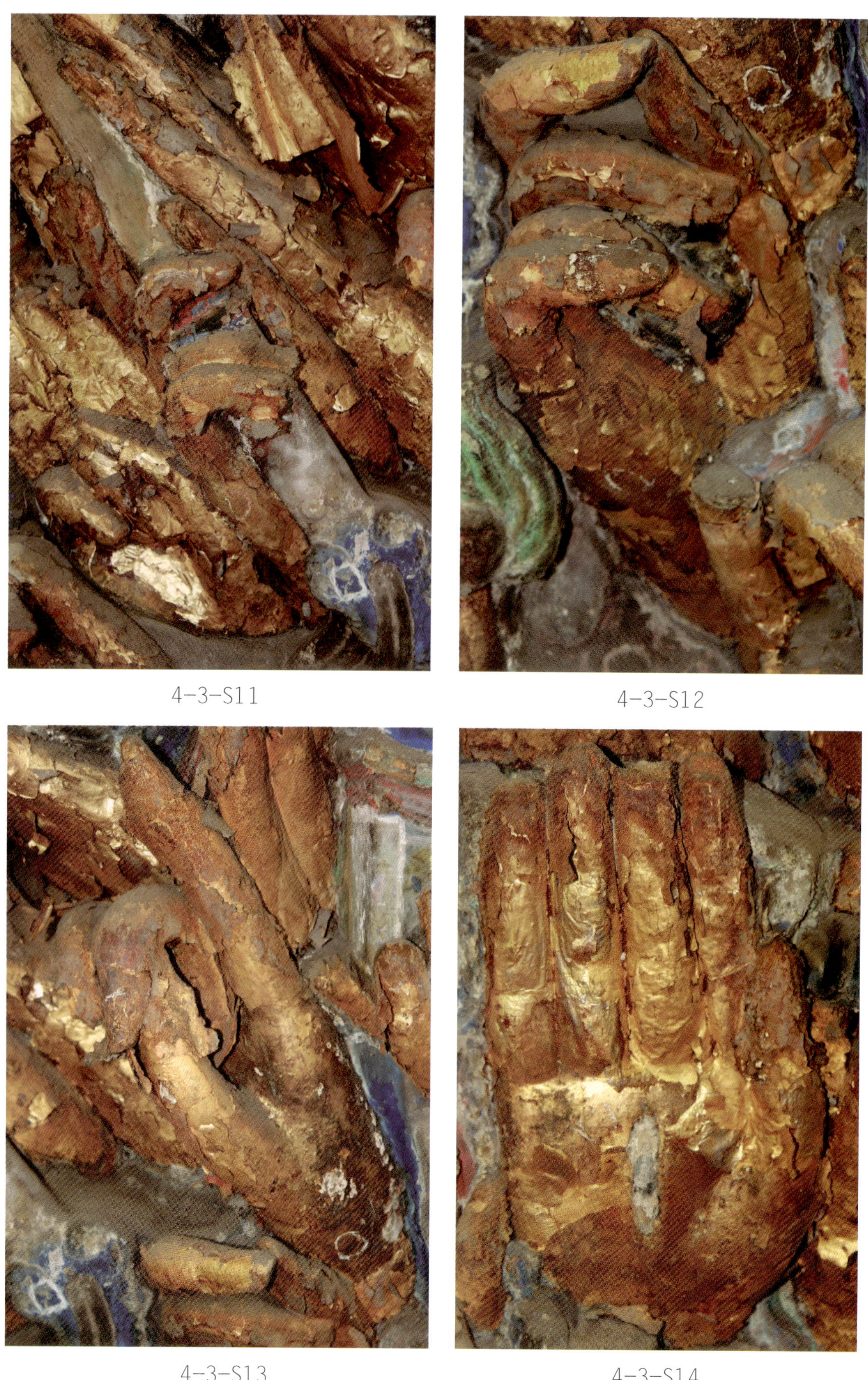
4-3-S11　　4-3-S12

4-3-S13　　4-3-S14

图 36　千手观音造像 4-3 区域正射影像及手、法器编号图 4

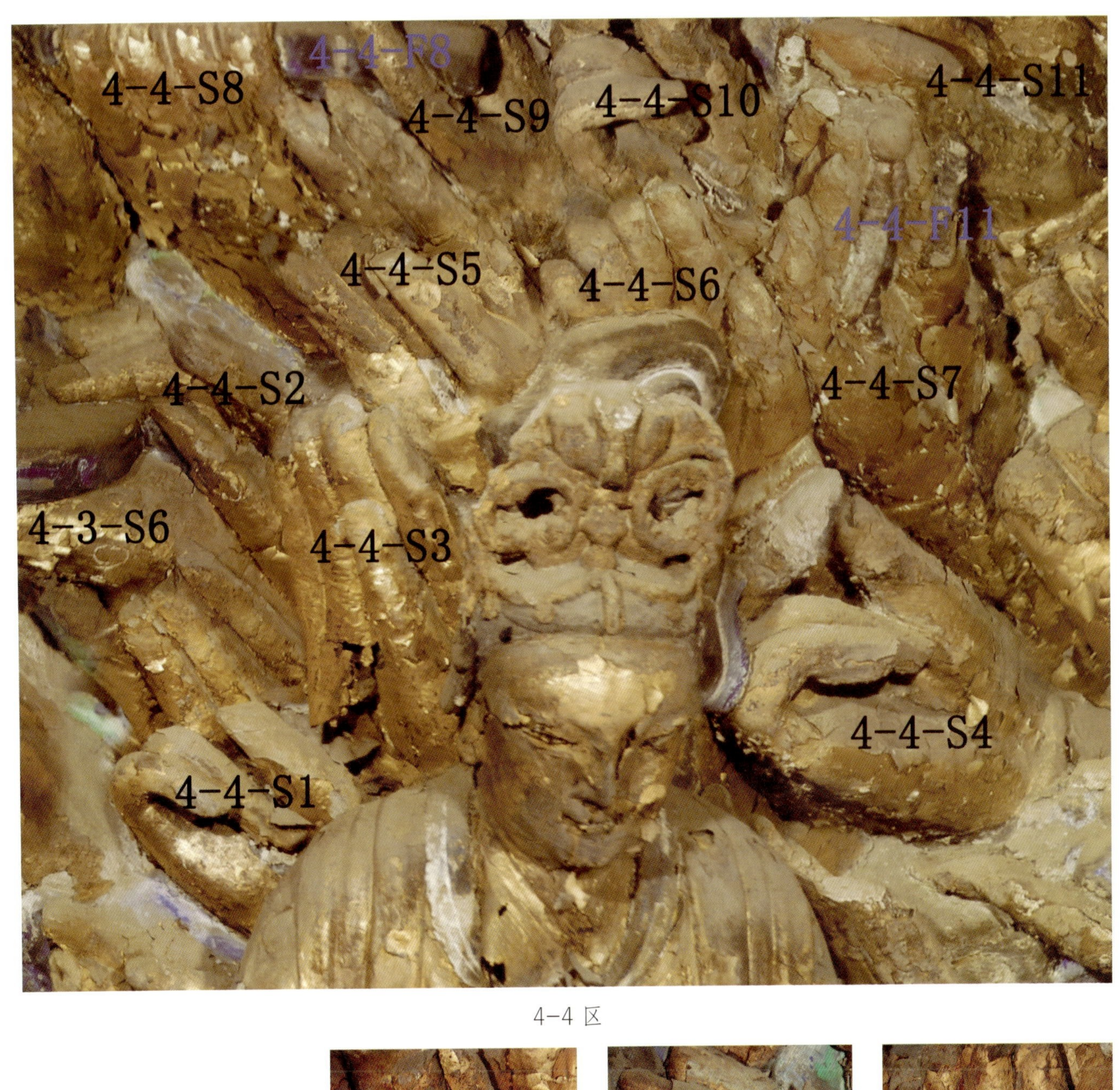

4-4 区

4-4-S1　　4-4-S2　　4-4-S3

图 37　千手观音造像 4-4 区域正射影像及手、法器编号图 1

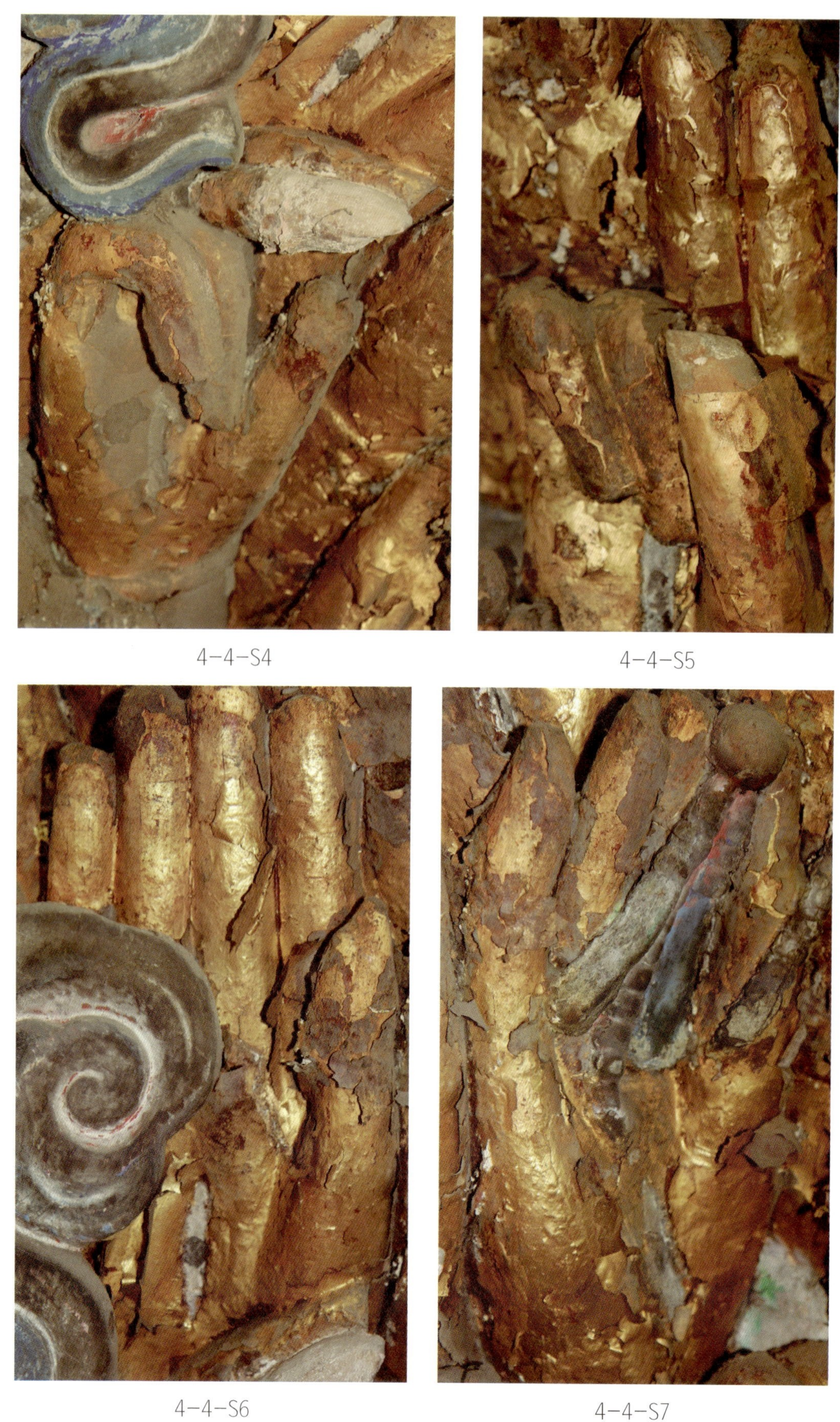

图 37 千手观音造像 4-4 区域正射影像及手、法器编号图 2

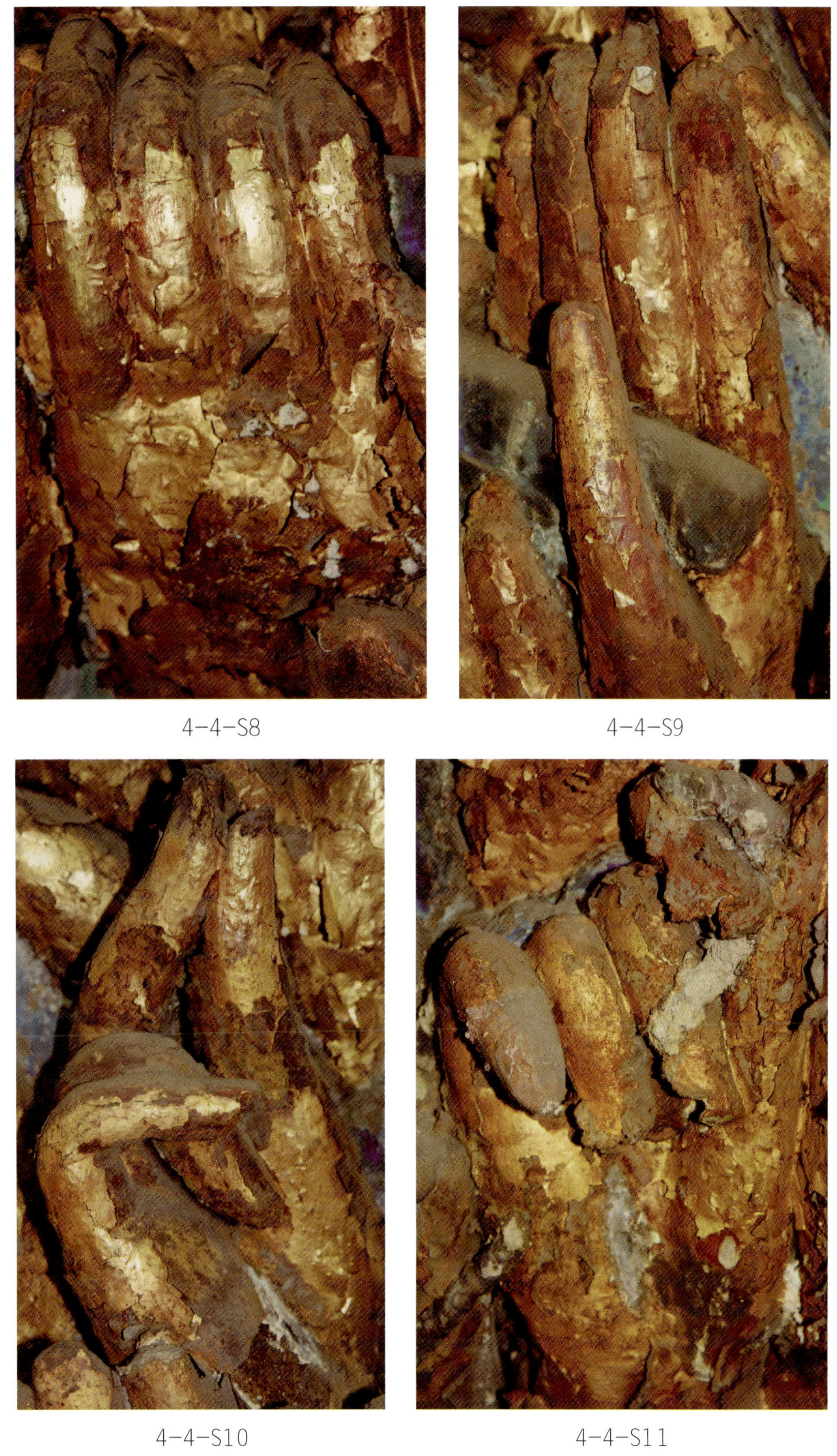

图 37　千手观音造像 4-4 区域正射影像及手、法器编号图 3

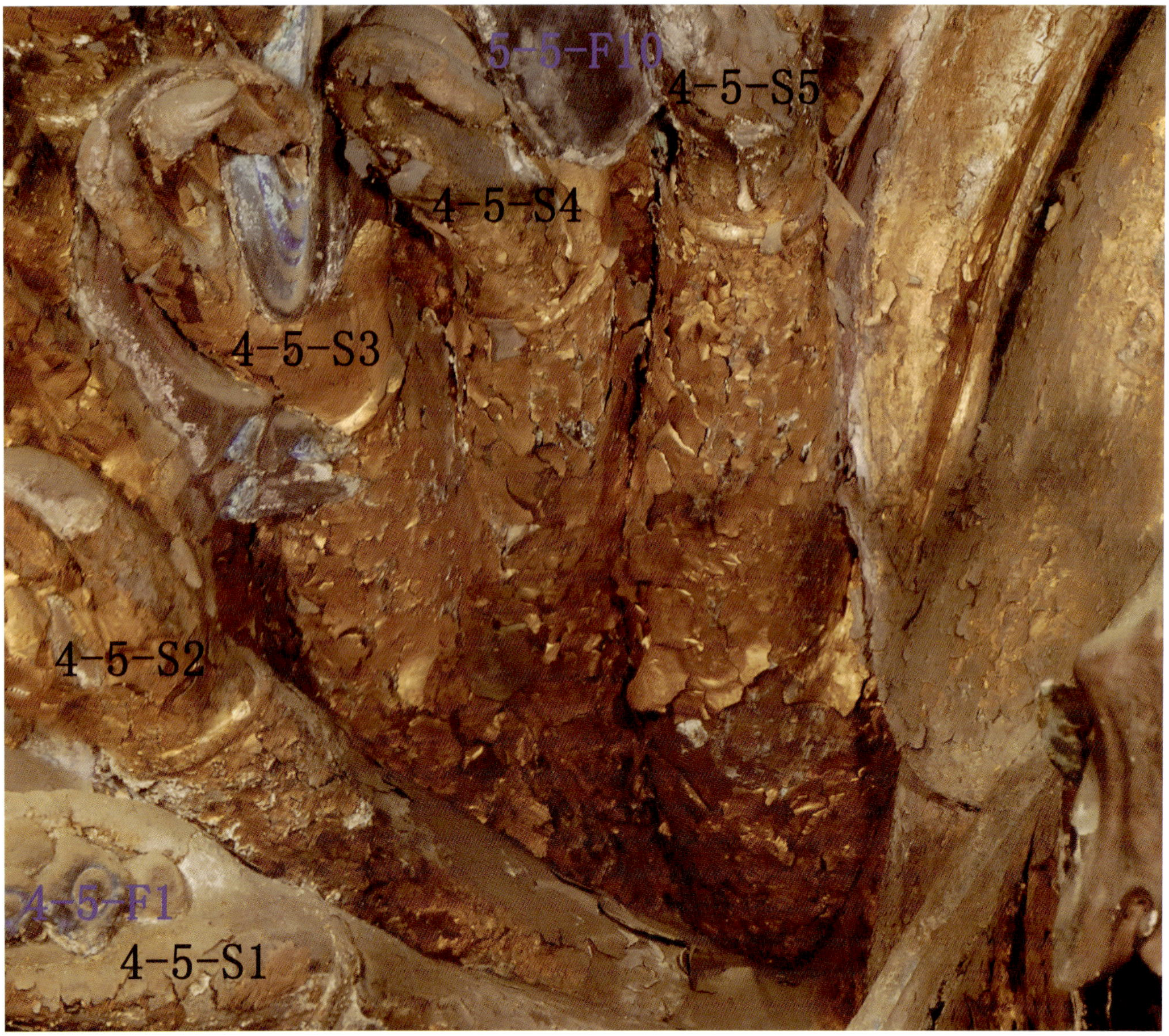

5-5-F10
4-5-S5
4-5-S4
4-5-S3
4-5-S2
4-5-F1
4-5-S1

4-5 区

4-5-S1

图 38　千手观音造像 4-5 区域正射影像及手、法器编号图 1

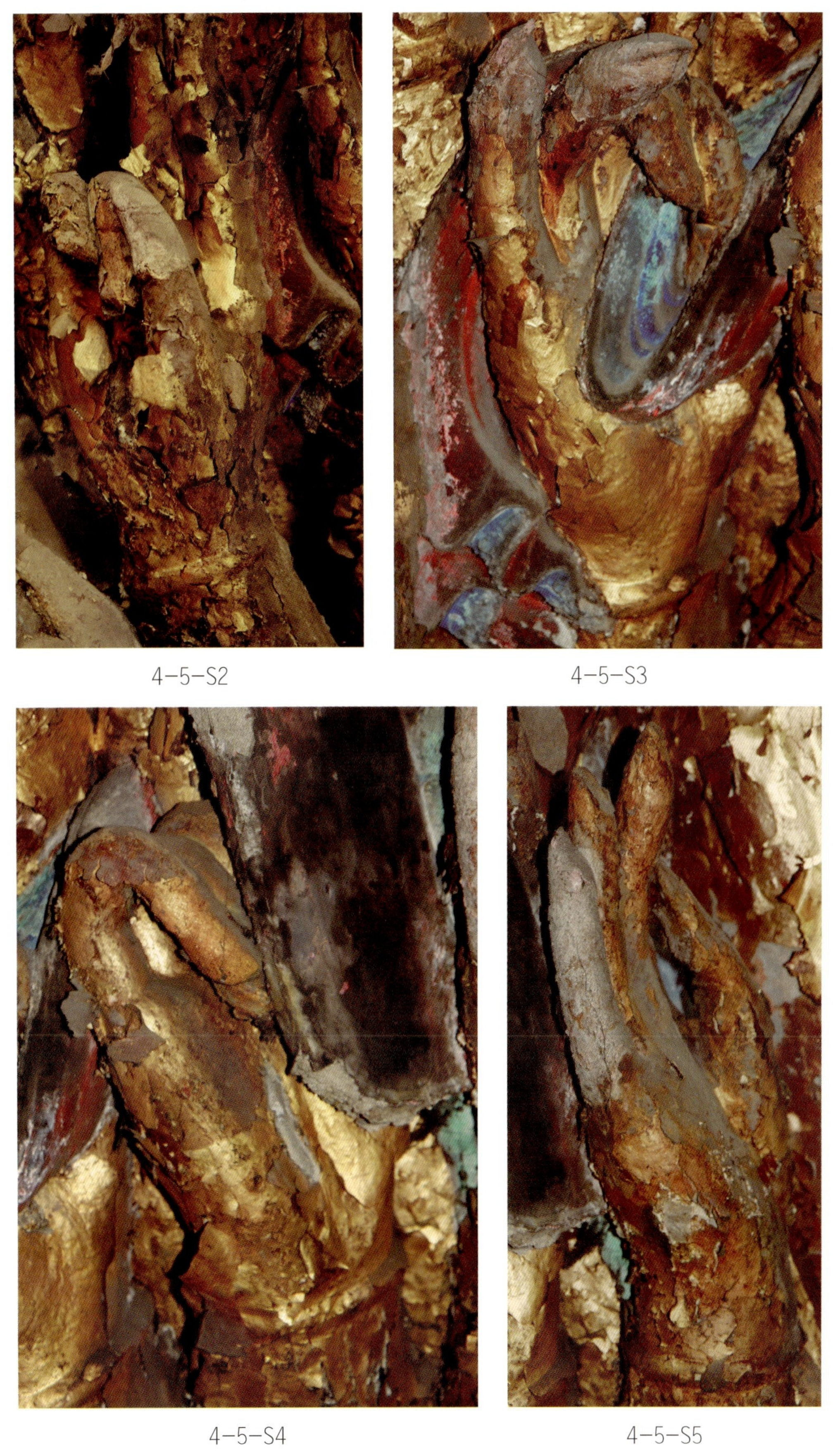

图 38　千手观音造像 4-5 区域正射影像及手、法器编号图 2

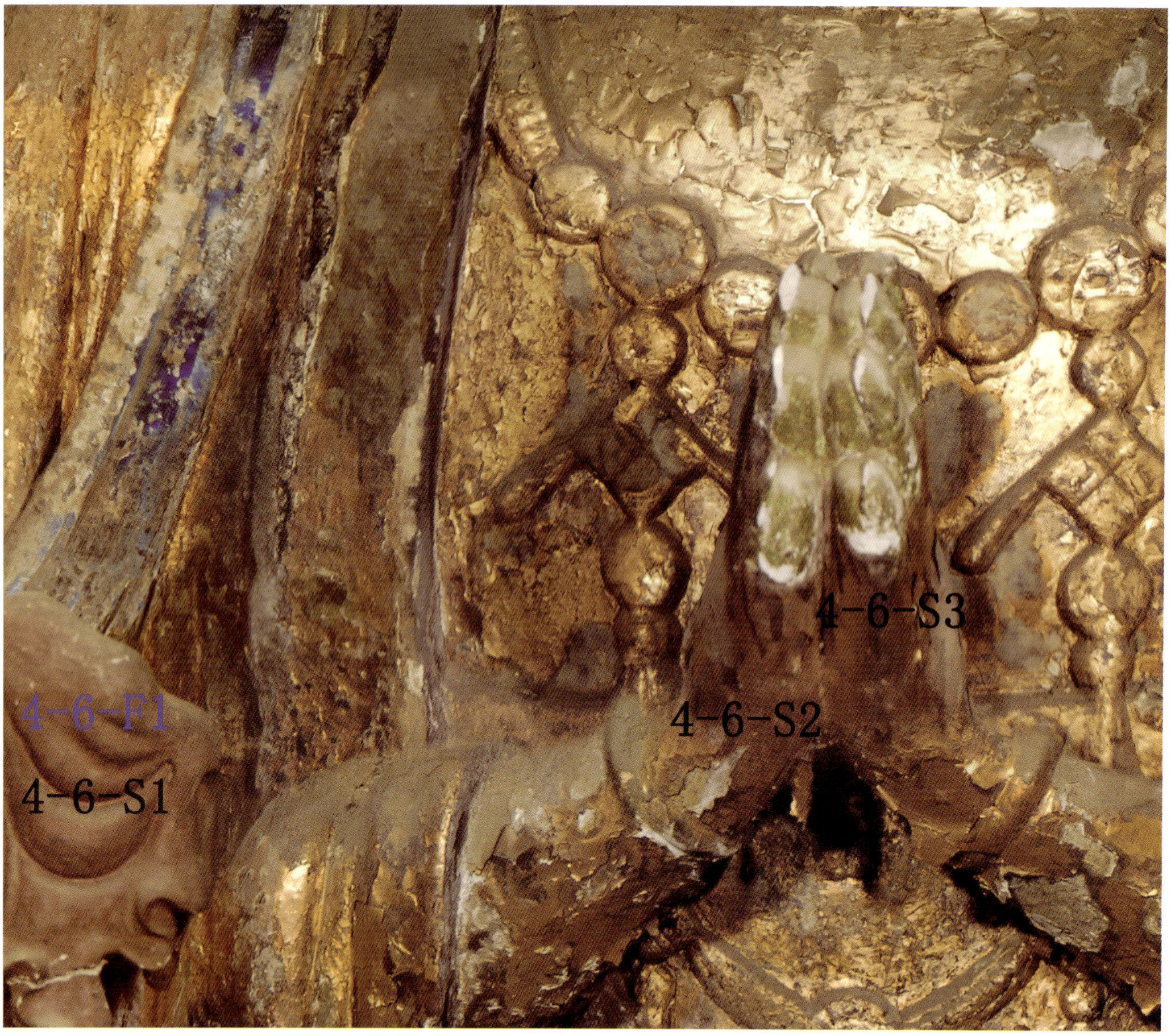

4-6-S3
4-6-F1
4-6-S2
4-6-S1

4-6 区

4-6-S1　　4-6-S2　　4-6-S3

图 38　千手观音造像 4–6 区域正射影像及手、法器编号图

4-7 区

图 39　千手观音造像 4–7 区域正射影像及手、法器编号图 1

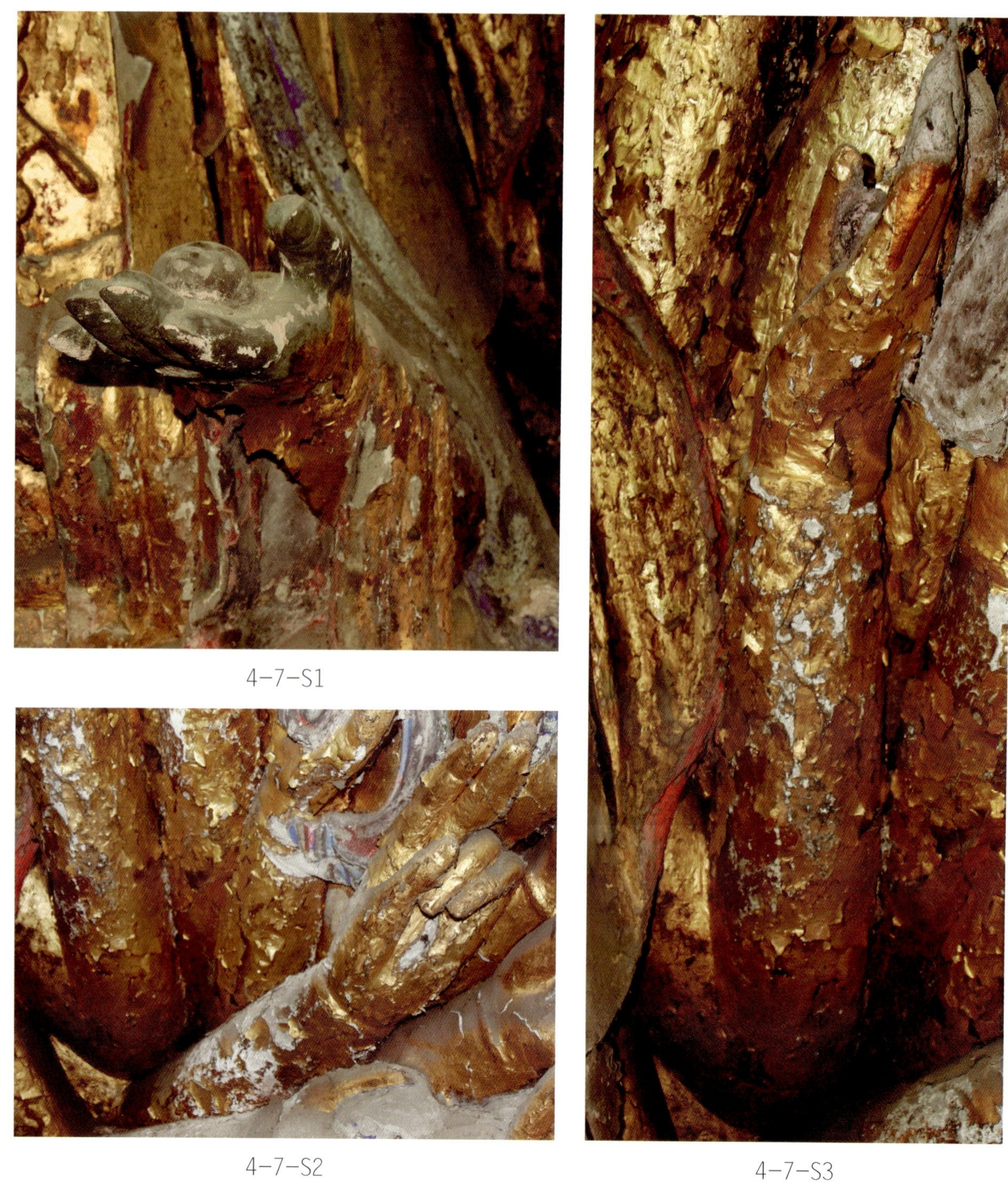
4-7-S1
4-7-S2
4-7-S3

图 39　千手观音造像 4-7 区域正射影像及手、法器编号图 2

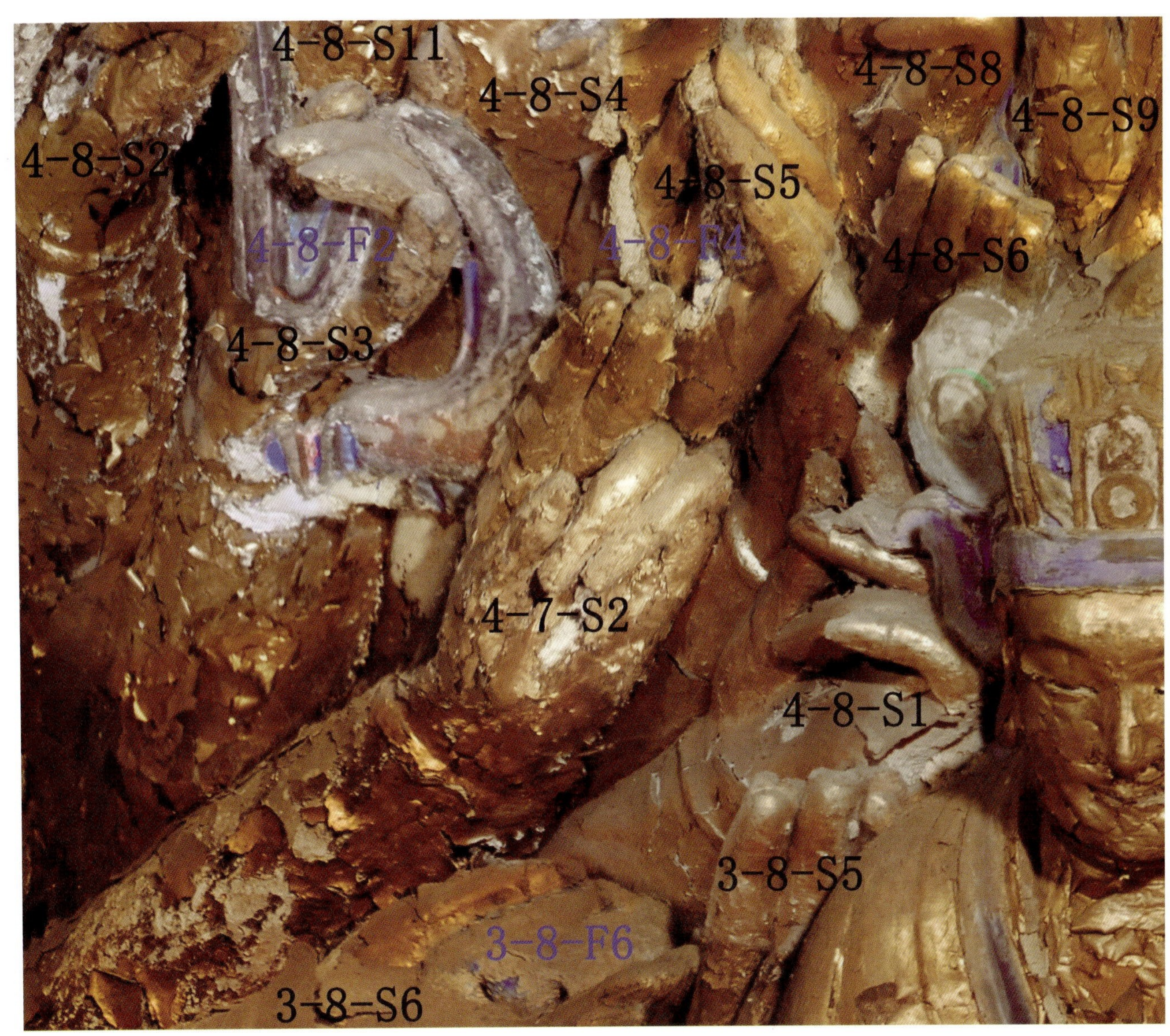

4-8 区

图 40　千手观音造像 4-8 区域正射影像及手、法器编号图 1

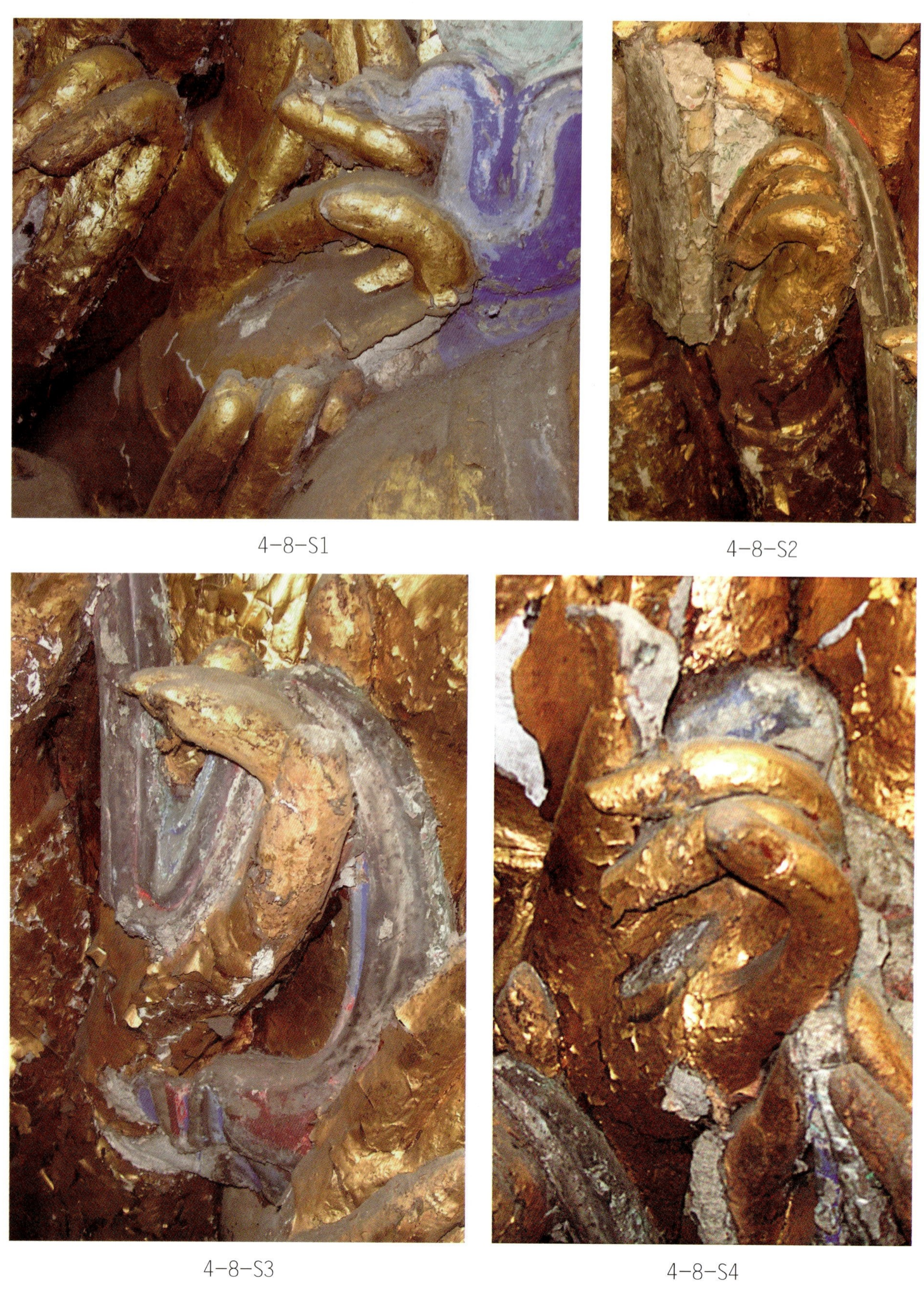

图 40　千手观音造像 4-8 区域正射影像及手、法器编号图 2

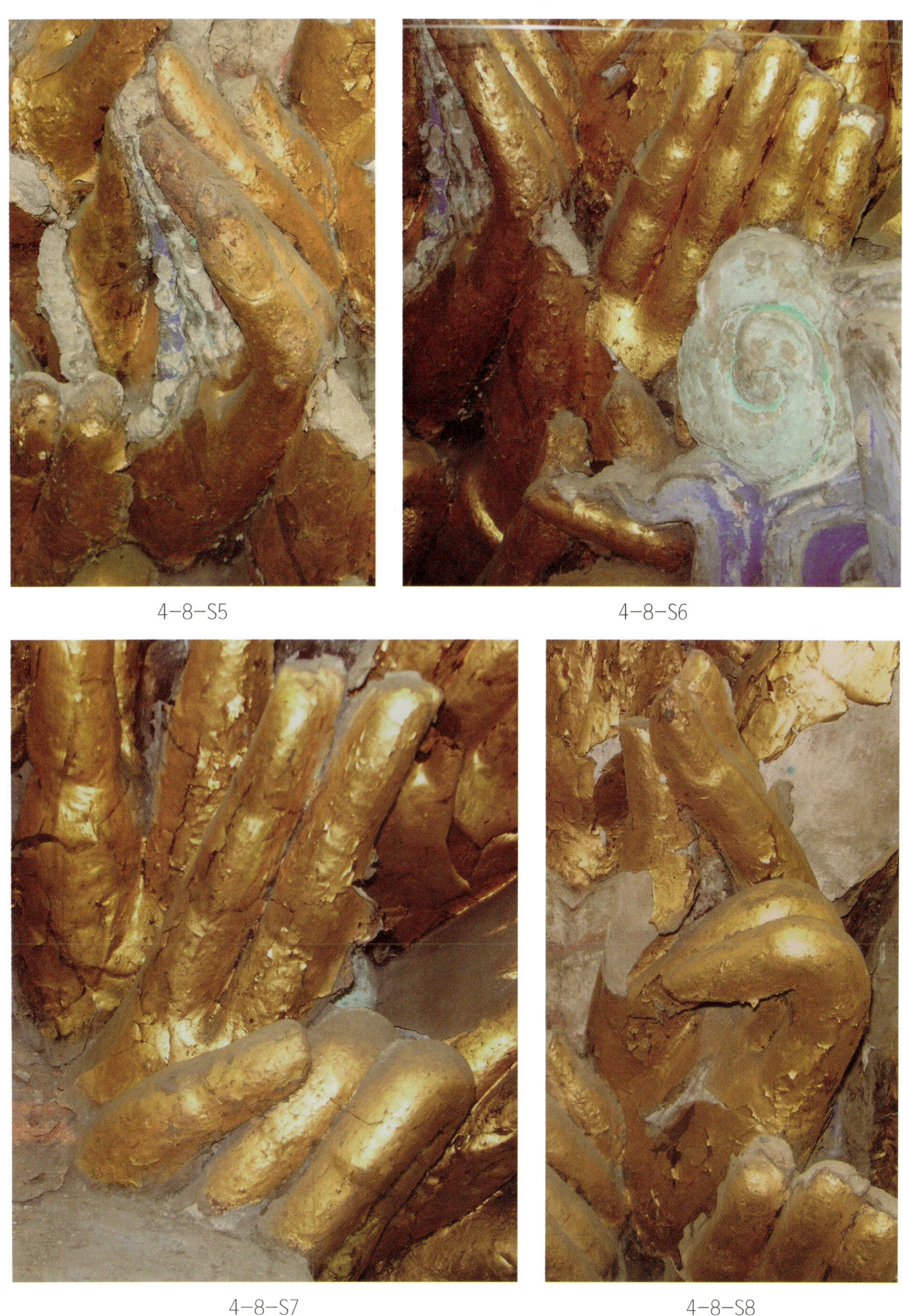

4-8-S5

4-8-S6

4-8-S7

4-8-S8

图 40　千手观音造像 4-8 区域正射影像及手、法器编号图 3

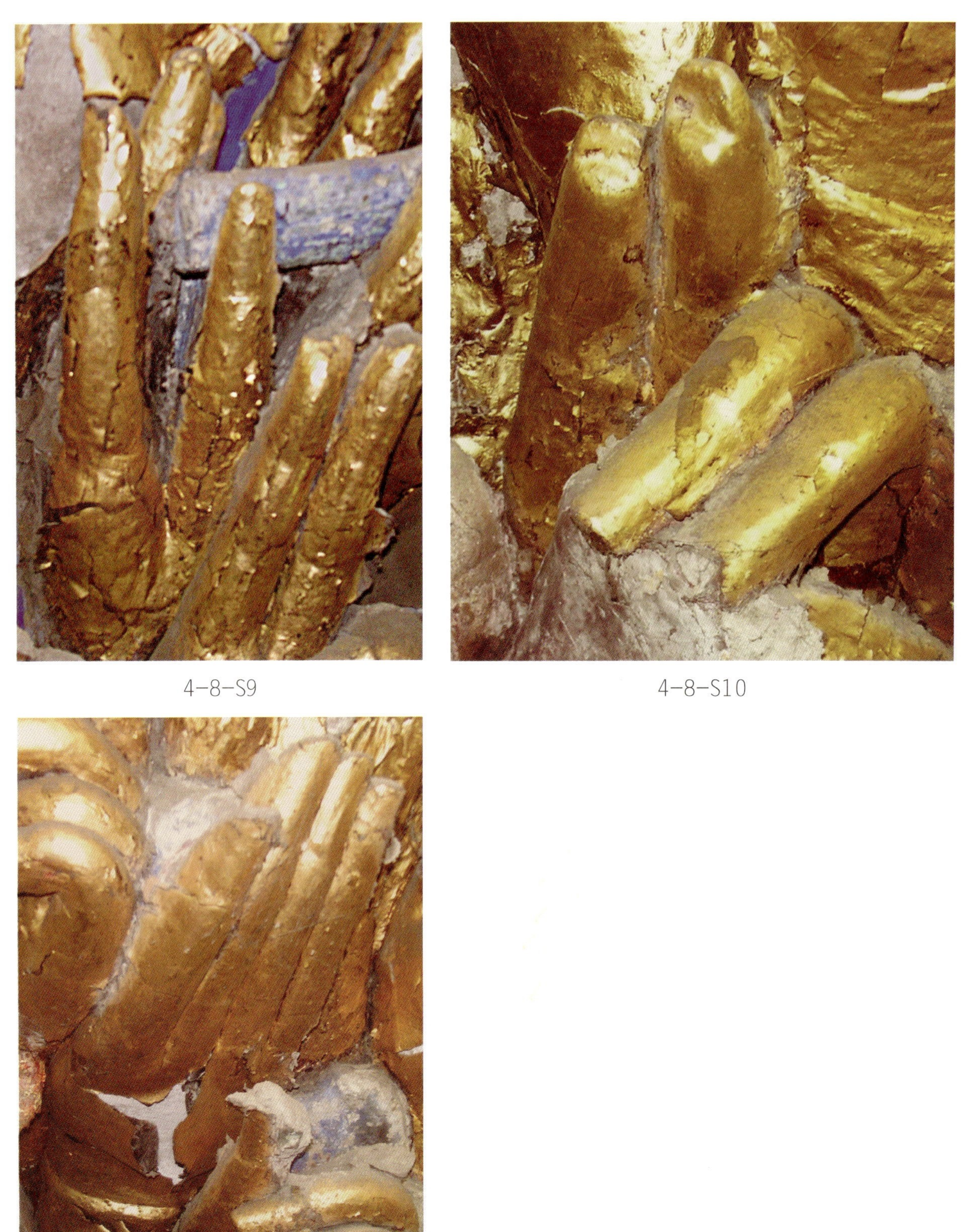

图 40　千手观音造像 4-8 区域正射影像及手、法器编号图 4

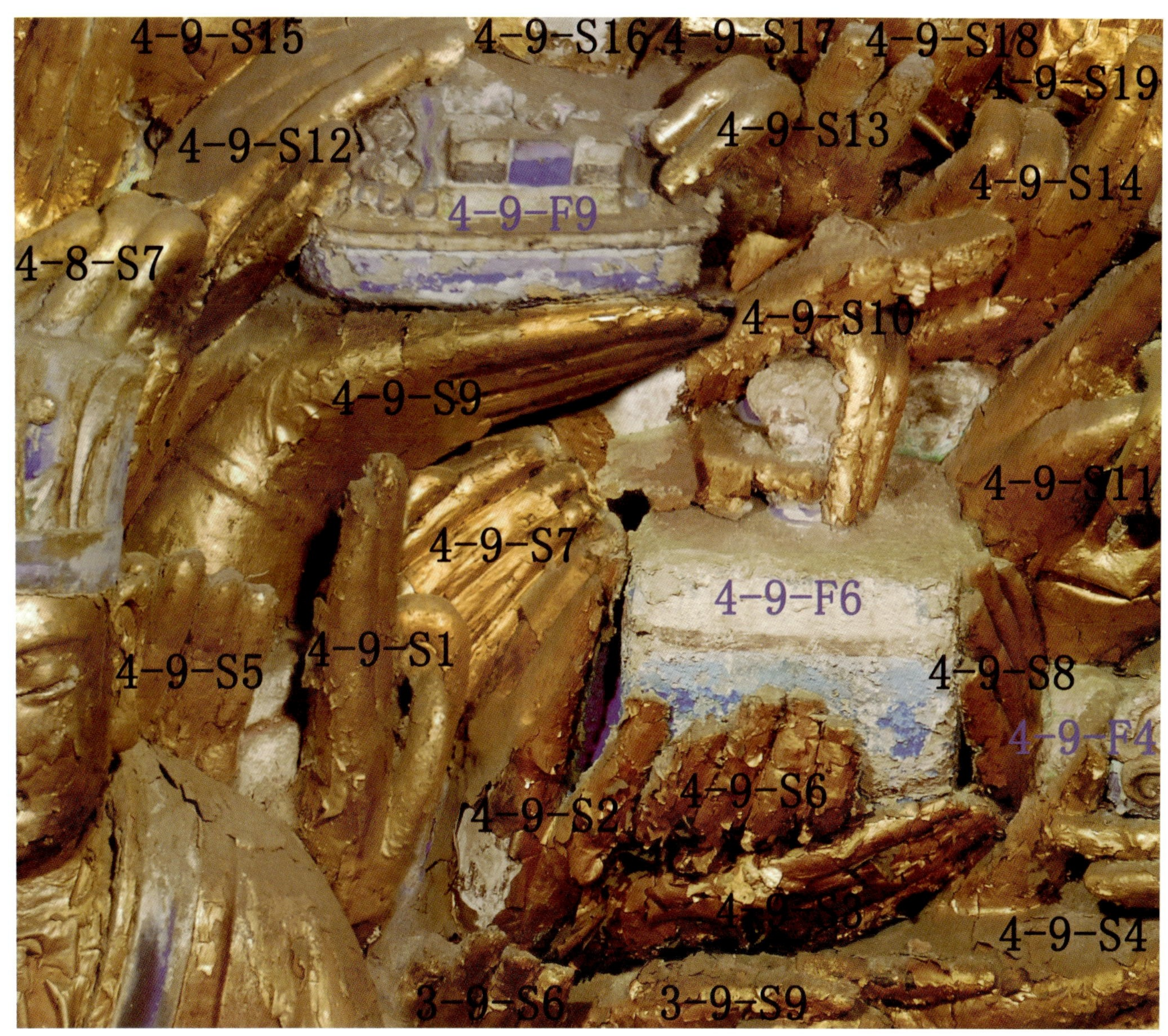

4-9 区

图 41　千手观音造像 4-9 区域正射影像及手、法器编号图 1

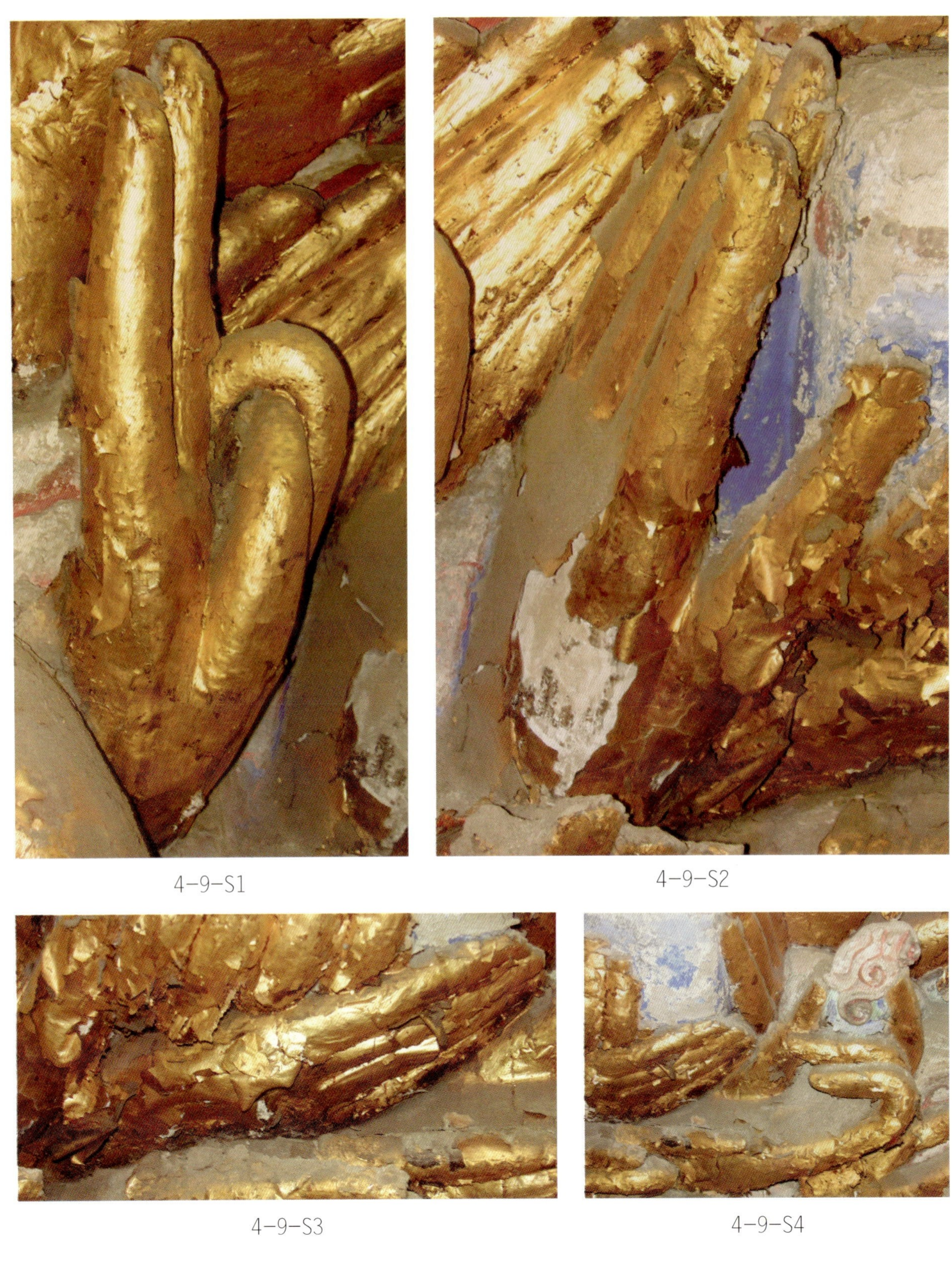

图 41　千手观音造像 4–9 区域正射影像及手、法器编号图 2

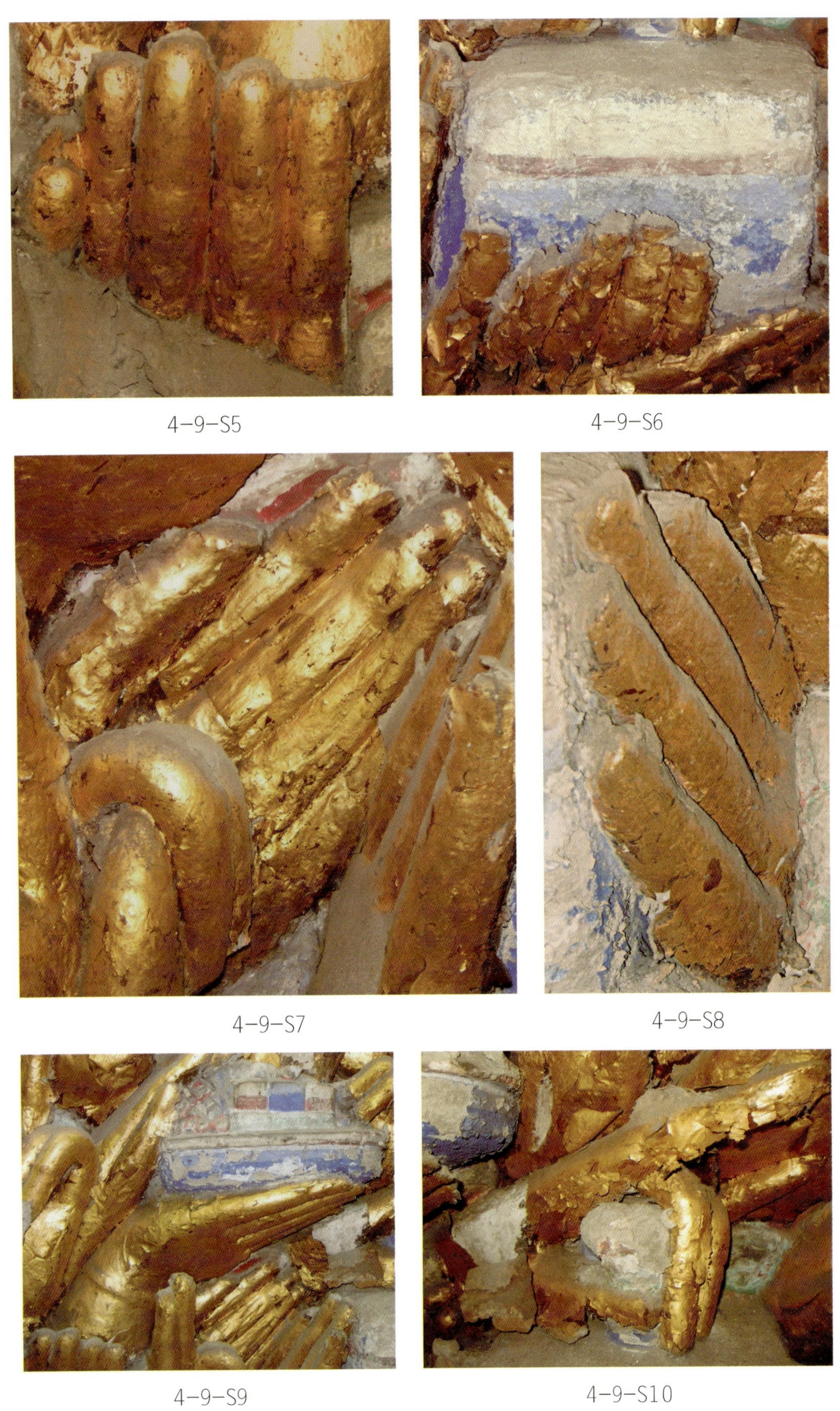

图 41　千手观音造像 4-9 区域正射影像及手、法器编号图 3

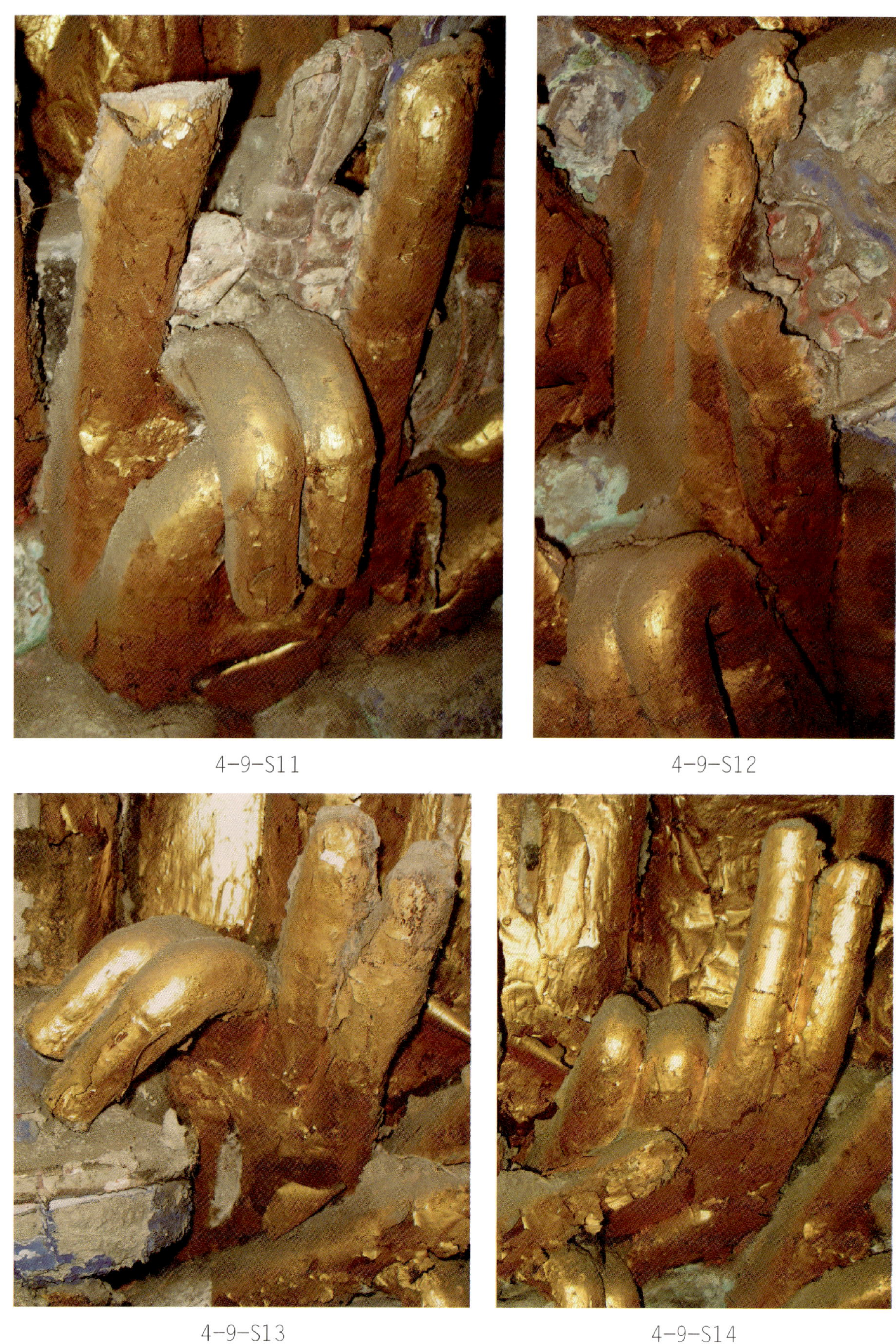

图 41　千手观音造像 4-9 区域正射影像及手、法器编号图 4

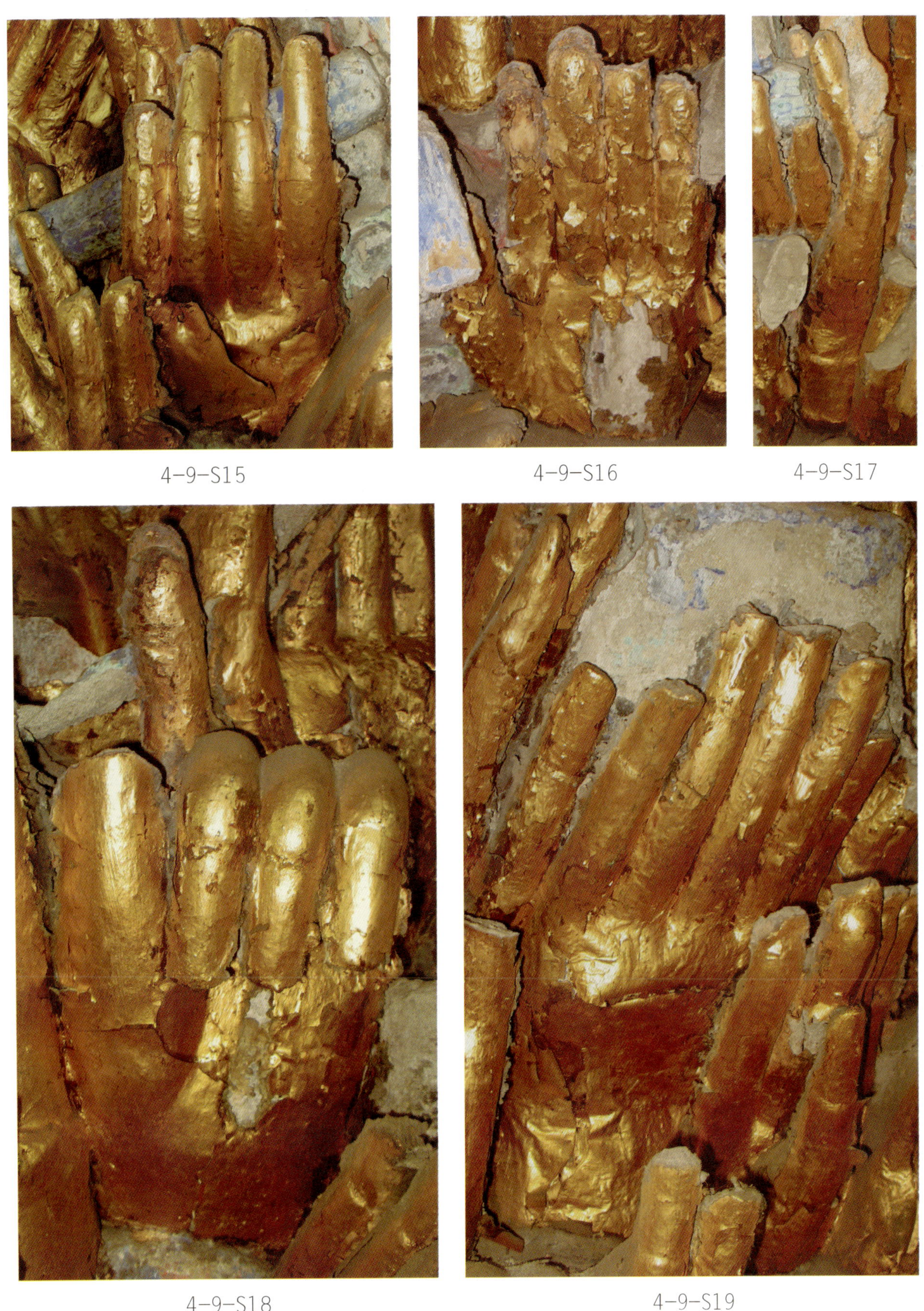

4-9-S15　4-9-S16　4-9-S17

4-9-S18　4-9-S19

图 41　千手观音造像 4–9 区域正射影像及手、法器编号图 5

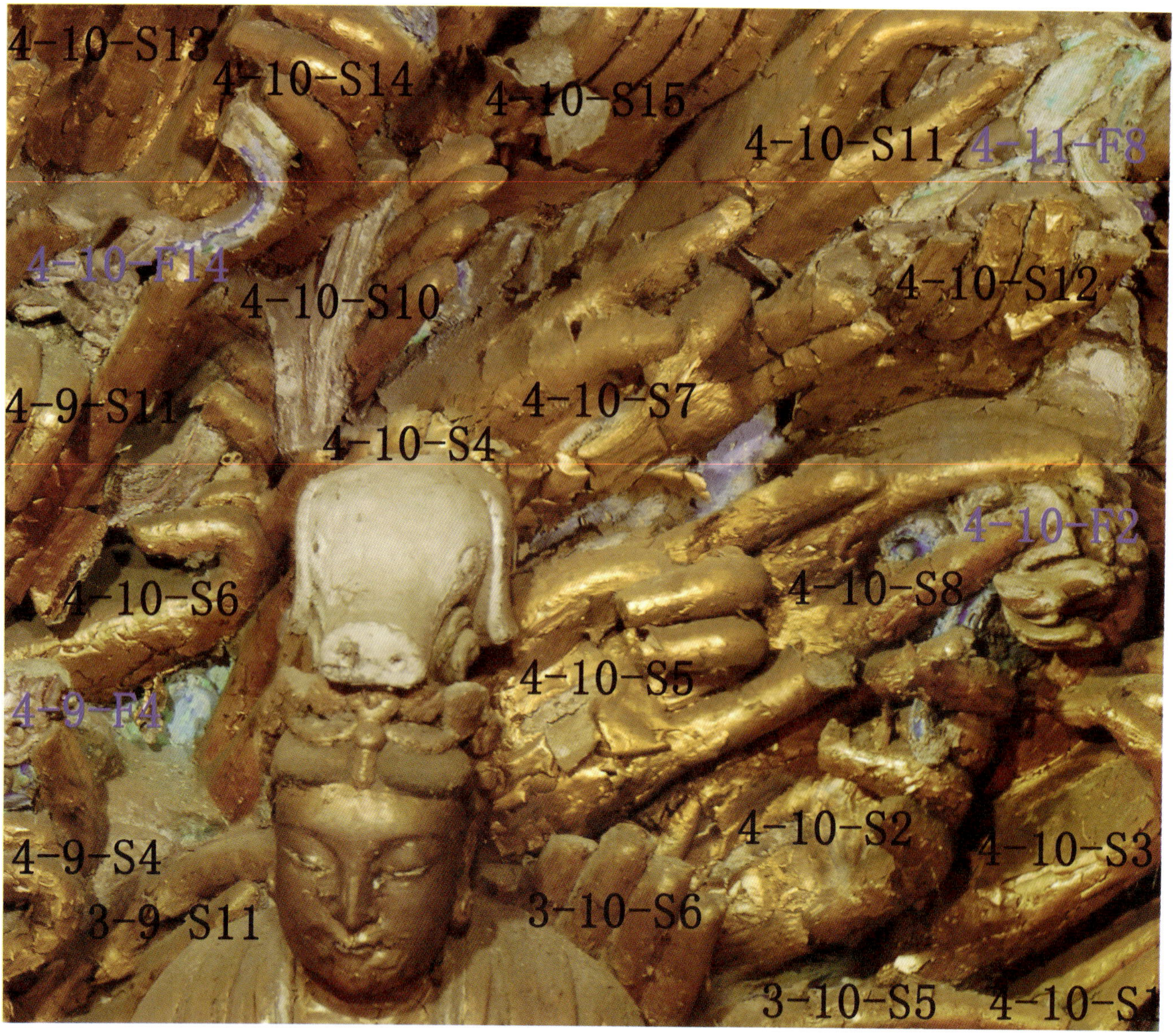

4-10 区

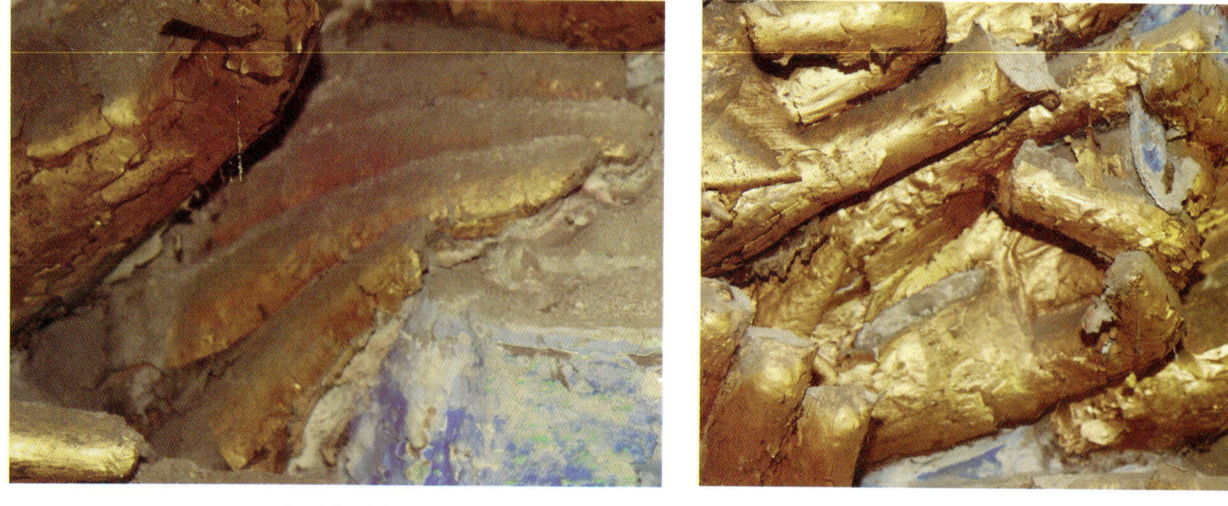

4-10-S1　　4-10-S2

图 42　千手观音造像 4-10 区域正射影像及手、法器编号图 1

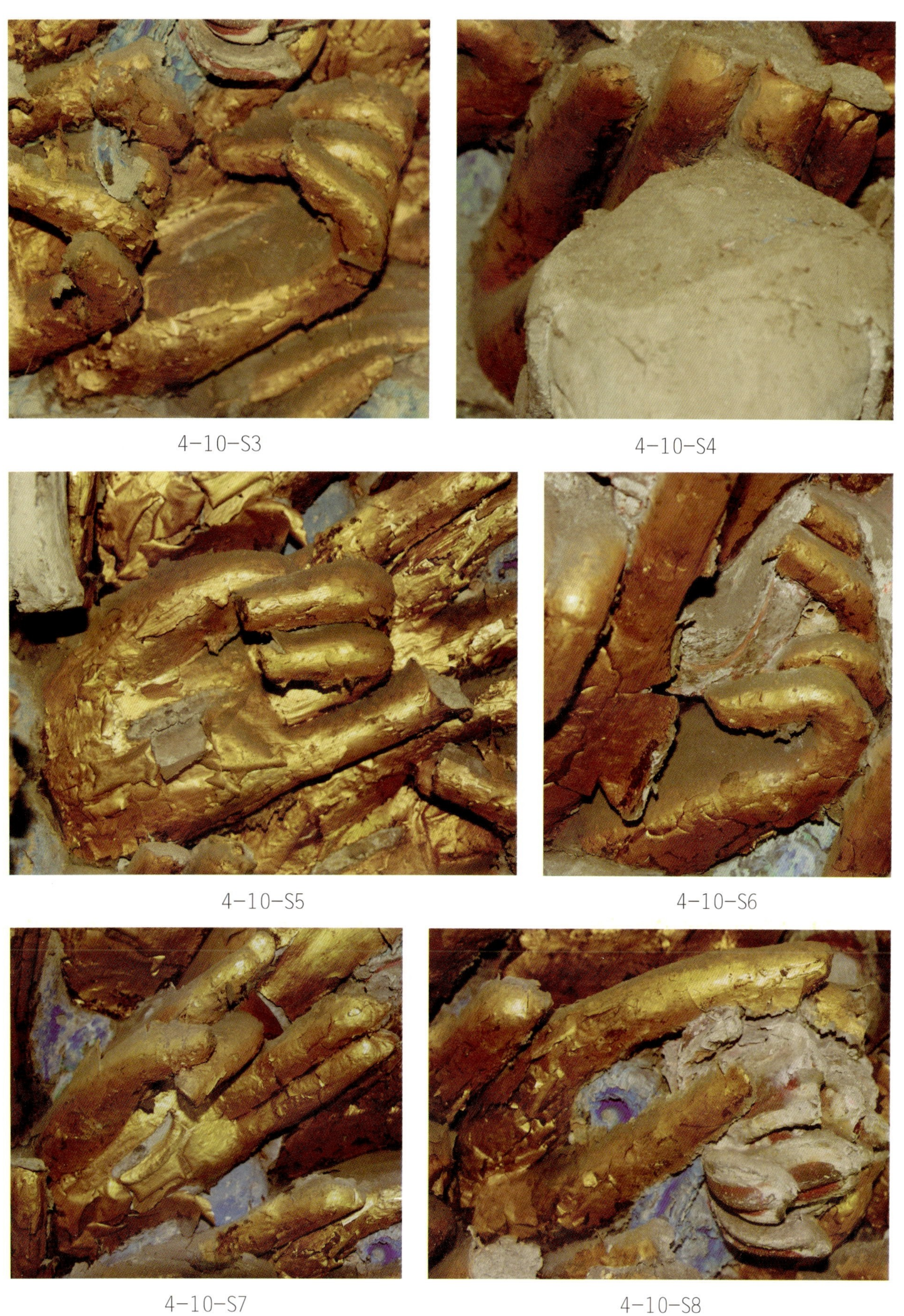

图 42　千手观音造像 4-10 区域正射影像及手、法器编号图 2

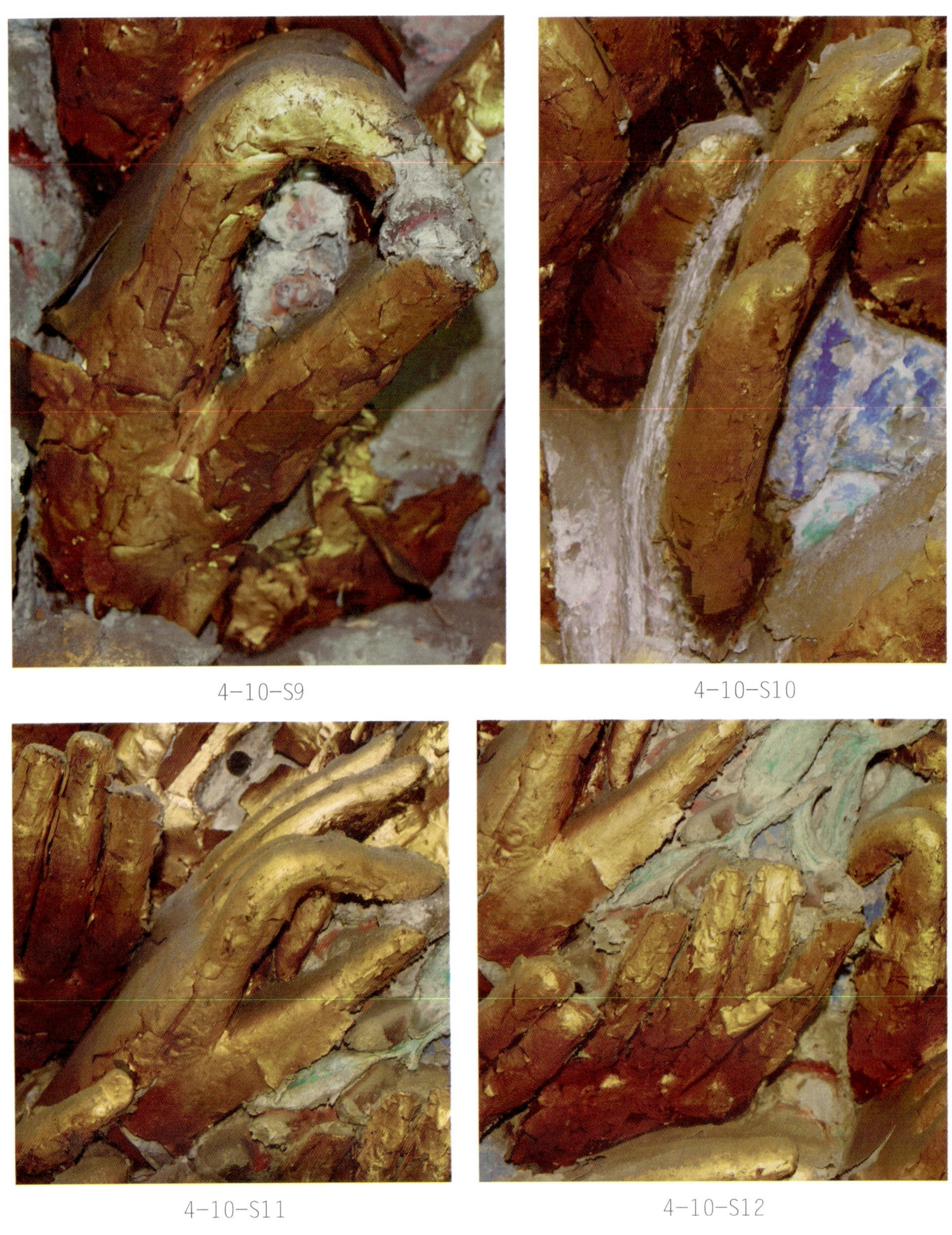

图 42　千手观音造像 4-10 区域正射影像及手、法器编号图 3

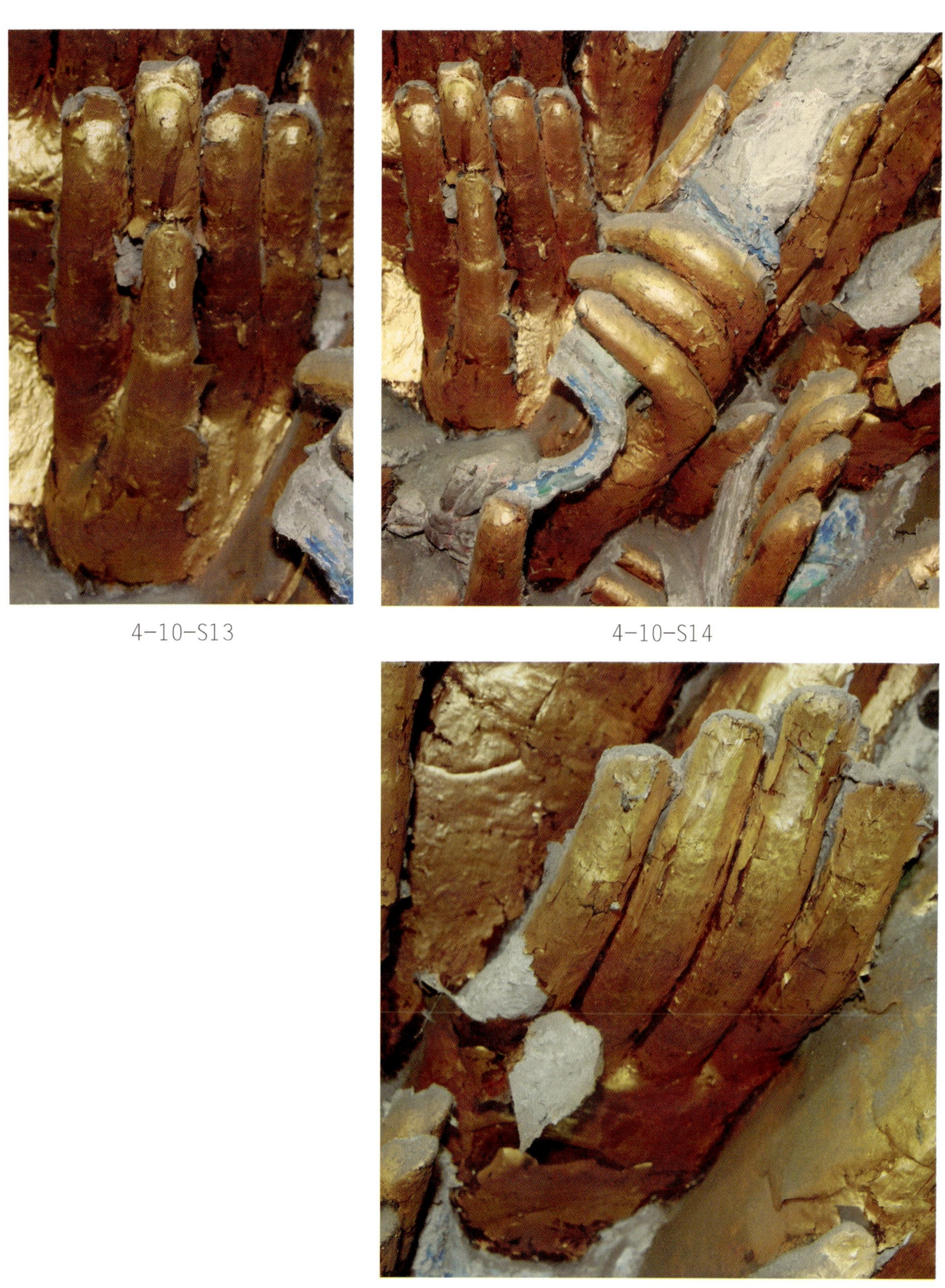

4-10-S13　　4-10-S14

4-10-S15

图 42　千手观音造像 4–10 区域正射影像及手、法器编号图 4

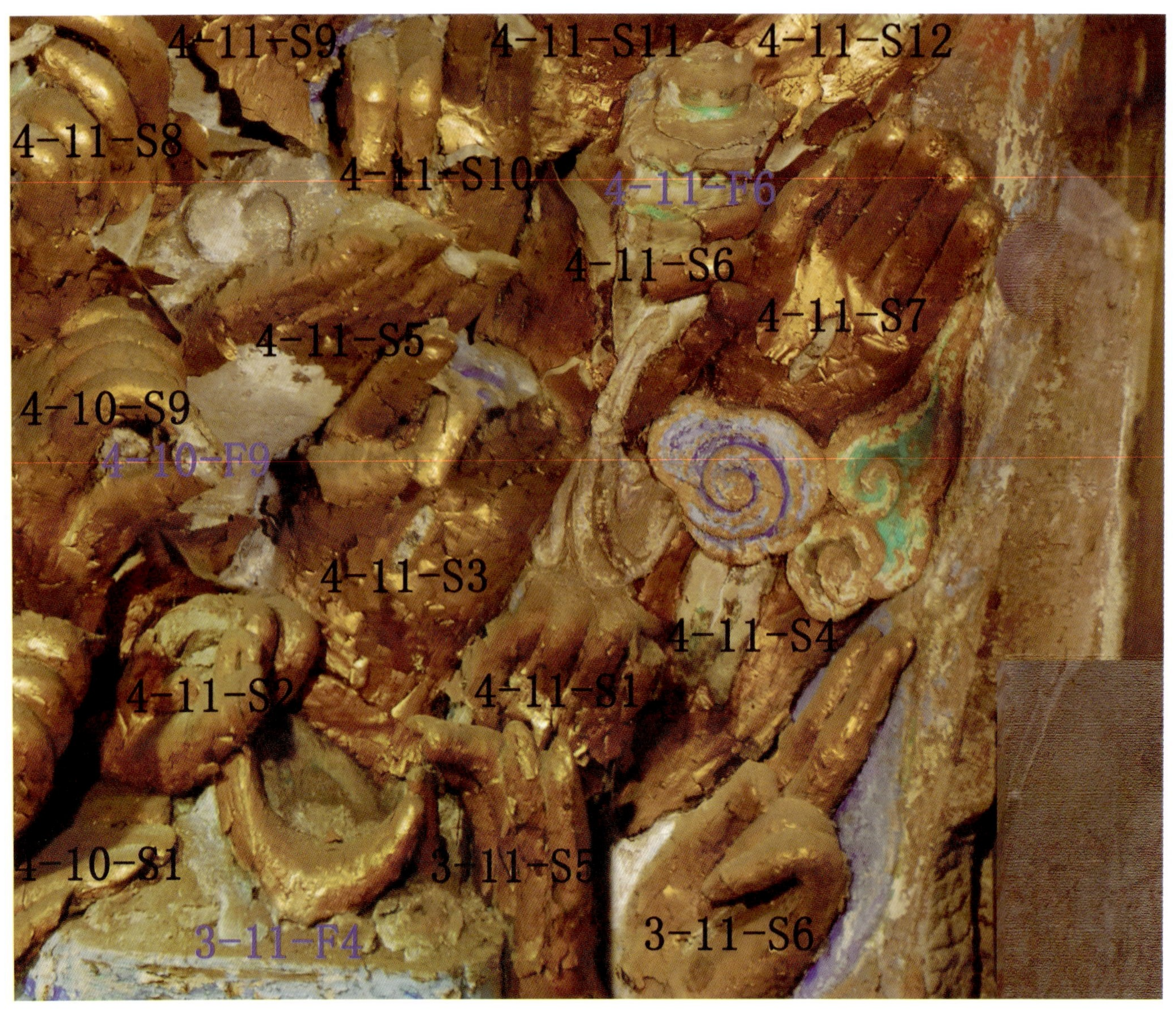

4-11 区

图 43　千手观音造像 4-11 区域正射影像及手、法器编号图 1

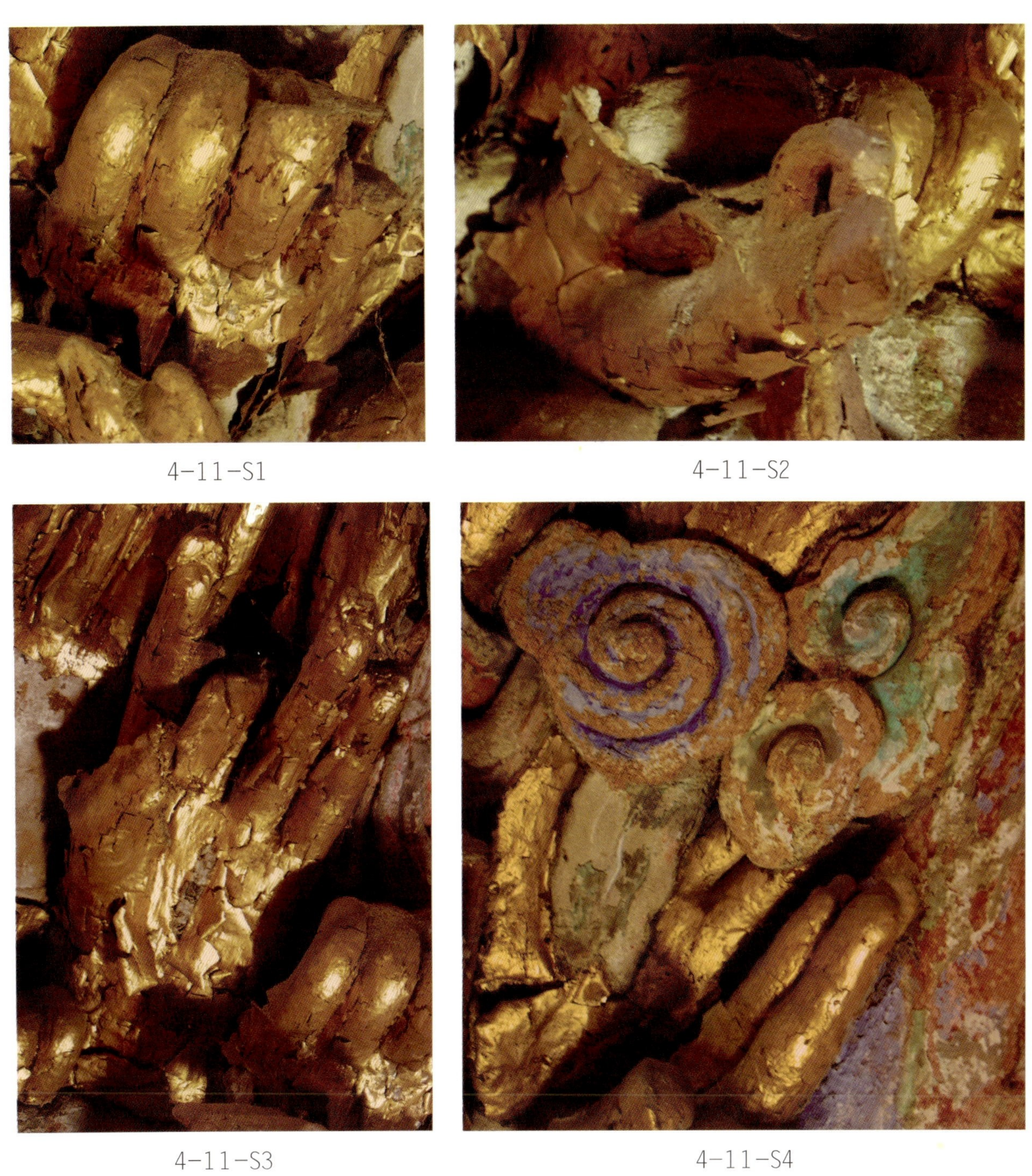

图 43　千手观音造像 4-11 区域正射影像及手、法器编号图 2

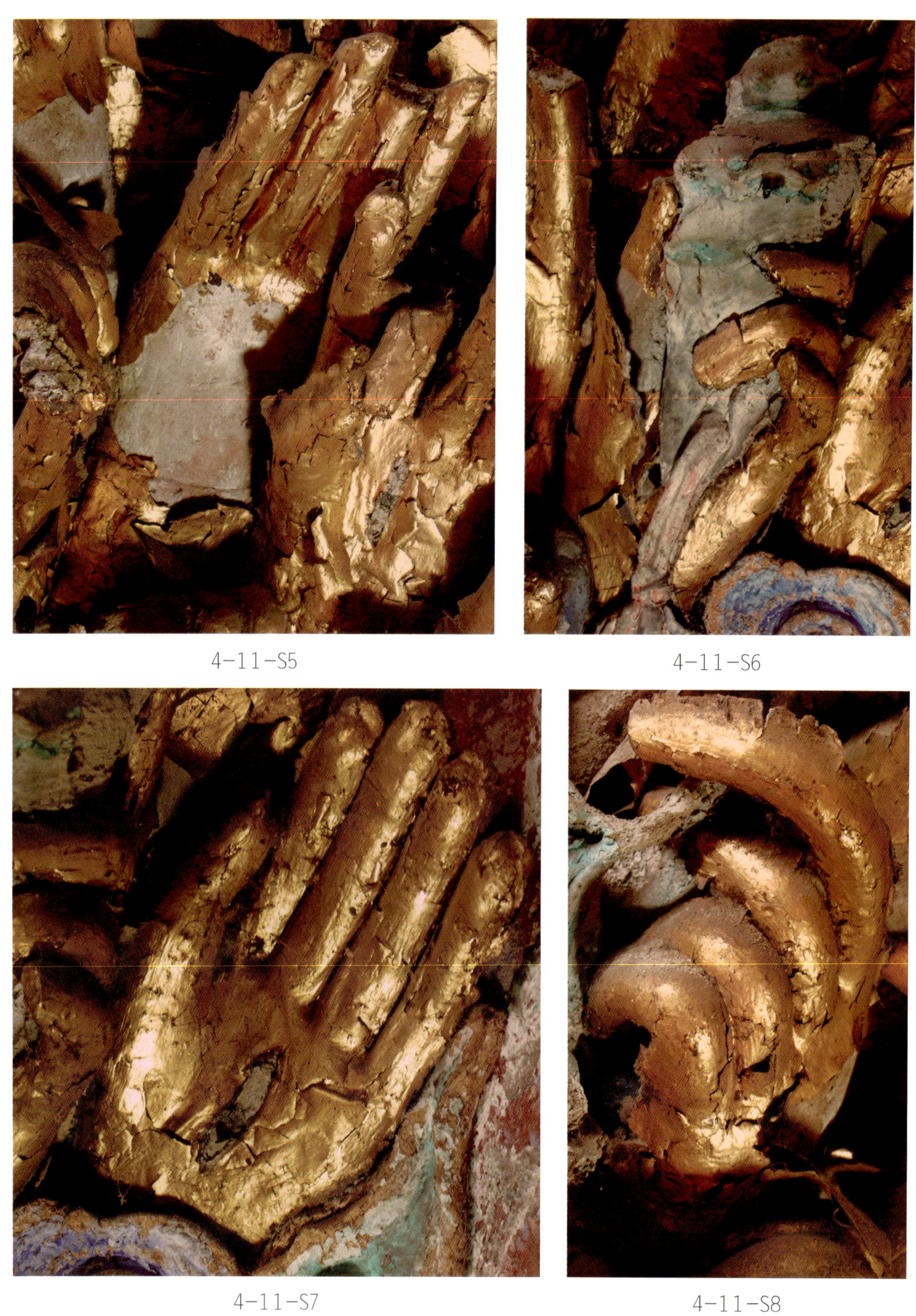

图 43　千手观音造像 4-11 区域正射影像及手、法器编号图 3

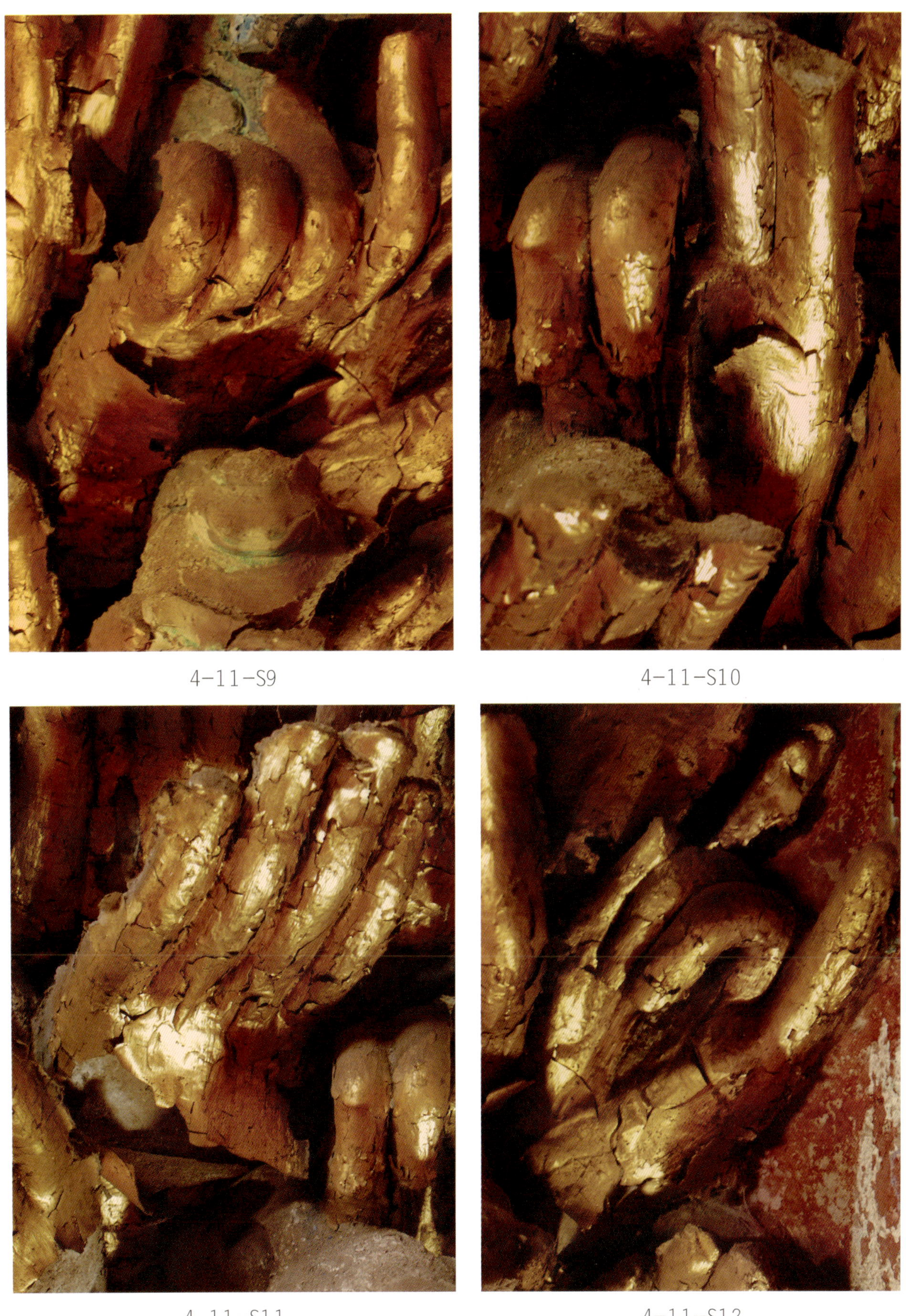

图 43　千手观音造像 4-11 区域正射影像及手、法器编号图 4

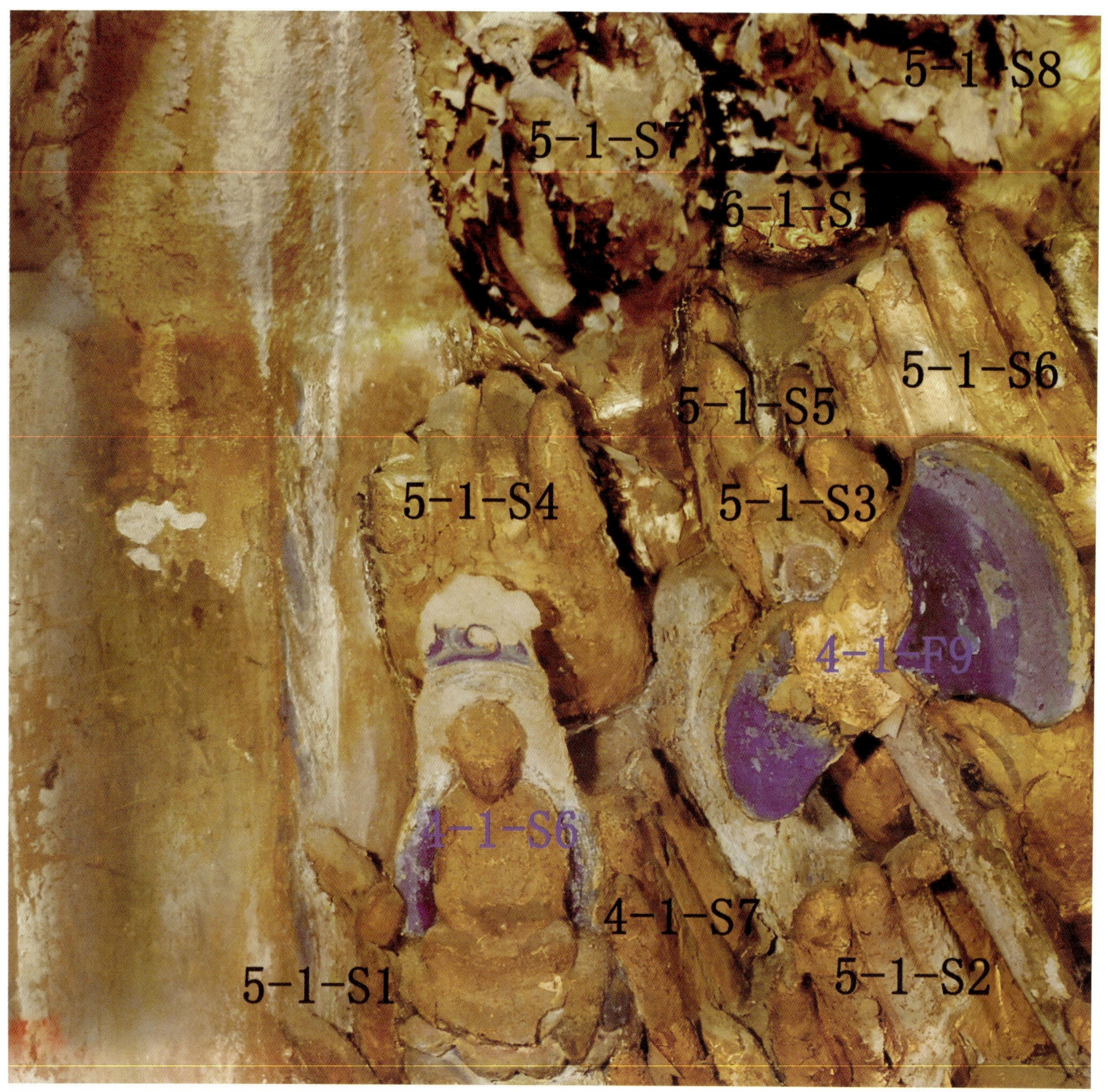

5-1 区

图 44　千手观音造像 5-1 区域正射影像及手、法器编号图 1

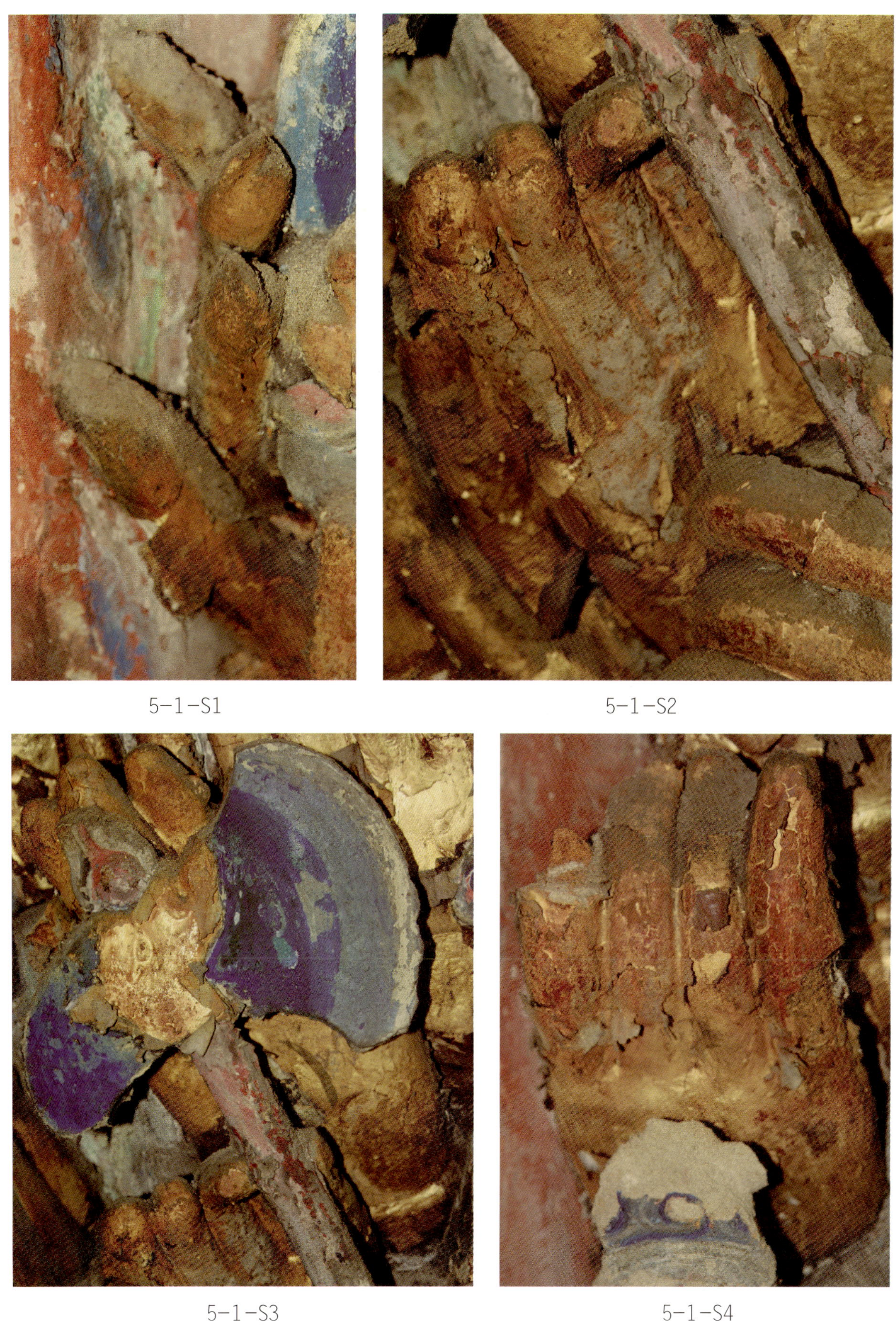

图 44　千手观音造像 5-1 区域正射影像及手、法器编号图 2

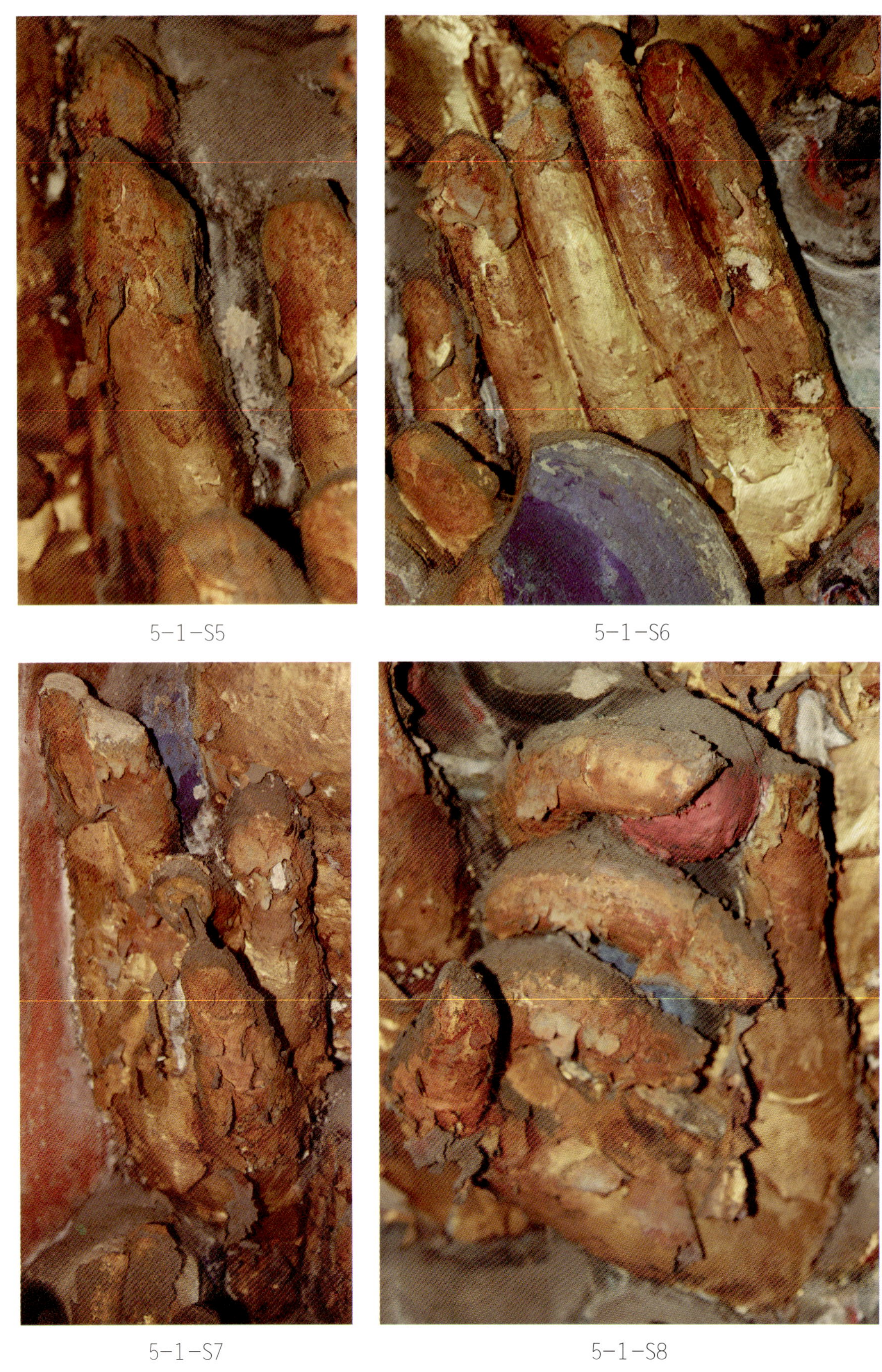

图 44　千手观音造像 5-1 区域正射影像及手、法器编号图 3

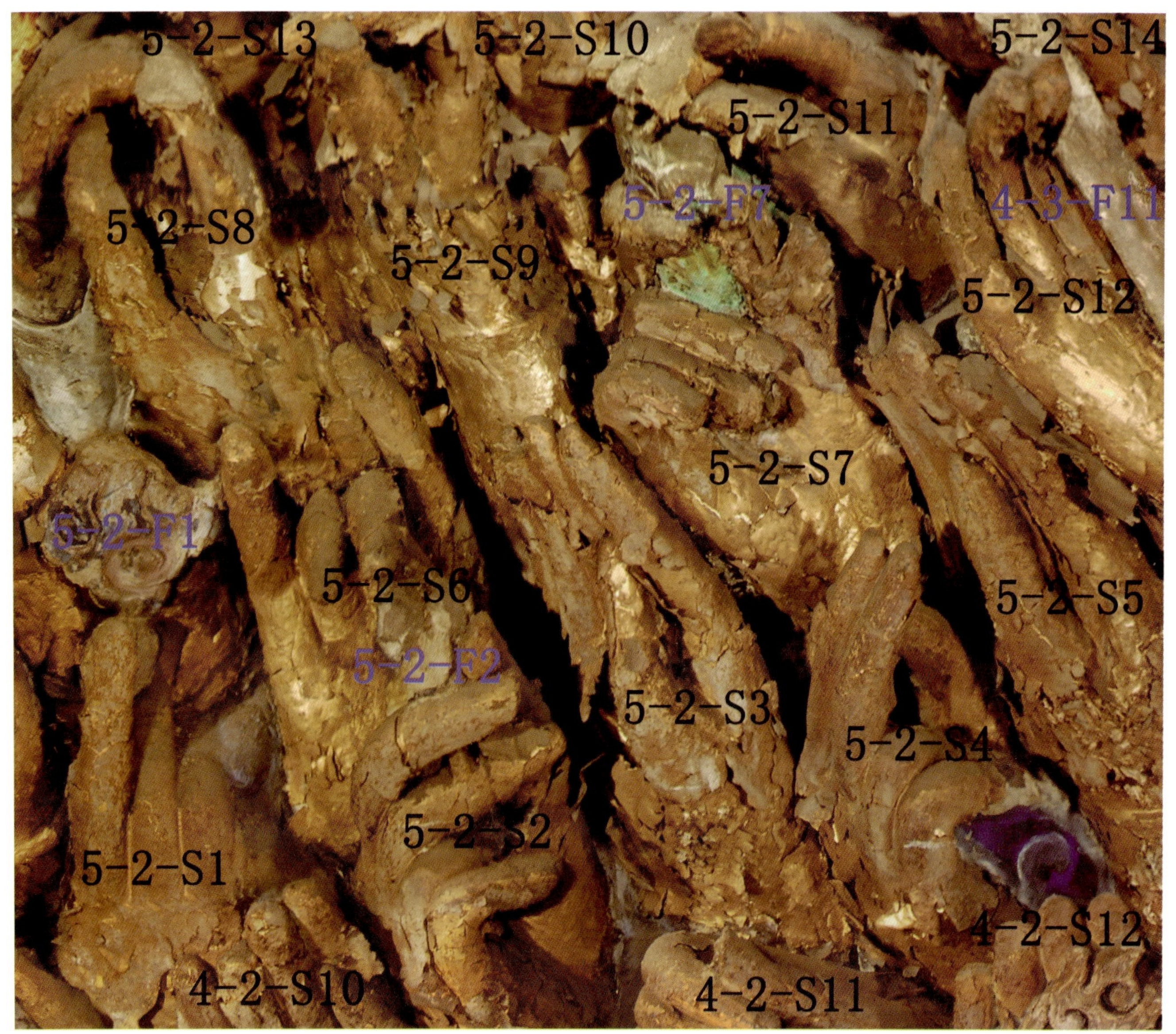

5-2 区

图 45　千手观音造像 5-2 区域正射影像及手、法器编号图 1

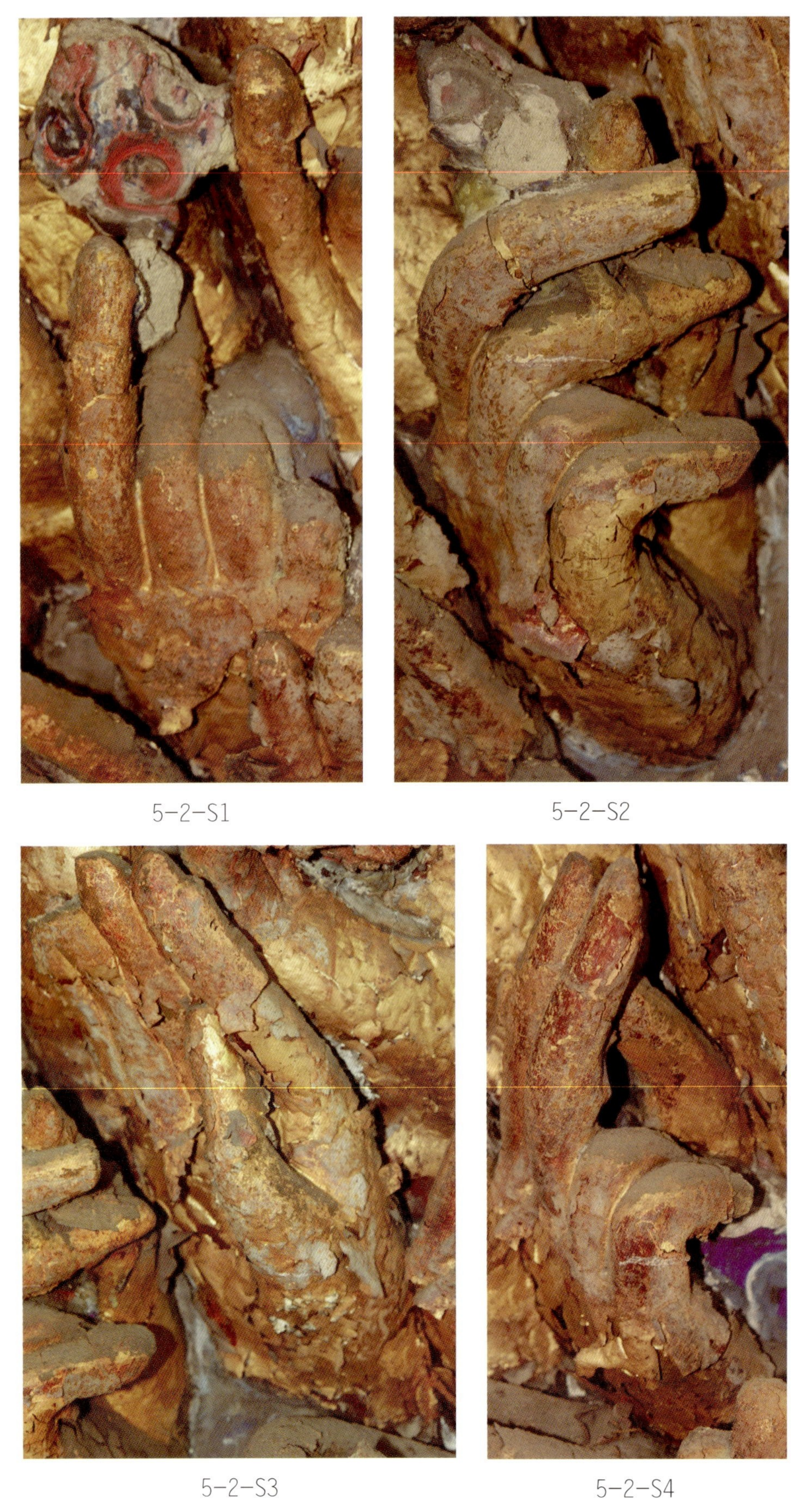

图 45　千手观音造像 5-2 区域正射影像及手、法器编号图 2

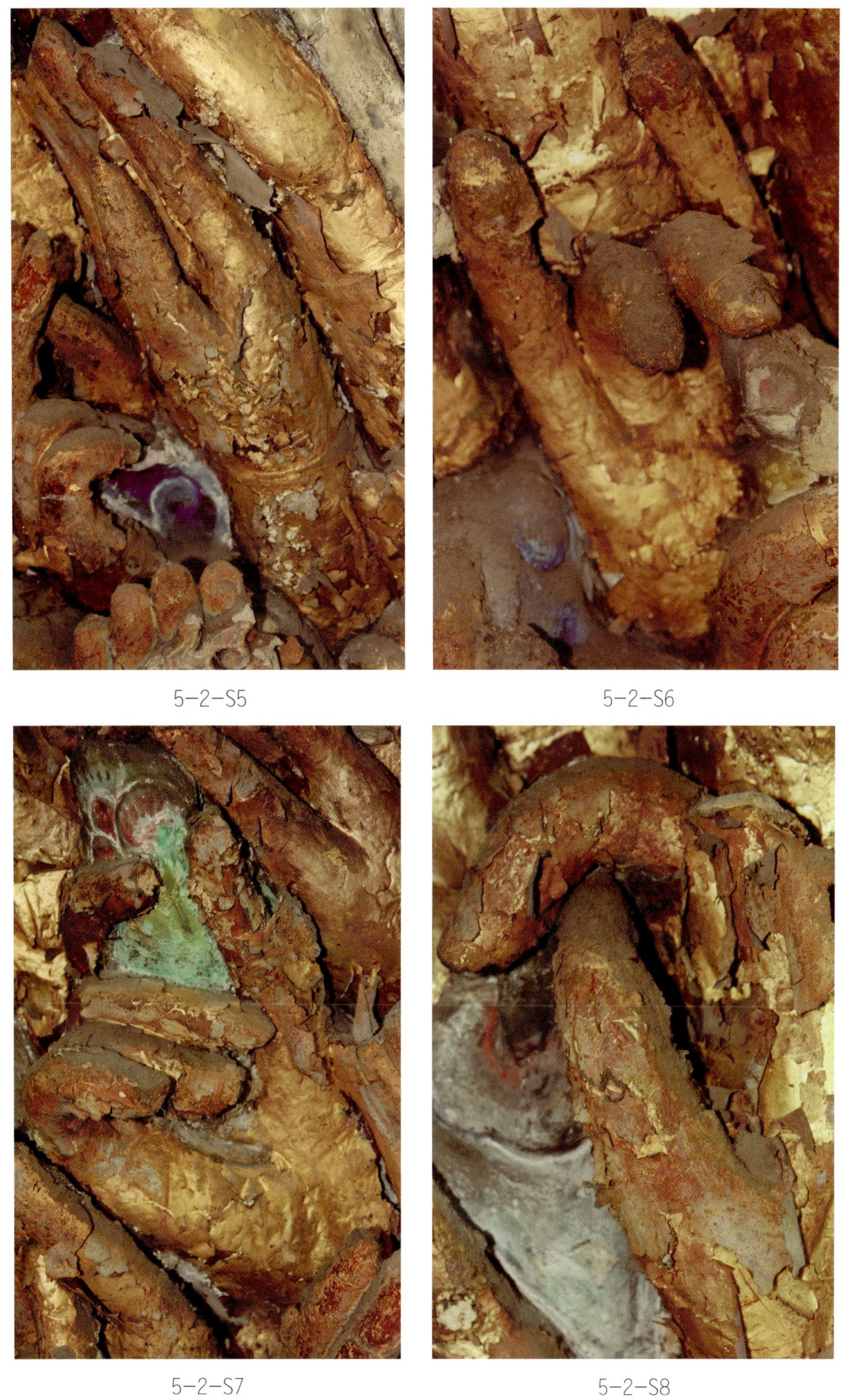
5-2-S5

5-2-S6

5-2-S7

5-2-S8

图 45　千手观音造像 5-2 区域正射影像及手、法器编号图 3

5-2-S9

5-2-S10

5-2-S11

图 45　千手观音造像 5-2 区域正射影像及手、法器编号图 4

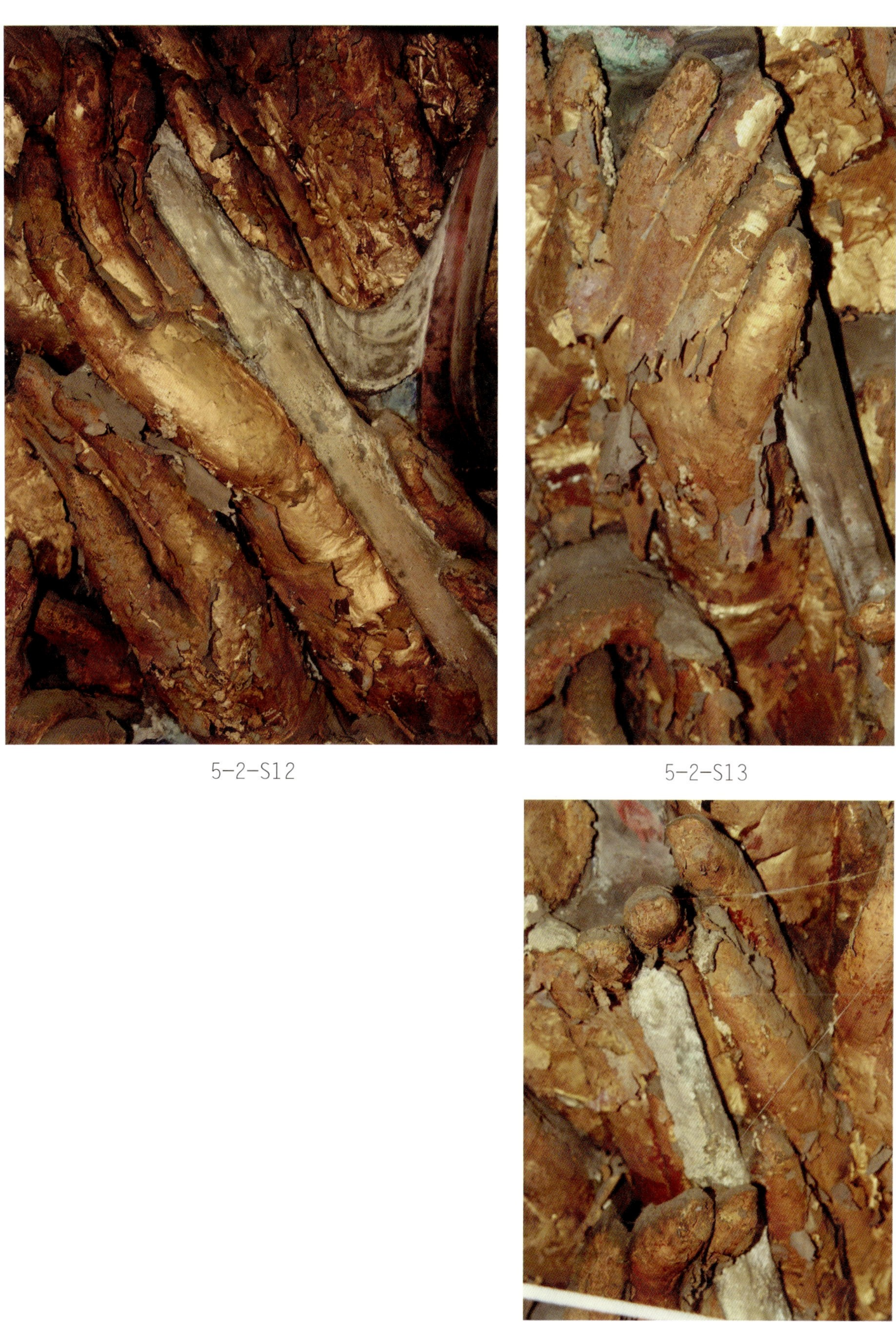

5-2-S12

5-2-S13

5-2-S14

图 45　千手观音造像 5-2 区域正射影像及手、法器编号图 5

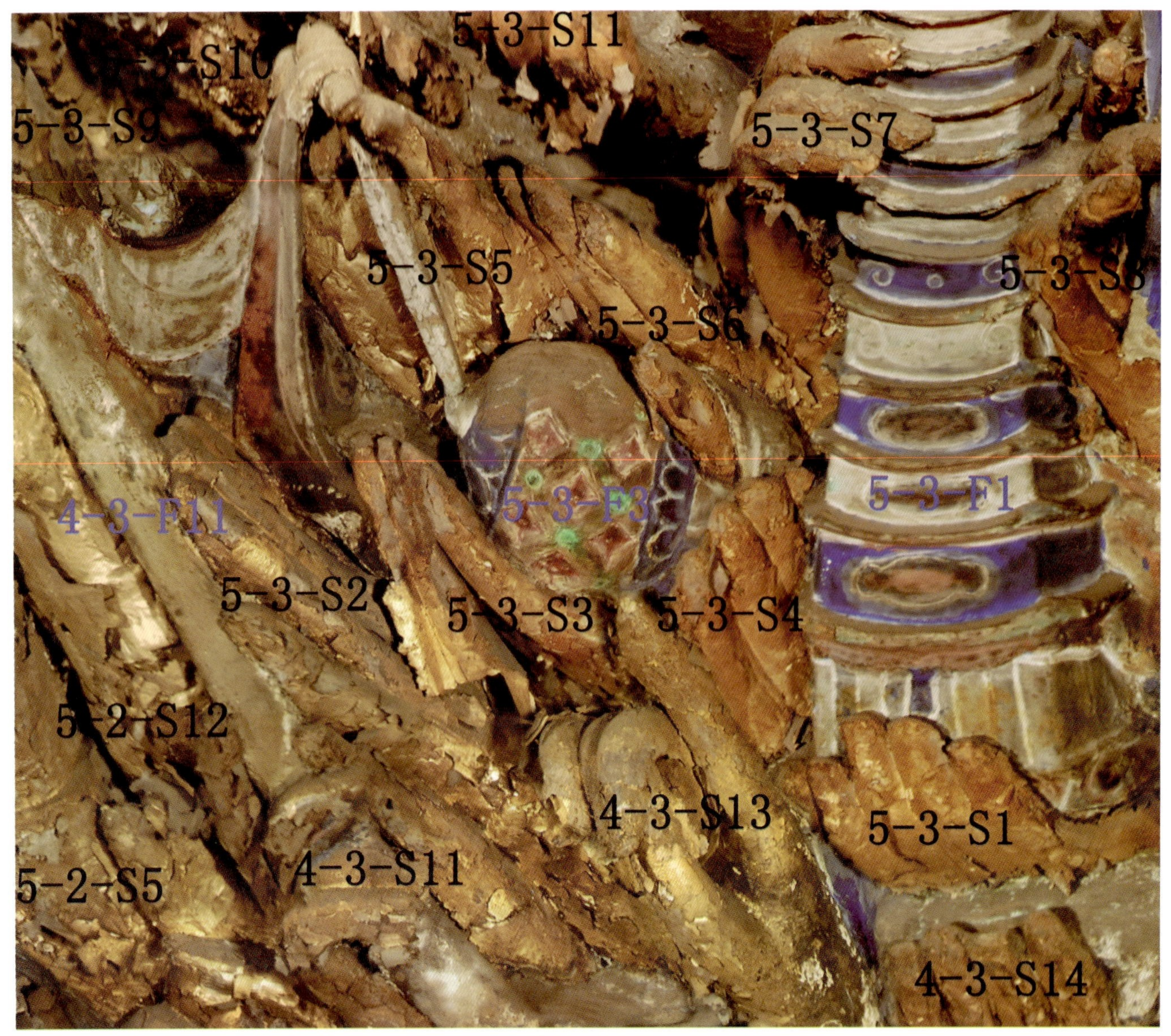

5-3 区

图 46　千手观音造像 5-3 区域正射影像及手、法器编号图 1

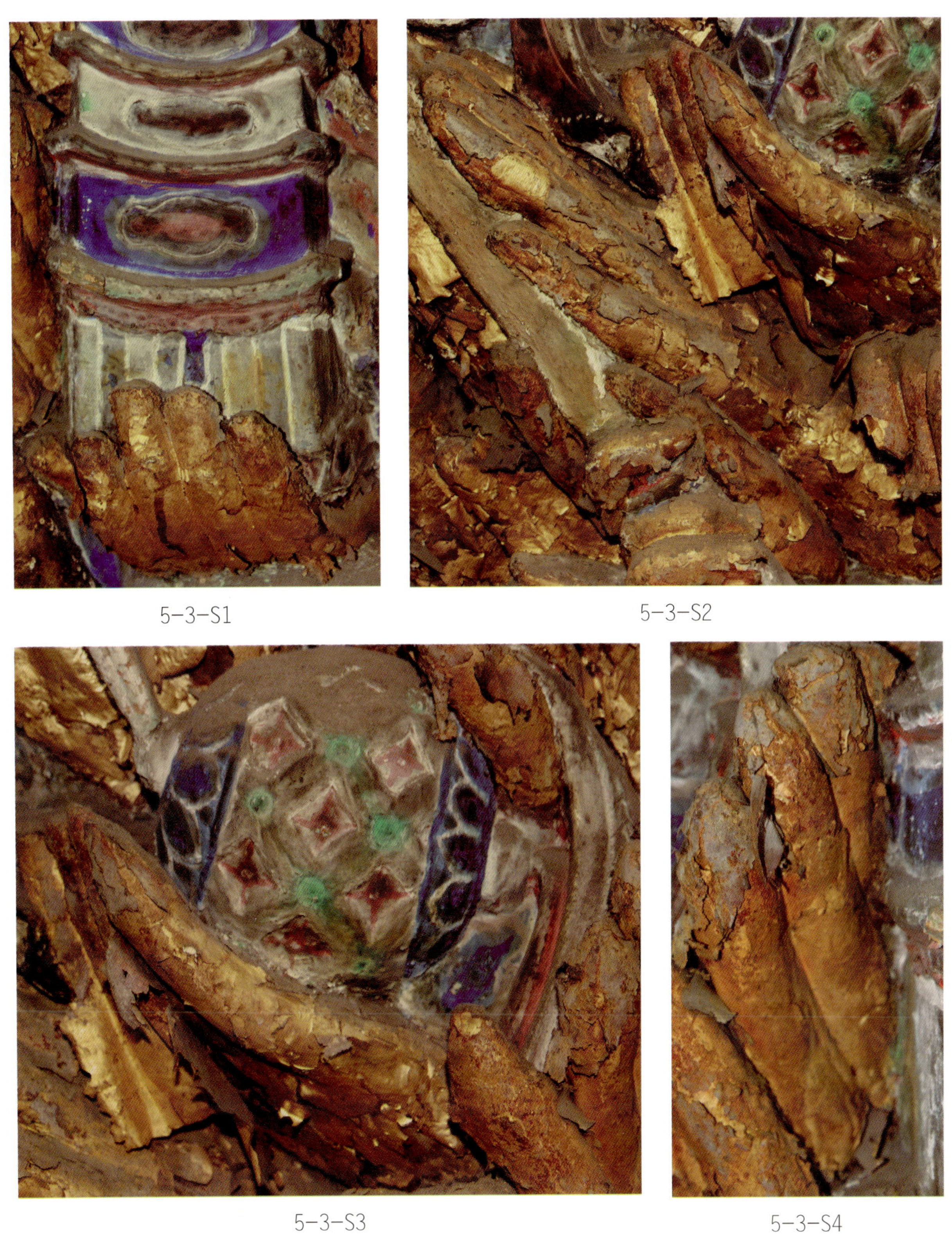

图 46　千手观音造像 5-3 区域正射影像及手、法器编号图 2

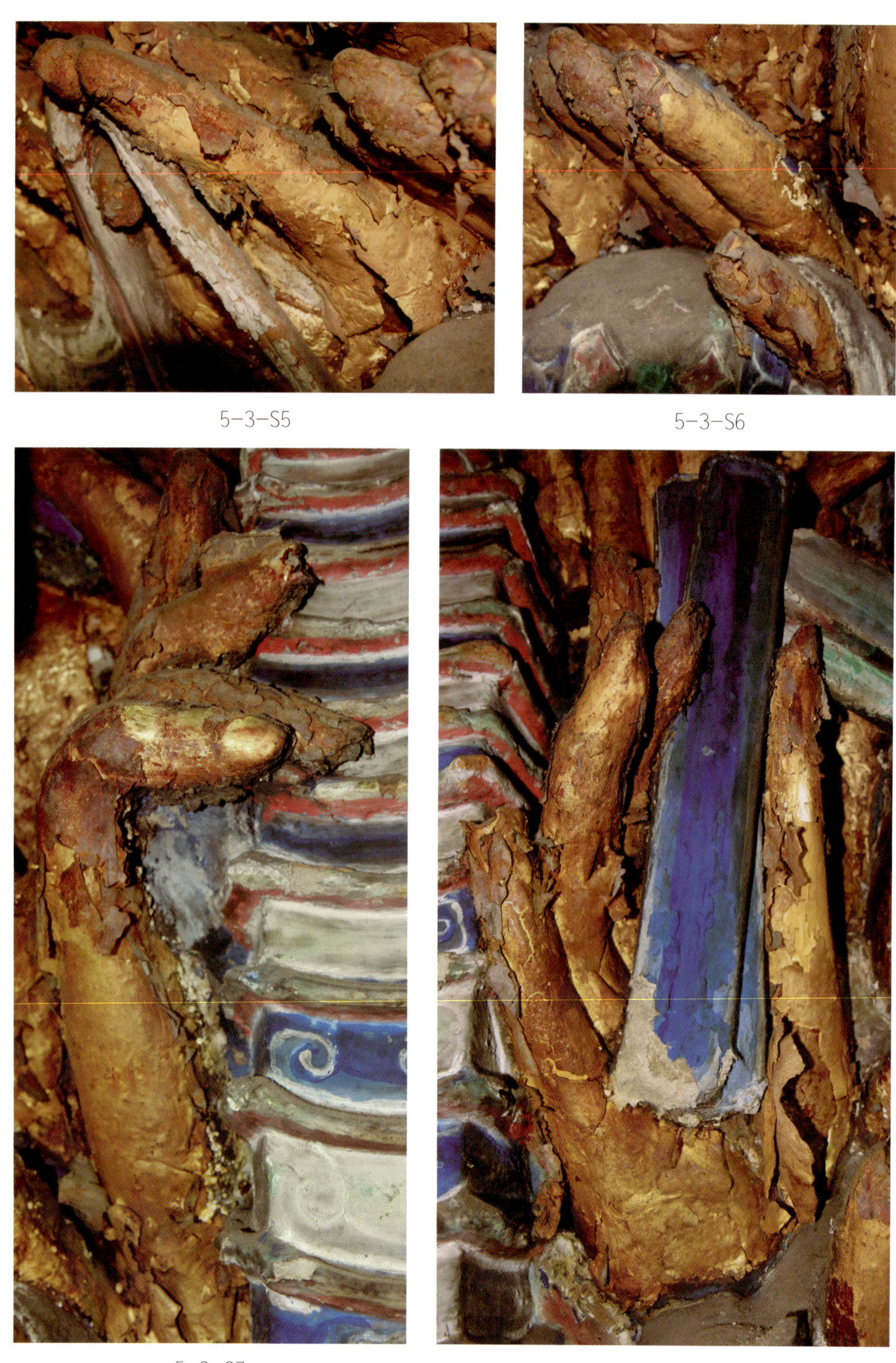

图 46　千手观音造像 5-3 区域正射影像及手、法器编号图 3

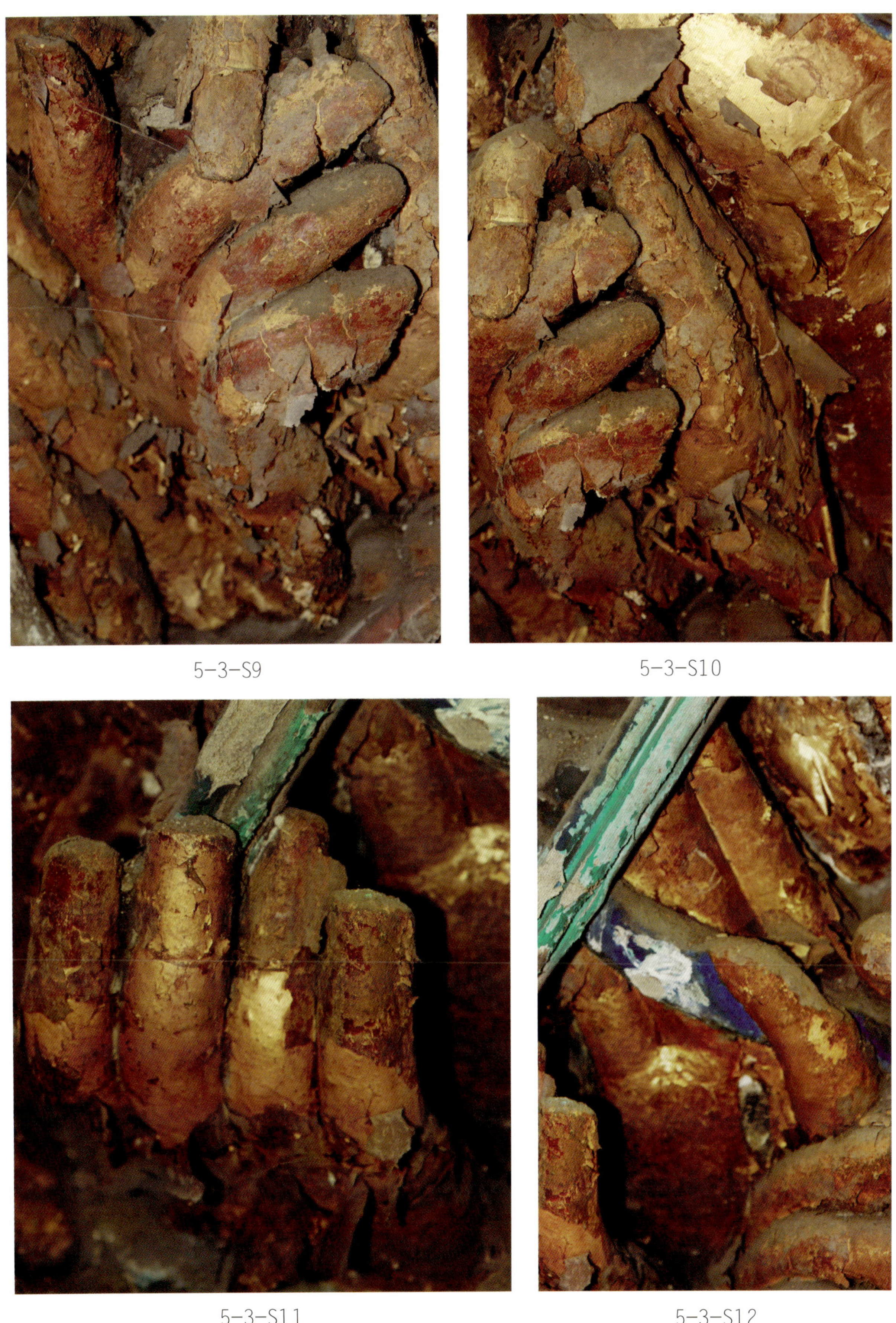

5-3-S9　　5-3-S10

5-3-S11　　5-3-S12

图 46　千手观音造像 5-3 区域正射影像及手、法器编号图 4

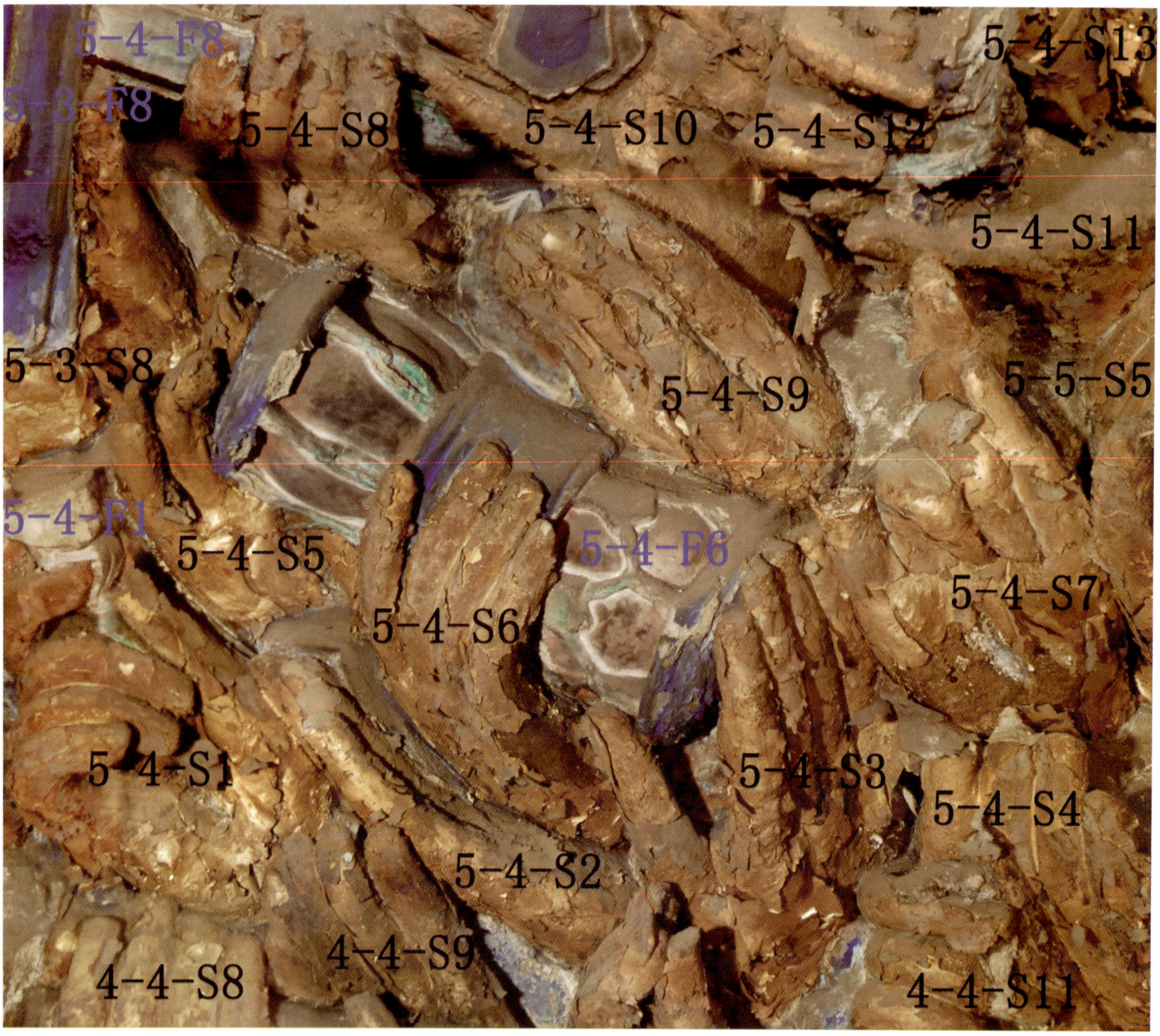

5-4 区

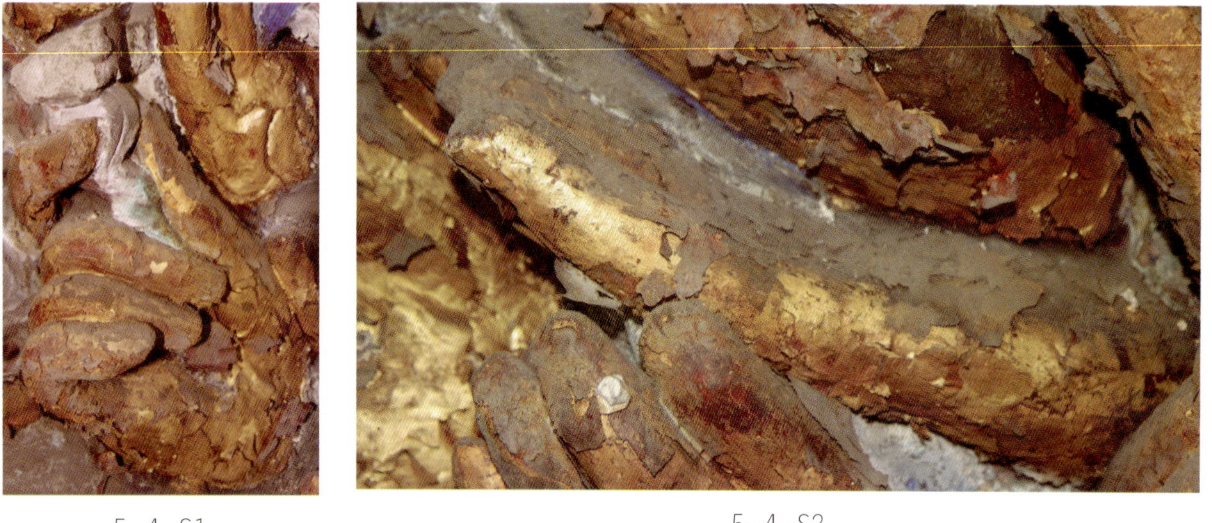

5-4-S1

5-4-S2

图 47　千手观音造像 5-4 区域正射影像及手、法器编号图 1

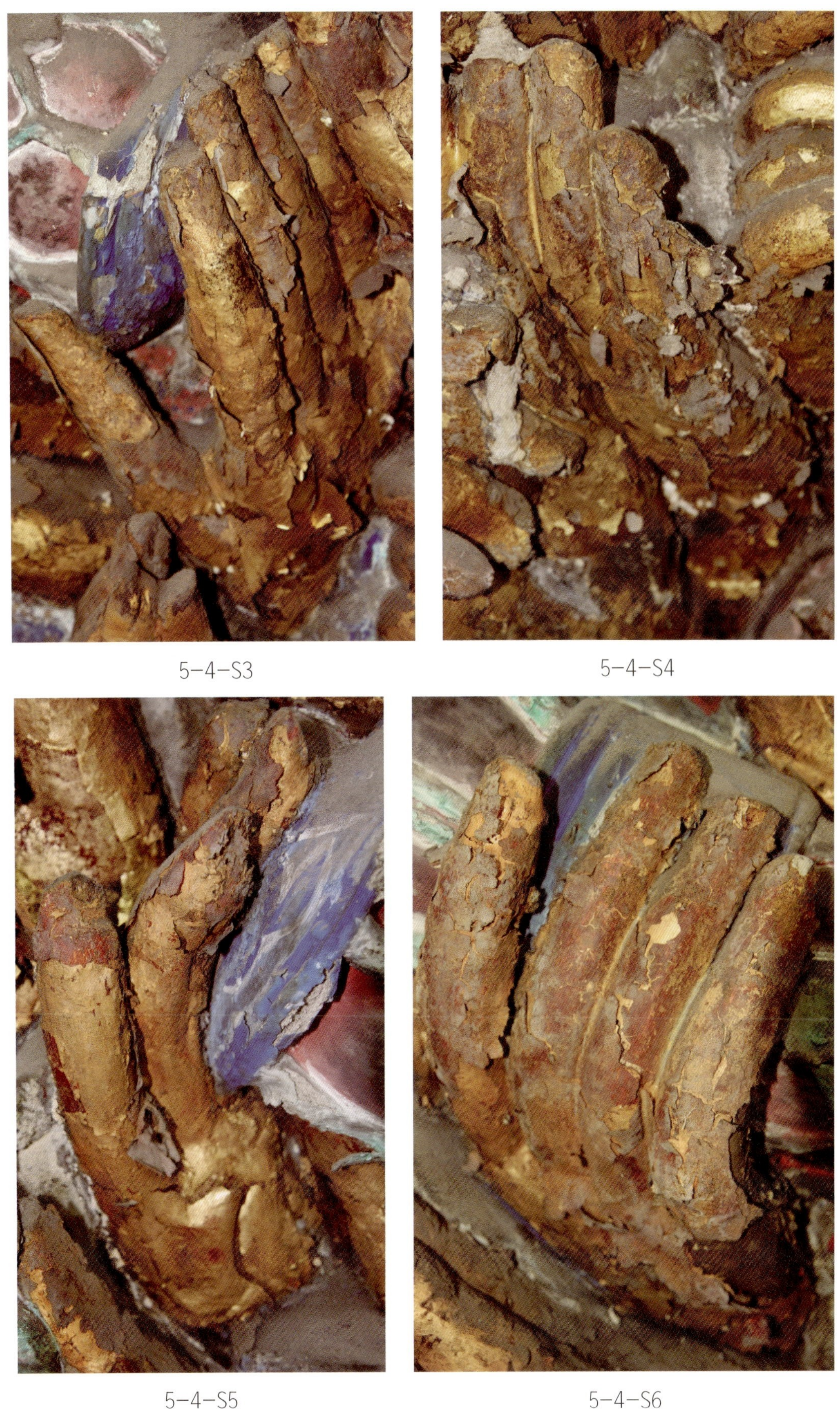

5-4-S3

5-4-S4

5-4-S5

5-4-S6

图 47　千手观音造像 5-4 区域正射影像及手、法器编号图 2

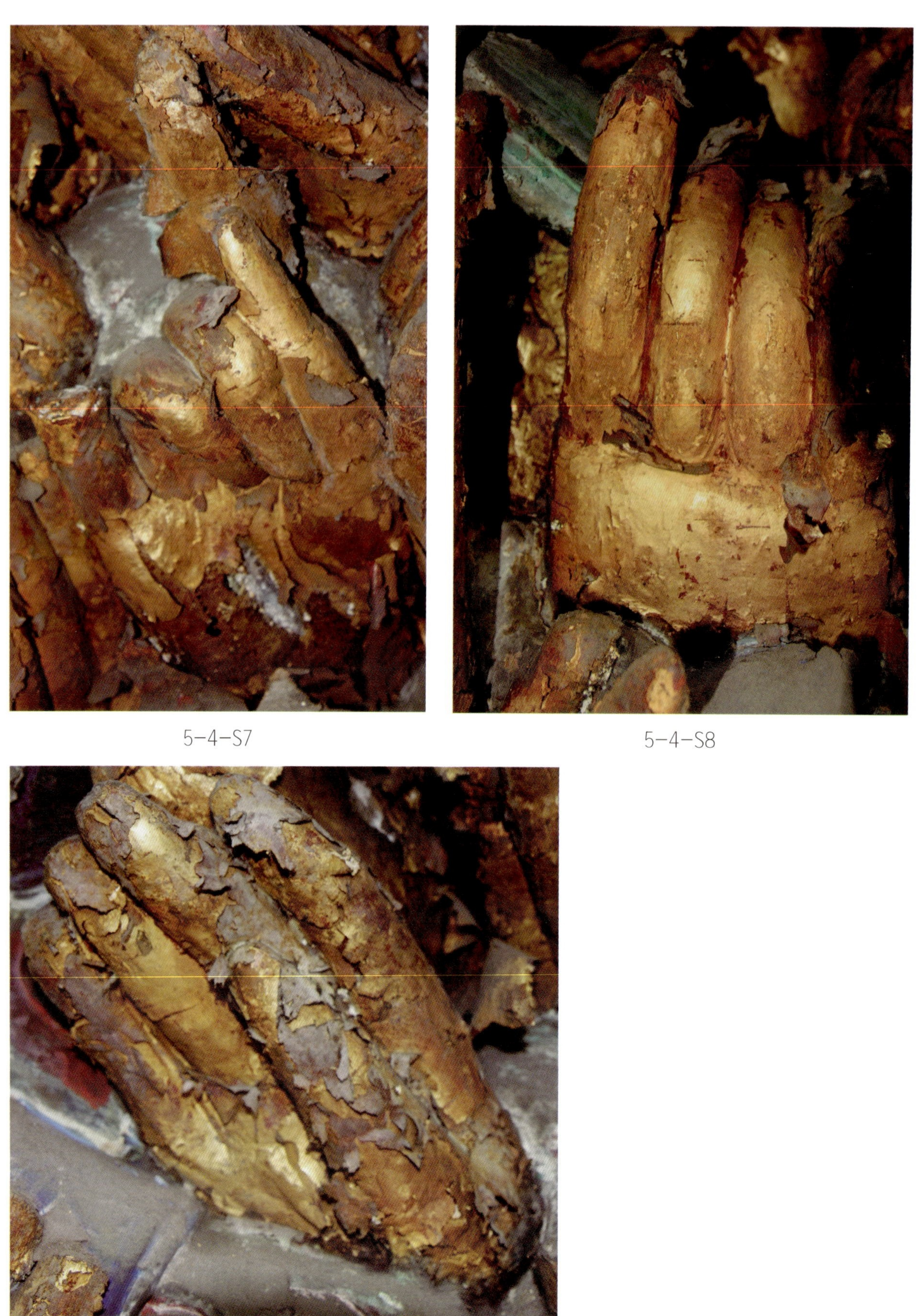

5-4-S7

5-4-S8

5-4-S9

图 47　千手观音造像 5-4 区域正射影像及手、法器编号图 3

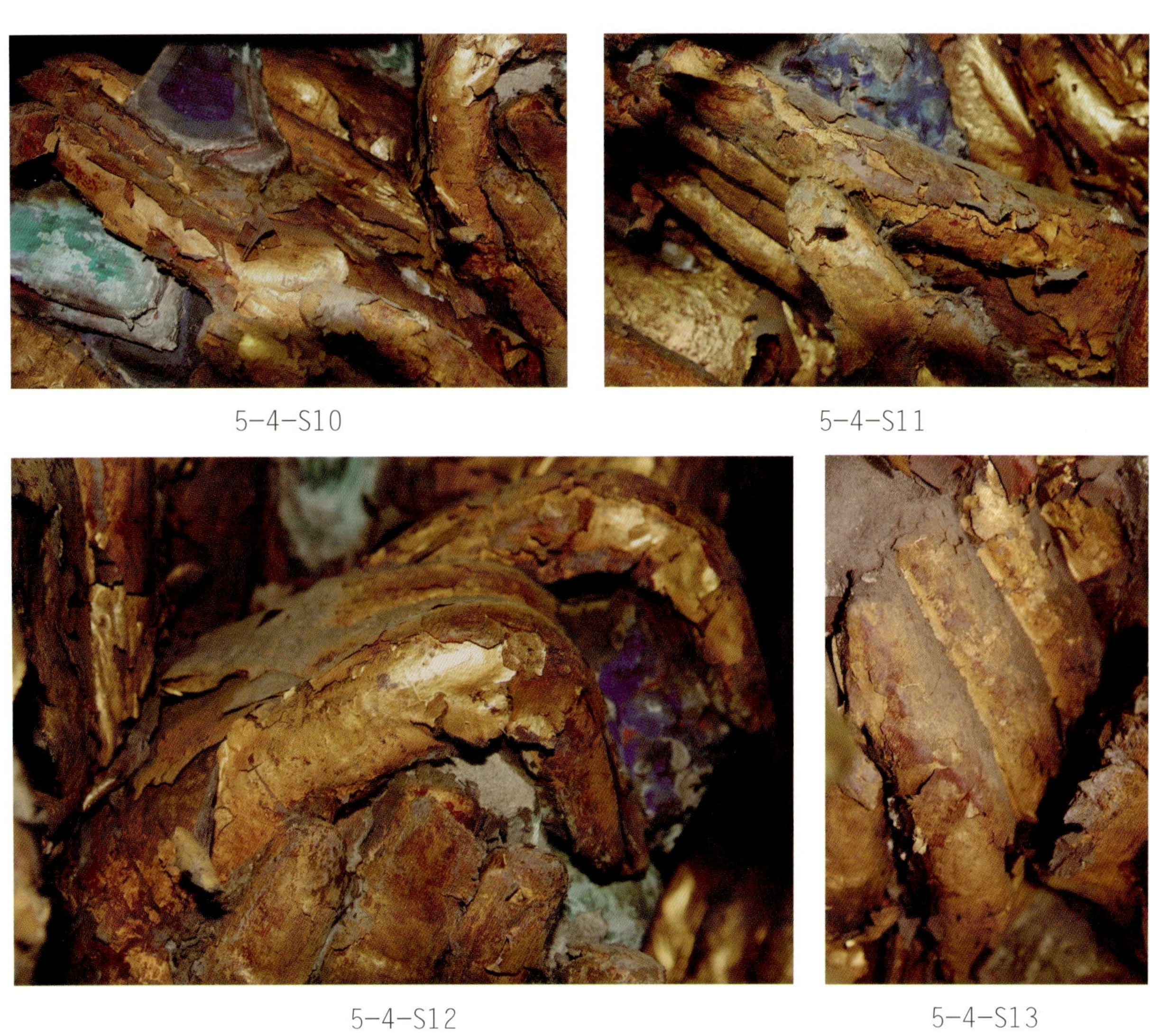

图 47　千手观音造像 5-4 区域正射影像及手、法器编号图 4

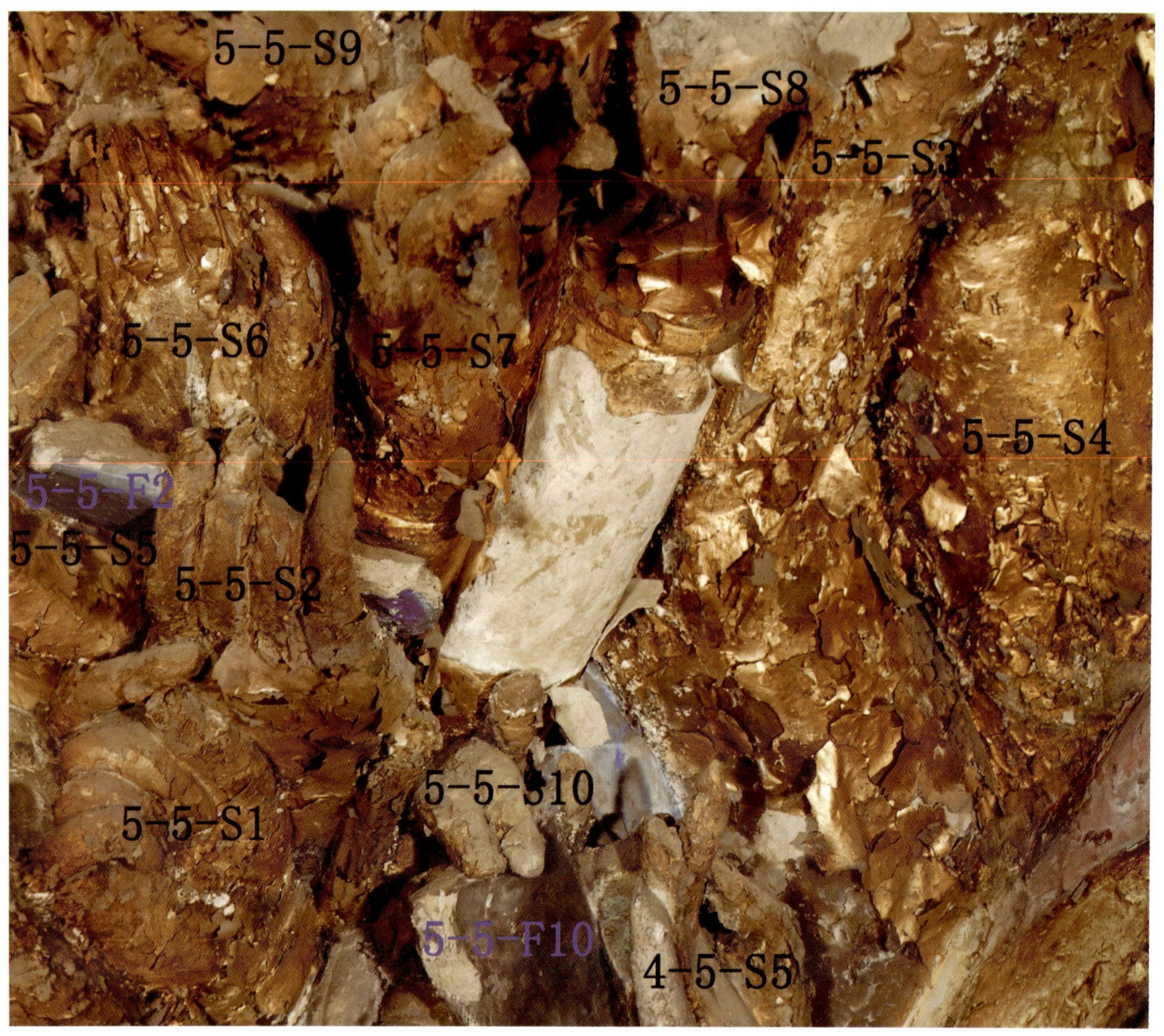

5-5 区

图 48　千手观音造像 5-5 区域正射影像及手、法器编号图 1

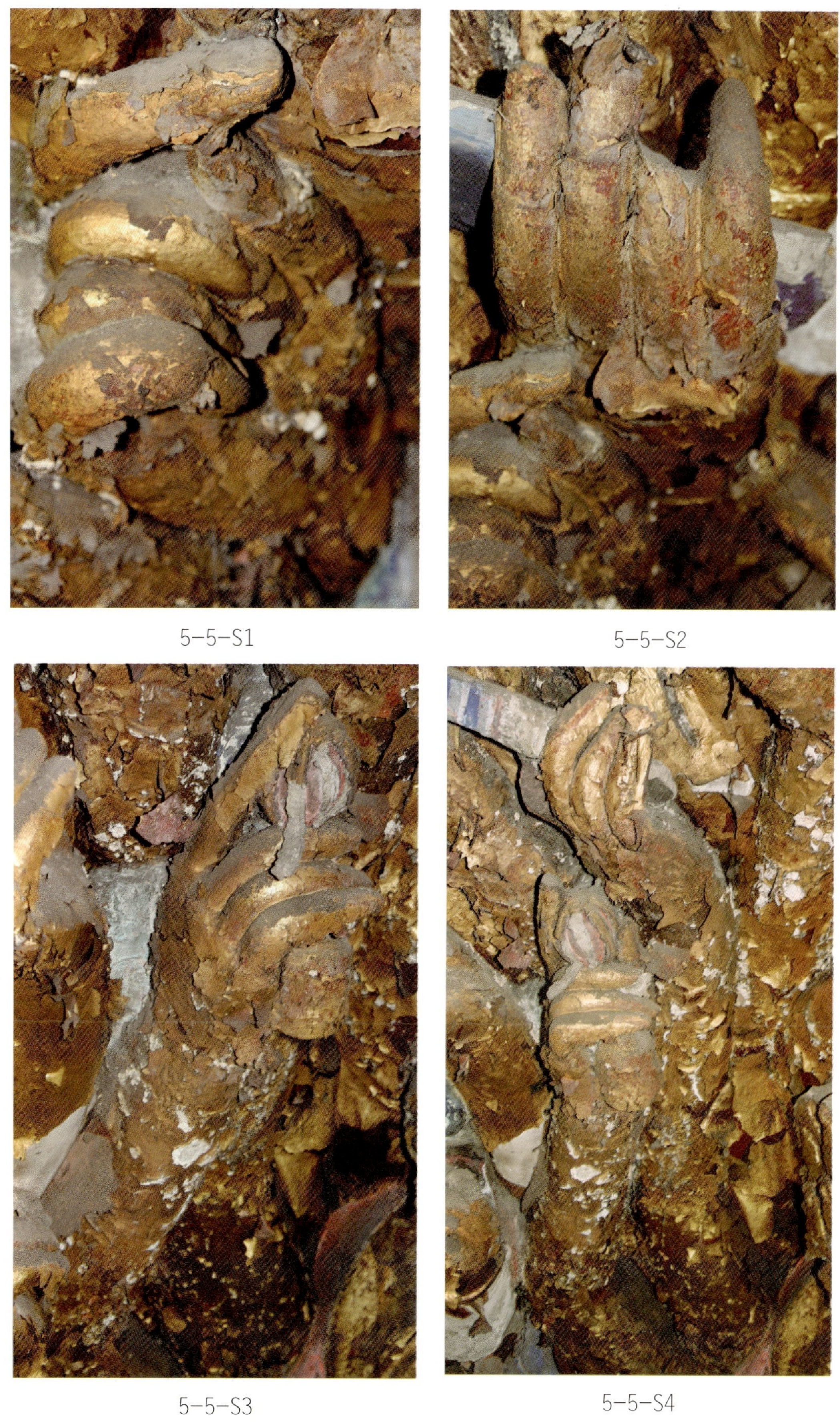

图 48　千手观音造像 5-5 区域正射影像及手、法器编号图 2

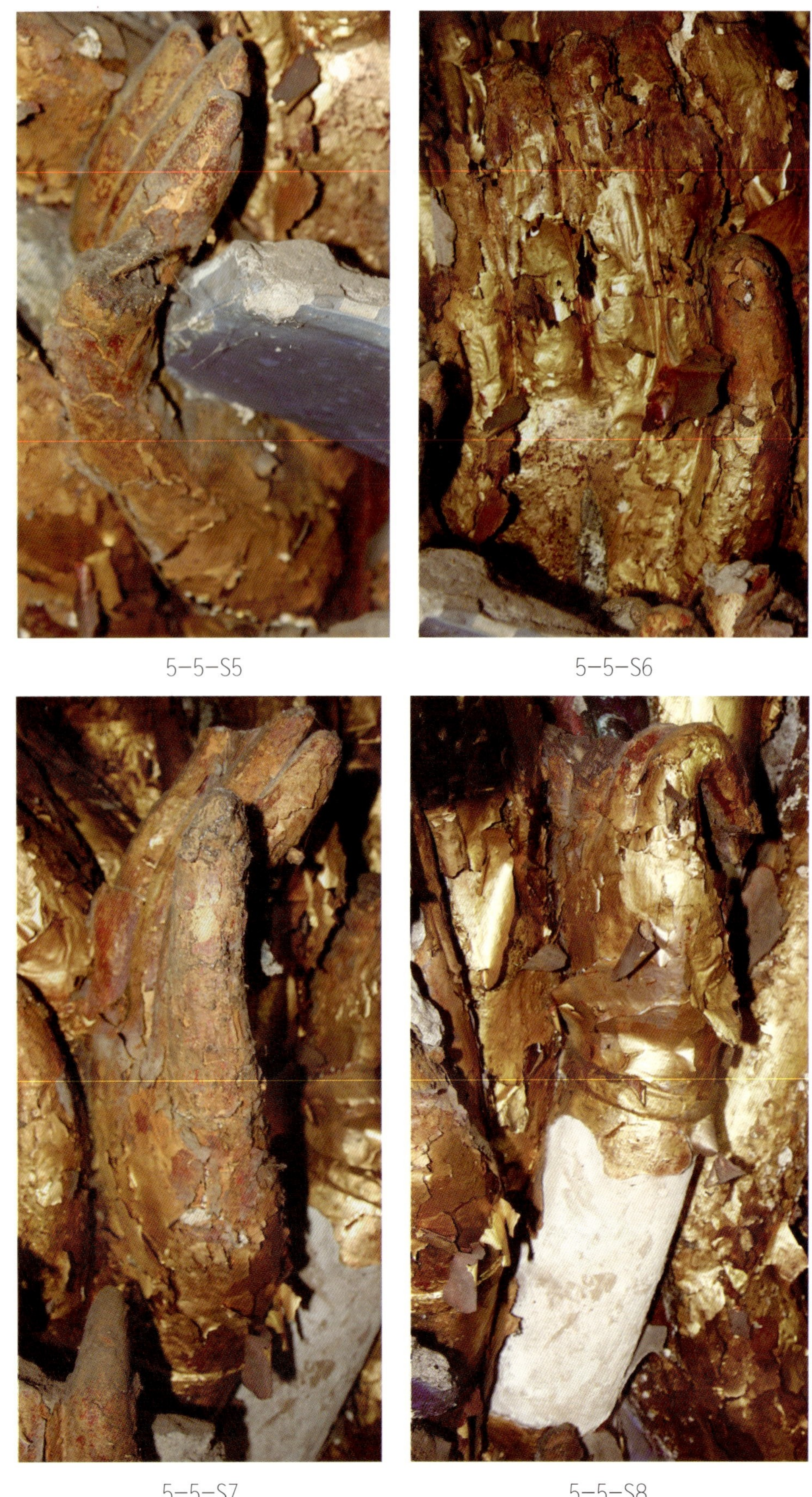

图 48　千手观音造像 5-5 区域正射影像及手、法器编号图 3

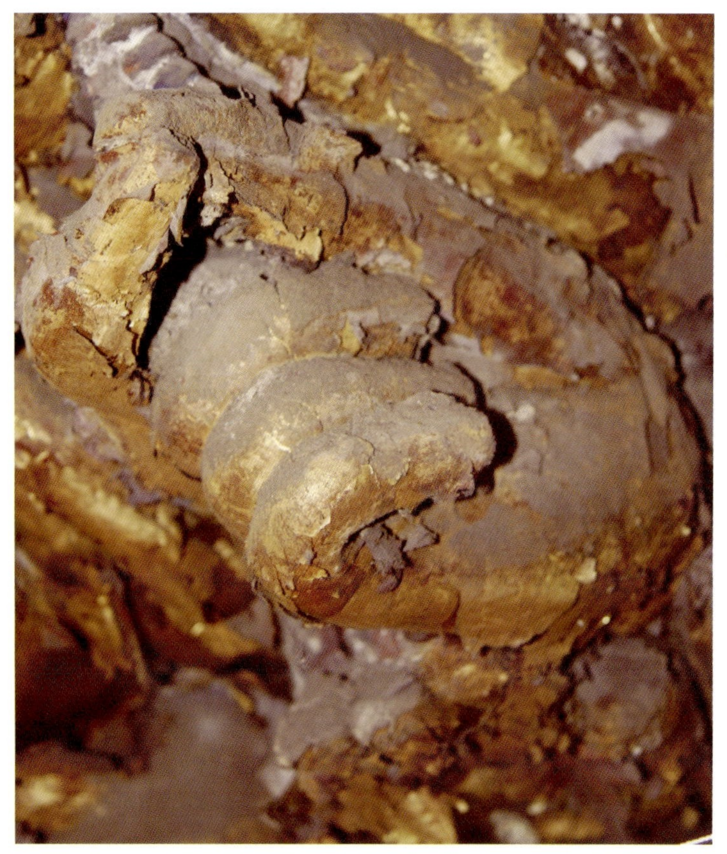

5-5-S9

5-5-S10

图 48　千手观音造像 5-5 区域正射影像及手、法器编号图 4

5-6 区

图 49　千手观音造像 5-6 区域正射影像及手编号图 1

图 49　千手观音造像 5-6 区域正射影像及手编号图 2

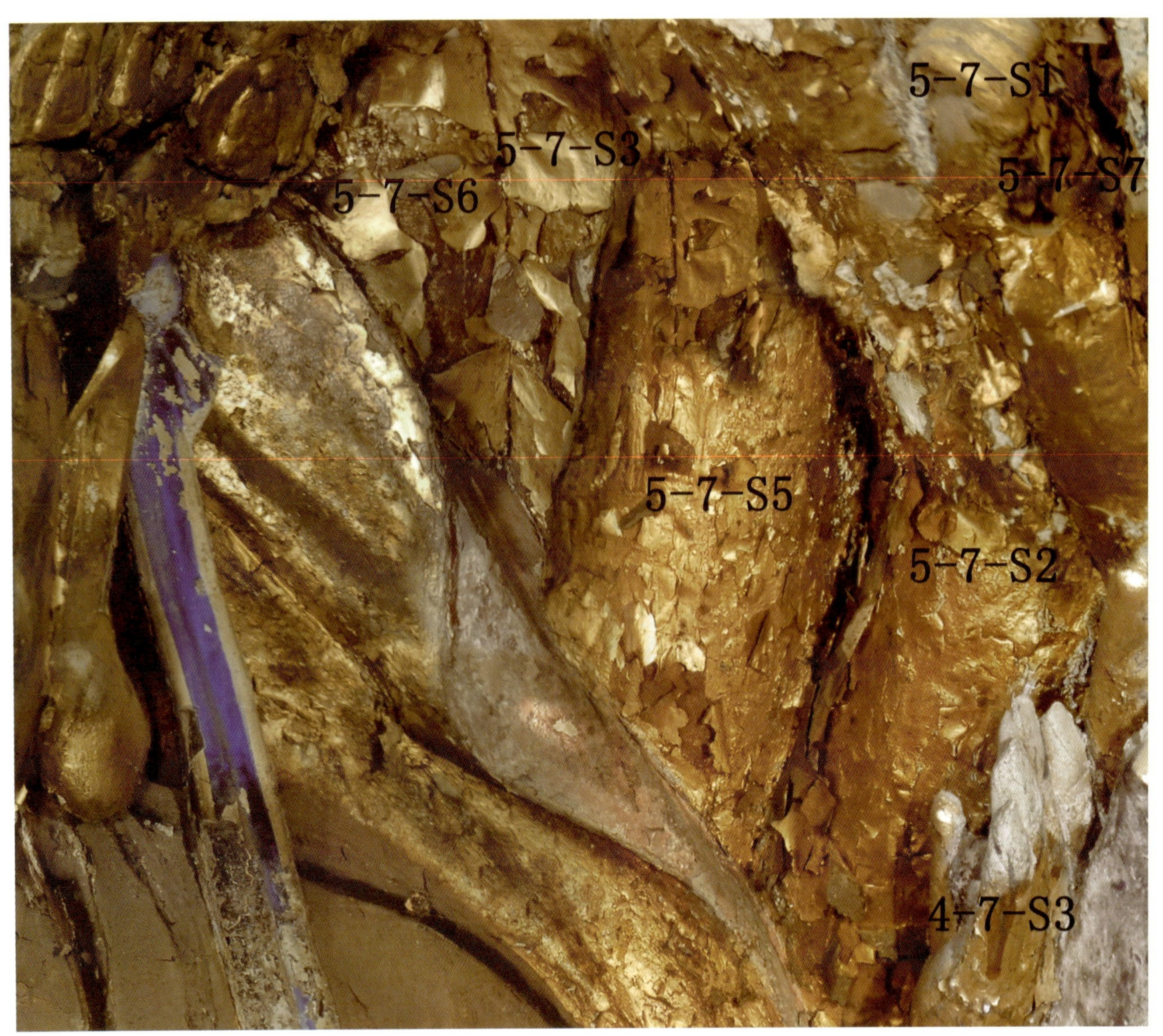

5-7 区

图 50　千手观音造像 5-7 区域正射影像及手编号图 1

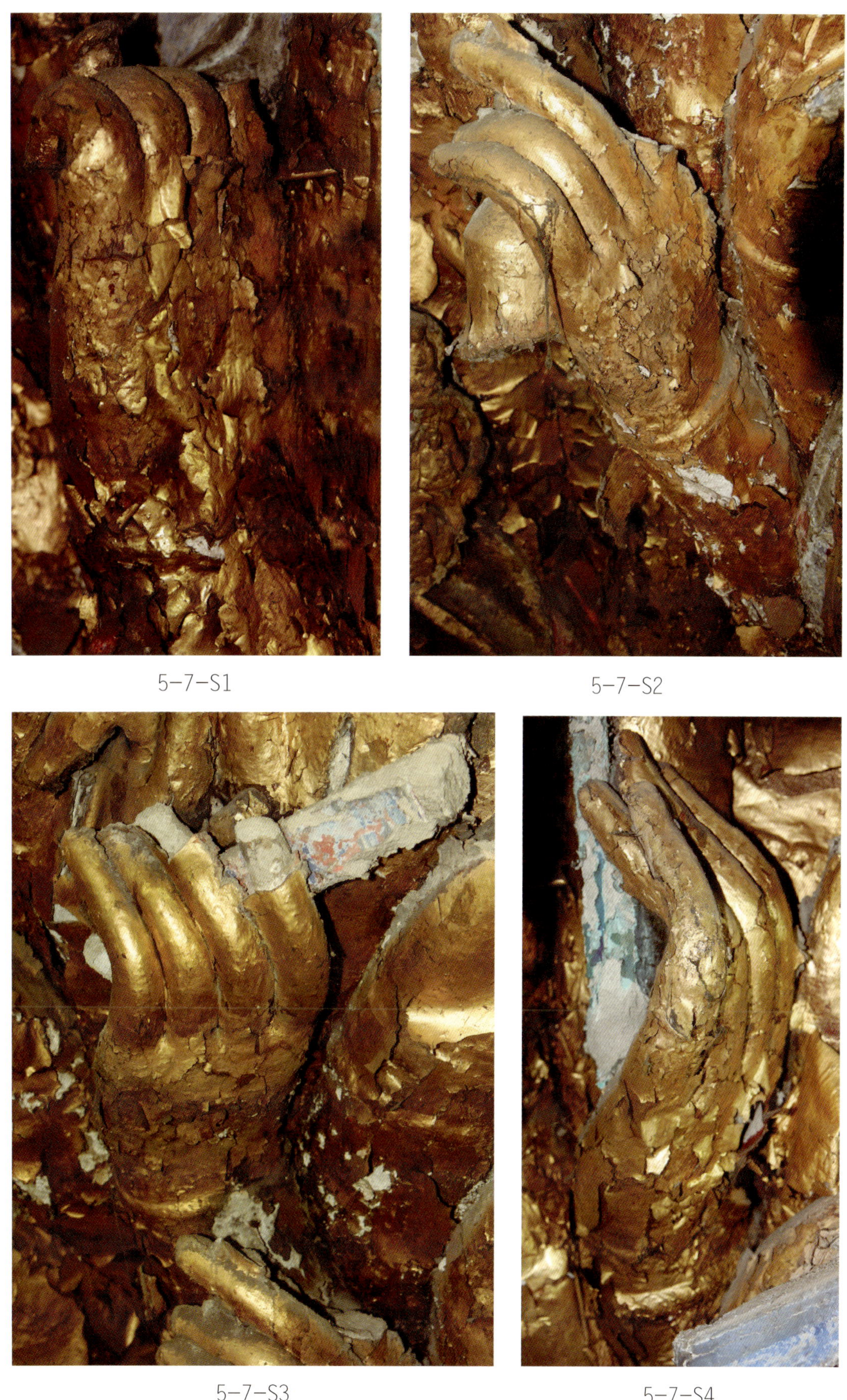

5-7-S1　　5-7-S2

5-7-S3　　5-7-S4

图 50　千手观音造像 5-7 区域正射影像及手编号图 2

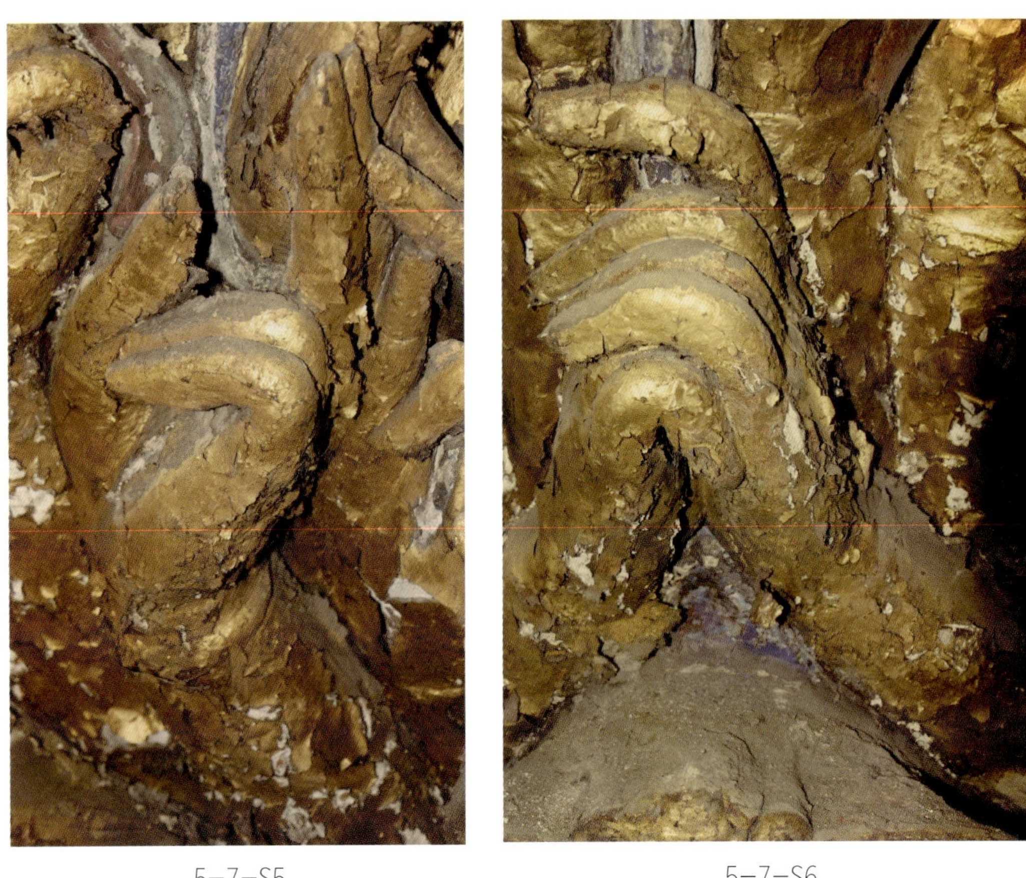

5-7-S5　　5-7-S6

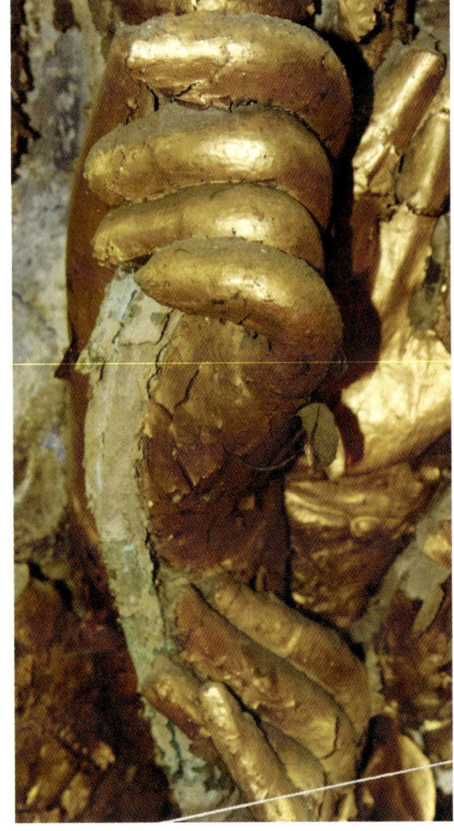

5-7-S7

图 50　千手观音造像 5-7 区域正射影像及手编号图 3

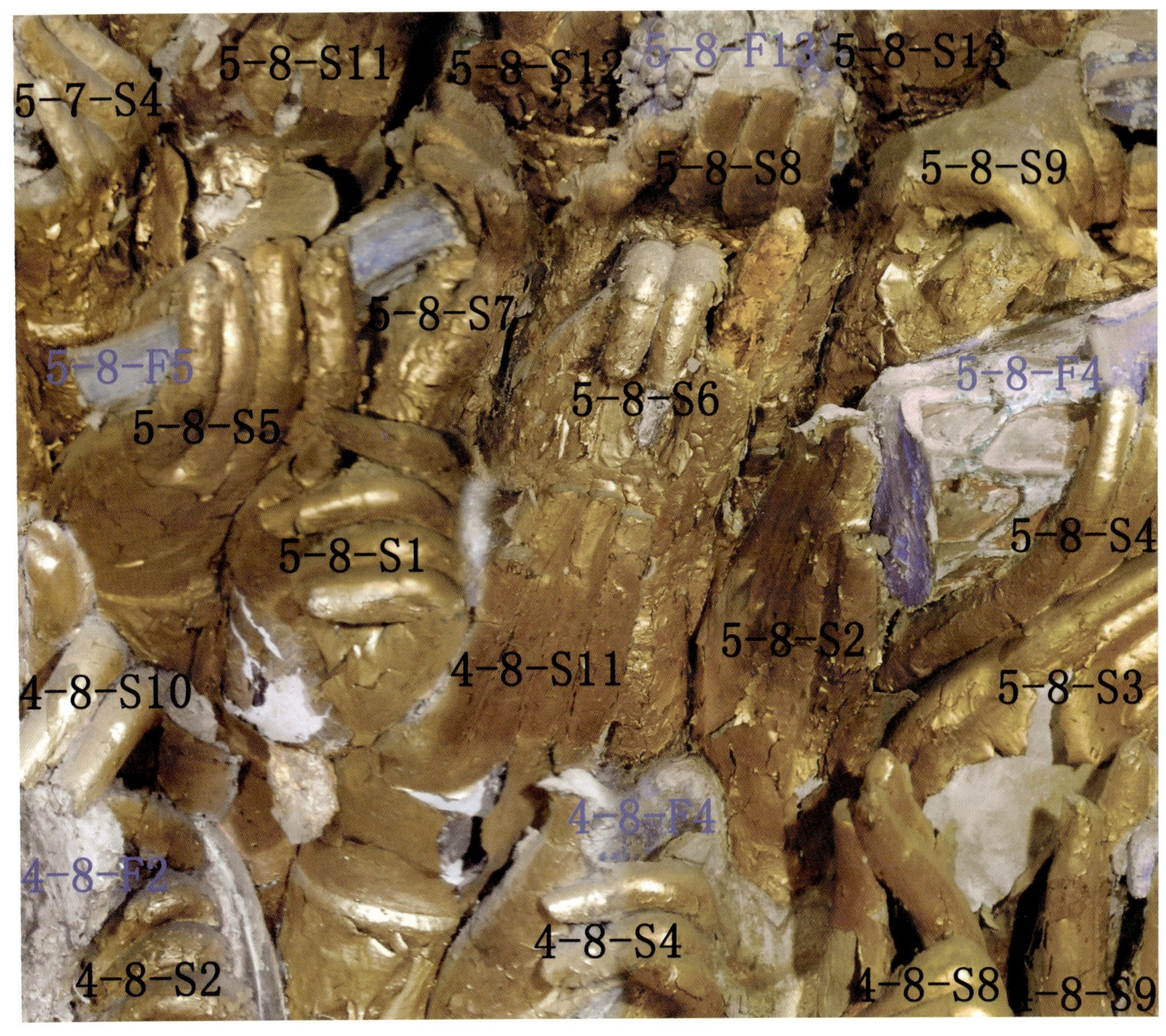

5-8 区

5-8-S1　　5-8-S2　　5-8-S3

图 51　千手观音造像 5-8 区域正射影像及手、法器编号图 1

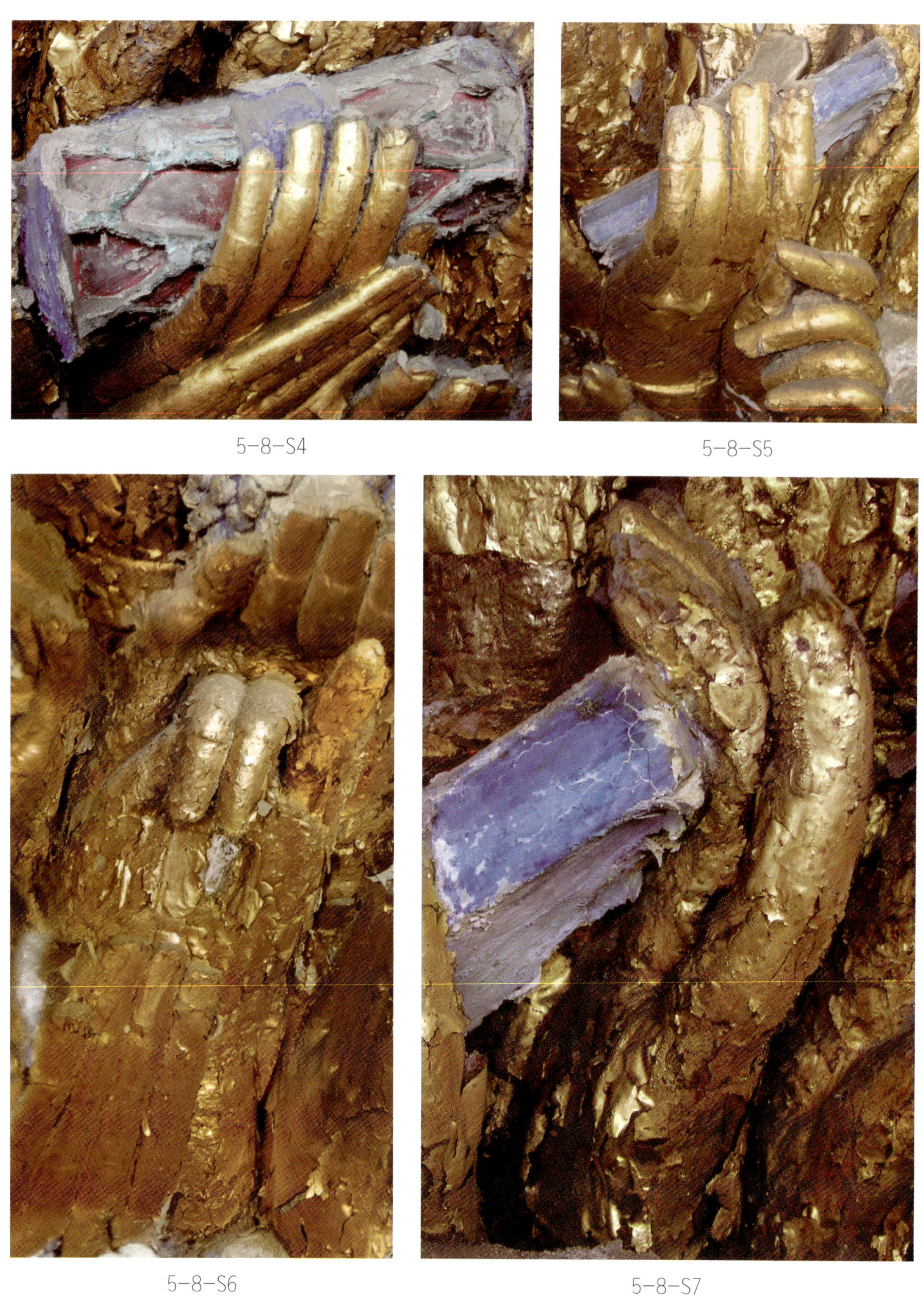

图 51 千手观音造像 5-8 区域正射影像及手、法器编号图 2

图 51　千手观音造像 5-8 区域正射影像及手、法器编号图 3

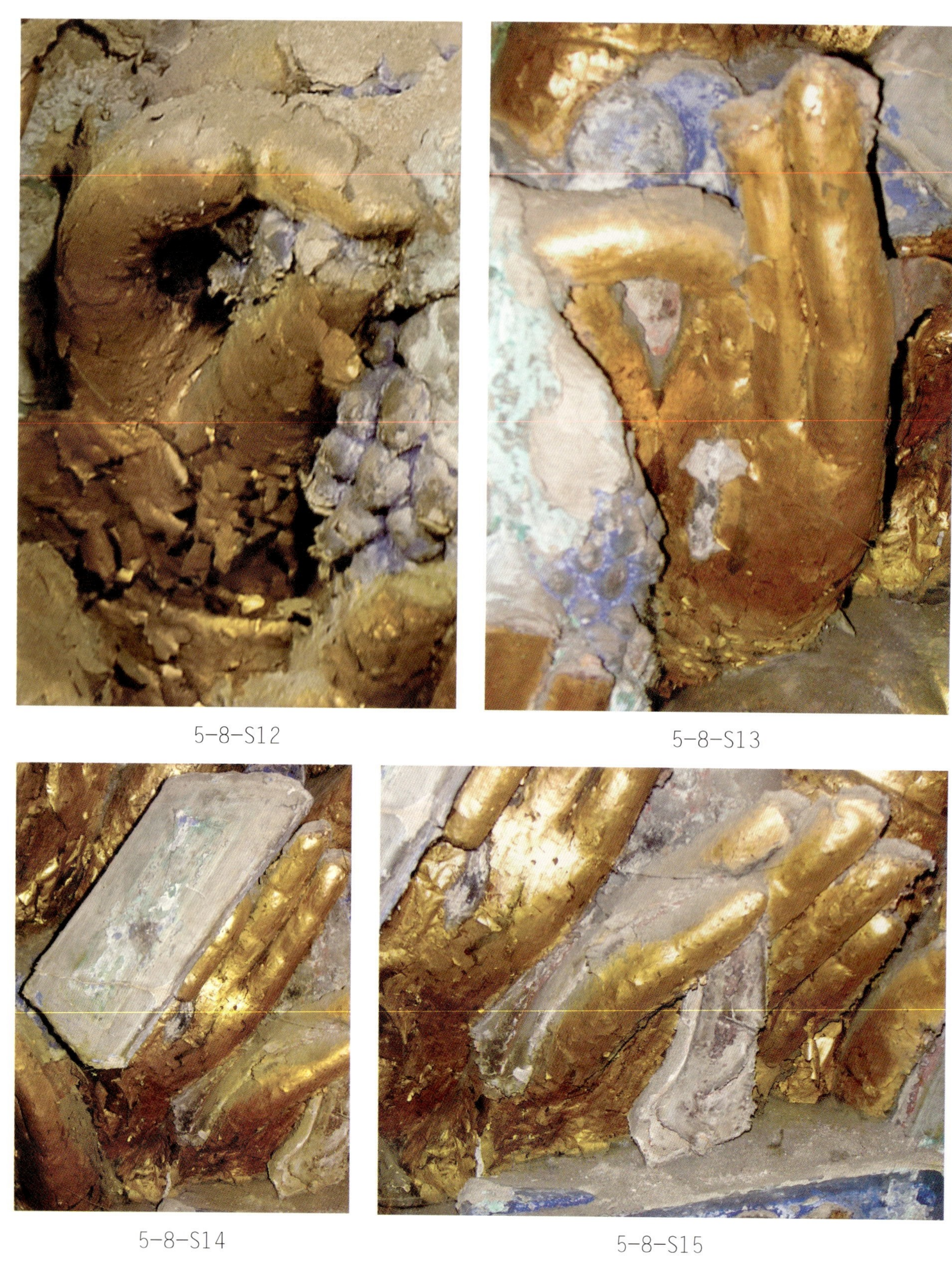

图 51　千手观音造像 5-8 区域正射影像及手、法器编号图 4

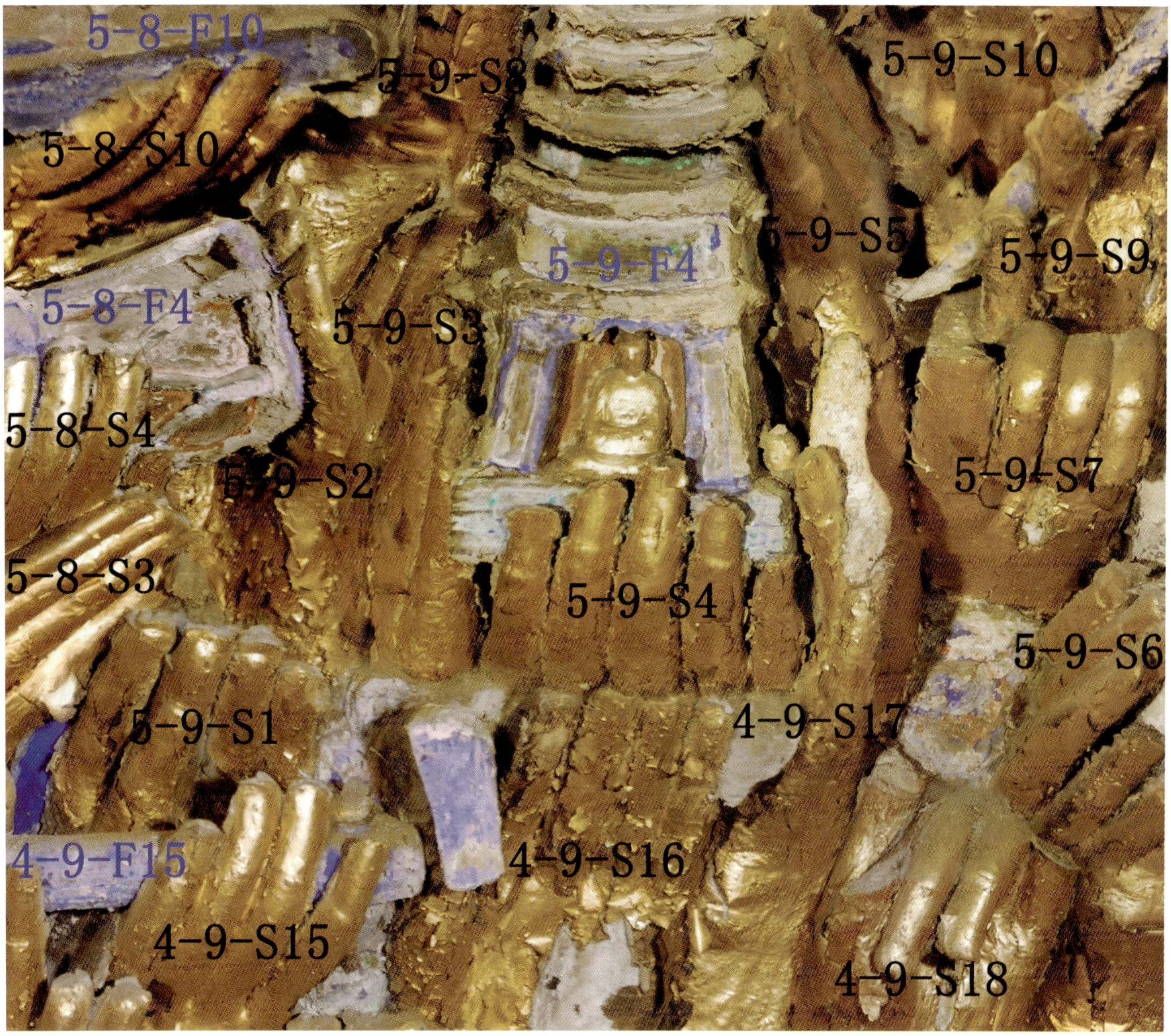

5-9 区

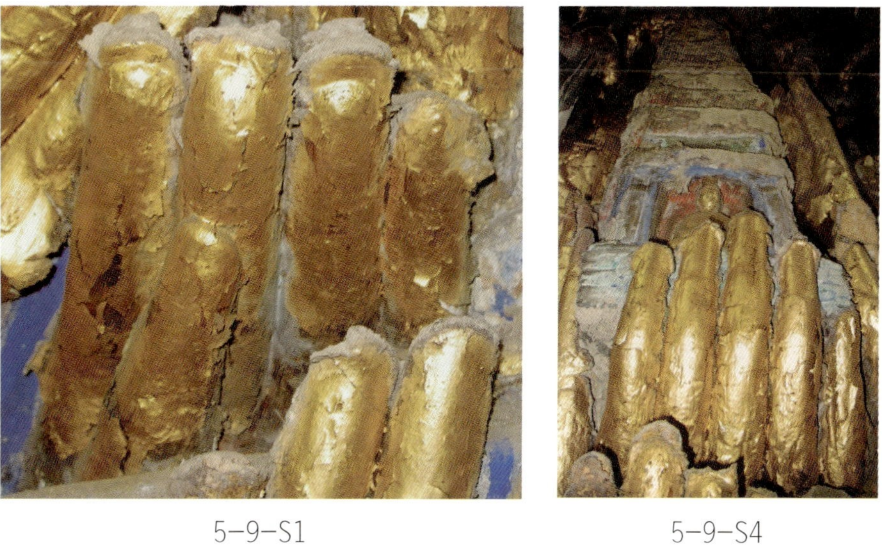

5-9-S1　　　　5-9-S4

图 52　千手观音造像 5-9 区域正射影像及手、法器编号图 1

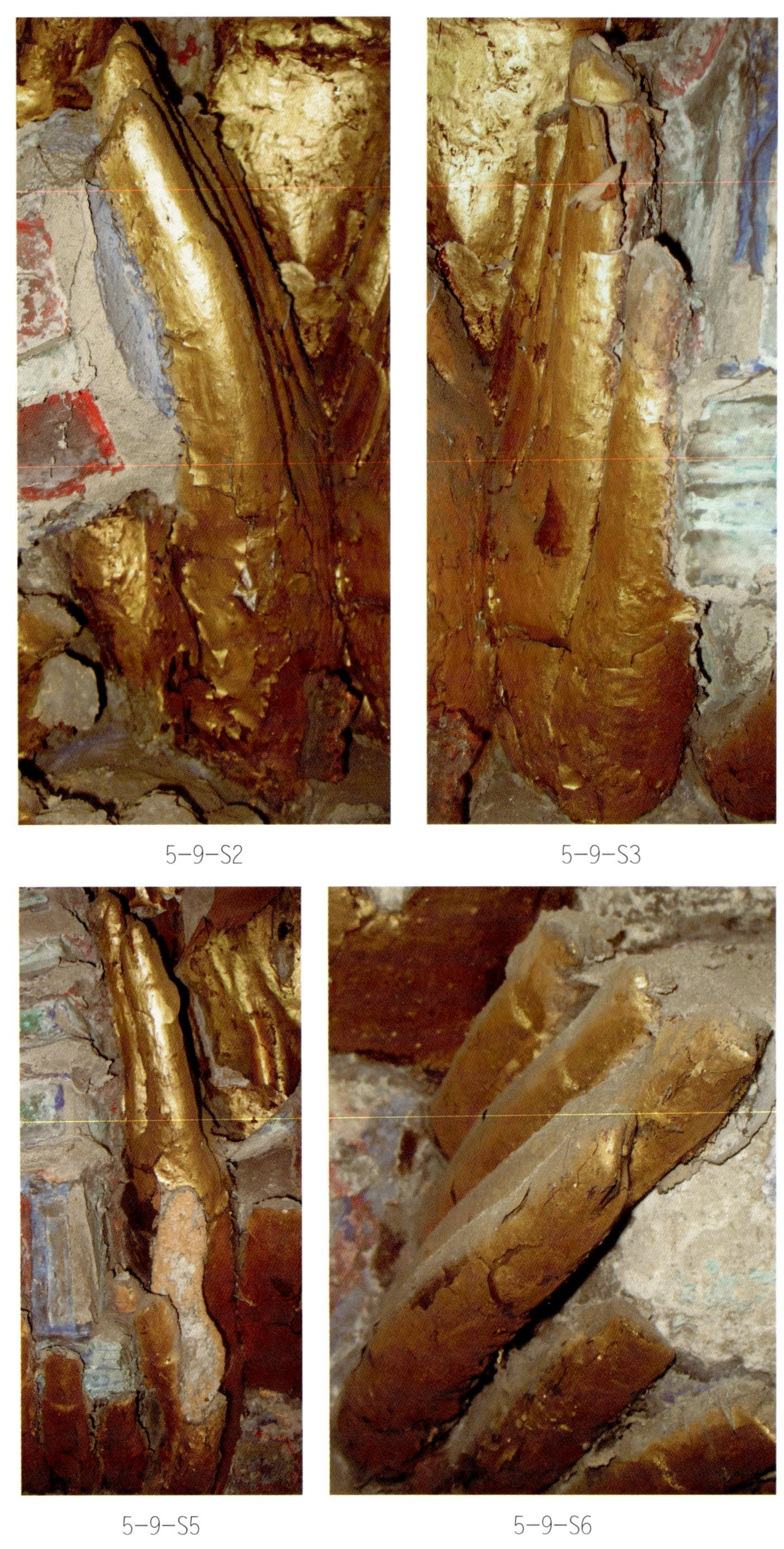

图 52　千手观音造像 5-9 区域正射影像及手、法器编号图 2

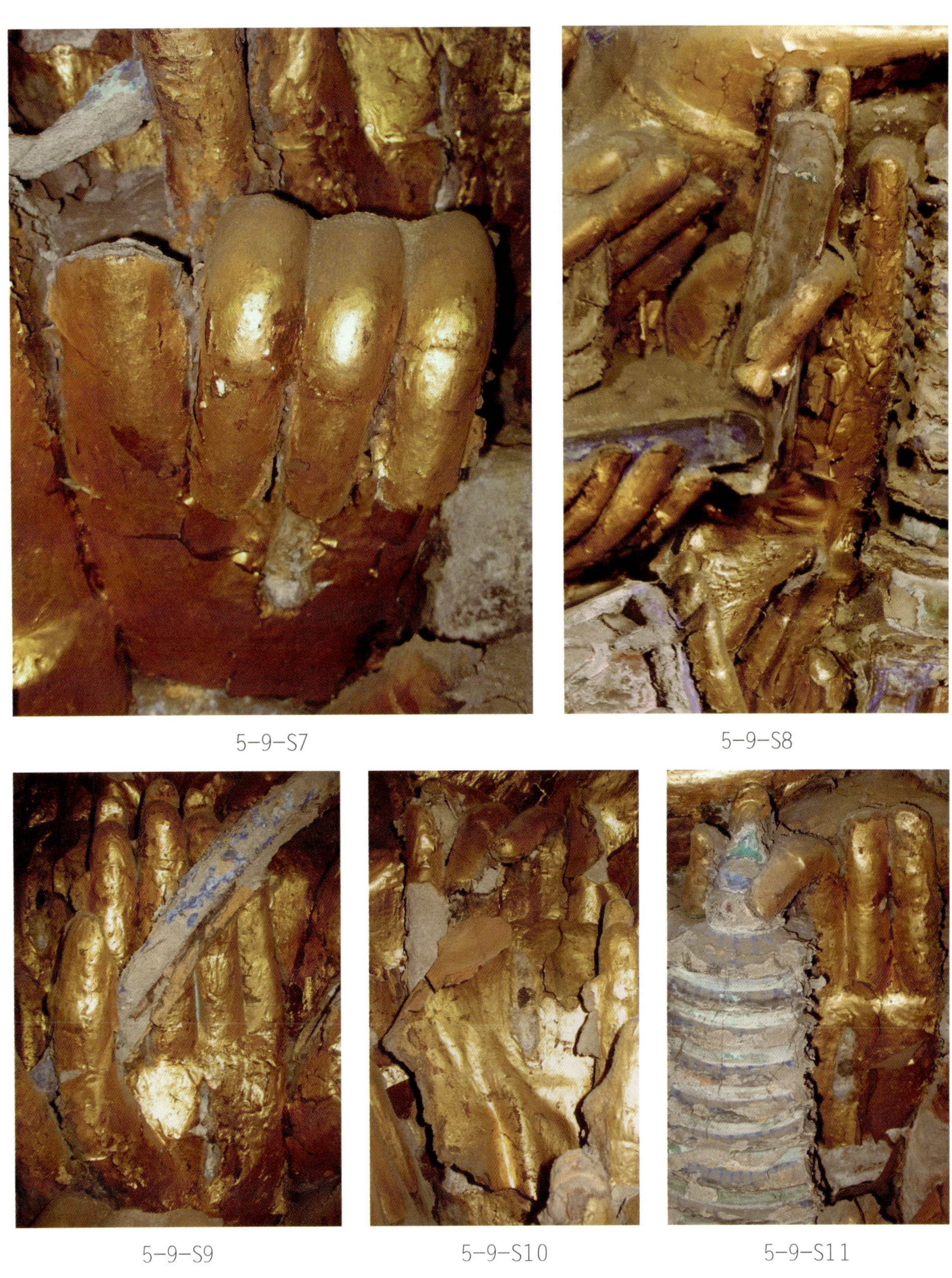

5-9-S7　5-9-S8

5-9-S9　5-9-S10　5-9-S11

图 52　千手观音造像 5-9 区域正射影像及手、法器编号图 3

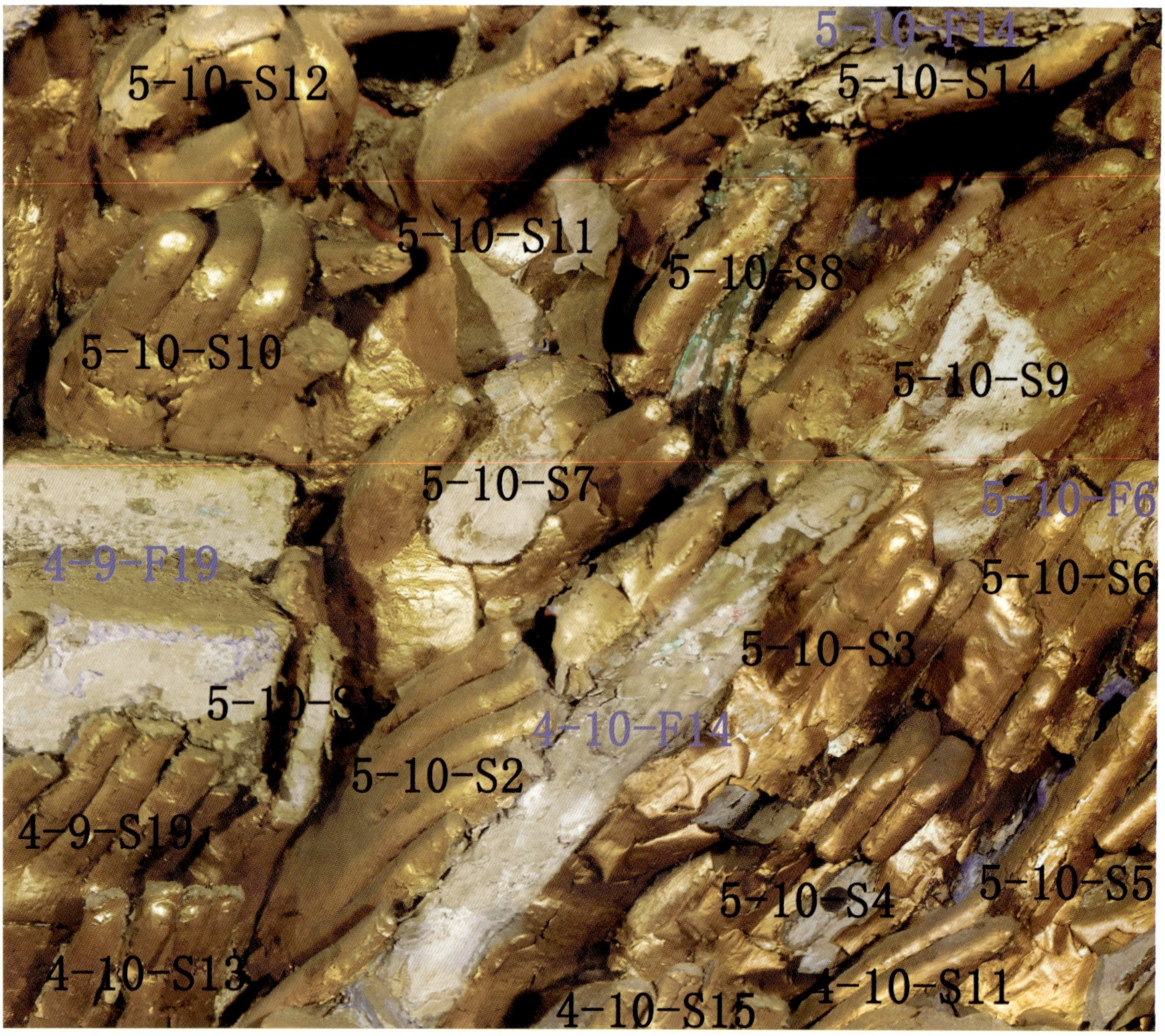

5-10 区

5-10-S1　　5-10-S2　　5-10-S3

图 53　千手观音造像 5-10 区域正射影像及手、法器编号图 1

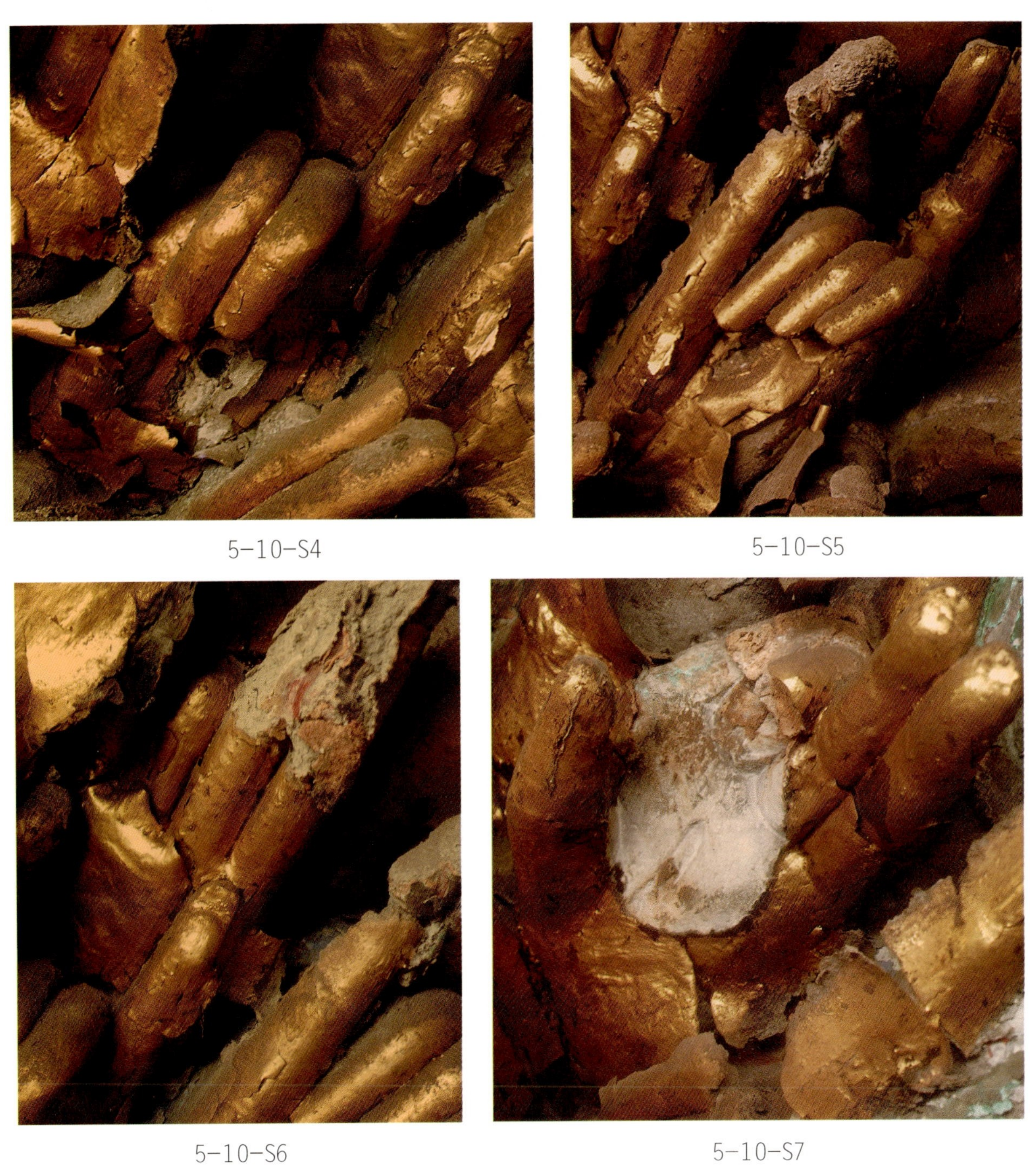

5-10-S4　　5-10-S5

5-10-S6　　5-10-S7

图 53　千手观音造像 5-10 区域正射影像及手、法器编号图 2

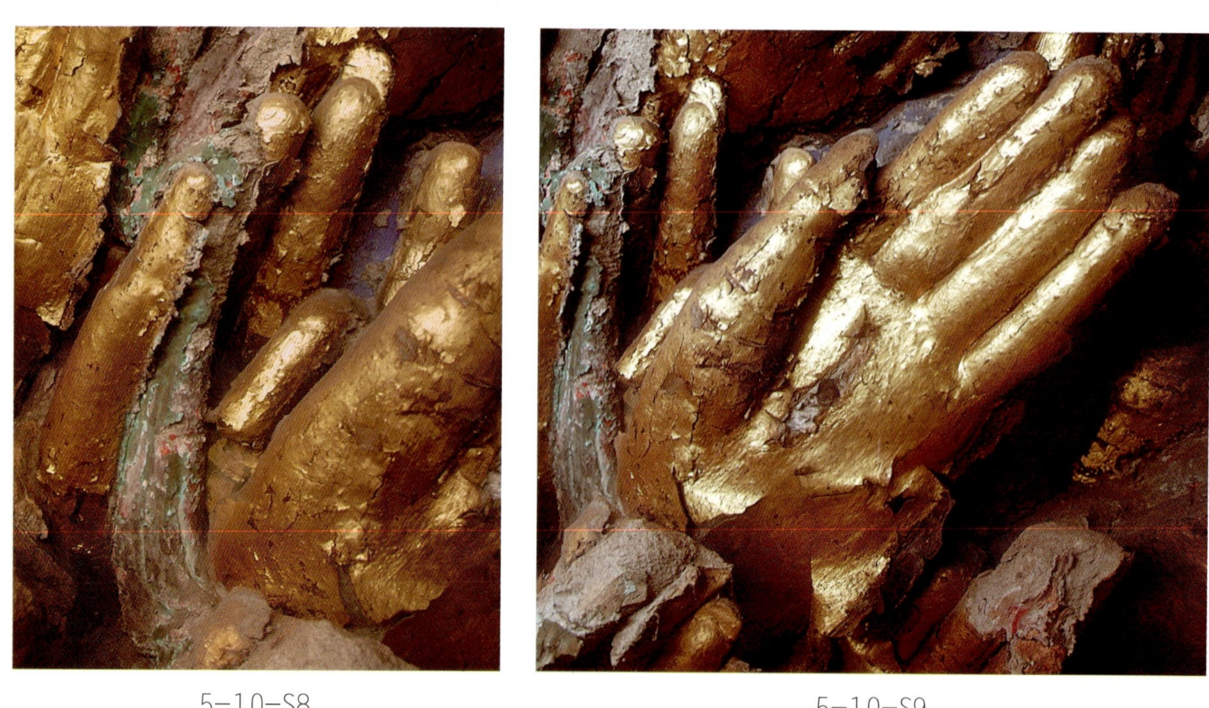

5-10-S8　　5-10-S9

5-10-S10

图 53　千手观音造像 5-10 区域正射影像及手、法器编号图 3

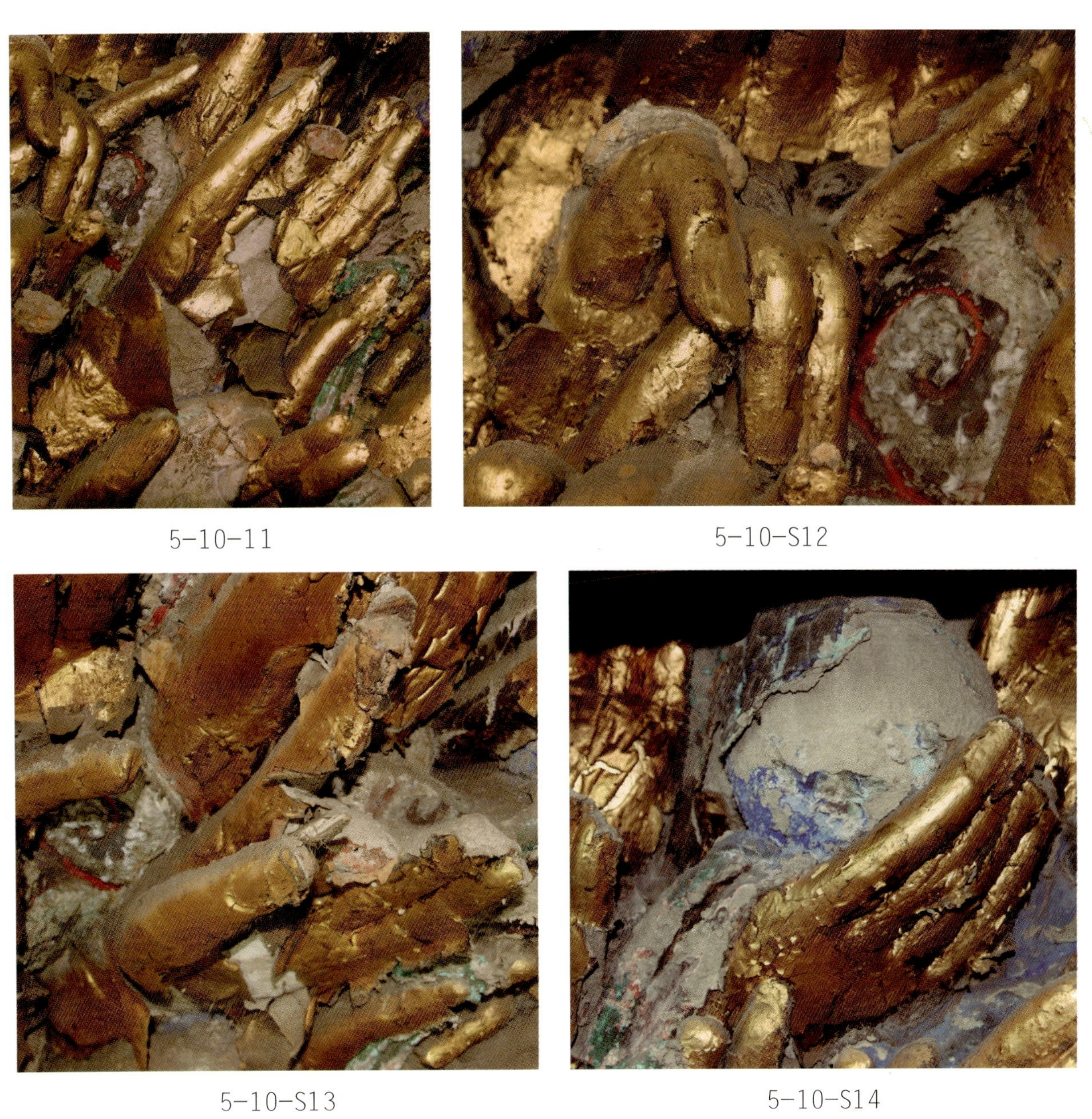

5-10-11　　5-10-S12

5-10-S13　　5-10-S14

图 53　千手观音造像 5-10 区域正射影像及手、法器编号图 4

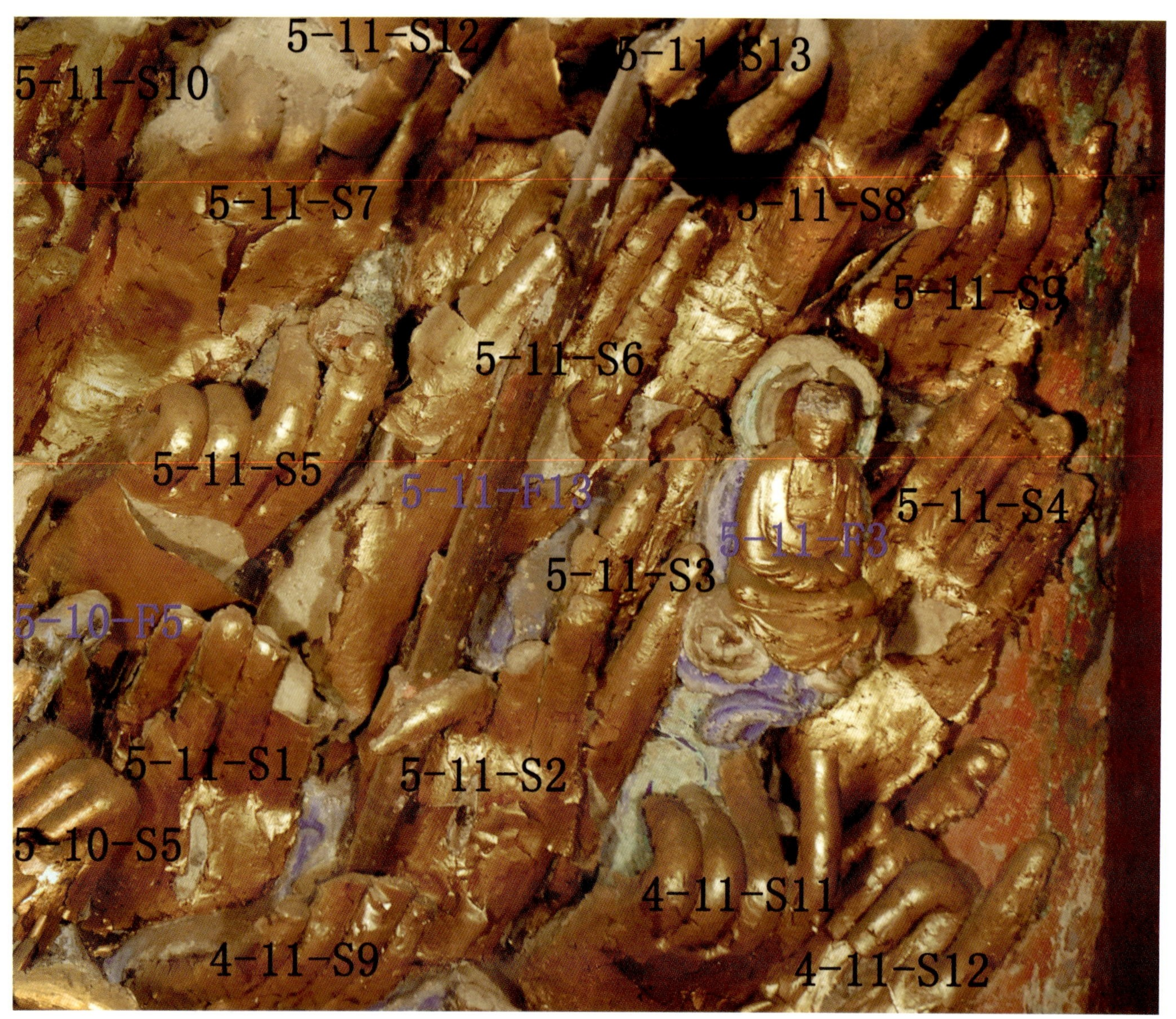

5-11 区

图 54　千手观音造像 5-11 区域正射影像及手、法器编号图 1

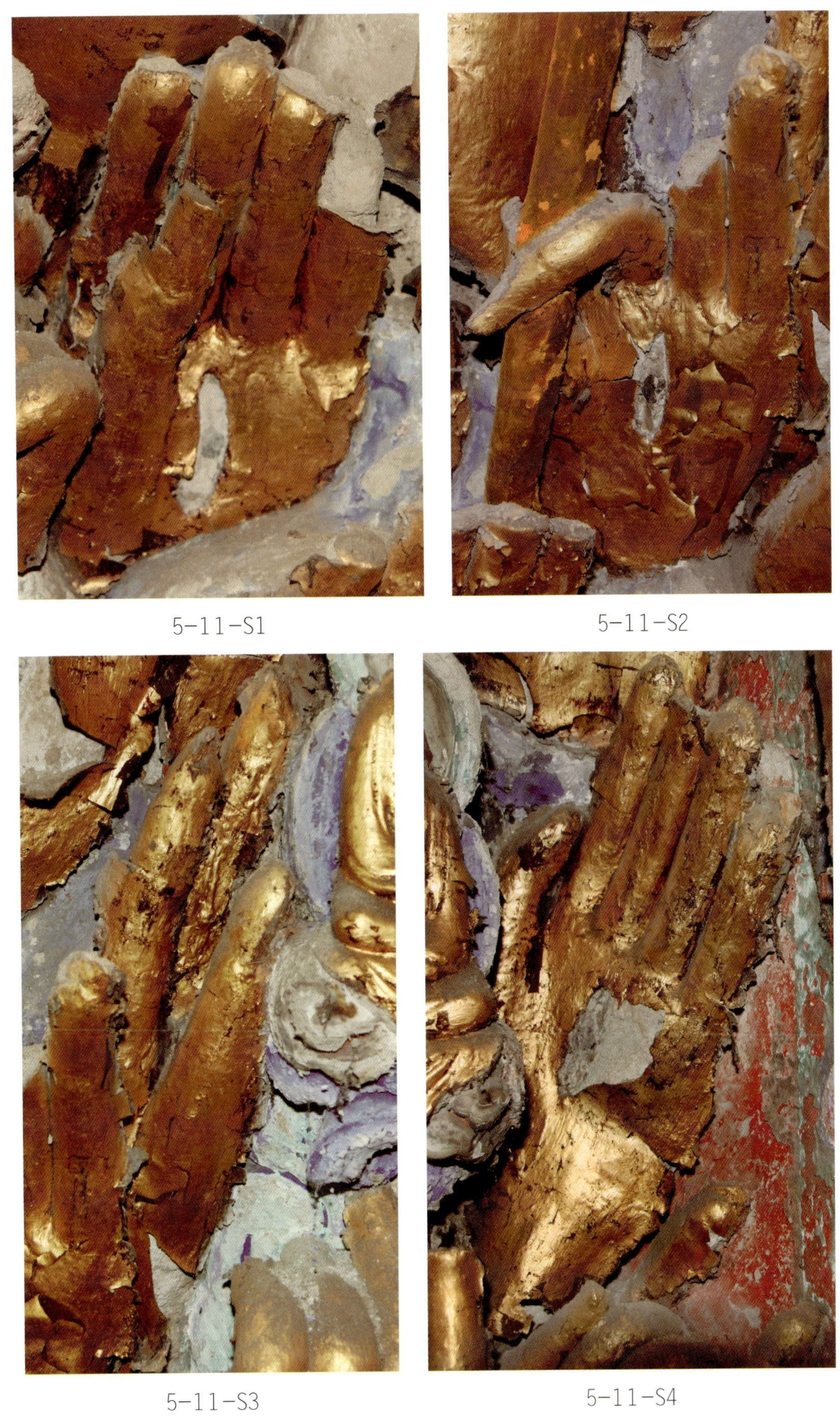

图 54　千手观音造像 5-11 区域正射影像及手、法器编号图 2

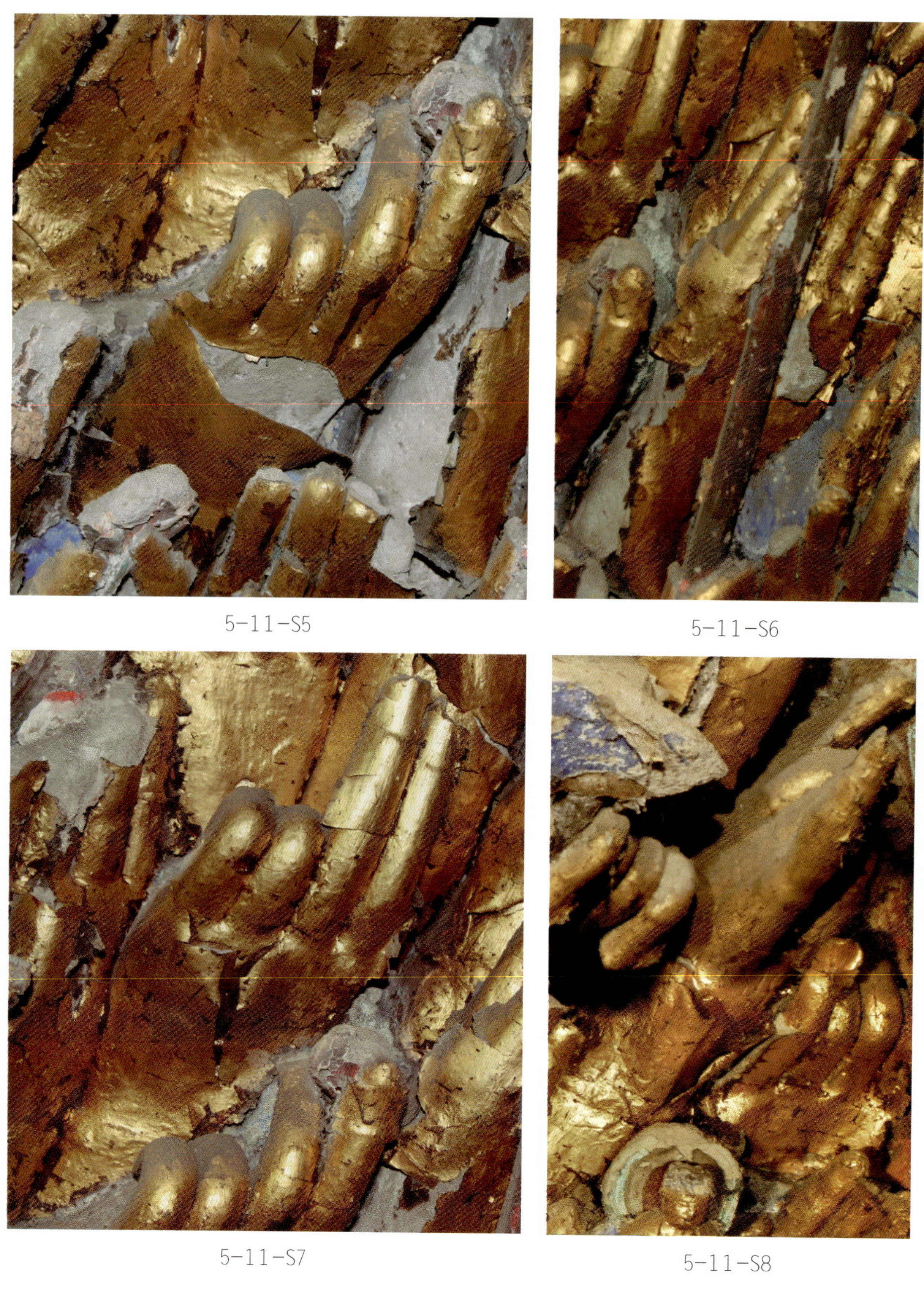

图 54 千手观音造像 5-11 区域正射影像及手、法器编号图 3

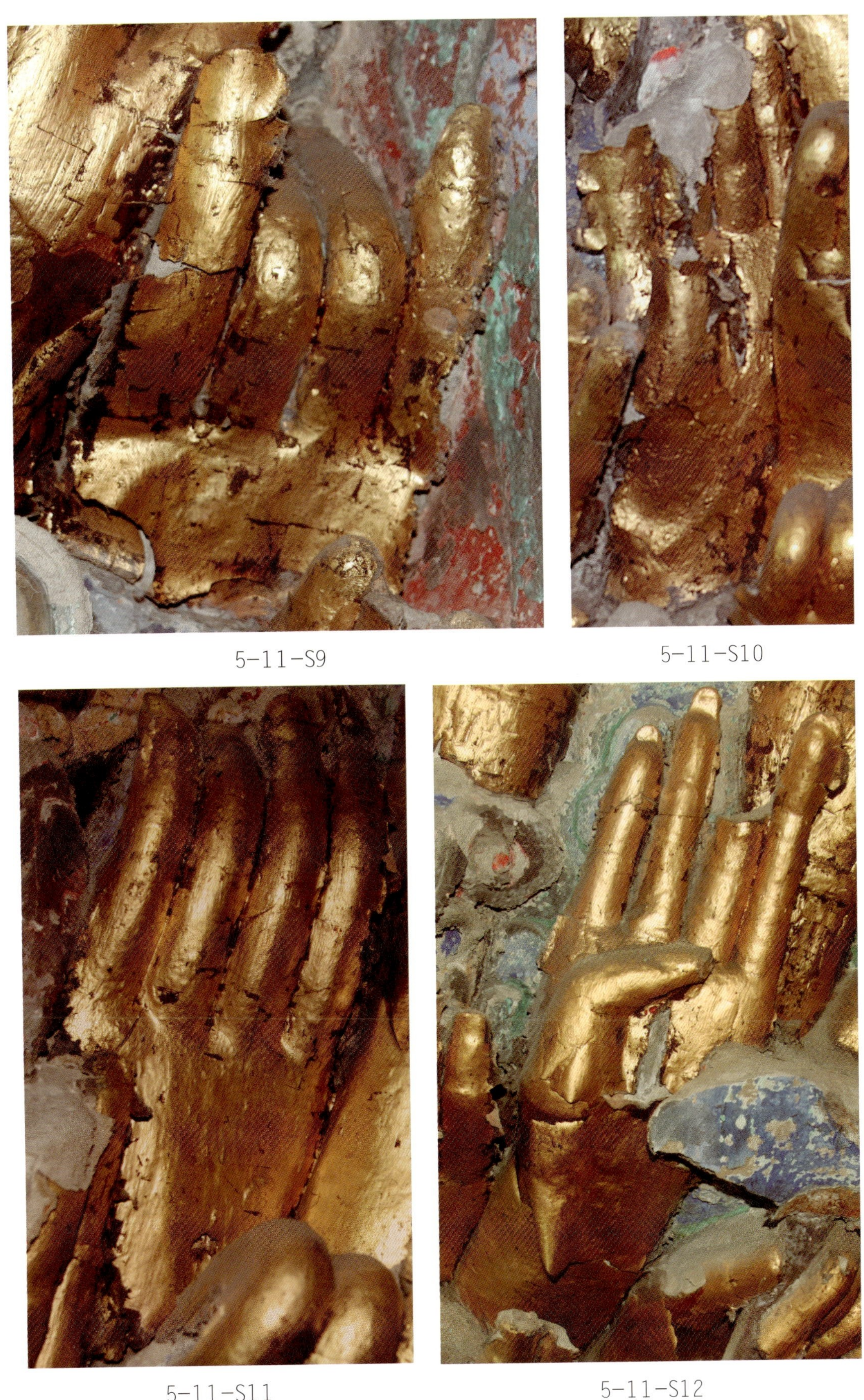

5-11-S9

5-11-S10

5-11-S11

5-11-S12

图 54　千手观音造像 5-11 区域正射影像及手、法器编号图 4

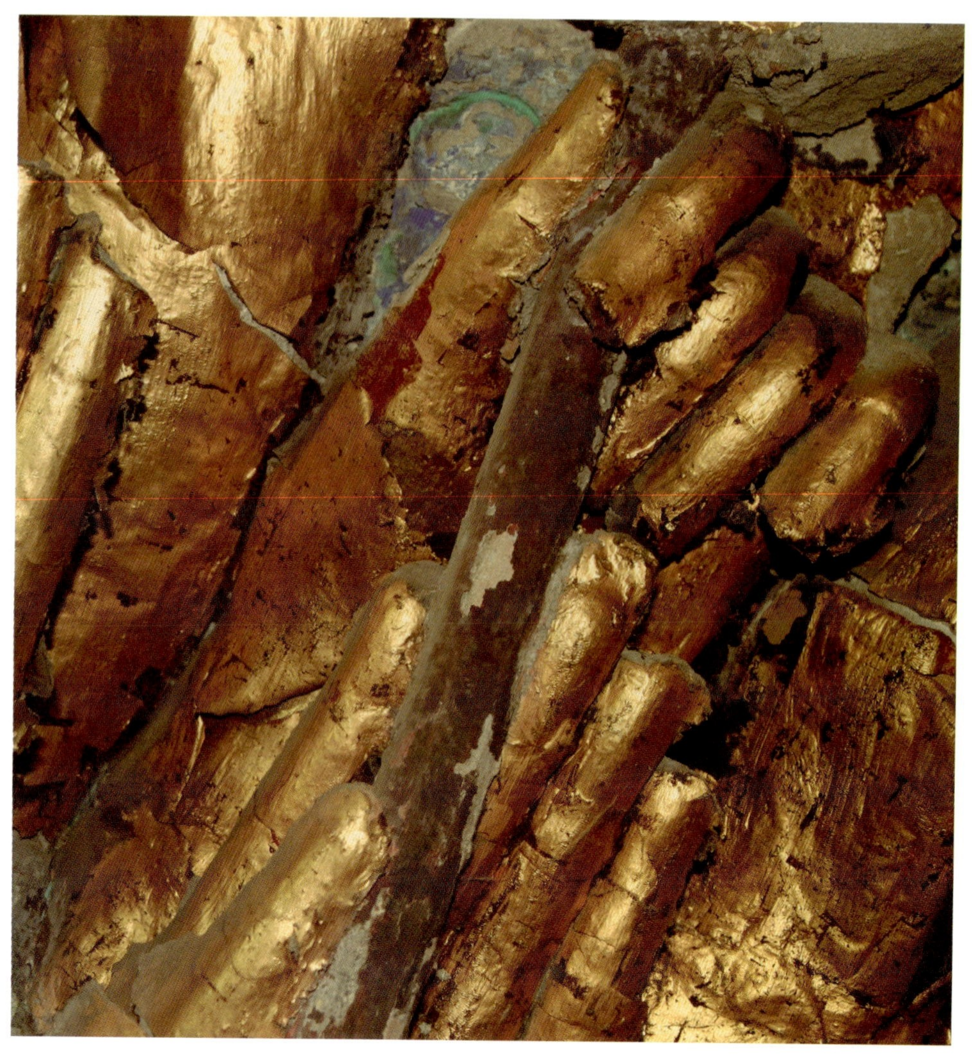

5-11-S13

图 54　千手观音造像 5-11 区域正射影像及手、法器编号图 5

6-1 区

图 56　千手观音造像 6-1 区域正射影像及手、法器编号图 1

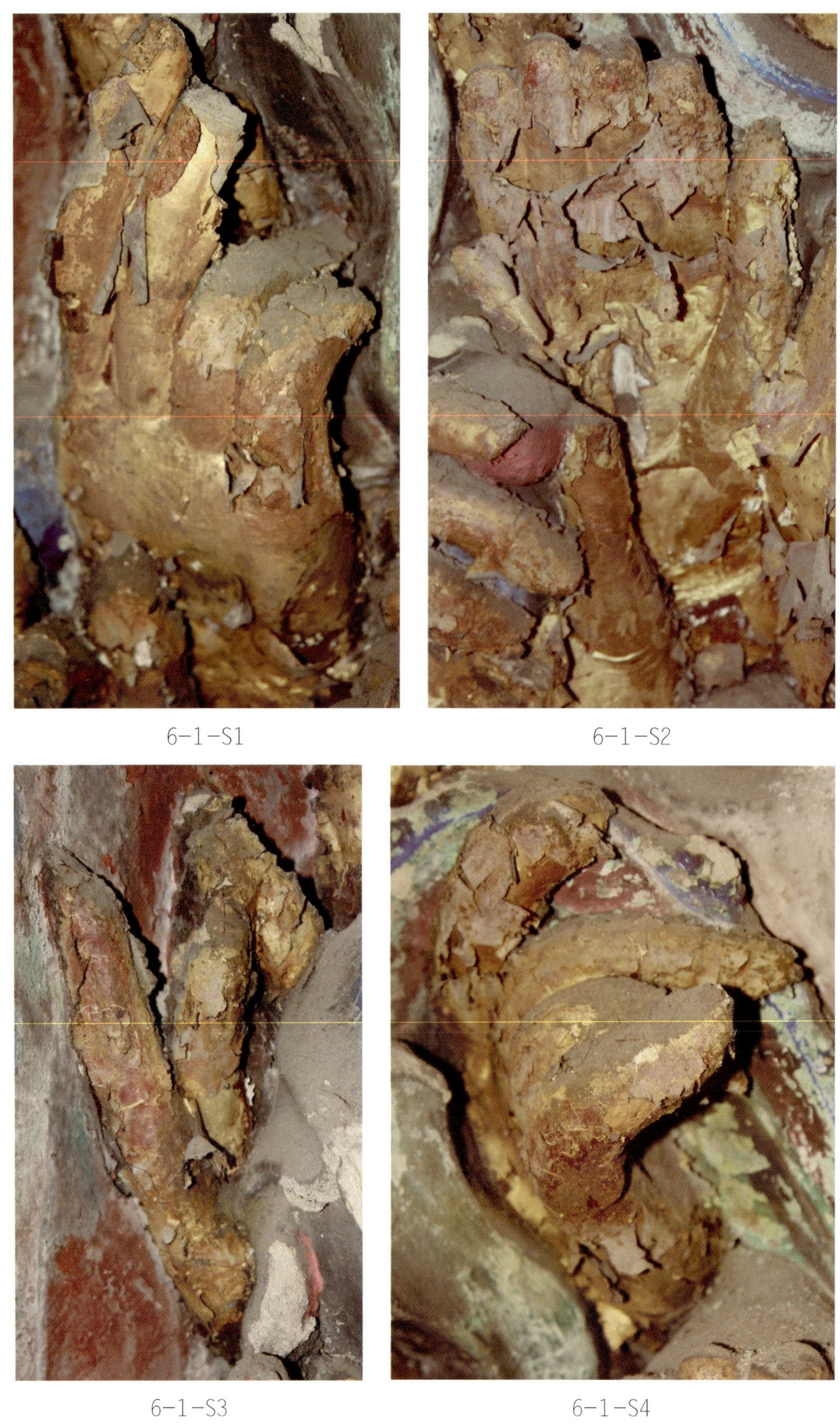

图 56　千手观音造像 6-1 区域正射影像及手、法器编号图 2

6-1-S5

6-1-S6

图 56　千手观音造像 6–1 区域正射影像及手、法器编号图 3

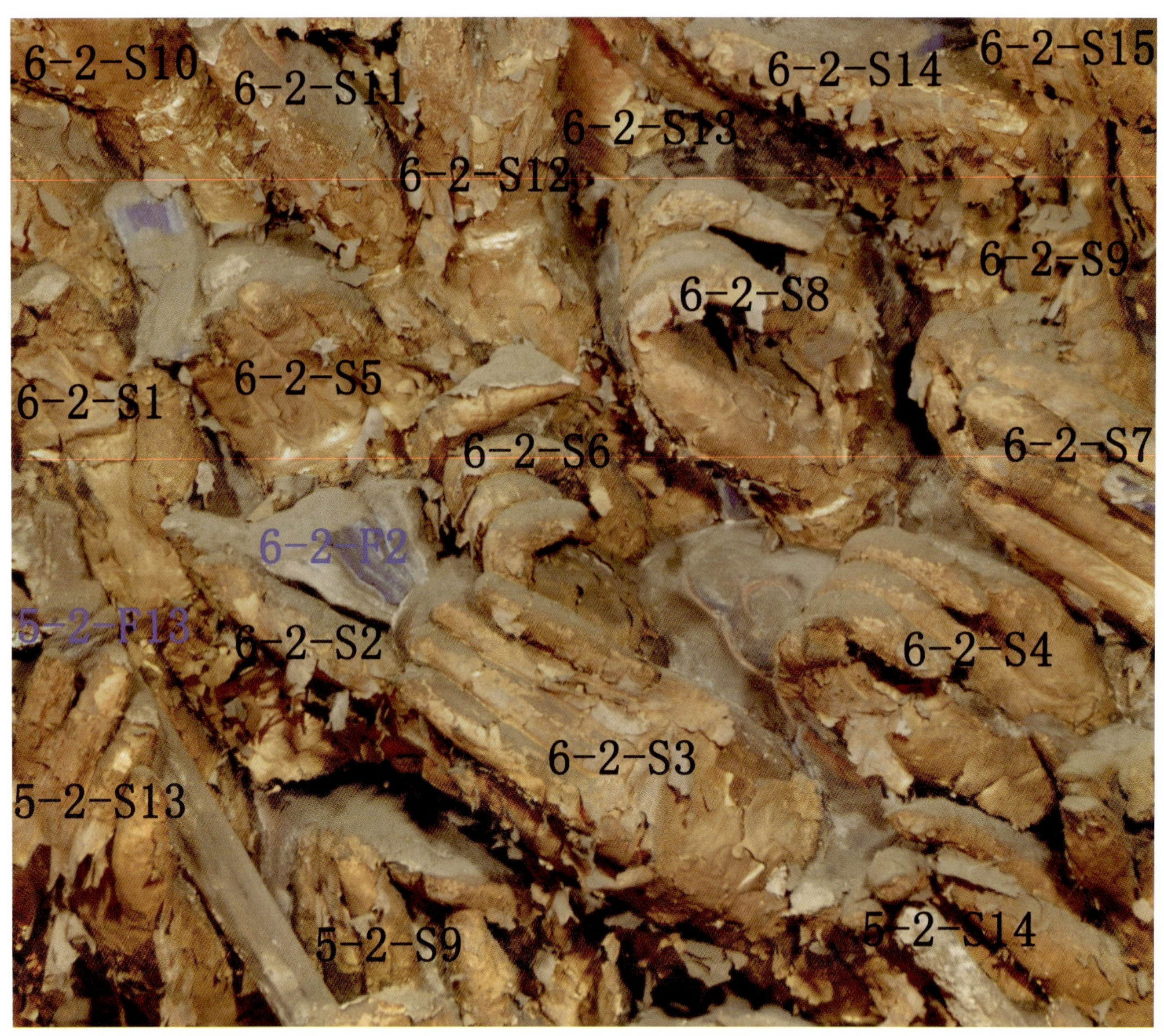

6-2 区

图 57　千手观音造像 6-2 区域正射影像及手、法器编号图 1

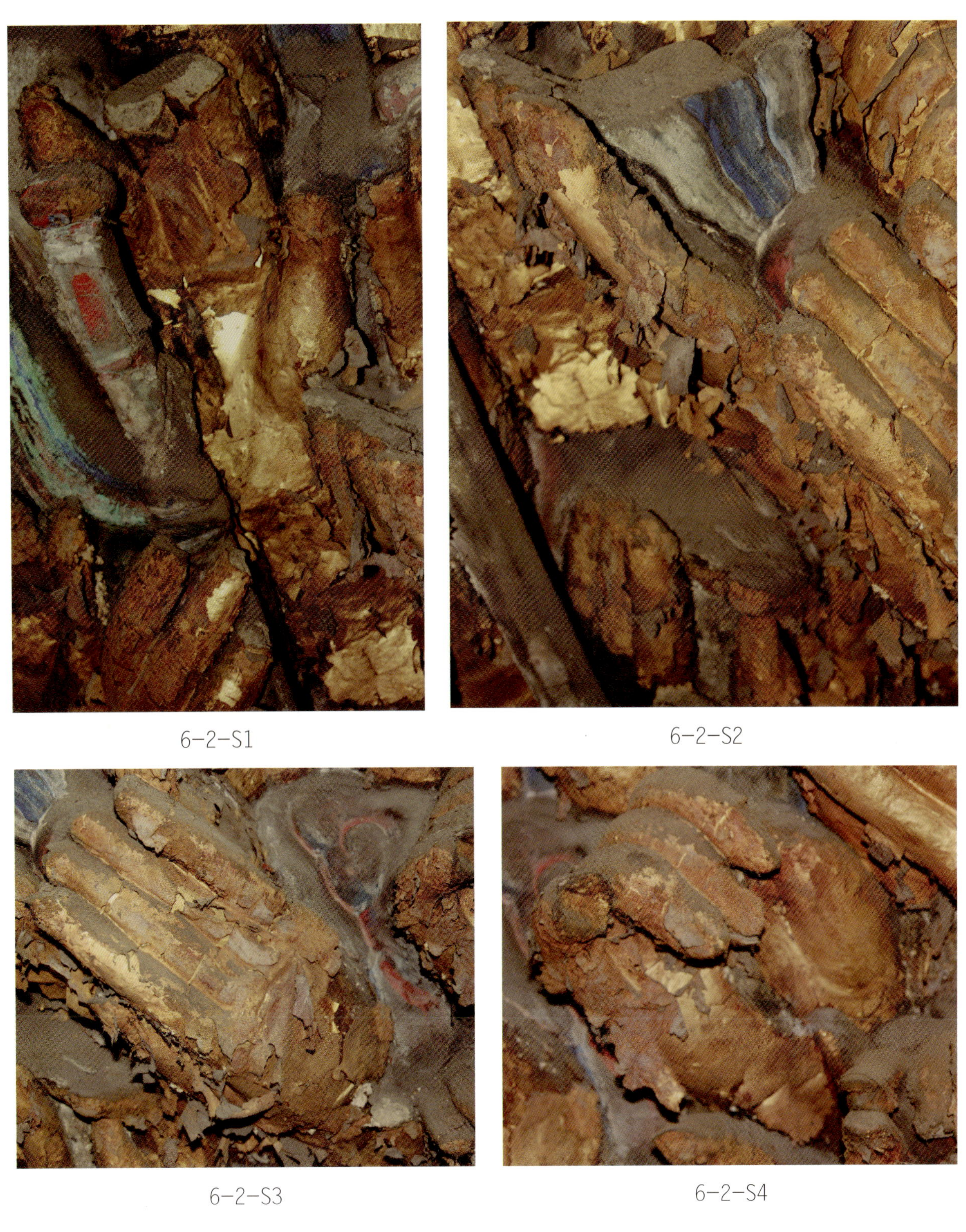

图 57　千手观音造像 6-2 区域正射影像及手、法器编号图 2

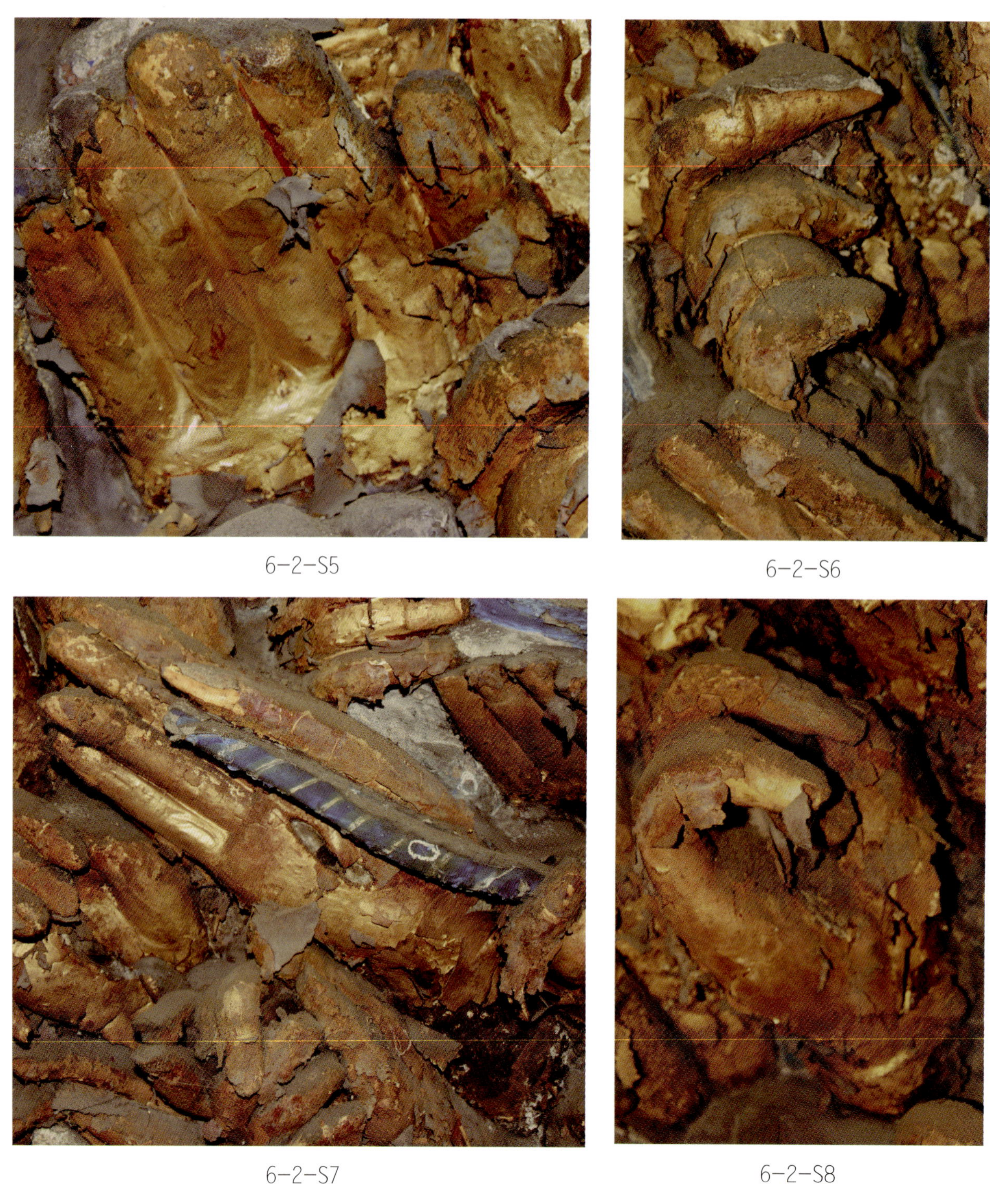

图 57　千手观音造像 6-2 区域正射影像及手、法器编号图 3

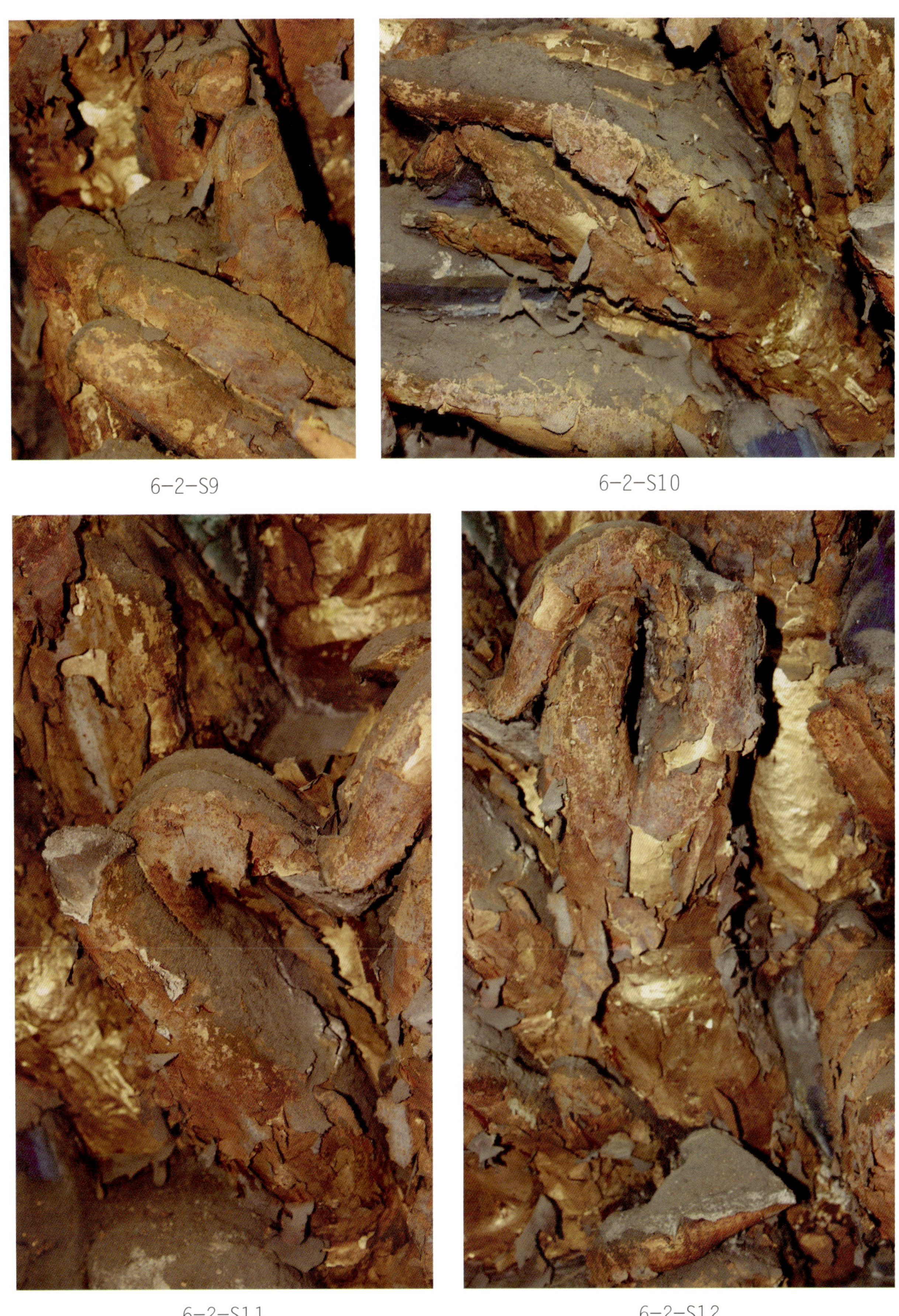

图 57　千手观音造像 6-2 区域正射影像及手、法器编号图 4

6-2-S13

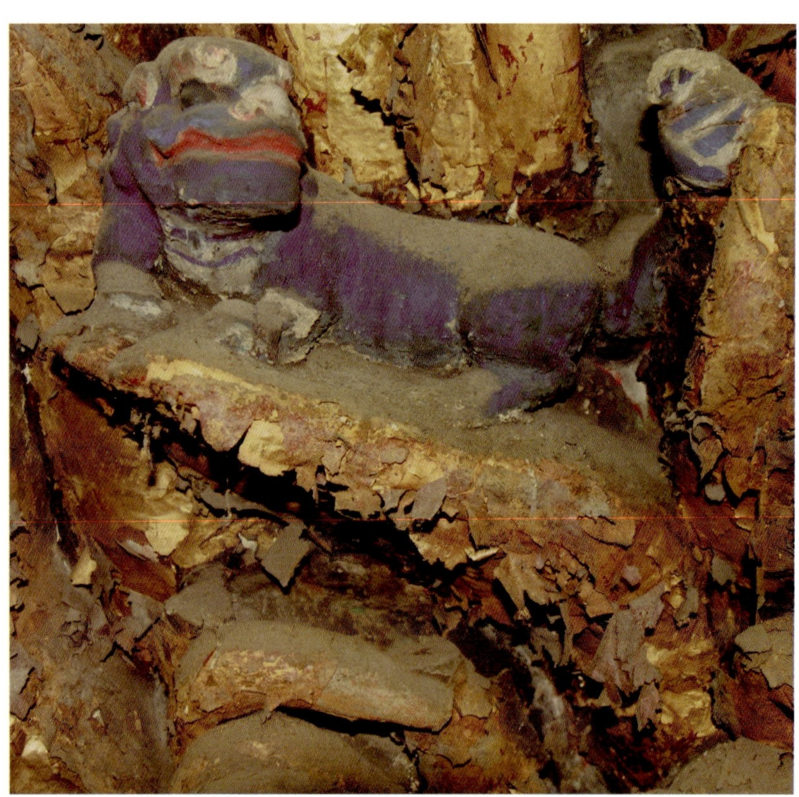

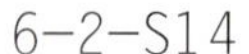

6-2-S14

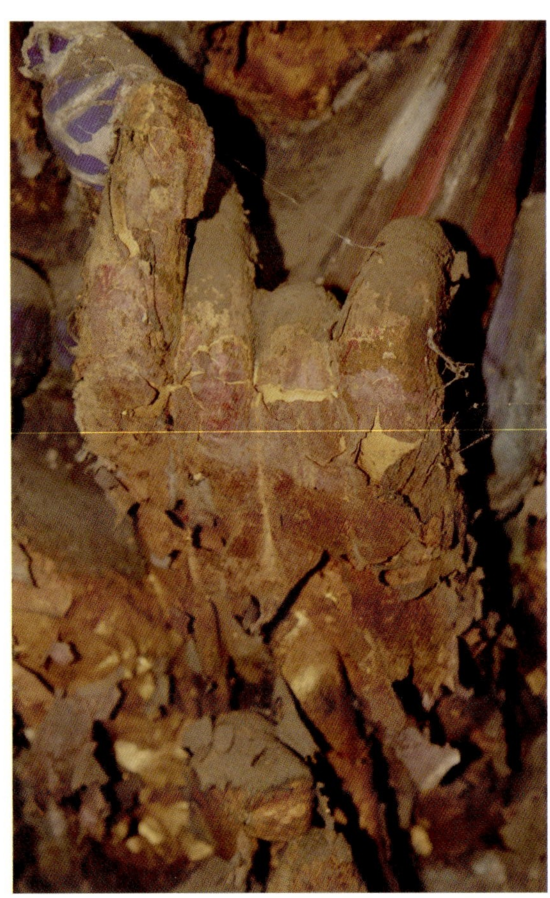

6-2-S15

图 57　千手观音造像 6-2 区域正射影像及手、法器编号图 5

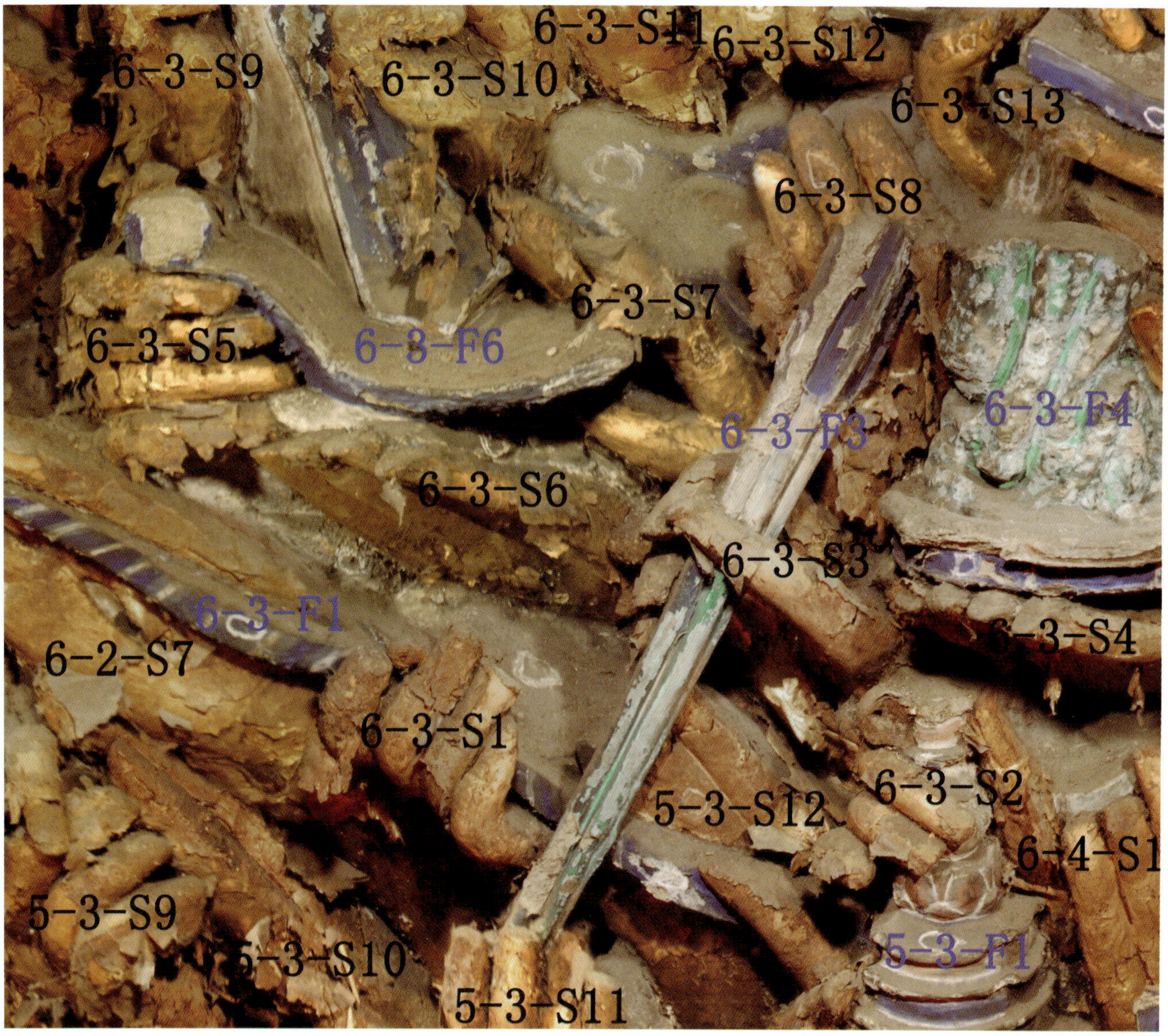

6-3 区

6-3-S1　　6-3-S2

图 58　千手观音造像 6-3 区域正射影像及手、法器编号图 1

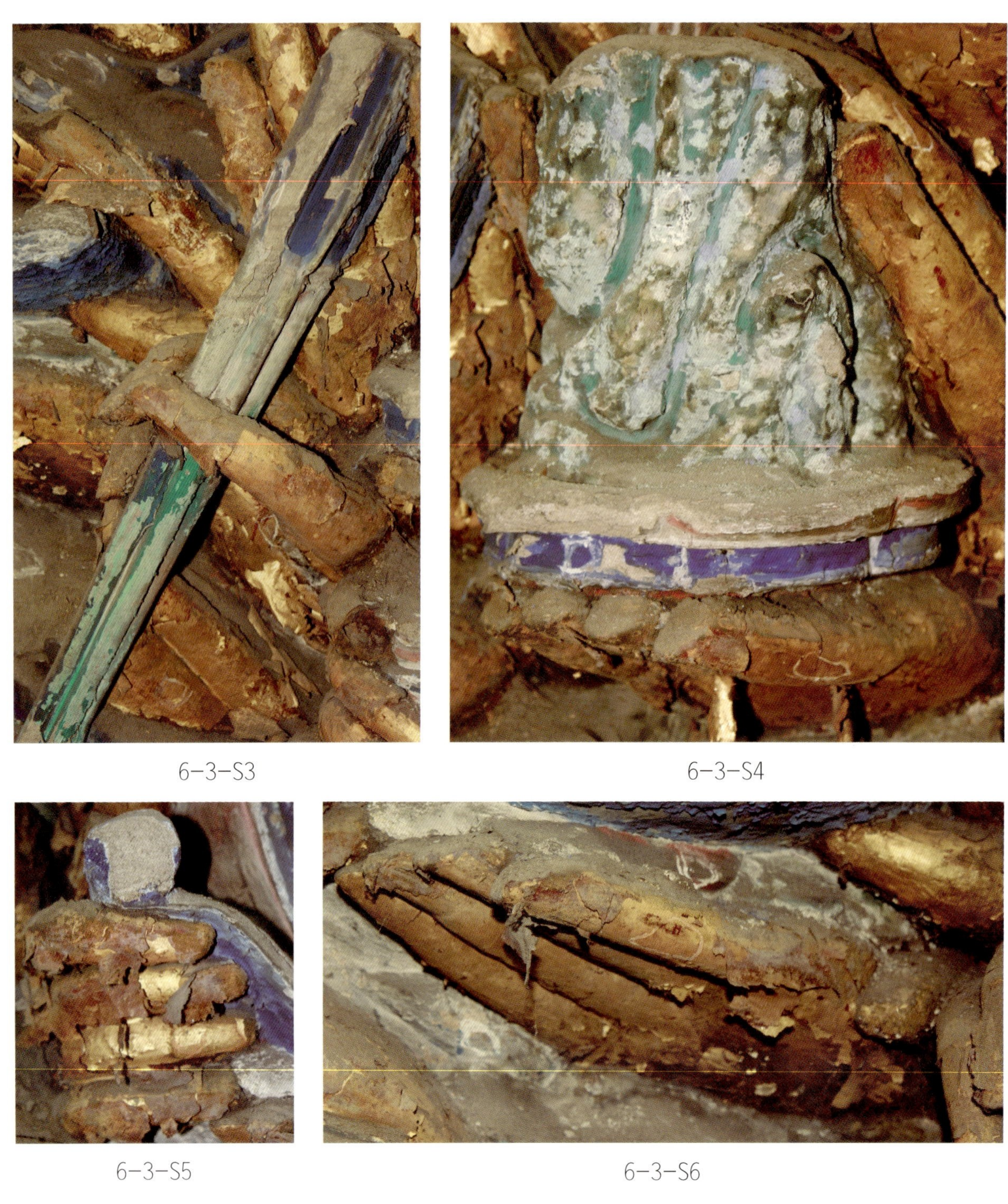

图 58　千手观音造像 6-3 区域正射影像及手、法器编号图 2

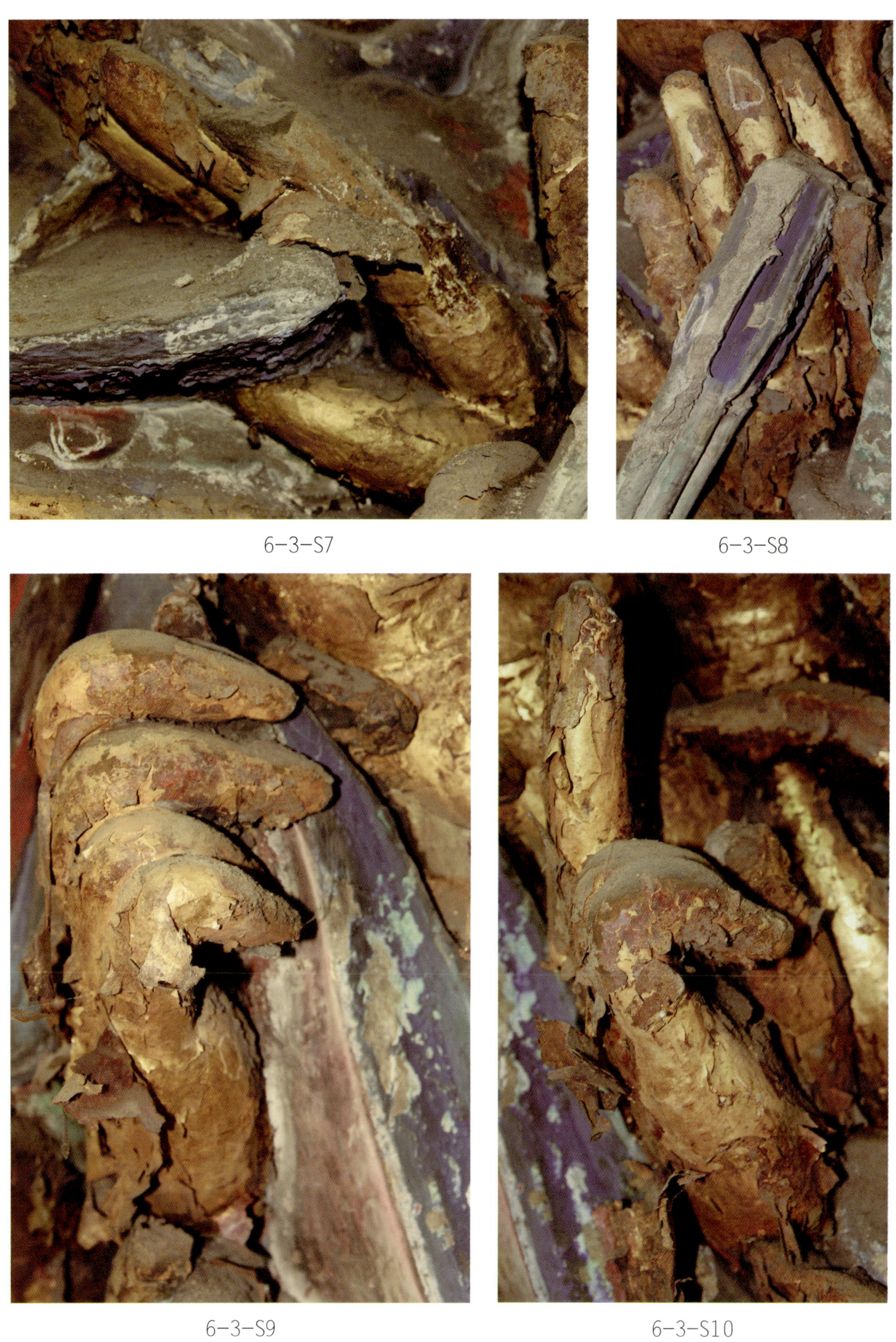

6-3-S7

6-3-S8

6-3-S9

6-3-S10

图 58　千手观音造像 6-3 区域正射影像及手、法器编号图 3

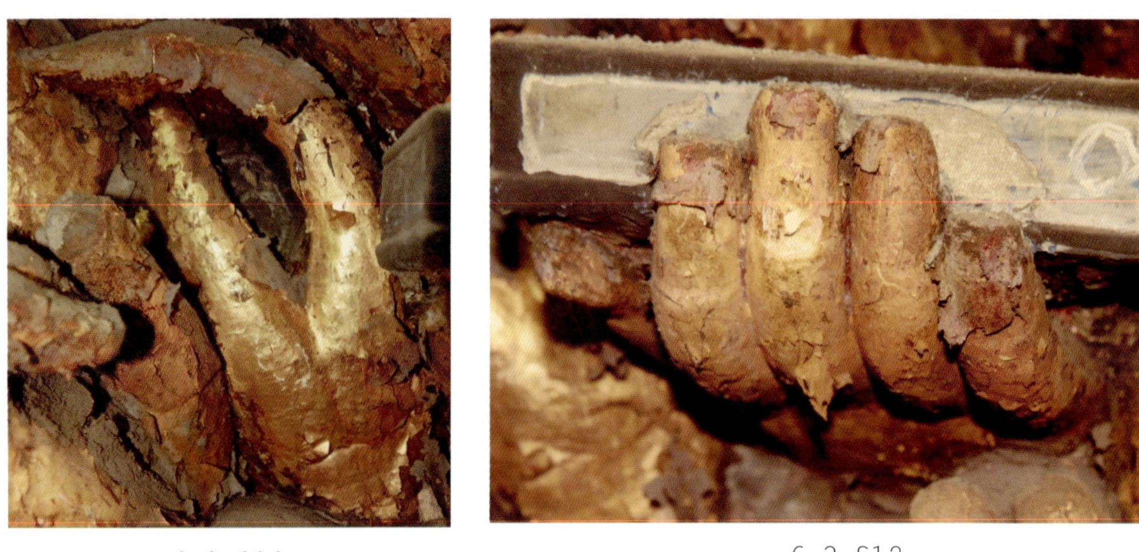

6-3-S11　　6-3-S12

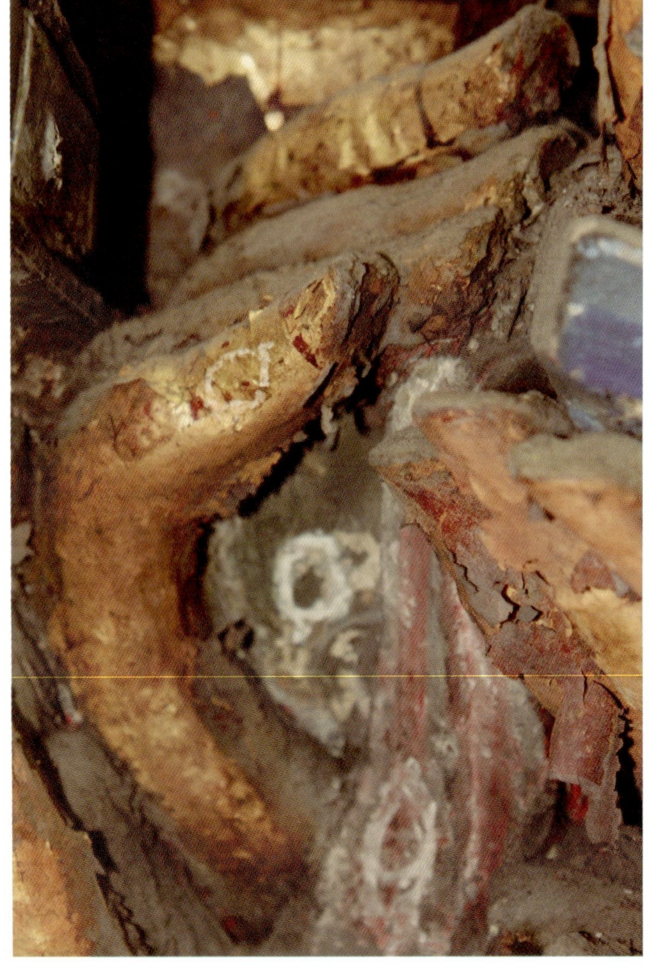

6-3-S13

图 58　千手观音造像 6–3 区域正射影像及手、法器编号图 4

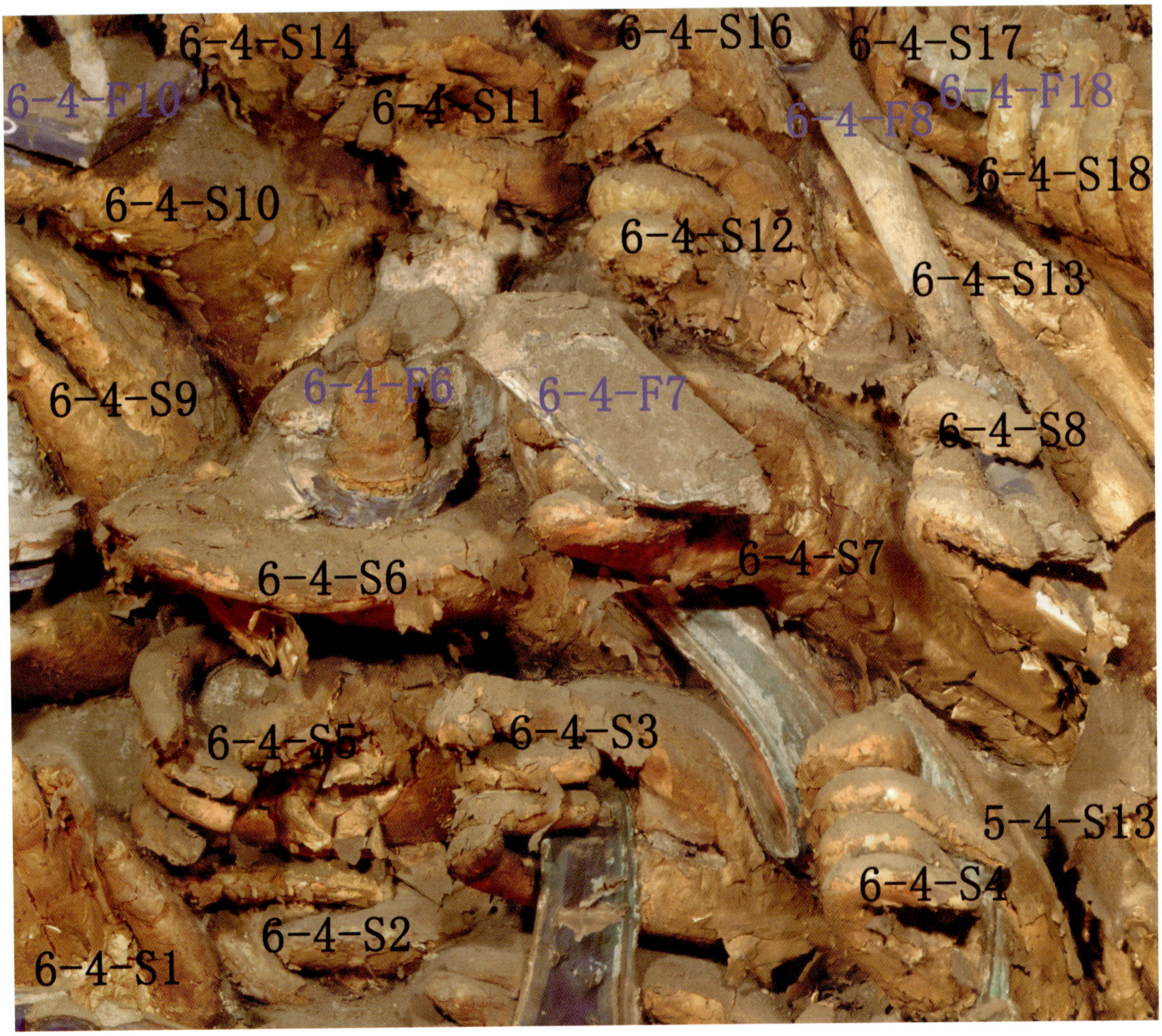

6-4 区

6-4-S1

6-4-S2

图 59 千手观音造像 6-4 区域正射影像及手、法器编号图 1

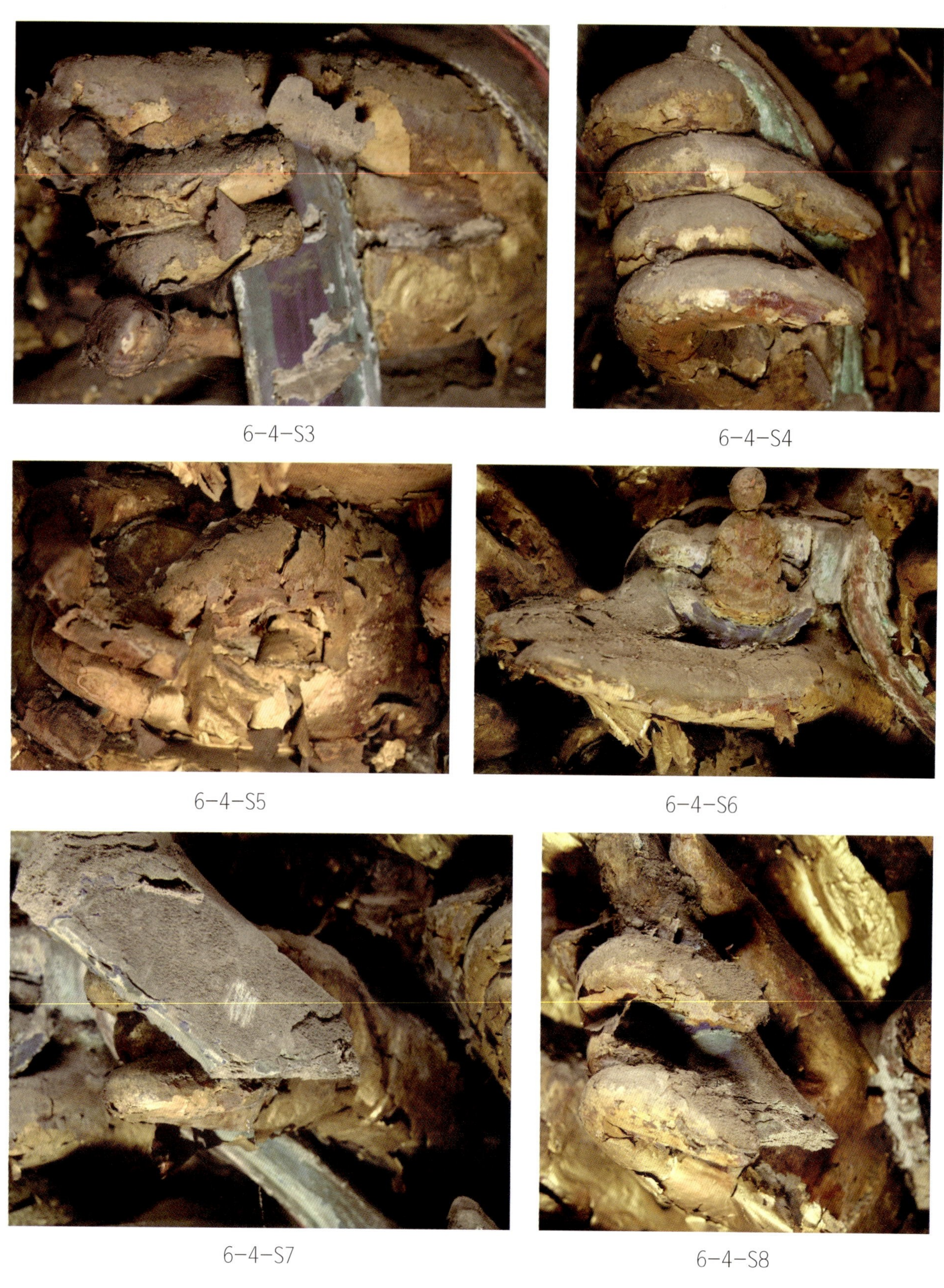

图 59　千手观音造像 6-4 区域正射影像及手、法器编号图 2

6-4-S9

6-4-S10

6-4-S11

6-4-S12

6-4-S13

6-4-S14

图 59　千手观音造像 6-4 区域正射影像及手、法器编号图 3

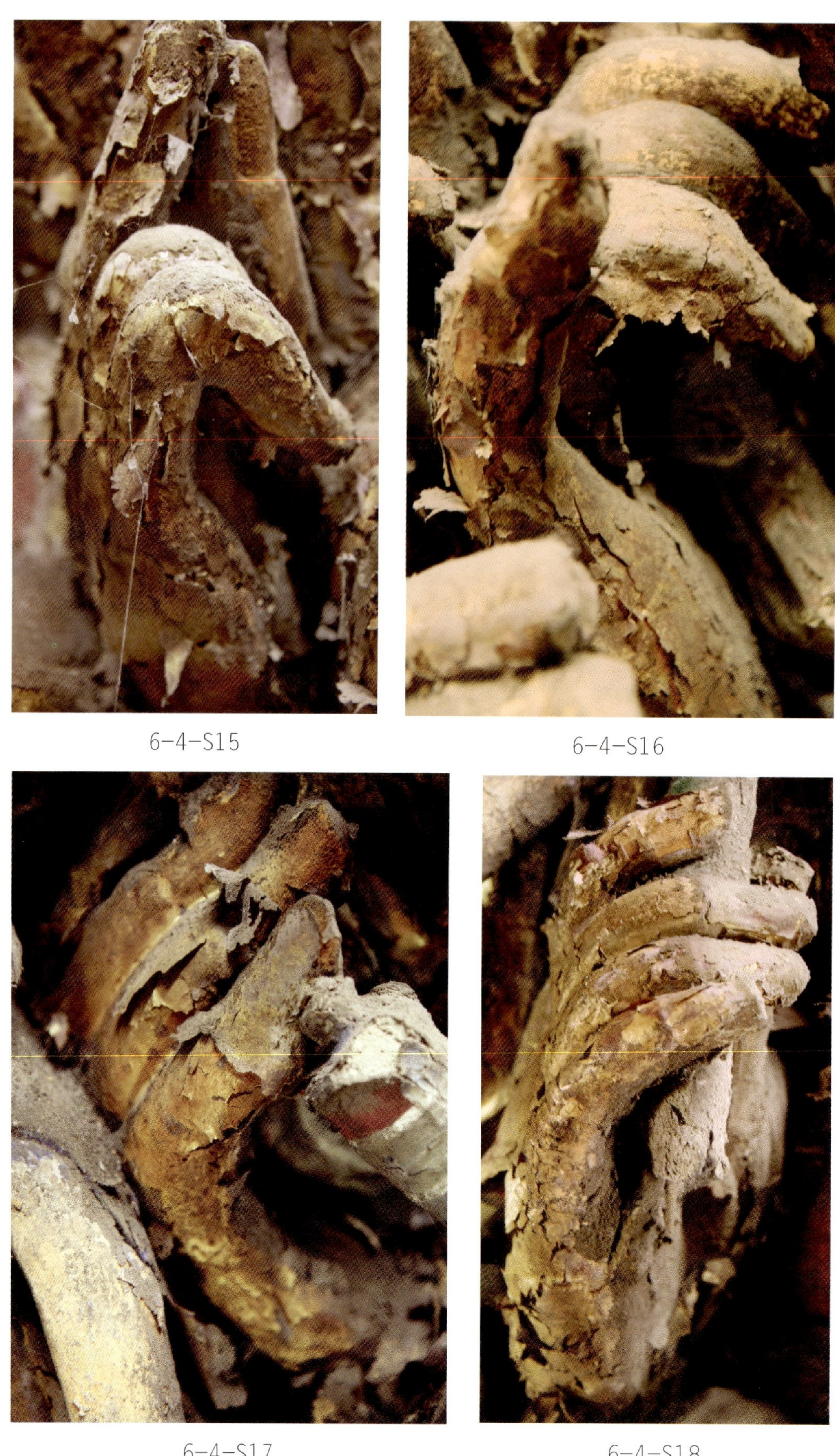
6-4-S15　6-4-S16

6-4-S17　6-4-S18

图 59　千手观音造像 6-4 区域正射影像及手、法器编号图 4

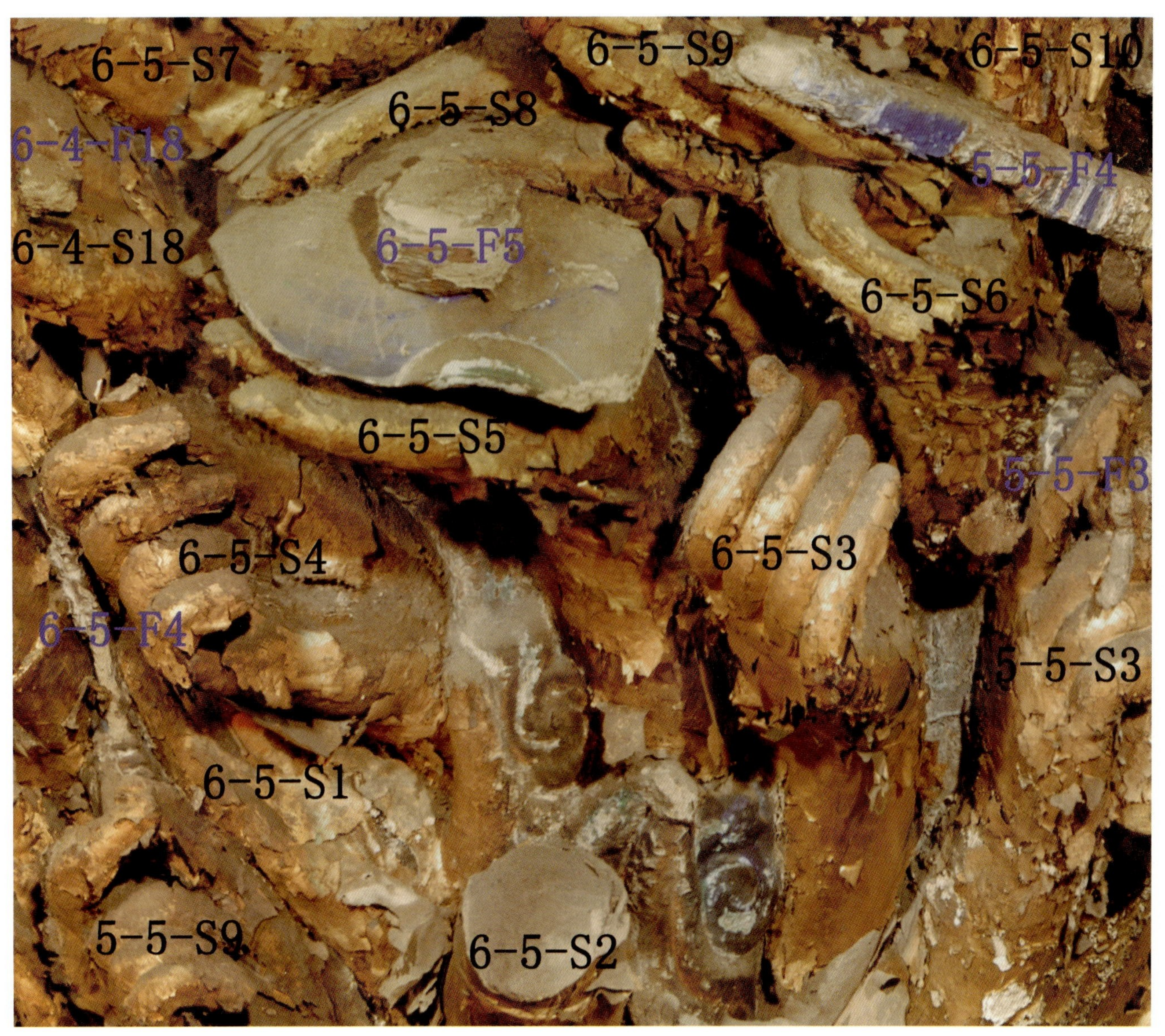

6-5 区

图 60　千手观音造像 6-5 区域正射影像及手、法器编号图 1

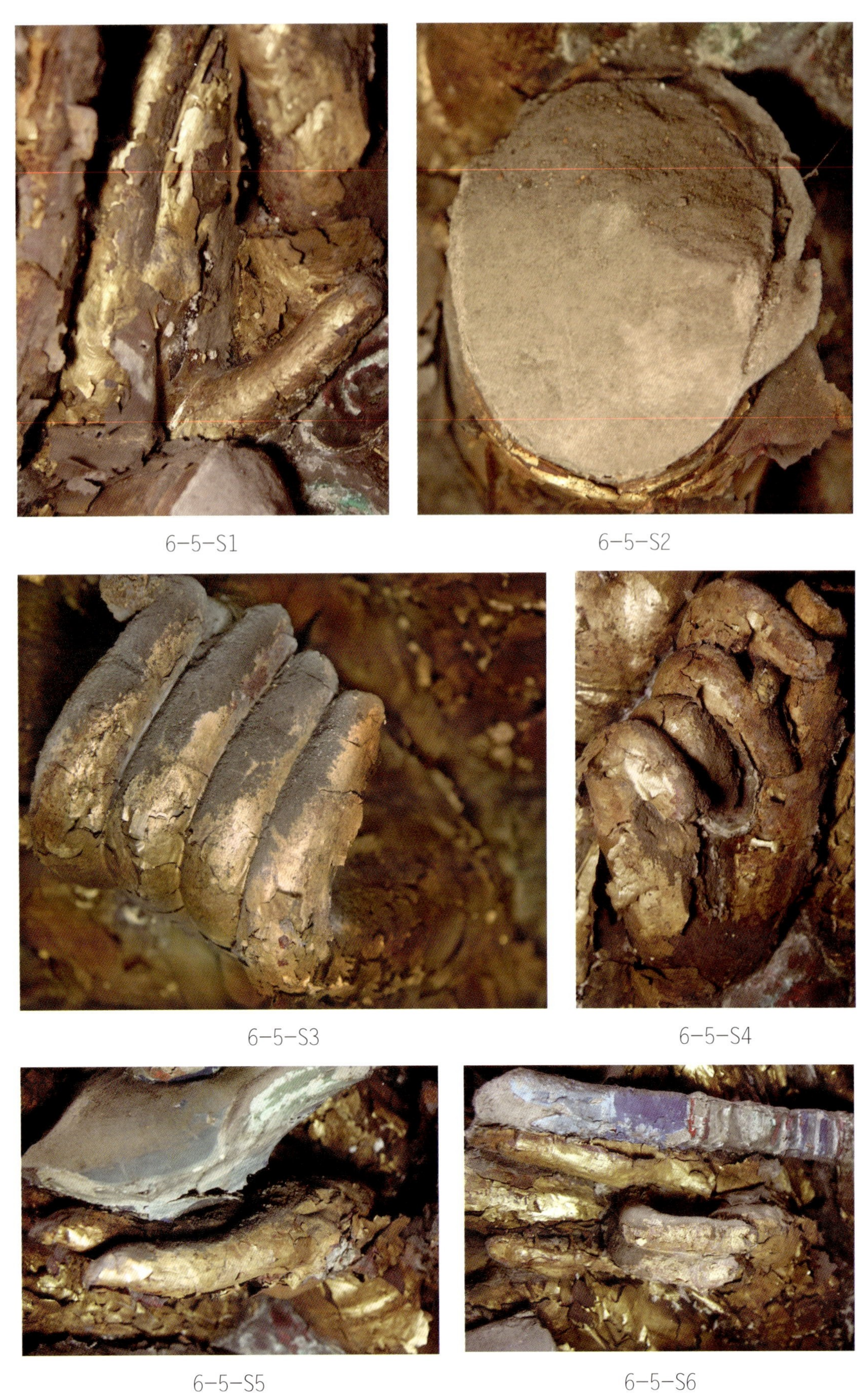

图 60　千手观音造像 6-5 区域正射影像及手、法器编号图 2

6-5-S7　6-5-S8

6-5-S9　6-5-S10

图 60　千手观音造像 6-5 区域正射影像及手、法器编号图 3

6-6 区

图 61　千手观音造像 6-6 区域正射影像及手、法器编号图 1

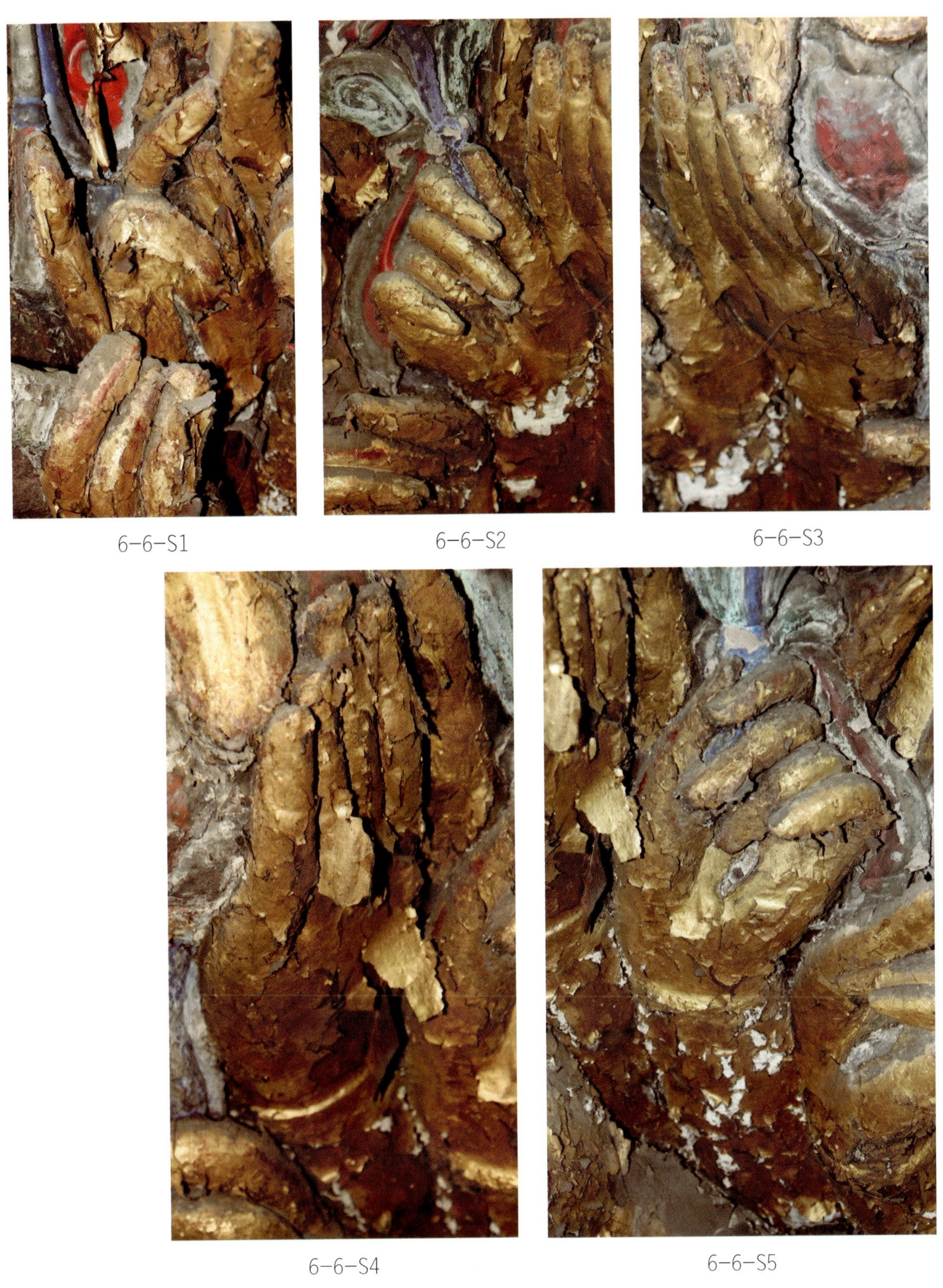

图 61　千手观音造像 6-6 区域正射影像及手、法器编号图 2

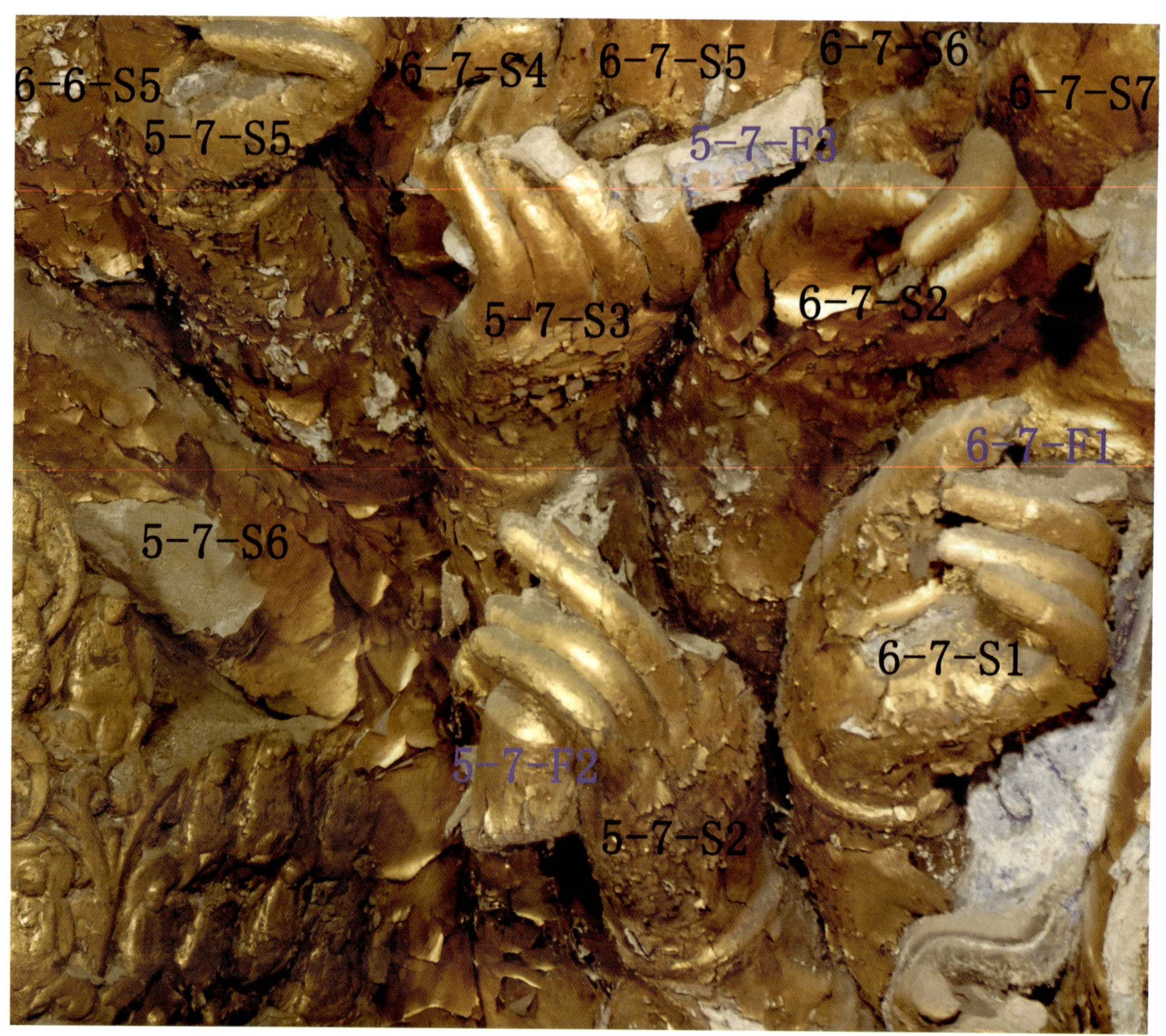

6-7 区

图 62　千手观音造像 6-7 区域正射影像及手、法器编号图 1

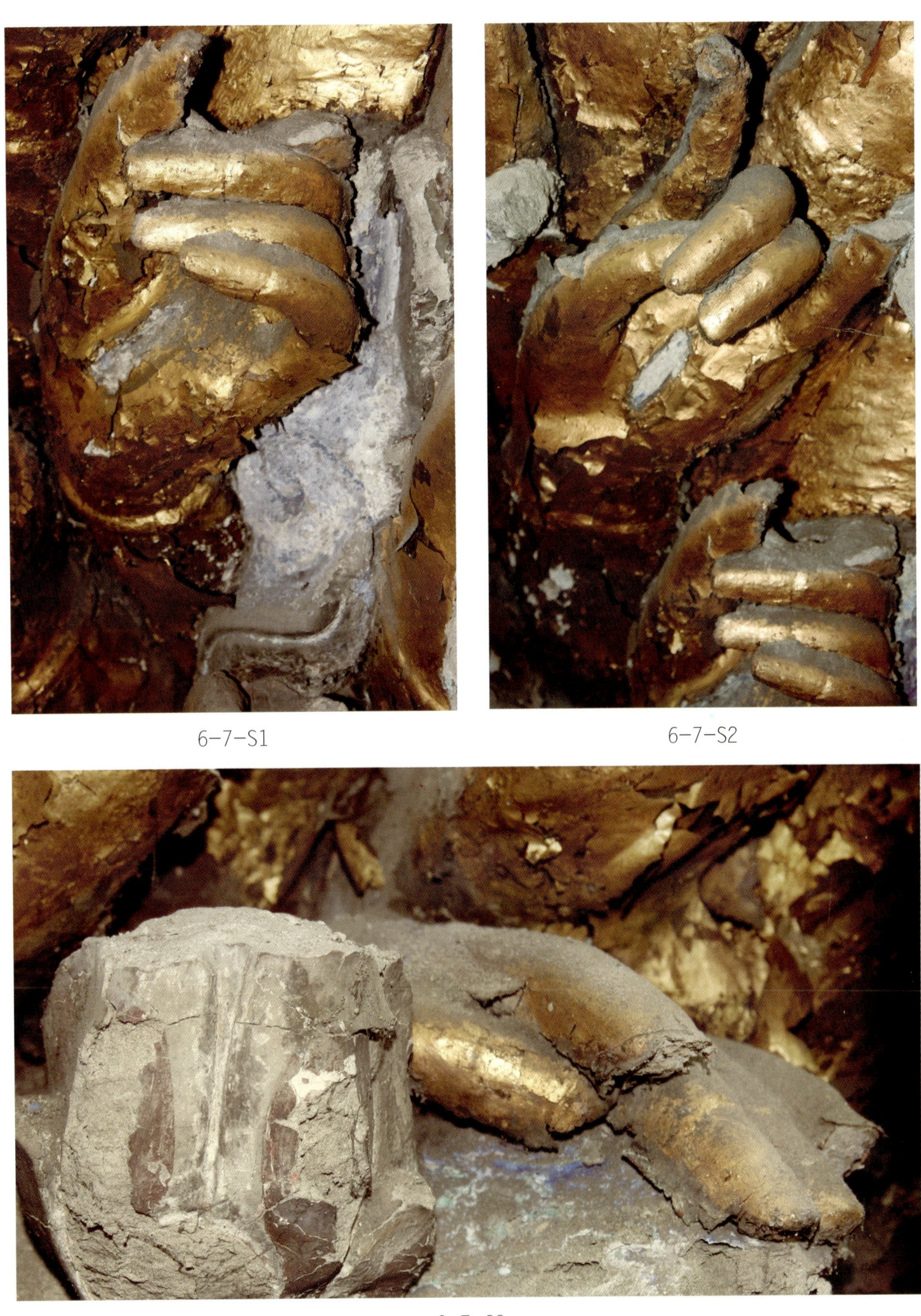

6-7-S1

6-7-S2

6-7-S3

图 62　千手观音造像 6-7 区域正射影像及手、法器编号图 2

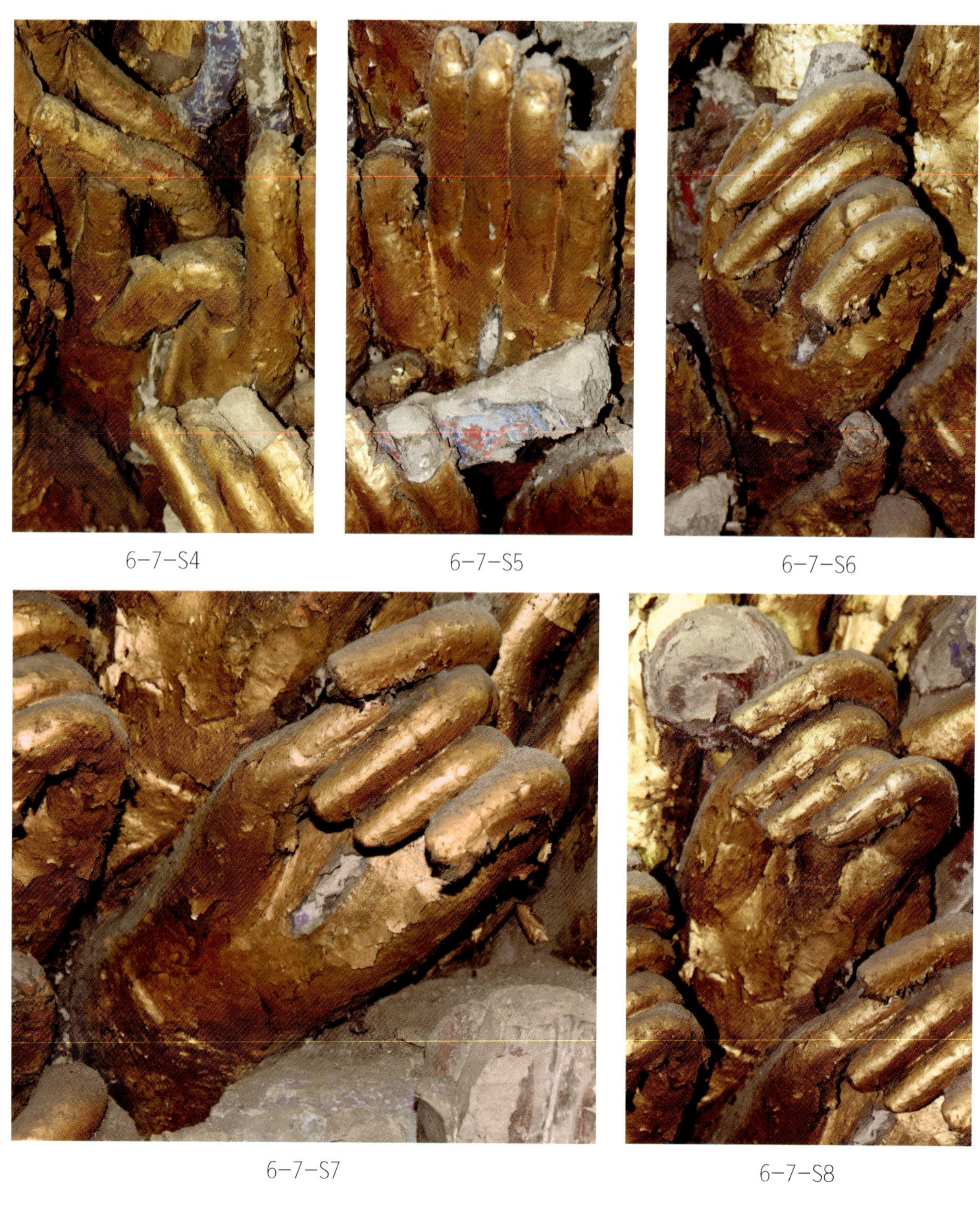
6-7-S4 6-7-S5 6-7-S6

6-7-S7 6-7-S8

图 62　千手观音造像 6-7 区域正射影像及手、法器编号图 3

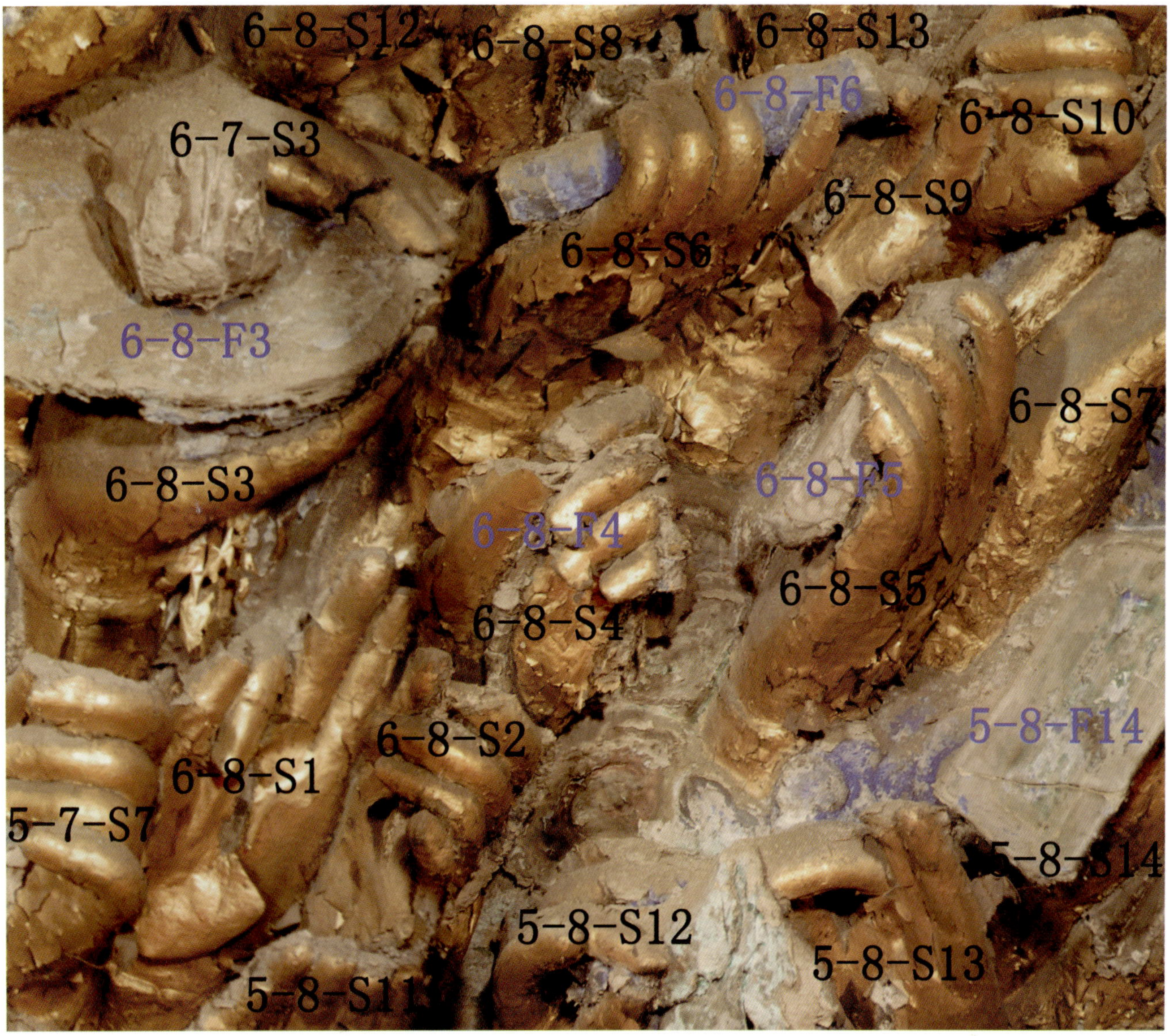

6-8 区

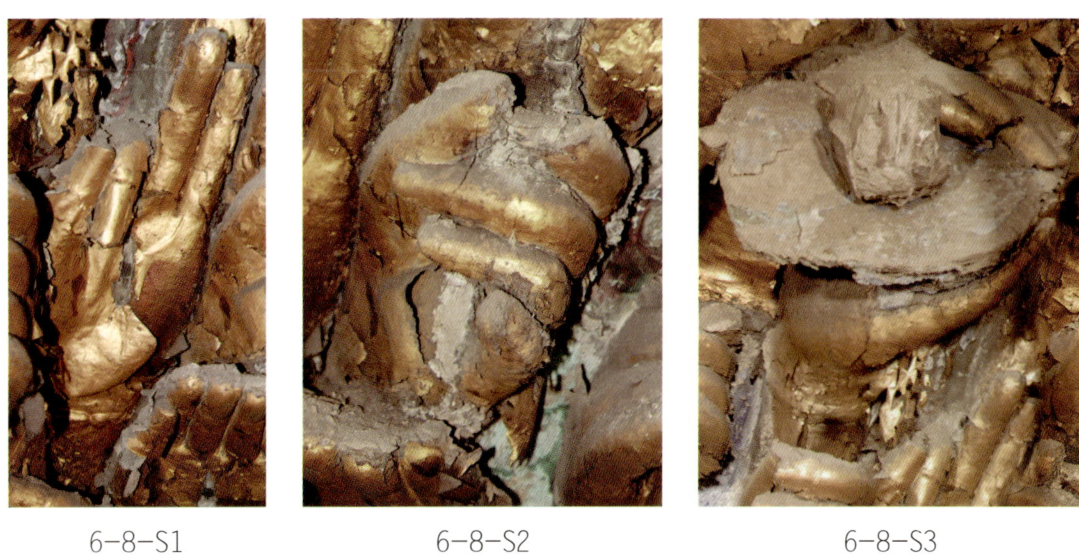

6-8-S1　　6-8-S2　　6-8-S3

图 63　千手观音造像 6-8 区域正射影像及手、法器编号图 1

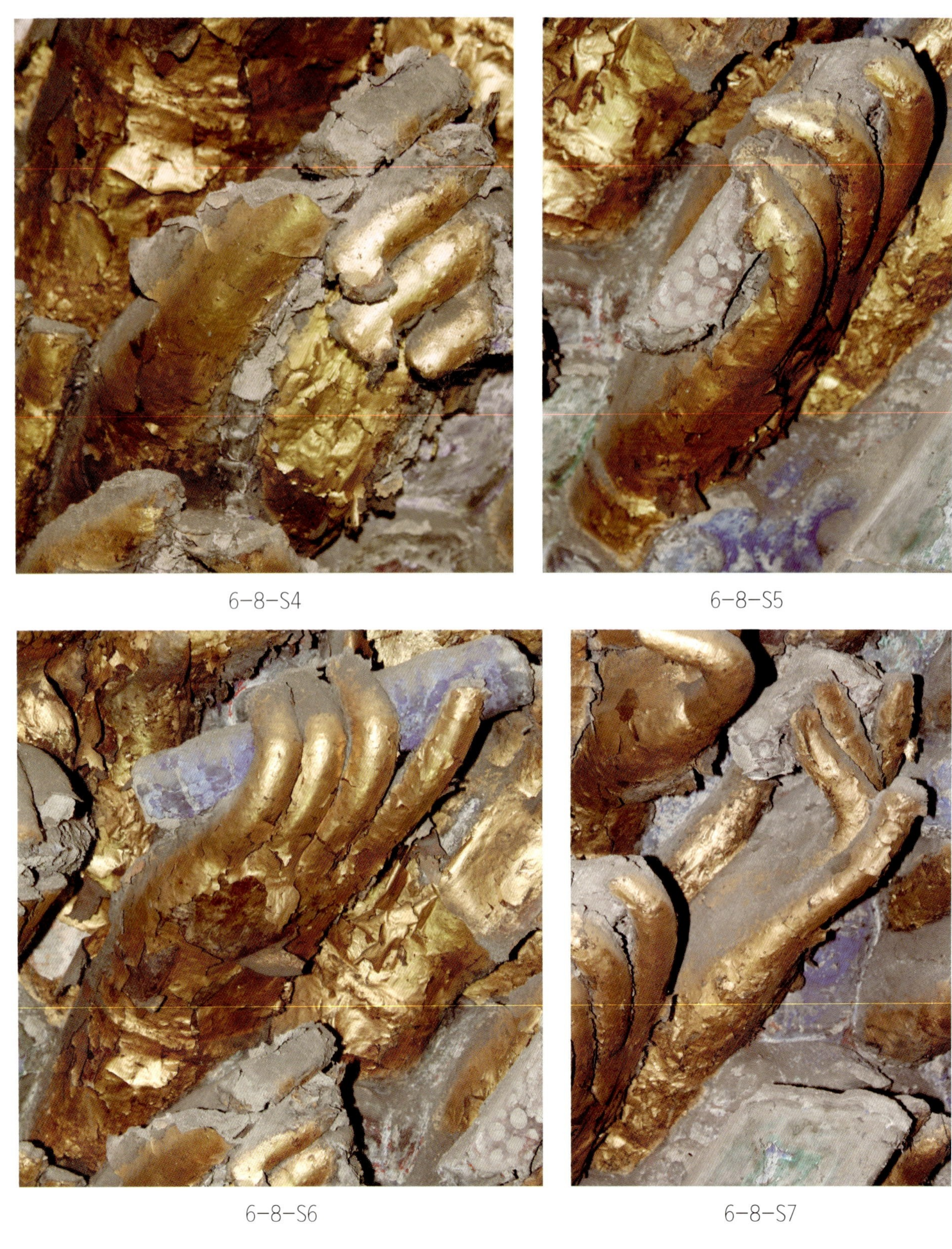

图 63　千手观音造像 6-8 区域正射影像及手、法器编号图 2

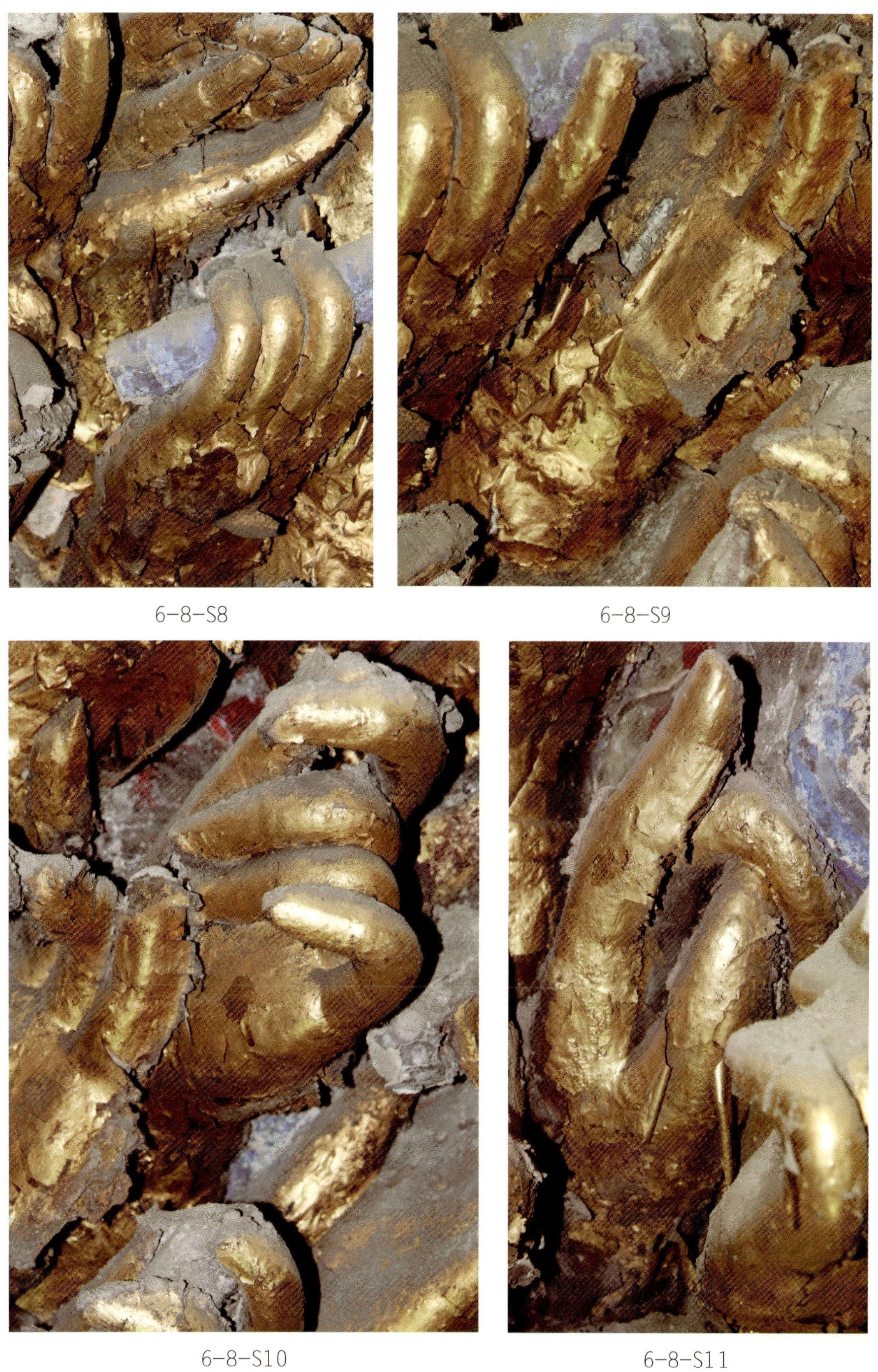

图 63　千手观音造像 6-8 区域正射影像及手、法器编号图 3

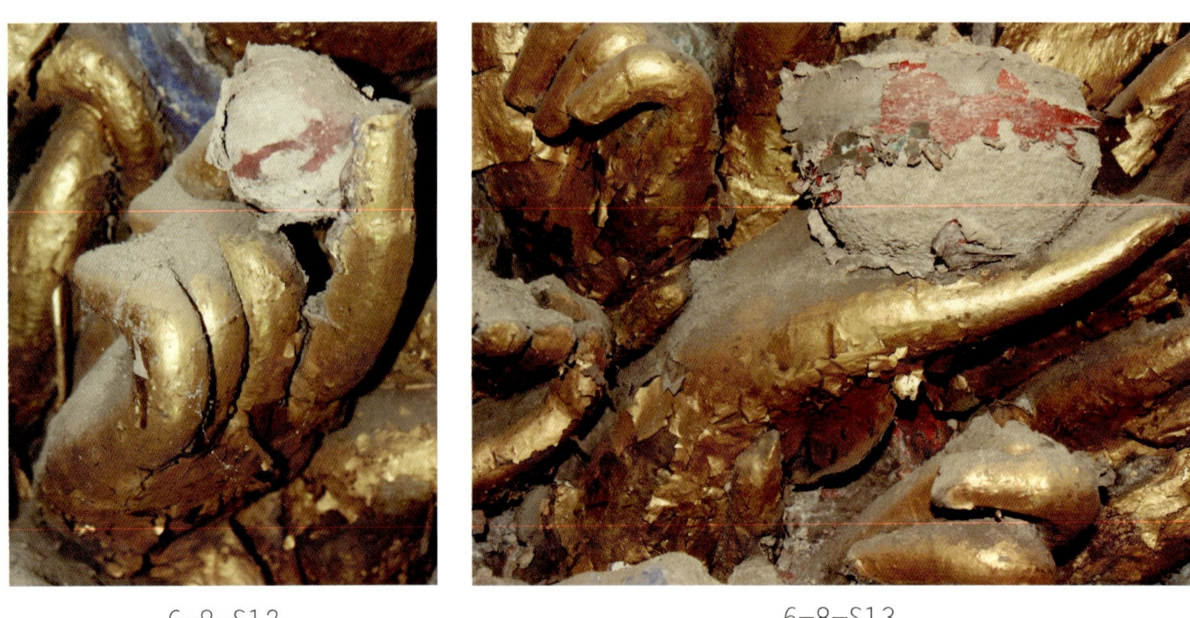

6-8-S12　　6-8-S13

6-8-S14

图 63　千手观音造像 6-8 区域正射影像及手、法器编号图 4

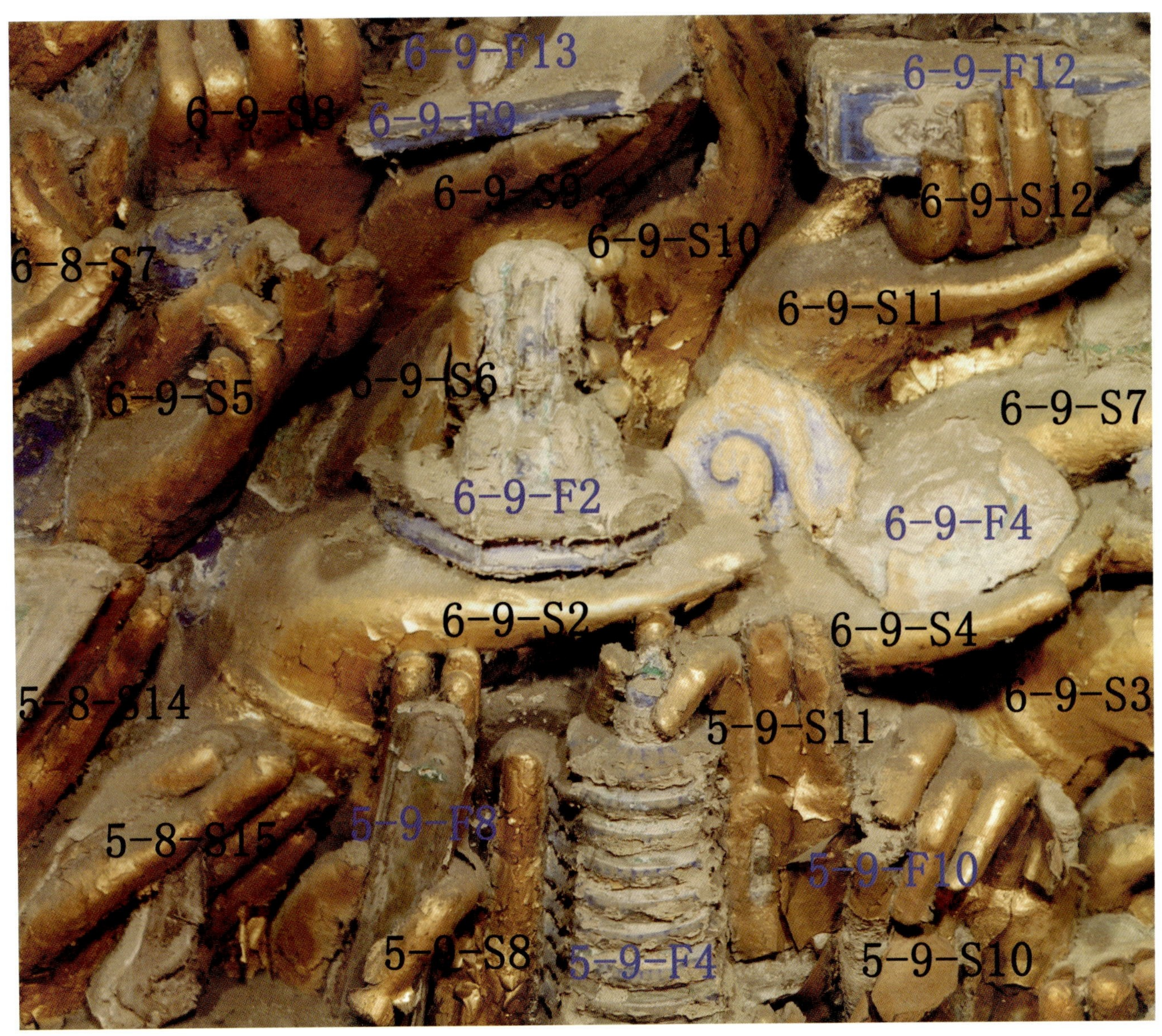

图 64 千手观音造像 6–9 区域正射影像及手、法器编号图 1

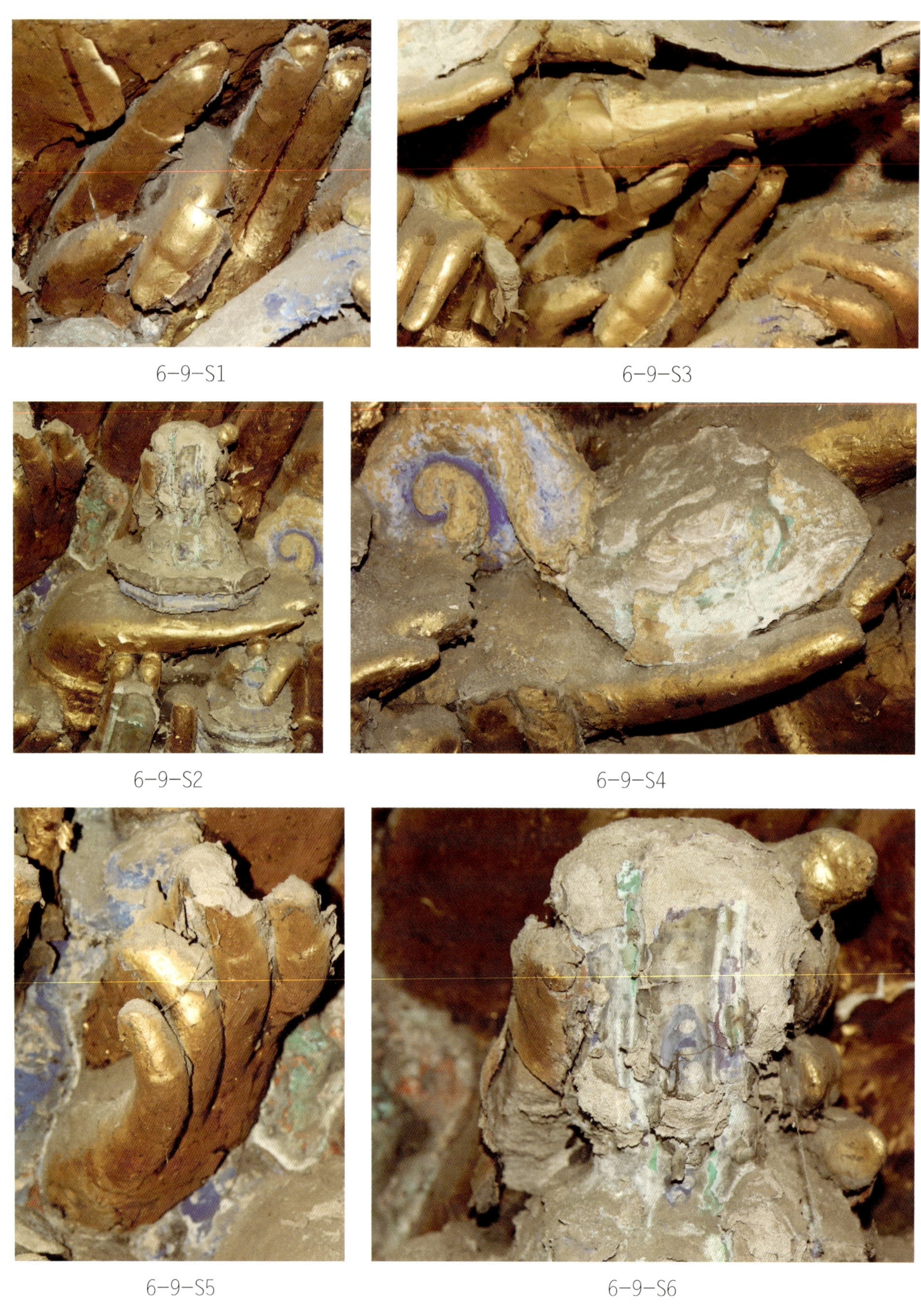

图 64　千手观音造像 6-9 区域正射影像及手、法器编号图 2

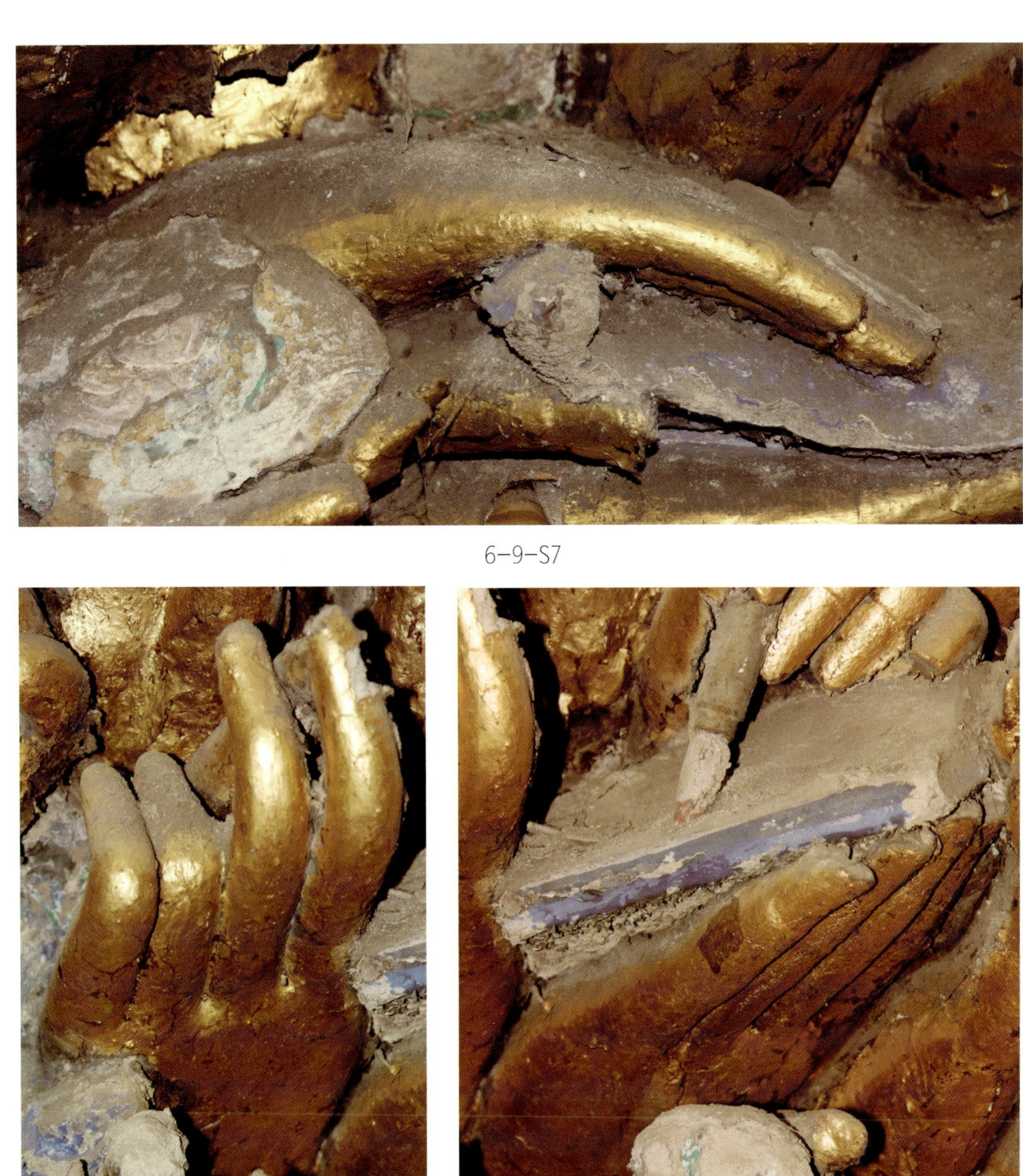

6-9-S7

6-9-S8

6-9-S9

图 64　千手观音造像 6-9 区域正射影像及手、法器编号图 3

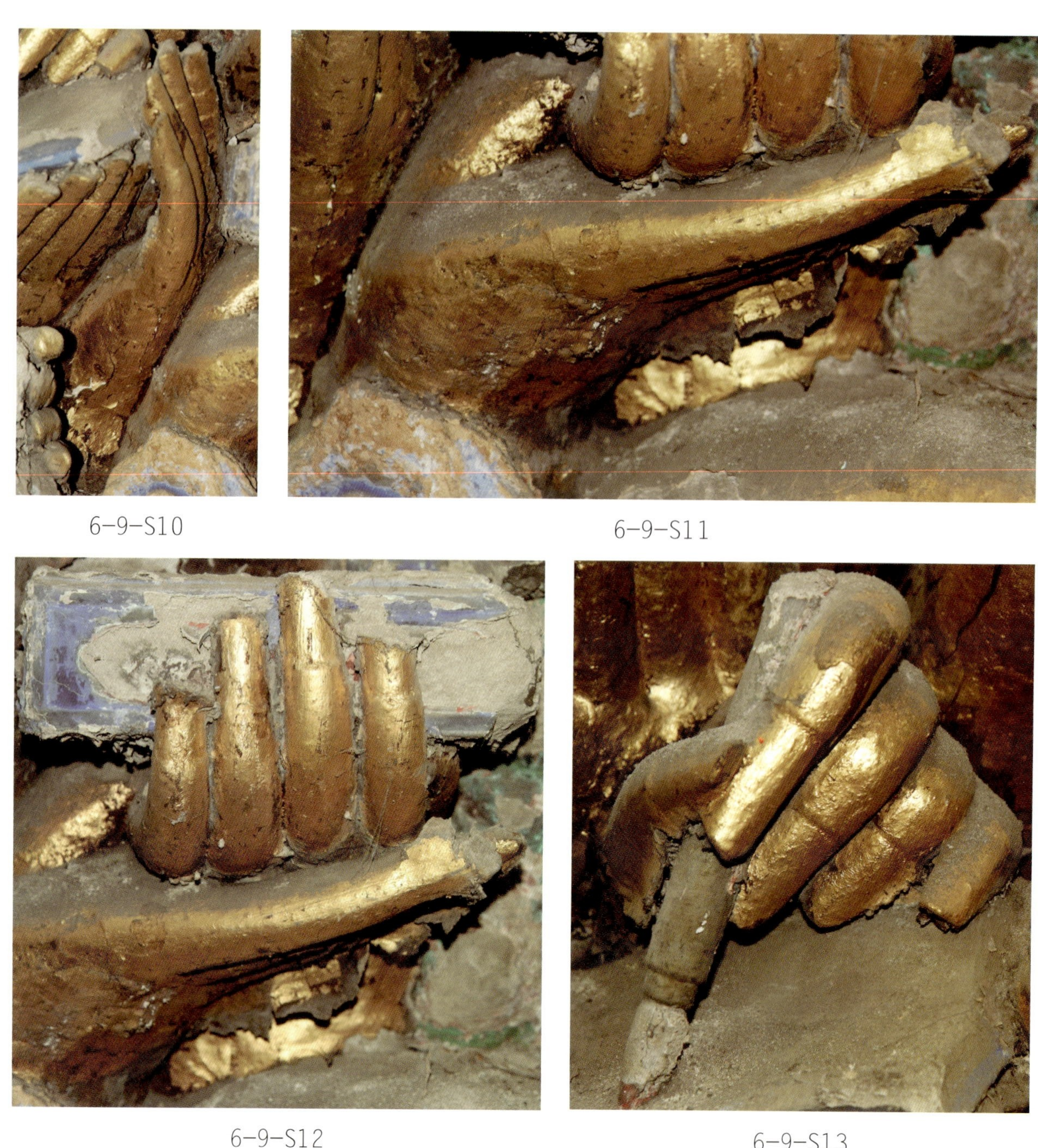

图 64　千手观音造像 6-9 区域正射影像及手、法器编号图 4

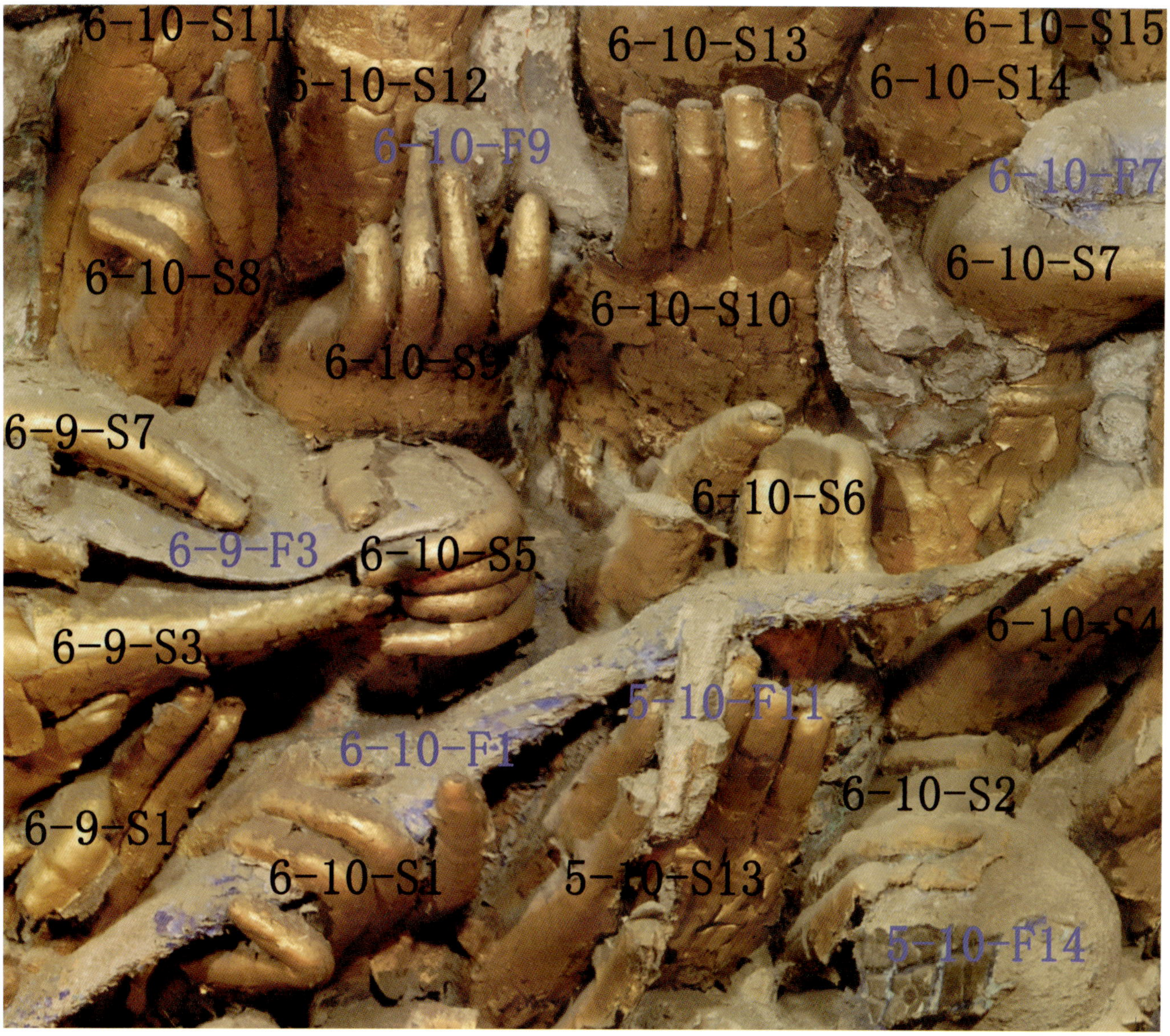

6-10 区

6-10-S1

6-10-S2

图 65 千手观音造像 6-10 区域正射影像及手、法器编号图 1

图 65　千手观音造像 6–10 区域正射影像及手、法器编号图 2

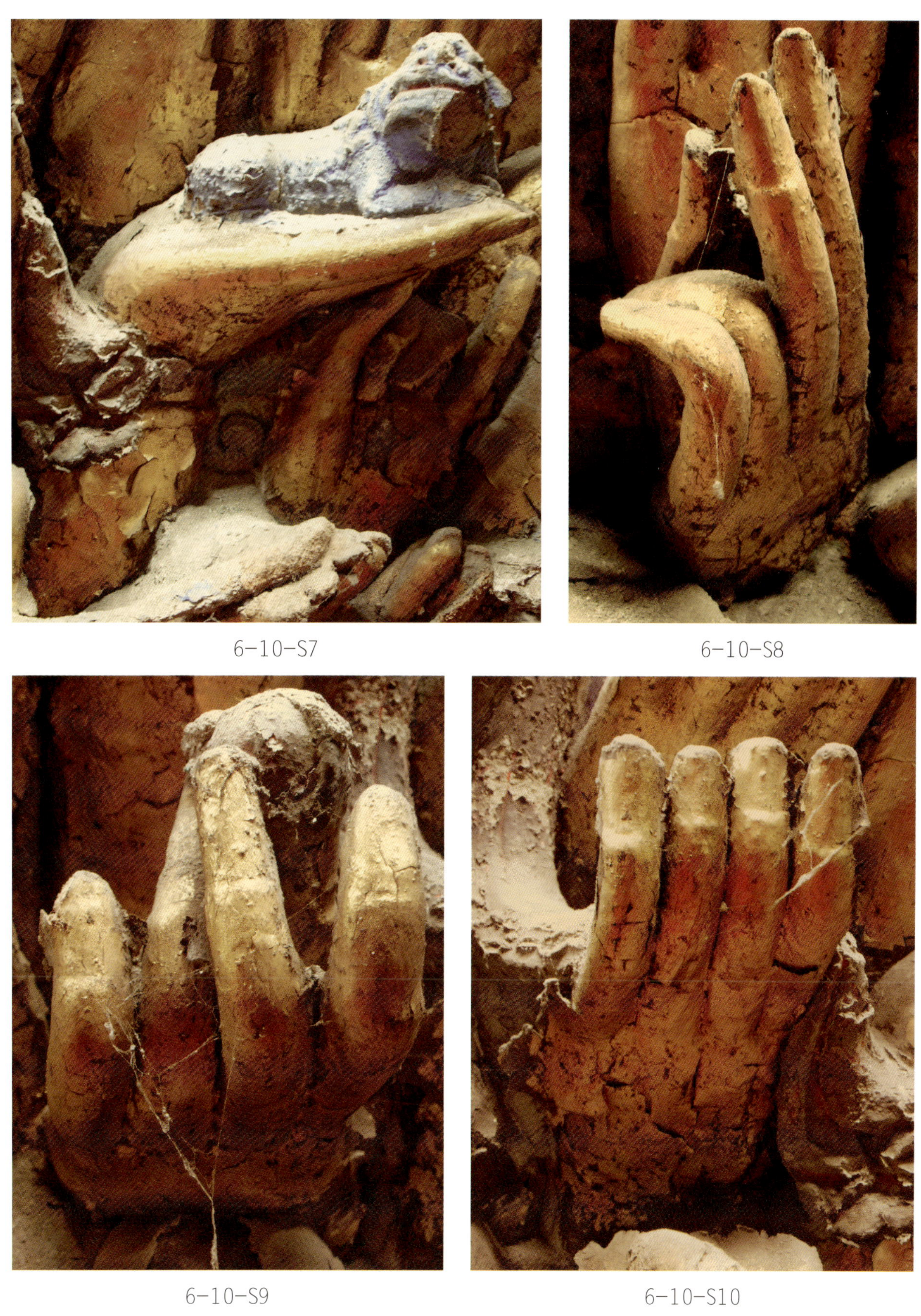

图 65　千手观音造像 6-10 区域正射影像及手、法器编号图 3

图 65　千手观音造像 6–10 区域正射影像及手、法器编号图 4

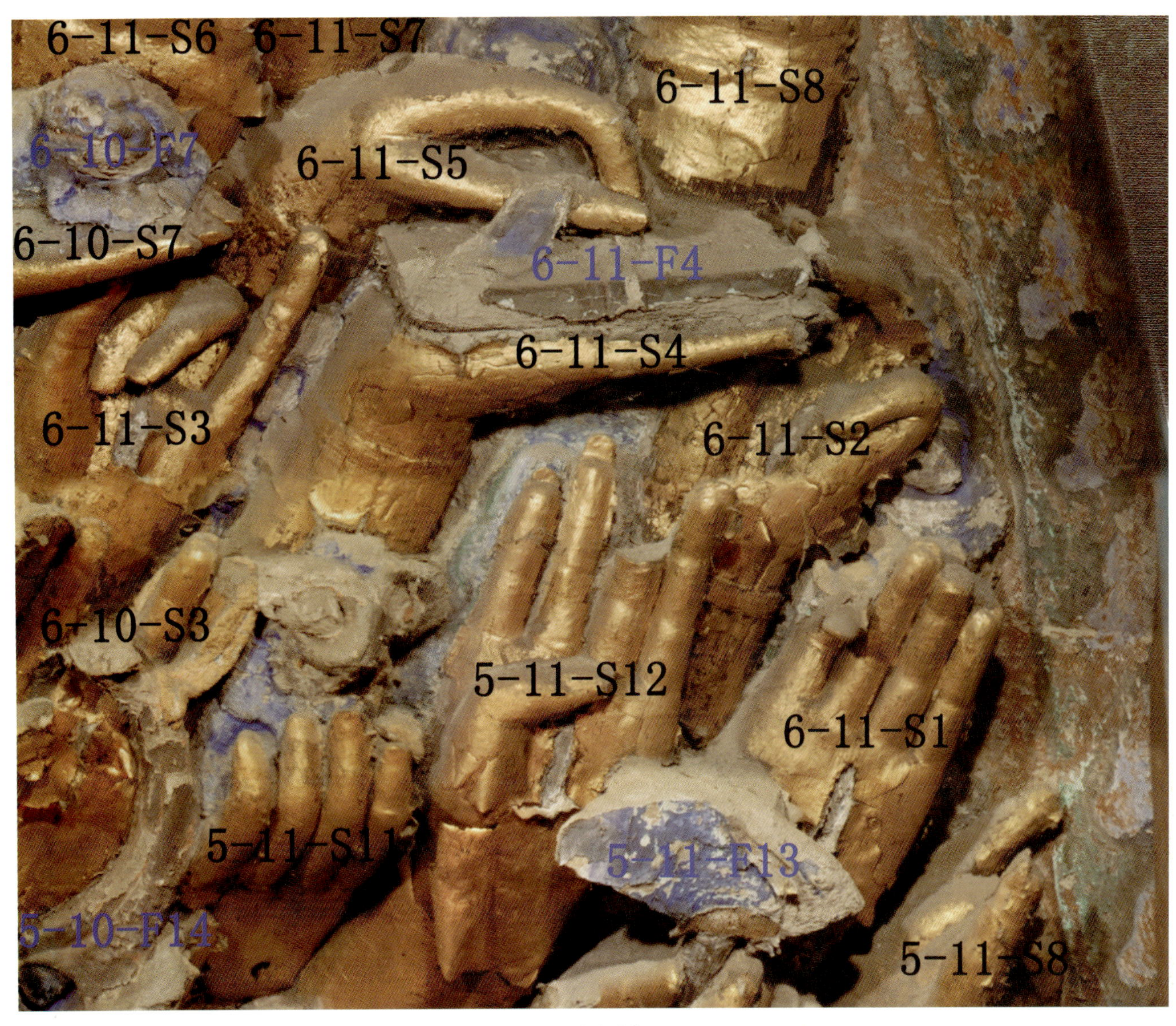

6-11 区

6-11-S1　　6-11-S2　　6-11-S3

图 66　千手观音造像 6-11 区域正射影像及手、法器编号图 1

6-11-S4
6-11-S5
6-11-S6
6-11-S7
6-11-S8

图 66　千手观音造像 6-11 区域正射影像及手、法器编号图 2

7-1 区

图 67　千手观音造像 7-1 区域正射影像及手、法器编号图 1

图 67　千手观音造像 7-1 区域正射影像及手、法器编号图 2

7-1-S5　　7-1-S6

图 67　千手观音造像 7-1 区域正射影像及手、法器编号图 3

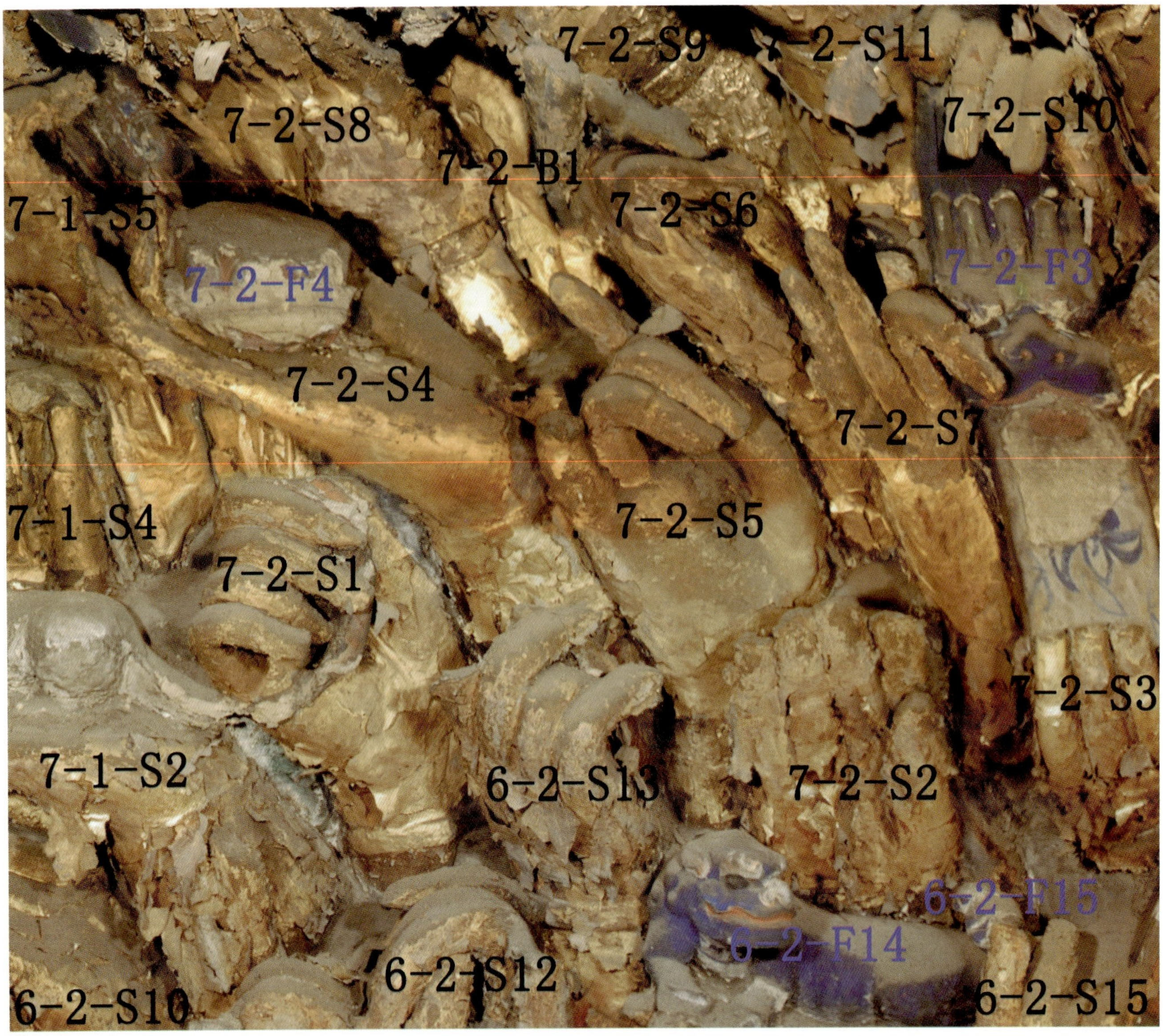

7-2 区

7-2-S1　　7-2-S2　　7-2-S3

图 68　千手观音造像 7-2 区域正射影像及手、法器编号图 1

7-2-S4

7-2-S5

7-2-S6

7-2-S7

图 68　千手观音造像 7-2 区域正射影像及手、法器编号图 2

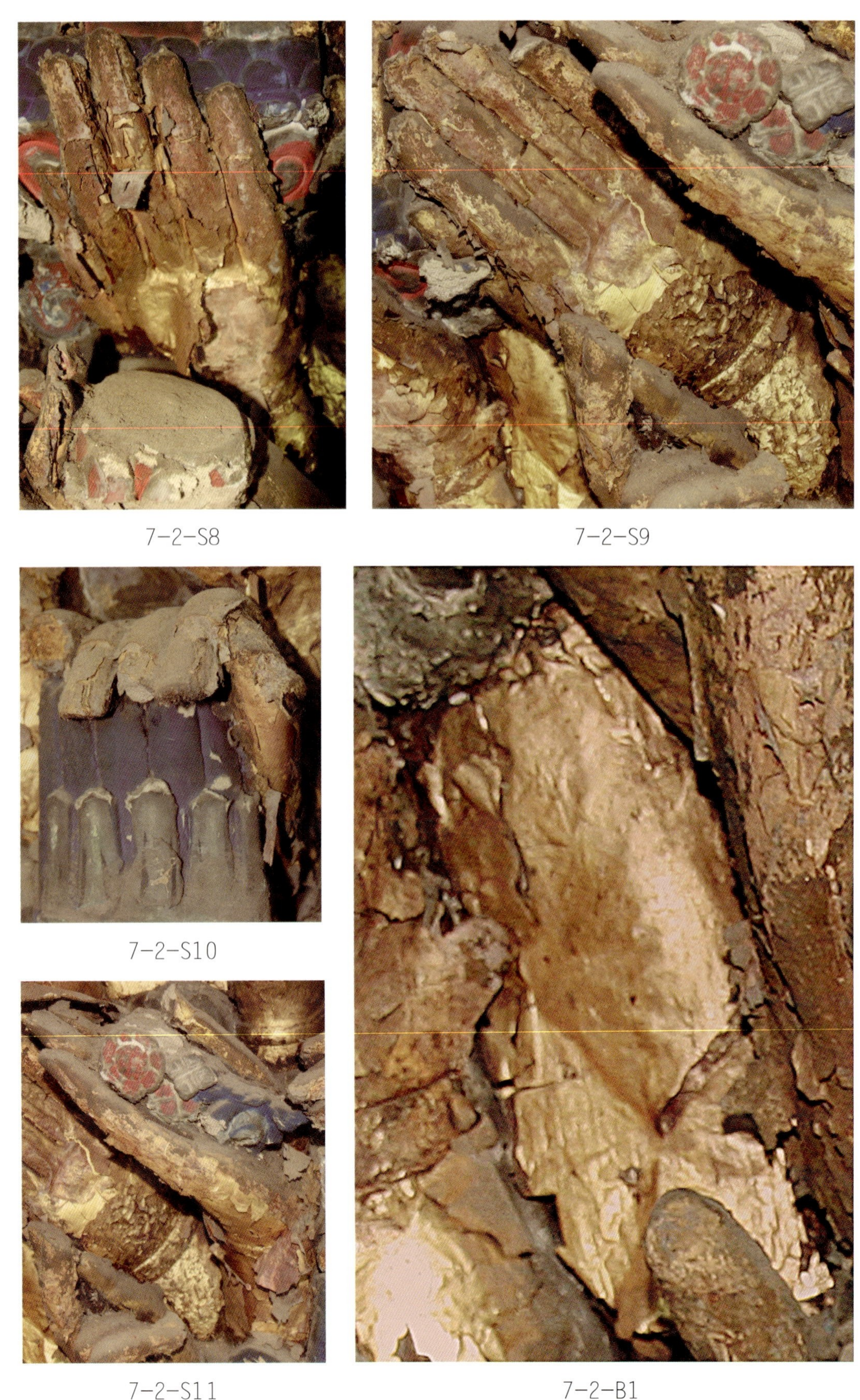

图 68　千手观音造像 7-2 区域正射影像及手、法器编号图 3

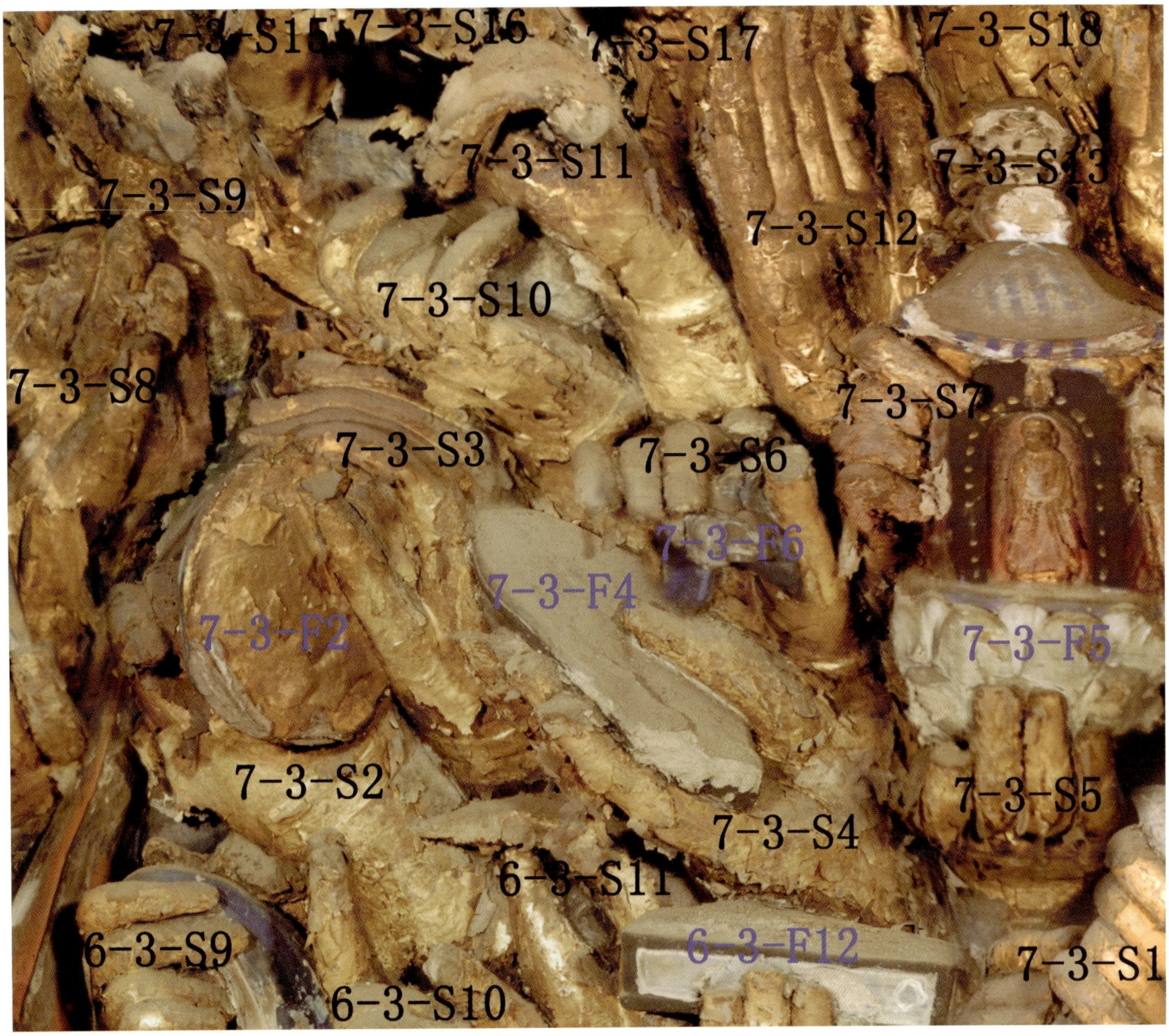

7-3 区

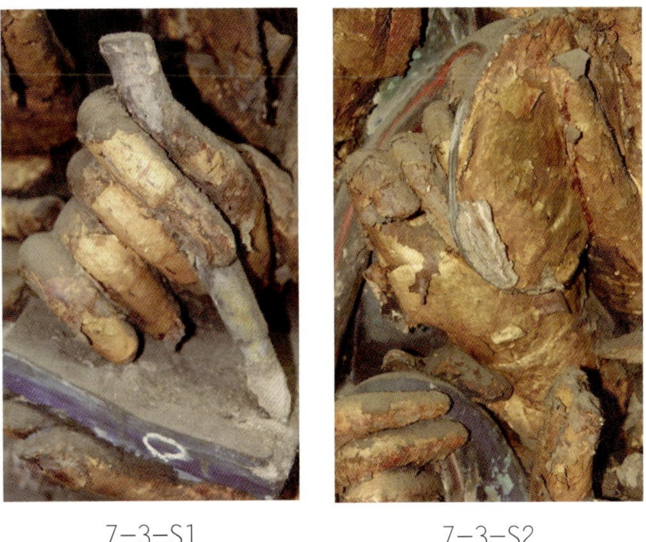

7-3-S1　　7-3-S2

图 69　千手观音造像 7-3 区域正射影像及手、法器编号图 1

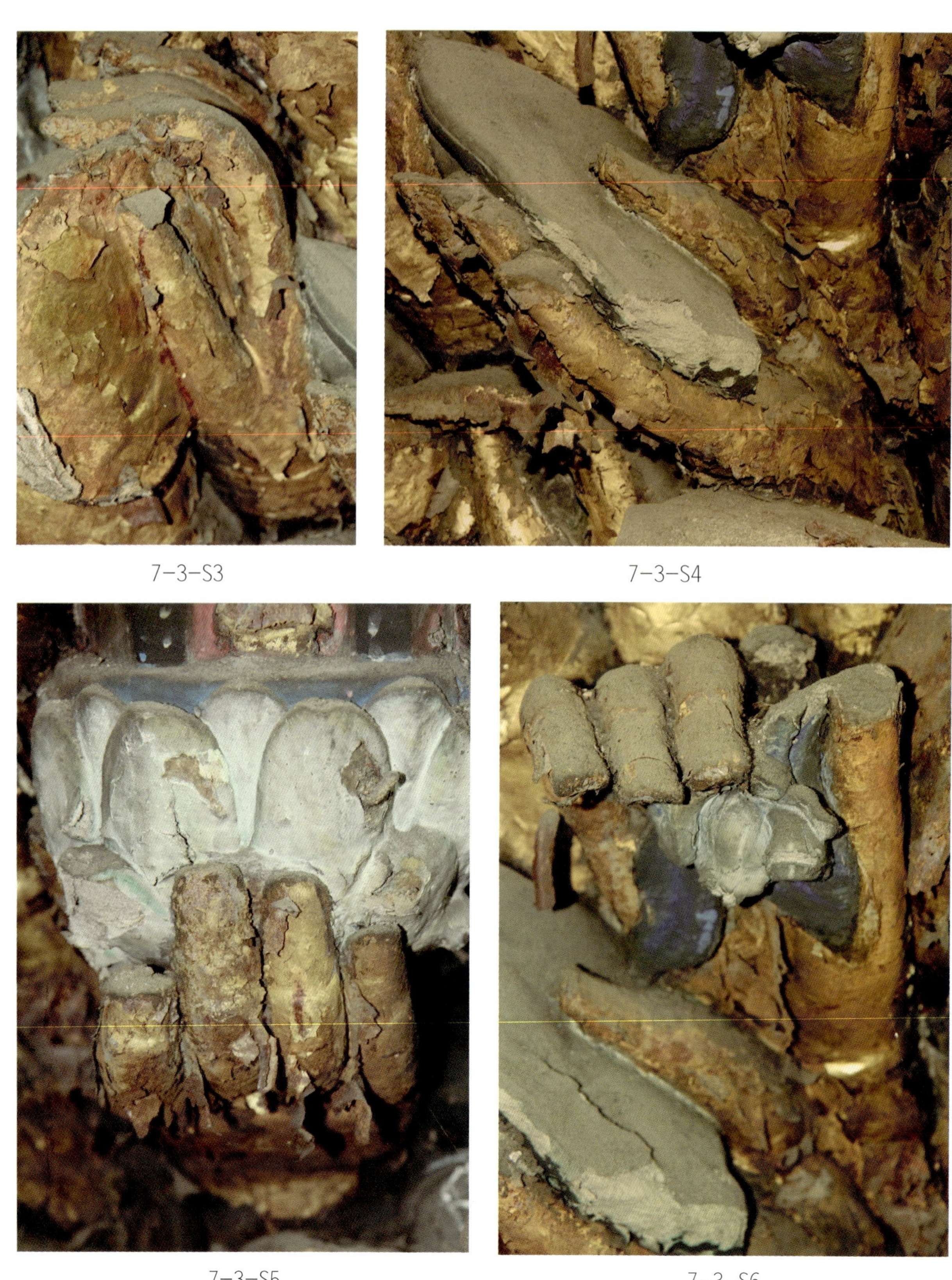
7-3-S3
7-3-S4
7-3-S5
7-3-S6

图 69　千手观音造像 7-3 区域正射影像及手、法器编号图 2

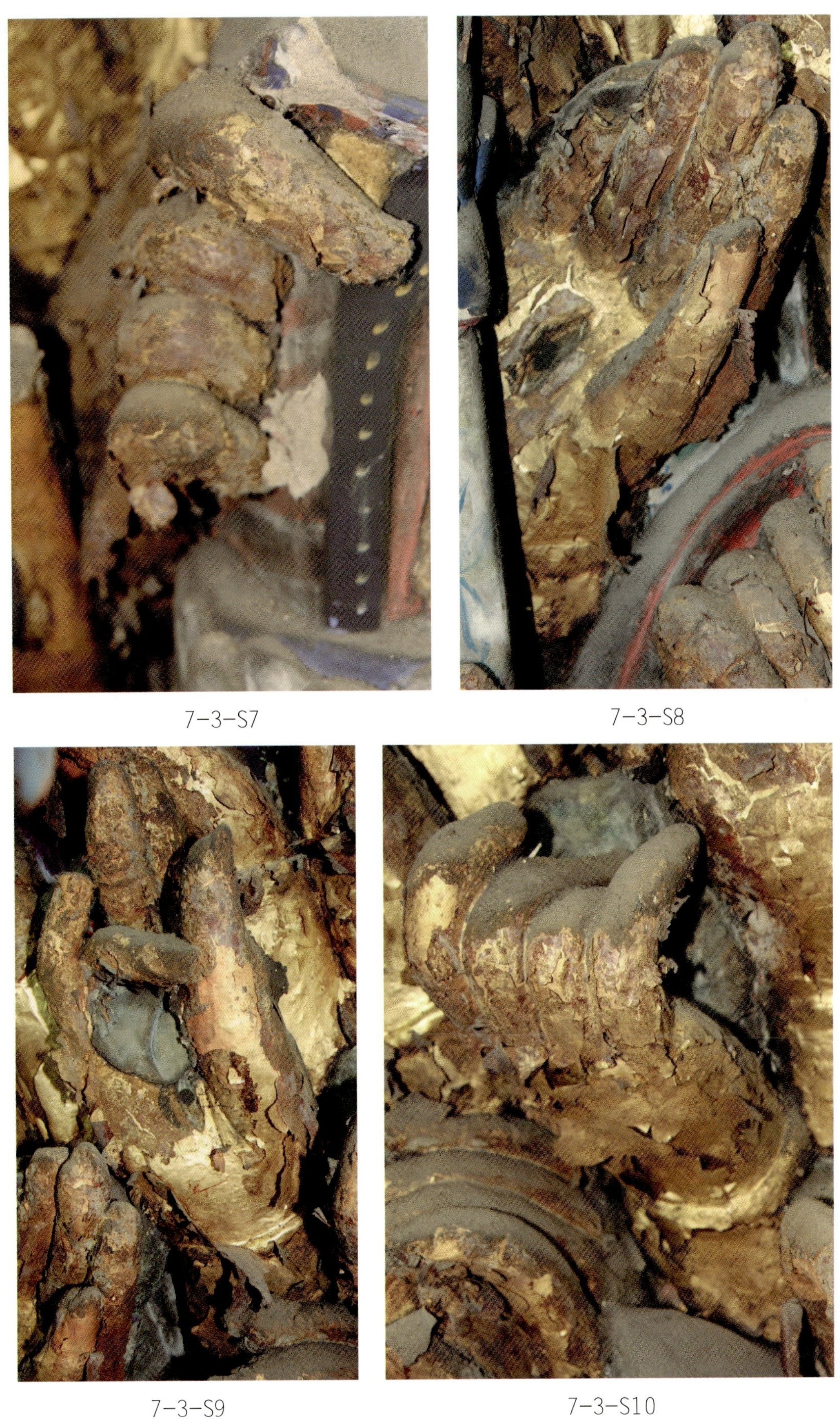

图 69　千手观音造像 7-3 区域正射影像及手、法器编号图 3

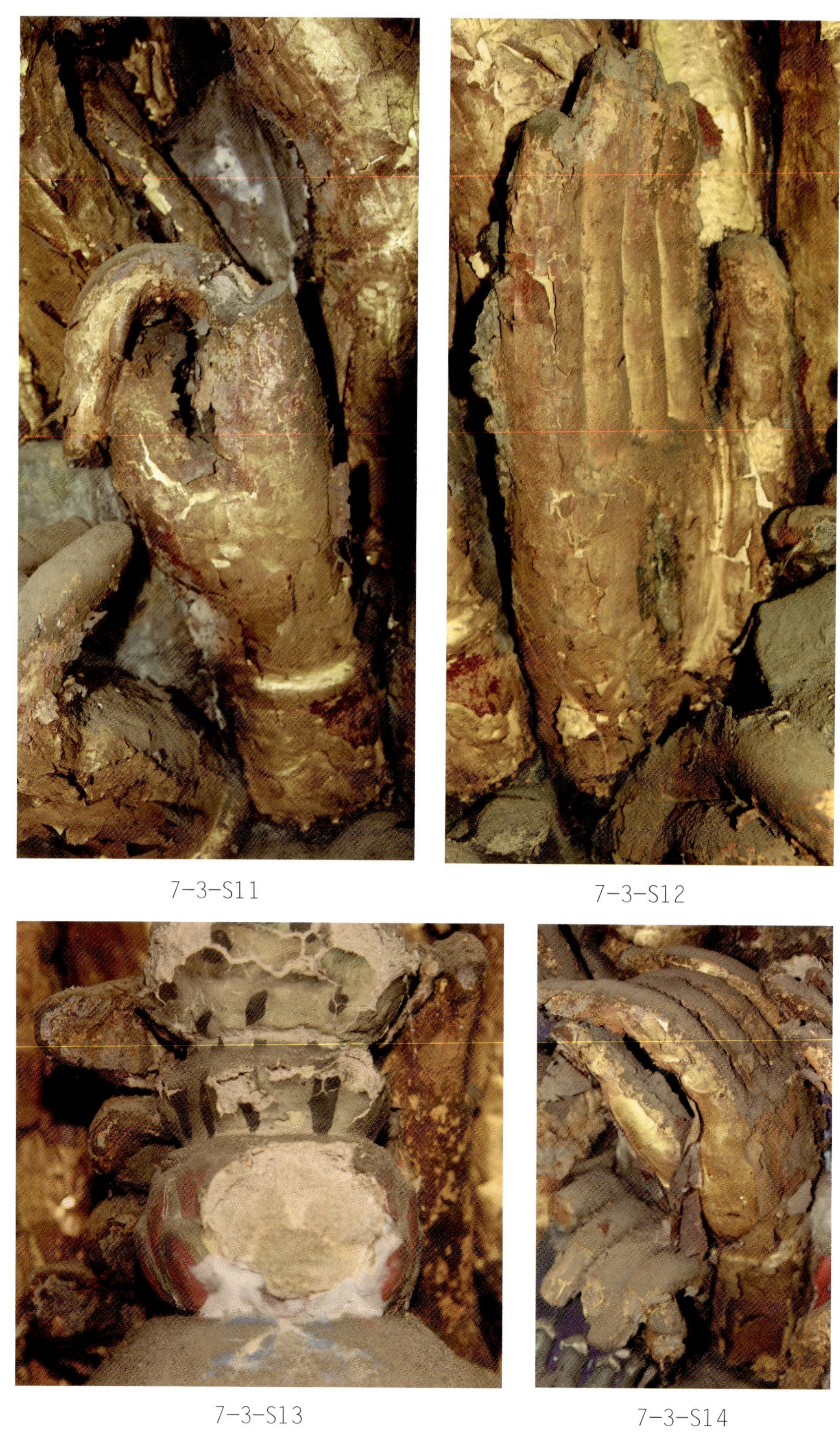

图 69　千手观音造像 7–3 区域正射影像及手、法器编号图 4

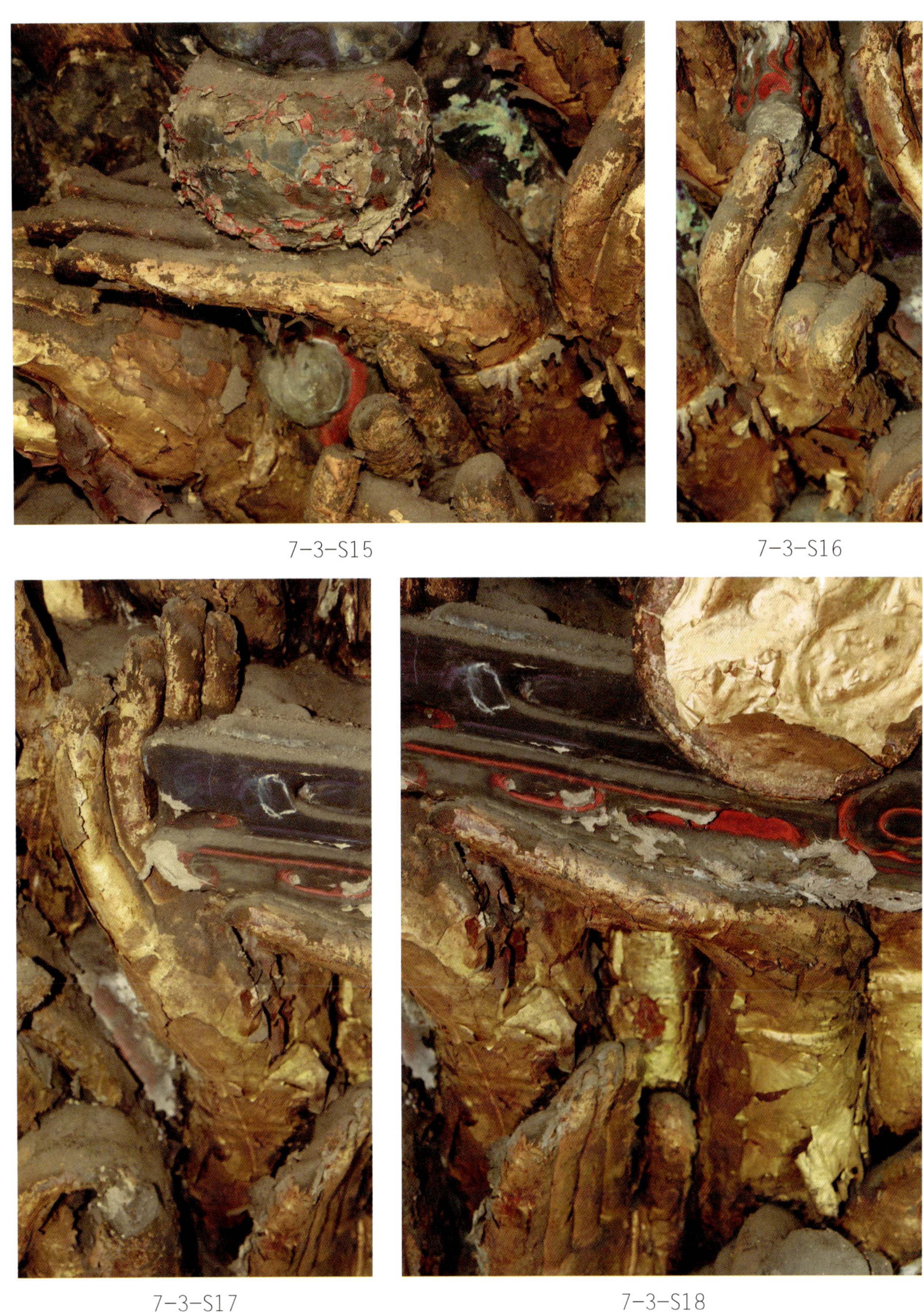

7-3-S15

7-3-S16

7-3-S17

7-3-S18

图 69　千手观音造像 7-3 区域正射影像及手、法器编号图 5

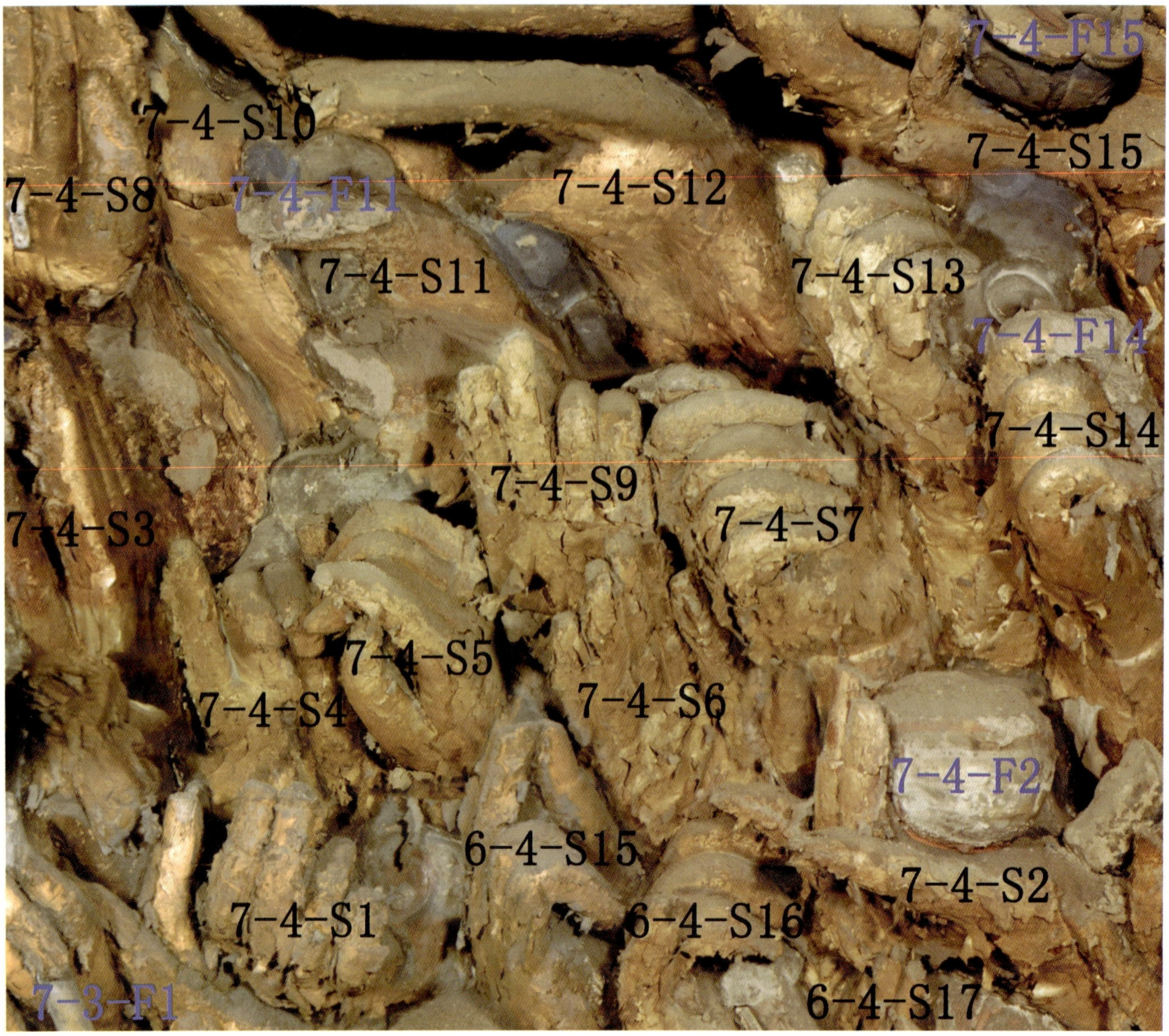

7-4 区

7-4-S1

7-4-S2

图 70　千手观音造像 7-4 区域正射影像及手、法器编号图 1

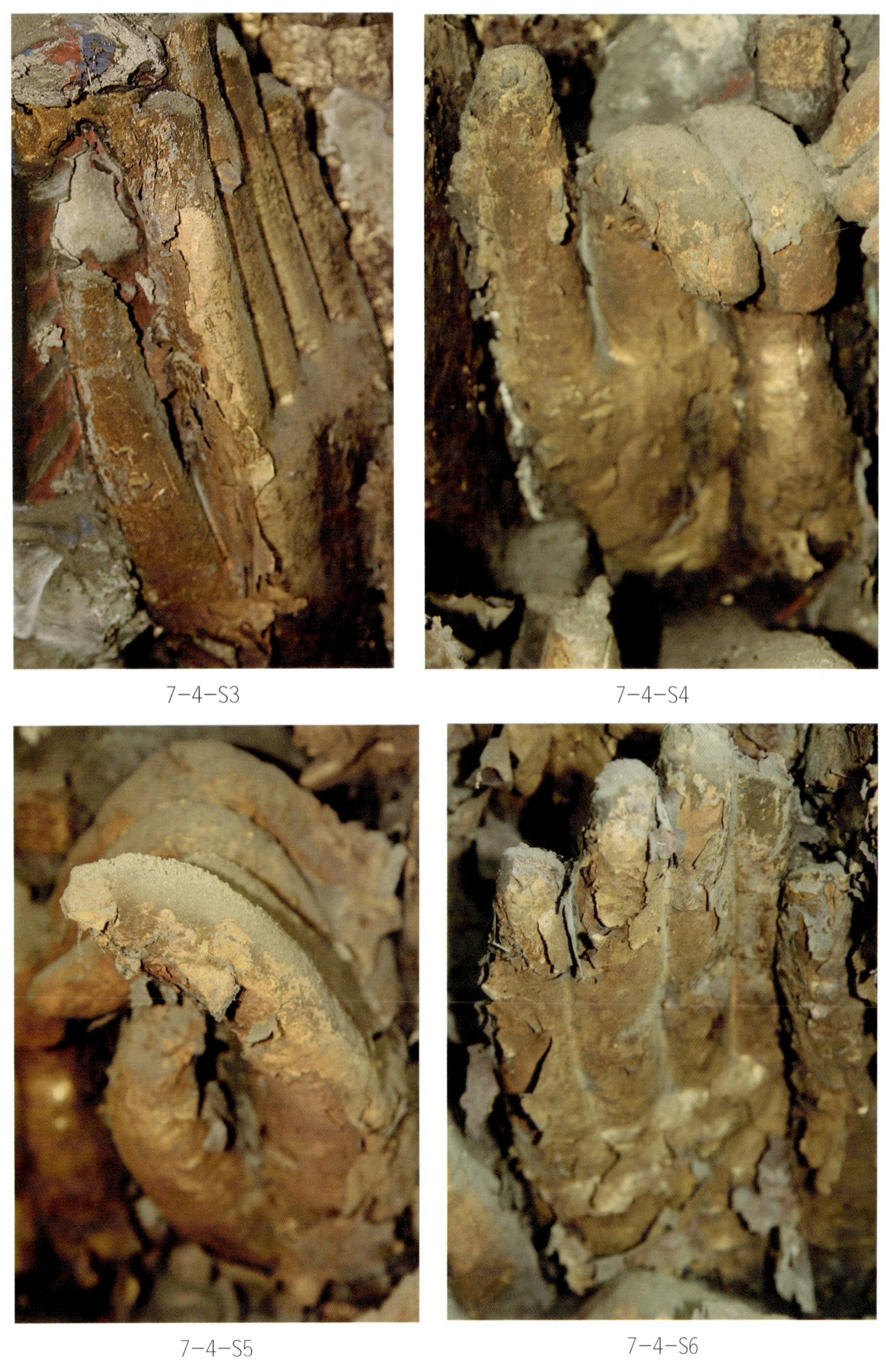

图 70　千手观音造像 7-4 区域正射影像及手、法器编号图 2

图 70　千手观音造像 7-4 区域正射影像及手、法器编号图 3

图 70　千手观音造像 7–4 区域正射影像及手、法器编号图 4

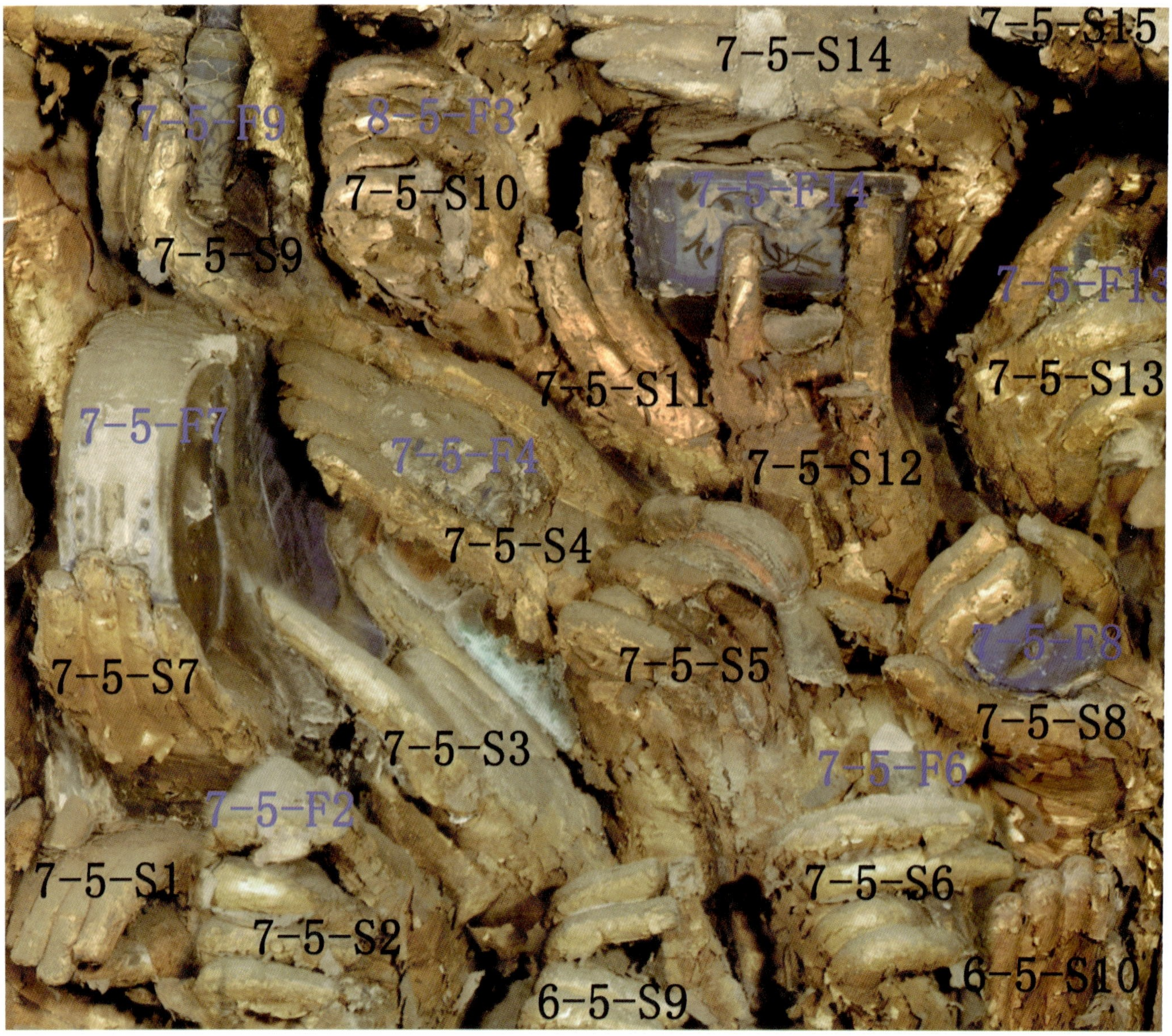

7-5 区

7-5-S1　　7-5-S2　　7-5-S3

图 71　千手观音造像 7-5 区域正射影像及手、法器编号图 1

图 71　千手观音造像 7-5 区域正射影像及手、法器编号图 2

图 71　千手观音造像 7-5 区域正射影像及手、法器编号图 3

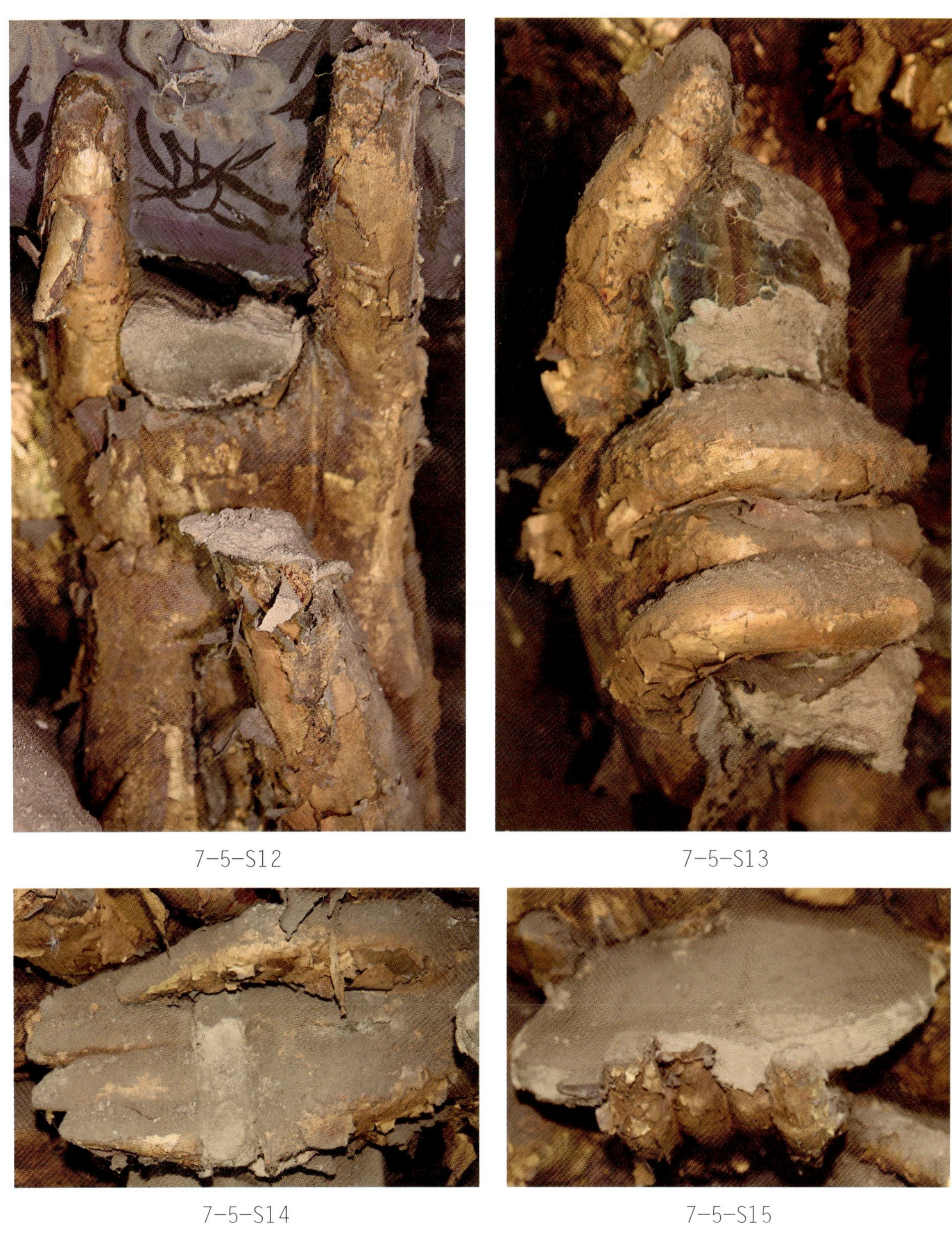
7-5-S12
7-5-S13
7-5-S14
7-5-S15

图 71 千手观音造像 7-5 区域正射影像及手、法器编号图 4

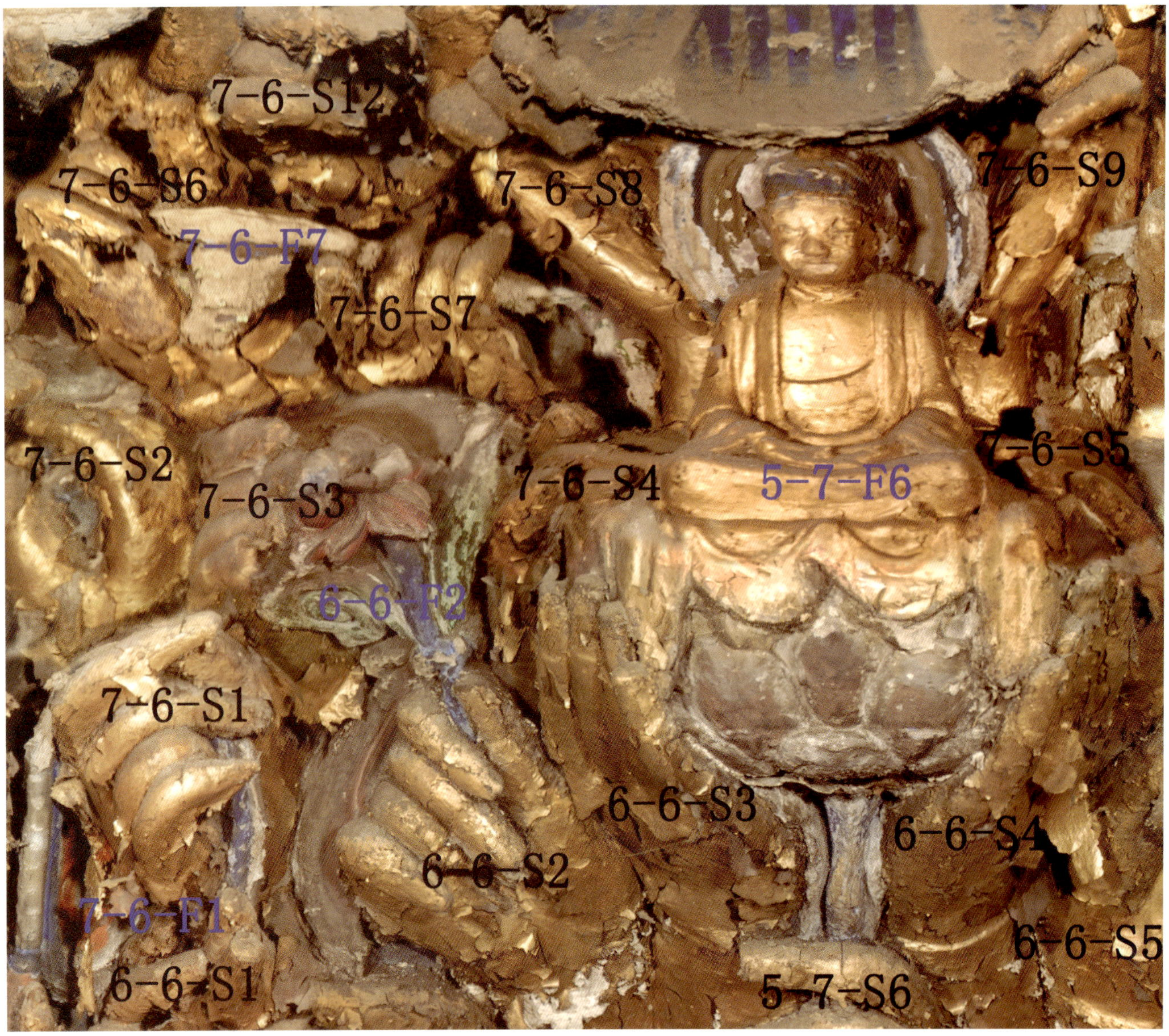

7-6-S12
7-6-S6
7-6-F7
7-6-S8
7-6-S9
7-6-S7
7-6-S2
7-6-S3
7-6-S4
5-7-F6
7-6-S5
6-6-F2
7-6-S1
6-6-S3
6-6-S4
6-6-S2
7-6-F1
6-6-S5
6-6-S1
5-7-S6

7-6 区

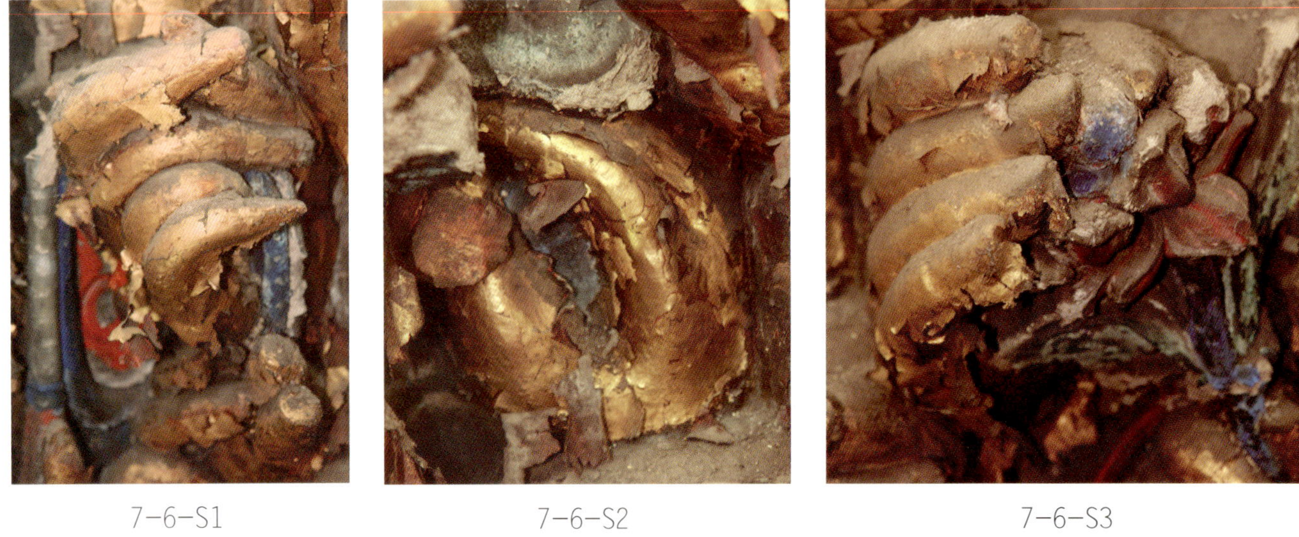

7-6-S1　　7-6-S2　　7-6-S3

图 72　千手观音造像 7-6 区域正射影像及手、法器编号图 1

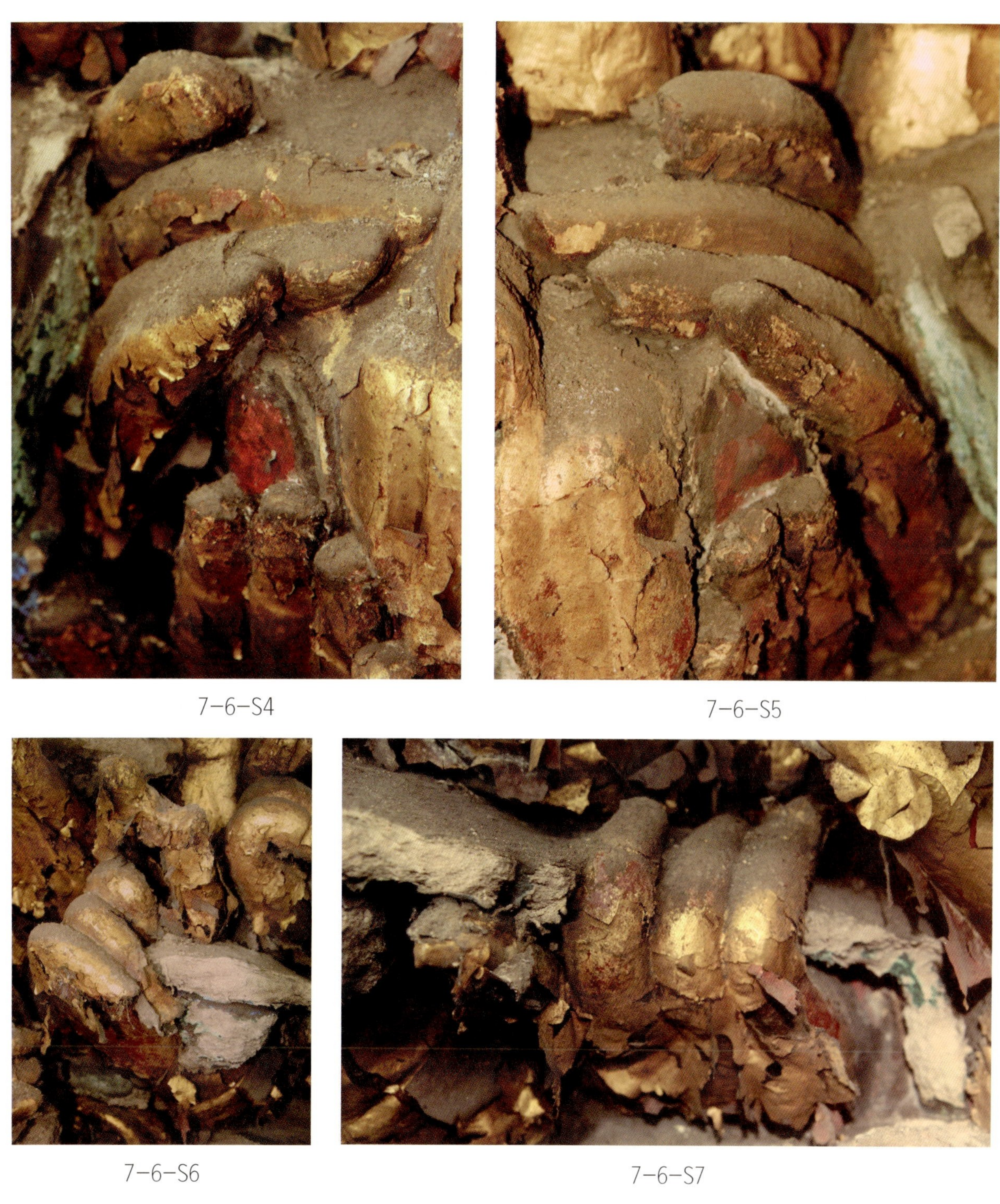

图 72　千手观音造像 7-6 区域正射影像及手、法器编号图 2

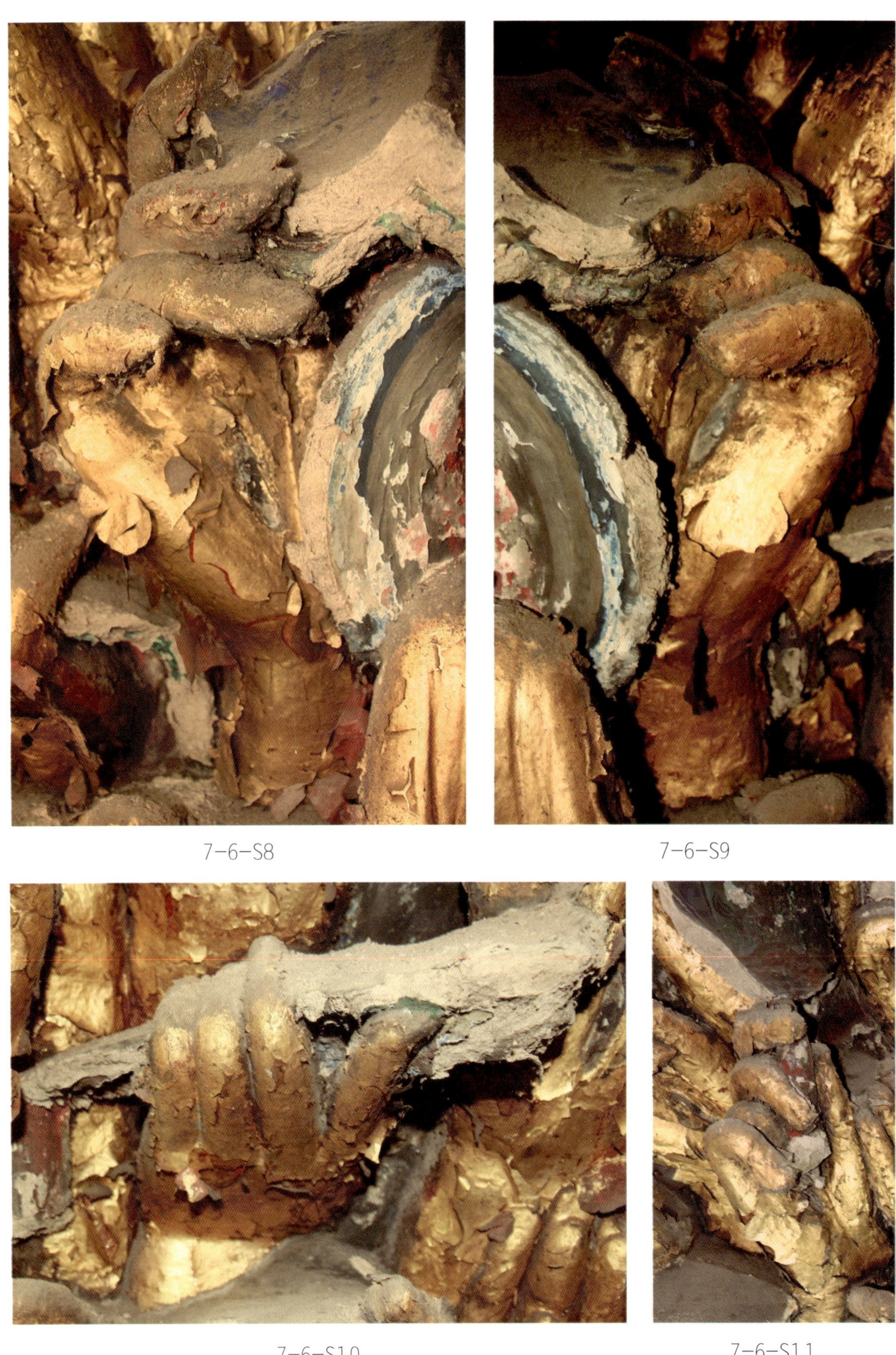

图 72　千手观音造像 7-6 区域正射影像及手、法器编号图 3

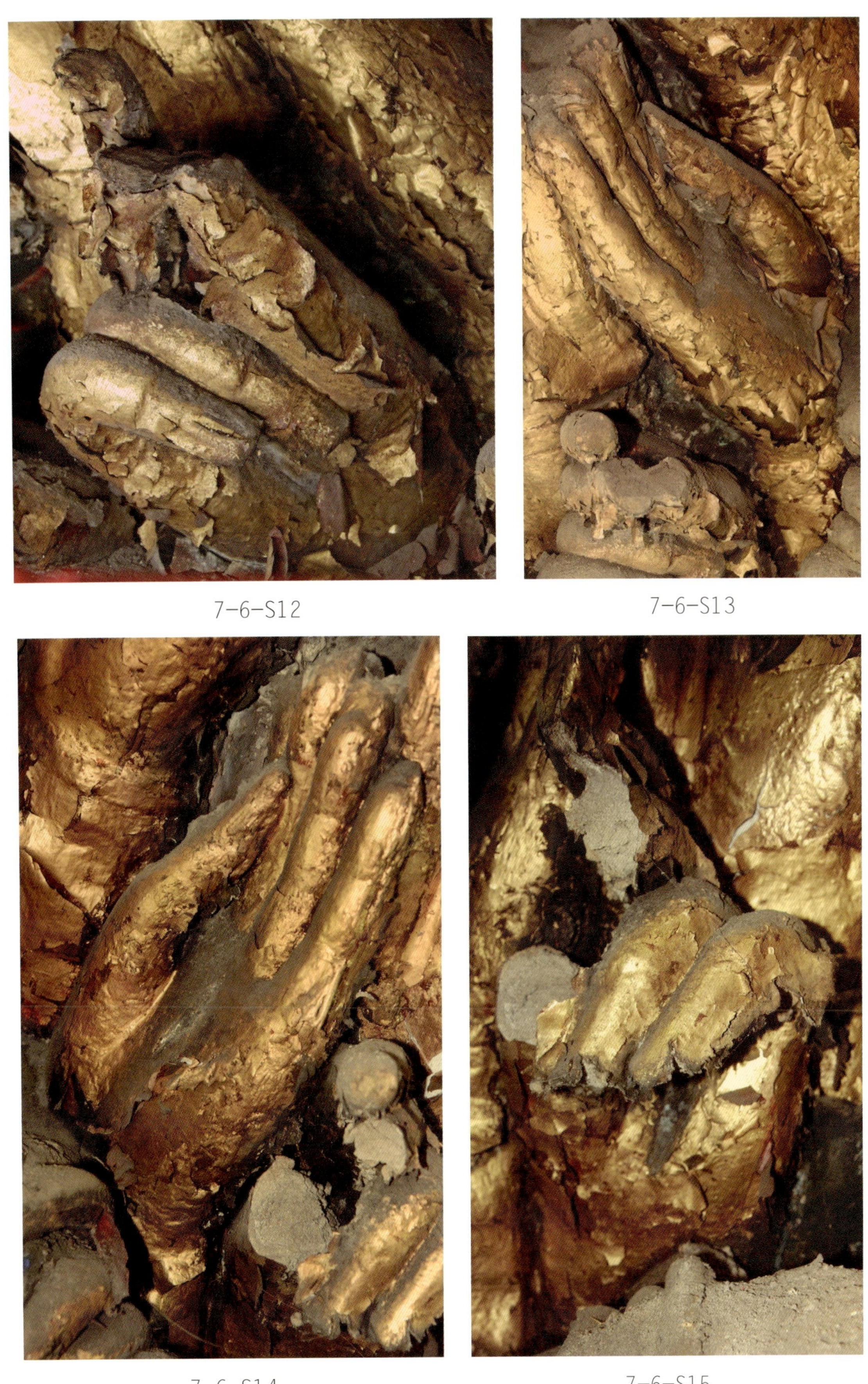
7-6-S12　7-6-S13

7-6-S14　7-6-S15

图 72　千手观音造像 7-6 区域正射影像及手、法器编号图 4

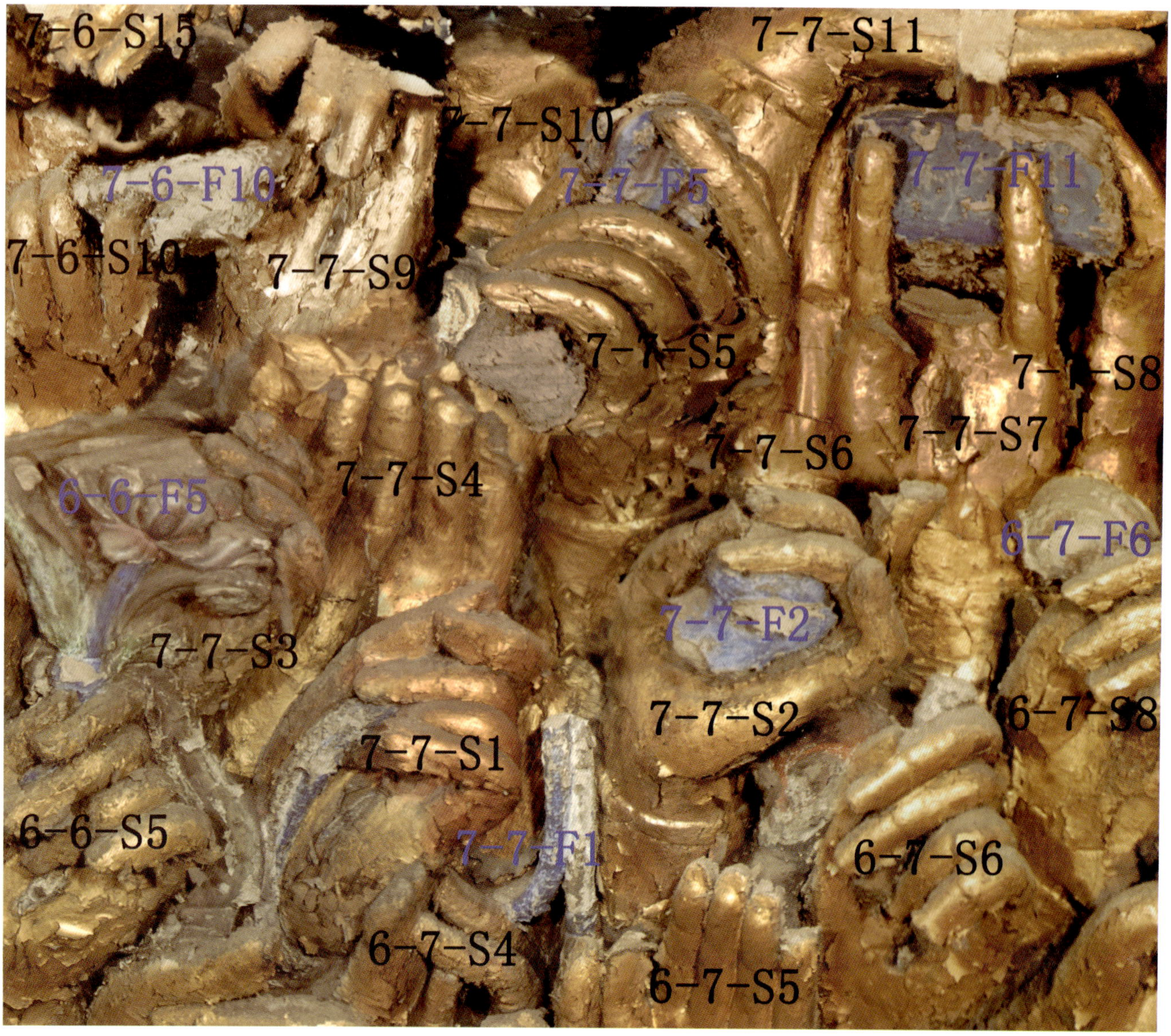

7-6-S15
7-7-S11
7-7-S10
7-6-F10
7-7-F5
7-7-F11
7-6-S10
7-7-S9
7-7-S5
7-7-S8
7-7-S7
7-7-S6
7-7-S4
6-6-F5
6-7-F6
7-7-F2
7-7-S3
6-7-S8
7-7-S2
7-7-S1
6-6-S5
7-7-F1
6-7-S6
6-7-S4
6-7-S5

7-7 区

7-7-S1　　7-7-S2　　7-7-S3

图 73　千手观音造像 7-7 区域正射影像及手、法器编号图 1

图 73　千手观音造像 7-7 区域正射影像及手、法器编号图 2

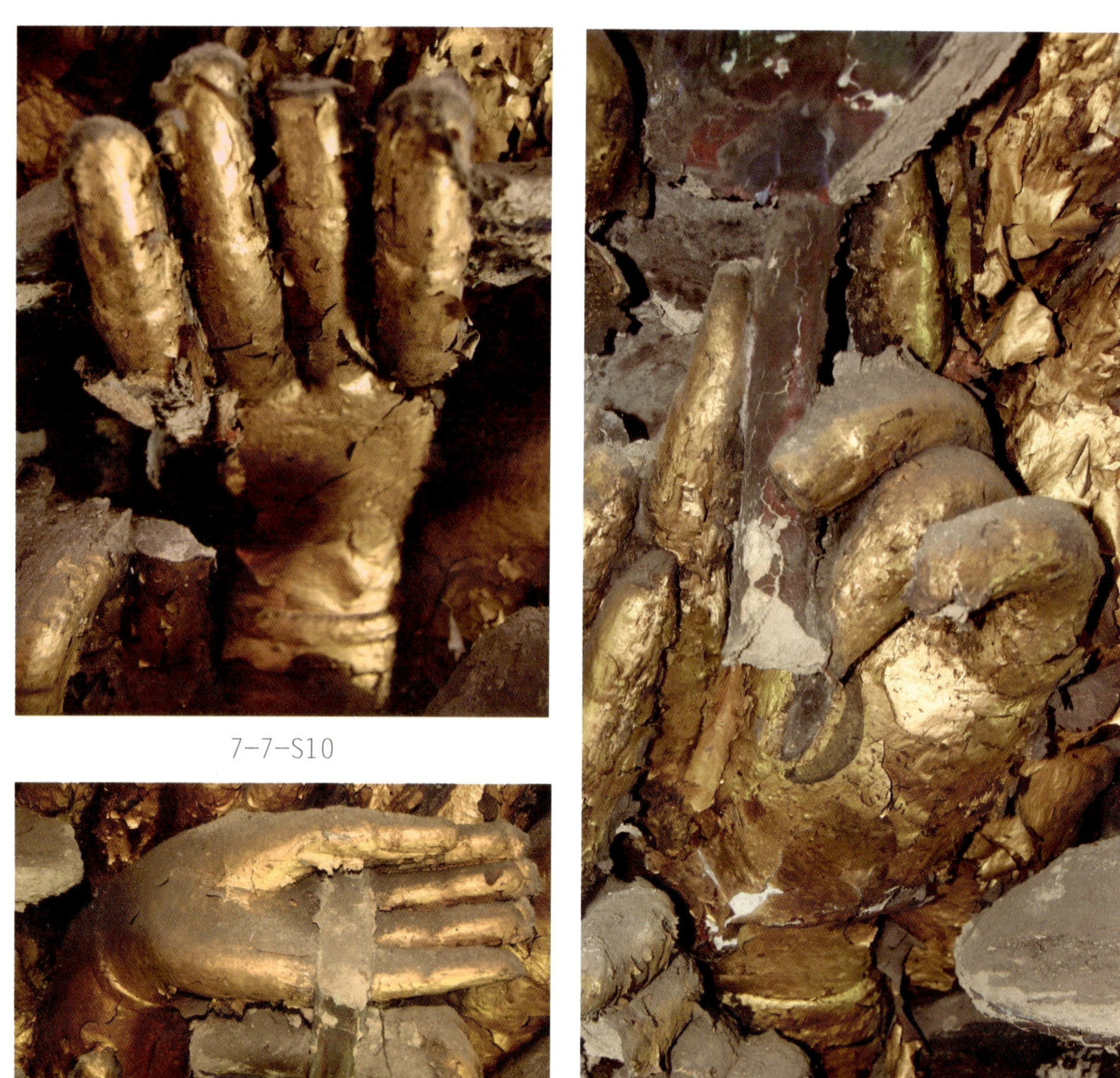

7-7-S10

7-7-S11

7-7-S12

图 73　千手观音造像 7-7 区域正射影像及手、法器编号图 3

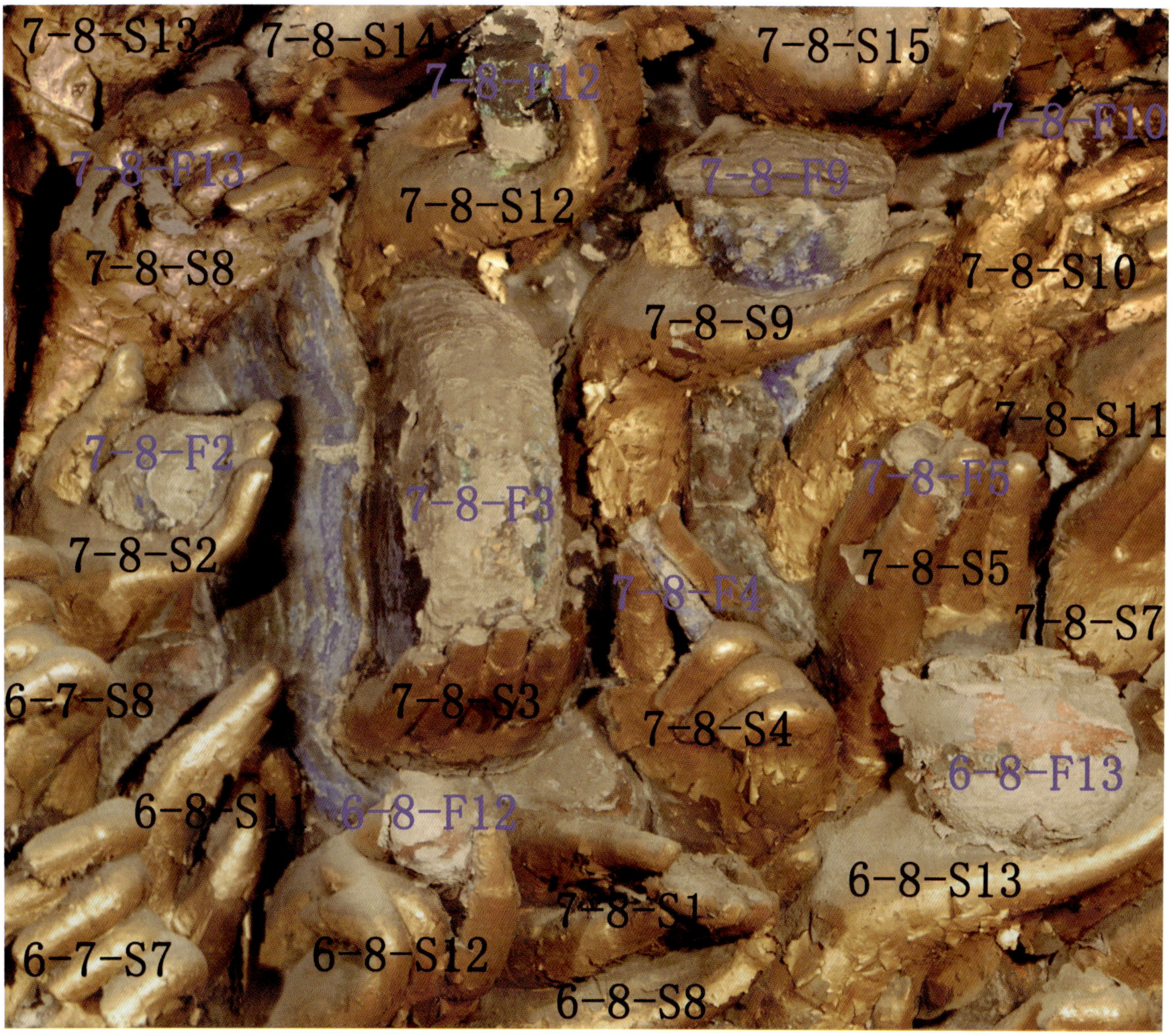

7-8-S13 7-8-S14 7-8-S15
7-8-F12
7-8-F10
7-8-F13
7-8-F9
7-8-S12
7-8-S8
7-8-S10
7-8-S9
7-8-S11
7-8-F2
7-8-F5
7-8-F3
7-8-S2
7-8-S5
7-8-F4
7-8-S7
6-7-S8
7-8-S3
7-8-S4
6-8-F13
6-8-S11
6-8-F12
6-8-S13
7-8-S1
6-7-S7
6-8-S12
6-8-S8

7-8 区

7-8-S1 7-8-S2 7-8-S3

图 74 千手观音造像 7-8 区域正射影像及手、法器编号图 1

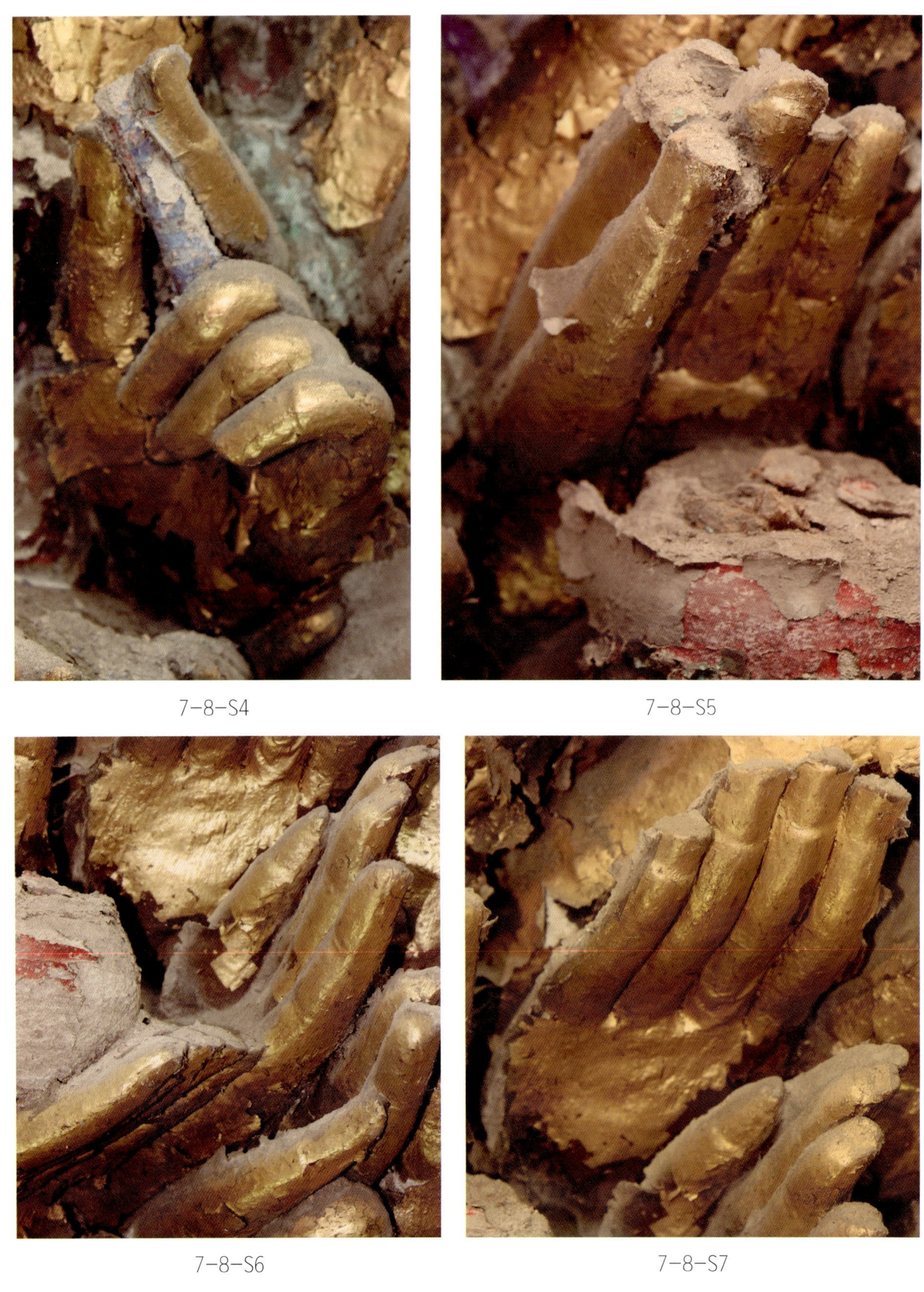

7-8-S4　　7-8-S5

7-8-S6　　7-8-S7

图 74　千手观音造像 7-8 区域正射影像及手、法器编号图 2

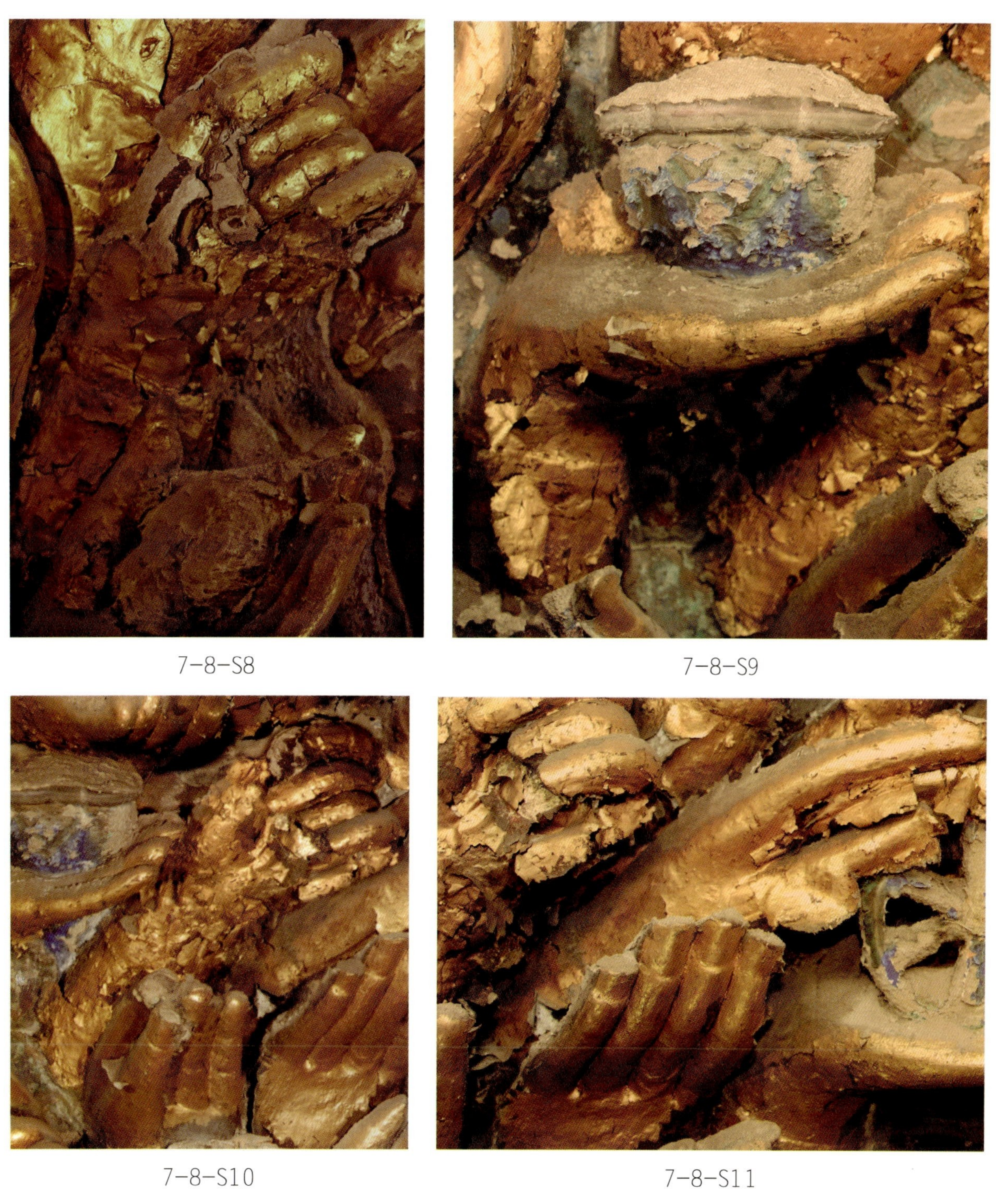

图 74　千手观音造像 7-8 区域正射影像及手、法器编号图 3

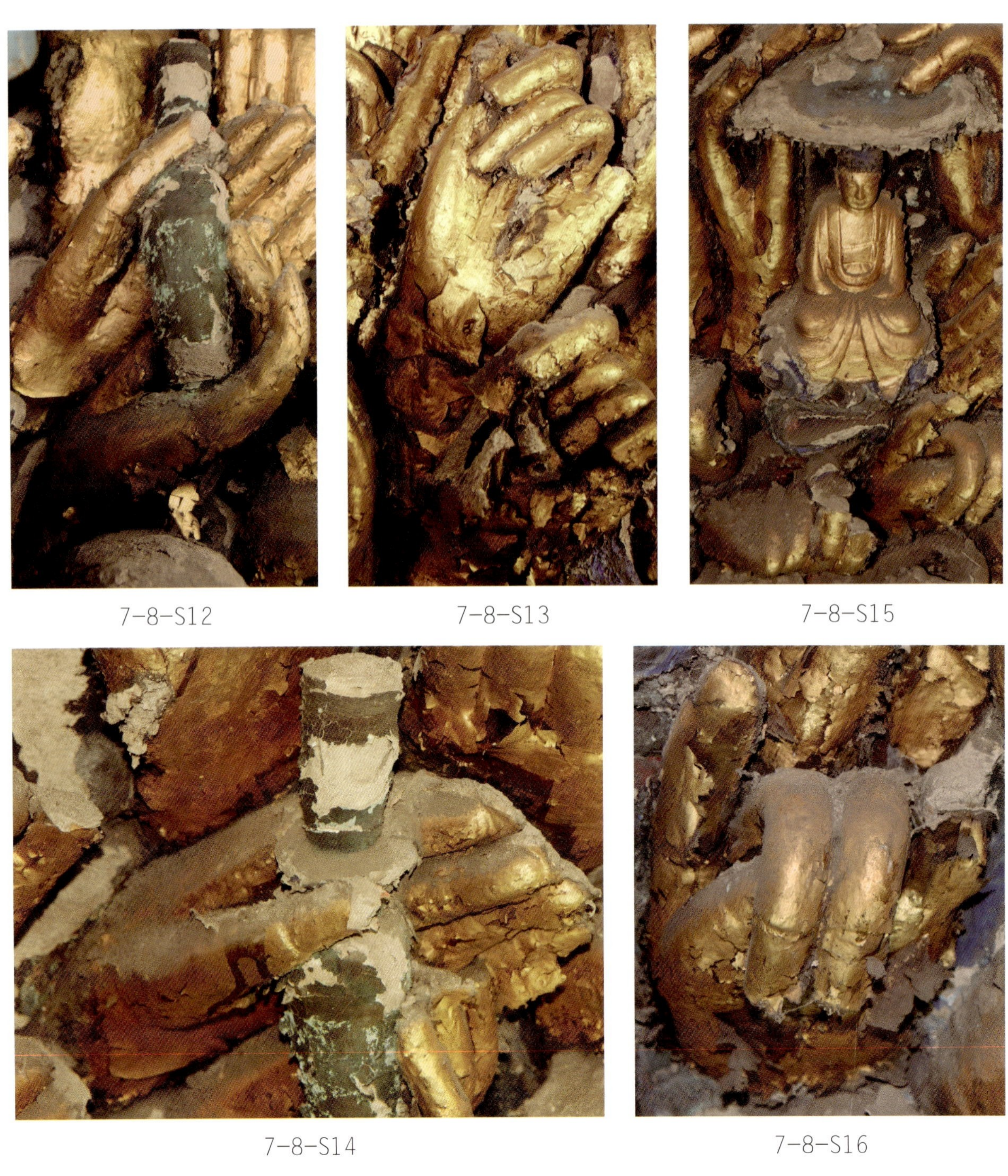

图 74　千手观音造像 7-8 区域正射影像及手、法器编号图 4

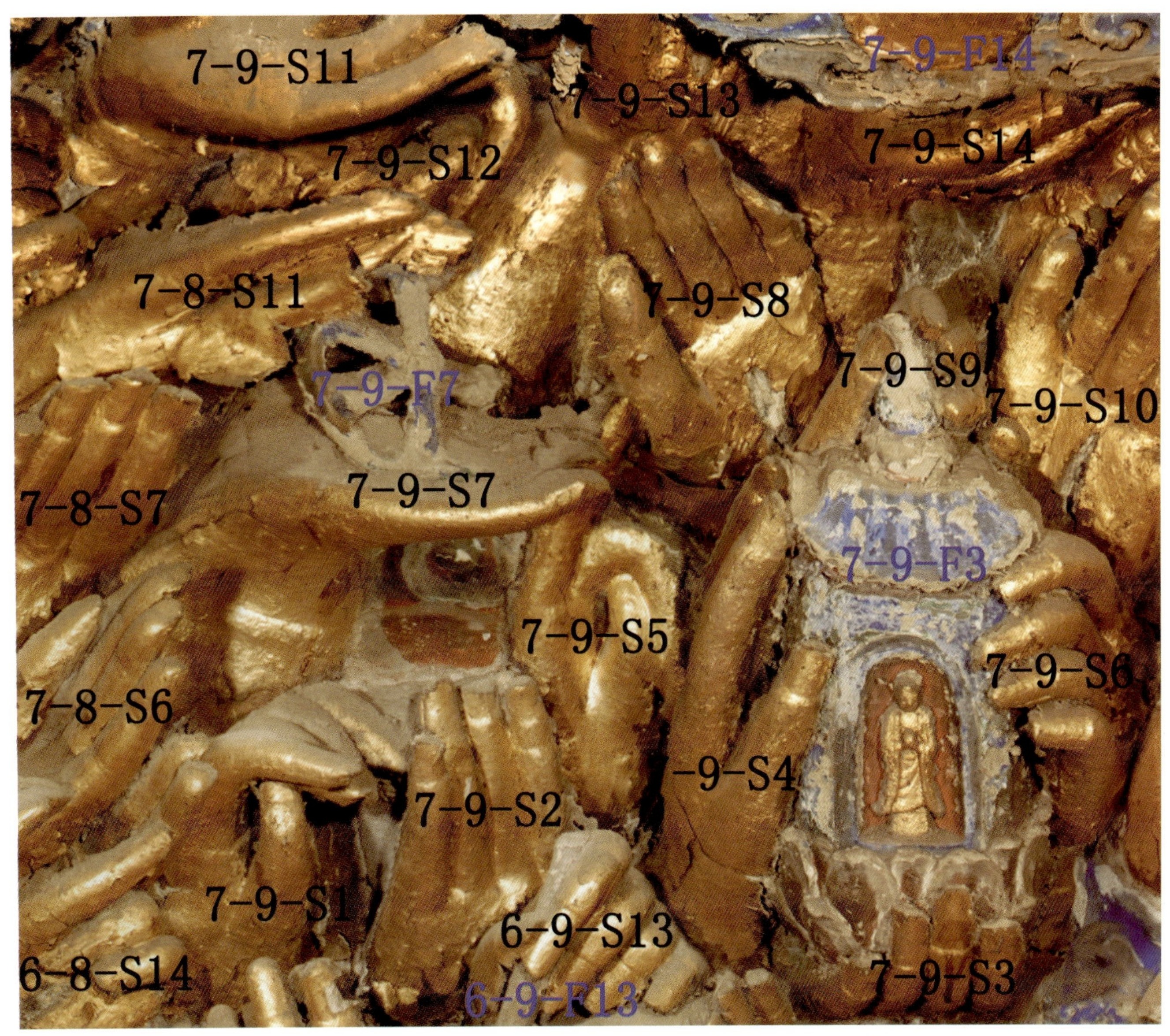

7-9 区

图 75　千手观音造像 7-9 区域正射影像及手、法器编号图 1

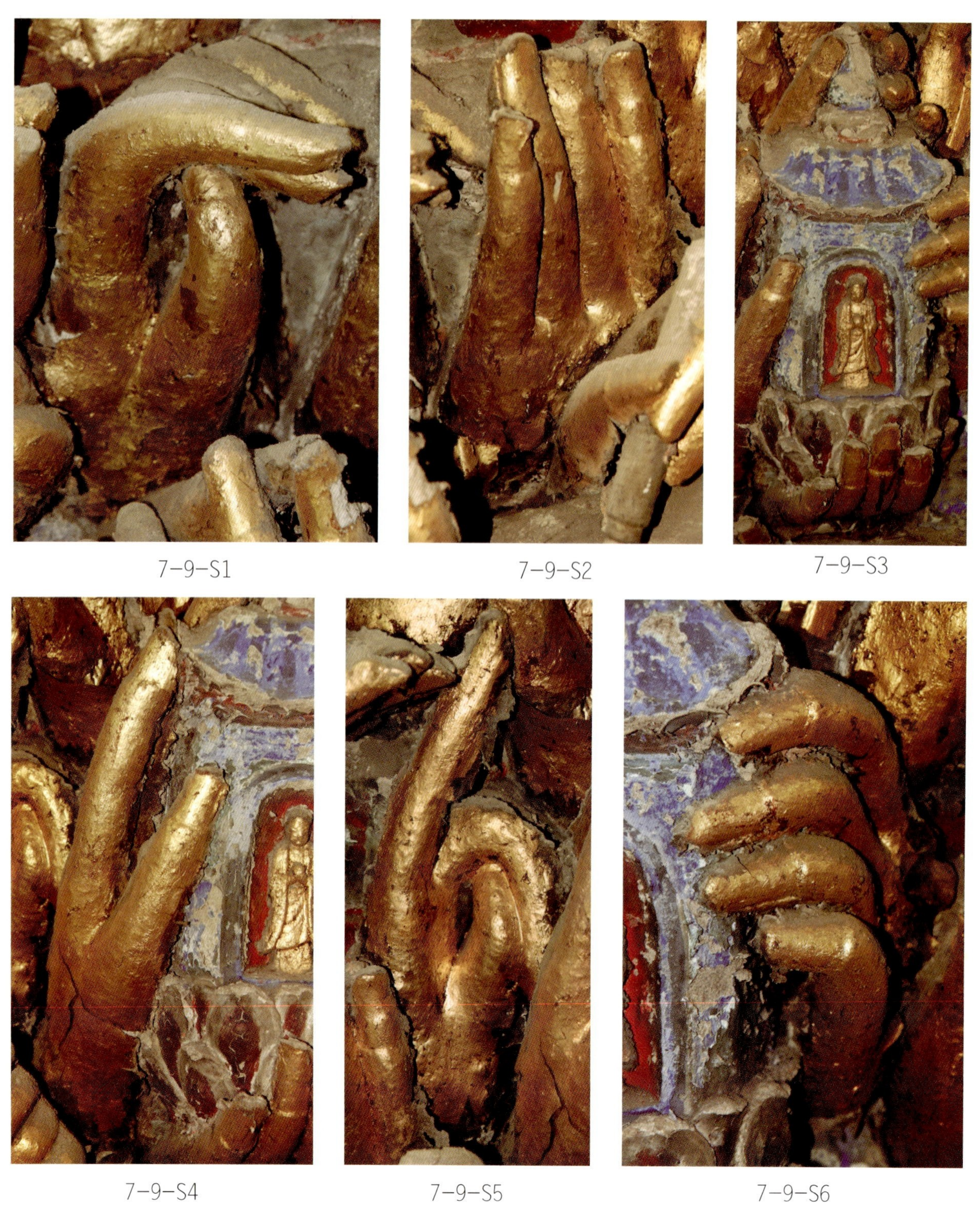

图 75　千手观音造像 7–9 区域正射影像及手、法器编号图 2

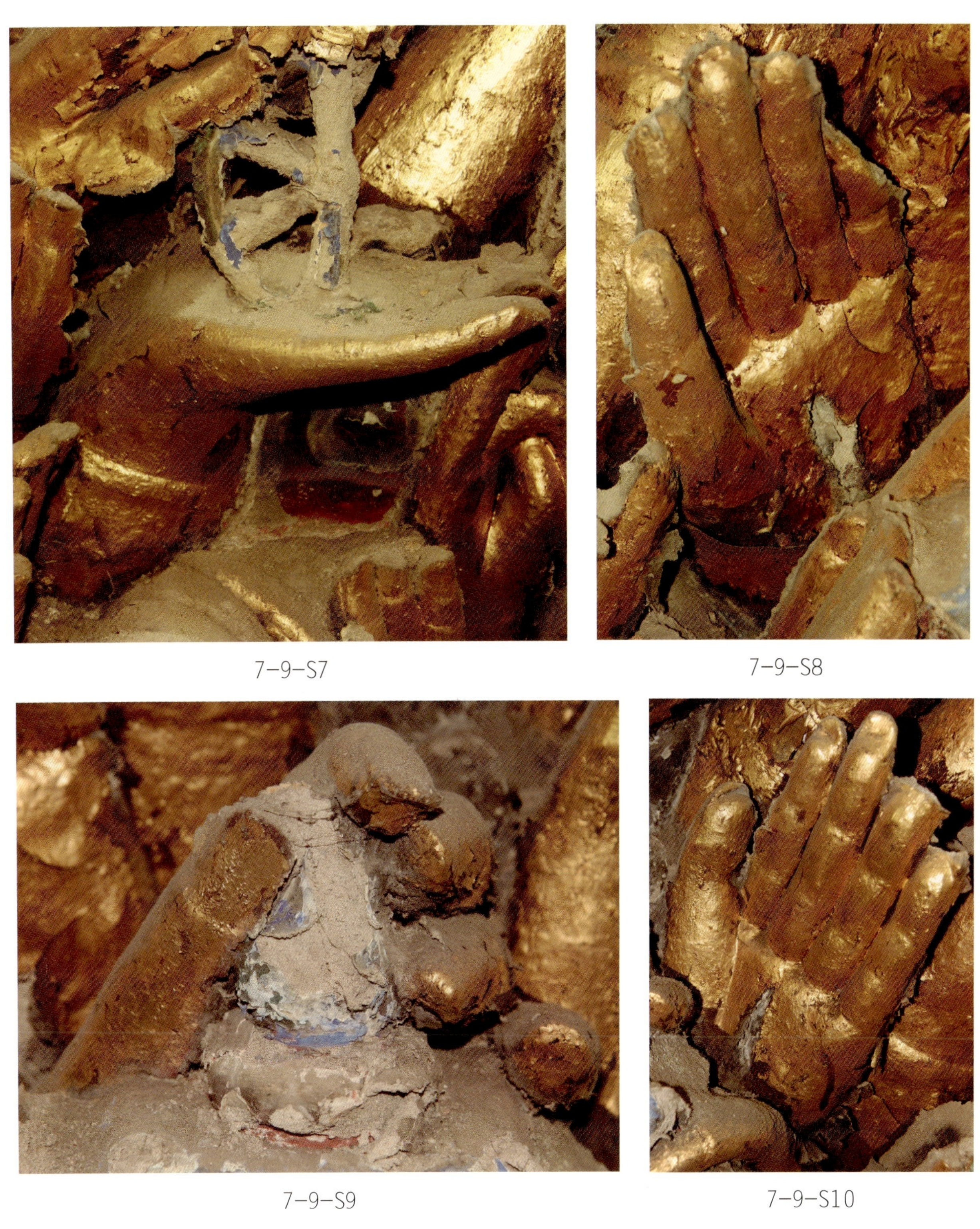

图 75　千手观音造像 7-9 区域正射影像及手、法器编号图 3

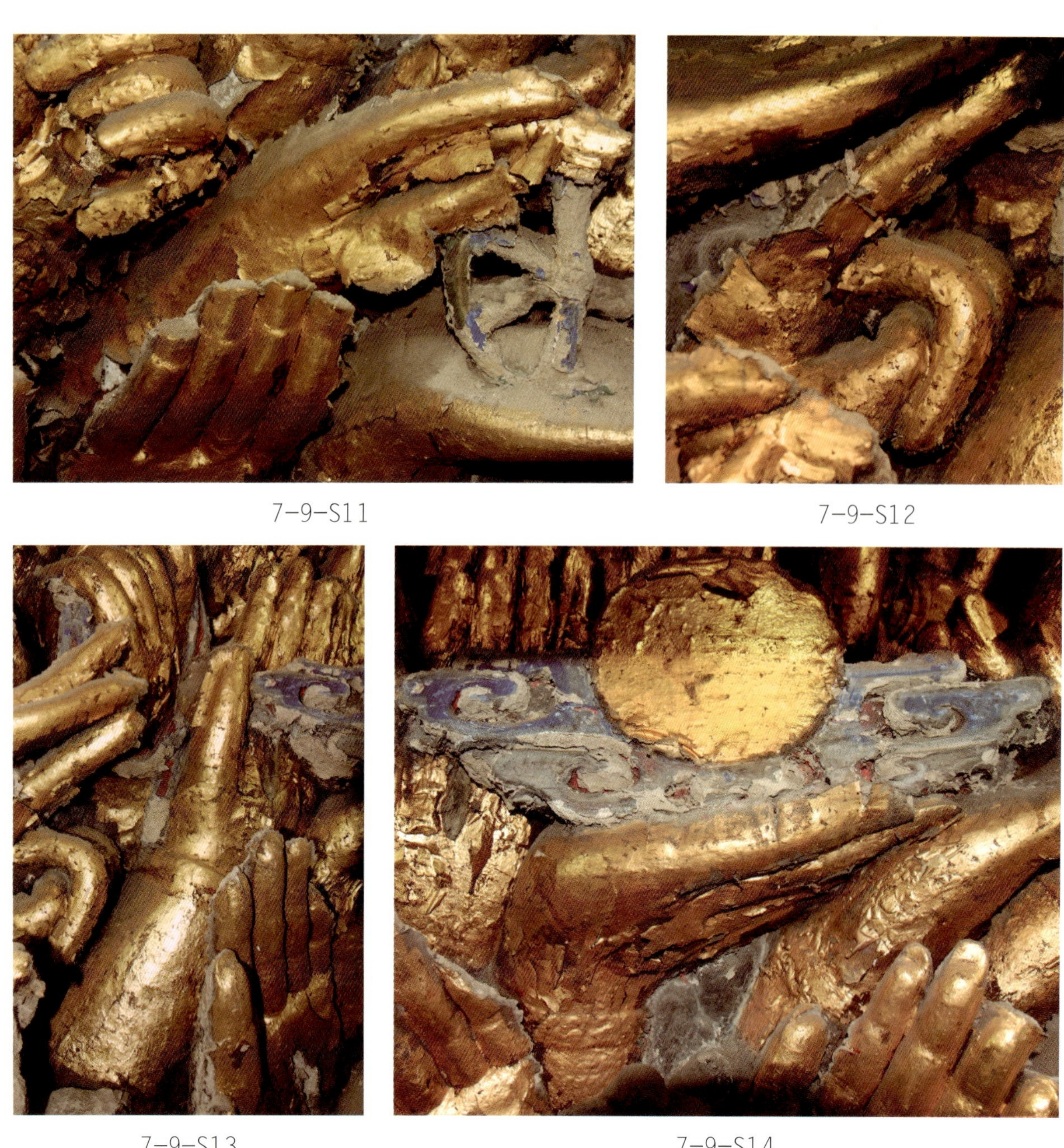
7-9-S11
7-9-S12
7-9-S13
7-9-S14

图 75　千手观音造像 7–9 区域正射影像及手、法器编号图 4

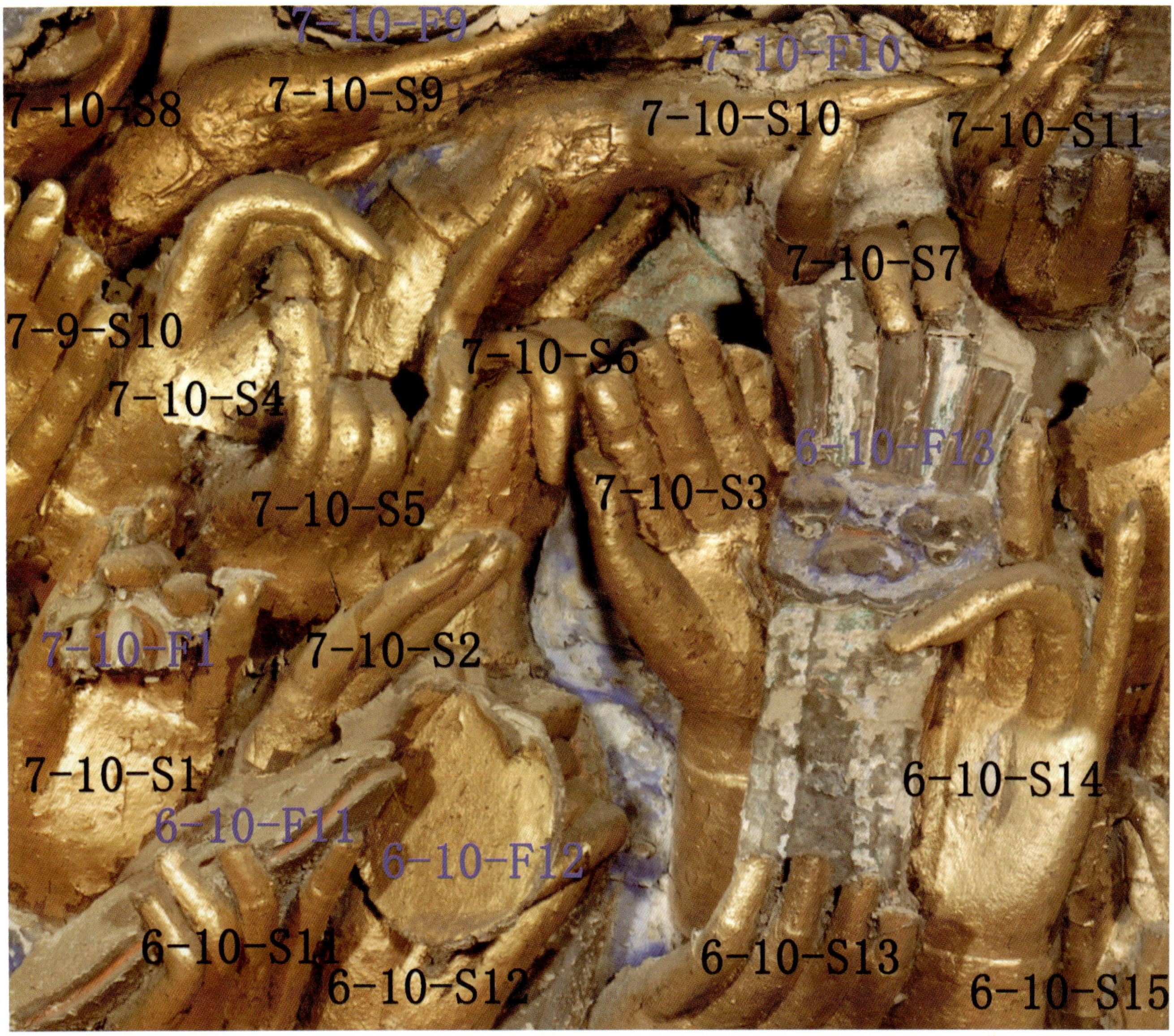

7-10-F9
7-10-F10
7-10-S8
7-10-S9
7-10-S10
7-10-S11
7-10-S7
7-9-S10
7-10-S6
7-10-S4
6-10-F13
7-10-S3
7-10-S5
7-10-F1
7-10-S2
7-10-S1
6-10-S14
6-10-F11
6-10-F12
6-10-S11
6-10-S13
6-10-S12
6-10-S15

7-10 区

7-10-S1　　7-10-S2　　7-10-S3

图 76　千手观音造像 7-10 区域正射影像及手、法器编号图 1

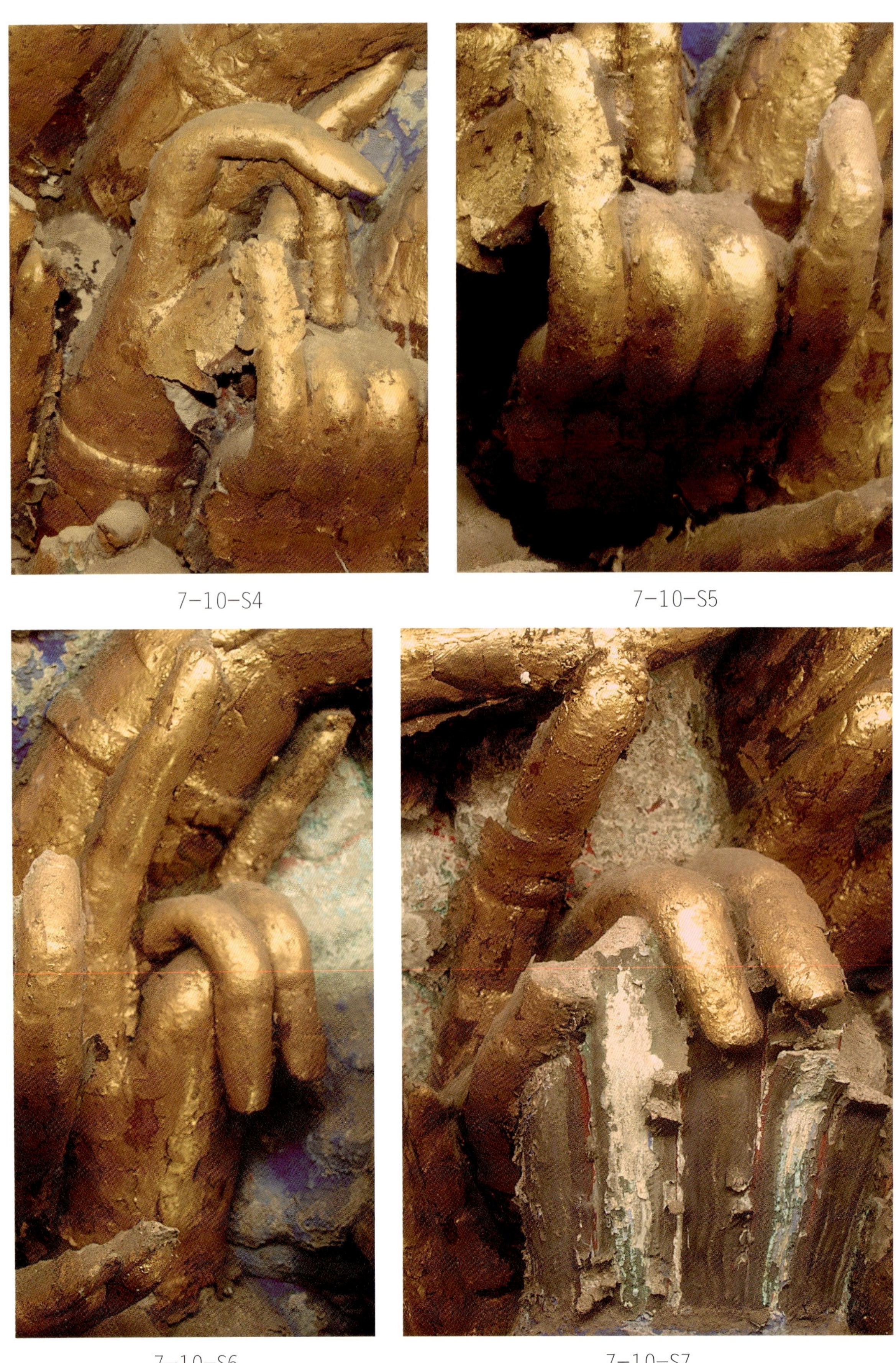

图 76　千手观音造像 7-10 区域正射影像及手、法器编号图 2

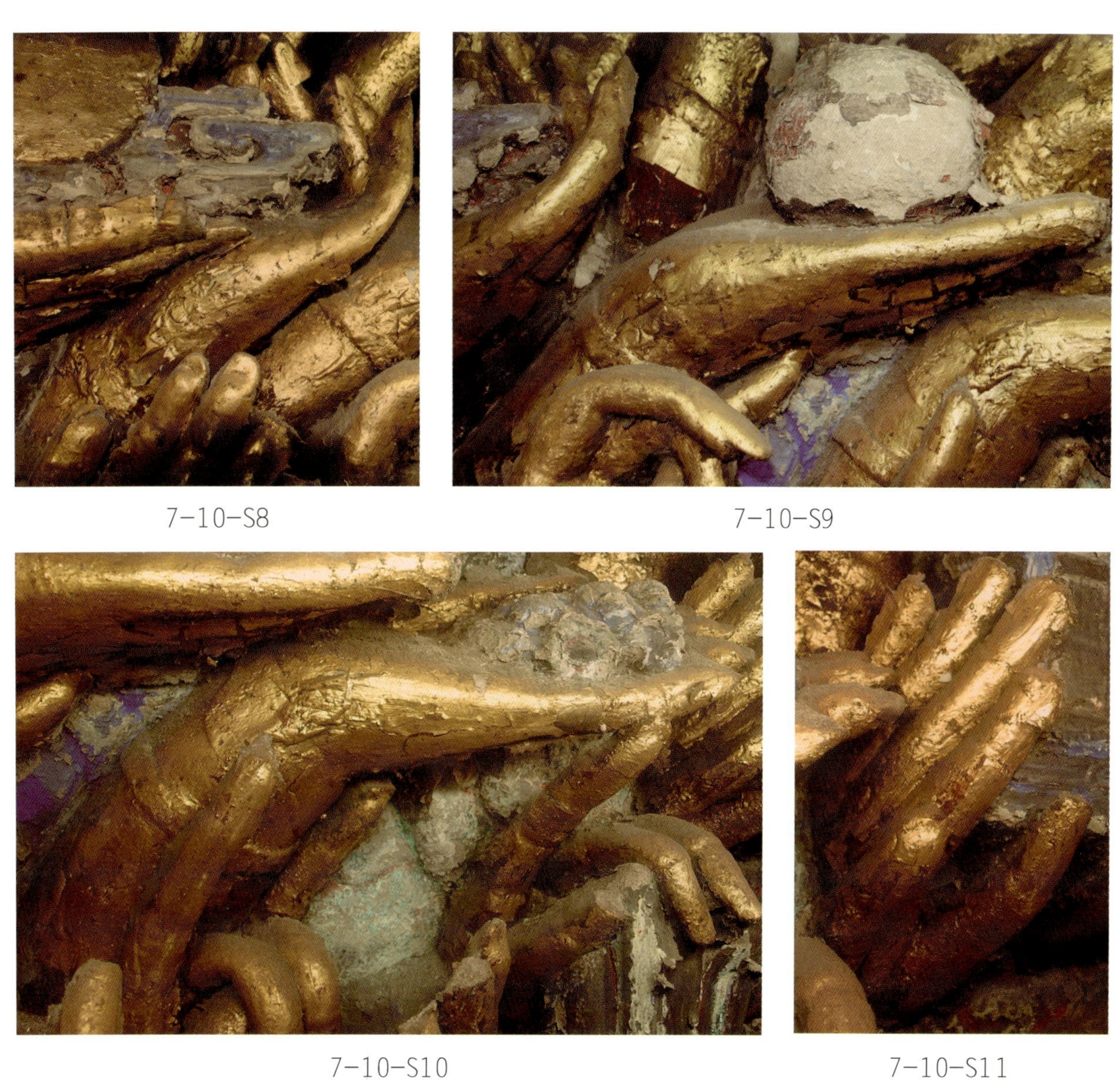

7-10-S8　　7-10-S9

7-10-S10　　7-10-S11

图 76　千手观音造像 7-10 区域正射影像及手、法器编号图 3

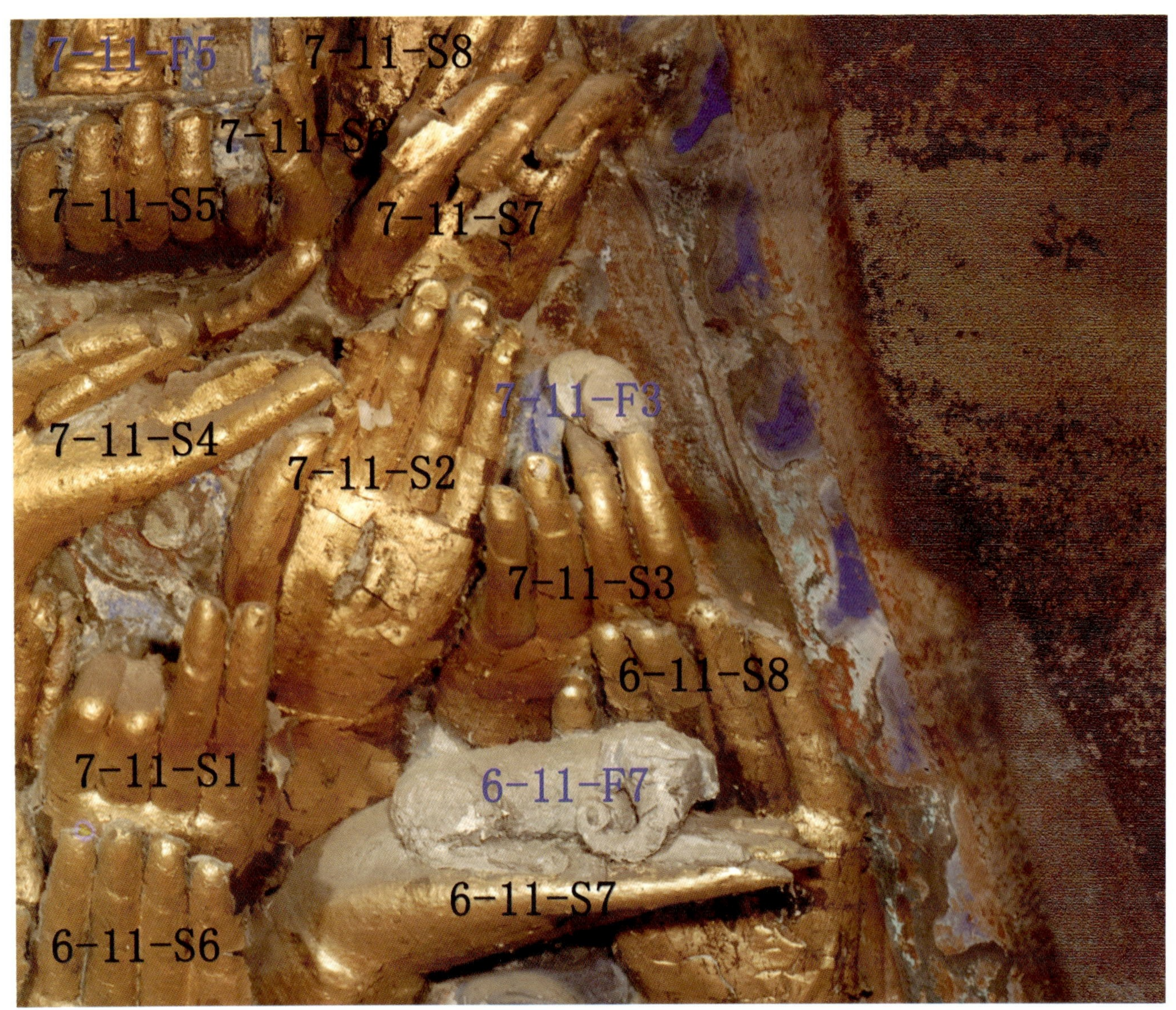

7-11 区

图 77　千手观音造像 7-11 区域正射影像及手、法器编号图 1

7-11-S1　7-11-S2

7-11-S3　7-11-S4

图 77　千手观音造像 7-11 区域正射影像及手、法器编号图 2

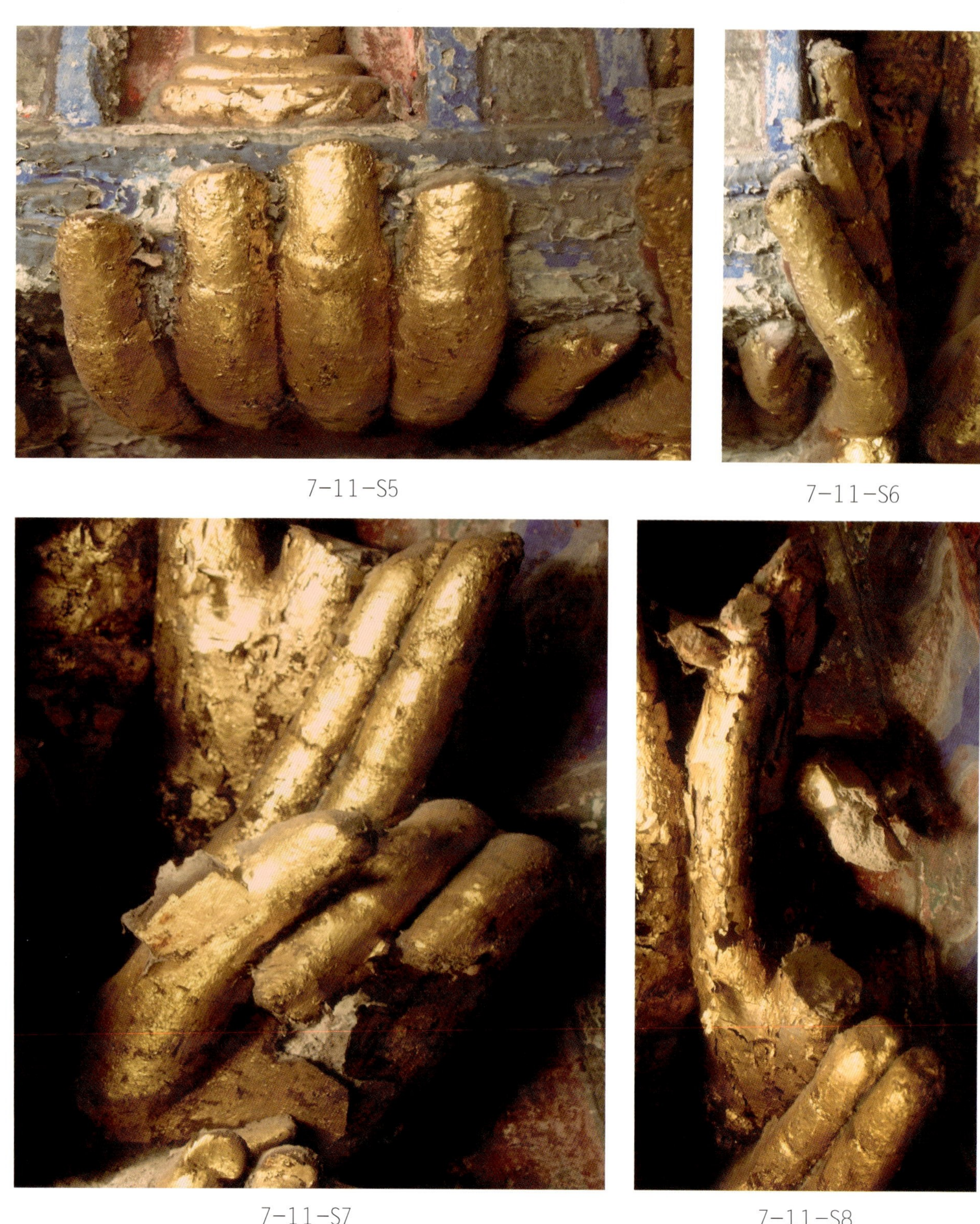

图 77　千手观音造像 7-11 区域正射影像及手、法器编号图 3

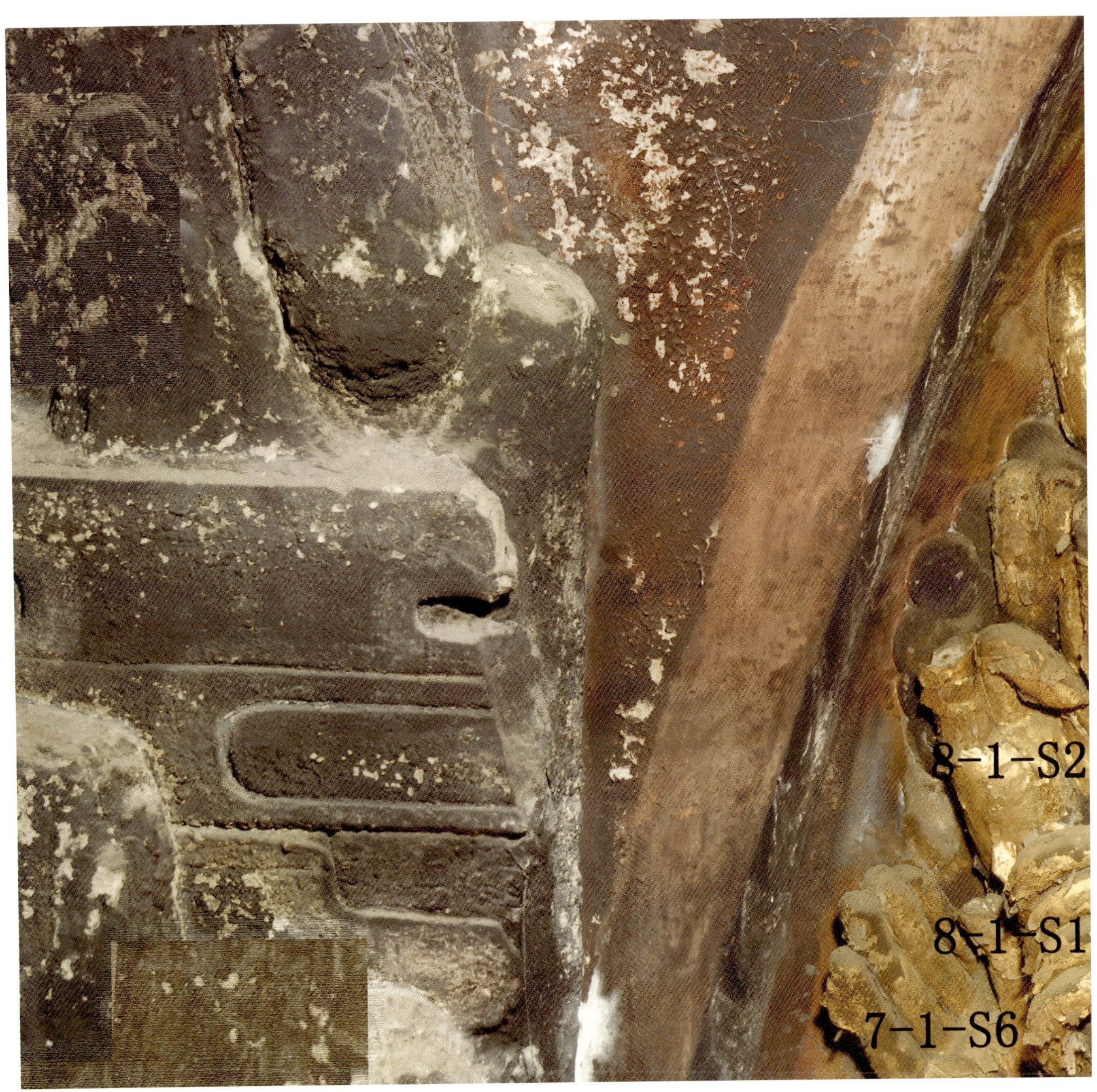

8-1 区

图 78　千手观音造像 8-1 区域正射影像及手编号图 1

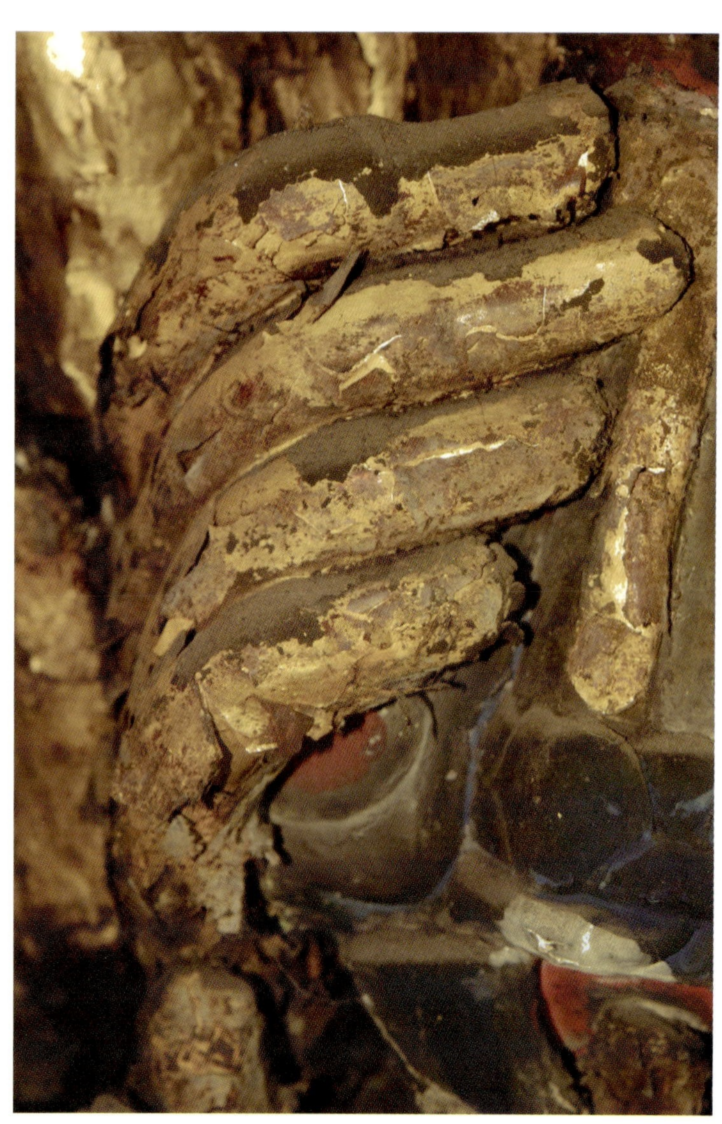

8-1-S1

8-1-S2

图 78　千手观音造像 8-1 区域正射影像及手编号图 2

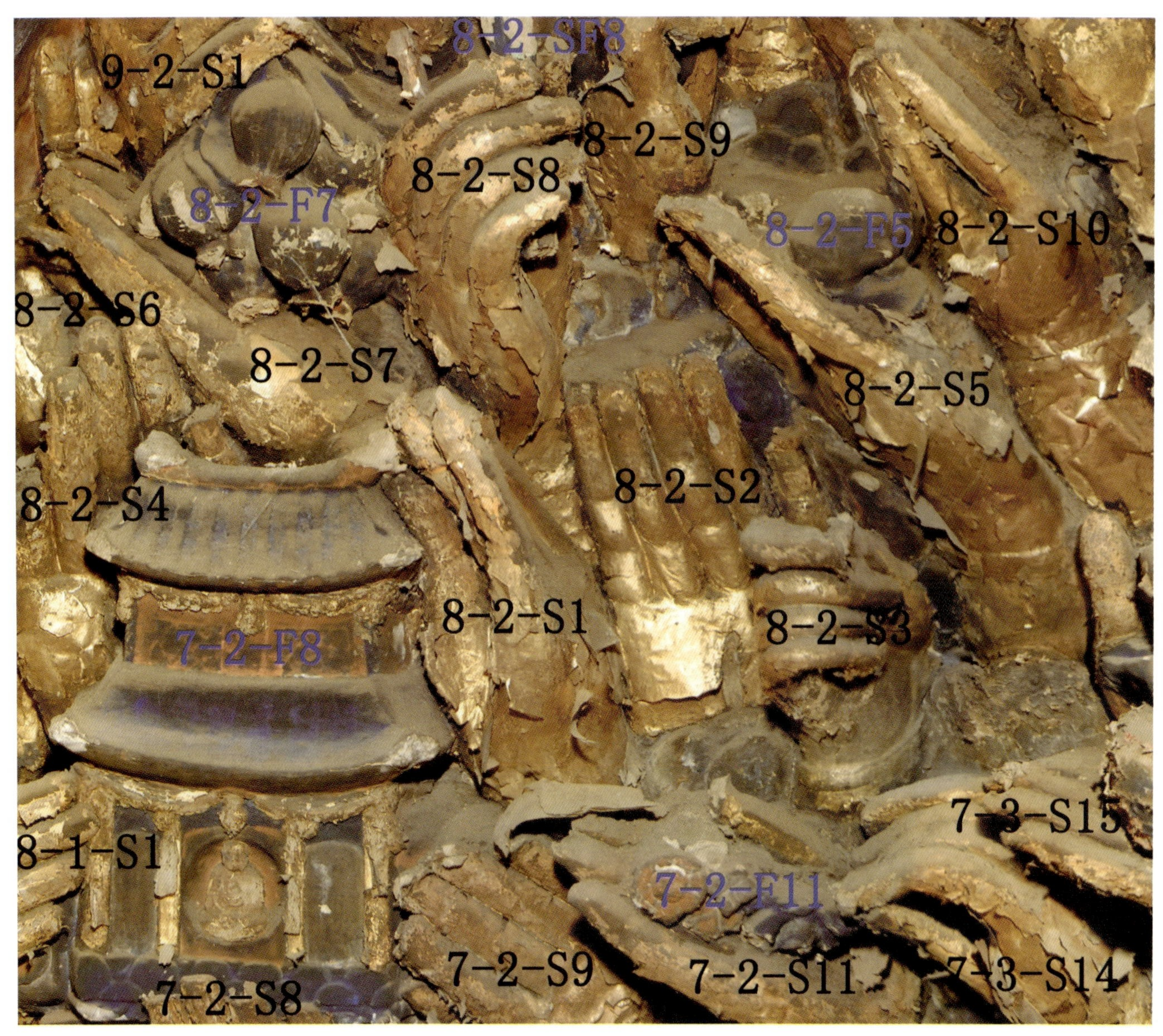

8-2 区

图 79　千手观音造像 8-2 区域正射影像及手、法器编号图 1

8-2-S1　8-2-S2　8-2-S3

8-2-S4　8-2-S5

图 79　千手观音造像 8-2 区域正射影像及手、法器编号图 2

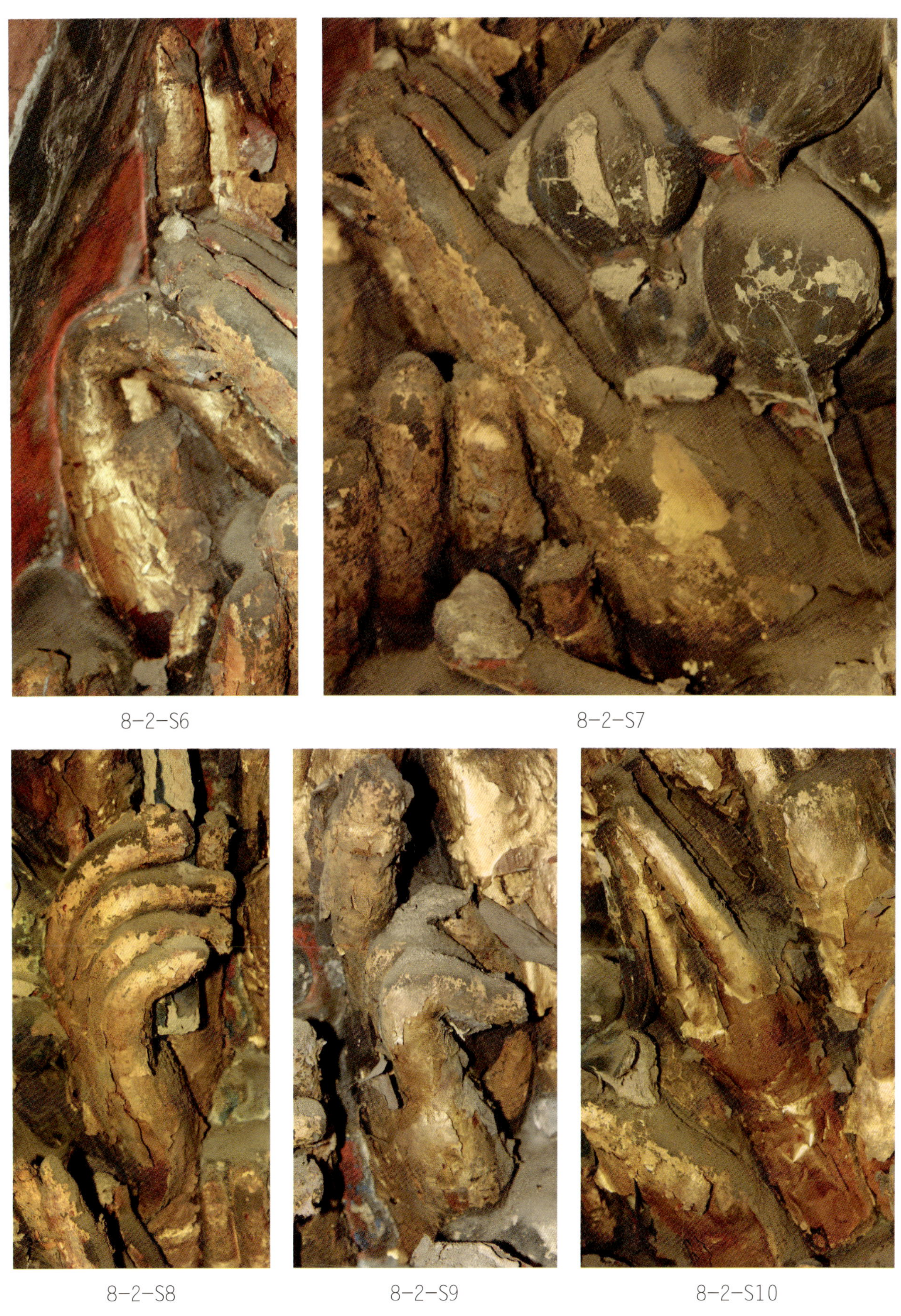

图 79　千手观音造像 8-2 区域正射影像及手、法器编号图 3

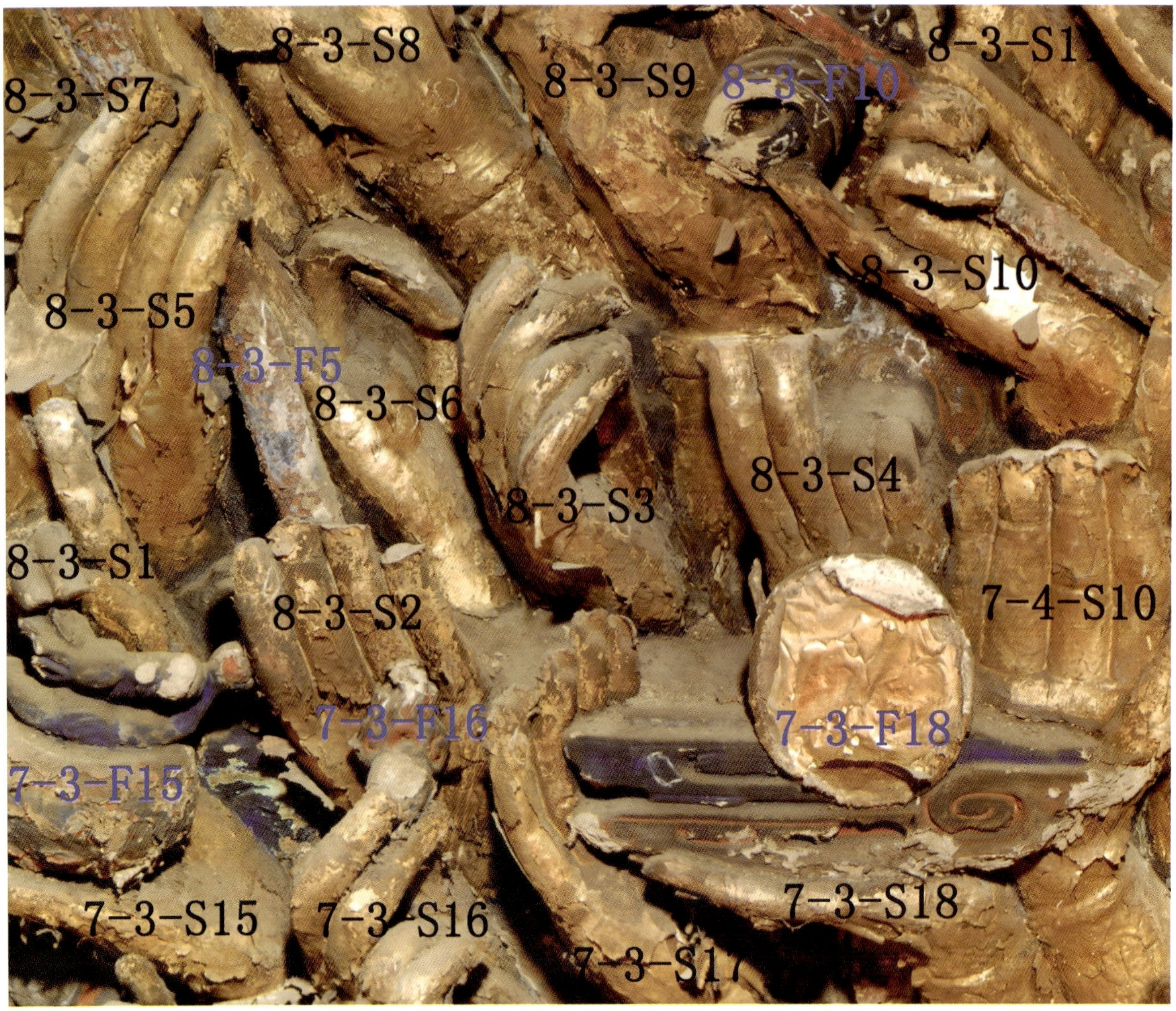

8-3 区

8-3-S1　　8-3-S2　　8-3-S3

图 80　千手观音造像 8-3 区域正射影像及手、法器编号图 1

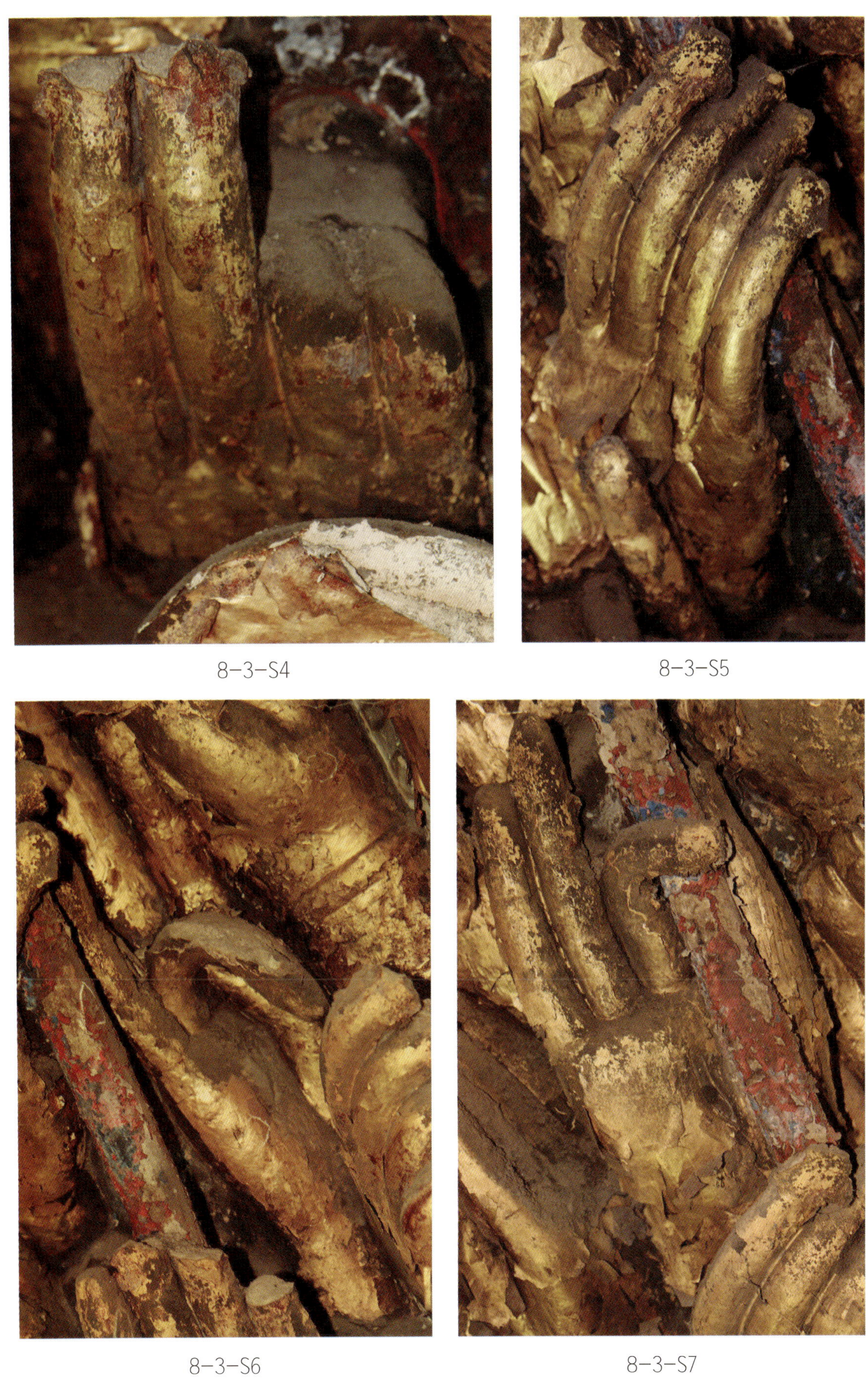
8-3-S4　8-3-S5

8-3-S6　8-3-S7

图 80　千手观音造像 8-3 区域正射影像及手、法器编号图 2

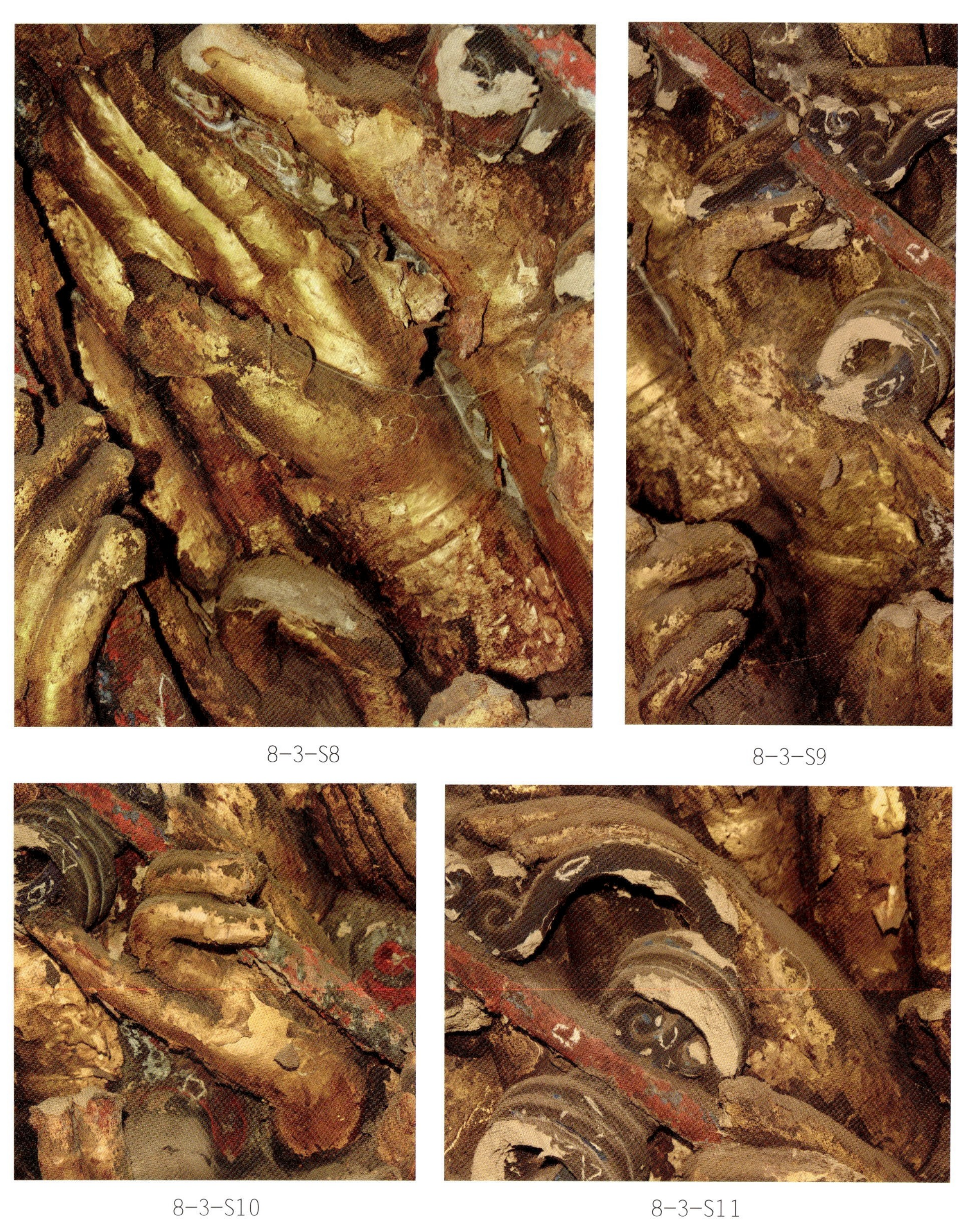

图 80　千手观音造像 8-3 区域正射影像及手、法器编号图 3

8-4 区

图 81　千手观音造像 8-4 区域正射影像及手、法器编号图 1

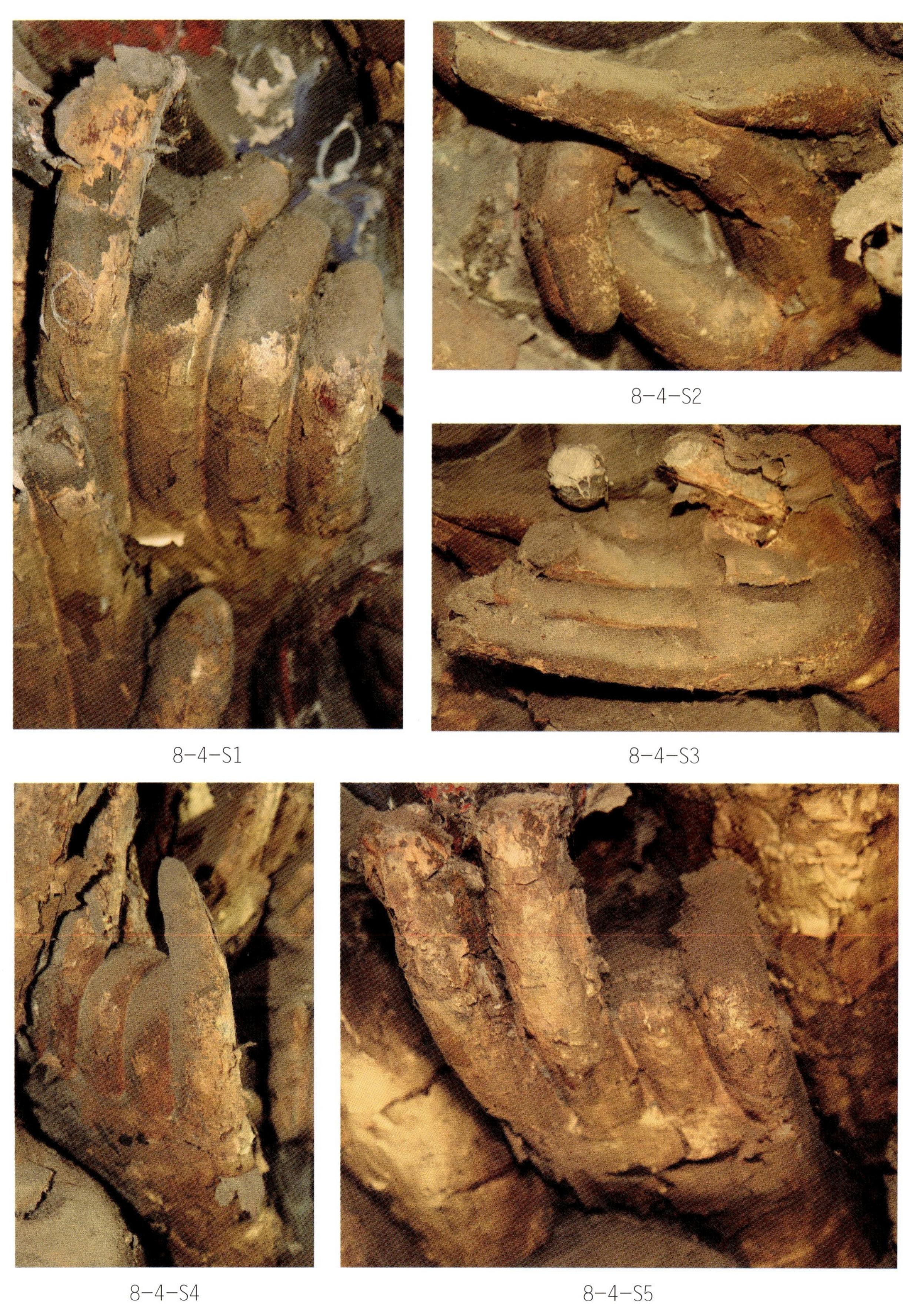

8-4-S1

8-4-S2

8-4-S3

8-4-S4

8-4-S5

图 81 千手观音造像 8-4 区域正射影像及手、法器编号图 2

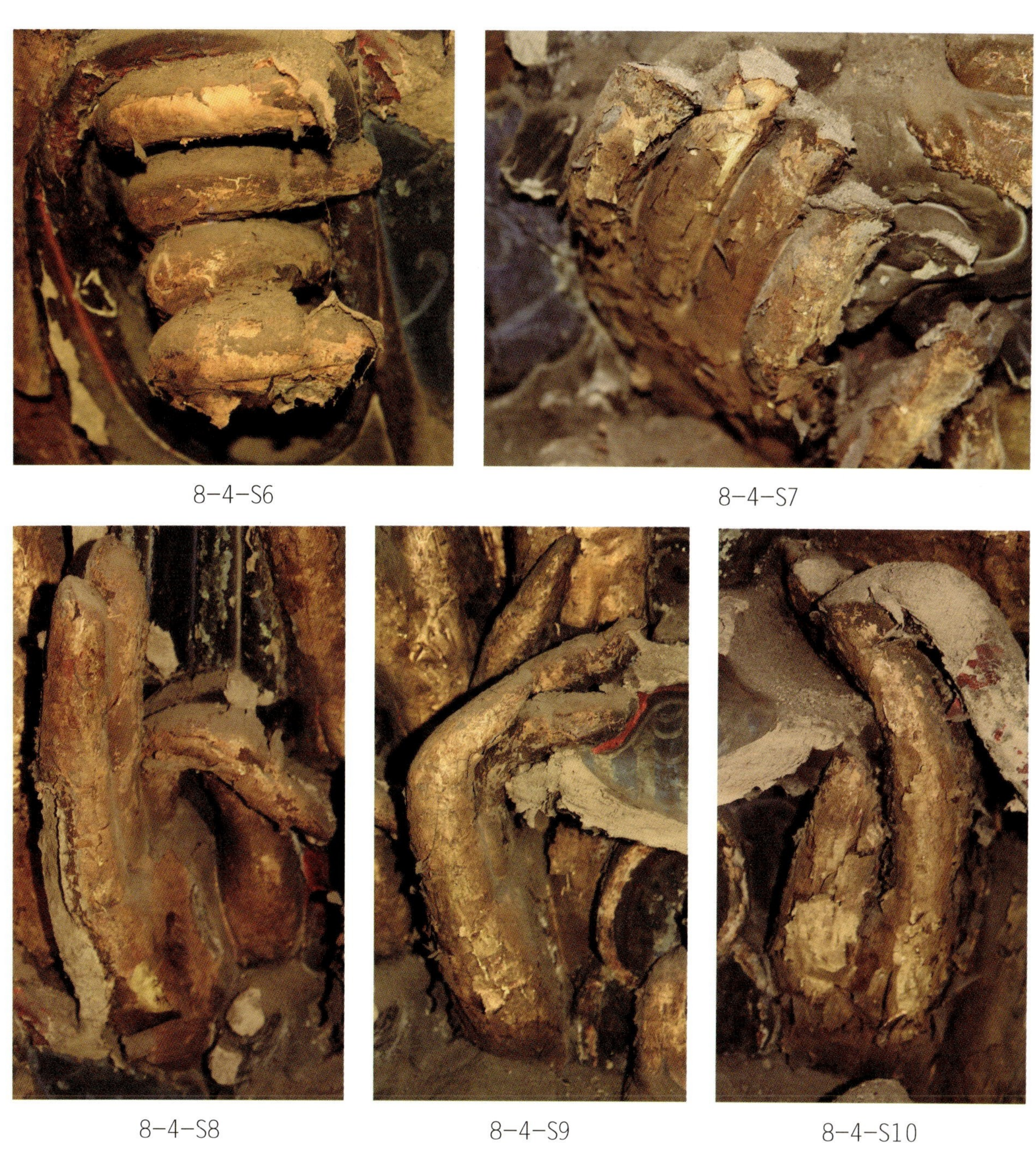

8-4-S6

8-4-S7

8-4-S8

8-4-S9

8-4-S10

图 81　千手观音造像 8-4 区域正射影像及手、法器编号图 3

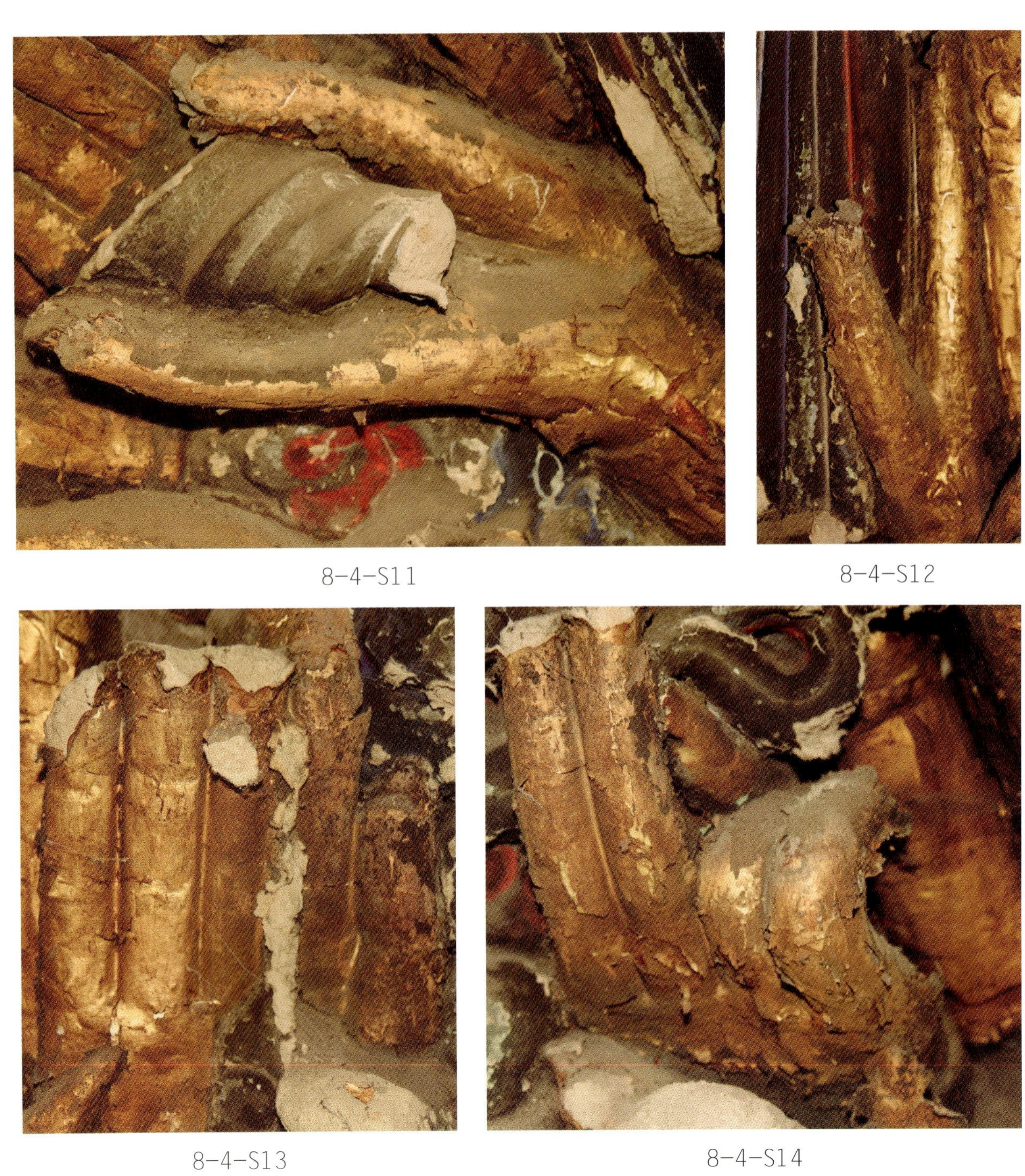

图 81　千手观音造像 8-4 区域正射影像及手、法器编号图 4

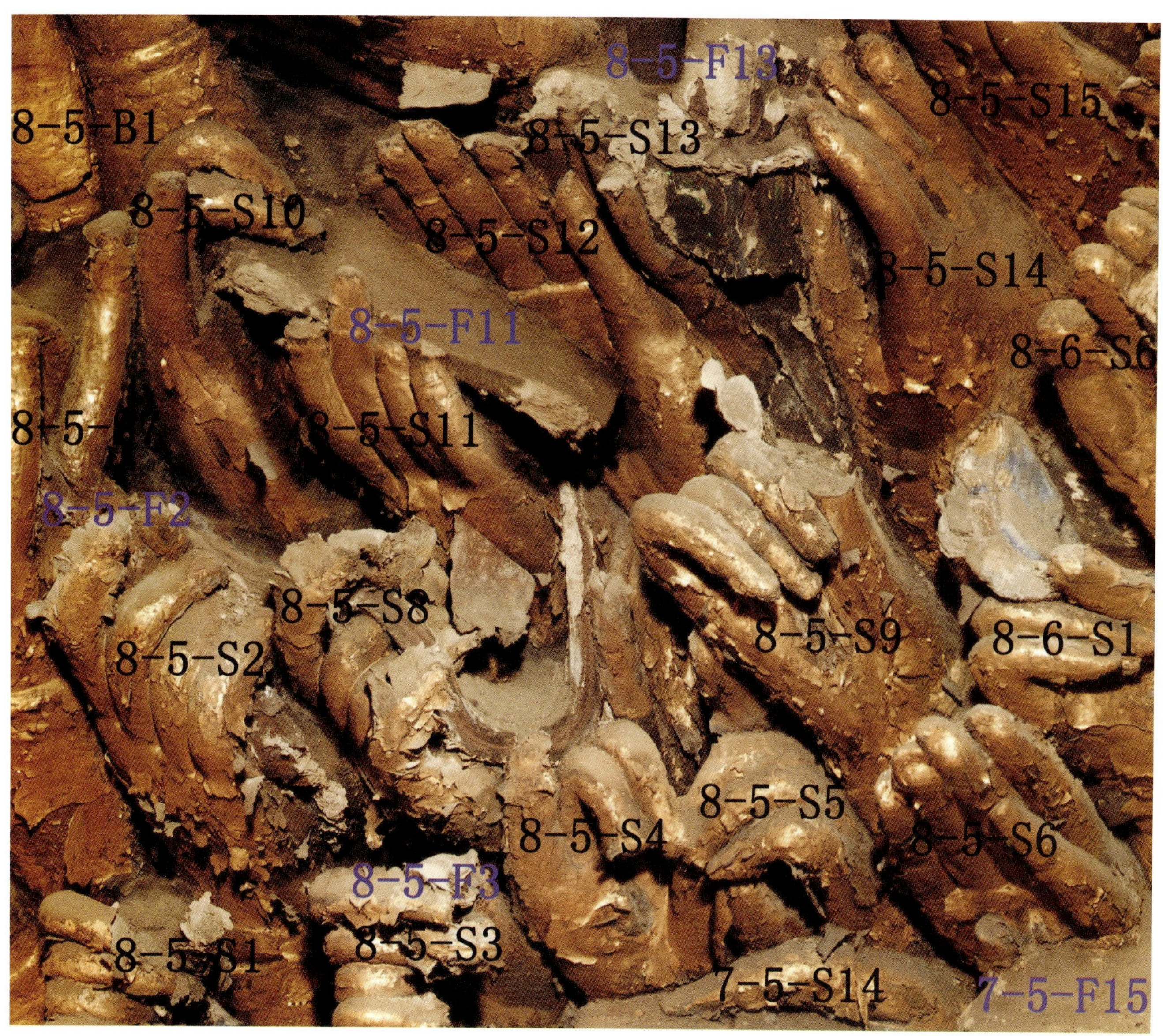

8-5 区

图 82　千手观音造像 8-5 区域正射影像及手、法器编号图 1

图 82　千手观音造像 8-5 区域正射影像及手、法器编号图 2

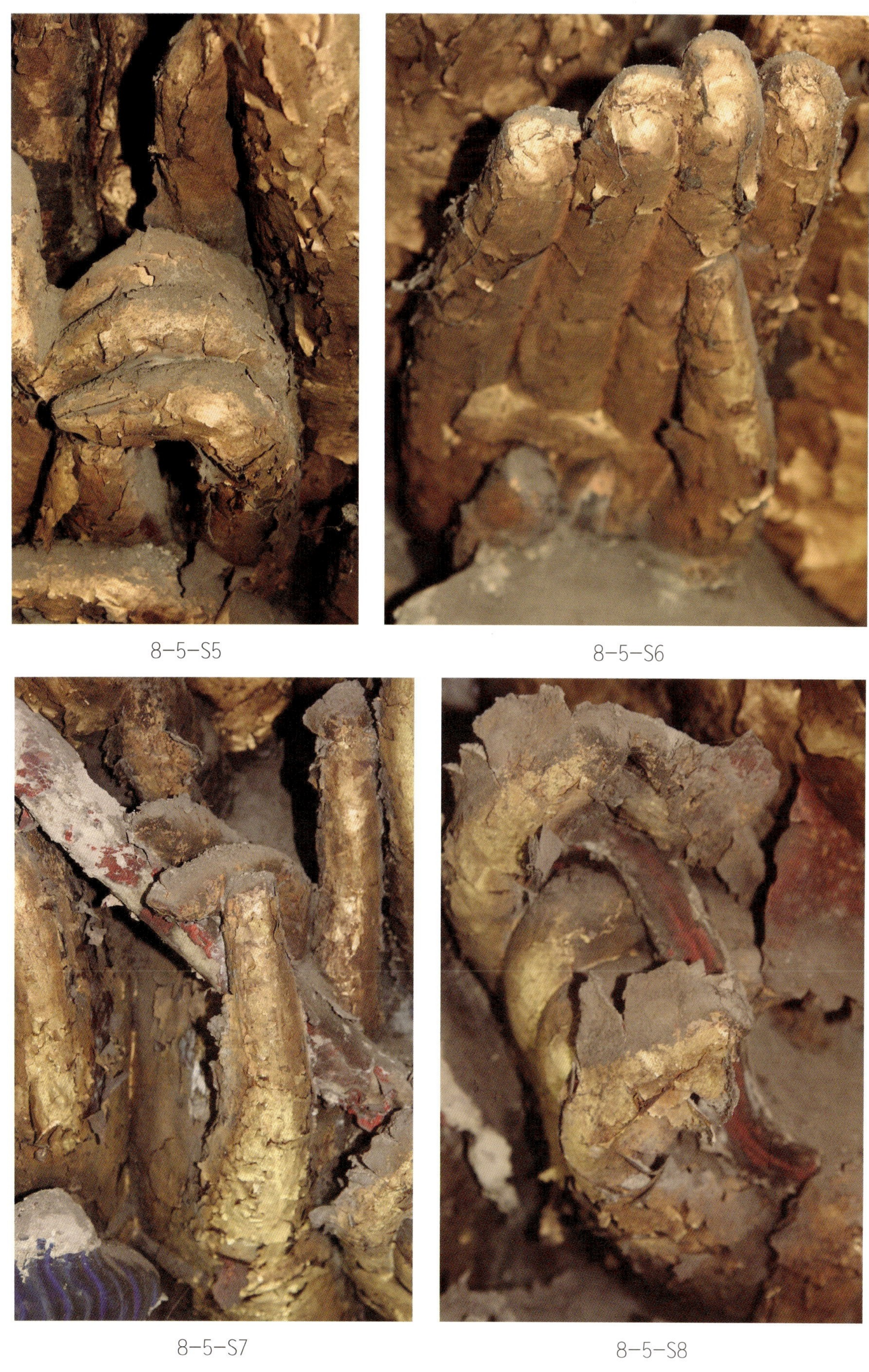

图 82　千手观音造像 8-5 区域正射影像及手、法器编号图 3

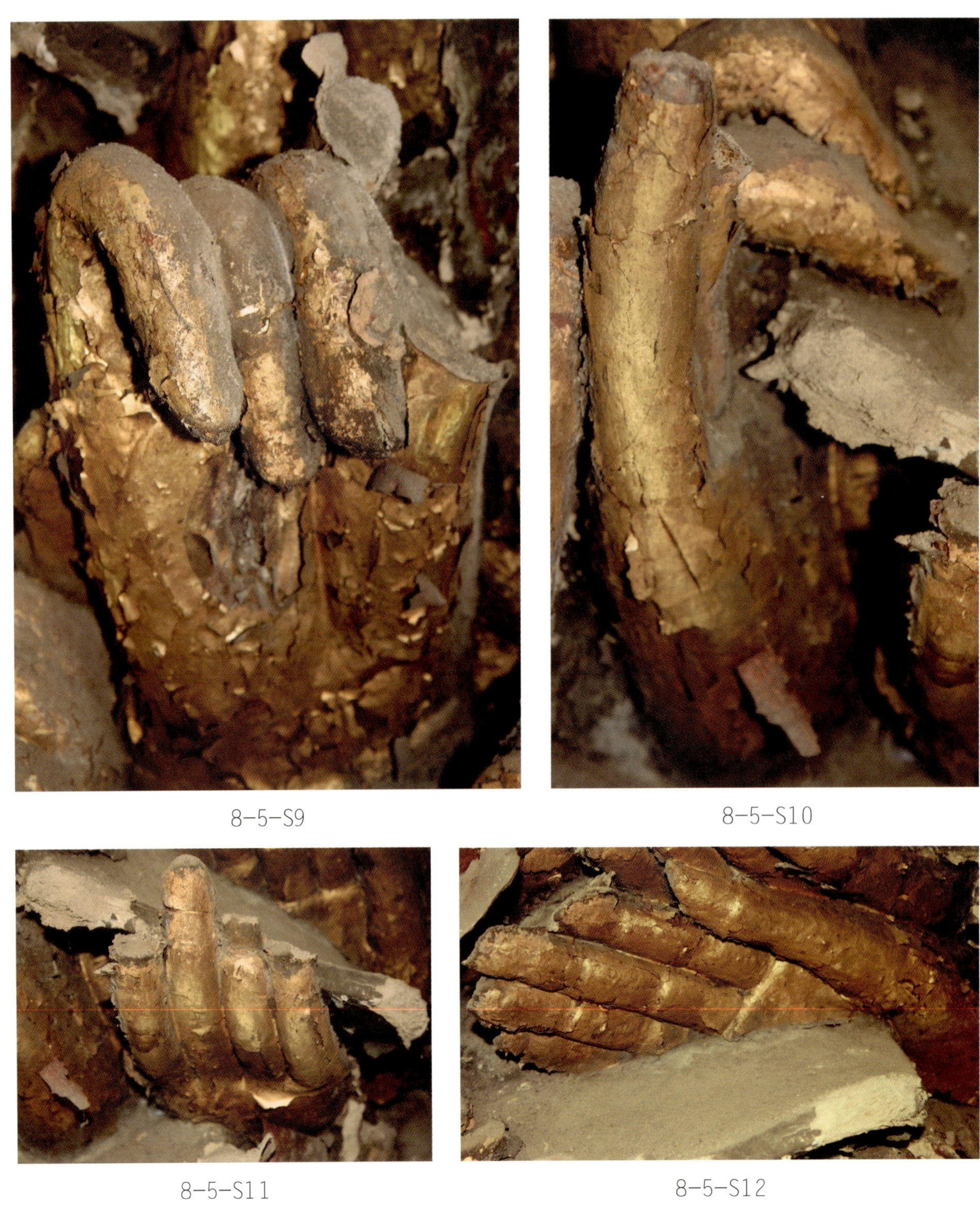

图 82　千手观音造像 8-5 区域正射影像及手、法器编号图 4

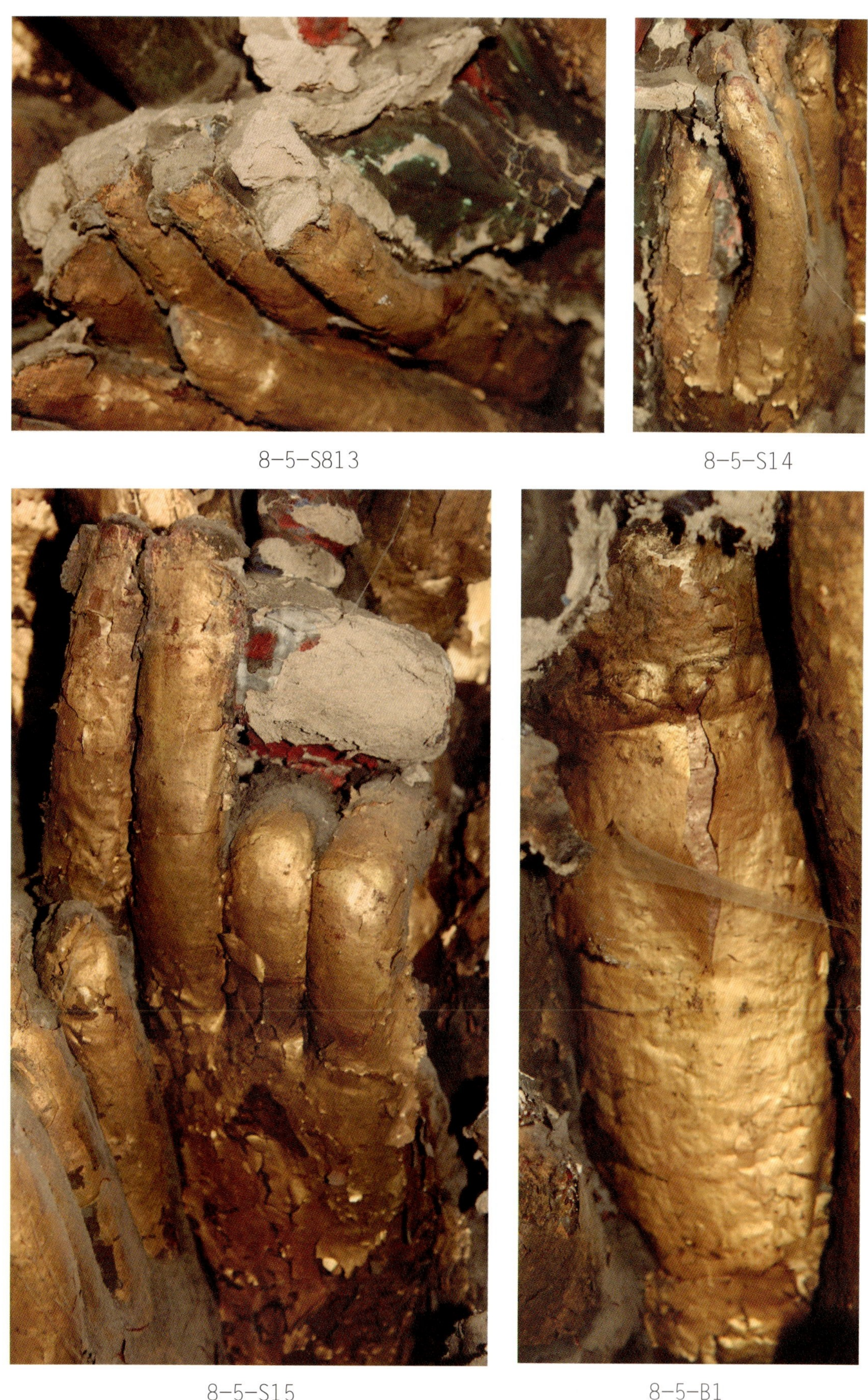
8-5-S813
8-5-S14
8-5-S15
8-5-B1

图 82　千手观音造像 8-5 区域正射影像及手、法器编号图 5

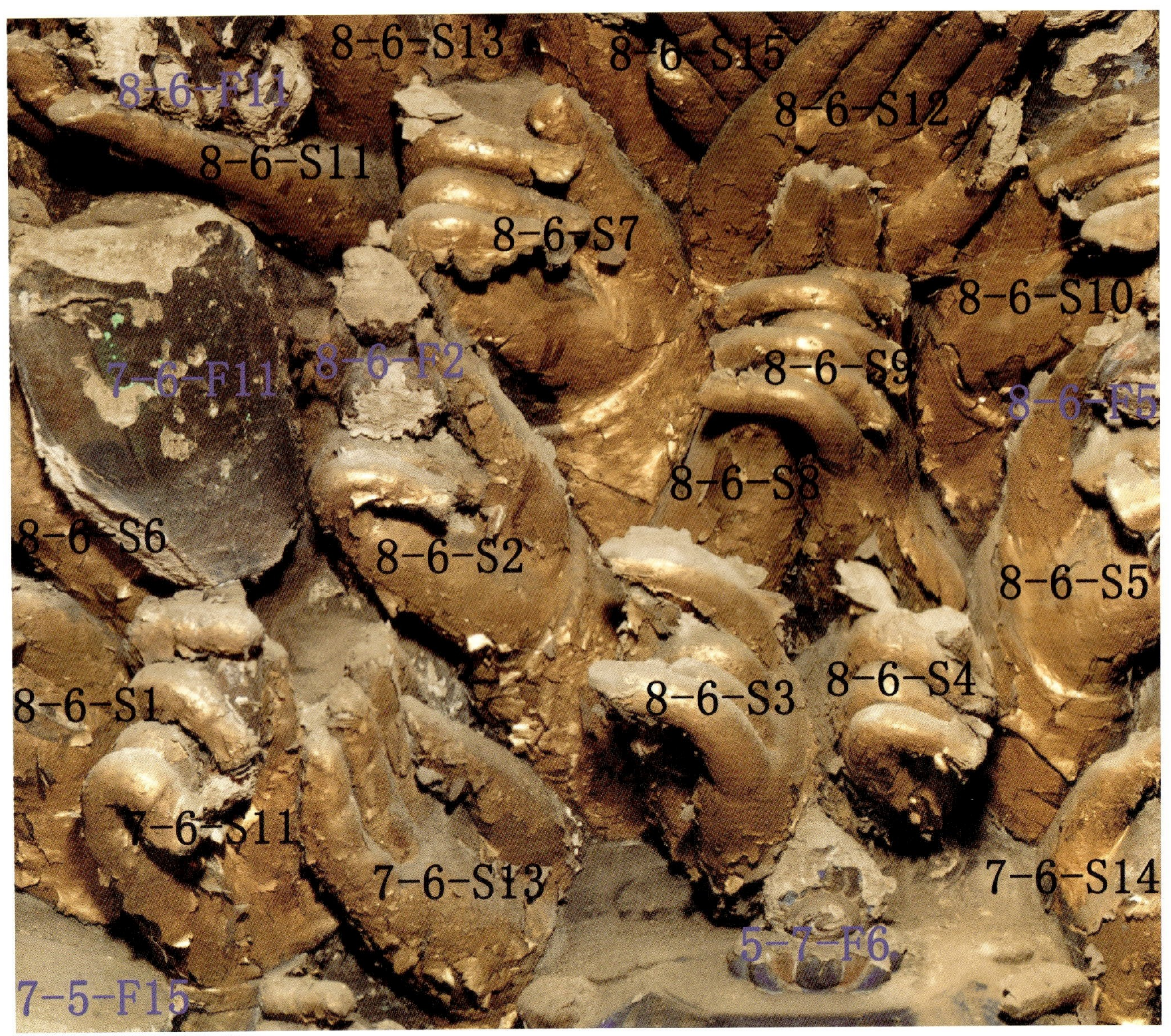

8-6 区

图 83　千手观音造像 8-6 区域正射影像及手、法器编号图 1

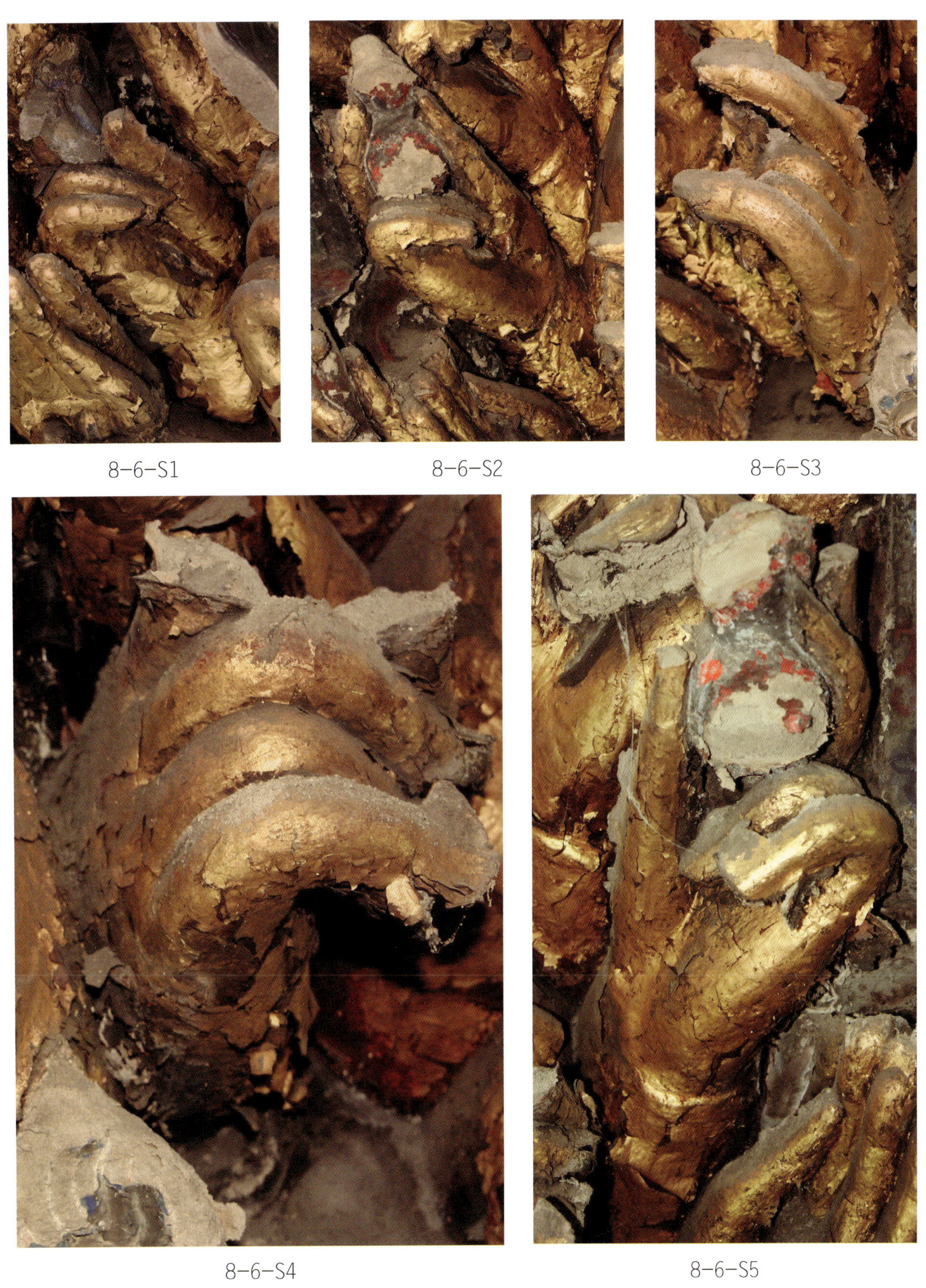

图 83　千手观音造像 8-6 区域正射影像及手、法器编号图 2

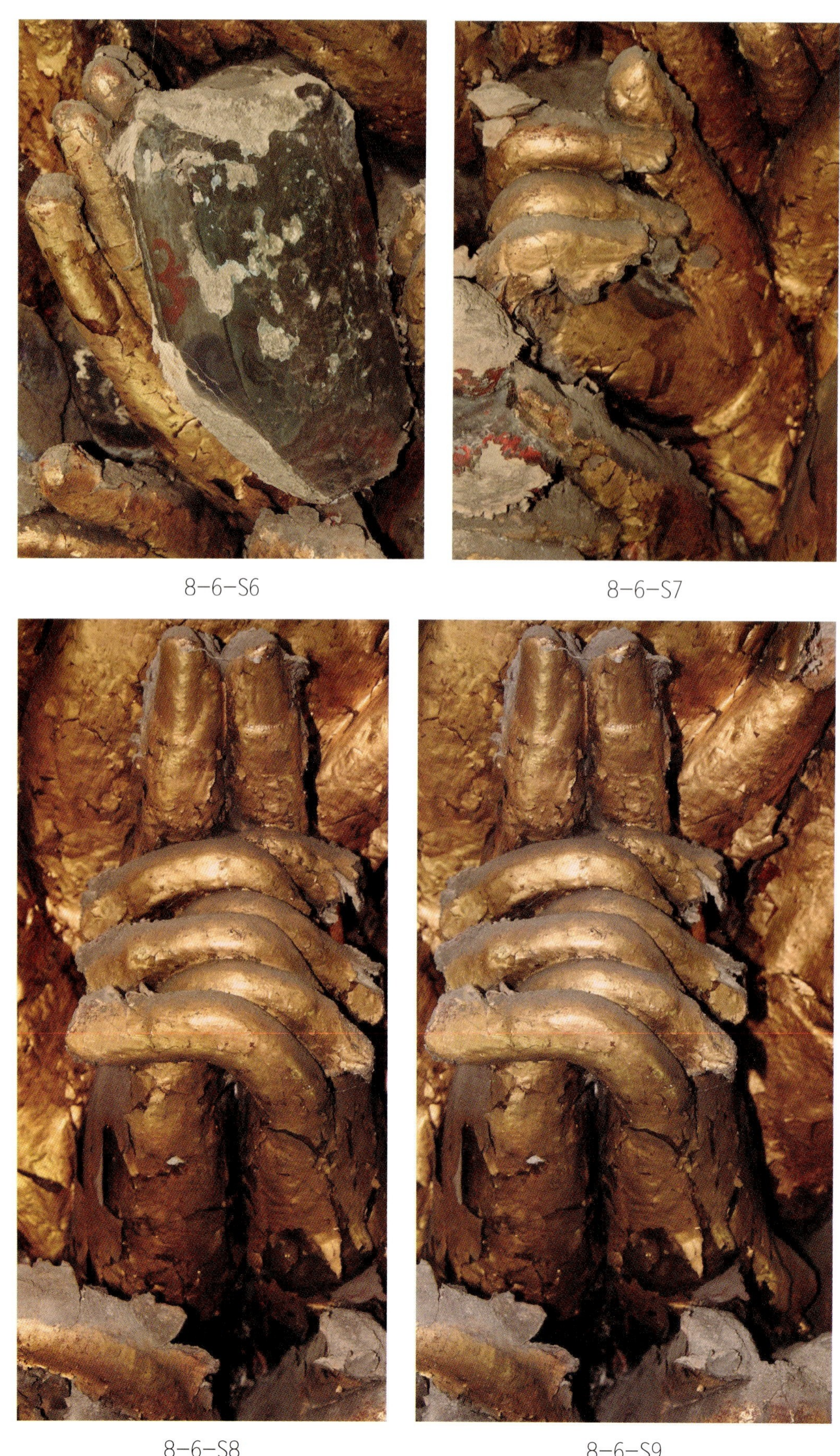

8-6-S6

8-6-S7

8-6-S8

8-6-S9

图 83　千手观音造像 8-6 区域正射影像及手、法器编号图 3

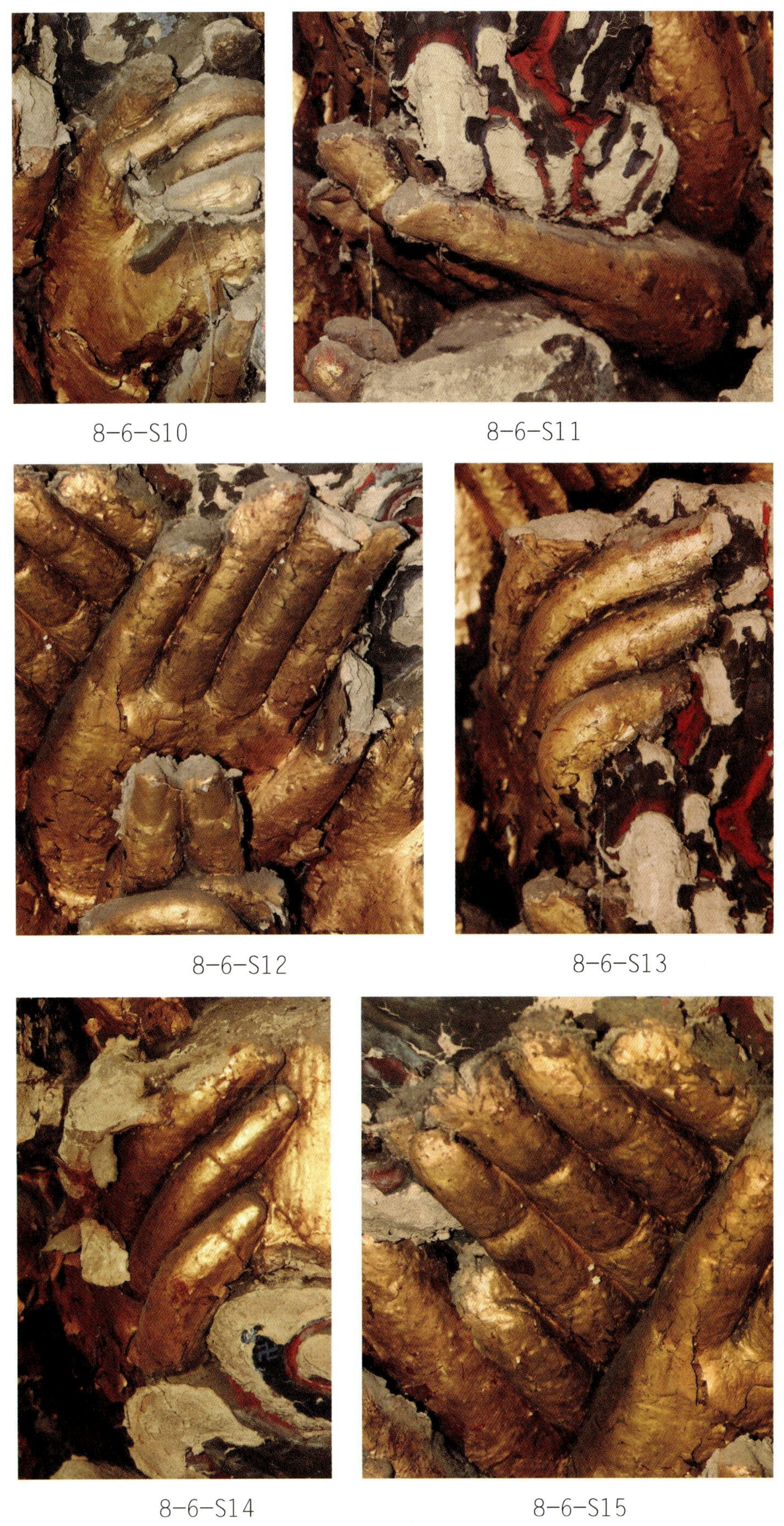

8-6-S10 8-6-S11

8-6-S12 8-6-S13

8-6-S14 8-6-S15

图 83 千手观音造像 8-6 区域正射影像及手、法器编号图 4

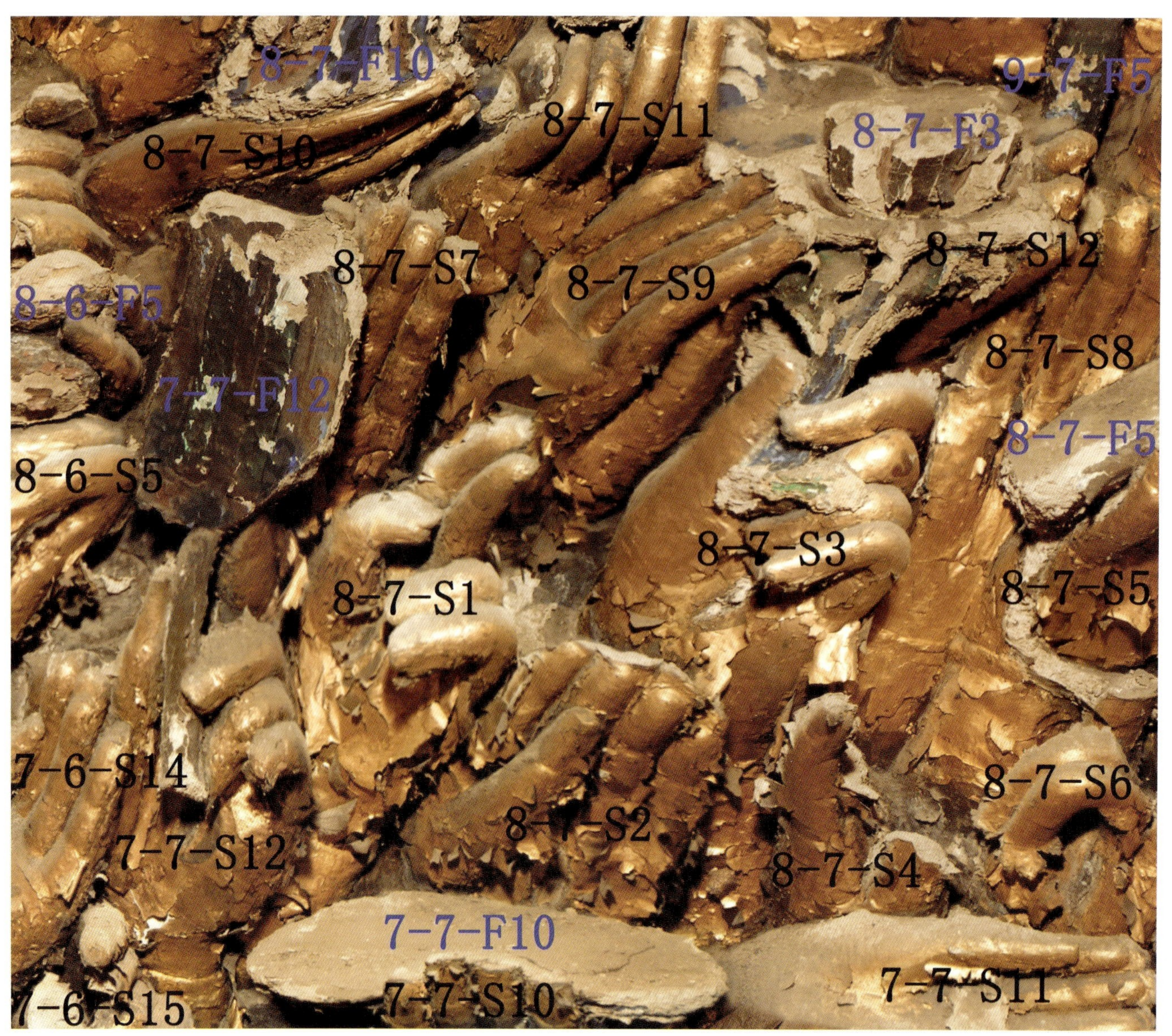

8-7 区

图 84　千手观音造像 8-7 区域正射影像及手、法器编号图 1

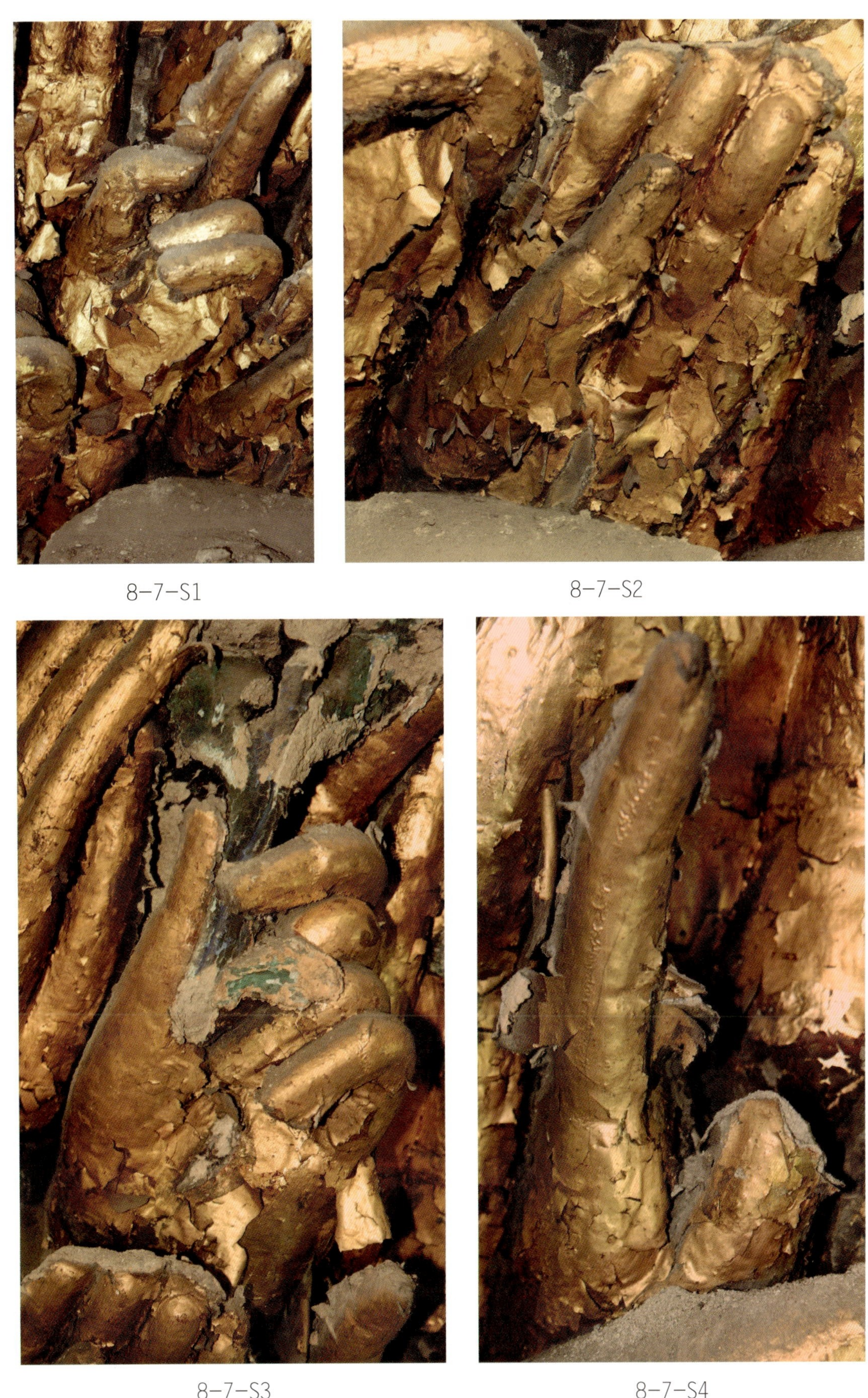

8-7-S1　8-7-S2

8-7-S3　8-7-S4

图 84　千手观音造像 8-7 区域正射影像及手、法器编号图 2

图 84　千手观音造像 8-7 区域正射影像及手、法器编号图 3

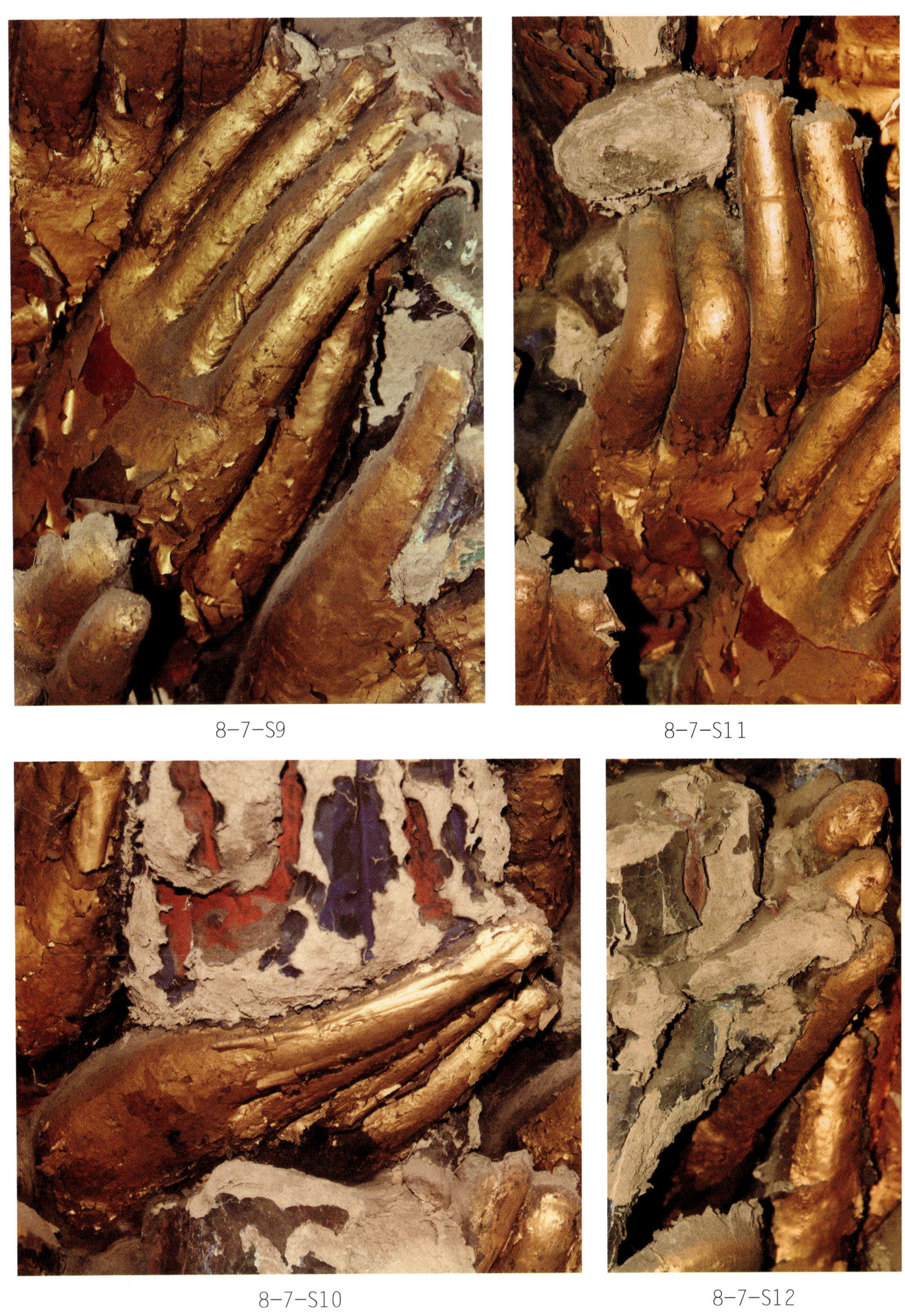
8-7-S9

8-7-S11

8-7-S10

8-7-S12

图 84　千手观音造像 8-7 区域正射影像及手、法器编号图 4

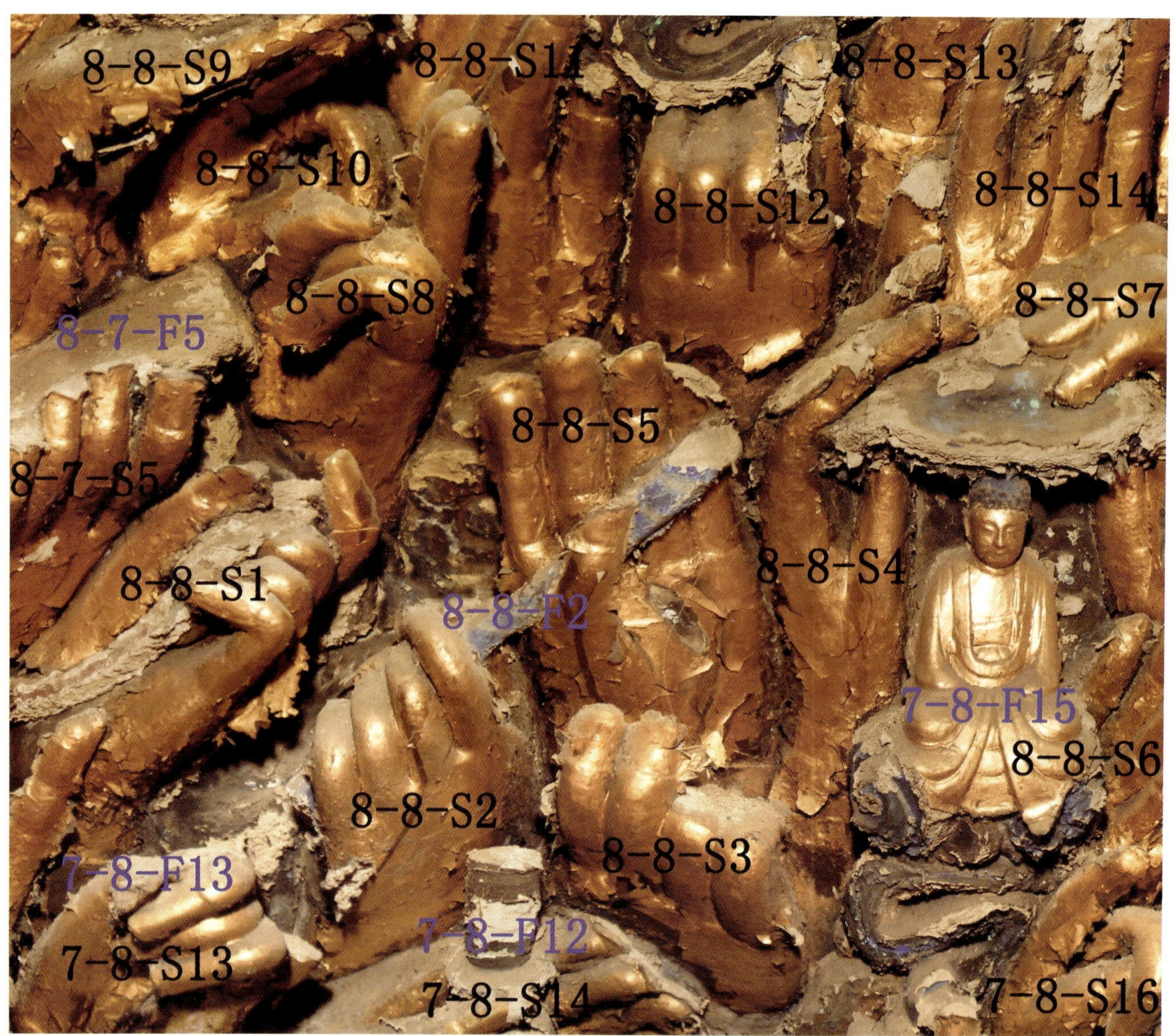

8-8 区

图 85　千手观音造像 8-8 区域正射影像及手、法器编号图 1

8-8-S1　8-8-S2

8-8-S3　8-8-S4

图 85　千手观音造像 8-8 区域正射影像及手、法器编号图 2

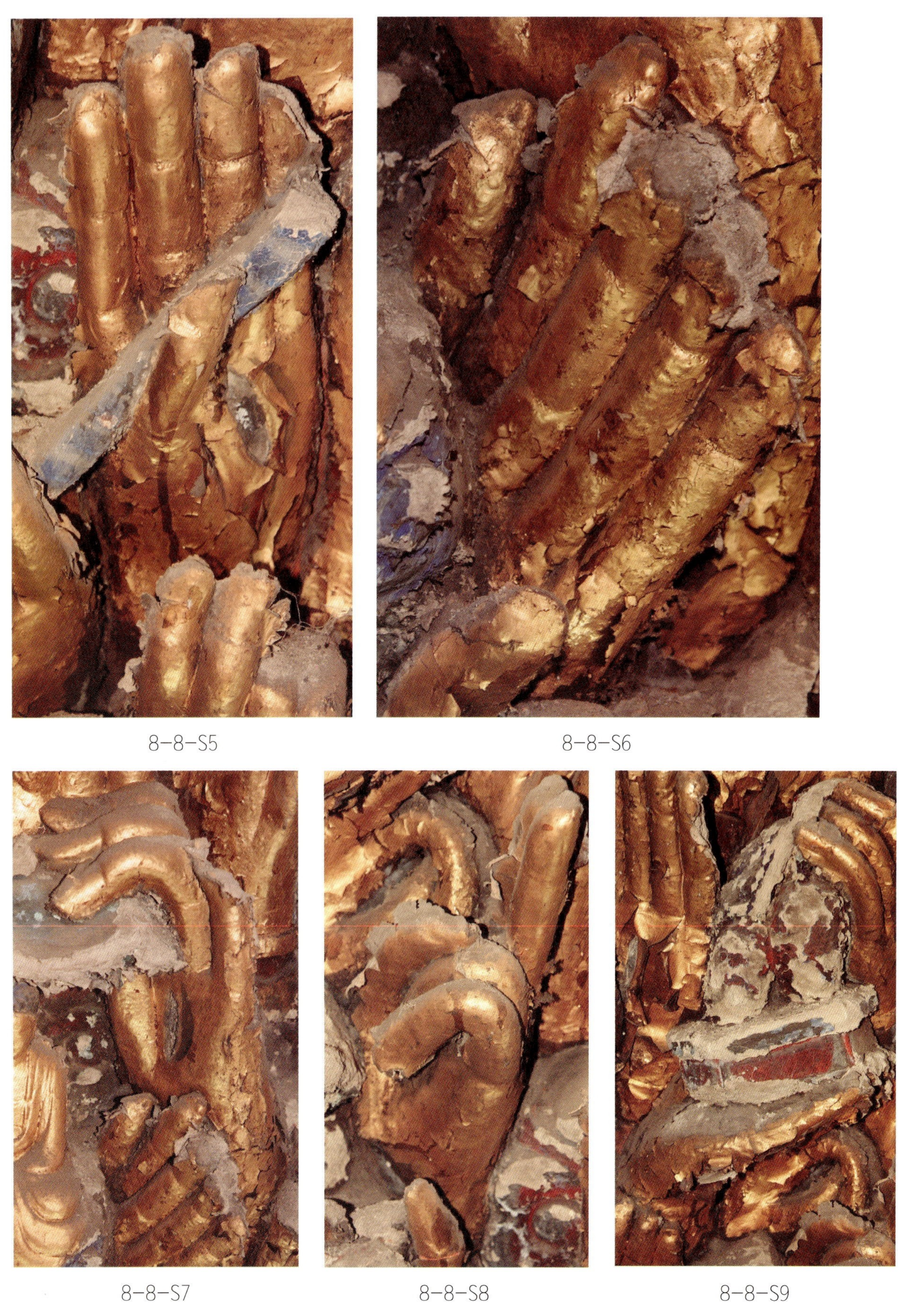

图 85　千手观音造像 8-8 区域正射影像及手、法器编号图 3

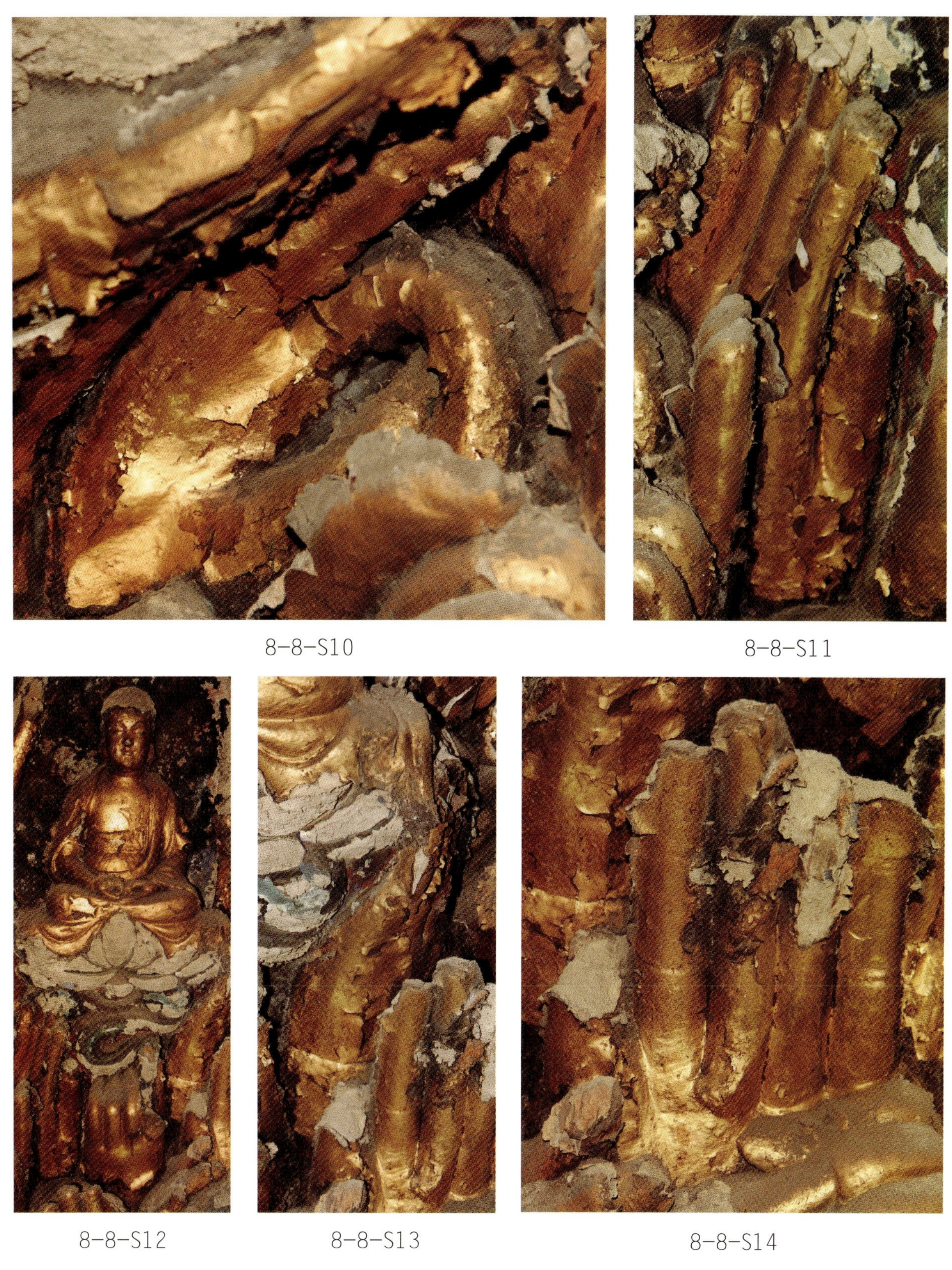

图 85　千手观音造像 8–8 区域正射影像及手、法器编号图 4

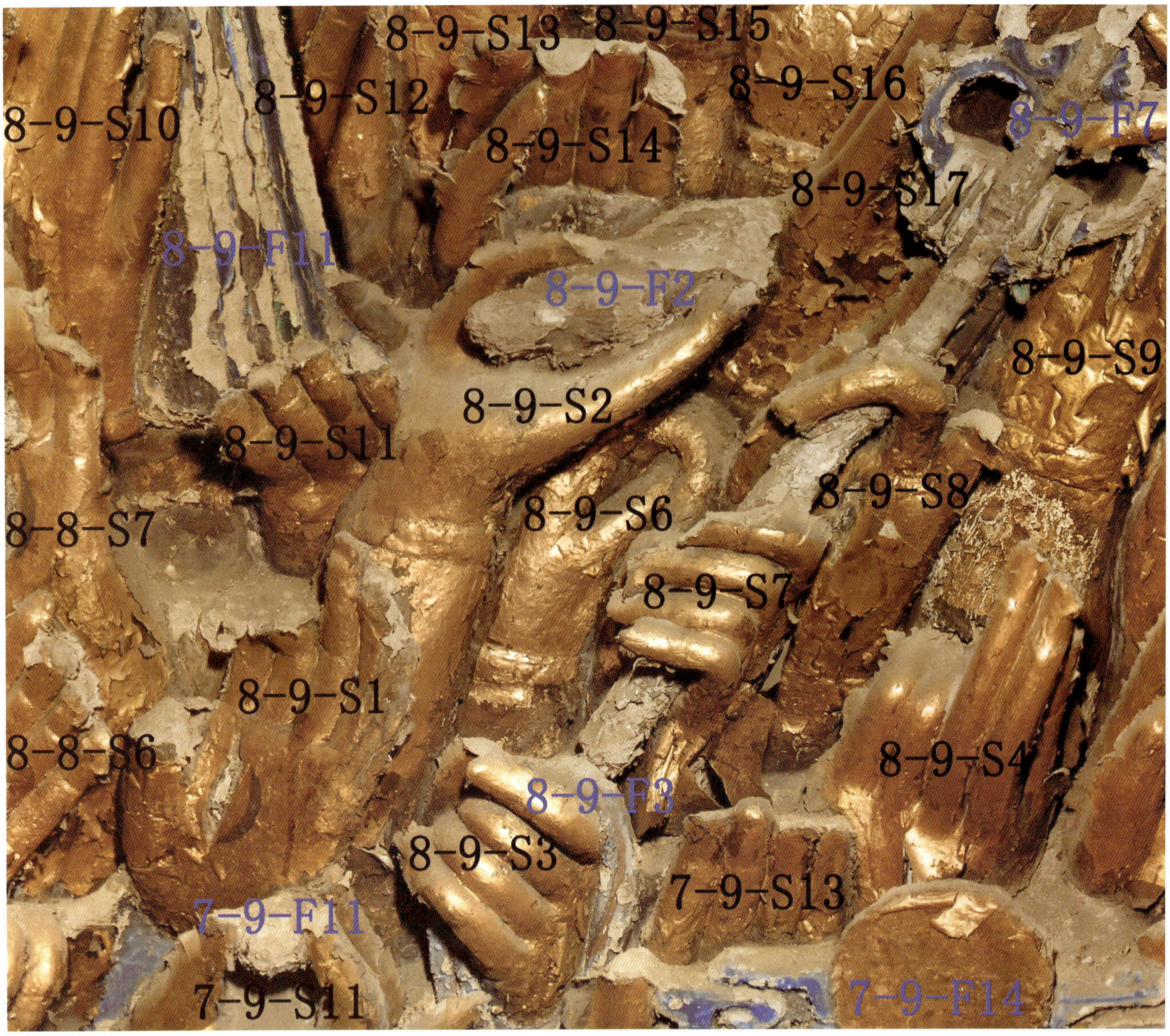

8-9 区

8-9-S1　　8-9-S2　　8-9-S3

图 86　千手观音造像 8-9 区域正射影像及手、法器编号图 1

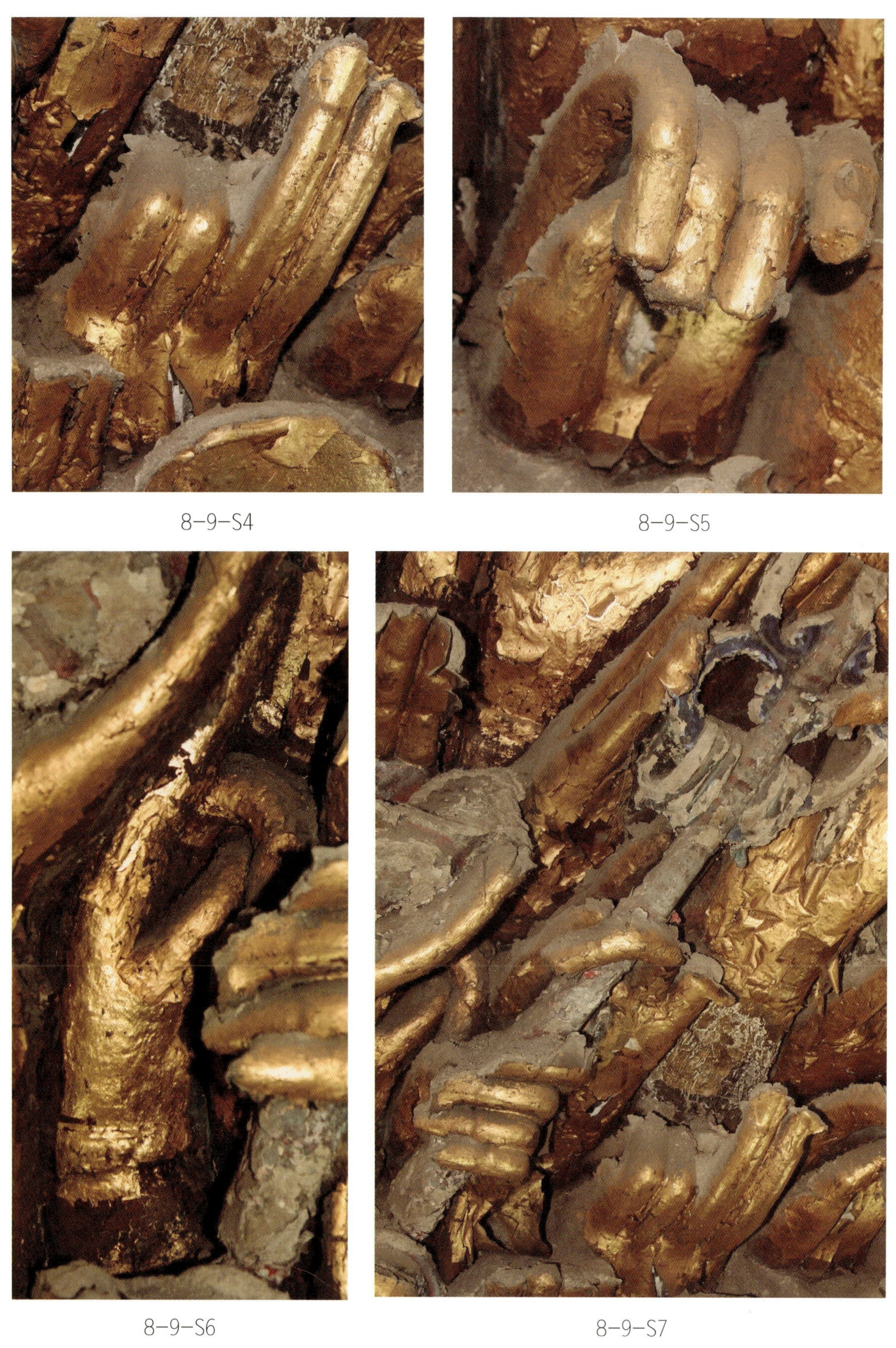

图 86 千手观音造像 8-9 区域正射影像及手、法器编号图 2

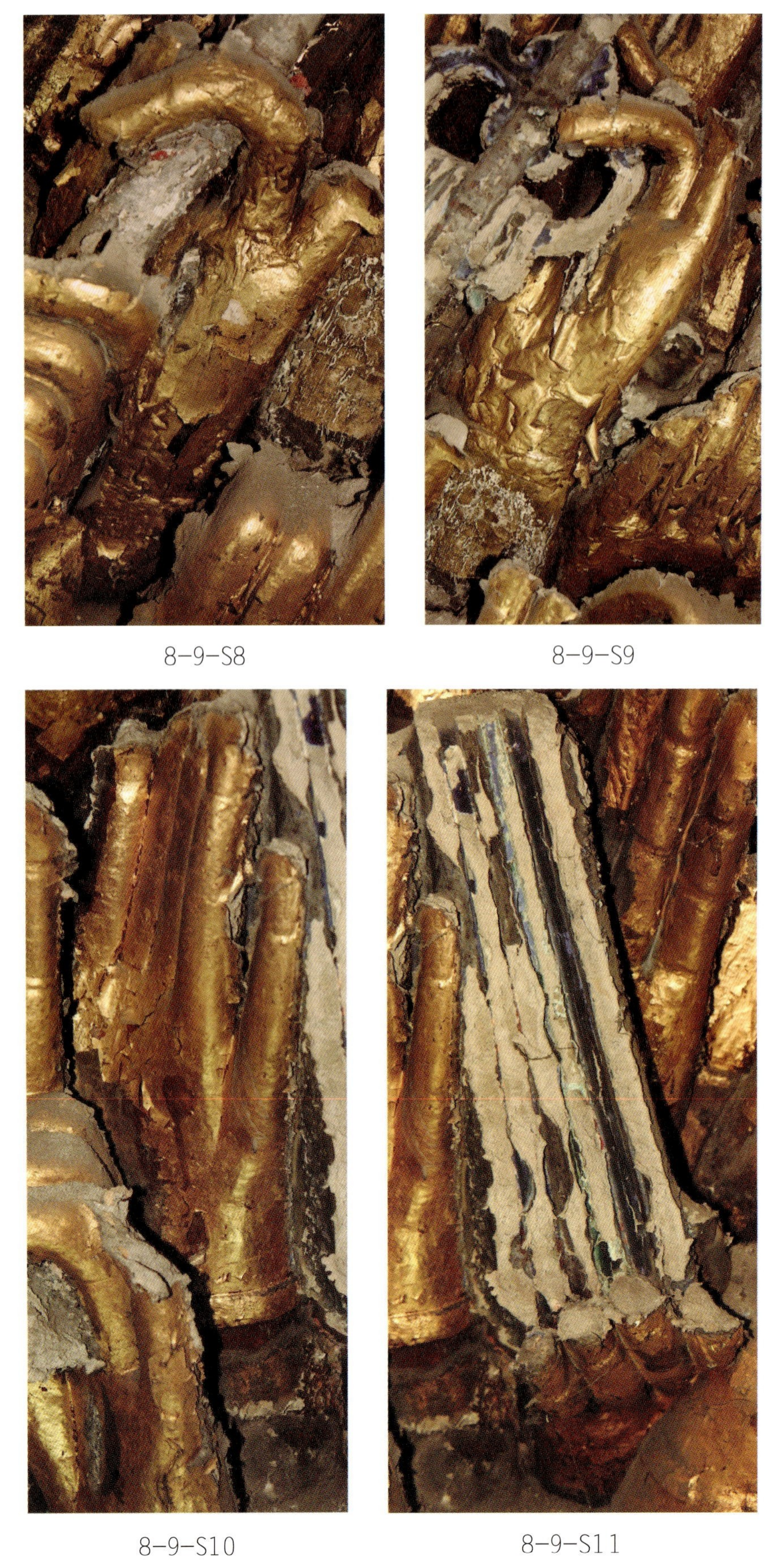

8-9-S8　　8-9-S9

8-9-S10　　8-9-S11

图 86　千手观音造像 8-9 区域正射影像及手、法器编号图 3

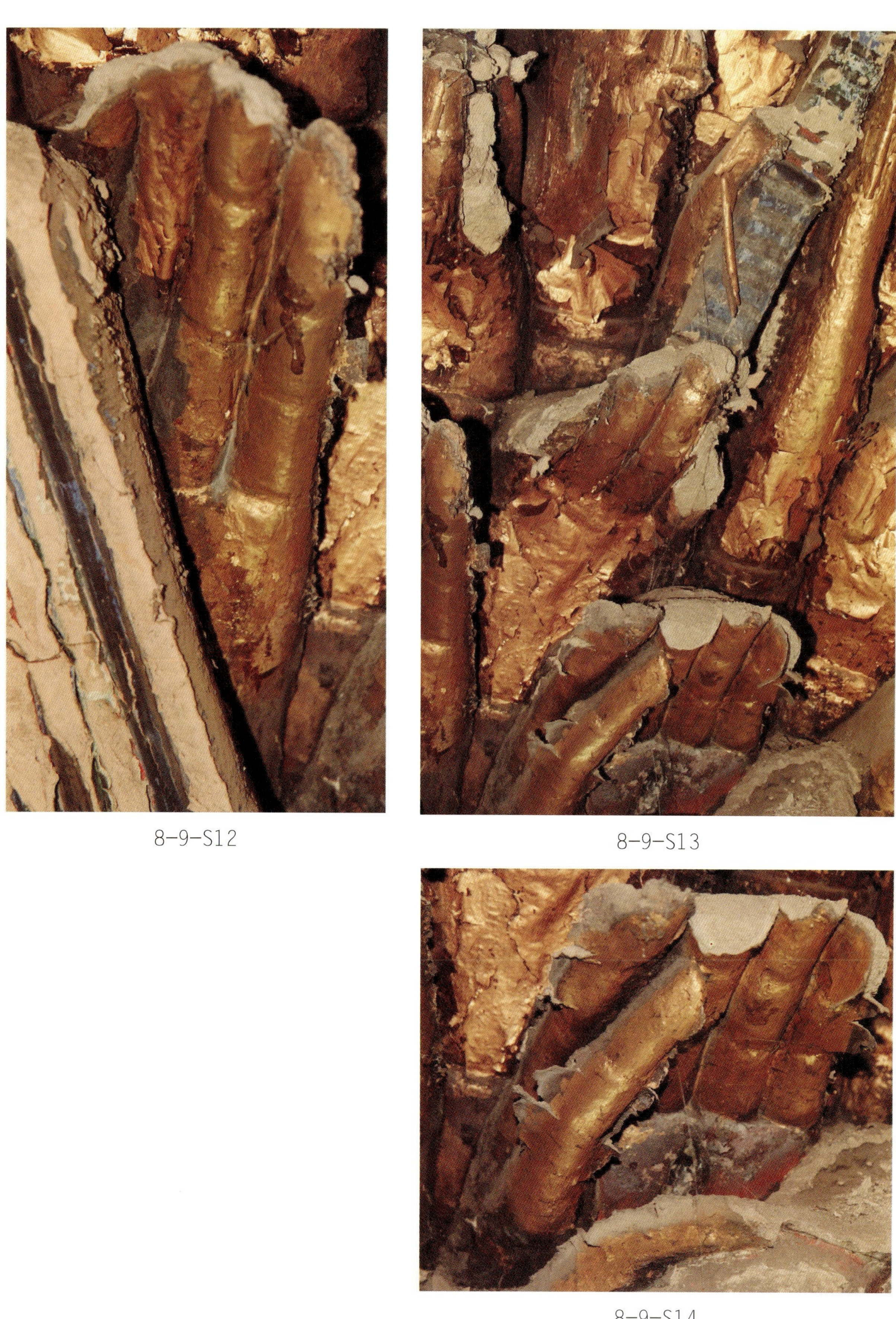

8-9-S12

8-9-S13

8-9-S14

图 86　千手观音造像 8-9 区域正射影像及手、法器编号图 4

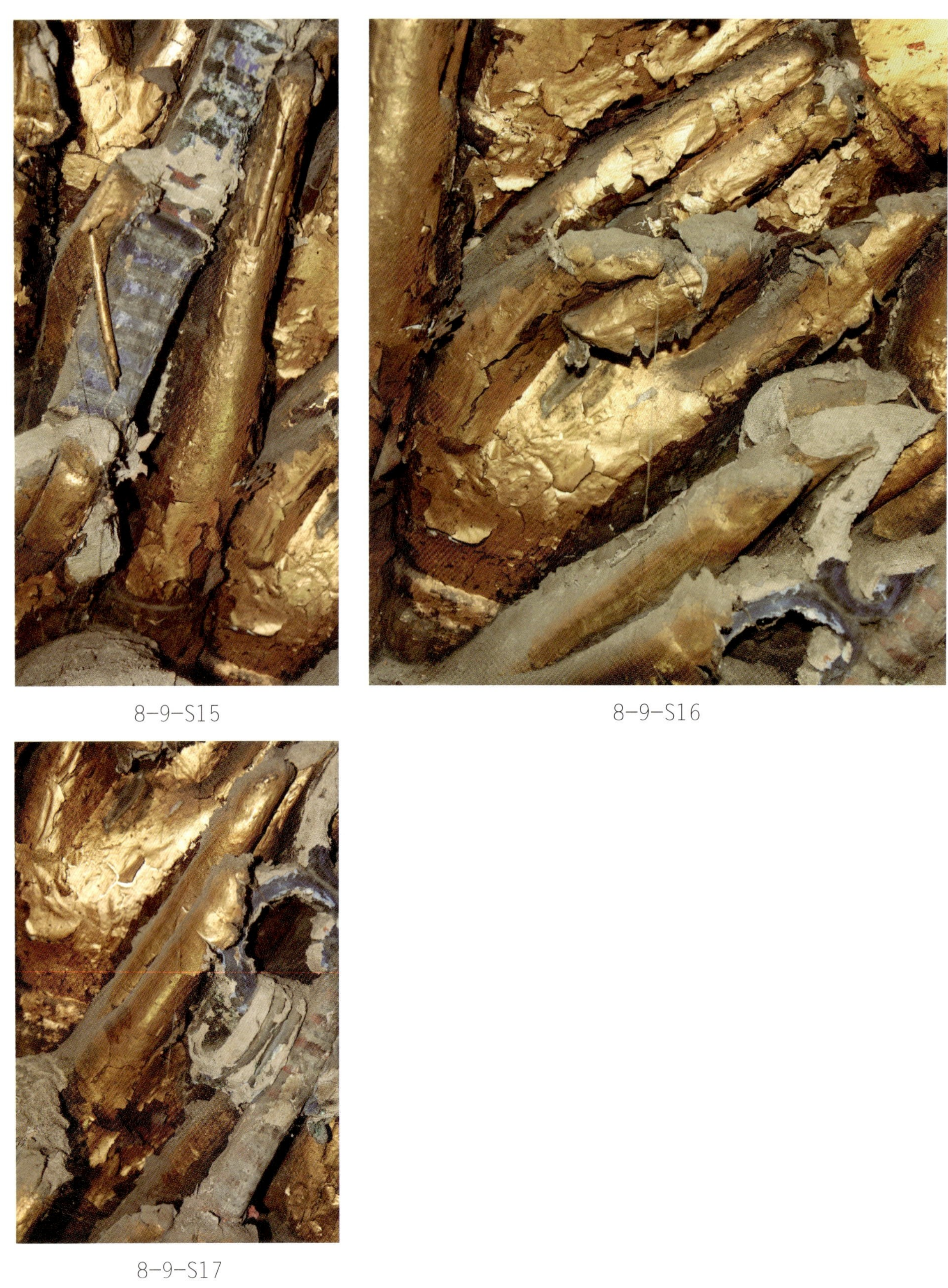

8-9-S15

8-9-S16

8-9-S17

图 86　千手观音造像 8-9 区域正射影像及手、法器编号图 5

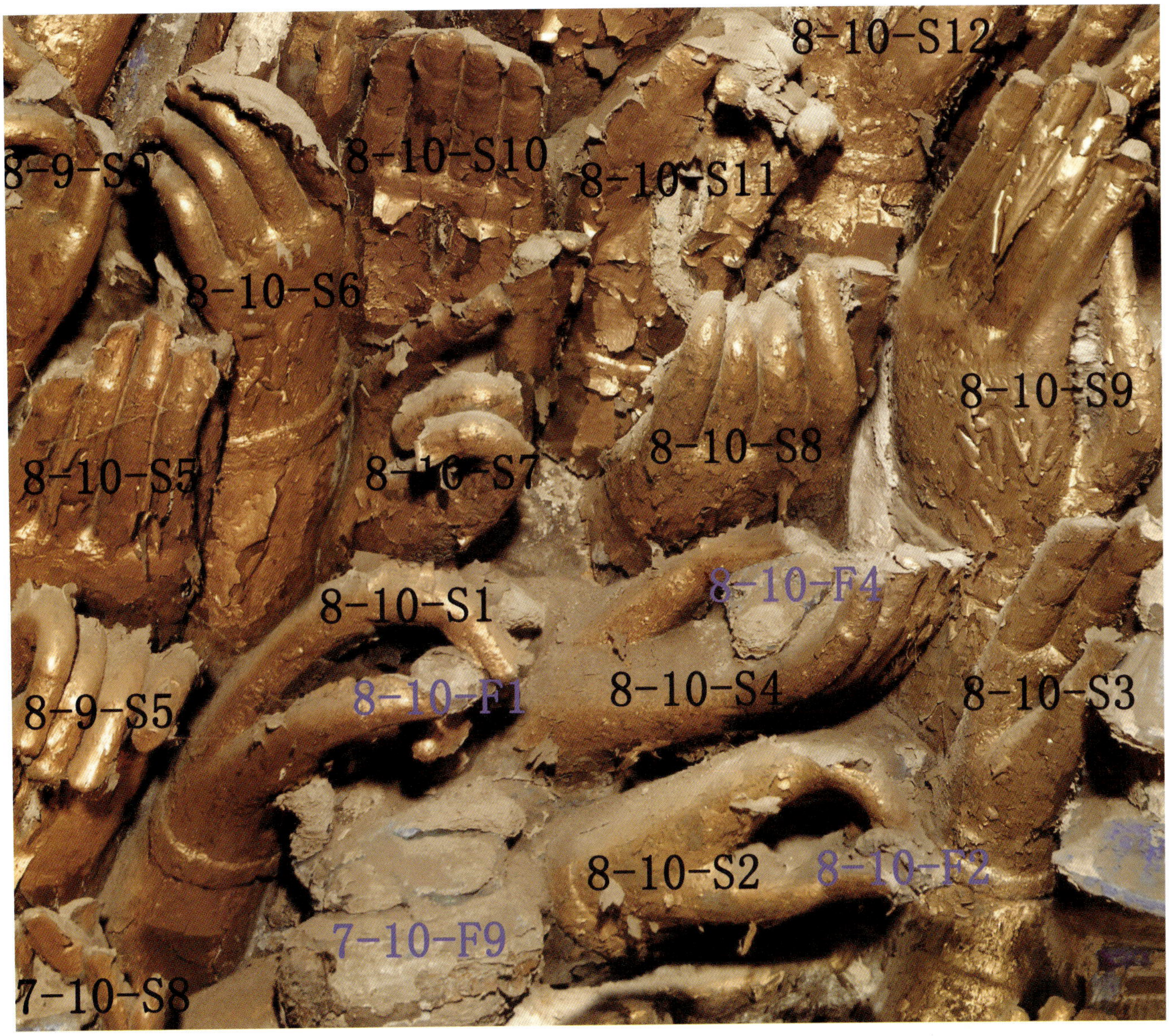

8-10 区

8-10-S1　　8-10-S2

图 87　千手观音造像 8-10 区域正射影像及手、法器编号图 1

8-10-S3

8-10-S4

8-10-S5

8-10-S6

图 87　千手观音造像 8-10 区域正射影像及手、法器编号图 2

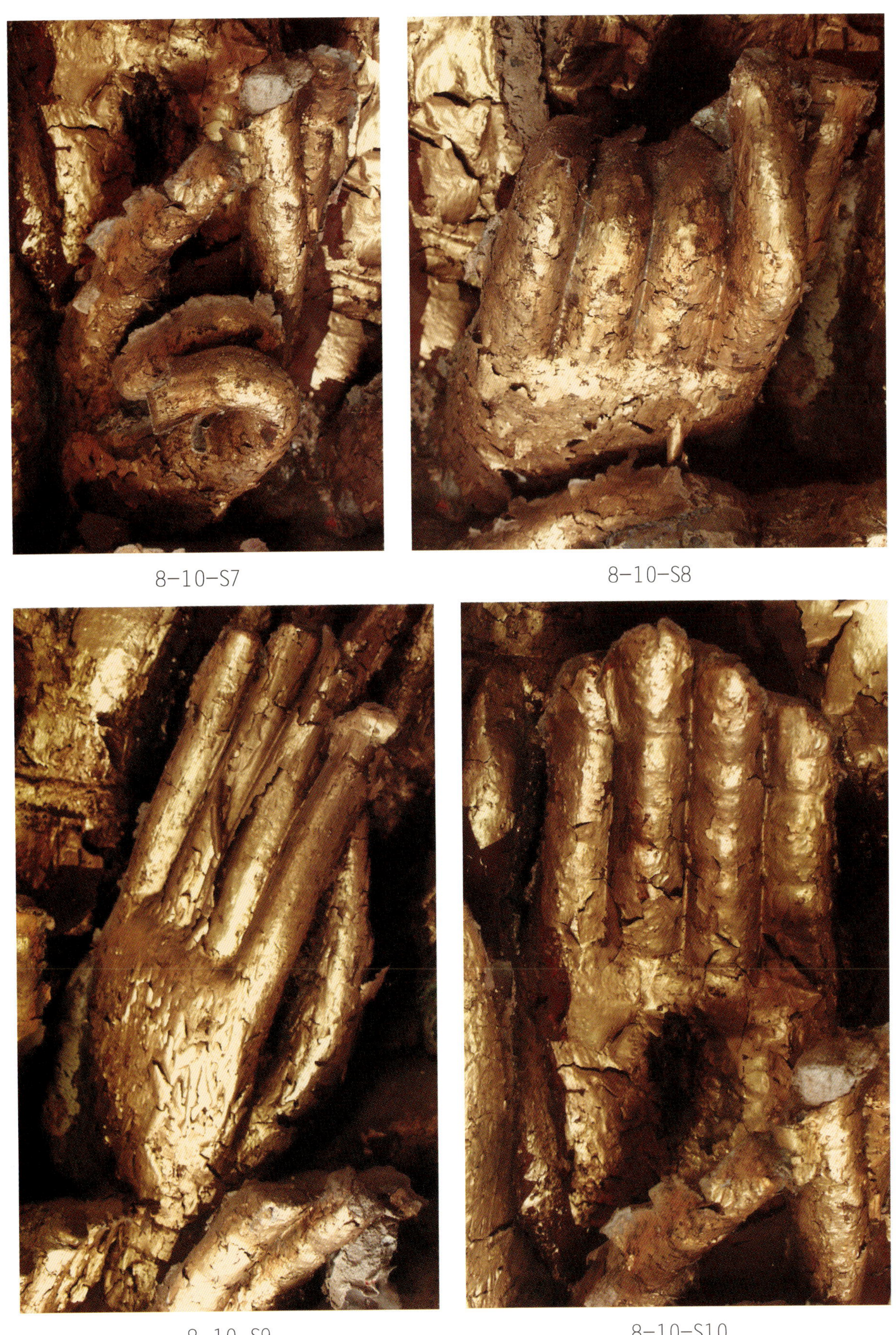

图 87　千手观音造像 8-10 区域正射影像及手、法器编号图 3

8-10-S11

8-10-S12

图 87　千手观音造像 8-10 区域正射影像及手、法器编号图 4

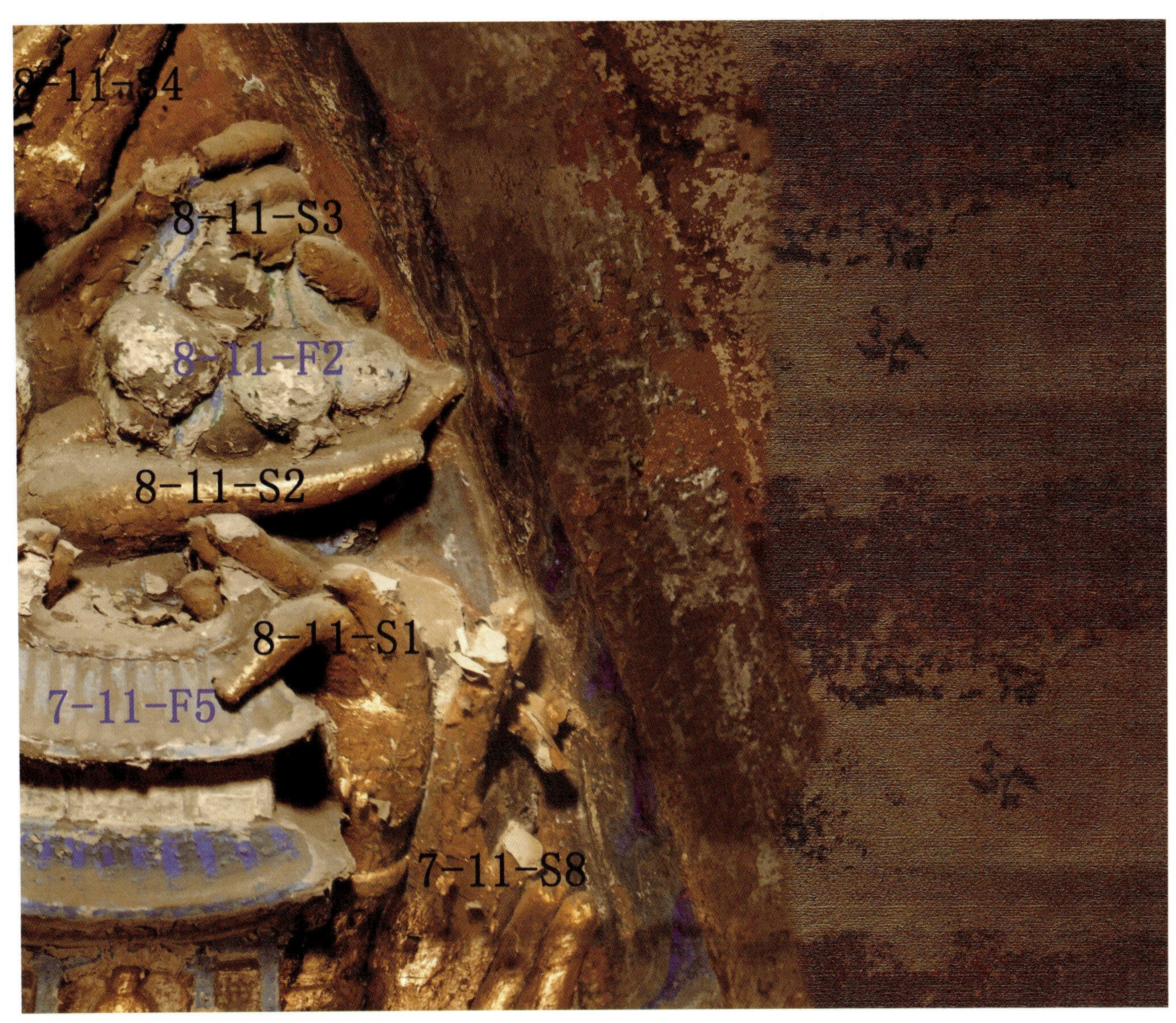

8-11 区

图 88　千手观音造像 8-11 区域正射影像及手、法器编号图 1

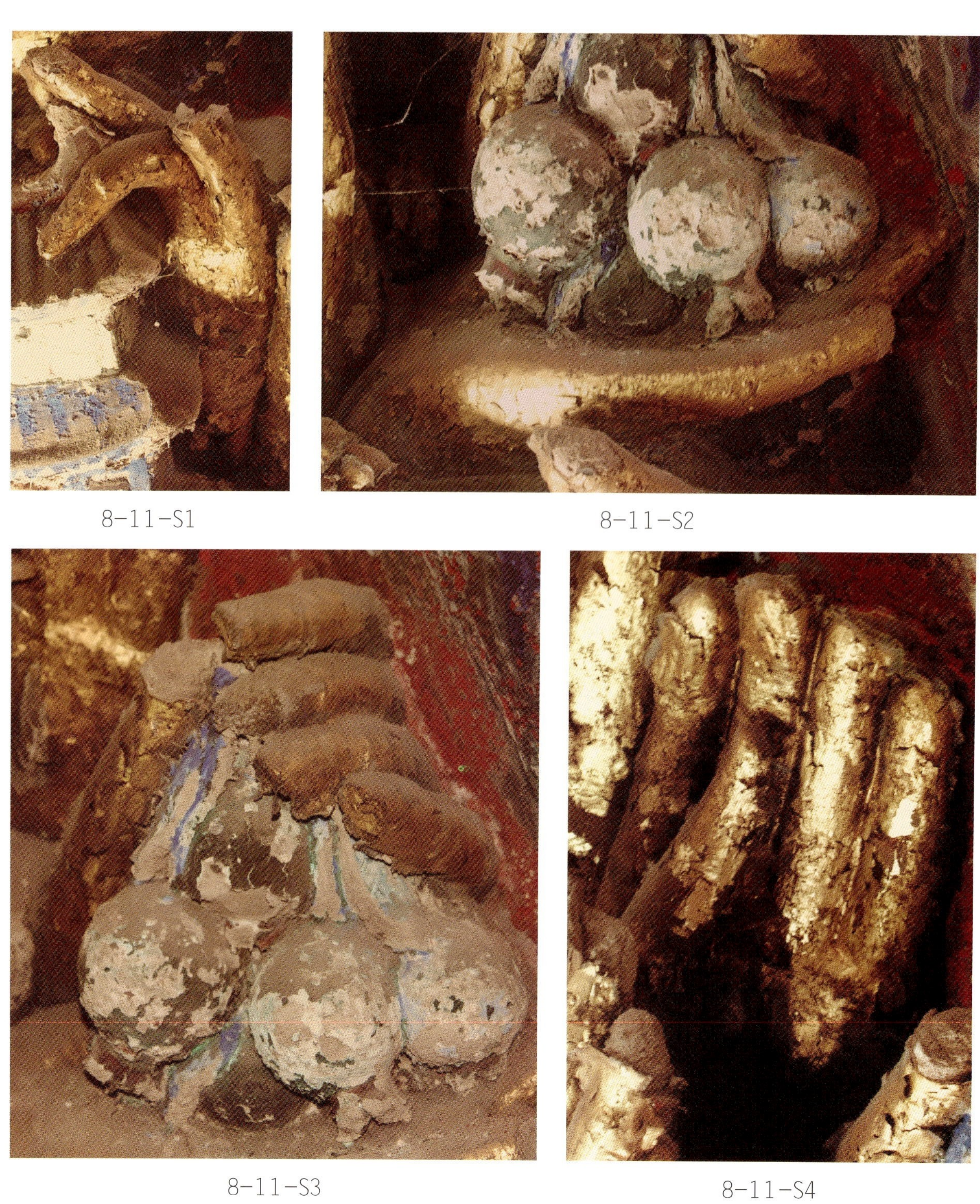

8-11-S1

8-11-S2

8-11-S3

8-11-S4

图 88　千手观音造像 8-11 区域正射影像及手、法器编号图 2

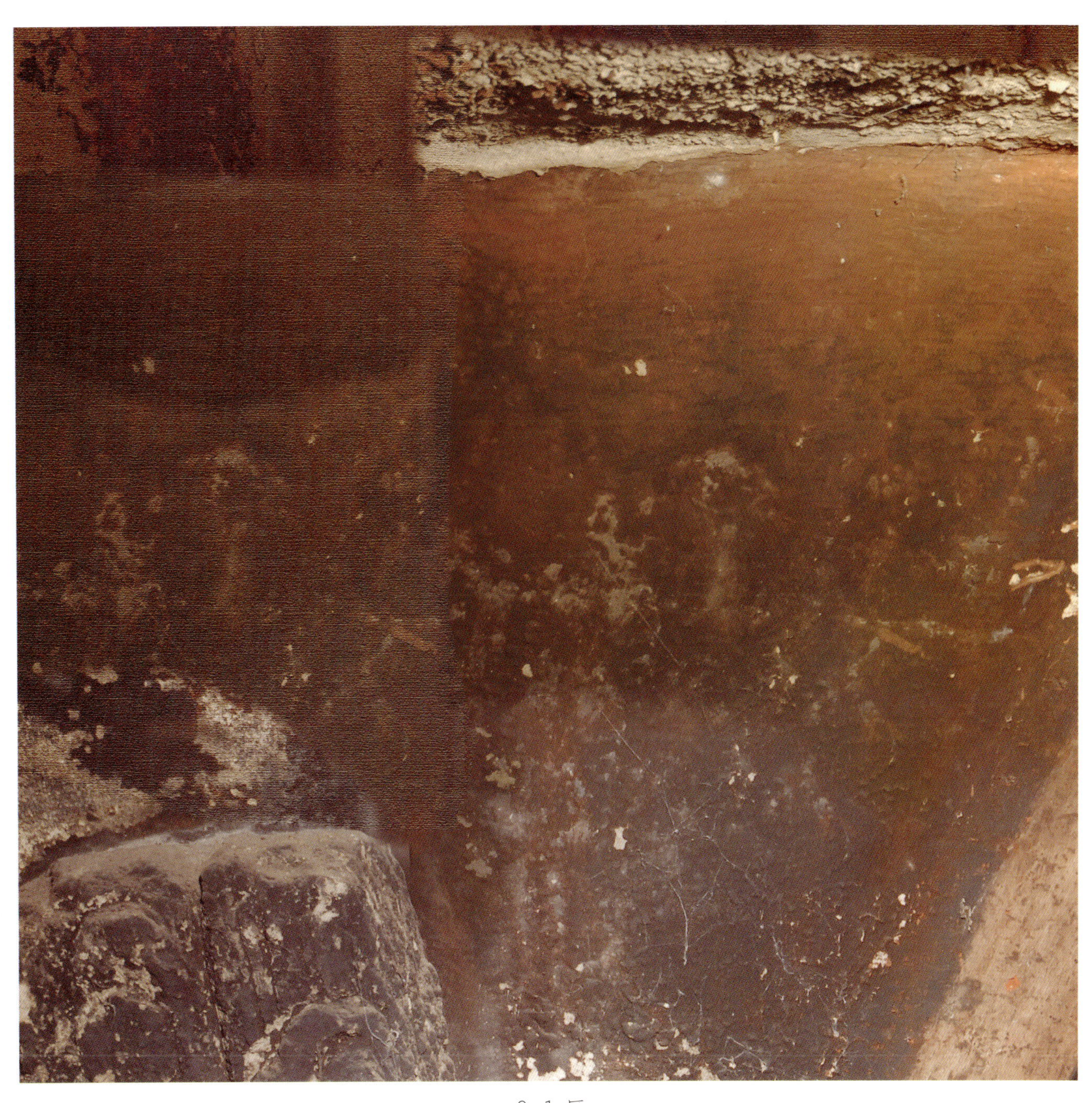

9-1 区

图 89　千手观音造像 9-1 区域正射影像图

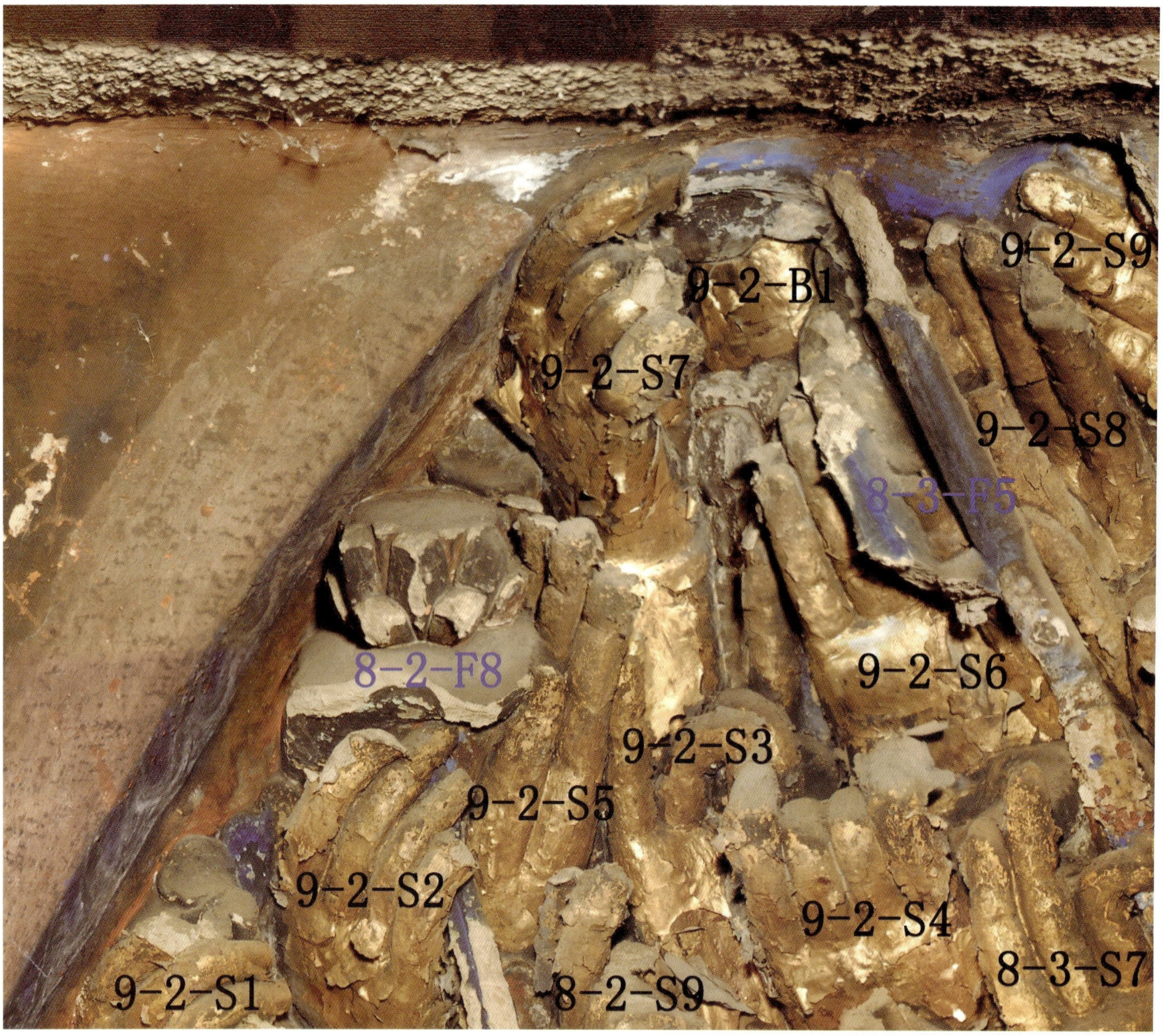

9-2 区

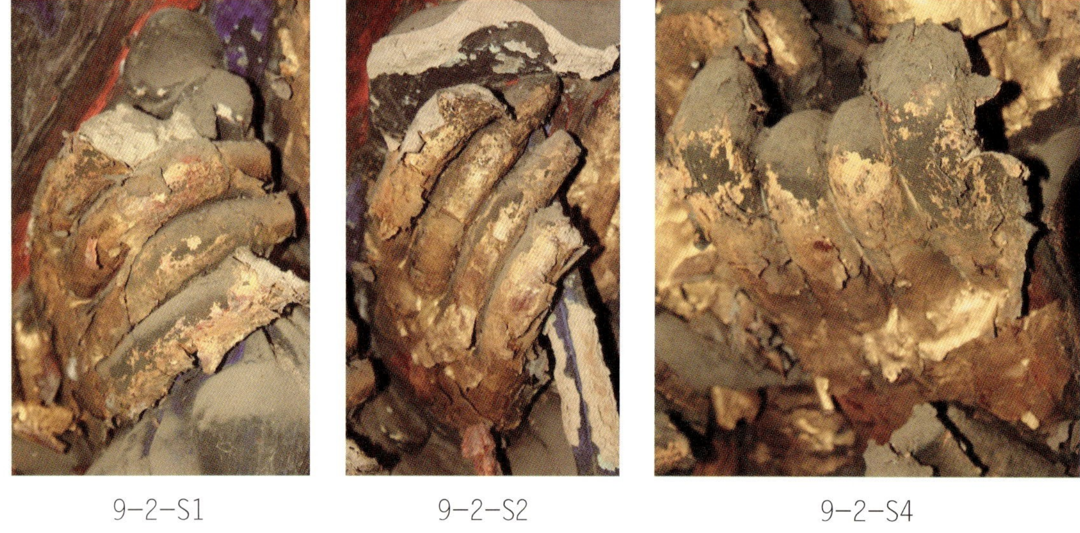

9-2-S1　　9-2-S2　　9-2-S4

图 90　千手观音造像 9-2 区域正射影像及手、法器编号图 1

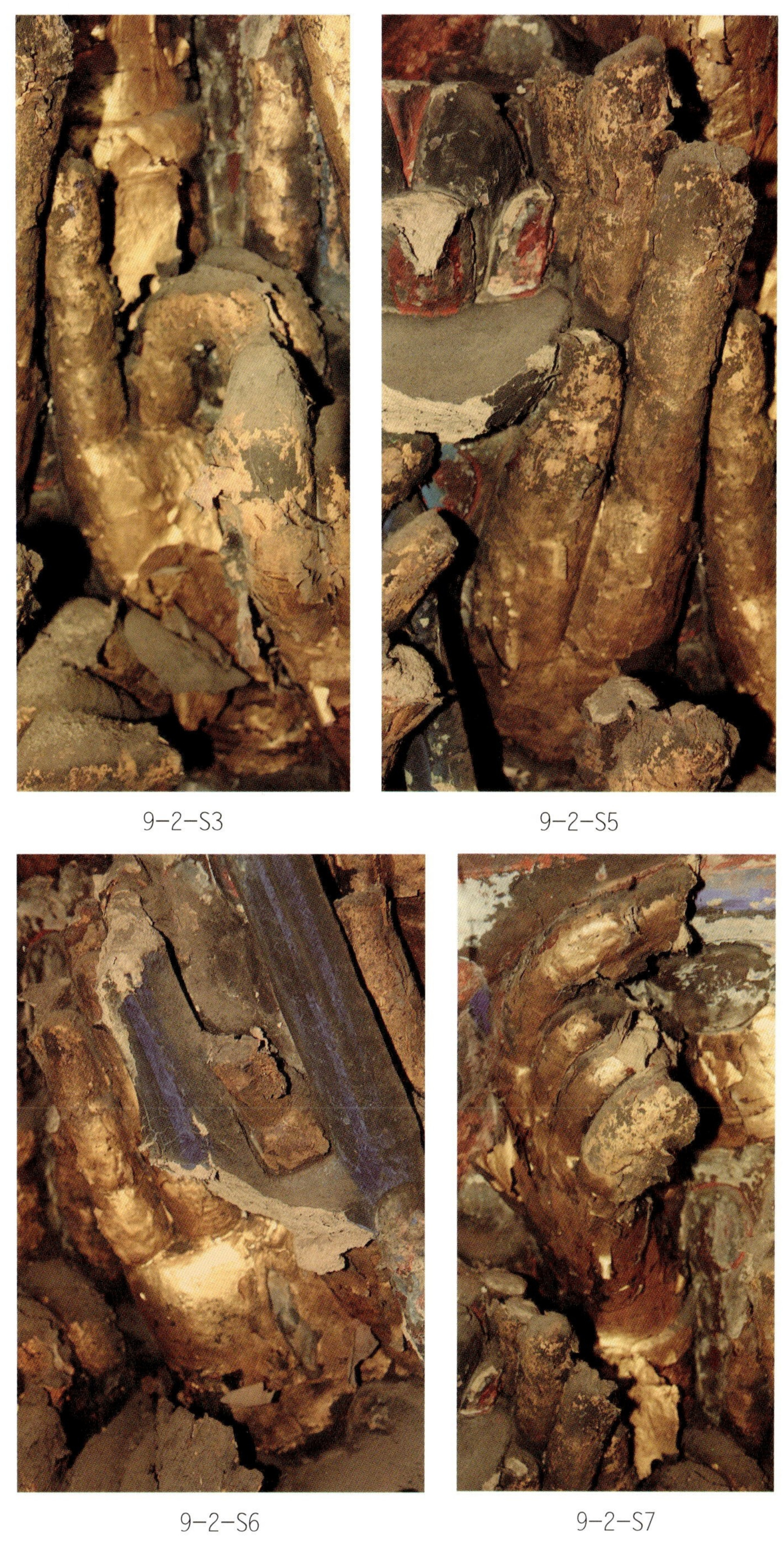

图 90 千手观音造像 9-2 区域正射影像及手、法器编号图 2

9-2-S8　9-2-S9　9-2-B1

图 90　千手观音造像 9-2 区域正射影像及手、法器编号图 3

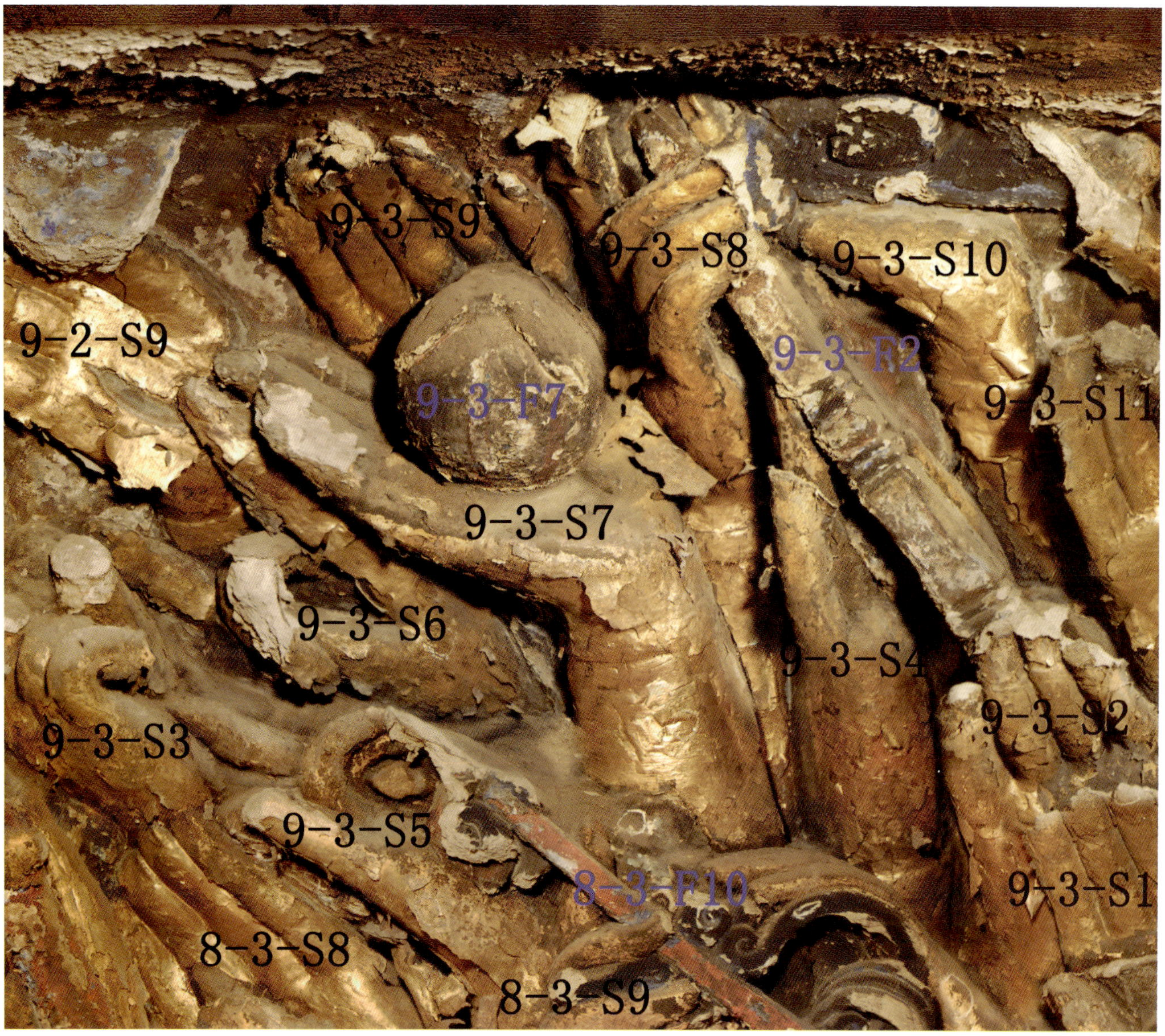

9-3 区

9-3-S1　　9-3-S2

图 91　千手观音造像 9-3 区域正射影像及手、法器编号图 1

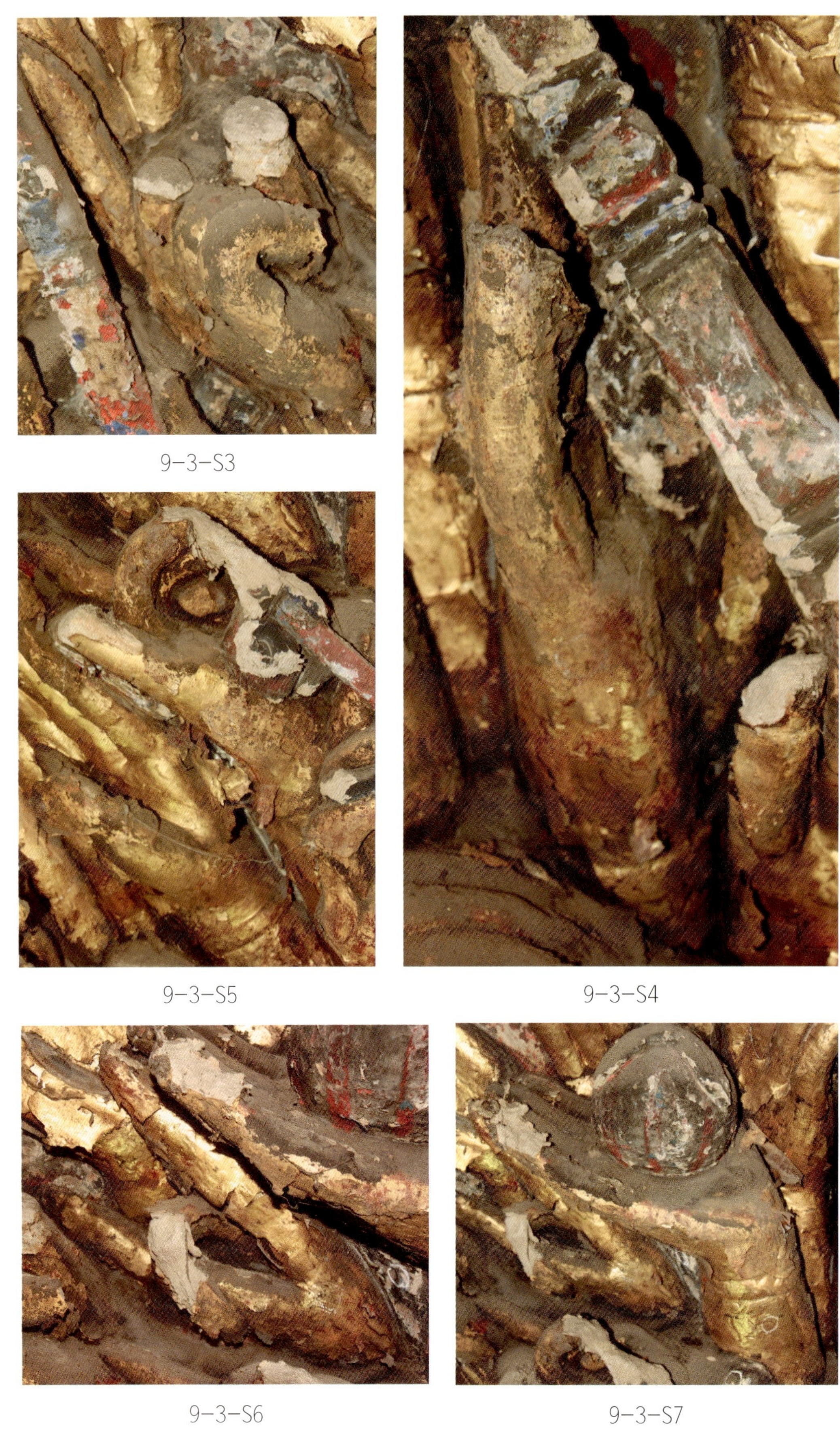

9-3-S3

9-3-S5

9-3-S4

9-3-S6

9-3-S7

图 91　千手观音造像 9-3 区域正射影像及手、法器编号图 2

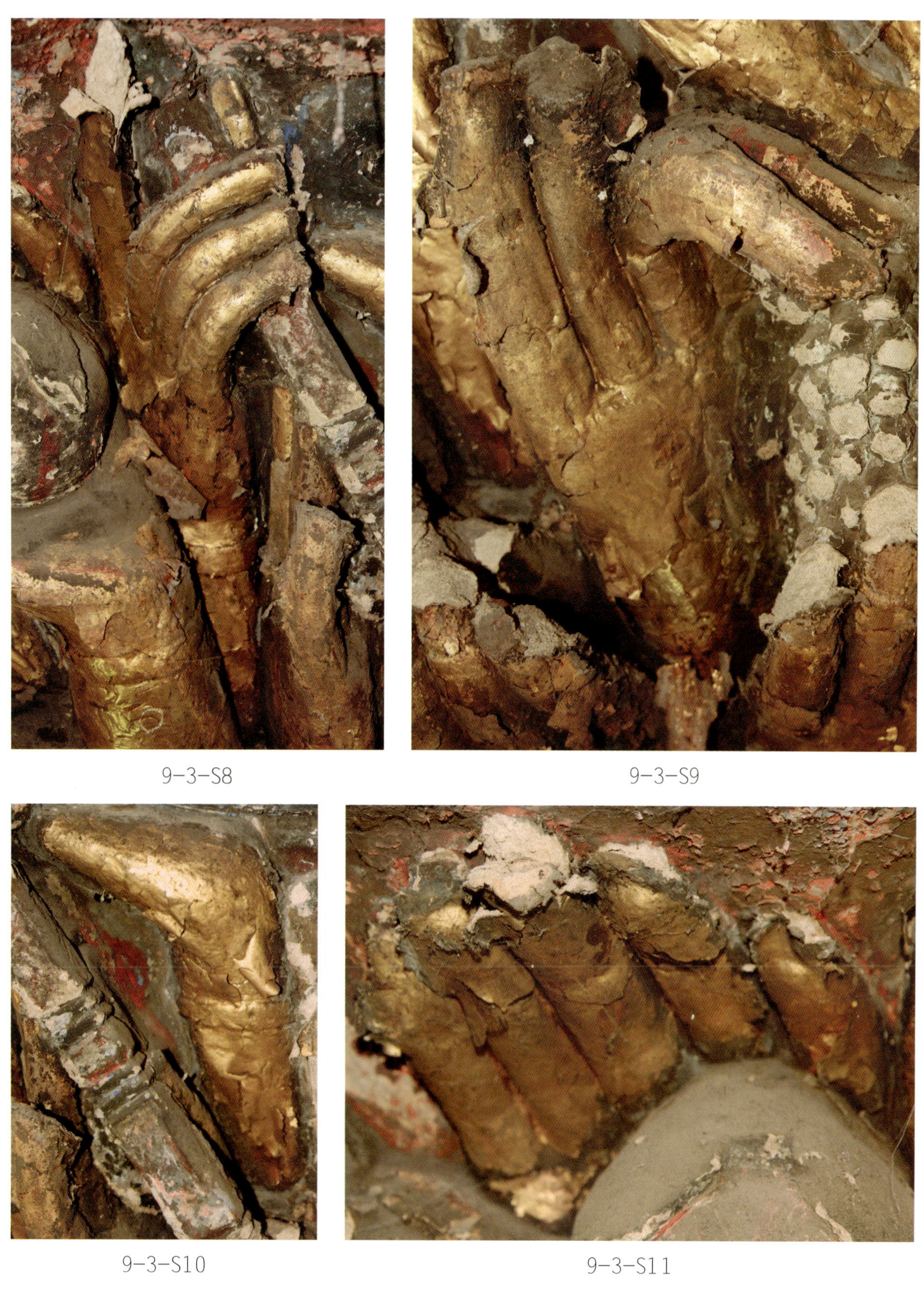

9-3-S8　　9-3-S9

9-3-S10　　9-3-S11

图 91　千手观音造像 9-3 区域正射影像及手、法器编号图 3

9-4 区

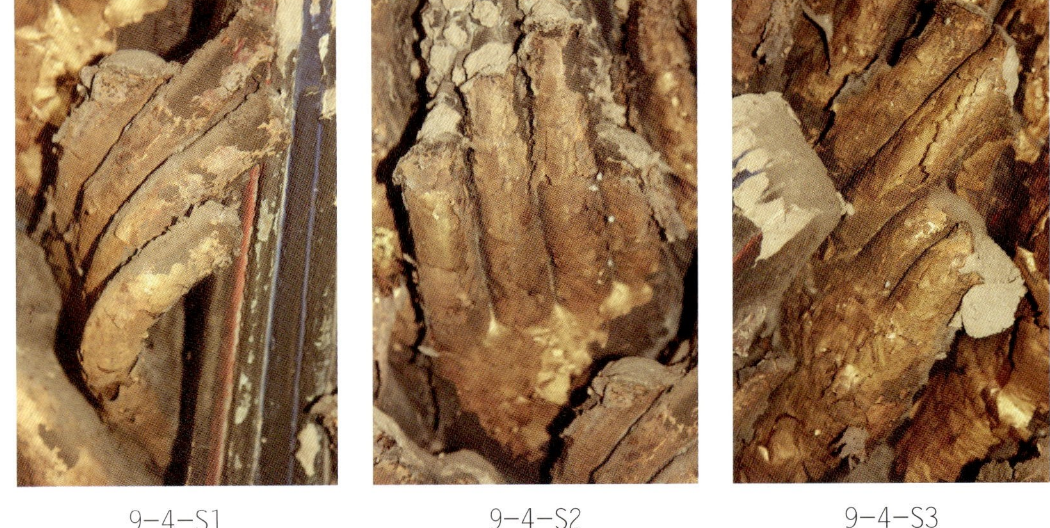

9-4-S1　　9-4-S2　　9-4-S3

图 92　千手观音造像 9-4 区域正射影像及手、法器编号图 1

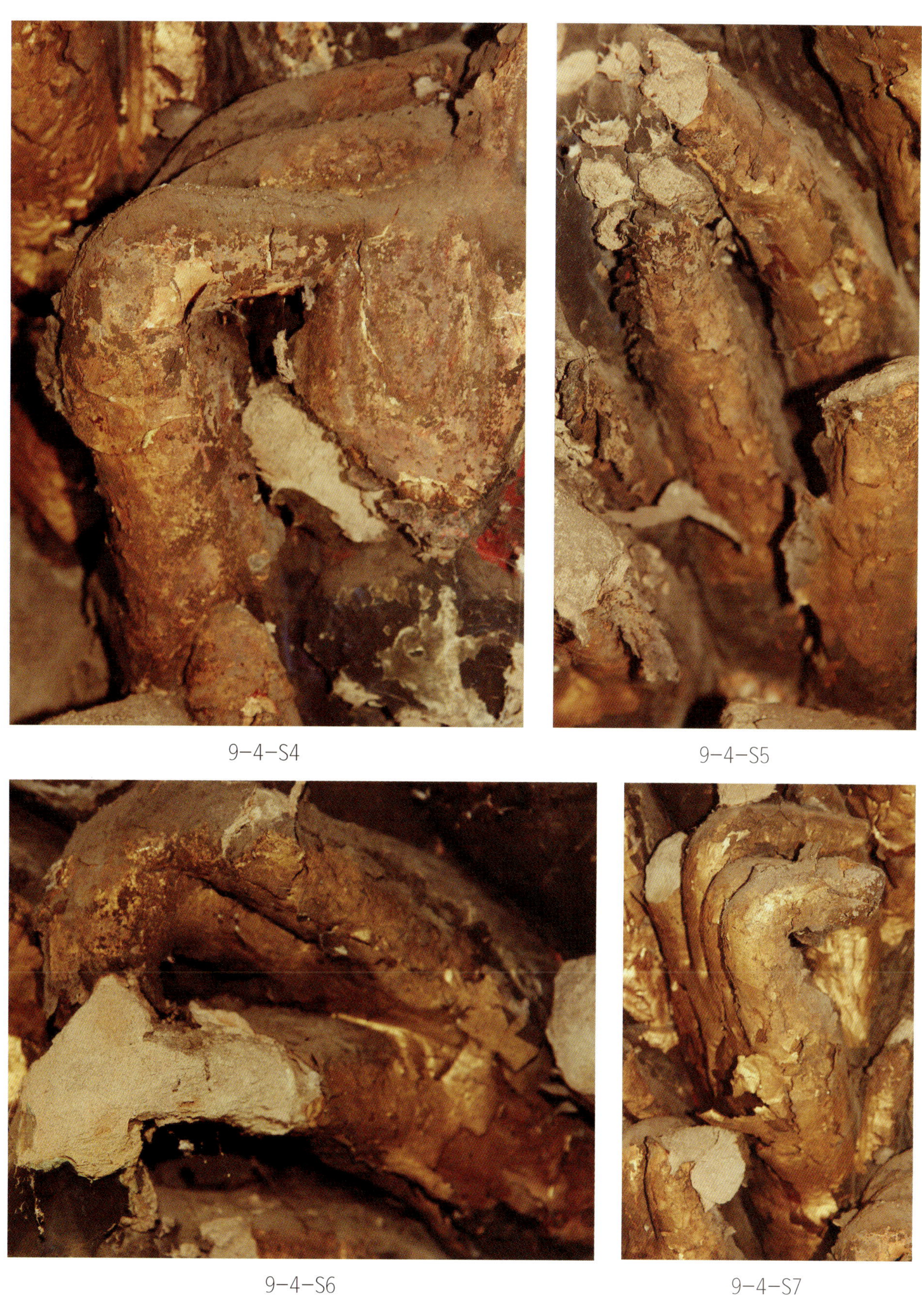

图 92　千手观音造像 9-4 区域正射影像及手、法器编号图 2

图 92　千手观音造像 9-4 区域正射影像及手、法器编号图 3

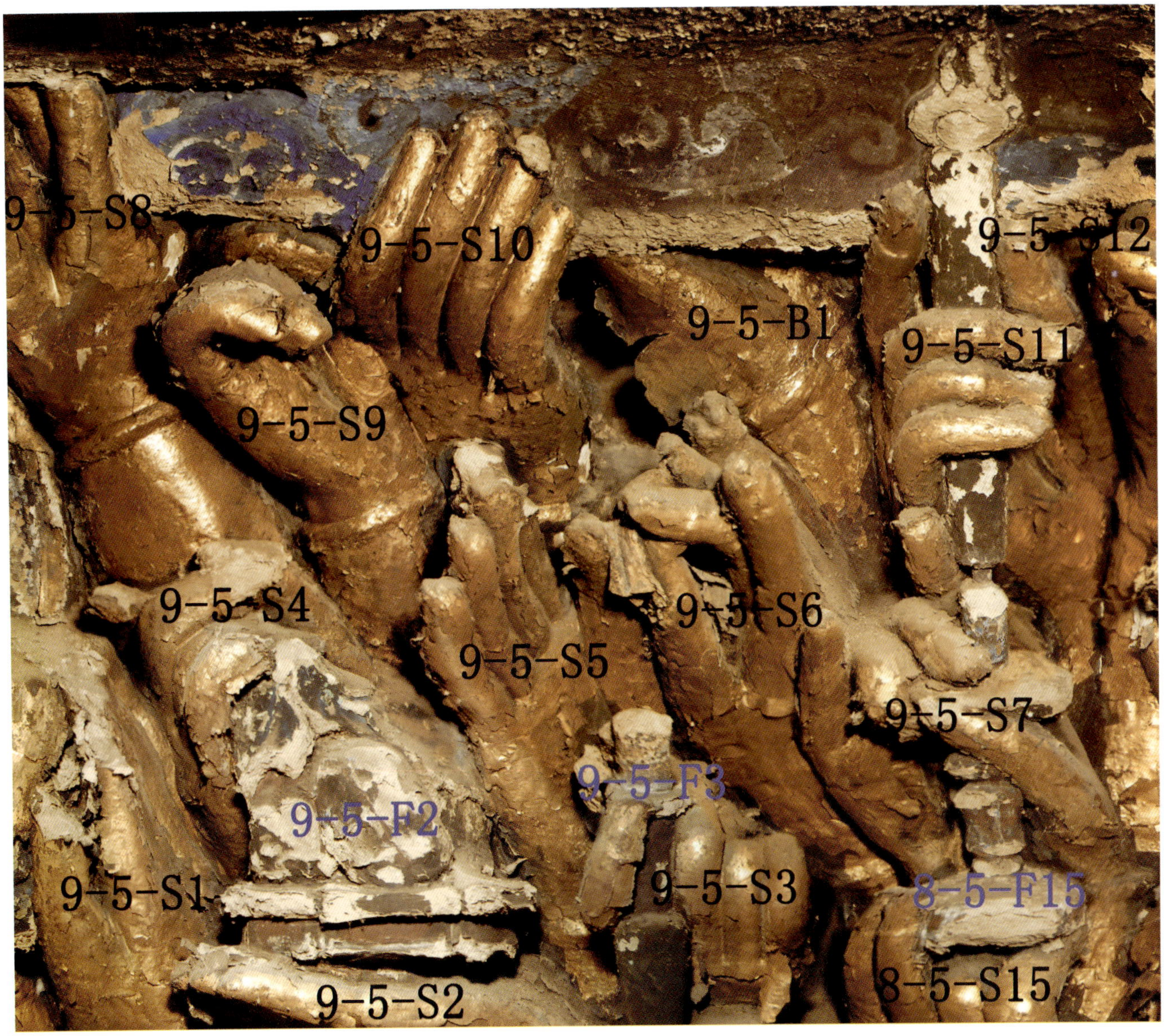

9-5 区

9-5-S2

图 93　千手观音造像 9-5 区域正射影像及手、法器编号图 1

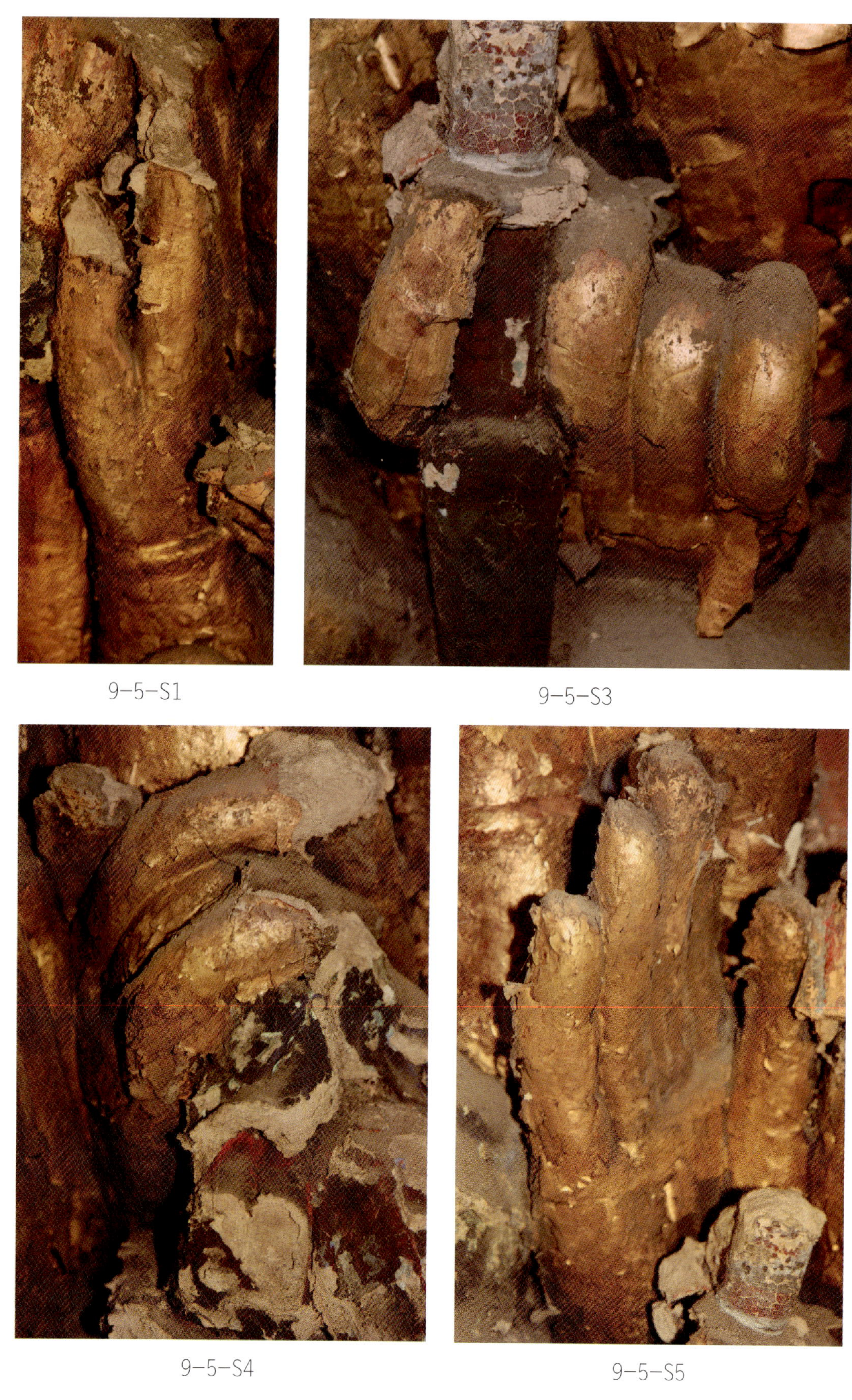
9-5-S1

9-5-S3

9-5-S4

9-5-S5

图 93　千手观音造像 9-5 区域正射影像及手、法器编号图 2

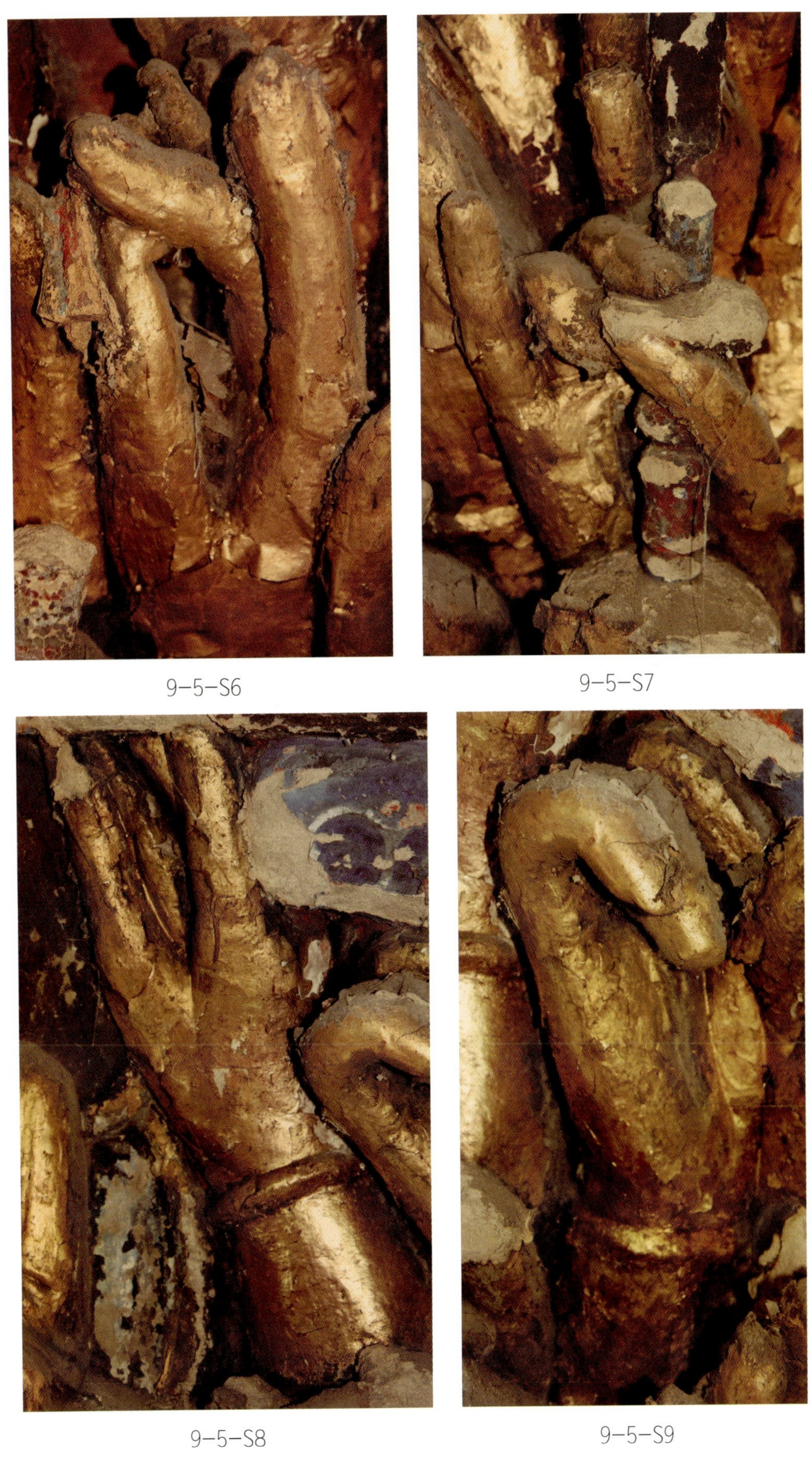

9–5–S6

9–5–S7

9–5–S8

9–5–S9

图 93　千手观音造像 9–5 区域正射影像及手、法器编号图 3

图 93　千手观音造像 9-5 区域正射影像及手、法器编号图 4

9-6 区

图 94　千手观音造像 9-6 区域正射影像及手、法器编号图 1

9-6-S1
9-6-S2
9-6-S3
9-6-S4

图 94　千手观音造像 9-6 区域正射影像及手、法器编号图 2

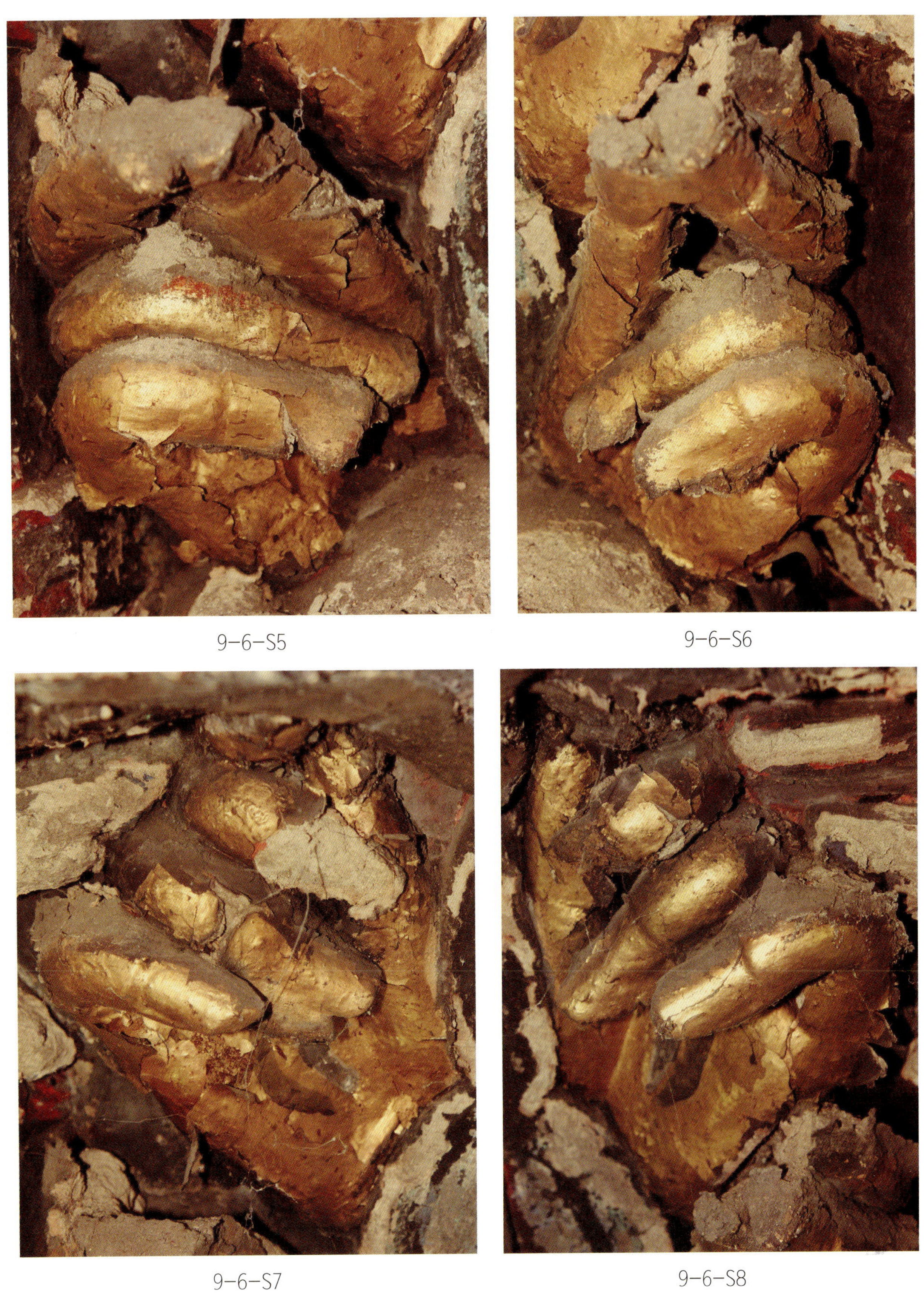

图 94　千手观音造像 9-6 区域正射影像及手、法器编号图 3

9-7 区

图 95　千手观音造像 9-7 区域正射影像及手、法器编号图 1

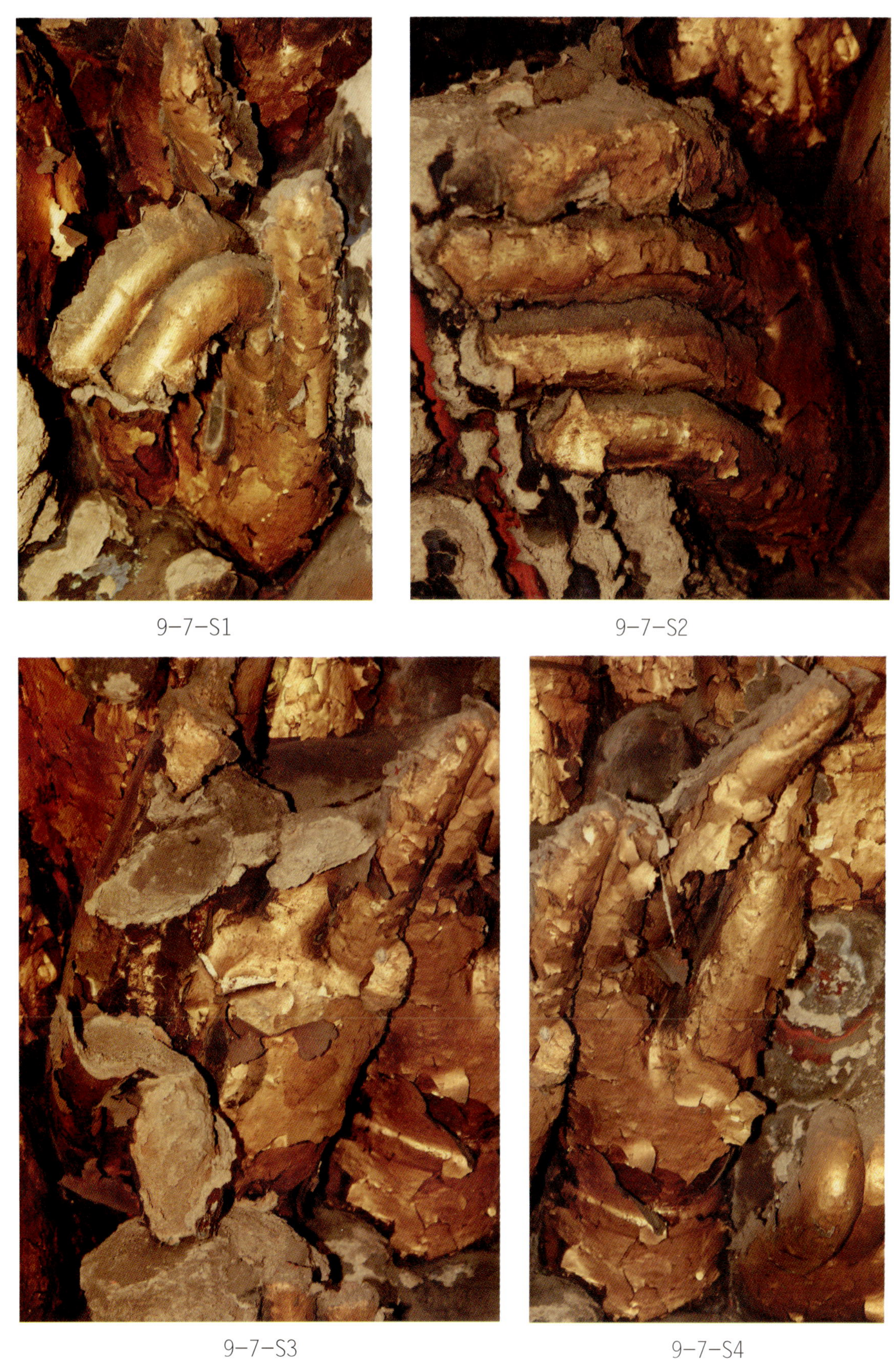

图 95　千手观音造像 9-7 区域正射影像及手、法器编号图 2

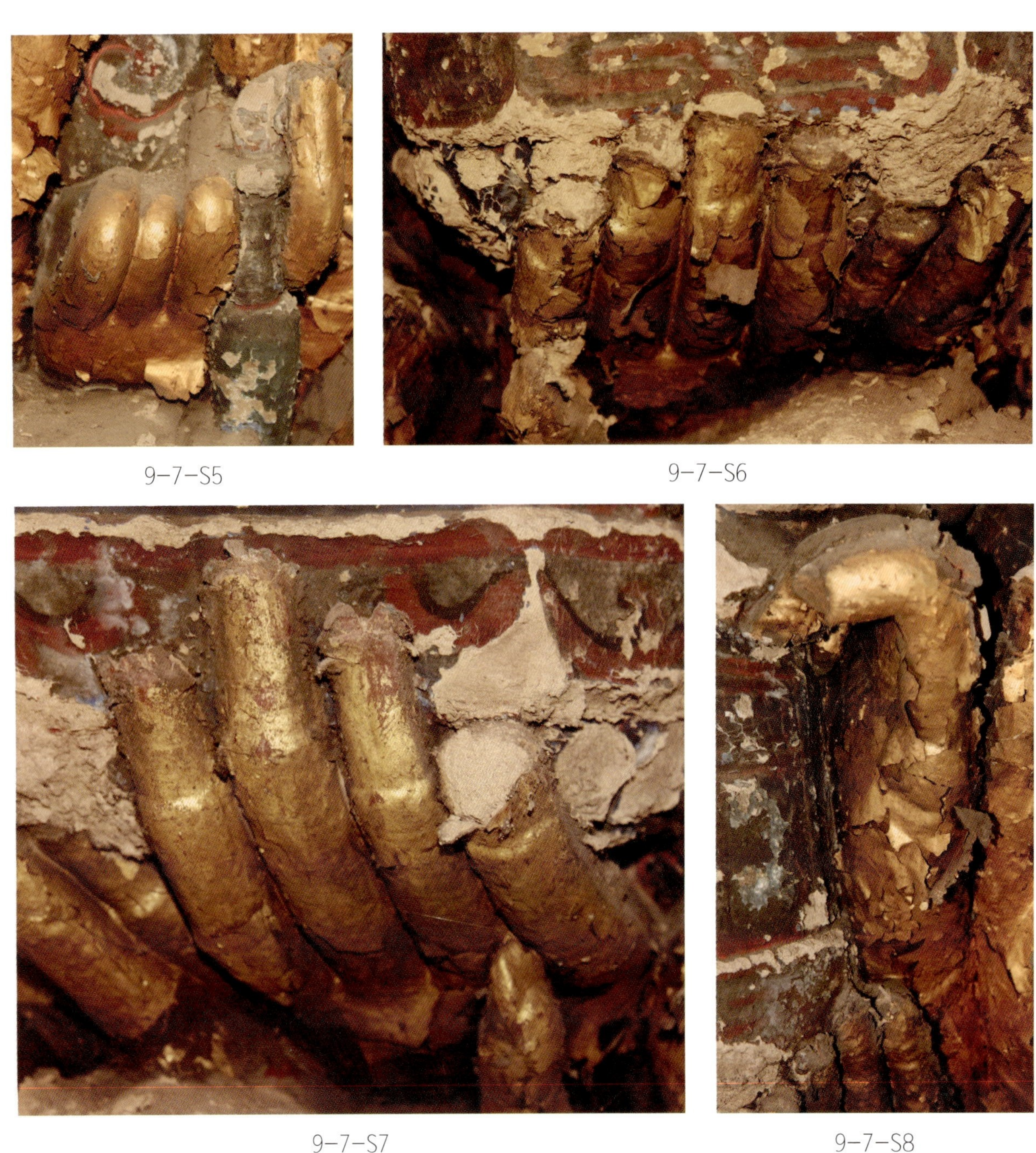

9-7-S5

9-7-S6

9-7-S7

9-7-S8

图 95　千手观音造像 9-7 区域正射影像及手、法器编号图 3

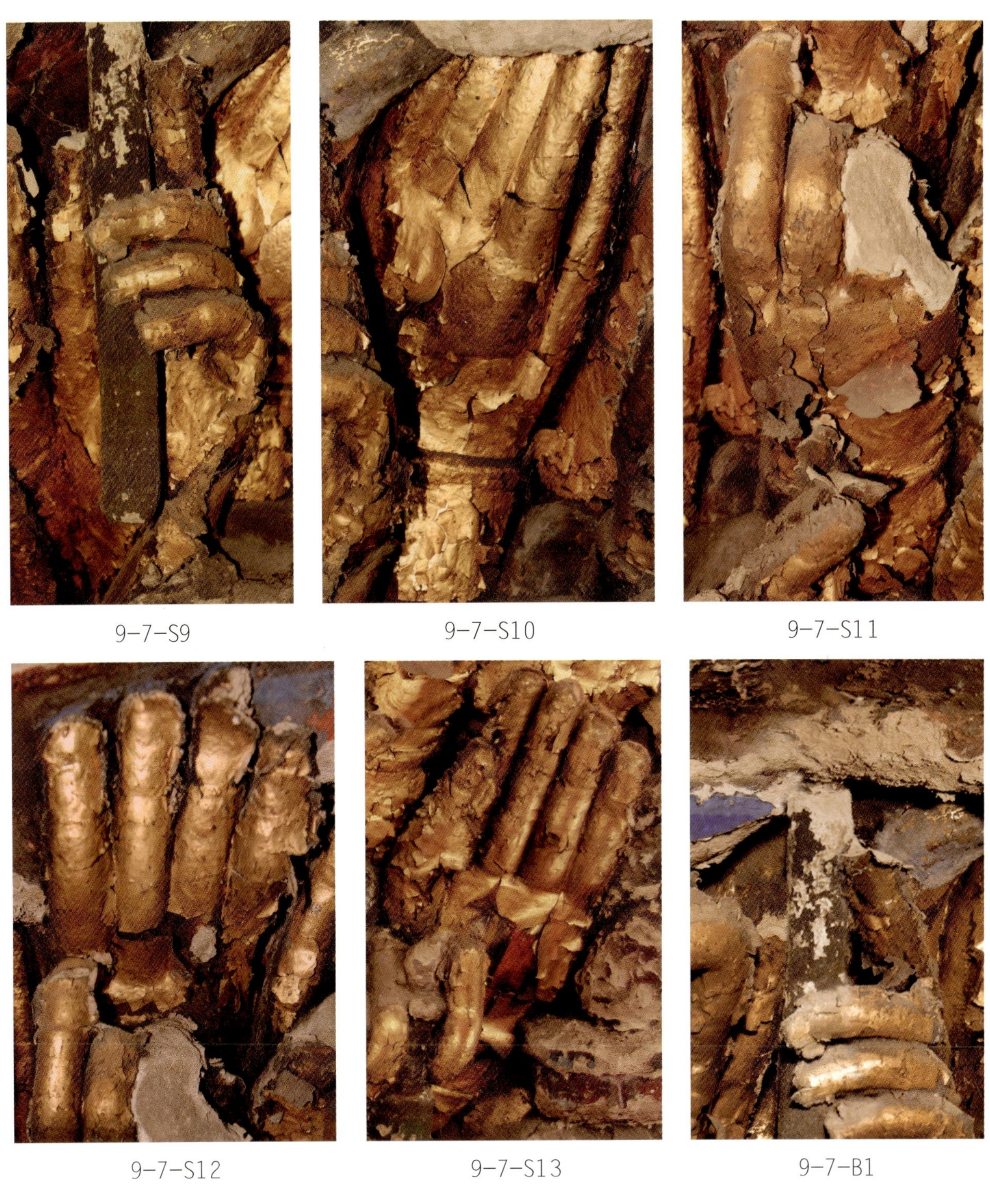

图 95　千手观音造像 9-7 区域正射影像及手、法器编号图 4

9-8 区

图 96　千手观音造像 9-8 区域正射影像及手、法器编号图 1

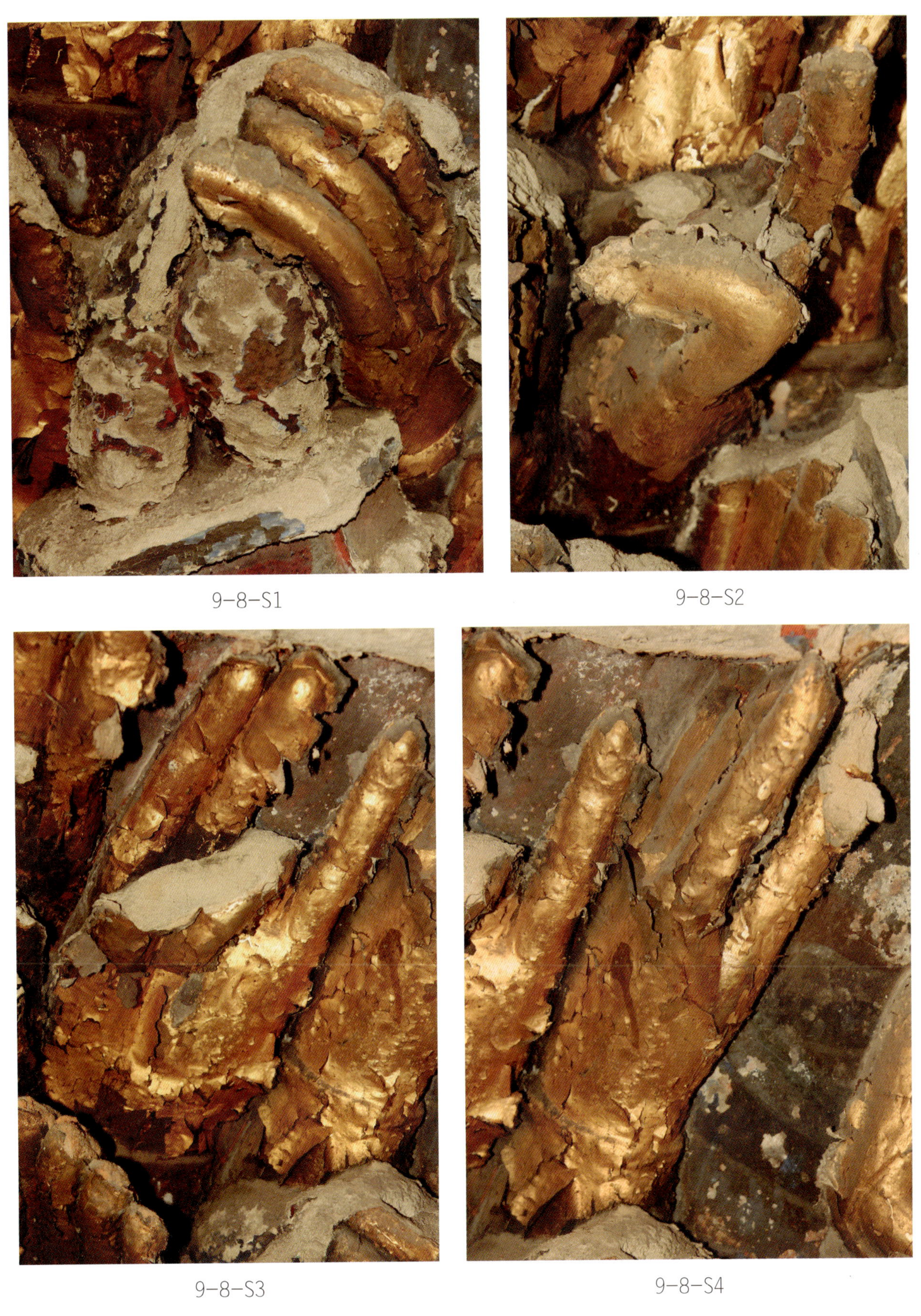

图 96　千手观音造像 9-8 区域正射影像及手、法器编号图 2

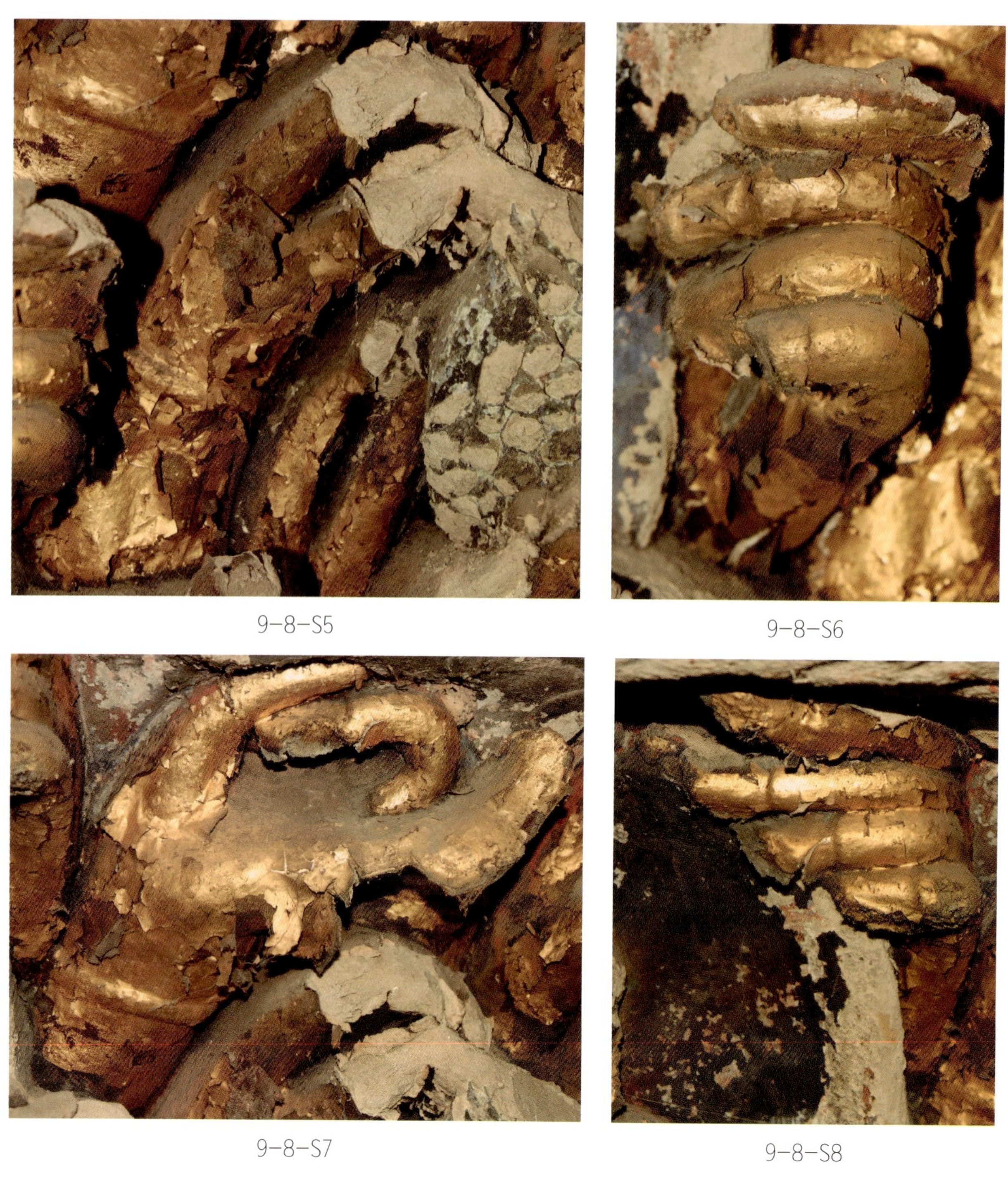

图 96　千手观音造像 9-8 区域正射影像及手、法器编号图 3

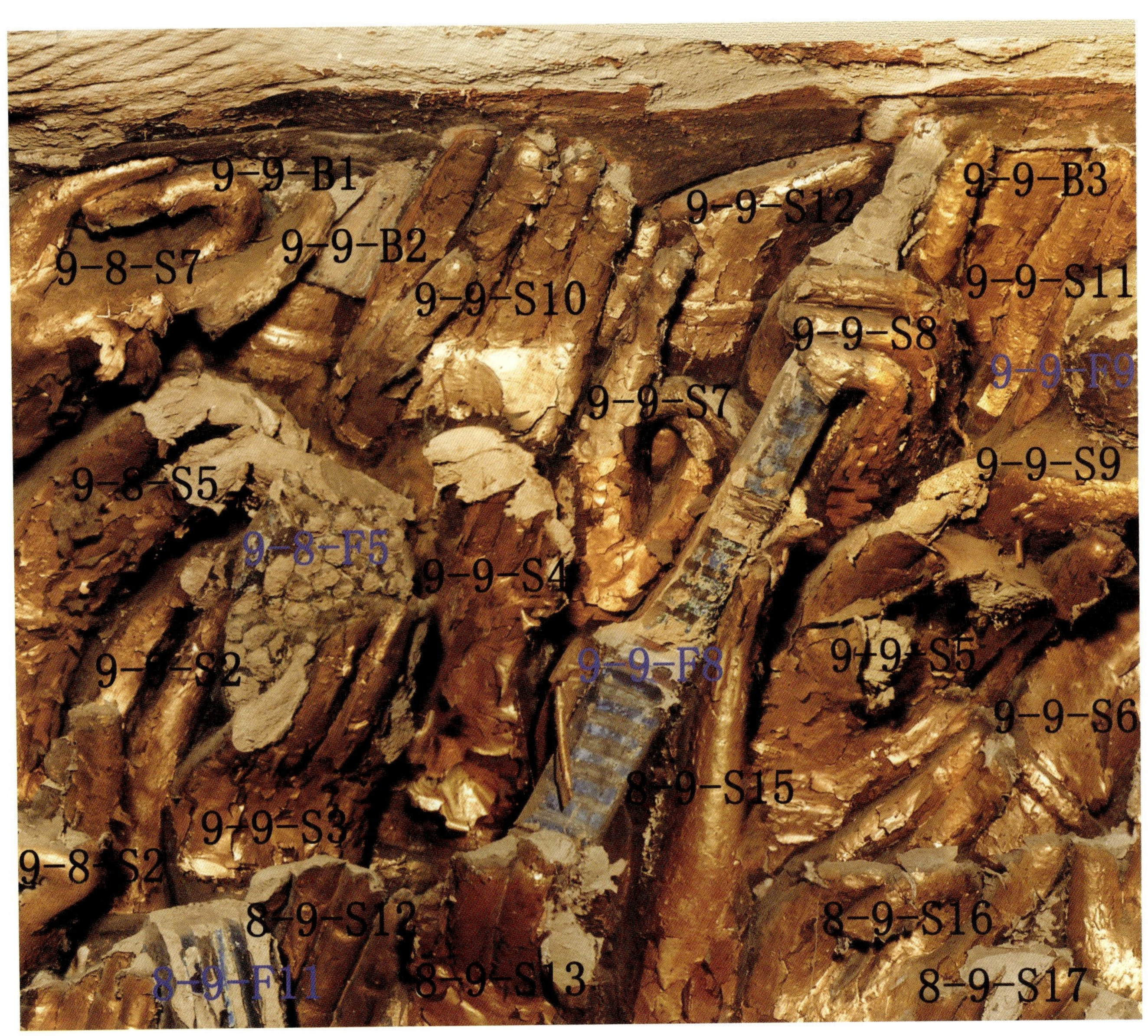

9–9 区

图 97　千手观音造像 9–9 区域正射影像及手、法器编号图 1

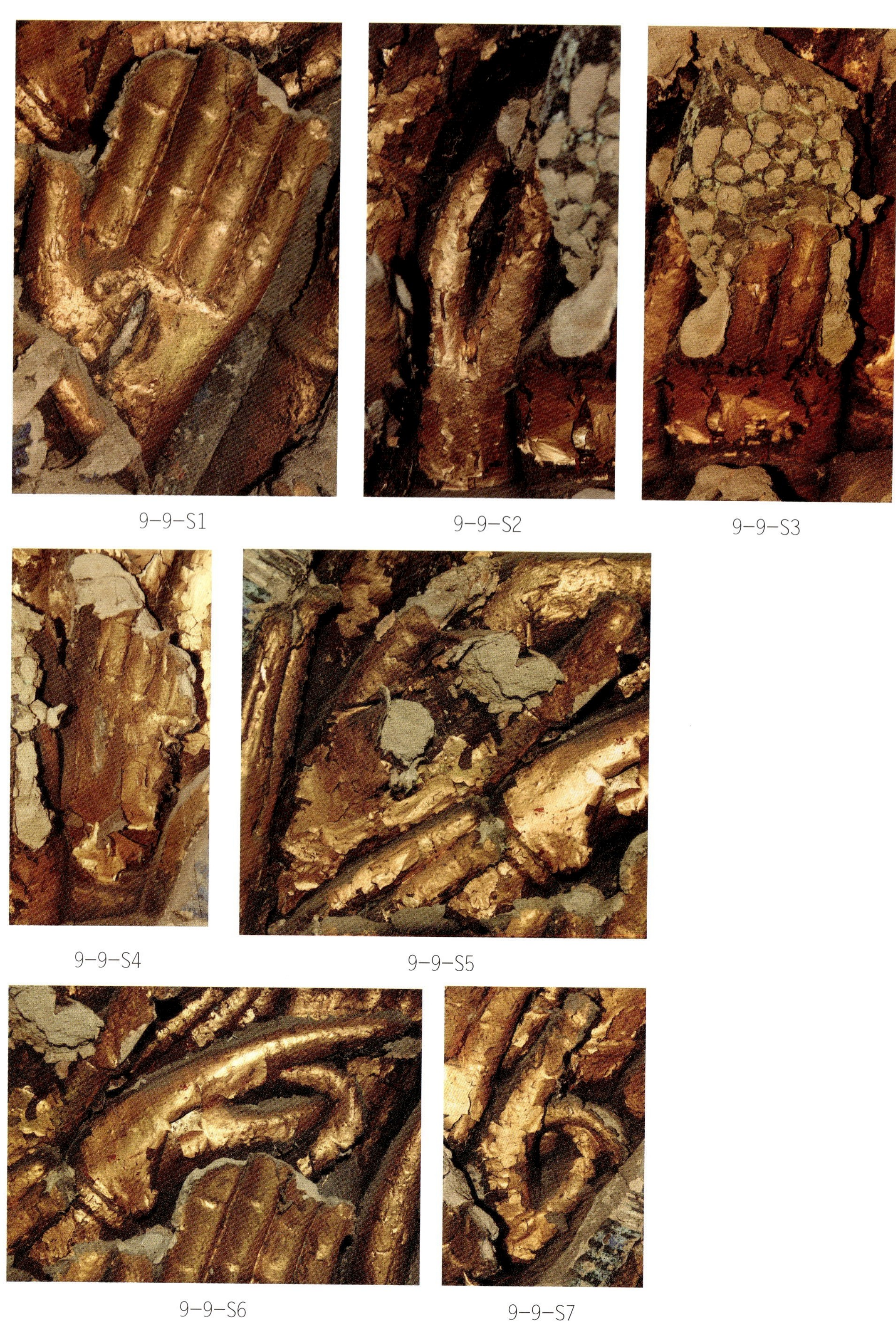

图 97　千手观音造像 9-9 区域正射影像及手、法器编号图 2

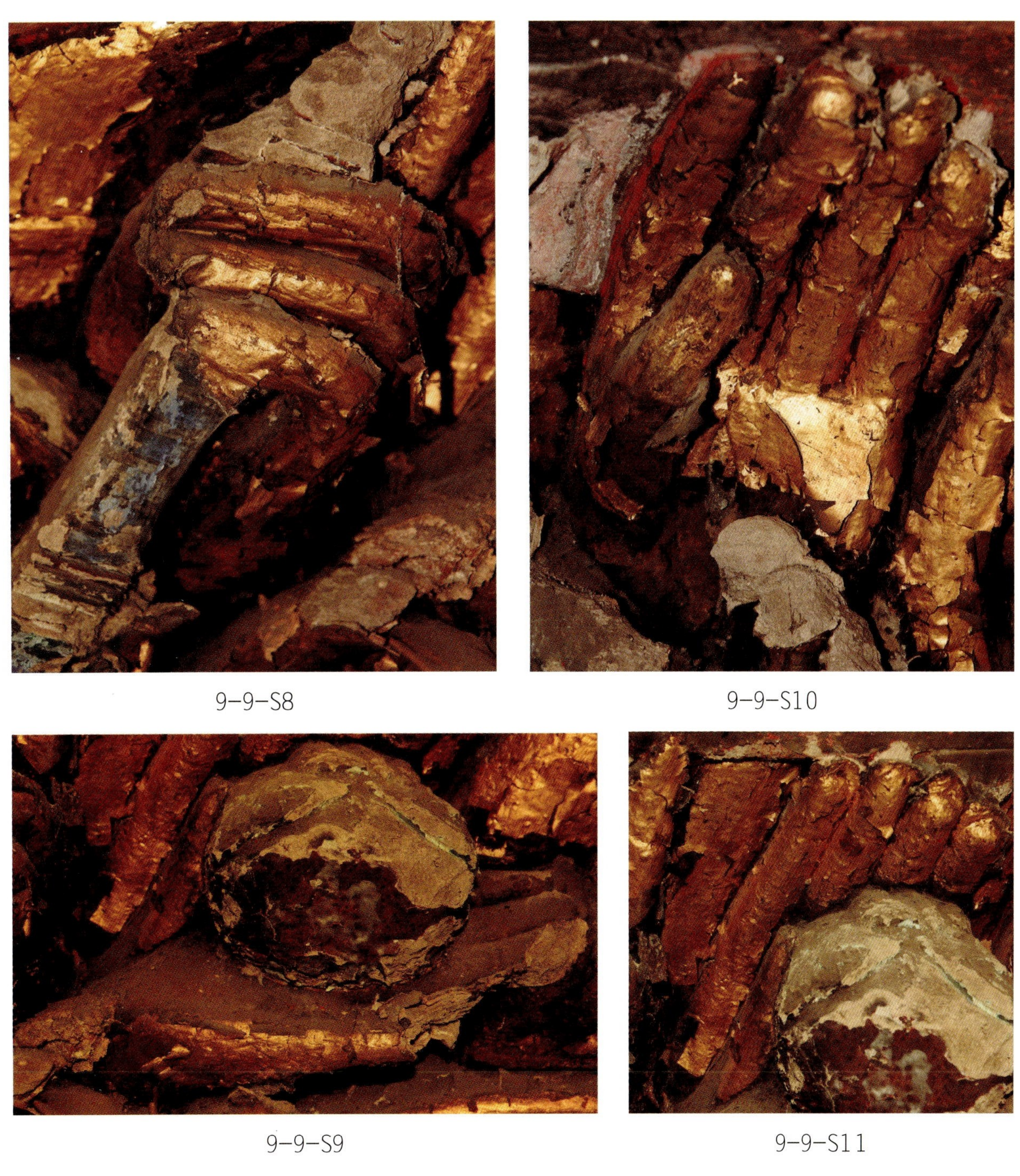

9-9-S8

9-9-S10

9-9-S9

9-9-S11

图 97　千手观音造像 9-9 区域正射影像及手、法器编号图 3

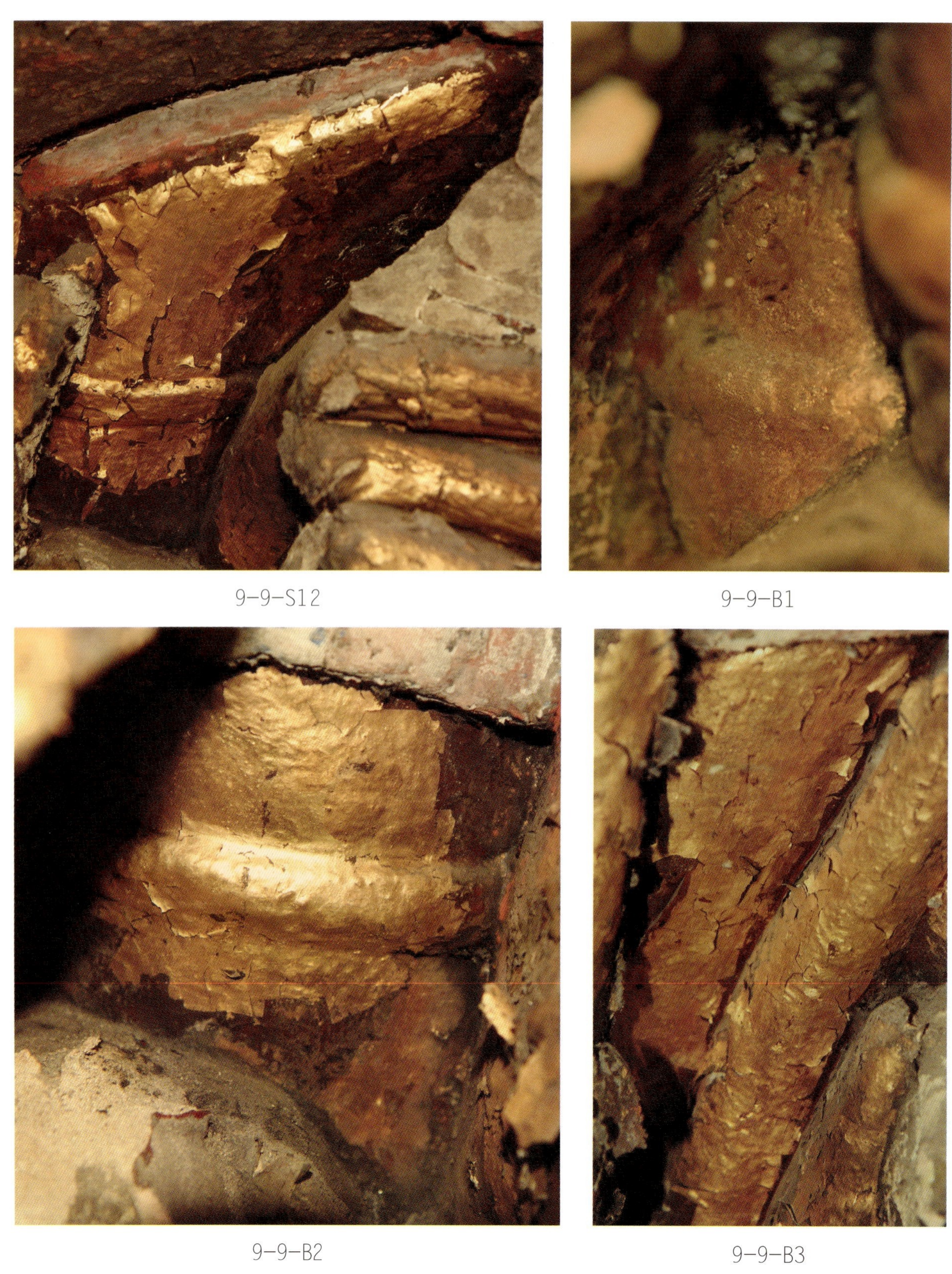
9-9-S12
9-9-B1
9-9-B2
9-9-B3

图 97　千手观音造像 9-9 区域正射影像及手、法器编号图 4

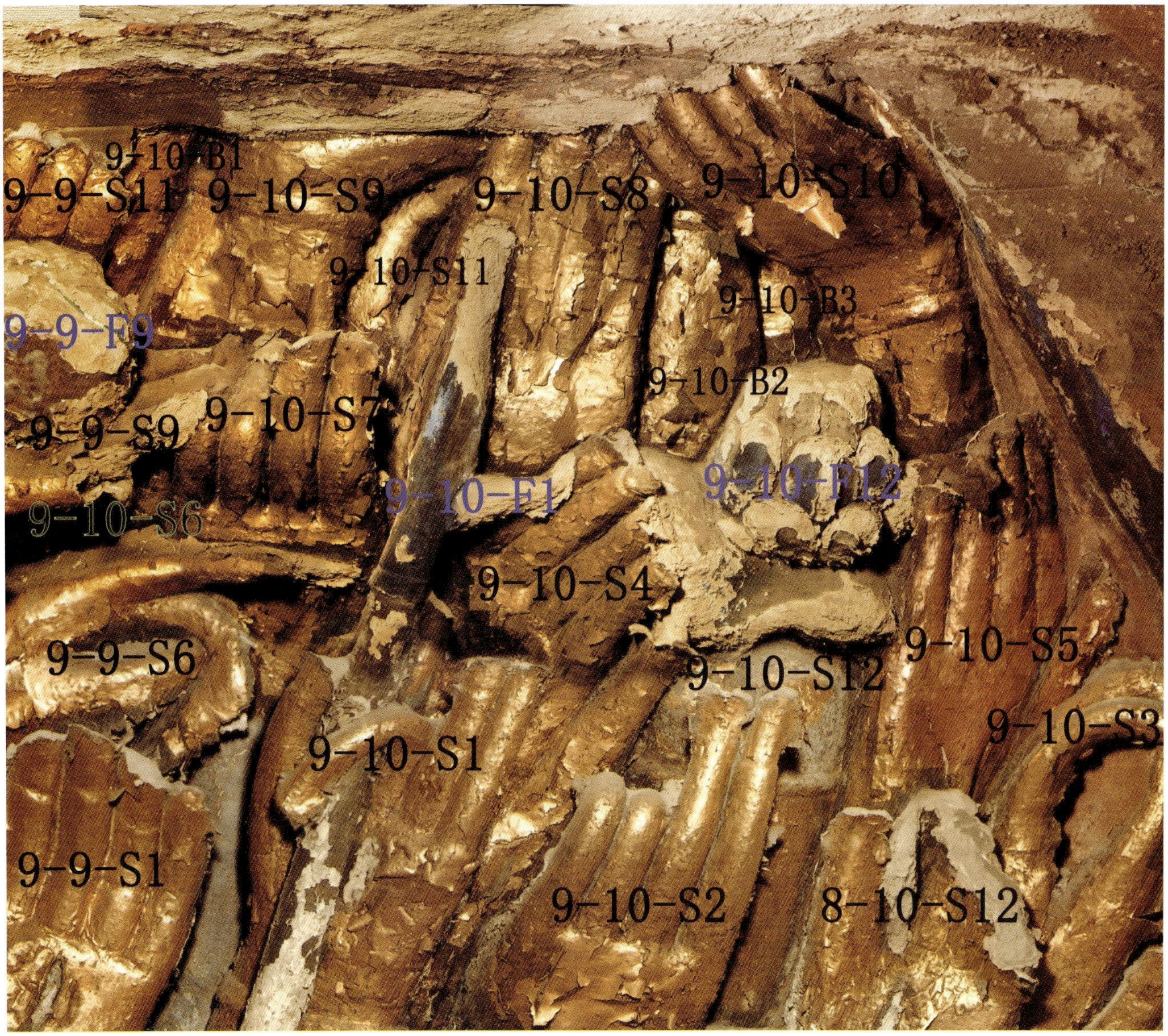

9-10-B1
9-9-S11 9-10-S9 9-10-S8 9-10-S10
9-10-S11
9-10-B3
9-9-F9
9-10-B2
9-9-S9 9-10-S7
9-10-F1 9-10-F12
9-10-S6
9-10-S4
9-9-S6 9-10-S12 9-10-S5
9-10-S3
9-10-S1
9-9-S1
9-10-S2 8-10-S12

9-10 区

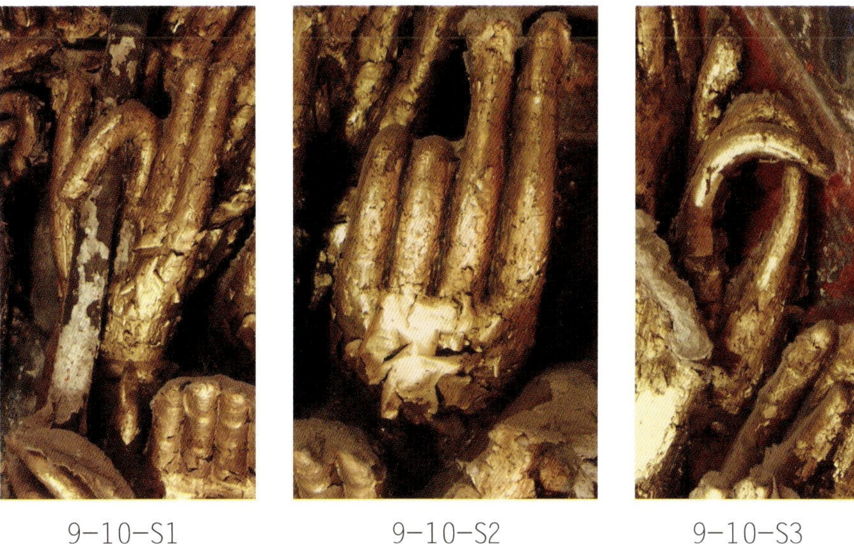

9-10-S1 9-10-S2 9-10-S3

图 98 千手观音造像 9-10 区域正射影像及手、法器编号图 1

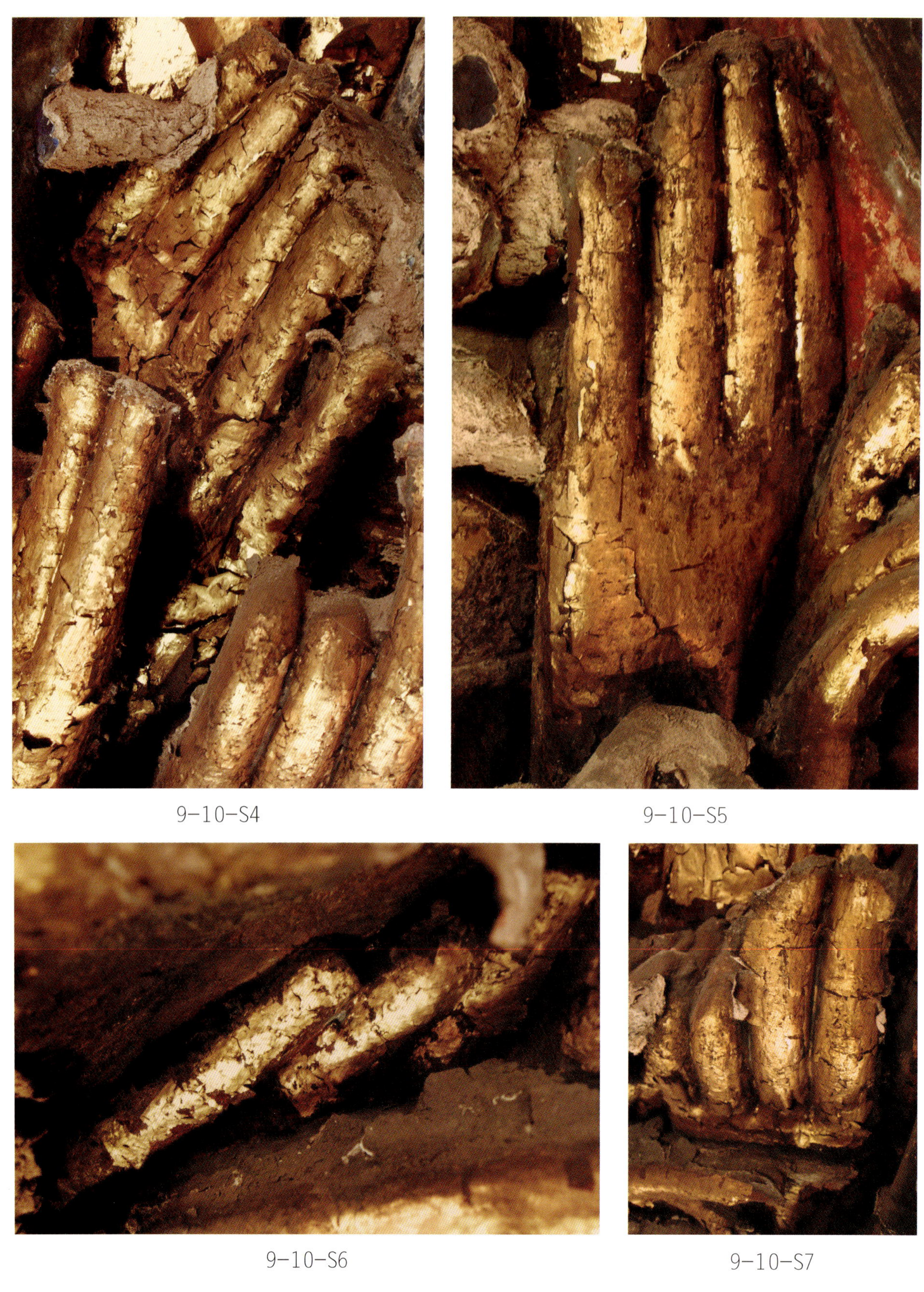
9-10-S4
9-10-S5
9-10-S6
9-10-S7

图 98　千手观音造像 9-10 区域正射影像及手、法器编号图 2

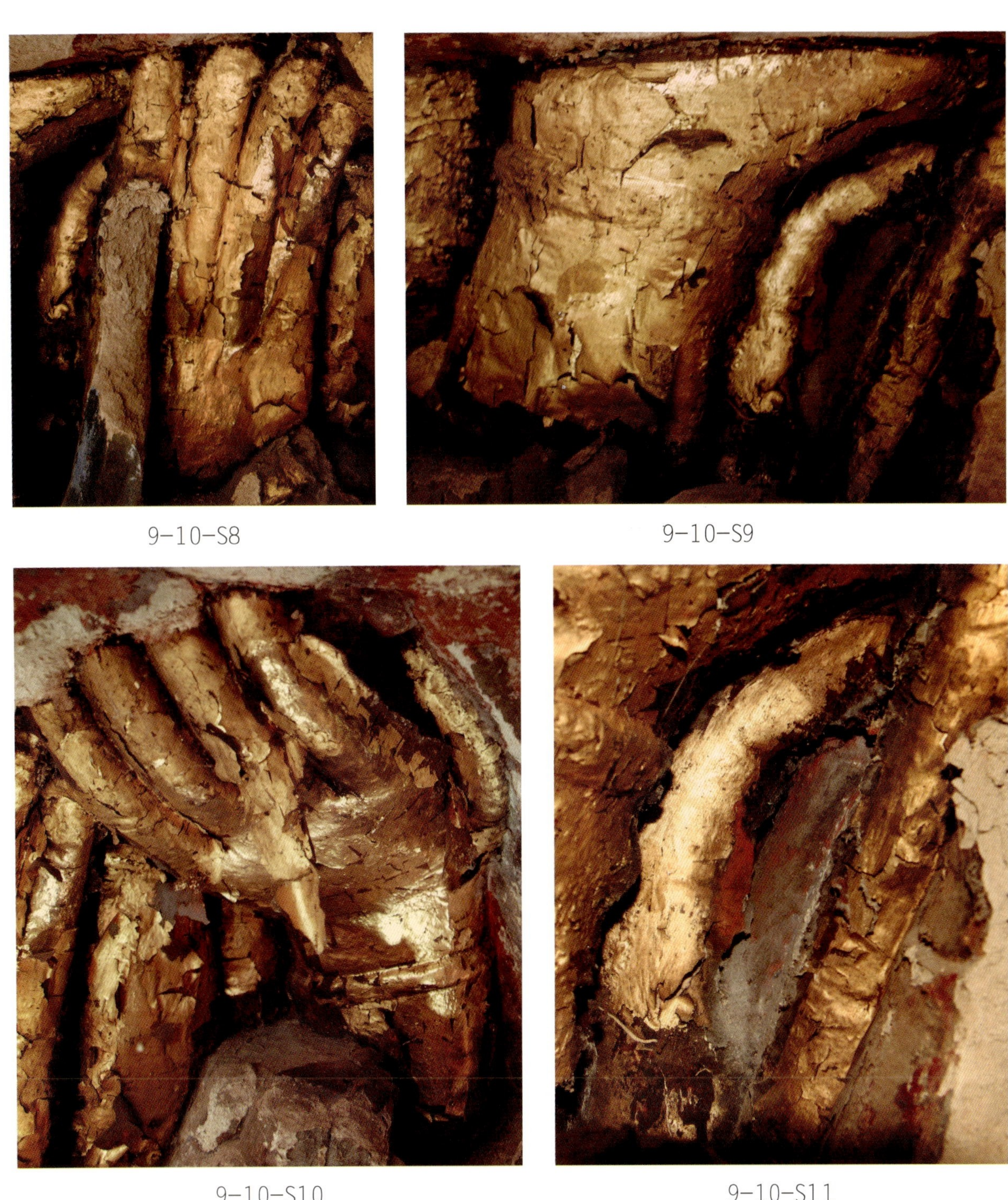

9-10-S8

9-10-S9

9-10-S10

9-10-S11

图 98　千手观音造像 9-10 区域正射影像及手、法器编号图 3

9-10-S12

9-10-B1

9-10-B2

9-10-B3

图 98　千手观音造像 9-10 区域正射影像及手、法器编号图 4

9-11 区

图 99　千手观音造像 9-11 区域正射影像及手编号图

涂覆　彩绘生物病害　彩绘水渍　彩绘烟熏

造像彩绘病害总图

图 27　千手观音

图 27　千手观音造像彩绘病害总图

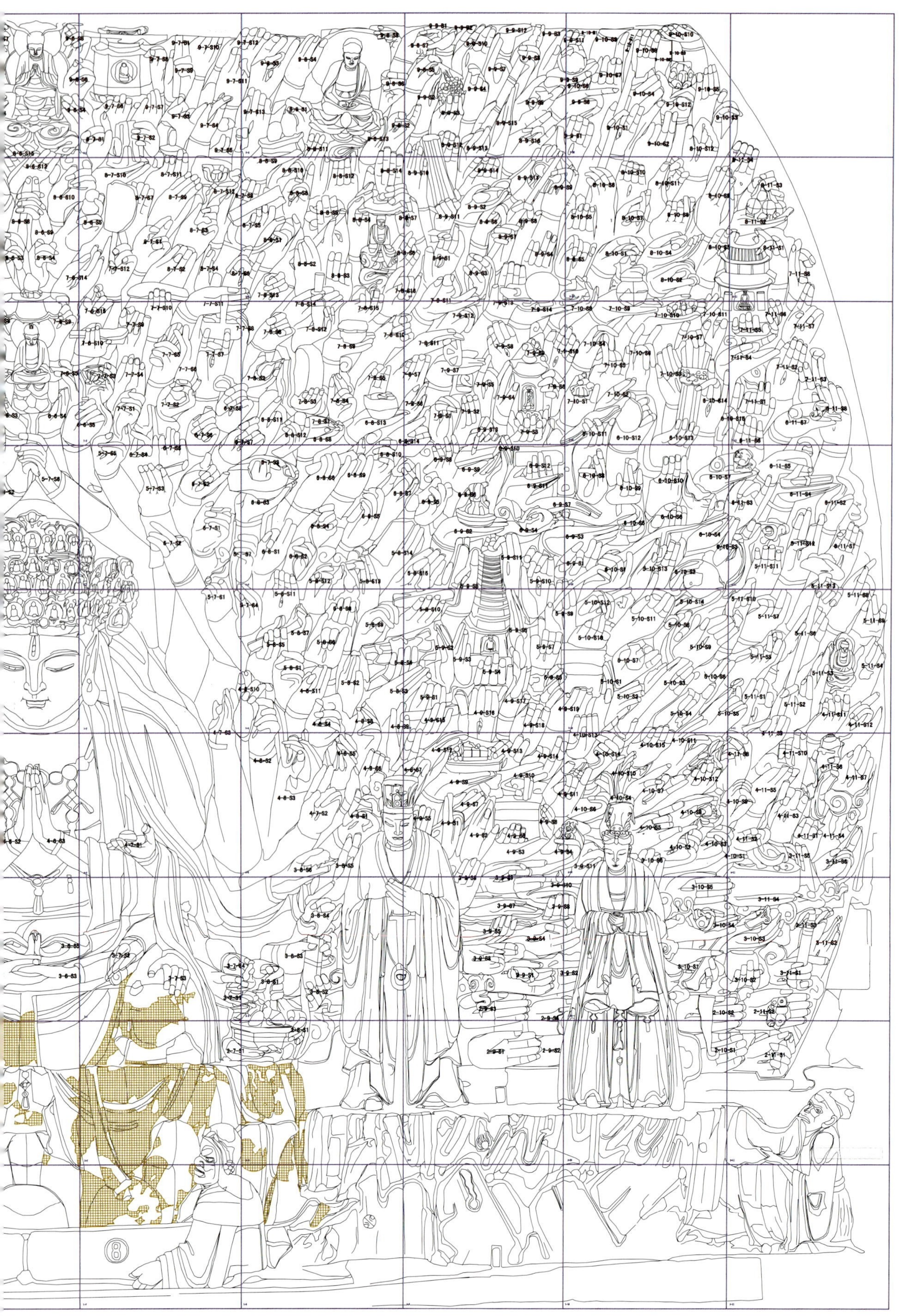

象金箔烟熏、涂覆图

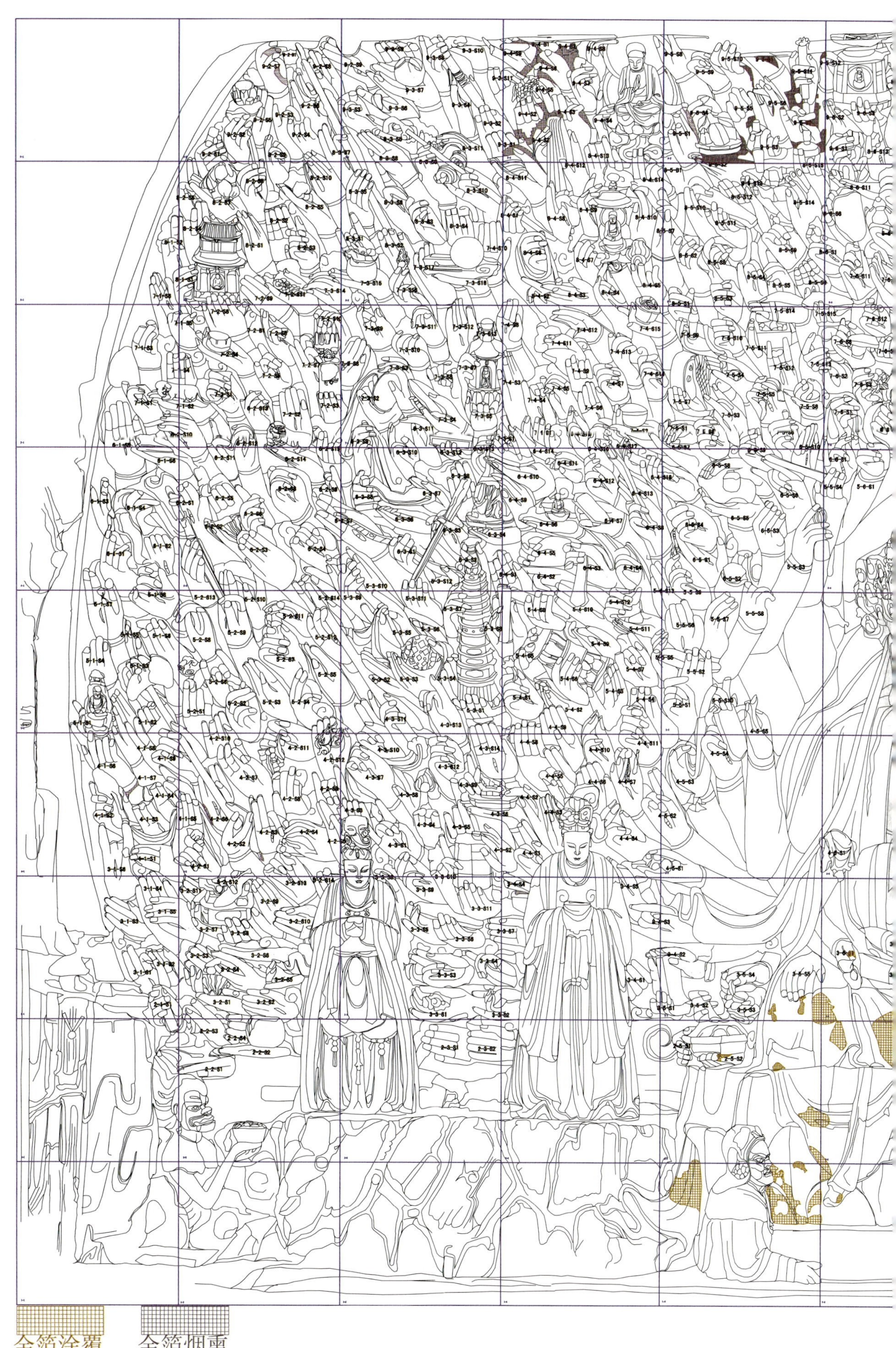

图 26　千手观音造

图 26　千手观音造像金箔烟熏、涂覆图

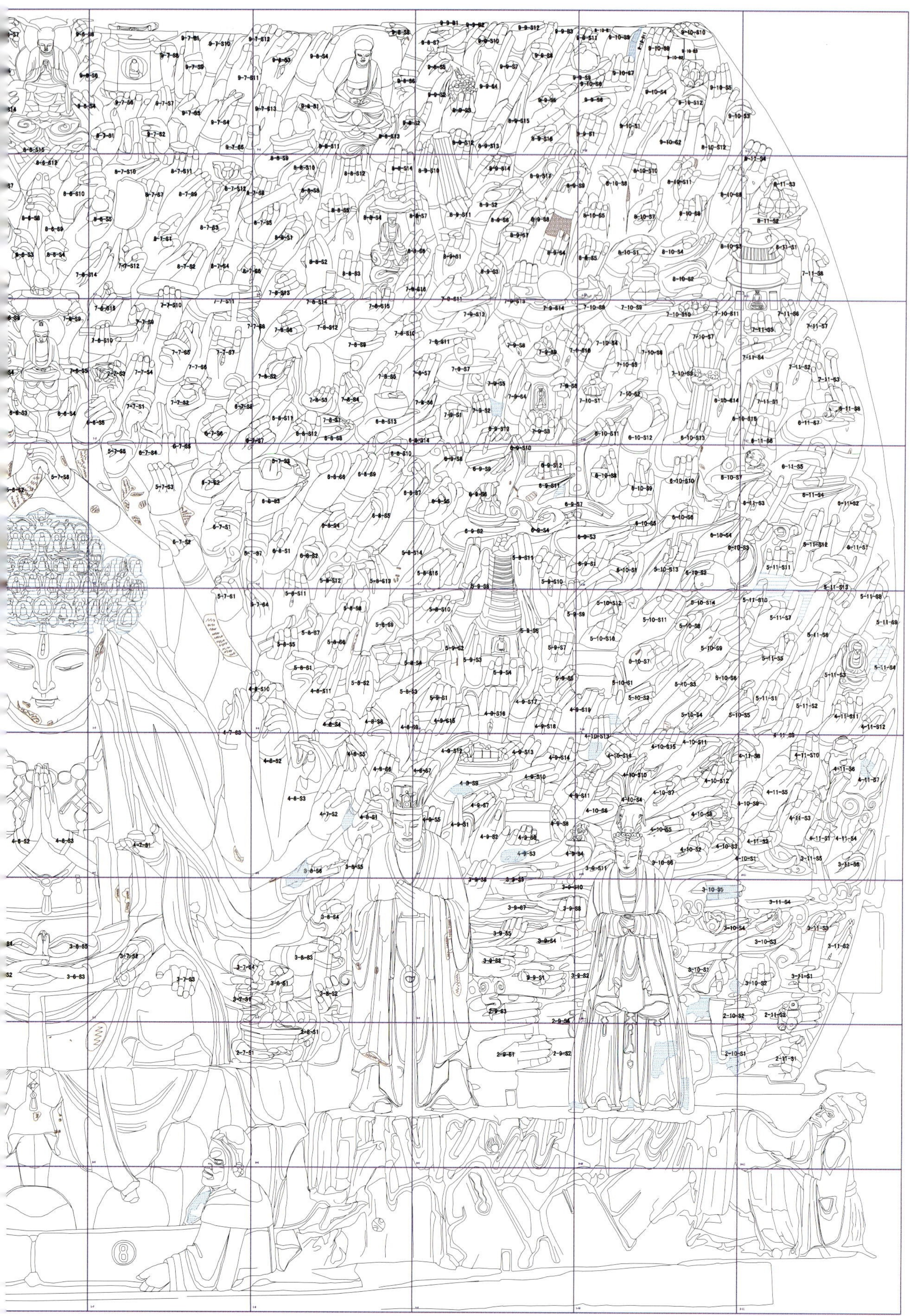

象金箔崩裂、空鼓图

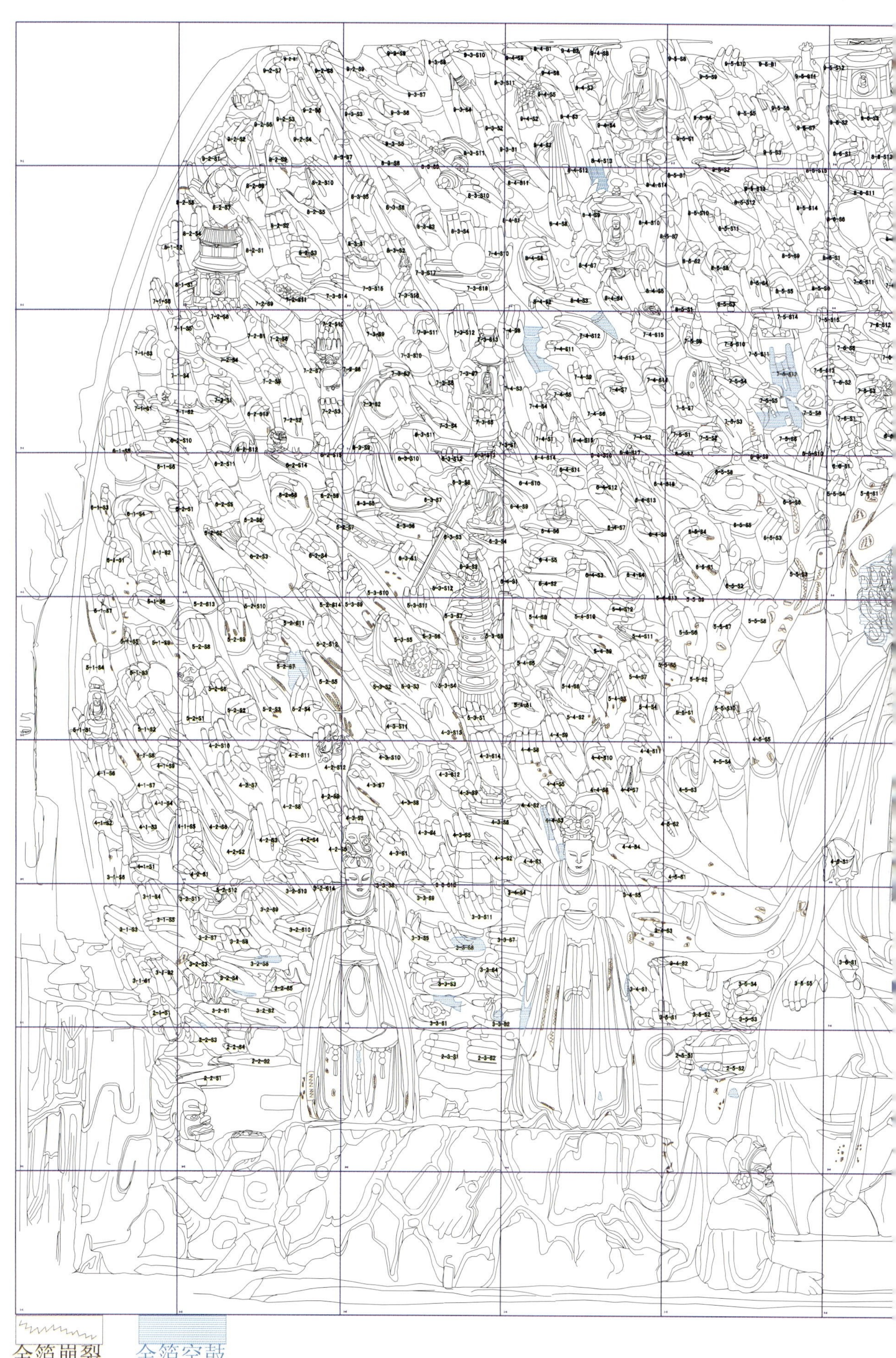

金箔崩裂　金箔空鼓

图 25　千手观音造

图 25　千手观音造像金箔崩裂、空鼓图

造像金箔尘土图

金箔尘土

图 24　千手观音

图 24　千手观音造像金箔尘土图

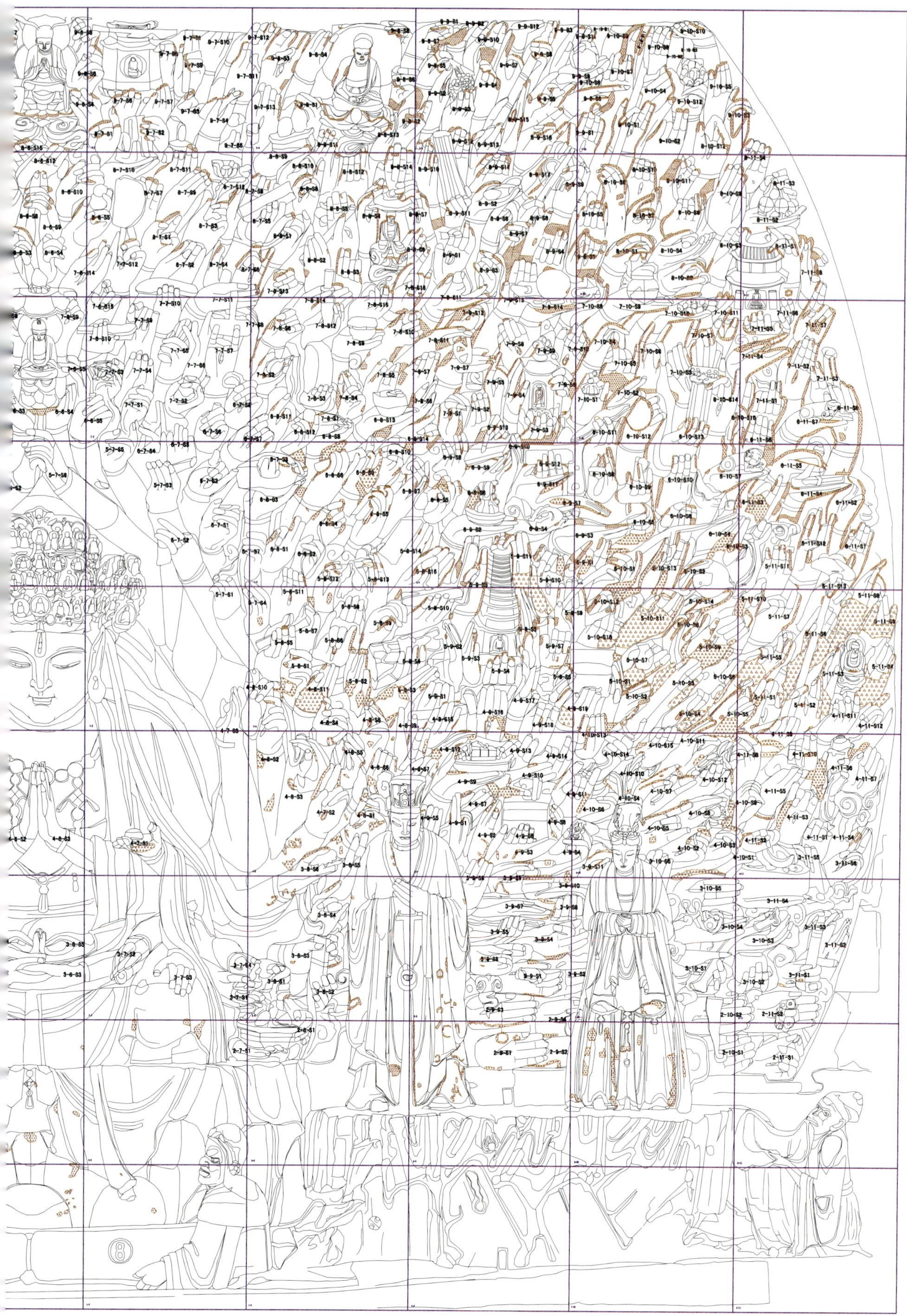

造像金箔起翘图

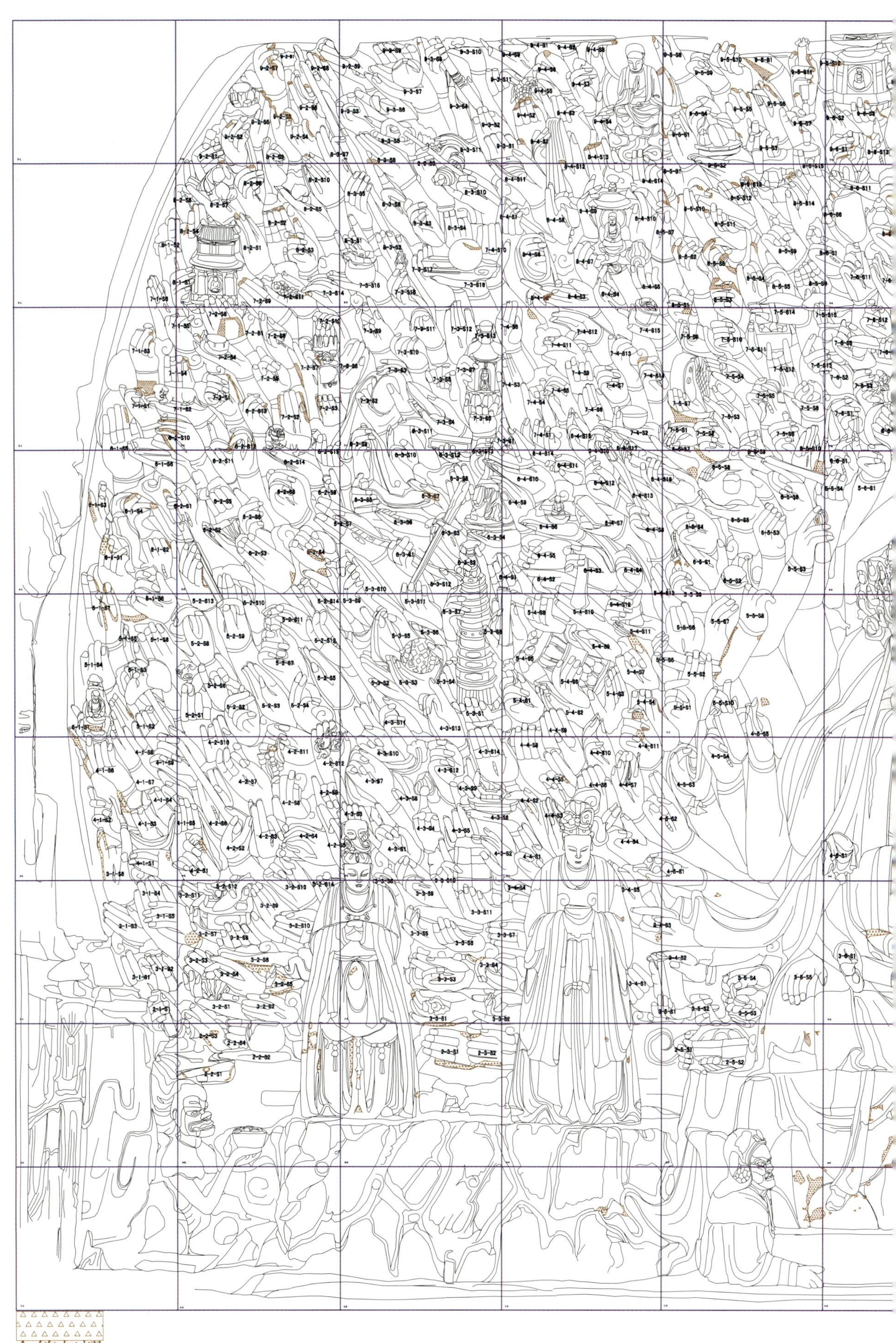

图 23　千手观音

图 23　千手观音造像金箔起翘图

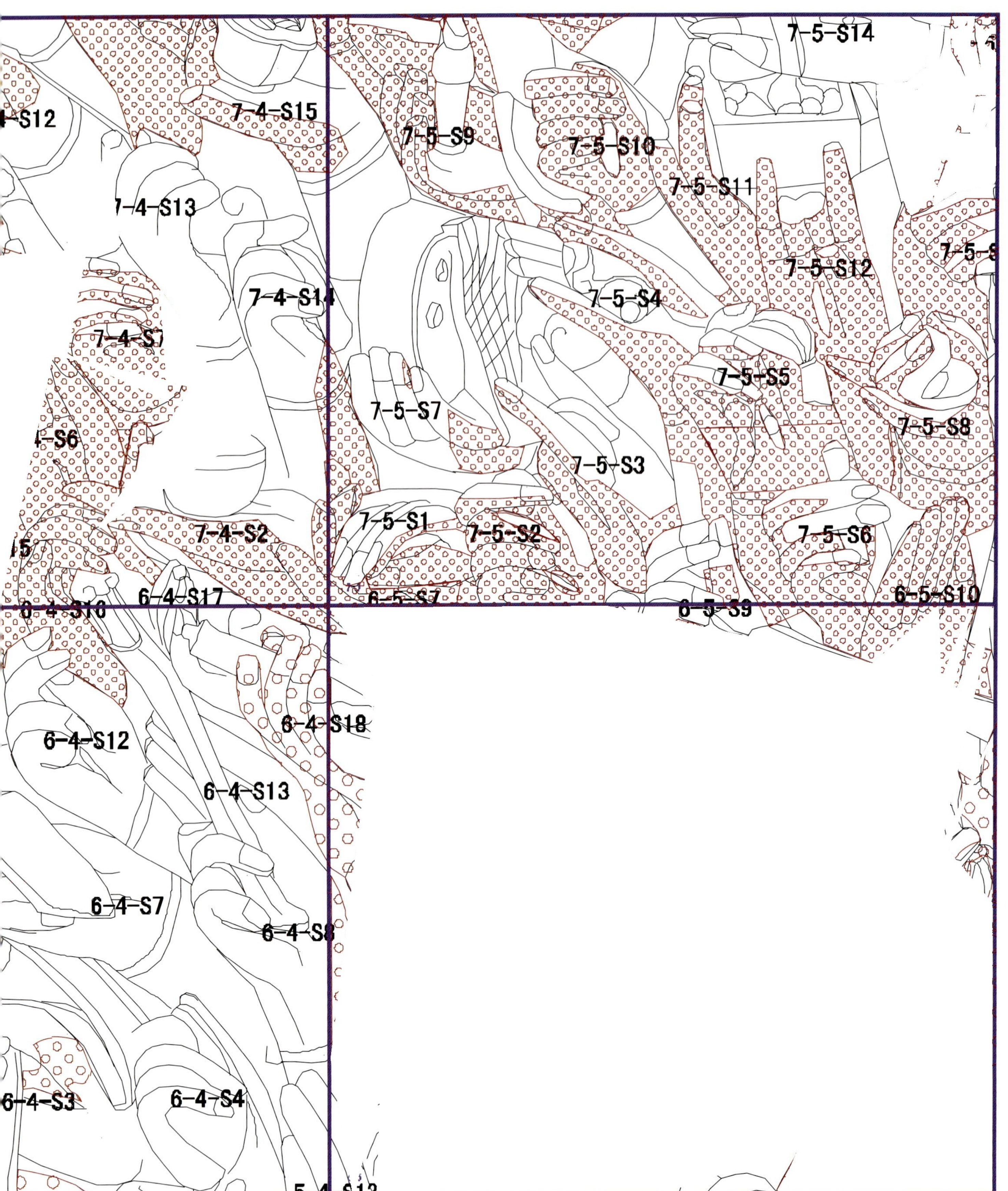
7-5-S14
-S12
7-4-S15
7-5-S9
7-5-S10
7-5-S11
7-4-S13
7-5-S12
7-4-S14
7-5-S4
7-4-S7
7-5-S5
7-5-S7
7-5-S8
-S6
7-5-S3
7-5-S1
7-4-S2
7-5-S2
7-5-S6
6-4-S17
6-5-S10
6-5-S9
6-4-S18
6-4-S12
6-4-S13
6-4-S7
6-4-S8
6-4-S3
6-4-S4

金箔点状脱落图局部

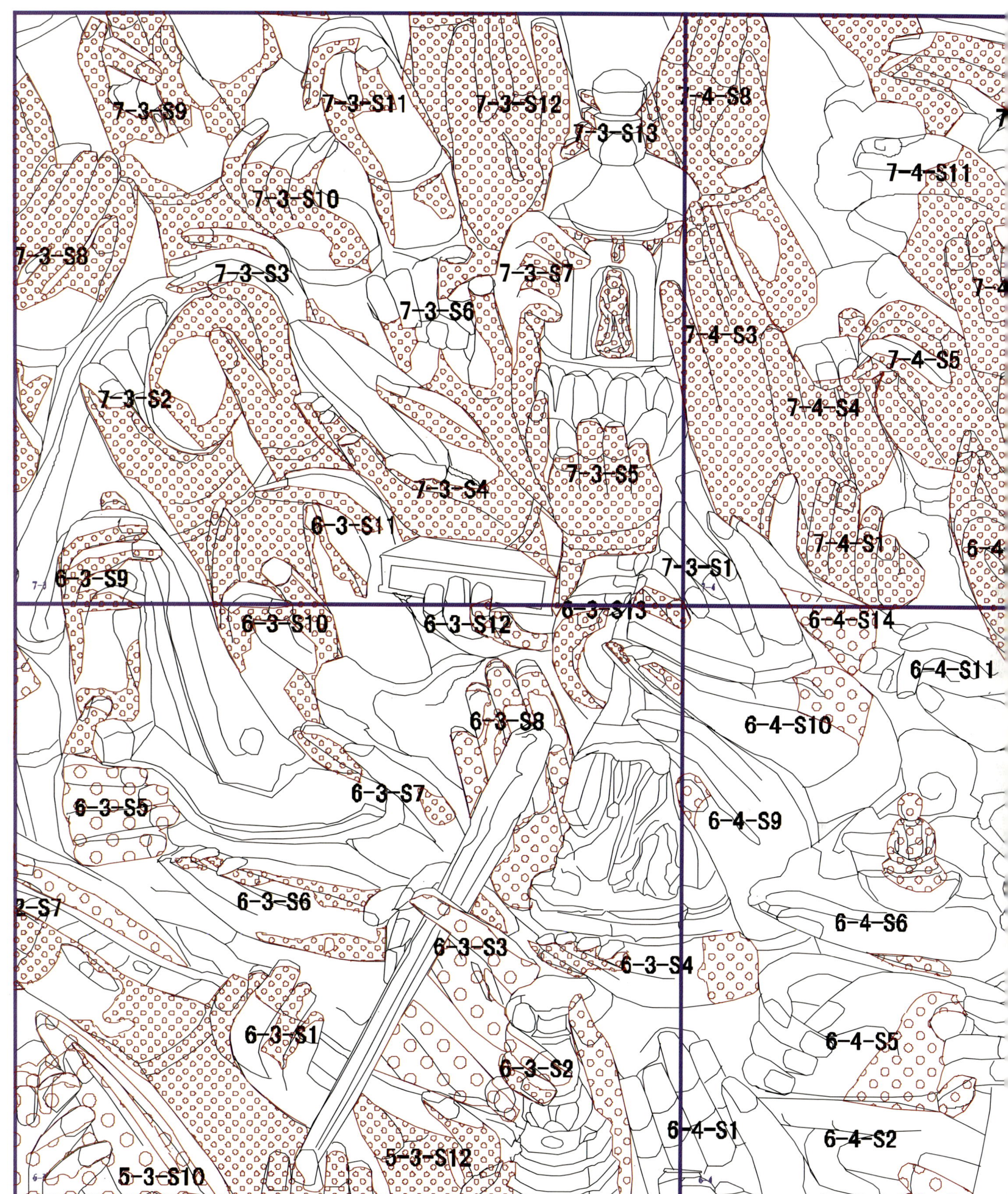

7-3-S9
7-3-S11
7-3-S12
7-3-S13
7-4-S8
7-4-S11
7-3-S10
7-3-S8
7-3-S3
7-3-S7
7-3-S6
7-4-S3
7-4-S5
7-3-S2
7-4-S4
7-3-S5
7-3-S4
6-3-S11
7-4-S1
7-3-S1
6-3-S9
6-3-S10
6-3-S12
6-3-S13
6-4-S14
6-4-S11
6-4-S10
6-3-S8
6-3-S7
6-3-S5
6-4-S9
6-3-S6
6-4-S6
6-3-S3
6-3-S4
6-3-S1
6-4-S5
6-3-S2
6-4-S1
6-4-S2
5-3-S12
5-3-S10

图 22　千手观音造像

图 22　千手观音造像金箔点状脱落图局部

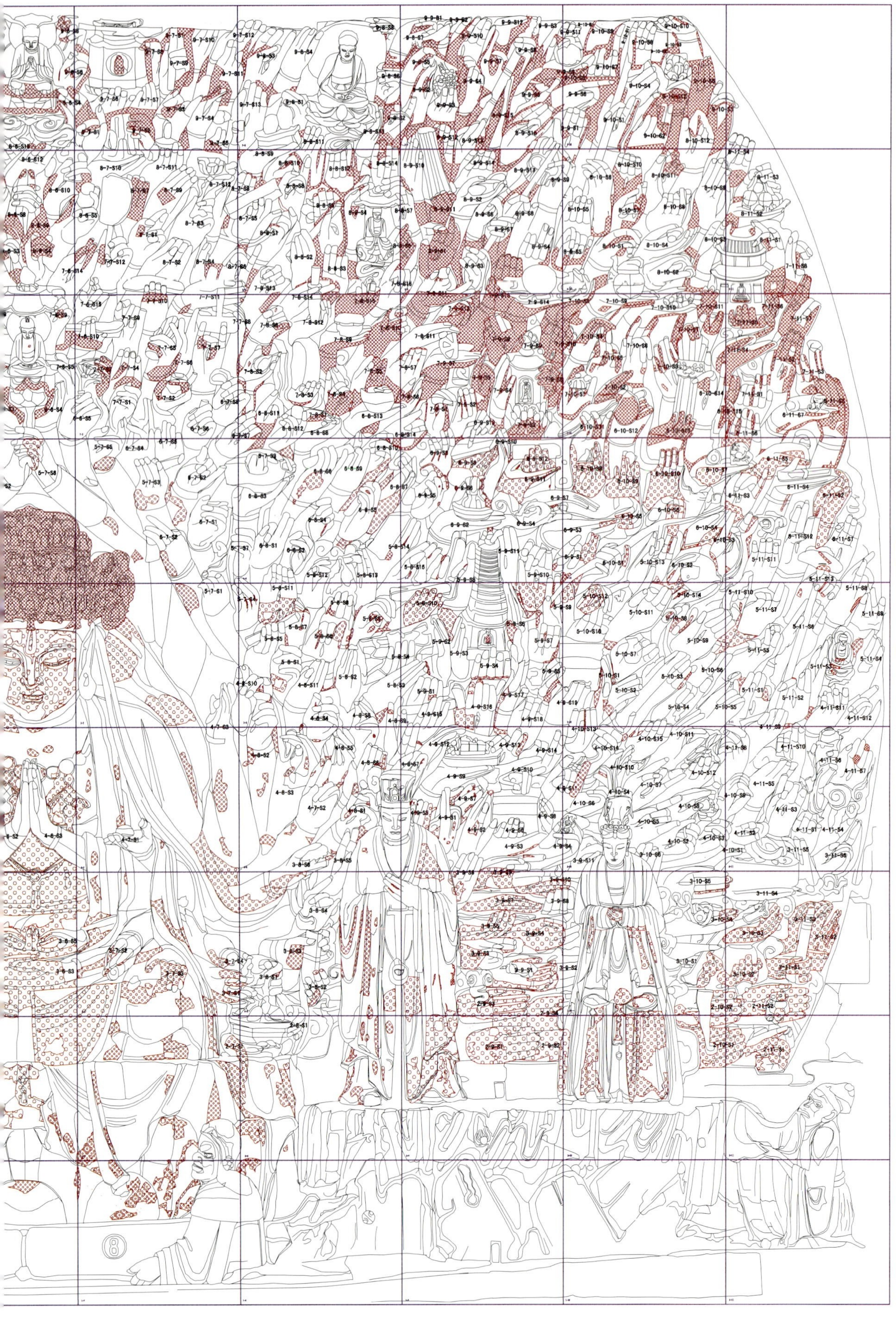

像金箔点状脱落图

金箔点状脱落

图 21　千手观音造

图 21　千手观音造像金箔点状脱落图

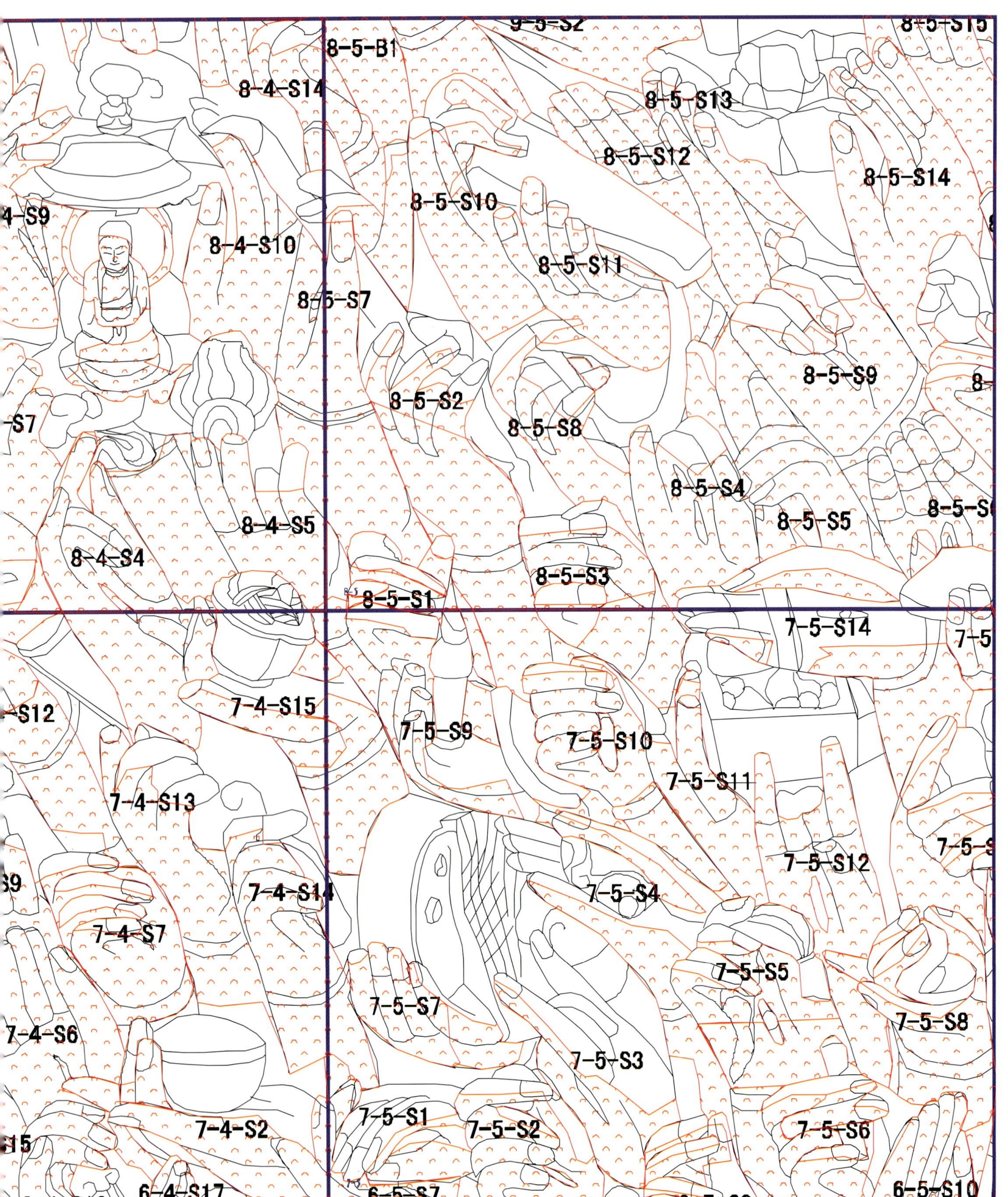

9-5-S2
8-5-S15
8-5-B1
8-4-S14
8-5-S13
8-5-S12
8-5-S14
8-5-S10
4-S9
8-4-S10
8-5-S11
8-5-S7
8-5-S9
8-5-S2
-S7
8-5-S8
8-5-S4
8-4-S5
8-5-S5
8-4-S4
8-5-S3
8-5-S1
7-5-S14
-S12
7-4-S15
7-5-S9
7-5-S10
7-5-S11
7-4-S13
7-5-S12
7-4-S14
7-5-S4
7-4-S7
7-5-S5
7-5-S7
7-4-S6
7-5-S8
7-5-S3
7-5-S1
7-5-S2
7-4-S2
7-5-S6
6-4-S17
6-5-S7
6-5-S10

箔分层开裂卷曲图局部

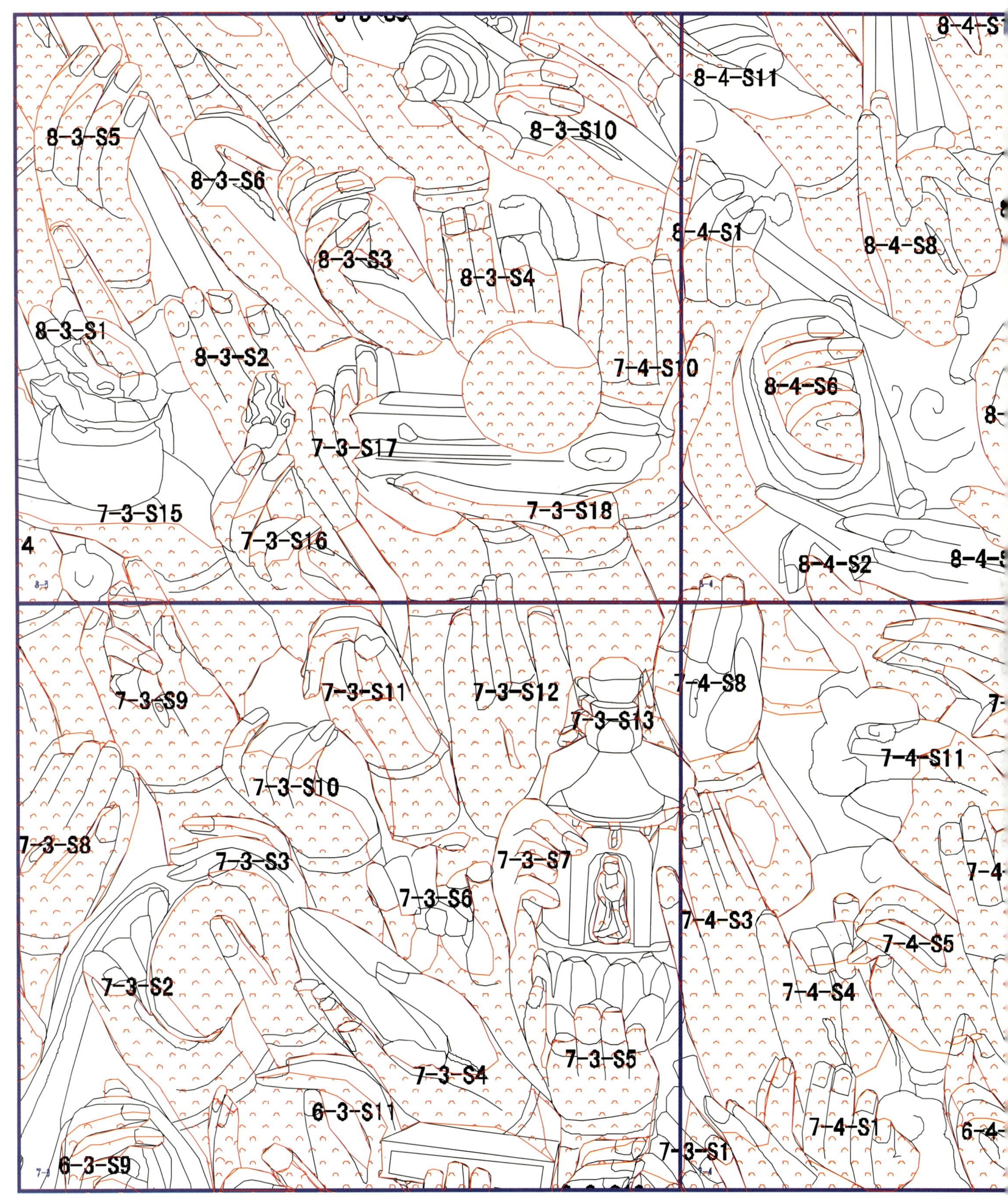

8-4-S11
8-3-S5
8-3-S10
8-3-S6
8-4-S1
8-3-S3
8-3-S4
8-4-S8
8-3-S1
8-3-S2
7-4-S10
8-4-S6
7-3-S17
7-3-S15
7-3-S18
7-3-S16
8-4-S2
7-3-S9
7-3-S11
7-3-S12
7-4-S8
7-3-S13
7-4-S11
7-3-S10
7-3-S8
7-3-S3
7-3-S7
7-3-S6
7-4-S3
7-4-S5
7-3-S2
7-4-S4
7-3-S5
7-3-S4
6-3-S11
7-4-S1
6-3-S9
7-3-S1

图 20 千手观音造像金

图 20　千手观音造像金箔分层开裂卷曲图局部

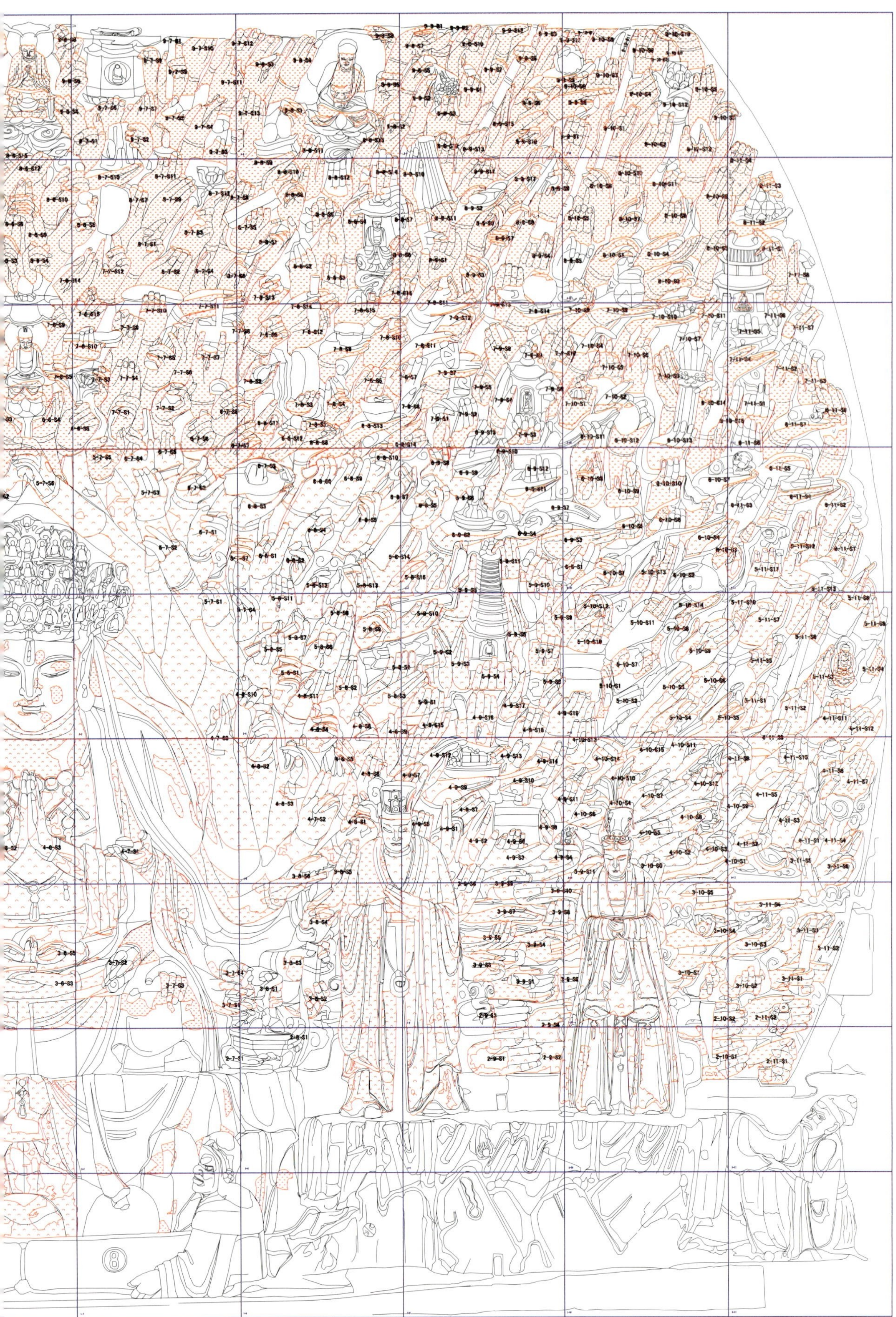

金箔分层开裂卷曲图

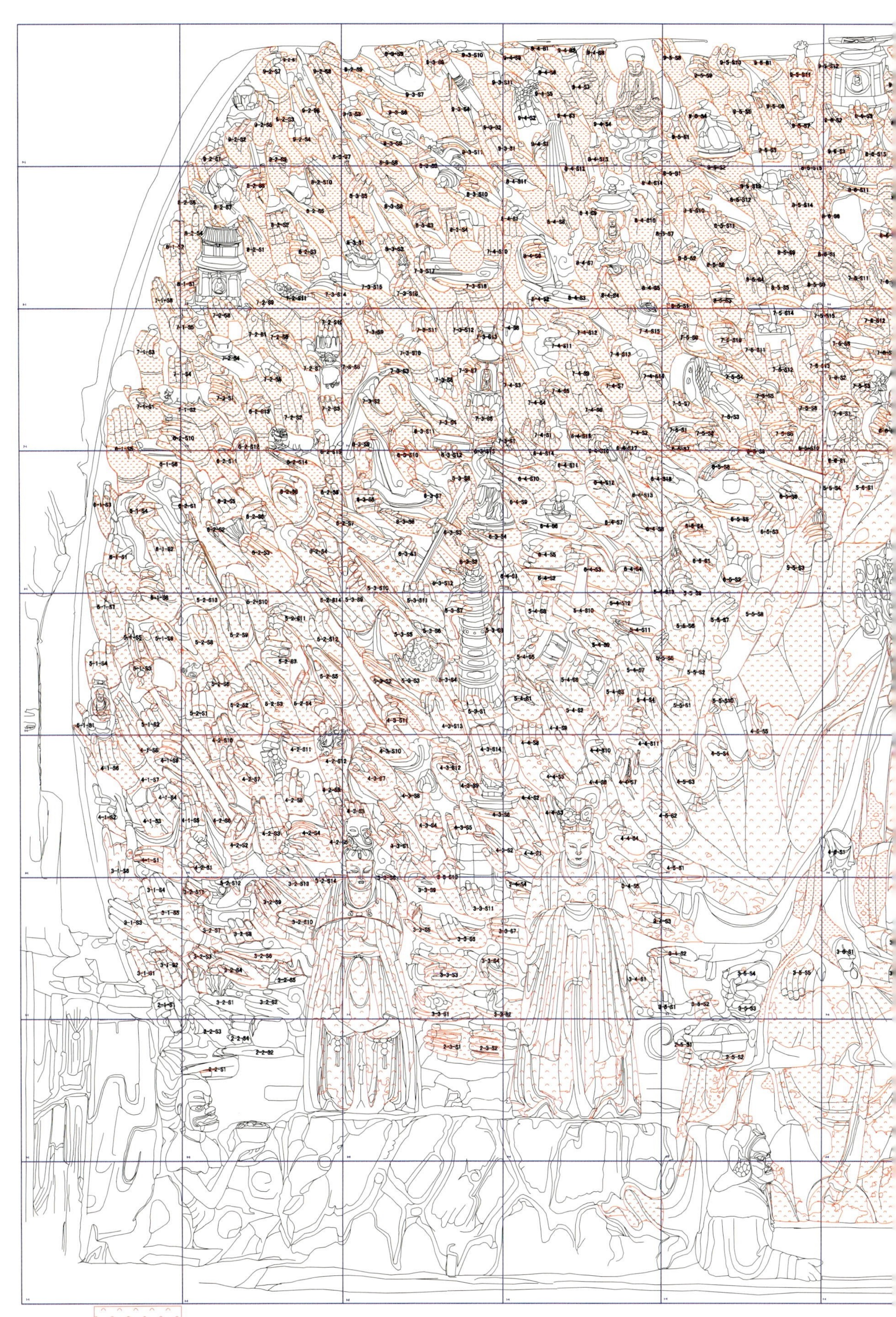

金箔分层开裂卷曲

图 19　千手观音造像

图 19　千手观音造像金箔分层开裂卷曲图

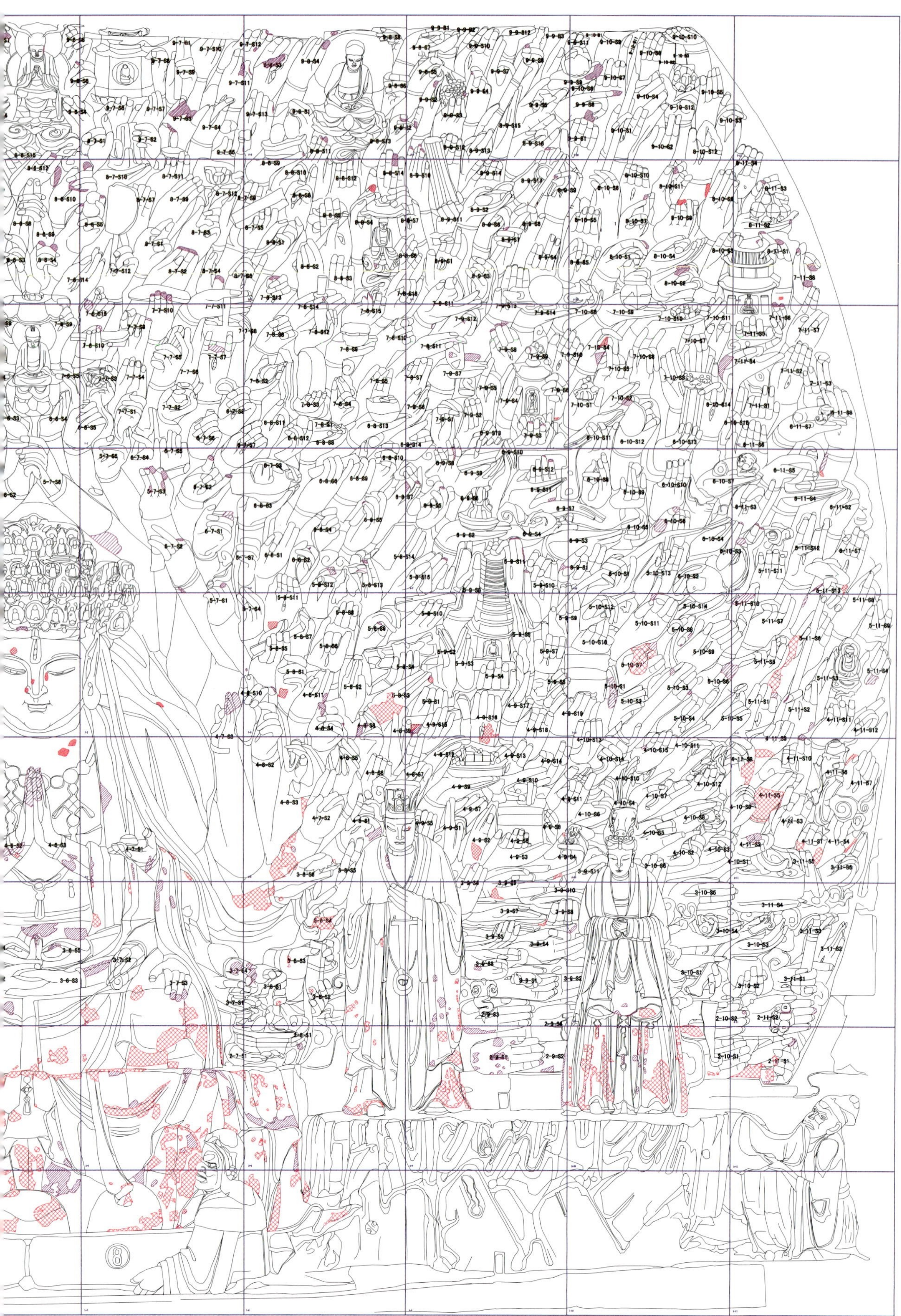

箔脱落、地仗脱落图

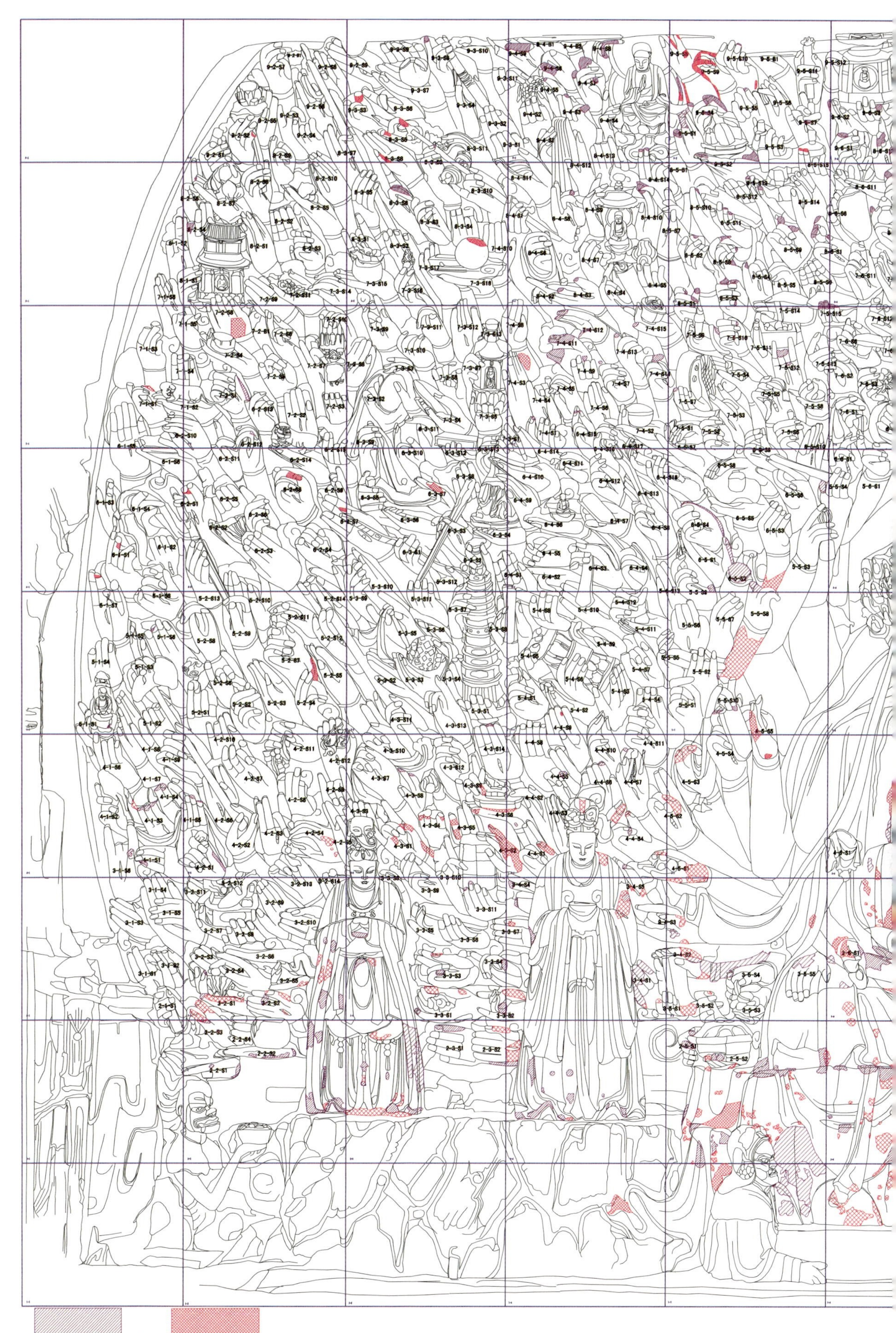

金箔地仗脱落　金箔脱落

图 18　千手观音造像

图 18　千手观音造像金箔脱落、地仗脱落图

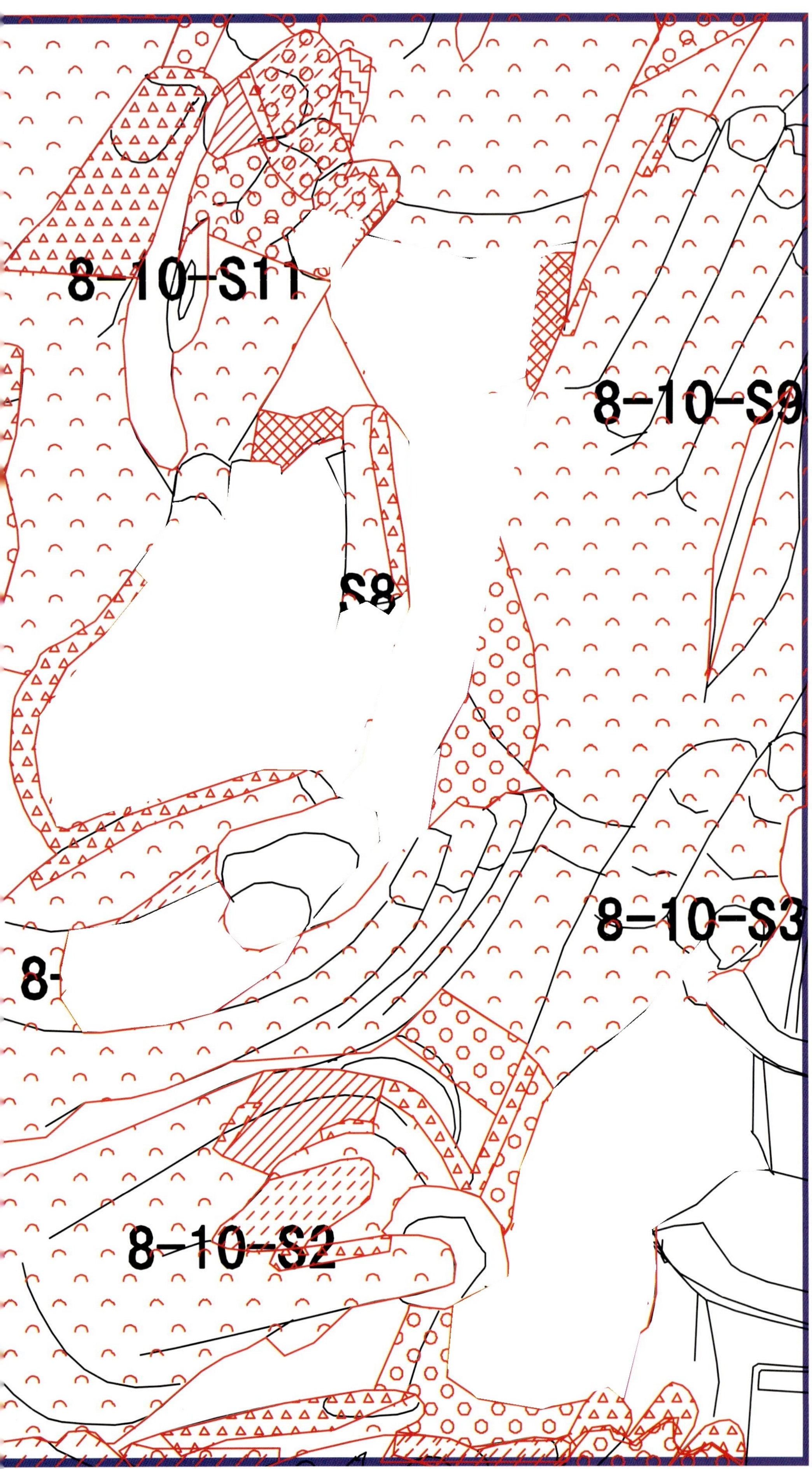

象金箔病害总图局部

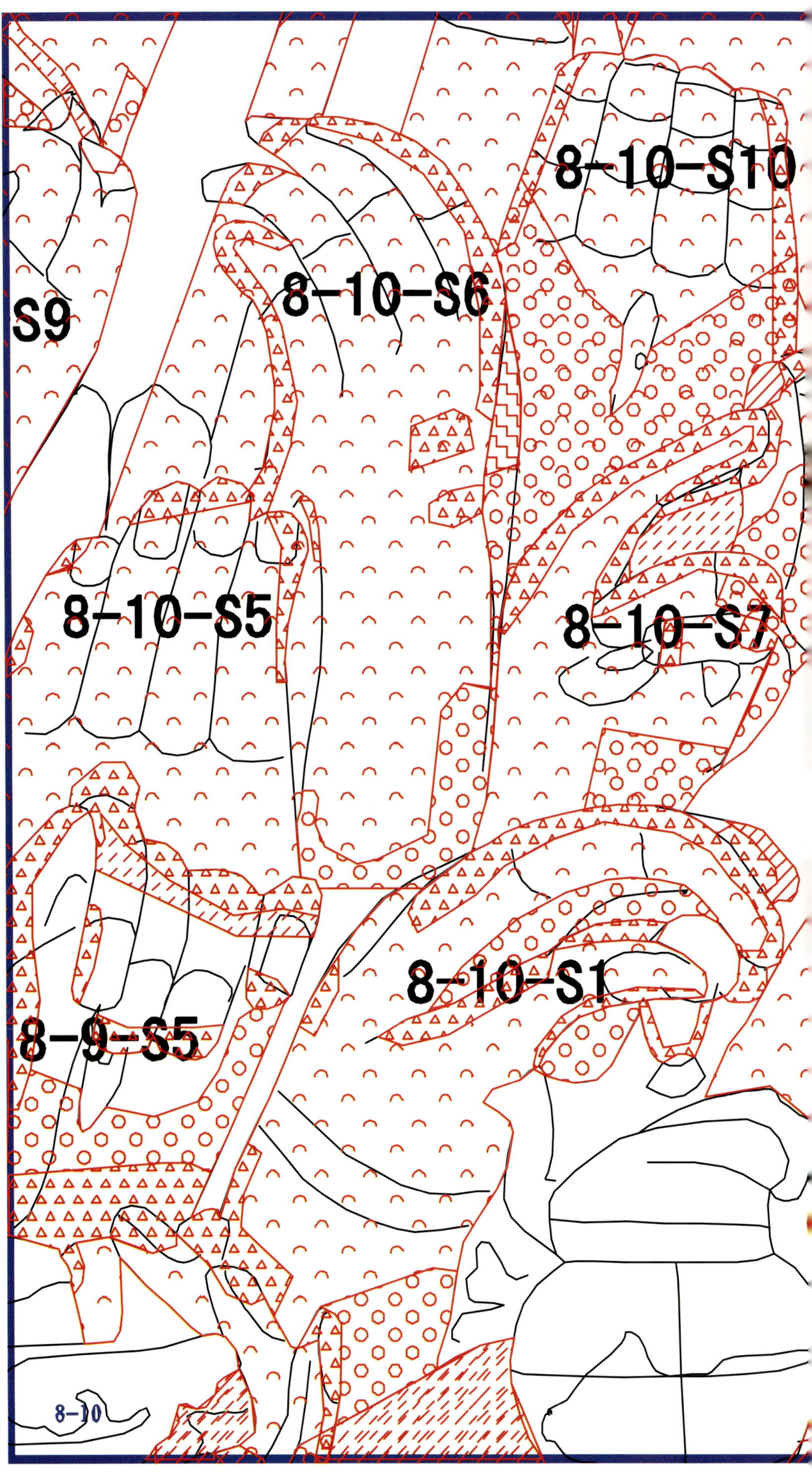

图 17　千手观音造

图 17　千手观音造像金箔病害总图局部

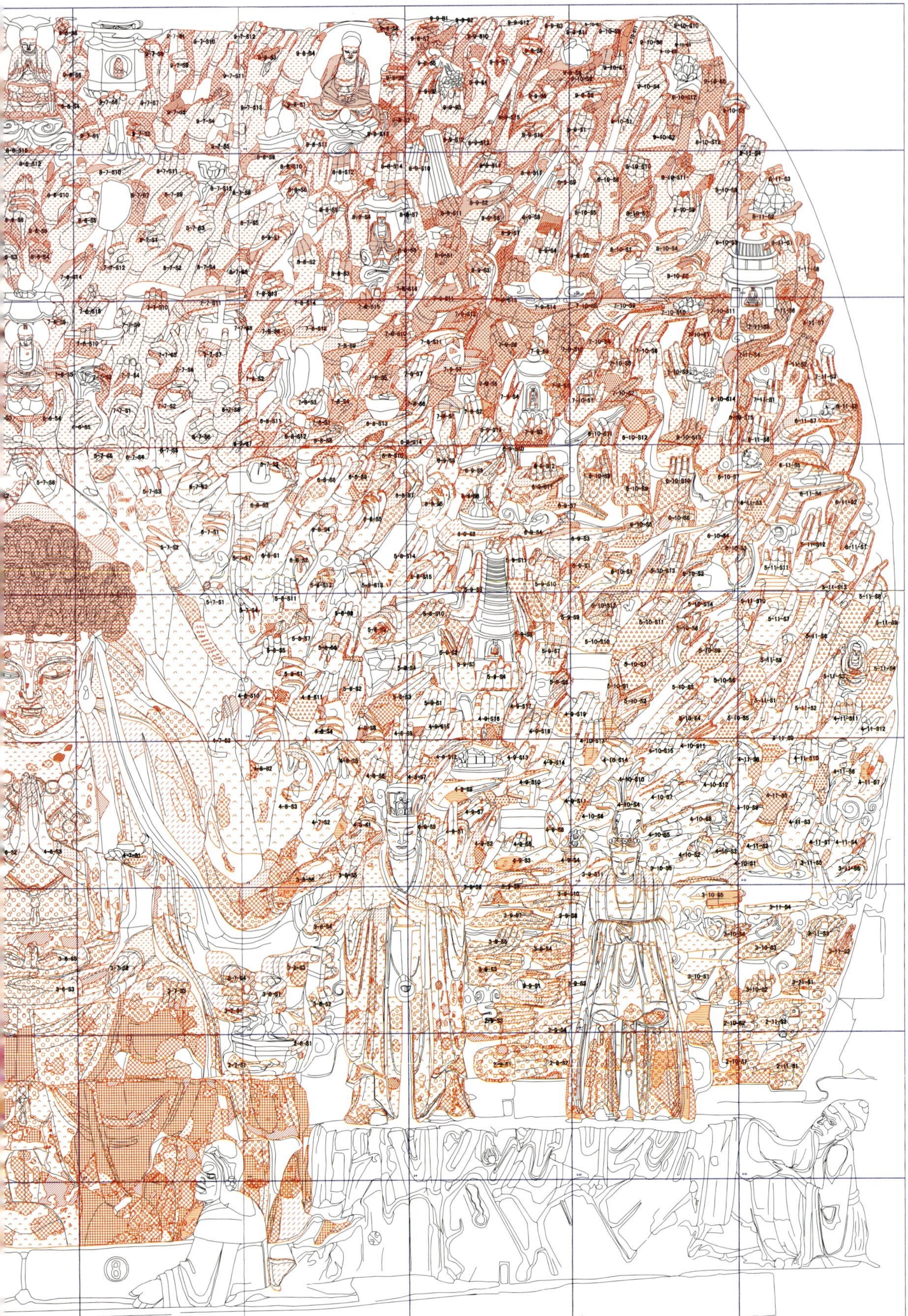

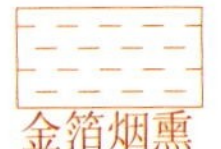

金箔烟熏

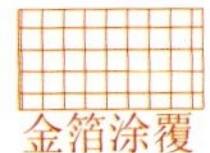

金箔涂覆

金箔龟裂

造像金箔病害总图

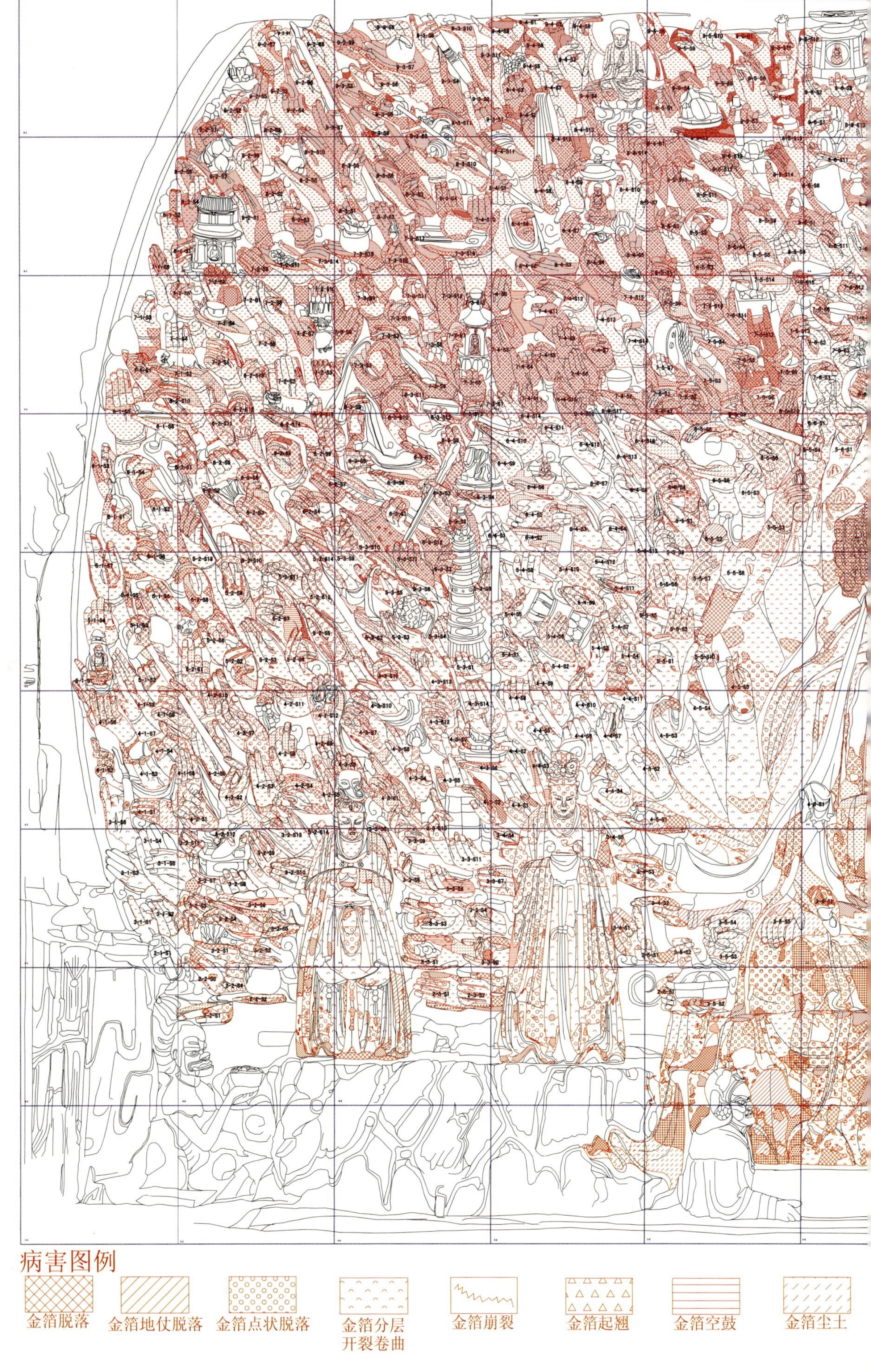

图 16　千手观音

图 16　千手观音造像金箔病害总图

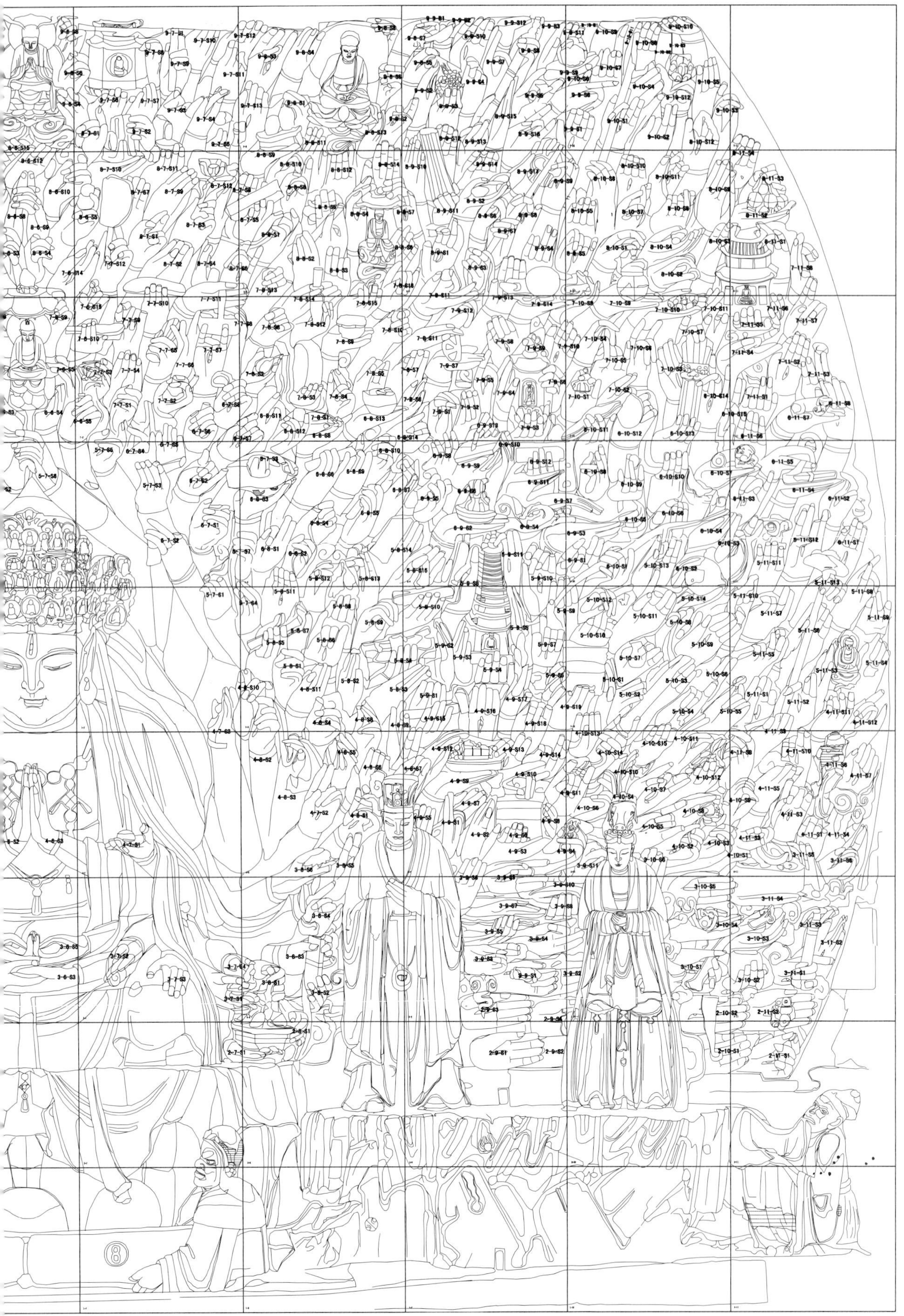

像石质空鼓、渗水图

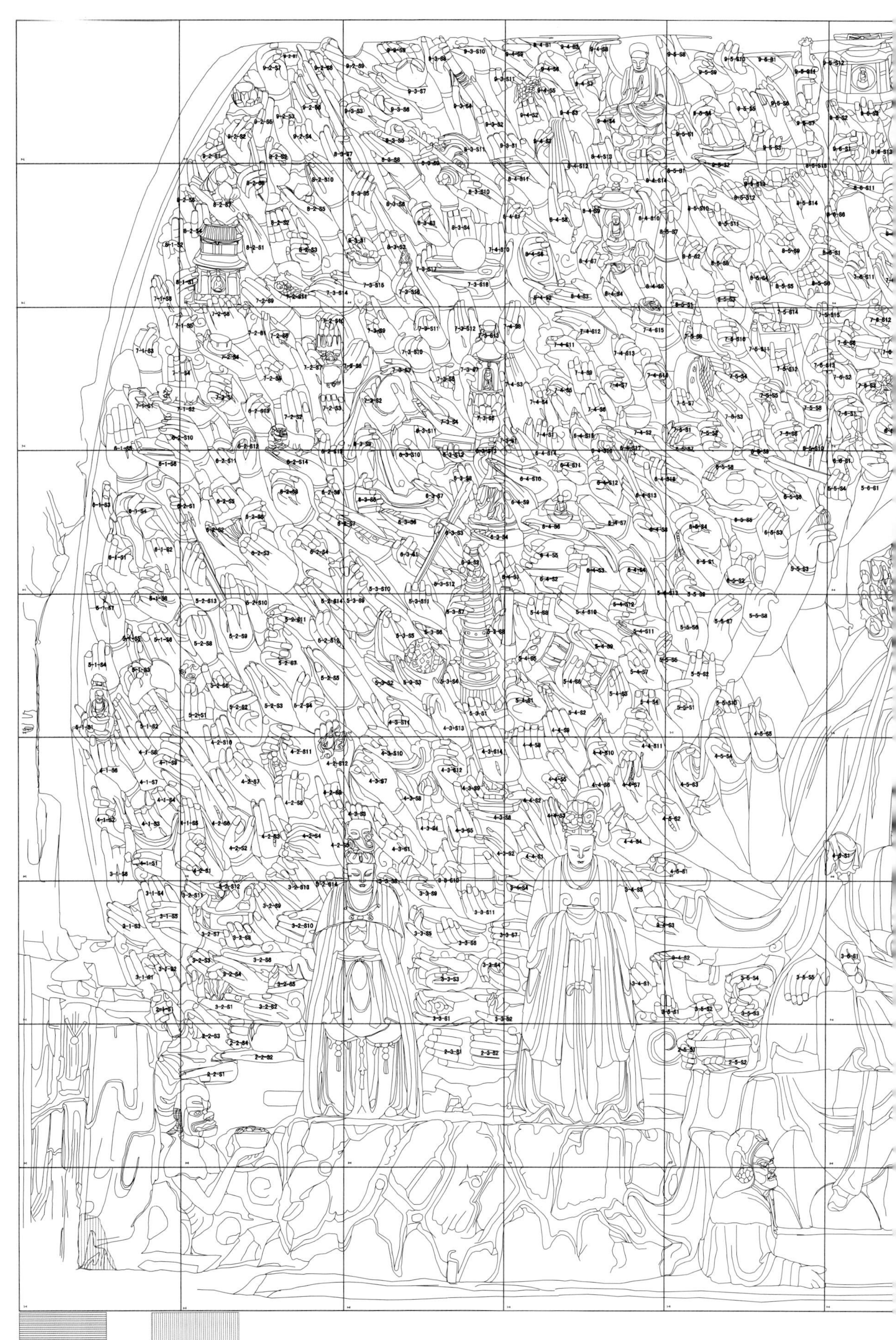

石质空鼓　石质渗水

图 15　千手观音造

图 15　千手观音造像石质空鼓、渗水图

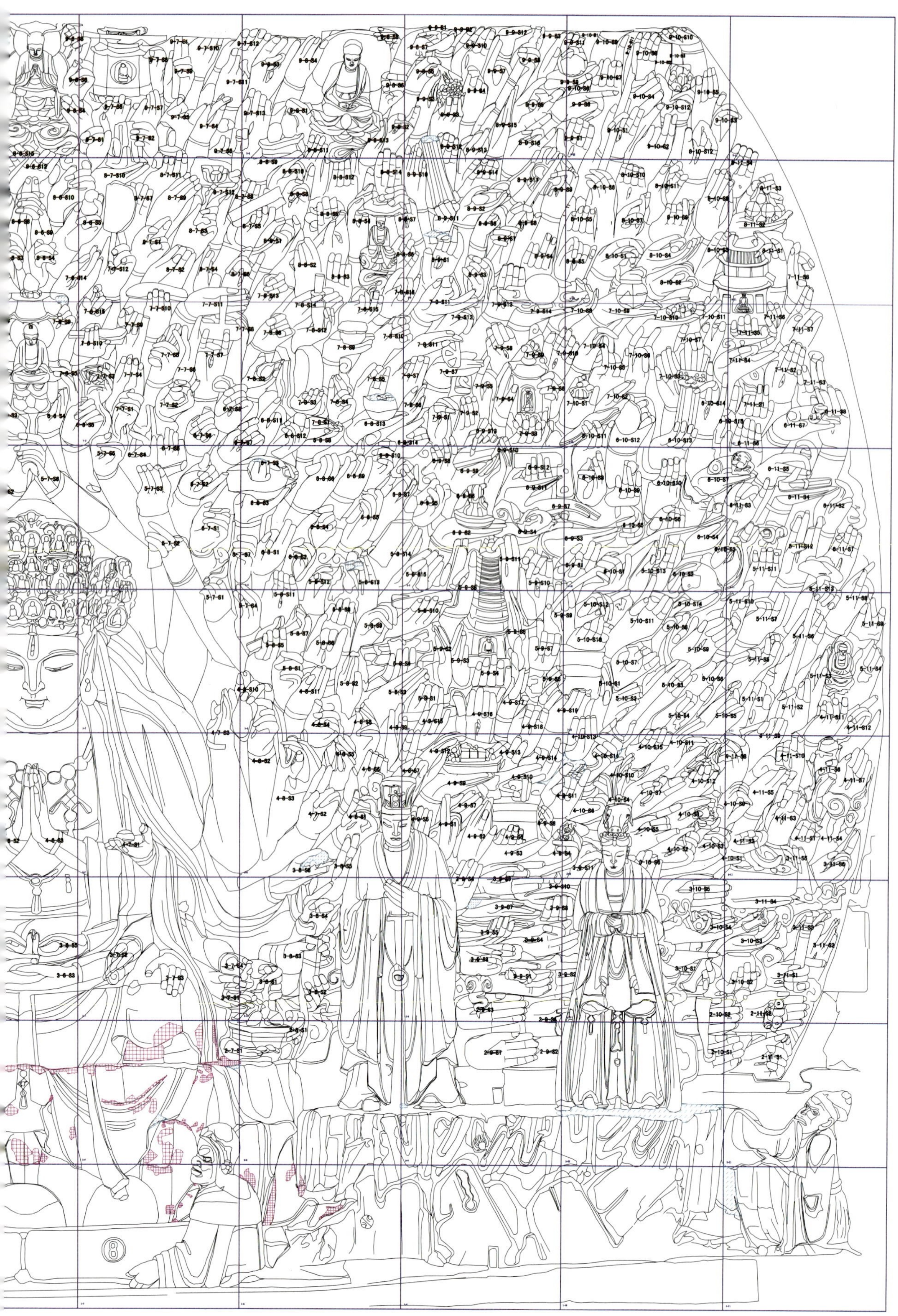

…像石质尘土、涂覆图

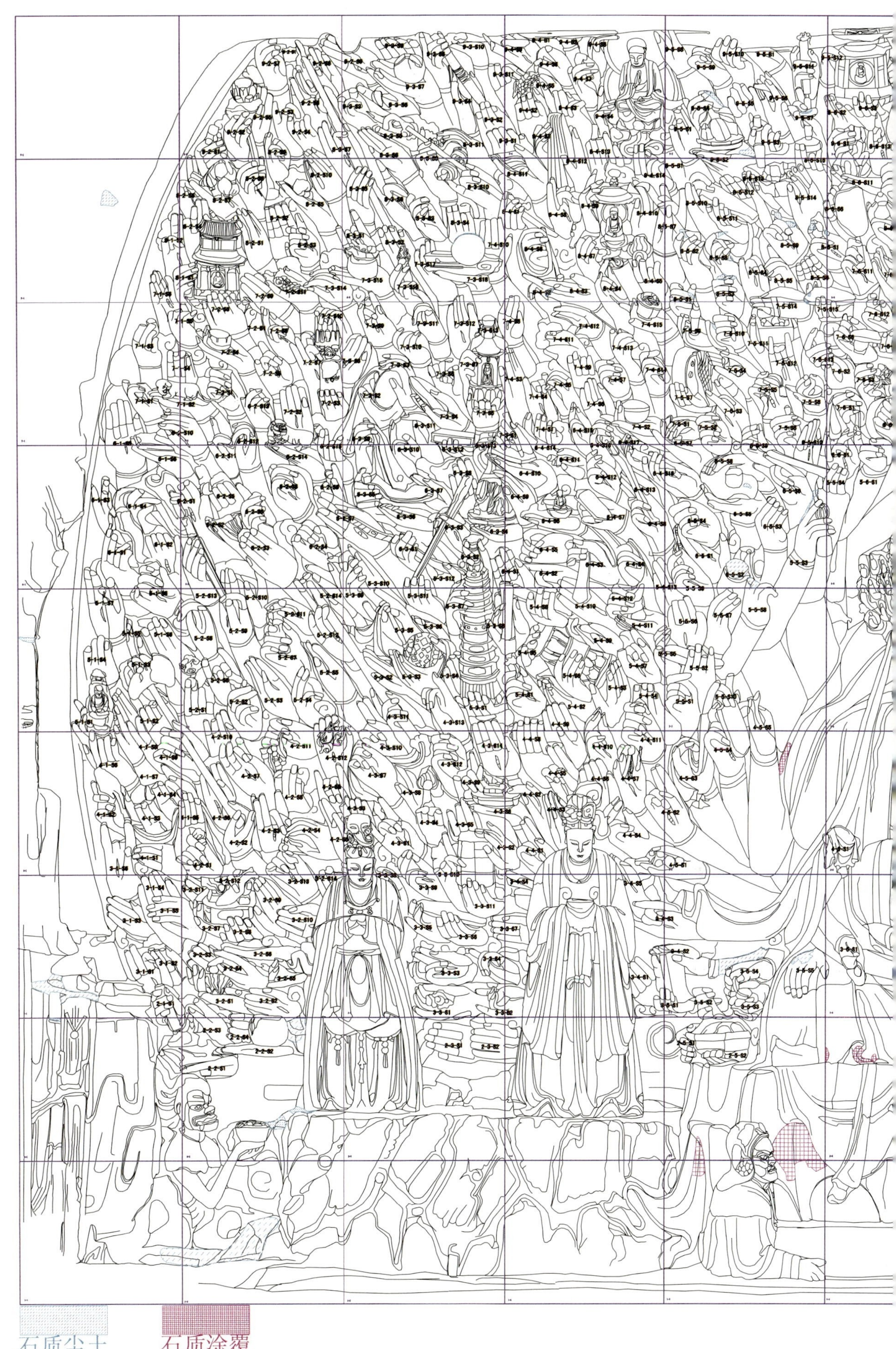

石质尘土　　石质涂覆

图14　千手观音造

图 14　千手观音造像石质尘土、涂覆图

像石质片状剥落图

石质片状剥落

图 13　千手观音造

图 13　千手观音造像石质片状剥落图

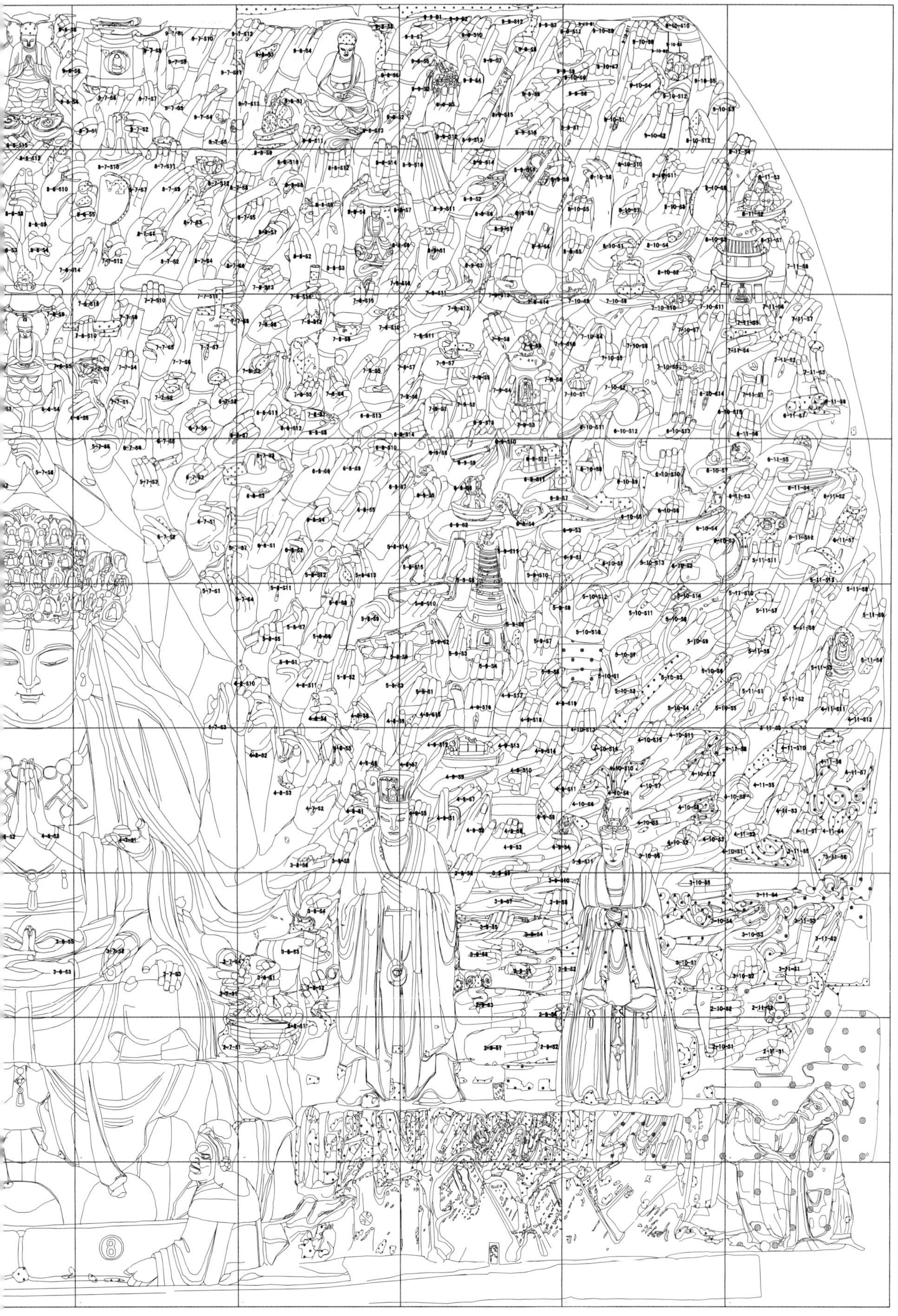

象石质粉化剥落图

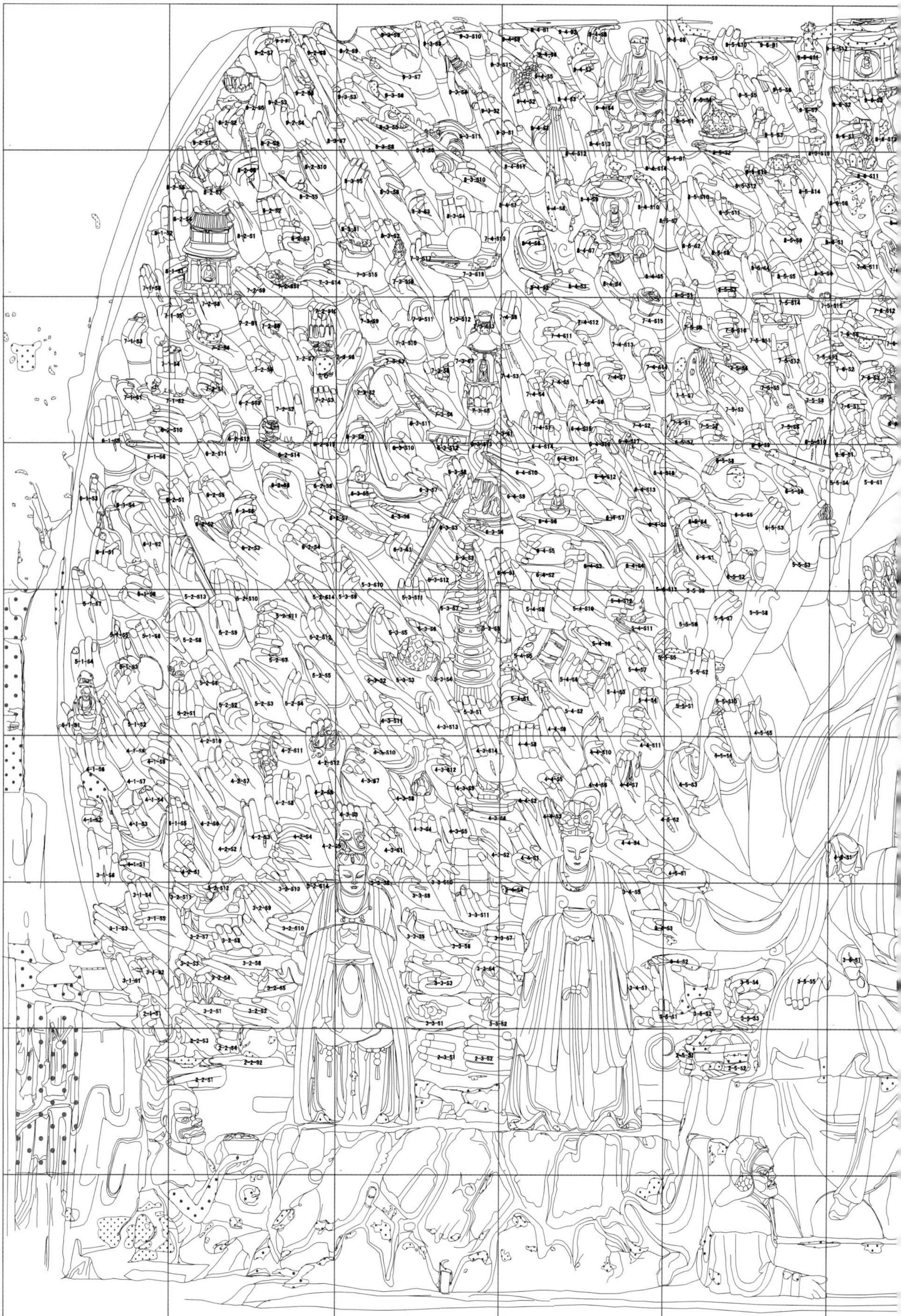

石质粉化剥落

图 12　千手观音造

图 12　千手观音造像石质粉化剥落图

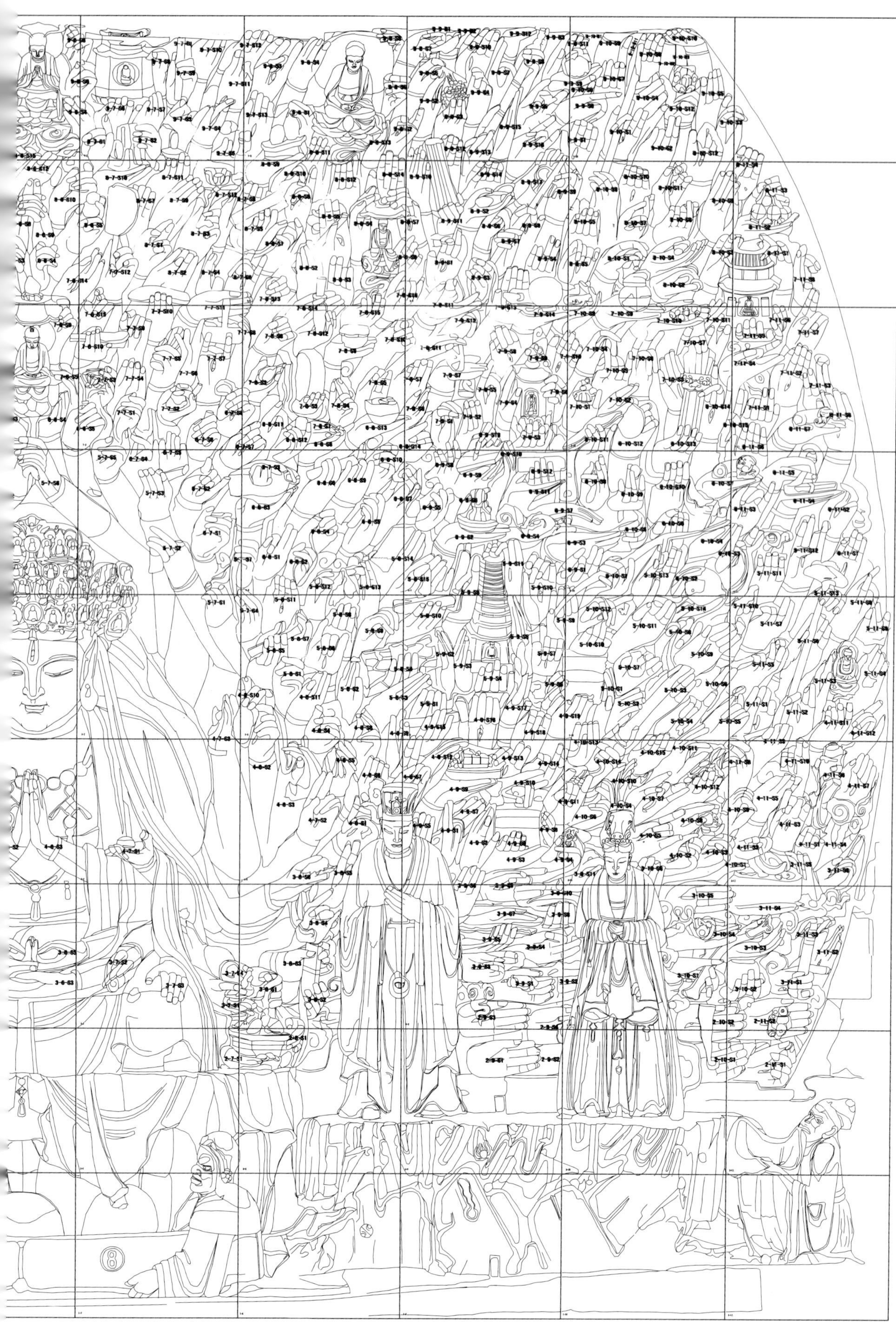

造像石质残缺图

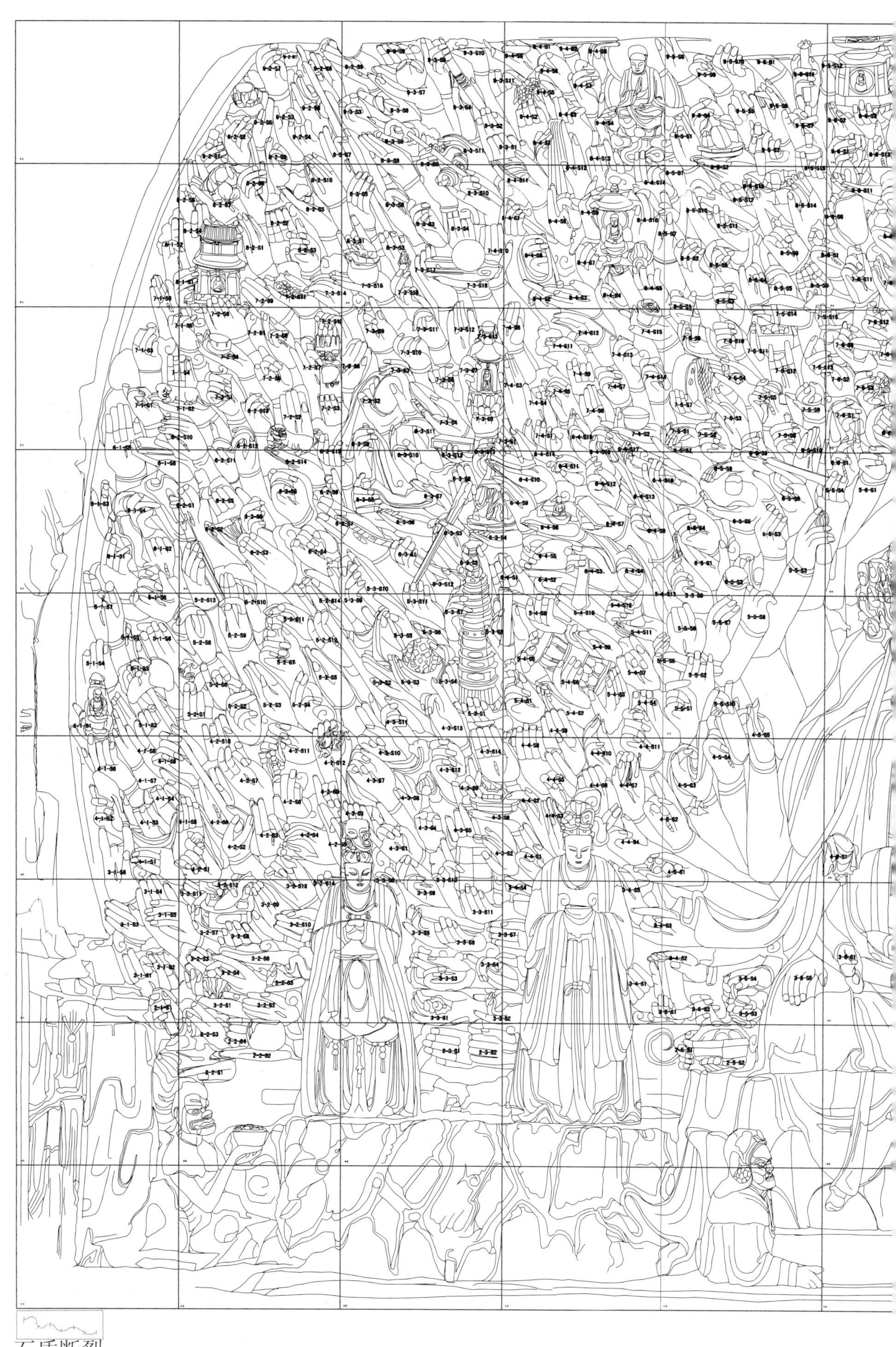

石质断裂

图 11　千手观音

图 11　千手观音造像石质残缺图

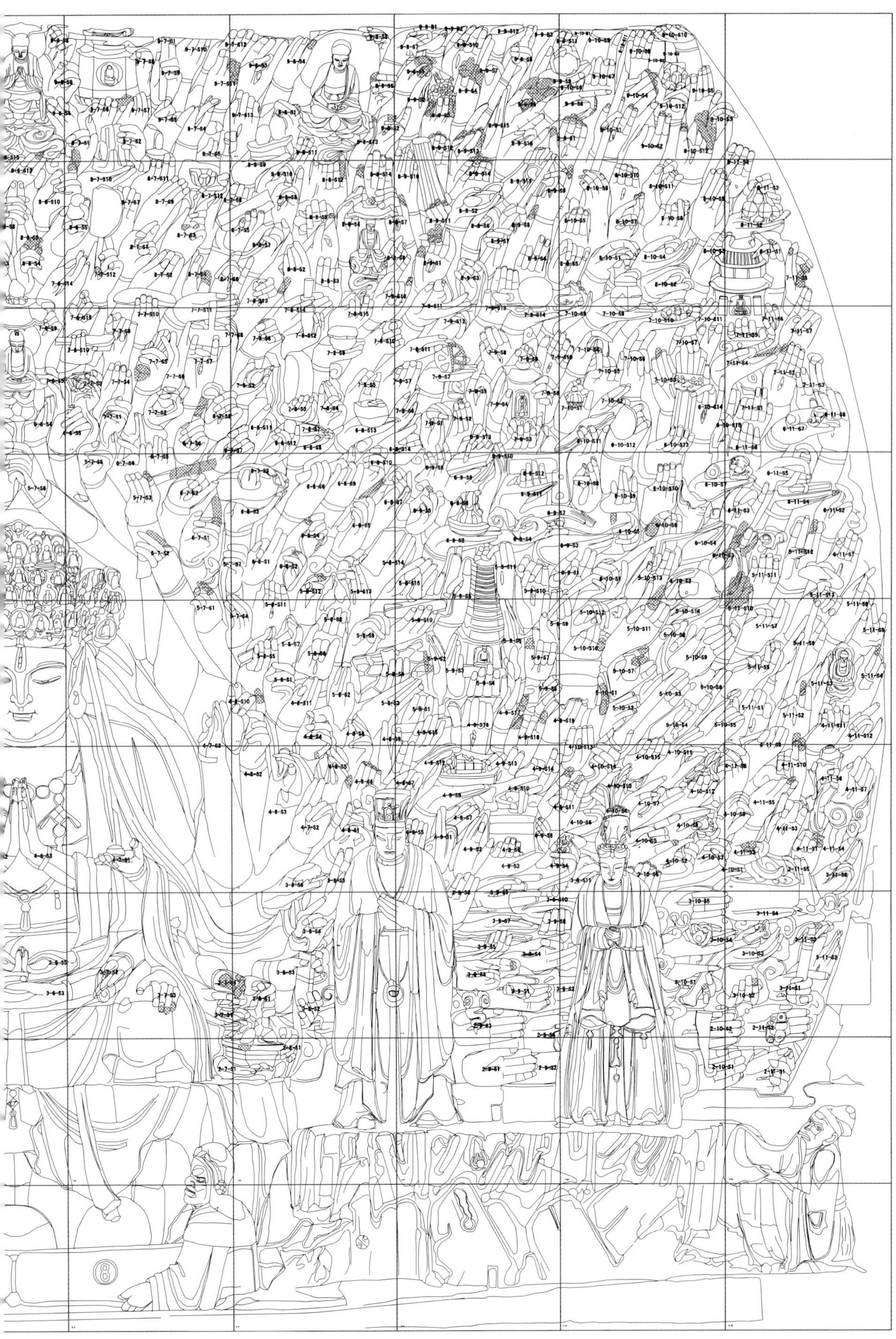

造像石质残缺图

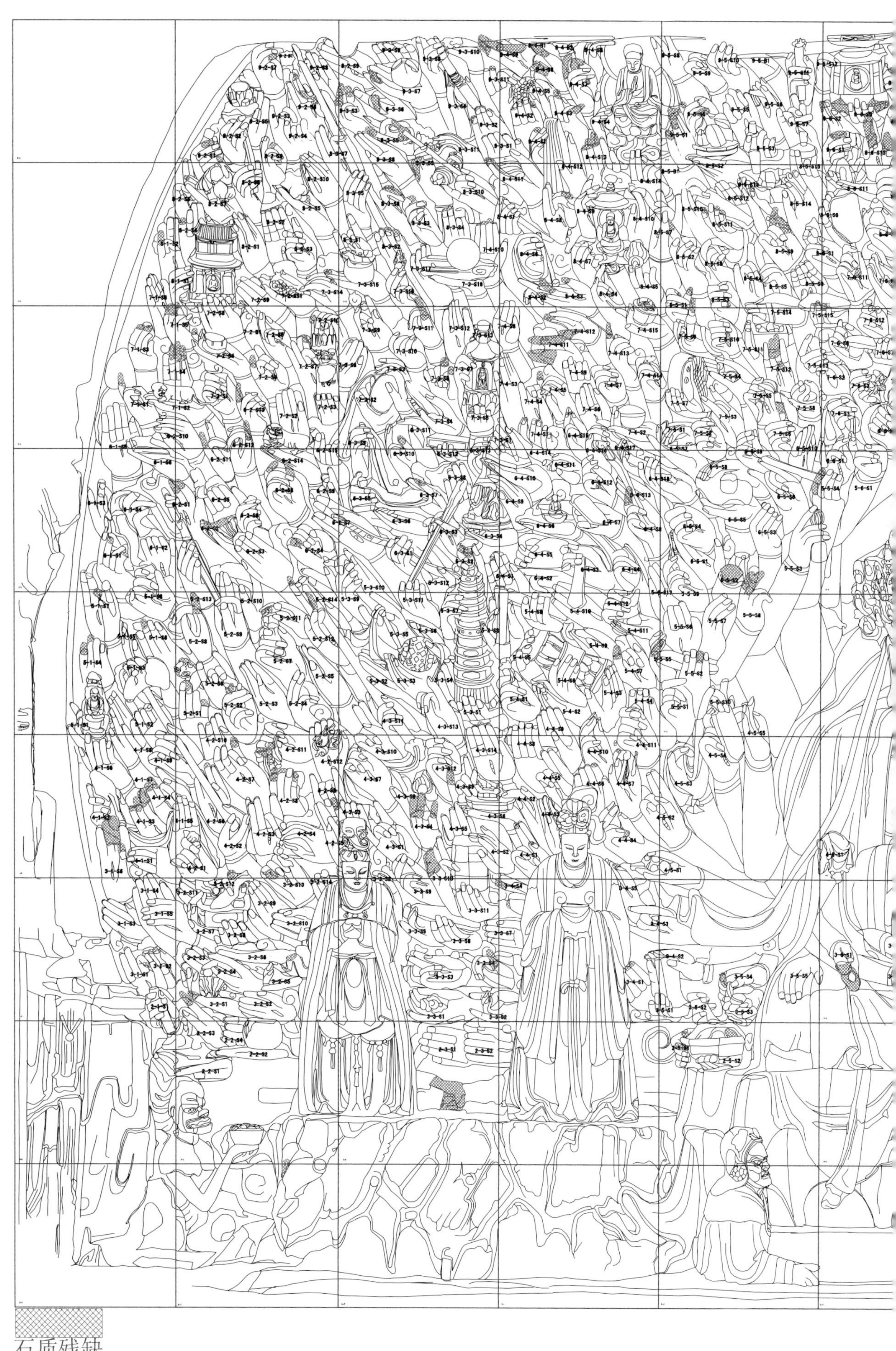

石质残缺

图 10　千手观音

图 10　千手观音造像石质残缺图

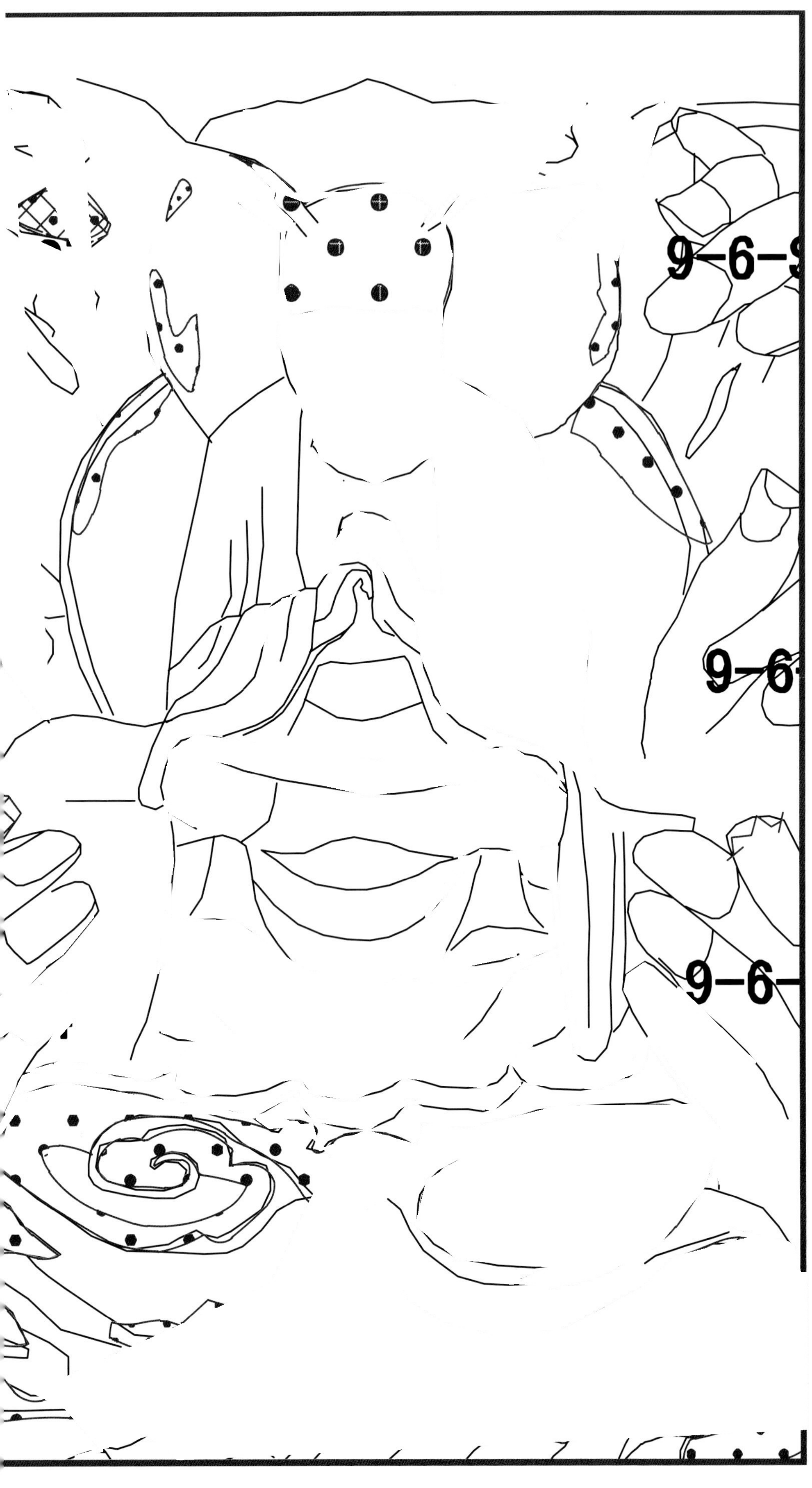

石质病害总图局部

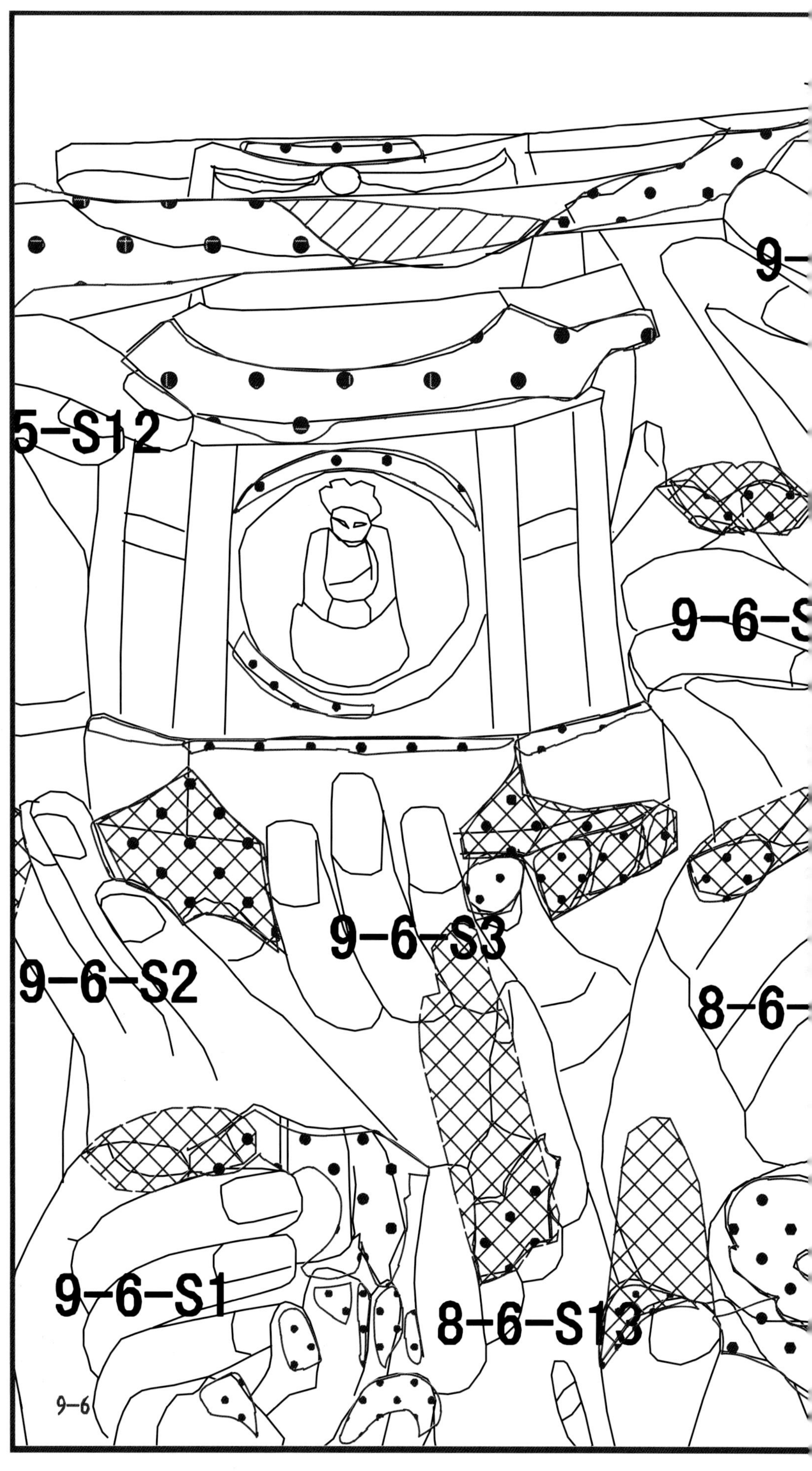

图9　千手观音造

图 9　千手观音造像石质病害总图局部

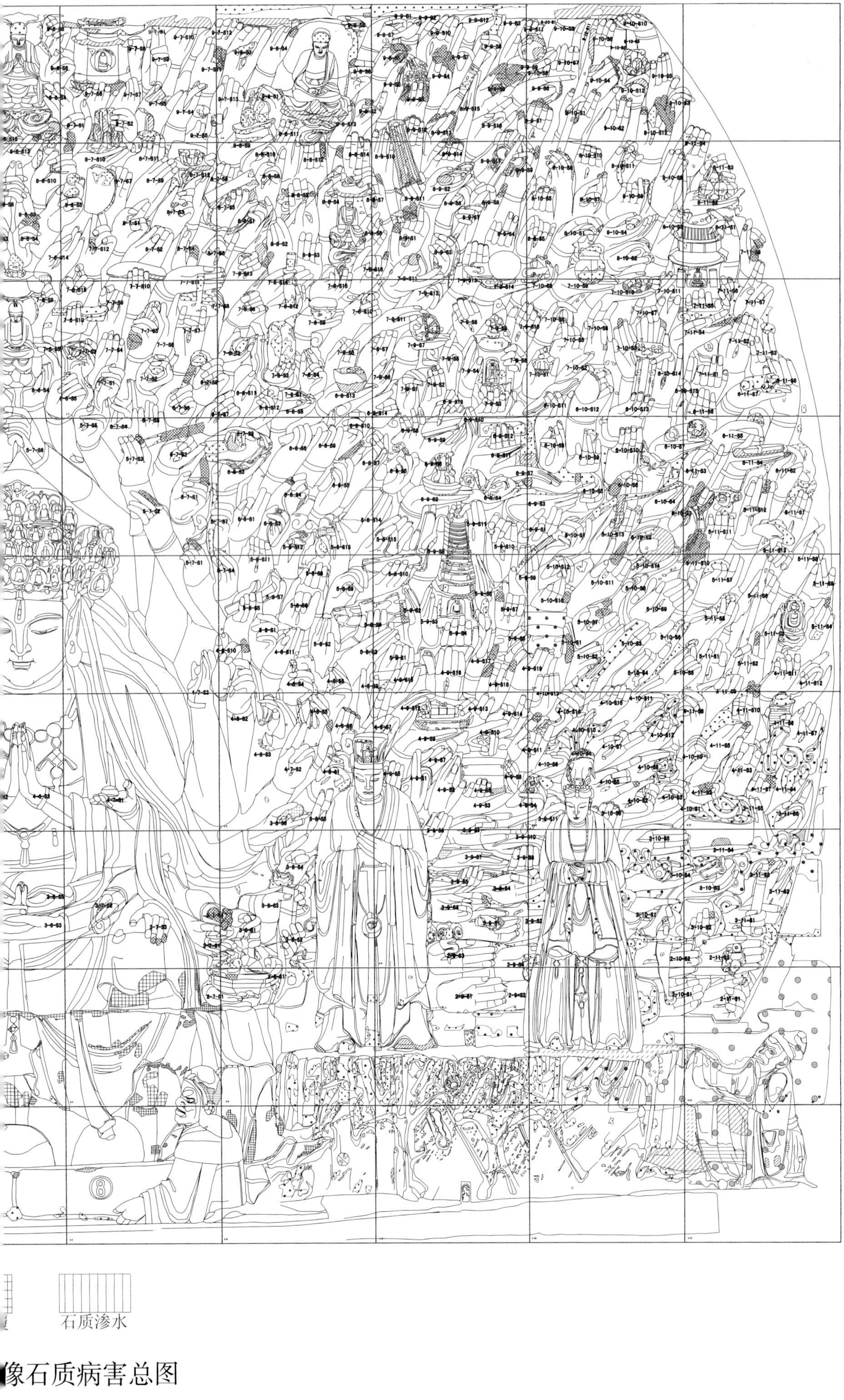

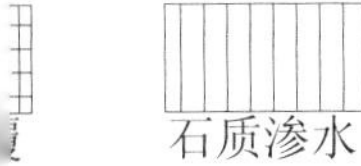

石质渗水

▌像石质病害总图

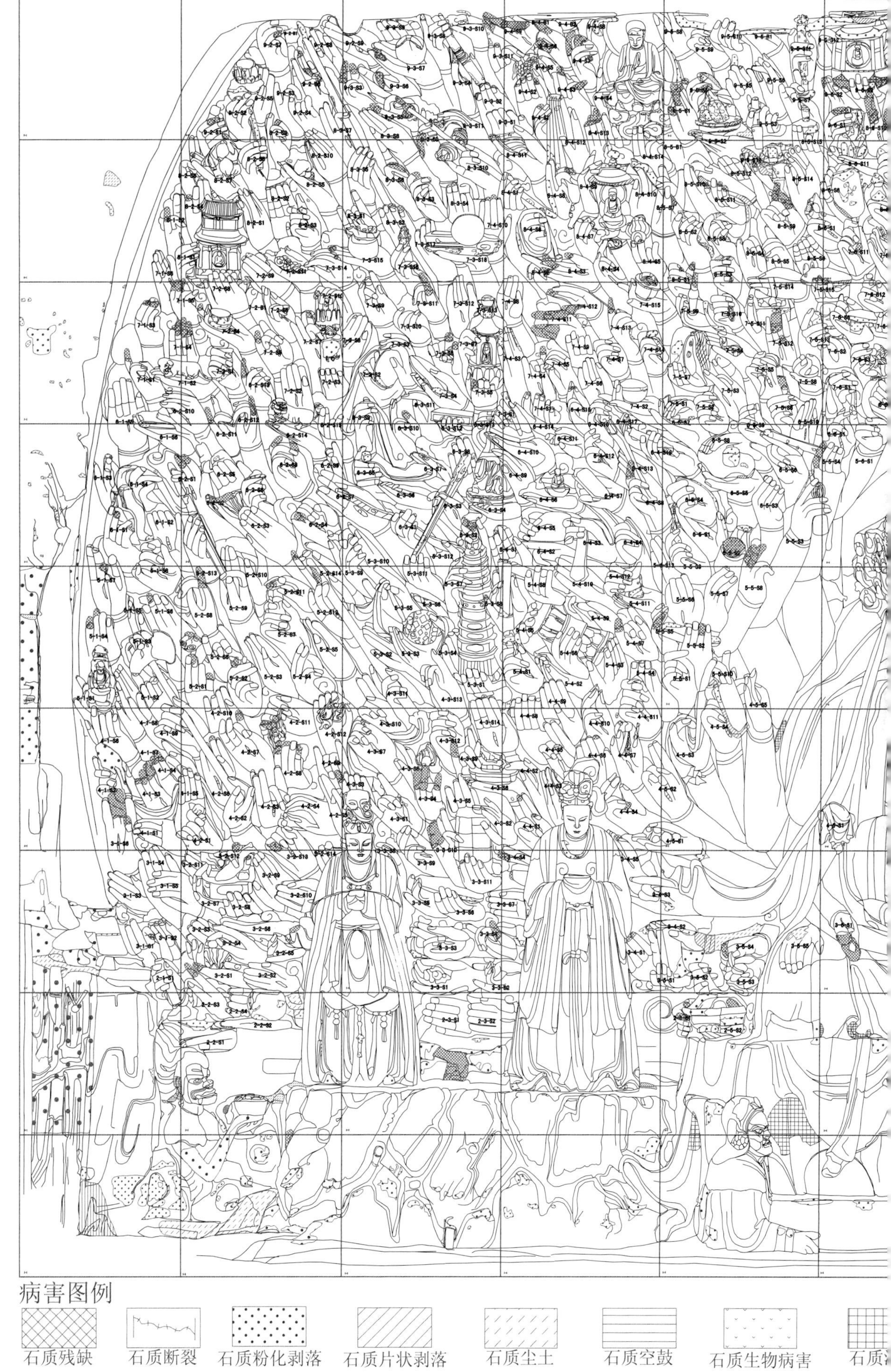

图8　千手观音

图 8　千手观音造像石质病害总图

共31种，

。

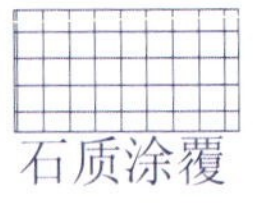
石质涂覆

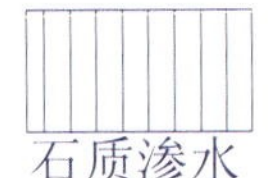
石质渗水

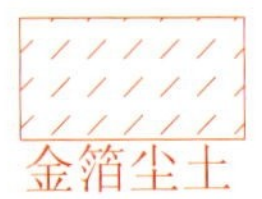
金箔尘土

金箔烟熏

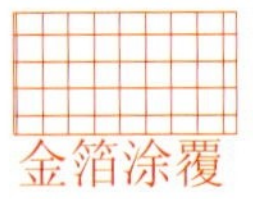
金箔涂覆

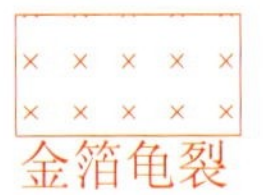
金箔龟裂

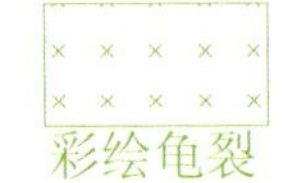
彩绘龟裂

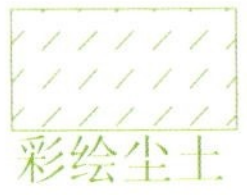
彩绘尘土

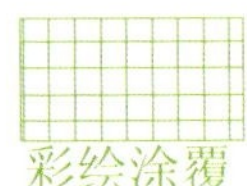
彩绘涂覆

彩绘生物病害

彩绘水渍

彩绘烟熏

千手观音病害术语与图示总表

重庆大足千手观音总结出石质、金箔、彩绘病害

其中石质病害9种，金箔病害10种，彩绘病害12

具体病害术语与图示如下：

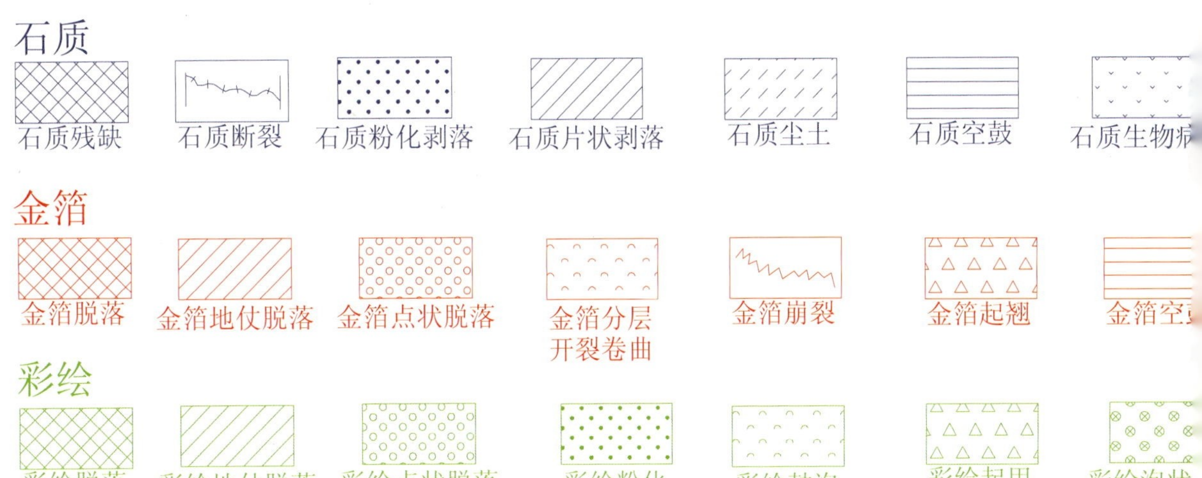

图 7　千手观音造像

图7　千手观音造像病害术语与图示总图

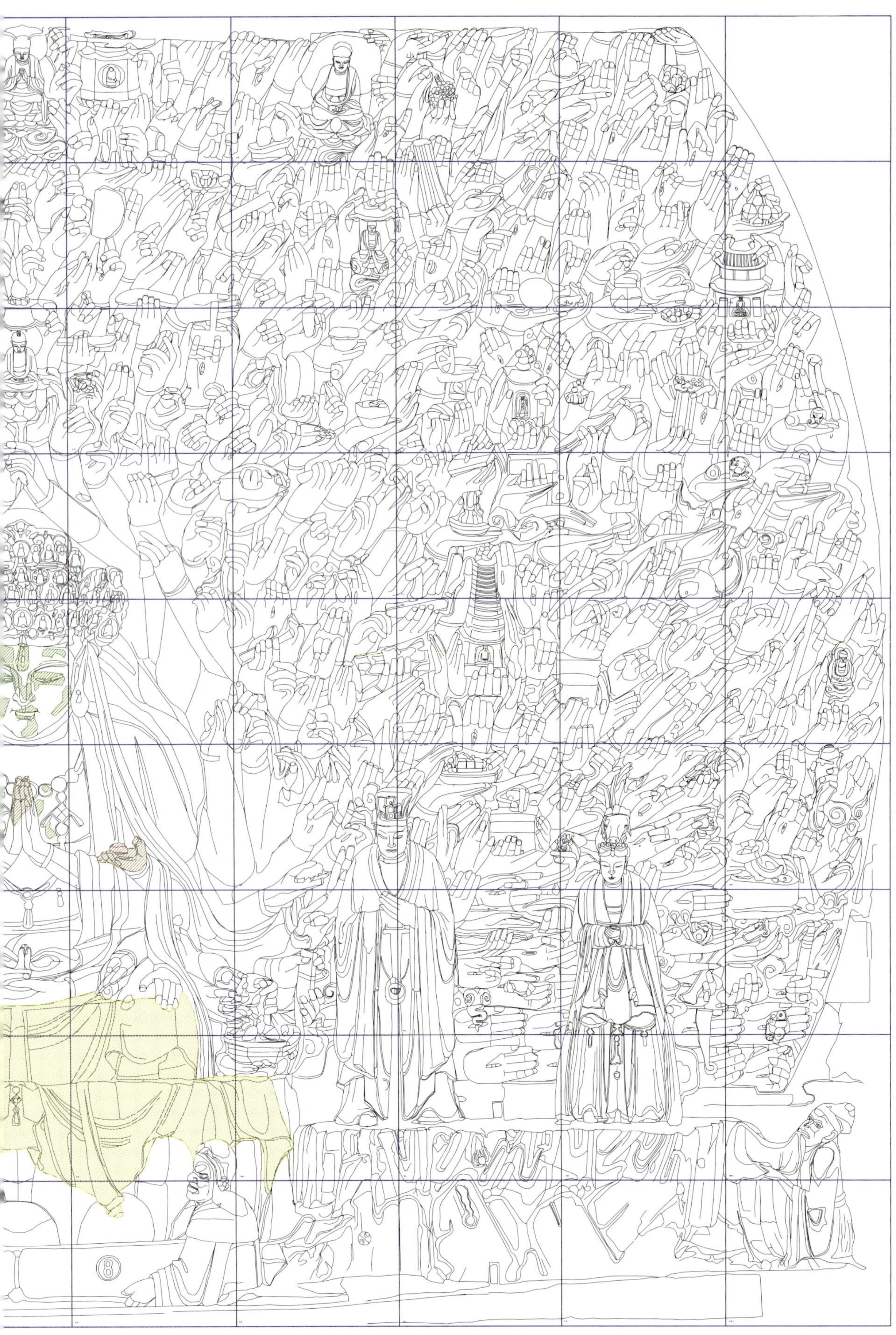

录前人修复类型图

图6　千手观音造

图6　千手观音造像前人修复类型图

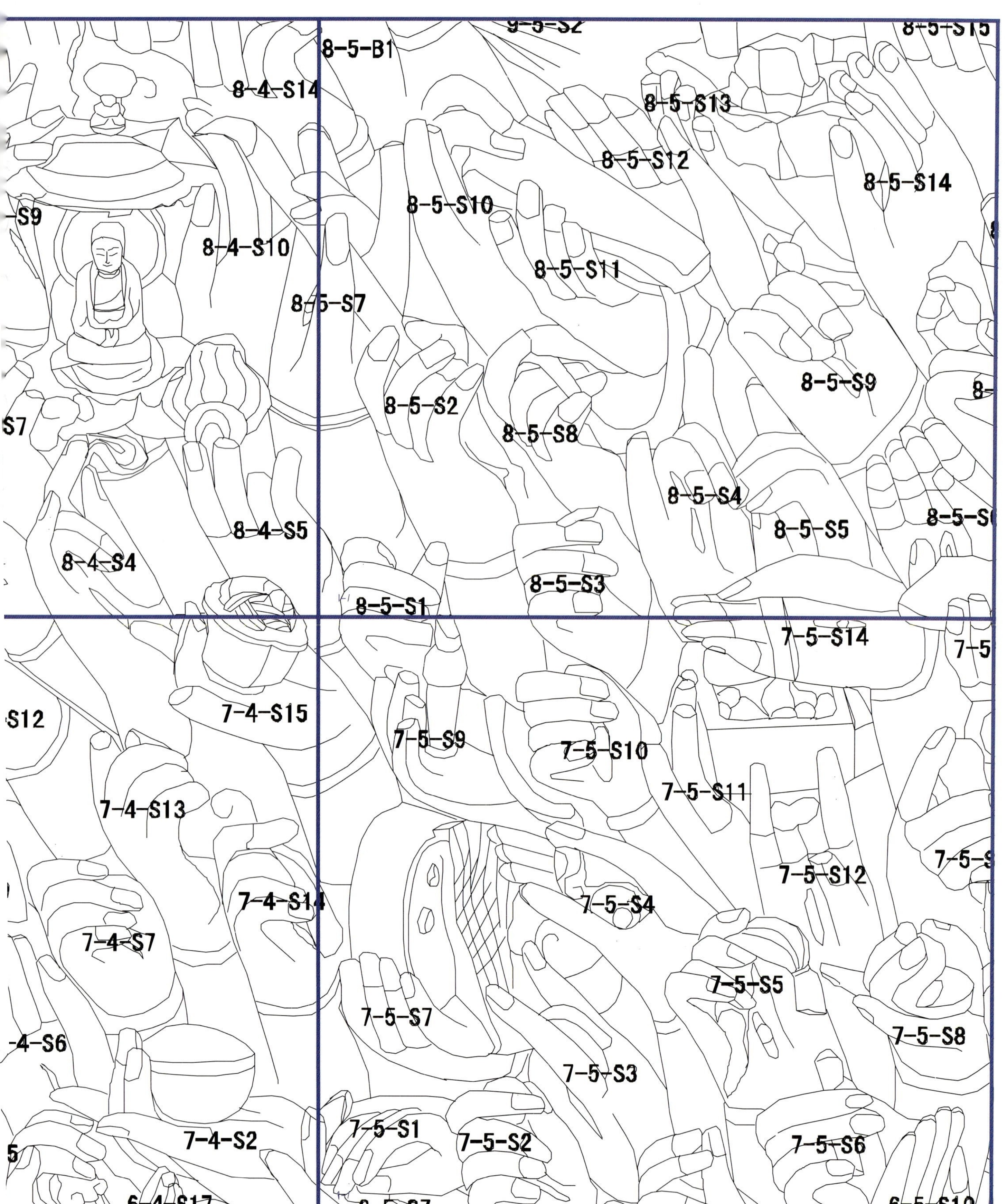

9-5-S2
8-5-S15
8-5-B1
8-4-S14
8-5-S13
8-5-S12
8-5-S14
-S9
8-5-S10
8-4-S10
8-5-S11
8-5-S7
8-5-S9
8-5-S2
S7
8-5-S8
8-5-S4
8-4-S5
8-5-S5
8-4-S4
8-5-S3
8-5-S1
7-5-S14
S12
7-4-S15
7-5-S9
7-5-S10
7-5-S11
7-4-S13
7-5-S12
7-4-S14
7-5-S4
7-4-S7
7-5-S5
7-5-S7
7-5-S8
-4-S6
7-5-S3
7-5-S1
7-4-S2
7-5-S2
7-5-S6
6-4-S17
6-5-S7
6-5-S10

……手编号图局部

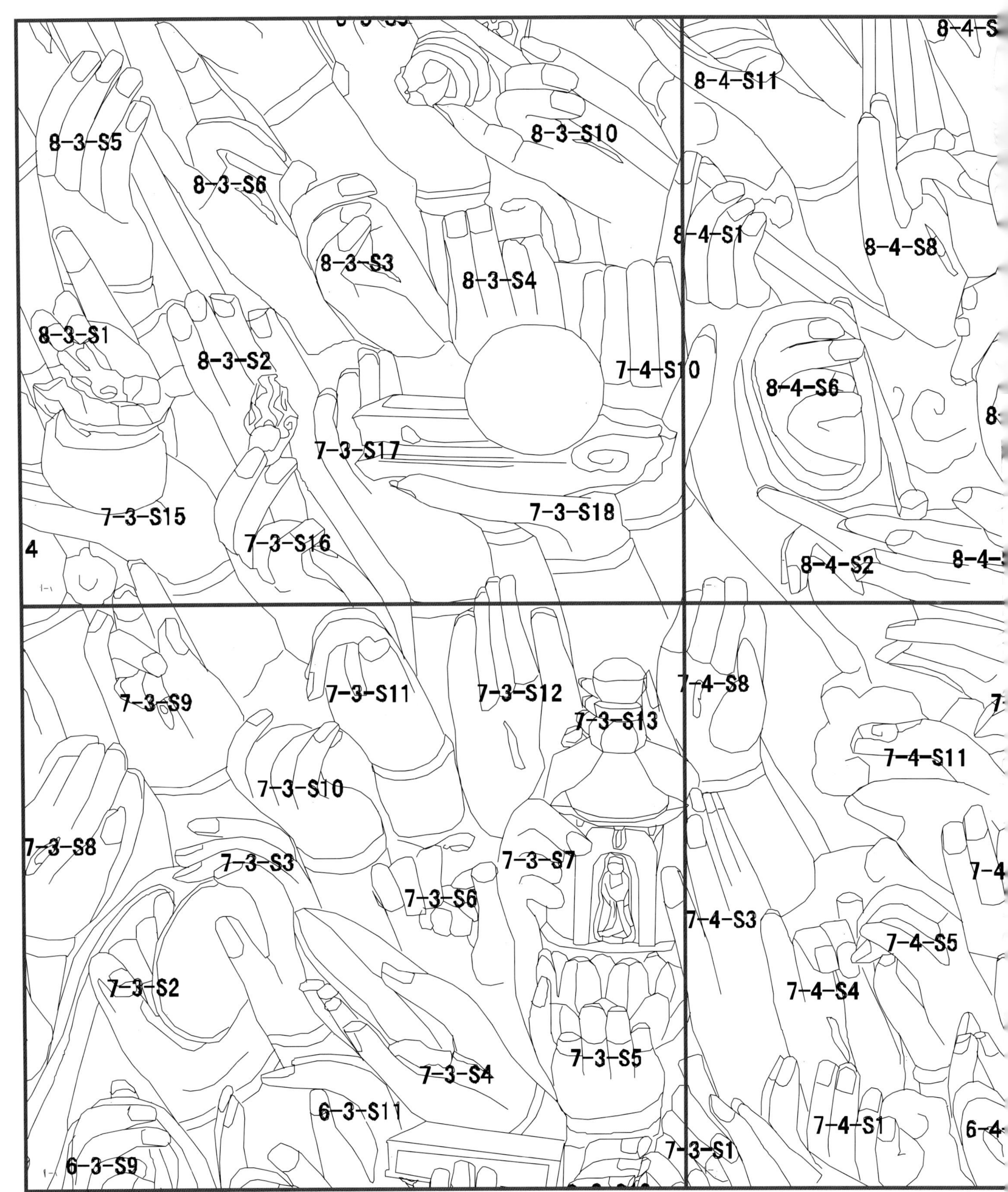

8-4-S
8-4-S11
8-3-S5
8-3-S10
8-3-S6
8-4-S1
8-4-S8
8-3-S3
8-3-S4
8-3-S1
8-3-S2
7-4-S10
8-4-S6
7-3-S17
7-3-S15
7-3-S18
4
7-3-S16
8-4-S2
7-4-S8
7-3-S9
7-3-S11
7-3-S12
7-3-S13
7-4-S11
7-3-S10
7-3-S8
7-3-S3
7-3-S7
7-3-S6
7-4-S3
7-4-S5
7-3-S2
7-4-S4
7-3-S5
7-3-S4
6-3-S11
7-4-S1
7-3-S1
6-3-S9

图 5　千手观音

图 5　千手观音造像手编号图局部

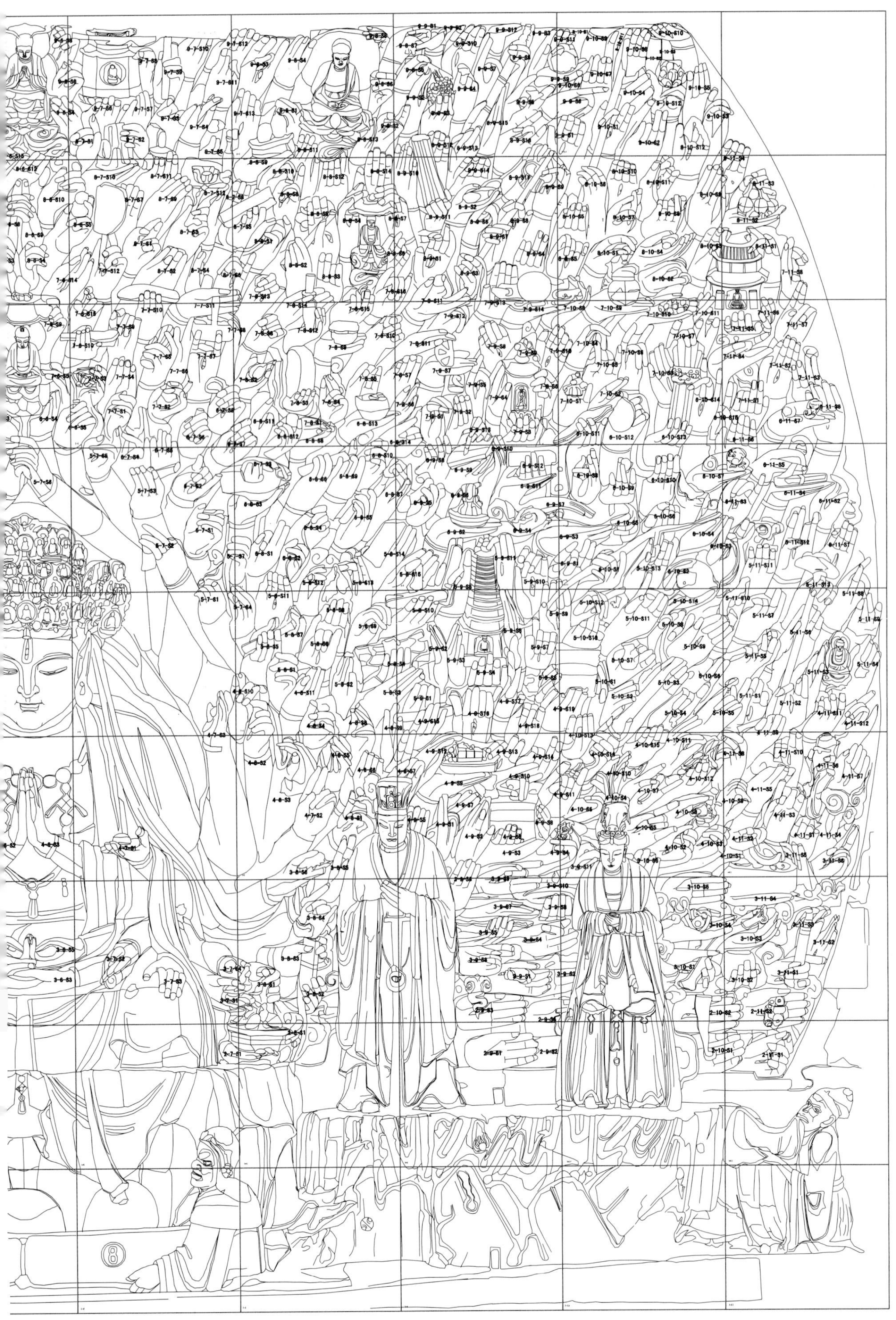

造像手编号图

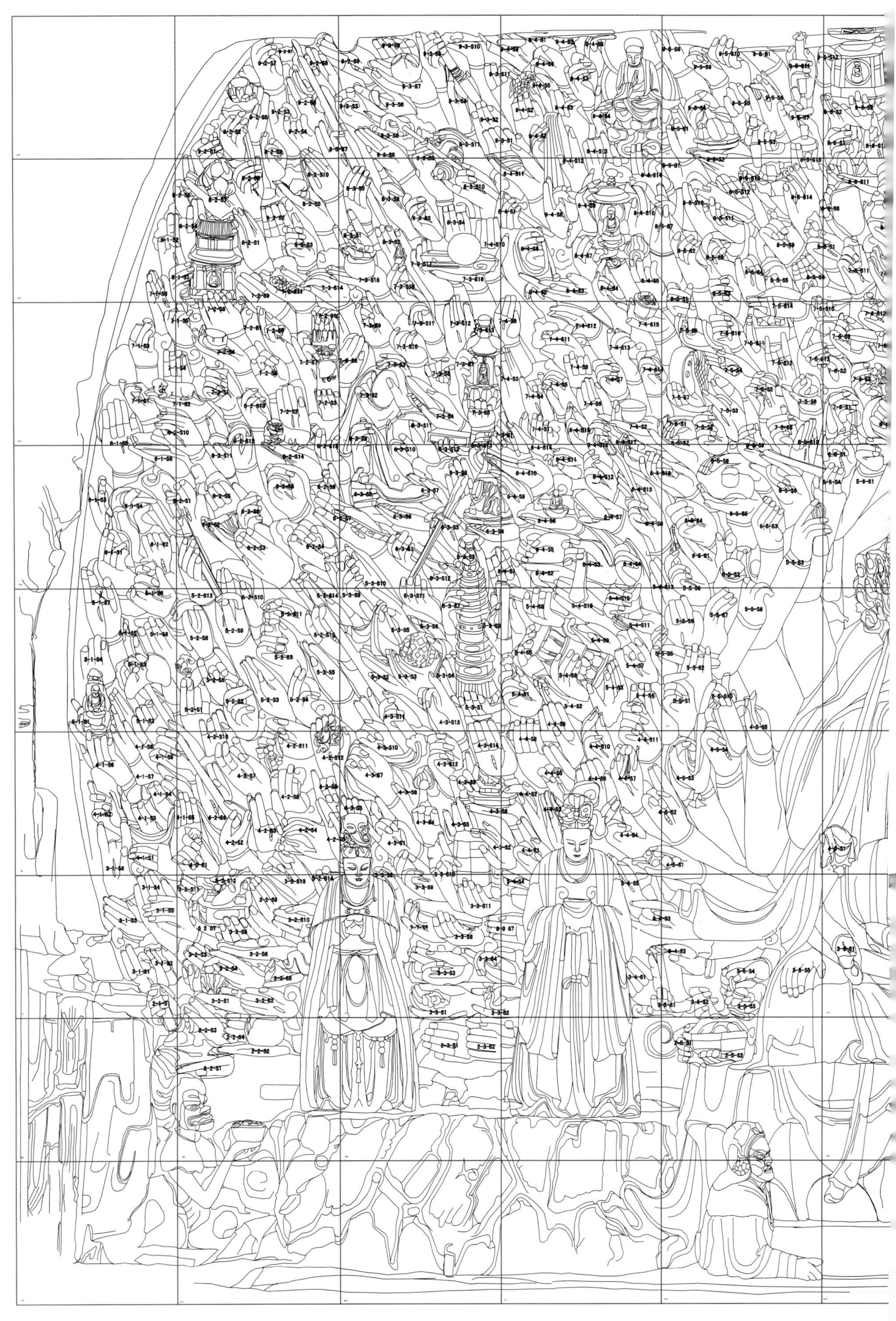

图 4　千手观

图 4　千手观音造像手编号图

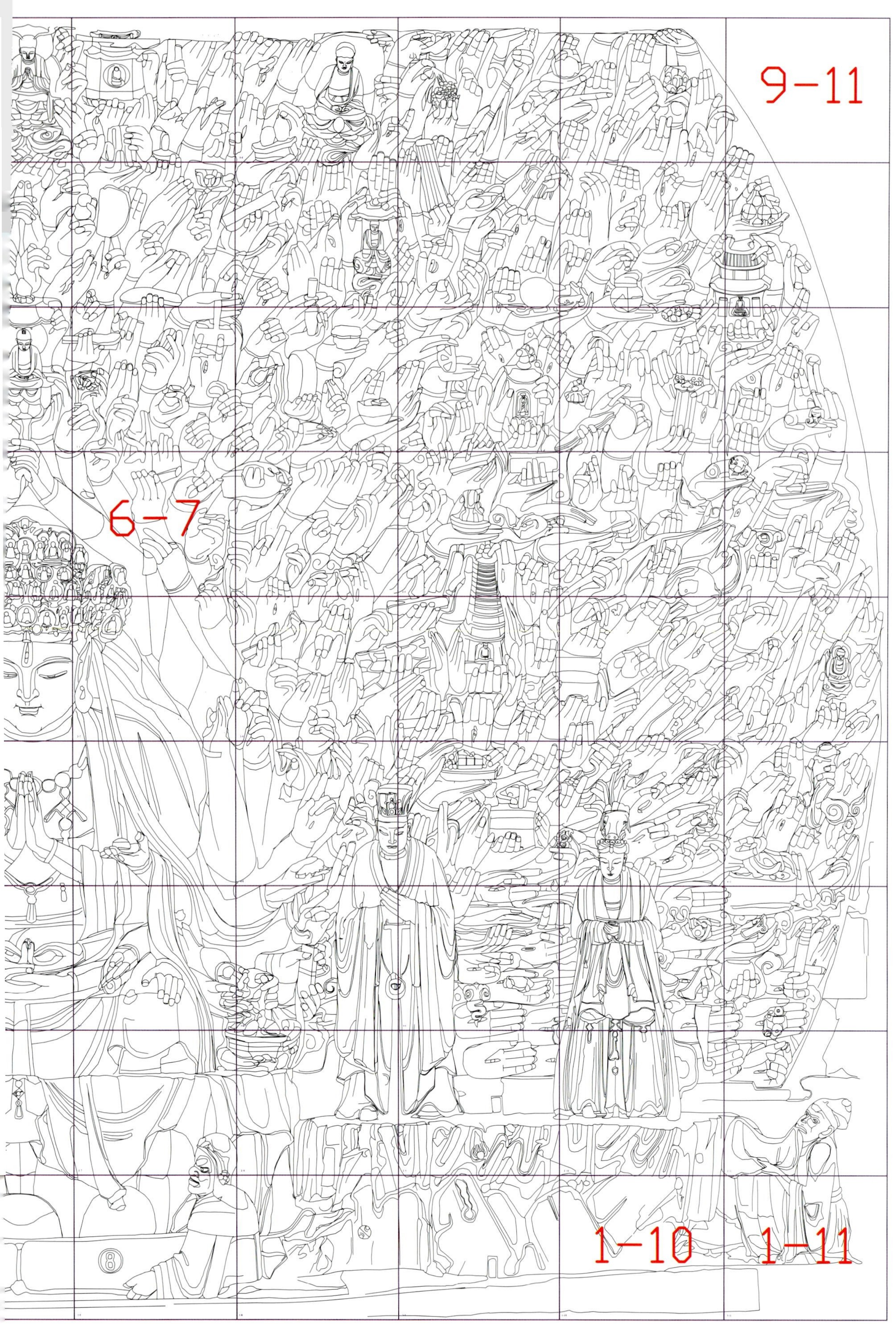

…者造像区域图

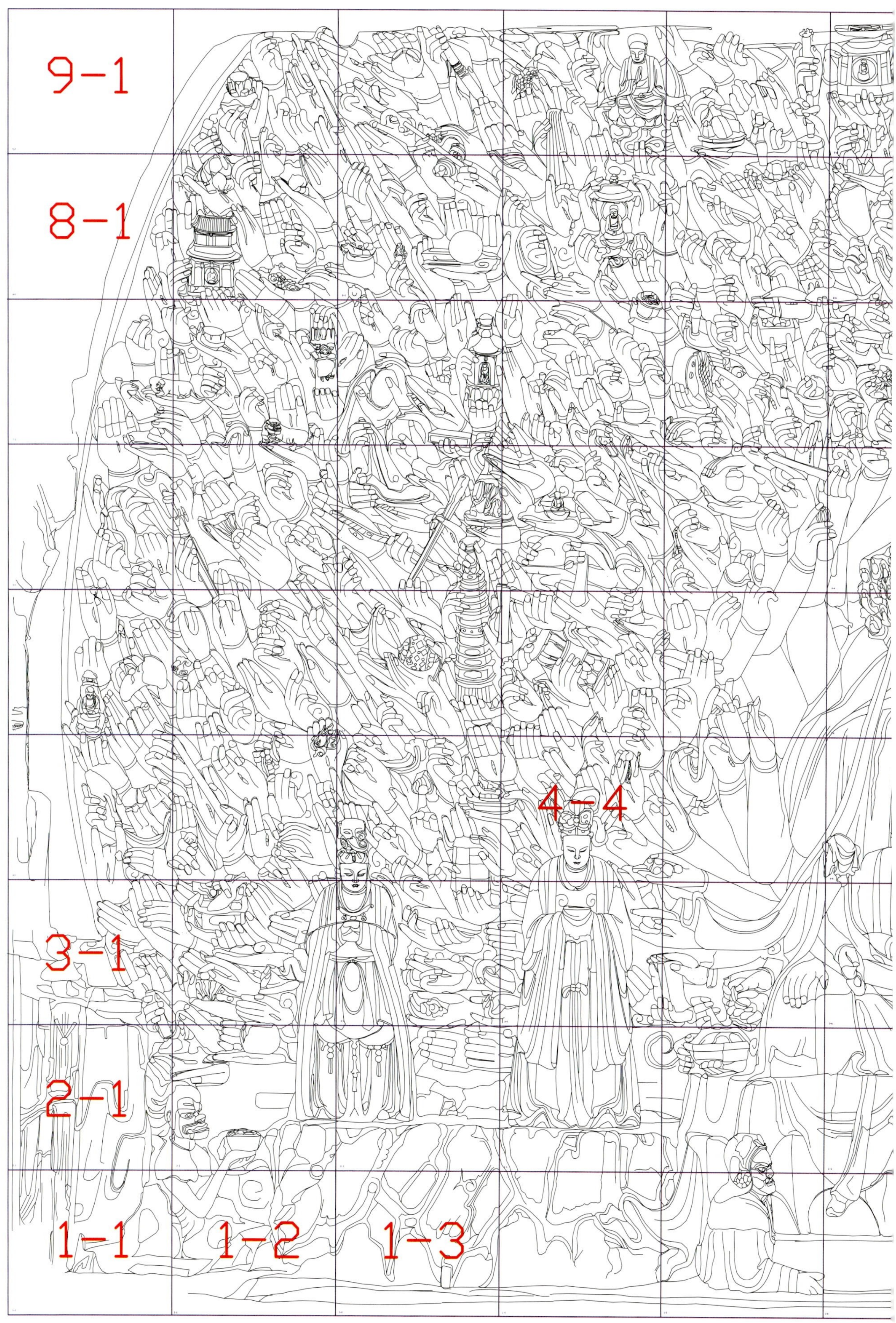

图 3　千手观

图 3　千手观音造像区域图

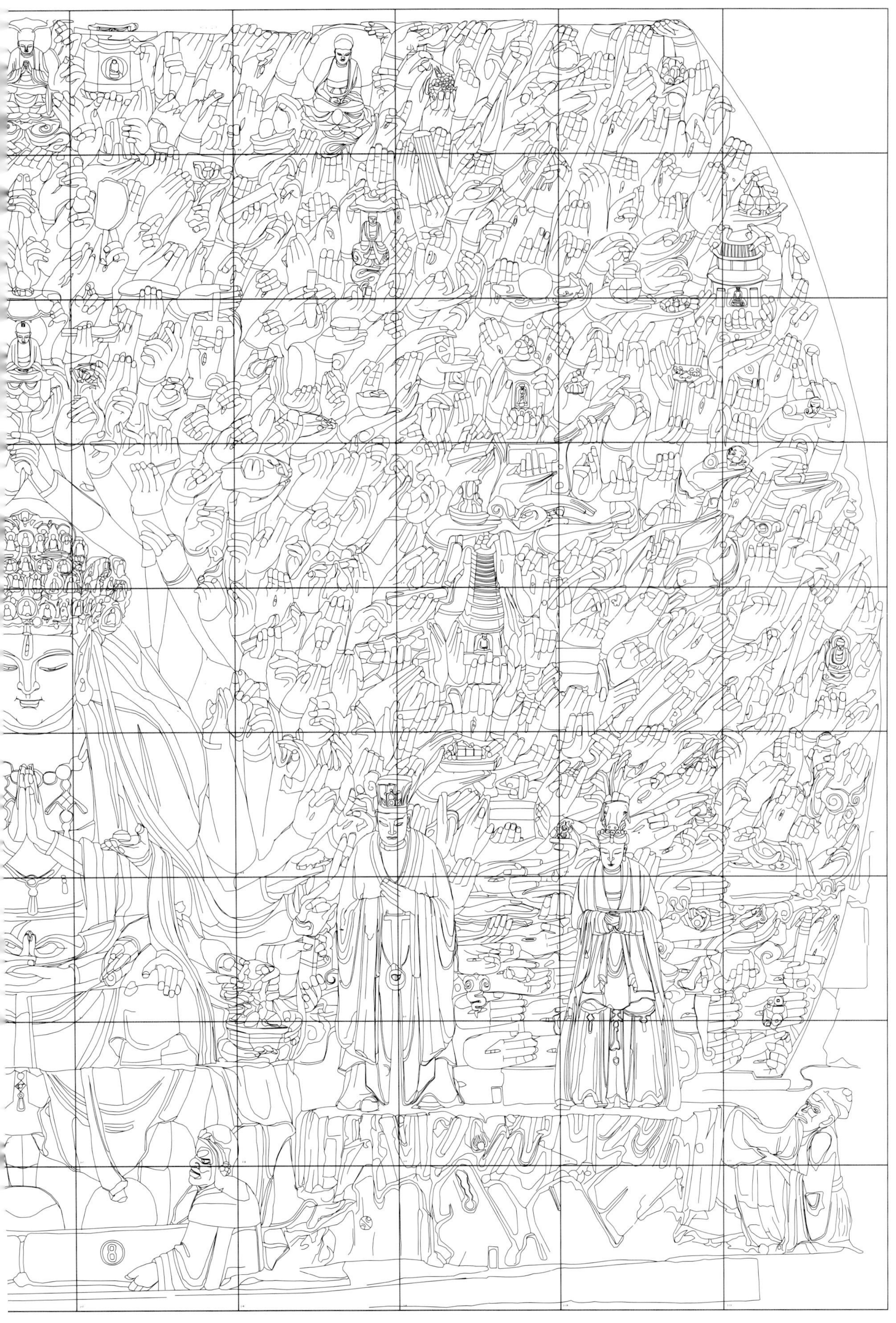

音造像线图

图 2　千手

图 2　千手观音造像线图

图 28　千手观音造像彩绘病害总图局部

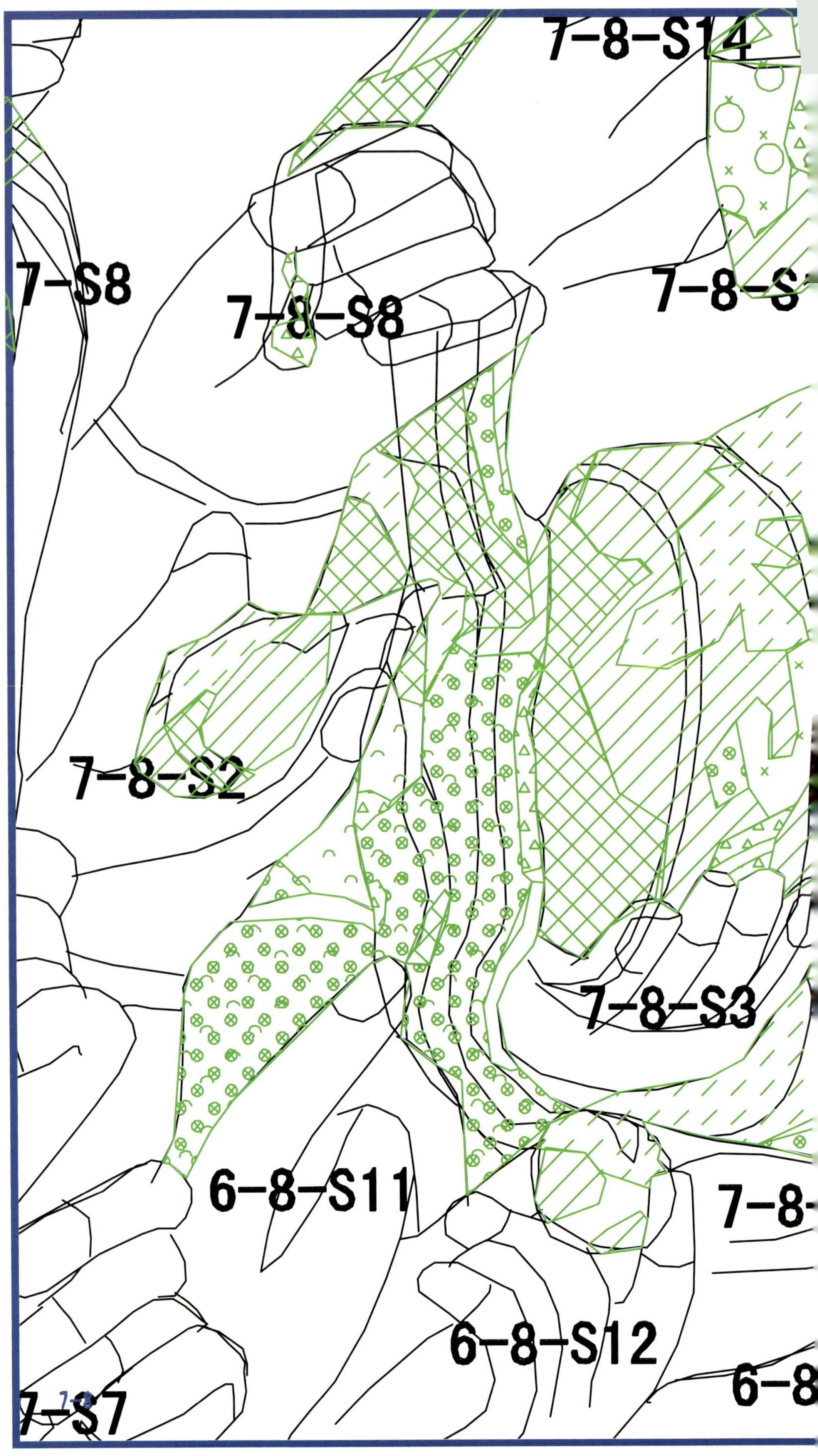

图 28　千手观音造

…彩绘病害总图局部

图 29　千手观音造像彩绘地仗脱落图

彩绘地仗脱落

图 29　千手观音造

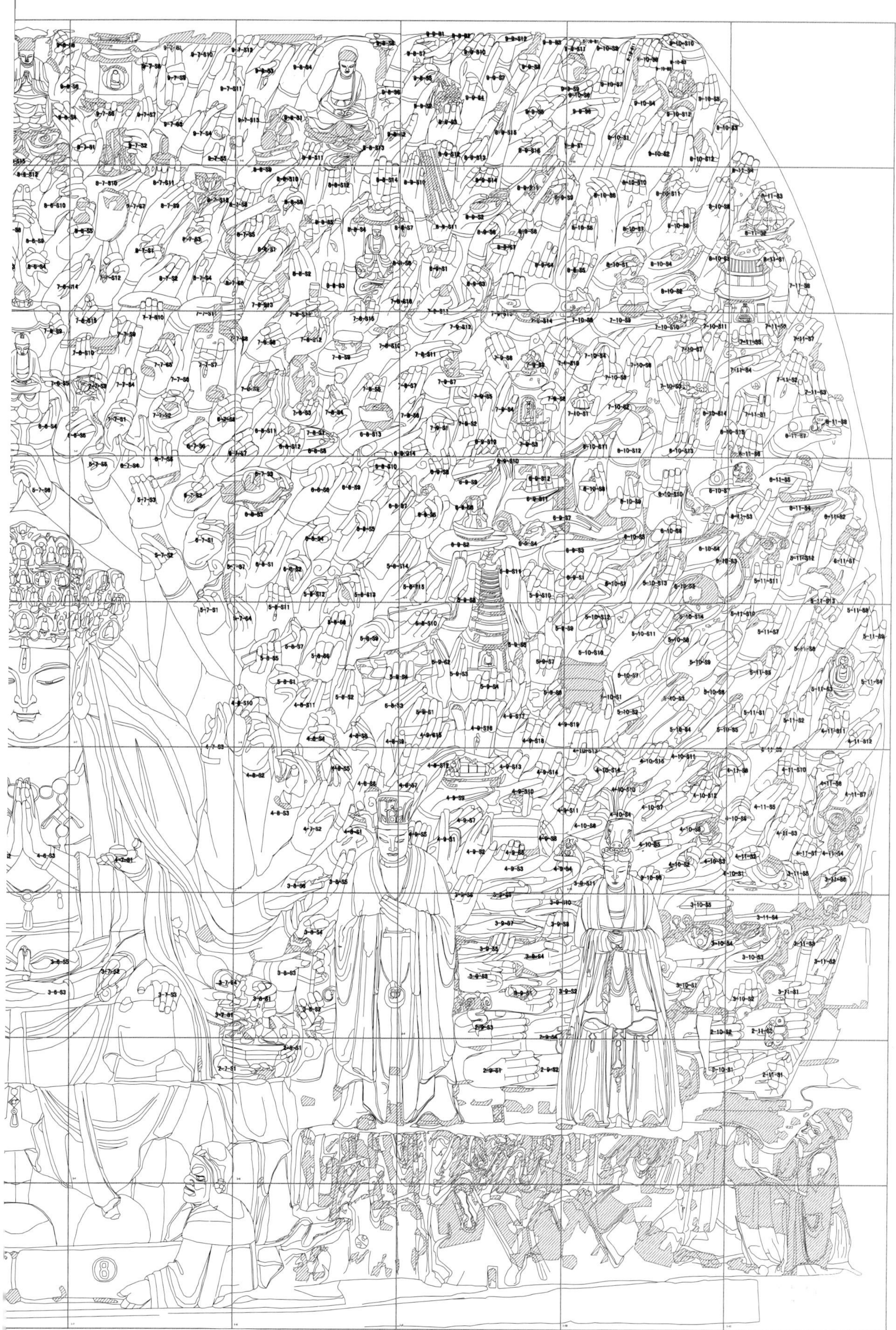

彩绘地仗脱落图

图 30　千手观音造像彩绘脱落图

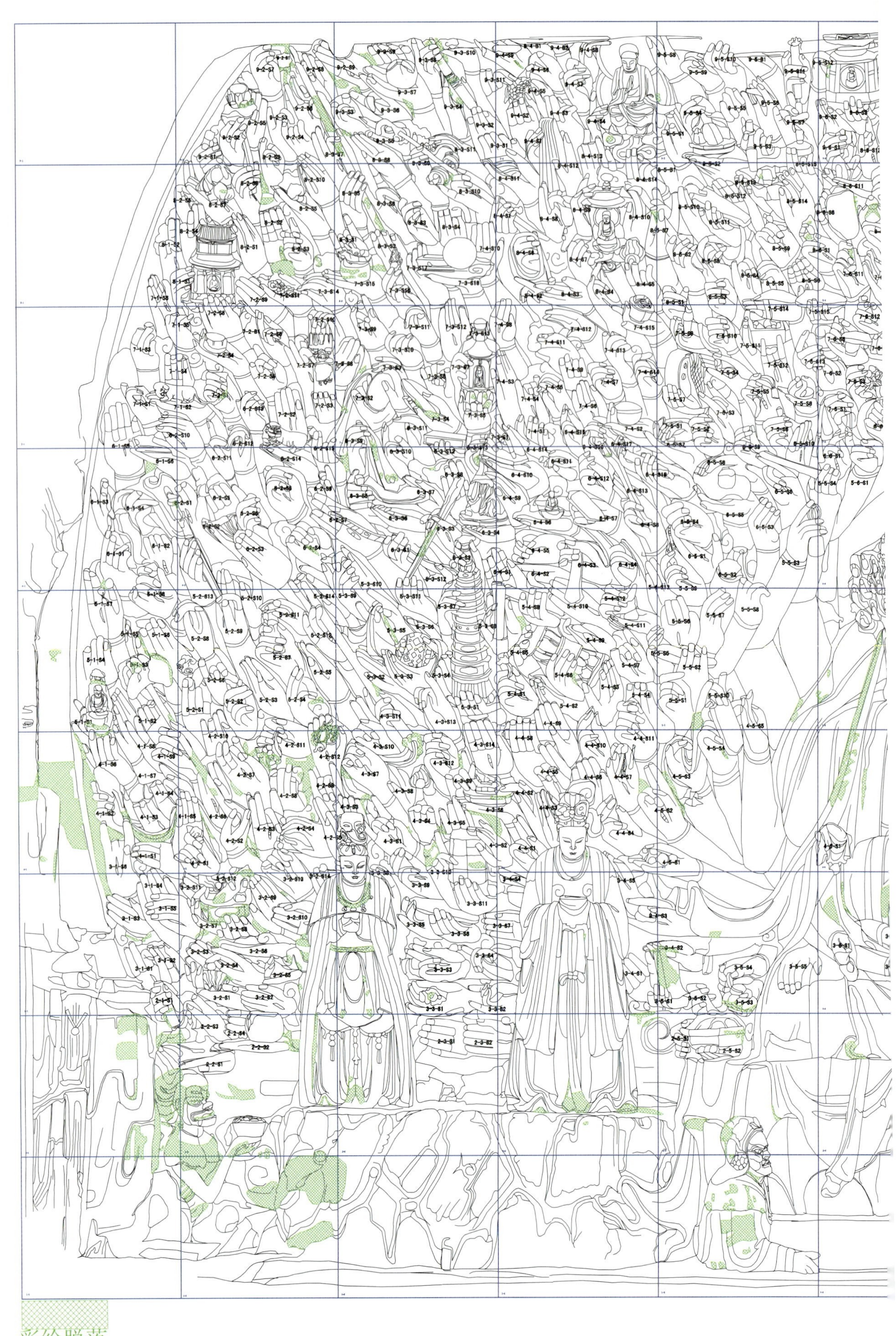

彩绘脱落

图 30　千手观

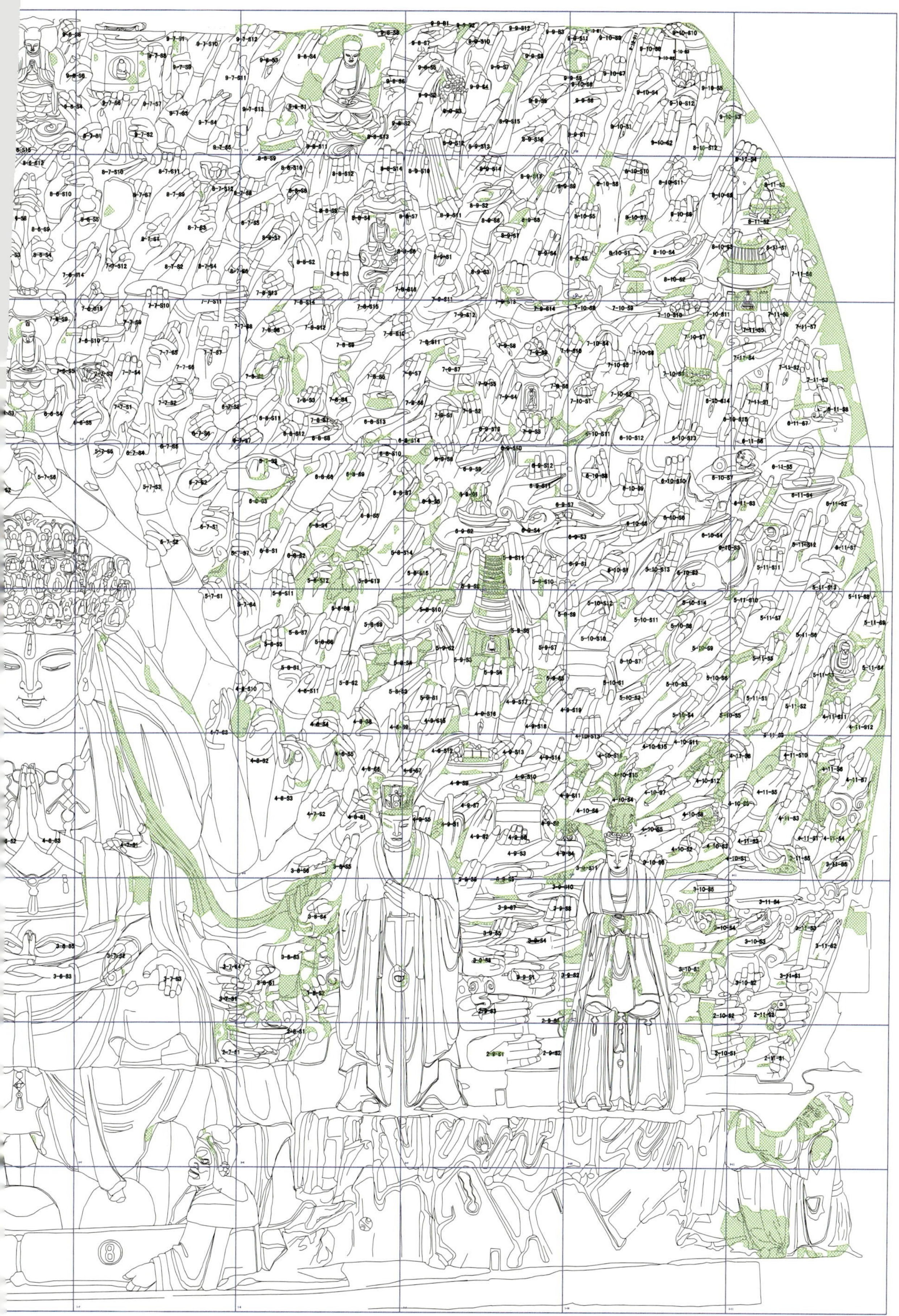

造像彩绘脱落图

图 31　千手观音造像彩绘粉化图

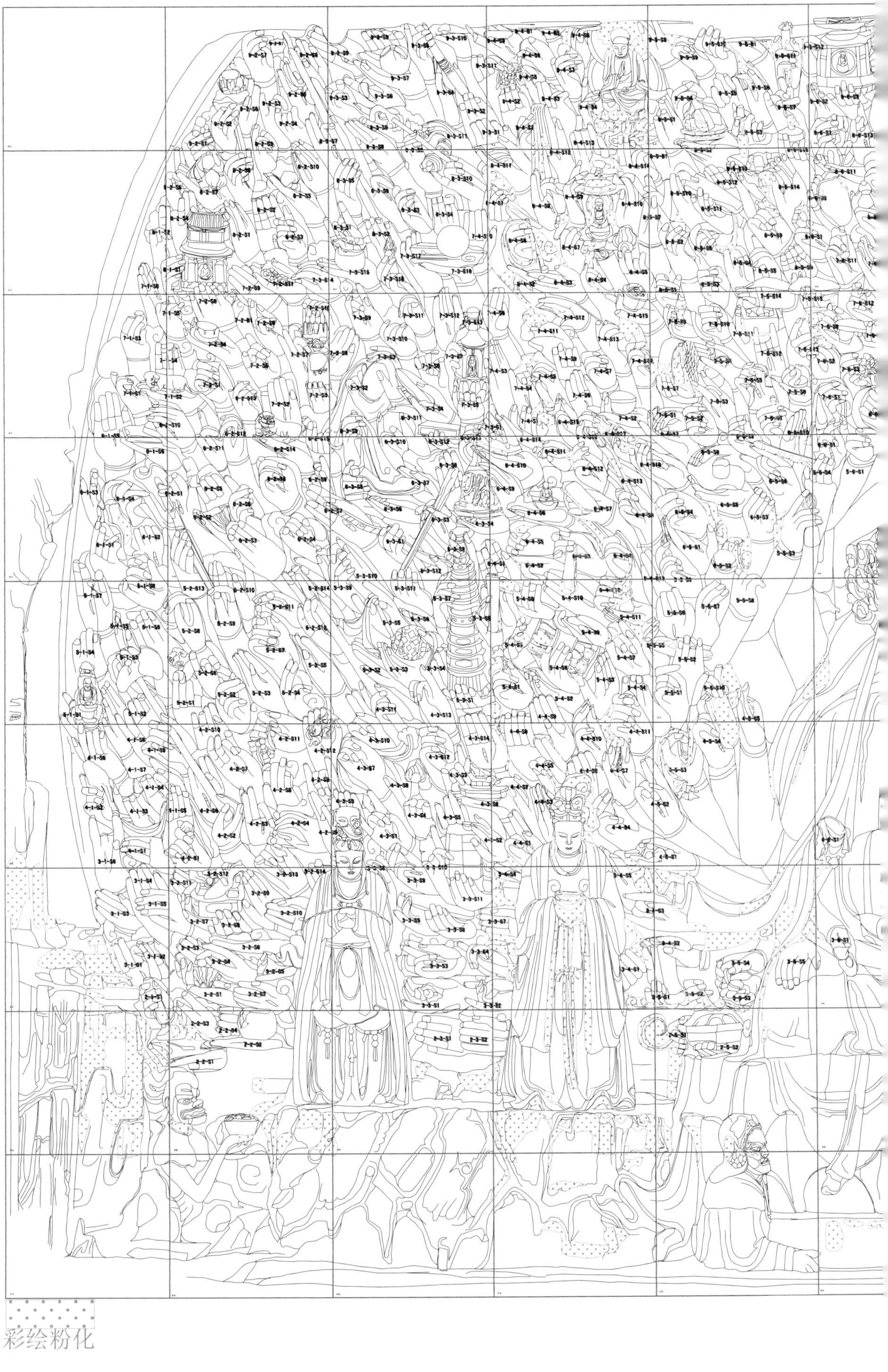

彩绘粉化

图 31　千手观

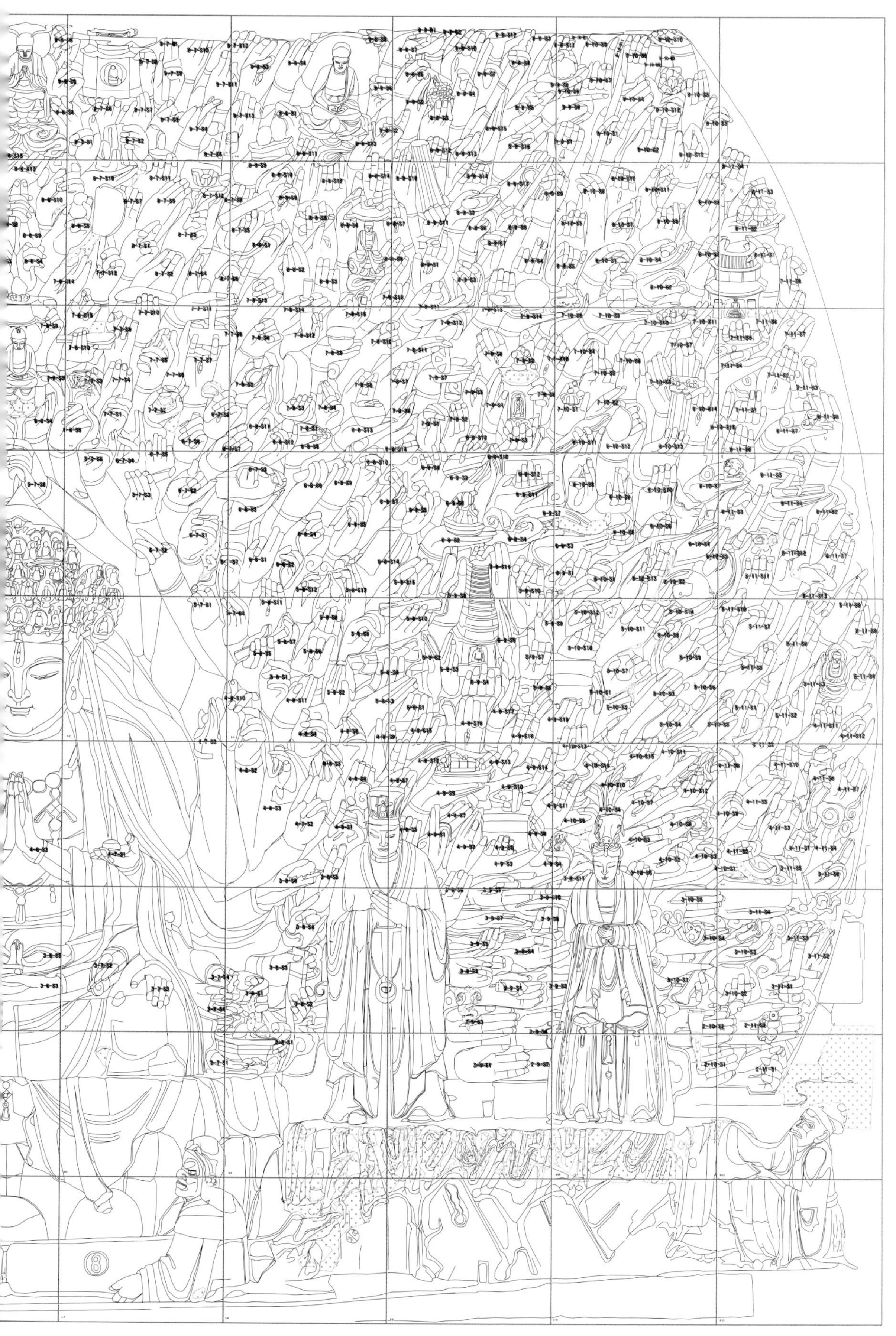

像彩绘粉化图

图 32　千手观音造像彩绘点状脱落图

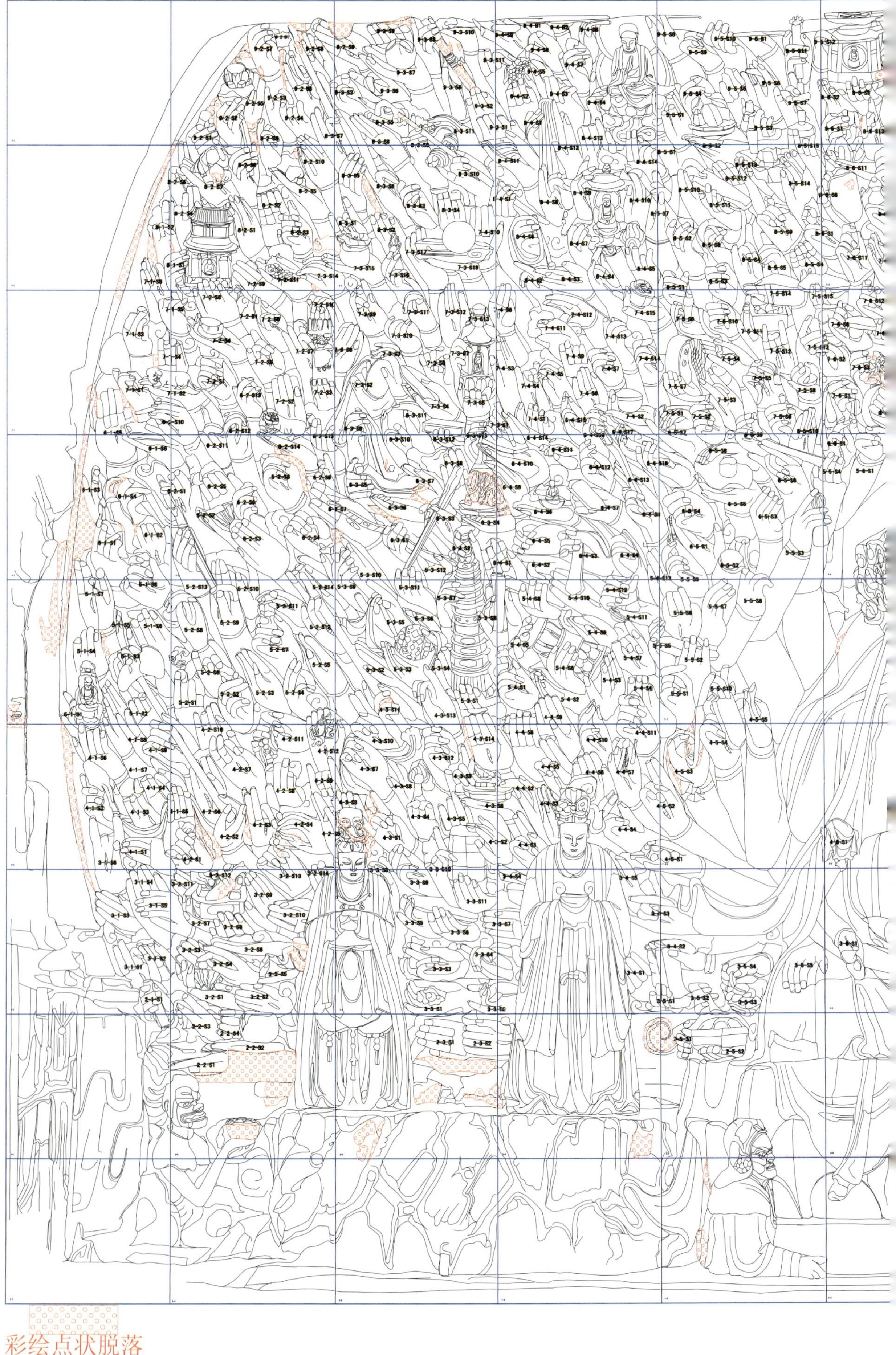

图 32　千手观音

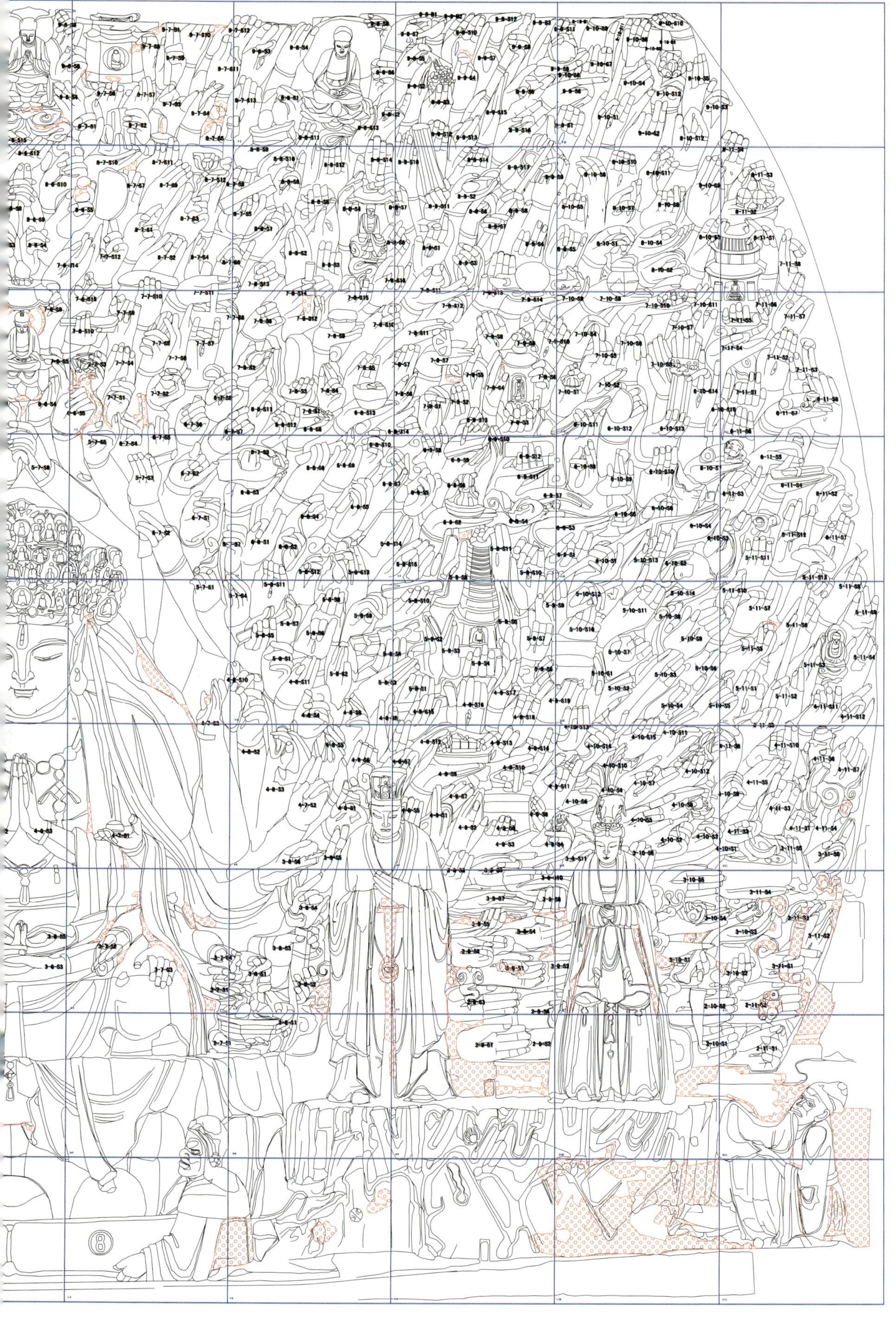

…彩绘点状脱落图

图 33　千手观音造像彩绘尘土图

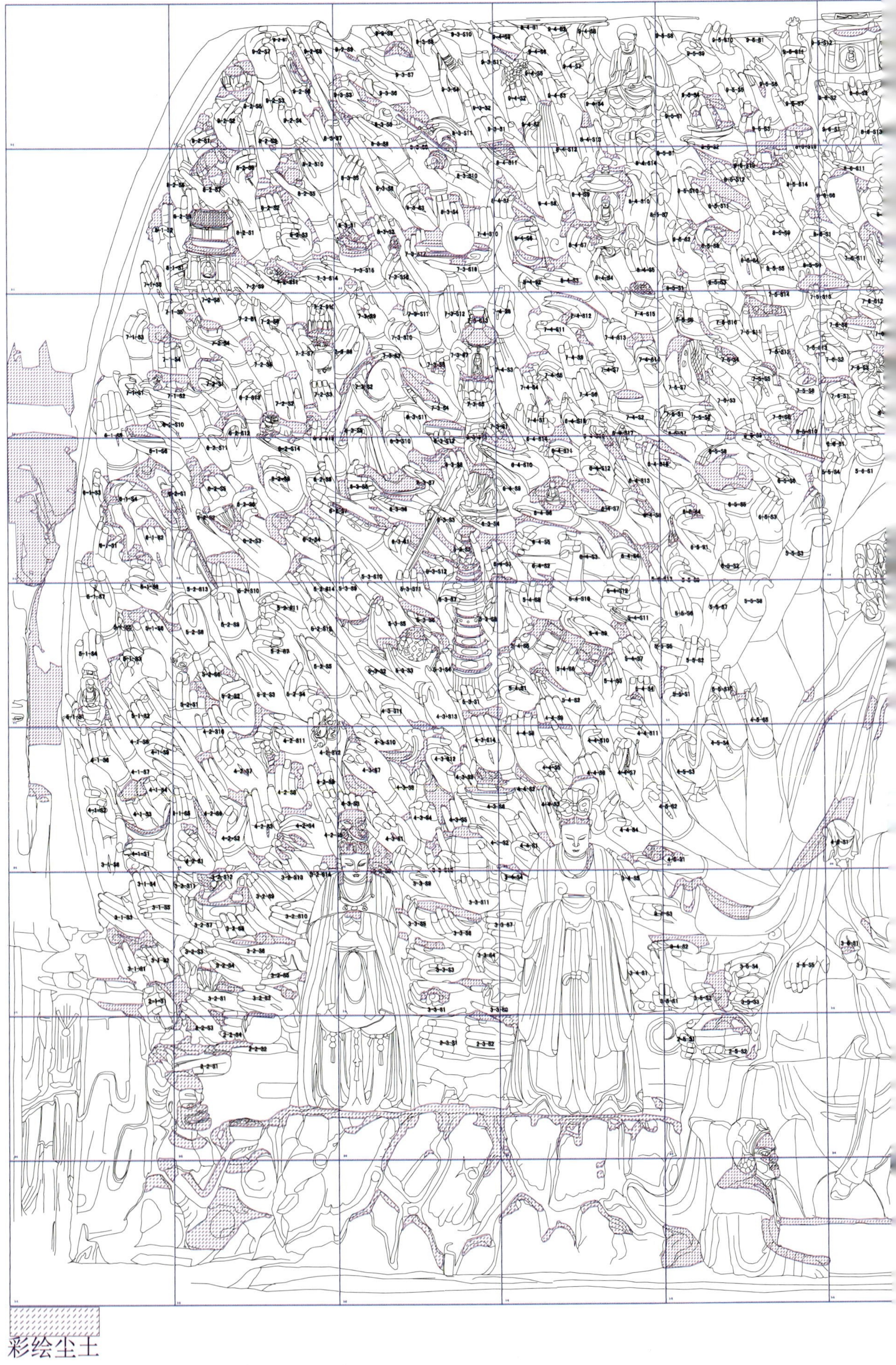

图 33　千手观

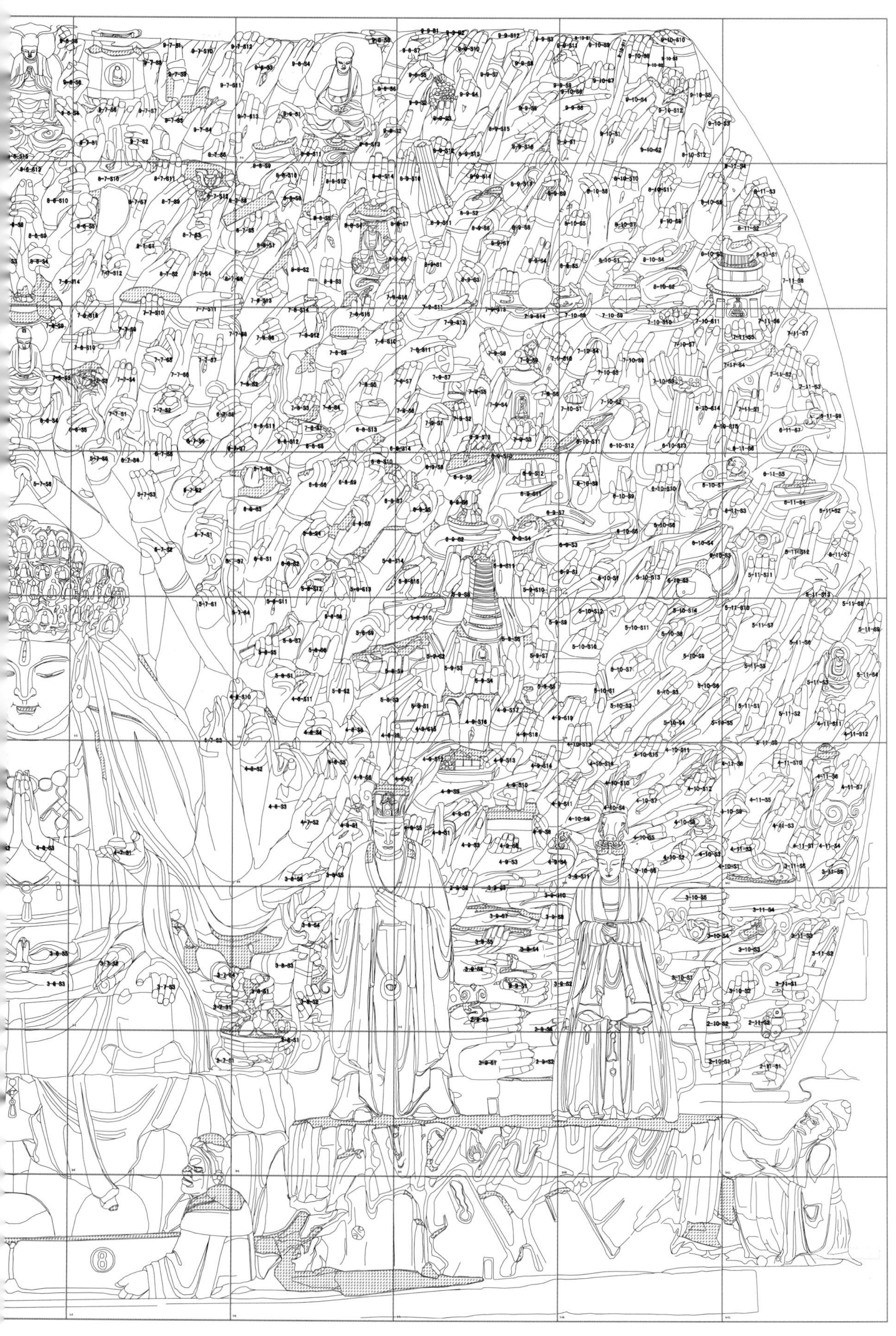

…像彩绘尘土图

图 34　千手观音造像彩绘起甲、龟裂图

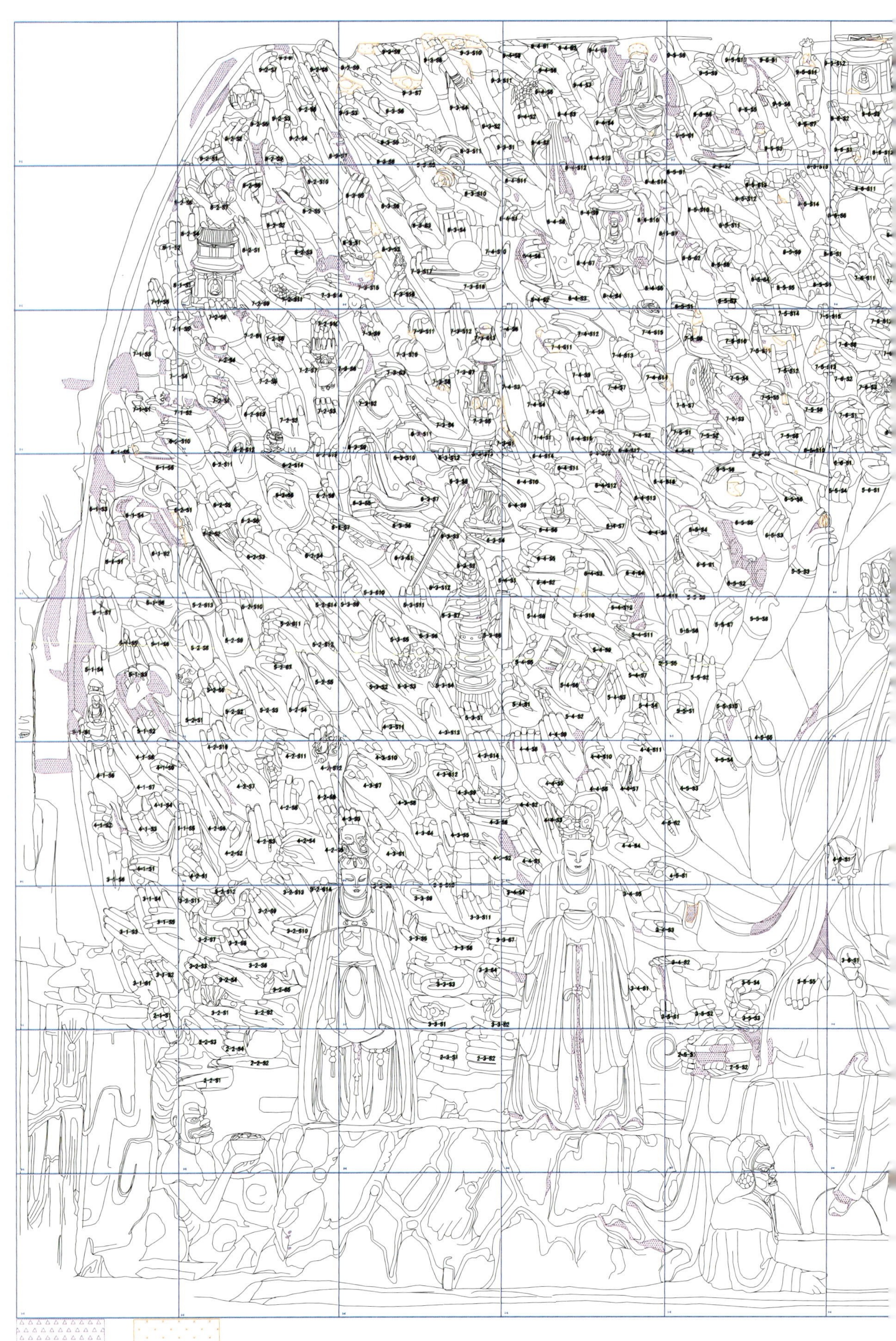

图 34　千手观音造

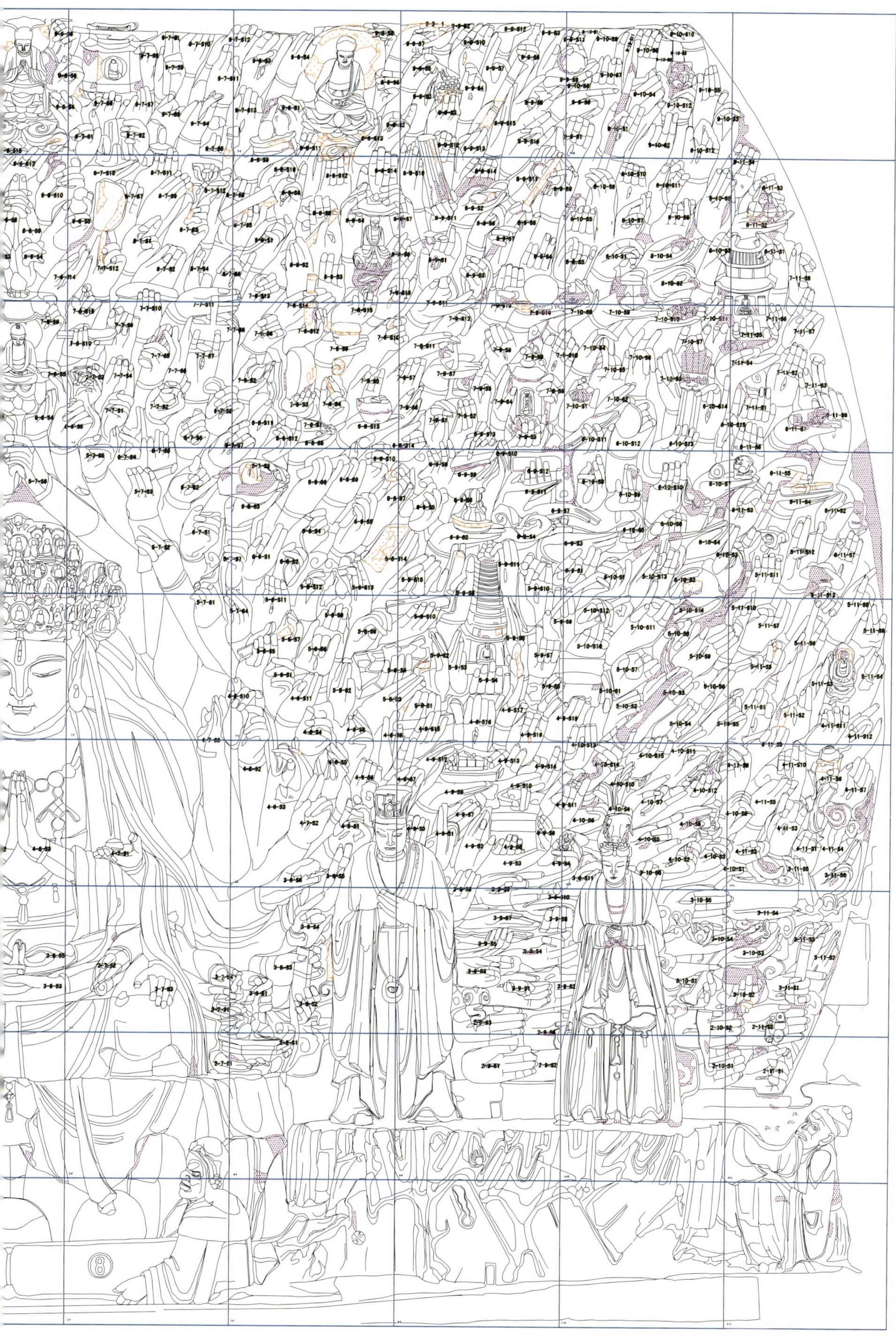

彩绘起甲、龟裂图

图 35　千手观音造像彩绘鼓泡、泡状起甲图

图 35　千手观音造像

绘鼓泡、泡状起甲图

图 36　千手观音造像彩绘空鼓、涂覆、生物病害图

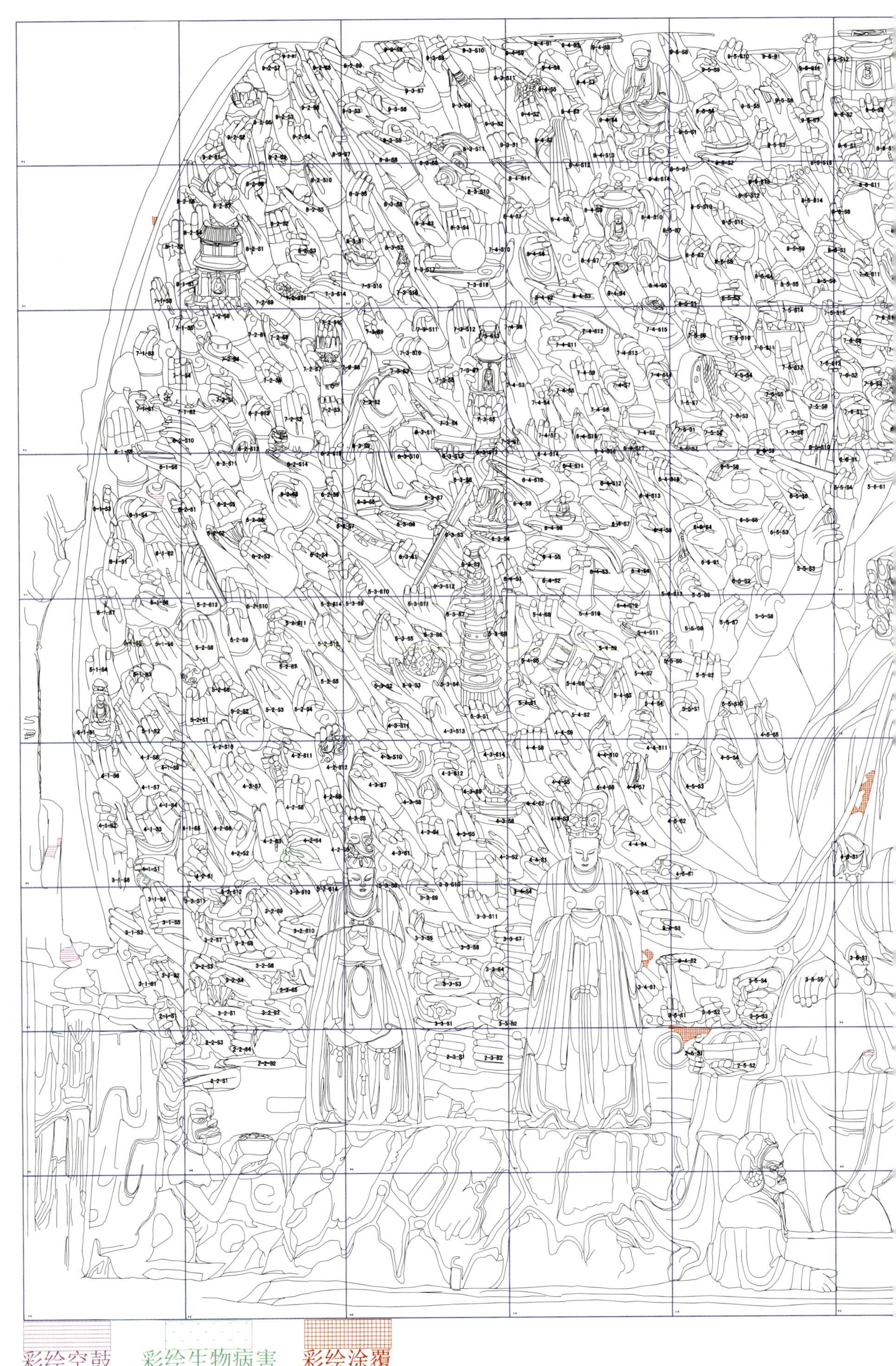

图 36　千手观音造像彩

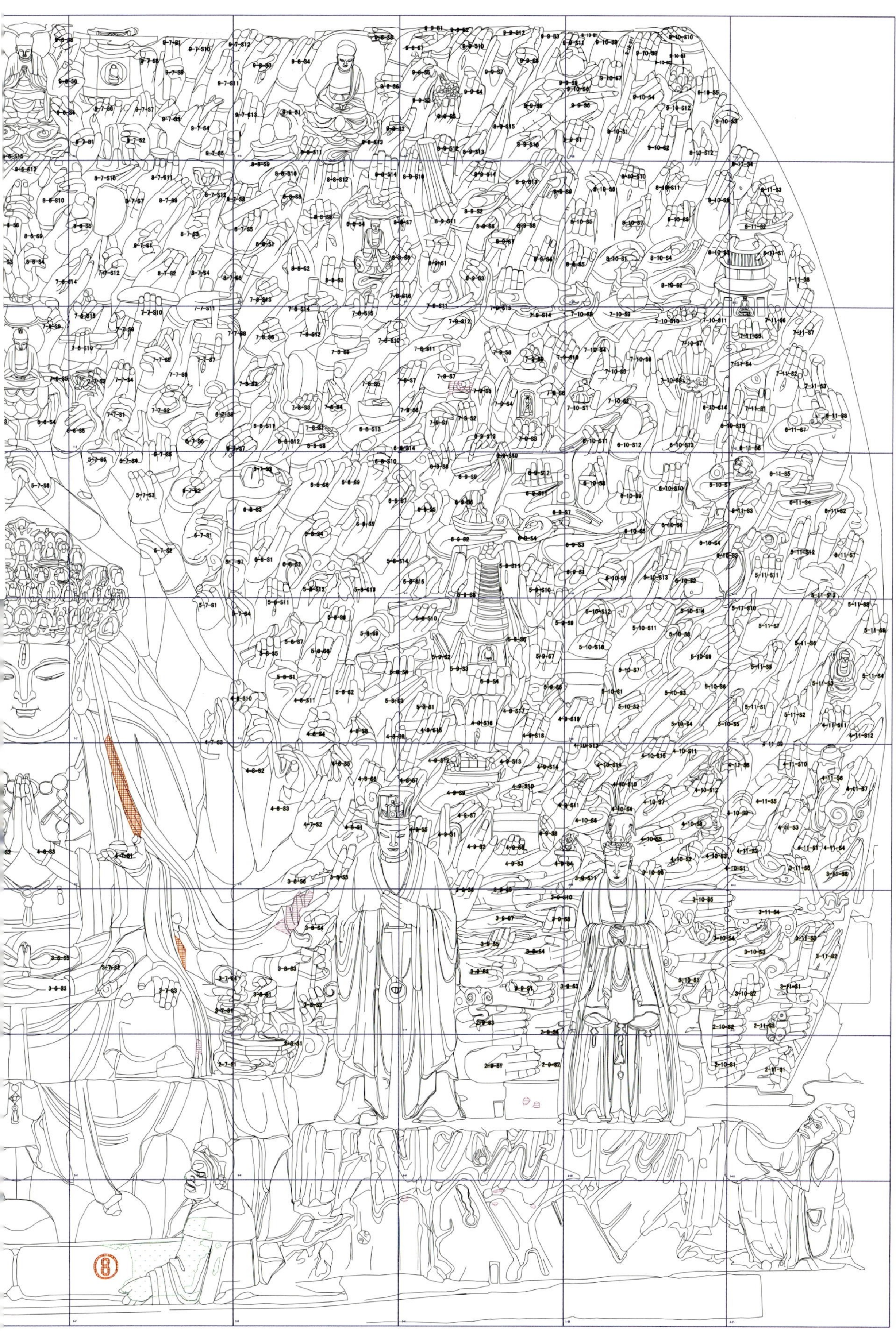

空鼓、涂覆、生物病害图

图 37　千手观音造像彩绘渗水、水渍图

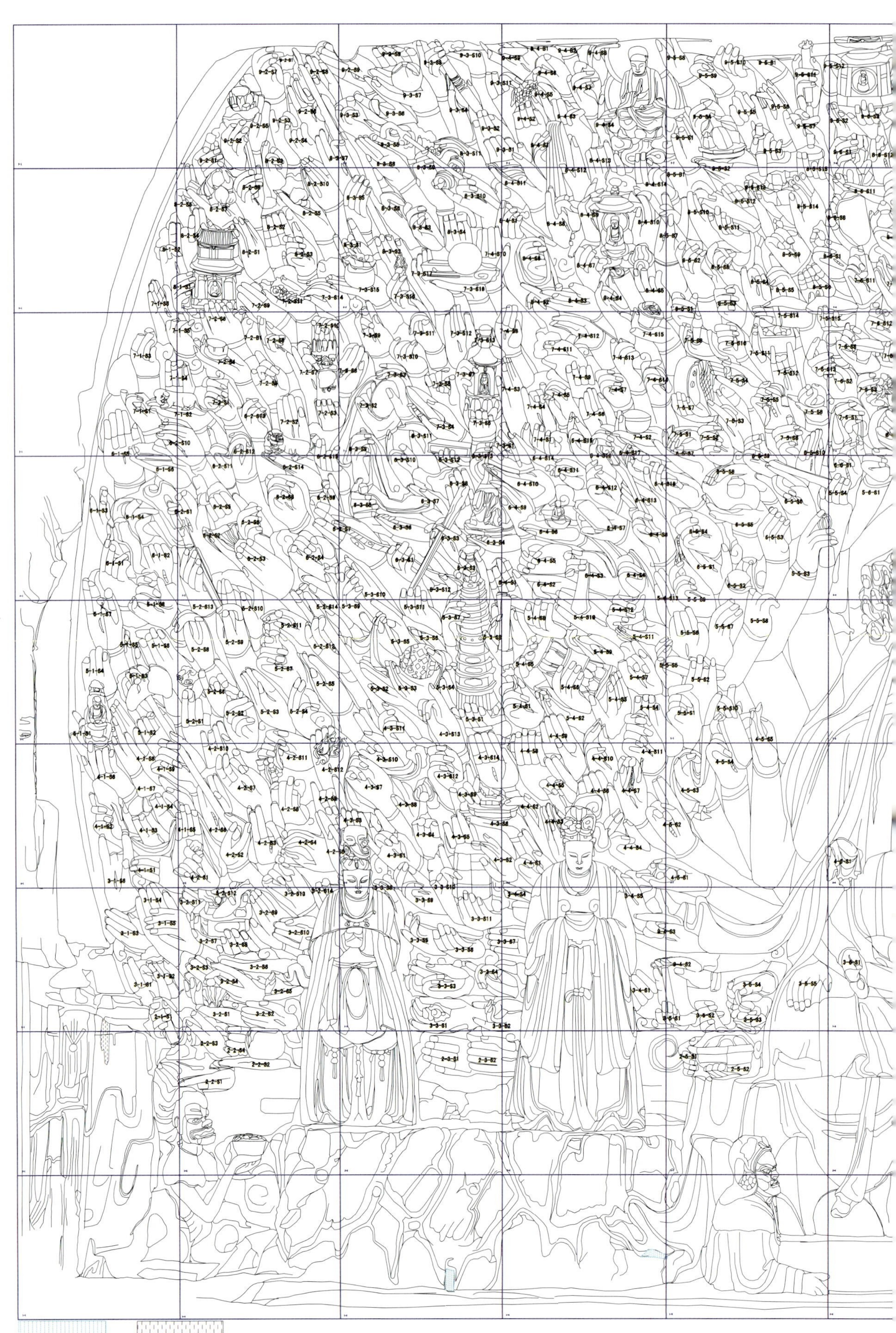

彩绘渗水　彩绘水渍

图 37　千手观音造

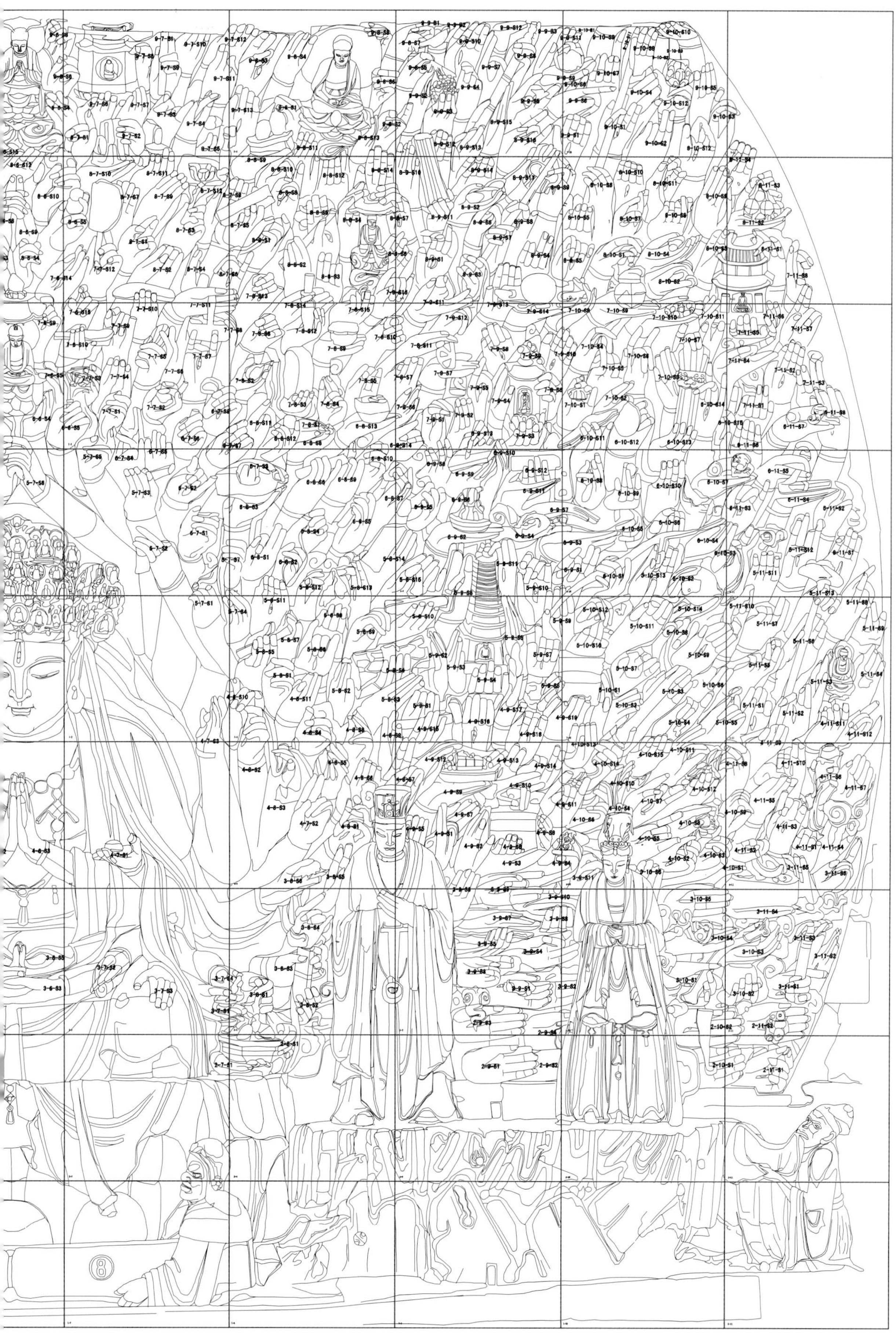

彩绘渗水、水渍图

图 38　千手观音造像主尊正面病害图

主尊正面病害图

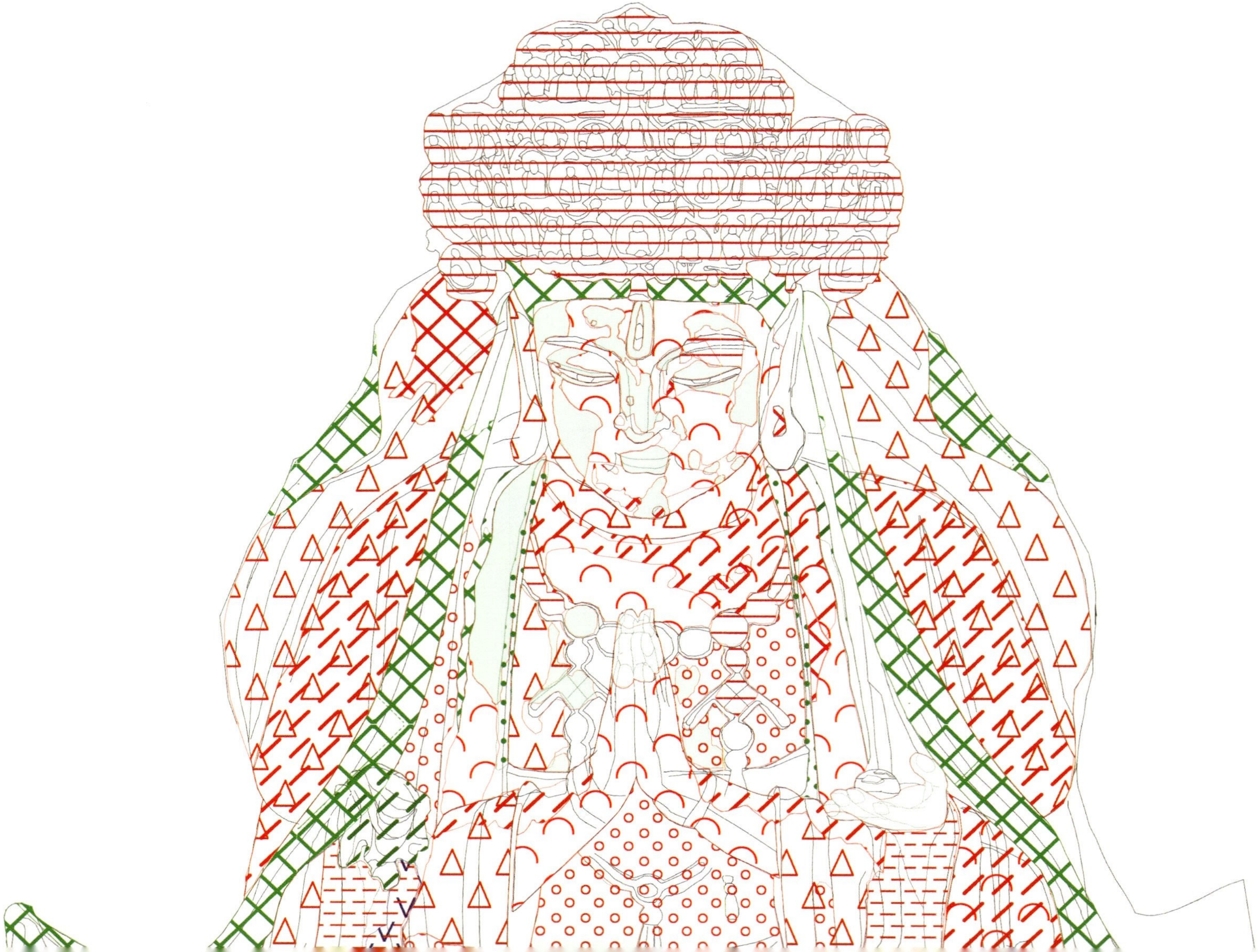

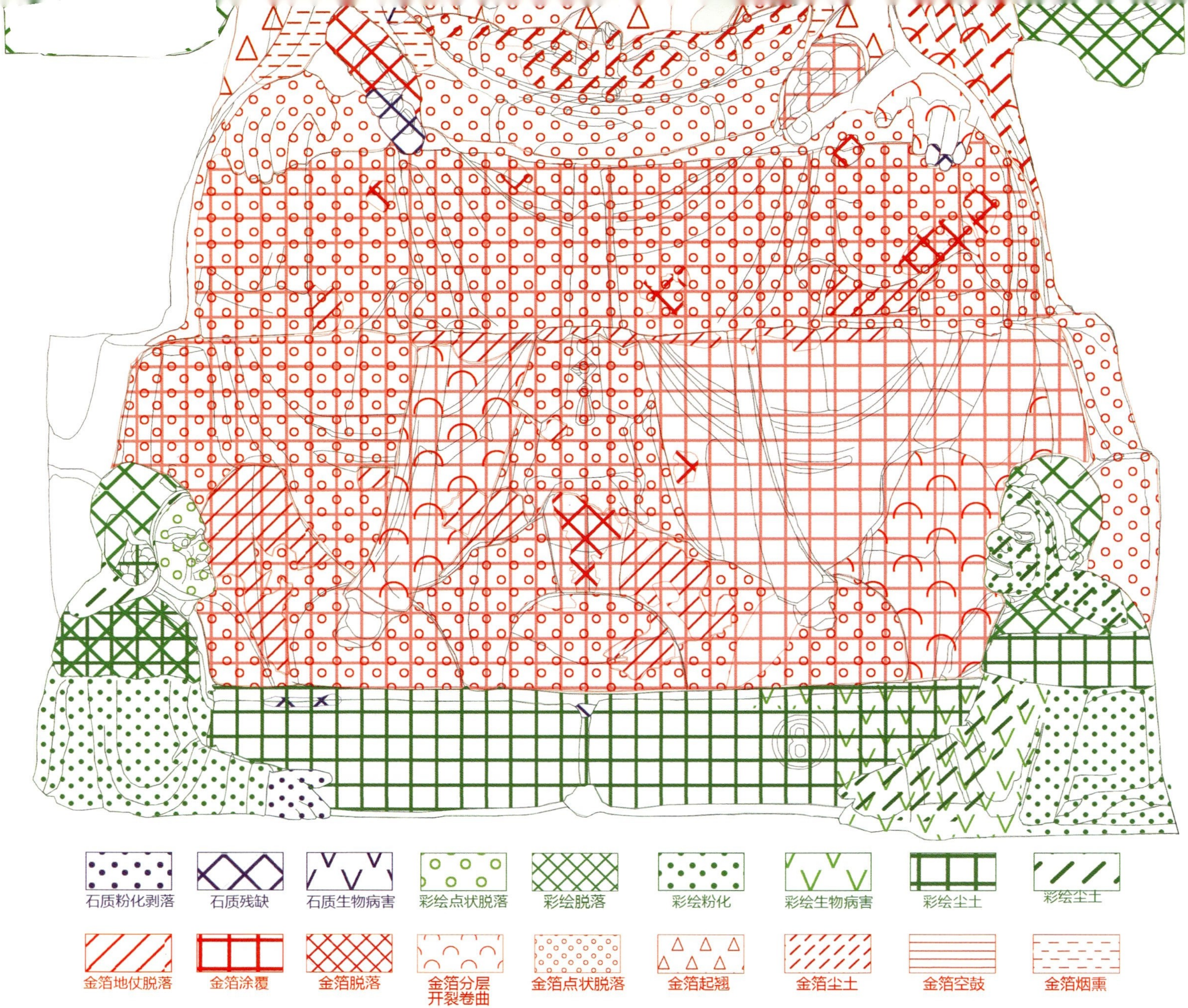

石质粉化剥落 石质残缺 石质生物病害 彩绘点状脱落 彩绘脱落 彩绘粉化 彩绘生物病害 彩绘尘土 彩绘尘土

金箔地仗脱落 金箔涂覆 金箔脱落 金箔分层开裂卷曲 金箔点状脱落 金箔起翘 金箔尘土 金箔空鼓 金箔烟熏

图 38　千手观音造像主尊正面病害图

图 39　千手观音造像主尊头部全病害图

主尊面部右侧病害图

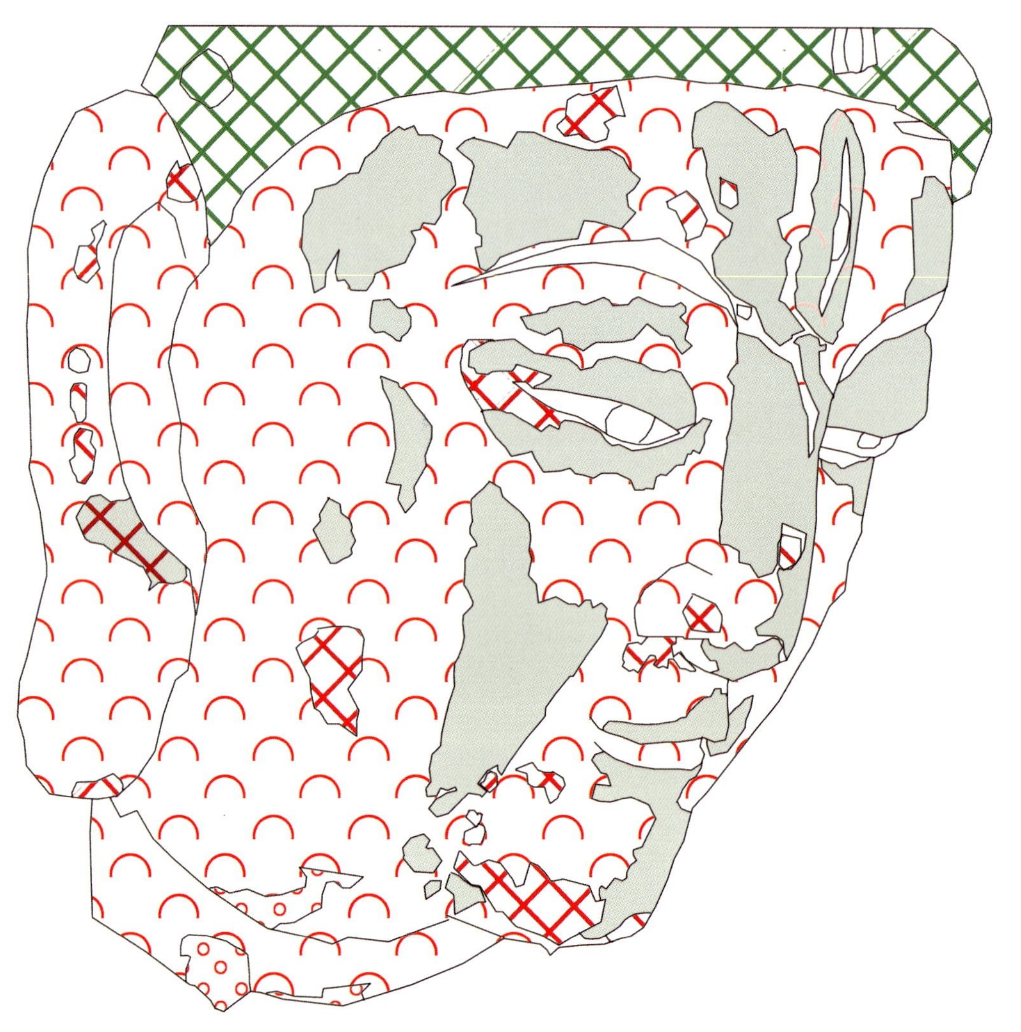

彩绘脱落

金箔脱落

图 39　千手观音造

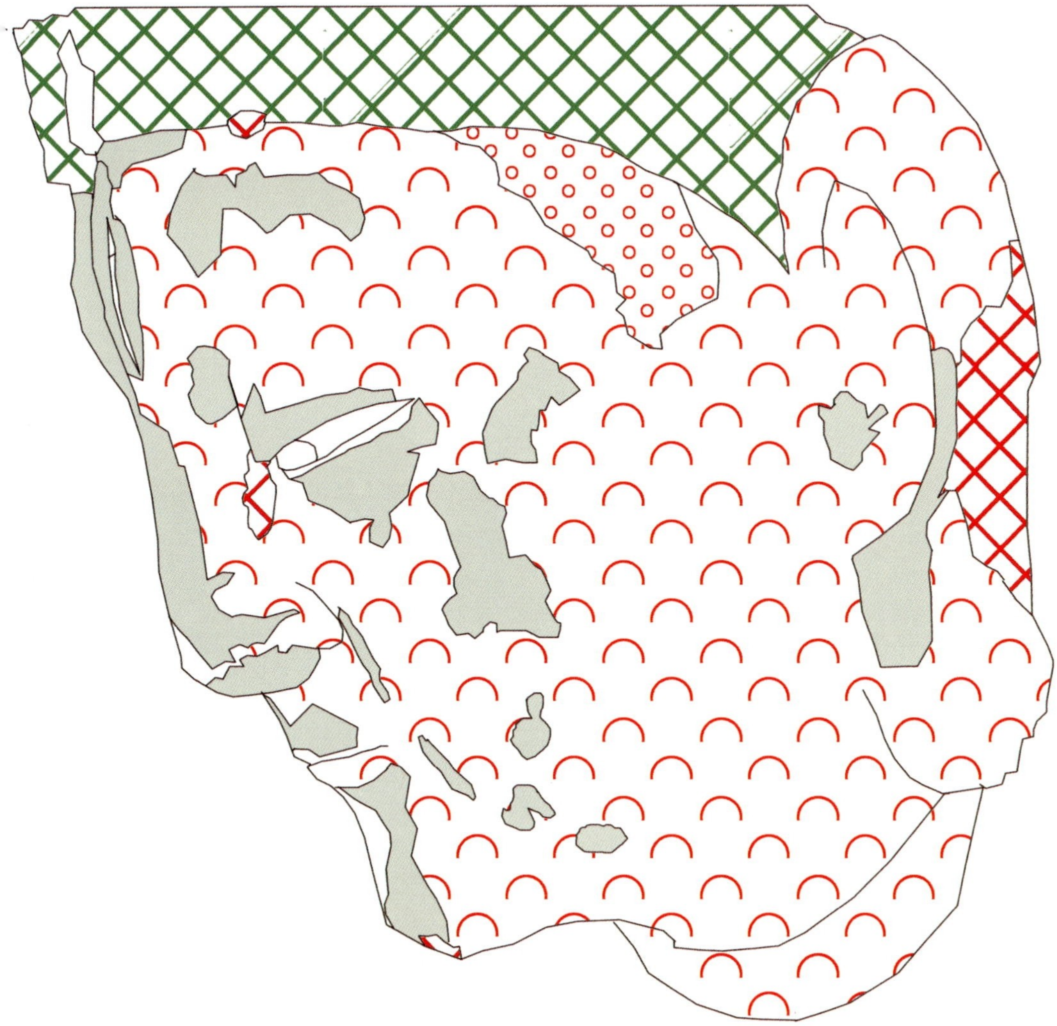

主尊面部左侧病害图

金箔分层开裂卷曲

金箔点状脱落

主尊头部全病害图

图 40　千手观音造像主尊病害总图

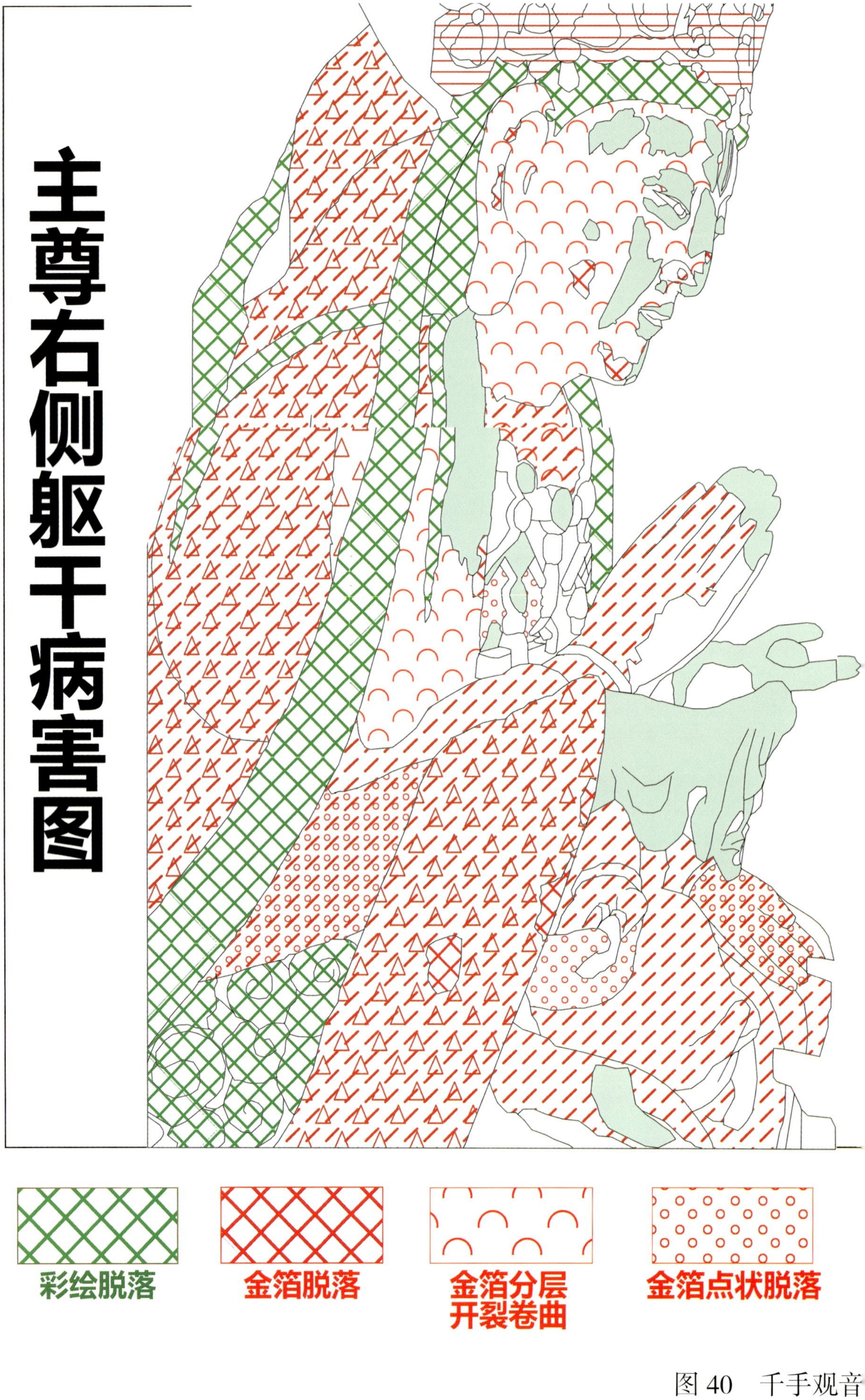

主尊右侧躯干病害图

彩绘脱落

金箔脱落

金箔分层开裂卷曲

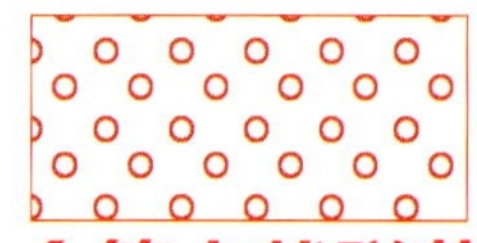
金箔点状脱落

图 40　千手观音

主尊左侧躯干病害图

金箔起翘

金箔尘土

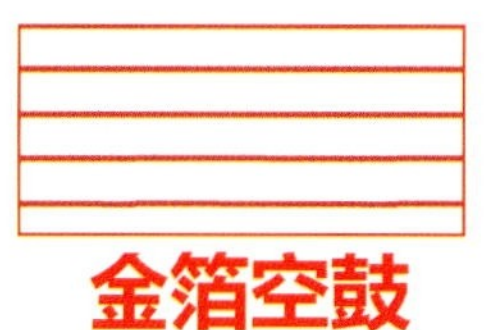
金箔空鼓

金箔烟熏

图 41　千手观音造像主尊手病害图

主尊手多角度病害图

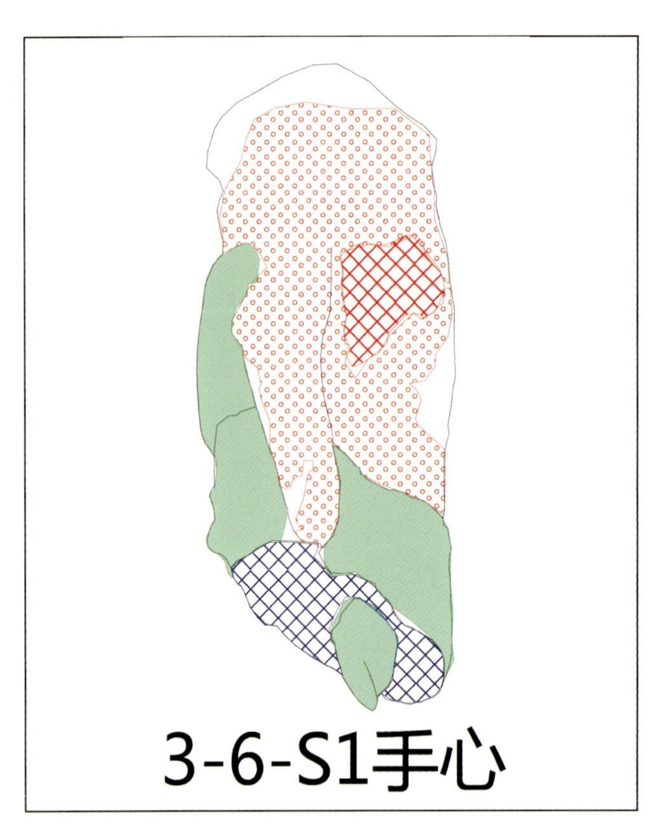

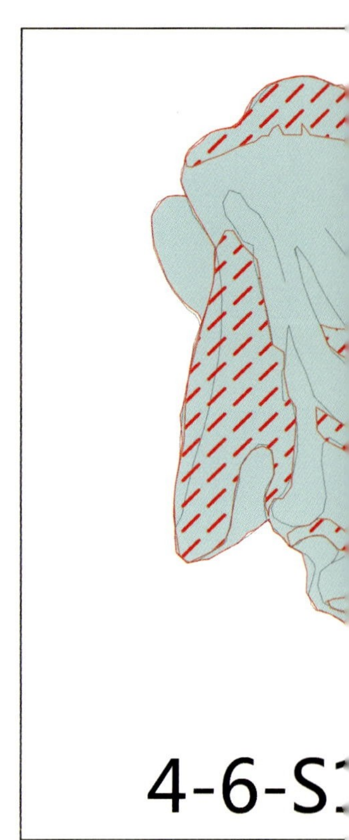

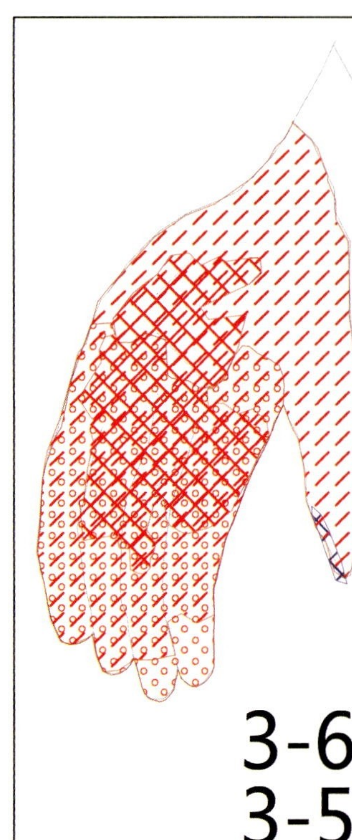

图 41　千手观音

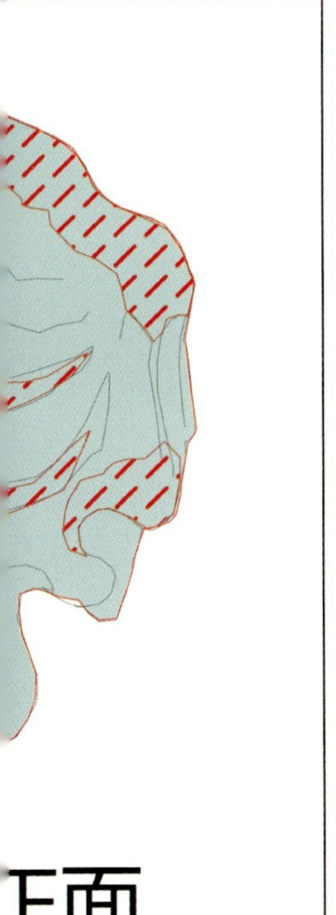

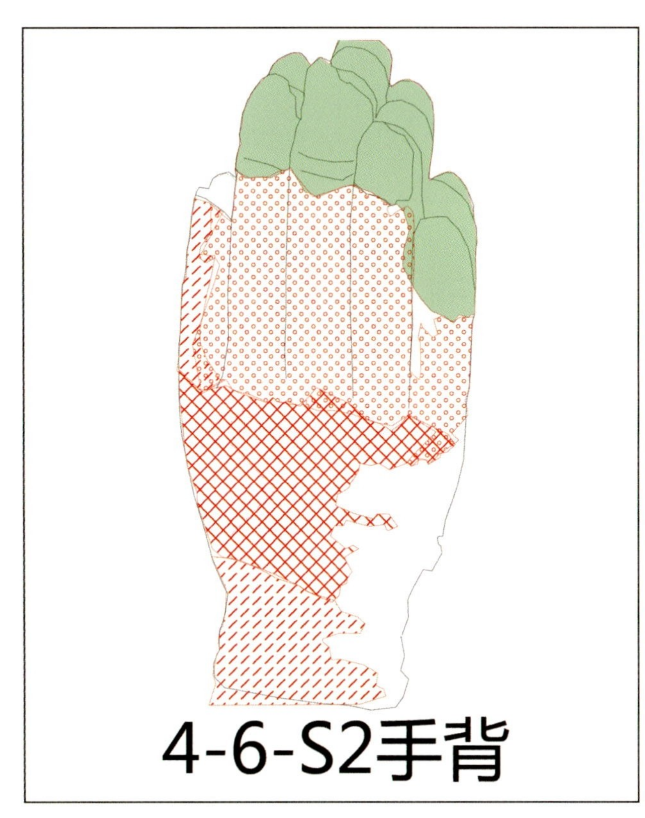
4-6-S2手背

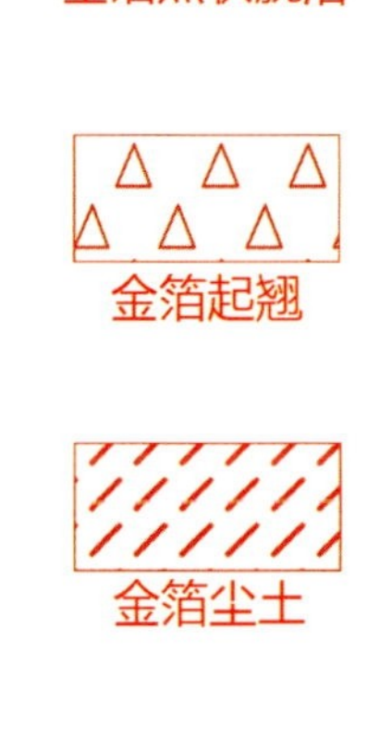

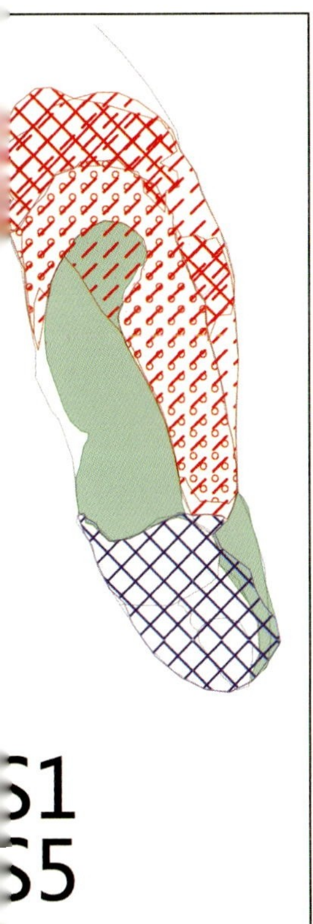

4-7-S1手背与法器

图 42　千手观音造像次尊一病害总图

次尊一病害图

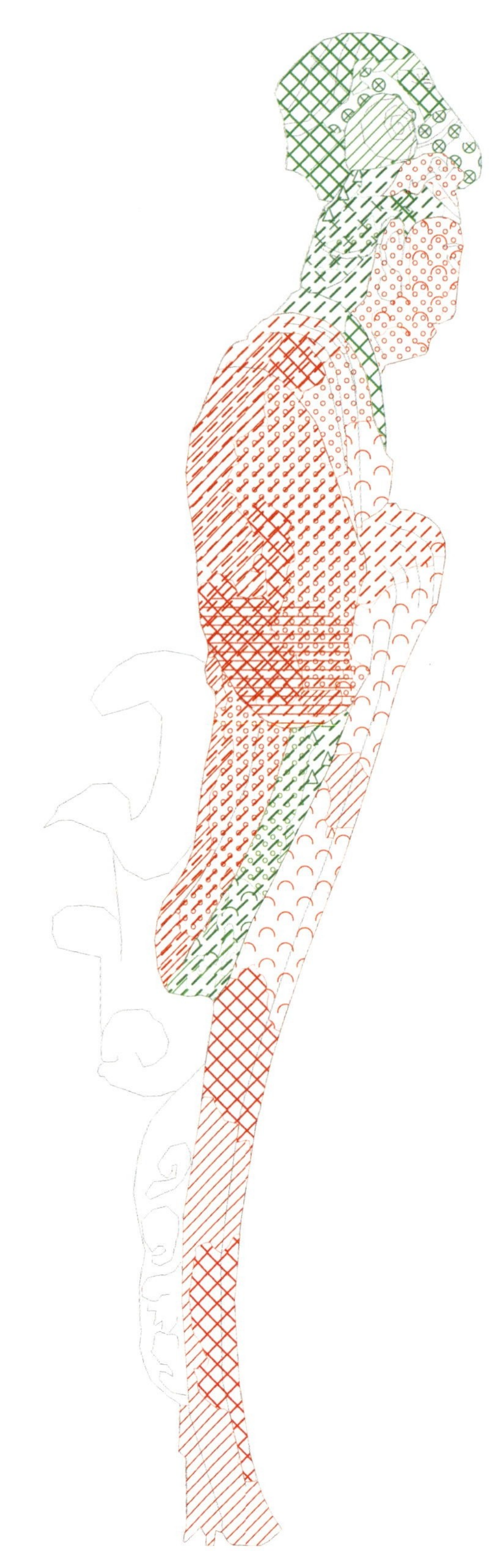

图 42　千手观音

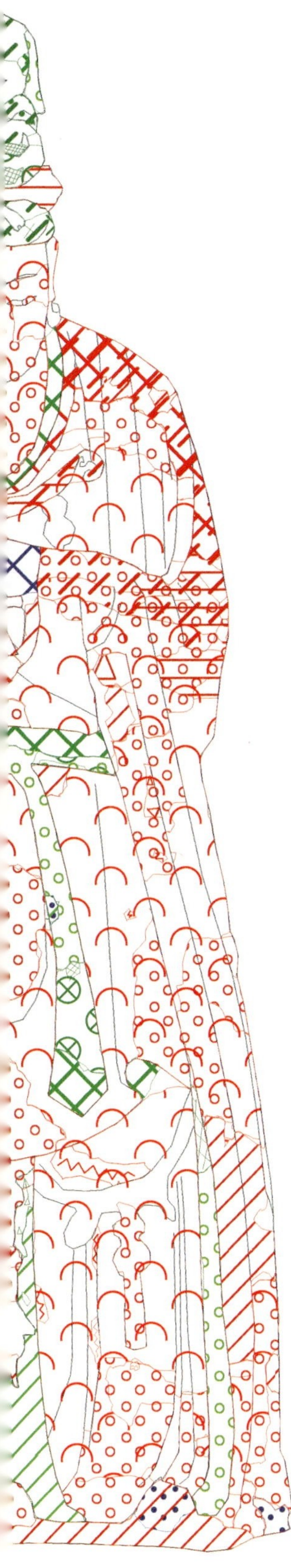

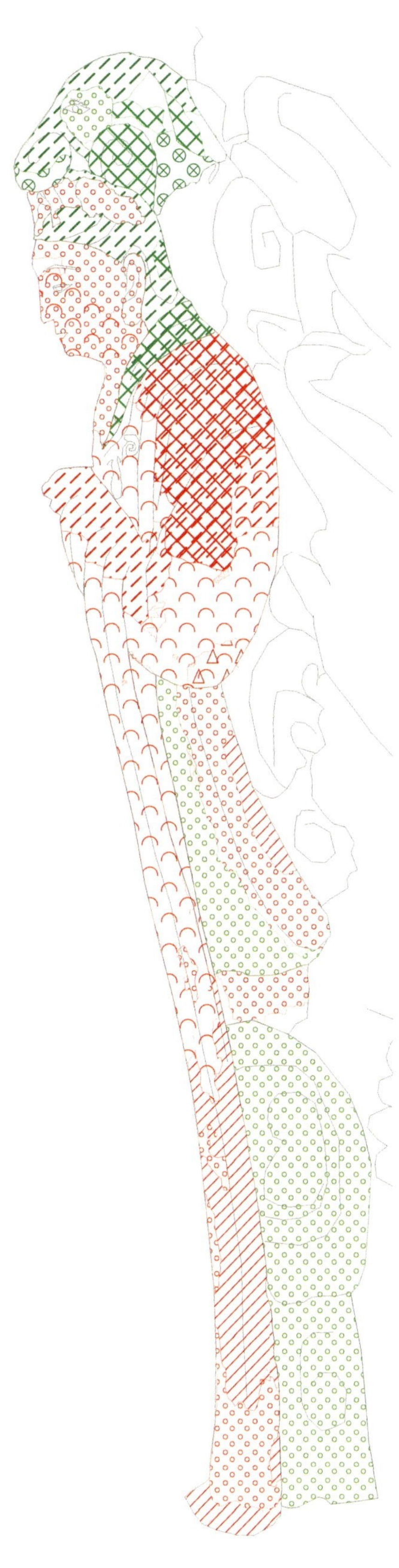

石质残缺

石质片状剥落

金箔脱落

金箔分层
开裂卷曲

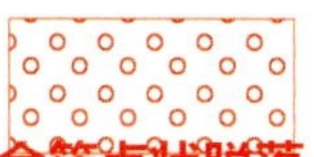

金箔点状脱落

金箔起翘

金箔尘土

彩绘脱落

彩绘点状脱落

彩绘尘土

彩绘粉化

像次尊一病害总图

图 43　千手观音造像次尊三病害总图

次尊二病害图

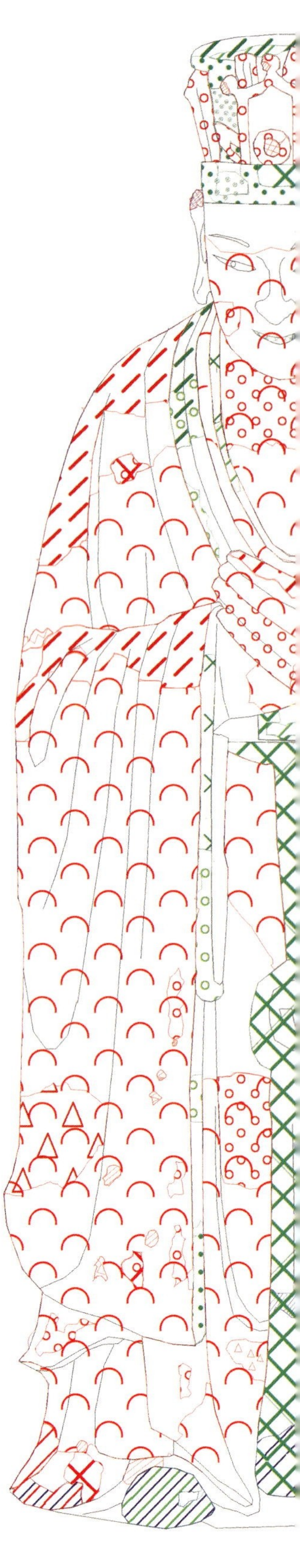

图 43　千手观音

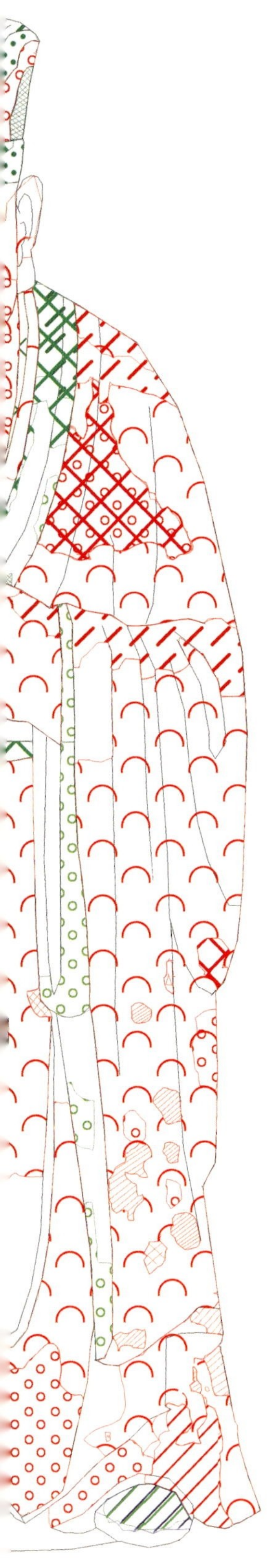

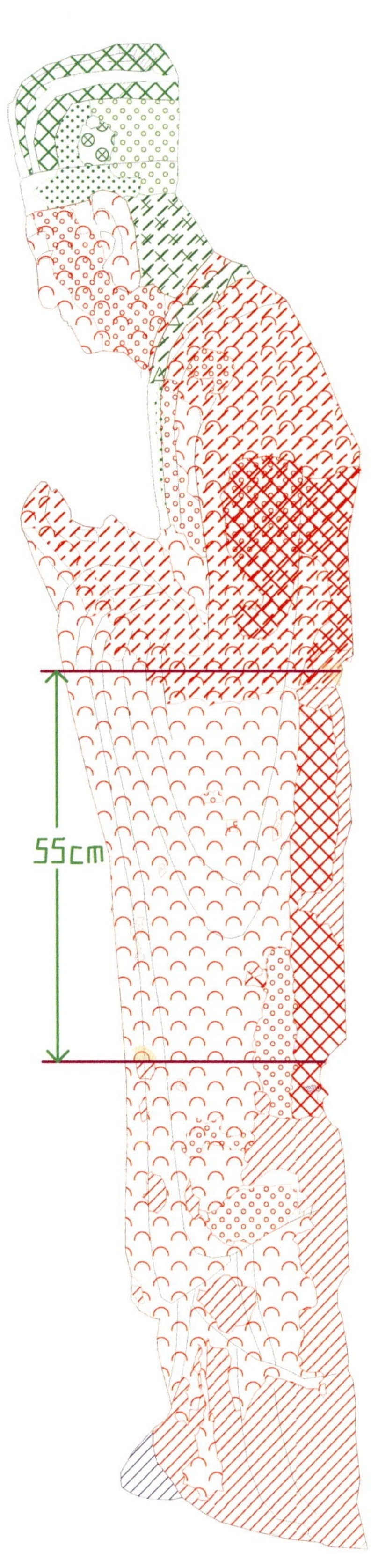

石质残缺

石质片状剥落

金箔脱落

金箔分层开裂卷曲

金箔点状脱落

金箔起翘

金箔尘土

彩绘脱落

彩绘点状脱落

彩绘尘土

彩绘粉化

像次尊三病害总图

图 44　千手观音造像次尊二、次尊四病害总图

次尊二病害图

图 44　千手观音造像泫

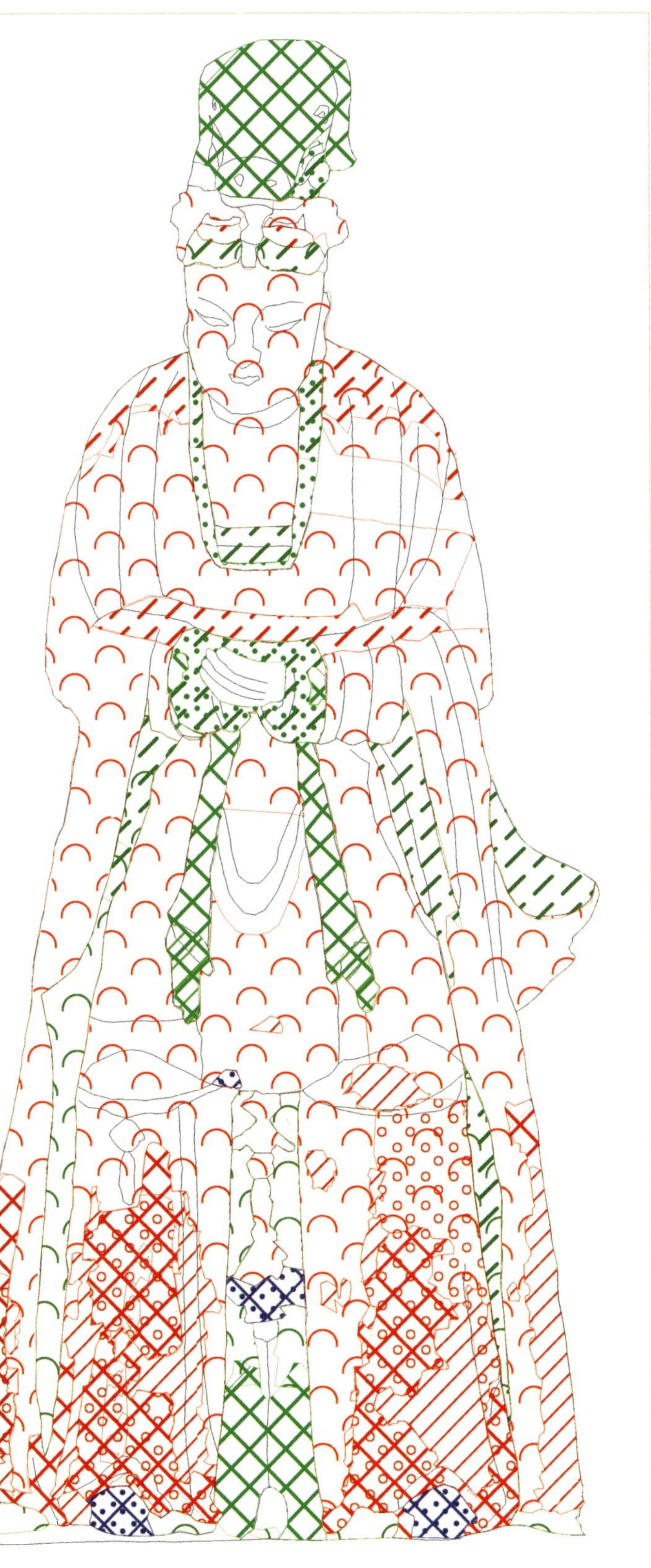

石质残缺

石质片状剥落

金箔脱落

金箔分层
开裂卷曲

金箔点状脱落

金箔起翘

金箔尘土

彩绘脱落

彩绘点状脱落

彩绘尘土

彩绘粉化

次尊四病害图

二、次尊四病害总图

图 45　千手观音造像手残缺复原图

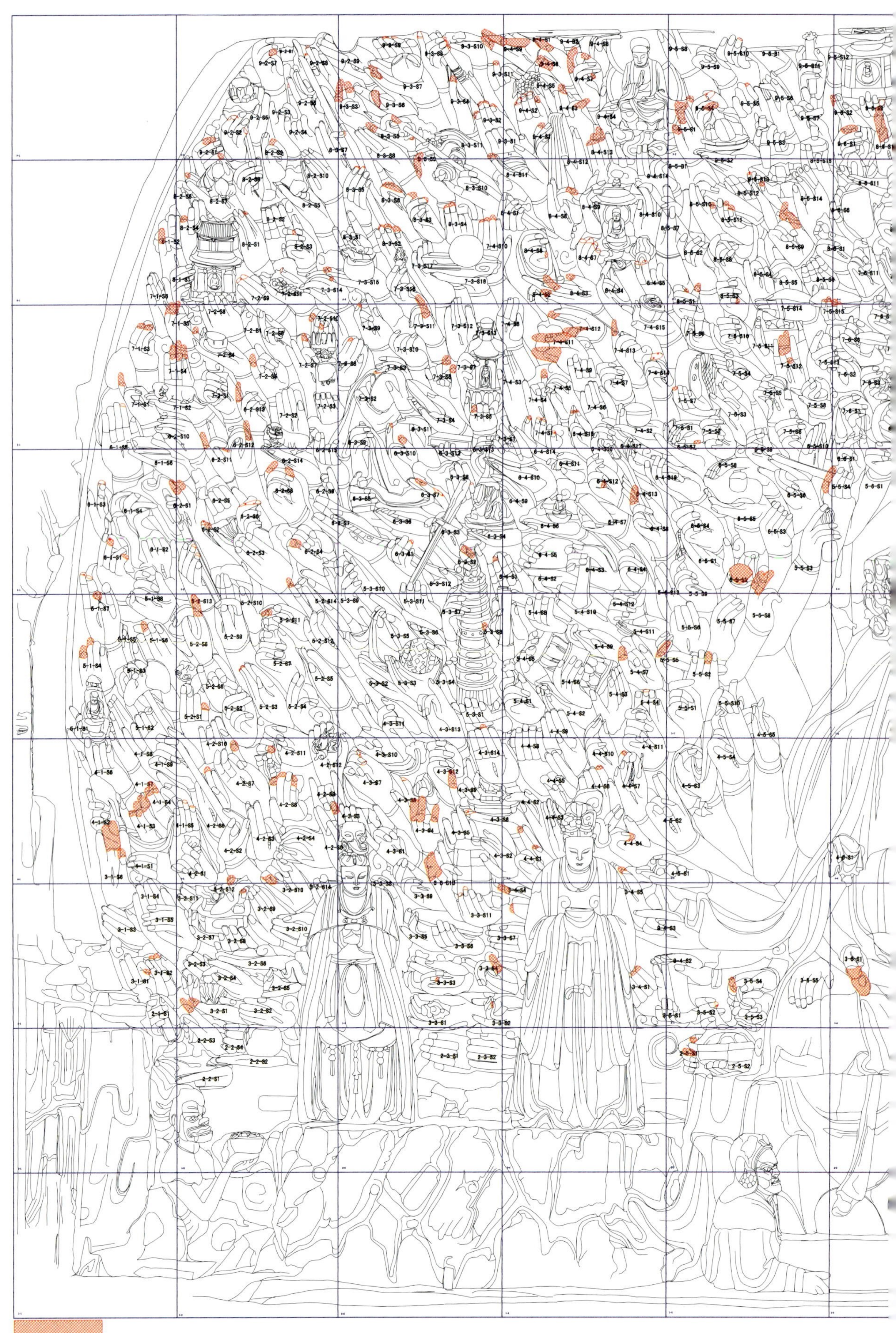

图 45　千手观音

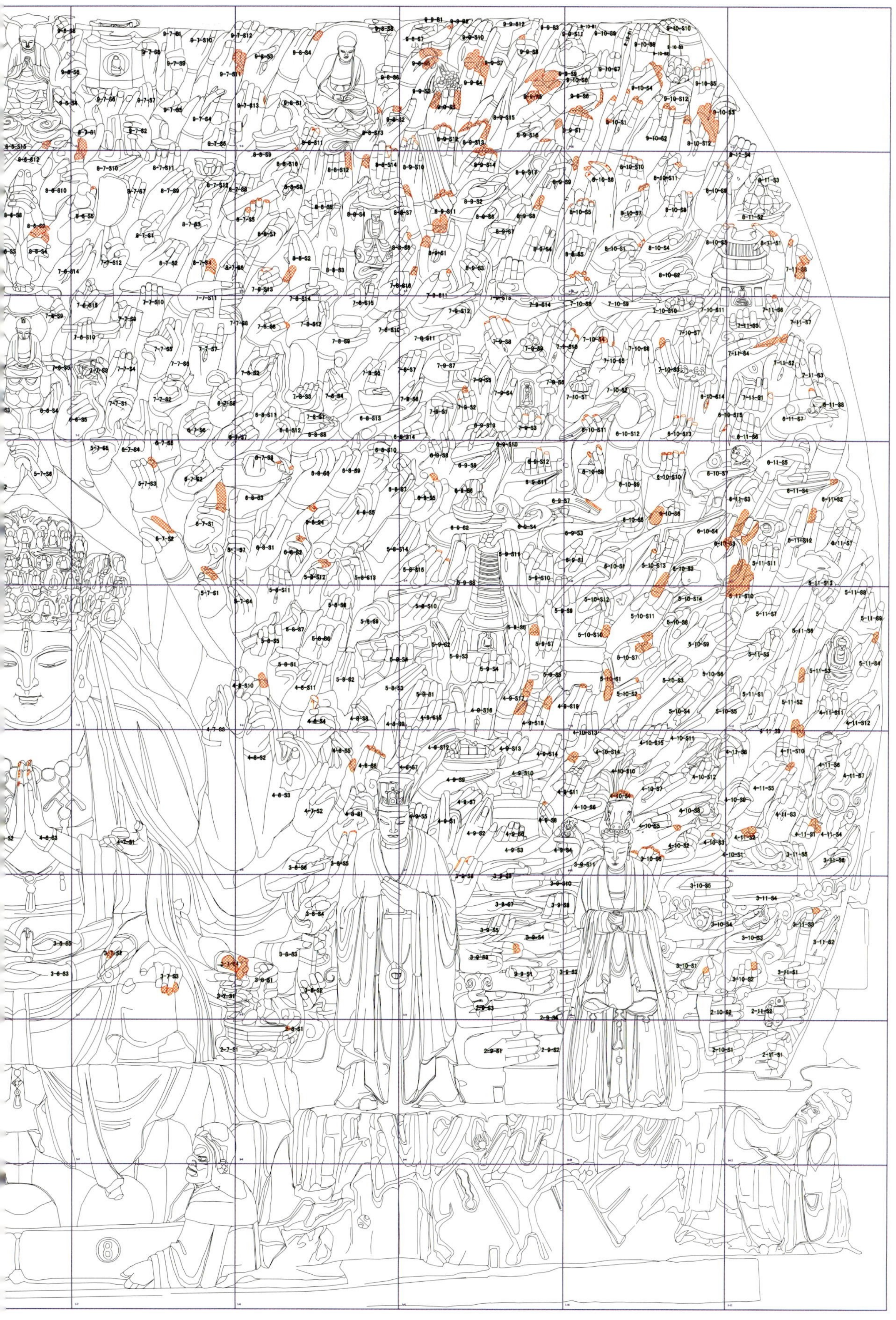

像手残缺复原图

图 46　千手观音造像手残缺复原图局部

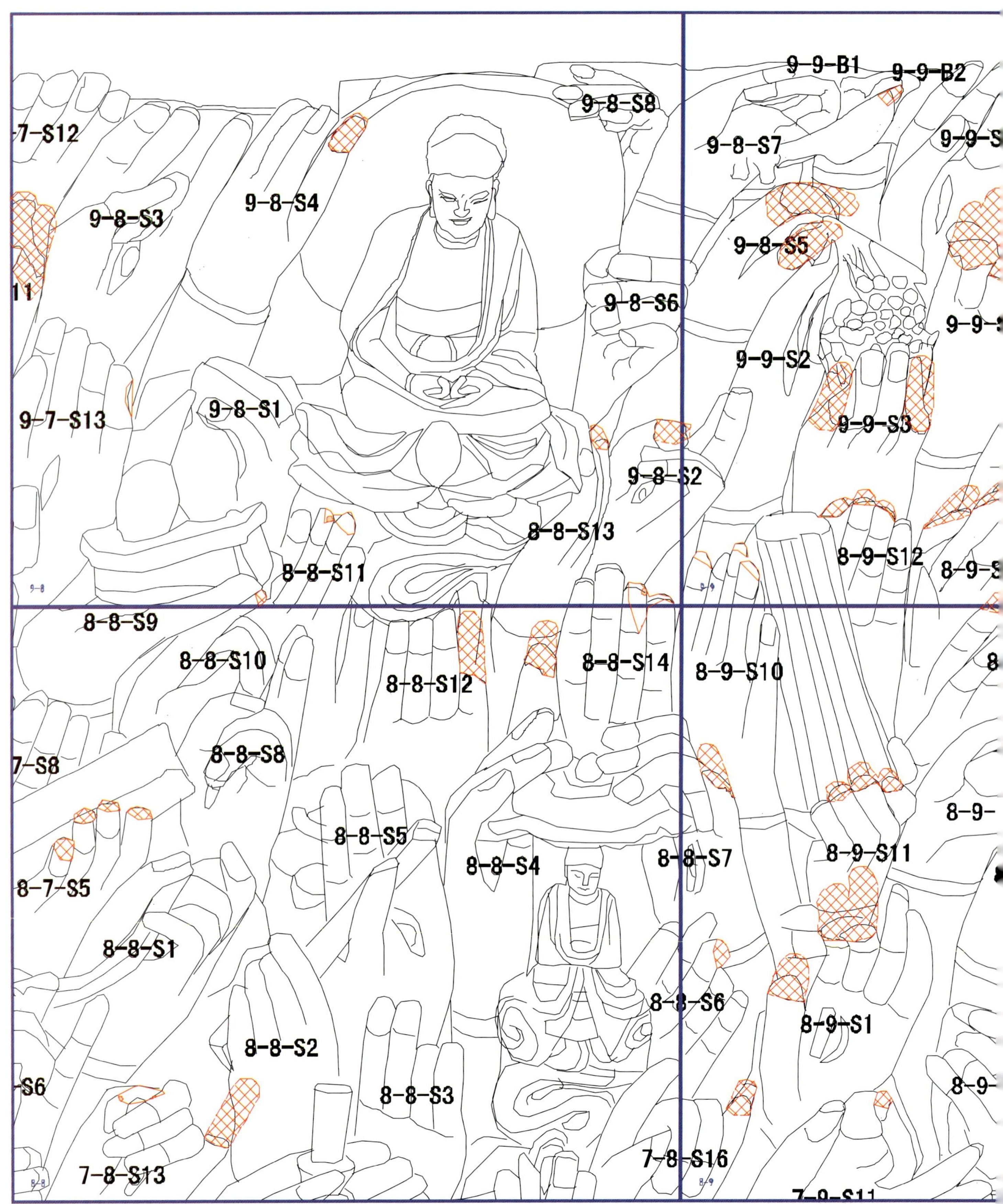

9-9-B1
9-9-B2
-7-S12
9-8-S8
9-8-S7
9-8-S4
9-8-S3
9-8-S5
11
9-8-S6
9-9-S2
9-8-S1
9-7-S13
9-9-S3
9-8-S2
8-8-S13
8-9-S12
8-8-S11
8-8-S9
8-8-S10
8-8-S12
8-8-S14
8-9-S10
7-S8
8-8-S8
8-8-S5
8-8-S4
8-8-S7
8-9-S11
8-7-S5
8-8-S1
8-8-S6
8-9-S1
8-8-S2
-S6
8-8-S3
7-8-S16
7-8-S13
7-9-S11

图 46 千手观音造

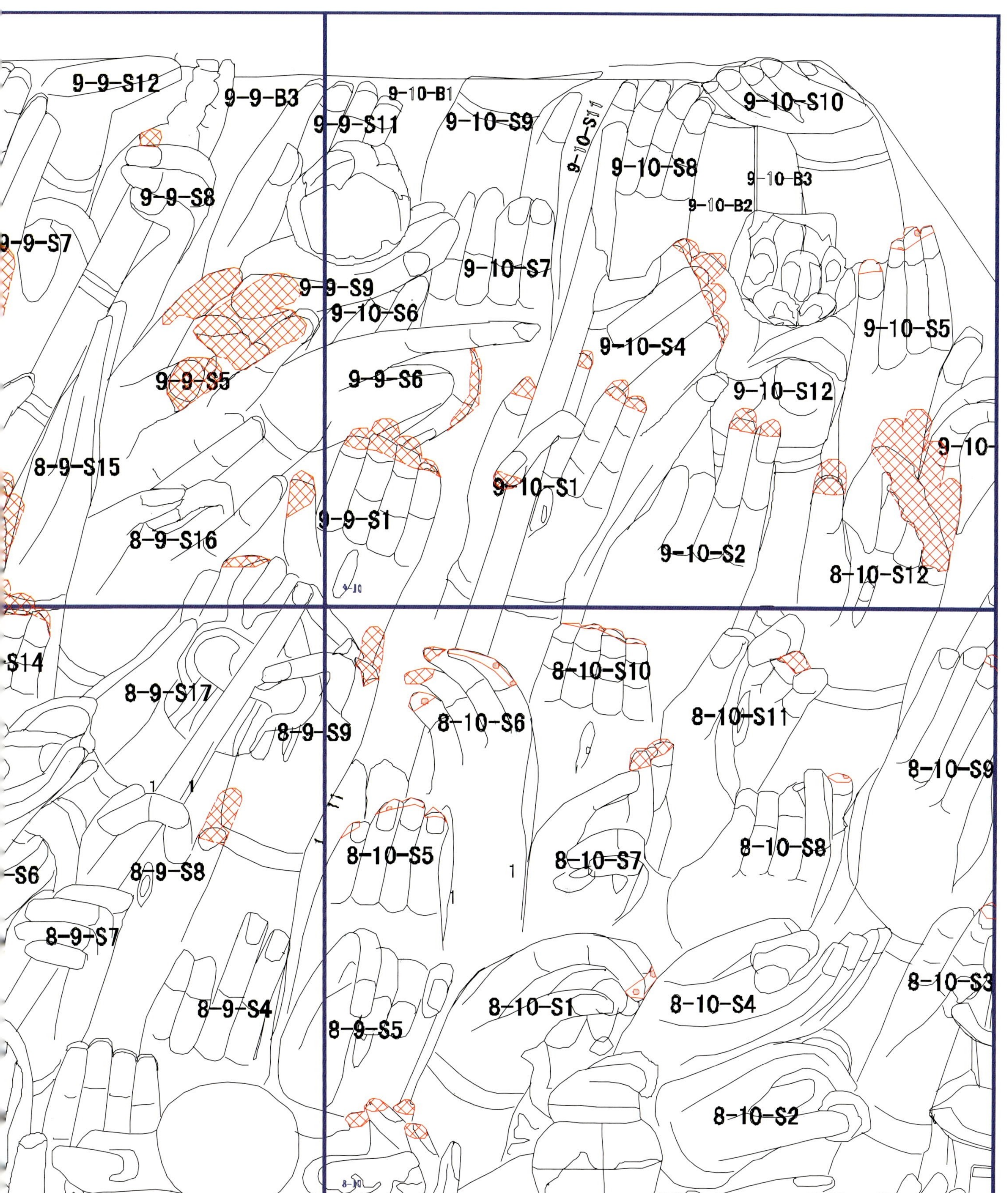
9-9-S12
9-9-B3
9-10-B1
9-9-S11
9-10-S9
9-10-S11
9-10-S10
9-10-S8
9-10-B3
9-10-B2
9-9-S8
9-9-S7
9-10-S7
9-9-S9
9-10-S6
9-10-S5
9-10-S4
9-9-S5
9-9-S6
9-10-S12
8-9-S15
9-10-S1
9-9-S1
8-9-S16
9-10-S2
8-10-S12
S14
8-10-S10
8-9-S17
8-10-S11
8-10-S6
8-9-S9
8-10-S9
8-10-S5
8-10-S7
8-10-S8
S6
8-9-S8
8-9-S7
8-10-S3
8-10-S1
8-10-S4
8-9-S4
8-9-S5
8-10-S2

手残缺复原图局部

图 47　千手观音造像法器分布图

图 47　千手观

造像法器分布图

图 48　千手观音造像法器病害图 1（石质、金箔）

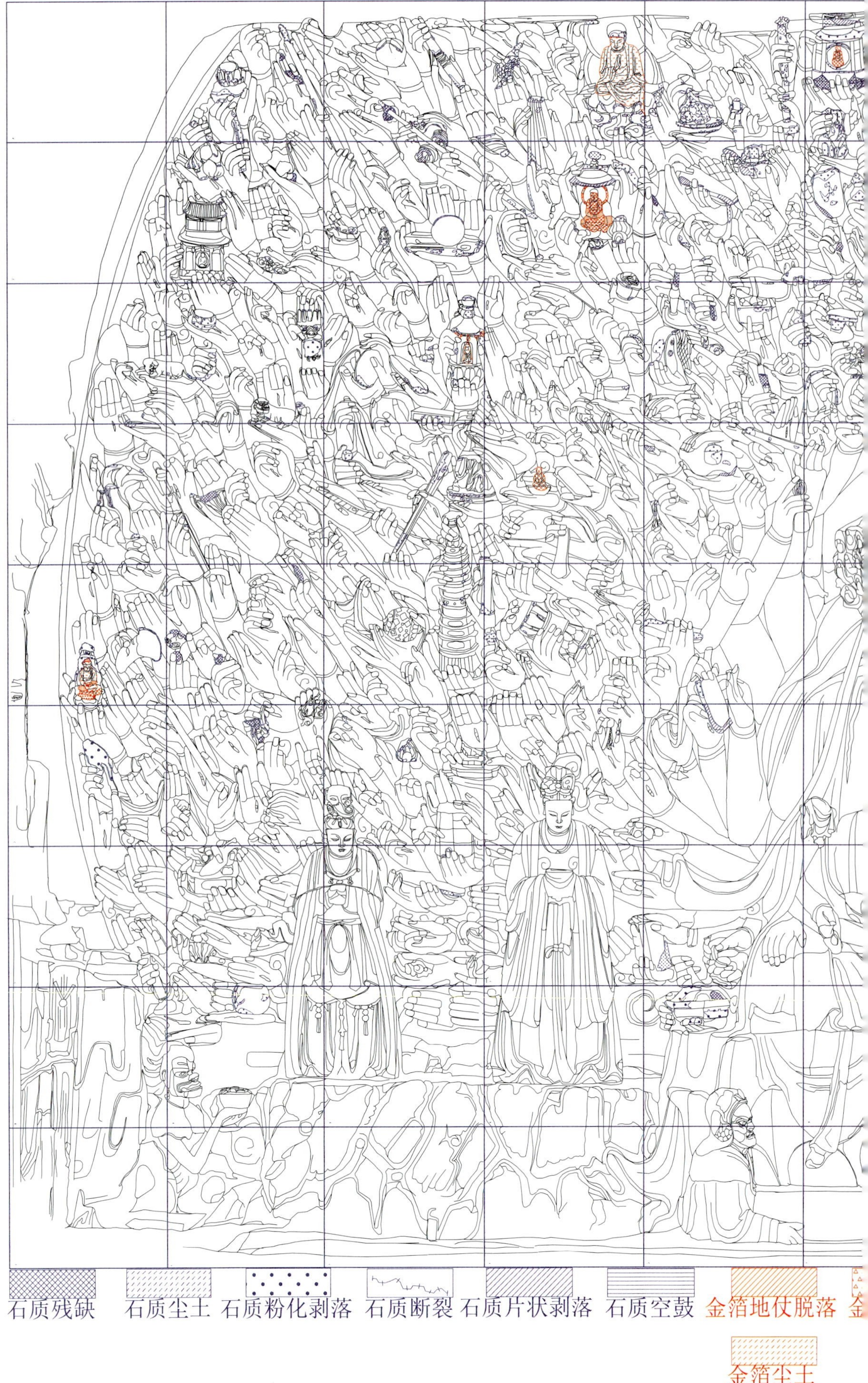
石质残缺
石质尘土
石质粉化剥落
石质断裂
石质片状剥落
石质空鼓
金箔地仗脱落
金箔尘土

图 48　千手观音造像法

病害图 1（石质、金箔）

图 49　千手观音造像法器病害图 2（彩绘）

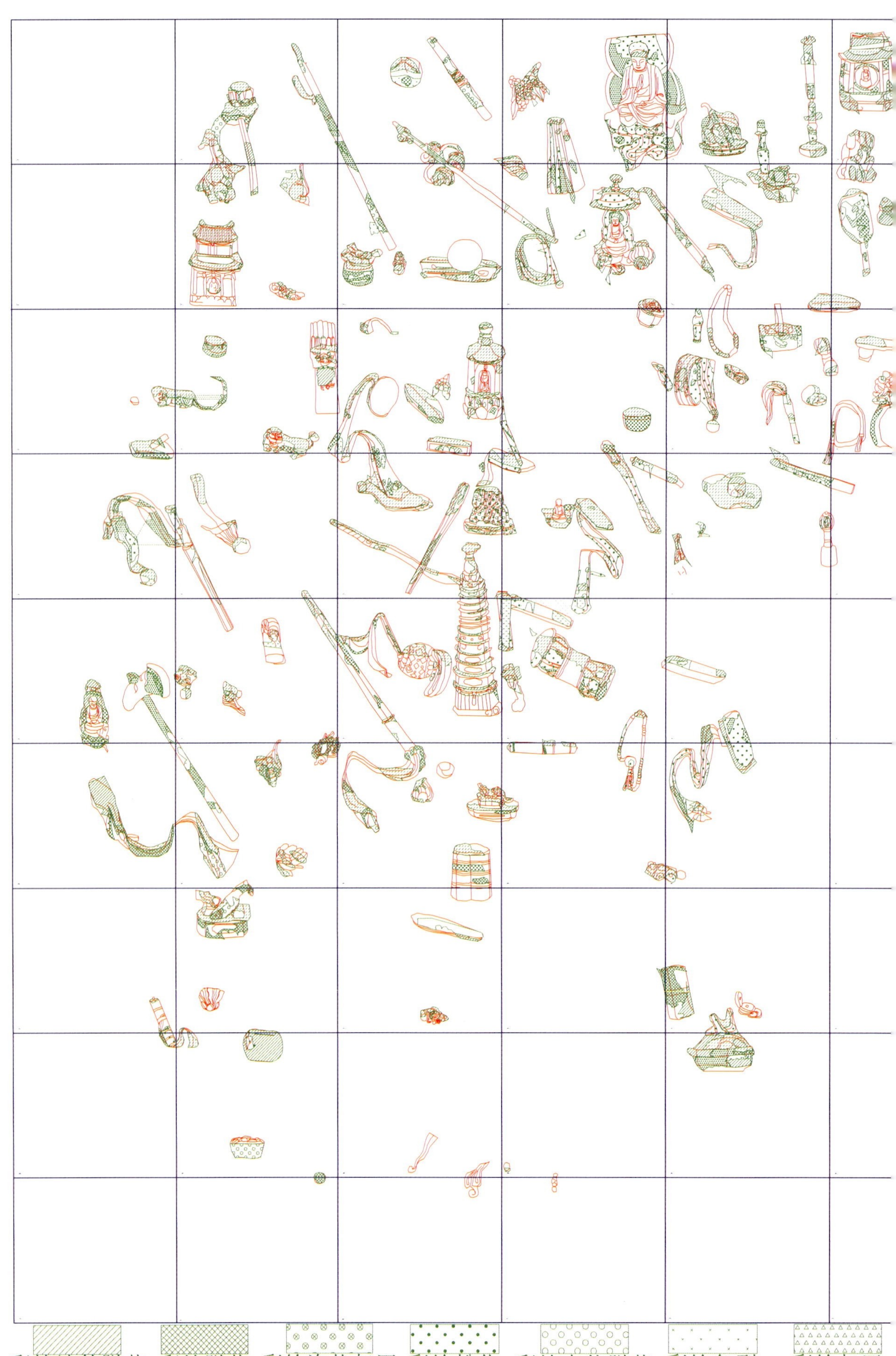
彩绘地仗脱落
彩绘脱落
彩绘泡状起甲
彩绘粉化
彩绘点状脱落
彩绘龟裂
彩绘起甲

图 49　千手观音造像

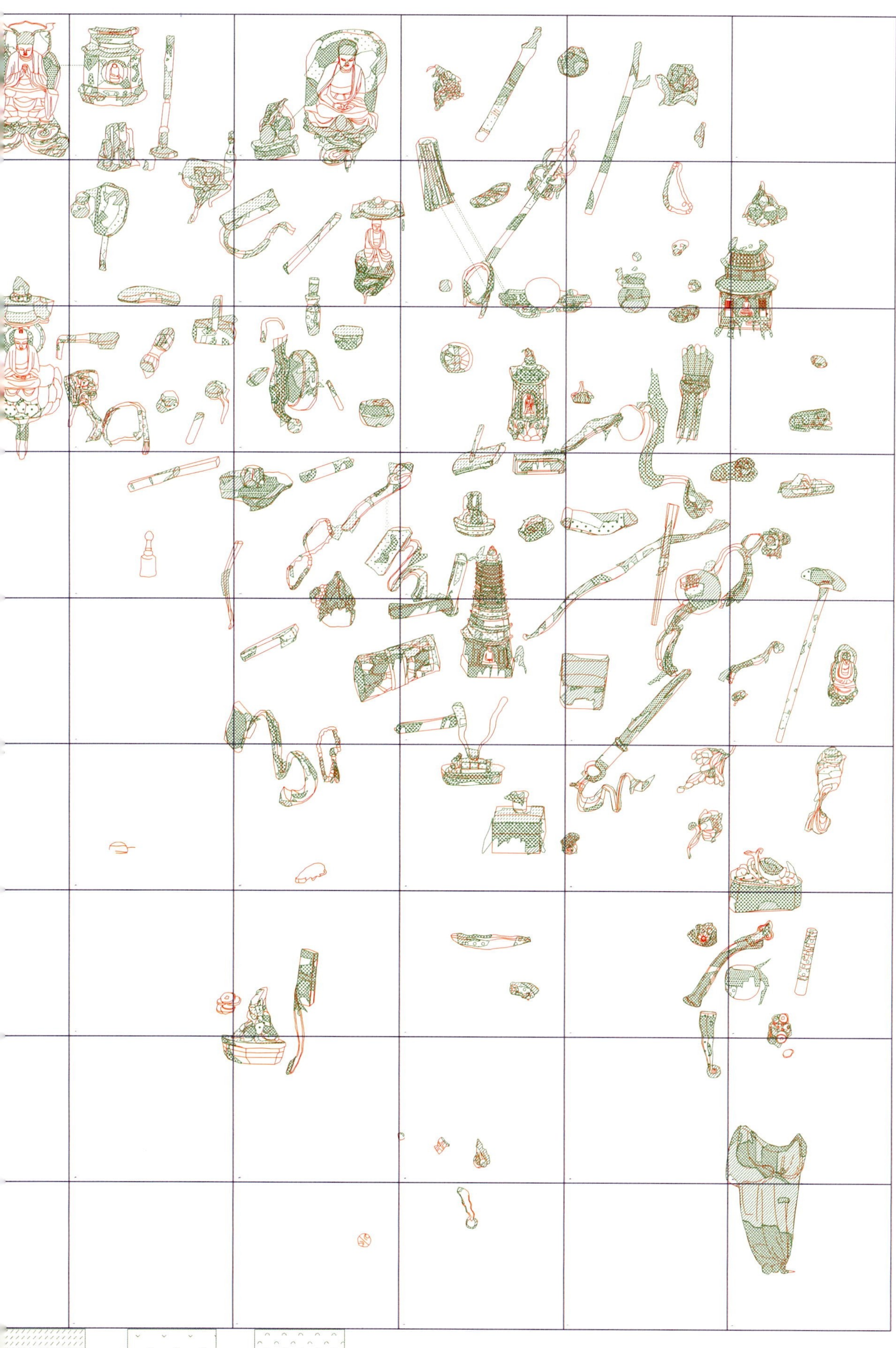

彡绘尘土　彩绘生物病害　彩绘鼓泡

器病害图 2（彩绘）

图 50　千手观音造像法器病害图局部

图 50　千手观音

像法器病害图局部

图 51　千手观音造像祥云分布图

图 51　千手观

造像祥云分布图

图 52　千手观音造像祥云病害图

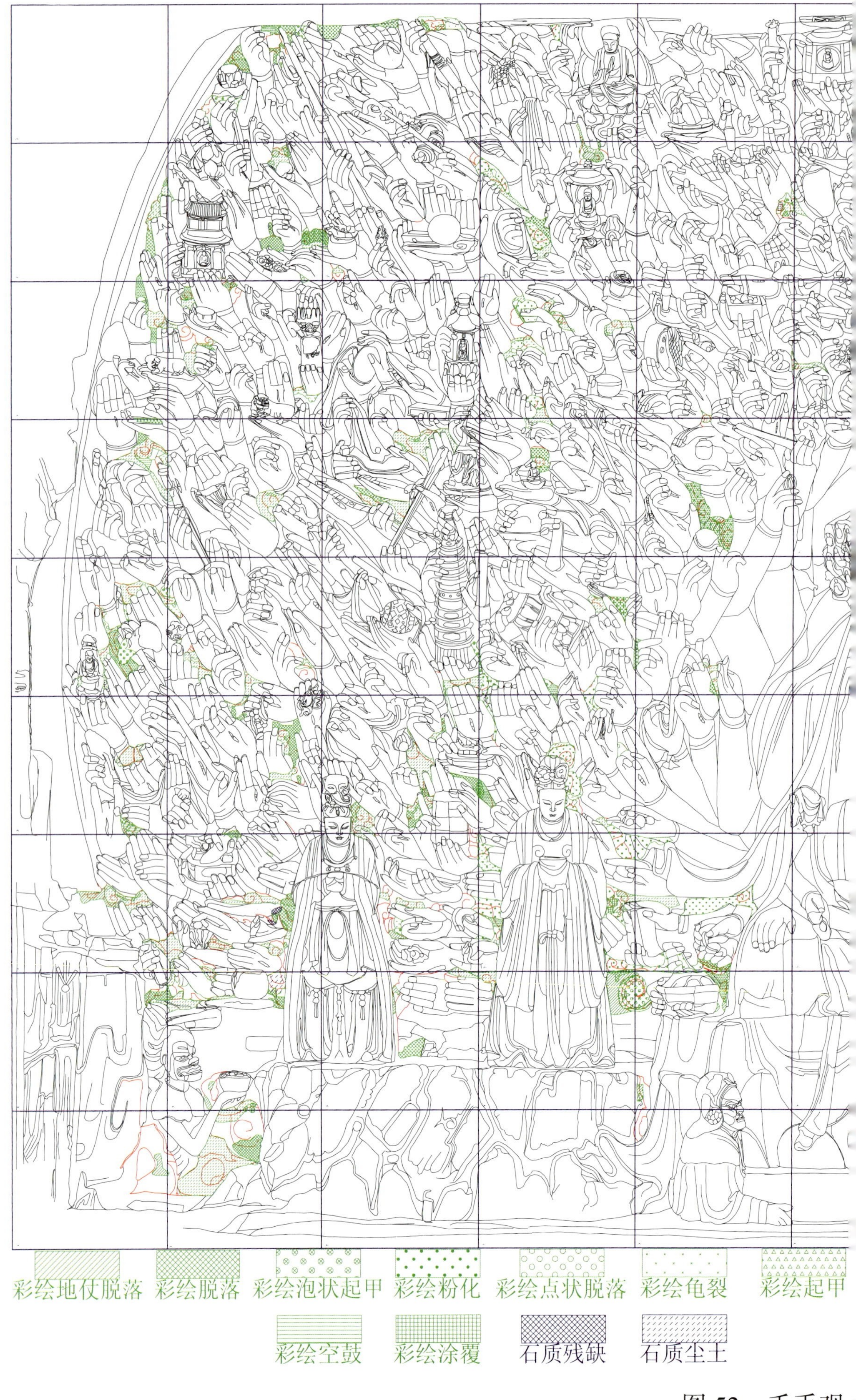
彩绘地仗脱落
彩绘脱落
彩绘泡状起甲
彩绘粉化
彩绘点状脱落
彩绘龟裂
彩绘起甲
彩绘空鼓
彩绘涂覆
石质残缺
石质尘土

图 52　千手观

造像祥云病害图

图 53　千手观音造像金箔分层开裂卷曲、金箔起翘图

图 53　千手观音造像金箔

层开裂卷曲、金箔起翘图

图 54　千手观音造像金箔点状脱落、地仗脱落、金箔脱落图

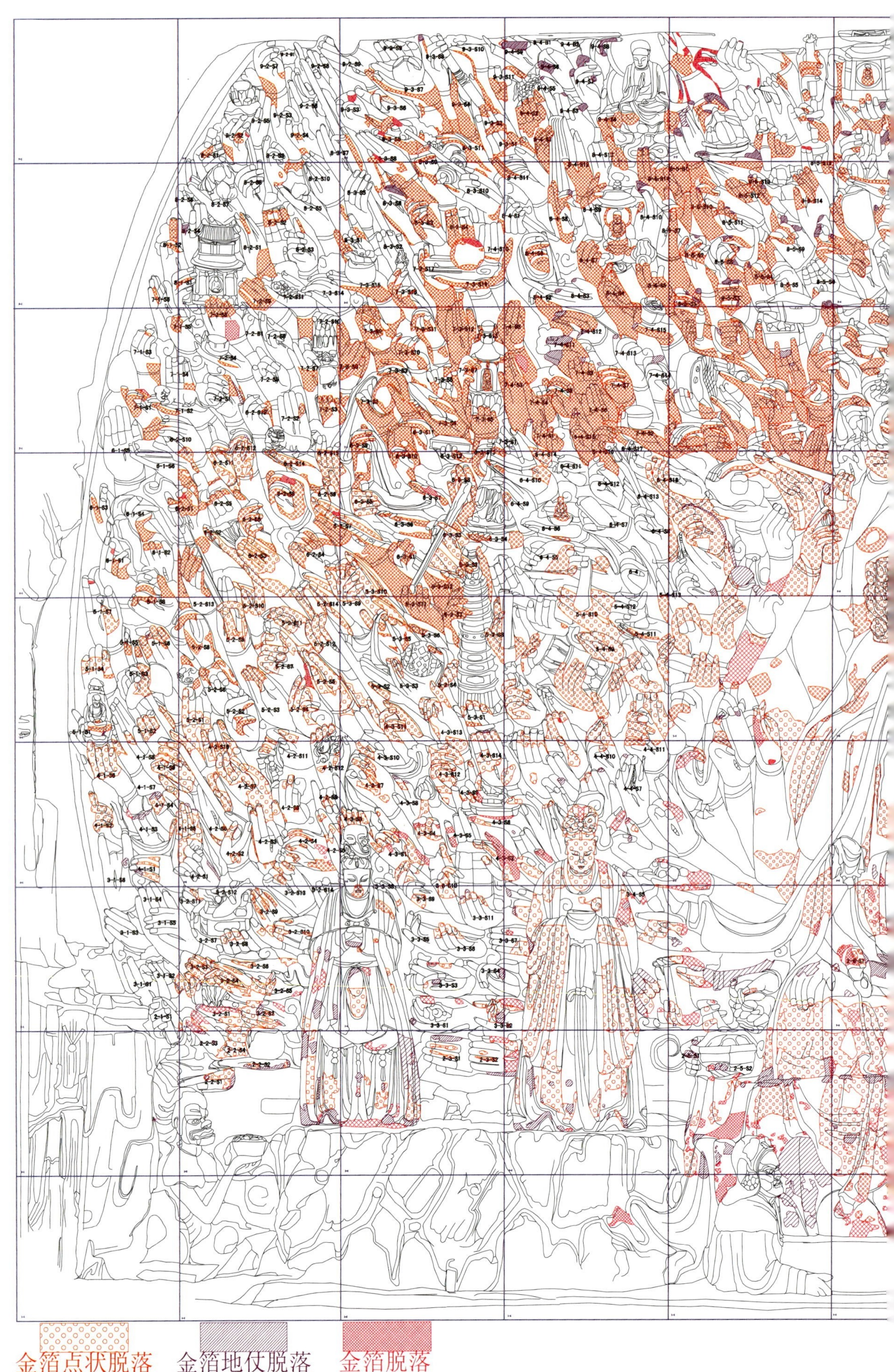

图 54　千手观音造像金箔点

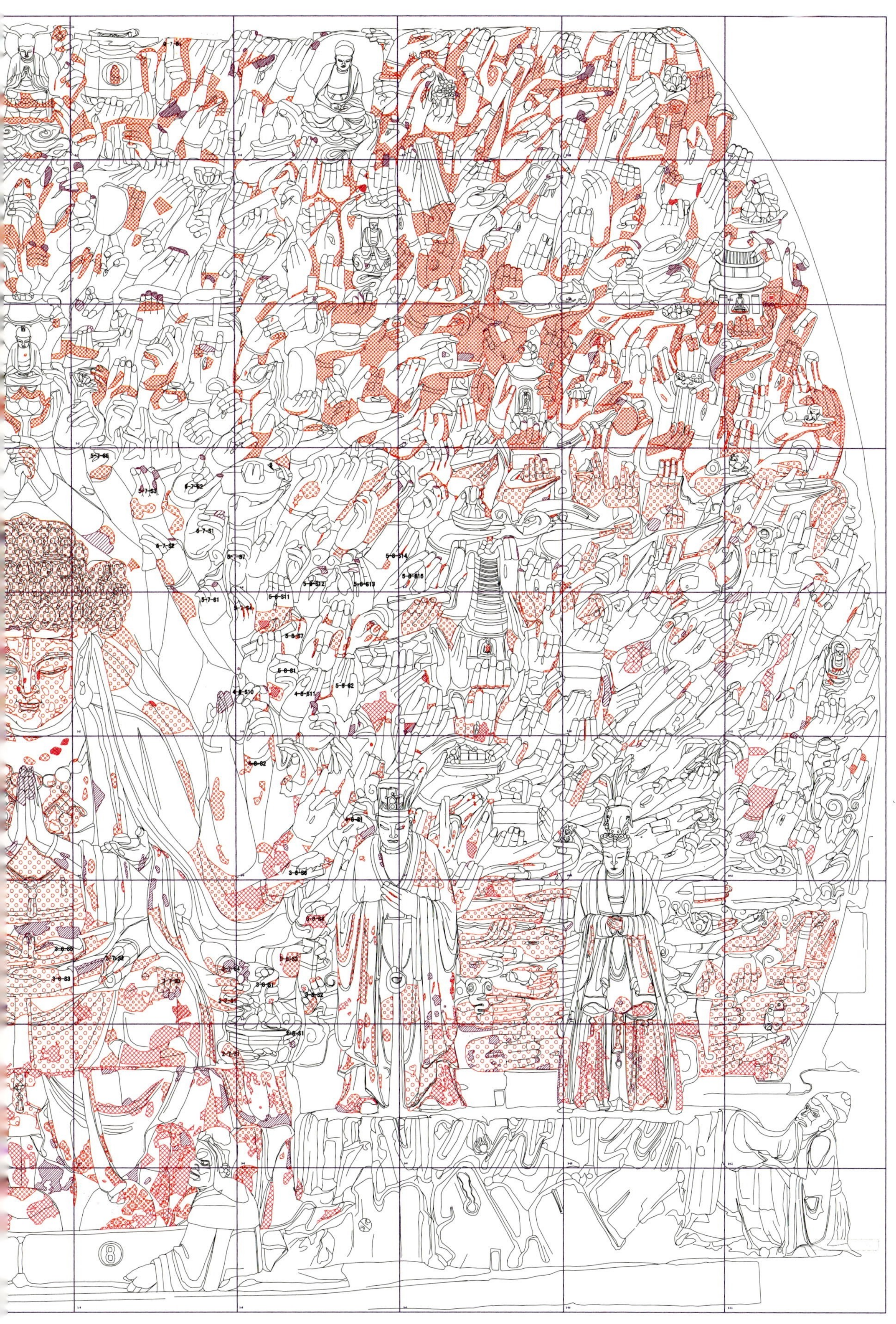

脱落、地仗脱落、金箔脱落图

图 55　千手观音造像彩绘地仗脱落、点状脱落、起甲、粉化图

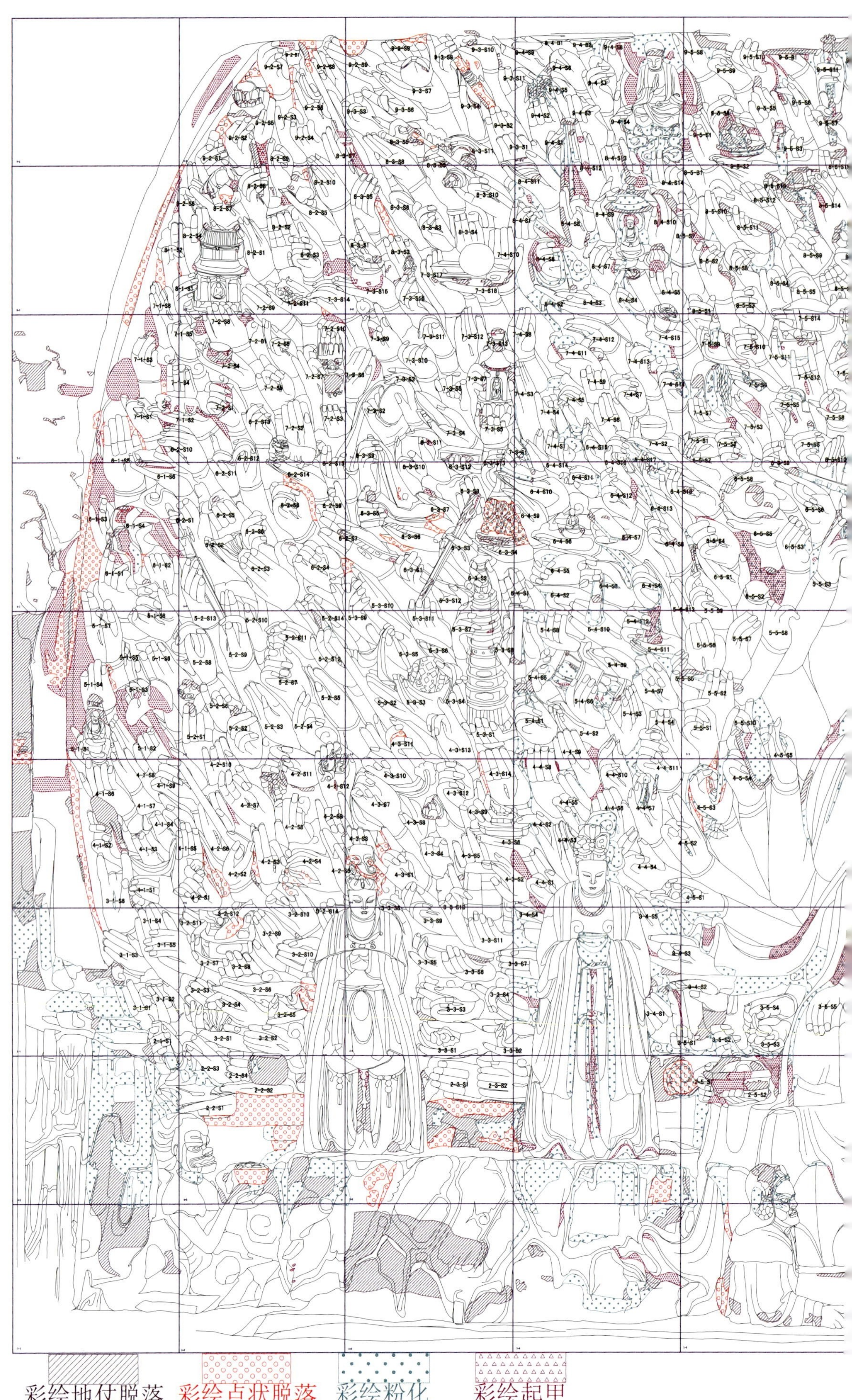

图 55　千手观音造像彩绘地仗

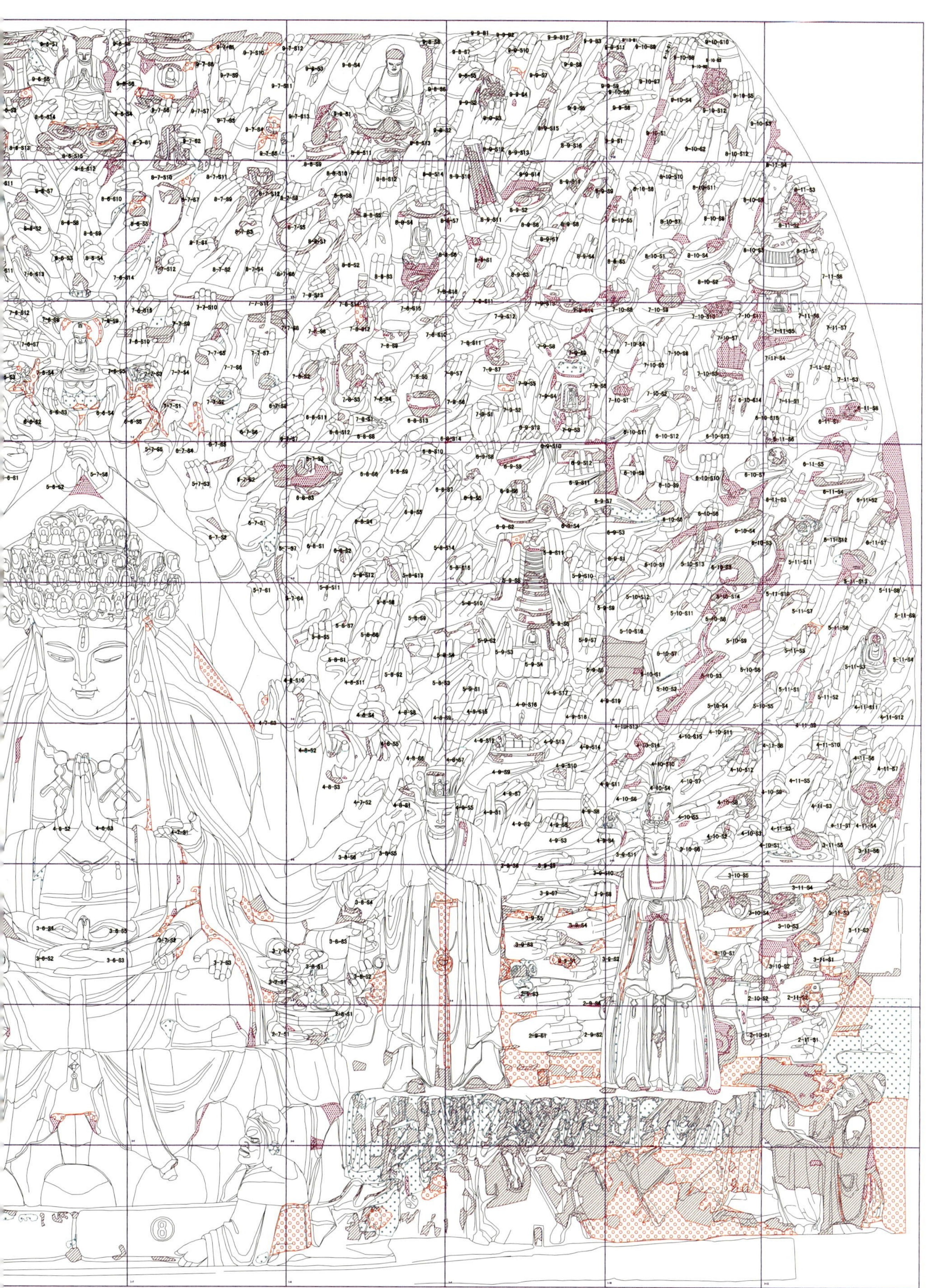

落、点状脱落、起甲、粉化图

图 56　CAD 补绘多角度手病害图 1

CDA补绘多角度手病害图

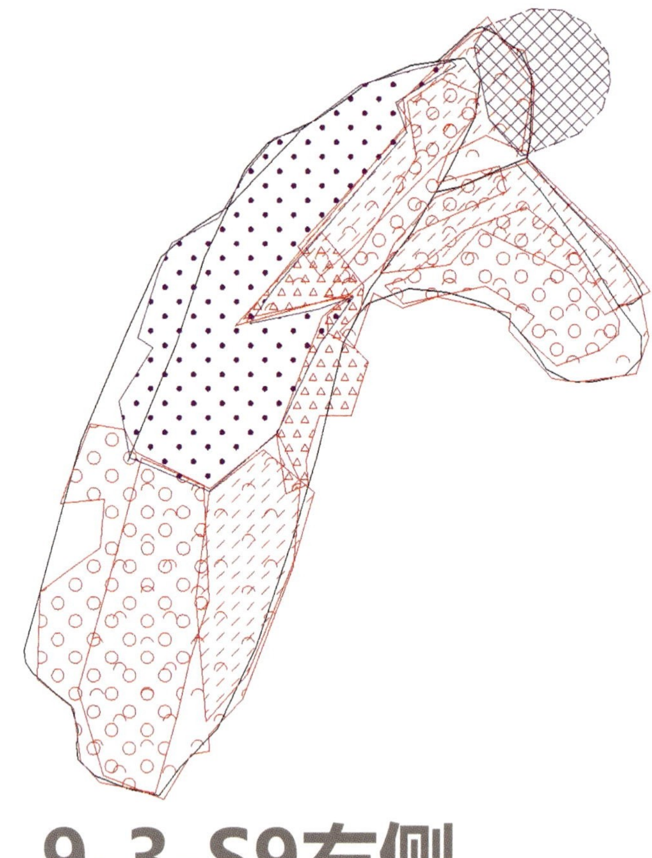

9-3-S9右侧

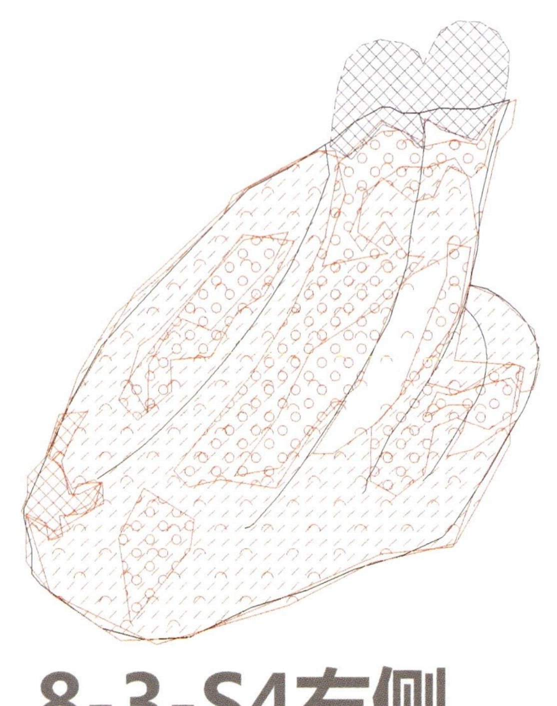

8-3-S4右侧

图 56　CAD 补绘

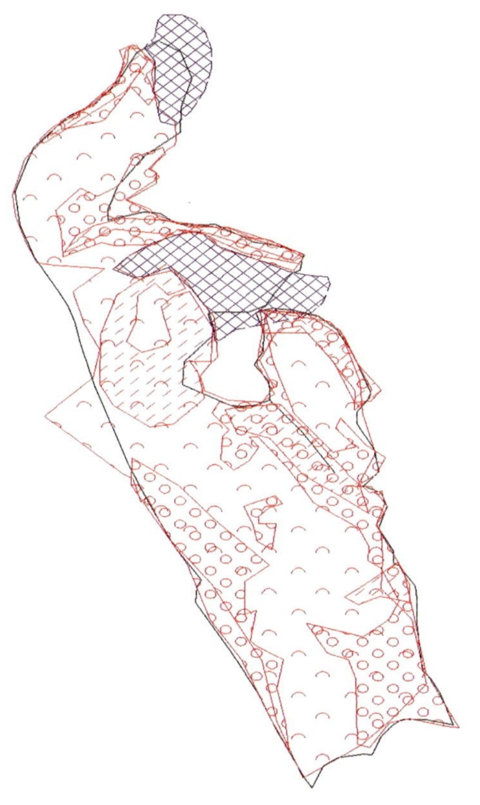

9-2-S7左侧

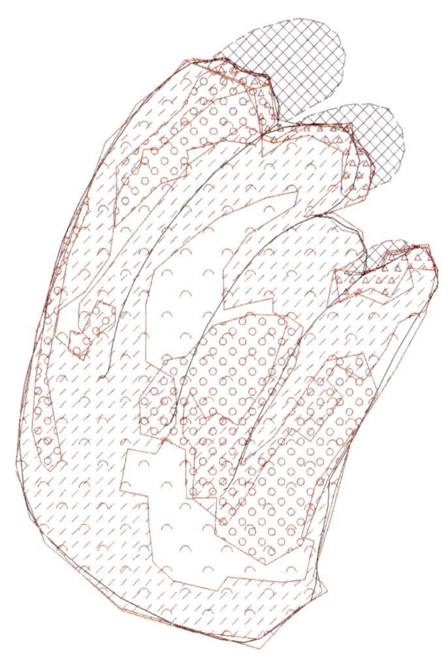

8-3-S3手背

石质残缺

石质粉化剥落

金箔脱落

金箔分层
开裂卷曲

金箔点状脱落

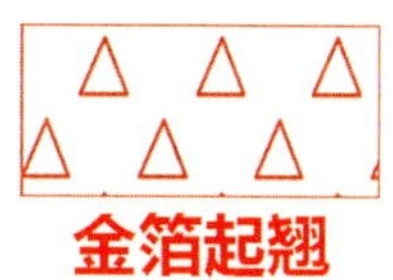

金箔起翘

金箔尘土

角度手病害图 1

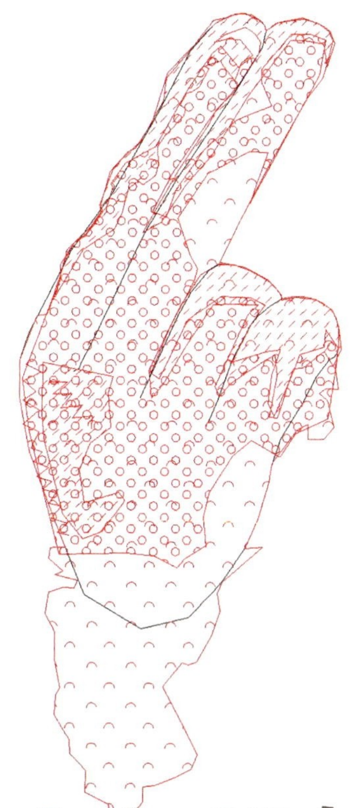

9-2-S7左侧

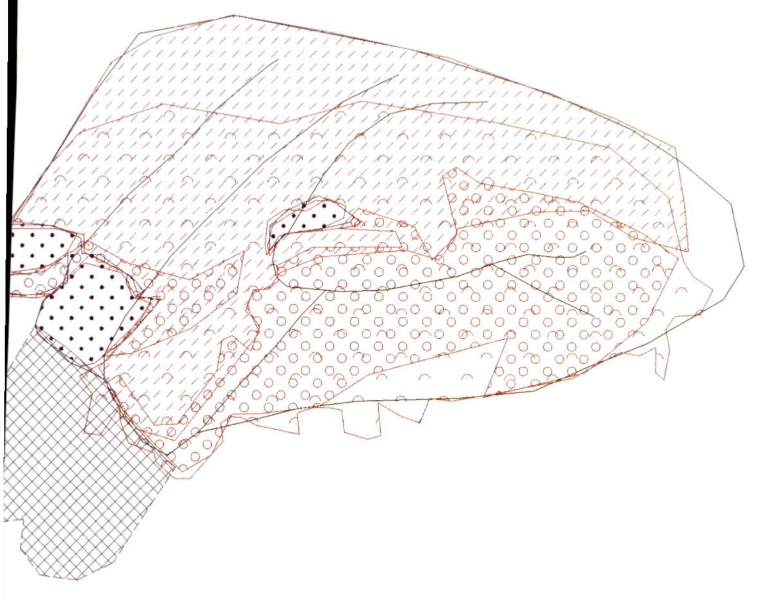

5-2-S11手背

石质残缺

石质粉化剥落

金箔脱落

金箔分层
开裂卷曲

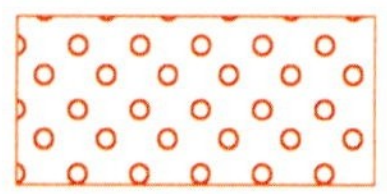

金箔点状脱落

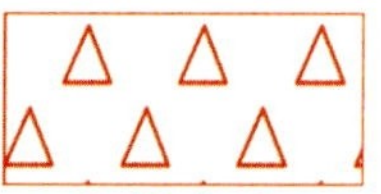

金箔起翘

金箔尘土

CDA补绘多角度手病害图

图 57　CAD 补绘

图 57　CAD 补绘多角度手病害图 2

图 58　千手观音造像现场分析检测点图

便携红外光谱仪　　便携激光拉曼仪　　三维视频显微镜

图 58　千手观音造

X-探伤仪

现场分析检测点图

图 59　千手观音造像取样点分布图

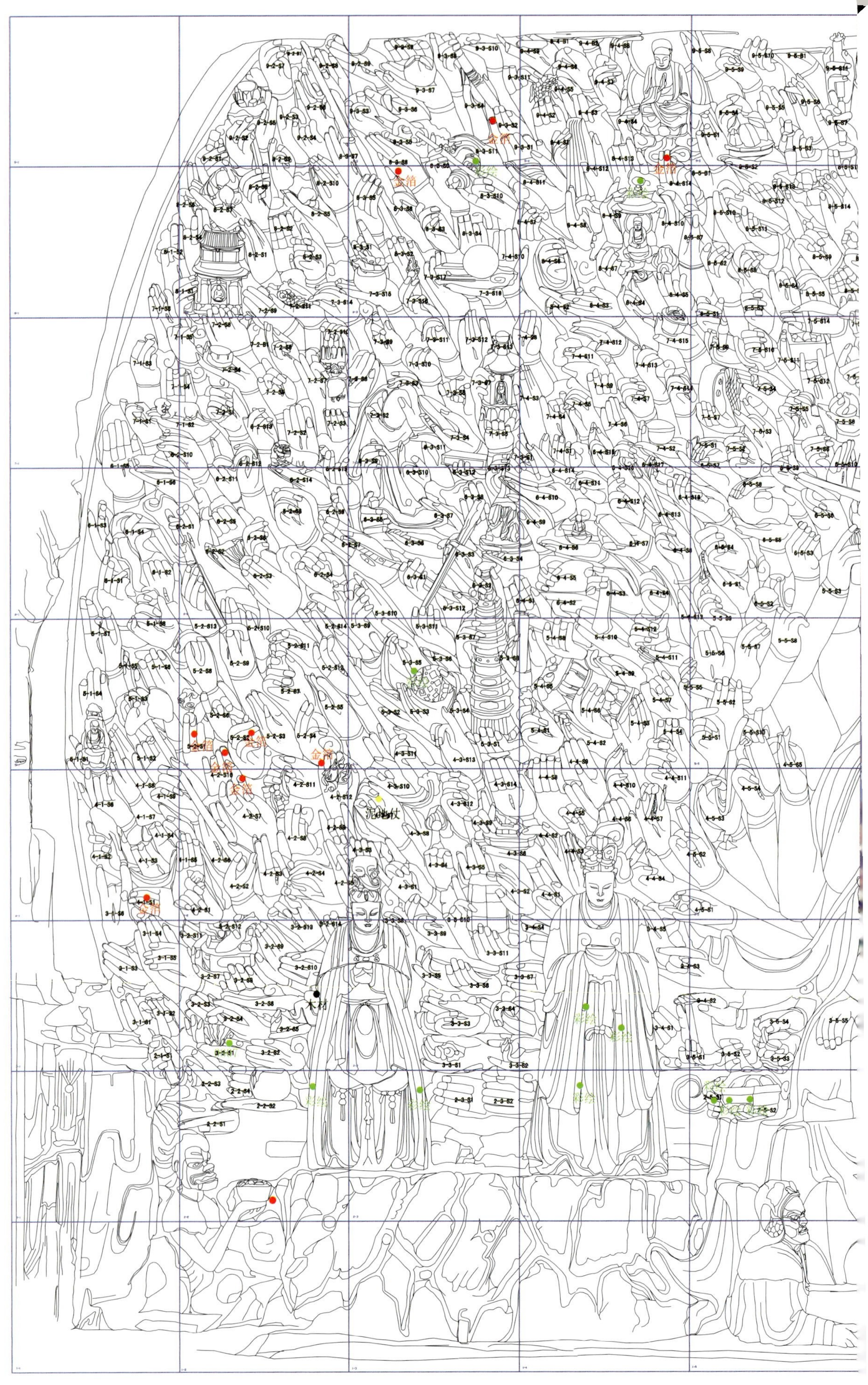

图 59　千

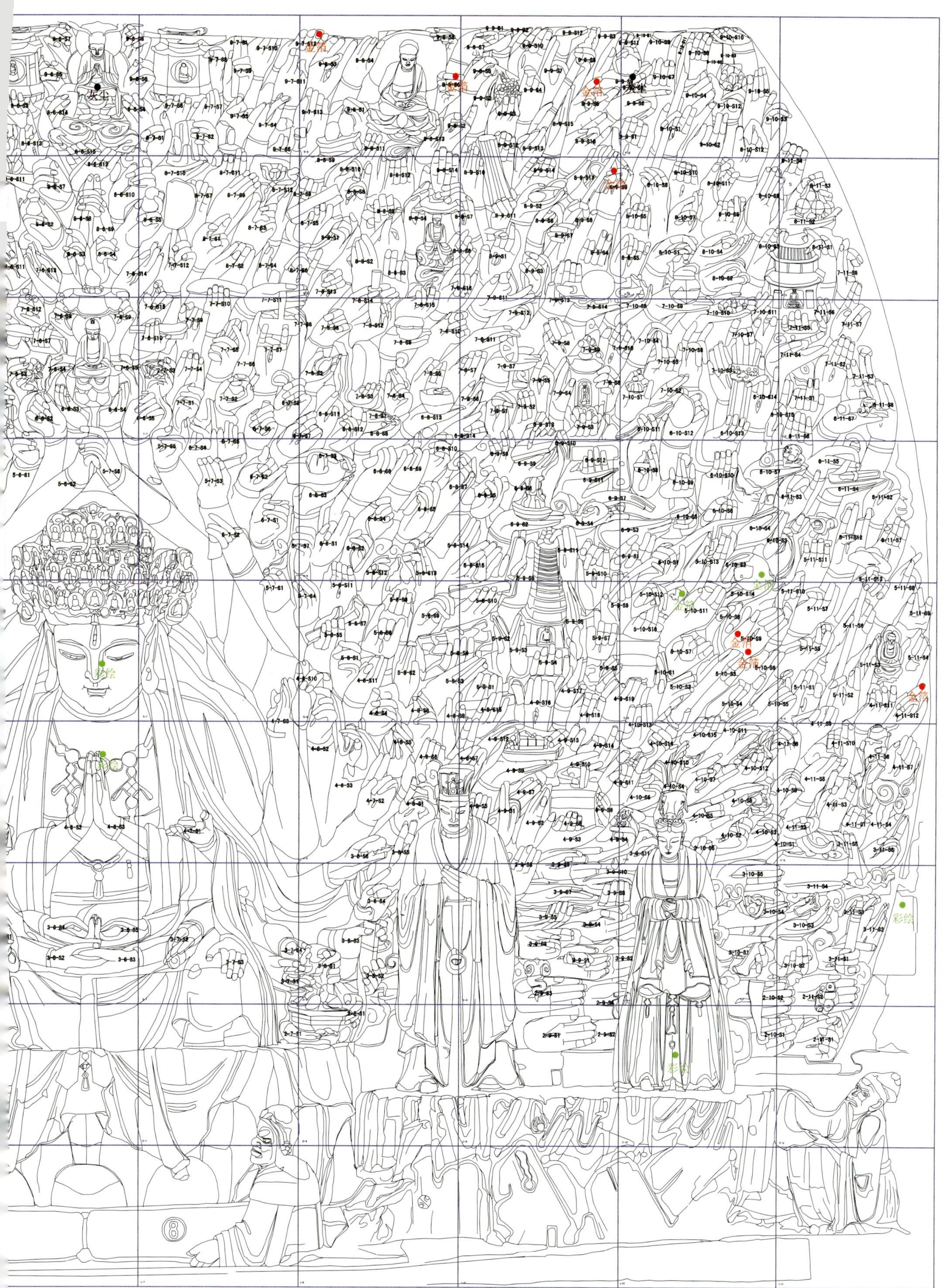

观音造像取样点分布图

图 60　千手观音造像环境监测探头位置图

千手观音环境、气象、凝结水监测仪器位置示意图

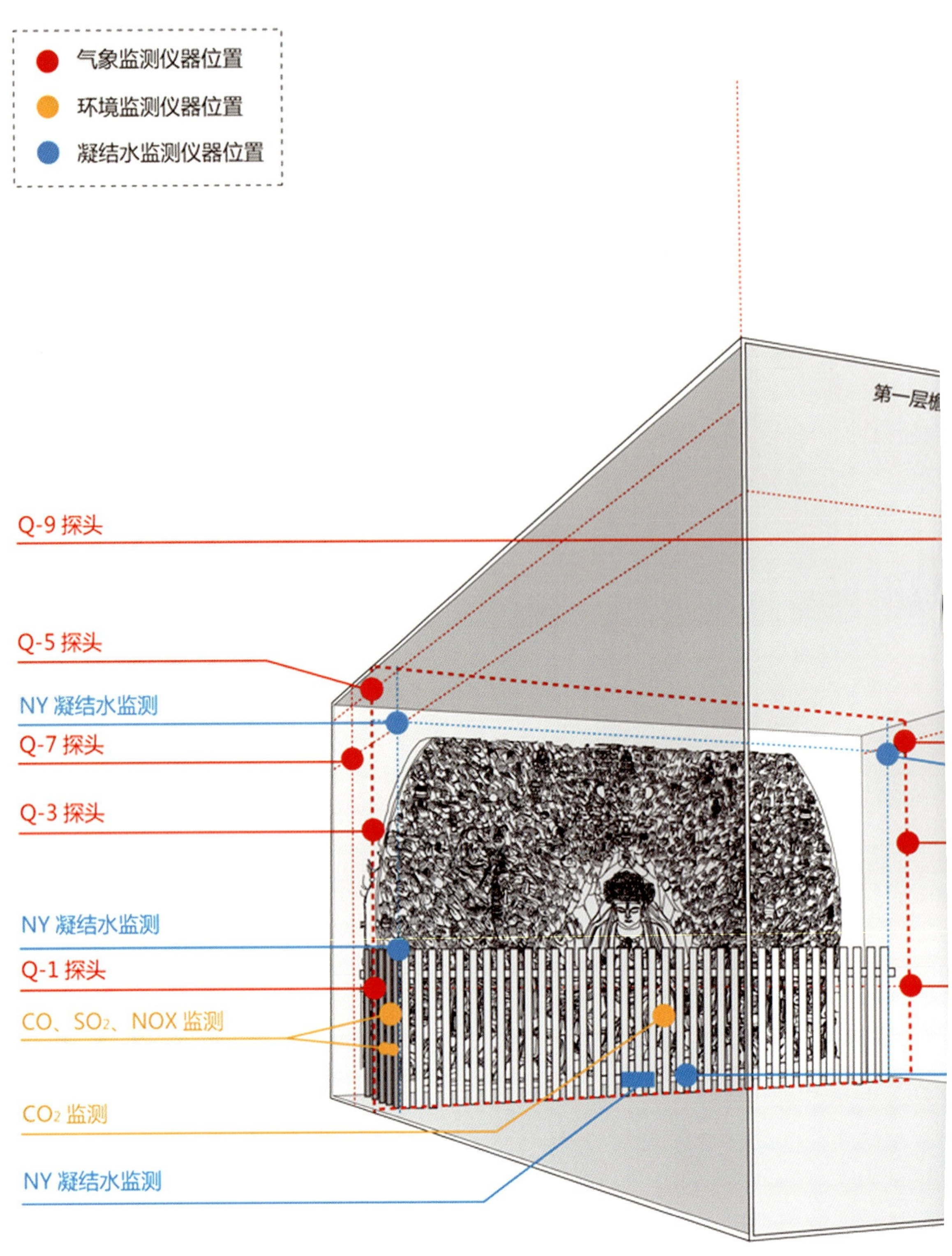

图 60　千手观音造

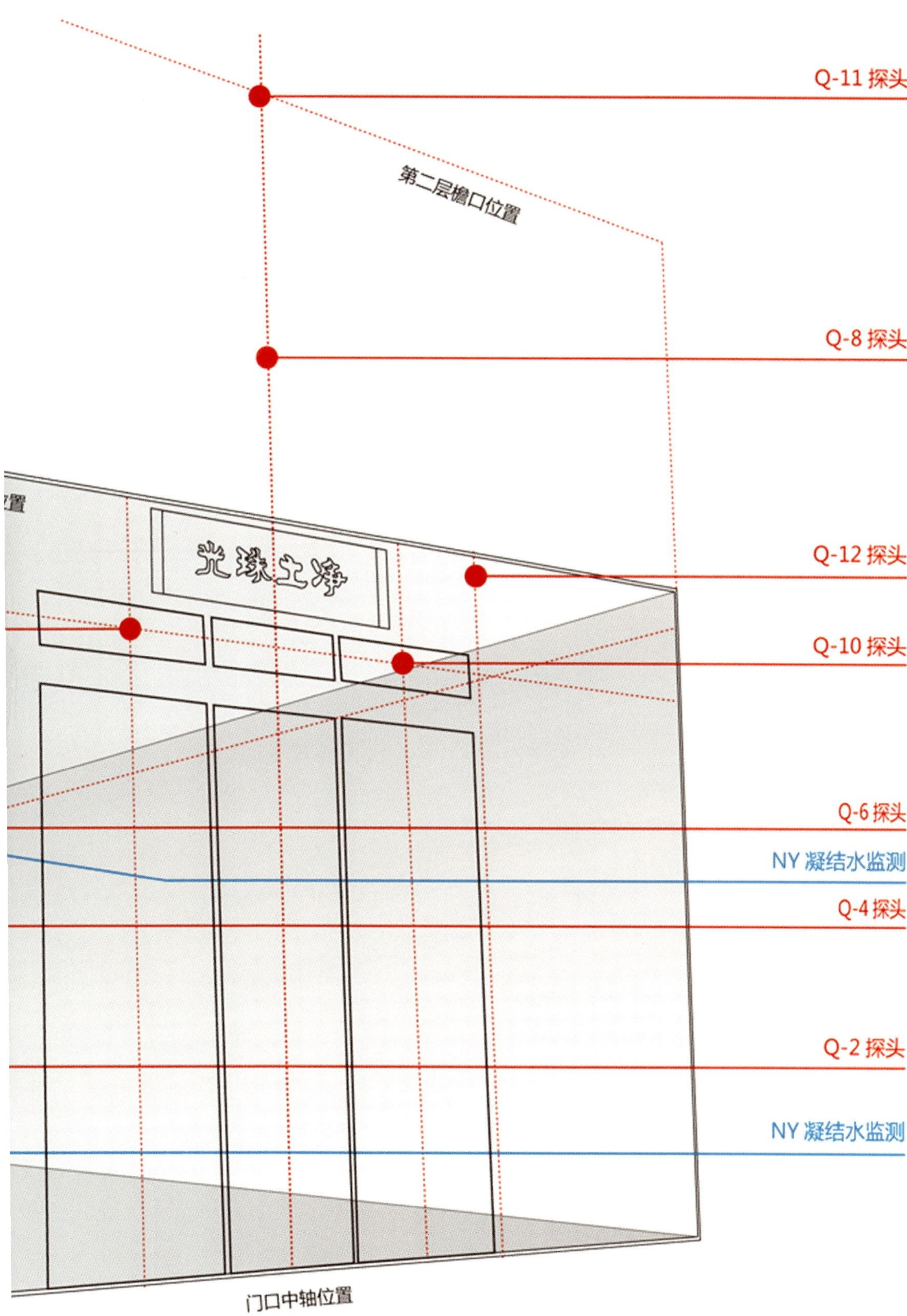

2008.12.

境监测探头位置图